HANDBUCH DER
URKUNDENLEHRE
FÜR DEUTSCHLAND UND ITALIEN

VON HARRY BRESSLAU †

ZWEITER BAND

ERSTE ABTEILUNG

VON HARRY BRESSLAU †

Dritte Auflage

ZWEITE ABTEILUNG

Im Auftrage der Straßburger wissenschaftlichen Gesellschaft
aus dem Nachlaß herausgegeben

VON HANS-WALTER KLEWITZ †

Zweite Auflage

VERLAG WALTER DE GRUYTER & CO.
VORMALS G. J. GÖSCHEN'SCHE VERLAGSHANDLUNG / J. GUTTENTAG, VERLAGSBUCHHANDLUNG / GEORG REIMER / KARL J. TRÜBNER / VEIT & COMP.
BERLIN 1958

Printed in Germany
Archiv Nr. 330558
Druck: Rotaprint AG., Berlin

Vorwort zur 1. Abteilung.

Verfasser und Verleger dieses Werkes haben es mit Rücksicht auf den Umfang, den der zweite Band einnehmen wird, für rätlich erachtet, ihn in drei Abteilungen zu zerlegen. Die erste Abteilung, die wir jetzt bieten, war schon im Juli dieses Jahres im Manuskript ganz abgeschlossen und fast vollständig gesetzt; die Vollendung des Druckes aber hat sich infolge der inzwischen eingetretenen welterschütternden Ereignisse bis jetzt verzögert. Die zweite Abteilung soll das Werk in sechs Kapiteln zu Ende führen (Kap. 16: Fassung und Formeln der Königs- und der Papsturkunden, 17: Datierung, 18: Schreibstoffe der Urkunden, 19: Urkundenschrift, 20: Zierschrift und Schriftzeichen der Königs- und der Papsturkunden, 21: Besiegelung); wir hoffen, den Druck dieser Abteilung beginnen zu können, sobald der Friede hergestellt sein wird. Einer dritten Abteilung sind die Nachträge und Berichtigungen und die Register vorbehalten.

Wie das große Schicksal der Welt, so wird auch das kleine dieses Werkes von dem Ausgange des gewaltigen Kampfes abhängen, der unserm Volke aufgezwungen worden ist und den es, wie wir mit fester Zuversicht vertrauen, siegreich und ruhmvoll bestehen wird.

Straßburg, 12. Oktober 1914.

H. Bresslau

Vorwort zur 2. Abteilung.

Mehr als ein halbes Menschenalter ist vergangen seit Harry Bresslau im Vorwort zur ersten Hälfte des zweiten Bandes seiner Urkundenlehre die Hoffnung aussprach, nach der Wiederherstellung des Friedens den Druck der anderen Hälfte beginnen zu können. Mannigfach sind die Geschicke dieses Bandes gewesen. Nachdem sein Autor nach Kriegsende aus Straßburg ausgewiesen war, schien eine Weile sogar das Manuskript verloren. Als es dann wieder auftauchte, wünschte Bresslau nach seinem eigenen Wort nichts so sehr, als es zum Abschluß bringen zu können. Doch die Erfüllung dieses Wunsches ist ihm versagt geblieben. Nach seinem Tode (27. 10. 26) stellte sich im Einverständnis mit Herrn Geheimrat P. Kehr, der das Manuskript in Heidelberg durchsah und einen

Zuschuß der Notgemeinschaft vermittelte, HERMANN REINCKE-BLOCH dem Werk seines Lehrers zur Verfügung; auch ihn hat der Tod (1. 1. 29) das Ziel nicht erreichen lassen.

Das doppelt verwaiste Werk zu betreuen war jetzt niemand eher berufen als die Straßburger Wissenschaftliche Gesellschaft. Von ihr wurde Anfang März 1929 durch Vermittlung der Herrn Professoren LENEL in Heidelberg und HESSEL in Göttingen die Herausgabe dem Unterzeichneten übertragen. Vier Kapitel lagen als ausgearbeitetes Manuskript vor. Davon war das erste (Datierung) noch von BRESSLAU selbst für druckfertig erklärt worden. Die Bearbeitung der beiden letzten (Urkundenschrift und Besiegelung), die seit der Vorkriegszeit nicht mehr durchgesehen waren, hatte REINCKE-BLOCH begonnen; seine Notizen sind nach Möglichkeit verwertet worden. Für die beiden Abschnitte über Fassung und Formeln der Königs- und Papsturkunden und über die Zierschrift, die BRESSLAU im Vorwort des ersten Halbbandes angekündigt hatte, fanden sich nur geringe Materialien.

Da eine sachliche Bearbeitung nicht im Sinne seines Auftrages lag, hat der Herausgeber es stets als seine höchste Pflicht empfunden, den Text BRESSLAU's streng zu bewahren. Eingriffe wurden nur da vorgenommen, wo sie durch sichere neue Erkenntnisse der jüngeren Forschung unumgänglich notwendig geworden waren. Im übrigen sind die Ergänzungen auf die Anmerkungen beschränkt worden, in denen auch die neuere Literatur angegeben ist, die über BRESSLAU's Ergebnisse hinausführt. Nur so glaubte der Herausgeber das Werk vor einem inneren Zwiespalt bewahren zu können. Hinzugefügt ist das Register der zitierten Königs- und Papsturkunden.

Die Durchführung der Aufgabe wäre nicht möglich gewesen, wenn ihr nicht die Herrn Professoren HESSEL und SCHRAMM in Göttingen mit Rat und Tat fördernd zur Seite gestanden hätten. Ihnen beiden, die auch keine Mühe der Korrekturen gescheut haben, fühlt sich der Herausgeber zu tiefstem Dank verpflichtet. Dieser Dank gilt nicht weniger Herrn Professor LENEL, der den Gang der Arbeiten stets mit Wohlwollen begleitete, nachdem er sie für die Dauer eines Jahres durch ein Stipendium der Straßburger Wissenschaftlichen Gesellschaft materiell ermöglicht hatte. Für das Mitlesen der Korrekturen stellte sich auch Herr Dr. ALFRED SCHÜZ in dankenswerter Weise zur Verfügung.

Rom, 4. Februar 1931.

Hans-Walter Klewitz.

Inhaltsverzeichnis

Zehntes Kapitel.

Die Entstehung der Urkunden.

1. Petitionen und Vorverhandlungen.

Von jeher war es im römischen Reiche üblich gewesen, daß Korporationen oder Privatpersonen, die von dem Kaiser eine Entscheidung in Streitsachen oder eine Gunstbezeugung irgendwelcher Art erwirken wollten, ihre Bitten schriftlich vortrugen.[1] Die Bearbeitung dieser Bittschriften (*preces, libelli, petitiones, supplicationes*) erfolgte in den Bureaus der kaiserlichen Kanzlei,[2] und eine große Anzahl kaiserlicher Erlasse traf eingehende Bestimmungen über die Personen, denen das Recht Bittschriften einzureichen zustand, über die Fälle, in denen es gestattet oder verboten war, zu supplizieren, und über die Folgen, welche lügenhafte oder entstellte Darstellung des Sachverhaltes in den Suppliken für den Bittsteller nach sich zog.[3] Bestimmungen der letzteren Art waren um so nötiger, als eine Prüfung des der Bittschrift zugrunde liegenden Tatbestandes in der kaiserlichen Kanzlei in der Regel nicht stattfand, sondern die Entscheidung des Kaisers lediglich auf Grund der Darstellung des Bittstellers, aber mit dem Vorbehalt erfolgte, daß diese der Wahrheit entspräche.[4] Ob dies der Fall sei, hatten demnach die kaiserlichen Beamten oder Behörden, an welche

---

[1] Auch die Eingaben und Anträge der Beamten an den Kaiser wurden in der Regel schriftlich eingereicht. Der technische Ausdruck dafür ist *suggestio, relatio, consultatio*.

[2] Vgl. über die Kompetenz der *scrinia*, deren Abgrenzung im einzelnen uns doch nur ungefähr bekannt ist, Bd. 1, 185f. Die technischen Ausdrücke für die Einreichung und die Bearbeitung der Bittschriften sind *preces offerre, preces instruere*. Die Bearbeitung endet günstigenfalls damit, daß die Gewährung der Bitte vorgeschlagen wird. Das heißt *preces admittere*.

[3] Vgl. insbesondere Cod. Iustin. 1, 19: *de precibus imperatori offerendis et de quibus rebus supplicare liceat vel non*, ferner 1, 20—23 u. a. m.

[4] Das bedeutet die Klausel: *si preces veritate nituntur*, die den kaiserlichen Reskripten häufig hinzugefügt wird, aber auch da, wo sie fehlt, überall vorausgesetzt werden muß; vgl. Cod. Iust. 1, 22, 2—4; 1, 23, 7. Kaiser Zeno hat 477 die Auslassung dieser Klausel bei schwerer Strafe verboten.

die Erlasse gerichtet oder denen sie von dem Adressaten zur Ausführung vorgelegt wurden, von Amts wegen zu untersuchen; und um sie dazu in den Stand zu setzen, fügten wenigstens dann, wenn darauf etwas ankam, die kaiserlichen Kanzleibehörden den Reskripten Abschriften der Petitionen, auf die hin sie ergangen waren, bei.[1] Die Originale der Bittschriften blieben also in den kaiserlichen Bureaus; ob sie dort aufbewahrt und wie sie behandelt wurden, darüber haben wir keine Nachrichten.

Auch in den Urkunden der Päpste, deren Kanzlei ja so viele Einrichtungen der römischen Staatsbehörden übernommen hat, wird schon in sehr früher Zeit häufig die Einreichung von Bittschriften erwähnt, auf Grund deren die Entscheidung des Oberhauptes der Kirche ergangen ist.[2] Wird daneben, häufiger allerdings erst seit dem 9. Jahrhundert, in den Urkunden berichtet, daß Bittsteller sich persönlich an den Hof des Papstes begeben haben, so mag es nicht selten vorgekommen sein, daß sie dem Papste ihre Gesuche mündlich vorgetragen haben;[3] doch ist es keineswegs ausgeschlossen, ja bei der konsequenten Entwickelung des Geschäftsganges an der römischen Kurie sehr wahrscheinlich, daß auch in solchen Fällen neben den mündlich vorgebrachten Gesuchen die Einreichung von Bittschriften erfolgte. Jedenfalls war dies im späteren Mittelalter durchaus die Regel; als im 13. Jahrhundert König Bela IV. von Ungarn den Geschäftsgang in seiner Kanzlei nach dem Muster der päpstlichen regelte, gehörte es geradezu zu den Beschwerdepunkten der ungarischen Großen, daß sie durch diese Maßregel von dem persönlichen Verkehr mit dem König

---

[1] Von dem Reskript des Kaisers Theodosius II. (und Valentinians III.), dem ältesten Original einer römischen Kaiserurkunde, das wir besitzen, ist uns die Kopie der griechischen Supplik mit der Überschrift *exemplum precum* erhalten, vgl. zuletzt Faass, AfU. 1, 191ff. Vgl. auch daselbst 1, 225. 227 N. 7. 228 N. 1. In der oben S. 1 N. 4 angeführten Konstitution Zenos vom Jahre 477 (Cod. Iust. 1, 23, 7) wird auch für die sog. *Sanctiones pragmaticae* die Klausel *Si preces veritate nituntur* vorgeschrieben, also muß wenigstens damals auch bei ihnen die Beifügung der *preces* üblich gewesen sein. Dagegen sagt in dem Donatistenverhör von 411 der kaiserliche Kommissar, als die Verlesung der Bittschrift beantragt wird, auf die hin der Kaiser die Untersuchung angeordnet hatte: *peritiam sanctitatis vestrae arbitror non latere, pragmaticis rescriptis preces inseri non solere*, Mansi 4, 188, vgl. Augustinus, Breviculus collationis cum Donatistis, Corp. SS. eccles. Latinor. Vindobonense 53, 51.

[2] Vgl. z. B. Löwenfeld, Epp. pontif. Rom. n. 2. 3. 4. 7. 20. 23. 29. Beispiele späterer Zeit anzuführen, ist unnötig.

[3] Vgl. z. B. Löwenfeld a. a. O. n. 70. 117. 151. 177; v. Pflugk-Harttung, Acta 2, n. 78. 84. Ich habe nur einige Fälle ausgewählt, bei denen der mündliche Vortrag der Bitte bestimmt bezeugt ist.

ausgeschlossen und des Rechtes, ihm von Angesicht zu Angesicht ihre Bitten vorzutragen, beraubt worden seien.[1] Um diese Zeit war das Petitionswesen bei der Kurie bereits durch eine Reihe von Vorschriften[2] ganz genau geordnet.[3] Um die Wende des 12. und 13. Jahrhunderts hatte es noch als Regel gegolten, daß die Petenten persönlich in Rom erscheinen und die Stadt gleich nach zufriedenstellender Erledigung ihrer Angelegenheit wieder verlassen sollten;[4] nur Personen von Rang und hoher Stellung[5] war es gestattet, sich durch Boten vertreten zu lassen.[6] Sehr bald nachher aber müssen diese strengen Vorschriften

[1] Rogerius, Super destructione regni Hungariae c. 6 (MG. SS. 29, 551): *item sepius conquerebantur, quod rex contra regni consuetudinem . . . ordinavit, quod qualiscumque eminentie fuerint nobiles, in sua curia negocium movere aut sibi oretenus loqui nequirent, nisi supplicationes cancellariis porrigerent.* Daß diese Einrichtung *ad instar Romane curie* getroffen sei, sagt der Verfasser zur Rechtfertigung des Königs in cap. 11.

[2] Vgl. die Verordnung Tangl, KO. S. 54ff. Tangl hat bereits in der Einleitung S. XXVI bemerkt, daß der Text nicht einheitlich ist, sondern daß die §§ 11—17 eine Fortsetzung darstellen, die auf einem Erlaß eines späteren Papstes beruht. Aber auch die §§ 1—10 gehören nicht zusammen; vielmehr sind die §§ 3—6 ein späterer Einschub, der mit § 7. 8 nicht zu vereinbaren ist, sondern sie zu ersetzen bestimmt war. Denn während in § 7, der sich ursprünglich unmittelbar an den gleichfalls mit *item* beginnenden § 2 angeschlossen haben mag, ausdrücklich verboten wird, daß jemand, der nicht zu den *sublimes* gehört, sich bei der Einreichung von Petitionen durch andere vertreten läßt wird dies in § 4ff. ebenso ausdrücklich gestattet. Die beiden Bestimmungen können nicht gleichzeitig entstanden sein. Die Entstehung des älteren Teils (also nach meiner Auffassung §§ 1. 2. 7—10) weist Tangl in die Zeit Coelestins III.; und später als unter Innocenz III. können diese Sätze keinesfalls formuliert sein. Die §§ 3—6 sind dann bald nachher, jedenfalls vor 1236, die übrigen Paragraphen wohl noch etwas später, aber wahrscheinlich noch vor der Mitte des Jahrhunderts hinzugekommen.

[3] Mancherlei Angaben darüber verdanken wir auch dem Bd. 1, 271 N. 1 erwähnten Gedicht, das jetzt von Grauert als Werk des Magisters Heinrich, des Poeten in Würzburg, nachgewiesen und in den Abhandlungen der Münchener Akademie, Phil. und Hist. Klasse XXVII, mit sehr eingehendem Kommentar herausgegeben ist, zu dem R. v. Heckel eine Erläuterung der auf das päpstliche Kanzleiwesen bezüglichen Verse beigesteuert hat (a. a. O S. 206ff.).

[4] Tangl a. a. O. § 7. 9.

[5] *Personae sublimes*, d. h. nach einem späteren Zusatz (§ 3) Könige, Herzoge, Markgrafen, Grafen, Barone, Erzbischöfe, Bischöfe, Äbte. Dekane, Archidiakone.

[6] Mit diesen Bestimmungen steht der Erlaß Innocenz' III., Potthast n. 202, im besten Einklang, demzufolge niemand päpstliche Bullen von jemand anderem als vom Papste selbst oder dem von ihm dazu bevollmächtigten (nach Potth. 365 dem Bullator) in Empfang nehmen und nur Personen von höherer Stellung (*persona tantae auctoritatis, ut deceat eum per nuncium litteras nostras recipere*) sich dabei vertreten lassen dürfen.

außer Übung gekommen und es scheint die Einreichung und Vertretung von Petitionen für andere allgemein gestattet worden zu sein,[1] wobei nur daran festgehalten wurde, daß Bittschriften höher gestellter Personen nur von solchen Vertretern eingegeben werden durften, die sich durch eine besiegelte Vollmacht des Petenten legitimieren konnten,[2] während bei anderen (*humiles et miserabiles personae*) von einer solchen Bevollmächtigung abgesehen wurde. So bildete sich noch im Laufe des 13. Jahrhunderts ein mehr oder weniger geschlossener Kreis von Männern, ja sogar von Familien, die es sich zum ständigen Beruf machten, Prokurationen bei der Kurie zu übernehmen.[3] Daneben blieb natürlich die Entsendung besonderer Geschäftsträger aus der Heimat der Bittsteller immer vorbehalten und kam sehr häufig vor; aber auch diese pflegten sich in den meisten Fällen bei der Betreibung ihrer Angelegenheiten am päpstlichen Hofe des Beirates und der Hilfe eines oder unter Umständen auch mehrerer Männer aus dem Kreise der ständigen und geschäftserfahrenen Prokuratoren zu bedienen.[4]

Die Petitionen,[5] welche dem Papst eingereicht wurden, zerfielen

---

[1] Tangl a. a. O. § 3. 4; vgl. v. Heckel a. a. O. S. 212ff., 487.

[2] Beispiel einer solchen Vollmacht (schon aus dem 12. Jahrh.) besiegelt von Abt und Konvent des Klosters Deutz bei Pflugk-Harttung, Acta 1, 365 n. 425. Formulare für die Vollmacht aus dem 13. Jahrhundert AfU. 1, 509 n. 31; QF. 9, 279 n. 13; Teige, Beitr. zur Gesch. der Audientia litt. contradict. S. 32ff.

[3] Seit Innocenz III. wurden die Namen der Prokuratoren *in dorso* der Urkunden vermerkt; vgl. Diekamp, MIÖG. 3, 603f., 4, 525ff. Bei Urkunden, welche die *Audientia litter. contradictarum* passierten, geschah dies in der *Audientia*, und Johanns XXII. Konstitution „*Qui exacti temporis*", Tangl. KO. S. 111., trifft nähere Bestimmungen darüber, sowie über die Rechte und Pflichten der Prokuratoren im allgemeinen, über die später noch mehrfach andere, hier nicht im einzelnen zu verfolgende Vorschriften, erlassen sind.

[4] Vgl. z. B. Schrader, Die Rechnungsbücher der hamburg. Gesandten in Avignon 1338—1355 (Hamburg 1907) S. 54ff. — Daher werden die Prokuratoren auch geradezu *peticionarii* genannt; Tangl, KO. S. 61, 10.

[5] Vgl. für das folgende: Munch-Löwenfeld, S. 70ff.; Werunsky, MIÖG. 6, 149ff.; Kehr, MIÖG. 8, 91ff.; Erler, Hist. Jahrbuch 8, 487ff.; Schmidt und Kehr, Päpstl. Urkunden und Regesten aus den Jahren 1295—1351 (Geschichtsquellen der Prov. Sachsen Bd. 21) S. 417ff., vgl. S. VIII; Berlière, Analecta Vaticano-Belgica 1, Suppliques de Clément VI. (Rom 1906) S. Xff.; 95, Suppliques d'Innocent VI. (daselbst 1911) S. VIIff.; derselbe, Revue Bénédictine 25, 31ff.; Novák, Monumenta Vaticana res gestas Bohemicas illustrantia 2 (Prag 1906), VIIff.; Repertorium Germanicum 1, XVff.; Lux, Die Besetzung der Benefizien in der Breslauer Diözese durch die Päpste von Avignon (Breslauer Habilitationsschrift 1906) S. 14ff.; Černik, Das Supplikenwesen an der römischen Kurie und Suppliken im Archiv des Stiftes Klosterneuburg (Wien 1912; aus Jahrbuch des Stiftes Klosterneuburg Bd. 4).

schon im 13. Jahrhundert ihrer Form nach in zwei verschiedene Gruppen. Es handelte sich entweder um Suppliken, die eine einzelne Bitte einer einzelnen Person oder Körperschaft enthielten, oder um Supplikenrollen (*rotuli*), in denen mehrere Petitionen — unter Umständen bis zu hundert und darüber[1] — einer und derselben oder mehrerer Personen zusammengefaßt waren.

Die Einzelsuppliken, die uns aus dem früheren Mittelalter bis zum 13. Jahrhundert bekannt sind, sind durchweg vollständige, subjektiv gefaßte, mit *Intitulatio* und Adresse versehene, meist auch datierte Briefe, in denen der Petent sein Gesuch vortrug und häufig auch begründete.[2] Auch im späteren Mittelalter sind solche Briefe üblich geblieben, doch haben wohl immer nur höher gestellte Personen, insbesondere Kaiser, Könige, Fürsten, dann, wenn auch seltener, Erzbischöfe, Bischöfe, Äbte, Kapitel, Konvente, Städte von dieser Form der Bitte Gebrauch gemacht.

Sehr viel häufiger wurde aber, wenigstens im späteren Mittelalter,[3] eine zweite Art der Einzelsupplik angewandt, für die schon 1226 oder 1227 von dem Kardinal Guala Bichieri ein von dem Papste approbiertes Formularbuch — *Libellus de formis peticionum secundum cursum Romane curie* — verfaßt und veröffentlicht wurde.[4] Die Petitionen

---

[1] Nach Reg. canc. Clem. (VII.) 98 (Ottenthal S. 112) soll ein Supplikenrotulus mindestens sechs Suppliken umfassen; fünf oder weniger Suppliken sollen nicht als Rotulus gelten; vgl. Reg. canc. Bened. XIII. 35 (Ottenthal, S. 129). In Reg. canc. Bened. XIII. 138 (Ottenthal, S. 147) werden die beiden Supplikenarten als *supplicationes particulares* und *rotulares* unterschieden.

[2] Aus dem 12. Jahrhundert finden sich solche Petitionen zahlreich in den Briefsammlungen der Zeit, z. B. denen des Abtes Thomas von S. Genovefa, des Abtes Petrus von Celles u. a. m. Hier sei nur noch beispielsweise auf die Suppliken des Abtes von Garst, des Markgrafen Otakar von Steier, der Erzbischöfe von Salzburg und Mainz, um Bestätigung von Urkunden des Klosters Garst, UB. des Landes ob der Enns 1, 115—117 n. 1ff., 2, 340 n. 233, hingewiesen.

[3] Ob diese zweite Form der Einzelsuppliken schon in sehr viel ältere Zeit zurückreicht, ist noch zu untersuchen. Bemerkenswert erscheint, daß schon im 6. Jahrhundert die Kirche von Arles dem Papste eine Bittschrift vorlegte, die in ihrer objektiven Fassung an den späteren Gebrauch anklingt, MG. Epp. 3 (Merov. et Karol. 1), 42. Ein anderer, fast gleichzeitiger *Libellus petitorius* des Bischofs Caesarius von Arles (ebenda 40) ist dagegen subjektiv formuliert. Vgl. auch die Supplik der Mönche von Nonantola an Cölestin III. (?), Tiraboschi, Nonantula 1, 126; sie beginnt: *Supplicant B. V. abbas et conventus monasterii Nonantulani quatenus . . . dignemini.*

[4] Auf dies Formelbuch hat zuerst L. Auvray in den Mélanges d'archéologie et d'histoire 10, 115ff., 251f, aufmerksam gemacht. Herausgegeben ist es nach zwei Handschriften in Tours und Paris von v. Heckel, AfU. 1, 500ff.

dieser Art, deren Stil im Laufe des Mittelalters sehr stereotyp blieb, wurden gleich von den Bittstellern, bzw. ihren Prokuratoren, oder von päpstlichen Kanzleibeamten, die von den Prokuratoren darum ersucht waren,[1] in die objektive Fassung gebracht. Sie beginnen mit den Worten: *Supplicat S(anctitati) V(estrae)* oder *Petit a S. v. N. N.* (z. B. *humilis creatura vestra F. archiepiscopus Ravenne* oder *devoti vestri N. N.* oder auch bloß *R. decanus de Atrebato*), *quatenus . . . dignemini* usw. Statt dessen findet sich auch die Fassung: *Significat* oder *Exponit* oder *Insinuat* oder *Conqueritur S. V. N. N.*; darauf folgt die Darlegung des Tatbestandes, auf den sich die Bitte stützt, woran sich zuletzt diese selbst, eingeleitet durch *unde* (*quare* oder ähnlich) *supplicat* oder *petit, quatenus* usw. anschließt. Diese letztere Formulierung war besonders bei Petitionen in Justizsachen üblich, doch kommen wenigstens die drei ersten Verba auch bei Bittschriften in Gnadensachen gelegentlich vor. Seltener begegnet als Eingang der Petition: *Dignetur S. V.* oder *Placeat S. V.*; in den Formularen des Kardinals Guala ist diese Formulierung noch nicht berücksichtigt; und ebensowenig findet sich hier die Anrede: *Beatissime pater*, die in den uns bekannten Einzelsuppliken bisweilen dem Eingangsverbum, welches es auch sei, vorangestellt wird. Die Suppliken selbst, die im 14. Jahrhundert, wie wir aus den uns erhaltenen Originalen[2] ersehen, durchweg auf Papier ge-

---

Andere Formulare der Art hat Bonaguida von Arezzo, der unter Innocenz IV. Advokat an der Kurie war, zusammengestellt; sie sind von Teige, MIÖG. 17, 410ff. aus einem Codex des Vatikans veröffentlicht. Vgl. auch Göller, Zeitschr. der Savignystiftung für Rechtsgesch. Kanon. 1, 386. Aus dem 14. und 15. Jahrhundert sind uns noch zahlreiche weitere Formulare für Petitionen erhalten.

[1] Daß dies schon im 12. Jahrhundert vorkam, macht die Zeugenaussage von c. 1190 wahrscheinlich, die Davidsohn, NA. 16, 639, mitgeteilt hat. — Die Stadtrechnung von Brügge zum Jahre 1294 enthält eine Zahlung von *4 grossi Tur. pro mag. Iohanne de Sublacu, qui fecit quasdam petitiones pro villa Brugensi*, Berlière a. a. O. 1, XIII. — Im Jahre 1331 redet Johann XXII. von den *Abbreviatores qui formant petitiones seu notas litterarum iusticie* (Tangl, KO. S. 94 § 13). Gebühren hat er aber nur für die Abfassung der *notae*, nicht auch, wie v. Heckel, AfU. 1, 498 sagt, für die Redigierung der Petitionen festgesetzt: die Entlohnung für die Abfassung von Petitionen, die ja nicht obligatorisch war, blieb gewiß der Vereinbarung vorbehalten. In den Kostenrechnungen des 15. Jahrhunderts, die wir kennen, werden Zahlungen dafür oft erwähnt. So läßt, um nur ein Beispiel anzuführen, ein Prokurator die Supplik für eine venezianische Kongregation *ab uno, qui est valentior abbreviator, qui sit in in curia* anfertigen (Cornelius, Eccl. Venetae 7, 70); aus seiner Kostenrechnung von 1405 erfahren wir, daß der mag. Theodoricus Fabri gemeint ist, und daß dieser einen Gulden dafür erhalten hat.

[2] S. unten S. 11.

schrieben wurden, sind in allen diesen Fällen möglichst knapp und präzis gefaßt und mußten es sein, weil auf Grund ihrer die Urkunden konzipiert werden sollten; hochgestellte Personen fügten nicht selten ihrer in der hergebrachten Form aufgesetzten Supplik eine Begründung und Erläuterung in einem als Brief gefaßten und datierten Begleitschreiben hinzu.[1]

Auch den päpstlichen Gnadenerweisen, die formell als *motu proprio* beschlossen bezeichnet werden, ging wenigstens im späteren Mittelalter in der Regel eine Bitte des Empfängers voran: während sie ursprünglich ohne förmliche Bitte, ja wohl auch ohne einen Antrag päpstlicher Verwaltungsbehörden aus eigener Initiative des Papstes bewilligt wurden,[2] ist die Form der Motu-proprio-Resolution später auch da angewandt worden, wo eine Bitte vorlag.[3] Das galt als eine besondere Vergünstigung, deren etwa Kardinäle, Nepoten, Günstlinge und höhere Beamte des Papstes oder anderer großer Herren teilhaftig wurden. In manchen Suppliken wurde ausdrücklich darum gebeten; es hieß dann: *Dignetur sanctitas vestra* oder *Placeat sanctitati vestre motu proprio providere* (*confirmare, reservare* usw.);[4] in anderen Fällen wurde schon die Supplik in die Form der päpstlichen Resolution gebracht und begann also mit den Worten: *Motu proprio providemus* (*confirmamus. reservamus* usw.).[5]

---

[1] Eine interessante, von der üblichen Form ganz abweichende Supplik hat Kehr, QFIA. 7, 11 mitgeteilt. Die Bitte ist auf die Rückseite eines Originalprivilegs Cölestins III. geschrieben und beginnt: *A sanctitate vestra petunt heremite Camaldulenses renovationem harum litterarum.* Das folgende ist leider ausradiert; die Bitte aber ist von Innocenz III. genehmigt.

[2] Der Sache nach kannte schon die Kanzlei der römischen Kaiser den Unterschied zwischen solchen und anderen Erlassen. Vgl. Cod. Iust. 1, 14, 3 (von 426): *leges ut generales ab omnibus . . . observentur, quae vel missae ad venerabilem coetum oratione conduntur vel inserto edicti vocabulo nuncupantur, sive eas nobis spontaneus motus ingesserit, sive precatio sive relatio vel lis mota legis occasionem postulaverit.*

[3] Daß das schon unter Johann XXII. vorgekommen ist, zeigt das Formularbuch Heinrich Bucglants, ed. Schwalm, S. 14f. n. 26. 27.

[4] Vgl. Berlière Analecta Vaticano-Belgica 1, XVI.

[5] Vgl. z. B. Revue Bénédictine 24, 459ff. n. 6—11; Mon. Vaticana res gestas Bohemicas illustrantia 1, 693 n. 1315 (ein Rotulus des Patriarchen von Aquileja mit gewöhnlichen und Motu-proprio-Suppliken); ebenda 2, 375 n. 947 (zwei Suppliken eines Familiaren des Kaisers, die eine für einen dritten in gewöhnlicher Form, die andere für ihn selbst als Motu-proprio-Resolution). Dann mußte aber in der Genehmigungsklausel des Papstes, von der wir später zu reden haben, ausdrücklich verfügt werden, daß die Ausfertigung der Urkunde *motu proprio* erfolgen solle; in einem der oben erwähnten Fälle hatte der Papst die Bitte des Patriarchen von Aquileja nur mit *Fiat* und nicht mit

Von den Einzelsuppliken der zweiten Art unterscheiden sich die Suppliken-Rotuli nicht durch ihre Fassung, sondern durch ihren Umfang. Schon im 13. Jahrhundert war es vorgeschrieben, daß alle von einem Manne gleichzeitig eingereichten Suppliken auf einem Blatte oder auf mehreren zu einem Rotulus vereinigten Blättern niedergeschrieben werden sollten;[1] diese Rotuli wurden also von den Bittstellern oder ihren Prokuratoren hergestellt.[2] So haben denn auch Könige für ihre Untertanen, Erzbischöfe oder Bischöfe für ihre Diözesanen oder Günstlinge, Universitäten für ihre Angehörigen usw. Suppliken-Rotuli eingereicht. In anderen Fällen erfolgte dagegen die Zusammenstellung der Rotuli erst in einem päpstlichen Bureau oder durch einen vom Papste beauftragten Kommissar; besonders in Angelegenheiten von geringerer Bedeutung wurde auf diese Weise eine Anzahl gleichartiger Petitionen, namentlich von Angehörigen eines und desselben Landes zu einem Rotulus vereinigt, der die gleichlautende Bitte nur einmal zu enthalten brauchte und im übrigen nur die Namen und die besonderen Verhältnisse der einzelnen Bittsteller verzeichnete. Solche Rotuli stellten also nur Auszüge aus den Originalsuppliken dar, während sonst immer diese selbst dem Papste oder seinem Vertreter vorgelegt wurden.[3]

Fiat motu proprio unterzeichnet, und daher erfolgte die Ausfertigung der Urkunden (a. a. O. 1, 698 n. 1327 und 1, 714 n. 1366) in gewöhnlicher und nicht in Motu-proprio-Form. Beide Urkunden haben auch Daten, die von dem der Supplik abweichen. Sehr lehrreich ist ein anderer Fall, den Berlière a.a.O. 1, XVII bespricht. Armand von Villemur, Kardinal von Pamiers, hatte erfahren, daß durch die päpstliche Ernennung eines Bischofs von Konstanz eine einträgliche Pfründe frei geworden sei. Davon setzte er einen Kollegen, wohl den Vizekanzler, in Kenntnis und schrieb ihm: *si dominus noster vellet michi providere, faceret opus pietatis.* Dies ganz formlose Billet ist als Supplik behandelt und vom Papste signiert worden; die Signatur lautet: *Fiat motu proprio et cum dispensatione. R. Sine lectione. R.*; sie ist datiert *Dat. Avinione VII. id. iul. anno XI.* Am Rande steht, wohl von der Hand des Kardinals: *At[tende] dioc[esim]. Card. Appamiarum.* Ein ähnliches Billet des Bischofs von Aire an den Vizekanzler, das gleichfalls als Supplik behandelt, von Innocenz VI. mit *Fiat G.* signiert und darauf datiert worden ist, hat Berlière, Suppliques d'Innocent VI. (Analecta Vaticano-Belgica 5) S. 17 mitgeteilt.

[1] *In una carta vel etiam in diversis consutis,* Tangl, KO. S. 54 § 5, vgl. S. 55 § 14. Übrigens ist diese Vorschrift vielleicht nicht immer beachtet worden. Unter den uns erhaltenen Originalsuppliken des Erzbischofs Pileus von Ravenna (s. unten S. 11 N. 2) befinden sich mehrere, die auf der Rückseite den Vermerk „*sola*" haben, also wohl einzeln eingereicht werden sollten.

[2] Vgl. Kehr, MIÖG. 8, 92.

[3] Vgl. Kehr a. a. O. 92 gegen Munch-Löwenfeld S. 73 und andere. Besonders eingehend handelt über diese Rotuli Lux, Besetzung der Benefizien (oben S. 4 N. 5) S. 21 ff.

Die Petitionen wurden an einer feststehenden Einlieferungsstelle eingereicht, die im 13. Jahrhundert *Data communis* genannt wird.[1] Dann wurden sie den Notaren zugestellt, um durch sie dem Papst an bestimmten Tagen vorgelesen zu werden, insofern sie nicht nach ständigen Grundsätzen, auf die wir an anderer Stelle zurückkommen werden,[2] ohne besondere Anordnung des Papstes vom Vizekanzler erledigt werden konnten. Petitionen, die nicht in der *Data communis* eingereicht waren, durfte kein Notar entgegennehmen, wenn sie ihm nicht von dem Papste selbst[3] oder von einem Kardinal[4] oder, auf

---

[1] Vgl. Bd. 1, 275. Tangl, KO. S. 54 § 1: *nullus omnino notarius petitiones recipiat, nisi que fuerint in communi data recepte vel quas dominus papa tradiderit aut aliquis cardinalium, capellanus quoque vel camerarius, sed neuter sine mandato domini pape*; ebenda § 3: *nullus petitiones sublimium personarum . . . exhibeat in data communi, nisi litteras eorum . . . sigillatas ostendat.* Vgl. die Eidesformel der Notarabbreviatoren: *non recipient petitiones simplices preter eas, que sibi de communi data provenient, nisi de mandato vicecancellarii seu notarii.* In der Bestimmung S. 54 § 10: *ne quis autem ex ignorantia occasionem accipiat in peccatis, semper in communi (data) legatur hoc scriptum et sint presentes notarii, scriptores et bullatores* fehlt das Wort *data* in der ältesten Handschrift, dem Liber censuum des Cencius, und dürfte in der Bologneser Handschrift (Bd. 1, 346) aus § 1. 3 interpoliert sein; die Bestimmung soll wohl nur bedeuten, daß die Vorschriften in gemeinsamer Versammlung der Kanzleibeamten verlesen werden sollen. Was Celier, Les dataires du XV. siècle et les origines de la daterie apostolique (Paris 1910; Bibl. des écoles françaises d'Athènes et de Rome fasc. 103) S. 74f., über die *Data communis* vorträgt, entbehrt der genügenden Präzision. — Nach den Zeugenaussagen von c. 1190, die Davidsohn, NA. 16, 639 mitteilt, scheint die Einlieferungsstelle der Bittschriften sich damals im Lateranpalast befunden zu haben; wenigstens wurden hier *in introitu primi hostii quod custodit Fortunatus* gewisse, dem Papst einzureichende Petitionen geschrieben.

[2] S. unten Kap. XI.

[3] Daß der Papst ihm selbst eingereichte Petitionen den Notaren zustellen ließ, zeigt der in Wilhelmi Chron. Andr., MG. SS. 24, 738, erzählte Fall: Innocenz III. schickt eine ihm übergebene Petition durch einen Ostiarius an den Notar Reinald (*magistro Reinaldo notario deferenda dieque suo ea legenda precepit*). Im 14. Jahrhundert hat Clemens VI. gegen den Mißbrauch, dem Papste während einer Konsistorialsitzung Bittschriften zu überreichen oder sie ihm, wenn er ausreitet, zuzuwerfen, eine scharfe Verfügung erlassen, Bliss, Calendar of entries in the papal registers. *Petitions* 1, VII.

[4] Petitionen von Kardinälen brauchten im 13. Jahrhundert nicht von den Notaren verlesen zu werden. Vielmehr schickte der Kardinal, der eine Gnade erwirkt hatte, die genehmigte Supplik unter seinem Siegel dem Notar, der dann die Ausfertigung des Konzeptes besorgte oder veranlaßte. Am Rande (*in margine grosse mittende ad cancellariam; grossa* kann hier nicht die Reinschrift der Urkunde bedeuten, denn damit hat der Notar nichts zu tun und die Reinschrift soll ja erst in der Kanzlei hergestellt werden. Ich möchte

Befehl des Papstes, von dem Kapellan oder dem Kämmerer übergeben waren; die unmittelbare Einhändigung der Petitionen an einen Notar seitens der Parteien war also verboten.

Um die Wende des 13. und 14. Jahrhunderts wurde die Bearbeitung der Petitionen in Gnadensachen und der Vortrag darüber beim Papste den Notaren[1] abgenommen und auf die neugeschaffene Beamtenkategorie der Referendare übertragen.[2] Im 15. Jahrhundert war auch der Datarius,[3] der Inhaber eines anderen, damals neu errichteten Amtes, dabei beteiligt. Über die Formen, in denen die Entscheidung des Papstes, oder in gewissen Fällen des Vizekanzlers oder anderer vom Papst dazu ermächtigter Personen, über die Suppliken erfolgte, wird noch in anderem Zusammenhange zu handeln sein.[4] An dieser Stelle ist nur noch zu berichten, was mit den Suppliken selbst geschah, nachdem sie genehmigt worden waren.

Eingehendere Kenntnis davon haben wir freilich erst für die Zeit seit Clemens VI. durch die gleich zu besprechenden Supplikenregister.

---

gratie lesen und an einen Fehler in der gemeinsamen Quelle unserer Überlieferung denken) vermerkte der Notar in diesem Falle: *non legi, sed dominus talis cardinalis mandavit*, Tangl, KO. S. 66 § 3.

[1] Über deren Wirksamkeit bei dem Vortrag der Petitionen vgl. jetzt auch v. Heckel (oben S. 3 N. 3) S. 216. 220ff. In dem Gedicht des Heinrich von Würzburg wird der Notar, der Petitionen dem Papste vorliest, danach *lector* genannt; ein offizieller Titel war das aber nicht. Nach v. 419ff. dieses Gedichtes soll es bisweilen vorgekommen sein, daß ein Notar Petitionen kassierte, ohne überhaupt Vortrag darüber zu halten. Das war aber, wenn die Angabe überhaupt zutrifft, jedenfalls nur dann möglich, wenn die Petition den vorgeschriebenen Formen des Kanzleibrauches nicht entsprach.

[2] Zur Zeit der Verfügungen Nikolaus' III. von 1278 (Tangl, KO. S. 72ff.) waren die Notare noch bei der Ausfertigung von Gnadenbriefen beteiligt und es wird ihnen also wohl auch die Bearbeitung der Gratialsuppliken noch obgelegen haben. Der erste Referendar, den ich nachweisen kann (vgl. jetzt auch v. Heckel a. a. O. S. 216), mag. P. de Hispania, kommt seit 1301 vor, Finke, Acta Aragonensia 1, 102; Gesta abbat. mon S. Albani, ed. Riley, 2, 57; Gottlob, Die Servitientaxe des 13. Jahrhunderts S. 175. In der Zwischenzeit wird also die Veränderung in der Geschäftsverteilung erfolgt sein. — Über die Organisation des Amtes der Referendare haben wir wenig genauere Kunde. Am Ende des Mittelalters unterscheidet man bestimmt *referendarii de gratia* und *referendarii de iustitia* oder *referendarii commissionum;* wahrscheinlich ist aber diese Scheidung schon viel älter. Ein Statut Alexanders VI. für die Referendare beider Kategorien aus dem Jahre 1497/98 hat Haller, QFIA. 2, 38ff., mitgeteilt; es geht zurück auf den Reformentwurf aus der Zeit Sixtus IV., Tangl, KO. S. 380.

[3] Über die Entstehung des Amtes und seine Funktionen ist später ausführlicher zu handeln.

[4] S. unten Kap. XI.

Die zwei ältesten, dem Papste vorgelegten und von ihm signierten Originalsuppliken, die bisher aufgefunden worden sind, stammen aus der Zeit Bonifaz' VIII. und befinden sich jetzt im Archiv der Krone von Aragonien zu Barcelona.[1] Aus der Zeit Urbans V., Gregors XI. und Clemens' VII. sind uns sodann in einer Reimser und einer Pariser Handschrift[2] eine größere Anzahl von genehmigten Originalsuppliken erhalten.[3] Endlich geben auch die Kanzleiordnungen und Kanzleiregeln des 14. und 15. Jahrhunderts manchen erwünschten Aufschluß.

Die Petitionen in Gnadensachen, die vom Papste selbst genehmigt waren, wurden seit dem Pontifikat Benedikts XII., nachdem sie datiert waren,[4] von dem datierenden Beamten an ein eigenes Bureau, die *registratura supplicationum*, übersandt, das sich im päpstlichen Palaste[5] befand.[6] Es stand im 14. Jahrhundert und wohl auch noch im Anfang des 15. unter der Oberleitung des Vizekanzlers; in den letzten Jahrzehnten des 15. Jahrhunderts aber war es dem Datarius unter-

[1] Ich verdanke ihre Kenntnis einer gütigen Mitteilung von H. Finke.

[2] Ich habe beide Handschriften selbst untersucht und werde an anderer Stelle ausführlichere Mitteilung darüber machen. Einstweilen vgl. über die Reimser Handschrift Berlière, Revue Bénédictine 24, 456ff.; 25, 19ff.; über die Pariser Handschrift, die aus Carpentras dahin gekommen ist, Liabastre, Découverte à Carpentras de pièces manuscrites du XIV. siècle provenant de l'archevêché d'Embrun (Annales de la Soc. d'Études Provençales 1, 168ff.).

[3] Was sonst an Suppliken des 14. Jahrhunderts außerhalb der Register auf uns gekommen ist, entbehrt der päpstlichen Signatur; es sind Suppliken, die zur Einreichung bestimmt waren, aber nicht eingereicht worden sind, oder Abschriften eingereichter Suppliken, die der Petent zurückbehalten hat. Dahin gehören die im erzbischöflichen Archiv zu Ravenna beruhenden Suppliken des Erzbischofs Pileus etwa von 1371, die Tarlazzi 2, 318ff. herausgegeben hat. Ein nicht signierter Supplikenrotulus auf Pergament aus der Zeit Clemens' VII. ist als letztes Blatt in die Reimser Handschrift n. 831 eingeheftet. Ferner sind Abschriften von Suppliken mit und ohne Signatur von Prokuratoren gesammelt und so auf uns gekommen, vgl. Berlière, Analecta Vaticano-Belgica 1, XIII und Schwalm, Das Formelbuch des Heinrich Bucglant (Hamburg 1910). Aus dem 15. Jahrhundert ist dann eine größere Anzahl von Originalsuppliken erhalten und schon lange bekannt.

[4] Über die Datierung der Suppliken s. unter Kap. XI.

[5] So nach der fünften Vita Benedikts XII. (s. unten S. 13 N. 3) und der Practica cancellariae von 1494, ed. Schmitz-Kallenberg S. 20, vgl. auch QFIA. 2, 19. Dazwischen soll es 1466 in der Kirche S. Maria in Via Lata gewesen sein, vgl. Gottlob, Aus der Camera apostolica S. 142 N. 2.

[6] Eine eigene Amtsordnung für das Supplikenregister hat Innocenz VIII. im Jahre 1480 durch die Bulle „*Etsi de cunctis*" (Tangl, KO. S. 425) erlassen. Gewisse Verordnungen dafür hatte aber schon Sixtus IV. 1472 getroffen, Tangl, KO. S. 198.

stellt.[1] Hier wurden die Namen der Bittsteller in ein Verzeichnis eingetragen, das im 15. Jahrhundert als *liber de vacantibus* bezeichnet wird.[2] Nachdem der Petent oder sein Prokurator aus diesem Verzeichnis die Genehmigung seiner Bitte festgestellt hatte, lag es ihm ob, die Registrierung der Supplik zu beantragen, die einer der Schreiber des Bureaus (*clerici* oder *scribentes registri supplicationum*) bewirkte.[3] Sobald dann die Registerabschrift von einem der Bureauchefs, die im 14. Jahrhundert den Amtstitel *registratores supplicationum*[4] führten, im 15. aber gewöhnlich *magistri supplicationum* genannt wurden, mit der Originalsupplik kollationiert war, wurde die letztere dem Vizekanzler übersandt; Benedikt XII. hat für diese Übersendung mit der ein vereidigter Kleriker beauftragt wurde, besondere Vorsichtsmaßregeln vorgeschrieben.

Daß Benedikt XII. auch den Brauch der Registrierung der Suppliken eingeführt hat, berichtet kurz die zweite, ausführlicher die

[1] Vgl. Celier, Les dataires S. 83ff.

[2] Im 15. Jahrhundert wurden die Suppliken demnächst an einer Schnur aufgereiht, wahrscheinlich in der Reihenfolge, in der sie im Bureau des Supplikenregisters eintrafen; vgl. Practica cancellariae ed Schmitz-Kallenberg S. 20: *et sunt omnes supplicaciones ligate ad rubeam cordam et signate, quo die venerunt et in quo latere reperiantur.* Das ist, wie schon Schmitz-Kallenberg a. a. O. N. 3 bemerkt hat, die *filsa* oder *filtia* von der bei Tangl, KO. S. 389 § 2, S. 405 § 6, die Rede ist. Abgesehen von der Eintragung in den *liber de vacantibus* wurde ein Verzeichnis der an einem Tage genehmigten Suppliken auf einem Blatt an der Wand des Registerbureaus ausgehängt und blieb hier bis zum nächsten Tage, an dem der Papst Petitionen signierte, hängen; vgl. Tangl, KO. S. 394. 413, und dazu Schmitz-Kallenberg a. a. O. N. 4. Ob diese Bräuche auch schon im 14. Jahrhundert bestanden, ist nicht zu sagen. Die Löcher und Fadenreste, die man an den uns erhaltenen Originalsuppliken des 14. Jahrhunderts sieht und von denen Berlière, Revue Bénédictine 25, 35, redet, haben nichts damit zu tun, sondern sind anders zu erklären (s. unten S. 18).

[3] Nach der Verordnung Innocenz' VIII. (oben S. 11 N. 6) sollte das binnen drei Tagen nach der Zuweisung (Distribution) der Supplik durch den Bureauchef an den Schreiber geschehen.

[4] Vgl. Berlière, Revue Bénédictine 24, 462 n. 13. 14, und öfter. Über das Gehalt der *registratores supplicationum palatii* um die Mitte des 14. Jahrhunderts vgl. QFIA. 1, 38. Zuerst scheint es nur einen Registrator gegeben zu haben; im späteren 14. Jahrhundert waren ihrer zwei, und von zweien spricht auch noch die Practica cancellariae a. a. O. S. 21; dagegen setzt der Reformentwurf Sixtus IV., Tangl, KO. S. 385 § 39, vier voraus, und auch nach der Konstitution Innocenz' VIII. (oben S. 11 N. 6) sind sicher mehr als zwei anzunehmen (vgl. auch Schmitz-Kallenberg S. 67 N. 4). Ihr zufolge scheinen sie wochenweise im Dienst abgewechselt zu haben; der diensttuende wird als *magister ebdomadarius* bezeichnet.

fünfte Biographie dieses Papstes,[1] und man braucht an diesen Angaben nicht zu zweifeln.[2] Erhalten aber ist uns von seinen Suppliken-

[1] Baluze, Vitae paparum Avenionensium 1, 214. 232. Die fünfte Vita fügt hinzu, daß vorher *ipsae supplicationes praesentabantur per camerarios domini papae aut per alios . . ., unde frequenter quaestus illicitos ab eis fieri contingebat.* Außer durch diesen Mißbrauch mag die Anordnung Benedikts XII. durch die von ihm im Jahre 1335 entdeckte Fälschung der päpstlichen Signatur bewirkt sein, von der Heinrich von Diessenhoven (Böhmer, Fontes 4, 24) berichtet: *papa intellexit, quod quidam de suis familiaribus tam clericis quam laicis peticiones signabant, ut papa, et eas sic signatas cum aliis per papam signatis miscuerunt, et sic cancellariam transibant cum veris peticionibus, quas papa ipse mandavit mense predicto circa festum sancte crucis exaltacionis.*

[2] Wenn in einem Katalog des Palastarchives zu Avignon von 1594 (Denifle, Die Universitäten des Mittelalters 1, S. XX) ein Fragment eines Supplikenregisters aus dem ersten Jahre Clemens' V. angeführt wird, so mag das auf Verwechslung mit Clemens VI. beruhen, vgl. Berlière, Analecta Vaticano-Belgica 1, X; und was Munch-Löwenfeld S. 70 als Supplikenauszug aus der Zeit Johanns XXII. anführt, ist nur die Kopie eines schwedischen Supplikenrotulus, wie Schwalm, Formelbuch des Heinrich Bucglant S. XXXVIII, mit Recht bemerkt; es steht dem oben S. 11 N. 3 erwähnten Supplikenrotulus der Reimser Handschrift n. 831 gleich. An der Glaubwürdigkeit der beiden Viten Benedikts XII. ist um so weniger zu zweifeln, als die Angabe der fünften Vita über die Vorsichtsmaßregeln bei der Übersendung in die Kanzlei jetzt durch die Kanzleiregel, die Teige, MIÖG. 17, 431 n. 9, herausgegeben hat, durchaus bestätigt wird. Wenn Baumgarten, Von der apostolischen Kanzlei S. 18, aus einer Supplik von 1343 (ebenda S. 22) gefolgert hat, daß das Registeramt der Suppliken schon vor Clemens VI. bestanden haben müsse, so beruht das auf einem Mißverständnis, das Berlière, Analecta Vaticano-Belgica 5, S. VIII, ausreichend besprochen hat. Einer eingehenden Erörterung bedarf nur die von Schwalm a. a. O. S. 30 n. 52 veröffentlichte und S. XXXVIff. (vgl. auch Berlière, Analecta 5 S. Xff.) besprochene Supplik, in der ein ungenannter Dekan, der eine vom Papst signierte Supplik verloren hat, diesen um die Erneuerung der Gratie bittet, über deren Bewilligung der Papst sich *per registrum domini B. Stephani* informieren könne. Wenn diese Supplik in die Zeit Johanns XXII. gehörte, wie Schwalm wohl deswegen annimmt, weil er den hier genannten B. Stephani mit dem hinlänglich bekannten Notar dieses Namens identifiziert (vgl. über ihn Schwalm S. 137ff.), so müßte wohl an Supplikenregister schon vor Benedikt XII. gedacht werden. Denn Schwalms Erklärung, daß es sich um eine Art von Privatregister des Notars handele, halte ich für unannehmbar. Als Notar hätte B. Stephani, wenn er nicht zugleich Referendar war, mit Suppliken in Gnadensachen im 14. Jahrhundert amtlich nichts mehr zu tun gehabt (die von Schwalm, NA. 25, 741, mitgeteilten Schreiben an ihn sind keine Suppliken), und von solchen Privatregistern einzelner päpstlicher Kanzleibeamten, wie Schwalm sie annimmt, wissen wir gar nichts. Ganz irrig ist nämlich, was Göller, Röm. Quartalschrift 18, 102, über ein Register des Auditors Hugo Geraldi, das aus der *Audientia litterarum contradictarum* stammen soll, bemerkt, worin Schwalm S. XXXVII einen ganz parallelen Fall erblickt; Hugo Geraldi war überhaupt nicht *Auditor litterarum*

registern nichts; vielmehr beginnt die uns überbliebene Reihe dieser Bücher erst mit Clemens VI., und sie umfaßt aus der Zeit dieses Papstes und seiner Nachfolger Innocenz' VI., Urbans V., Clemens' VII. und Benedikts XIII. 99 Bände,[1] die nach der Rückkehr der Päpste nach Rom lange Zeit in Avignon geblieben waren und erst spät mit

---

contradictarum, sondern *Auditor sacri palatii*, und der von Göller besprochene Codex hat nichts mit der *Audientia litterarum contradictarum* zu tun, in der man überhaupt eigentliche Register niemals geführt hat; dagegen ist es hinlänglich bekannt, daß die *Auditores sacri palatii* über jede ihnen zugewiesene *causa* durch ihren Notar ein eigenes Aktenstück, das auch *registrum* genannt wird (Tangl, KO. S. 88 § 25), anzulegen hatten; damit hängen die von Göller besprochenen Aktenstücke zusammen. Auch die Examinatoren der *pauperes clerici*, die nach einer von Ottenthal, MIÖG. 34, 366, vgl. Berlière, Analecta 5, XII, angeführten Stelle, Analecta 4, 151 n. 344, eigene Register führten, sind keine Kanzleibeamte, und es scheint mir nicht zulässig, aus ihren Registern auf Register der Notare einen Schluß zu ziehen. Ebensowenig aber kann endlich in den Imbreviaturen der Kammernotare Heinrich VII., auf die Schwalm sich bezieht, irgend eine Parallele zu dem, was er zur Erklärung jener Supplik vermutet, erblickt werden: Imbreviaturen und Registerabschriften sind völlig verschiedene Dinge. Überhaupt aber ist die ganze Erklärung, die Schwalm für die von ihm besprochene Supplik versucht, an sich unnötig; denn wir sind weder gezwungen, sie in die Zeit Johanns XXII. zu versetzen, noch den darin genannten B. Stephani mit dem bekannten Notar dieses Papstes zu identifizieren. Denn wenn die von Schwalm als n. 49. 51 gedruckten Suppliken von ihm S. 137 in die erste Zeit Benedikts XII. gesetzt werden, so kann auch n. 52 sehr wohl in die Zeit dieses Papstes fallen; der in der Supplik erwähnte Bischof Johann, der nach dem sechsten Pontifikatsjahr des Papstes (26. Dezember 1339 bis 25. Dezember 1340) verstorben war, könnte Johann von Utrecht (gest. 1. Juni 1341) oder Johann von Lausanne (gest. 15. Februar 1341) sein. Natürlich ist dann weiter auch der in der Supplik genannte B. Stephani nicht als der gleichnamige Notar, sondern vielmehr als ein Supplikenregistrator Benedikts XII. anzusehen; der Name ist so wenig selten, daß gegen solche Annahme nichts einzuwenden ist. Ein Supplikenregistrator B. Stephani begegnet unter Gregor XI. 1371—1375 (Berlière, Revue Bénédictine 25, 43), wird aber mit dem unsrigen nicht identisch sein; dagegen hindert nichts in dem letzteren den Mann zu erblicken, der in einer Urkunde Clemens' VI. von 1345 in dem Vermerk auf dem Bug: *pro B. Stephani infirmo A. de Fractis* genannt wird (Riezler, Vatikanische Akten S. 805 n. 2227) und also damals Skriptor war. Eine noch andere Erklärung, die auf ein Prokuratorenregister hinweisen würde, hat Göller, Zeitschr. der Savignystiftung für Rechtsgesch. Kanon. 1, 388, vorgeschlagen; aber ich glaube nicht, daß an ein solches, dem keine Beweiskraft zukam, überhaupt zu denken ist.

[1] So nach der Zählung Kehrs, MIÖG. 8. 87f., von der die Angaben Denifles und Palmieris abweichen, während die Berlières damit übereinstimmt. Außerdem befand sich ein Band des Supplikenregisters Clemens' VI. in der Biblioteca Barberini, die jetzt in den Vatikan gekommen ist, vgl. Kehr a. a. O. S. 102 N. 3.

anderen Archivalien nach Rom überführt worden sind. Supplikenregister anderer Päpste des 14. Jahrhunderts sind noch nicht wieder aufgefunden worden,[1] mit Ausnahme eines Bandes aus der Zeit Bonifaz' IX., der durch ein wunderbares, bisher nicht aufgeklärtes Geschick auf deutschen Boden, in die königliche Bibliothek zu Eichstätt, verschlagen ist.[2] Dann beginnt die Serie der früher im Archiv der Dataria aufbewahrten, 1892 in das Vatikanische Archiv gebrachten Supplikenregister wiederum mit Martin V.; sie ist mit jenen 99 Bänden des 14. Jahrhunderts zu einer eigenen Archivabteilung vereinigt, die im ganzen für die Periode von Clemens VI. bis Pius VII. nicht weniger als 7011 Bände umfaßt, davon 1121 aus dem 15. Jahrhundert und aus den drei ersten Jahren des folgenden.[3] Die Suppliken sind in diesen Registern ihrem vollen Wortlaut nach, einschließlich der päpstlichen Entscheidung und der unter dieser eingetragenen Datierung, kopiert;[4] gewisse Randvermerke erleichterten die Übersicht, und die Genauigkeit der Abschriften, an denen spätere Korrekturen nur mit höherer Erlaubnis vorgenommen werden durften, scheint sorgfältig überwacht worden zu sein.[5]

Die Supplikenregister der ersten avignonesischen Zeit enthalten, soviel aus den bis jetzt darüber vorliegenden Untersuchungen zu entnehmen ist, nur solche Bittschriften, die vom Papste selbst genehmigt waren. Nicht genehmigte Petitionen wurden in der Regel vernichtet; nur wenn auf einem Blatte oder Rotulus neben genehmigten auch nicht genehmigte Suppliken enthalten waren, wurden diese ganz oder zum Teil mit kopiert, dann aber fast immer durch eine hinzugefügte Bemerkung[6] als abgelehnt kenntlich gemacht. Sonst konnte es nur

---

[1] Daß das Supplikenregister Innocenz' VII. schon 1412 verloren war, ergibt sich aus einer Urkunde Gregors XII., Baumgarten, Von der apostolischen Kanzlei S. 51f.

[2] Vgl. Erler, Hist. Jahrbuch 8, 487ff.

[3] Vgl. Denifle, Archiv für Literatur- und Kirchengesch. 2, 350; Erler, Hist. Jahrbuch 8, 487.

[4] Ein kaum begreiflicher Irrtum ist es, wenn Rieder, Röm. Quellen zur Konstanzer Bistumsgesch. S. XXV, annimmt, daß erst die Supplikenregistratoren die Bittschriften „in eine einheitliche Form" gebracht hätten, „die mit der Kürze des Ausdrucks den Inhalt des wesentlichen verband". — Ein Faksimile aus dem Supplikenregister Clemens' VI. gibt Munch, Opslysninger (dänische Ausgabe) S. 73; ein Faksimile aus dem Supplikenregister Innocenz' VI. ist dem oft zitierten Aufsatze Kehrs beigegeben.

[5] Eine Ausnahme machen die Supplikenregister des Papstes Innocenz VI. oder wenigstens Tom. 28 dieser Register, vgl. Lux, Besetzung der Benefizien (oben S. 11 N. 5) S. 17f.

[6] Z. B. *ad istam papa non respondet.* oder *ista non signata est.*

durch ein Versehen geschehen, daß abgelehnte Petitionen ins Register aufgenommen wurden, und wenn ein solches Versehen vorgekommen war, so wurde das regelmäßig durch eine Randbemerkung[1] konstatiert.

Auch die Suppliken, die der Vizekanzler ohne Vortrag an den Papst von Amts wegen zu genehmigen ermächtigt war (er bediente sich dabei der Formel *concessum*, während der Papst mit *fiat* unterzeichnete),[2] sind, soviel ich sehen kann, anfangs in der Regel nicht registriert worden. Auf den uns erhaltenen Originalsuppliken aus der Zeit Urbans V. und Gregors XI., auf deren Rückseite die vollzogene Registrierung regelmäßig durch ein R, oft unter Hinzufügung des Buches und des Blattes, auf dem die Registerkopie eingetragen war, verzeichnet wurde, fehlen diese Vermerke ausnahmslos, wenn die Suppliken nicht vom Papste, sondern von dem Vizekanzler signiert waren. Auch in dem Berichte der Vita Benedicti XII. über die Einführung des Brauches der Registrierung ist nur von den durch den Papst selbst genehmigten Suppliken die Rede. Und endlich ist in einem Bande der Supplikenregister Innocenz' VI. eine von dem Vizekanzler mit *concessum* signierte Supplik, die dort auf dessen Befehl eingetragen war. nachträglich kassiert und mit dem Vermerk versehen worden: *cancellata de mandato domini cardinalis, quia non debuit registrari.*[3] Schon vor dem Ende des 14. Jahrhunderts aber ist wahrscheinlich die Registrierung auch solcher Suppliken angeordnet worden, doch wurden wenigstens im 15. Jahrhundert die vom Vizekanzler, später auch die von anderen Bevollmächtigten des Papstes genehmigten Suppliken in andere Bände eingetragen, als die vom Papste selbst signierten, so

[1] Z. B. *Non debuit registrari, quia non erat signata* oder *Nota quod ista non erat signata et registrata est ex inadvertencia.*

[2] Näheres darüber s. in Kap. XI.

[3] Vgl. Kehr, MIÖG. 8, 101. Ein zweiter Concessum-Eintrag in den Supplikenregistern Innocenz' VI. (Kehr a. a O.) bezieht sich nicht auf das durch *Fiat* vom Papste selbst erledigte Gesuch, sondern auf eine nachträglich verfügte Veränderung seiner Datierung. Solche nachträgliche Änderungen (*reformationes*) einer vom Papste gewährten Gratie werden häufig vom Vizekanzler selbst angeordnet; die Supplik, in der darum gebeten wurde, wurde mit der zu reformierenden zusammengeheftet (s. das Faksimile bei Berlière, Revue Bénédictine 25, Tafel 2) und mit ihr zusammen registriert. So erklären sich auch die meisten der von Berlière, Analecta Vaticano-Belgica 1, S. XXIV, angeführten, mit *Concessum* signierten Suppliken in den Registern Clemens' VI.; wahrscheinlich (wegen der Randbemerkung: *correcta in supplicatione per dominum vicecancellarium*) auch der Fall von 1343 n. 448. Bei Rieder n. 93 findet sich die Concessum-Signatur bei einer einzelnen Position eines umfangreichen Rotulus, so daß ihre Registrierung leicht erklärlich ist.

daß nun also zwei Serien von Supplikenregistern nebeneinander herliefen.[1]

Nachdem die registrierten Suppliken an die Kanzlei wieder abgeliefert waren, wurden sie an die Abbreviatoren verteilt, die danach die Konzepte der Urkunden anzufertigen hatten. Wie wir früher ausgeführt haben, erfolgte die Verteilung im 14. Jahrhundert und in den ersten Jahrzehnten des 15. durch den Vizekanzler oder seinen Stellvertreter, seit der Organisation der Kanzleiabbreviatoren zu einem festen Kollegium, die Pius II. einführte, durch den Distributor dieses Kollegiums, nach dessen Aufhebung wieder durch den Vizekanzler und seit Sixtus IV. je nach dem Ermessen des Vizekanzlers durch ihn selbst oder durch einen damit besonders beauftragten Abbreviator.[2] Der Kanzleichef (oder der Distributor) bewirkte die Verteilung, indem er einen eigenhändigen Vermerk unter den Text der Supplik setzte.[3]

---

[1] Über die Supplikenregister aus dem Ende des 14. und dem Anfang des 15. Jahrhunderts haben wir bisher nur wenig eingehende Aufklärung erhalten; das beste bringt über die Register Eugens IV. das Repertorium Germanicum 1, S. XV ff. Von den 10 Bänden aus seinem ersten Pontifikatsjahr enthalten acht vom Papste mit *Fiat*, 2 vom Kanzleichef mit *Concessum* signierte Suppliken. Doch sind die vom Kanzleichef in Gegenwart des Papstes signierten Stücke (s. unten Kap. XI) behandelt, wie wenn der Papst selbst sie genehmigt hätte. Zwei Serien von Supplikenregistern sind jedoch nach Denifle, Die Universitäten des Mittelalters 1, S. XX N. 44, schon unter Urban V., Clemens VII. und Benedict XIII. zu unterscheiden. Worin der Unterschied besteht, sagt er weder hier, noch in seiner Ausgabe des Chartularium Universitatis Parisiensis oder in seinem Buche La désolation des églises de France, wo er mehrfach von den Supplikenregistern redet. Wenn es derselbe ist, den das Repertor. Germ. für Eugen IV. feststellt, wären jedenfalls seit dem 4. Jahre Urbans V. auch die Concessum-Suppliken registriert worden. Und von einem Bande des Supplikenregisters Clemens' VII. konstatiert auch Kehr, MIÖG. 8, 102 N. 2, daß in ihm die mit *Concessum* signierten Suppliken in den Vordergrund treten und nur ausnahmsweise Gewährungen mit *Fiat* vorkommen.

[2] S. Bd. 1, 300. Über den Modus der Verteilung im 13. Jahrhundert, als es noch keine Kanzleiabbreviatoren gab und die Suppliken noch nicht registriert wurden, vgl. Bd. 1, 275. Über den Brauch am Ende des 15. Jahrhunderts vgl. die Practica cancellariae ed. Schmitz-Kallenberg S. 22.

[3] In den uns erhaltenen Originalsuppliken Urbans V., Gregors XI. und Clemens' VII. aus der Zeit des Vizekanzlers Petrus de Monteruco, des Kardinals von Pampelona, ist der Distributionsvermerk immer von der gleichen Hand wie die Concessum-Signatur, also von dem Vizekanzler selbst geschrieben. Er lautet *R*[*ecipe*] *G. Baronis* (das ist der Name des Abbreviators) *P*[*etrus*] *Pampil*[*onensis*]. Berlière, Revue Bénédictine 25, 41, hatte diesen Vermerk falsch gelesen und seine Bedeutung mißverstanden; auch Kirsch, Hist. Jahrb. 14, 588, hatte entsprechende Vermerke im Register des Prokurators Sapiti auf Suppliken aus der Zeit des Vizekanzlers Petrus von Palestrina in gleicher Weise irrig

Bisweilen wurde den Abbreviatoren nicht die Originalsupplik, sondern eine im Bureau des Supplikenregisters hergestellte und von den Oberbeamten dieses Bureaus beglaubigte Abschrift aus dem Supplikenregister zugewiesen;[1] solche Abschriften wurden dann ganz wie die Originalsuppliken behandelt. Sie wurden den Parteien übergeben, wenn die Originalsupplik verloren war; doch durfte das nach einer Kanzleiregel Clemens' VII. nur mit Genehmigung des Vizekanzlers geschehen.

Die auf Grund der Suppliken angefertigten Konzepte wurden im 14. Jahrhundert an die Suppliken angenäht. An einer Originalsupplik ist uns noch ein Stück des daran befestigten Konzeptes erhalten; an vielen anderen befinden sich noch die Fäden, mit denen die Befestigung erfolgt war oder es sind wenigstens die Löcher sichtbar, durch die einst die Fäden gezogen waren. Reste solcher Fäden befinden sich auch noch an einigen uns erhaltenen Originalkonzepten des 14. Jahrhunderts, von denen noch die Rede sein wird. Am linken Rande der genehmigten Suppliken, oder, wenn in einer Supplik mehrere Bitten enthalten waren, des genehmigten Teiles der Suppliken steht oft der Buchstabe E (in uncialer Form). Ich vermute, daß dies Zeichen von dem Abbreviator nach Anfertigung des Konzeptes hinzugefügt wurde und daß es *expedita* bedeutet.[2]

Suppliken in reinen Justizsachen wurden der Regel nach nicht

gedeutet. Doch ist der Irrtum schon von Baumgarten und Göller bemerkt und jetzt auch von Berlière, Analecta Vaticano-Belgica 5, S. XV, richtig gestellt worden. — In dem einzigen uns erhaltenen Bande des Supplikenregisters Bonifaz' IX. (s. oben) stehen über und oft auch unter den Abschriften der einzelnen Suppliken Namen am Rande, die Erler, Hist. Jahrb. 8, 492, für die Namen der mit der Abfassung der Konzepte beauftragten Beamten, d. h. also der Abbreviatoren oder der Sekretäre, gehalten hat. Wenn das richtig wäre, so müßte also die Distribution der Suppliken an die Konzipienten schon vor der Registrierung erfolgt und auf den Originalsuppliken vermerkt sein. Diese Annahme aber würde gegen alles verstoßen, was wir über die Geschäftsbehandlung der Suppliken noch am Ausgang des 15. Jahrhunderts wissen. Sicher sind demnach die rechts oben am Rande stehenden Namen nicht auf Abbreviatoren, sondern auf Referendare zu beziehen, die bei der Bescheidung der Petition mitgewirkt haben.

[1] *Sumptum de registro*, vgl. Reg. canc. Greg. XI. 59; Clem. VII. 126; Bened. XIII. 104; Martin V. 70; Ottenthal, Kanzleiregeln S. 35. 118. 139. 201. In der oben erwähnten Reimser Handschrift sind mehrere solcher Transsumpte erhalten.

[2] Ähnliches scheint auch Berlière, Revue Bénédictine 25, 43f., anzunehmen.

in die Supplikenregister eingetragen.[1] Wir kannten sie bisher nur aus den Formularen und einer Anzahl von Abschriften, die uns in Prozeßakten erhalten waren und aus denen auch über ihre geschäftliche Behandlung Aufschluß zu erhalten war;[2] doch ist in den neueren Arbeiten über die Suppliken der Päpste von ihnen nur wenig die Rede gewesen. Um so willkommener ist es, daß in der früher erwähnten Reimser Handschrift sich sechs signierte Originalsuppliken in Justizsachen erhalten haben,[3] die uns über ihre Erledigung doch noch manches lehren, was aus dem bisher bekannten Material nicht zu entnehmen war.

Die Bitte war in den Justizsuppliken in der weitaus überwiegenden Mehrzahl der Fälle auf die Bestellung eines päpstlichen delegierten Richters gestellt, der einen Prozeß, sei es in erster, sei es in der Appellationsinstanz, entscheiden oder bei einer nachgewiesenen

---

[1] Vgl. schon Schmitz-Kallenberg, Practica cancellariae S. XIX N. 2. So sagt auch die Practica cancellariae von 1549 S. 8: *Nota, quod litterae de iustitia nec nunc nec olim fuerunt registratae.* Doch konnte es vorkommen, daß auf eine als Gratialsupplik gefaßte Eingabe der Papst die Anfertigung eines Justizbriefes anordnete: wenn es sich nämlich um eine Bitte handelte, deren Berechtigung der Papst durch ein Prozeßverfahren festgestellt wissen wollte. Ein Beispiel dafür aus der Zeit Clemens' VI. bei Bliss a. a. O., Petitions 1, 81: der Prior von Wenloch erbat gleichzeitig mit anderen Gnaden auch eine Verfügung des Papstes, daß der Bischof von Hereford und andere Visitatoren des Klosters sich mit einer Prokuration begnügen sollten, während sie zwei beanspruchten; darauf entschied der Papst: *Fiant littere iusticie in cancellaria.* Diese Supplik ist dann als eine Gnadensache behandelt und deshalb natürlich registriert worden. Nicht so einfach ist die Registrierung der Supplik des Klosters Salem an Urban V., Rieder, Röm. Quellen S. 79 n. 358, zu erklären. Die Signatur hat wohl nicht der Papst, sondern der Vizekanzler gegeben, da der Signaturbuchstabe fehlt; wahrscheinlich ist aber dem Papst besonderer Vortrag gehalten worden, und so mag die Supplik unter die gleichzeitig signierten Gratialsuppliken gekommen und mit ihnen ins Supplikenregister gesandt sein. Auch ihre Datierung mit einleitendem Datum (s. unten Kap. XI) spricht dafür. Übrigens war die Registrierung der Justizsuppliken im Supplikenregister schon deshalb nicht erforderlich, weil sie in das Register aufgenommen wurden, das die beauftragten Richter über die Prozesse anzulegen hatten (s. oben S. 13f. N. 4).

[2] Vgl. z. B. Mecklenburg. UB. 10, 445 n. 7143; 18, 504. 507 n. 10666. Im Hamburger Staatsarchiv habe ich eine Anzahl von Prozeßregistern mit Abschriften von Justizsuppliken kennen gelernt.

[3] Eine siebente ist zu Anfang und zu Ende so verstümmelt, daß mit ihr nichts anzufangen ist. Aber auch die anderen sechs sind von Berlière so unvollständig und zum Teil so inkorrekt herausgegeben, daß ich auf meine demnächstige Edition verweisen muß.

oder nachweisbaren Rechtswidrigkeit Abhilfe schaffen sollte.[1] Außerdem konnte noch, wenn ein Richter bereits delegiert war, um die Erteilung bestimmter Vollmachten oder bestimmter Aufträge an ihn, z. B. um die Erteilung des Auftrages zur Vollstreckung eines Urteils oder zu seiner Verschärfung, gebeten werden. Die Bitte um Delegation von Richtern, der regelmäßig eine Darlegung des Tatbestandes seitens der klagenden oder appellierenden Partei voranging, wird in dem Formularbuch des Kardinals Guala[2] durch den kurzen Satz: *unde petit iudices* wiedergegeben, und ähnlich heißt es in den Formularen des Bonaguida von Arezzo:[3] *unde petit causam committi tali etc.*; wahrscheinlich aber hat die volle Formel so gelautet, wie sie schon Buoncompagno von Florenz[4] wiedergibt: *petit a S. V., quatinus . . . causam . . . committere dignemini.* Im 14. Jahrhundert ist sie viel ausführlicher; es heißt etwa: *N. supplicat* (oder *pro parte N. supplicatur*) *S. V., qualenus causam et causas, que vertitur, vertuntur et verti sperantur inter N. ex una parte et N. ex altera* (oder: *quam et quas movere intendit contra N.*) *alicui . . . committere dignemini audiendas, decidendas et fine debito terminandas cum emergentibus, incidentibus, dependentibus et connexis*, woran sich dann noch die weitere Bitte um Erteilung besonderer Vollmachten und die Erwähnung der erbetenen Non-obstante-Klauseln anschließen konnten.[5]

Die Bescheidung der Justizsuppliken, die wir kennen, erfolgte wohl schon im späteren 13., jedenfalls im 14. Jahrhundert in der Regel durch den Vizekanzler,[6] und zwar je nach Lage der Sache, worauf wir zurückkommen, mit oder ohne Einholung der päpstlichen Willensmeinung. Daß der Papst selbst darüber entschied, war natürlich nicht ausgeschlossen; dann scheint aber die Beauftragung eines Richters

[1] Vgl. unten Kap. XI über die an der Kurie geltende Anschauung in bezug auf ihre Kompetenz. — Auf die Fragen des materiellen Prozeßrechtes (Voraussetzungen für die Bestellung zum delegierten Richter u. a. m.) ist hier natürlich nicht einzugehen; sie gehören der Urkundenlehre nicht an.

[2] S. oben S. 5.

[3] MIÖG. 17, 411.

[4] QE. 9, 151.

[5] Daß die Formulierung der Bitte auch im 15. Jahrhundert noch wesentlich die gleiche war, zeigt z. B. eine Supplik an Sixtus IV., Chmel, Mon. Habsburgica 1, 366 n. 129. Nur ist hier, was mir in Suppliken des 14. Jahrhunderts noch nicht begegnet ist, der von dem Aussteller gewünschte Kommissar schon in der Supplik selbst bezeichnet.

[6] Später traten auch hier, wie bei den Gnadensachen (s. unten Kap. XI) Referendare, die zur Signatur besonders ermächtigt waren, ein, vgl. Tangl, KO. S. 203.

regelmäßig nicht schriftlich, sondern mündlich (*vive vocis oraculo*) erfolgt zu sein.[1] Wurden Richter delegiert, die außerhalb der Kurie amtieren sollten (die Genehmigungsformel lautete dann: *concessum quod committatur in partibus*), so wurde die Supplik ähnlich behandelt, wie das bei Gnadensachen üblich war; nur die Registrierung fiel fort. Der Vizekanzler überwies sie also nach ihrer Genehmigung und Datierung einem Abbreviator zur Anfertigung des Konzeptes, und sie wurde nach Erledigung dieses Auftrages mit dem oben erwähnten Expeditionsvermerke (unzialem E) versehen.[2] Sollte aber der Prozeß an der Kurie selbst, in der *Audientia causarum* (*Audientia sacri palatii*, *Rota*) verhandelt werden, so wies der Kanzler die Supplik unmittelbar einem der Auditoren zu; der von ihm unter die Supplik gesetzte Bescheid lautet dann: *audiat magister N. et iustitiam faciat*, woran sich unter Umständen, ebenso wie bei einer *commissio in partibus*, noch weitere Vollmachten anschließen konnten. Datiert wurden solche Audiat-Bescheide nicht;[3] auch erfolgte keine Überweisung der Supplik an einen Abbreviator und ein Expeditionsvermerk findet sich nicht darauf.[4] In diesen Fällen wurde also eine eigentliche

---

[1] Vgl. z. B. Mecklenburg. UB. 18, 252 n. 10411.

[2] Es ist also nicht ganz zutreffend, wenn Schmitz-Kallenberg, Practica cancellariae S. XIX N. 2 meint, bei Suppliken in Justizsachen habe in der Regel die Signatur genügt. Das gilt nur, wie oben im Texte ausgeführt ist, von Kommissionen an die *Auditores sacri palatii*, aber nicht bei Kommissionen *in partibus*. Auch sind ja solche Kommissionsurkunden in großer Zahl bekannt. Erst im 15. Jahrhundert, zumal gegen dessen Ende, kommt es ausnahmsweise vor, daß der Papst statt einer solchen Kommission die signierte Supplik in einem Breve dem Kommissar übersendet und ihre Ausführung befiehlt; vgl. das Breve vom 8. Juli 1475 an den Bischof von Laibach bei Chmel, Mon. Habsburg. 1, 366 n. 129. Um einen ähnlichen Fall handelt es sich bei der von Sixtus IV. signierten Supplik, die Steffens, Lat. Palaeographie Taf. 117 abbildet. Das Stift S. Giorgio in Alga bittet um Aufhebung einer von Paul II. erteilten Kommission. An die genehmigte Hauptbitte schließt sich die weitere: *et quod expediatur in forma brevis cum insertione presentis supplicationis*, die ebenfalls genehmigt wird. Ebenso ist der Supplik an Sixtus IV. um Kassation eines Prozeßverfahrens, die Lichatschew Taf. 15 abbildet, die weitere Bitte: *et per breve S. V.* hinzugefügt, die gleichfalls genehmigt ist; und die Dorsualnotiz (Taf. 16): *introcluso al breve di Sisto IV. sped. sotto di 28. settembre 1475* bezieht sich eben hierauf. Der Grund der Bitte, die auch im Falle von 1475 von dem Impetranten gestellt war, wird Kostenersparnis gewesen sein.

[3] Über einen Ausnahmefall s. oben S. 19 N. 1.

[4] Auf zwei solchen uns erhaltenen Originalsuppliken stehen unten links später gestrichene Vermerke, einmal *impetra ad duas dietas*, einmal *concedenda*. Sie werden von einem Referendar herrühren, der die Entscheidung des Vizekanzlers vorbereitete.

Kommissionsurkunde auf Grund der Supplik überhaupt nicht ausgefertigt; vielmehr wurde, wie wir aus den oben erwähnten Prozeßakten wissen und wie auch aus den Dorsualnotizen der uns erhaltenen Stücke deutlich hervorgeht, die mit dem Audiat-Vermerk versehene Supplik selbst durch einen päpstlichen *cursor* dem vom Vizekanzler bestimmten Auditor im Amtslokal der Rota oder in seiner eigenen Wohnung zugestellt, und das genügte zur Einleitung des Prozesses.[1] Der Auditor ließ die Supplik dann durch einen Notar in dem Spezialregister, das er über jeden ihm überwiesenen Prozeß anzulegen hatte, kopieren.[2]

Aus dem Umstand, daß genehmigte Originalsuppliken des 14. Jahrhunderts in Gnaden- oder Justizsachen bisher in Empfängerarchiven noch nicht haben nachgewiesen werden können, während eine große Anzahl davon, die offenbar aus der päpstlichen Kanzlei oder aus dem Nachlaß päpstlicher Beamten stammen, uns in den beiden oben erwähnten Handschriften erhalten sind, darf gefolgert werden, daß es damals noch nicht üblich war, die genehmigten Suppliken nach der Ausfertigung der Urkunden deren Empfängern zu überlassen, sondern daß sie bei der Kurie verblieben. Nach Erledigung der Angelegenheit, auf die sie sich bezogen, scheinen sie dann als wertlose Papiere behandelt zu sein.[3]

Im 15. Jahrhundert dagegen gelangten die signierten Suppliken während der verschiedenen Stadien, die sie bis zur endgültigen Ausfertigung einer Gratialurkunde zu durchlaufen hatten, zu wiederholten Malen in die Hände der Impetranten oder ihrer Prokuratoren; und diese konnten sie, wenn schließlich die Reinschrift an das Siegelamt zur Bullierung abgeliefert oder zur Ablieferung fertig war, von dem Kustos der Kanzlei

[1] Die uns in großer Zahl erhaltenen päpstlichen Erlasse an die Auditoren sind, wenn ich nichts übersehen habe, keine Kommissionen, sondern enthalten Verfügungen in einer bereits vor dem betreffenden Auditor anhängigen Prozeßsache; es sind durchweg Gratialverfügungen. — In der Kanzleiregel Nikolaus' V. n. 29 (Ottenthal S. 258) bezieht sich der Relativsatz: *super quibus apostolice littere confecte non fuerint*, nicht, wie Ottenthal im Register S. 282 *s. v. commissiones* angenommen zu haben scheint, auf *commissiones*, sondern auf *gratiarum*.

[2] Einmal steht auf der Rückseite einer Originalsupplik in Justizsachen ein Registraturvermerk, der von dem Notar des Auditors herrühren wird.

[3] Die Annahme Erlers, Hist. Jahrb. 8, 491, daß zur Zeit Bonifaz' IX. die Originalsuppliken in der Kanzlei zu förmlichen Bänden vereinigt und so aufbewahrt worden seien, widerstreitet allem, was wir für die vorangehende und die spätere Zeit wissen, und muß auf einem Mißverständnis beruhen.

gegen eine geringe Gebühr einlösen, um sie zu behalten.[1] Daher kommt es, daß sich aus dem 15. und 16. Jahrhundert eine ganze Anzahl signierter Originalsuppliken in den Archiven der Empfänger erhalten haben.[2]

Da die päpstliche Bewilligung durch die Genehmigung der Supplik Rechtskraft erhielt, wenn sie auch noch nicht unmittelbar vollstreckbar war, und da das Datum der Supplik, wie wir noch hören werden, für das Datum der daraufhin auszustellenden Urkunde maßgebend war, gleichviel, wann diese geschrieben wurde, so konnte es den Parteien unter Umständen erwünscht sein, nachdem sie die Signierung ihrer Petition erwirkt hatten, die Expedition der Urkunde selbst hinauszuschieben.[3] Das muß bereits im 14. Jahrhundert mehrfach vorgekommen sein; denn schon 1365 hat Urban V., um solchen Verzögerungen entgegenzutreten, verfügt, daß von ihm bewilligte Gratien als annulliert gelten sollten, wenn nicht binnen einer Frist von zwei Monaten nach der Signierung die Urkunden darüber erwirkt wären.[4] Gregor XI. hat diese Frist auf vier Monate verlängert,[5] und 1418 ist sie von Martin V. auf sechs Monate ausgedehnt worden.[6] Um diese Zeit muß aber auch schon vielfach der Versuch gemacht worden sein, auf Grund einer genehmigten Supplik allein, also unter Ersparung der Kosten, welche die Ausfertigung der Urkunden veranlaßte,[7] den Besitz von Benefizien zu erlangen und sogar Prozesse um dieses Besitzes willen einzuleiten. Denn solchen Bestrebungen sind die Päpste seit Martin V. entschieden entgegengetreten, und immer aufs neue wurde durch Kanzleiregeln verboten, auf Grund solcher Suppliken Benefizien in Besitz zu nehmen oder sie zur Einleitung von Prozessen zu benutzen;[8] alle prozessuali-

[1] Practica cancellariae ed. Schmitz-Kallenberg S. 31, vgl. Vestrius, In Romanae aulae actionem et iudiciorum mores introductio ed. 1574 S. 1' a.

[2] Vgl. z. B. die Faksimiles bei Arndt-Tangl, Schrifttafeln 3, 107; Steffens, Lat. Palaeographie Taf. 117; Recueil de facsimilés de l'école des chartes Taf. 67; Schmitz-Kallenberg a. a. O. Taf. 1. Vgl. ferner das „Supplikenkompendium" aus Montoliveto bei Siena, Lichatschew S. 126.

[3] Vgl. für das folgende Schmitz-Kallenberg, Practica S. XIXff.

[4] Ottenthal, Kanzleiregeln S. 21 n. 32.

[5] Ebenda S. 29 n. 31; Benedikt XIII. (ebenda S. 129 n. 32) läßt die Expedition auch nach vier Monaten auf Spezialbefehl des Vizekanzlers zu.

[6] Ebenda S. 204 n. 86; vgl. S. 214 n. 116.

[7] Daß es sich darum handelt, zeigt u. a. der Brief des Kardinals Bessarion, den Černik, Jahrbuch des Stiftes Klosterneuburg 4, 329, mitteilt: *cum ea clausula, quod sola signatura sufficiat, ad evitandum magnas expensas in litterarum expedicione subeundas.*

[8] Vgl. die Verfügungen Martins V., Ottenthal S. 204 n. 86; 214 n. 117; Nikolaus' V., ebenda S. 257 n. 25; 260 n. 39; Sixtus' IV. und Innocenz' VIII., Schmitz-Kallenberg, a. a. O. S. XXI N. 2.

schen Handlungen, die auf Grund von Gnadenbewilligungen vorgenommen würden, über die keine Urkunden ausgestellt seien, hat Nikolaus V. für null und nichtig erklärt.[1]

Da also, wo Rechte dritter in Frage kommen konnten, hat man an dem Grundsatz, daß nicht die genehmigte Supplik, sondern nur die ausgefertigte Urkunde vollstreckbar sei, festgehalten, wenngleich Mißbräuche nicht immer verhütet sein werden. Dagegen kam es im 15. Jahrhundert[2] nicht selten vor, daß bei der Bewilligung solcher Gratien, die nur die Bittsteller allein angingen, also bei Indulgenzen, Dispensen und persönlichen Vergünstigungen jeder Art, von der Ausfertigung der eigentlichen Urkunden Abstand genommen wurde. Zu diesem Behuf wurde am Schlusse der Supplik eine Bitte gestellt, die ungefähr so lautete: *et quod presentis supplicationis sola signatura sufficiat absque aliarum litterarum desuper confectione;*[3] diese Bitte mußte dann besonders genehmigt werden.[4] Da also diese Suppliken die Stelle der Bullen selbst vertreten sollten, wurden sie in der Regel nicht auf Papier, sondern auf Pergament geschrieben[5] und nicht selten prächtig ausgestattet, indem insbesondere die Worte *Beatissime pater*, mit denen sie zu beginnen pflegen, mit buntem Schmucke versehen wurden; ihre Herstellung erfolgte wohl regelmäßig in Rom selbst.[6] Weil auf Grund solcher Suppliken ebenso wie auf

---

[1] Ottenthal, Kanzleiregeln S. 258 n. 29.

[2] Die ersten mir bis jetzt bekannten Fälle gehören in die Zeit Eugens IV., vgl. z. B. Repertor. Germanicum 1, 384 n. 2385; Černik, Jahrbuch des Stiftes Klosterneuburg 4, 334 mit Faksimile auf Taf. IV.; ferner das Faksimile bei Lichatschew S. 126 und unten N. 6.

[3] Natürlich kommen kleine Varianten der Formel vor.

[4] Das geschah entweder durch den Papst mit *fiat* oder durch einen Vertreter mit *concessum*.

[5] Doch kommt auch Papier vor; vgl. die Supplik an Alexander VI. bei Lichatschew, Taf. 13 und dazu Salomon, NA. 32, 471 N. 1.

[6] Zu den ältesten solcher Prunksuppliken gehören die des Klosters St. Lambert zu Altenburg (Fontes rer. Austriacarum 21, 92 n. 83), die von Kloster S. Margarita zu Bologna (Lichatschew Taf. 22) und die von Klosterneuburg (oben N. 2) an Eugen IV. Vgl. ferner die Abbildungen solcher Prunksuppliken des Kurfürsten Albrecht Achilles von Brandenburg an Sixtus IV. und des Herzogs von Jülich an Innocenz VIII., die Schmitz-Kallenberg (Hohenzollern-Jahrbuch 9, 207ff. und Practica cancellariae Taf. 6) herausgegeben und erläutert hat. Beschreibungen anderer Prachtsuppliken geben u. a. Luschin, Mitteilungen der k. k. Zentralkommission zur Erforschung und Erhaltung der Baudenkmäler 17 (1872), XLIV (Kloster Göß an Innocenz VIII.); Lehner, NA. 19, 468ff. (Kloster Inzigkofen bei Sigmaringen an Alexander VI.); Schmitz-Kallenberg, Hohenzollern-Jahrbuch 9, 209 N. 2 (Karl von Geldern an Leo X.). Schmucklos

Grund der früher erwähnten Kommissionen an Auditoren der Rota eigentliche Urkunden nicht ausgefertigt wurden, so wurden sie ebenso wie jene anfangs weder datiert noch registriert;[1] doch verfügte Innocenz VIII. im Jahre 1488, daß die *Confessionalia in forma „Beatissime pater“* (sie gehören zu den signierten Suppliken, von denen wir reden) fortan gleichfalls vom Datar mit einem Datum versehen werden sollten.[2] Im übrigen scheint es üblich gewesen zu sein, daß die Impetranten solcher Suppliken bald nach ihrem Empfange beglaubigte Abschriften davon herstellen ließen, die natürlich datiert waren.[3]

Auch an den Höfen weltlicher Fürsten des Mittelalters ist die Einreichung von Bittschriften früh üblich gewesen. Bereits seit dem 8. Jahrhundert enthalten die Formularbücher und Briefsteller Musterbeispiele für die Abfassung solcher Petitionen,[4] und in den Lehrbüchern der *Ars dictandi* des späteren Mittelalters findet man mehr oder weniger eingehende Anleitungen dazu.[5] Nicht selten wird auch in den Urkunden der Könige selbst die Einsendung von Bittschriften, auf Grund

---

sind z. B. die Suppliken des Klosters S. Dorothea zu Wien an Sixtus IV. (Černik a. a. O. S. 335 mit Faksimile auf Taf. 5) und des Klosters Asbeck an denselben (Schmitz-Kallenberg, Practica S. XX N. 3; XXII N. 1. 2).

[1] Eine Ausnahme macht die in der vorigen Note erwähnte Supplik des Klosters S. Dorothea zu Wien von 1472, die datiert ist. Das erklärt sich aus dem Briefe des Kardinals Bessarion, der ihre Signierung erwirkt hat, Černik S. 329. Der Kardinal hat außer der uns erhaltenen Pergamentsupplik noch eine zweite gleichlautende, auf Papier geschriebene signieren und diese registrieren lassen, damit das Kloster, wenn es doch noch eine Urkunde wünsche, sich diese ausstellen lassen könne; damit die Supplik registriert werden konnte, mußte sie datiert werden, und diese Datierung ist auf beiden Exemplaren der Supplik eingetragen.

[2] Vgl. Schmitz-Kallenberg, Practica S. XXII N. 4.

[3] Nur aus solchen Abschriften kennen wir die Suppliken Kaiser Friedrichs III. und Maximilians I. an Sixtus IV., Chmel, Mon. Habsburg. 1, 324 n. 107; 359 n. 124; 364 n. 128. In einer dieser Abschriften sagt der transsumierende Propst Thomas von Cilli, daß er die signierte Originalsupplik vom Papste selbst erhalten habe. Auch solche Transsumpte wurden bisweilen als Prunkausfertigungen mit reichem Schmucke hergestellt, vgl. die Abbildung der Abschrift einer Supplik an Julius II., Černik a. a. O. Taf. VI.

[4] Die ältesten sind Form. Murbacens. 4. 5 aus der Zeit Karls des Großen und vor 800; vgl. auch Form. Bitur. 14.

[5] Vgl. Buoncompagni, *Notula qua doctrina datur quomodo petitiones imperatoribus et regibus porriguntur* (QE. 9, 154); den Abschnitt *de litteris petitoriis* in der sächsischen *Summa prosarum dictaminis* (ebenda 9, 230f.) und in der *Summa dictaminum* des Magisters Ludolf (ebenda 9, 389f.) oder im Baumgartenberger Formularbuch (ed. Bärwald S. 35ff.) usw.

deren sie erlassen sind, erwähnt,[1] und einzelne derartige Suppliken sind uns aus fast allen Jahrhunderten des Mittelalters erhalten geblieben.[2] Aber die Fälle, in denen man sich so auf schriftlichem Wege an den König wandte, sind in Deutschland, wenigstens in älterer Zeit, doch immer nur Ausnahmen geblieben, und wie das der Natur der hier bestehenden Beziehungen zwischen dem Herrscher und seinen Untertanen entsprach, so blieb es auf deutschem Boden immer die Regel, der zahllose Urkunden aller Zeiten Ausdruck geben, daß wer immer etwas von dem Herrscher zu erbitten hatte, dies ihm in eigener Person vortrug oder allenfalls, wenn er behindert war, durch Boten, zumeist aber in mündlichem Berichte, vortragen ließ. Daher ist es denn auch in Deutschland niemals zu bestimmter Regelung des Petitionswesens gekommen, wie wir sie am päpstlichen Hofe kennen gelernt haben; und nur die sizilianischen Kanzleiordnungen Friedrichs II. und seiner Nachfolger enthalten eine Reihe von Bestimmungen über die Behandlung der eingehenden Bittschriften, die nach den Anordnungen jenes Kaisers[3] täglich früh am Morgen und wiederum zur Abendzeit vor

[1] Vgl. Z. B. DM. 4. 9; Mühlbacher, Reg.[2] n. 73. 913. 1531. 1532; St. 2360. 3964.

[2] Vgl. Bittschrift des Venerius von Grado an Ludwig d. Fr. MG. Epp. 5 (Kar. 3), 314 n. 11. Auszug aus einer Bittschrift an Otto I. in DO. I. 410. Bittschrift der Herzogin Hualderada an die Kaiserin Adelheid, Ficker, Jt. Forsch. 4, 39. Bittschriften des Abtes Erluin von Gembloux aus der Zeit von 962—986 (oder 987), NA. 23, 384ff. Bittschrift des Abtes Hugo von Farfa an Konrad II., SS. 11, 543; des Bischofs Burchard II. von Halberstadt an Heinrich IV., UB. Bistum Halberstadt 1, 69 n. 98. Petitionen an Friedrich II., Winkelmann, Acta 1, 600. 601; an Konrad IV. n. 672; an Richard, Hameler UB. 1, 37 n. 51. Petitionen an Heinrich VII., MG. Const. 4, 653 n. 687, 956 n. 924, 958 n. 925, 1088 n. 1049 (in der Fassung ganz nach dem Muster der Suppliken an den Papst); Ficker, SB. der Wiener Akademie 14, 242 n. 86, ferner Auszüge aus anderen Petitionen mit den darauf gefaßten Beschlüssen in dem *Liber propositorum et expeditorum in consilio* bei Dönniges, Acta 1, 51ff. und Const. 4, 999ff. n. 958ff. Auszug aus einer Petition der Stadt Gmund an Sigmund mit darauf geschriebenem Beurkundungsbefehl, Lindner, Urkundenwesen S. 139 usw.

[3] Winkelmann, Acta 1, 736. — In einer späteren sizilianischen Kanzleiordnung, ebenda 1, 739, wird der zur Empfangnahme der Bittschriften bestimmte Beamte *peticionarius* genannt. Der Bescheid wurde nach dieser, wie nach der Kanzleiordnung Friedrichs II. *in tergo* der Petition vermerkt. Nach der Kanzleiordnung Karls I. von 1268 (ebenda 1, 743) nahm der Protonotar die Bittschriften in Empfang. Ein Auszug derjenigen, welche Gnadensachen betrafen, wurde in französischer Sprache auf einen Rotulus geschrieben und dem Könige vorgelegt. *In tergo* der Petitionen wurde vermerkt, von welchem Bureau sie zu bearbeiten seien. Nach der Kanzleiordnung von 1272 (ebenda 1, 745) empfing nicht mehr der Protonotar, sondern ein vom König bestimmter Beamter die Bittschriften und sandte sie entweder direkt oder nach einem Vortrage vor dem Könige an den Protonotar.

dem Hause der Kanzlei in Empfang genommen, demnächst an drei Wochentagen in der Kanzlei verlesen und sodann der weiteren Geschäftsbehandlung zugeführt werden sollten.

Auf diese Geschäftsbehandlung, die wenigstens im späteren Mittelalter wie an der päpstlichen Kurie so auch im sizilianischen Reich, je nach der Natur der Angelegenheit, um die es sich handelte, in verschiedenen Bureaus und nach bestimmten, uns zum Teil erhaltenen Instruktionen erfolgte, kann hier im allgemeinen nicht weiter eingegangen werden; nähere Ausführungen darüber würden zu Auseinandersetzungen über die Geschichte der mittelalterlichen Verwaltungsorganisationen führen, die außerhalb des Rahmens dieses Werkes liegen. Nur einige der dabei in Betracht kommenden Fragen sind doch auch für die Urkundenlehre von so erheblichem Interesse, daß ihre Erörterung nicht umgangen werden kann.

Wie im langobardischen,[1] so war es auch im fränkischen Reiche von jeher üblich, daß alle, die den König um Bestätigung oder Anerkennung eines Rechtes ersuchten, das sie durch Urkunden, sei es seiner Vorgänger für sie selbst oder ihre Vorgänger, sei es anderer Personen, erworben hatten, diese Urkunden selbst vorlegten. Schon die ältesten uns erhaltenen Merovingerdiplome bieten Belege für diesen Brauch. So legte 625 der Abt Dodo von St. Denis Chlothar II. eine Schenkungsurkunde vor, deren Bestätigung er wünschte;[2] so konfirmierte Childerich II. dem Kloster Stablo Schenkungsurkunden seines Vorgängers Sigibert II., die ihm vorgelegt waren;[3] so produzierte 687 der h. Bertinus dem Könige Theuderich III. alle Schenkungsurkunden für das von ihm begründete und nach seinem Namen benannte Kloster, um eine Bestätigung seiner gesamten Besitzungen zu erlangen;[4] so der Bischof Papolenus 692 dem König Chlodwig III. einen Tauschvertrag, den sein Vorgänger Remaclus mit König Childerich geschlossen hatte.[5] Ebenso setzen schon die ältesten merovingischen

[1] Vgl. Chroust, Untersuchungen über die langob. Königs- und Herzogsurkunden S. 68f.

[2] DM. 10. K. Pertz' Regest dieser Urkunde ist verkehrt; von einer vorhergehenden Anerkennung der Schenkung durch König Dagobert ist in dem Diplom nicht die Rede; vielmehr ist der darin erwähnte *inluster vir Daoberethus* der Sohn Baddos und der Aussteller der vorgelegten Donationsurkunde; vgl. Sickel, Monumenta Germaniae historica. Diplomatum Tomus I besprochen S. 38ff., und die Restitution des im Original arg verstümmelten Textes bei Havet, Oeuvres 1, 227 N. 6.

[3] DM. 27. 29.

[4] DM. 56.

[5] DM. 62.

Formulare für Bestätigungsurkunden über Immunitätsverleihungen, Schenkungen usw. die Vorlegung der Urkunden, die bestätigt werden sollten, voraus.[1] Und daß der gleiche Brauch bis ins späteste Mittelalter galt, lehren nicht bloß zahllose Beispiele, die jede größere Urkundensammlung bietet,[2] sondern auch ausführliche Nachrichten darüber liegen vor.[3] So ließ sich König Sigmund[4] im Jahre 1418, als die Stadt Frankfurt die Bestätigung eines ihr von Karl IV. verliehenen Privilegs erbat, zunächst eine beglaubigte Abschrift davon aushändigen und diese genau prüfen, begnügte sich dann aber nicht damit, obwohl in jener Zeit authentischen Kopien zumeist voller Glaube geschenkt zu werden pflegt, sondern verlangte sogar das Original jener Urkunde zu sehen, dessen Vorlegung dann freilich der Rat der Unsicherheit der Straßen wegen verweigerte und an dessen Stelle er noch ein zweites Transsumpt einsandte.

Die so eingereichten Urkunden wurden vom König eingesehen und vor ihm verlesen;[5] eine Förmlichkeit, die sich bisweilen sehr in die Länge gezogen haben muß, da es sich häufig um eine größere Zahl von Dokumenten handelte,[6] und der sich doch selbst Herrscher, die der lateinischen Sprache nicht mächtig waren, wie Konrad II., nicht entzogen.[7] Nur selten erfahren wir, abgesehen von den in

---

[1] Form. Marc. 1, 4. 16. 17. 31.

[2] Das gilt nicht bloß von königlichen, sondern nicht minder auch von den Urkunden anderer Aussteller, namentlich geistlicher und weltlicher Fürsten. Belege dafür aus dem östlichen Deutschland s. bei Posse, Privaturkunden S. 81 N. 3. Aus Mainz Nass. UB. 1, 64 n. 123 (vgl. Ficker, BzU. 1, 273); 1, 68 n. 127; 1, 78 n. 138; 1, 96 n. 166; 1, 167 n. 229; 1, 285 n. 417 usw. Aus Trier Beyer 1, 428 n. 371; 1, 558 n. 504; 1, 571 n. 515; 1, 642 n. 584; 1, 698 n. 639 usw. Aus Bayern (Herzogtum) QE. 5, 74 n. 34. Aus Schwaben (Pfalzgraf von Tübingen) Wirttemb. UB. 2, 202 n. 418; (Bischof von Konstanz) ebenda 2, 265 n. 468. Die Beispiele lassen sich beliebig vermehren.

[3] Von den im Nachlaß Heinrichs VII. erhaltenen Abschriften von Urkunden, die dem Könige zur Bestätigung vorgelegt wurden, ist schon Bd. I S. 174 die Rede gewesen. Besonders interessant ist der Rotulus des Bischofs von Genf, auf dessen Rückseite seine Petition geschrieben ist, MG. Const. 4, 653 n. 687 mit N. 1.

[4] Vgl. die Korrespondenz Heinrichs von Gelnhausen mit dem Frankfurter Rat bei Janssen 1, n. 564. 567. 568.

[5] Merovingische Beispiele: DM. 10: *inspecta donatione;* 12: *inspecta pactione;* 56: *inspecta ipsa instrumenta.* — Verlesung: Form. Marc. 1, 4. 17. 31. DM. 27. 45. 55. 58. 62 usw. — In späterer Zeit wird die Besichtigung durch die Formel: *obtutibus nostris obtulit* oder ähnlich ausgedrückt.

[6] DM. 58 drei, DM. 61 vier, DM. 85 mindestens sechs Präzepte.

[7] Vgl. Chron. Casauriense ad a. 1027, Muratori, SS. 2[b], 844: *imperator privilegia et chartas coram se legi fecit.* Auch Otto I. wird das nach DO. I.

diesem Zusammenhang nicht weiter zu erörternden Fällen, in denen die Urkunden in einem formellen hofgerichtlichen Prozeßverfahren produziert wurden, etwas Näheres darüber, wie man sich Gewißheit über die Echtheit der vorgelegten Dokumente zu verschaffen suchte. Handelte es sich um Königsurkunden, so wissen wir schon, daß in älterer Zeit auf die Unterschrift des Königs besonderes Gewicht gelegt wurde;[1] in einer Anzahl der oben angeführten Formulare und Diplome aus der Merovingerzeit wird bemerkt, daß sie von der Hand des ausstellenden Herrschers unterschrieben seien; später wird wohl in gleicher Weise das „bekannte Siegel" des Ausstellers betont.[2] Gewiß ist aber, daß in zahlreichen Fällen die Prüfung eingereichter Dokumente nur sehr oberflächlich gewesen sein kann; das beweisen die zahlreichen Falsifikate, die als echt anerkannt und bestätigt worden sind. Und es ändert daran nichts, daß nicht selten über die Frage, ob eine Bestätigung erteilt werden sollte, ein Rechtsspruch der um den König versammelten Großen eingeholt worden ist;[3] die Urteiler waren zu einer sachkundigen Kritik zumeist gewiß noch weniger befähigt, als etwa der König selbst oder die Beamten seiner Kanzlei, wenn ihnen überhaupt die Frage der Echtheit der vorgelegten Urkunden und nicht bloß die andere, ob das dadurch begründete Recht anzuerkennen sei, vorgelegt worden ist. In der Regel scheint man mit der Vertrauensseligkeit, die dem Mittelalter überhaupt eigen war, derartigen Dokumenten, wofern nicht ihre Echtheit von einer Gegenpartei ausdrücklich bestritten und dadurch eine kontradiktorische Verhandlung notwendig gemacht wurde, ohne irgend eine eingehende Prüfung Glauben geschenkt zu haben.[4] Und nur vereinzelt und verhältnismäßig spät

86, vgl. auch DD. O. I. 169. 367, vor ihm zu Frankfurt verlesene Privileg Ludwigs des Frommen kaum völlig verstanden haben. Daß aber auch später noch der Brauch der Verlesung gilt, beweist (eins von vielen Beispielen) die Urk. Rudolfs von Habsburg für Fulda von 1289 (Dronke n. 843), in der acht Privilegien karolingischer und ottonischer Zeit als *coram nostra maiestate perspecta, lecta et intellecta* bestätigt werden. Bisweilen mögen dabei die Urkunden ins Deutsche übersetzt worden sein, wofür *exponere* der technische Ausdruck ist; vgl. St. 2961 von Heinrich IV. (*lectis et expositis in audiencia cunctorum omnibus testamentis signatis a Pippini regis tempore*), St. 3624 von Friedrich I. (*recitari et exponi iussimus*). — Beispiele für Verlesung aus dem Sizilianischen Reiche bei K. A. Kehr S. 120 N. 3.

[1] Vgl. Bd. I, 688.

[2] Bd. I, 691f.

[3] S. darüber im folgenden Kapitel.

[4] Doch ist z. B. nach DO. I. 163 trotz vorgelegter Urkunden noch Zeugenbeweis erhoben worden, ehe auf Grund davon Bestätigung und Restitution verfügt wurde.

begegnen Zeugnisse, die auf ein gewisses, freilich bisweilen ebenso kritikloses Mißtrauen schließen lassen. Wenn es z. B. nach einem Diplom Friedrichs II. von 1222,[1] dem die Leute von Capo d'Istria eine Urkunde Konrads II. zur Bestätigung vorgelegt hatten, in dessen Kanzlei ungebräuchlich war, so alte Privilegien überhaupt zu konfirmieren,[2] so mag der Grund davon der gewesen sein, daß die Prüfung der Echtheit um so schwieriger wurde, je älter das zu prüfende Dokument war oder zu sein vorgab. Sonst aber kommen höchstens vereinzelte Fälle der Art vor, und eine allgemeine Geschäftspraxis, wie sie nach jenem Zeugnis am Hofe Friedrichs II. bestanden haben soll, ist für die Kanzleien anderer Könige nicht zu erweisen.

Auch in dieser Beziehung übertraf die Geschäftsgebarung bei der päpstlichen Kurie an Ordnung und Bestimmtheit diejenige der weltlichen Kanzleien des Mittelalters. Daß auch bei ihr die Einreichung der Dokumente, um deren Bestätigung gebeten wurde, mochten es nun Urkunden früherer Päpste oder anderer Personen sein, seit den ältesten Zeiten hergebracht war, ist zweifellos,[3] wenngleich der Kontext der Papsturkunden nicht so häufig wie der der königlichen diese Vorlegung ausdrücklich erwähnt.[4] Wenigstens in den Fällen nun, in denen es sich um die Bestätigung älterer Papstprivilegien handelte, besaß die Kurie in ihren Registerbüchern ein Mittel zur Kontrolle, wie es der königlichen Kanzlei fehlte; und wenn Grund zum Mißtrauen vorhanden war, wird man gewiß nicht unter-

---

[1] Winkelmann, Acta 1, 218 n. 236.

[2] *Licet apud nos et in curia nostra inusitatum sit, huiusmodi antiqua privilegia renovare, vobis tamen et de solita benignitatis nostre gratia duximus confirmandum.* — Streng durchgeführt ist der Grundsatz übrigens auch unter Friedrich II. nicht, wenngleich unter ihm seltener als unter anderen Herrschern Bestätigungen ganz alter Urkunden vorkommen. Aber, um nur ein Beispiel für das Gegenteil anzuführen: 1230 konfirmiert und inseriert Friedrich dem Bischof von Triest eine Urkunde Lothars von Italien von 948, Winkelmann, Acta 1, 279.

[3] Das ergibt schon der auch hier häufig vorkommende, wörtliche Anschluß der Nachbildungen an die Vorurkunden; vgl. aber auch unten Kap. XI über die Verwendung der Vorurkunden als Konzepte für Bestätigungen.

[4] Aus dem 13. Jahrhundert sind interessant die Erwähnungen älterer eingereichter Privilegien durch Innocenz IV., Marini S. 9, und Gregor IX., vgl. Krabbo, MIÖG. 25, 275ff.; Marini S. 32 usw. Marini S. 50. 52 sind Fälle, in denen, da die Originale nicht nach Rom gesandt werden konnten, anderweite Untersuchung derselben angeordnet wird. In einer der oben S. 11 N. 3 erwähnten ravennatischen Suppliken des 14 Jahrhunderts bittet der Erzbischof um wörtliche Insertion der Privilegien *que in cancellaria vestra duxerit exhibenda.*

lassen haben, sich dieses Mittels zu bedienen.[1] Waren die Registerbücher der Päpste, welche die zu konfirmierenden Privilegien ausgestellt hatten, nicht mehr erhalten, so versagte allerdings dies Mittel, und die päpstliche Kanzlei war dann in derselben Lage, in der sich in derartigen Fällen die königliche befand. Aber statt des hier wenigstens unter Friedrich II. eingeschlagenen Weges, die Bestätigung ganz alter Privilegien überhaupt auszuschließen, bediente sie sich eines anderen; sie beschränkte seit dem 13. Jahrhundert derartige Konfirmationen vielfach ausdrücklich auf eine einfache Transsumierung der vorgelegten Urkunden und fügte eine Klausel hinzu, die verhindern sollte, daß die Transsumierung einer etwaigen Anfechtung der vorgelegten Urkunden entgegengehalten werden könne.[2]

In zahlreichen Fällen konnte die vor den König oder den Papst gebrachte Bitte, mochte sie nun durch die Vorlegung älterer Urkunden unterstützt sein oder nicht, von ihnen ohne weiteres und ganz nach eigenem Ermessen erfüllt oder abgelehnt werden. Aber das war nicht immer der Fall, und insbesondere, wenn die Erfüllung der Bitte die Rechte dritter Personen berührte, pflegte man deren Hinzuziehung nicht zu umgehen. Bei der päpstlichen Kurie bestand, wie wir schon wissen, zu diesem Zwecke seit dem 13. Jahrhundert ein eigenes Bureau — die *Audientia litterarum contradictarum*[3] —, in dem Gelegenheit zum Einspruch gegen die Aushändigung der ausgefertigten Urkunden an die nachsuchende Partei gegeben war. Etwas Ähnliches sieht die Kanzleiordnung Friedrichs II. vor, indem sie bestimmt, daß alle in Angelegenheiten von Privatpersonen ausgefertigten Urkunden an drei Wochentagen öffentlich in der Kanzlei verlesen werden sollen und daß hier zum Einspruch dagegen Gelegenheit gegeben werden soll.[4] Daß aber auch unter den Vorgängern und Nachfolgern Friedrichs II. Einrichtungen dieser Art bestanden hätten, ist nicht überliefert. In Deutschland wie in Italien wird dagegen sehr häufig und in Urkunden

[1] Beispiele von Fällen, in denen auf die Register rekurriert worden ist, gibt Delisle, Mém. sur les actes d'Innocent III., BEC. 19 (1858), 15.

[2] Nur diesen Sinn kann die Klausel: *Nolumus tamen per hoc ius aliquod novum acquiri monasterio memorato, sed antiquum sibi tantummodo conservari* haben (vgl. z. B. Marini S. 57); auf den Rechtsinhalt der konfirmierten Urkunde kann sie nicht gehen, da die Konfirmation ohnehin nur eine wörtliche Wiederholung davon gibt.

[3] Vgl. Bd. 1, 281 ff.

[4] Winkelmann, Acta 1, 736: *Littere super negociis privatorum impetrate legentur singulis diebus Martis, Iovis et sabbati in hora vespertina publice in cancellaria, et si apparuerit contradictor, contradictionis eidem copia non negetur.*

aller Zeiten, wenigstens nach der merovingischen Periode, auf ein vorhergegangenes gerichtliches Verfahren Bezug genommen,[1] in dem über Rechtsfragen, die bei den Verhandlungen über die Ausstellung einer Urkunde in Frage kommen konnten, entschieden worden ist.[2]

Wichtiger jedoch als die untereinander sehr verschiedenartigen Fälle, in denen die mangelnde Zustimmung einer Person oder Partei, in deren Rechtssphäre die Verfügung des Königs eingriff, durch richterlichen Spruch ergänzt oder ersetzt wurde, sind diejenigen, in denen ein solcher Konsens[3] freiwillig erteilt und, daß dies geschehen, im Kontext der Urkunde erwähnt wurde. Insbesondere bei gewissen Arten von Rechtsgeschäften ist eine solche Erwähnung so regelmäßig, daß sie geradezu als ein Merkmal der darüber ausgestellten Urkunden bezeichnet werden kann.[4]

Hierhin gehören zuerst die Urkunden, durch die der König in kirchliche Angelegenheiten eingriff, insbesondere und zunächst die — im engeren Sinne so genannten — Privilegien, durch welche die Beziehungen zwischen Klöstern und Bischöfen geregelt oder, genauer

---

[1] In der Merovingerzeit pflegte man in solchen Fällen meist eine eigentliche Gerichtsurkunde auszustellen, ohne daß noch ein weiteres Diplom erteilt wurde.

[2] Beispiele aus dem 9. Jahrhundert Sickel, Acta 1, 65; aus dem 10. Jahrhundert DO. I. 367. 392 (Echtheit von Lechner bestritten, doch wohl aufrecht zu erhalten). 419; aus dem 11. Jahrhundert DD. H. II. 302. 364. DK. II. 100. St. 2882; aus dem 12. Jahrhundert St. 3963ª. Die Zahl dieser Belege wäre leicht zu vermehren.

[3] Zur Lehre vom Konsens vgl. jetzt besonders Ficker, Vom Reichsfürstenstande 2, 68ff.

[4] Einzelfälle, in denen der Konsens eines Beteiligten erwähnt wird, wie z. B. DK. I. 2, DK. II. 101, St. 2182, kommen natürlich in verschiedenster Weise zu allen Zeiten vor, können aber hier nicht weiter berücksichtigt werden. Zu ihnen gehört auch der Konsens des Papstes in DO. I. 410, der wohl nur, da dieser gerade mit dem Kaiser zusammen war, aus einer Art von Höflichkeit eingeholt wurde. — Ebenso kann nur hier in der Anmerkung an den auf rein privatrechtlichen Grundsätzen beruhenden Konsens der Erben zu Veräußerungen von Immobilien durch den Erblasser erinnert werden; vgl. Heusler, Institutionen des deutschen Privatrechts 2, 54ff.; Gierke, Deutsches Privatrecht 2, 785ff., und die dort zitierte Literatur. In Privaturkunden wird dieser „Erbenlaub" sehr oft erwähnt; in Königsurkunden nur vereinzelt und erst seit der Zeit, da man bestimmter das Hausgut des Königs, dessen Veräußerung unter Umständen eines solchen Konsenses bedurfte, von dem Reichsgut zu unterscheiden begann. Das erste mir bekannte, sichere Beispiel ist DK. II. 199 vom Jahre 1033; Konrad II. und seine Gemahlin schenken ein Erbgut der letzteren mit Zustimmung ihrer Söhne, des Königs Heinrich III. und des Herzogs Hermann von Schwaben, an Würzburg. Vielleicht aber gehört schon in DH. I. 20 der Konsens Ottos hierher.

ausgedrückt, die Episkopalgewalt zugunsten der Klöster eingeschränkt wurde.[1] In der Merovingerzeit ist die älteste derartige Königsurkunde, das Privileg Dagoberts I. für Resbach von 635, vor der entsprechenden bischöflichen Urkunde erlassen, der Konsens des Bischofs also erst nachträglich eingeholt worden.[2] Aber schon die zweite, das Privileg Chlodwigs II. für St. Denis von 653, stellt sich selbst nur als eine Konfirmation der bischöflichen Urkunde dar und ist außer von dem Diözesanbischof selbst noch von einer großen Anzahl anderer geistlichen und weltlichen Großen, die sich zum Teil ausdrücklich als Konsentienten bezeichnen, unterschrieben worden.[3] Wie dieser Brauch sich in der Karolingerzeit erhalten hat und der Konsens des unmittelbar beteiligten Diözesanbischofs und seiner geistlichen Amtsgenossen sowie anderer Großen in derartigen Privilegien häufig erwähnt und bisweilen auch durch Unterzeichnung seitens der Zustimmenden zum Ausdruck gebracht wird,[4] so kommen einzelne derartige Fälle noch bis ins 12. Jahrhundert hinein vor. So ist die Privilegierung des Nonnenklosters Drübeck 980 von Otto II. mit Zustimmung des Diözesanbischofs Hildward von Halberstadt, des Markgrafen Dietrich, eines Grafen Wicher und anderer Beteiligter verfügt und seine Exemption 1004 von Heinrich II. mit Zustimmung des Bischofs Arnold bestätigt worden.[5] Oder so hat Heinrich IV. 1089, als er der neugegründeten Kirche von Weihen-St. Peter gewisse Freiheiten verbriefte, sich dafür zuvor der Einwilligung des Bischofs von Regensburg und der bei der Angelegenheit gleichfalls beteiligten Äbtissin von Obermünster versichert.[6]

Damit aber hängt es nun zusammen, daß überhaupt bei der Regelung geistlicher Angelegenheiten durch den König, insbesondere auch bei den auf Stiftung und Dotierung sowie auf Verlegung von Bistümern und Klöstern bezüglichen Anordnungen die Zustimmung

[1] Vgl. Sickel, BzD. 4; Acta 1, 65f,; Löning, Kirchenrecht 2, 364ff. 381ff.

[2] Vgl. DM. 15 (dazu Krusch, NA. 25, 134 N. 1); Pardessus n. 275 (dazu, gegen Levillain, Krusch, NA. 31, 363ff.).

[3] DM. 19. — Indem einzelne Sätze späterer Immunitäten für St. Denis einer Privilegienkonfirmation nachgeschrieben sind, ist in erstere auch die Erwähnung des Konsenses mit übernommen worden, die aber, wie Sickel, Acta 1, 66, mit Recht bemerkt, sachlich bedeutungslos ist.

[4] Beispiele bei Sickel a. a. O., vgl. unten Kap. XII.

[5] DO. II. 225; DH. II. 82.

[6] St. 2894: *talem libertatem a praedicto episcopo O. et ab abbatissa Hazecha eis acquisivi.* — Ein Beispiel aus dem 12. Jahrhundert ist St. 3381, Exemption von Kloster Komburg: *consentiente per omnia et astipulante nobis in hac causa dilecto nostro Embrichone Wirzeburgensi episcopo.*

geistlicher und weltlicher Großen eingeholt und in den betreffenden Urkunden erwähnt zu werden pflegte. Wie die Stiftung des Klosters Corvey mit Zustimmung der Getreuen Ludwigs des Frommen erfolgt ist,[1] so erwähnt Otto I. bei der Fundation von St. Moritz zu Magdeburg den Beirat der um ihn versammelten Bischöfe des Reichs,[2] und bei einer Zehntenschenkung für dasselbe Kloster gedenkt er der Zustimmung des Halberstädter Klerus und des Erzbischofs Friedrich von Mainz, sowie des Rates anderer Getreuen.[3] Mit besonders ausführlichen Wendungen wird diese Zustimmung in den zahlreichen Urkunden Heinrichs II., welche die Gründung und Dotation des Bistums Bamberg betreffen, zum Ausdruck gebracht,[4] und noch die Bestätigung dieser Gründung durch Konrad II. ist nicht ohne Konsens der Großen erfolgt.[5] Derselbe Kaiser holte die Genehmigung aller am Hofe anwesenden Getreuen ein, als er die Gründung des Klosters St. Martin zu Minden bestätigte[6] und über die unter ihm vollzogene Verlegung des Bistums Zeitz nach Naumburg ist eine eigene Zustimmungsurkunde des Papstes nachgesucht worden, aus der sich zugleich die Mitwirkung des Erzbischofs von Magdeburg bei dieser Angelegenheit er-

---

[1] Mühlbacher, Reg.[2] n. 923. 924: *cum consensu fidelium nostrorum.*

[2] DO. I. 14: *consiliantibus nobis episcopis, qui in praesenti erant* (folgen zehn Namen). *Consilium* ist in diesem Falle und sonst mehrfach gleich *consensus*, während es in anderen Fällen gebraucht wird, um die unten zu besprechende Intervention auszudrücken. Vgl. auch die Stiftungsurkunden für Brandenburg und Havelberg DO. I. 76 (interpoliert, aber an der hier in Betracht kommenden Stelle echt), 105 und DO. I. 366 über die Errichtung des Erzbistums Magdeburg.

[3] DO. I. 79.

[4] St. DH. II. 144ff.: *Romana auctoritate atque venerabilis Heinrici Wirciburgensis episcopi consensu ac pari communique omnium nostri fidelium tam archiepiscoporum quam episcoporum abbatumque nec non ducum et comitum consultu decretoque.* Vgl. auch DH. II. 98 (betreffend die Gründung der Stifter St. Nicolaus und St. Adalbert zu Aachen und ihr Verhältnis zum Marienstift): *consilio et consensu principum ducum videlicet episcoporum et comitum.* Das Fehlen eines derartigen Konsenses des Bischofs von Halberstadt bei der Gründung von Merseburg durch Otto I. wird 981 als Grund für die Kassierung der Maßregel benutzt, vgl. Jaffé-L. 3808 und das Synodalprotokoll, UB. Bistum Halberstadt 1, 31 n. 47, dazu Uhlirz, Gesch. d. Erzbistums Magdeburg S. 54. 68ff.; Jahrb. Ottos II. S. 160 N. 27.

[5] DK. II. 206: *consensu cunctorum fidelium nostrorum.*

[6] DK. II. 192: *cum consensu omnium nostrorum fidelium, qui tunc temporis ibi affuerunt.* — Vgl. noch St. 2882 vom J. 1086 über die Vereinigung des Olmützer Bistums mit dem Prager.

gibt.[1] Und ebenso hat Heinrich III. 1040 und 1043 bei der Bestätigung der Stiftungen des Klosters Überwasser zu Münster und des Stiftes St. Moritz zu Minden den Konsens der um ihn versammelten Großen erwirkt.[2] Es wird nicht nötig sein, die Beispiele für den so nachgewiesenen Brauch zu häufen, und solche aus der Zeit nach Heinrich III. anzuführen, erscheint untunlich, weil seit der zweiten Hälfte des 11. Jahrhunderts der hier besprochene Konsens sich vielfach schwer von einem anderen, allgemeineren Zustimmungsrecht der Fürsten unterscheiden läßt.[3]

Unter den vor dieser Zeit ausgestellten Urkunden der Könige über weltliche Angelegenheiten, die einen Konsens erwähnen, tritt besonders eine Gruppe in den Vordergrund:[4] die schon früher[5] besprochenen Diplome, durch welche einzelnen Personen oder Kirchen der Wildbann, d. h. das durch den königlichen Bann geschützte, ausschließliche Jagdrecht nicht nur auf ihrem eigenen Grund und Boden, sondern auch auf fremdem Grundbesitz oder in der gemeinen Mark, in der dies Recht bisher den Markgenossen gemeinsam zugestanden hatte, gewährt wird. Solche Urkunden, durch die also Waldgebiete zu Forsten[6] gemacht wurden, erwähnen seit der Zeit Ottos II.[7] fast durchweg die

---

[1] Jaffé-L. 4087: *inclinati precibus .. confratris nostri H. Magdeburgensis archiepiscopi.* — Vgl. noch DO. II. 114, Verlegung des Klosters Thankmarsfelde nach Nienburg mit Zustimmung von zwei Erzbischöfen und sechs Bischöfen, darunter dem von Magdeburg.

[2] Für St. Moritz vgl. St. 2238: *cum consensu ceterorum fidelium nostrorum, qui tunc temporis affuerunt.* Das Diplom für Überwasser ist nicht erhalten, aber eine Aufzeichnung des 11. Jahrhunderts (Wilmans-Philippi 2, 250) bezeugt, daß die Bestätigung erfolgt sei: *consentiente et collaudante regni principatu.*

[3] Doch gehören einzelne Fälle späterer Zeit noch bestimmt hierher, so z. B. St. 3458, betreffend die Kirche zu Hagenau: *ex consensu Burchardi Argentinensis episcopi, in cuius diocesi prenominatum castellum Hagenowe situm est*; St. 4123 betreffend Kloster Herbrechtingen mit Zustimmung des Bischofs von Augsburg usw.

[4] Vgl. für das folgende Waitz, VG. 4, 129ff. 8, 268ff.; Schröder, Rechtsgeschichte[5] S. 547ff.; W. Sickel, Zur Geschichte des Bannes (Marburger Rektoratsprogramm 1886) S. 41ff.; Thimme, AfU. 2, 101ff.

[5] Bd. I, 58f.

[6] Über die Entwicklung der Bedeutung des Wortes *forestis*, auf die hier nicht näher einzugehen ist, vgl. Thimme a. a. O. und Uhlirz, Deutsche Literaturzeitung 1909 n. 13.

[7] Vorher kommt das nicht vor. In dem D. Kar. 273, einer der bekannten Osnabrücker Fälschungen, ist der Zusatz bei der Wildbannverleihung *collaudatione illius regionis potentum*, der in den Vorurkunden der Fälschung von Otto I., Heinrich II. und Konrad II. fehlt, geradezu eines der Zeichen ihrer

Zustimmung der bisher zur Ausübung der Jagd berechtigten; bisweilen heißt es lediglich, daß die *vicini*, die *in circuitu habitantes*, die *comprovinciales* usw. ihren Konsens gegeben hätten, in anderen Fällen werden ihre Namen mehr oder minder vollständig aufgeführt;[1] einige Male wird die nachträgliche Einholung des Konsenses dem, zu dessen Gunsten die Einforstung erfolgt, auferlegt und von ihr sein ausschließliches Recht ausdrücklich abhängig gemacht.[2] Außerordentlich selten nur fehlt in den nächsten hundert Jahren in solchen Wildbannverleihungen, bei denen wir an Ausdehnung des Rechtes auf fremden Grundbesitz zu denken Anlaß haben, die Erwähnung des Konsenses der Berechtigten;[3] zuletzt kommt sie unter Heinrich IV. im Jahre 1065 vor;[4] im 12. Jahrhundert mag an die Stelle der Zustimmung der Markgenossen ihr Zeugnis bei der königlichen Verleihung des Wildbanns getreten sein.[5]

Entstehung im 11. Jahrhundert, vgl. Tangl, AfU. 2, 269f. — Ob in der Zeit vor Otto II. solche Verleihungen des ausschließlichen Jagdrechts auf fremdem Grundbesitz überhaupt vorgekommen sind, bedarf noch weiterer Untersuchung. Thimme S. 129ff. stellt es in Abrede; aber das DO. I. 131 bereitet seiner Annahme Schwierigkeiten; ich sehe keinen Grund zu bezweifeln, daß die *cives*, die früher eine *communis venatio* in dem zu Echzell gehörigen *forestum* hatten, eben die Bewohner dieses Dorfes waren. Freilich folgt aus dem Fehlen der Erwähnung des Konsenses noch nicht, daß er nicht erteilt ist. Der an Osnabrück von Otto I. verliehene Forst (DO. I. 302) war, wie schon Tangl a. a. O. 2, 270 N. 1 bemerkt hat, viel zu groß, als daß man an Verleihung auf eigenem Besitz des Bischofs denken könnte. Doch braucht es sich deshalb noch nicht um fremde Rechte zu handeln: der Forst kann königlich gewesen sein.

[1] Vgl. das Verzeichnis bei Thimme S. 153f. Hinzuzufügen sind noch das schon von W. Sickel besprochene DO. III. 73 für Minden, wo in sehr bezeichnender Weise zunächst zwei *foresti nostri*, also königliche Forsten, ohne Erwähnung eines Konsenses verliehen werden und dann *insuper* ein Teil des Süntelwaldes *ob interventum et comprobationem fidelium nostrorum* (drei genannte) *aliorumque comprovincialium suorum*, und das DH. III. für Chur St. 2387 mit *consensu . . . comprovincialium*, das ebenfalls Sickel schon angeführt hat.

[2] Vgl. DH. II. 54, DK. II. 132.

[3] Die von Thimme S. 133f. aufgezählten Urkunden betreffen Verleihungen auf königlichem Grundbesitz oder auf solchem der Empfänger. Aber einige der von Sickel S. 47 angeführten Diplome sind schwer so zu erklären. So die Verleihung der Hirschjagd im ganzen Gau Sturmi an Verden (DO. III. 23) und die Verleihung des Wildbanns im ganzen Wihmodigau an Bremen (St. 2622), wenn er nicht etwas, was möglich wäre, schon vor der Erwerbung des Hofes Lesum durch Konrad II. mit diesem Gut verbunden war, vgl. Bresslau, Jahrb. Konrads II. 2, 363.

[4] St. 2673. — Bei den späteren Wildbannverleihungen Heinrichs IV. wird der Konsens nicht erwähnt.

[5] Vgl. St. 4134.

Wesentlich verschieden von dieser nur zu einer bestimmten Kategorie von Amtshandlungen des Königs, zu diesen aber auch während eines gewissen Zeitraums fast regelmäßig erteilten Zustimmung unmittelbar oder mittelbar beteiligter dritter Personen ist es nun, wenn seit der zweiten Hälfte des neunten Jahrhunderts gelegentlich zu den verschiedenartigsten Geschäften seitens des Herrschers der Beirat oder die Zustimmung[1] der gerade um ihn versammelten Großen seines Hofes eingeholt wird. Handelt es sich bei den bisher besprochenen Fällen des Konsenses geradezu um ein Recht derer, die ihn erteilen, so kann bei den jetzt zu erörternden davon, wenigstens zu Anfang der Entwickelung, nicht die Rede sein; sie zeugen vielmehr von einem mehr tatsächlichen, als auf formalem Recht begründeten, unter gewissen Herrschern mehr, unter andern weniger hervortretenden, im Laufe der Zeit aber immer wachsenden Einfluß der Großen auf die Regierung und Verwaltung des Reichs; und es charakterisiert die Art dieser Mitwirkung der Großen am besten die Tatsache, daß sie unter einem und demselben Herrscher bei Geschäften ganz gleicher Art bald vorkommt und bald nicht. Unter den ersten Karolingern ist von derartiger Zustimmung noch wenig die Rede;[2] häufiger kommt sie zuerst während der schwachen Regierung Ludwigs des Kindes zum Ausdruck.[3] Während dann unter Konrad I., den Königen aus dem sächsischen Hause und den beiden ersten Saliern derartige Fälle wieder seltener sind,[4] werden die Beispiele unter Heinrich IV. und Heinrich V. zahl-

---

[1] *Consensus, assensus* oder *consilium, consultus*, Ausdrücke, zwischen deren Bedeutung in den meisten Fällen ein Unterschied nicht gemacht worden zu sein scheint; vgl. darüber zuletzt Puntschart bei Ficker, Reichsfürstenstand 2, 69 N. 2. Bestimmt davon zu scheiden sind indessen die Ausdrücke *ex sententia, ex iudicio* oder ähnliche, die auf ein förmliches Urteil des Hofgerichts hinweisen.

[2] Vgl. Sickel, Acta 1, 66; Waitz, VG. 3^2, 594f. und über einen bestimmten Fall Mühlbacher, Reg.[2] n. 579. Alle Urkunden des ersten Bandes der Karolingerdiplome, in denen von *consilium* und *consensus* die Rede ist, sind unecht, mit alleiniger Ausnahme von D. Kar. 25, einem Privileg für St. Denis von der oben S. 32f. bezeichneten Art, aus dessen Arenga der Ausdruck dann in die späteren Immunitäten des Klosters übergegangen ist. Vereinzelte Beispiele aus der Zeit Karls III. Mühlbacher, SB. der Wiener Akademie 92, 423 N. 2, aus der Zeit Arnulfs Waitz, VG. 6^2, 398 N. 3; vgl. noch Wilmans 1, 261 n. 55 (*petitionibus et salubri consultui*), und zu dem ersten Beispiel von Waitz Dronke n. 633, sowie Wilmans 1, 226 n. 48, woraus sich ergibt, daß *admonitio* nur gleich *interventus* ist.

[3] Beispiele bei Waitz, VG. 6^2, 398 N. 2.

[4] Unter Konrad I. DK. I. 11: *inito consilio nostrorum fidelium* (fünf Namen) *cęterorumque nobilium virorum nobis assistentium*, vielleicht auch

reicher,[1] sind aber in der Folge kaum mehr von denjenigen bestimmter zu unterscheiden, in denen, worauf unten zurückzukommen ist, der Konsens nicht mehr im Kontext der Urkunde zum Ausdruck gelangt, sondern durch die Aufzählung der zustimmenden Großen als Zeugen der königlichen Verfügung ersetzt wird.

Dies Verhältnis hat sich nun auch unter Lothar und den ersten staufischen Königen nicht wesentlich geändert. Der Konsens oder der Beirat von Fürsten wird im Kontext der Urkunden nicht eben häufiger erwähnt, als unter den beiden letzten Saliern geschehen war, und noch immer finden wir neben Urkunden, in denen seiner gedacht wird, andere ganz gleichartige, in denen das nicht der Fall ist. Nur eine eng begrenzte Kategorie von Urkunden scheint eine Ausnahme zu machen, diejenigen, durch welche über Reichsklöster zugunsten anderer Personen, insbesondere zugunsten von Bischöfen verfügt wird. In solchen Fällen scheint man im zwölften Jahrhundert nicht nur die Zustimmung der Fürsten für erforderlich gehalten zu haben,[2] sondern es scheint sogar die Rechtsgültigkeit einer derartigen Anordnung davon

DK. I. 3, das allerdings interpoliert ist. Unter Heinrich I. DDH. I. 2. 9. 20. 25; dazu noch Beyer 1, 234. Unter Otto I. außer den schon oben erwähnten DD. O. I. 14. 76. 79. 105. 366 noch DD. O. I. 31. 34 (aus verlorener Vorurkunde). 55 (aus Vorurkunde). 85. 120. 123. 140. 179 (wenn echt). 198. 199. 209. 293. 316; es mag dabei hervorgehoben werden, daß von den Diplomen Ottos I., deren keines Italien betrifft, mehrere kirchliche Privilegien verleihen und vielleicht der oben S. 32ff. besprochenen Kategorie von Urkunden angehören. Unter Otto II. und Otto III. (nach den durch das Wortregister des zweiten Diplomatabandes gegebenen Anhaltspunkten und einigen Ergänzungen, die ich hinzufüge) die DD. O. II. 76. 112, 122ª. 134. 218. 280 und die DD. O. III. 30. 32. 52. 62. 111. 118. 119. 130. 155. 157. 168. 197. 208, wobei zu bemerken ist, daß unter diesen beiden Herrschern meist nur von *consilium* oder *consultus* und nur in den beiden zuletzt angeführten Diplomen von *consensus* die Rede ist, und daß auch hier mehrere Stücke in die oben erwähnte Kategorie eingereiht werden können. Unter Heinrich II. außer den schon besprochenen Diplomen noch DD. H. II. 10 (aus Vorurkunde). 34 (kirchliche Verfügung). 99. 139. 209 (aus Vorurkunde). 238 (kirchlich). 277 (desgleichen). 340 (aus Vorurkunde). 403 (kirchlich) 501. 507. Unter Konrad II. DD. K. II. 6. 106 (Vergleich über kirchlichen Zehntenstreit). 157. 166 (aus Vorurkunde). 171. 223; dazu die schon oben besprochenen DD. K. II. 192. 206. Über Heinrich III. muß ich jetzt noch auf die Angaben bei Waitz, VG. 6², 402 verweisen.

[1] Vgl. Waitz a. a. O. S. 403.

[2] Diese wird dabei auch früher schon mehrfach erwähnt, vgl. z. B. DD. H. II. 34. 277. 371 (wo der *interventus* von 16 Fürsten ihre Zustimmung bedeutet). 403. Aber feste Regel ist das noch im 11. Jahrhundert keineswegs; so ist in DD. H. II. 5ª (allerdings nur Schenkung auf Lebenszeit) 331. 424 von einem Konsens der Fürsten keine Rede, ebensowenig in DK. II. 180.

abhängig gewesen zu sein, daß diese Zustimmung in der Form eines Urteils, einer *sententia curiae imperialis* gegeben wurde. Diese Anschauung scheint erst allmählich aufgekommen zu sein und ist unter Heinrich V. und Lothar III. offenbar noch nicht anerkannt worden. Der erstere Kaiser schenkt noch 1116 Kloster Benediktbeuren an Augsburg, ohne irgendwie einer Zustimmung oder Mitwirkung der Fürsten zu gedenken, von denen indessen einige als Zeugen genannt werden. Das wird dann 1125 von Lothar bestätigt und dabei die Zustimmung des Erzbischofs von Salzburg und sieben anderer Bischöfe erwähnt; aber da weltliche Fürsten dabei nicht genannt werden, so ist dieser *assensus* wohl nicht in der Form eines Urteils gegeben worden.[1] Ob es hierauf zurückgeht, daß 1133 die Schenkung als *incompetenter* vollzogen auf Urteilsspruch der Fürsten widerrufen wurde (was 1136 und 1143 bestätigt wurde), muß ich dahingestellt lassen;[2] Lothar erwähnt auch 1131 bei der Vertauschung von Kloster Alsleben an Magdeburg und 1133 bei der Verleihung von Mönchsmünster an Bamberg Konsens oder Urteil der Fürsten nicht.[3] Anders aber steht die Sache unter den staufischen Herrschern. Konrad III. verleiht 1139 St. Maximin an Trier *ex iudicio curiae nostrae*, was Friedrich I. 1157 bestätigt, und 1147 Kemnade und Fischbeck an Corvey *ex iudicio principum*.[4] Sehr ausführlich gedenkt sodann derselbe König der Mitwirkung der Fürsten in der Urkunde, durch die 1150 das heruntergekommene Kloster Ringelheim an Hildesheim geschenkt wird.[5] Es heißt zuerst, die Schenkung sei erfolgt *consilio et petitione principum Saxoniae*, wobei acht Fürsten mit Namen aufgeführt werden. Dann verbietet der König seinen Nachfolgern ihre Kassation, weil sie *iudicio et consilio principum necnon assensu et collaudatione familiae ad praedictam ecclesiam pertinentis legitime* vollzogen sei. Endlich wird noch hinzugefügt, daß der Graf Hermann von Winzenburg das Urteil gefunden habe, und daß es *iudicio principum ceterorumque nobilium* bestätigt sei. Die Mitwirkung der *familia* des verschenkten Stifts wird hier zum ersten Male erwähnt und kehrt auch in den nächsten Fällen so nicht wieder. Friedrich I. vergabt 1152 auf einem Hoftage zu Regensburg Niederal-

[1] St. 3125. 3229.

[2] St. 3284. 3313. 3455.

[3] St. 3255. 3286.

[4] St. 3392. 3761. Wilmans-Philippi 2, 295 n. 222.

[5] St. 3571. Wenn Bernhardi, Konrad III. 2, 842, die Schenkung „auf Wunsch des Grafen Hermann von Winzenburg" vor sich gehen läßt, so hat er das *sententia requisita et data* der Urkunde (um das Urteil wurde der Graf gefragt und von ihm wurde es gefunden) völlig mißverstanden.

taich *consilio et consensu principum* an Bamberg, läßt demnächst die Vergabung, als Einspruch dagegen erhoben worden ist, durch ein von Heinrich von Regensburg gefälltes Urteil *consentientibus qui aderant regni principibus* bestätigen und setzt darauf in formeller Weise den Bischof in Besitz.[1] 1161 übergibt Friedrich die Abtei Niederburg dem Bischof von Passau *principum interventu et consilio*; doch ist die Verleihung nicht perfekt geworden und noch 1193 von Heinrich VI. wiederholt worden.[2] Dann wird 1166 bei der Vertauschung von Kloster Nienburg an Magdeburg nicht nur gesagt, daß sie *ex consilio et sententia principum* erfolgt sei, sondern der Kaiser hat einige Monate später über dies Tauschgeschäft noch eine zweite Urkunde ausfertigen lassen, in der er genau angibt, wer das Urteil gesprochen habe und daß es *omnibus principibus qui aderant unanimiter consentientibus* verkündet sei.[3] Nicht näher unterrichtet sind wir über die Formalitäten, mit denen Friedrich die Abteien Herford und Vreden an Erzbischof Philipp von Köln vertauscht hat; der Tausch wird 1198 auf Bitten des Erzbischofs von Otto IV. rückgängig gemacht, ohne daß dabei von seiner Ungültigkeit die Rede wäre.[4] Dagegen wissen wir, daß 1191 bei der in Italien durch Heinrich VI. vollzogenen Schenkung von Kloster Erstein an das Bistum Straßburg zwar eine Anzahl von Fürsten, zum Teil Italiener, zugegen waren, aber von einer formellen Konsenserteilung durch sie ist nach dem Wortlaut der Urkunde offenbar abgesehen worden; und diese Schenkung mußte dann 1192 durch den Kaiser rückgängig gemacht werden.[5] Bei dieser Gelegenheit ward fest-

[1] St. 3681; vgl. die abermalige Bestätigung von 1160 St. 3889. — Über die Modalitäten, unter denen der Kaiser 1156 die Investitur der Bischöfe von Genf, Lausanne und Sitten mit den Regalien dem Herzog von Zähringen übertrug, sind wir nicht unterrichtet; die Verleihung wurde 1162 für Genf und 1174 für Lausanne durch Hofgerichtsurteil für unrechtmäßig erklärt und ist auch für Sitten nicht in Kraft getreten, vgl. Ficker, Reichsfürstenstand 1, 292ff. 297.

[2] St. 3901. 3905. 4801.

[3] St. 4066. 4075. Vgl. Ficker, Reichsfürstenstand 2, 88. Später hat der Abt von Nienburg bei Alexander III. eine Beschwerde gegen die Verfügung des Kaisers eingereicht, vgl. Winter, FDG. 13, 125ff., und der Papst verlangte 1180, daß sie rückgängig gemacht werde, Jaffé-L. 13611—13613, aber nach dem Tode Alexanders ward sie von Lucius III. bestätigt, Jaffé-L. 14663. — Von St. 4065 sehe ich hier ab, da ich die Urkunde trotz der Verteidigung Fickers, BzU. 1, 165f., nicht für echt halten kann.

[4] BF. 200.

[5] St. 4696. 4739. In den Bemerkungen von Scholz, Beiträge zur Geschichte der Hoheitsrechte der deutschen Könige S. 70, über diese Urkunden wie überhaupt in seinen Ausführungen über die hier behandelte Frage ist der deutlich hervortretende Unterschied zwischen den Verfügungen des Königs über Reichsklöster und über anderes Reichsgut nicht genügend beachtet.

gestellt, daß es nicht erlaubt sei *res ad imperium spectantes alienare absque imperii proventu et utilitate*, und es wird gestattet sein, daraus in Verbindung mit den vorerwähnten Zeugnissen zu schließen, daß eben über die Frage, ob eine derartige Veräußerung im Interesse des Reichs liege, der Urteilsspruch der Fürsten eingeholt wurde. Dessen ungeachtet hat Heinrich VI. bald nachher im Jahre 1192 noch einmal den Versuch gemacht,[1] zwar auf den Rat der Fürsten (*de consilio principum et fidelium nostrorum*), aber ohne ein Urteil des Hofgerichts das Kloster Echternach an das Erzbistum Trier zu vertauschen; er befahl dem Abt, sich von dem Erzbischof investieren zu lassen. Allein dieser beschloß mit seinen Getreuen unter Berufung auf die älteren Privilegien des Klosters ein Urteil der Fürsten über die Rechtmäßigkeit der kaiserlichen Verfügung zu provozieren, und in der Tat gelang es, den Kaiser zu bewegen, die Vollziehung der von ihm angeordneten Maßregel bis zu einem Gerichtsspruch zu verschieben. Später ist diese dann, ohne daß es zu einem Hofgerichtsurteil kam, durch Aufhebung des zwischen Heinrich und dem Erzbischof geschlossenen Vertrages widerrufen worden; daß aber ohne ein Urteil des Fürstengerichts eine solche Verfügung des Kaisers nicht als unanfechtbar galt, tritt gerade in diesem Falle deutlich genug hervor. Noch einige Jahrzehnte später dürfte dann freilich auch ein solches Urteil nicht mehr in allen Fällen genügt haben.[2] 1215 hat Friedrich II. die Klöster Ober- und Niedermünster zu Regensburg an den dortigen Bischof vertauscht; er betont in der darüber ausgestellten Urkunde, daß dabei das Interesse des Reichs in Erwägung gezogen worden sei,[3] und daß der Tausch auf Rat der Fürsten und des Hofes (*consilio principum qui presentes erant et curie nostre*) vollzogen sei. Als Zeugen werden nur zwei Fürsten

[1] Vgl. die freilich einseitige, aber auf Urkunden gestützte Darstellung dieses Vorgangs in dem *Libellus de libertate Epternacensi propugnata*, SS. 23, 64ff. Über die zeitliche Anordnung der in den Bericht eingefügten Urkunden s. St. 4744. 4754. 4758. 4765. Vgl. hierzu Ficker, Reichsfürstenstand 2, 79ff.

[2] In der Zwischenzeit — wann wissen wir nicht — ist durch Verfügung Ottos IV. Kloster Nivelle dem Herzog von Brabant verliehen worden, was 1204 von Philipp anerkannt wurde, aber 1209 von Otto auf Rechtsspruch der Fürsten widerrufen wurde, nachdem die Äbtissin dagegen, als wider Recht und Freiheit des Reichs geschehen, protestiert hatte (BF. 284); die Formalitäten bei der Verleihung und der formale Grund des Widerrufs bleiben uns unbekannt. — In der Schenkung von Chiemsee und Seeon durch Philipp von Schwaben an Eberhard II. von Salzburg BF. 59 wird Konsens nicht erwähnt; aber in den Urkunden Eberhards für beide Klöster, v. Meiller, Reg. archiep. Salisburg. S. 176 n. 33, S. 177 n. 34, heißt es, daß die Schenkung erfolgt sei *accedente consilio et assensu multorum principum eo tempore secum commorantium.*

[3] BF. 840: *considerato praecipue commodo imperii, cui tenemur intendere.*

genannt, mindestens zwei andere haben nachträglich durch eigene Urkunden ihre Zustimmung erklärt. Danach kann kaum bezweifelt werden, daß der Tausch, wenn jener Rat in der Form eines Urteils erteilt ist, was wir freilich nicht sicher wissen, nach den Anschauungen des 12. Jahrhunderts rechtsgültig gewesen wäre. Wenn er nichtsdestoweniger im nächsten Jahre auf die Klage der Äbtissinnen und den Urteilsspruch der Fürsten kassiert wird, so geschieht das aus einem anderen Rechtsgrundsatz, der hier zum ersten Male ausdrücklich anerkannt ist und im 12. Jahrhundert, nach allem was wir wissen, noch nicht gegolten haben kann: dem Satz nämlich, daß Fürstentümer unter keinen Umständen ohne Zustimmung der betreffenden Fürsten und ihrer Ministerialen vom Reich entfremdet werden dürfen.[1]

Während es begreiflich ist, daß nach der Anerkennung dieses Satzes eine Veräußerung von Reichsabteien, wenigstens fürstlichen, überhaupt kaum mehr vorkommen konnte,[2] zeigt uns der 1191 aufgestellte Grundsatz, der ganz allgemein auf alles Reichsgut bezogen werden muß, daß man schon begann, das Verfügungsrecht des Königs auch über andere Reichsgüter als Klöster zu beschränken. Und in der Tat läßt sich erkennen, daß seit dem Ausgang des 12. Jahrhunderts Rat und Zustimmung der Fürsten, bisweilen, aber nur selten, auch anderer Großen, fast bei allen wichtigen Regierungsmaßregeln der Könige, wenn dadurch die Veräußerung größerer, reichslehnbarer Besitztümer verfügt wurde, eingeholt zu werden pflegte, daß bisweilen, aber nur in der Minderzahl der Fälle, diese Zustimmung oder dieser Beirat auch bei ganz unbedeutenden derartigen Vergabungen erteilt ward.[3] Aber schon die Tatsache, daß unbedeutendere Vergabungen

---

[1] BF. 863: *nullum principatum posse vel debere nomine concanbii vel cuiuscunque alienacionis ad aliam personam transferri ab inperio, nisi de mera voluntate et assensu principis presidentis et ministerialium eiusdem principatus.* Dieser Rechtssatz geht auch weiter als die von den Echternachern 1192 vertretene Auffassung, die nur für ihr Kloster auf Grund ihrer besonderen Privilegien die Unveräußerlichkeit vom Reich beanspruchten.

[2] Doch ist noch 1232 *cum consilio et deliberatione principum* Lorsch an Mainz gegeben, BF. 1957; vielleicht ist man um jenen Rechtssatz dadurch herumgekommen, daß man die Abtei als besonderes Fürstentum bestehen ließ, vgl. Ficker, Reichsfürstenstand 1, 341. Über die Urkunde Heinrichs VII. von 1310, betreffend Kloster Remiremont (MG. Const. 4, 388 n. 442), vgl. Ficker a. a. O. S. 356.

[3] Vgl. die Zusammenstellungen bei Lamprecht, FDG. 23, 101ff. Nicht juristisch scharf genug sind die bezüglichen Ausführungen von Frey, Die Schicksale des königlichen Gutes unter den letzten Staufen S. 165ff. Vgl. auch Redlich, Regesten Rudolfs I. S. 6; Niese, die Verwaltung des Reichsguts im 13. Jahrhundert S. 5; Scholz a. a. O. S. 72ff.

derart zumeist ohne Mitwirkung der Fürsten erfolgen, während doch eine präzise und bestimmte Grenze zwischen dem, was bedeutend und was unbedeutend war, weder zu jener Zeit gezogen worden ist, noch sich überhaupt ziehen läßt, zeigt, daß es zu einer bestimmten und scharfen Rechtsbildung über die Notwendigkeit der fürstlichen Mitwirkung in der staufischen Zeit im allgemeinen noch nicht gekommen war; es ist wahrscheinlich, daß die Könige sie in der Mehrzahl der Fälle nachsuchten, nicht weil sie dazu verpflichtet waren, sondern um einen nachträglichen Einspruch gegen ihre Maßregeln, der durch eine Klage vor dem Reichsgericht, wie wir sahen, oft genug zu deren Kassierung führen konnte, von vornherein abzuschneiden oder wenigstens zu erschweren.[1] Eine rechtliche Nötigung zu vorheriger Einholung des Konsenses, wie sie im 12. Jahrhundert nach unseren obigen Ausführungen für die Veräußerung von Reichsklöstern bestand, hat sich unter Friedrich II. nur in bezug auf die Anlage oder Verlegung von Zöllen, oder die Errichtung von Münzen und Märkten Geltung verschafft;[2] wenigstens in fürstlichen Territorien konnte der König fortan Verfügungen über diese Verkehrsregalien nur unter Zustimmung der Territorialherren treffen. König Wilhelm aber hat wenigstens in einem Falle das Zustimmungsrecht der Fürsten zu Verfügungen über Reichsgut ausdrücklich anerkannt, als er 1255 einen Vergleich, den

[1] Vgl. Ficker, Reichsfürstenstand 2, 77ff. 84f.; derselbe, MIÖG. 3, 7ff. Eine rechtliche Verpflichtung des Königs, Reichsgut nur *communicato principum consilio* zu veräußern, behauptet allerdings schon Gerhoh, *De aedificio dei* cap. 21 (MG. Libelli de lite 3, 152), aber er begründet sie nur theoretisch, und in der Praxis ist sie gewiß nicht allgemein anerkannt worden. Von Interesse dafür ist ein, in der uns vorliegenden Gestalt freilich unechtes D. Friedrichs I. vom Mai 1182, St. 4345. Dadurch belehnt der Kaiser den Grafen von Geldern *de consensu principum imperii* mit der Reichsburg Nimwegen und Einkünften vom dortigen Zoll. Es heißt in der Urkunde, daß Heinrich III. diesen Zoll *sine conscientia* (so muß sicher gelesen werden) *et consensu principum imperii* gegen eine jährliche Abgabe dem Grafen von Kleve verliehen habe und Friedrich kassiert nun diese Verleihung nach Urteilsspruch des Hofgerichts, aber nicht wegen der mangelnden Zustimmung der Fürsten zu der Verfügung Heinrichs III., sondern weil der Graf von Kleve die Jahresabgabe trotz mehrmaliger Aufforderung nicht gezahlt habe. Vgl. Wetzel, Das Zollrecht der deutschen Könige (Breslau 1893) S. 33.

[2] Vgl. Lamprecht a. a. O. S. 111, der indes nicht genügend hervorgehoben hat, daß hier nicht das allgemeine Konsensrecht der Fürsten, sondern der spezielle Konsens der unmittelbar beteiligten Landesherren in Frage kam. Nach der Konstitution von 1220 verzichtet der König nur auf die Anlage von Zöllen und Münzen in fürstlichen Territorien; seinem Recht in bezug auf das unmittelbare Reichsgut konnte diese Konstitution nicht entgegengehalten werden.

Friedrich II. mit dem Bistum Straßburg abgeschlossen hatte, bestätigte: er tat das nur unter dem Vorbehalt, daß wenn die Fürsten gegen die Überlassung von Reichsgut an das Bistum zufolge jenes Vergleiches Einspruch erheben und ihre Kassierung anstreben sollten, er — der König — keinerlei Verantwortung zu übernehmen verpflichtet sein solle.[1] Und sein Nachfolger Richard hat einige Jahre später eine Veräußerung von Reichseinkünften durch Wilhelm zugunsten des Grafen von Katzenellenbogen bestätigt, aber nur für so lange Zeit, bis durch Urteil der Fürsten über ihre Rechtsgültigkeit entschieden sei.[2] Das sind Einzelfälle; allgemeinere Bestimmungen sind aber erst unter Rudolf von Habsburg getroffen, unter dem es aus Gründen der praktischen Politik zu einer genaueren Regelung des Konsensrechtes kam.[3] Schon im Jahre 1273 — wahrscheinlich noch vor seiner Wahl — verpflichtete sich Rudolf, in Zukunft keine Veräußerung von Reichsgütern aus eigener Machtvollkommenheit vorzunehmen, und wenigstens seit 1281 galt es als Grundsatz des Reichsrechts, daß derartige Veräußerungen zu ihrer Rechtsgültigkeit der vorherigen oder nachträglichen Zustimmung der Kurfürsten oder der Mehrzahl von ihnen bedurften.[4] Aus dem gewohnheitsmäßigen, aber rechtlich unsicheren Konsensrecht aller Fürsten war nun für diese Art königlicher Verfügungen ein zweifellos anerkanntes Konsensrecht der Kurfürsten geworden.[5] Übertretungen der so unter Rudolf getroffenen Bestimmungen sind freilich auch in späterer Zeit oft genug vorgekommen, aber rechtlich aufgehoben sind sie nicht; und wenn nicht selten auch noch später die Herrscher Verfügungen ohne kurfürstliche Zustimmung trafen, für welche sie hätte eingeholt werden müssen, so haben doch bei wirklich wichtigen Angelegenheiten bis gegen das Ende des Mittelalters die Kurfürsten ihr Konsensrecht zu wahren verstanden und die Könige es für angemessen gehalten, darauf Rücksicht zu nehmen.

---

[1] Zeitschr. für Geschichte des Oberrheins, NF. 27, 346.

[2] BF. 5384.

[3] Vgl. darüber Huyn, De Rudolfo rege sive de litteris quae Willebriefe dicuntur (Diss. Bonn 1865); Lamprecht, FDG. 21, 3ff.; Redlich, MIÖG. 10, 347ff.; Rudolf von Habsburg S. 165ff.

[4] MG. Const. 3, 290 n. 284; vgl. Krammer in der Einleitung zu der *Determinatio compendiosa de iurisdictione imperii* S. XIII.

[5] Auf die von Ficker angeregte, mehr verfassungsgeschichtlich als diplomatisch wichtige Frage, ob die Anfänge dieser Bevorzugung der Kurfürsten in bezug auf den Konsens nicht schon in die Zeit vor Rudolf zurückgehen, ist hier nicht näher einzugehen.

Wie im Reich die Fürsten, so haben in den einzelnen Territorien die Personenkreise, aus denen im späteren Mittelalter die Landstände hervorgehen, in den Bistümern insbesondere die Domkapitel und die Vorsteher der dem Bischof untergebenen Klöster und Kollegiatstifter, in den reichsunmittelbaren Klöstern die Konvente, überall die Vassallen und Ministerialen sehr früh versucht, einen Einfluß auf die Regierung und Verwaltung des Territoriums zu gewinnen und ein Konsensrecht zu erlangen,[1] das dann auch in den Urkunden der Landesherren zum Ausdruck kommen mußte. Am frühesten und vollständigsten gelungen ist das in den geistlichen Territorien,[2] in denen die allgemeine, auf deutschrechtlichen Anschauungen beruhende Tendenz dieser Entwickelung durch besondere Bestimmungen des kanonischen Rechts gefördert und befestigt wurde;[3] bis in den Anfang des 10., ja vereinzelt

[1] Vgl. Waitz, VG. 7, 309ff.; Hinschius, Kirchenrecht 2, 59ff.: Lamprecht, Deutsches Wirtschaftsleben 1, 1243ff.; v. Below, Die Entstehung des ausschließlichen Wahlrechts der Domkapitel (Leipzig 1883) S. 17ff.; derselbe, Territorium und Stadt (München 1900) S. 168ff.; Schneider, Die bischöflichen Domkapitel (Mainz 1892) S. 147ff. — Eingehender sind diese Verhältnisse in den zahlreichen Arbeiten für einzelne Territorien behandelt, die neuerdings erschienen sind. Vgl. davon namentlich Leuze, Das Augsburger Domkapitel im Mittelalter (Zeitschr. des hist. Vereins für Schwaben 35) S. 101ff.; Spangenberg, Hof- und Zentralverwaltung der Mark Brandenburg im Mittelalter (Leipzig 1908) S. 2ff.; A. Müller, Das Bremische Domkapitel im Mittelalter (Diss. Greifswald 1908) S. 74ff.; Dannenberg, Entwicklungsgesch. des . . . Domkapitels von Brandenburg (Diss. Greifswald 1912) S. 88ff.; Pottel, Das Domkapitel von Ermland im Mittelalter (Diss. Königsberg 1911) S. 81ff.; Brackmann, Urkundl. Gesch. des Halberstädter Domkapitels im Mittelalter (Diss. Göttingen 1898) S. 116ff.; v. Below, Gesch. der landständischen Verfassung in Jülich und Berg 1, 6ff.; 64ff.; Wohlwill, Die Anfänge der landständischen Verfassung im Bist. Lüttich (Leipzig 1867) S. 50ff.; Schum in Historische Aufsätze zum Andenken an G. Waitz S. 407ff. (für Magdeburg); Weber, Das Domkapitel zu Magdeburg (Diss. Halle 1912) S. 101ff.; Hein, Die Kanzlei und das Urkundenwesen der Erzbischöfe von Mainz (Diss. Berlin 1909) S. 31ff.; Range, Die Entwicklung des Merseburger Domkapitels . . . (Diss. Greifswald 1911) S. 118ff.; Spangenberg, Beiträge zur älteren Verfassungs- und Verwaltungsgesch. des Fürstentums Osnabrück (Osnabrück 1900) S. 2ff.; Hagemann, Das Osnabrücker Domkapitel (Diss. Greifswald 1910) S. 115ff.; Ohlberger, Gesch. des Paderborner Domkapitels im Mittelalter (Diss. Münster 1911) S. 85ff.; Bastgen, Die Gesch. des Trierer Domkapitels im Mittelalter (Paderborn 1910) S. 245ff.; Bückmann, Das Domkapitel zu Verden im Mittelalter (Diss. Münster 1912) S. 65ff.

[2] In den weltlichen Territorien ist das Recht der Landesherren durch gelegentliche Versuche, sie an einen Konsens zu binden, doch nur hier und da oder nur vorübergehend eingeschränkt worden; vgl. Spangenberg, Vom Lehensstaat zum Ständestaat S. 84f.

[3] Vgl. über diese Bestimmungen des kanonischen Rechts Hinschius, Kirchenrecht 2, 153f.; Schum a. a. O. S. 418f.

bis ins 9. Jahrhundert reichen hier die Urkunden zurück,[1] in denen in ganz ähnlichen Ausdrücken, wie wir sie oben aus den königlichen Diplomen kennen gelernt haben, erzählt wird, daß eine Verfügung des Fürsten mit Beirat oder Zustimmung jener dazu berechtigten Personen erfolgt sei. Und noch früher als im Reich hat sich in diesen geistlichen Territorien die Anschauung durchgesetzt, daß die Rechtsgültigkeit dauernder Veräußerungen von Kirchengut durch den zeitigen Inhaber von einer solchen Zustimmung abhängig sei. Als im Anfang des 11. Jahrhunderts der Bischof von Eichstätt ohne den Konsens von Klerus und Ritterschaft, aber auf den Wunsch des Königs, einen Teil seiner Diözese an Bamberg abtritt, wird das als eine Rechtsverletzung und als eine Gewaltmaßregel empfunden;[2] als 1028 der Bischof von Hildesheim einen Teil seiner Rechte auf das Kloster Gandersheim aufgeben soll, behält er den Konsens von Klerus und Ritterschaft vor, und der Vergleich scheitert, als dieser nicht erteilt wird.[3] Und im Jahre 1225 ist der Satz, daß Veräußerungen bischöflicher Güter ohne Zustimmung des Reiches und des Domkapitels nicht bindend seien und widerrufen werden können, durch Urteil des Reichsgerichts ausdrücklich anerkannt worden.[4]

Auch in diesen geistlichen Fürstentümern hat man sich zunächst damit begnügt, den Konsens der Berechtigten im Kontext der Urkunden zu erwähnen, was freilich, da solche Erwähnung nur vom Aussteller der Urkunde abhing, dem Empfänger keine Sicherheit dafür gab, daß er in rechtsgültiger Weise erteilt war, und insbesondere die Konsentierenden nicht band. In Minden hat sich im 13. Jahrhundert das Domkapitel einmal ausdrücklich gegen die Berufung auf seinen Konsens zu einer Urkunde des Bischofs verwahrt;[5] und Bischof Eber-

[1] Der älteste Fall, den Waitz anführt, ist von 882 und gehört nach Konstanz und St. Gallen (Wartmann 2, 230 n. 621); der zweite Fall, den v. Below und Schum erwähnen, ist von 893 (Beyer 1, 141 n. 134), gehört aber nicht nach Trier, sondern nach Metz; aus Trier datieren die ersten mir bekannten Beispiele von c. 920 und 929, Beyer 1, 221 n. 158; 1, 235 n. 171. Ungefähr ebenso alt sind die ältesten von Hinschius 2, 60 angeführten Fälle aus Köln und Salzburg. Über die Form, in welcher der Konsens erteilt ist, haben wir nur selten genauere Nachrichten; daß ein Urteil gefragt und gefunden ist, wird einmal ausdrücklich gesagt in einer Urkunde Konrads II. von Salzburg von 1166, v. Meiller, Reg. archiep. Salisburg. S. 111 n. 25.

[2] Anon. Haserensis cap. 25: *clerus vero et militia in contradictione perstiterunt, ita ut abhominabile concambium potenter potius quam voluntarie sit factum.*

[3] Vita Godehardi prior cap. 35; vgl. Bresslau, Jahrb. Konrads II. 1, 258.

[4] BF. 3967; MG. Const. 2, 404 n. 289.

[5] Vgl. Wecken, Untersuchungen über das Urkundenwesen der Bischöfe von Minden im 13. Jahrhundert S. 85.

hard II. von Bamberg, der im Jahre 1154 die Vertauschung eines von seiner Kirche zu Lehen gehenden Gutes an das Kloster Reichersberg genehmigt und in der darüber ausgestellten Urkunde ausdrücklich gesagt hatte, daß die Genehmigung *ex consensu ecclesie nostre tam ex clero quam ex ministerialibus fidelium* erteilt sei, hat elf Jahre später diese Klausel nicht als ausreichend betrachtet; er bestritt die Rechtsgültigkeit der Urkunde, weil sie nicht von den Kanonikern unterschrieben und weil in der Zeugenliste keine Ministerialen der Kirche aufgeführt seien.[1]

Beide Formalitäten, auf die da Gewicht gelegt wurde, Erwähnung der Konsentierenden in der Zeugenliste und Unterzeichnung der Urkunde durch die Mitglieder des Domkapitels, kommen denn auch in der Tat oft genug vor; die Unterzeichnung ist namentlich in Italien sehr beliebt gewesen, findet sich aber auch in Deutschland, insbesondere häufig im Süden und Südosten des Reiches. Daneben ging man aber im 12. Jahrhundert dazu über, die erteilte Zustimmung durch noch andere Mittel zum Ausdruck zu bringen, die jeden Zweifel darüber noch sicherer auszuschließen geeignet waren.

Eines dieser Mittel war die Mitbesiegelung der Urkunde durch die Konsensberechtigten oder eine Anzahl von ihnen, die übrigens aus rein äußerlichen Gründen erst dann üblich werden konnte, als man von dem Brauch, die Siegel aufzudrücken, zu dem sie anzuhängen übergegangen war. Zwar konnte die Mitbesiegelung an sich auch anderen Zwecken als dem der Erteilung des Konsenses dienen;[2] aber häufig wird es ausdrücklich hervorgehoben, daß gerade die Zustimmung durch sie bekundet werden sollte.[3]

---

[1] UB. des Landes ob der Enns 1, 309 n. 67 und 2, 344 n. 123; vgl. auch den Brief Gerhohs von Reichersberg, ebenda S. 312 n. 69.

[2] Insbesondere dem der Beglaubigung s. Bd. 1, 721 N. 3. Ganz verfehlt ist es aber, wenn Heimen, Beiträge zur Diplomatik Erzbischof Engelberts des Heiligen von Köln (Diss. Münster 1903) S. 46, die Mitbesiegelung für etwas „Formelhaftes und Nebensächliches“ erklärt. Das darf aus dem einen von ihm angeführten Falle durchaus nicht gefolgert werden.

[3] Ich gebe nur einige Beispiele. Lepsius, Naumburg S. 300, Verkaufsurkunde des Bischofs von Naumburg von 1258; Mitbesiegelung des Kapitels *ad exprimendum consensum nostrum super premissis.* Wecken a. a. O. S. 93, zwei Urkunden aus Minden: *sigillum capituli nostri in idem consentientis fecimus apponi; prepositus . . . et capitulum . . . contractum . . . gratum habentes et ratum ipsum scriptum appensione sigilli nostri capituli firmaverunt.* UB. Bistum Halberstadt 1, 286; der Bischof urkundet 1187 unter seinem und des Kapitels Siegel; die Mitglieder des Kapitels unterzeichnen mit *consentio et subscribo.* Boos 1, 132 n. 186, Urkunde des Bischofs Landolf von Worms von 1237: *in*

In zahlreichen Urkunden wird die Mitbesiegelung in der Korroborationsformel so erwähnt, als ob sie lediglich von den Ausstellern der Urkunde angeordnet worden wäre. Nicht selten ist es aber auch seit dem 13. Jahrhundert vorgekommen, daß sie in einem eigenen, dem Kontext angehängten Satz, der auf den Namen des oder der Konsentienten gestellt und — von ihnen ausgehend — subjektiv gefaßt ist, angekündigt wird. So ist z. B. eine Urkunde des Bischofs Friedrich von Halberstadt von 1226 mit seinem, des Kapitels und des Großvogts Siegel versehen; sie schließt mit dem Satz: *ego Tidericus dictus maior advocatus de Halberstat huius pagine continentiam ratam habeo et hoc per appensionem sigilli mei fideliter recognosco.*[1]

Nur einen Schritt weiter bedeutet es sodann, wenn der Konsens in einer eigenen, von den Konsentierenden ausgestellten und besiegelten Urkunde erteilt wird, die sich als eine accessorische oder Nebenurkunde zu derjenigen verhält, in der das konsensbedürftige Geschäft bekundet ist, und die dem Empfänger der letzteren mit ausgehändigt wird. Zu dieser Kategorie von Konsensurkunden, die man später Willebriefe nennt, gehört schon ein Dokument des Halberstädter Kapitels über ein vom Bischof vollzogenes Rechtsgeschäft vom Jahre 1195;[2] demnächst liegen Fälle für Würzburg aus dem Jahre 1212, für Magdeburg aus dem Jahre 1214, für Worms aus dem Jahre 1220, für Metz aus dem Jahre 1227 vor;[3] in der Folge mehren sich die Beispiele schnell.

Alle hier erwähnten Formen sind nun auch in die Praxis der königlichen Kanzlei übergegangen. Fälle einfacher Mitbesiegelung königlicher Urkunden durch Fürsten kommen seit dem Anfang des 13. Jahrhunderts nicht selten vor; besonders häufig sind sie unter

huius nostre donacionis et capituli nostri consensus robur et memoriam presentem litteram nostro et capituli Wormaciensis sigillo placuit consignari. Thurgauisches UB. 2, 354 n. 103, Urkunde des Bischofs Konrad von Konstanz von 1219: *confratres nostri, quia consensus eorum huic facto sicut debuit aderat, sigillum suum etiam apponi mandarunt.*

[1] UB. Bist. Halberstadt 1, 522 n. 584. — Andere Beispiele aus Halberstadt, ebenda 1, 561 n. 629; 2, 91 n. 793. Aus Naumburg Lepsius S. 300. 307. Aus Köln Lacomblet 2, 152. 181. Aus Straßburg UB. Straßburg 1, 307 n. 407; 312 n. 414; 328 n. 435. Aus Trier Beyer 3, 750 n. 1002; 1026 n. 1414. Aus Verden Hodenberg, Verdener Geschichtsqu. 2, 151 n. 99. Aus Augsburg MB. 33ª, 332 n. 271.

[2] UB. Bist. Halberstadt 1, 323 n. 362. Dieser Fall ist also etwas älter als der erste von Ficker erwähnte.

[3] Vgl. Ficker, MIÖG. 3, 23 und für Worms außer dem von ihm angeführten Willebrief des Kapitels von 1220 auch den der Stadt vom gleichen Jahre, Boos 1, 94 n. 123, sowie für Magdeburg Schum a. a. O. S. 417.

König Wilhelm von Holland;[1] unter diesem König zuerst finden wir dann auch jene Klausel der Mitsiegelnden am Schluß der Urkunden, durch welche die Mitbesiegelung ausdrücklich angekündigt wurde.[2]

Allerdings wird in den Königsurkunden vor Rudolf von Habsburg nicht ausdrücklich gesagt, daß die Mitbesiegelung die Zustimmung der besiegelnden Fürsten ausdrücken sollte; doch wird nach der ganzen Entwickelung kaum zu bezweifeln sein, daß sie in vielen Fällen auch diesen Sinn hatte;[3] und in der Zeit nach Rudolf wird mehrmals ganz bestimmt gesagt, daß die Erteilung des Konsenses ihr Zweck war.[4] Die Mitbesiegelung ist dabei auch später nicht bloß ein Vorrecht der Kurfürsten gewesen, sondern auch von anderen Fürsten vorgenommen worden. Weiter aber ist man auch hier zu Willebriefen übergegangen. Zuerst im Verkehr des Kaisers mit der Kurie; schon 1177 haben eine Anzahl von Großen ihre Zustimmung zum Frieden von Venedig durch eine besondere Urkunde verbrieft,[5] und noch 1279 haben nicht weniger als 28 deutsche Fürsten zu den damals von Rudolf dem römischen Stuhle ausgestellten Urkunden Willebriefe erteilt.[6] Abgesehen davon kommen fürstliche Willebriefe in der Zeit vor Rudolf nur ganz vereinzelt vor;[7] seit der Zeit dieses Königs ist aber für die Erteilung des jetzt für eine bestimmte Kategorie von königlichen Verfügungen gesetzlich erforderlichen Konsenses der Kurfürsten die Form der Willebriefe zwar nicht die ausschließlich gebrauchte, aber doch die vorherrschende geworden. Diese Willebriefe[8] sind in der Regel im ganzen und großen gleichlautend, und es ist klar, daß sie nach in der Reichskanzlei entworfenen und den einzelnen Kurfürsten zugestellten Konzepten von den letzteren ausgefertigt worden sind. Die Erwähnung des Konsenses in der Haupturkunde war daneben natürlich nicht ausgeschlossen und

---

[1] Ficker, Reichsfürstenstand 2, 120ff.; derselbe, MIÖG. 3, 35ff. Ältere Fälle der Mitbesiegelung, wie in St. 4127. 4157, haben eine andere Bedeutung.

[2] Ficker, Reichsfürstenstand 2, 127ff.; MIÖG. 3, 43ff.

[3] Daran halte ich mit Ficker auch nach den Erörterungen Lamprechts, FDG. 23, 81ff., fest; vgl. auch Redlich, MIÖG. 10, 348.

[4] Vgl. Ficker, MIÖG. 3, 36. 48ff.; Puntschart bei Ficker, Reichsfürstenstand 2, 128 N. 10.

[5] MG. Const. 1, 372 n. 271; vgl. Ficker und Puntschart a. a. O. 2, 102.

[6] Vgl. Kaltenbrunner, MIÖG. Erg. 1, 376ff. mit Faksimile eines Gesamtwillebriefes der Kurfürsten.

[7] Mindestens gehören hierin die von Lamprecht, FDG. 23, 79f., besprochenen Urkunden, wenn auch in denen von 1223 nicht von *consensus*, sondern von *consilium* die Rede ist; zwischen beiden Begriffen hat Lamprecht hier wohl schärfer geschieden, als es nach dem Sprachgebrauch der Urkunden des 13. Jahrhunderts geboten erscheint.

[8] Vgl. über sie Herzberg-Fränkel, KUiA. Text S. 259ff.

fand, wenn zur Zeit ihrer Ausstellung die Willebriefe bereits vorhanden waren, regelmäßig statt.

Von dem Rat und der Zustimmung der Fürsten, die wir eben behandelt haben, ist es zu unterscheiden, wenn in Urkunden des 13. Jahrhunderts, insbesondere unter Heinrich (VII.) und Konrad IV. häufig gesagt wird, daß der König eine Verfügung mit Zustimmung oder nach der Fürsicht seines Rates treffe oder getroffen habe.[1] Damit ist in den Urkunden dieser Könige der Reichshofrat gemeint, der als ständige Institution von Friedrich II. geschaffen ward, als dieser seinen Söhnen die Regierung Deutschlands übertrug, und der während der Minderjährigkeit dieser Söhne, unter Leitung der Reichsregenten, die eigentlichen Regierungsgeschäfte führte.[2] Auch noch unter Wilhelm von Holland wird die Zuziehung dieses Hofrates zu den Geschäften in den Urkunden häufig erwähnt, während eine solche Erwähnung, obwohl die Institution selbst bestehen blieb und weiter ausgebildet wurde, später wenigstens im Kontext der Urkunden nur noch selten vorkommt.[3]

Wesentlich anders als am königlichen gestalteten sich die soeben betrachteten Verhältnisse am päpstlichen Hofe. Bei der immer mehr zu monarchischer Konzentration aller Regierungs- und Gesetzgebungsgewalt in den Händen des römischen Bischofs hinneigenden Entwicklung der Kirchenverfassung ist eine anerkannte Pflicht des Papstes, amtliche Handlungen unter Beirat oder mit Zustimmung

---

[1] *De consensu, de providentia (prudentia), de* oder *ex plenitudine consilii nostri.*

[2] Vgl. Isaacsohn, De consilio regio a Friderico II. in Germania instituto (Berol. 1874) S. 12ff.; Lamprecht, FDG. 23, 96ff.; Ficker, Reichsfürstenstand 2, 43ff. (wo S. 43 N. 1 auch weitere Litteraturangaben); Winkelmann, Kaiser Friedrich II. 1, 352 N. 2; Samanek, Kronrat und Reichsherrschaft im 13. und 14. Jahrhundert (Breslau 1910) S. 44ff.

[3] Im 14. und 15. Jahrhundert wird vielfach die Erwähnung des Hofrats in den Kanzleivermerk (*de mandato d. regis in consilio*) aufgenommen, wenn der Beurkundungsbefehl in einer Ratssitzung erteilt wird. Wir kommen darauf später zurück. Nur sei gleich hier bemerkt, daß im späteren Mittelalter auch in den fürstlichen Urkunden entsprechende Vermerke über die Beteiligung des Rates an den Regierungsgeschäften vorkommen, vgl. für Brandenburg Spangenberg, Hof- und Zentralverwaltung der Mark Brandenburg S. 20ff., woselbst S. 31f. auch Nachweisungen über das Aufkommen des Rates in anderen Territorien mit Litteraturangaben zu finden sind. Hinzuzufügen ist für Österreich: v. Wretschko, Das österreichische Marschallamt S. 149ff.; für Holland: van Riemsdijk, De tresorie en kanselarij van de graven van Holland en Zeeland (Haag 1908) S. 32ff. 108ff. 130ff. und öfter. Auch auf die in Bd. 1, 615 N. 1 angeführte Litteratur sei hier noch einmal hingewiesen.

anderer Personen vorzunehmen, in den Urkunden nur sehr selten zum Ausdruck gekommen. Er ist bezeichnend dafür, daß von den Formularen des Liber diurnus keines von *consilium* oder *consensus* redet, sondern der Papst durchweg als lediglich aus eigener Willensentschließung handelnd erscheint: sowohl in den Stücken, die sich auf geistliche, wie in denen, die sich auf weltliche Angelegenheiten, insbesondere die Verwaltung der römischen Patrimonialgüter beziehen.

Ganz fehlt es nun allerdings nicht an Zeugnissen dafür, daß auch das päpstliche Verfügungsrecht gewissen Einschränkungen unterlag. Das war, wie schon erwähnt wurde, der Fall, wenn durch eine vom Papste zu treffende Anordnung Rechte dritter berührt wurden;[1] rechtlich war dann ihre Zustimmung nicht zu umgehen;[2] ob sie tatsächlich immer eingeholt wurde, läßt sich freilich nicht bestimmt ausmachen. Aber wenigstens grundsätzlich wurde es noch im 13. Jahrhundert auch in der päpstlichen Kanzlei ausdrücklich anerkannt, daß, wenn zum Erlaß einer Verfügung der Wille des Verfügenden allein nicht ausreicht, sondern der Konsens eines dritten erforderlich sei, dieser Konsens auch in der Verfügungsurkunde erwähnt werden müsse.[3]

[1] Vgl. oben S. 31.

[2] Ein interessanter Fall aus dem Jahre 1002 mag als Beispiel dienen, vgl. JAFFÉ² 1, 499 (KEHR, Italia pontificia 4, 67 n. 4). In synodaler Verhandlung vor Papst Silvester II. bestritt Bischof Cono von Perugia die Gültigkeit gewisser, von früheren Päpsten dem Kloster S. Pietro di Perugia erteilter Privilegien, weil seine Vorgänger ihre Zustimmung dazu nicht gegeben hätten, und ließ diesen Widerspruch erst fallen, als ihm nachgewiesen wurde, daß der Konsens in der Tat erteilt sei. Bemerkenswert ist auch eine Urkunde Paschals II., JAFFÉ-L. 5946 (das Regest ist auch bei SCHNEIDER, Reg. Volaterranum n. 138, nicht glücklich gefaßt), die den Leuten von San Gimignano das Privileg gibt, daß ihr Bischof sie nicht veräußern dürfe; es heißt darin: *noveritis fratrem nostrum Rogerium ... nobis in huius constitutionis capitulo consensisse,* und Bischof Roger von Volterra unterschreibt mit der Formel: *fieri rogavi et ipse subscripsi.* Ferner gehört es hierher, wenn Halinard von Lyon den Synodalerlaß Leos IX. über den Primat von Trier JAFFÉ-L. 4158 (abschriftlich überliefert, aber echt) mit dem Vorbehalt *salva priscarum constitutionum firmitate et Lugdunensis ecclesie auctoritate hoc decretum laudavi* unterzeichnet.

[3] Vgl. den Traktat *De confirmationibus* des Vizekanzlers Marinus von Ebulo bei TEIGE, Beiträge zur Gesch. der Audientia litt. contradict. S. XXI: *cum voluntas concedentis non sufficit, sed aliorum consensus est necessarium exhiberi, de ipso ad hoc accedente in confirmationis litteris exprimatur.* Nach verschiedenen Beispielen empfiehlt er in die Bestätigungsurkunden, wenn die Frage des Konsenses seitens der dazu berechtigten nicht klar liegt, die Klausel aufzunehmen: *quod in alterius praeiudicium non redundat.* Freilich denkt er dabei zunächst nur an Bestätigung der Handlungen anderer durch den Papst, nicht an Handlungen des Papstes selbst, aber das Prinzip mußte doch auch für diese gelten.

Ferner ist wenigstens in einzelnen Fällen schon seit dem 10. Jahrhundert von einer Zustimmung der Kardinäle[1] oder der Kurie zu päpstlichen Anordnungen, durch die über Kirchengut verfügt wird, die Rede; man erkennt die Analogie zu dem, was in anderen geistlichen Stiftern Rechtens war.[2] Weiter sind hier die Urkunden zu erwähnen, in denen der Papst als Richter auftritt. Sind sie, wie im früheren Mittelalter häufig der Fall ist, in der Form von Gerichtsurkunden abgefaßt, so wird in ihnen wie in anderen Iudikaten fast regelmäßig der Mitwirkung von Beisitzern gedacht, bisweilen auch von ihrem Beirat oder ihrer Zustimmung im Kontext ausdrücklich gesprochen, und meistens treten dann die Unterschriften der Beisitzer der des Papstes hinzu.[3] Haben sie aber die Form gewöhnlicher Privilegien, so ist es üblich, im Kontext zum Ausdruck zu bringen, daß die Entscheidung auf den Rat der Kardinäle (*communicato fratrum nostrorum consilio* oder *de nostrorum fratrum consilio*) gefällt ist.[4] Endlich gehören hierher die

[1] Vgl. für das Folgende LULVÈS, Die Machtbestrebungen des Kardinalats, QFIA. 13, 73ff.

[2] Vgl. JAFFÉ-L. 3802, eine Schenkung *cum consensu et auctoritate cardinalium* (drei Kardinäle unterschrieben); JAFFÉ-L. 4413, eine Schenkung des Zehnten von drei päpstlichen Kastellen *consilio et interventu fidelium nostrorum* (es unterschreiben außer Petrus von Ostia der Kardinal Humbert und Hildebrand mit der Formel *consensi*); JAFFÉ-L. 8465 eine Lokation *cum consensu et voluntate episcoporum et cardinalium ac totius reliquę curię.* Alle drei Stücke sind außerhalb der Kanzlei geschrieben, und man darf danach vermuten, daß der Konsens in solchen Fällen häufiger eingeholt ist, als es aus den nach den Formularen der Kanzlei geschriebenen Urkunden ersichtlich ist. Doch fehlt es auch hier nicht an Erwähnungen: so heißt es z. B. bei der Vergabung des vierten Teiles der Oblationen in der Peterskirche in JAFFÉ-L. 9714 (und den Bestätigungen JAFFÉ-L. 9984. 13060. 16267): *ex consensu fratrum nostrorum epicoporum et cardinalium.* In JAFFÉ-L. 6643 (Erlaubnis zur Anlage einer Wasserleitung in Benevent mit Benutzung päpstlichen Grundbesitzes) wird der Konsens nicht im Texte erwähnt, aber drei Kardinäle unterschreiben mit den Formeln *consensi*, *consensi libera voluntate ac arbitrio*, *consensum et voluntatem meam tradidi.* Andere Beispiele bei SÄGMÜLLER, Die Tätigkeit und Stellung der Kardinäle bis Papst Bonifaz VIII. (Freiburg 1896) S. 74 N. 6. 8.

[3] Vgl. z. B. PASQUI, CD. Aretin. 1, 50 n. 37; Regest. Sublacense S. 225 n. 185; Regest. Farfense 3, 199 n. 492 und 4, 300 n. 1060; ZACCARIA, Badia di Leno S. 104 n. 18; MITTARELLI, Ann. Camaldulens. 2, 251; GGN. 1898 S. 66 n. 7 usw. — Über die Organisation der päpstlichen Gerichte vgl. jetzt HIRSCHFELD, AfU. 4, 444ff.

[4] Vgl. z. B. JAFFÉ-L. 4370: *consilio supra dictorum fratrum nostrorum* (sechs Bischöfe, darunter ein Kardinal, ferner Hildebrand und Friedrich von Montecassino sind vorher genannt) *et omnium laudatione circum astantium;* JAFFÉ-L. 4635: *omnibus supra dictis coram astantibus, episcoporum iudicio et laudatione Longobardorum et Nortmannorum qui intererant* (es folgen vier

Synodalerlasse, bei denen auch die Mitwirkung weltlicher Machthaber in Betracht kommt.[1] Bis ins 11. Jahrhundert hinein wird bei Beschlüssen von Synoden öfter die Zustimmung der Kaiser erwähnt,[2] und es wird in mehreren Fällen ausdrücklich gesagt, daß sie auf Veranlassung des Kaisers zusammengetreten und mit seiner Erlaubnis oder unter seiner Leitung abgehalten worden seien.[3] Aber schon in der ersten Hälfte jenes Jahrhunderts versuchte die Kurie in dieser Hinsicht eine andere Auffassung geltend zu machen. Die Synode, die im Jahre 1027 in Gegenwart Kaiser Konrads II. in Rom stattgefunden hat, scheint nach dem Zeugnis eines Diploms dieses Kaisers auf seine Anordnung einberufen zu sein, und in den Synodalakten erscheinen Papst und Kaiser als Vorsitzende; aber in einer späteren päpstlichen Urkunde, die sich auf ihre Beschlüsse bezieht, wird nicht von einer solchen Anordnung oder Erlaubnis des Kaisers, sondern nur davon geredet, daß auf seine Bitte (*interventu et petitione*) die Berufung der Versammlung erfolgt sei.[4] Und wenn auch die tatsächlichen Verhältnisse es mit sich brachten, daß noch in viel späterer Zeit unter Umständen über die Abhaltung von Synoden Verhandlungen zwischen Päpsten und weltlichen Herrschern stattfanden, so ist doch ein Zustimmungsrecht der letzteren seit dem Erstarken der kirchlichen Reformbestrebungen unter Leo IX. und seit ihrem endgültigen Siege unter

---

Kardinalsunterschriften, zwei mit *me adfuisse testificans subscripsi*, zwei bloß mit *subscripsi*); Jaffé-L. 7158: *communicato igitur fratrum nostrorum episcoporum, cardinalium et nobilium Romanorum consilio* usw. Bemerkenswert ist noch Jaffé-L. 7147 in Privilegienform, wo im Text gesagt ist, daß die Entscheidung Calixts II. gefällt sei *ex communi fratrum nostrorum episcoporum et cardinalium deliberatione atque iudicio*, dann aber die meisten der übrigen Kardinalsunterschriften, wie wenn es sich um ein Placitum handelt, mit der Formel *interfui et consensi* abgegeben sind. Vgl. Jaffé-L. 5635: Entscheidung in *conspectu nostro archiepiscoporum abbatumque iudicio*, am Schluß: *Signum Urbani papae*, dann eine große Zahl anderer Signa, darunter die mehrerer Kardinäle. Zahlreiche weitere Belege bei Sägmüller a. a. O. S. 92 N. 5, 94 N. 4. Daher wird es in der sächsischen *Summa prosarum dictaminis* (QE. 9, 234) als Regel aufgestellt, daß bei päpstlichen Urteilen (*sententiae*) über wichtigere Dinge (*si arduum sit negotium*) die Formel *de fratrum nostrorum consilio* gebraucht werde.

[1] Vgl. Hinschius, Kirchenrecht 3, 350. 510. 517. 539ff. 565ff.

[2] So z. B. in Jaffé-L. 3715: *favente et consentiente invictissimo predicto imperatore.* Oder Papst und Kaiser erscheinen als gemeinsam handelnd, wie in den Akten der Synode von Ravenna 967, Uhlirz, Gesch. des Erzbistums Magdeburg S. 133.

[3] Vgl. Hinschius 3, 565 N. 2.

[4] Vgl. DK. II. 205; MG. Const. 1, 83 n. 38; Jaffé-L. 4085.

Gregor VII. nicht mehr anerkannt worden.[1] Dagegen versteht es sich von selbst, daß die Beschlüsse der Synoden jeder Zeit der Zustimmung ihrer Mitglieder bedurften; und die Synodalprotokolle oder die auf synodalen Verhandlungen beruhenden päpstlichen Erlasse tun demgemäß von der ältesten Zeit an bis in das späteste Mittelalter hinein in der einen oder der anderen Form dieser bald mehr als Rat, bald mehr als Konsens aufgefaßten Mitwirkung der Konzilsmitglieder Erwähnung, die denn auch in ihren Unterschriften unter jenen Protokollen und Erlassen zum Ausdruck gelangt.[2]

Ähnliche Unterschriften von Bischöfen und anderen Geistlichen, insbesondere von Kardinälen, finden sich nun aber seit dem 10. und 11. Jahrhundert noch in manchen anderen Urkunden der Päpste, ohne daß man, wenigstens anfangs, eine bestimmte Regel in bezug auf ihre Hinzufügung oder ihr Fehlen erkennen könnte. Auch die Formeln der Unterschriften schwanken: ist das einfache *subscripsi* immer die gewöhnlichste,[3] so fehlen doch auch solche Fälle nicht, in denen die Unterschreibenden ihre Zustimmung ausdrücklich hervorheben.[4] Erst

---

[1] So hat bekanntlich Alexander III. das von Friedrich I. für den Fall einer schismatischen Wahl in Anspruch genommene Recht, eine Synode einzuberufen, nicht anerkannt. Und der Kaiser selbst gebraucht nicht den Ausdruck Synode, sondern spricht nur von *generalis curia et conventus*, die er einberufe, während die Versammlung selbst sich als *concilium* bezeichnet und nachher auch der Kaiser sie so nennt; vgl. MG. Const. 1, 255 n. 184; 263 n. 189.

[2] Vgl. Bd. 1, 75. — Es kommt auch vor, daß eine Papsturkunde nachträglich auf einem Konzil vorgelegt und durch Unterschrift bestätigt wird. So ist z. B. Jaffé-L. 5540 vom 18. Februar 1095 einige Wochen später in Piacenza vorgelegt worden; auf die Datierung folgen die Worte: *relecta vero et confirmata in concilio, quod idem papa Placentiae celebravit*, dann eine Anzahl von Unterschriften und schließlich der Satz: *isti et omnes archiepiscopi, episcopi et abbates in Placentina synodo residentes hanc dimissionis cartam praecepto domini papae laudaverunt et confirmaverunt.*

[3] Vgl. Jaffé-L. 4425. 4426. 4429. 4433. 4569. 4630. 5709; wahrscheinlich auch 3864. 4432. In Jaffé-L. 3971 haben die Empfänger, Abt Rudolf von Nonantola, der Prior des Klosters und vier seiner Mönche auf päpstlichen Befehl unterzeichnet.

[4] So z. B. Jaffé-L. 3703 (Echtheit von Kehr bestritten), wo den Unterschriften die Worte *hec laudamus* vorangehen; Jaffé-L. 4016 (Errichtung eines neuen Bistums), wo der Bischof von Sutri mit der Formel *his omnibus consensit et subscripsit* unterfertigt; Jaffé-L. 4367, wo vier Kardinäle *cognovi et propria manu subscripsi* sagen; Jaffé L. 4368, wo Humbert, der die Urkunde geschrieben hat, mit *cognitum relegit et subscripsit*, Hildebrand mit *dando consensit et subscripsit* unterzeichnet hat; Jaffé-L. 4468, wo zwei Kardinäle und zwei Bischöfe *confirmari* und *subscripsi* sagen; Jaffé-L. 4494 (echt), wo Hildebraud mit *consensi et subscripsi* unterschreibt; Jaffé-L 5403 (echt),

im 12. Jahrhundert und vollends seit Innocenz II., unter dem die Kardinalunterschriften ein regelmäßiger Bestandteil der feierlichen Privilegien werden, kommen Unterschrifts-Formeln, die ausdrücklich auf eine Bestätigung oder einen Konsens hinweisen, nur noch in seltenen Ausnahmefällen[1] vor, und seit Eugen III. verschwinden sie ganz, so daß die Kardinalsunterschriften nur noch mit einfachem *subscripsi* endigen.

Über die Bedeutung dieser Unterschriften, soweit nicht ihre Formulierung bestimmt auf Konsens hinweist, ist ein sicher begründetes Urteil nicht leicht auszusprechen. Daß die einfachen Unterschriften nur ein Zeugnis bedeuten sollen, wird man aus der im 11. Jahrhundert und bis zur Zeit Coelestins II. gelegentlich, wenn auch nur selten begegnenden Formel *interfui et subscripsi*[2] allein noch nicht schließen können. Andererseits aber ist auch nicht anzunehmen, daß im 12. Jahrhundert die Ausstellung der feierlichen Privilegien, die ja oft genug nur eine Bestätigung längst anerkannter Rechte und Besitzungen enthielten, noch von einer sachlichen Beratung im Konsistorium oder einer förmlichen Zustimmung der Kardinäle abhängig gemacht worden wäre; die Unterschriften sind wenigstens bei diesen Urkunden in den meisten Fällen gewiß zu einer bloßen Formalität ohne eigentliche Bedeutung[3] geworden.

---

wo der Bischof Bruno von Segni die Formel gebraucht: *assensum per hunc triangulum* (folgt das Zeichen) *prebui;* Arch. della Soc. Romana 23, 282 (Wibert-Clemens III. 1099 für S. Ciriaco zu Rom) mit einer ganzen Anzahl von verschieden gefaßten, Konsens oder Bestätigung ausdrückenden Unterschriften. — In Jaffé-L. 4369 dagegen, das leider nur in später Abschrift erhalten ist, gehören die Unterschriften, die einen Konsens oder eine Bestätigung ausdrücken sollen, nicht eigentlich zu der Urkunde des Papstes, sondern zu dem darin aufgenommenen Wahlprotokoll des Erzbischofs Winiman von Embrun. In Jaffé-L. 4709 (handschriftliche Überlieferung fehlt) sind die Unterschriften erst nachträglich auf Bitten des Bischofs Roclenus eingetragen.

[1] So z. B. in Jaffé-L. 6861. 7064 unter Calixt II.

[2] Das älteste Beispiel, das ich notiert habe, ist Jaffé-L. 4428; am häufigsten kommt die Formel in Gerichtsurkunden vor, sie ist aber nicht auf solche beschränkt. Bestimmt wird auf Zeugnis hingewiesen in der Urkunde Wibert-Clemens III., GGN. 1900 S. 148 n. 7, wo am Ende der Datierung hinzugefügt ist: *sub presentia Lateranensis archidiaconi et Alberti s. Rufinae episcopi et cardinalium sancti Petri videlicet Anastasii et Warini.* Ebenso werden im Kontext von Jaffé-L. 5788 Zeugen angeführt mit der Formel: *praesentibus fratribus nostris quorum infra scripta sunt nomina.* Vgl. auch Jaffé-L. 5620.

[3] Wenn Paschal II. auf dem Laterankonzil von 1112, auf dem das Investiturprivileg für Heinrich V. kassiert wurde, betont, daß er es *sine fratrum consilio aut subscriptionibus* ausgestellt habe (Lib. pontific. ed. Duchesne 2, 370), so ist dabei wohl mehr auf das *consilium* als auf die *subscriptiones* Gew cht

Anders ist indessen die schon erwähnte Formel *de fratrum nostrorum consilio* (*communicato fratrum nostrorum consilio*) zu beurteilen, die nun immer häufiger bei wichtigen Angelegenheiten der verschiedensten Art in den Urkunden der Päpste begegnet.[1] Daß man im 11. und 12. Jahrhundert zwischen *consilium* und *consensus* auch am päpstlichen Hofe einen bestimmten Unterschied wenigstens nicht immer gemacht hat, ist gewiß. Wenn eine Urkunde Benedikts VIII.[2] über die Erlaubnis zur Errichtung eines neuen Bistums in Spanien von einem Bischof mit der Formel *consensit et subscripsit* unterzeichnet ist, während zufolge einer Urkunde Johanns XIX.[3] die Verlegung des Bistums Zeitz nach Naumburg *consilio omnium episcoporum et clericorum nostrorum* vom Papste genehmigt worden ist, so war die Art der Mitwirkung der Kardinäle in beiden Fällen wohl sicherlich die gleiche, obwohl sie einmal als *consensus* und einmal als *consilium* bezeichnet wird. Ebenso erkennen wir die Gleichsetzung beider Ausdrücke, wenn Eugen IV., der zufolge eines Erlasses vom 13. Juli 1151 den Kanonikern der Petruskirche den vierten Teil der am Altar des h. Petrus dargebrachten Oblationen *ex communi consilio fratrum nostrorum* überwiesen hatte,[4] in einer anderen Urkunde vom 10. April 1153, wodurch diese Überweisung verbrieft, bestätigt und vielleicht noch etwas erweitert wird, aussagt, daß dies *ex consensu fratrum nostrorum episcoporum et cardinalium* geschehen sei.[5] Wenn ferner Hadrian IV. im Jahre 1156 und Alexander III. im Jahre 1163 eine Verfügung Anastasius' IV. zugunsten der Kirche von Compostella

---

zu legen. Freilich wird auch noch bei dem Präliminarvertrage von Anagni 1176 dem Kaiser Friedrich I. von Alexander III. versprochen, daß er ihm über den definitiven Frieden ein *privilegium cum subscriptione omnium cardinalium* ausstellen werde (MG. Const. 1, 352 § 24), und diese Bestimmung ist in Venedig 1177 wiederholt worden (ebenda 1, 364 § 24); aber daß man die *subscriptiones cardinalium* allein nicht als genügend betrachtete, ergibt sich daraus, daß ausbedungen wurde, die Kardinäle sollten durch eine eigene, von ihnen auszustellende und zu besiegelnde Urkunde eine Bestätigung der Abmachungen aussprechen. Erhalten ist uns eine solche Urkunde nicht, doch ist wahrscheinlich ihre Ausstellung erfolgt; vgl. Giesebrecht, Kaiserzeit 5, 857.

[1] Indem ich hier in die Erörterung einer Frage eintrete, die mehr kirchenrechtlicher als diplomatischer Natur ist, beschränke ich mich auf das, was für die Zwecke dieses Buches wesentlich in Betracht kommt. Vgl. hierzu Lulvès, QFIA. 13, 79.

[2] Jaffé-L. 4016, s. oben S. 54 N. 4.

[3] Jaffé-L. 4087.

[4] Schiaparelli, Arch. della Società Romana 25, 288 n. 43 (nicht bei Jaffé).

[5] Jaffé-L. 9714, s. oben S. 52 N. 2.

(es handelt sich um eine uns nicht erhaltene, wahrscheinlich gefälschte Urkunde des Papstes) kassierten, weil sie nicht auf den Rat der Kardinäle (*neque de communi neque de sanioris partis consilio fratrum*) gegeben worden sei,[1] so ist es klar, daß unter dem *consilium* auch hier nicht bloß ein unmaßgeblicher Rat, sondern ein rechtlich relevanter Konsens zu verstehen ist. Eben dasselbe ergibt sich, wenn bei den Verhandlungen Friedrichs II. mit Innocenz IV. im Jahre 1244 ausgemacht wird, daß vier mit der Ausführung einer Vertragsbestimmung beauftragte Kardinäle tun sollen, was der Papst *de consilio fratrum* vorschreibe;[2] es ist deutlich, daß hier die Vorschrift des Papstes an die Zustimmung, nicht bloß an den Rat der Kardinäle gebunden sein sollte. Und diese Ansicht hat offenbar im Anfang seiner Regierung auch noch Bonifaz VIII. gehabt, als er alle von Coelestin V. *sine consilio fratrum* ernannten Erzbischöfe, Bischöfe und Äbte von ihren Ämtern suspendierte.[3]

Dem gegenüber wurde nun einerseits in der kanonistischen Litteratur seit dem 13. Jahrhundert — allerdings zunächst nicht in bezug auf das Verhältnis der Kardinäle zum Papst, sondern in bezug auf das der Domkapitel zu ihren Bischöfen — der Unterschied zwischen *consensus* und *consilium*, den man früher vielfach vernachlässigt hatte, immer schärfer herausgearbeitet,[4] andererseits die Lehre von der *plenitudo potestatis* des Papstes, d. h. seiner absoluten, monarchischen Gewalt in der Kirche und über die Kirche in der Zeit von Gregor VII. bis Bonifaz VIII. immer bestimmter und konsequenter entwickelt.[5] Es ist vollkommen begreiflich, daß unter diesen Umständen die Kardinäle den Wunsch haben mußten, zu einer bestimmten, ihren Ansprüchen möglichst günstigen Abgrenzung ihres Rechts zu gelangen und dafür die ausdrückliche Anerkennung des Papstes zu erwirken: auch in der kirchlichen Verfassungsgeschichte strebte, wie zu gleicher Zeit in der

---

[1] Jaffé-L. 10141. 10905; vgl. Sägmüller a. a. O. S. 59.

[2] MG. Const. 2, 335f. § 5; vgl. dazu Rodenberg in Festgabe für Gerold Meyer von Knonau (Zürich 1913) S. 191.

[3] MG. SS. 27, 471. 513, vgl. Sägmüller S. 67; Finke, Aus den Tagen Bonifaz' VIII. S. 86f.

[4] Vgl. Hinschius, Kirchenrecht 2, 153ff.; Sägmüller a. a. O. S. 221 N. 2. 222ff.

[5] Für Gregor VII. genügt es, auf den *Dictatus papae* zu verweisen, in dem von den Kardinälen bei der Bestimmung der päpstlichen Rechte gar keine Rede ist, sondern immer nur vom Papste „allein“ (solus) gesprochen wird. Im 13. Jahrhundert bilden die Regierungen Innocenz' III. und Innocenz' IV. weitere Etappen auf dem Wege zur Vollgewalt. Über das Verhältnis Bonifaz' VIII. zu seinen Kardinälen vgl. Finke a. a. O. S. 84ff.; Lulvès a. a. O. S. 80.

weltlichen, die Tendenz der ständischen Einschränkung der monarchischen Herrschaft danach, sich durchzusetzen und ihren Einfluß zu legalisieren. Da war es denn ein erster großer Erfolg, daß Gregor IX. durch eine Konstitution vom Jahre 1234 bestimmte, daß Veräußerungen von päpstlichem Patrimonialbesitz fortan nur auf einstimmigen Beschluß des Kardinalkollegiums erfolgen, daß alle ohne solche Zustimmung verfügten Veräußerungen ungültig sein und vom Nachfolger des verfügenden Papstes zurückgenommen werden sollten.[1] Damit waren die Kardinäle, was die Wahrung der Integrität des Kirchengutes angeht, in die Stellung eingetreten, welche die deutschen Kurfürsten in bezug auf das Reichsgut im 13. Jahrhundert anstrebten und unter Rudolf von Habsburg rechtlich erlangten.[2] Aber wie jene vierzig Jahre früher eine solche Stellung erlangten, so waren sie in deren Besitz auch dadurch mehr gesichert, daß sie noch im 13. Jahrhundert einen Anteil an den Einkünften aus dem Kirchengute erwarben, so daß nun auch der oben bereits erwähnte, von der Kirche allgemein anerkannte Grundsatz, daß wohlerworbene, vermögensrechtliche Ansprüche ohne den Konsens der Berechtigten durch päpstliche Verfügung nicht beeinträchtigt werden dürften, auf das Verhältnis der Kardinäle zu dem Kirchengut und den Einkünften der Kirche angewandt werden mußte. Bekanntlich ist es Nikolaus IV. gewesen, der durch eine Konstitution vom Jahre 1289 den Kardinälen die Hälfte aller Einkünfte der römischen Kirche aus den Zinszahlungen der Königreiche Sizilien und England, sowie der Inseln Sardinien und Korsika und aller Erträgnisse der Grafschaft Venaissin und des Kirchenstaates selbst für alle Zeiten zugestand.[3] Diese Konstitution hat indessen nicht durchweg neues Recht geschaffen.[4] Auf die Hälfte des Zinses von England haben die Kardinäle schon zur Zeit Gregors IX. und des englischen Königs Heinrich III. einen Anspruch erhoben, der doch schwerlich ganz aus der

---

[1] THEINER, Cod. dominii temporalis 1, 102 n. 174 (POTTHAST n. 9368): *sancimus, ut de patrimonialibus sine communi fratrum consilio et assensu alienatio nulla fiat, sitque uni facultas, quod ex causa legitima obstaculum libere contradictionis opponat.* Alle Veränderungen, die gegen dies Dekret erfolgen, soll der Nachfolger revozieren, *de alienantis vita, consentientium numero et sollempnitate scripture nullum amminiculum tali suscipiente contractu.* Der Auffassung dieser Maßregel bei LULVÈS a. a. O. S. 90 kann ich mich nicht anschließen.

[2] S. oben S. 44. Durch das Erfordernis der Einstimmigkeit ist sogar die Einschränkung des Papstes noch stärker als die des Kaisers.

[3] THEINER, 1, 304 n. 468 (POTTHAST n. 23010).

[4] So auch LULVÈS a. a. O. S. 87.

Luft gegriffen gewesen sein kann.[1] Die Hälfte des Zinses von Sizilien hat ihnen schon Gregor X. im Jahre 1272 gleich nach seiner Wahl zugestanden, und wenngleich er durch einen seiner Kammerkleriker Protest erheben ließ, daß den Kardinälen ein rechtlicher Anspruch darauf nicht zustehe und daß durch seine Konzession seinen Nachfolgern eine Präjudiz nicht erwachsen solle,[2] so ist es doch höchst wahrscheinlich, daß das Kollegium die Zahlung seit 1272 regelmäßig erhalten hat.[3] Von den als *servitium commune* bezeichneten Zahlungen der Erzbischöfe, Bischöfe und Prälaten an die Kurie haben die Kardinäle gleichfalls schon vor dem Erlaß Nikolaus' IV. ein Halbteil bezogen.[4] Und daß sie auch nach den Einkünften des Kirchenstaats schon vor Nikolaus IV. die Hand ausgestreckt haben, wird man ebenfalls kaum in bestimmte Abrede stellen können.[5] Aber wie dem auch sei, einen sicheren Rechtstitel für ihre finanziellen Ansprüche[6] er-

[1] Vgl. Sägmüller a. a. O. S. 190; Gottlob, Die Servitientaxe im 13. Jahrhundert (Stuttgart 1903) S. 64 N. 1.

[2] Vgl. Le Liber censuum ed. Fabre 1, 27. — Es ist nicht richtig, wenn Kirsch, Die Finanzverwaltung des Kardinalkollegiums S. 4, Sägmüller S. 190 u. a. die Erklärung des Kammerklerikers als einen Protest, gleichsam gegen den Papst gerichtet, auffassen. Der Kleriker protestiert *domini pape et successorum suorum nomine*, und also gewiß im Auftrage des Papstes, nur dagegen, daß den Kardinälen aus dem tatsächlichen Zugeständnis Gregors X. ein auch die Nachfolger bindendes Recht erwachse, und diesen Protest motiviert er, gewiß wiederum im Auftrage Gregors, damit, daß der eben erwählte Papst über die rechtliche Grundlage des von den Kardinälen erhobenen Anspruchs noch nicht genügend informiert sei. Danach kann ich mich auch den Erörterungen Sternfelds, Der Kardinal Johann Gaetan Orsini S. 195ff. 321ff., nur zum Teil anschließen: die Erklärung des Vorgangs scheint mir gar keine Schwierigkeiten zu machen. Vgl. jetzt auch Lulvès a. a. O. S. 87 und die folgende Note, sowie den ganz ähnlichen Protest Benedikts XII. in der unten N. 6 zu erwähnenden Urkunde von 1334.

[3] Vgl. Baumgarten, Untersuchungen und Urkunden über die Camera collegii cardinalium S. CXXVIIIff. Daß die Kardinäle den Zins von 1269 bis 1271 *sede vacante* bezogen haben, beweisen die Urkunden bei Posse, Analecta Vaticana n. 654ff.

[4] Gottlob, Die Servitientaxe S. 70ff., führt die Einrichtung mit großer Wahrscheinlichkeit auf Alexander IV. zurück.

[5] Mündliche Versicherungen der Päpste im Konklave in Anerkennung dieser Bestrebungen, woran mehrere neuere Forscher gedacht haben, sind in manchen Fällen möglich, in anderen aber, wie z. B. bei der Wahl Gregors X., ganz ausgeschlossen und nirgends erweislich. Vgl. hierzu Buschbell, Die professiones fidei der Päpste (Rom 1896) S. 58.

[6] Diese sind dann von Benedikt XII. 1324 abermals anerkannt und auch auf den Peterspfennig ausgedehnt worden, vgl. Kirsch a. a. O. S. 71; Le Liber censuum ed. Fabre 1, 27 N. 1. Auch auf diesen hatten die Kardinäle schon

langten die Kardinäle doch erst im Jahre 1289, und die ihnen in der Konstitution Nikolaus' IV. zugestandene Mitwirkung bei der Ernennung der Rektoren in den Provinzen des Kirchenstaates und der Kollektoren päpstlicher Zinse bedeutet eine neue und erhebliche Erweiterung ihres Konsensrechtes.

Wie die Kardinäle dann seit der zweiten Hälfte des 14. Jahrhunderts[1] bestrebt gewesen sind, ihr Wahlrecht zu benutzen, um die Päpste bei wichtigeren Regierungshandlungen rechtlich, nicht bloß tatsächlich, an die Zustimmung ihres Kollegiums zu binden, soll hier im einzelnen nicht weiter verfolgt werden und wird erst vollkommen übersehen werden können, wenn eine neue, schon seit längerer Zeit vorbereitete,[2] vollständige Edition der ihnen abgedrungenen Wahlkapitulationen vorliegen wird. Hier mag es genügen, an eine der uns bekannten Kapitulationen, die Eugens IV. vom Jahre 1431, zu erinnern, in der nicht nur die Bindung des Papstes an *consilium et consensus* der Kardinäle oder der Mehrzahl von ihnen in weitestgehendem Maße angeordnet, sondern auch eine gerade für das Urkundenwesen wichtige Bestimmung getroffen wird:[3] in allen Urkunden über Geschäfte, zu deren Erledigung Rat und Konsens (die hier offenbar gleichgesetzt werden) der Kardinäle erforderlich sind, und in denen daher die Formel *de consilio venerabilium fratrum nostrorum* gebraucht wird, mit alleiniger Ausnahme der Bullen über die Ernennung von Prälaten, sollen die Namen der Kardinäle, die Rat und Konsens gegeben haben, wie das bis auf Bonifaz VIII. üblich gewesen sei, verzeichnet werden, wobei für die Richtigkeit der Angabe der Namen die eigenhändige Unterschrift wenigstens der Prioren der drei Ordines des Kardinalkollegiums oder in ihrer Abwesenheit eines alten Kardinals für jeden Ordo bürgen soll,[4] während bei besonders wich-

---

vorher Anspruch erhoben, wie die Urkunden bei Baumgarten a. a. O. S. 166ff. zeigen. Dagegen haben die Kardinäle nie einen Anteil an den Kanzleigebühren gehabt; Sägmüllers Zweifel in dieser Hinsicht (S. 191) sind unnötig.

[1] Nicht schon im 13. Jahrhundert. Denn daß Bonifaz VIII. keine Wahlkapitulation ausgestellt hat, bedarf jetzt keiner Erörterung mehr. Über die auf seinen Namen gefälschte *professio fidei* mit dem Versprechen nach *consilium* und *consensus* der Kardinäle zu regieren, vgl. zuletzt Lulvès, MIÖG. 31, 373ff.

[2] Von Jean Lulvès. Vgl. einstweilen dessen Aufsatz in QFIA. 12, 1ff.

[3] Rainald 1431 § 7.

[4] So verstehe ich den Satz: *scribi faciet nomina cardinalium consilium et consensum praebentium, videlicet ubi dicitur de consilio venerabilium fratrum nostrorum, videlicet talis et talis etc., sicut fieri solebat ante Bonifacium VIII.*

tigen Angelegenheiten der Papst und die Kardinäle — offenbar sind alle Kardinäle gemeint — ihre Unterschrift abgeben sollen.[1]

Während Innocenz VI. seine Wahlkapitulation vom Jahre 1352, die erste uns bekannte, nach mehr als einem halben Jahre durch die Bulle *„Sollicitudo"* förmlich aufgehoben hat, weil sie wider das göttliche Recht die *plenitudo potestatis* des Papstes einschränke, hat Eugen IV. die seinige durch die Bulle *„In qualibet monarchia"* vom 12. März 1431 ausdrücklich bestätigt, wozu er sich ja in der Kapitulation selbst eidlich verpflichtet hatte. Dauernd beobachtet aber hat auch dieser Papst die Versprechungen, die er in der Kapitulation gegeben hatte, ebensowenig wie seine Nachfolger. Und wie der Versuch, die absolute Monarchie der Kirche in eine ständisch-konstitutionelle zu verwandeln, im ganzen gescheitert ist, so ist auch die uns hier näher angehende Bestimmung, durch die das Konsensrecht der Kardinäle in den Papsturkunden zu deutlicherem Ausdruck gebracht werden sollte, auf die Dauer nicht ausgeführt worden.[2]

... de quorum nominibus constat saltem per subscriptionem trium priorum vel in eorum absentia trium antiquorum cardinalium, unius scilicet pro quolibet ordine, qui actui interfuerint.

[1] A. a. O.: *In arduis vero requiratur papae et cardinalium subscriptio.*

[2] Doch finden sich in der ersten Zeit Eugens deutliche Spuren der Ausführung. So nennt die Bulle vom 12. November 1431 über die Verlegung des Konzils von Basel (Rainald 1431 § 21) die Kardinäle, auf deren Rat der Beschluß gefaßt ist (*de ipsorum fratrum* — folgen die Namen — *consilio*), Unterschriften aber hat sie nicht. Dagegen fehlt die Nennung schon in der Auflösungsbulle vom 18. Dezember 1431 (Rainald 1431 § 25), obwohl sie *de nostrorum fratrum consilio et assensu* gegeben sein will. Ebenso fehlt sie in der Bulle vom 15. Dezember 1432 (Rainald 1432 § 19; Vollmacht für die päpstlichen Legaten in Basel), die *de fratrum consilio* erlassen ist, aber diese ist nun gemäß den Bestimmungen der Kapitulation von je einem Kardinalbischof, Kardinalpriester und Kardinaldiakon unterschrieben. Es würde von Interesse sein, nach den Registerbüchern Eugens IV. im einzelnen genau festzustellen, wo und wie lange solche Spuren der wenigstens z. T. durchgeführten Beobachtung dieser Kapitulationsbestimmung nachzuweisen sind.

Elftes Kapitel.

Die Entstehung der Urkunden.

2. Handlung und Beurkundung. Stufen der Beurkundung.

Es ist die Eigenschaft aller Schriftstücke, die wir nach der im Eingang dieses Werkes gegebenen Definition als Urkunden bezeichnen, daß sie dazu bestimmt sind, Tatsachen von rechtlicher Erheblichkeit zu bezeugen. Einen wesentlichen Unterschied aber macht es aus, ob das Zustandekommen dieser Tatsachen im Einzelfalle lediglich auf der Willenserklärung einer einzelnen Person beruht, oder ob es durch das Zusammenwirken oder durch die ausdrücklich erklärte oder stillschweigend vorausgesetzte Willensübereinstimmung mindestens zweier Personen bedingt ist. Das erstere ist der Fall bei allen Urkunden, durch die ein Herrscher seinen Beamten oder Untertanen, ein Vorgesetzter seinen Untergebenen Aufträge erteilt oder Befehle gibt. Auch diese Urkunden bezeugen rechtlich erhebliche Tatsachen; sie verpflichten die Adressaten zur Ausführung der befohlenen Handlungen und bedingen ihre Verantwortlichkeit und eventuell ihre Straffälligkeit für den Fall des Ungehorsams.[1] Die rechtlich erhebliche Tatsache hängt aber nur von dem Willen des Befehlenden ab und ist von dem des Adressaten unabhängig: dieser muß den Befehl ausführen, er mag damit einverstanden sein oder nicht. Mit dem Empfang der Urkunde erwächst dem Adressaten im Verhältnis zu ihrem Aussteller nur eine Pflicht, kein Recht; wenn der Aussteller seinen Willen ändert, ehe er ausgeführt ist, und den Befehl zurücknimmt oder modifiziert, so steht dem Adressaten kein Recht des Einspruches dagegen zu. Wesentlich anders verhält es sich mit allen Urkunden, die über Verträge ausgestellt sind, mögen sie Schenkungen und Verleihungen oder Bestätigungen von Gnaden und Rechten und dergl., oder mögen sie Kauf, Tausch, Darlehen oder ähnliche zweiseitige Rechtsgeschäfte betreffen. Auch die Urkunde über eine Schenkung, eine Freilassung, eine Schutz- oder Immunitätsverleihung beruht nicht bloß auf dem einseitigen Willen dessen, der die Schenkung gegeben, die Freilassung vorgenom-

[1] Um diese Verantwortlichkeit zu sichern, hat man im späteren Mittelalter nicht selten angeordnet, daß der Beauftragte die Urkunde zum Zeichen der Kenntnisnahme mit seinem Siegel zu versehen und weiter- oder zurückzugeben habe. Es entspricht das der heute üblichen Unterschrift von Zirkularen durch Personen, denen sie vorgelegt werden.

men, den Schutz oder die Immunität verliehen hat, sondern sie verlangt, um rechtlich wirksam zu sein, eine Annahme durch eine zweite Person. Diese Annahme braucht freilich nicht ausdrücklich ausgesprochen zu werden; hat z. B. ein Untertan den König um eine Gunst gebeten, so liegt schon in der Bitte seine Annahmeerklärung enthalten, aber vorhanden ist sie eben darum auch in diesem Falle. Und es liegt in der Natur der Sache, daß die rechtliche Wirksamkeit einer solchen Urkunde, wenn sie einmal ausgestellt ist, nicht durch den einseitigen Willen des Schenkenden, Freilassenden usw. wieder aufgehoben werden kann, insofern nicht unter bestimmten Voraussetzungen das Gesetz einen Widerruf gestattet oder dieser in der Urkunde ausdrücklich vorbehalten ist. Die Urkunde dient in allen solchen Fällen ihrem Empfänger als Zeugnis für ein erworbenes Recht, dessen er ohne seine Zustimmung oder sein Verschulden nicht wieder verlustig gehen kann.

Mit dem Unterschiede zwischen Urkunden, deren Rechtswirkung nur vom Willen einer einzelnen Person abhängig ist, und solchen, bei denen sie auf der Willensübereinstimmung mehrerer Personen beruht, hängt ein anderer zusammen, der für die diplomatische Betrachtung besonders wichtig ist. Wenn wir als den Beginn der Beurkundung den Zeitpunkt ansehen, in dem der Aussteller oder jemand, den er dazu bevollmächtigt hat, den Auftrag zur Herstellung einer Urkunde erteilt, so geht diesem Beurkundungsauftrage[1] bei der zuerst erwähnten Kategorie von Urkunden nichts voran, das für die durch die Urkunde zu bezeugende Tatsache in bezug auf ihren Adressaten rechtlich relevant wäre. Es können allerdings auch über die Befehle, die ein Herrscher seinen Beamten erteilt, vorher Beratungen gepflogen sein, auf Grund deren der Beurkundungsauftrag erteilt wird; aber was den Adressaten einer solchen Urkunde zum Gehorsam verbindet, was das Rechtsverhältnis, welches durch die Urkunde bezeugt wird, schafft, sind nicht jene Beratungen, sondern nur der durch den Beurkundungsbefehl ausgesprochene Wille des Herrschers kommt dafür in Betracht. Und wenn etwa eine dritte Person unter Gewährung

[1] Der Beurkundungsauftrag wird im Mittelalter als Beurkundungsbefehl (*iussio*) bezeichnet, wenn die mit der Herstellung der Urkunde beauftragte Person in einem Subordinationsverhältnis zu dem Aussteller steht; er heißt Beurkundungsbitte (*rogatio*), wenn das nicht der Fall ist. Nicht immer, aber sehr häufig wird der Unterschied zwischen *iussio* und *rogatio* in den Formeln der Urkunden beachtet. Der Beurkundungsauftrag fällt nur in den seltenen Fällen ganz fort, in denen der Aussteller einer Urkunde diese selbst verfaßt und geschrieben hat.

einer Gegenleistung oder ohne solche den Herrscher um den Erlaß einer derartigen Urkunde gebeten, und dieser die Bitte zu erfüllen versprochen hat, so kann dadurch zwar ein rechtlich wirksames Vertragsverhältnis zwischen ihm und jener dritten Person begründet werden: aber für den Adressaten der Urkunde ist dies Verhältnis ohne rechtliche Bedeutung; seine Tätigkeit wird nicht durch diesen Vertrag, sondern erst durch den Befehl des Herrschers gehemmt oder in Bewegung gesetzt; und für ihn macht es keinen Unterschied, ob der Befehl aus dessen alleiniger Initiative entsprungen oder auf den Rat eines anderen oder auf Grund einer vertragsmäßigen Verpflichtung erteilt worden ist. Mit anderen Worten: wenn wir die für den Empfänger einer Urkunde rechtlich erhebliche Tatsache, welche durch die Urkunde bezeugt wird, Handlung nennen, so gibt es bei dieser Kategorie von Urkunden keine dem Beurkundungsauftrag vorangehende Handlung; Handlung und Beurkundung fallen bei ihr zusammen.[1]

Anders steht das bei der Mehrzahl der Urkunden, die nicht unter die eben besprochene Kategorie der einseitigen Befehle und Erlasse fallen. Es versteht sich nach unseren früheren Erörterungen von selbst, daß bei allen *notitiae*, wo und von wem sie auch ausgestellt sind, eine der Beurkundung vorangehende Handlung anzunehmen ist; die *notitia*, insofern sie schlichte Beweisurkunde ist, schafft ja niemals eine rechtlich erhebliche Tatsache, sondern berichtet und bezeugt nur, daß eine solche stattgefunden hat. Zu untersuchen bleibt nur, wie sich

[1] Auf den Unterschied zwischen Handlung und Beurkundung ist schon früher mehrfach geachtet worden, vgl. z. B. MABILLON, De re diplom. S. 192, der zwischen der Zeit der *res transacta* und des *instrumentum confectum* einen Unterschied macht; SICKEL, Acta 1, 236ff.; BRESSLAU, Kanzlei S. 69f. Und schon das Baumgartenberger Formularbuch (QE. 9, 778) macht darauf aufmerksam, indem es die *actio agitata* und das *tempus conscripte litere* unterscheidet, wenn auch seine weiteren Ausführungen darüber nur zum Teil zutreffen. Sehr bestimmt unterscheidet z. B. auch eine Urkunde des Bischofs Adelog von Hildesheim von 1175, Asseburger UB. 1, 16 n. 20, die *actio* (Handlung) von der *conscriptio* (Beurkundung). Eingehend aber hat erst FICKER, BzU. 1, 62ff. das Verhältnis zwischen Handlung und Beurkundung erörtert; er hat auch anscheinend ohne jene Stelle des Baumgartenberger Formelbuchs zu kennen, den Ausdruck Handlung in den diplomatischen Sprachgebrauch eingeführt. Er belegt ihn mit REMLING, UB. 1, 13: *acta est huius traditionis actio;* andere Belege sind leicht beizubringen, vgl. z. B. noch UB. des Hochstifts Halberstadt 1, 131: *ad testimonium huius actionis;* 1, 176: *hec ergo nostre donationis actio;* 1, 267: *hec eiusdem actionis formula scripto commendata;* CD. Anhalt. 1, 472: *actionem hanc conscribi fecimus;* 1, 475: *actionem hanc scripto commendare curavimus;* TROUILLAT 1, 208: *in actione et confirmatione huius concambii.*

die in der Form der *cartae* ausgestellten Urkunden in dieser Hinsicht verhalten.

Was zunächst die fränkischen und deutschen Königsurkunden[1] betrifft, so liegt es bei gewissen Arten davon in der Natur der Sache, daß der Beurkundung immer eine in mehr oder minder feierlicher Form vollzogene Handlung vorangegangen ist. So ist eine *carta denarialis* stets erst geschrieben worden, nachdem die solenne Form der Freilassung *per excussionem denarii* von dem Könige vollzogen worden war; die Vollziehung der Handlung wird in den Urkunden selbst regelmäßig als vorangegangen erwähnt. Durchweg dasselbe werden wir mindestens seit dem Ende der merovingischen Zeit für die reinen Mundbriefe anzunehmen haben. Die Verleihung des Königsschutzes war die Folge der Tradition oder Kommendation eines Stiftes oder einer Person an den König; indem der König die Kommendation annahm, trat der Königsschutz ein; die Urkunde diente nur dazu, ihn zu verkünden und zu sichern; die rechtsverbindliche Handlung aber ging der Beurkundung voran.[2] Selbstverständlich haben wir ferner bei allen auf Grund eines Urteilsspruches des Hofgerichts ausgestellten Gerichtsurkunden und Diplomen zwischen Handlung und Beurkundung zu scheiden: die Rechtswirkung des Urteils trat schon mit seiner Verkündigung in der Gerichtssitzung und nicht erst mit seiner urkundlichen Verbriefung ein. Daß bei Tauschgeschäften, die der König abschloß, der rechtsgültige Formalakt[3] vor der Ausstellung der Urkunde stattfand, kann nicht bezweifelt werden; er bestand in einer gegenseitigen feierlichen und symbolischen Tradition von Hand zu Hand; wie der König wohl ausdrücklich sagt, daß er das ihm zugefallene

---

[1] Vgl. für das folgende Ficker, BzU. 1, 108ff.; Redlich, MIÖG. Erg. 6, 11ff. Über die sizilianischen Königsurkunden vgl. K. A. Kehr S. 121ff.; sie werden im folgenden nur nebenbei berücksichtigt, da die Unterscheidung von Handlung und Beurkundung bei ihnen geringere Bedeutung hat.

[2] Sehr deutlich ist das ausgedrückt in der Urkunde Pippins für Duban von Honau, D. Arn. n. 20: *Dubanus abba . . . ad nos venit et ad nos se una cum omni re monasterii sui commendavit; et nos ipsum Dubanum . . . sub nostrum mundeburde plenum recipimus. — Propterea litteras . . . eidem dedimus, per quas . . . rogamus atque praecipimus* usw. Vgl. Sickel, BzD. 3, 39. 70. 93ff.; Waitz, VG. 2,[3] 1, 330ff.; Brunner, RG. 2, 51f.; Ehrenberg, Kommendation und Huldigung (Weimar 1877).

[3] Er ist es, der z. B. in DO. I. 276 als *concambium legitime transmutationis*, in St. 3773 als *concambii solempnitas* bezeichnet wird. Daher werden Handlung und Beurkundung beim Tausch ausdrücklich unterschieden, z. B. in DH. II. 55: *concambii firmitatem fecimus et litteris ob memoriam mandari iussimus.*

Tauschobjekt aus den Händen seines Mitkontrahenten oder dessen Vogtes[1] empfangen habe, so hat er ohne Frage auch seine Gegenleistung in ähnlicher Weise bewirkt.[2] Bekannt ist ferner, daß Belehnungen regelmäßig durch eine symbolische Investitur bewirkt sind, mag das in der darüber nachher ausgestellten Urkunde zum Ausdruck gelangen, wie in dem Lehnsbriefe Friedrichs I. über das Herzogtum Westfalen,[3] oder mag es verschwiegen sein, wie in dem Lehnsbriefe desselben Kaisers für Österreich;[4] wissen wir doch in dem letzteren Fall durch den Bericht Ottos von Freising ganz genau, daß in Wirklichkeit eine Investitur mit zwei Fahnlanzen stattgefunden hat.[5] Es ist eine Ausnahme, welche die Regel bestätigt, wenn z. B. König Richard 1261 von London aus den Erzbischof Engelbert von Köln wegen seiner Abwesenheit aus dem Reich *per litteras* investiert hat; sagt doch die darüber ausgestellte Urkunde, im Anschluß an die Bestimmungen des Wormser Konkordats von 1122, ausdrücklich, daß dies ungewöhnlich sei, und daß eine Belehnung geistlicher Fürsten nicht erfolgen könne, *nisi recipiens per persone sue presentiam concedentis imperatoris vel regis aspectui se presentet et a manu eiusdem actualiter insignita cum sceptro solempniter investituram recipiat.*[6] Eine ähnliche formale Investitur fand aber auch bei den meisten anderen Verleihungen von Rechten durch den König statt. Daß bei der Erteilung von Marktrechten irgend eine symbolische Handlung vollzogen wurde, wird in

---

[1] Vgl. z. B. DO. I. 109: *econtra vero pari ratione ab eodem abbate . . . per manus advocatorum eius recepimus*; vgl. auch DDO. II. 191. 227 usw.

[2] Ausdrücklich bezeugt ist z. B. die *traditio per manus advocatorum nostri scilicet et praedicti archiepiscopi sollempniter facta* in DO. I. 322 und noch deutlicher in DO. III. 106: *econtra autem . . . dedimus . . . atque . . . per manum advocati nostri . . . donavimus tradidimus.*

[3] St. 4301.

[4] St. 3753.

[5] Wie unumgänglich eine solche körperliche Investitur noch im 12. Jahrhundert war, zeigt die Urkunde Friedrichs I. St. 3963 (MG. Const. 1, 305 n. 216), in der dem Grafen von Baux, der auf Grund eines Privilegs Konrads III. die Provence beansprucht, entgegengehalten wird, *quod regem Conradum . . . nunquam oculis suis vidit nec corporalem investituram alicuius terre ab eo unquam suscepit.*

[6] Winkelmann, Acta 1, 457 n. 570. Solche Ausnahmen sind übrigens im späteren Mittelalter nicht ganz selten, wenn auch in einem Formular aus der Zeit Rudolfs (Baumgartenberger Formelb. ed. Bärwald S. 233 n. 23) die Belehnung eines Abwesenden mit den Regalien als eine *specialis gratia . . . hactenus inaudita* bezeichnet wird. Vgl. Böhmer-Redlich, Reg. 386. 387. 1489. 1492; MG. Const. 3, 544 n. 583 und die Bestimmungen der Goldenen Bulle ed. Zeumer S. 46f.

den darüber ausgestellten Urkunden freilich fast niemals erwähnt. Aber in einem Diplom Lothars III. für St. Georg zu Bamberg heißt es, daß der König den Markt zu Staffelstein im Rednitzgau *per manum comitis Reginbodonis* an den Altar des heiligen Georg geschenkt habe; hier muß also durch den Bevollmächtigten eine symbolische Tradition vollzogen sein.[1] Worin sie bestanden hat, erfahren wir aus einer Urkunde, durch die 1165 Friedrich I. einen über dies Marktrecht ausgebrochenen Streit entschied; er erwähnt, daß Lothar es nach gewohnter Sitte vermittelst eines Handschuhes durch öffentliche Schenkung und durch Privileg verliehen habe.[2] Und daß, was hier geschehen ist, wirklich allgemeinem Brauch entsprach, wird zum Überfluß noch durch einen Rechtsspruch des Reichsgerichts aus dem Jahre 1218 bestätigt, der die Investitur mit dem Handschuh bei jeder Verleihung eines Jahr- oder Wochenmarkts an irgend welchem Orte des Reiches als selbstverständlich voraussetzt.[3] Unter so beschaffenen Umständen gewinnen nun gewisse aus Italien vorliegende Zeugnisse über ähnliche Formalakte bei anderen Rechtsverleihungen einen erhöhten Wert. Wir entnehmen sie zumeist Notariatsinstrumenten, die über den Hergang der Investitur selbst aufgenommen sind; die Diplome schweigen in der Regel ebenso davon, wie sie die Investitur mit dem Handschuh bei der Marktverleihung unerwähnt zu lassen pflegen; doch finden sich vereinzelte Andeutungen auch in ihnen vor. So erfolgte die Ernennung zum kaiserlichen Notar durch eine Investitur mit dem Stabe oder, was in späterer Zeit häufig vorkommt, mit Tintenfaß und Feder;[4] so wurde bei einer Legitimation die begnadigte Person mit einem goldenen Ringe investiert;[5] so bestätigte Heinrich VI. einer ritterbürtigen Familie aus Toskana Zollrechte, die ihr von Alters her zustanden, indem er sie mit einem Hute investierte;[6] so findet sich endlich mehrfach, daß selbst die Verleihungen und Bestätigungen von Stadtrechten und städtischen Gewohnheiten mittels eines an den Ver-

---

[1] St. 3249.

[2] St. 4043: *mercatum ... quod ... Lotharius imperator tradiderat more solito per guantonem* (so ist mit Ficker, BzU. 1, 116 zu lesen) *publica donatione et privilegii sui confirmatione.*

[3] Const. 2, 74 n. 61.

[4] Älteste Zeugnisse für die Investitur aus der Zeit Heinrichs VI. von 1186 und 1191, Savioli 2, 146; MIÖG. 5, 314. Investitur durch Friedrich II. 1249 *per baculum quem in propria manu tenebat*, Winkelmann, Acta 1, n. 417; *cum penna et calamario*, Ficker, It. Forsch. 4, n. 466. 501. 525 und öfter, vgl. auch das Formular Const. 3, 294 n. 292.

[5] 1191 durch Heinrich VI., MIÖG. 5, 314; vgl. Ficker, It. Forsch. 4, 502.

[6] Vgl. Schneider, Toskanische Studien 3, 45ff. (= QFIA. 12, 87ff.).

tretern der Stadt vorgenommenen Investituraktes vorgenommen wurden.[1] Handelt es sich bei den Fällen, die wir durch positives Zeugnis belegen können, durchweg um Vorgänge in Italien, so werden wir für Deutschland sicher ein analoges Vorgehen annehmen können; denn es ist gewiß, daß wenn irgendwo, dann gerade in Italien am frühesten die bloße urkundliche Verbriefung als Ersatz auch für die Handlung angesehen wurde.

Für unsere Betrachtung aber ist es vor allem wichtig, festzustellen, ob auch für Verleihungen von unbeweglichen Gütern eine Handlung neben der Beurkundung anzunehmen ist. Daß dies für die spätere Zeit, in der solche Verleihungen vorzugsweise nach Lehenrecht erfolgten, der Fall ist, steht nach dem, was oben über die lehenrechtliche Investitur bemerkt wurde, außer Zweifel. Wie aber stand es mit den Schenkungen der älteren Zeit, die einen so erheblichen Teil aller uns erhaltenen Urkunden bilden? Es ist neuerdings vielfach angenommen worden, daß die feierliche Übergabe der Königsurkunde die Bedeutung eines Investituraktes selbst gehabt hatte;[2] ist diese Ansicht zutreffend, so war wenigstens bei allen feierlich tradierten Urkunden eine weitere Handlung unnötig. Und insofern wir die Übergabe einer Urkunde als den letzten Akt der Beurkundung aufzufassen haben, wären danach auch bei den so tradierten Diplomen Handlung und Beurkundung zusammengefallen; bei ihnen wäre die Handlung die letzte, wie bei den Mandaten die erste Stufe der Beurkundung. Nun ergibt sich in der Tat aus einer Reihe von Zeugnissen,[3] daß die Voll-

[1] Belege bei Ficker, BzU. 1, 117.

[2] So noch von Sohm, Zur Geschichte der Auflassung (Festgabe für Thöl, Straßburg 1879) S. 103; vgl. auch Zeitschr. für Rechtsgesch. 43 (Germ. 30), 108 ff. Sohm betrachtet die *investitura per cartam* als ein Vorrecht des Königs, der dabei an das gemeine Recht nicht gebunden gewesen sei; er leugnet aber, worauf wir zurückkommen, gegen Brunner die Möglichkeit der *investitura per cartam* bei Privaturkunden. Mir scheint für die juristische Frage, auf die hier näher einzugehen nicht erforderlich ist, von Wichtigkeit zu sein, daß zwischen der feierlichen Übergabe eines königlichen Präzepts und der Tradition einer Privaturkunde ein wesentlicher Unterschied besteht. Die Königsurkunde wurde vollzogen und besiegelt, die Privaturkunde stets unvollzogen tradiert, wenn nicht bloß das unbeschriebene Pergament übergeben wurde; die Übergabe einer Königsurkunde erfolgte also stets nach, die einer Privaturkunde gleichzeitig mit dem Beurkundungsauftrag. Vgl. Redlich, MIÖG. Erg. 6, 4 ff.

[3] Vgl. die Zeugnisse bei Ficker, BzU. 1, 111 f. Vgl. auch die Vorbemerkung zu DK. II. 216 und für Sizilien K. A. Kehr S. 123. — Angeführt mag dafür noch werden, daß in mit Bildern versehenen Kopialbüchern mit Vorliebe gerade dieser Akt der feierlichen Urkunden-Tradition dargestellt wurde; so z. B. im Chron. Vulturnense und im Chron. S. Sophiae Beneventan., vgl. NA. 2, 347. 3, 117; Bullettino dell' Istit. stor. Italiano 30, 75 ff. 88.

ziehung und Übergabe einer Urkunde durch den König häufig in feierlichen Formen erfolgte, etwa in einer Versammlung der am Hofe anwesenden Großen, deren Anwesenheit bei diesem Akt gelegentlich ausdrücklich erwähnt wird. Welche juristische Bedeutung aber diesem Formalakte zukam, ist nicht recht klar ersichtlich. Von einer eigentlichen Investitur, als deren Symbol in gleicher Weise wie sonst Stab, Szepter oder Ring die Urkunde selbst, das *privilegium factum et finitum et sigillatum sigillo domini imperatoris*, diente, ist, soviel mir bekannt ist, nur ein einziges Mal, in der Regierungszeit Heinrichs VI., bestimmt und unzweideutig die Rede.[1] Wenn sehr oft ausdrücklich gesagt wird, daß der König *per hoc praeceptum, per hanc cartam* usw. schenke oder tradiere,[2] so scheint das allerdings auf Investitur mit der Urkunde hinzudeuten; aber dieser Deutung solcher Worte kann man entgegenhalten, daß in anderen zahlreichen Fällen ebenso bestimmt die Ausstellung der Urkunde als ein nach vollzogener Tradition hauptsächlich zum Zweck größerer Sicherung vorgenommener Akt bezeichnet zu sein scheint.[3]

Läßt sich demnach aus den Urkundenformeln allein die Frage nicht entscheiden, so ist es nun von besonderer Bedeutung, daß in einer verhältnismäßig großen Anzahl von Fällen ganz bestimmt eine von der Beurkundung verschiedene, zeitlich von ihr getrennte Traditions- oder Investiturhandlung nachgewiesen werden kann. Bisweilen

---

[1] Böhmer, Acta S. 172; vgl. Ficker, BzU. 1, 110. Der von Ficker gleichfalls angeführte Satz einer Pancarta Rudolfs von Italien von 922 (DR. 3, das übrigens auf ein Diplom Berengars I., D. Ber. I. 134, zurückgeht), hat wahrscheinlich eine andere Bedeutung; er soll wohl nur ausdrücken, daß die Pancarta an Stelle der verbrannten Urkunden als Beweis der Gewere zu dienen habe.

[2] Oft mit dem Zusatz, daß diese Tradition *sollempni more* erfolge und daß der Empfänger *ab hodierno die et deinceps* besitzen solle. Beispiele bei Ficker a. a. O. S. 110, andere aus der Zeit Karls III. bei Mühlbacher, SB. der Wiener Akademie 92, 459ff.

[3] Das ist doch zweifellos der Fall, wenn, wie im 10. und 11. Jahrhundert so oft geschieht, erst die vollzogene Tradition in der Narratio erwähnt wird (*donavimus, confirmavimus, concessimus, tradidimus*) und es dann weiter heißt, etwa wie in DH. I. 24: *iussimus quoque hoc praeceptum inde conscribi, per quod volumus firmiterque iubemus, quatenus, praefatae res . . . ad monachorum . . . victum et vestitum perpetualiter consistant.* Nichts anderes bedeutet es, wenn z. B. der Kanzleibeamte Heinrichs IV., den ich Adalbero C genannt habe, so oft die Formel gebraucht: *cuius traditionis testem hanc paginam scribi iussimus* usw. (Gundlach, Ein Diktator S. 62); und es ist doch schwerlich anzunehmen, daß gerade dieser Diktator immer solche Urkunden geschrieben habe, mit denen nicht investiert, sondern deren Ausfertigung erst nach vollzogener Tradition angeordnet wurde.

folgt die Investitur auf die Beurkundung; sie ist dann in der Regel auf Grund des königlichen Präzepts von besonders beauftragten Königsboten vollzogen worden. Fälle der Art kommen vorzugsweise auf italienischem, vereinzelt aber auch auf deutschem Boden vor;[1] für die diplomatische Betrachtung sind sie die minder wichtigen. In anderen Fällen, die sich von der karolingischen Zeit an nachweisen lassen, ist dagegen die Traditionshandlung der Beurkundung vorangegangen; bisweilen ist der Zeitunterschied zwischen der einen und der anderen nur klein, manchmal aber auch recht bedeutend. So hat Karl der Große am 1. September 774 dem Kloster Lorsch eine Schenkung gemacht, die erst am folgenden Tage beurkundet wurde.[2] Ludwig der Fromme

---

[1] Vgl. z. B. für Italien die Investiturnotiz von 879 bei Ficker, It. Forsch. 4, 20 mit dem Diplom Mühlbacher Reg.[2] 1546; ferner das *breve de investitione* von 967 hinter DO. I. 353; für Deutschland die fuldische *notitia* von 932 bei Dronke n. 679 mit dem Diplom DH. I. 34; für Frankreich Mühlbacher, Reg.[2] n. 970 mit D. Kar. 188. Hierhin gehört nun auch zufolge den Ausführungen Tangls (Arndt-Tangl, Schrifttafeln 3, 37 zu Taf. 73) die früher von mir nach dem Vorgange Mühlbachers, MIÖG. 3, 308 anders beurteilte Hammelburger Investitur und Grenzweisung (Abbildung bei Tangl a. a O. und bei Chroust, Mon. palaeographica Lief. 5 Taf. 7), die zum 8. Oktober 777 (nicht 776) anzusetzen ist, also dem Schenkungsdiplom vom 7. Jan. 777 (D. Kar. 116, vgl. den Nachtrag DD. Kar. 1, 564) nicht, wie früher angenommen wurde, um vier Monate vorangeht, sondern neun Monate nach ihm erfolgt ist. Die Frage nach dem Alter der uns davon erhaltenen Aufzeichnung kann unter diesen Umständen hier ganz unberücksichtigt bleiben; vgl. darüber zuletzt Stengel, UB. des Klosters Fulda 1, 151 n. 83.

[2] D. Kar. 82. — Die Mehrzahl der im folgenden angeführten Beispiele sind schon von Sickel, Acta 1, 236f. und Ficker, BzU. 1, 113ff. berücksichtigt. Hier mag noch hinzugefügt werden, daß auch in der Merovingerzeit, die Ficker nicht berücksichtigt hat, die Verhältnisse nicht anders zu liegen scheinen. Schon daß die Schenkungsurkunden häufig an die königlichen Beamten adressiert sind, die doch nicht die Empfänger der Schenkung sind (vgl. DM. 14. 23. 44 usw.), läßt es als durchaus unwahrscheinlich erscheinen, daß die Schenkung lediglich durch diese Urkunden erfolgt sei, und daß der Beurkundung keine Handlung voranging. Die Investitur *per cartam* ist mit der Adressierung der *carta* an dritte Personen kaum vereinbar. Daher wird denn auch von der Handlung im Präteritum gesprochen (*visi fuimus concessisse; cognoscat igitur vestra magnitudo ... nos concessisse* usw.), und der Befehl des Kaisers geht darauf hinaus, den Beschenkten in seinem Besitz zu schützen; Marculf 1, 14. 15. Vgl. auch die mit der hier entwickelten Ansicht übereinstimmenden Ausführungen von Krusch, FDG. 26, 173f. Daß auch die Langobardenkönige unbewegliches Gut nicht immer urkundlich vergaben, beweist die Urkunde Liutprands (NA. 3, 262 n. 139), in der es heißt: *quae tibi iam antea concessimus et minime nostrum emissimus praeceptum;* vgl. Chroust S. 165ff. Über entsprechende Fälle aus dem normannischen Sizilien vgl. K. A. Kehr S. 122f.

vergabt am 11. Januar 815 den Ort Michelstadt im Odenwald an seinen Getreuen Einhart; in der Urkunde heißt es *per hanc donationis nostrae auctoritatem concessimus.*[1] Als aber 819 Einhart den Ort an Lorsch schenkt, wird gesagt, daß er ihm vom Kaiser *sollemni donatione* übertragen *ac praecepti sui auctoritate* bestätigt worden sei;[2] Handlung und nachträgliche Beurkundung sind hier so deutlich als möglich geschieden. Daß der Kaiser dem Abt Conwoion von Redon im Juli 834 zu Diedenhofen Güter in der Bretagne geschenkt hat, erfahren wir aus der Biographie des Abtes; die Schenkungsurkunde ist erst am 27. November desselben Jahres in Attigny ausgestellt.[3] Lothar I. hat 841 dem Kloster St. Maur des Fossés an der Marne einen Besuch abgestattet und ihm bei dieser Gelegenheit gewisse abhanden gekommene Güter restituiert; die Urkunde, aus der wir dies erfahren, ist erst einige Tage später in Bonneuil ausgestellt.[4] Ludwig der Deutsche verleiht am 26. Mai 836 einem Getreuen Werner Güter im Rheingau, die er *ab hodierno die et tempore* frei besitzen soll;[5] als zehn Jahre später Werner diese Güter an Lorsch schenkt, sagt er in der darüber ausgestellten Urkunde, der König habe sie *de iure suo in ius meum sollemni donatione* übertragen *ac praecepti sui auctoritate in proprietatem* geschenkt.[6] In einer Urkunde vom 20. November 860 schenkt derselbe König dem Erzbistum Salzburg zwei Ortschaften, in deren Besitz es der Graf und Königsbote Odolrich bereits eingewiesen hatte, nachdem die Grenzen von ihm umgangen waren.[7] Aus der Zeit Karls III. haben wir eine Urkunde, die in Etrepy am 21. Juni 885 ausgestellt ist; nach den eigenen Angaben dieser Urkunde ist die Handlung etwa acht Tage früher in Toul vollzogen worden.[8] Kaiser Lambert sagt in einer Urkunde vom Januar 895, daß er nach seiner Inthronisierung in Pavia gebeten worden sei, einem Getreuen Amalgisus Güter in der Grafschaft Piacenza zu verleihen und diese Bitte mit Zustimmung des Grafen Siegfried von Piacenza *qui tunc ipsum*

---

[1] Mühlbacher, Reg.² 569.

[2] MG. SS. 21, 360.

[3] Mühlbacher, Reg.² 930ᵃ. 933.

[4] Mühlbacher, Reg.² 1088ᵈ. 1090. Zwei andere Fälle aus der Zeit Lothars I. bei Ficker, BzU. 1, 131.

[5] Mühlbacher, Reg.² n. 1359.

[6] MG. SS. 21, 365.

[7] Mühlbacher, Reg.² 1444. Auf diesen Fall hat Tangl in der Festschrift für Brunner (Weimar 1910) S. 763 zuerst aufmerksam gemacht.

[8] Mühlbacher, SB. der Wiener Akademie 92, 385f. — Eine zweite Urkunde gleichen Datums — Handlung in Gondreville — bezieht sich nicht auf eine Schenkung.

comitatum regere videbatur erfüllt habe. Die Urkunde selbst ist in Vimercate unweit Monza wohl erst nach einiger Zeit ausgestellt.[1] Besonders häufig sind auch in der Folge die Fälle, in denen aus dem Wortlaut der Urkunden selbst sich ergibt, daß zwischen Handlung und Beurkundung zu unterscheiden ist. Zumeist steht das im Kontext;[2] der König hat gewöhnlich bei einem Besuch des Klosters oder der Kirche die Tradition persönlich vollzogen, in der Regel an dem Altar des Schutzpatrons, die Urkunde ist dann auf seiner Weiterreise Tage, Wochen oder selbst Monate später ausgestellt worden. Seltener wird der solenne Formalakt, der bei der Übertragung stattgefunden hat, ausführlicher erwähnt. So in sehr interessanter Weise 1029. Konrad II. hat dem Kloster Obermünster in Regensburg einen Hof geschenkt. Die Urkunde bedient sich jener Formeln, die gewöhnlich für *investitura per cartam* geltend gemacht werden;[3] am Schluß aber besagt sie, daß die Investitur vom Kaiser *baculo nostro* vollzogen sei, und daß der Kaiser diesen Stab zu ewigem Gedächtnis im Kloster selbst zurückgelassen habe. Nichts liegt vor, was diesen Vorgang an sich als einen besonders gearteten anzusehen veranlassen könnte; nur daß der symbolischen Investitur Erwähnung geschieht, macht ihn zu einem Ausnahmefall, und daß sie erwähnt wird, beruht sicherlich nur auf der ungewöhnlichen Bitte der Nonnen, den Kaiserstab behalten zu dürfen, die von Konrad gewährt wurde. Andere Beispiele der Art[4] sind bis ins 12. Jahrhundert hinein nachweisbar. Bisweilen endlich haben wir bei Schenkungsurkunden eine doppelte Datierung, welche Handlung und Beurkundung unterscheidet.[5]

---

[1] D. Lamb. 1.

[2] Beispiele: 922 DH. I. 4, Schenkung in Kloster Fulda, Beurkundung in Wallhausen; 993, DO. III. 118, Handlung 16. April, Beurkundung 17. April; 1024/25, DK. II. 4, Tradition *ad Spirensis episcopii altare*, Beurkundung in Ingelheim; DK. II. 26, Handlung Minden, Beurkundung Regensburg; 1157, St. 3773, Handlung 1. Juli, Beurkundung 4. Juli; 1186, St. 4469, Handlung Eusserthal, Beurkundung Hassloch; 1193, St. 4798, Handlung Salem, Beurkundung Mosbach.

[3] DK. II. 139: *per hanc nostram imperialem kartam prefato monasterio tradendo confirmavimus ac corroboravimus et de nostro iure atque dominio in illius ius ac dominium omnino transfudimus.*

[4] Zusammengestellt bei Ficker, BzU. 1, 114. 2, 485. Vgl. außerdem noch DK. II. 216, eine Schenkung an Kloster Limburg, vollzogen durch Tradition Konrads II. und seiner Gemahlin (*ego Cunradus una cum Gisela imperatrice coniuge nostra . . . tradidimus*), also sicher nicht bloß durch Präzept des ersteren.

[5] St. 2934: *factum est in Italia Verone in monasterio S. Zenonis; anno* 1096 *data est Patavii.* BF. 4361: *acta sunt hec in campo apud Ballemburg* a. 1234; *datum apud Herbipolim* 15 *kal. dec. ind.* 8.

Fassen wir das Gesagte zusammen, so werden wir es als mindestens zweifelhaft bezeichnen müssen, ob eine Investitur nur mit der vollzogenen Urkunde überhaupt so häufig vorgekommen ist, wie man neuerdings angenommen hat. Sicher ist, daß in zahlreichen Fällen eine vor der Beurkundung einer königlichen Schenkung erfolgte Tradition sich bestimmt erweisen läßt. Und wenn wir erwägen, daß die Verhältnisse besonders günstig liegen müssen, damit wir von einer solchen überhaupt erfahren, so wird man gut tun, die Möglichkeit einer der Beurkundung vorangehenden Handlung immer im Auge zu behalten.

Am wenigsten sollte man an sich eine von der Beurkundung verschiedene Handlung bei Bestätigungsurkunden voraussetzen. Wenn der König einen Tauschvertrag bestätigt, so geht zwar in der Regel die eigentliche Tauschhandlung der Beurkundung voran.[1] Aber mit dieser Handlung hat der König in den meisten Fällen nichts zu tun.[2] Seine Tätigkeit tritt erst nach ihrer Vollziehung ein, indem er um Bestätigung des Tausches gebeten wird; und daß er diese in einem feierlichen Formalakt oder mit rechtskräftig wirkenden Worten erteilt habe, wird in den Urkunden nicht gesagt; diese enthalten vielmehr in der Regel nur eine Bitte der Kontrahenten oder eines von ihnen um Genehmigung des Geschäftes durch Präzept, die dann durch den Befehl des Königs, es auszufertigen, erteilt wird; Handlung und Beurkundungsbefehl scheinen also zusammenzufallen.[3] Ganz ebenso scheint die Sache zu liegen, wenn der König um Bestätigung von Handlungen seiner Vorgänger ersucht wird, möge es sich dabei um Besitzstand, Immunität oder was sonst immer handeln. Die typische Form dieser Konfirmationsurkunden ist die, daß die Bitte um Bestätigung referiert wird, die in den meisten Fällen unter Vorlegung der zu bestätigenden Urkunden vorgebracht wurde, und daß dann die

---

[1] Eine vorherige Einholung der königlichen Genehmigung zu einem erst abzuschließenden Tauschgeschäft kommt viel seltener vor.

[2] Nur selten tritt der König wie in Mühlbacher, Reg.[2] 1866 oder DH. I. 8 auch bei solchem Tausch persönlich handelnd auf.

[3] Ein Beispiel von vielen. DO. I. 225: Bischof Hartbert berichtet Otto I. einen mit Kloster Schwarzach abgeschlossenen Tausch *nostram efflagitans dominationem eiusdem commutationis factum nostrae auctoritatis scripto roborandum. Quod quia commodum utrisque sanctis locis veraci relatione nostrae serenitati innotuit, ipsius praefati episcopi petitionibus assensum praebentes, ut eadem ... commutatio ... firma ac inconvulsa ... permaneat, iussimus inde hoc praesens praeceptum conscribi.* — Ähnlich sind die Ausdrücke bei Bestätigungen andersartiger Rechtsgeschäfte zwischen Privaten.

Gewährung der Bitte durch Wiederholung des dispositiven Teils der Vorurkunden oder auch in der Form des Beurkundungsbefehls ausgesprochen wird. Eine davon verschiedene Handlung deutet der Wortlaut der Urkunden durchweg nicht an.[1] Dennoch erfahren wir wiederum in einzelnen Fällen, daß eine solche stattgefunden hat. Bisweilen hören wir auch hier von einem formellen symbolischen Akte, so wenn 998 Otto III. dem Kloster S. Ambrogio zu Mailand alle seine Besitzungen durch *investitura per baculum* bestätigt,[2] oder wenn Friedrich II., als er von der Kirche von Casale um Bestätigung einer Urkunde seines Großvaters gebeten wird, dem Vertreter der Kirche die Investitur mit eben dieser Urkunde (*per praedictum privilegium avi sui, quod in suis manibus tenebat*) erteilt; in letzterem Falle wird ausdrücklich gesagt, daß der Beurkundungsbefehl erst am folgenden Tage erlassen ist.[3] Etwas ähnliches wird in einem Falle von 1026 anzunehmen sein; eine Urkunde Konrads II. für die Kanoniker von S. Vincenzo zu Bergamo, die im April oder Mai in Vescovera ausgestellt ist,[4] bestätigt diesen ihre Besitzungen; die Bestätigung erfolgt ganz mit der üblichen Formel *per hanc nostri praecepti paginam confirmamus et corroboramus*. Aus dem Eingang der Urkunde aber erfahren wir, daß die Bitte in der Kathedrale von Bergamo, wo Konrad nur im März gewesen sein kann, vorgetragen worden ist; man kann doch füglich nicht bezweifeln, daß schon damals ihre Genehmigung und dementsprechend irgend ein rechtlich wirksamer Formalakt erfolgt ist, wenn auch die Beurkundung sich um mehrere Wochen verzögerte. Nicht selten scheint ferner der Erteilung von Bestätigungsurkunden ein gerichtliches Verfahren vorangegangen zu sein. Daß ein solches stattfand,

---

[1] In merovingischer Zeit freilich reden die Urkunden bisweilen deutlicher. Man sehe z. B. DM. 11, wodurch Chlothar II. gewisse, dem Kloster St. Denis gemachte Schenkungen bestätigt. Das an Chrodegarius adressierte Präzept berichtet die Konfirmationsbitte und verkündet, daß der König die Bitte erfüllt habe; allerdings wird dann mehrfach von Konfirmation durch das Präzept selbst gesprochen, aber es scheint doch, daß eine Handlung, worin sie auch bestanden haben mag, der Beurkundung vorangegangen ist. Sehr klar ist ferner in dem Formular Marc. 1, 12 ausgesprochen, daß der König bei der Handlung, die er bestätigt, beteiligt war.

[2] DO. III. 265. Die Urkunde ist außerhalb der Kanzlei geschrieben und vielleicht nicht einmal ordnungsmäßig vollzogen; aber die Tatsache ist gewiß richtig, und es ist charakteristisch, daß ein nicht der Kanzlei angehörender Schreiber sie erwähnt, während Kanzleinotare etwas derartiges nicht zu erwähnen pflegen.

[3] Böhmer, Acta S. 247; vgl. Ficker, BzU. 1, 120f.

[4] DK. II. 61.

wo es sich um die Anerkennung und Bestätigung bestrittener Rechtsansprüche handelt, liegt in der Natur der Sache; gerade in solchen Fällen haben wir denn oft auch ausdrückliche Kenntnis davon, daß die Beurkundung erst auf die Handlung, d. h. die rechtskräftige Entscheidung des Streites folgte.[1] Aber auch in Fällen, wo wir von einem eigentlichen Rechtsstreit nichts wissen, ist bisweilen ein rechtliches Scheinverfahren eingeleitet worden. Besonders ausführlich erzählt wird das in einem Falle von 947.[2] In einer öffentlichen Sitzung des Reichshofgerichts zu Frankfurt unter dem Vorsitz Ottos I. erscheint Erzbischof Rodbert von Trier, legt eine Immunitätsurkunde Ludwigs des Frommen vor und beantragt ihre Bestätigung. Nachdem die Urkunde verlesen ist, ergeht ein Rechtsspruch *hoc ratum ac insolubile permanere*; es kann kein Zweifel sein, daß damit eine nötigenfalls durch Gerichtszeugnis zu beweisende rechtskräftige Entscheidung erfolgt war. Erst später wenden sich die anwesenden Großen mit dem Erzbischof an den König und bitten um Beurkundung, die darauf verfügt wird. Ähnlich ist 950 dem Kloster Pfävers Wahlrecht und Immunität auf Grund einer vorgelegten Urkunde Lothars nach Urteil und Rat der Fürsten[3] bestätigt worden; aus dem Diplom ist nicht zu ersehen, daß der Anspruch damals noch bestritten worden sei. Konrad III. hat es 1145 sogar geradezu als seinen Grundsatz ausgesprochen, Bestätigungen alter Privilegien niemals ohne vorhergegangenes Urteil des Hofgerichts zu erteilen;[4] er wird damit schwerlich eine Neuerung eingeführt haben. Und ich halte es für sehr wahrscheinlich, daß mindestens da, wo in einer Privilegienbestätigung der Konsens der anwesenden Fürsten erwähnt wird,[5] zumal wenn er

[1] Vgl. z. B. St. 3037. 3204. 3445. 3762.

[2] DO. I. 86.

[3] DO. I. 120: *omnibus regni nostri principibus episcopis abbatibus comitibus diiudicantibus atque nostre fidelitati consiliantibus.* — Auch in dem Falle DO. I. 111 möchte ich doch ein unter Otto I. wiederholtes gerichtliches Verfahren für keineswegs unwahrscheinlich halten.

[4] St. 3503; der Bischof von Utrecht legt *instrumenta privilegiorum* Heinrichs IV. und Heinrichs V. vor und bittet um ihre Bestätigung. *Et quoniam benevolentia regalis nulli in iustitia sua deesse debet et nos sine iudiciario ordine nichil huiusmodi facere consuevimus, perlectis privilegiis, quid super hac re nobis esset faciendum, iudicio principum a comite Heinrico de Gelre sententiam exquisivimus. Ille vero communicato tam principum quam aliorum plurimorum nobilium consilio iudicavit, quod nos iure possemus et deberemus antiqua privilegia renovare et pristinas imperatorum donationes nostro privilegio corroborare.*

[5] Vgl. z. B. DK. I. 3: *communi consensu fidelium nostrorum ad placitum nostrum Ulmae habitum ex diversis mundi partibus collectorum;* DH. I. 9:

auf einem Reichshoftage erteilt wurde, zumeist ein gerichtliches Scheinverfahren stattfand; ist doch die Form des Gerichtsverfahrens wenigstens in älterer Zeit fast die einzige, in der die Verhandlungen der Reichshoftage vor sich gehen.[1]

Endlich ist noch zu erwähnen, daß in manchen Fällen eine Bestätigungshandlung von dem König durch in feierlicher Form erfolgte Verhängung des Bannes über die Zuwiderhandelnden vollzogen worden ist. Allerdings ist ein derartiges Verfahren bisher nur für das 11. und 12. Jahrhundert nachweisbar gewesen.[2]

Als Ergebnis dieser Zusammenstellungen wird festzuhalten sein, daß bei keiner Gattung von Königsurkunden der älteren Zeit, die Mandate allein ausgenommen, eine der Beurkundung vorangehende Handlung ausgeschlossen ist und daß eine solche bei vielen Arten von Diplomen mit Sicherheit oder mit großer Wahrscheinlichkeit angenommen werden kann. Dennoch ist es keine bloße Form, wenn die Fassung der Diplome sie durchaus als dispositive Urkunden[3] erscheinen läßt. Ganz abgesehen nämlich davon, daß die höhere Beweiskraft der Königsurkunde die Bedeutung der Handlung hinter dem Werte, den die Beurkundung für den Empfänger hatte, zurücktreten ließ,[4] ist der Erlaß einer Königsurkunde selbst in vielen Fällen gleichsam als eine Wiederholung der ersten Handlung aufzufassen.[5] Das wird bisweilen ausdrücklich ausgesprochen. Konrad II. hatte vor seiner Wahl der Kirche

---

quod et complacuit nobis simulque omnium fidelium nostrorum consultui; DO. I. 316; DK. II. 206.

[1] Vgl. Guba, Der deutsche Reichstag in den Jahren 911—1125 S. 63ff.; Wacker, Der Reichstag unter den Hohenstaufen S. 50ff.; Ehrenberg, Der deutsche Reichstag in den Jahren 1273—1358 S. 57ff.

[2] Vgl. Ficker, BzU. 1, 122f. und über den Zusammenhang zwischen Bann und Besiegelung in Bischofsurkunden Bd. 1, 711f. — Ähnlich wie am Königshofe werden Bestätigungsurkunden auch an Bischofshöfen behandelt. Vgl. z. B. UB. Straßburg 1, 78 n. 97; das Thomasstift in Straßburg erwirkt 1145 von dem Bischof die Bestätigung der Urkunde eines seiner Vorgänger: *predicti fratres privilegium traditionis istius in universali nostra synodo producentes recitaverunt, et ab omnibus iudicatum est ... nostra quoque auctoritate et banno debere roborari. Ego igitur Burchardus ... episcopus* usw. — Von Interesse für diesen Punkt ist auch St. 3761. Friedrich I. bestätigt dem Erzbischof von Trier das Kloster St. Maximin: *per advocatum nostrum S. comitem de Sarebruggen, quem ad hoc faciendum elegimus, confirmamus ... et super altare beati Petri ponimus.* Daß die Konfirmation in einem Formalakt bestand, ist hier zweifellos.

[3] Vgl. Bd. 1, 52ff.

[4] Vgl. Redlich, MIÖG. 6, 12.

[5] Vgl. Redlich a. a. O.

von Speier die Schenkung eines Gutes gelobt.[1] Nach der Wahl tradierte er zugleich mit seiner Gemahlin das Gut am Altar des Speierer Domes und ließ dann darüber eine Urkunde ausstellen, in der es heißt: *una cum manu . . . Gisele videlicet regine . . . nostri iuris predium . . . ad Spirensis episcopii altare tradidimus atque in perhennem fratrum ibidem deo servientium alimoniam iterum ex novo transfundimus et per huius . . . precepti litteras . . . denuo stabilimus et confirmamus.* Die Tradition am Altare und die Wiederholung der Schenkung durch die Urkunde werden hier sehr deutlich auseinander gehalten.[2] Ein anderes Beispiel ist das folgende. Am 1. Juli 1157 hat Friedrich I. dem Bistum Passau eine Besitzung auf Grund eines gerichtlichen Urteils zurückgegeben. In der am 4. Juli ausgestellten Urkunde[3] darüber wird gesagt: *ne vero huius rei in posterum aliqua fiat dubietas vel contrariandi facultas, nos . . . villam M. . . . ei et aecclesiae suae restituendo confirmamus decernentes* usw. In anderen sehr zahlreichen Fällen erhält das Diplom, auch wenn eine Handlung der Beurkundung vorangegangen ist, insofern eine dispositive Bedeutung, als es eine Verletzung der königlichen Verfügung verbietet und dadurch, mag nun eine Strafandrohung ausdrücklich hinzugefügt sein oder nicht, unter Strafe stellt. Endlich aber enthält jede Königsurkunde, wie schon die Korroborationsformeln besagen, nicht bloß eine Bezeugung, sondern auch eine Bestätigung der vorangehenden Handlung und ist auch insofern dispositiver Natur.[4] Dessen ungeachtet ist es für uns von Bedeutung, daß, wie wir festgestellt haben, bei allen Königsurkunden mit der Möglichkeit einer der Beurkundung vorangegangenen Hand-

---

[1] DK. II. 4.

[2] Daß solche Wiederholung einer Rechtshandlung auch sonst sehr häufig vorkommt, ist bekannt. Ich führe von den zahlreichen, die sich beibringen ließen, nur ein besonderes charakteristisches Beispiel an. Im Jahre 1151 beurkundet Bischof Ulrich von Halberstadt einen von ihm vollzogenen Tausch. In der Urkunde (UB. Bistum Halberstadt 1, 202 n. 236) sagt er: *hanc autem commutationem, ut nulla molestia sequeretur, iure poli et iure fori sepe iterari, sepe firmari fecimus.* Und nun folgen Angaben über fünf Wiederholungs- und Bestätigungshandlungen, drei, wie es scheint, im Grafengericht an verschiedenen Orten, zwei in der bischöflichen Synode. Bei der zweiten heißt es: *eadem actio iterata et confirmata est;* bei der dritten: *eandem actionem renovantes confirmaverunt.*

[3] St. 3773.

[4] Zu beachten ist auch, was Brunner, Rechtsgesch. 1², 566 N. 12, mit Recht geltend macht, daß gewisse rechtliche Dispositionen, wie der Freiheitsbann im *praeceptum denariale* oder der Friedensbann und die Reklamationsklausel, erst in den Urkunden an die früher vollzogene Handlung, den Schatzwurf oder die Kommendation, angeknüpft werden.

lung gerechnet werden muß. Denn daraus folgt, daß wir nicht ohne weiteres berechtigt sind, die in einer Urkunde begegnenden Zeit- und Ortsangaben der Datierung auf die Beurkundung zu beziehen, sondern daß es einer besonderen Erwägung und Feststellung bedarf, ob sie auf die Handlung oder auf die Beurkundung zu beziehen sind. Wir werden darauf in einem späteren Abschnitt zurückzukommen haben.

Hier aber haben wir noch hervorzuheben, daß es mit den besprochenen Verhältnissen im späteren Mittelalter doch wesentlich anders steht. Bei gewissen Arten von Rechtsgeschäften zwar bleibt das Erfordernis eines Formalaktes immer bestehen; insbesondere hat man bei Belehnungen jeder Art an der körperlichen und persönlichen Investitur als Regel festgehalten. Ebenso wird bei Verträgen zumeist irgend eine Handlung die Herstellung der für den Abschluß erforderlichen Willensübereinstimmung der Kontrahenten bezeichnet haben. Ferner kann es nicht bezweifelt werden, daß auch noch im späteren Mittelalter eine im Gericht getroffene Entscheidung des Königs ohne weiteres Recht schuf, also als eine von der Beurkundung zu trennende Handlung anzusehen ist. Endlich will ich nicht in Abrede stellen, daß auch sonst noch bei gewissen besonderen Gelegenheiten, etwa während der Krönungsfeierlichkeiten eines Königs, Geschäfte durch eine solenne Handlung vollzogen wurden, die man unter gewöhnlichen Verhältnissen ohne eine solche zu erledigen pflegte.[1] Aber der un-

[1] Auf die zahlreichen vom Krönungstage datierten Urkunden des späteren Mittelalters hat Ficker an verschiedenen Stellen seines Werkes (BzU. § 108. 110. 112. 448) nachdrücklich aufmerksam gemacht. Gewiß hat er darin Recht, daß so zahlreiche Urkunden unmöglich an demselben Tage ausgefertigt sein können; er neigt zu der Annahme, daß hier am Krönungstage selbst vollzogene, aber erst später beurkundete Handlungen vorlägen. Und angesichts der Tatsache, daß in mehreren Privilegien Karls IV. für Nürnberg, Huber 2025. 2027ff, ausdrücklich gesagt wird, der Kaiser habe in der Peterskirche während der Krönungsmesse die Gnade gewährt oder die Bestätigung vollzogen, ist die Möglichkeit, daß gelegentlich so verfahren sei, nicht in Abrede zu stellen. Aber bedenklich muß schon das machen, daß die Zahl der vom Krönungstage datierten Urkunden oft so groß ist, daß es schwer fällt, auch nur so viele Handlungen des Königs oder Kaisers an diesem Tage anzunehmen. Und überwiegend scheint mir ein anderes Verhältnis vorzuliegen. Bis auf die Zeit Karls IV. sind die zahlreichen von dem neuen König vorgenommenen Bestätigungs- und Verleihungsurkunden in der Mehrzahl nicht vom Krönungstage, sondern erst von den nächsten Tagen ihrer wirklichen Beurkundung datiert. Da es nun in keiner Weise befremden kann, daß gerade in den ersten Tagen einer neuen Regierung zahlreiche Gesuche um Privilegienbestätigung und Verleihungen vorgetragen und erfüllt wurden, so sehe ich keine Veranlassung, dabei an Handlungen gerade des Krönungstages zu denken. Wenn aber

geheuren Masse von Königsurkunden gegenüber, die uns aus den beiden letzten Jahrhunderten des Mittelalters erhalten sind, bilden die, welche unter einen der zuletzt erwähnten Gesichtspunkte fallen, doch nur eine verhältnismäßig kleine Minderzahl; in der überwiegend großen Mehrzahl der Fälle haben wir keine Veranlassung, eine dem Beurkundungsbefehl vorangehende formale Handlung des Königs anzunehmen.[1] Und das wenige, was wir von dem Geschäftsgang in der Kanzlei während dieser Periode wissen, läßt für eine solche Handlung kaum einen Platz. In den sizilianischen Kanzleiordnungen Friedrichs II. von 1244[2] ist nirgends von einer solchen die Rede. Die Urkunden des 14. Jahrhunderts berichten wohl den Beurkundungsbefehl, geben auch in ihren Fertigungsformeln Aufschlüsse über die ihm vorangegangenen Verhandlungen, aber eine Handlung in dem früher besprochenen Sinne erwähnen sie so wenig in diesen Formeln, wie sie einer solchen, von den oben aufgezählten besonderen Urkundenarten abgesehen, im Text gedenken. Und auch die oft recht ausführlichen Nachrichten, die wir in der Korrespondenz städtischer Botschafter oder in den Städtechroniken über die der Erlangung einer Urkunde voran-

---

seit Karl IV. Datierung vom Krönungstage selbst üblich wird, so kann ich dies nur als willkürliche Rückdatierung betrachten. In gewisser Beziehung war eine solche geradezu erforderlich. Wenn die Goldene Bulle (ed. Zeumer S. 16) vorschreibt, daß der Herrscher nach seiner Wahl vor Erledigung irgend eines anderen Geschäfts den Kurfürsten ihre Privilegien urkundlich bestätigen und dies nach der Kaiserkrönung wiederholen müsse, so war diese Bestimmung gar nicht anders zu erfüllen, als indem man die bezüglichen Urkunden, bis zu deren Fertigstellung unmöglich alle Geschäfte ruhen konnten, vom Krönungstage datierte. Und es erscheint mir ebenso glaublich, daß Karl IV., der diese Bestimmung erließ, schon bei seiner Königskrönung vor dem Erlaß der Goldenen Bulle dementsprechend verfahren ist, wie es begreiflich ist, daß die Kanzlei, was so den Kurfürsten gegenüber geschah, auch auf andere Verleihungen der ersten Regierungstage ausdehnte.

[1] Wenn Ficker, Huber, Lindner und andere auch in dieser Zeit noch Handlung und Beurkundung unterscheiden, so geschieht das vorzugsweise, um gewisse kleine Verschiebungen des Itinerars zu erklären. Aber da es sich hier meist um ganz geringfügige Differenzen handelt, reicht für diese Erklärung die Berücksichtigung der verschiedenen Stufen des Beurkundungsgeschäfts, das von dem Befehl des Königs bis zur Aushändigung an den Empfänger jetzt zweifellos durchweg mehrere Tage in Anspruch nahm, vollkommen aus. Gröbere Widersprüche der Zeit- und Ortsangaben aber können auch anderweit, durch Ausstellung seitens eines Vertreters des Herrschers, durch willkürliche Vor- oder Rückdatierung usw., worauf wir noch zurückkommen, erklärt werden.

[2] Vgl. Bd. 1, 579.

gehenden Verhandlungen besitzen, lassen nirgends, soviel ich sehe, auf die Vollziehung einer formalen Handlung durch den König schließen.[1] Und so wird denn die diplomatische Kritik von der Rücksichtnahme auf eine solche für diese späteren Jahrhunderte in der Regel abzusehen haben.

Zweifellos dasselbe gilt in bezug auf die meisten Urkunden der Päpste, hier aber auch schon für das frühere Mittelalter. Regelmäßig freilich werden wir bei den aus der päpstlichen Kanzlei hervorgegangenen Schriftstücken, die sich auf Urteilssprüche infolge gerichtlicher Verhandlungen oder auf die Beschlüsse synodaler Versammlungen beziehen[2] und sie publizieren, sowie bei den Verträgen und bei privatrechtlichen Verfügungen der Päpste über Kirchengut, endlich auch bei Ernennungen von päpstlichen Beamten von einer Handlung vor der Beurkundung reden dürfen. Und bei solchen Verfügungen und Ernennungen sowie wenn die Päpste Streitfragen über die Unterordnung einer Kirche unter eine andere oder über die Zugehörigkeit bestimmter Gebietsteile zu einer oder zu einer anderen Diözese entschieden, haben sie auch wohl eine förmliche, symbolische Investiturhandlung vorgenommen.[3] Aber abgesehen davon ist dem Beurkundungsbefehl des Papstes eine rechtsförmliche Handlung in der Regel gewiß nicht vorangegangen; vielmehr wurde regelmäßig erst durch diesen Befehl und die darauf folgende Ausstellung der Urkunde das Recht geschaffen, das in ihr verbrieft ist. Und es entspricht diesem Verhältnis durchaus, daß wir, von den eben erwähnten Urkundenarten abgesehen, in den Privilegien und Briefen, in den Bullen und

---

[1] Vgl. z. B. Janssen, Frankfurts Reichskorrespondenz 1, n. 725. 727.

[2] Diesen reihen sich die Urkunden über die in feierlicher Form verhängte Exkommunikationen an, die freilich fast durchweg auf synodalen Versammlungen erfolgt sind. — Aus späterer Zeit bietet ein interessantes Beispiel analoger Art die Widerrufsurkunde der Verfügungen Coelestins V. durch Bonifaz VIII., Reg. de Bonif. VIII. n. 770. Der Papst hatte den Widerruf mündlich bereits am 27. Dez. 1294 in Neapel ausgesprochen, beurkundet ihn dann in Rom am 8. April 1295 und gibt dieser Urkunde rückwirkende Kraft bis zum 27. Dez. des Vorjahres.

[3] So hat z. B. ein Bischof von Siena *ex apostolica manu* Nikolaus' II. die Investitur mit gewissen zwischen ihm und dem Bischof von Arezzo strittigen Kirchen erhalten, und ebenso hat Calixt II. einen anderen Bischof von Siena mit denselben Kirchen *per cambuttam nostram* investiert, Pasqui, CD. Aretino 1, 265 n. 186; 432 n. 318. Ebenso erfolgt bei der Unterordnung der bretonischen Bischöfe unter den Erzbischof von Tours durch Lucius II. im Jahre 1144 eine Investitur *per baculum*, Jaffé-L. 8609, vgl. Nouveau traité de diplomatique 4, 470 und dazu Tangl, Festschrift für Brunner S. 767.

Breven der Päpste wohl der Formel *scriptum* und *datum*, aber nicht der Formel *actum* begegnen.[1]

Wenden wir uns endlich der großen Masse der nicht königlichen oder päpstlichen Urkunden (den Privaturkunden) zu, welche die Form der *cartae* haben,[2] so haben wir hier zwischen Italien und Deutschland zu unterscheiden. In beiden Ländern scheiden aber von der hier anzustellenden Betrachtung die Urkunden geistlicher Würdenträger, soweit sie lediglich auf Grund ihrer kirchlichen Jurisdiktionsgewalt ausgestellt sind und Fragen des weltlichen Rechts nicht betreffen, aus. Sie verhalten sich den Papsturkunden durchaus analog und kennen eine von der Beurkundung getrennte Handlung in der Regel ebensowenig wie diese. Des ferneren nehmen in Italien die Urkunden der langobardischen Herzoge von Spoleto und Benevent, sowie der späteren Fürsten von Benevent, Capua, Salerno usw. eine besondere Stellung ein, die derjenigen der langobardischen Königsurkunden auch in bezug auf die uns eben beschäftigende Frage entspricht. Dagegen haben sich im oberen und mittleren Italien besondere Formen für fürstliche Urkunden erst sehr spät herausgebildet; auch die Markgrafen und Grafen, sowie die Erzbischöfe und Bischöfe dieser Gegenden bedienen sich bis ins 14. Jahrhundert zumeist der gewöhnlichen Notariatsurkunden.[3]

Über die rechtliche Funktion dieser von italienischen Notaren ausgestellten *cartae* ist neuerdings in Italien wie in Deutschland lebhaft diskutiert worden, und Ansichten, die fast allgemein angenommen und zur herrschenden Lehre geworden waren, sind dabei bestritten oder in Zweifel gezogen worden.[4] Für die Urkundenlehre ist es nicht

---

[1] Daß in Jaffé-L. 3731 die Formel *actum per manum Stephani scriniarii et bibliothecarii* (die Ficker, BzU. 1, 65, als sehr ins Gewicht fallend bezeichnet) ganz verderbt ist, hat schon Löwenfeld mit Recht bemerkt. Es kann daran gar kein Zweifel sein, da Stephan nicht *bibliothecarius* war; und unter diesen Umständen hat auch das einleitende Wort keine Gewähr.

[2] Über *notitiae* s. oben S. 64. Ihnen stehen nach dem Abkommen der Urkundentradition im Zeitalter der Imbreviatur (s. unten) auch die Instrumente gleich, die noch die Form der *carta* behalten.

[3] Doch kommen Ausnahmen vor. So haben im 11. Jahrhundert die Markgrafen von Tuscien aus dem Hause Canossa bisweilen in Formen geurkundet, die denen der königlichen Kanzlei nachgebildet sind. Ähnliches findet sich auch bei den Markgrafen von Turin aus dem Hause Savoyen, und das gleiche gilt von den Urkunden der Reichsbeamten, die in staufischer Zeit in Italien fungierten. Doch haben solche Ausnahmen, auf die wir noch zurückkommen, die allgemeine Entwicklung der italienischen Privaturkunden nicht beeinflußt.

[4] Die herrschende Lehre geht zurück auf die Ausführungen von Brunner, ZR. S. 90ff.; 94ff.; 305ff. Die neuerdings dagegen laut gewordene Opposition

erforderlich, auf alle juristischen Fragen, die in diesen Diskussionen zur Sprache gebracht worden sind, einzugehen;[1] für sie kommt es, zumal in dem Zusammenhange unserer jetzigen Erörterungen, nur darauf an, festzustellen, ob die *carta* nur ein Beweismittel über eine vorher voll-

von juristischer Seite ist ausgegangen von der Frage nach der Bedeutung der in mittelalterlichen Urkunden begegnenden Inhaberklauseln; in Italien ist ihr Hauptvertreter Brandileone, der sich zunächst in einer Reihe von Aufsätzen über diese Klauseln selbst ausgesprochen und dann in einer Abhandlung: Origine e significato della traditio chartae (Atti dell'Accademia di Torino 42, 339ff.) das Fundament der Lehre Brunners angegriffen hat. Seine Ausführungen sind eingehend untersucht und abgelehnt von Arias, Il valore della traditio chartae nei documenti medievali italiani (Rivista italiana per le scienze giuridiche 44, 293ff.). Von anderem Gesichtspunkt aus hat Gaudenzi (Atti del congresso storico internazionale di Roma 9 (1904), 419ff. und Arch. stor. Italiano Ser. 5, Bd. 41, 257ff.) einen Teil der Lehre Brunners bekämpft; vgl. gegen ihn meine Bemerkung NA. 35, 311 n. 140; Brunner, RG. 1², 571 N. 30, und Kern, Dorsualkonzept und Imbreviatur (Stuttgart 1906) S. 30ff. An Gaudenzi hat sich in wesentlichen Beziehungen Pitzorno in den Bd. 1, 92 N. 3 erwähnten Abhandlungen angeschlossen; vgl. gegen diesen die schlagende Widerlegung Schupfers (Rivista italiana per le scienze giuridiche 48, 1ff.); auch Schupfers Aufsätze gegen Besta und Brandileone, ebenda 42, 81ff. und 42, 175ff. verdienen Beachtung. — Im wesentlichen auf dem Standpunkte Brunners, doch mit gewissen Modifikationen, die zum Teil mit den oben in meinem Text gegebenen Ausführungen übereinstimmen, steht die schöne Abhandlung von G. Ferrari, I documenti greci medioevali (Byzantinisches Archiv 4, Leipzig 1910), neben der die Aufsätze desselben Verfassers in den Atti del R. Istituto Veneto 69 (1910), 743ff. 1195ff. anzuführen sind. Zu der ersteren Abhandlung vgl. man die Besprechungen von Wenger, Byzantin. Zeitschr. 20, 242ff. und von Rabel, Zeitschr. für Rechtsgesch. 44 (Rom. 31), 472ff. — In Deutschland ist als Brunners Hauptgegner C. Freundt in dem Bd. 1, 739f. erwähnten Werk aufgetreten; vgl. dazu die eingehende, größtenteils ablehnende Besprechung von Ferrari, Byzantin. Zeitschr. 20, 532ff. Etwas entgegenkommender verhält sich zu ihm die Anzeige von F. Philippi, GGA. 1912 S. 138ff. — Beachtenswert für die in Freundts Untersuchungen eine bedeutende Rolle spielende Frage nach dem Zusammenhange der ravennatischen Urkunden mit den graecoägyptischen sind die an Brunners Anschauungen anknüpfenden Erörterungen von Kircher, Zeitschr. für Rechtsgesch. 45 (Rom. 32), 100ff.

[1] So ist es z. B. juristisch gewiß von Interesse, für die Urkundenlehre aber völlig irrelevant, ob, wie Freundt 1, 156ff. ausführt, zum Übergang des Eigentums an einem durch *carta* veräußerten Grundstück nach der Tradition der Urkunde noch ein lediglich vom Empfänger zu vollziehender Akt der wirklichen Besitzergreifung notwendig war, oder nicht. Denn dabei handelt es sich nicht mehr um eine Handlung des Ausstellers der Urkunde: dieser hat alles, was ihm zu tun oblag, mit der *traditio cartae*, in der er ausdrücklich oder stillschweigend die Ermächtigung zu einer solchen Besitzergreifung gab, und mit der darauf folgenden Firmierung der Reinschrift (s. unten S. 84 N. 2) getan.

zogene Rechtshandlung war, oder ob durch ihre Begebung selbst die rechtsförmliche Handlung vollzogen wurde, für die sie später als Beweismittel dienen sollte.

Bei der Ausstellung der italienischen Notariats-Carta (mochte sie die Veräußerung von Grundeigentum oder ein anderes Rechtsgeschäft betreffen) war nun der Hergang dieser. Der Aussteller der Urkunde übergab in Gegenwart von dazu geladenen Zeugen das Urkundenpergament dem Empfänger und gleichzeitig dem Notar, dem er dabei den Auftrag erteilte, die Urkunde, deren Inhalt vorher vereinbart oder festgestellt war, zu schreiben. Dieser Auftrag mag allerdings häufig nur fiktiv gewesen sein, insofern als der Notar die nach den Angaben des Ausstellers abgefaßte Urkunde schon vorher bis auf das Eschatokoll fertig gestellt hatte, so daß sich an ihre Übergabe sofort nicht nur die Firmierung durch die Zeugen, sondern auch die Vollziehung durch den Notar anschließen konnte.[1] In jedem Falle aber war die entscheidende Rechtshandlung die Übergabe der Urkunde (*traditio cartae*). Und zwar, was besonders zu betonen ist, die doppelte Übergabe: zugleich an den Empfänger der Urkunde und an den Notar.[2] Denn auch die Übergabe an den Notar war eine rechtsförmliche Handlung und hatte rechtliche Wirkungen.[3] Durch den damit erteilten Urkundungsauftrag erhielt der Empfänger der Urkunde einen für den Aussteller unwiderruflichen und für den Notar bindenden

[1] Daß dies aber nicht immer der Fall war, gibt Brunner, RG. 1², 572 N. 32, im Anschluß an eine Bemerkung in der ersten Auflage dieses Werkes zu. Anderer Meinung ist Kern a. a. O. S. 38 N. 1.

[2] Man sieht, daß meine Auffassung hier von der Brunners, ZR. S. 99, abweicht, der nur die Tradition der *carta* an den Empfänger als die das Rechtsgeschäft perfizierende Handlung ansieht und allem, was auf diese Tradition folgt, nur den Zweck beimißt, aus dem Perfektionsmittel zugleich ein Beweismittel des Vertrages zu machen. Dagegen bin ich der Ansicht, daß zur Perfektion des Vertrages auch der bindende Beurkundungsauftrag an den Notar erforderlich ist. Denn erst dadurch erhält der Empfänger die Sicherheit, daß das ihm übergebene Pergamentblatt wirklich eine *carta* wird und daß also die im Cartularium Langobardicum (MG. LL. 4, 595) an die Spitze gestellte Formel *trade per hanc pergamenam cartam* den Tatsachen entspricht.

[3] Sonst würde sie nicht in die Formel des Cartularium Langobardicum ganz in derselben Weise wie die Tradition an den Empfänger aufgenommen sein: *trade ei ad proprium et huic notario ad scribendum.* Auch der Umstand, daß bei der *levatio cartae* das Tintenfaß auf das Pergament gesetzt wird und zugleich damit bei der Veräußerung eines Grundstückes noch andere Gegenstände (Messer, Festuca, Handschuh usw., s. unten), die dem Erwerber gelten, wie das Tintenfaß dem Notar, zeigt, daß beide Traditionen als Handlungen aufgefaßt werden, durch die der Handelnde mit rechtlicher Wirkung gebunden wird; vgl. auch Philippi, GGA. 1912 S. 138f.

Rechtsanspruch darauf, daß ihm der letztere eine Urkunde des vorher festgestellten und von den Zeugen sowie von dem Aussteller anerkannten Inhalts ausliefern mußte.[1] Einer anderen rechtsförmlichen Handlung des Ausstellers der Urkunde als dieser doppelten Begebung der *carta* bedurfte es für die Perfektion des Rechtsgeschäftes nicht,[2] und es liegt deshalb kein Anlaß vor, bei der von einem italienischen Notar ausgestellten *carta* zwischen Handlung und Beurkundung einen zeitlichen Unterschied anzunehmen.[3]

[1] Vgl. Cap. Loth. 102 (MG. LL. 4, 558): *de notariis, qui cartulas recipiunt ad scribendum, si eas non scripserint aut si eas perdiderint, restaurent ipsas res, cui ipsae cartulae esse debent. Et si negaverint, quod ipsae cartae eis traditae non fuissent, iurent cum suis sacramentalibus.*

[2] Daher darf denn auch aus dem Umstand, daß bei der *traditio cartae* nicht die fertige, sondern eine noch unvollzogene, also nicht rechtskräftige Urkunde oder sogar ein unbeschriebenes Pergamentblatt übergeben wurde, die Niederschrift oder Vollziehung aber erst später erfolgte, nicht gefolgert werden, die *carta* sei trotz ihrer dispositiven Fassung nichts weiter als eine Beweisurkunde über die vorher vollzogene rechtskräftige Handlung. Denn die Handlung und der Anfang der Beurkundung (der Beurkundungsauftrag) fielen zusammen; und der Inhalt der Urkunde stand, schon ehe sie geschrieben war, in einer den Aussteller bindenden und dem Empfänger sein Recht aus der Urkunde sichernden Weise fest. Allerdings wurde in Italien in älterer Zeit die Reinschrift der Urkunde dem Aussteller noch einmal vorgelegt oder vorgelesen, worauf er sie unterzeichnete oder durch Handauflegung firmierte (s. unten). Dadurch hatte er die Möglichkeit einer Prüfung, ob die Reinschrift dem Beurkundungsauftrag entsprach. Aber zur Perfektion des Rechtsgeschäftes war diese Formalität nicht erforderlich, sondern nur zur Perfektion der Urkunde, insofern sie zugleich Beweismittel war. Und sie ist denn auch allmählich bedeutungslos geworden, zuletzt aber ganz fortgefallen.

[3] Nach diesen Auseinandersetzungen ist es vom Standpunkt der Urkundenlehre aus nicht erforderlich, auf alle von Freundt aufgeworfenen Fragen ausführlicher einzugehen, und nur einige Punkte mögen noch kurz besprochen werden. Es ist unbestritten, daß in Italien wie in Deutschland Rechtsgeschäfte, die in der Regel durch *traditio cartae* vorgenommen wurden, z. B. die Veräußerung von Grundbesitz, auch ohne *carta* vollzogen werden konnten. Bisweilen ist dann später, um dem Erwerber einen Rechtstitel zu verschaffen, eine *carta* nachträglich ausgestellt worden, und auf den Umstand, daß diese *cartae* ähnliche Formeln aufweisen, wie sie bei der Vollziehung eines Rechtsgeschäfts durch *traditio cartae* vorkommen, legt Freundt S. 134 ff. Gewicht. Aber es ist hier eben einfach durch die Ausstellung der Urkunde (ebenso wie in den oben S. 76 f. besprochenen Fällen) eine Wiederholung der Handlung anzunehmen, wie das in einem der von Freundt angeführten Fälle (S. 135 N. 2: *ante hos annos... offerui et confirmavi ... proinde per hanc cartulam ... iterum offero*), bei dem es sich darum handelt, daß die vor mehreren Jahren ausgestellte Urkunde verloren war, deutlich ausgesprochen wird; Freundts Auslegung der entscheidenden Worte *iterum offero* tut ihnen offenbar Gewalt an. Ebenso gewaltsam und unhaltbar ist es, wenn

Auch im deutschen Rechte hatte die Begebung der Urkunde dieselbe Bedeutung, die für das langobardische Recht angenommen werden muß, doch vollzog sich hier die *traditio cartae* unter etwas anderen Formen, die uns besonders deutlich bei den auf italienischem Boden angesiedelten Deutschen entgegentreten. Wenn der Aussteller einer *carta* nach deutschem Rechte[1] lebte, so verband man mit der Übergabe des Urkundenpergaments in eigentümlicher Weise die Hingabe von Symbolen, welche dem dadurch geschaffenen Rechtsverhältnis entsprachen.[2] Um die den Aussteller bindende Ermächtigung des

---

Freundt immer wieder (vgl. S. 23. 144. 203) behauptet, daß in den Wendungen *trado, dono* usw. *per hanc cartam* das *per* nicht anders als das griechische *κατὰ* oder das lateinische *secundum* aufzufassen sei. Ob dies *per* ursprünglich als eine Übersetzung von *κατὰ* entstanden ist oder nicht (vgl. Freundt S. 23f.), ist eine Frage, die hier nicht erörtert zu werden braucht. Daß es aber im eigentlichen Mittelalter nicht mit „gemäß", sondern mit „durch" gleichbedeutend gebraucht ist und nur so verstanden werden kann, ist völlig zweifellos und bedarf für den Kenner des mittelalterlichen Latein kaum eines Beweises. Hier sei nur darauf hingewiesen, daß z. B. in den italienischen Königsurkunden die Ausdrücke *per hoc nostrum preceptum donamus* und *hoc nostro praecepto donamus* ganz in der gleichen Weise gebraucht werden, daß die Bedeutung des *tradere per* schon aus der oben (S. 83 N. 2) angeführten Formel des Cartularium Langobardicum *trade per hanc pergamenam cartam,* die Freundt 1, 203 ganz willkürlich in der Übersetzung seiner Auffassung anpaßt, mit völliger Klarheit erhellt, und daß auch Wendungen wie z. B. die einer Urkunde aus Faenza von 883 (Arch. paleograf. italiano 1, Taf. 15): *habeatis licentiam per hunc nostrum scriptum ... introire et ingredere in is omnibus rebus ... tamquam per legitimam et corporalem traditionem,* oder die einer Urkunde aus Parma von 884 (Affò 1, 304 n. 28): *dono trado ... per hanc cartola donacionis seu per fistucum atque per godelaicum* an der Bedeutung von *per* = durch gar keinen Zweifel lassen. — Richtig scheint allerdings zu sein, daß in Süditalien, spezieller gesagt im Salernitanischen Gebiet, woher fast ausschließlich Freundt 1, 130ff. die von ihm angeführten Beispiele nimmt, seit dem 9. Jahrhundert Urkunden, die als *breve* oder *memoratorium* bezeichnet werden, in gewissen Fällen die gleiche juristische Funktion gehabt haben wie die *carta.* Die Sache ist merkwürdig genug und verdient noch genauer untersucht zu werden; aber, soviel man sehen kann, beschränkt sie sich im wesentlichen auf diesen kleinen Bereich und vielleicht ist sie nur durch die bekanntlich um jene Zeit auch anderswo auftretende Erscheinung, daß die Unterschiede zwischen *carta* und *notitia* sich verwischen (vgl. Bd. 1, 51), zu erklären.

[1] Es kommen hier Salier, Ribuarier, Alamannen und Bayern in Betracht; das gleiche Verfahren wurde aber auch von Goten (d. h. Ostgoten, vgl. Brunner, Rechtsgeschichte 1², 570 N. 27) und Burgundern rezipiert. Über kleine Unterschiede in der Verwendung der Investitursymbole vgl. unten S. 86 N. 2.

[2] Vgl. für das Folgende Brunner, ZR. S. 104ff.; Rechtsgeschichte 1², 570; Zeumer, Zeitschr. für Rechtsgeschichte 17 (Germ. 4), 113ff.; Redlich, MIÖG. 6, 4ff.; Privaturkunden S. 50ff.; Philippi, GGA. 1912 S. 138f.

Notars zur Herstellung der Urkunde zu symbolisieren, wurde ein Tintenfaß auf das auf den Boden gelegte Pergamentblatt gestellt.[1] Wenn es sich um die Veräußerung eines Grundstückes handelte, wurden auserdem die bei Rechtsgeschäften dieser Art erforderlichen Investitursymbole (Messer, Festuca, d. h. Halm oder Stab, Handschuh, Erdscholle, Baumzweig)[2] auf das Pergament gelegt. Dies wurde dann von dem Aussteller der Urkunde aufgehoben, und die Investitursymbole wurden dem Empfänger, das Pergament aber mit dem Tintenfaß wurde dem Notar überreicht, der durch die Annahme zur Weitergabe der fertiggestellten Urkunde an den Empfänger verpflichtet wurde.

Daß dies Verfahren der *levatio* oder *allevatio cartae*, das uns aus Italien nicht nur durch die Beschreibung, die das sog. Cartularium Langobardicum[3] davon gibt, sondern auch durch zahlreiche Einzelurkunden seit dem 9. Jahrhundert bezeugt ist, auch in Deutschland selbst angewandt und von hier aus nach Italien übertragen worden ist, kann wohl kaum einem Zweifel unterliegen.[4] Denn wie hätte der geschilderte Brauch, den die große Masse der italienischen Bevölkerung nicht kannte, sich wohl bei den in Italien lebenden Deutschen verschiedener Stammesangehörigkeit so entwickeln können, wie wir ihn nachweisen können, im großen und ganzen völlig übereinstimmend und doch wiederum in gewissen Einzelheiten, entsprechend den Gewohnheiten der einzelnen Stämme voneinander abweichend,[5] wenn nicht jene Übereinstimmung und diese Abweichungen aus der Heimat mitgebracht worden wären![6] Daß er in den deutschen Urkunden nirgends so ausführlich wie in den italienischen geschildert wird, kann nicht auffallen; den deutschen Schreibern wird er so geläufig gewesen

---

[1] Man beachte, daß auch bei der Ernennung eines Notars Tintenfaß und Feder (welch letztere auch bei der *traditio cartae* bisweilen ausdrücklich erwähnt wird, vgl. Gloria CD. Padovano 1, 65 n. 43) als Investitursymbole verwandt werden, s. oben S. 67 mit N. 4.

[2] Bei Bayern und Burgundern wurde das Messer nicht gebraucht. Bei den Alamannen kam statt des Handschuhes der 'Wandelang' (vgl. zuletzt E. Goldmann, Der Andelang, Breslau 1912) zur Anwendung.

[3] MG. LL. 4, 595ff.

[4] Anders scheint allerdings Redlich, Privaturkunden S. 52, die Sache aufzufassen.

[5] S. oben N. 2.

[6] Auch ist wenigstens die von Brunner, ZR. S. 303f., vorgetragene Hypothese über die Entstehung des Brauches der *levatio cartae* nur dann annehmbar, wenn die Vereinigung der Investitursymbole mit der *carta* in Deutschland üblich war.

sein, daß sie es nicht für nötig hielten, ihn in den Urkunden ausführlich zu beschreiben, während den italienischen Notaren das fremdartige einer ausdrücklichen Erwähnung im Formular der Urkunden wert und bedürftig zu sein schien. Immerhin ist auch in den deutschen Urkunden, freilich nicht so regelmäßig wie in Italien, aber doch oft genug und in Gegenden so verschiedenen Stammesrechts von dem Brauch wenigstens des *cartam levare* die Rede,[1] daß wir auch daraus auf seine allgemeine Verbreitung in Deutschland (doch mit Ausnahme von Friesland, Sachsen und Thüringen) schließen können.[2] In der Regel wird dabei auch in Deutschland das ganze Verfahren in einem Zuge durchgeführt sein, so daß also Handlung und Beurkundung zeitlich zusammenfielen; doch ist es bisweilen vorgekommen, daß es in mehrere zeitlich und örtlich auseinanderfallende Akte zerlegt wurde,[3] wobei die *levatio cartae* bald mit der Handlung und dem Beginn der Beurkundung, bald mit deren Abschluß zusammenfallen mochte. Möglicherweise ist gerade und nur in solchen Fällen die Erwähnung der *levatio* im Eschatokoll der Urkunden für nötig befunden worden.[4]

---

[1] Brunner, ZR. S. 107 N. 3 hat ihn in Urkunden des Metzer Klosters Gorze, also aus fränkischem Gebiet, nachgewiesen; Beispiele aus den Gebieten von Lyon, Sitten und Genf (also aus Burgund) haben Loersch und Schröder, Urkk. zur Gesch. des deutschen Privatrechts 3. Aufl. S. 60 n. 77 und v. Voltelini, MIÖG. Erg. 6, 166 N. 7, beigebracht; andere aus alamannischem Gebiet hat Zeumer a. a O. S. 113ff. aus dem UB. von St. Gallen zusammengestellt. Die Gorzer Urkk. s. jetzt Mettensia 1, n. 87. 88. 106.

[2] Daß nach ribuarischem Recht die Investitur durch Begebung einer Urkunde erfolgen konnte, darf schon aus Lex Ribuar. 48. 59, 1 erschlossen werden. — Gegen gewisse Einwendungen Sohms vgl. Brunner, ZR. S. 288ff.

[3] Vgl. Zeumer a. a. O. S. 115ff.

[4] Die Verbindung von Investitursymbolen und Urkundenpergament, die bei der *traditio per cartam* auftritt, ist bisweilen dadurch zu einer dauernden gemacht worden, daß man ein Investitursymbol auf der fertiggestellten Urkunde befestigte und mit ihr aufbewahrte. Ein sehr merkwürdiges Beispiel dafür bietet die eigentliche Originalausfertigung des Testamentes des Abtes Fulrad von Saint-Denis vom Jahre 777; hier ist die Zweigspitze der *festuca* am Pergament unter dem Subskriptionszeichen des Notars angebracht und heute noch daran erhalten, vgl. Tangl, NA. 32, 186f. Andere Fälle der Art sind bis jetzt in Deutschland nicht sicher nachgewiesen (in dem oben S. 72 erwähnten Falle aus Regensburg sollte der *baculus*, mit dem die Investitur vollzogen war, im Kloster dauernd aufbewahrt werden, war aber nicht mit der Urkunde körperlich verbunden); dagegen sind in Frankreich und Italien einige Beispiele solcher Verbindungen nachweisbar; was darüber bis jetzt zu ermitteln ist, hat Tangl in der Festschrift für Brunner S. 761ff. zusammengestellt, vgl. dazu meine Bemerkung NA. 36, 610 n. 298.

Offenbar aber konnte dies ganze Verfahren eben deswegen, weil, wie wir gesehen haben, der den Aussteller bindende Beurkundungsauftrag an den Notar bei der *traditio cartae* eine so bedeutende Rolle spielte, nur so lange üblich bleiben, als es in Deutschland Urkundenschreiber gab, die eine den italienischen Notaren ähnliche Stellung einnahmen. Und daher kam der Brauch der Tradition mittels einer *carta*, der sich in Italien bis ins 12. Jahrhundert erhielt, für den wir aus Burgund noch aus demselben Jahrhundert Zeugnisse kennen,[1] und der auch in Rätien noch in später Zeit Überreste zurückgelassen hat,[2] im eigentlichen Deutschland, wo die Institution der öffentlichen Gerichtsschreiber seit dem Ende des 9. Jahrhunderts verfiel und seit dem letzten Drittel des 10. Jahrhunderts verschwand,[3] mehr und mehr außer Gebrauch.[4]

In einzelnen Teilen Deutschlands, namentlich in Bayern, gab man überhaupt die Form der *carta* in der Regel auf und fertigte nur noch *notitiae* über bereits vollzogene Handlungen an. Aber auch wo man die alte Form beibehielt, verlor sie ihre rechtliche Bedeutung. Von ganz vereinzelten Fällen abgesehen gibt es seit dem 10. Jahrhundert in Deutschland auf lange Zeit hinaus kein Zeugnis mehr dafür, daß ein Rechtsgeschäft lediglich durch Ausstellung oder Über-

[1] Die letzte der oben erwähnten burgundischen Urkunden ist ein Stück aus Sitten von 1131, Mém. et documents de la Suisse Romande 18, 356 n. 10. Später hat im Wallis das *levare cartam* eine andere Bedeutung gewonnen; es ist nun Sache des mit dem bischöflichen Kanzleramt belehnten Domkapitels geworden, das durch einen Bevollmächtigten die Urkunde levieren, d. h. nun das Rechtsgeschäft bestätigen und den Schreiber zur Ausfertigung ermächtigen läßt. Noch später bezieht sich im Gebiet von Lausanne und im Gebiet von Aosta der Ausdruck *levare cartam* auf die Herstellung der Reinschrift einer Urkunde aus den Protokollen oder Registern des Notars. Vgl. v. Voltelini a. a. O. S. 166f.; Schiaparelli, Arch. stor. italiano V, 39, 267 N. 3.

[2] Hier ist im 11. und 12. Jahrhundert der Brauch entstanden, daß das Urkundenpergament von dem Aussteller dem Empfänger (oder dem Notar?) zugeworfen wurde (*tracta carta*, statt *traiecta*), vgl. Brunner, ZR. S. 304; v. Voltelini a. a. O. S. 170; Redlich, Privaturkunden S. 51; statt des *levare cartam* findet sich dann hier im 12. Jahrhundert ein *levare pennam;* die Feder wird aber nicht von dem Aussteller oder dem Schreiber, sondern von einem dritten Manne, vielleicht einem lokalen Gerichtsbeamten, aufgehoben und dem Schreiber überreicht, der dadurch zur Herstellung der Urkunde ermächtigt wird; vgl. v. Voltelini a. a. O. S. 165f. Wenn v. Voltelini auch einen ganz vereinzelten Fall aus Bayern anführt (MB. 3, 557f.), bei dem von dem *levare pennam* die Rede ist, so fehlt dafür noch eine ausreichende Erklärung.

[3] S. Bd. 1, 593f.

[4] Vgl. Redlich, MIÖG. Erg. 6, 8 ff.

gabe einer Privaturkunde vorgenommen worden sei.[1] Auch die *carta* wird damit in bezug auf das eigentliche Rechtsgeschäft eine schlichte Beweisurkunde; sie enthält noch immer dispositiv gefaßte Bestimmungen mancherlei Art, allein die eigentliche Handlung geht in Deutschland, soweit sie überhaupt zur Ausstellung einer Privaturkunde geführt hat, der Beurkundung regelmäßig voran.[2]

Erst seitdem die Besiegelung auch der nicht königlichen Urkunden, im besondern derjenigen, die von Fürsten und anderen hochgestellten Personen ausgestellt waren, als ein Mittel, den Urkunden einen selbständigen Beweiswert zu geben, allgemein anerkannt war, kommen wieder Urkunden vor, die ohne eine vorhergegangene Handlung vorauszusetzen, ein Rechtsgeschäft dispositiv begründen. Diese Entwickelung beginnt schon im 13. Jahrhundert, und die fürstlichen Urkunden der letzten Jahrhunderte des Mittelalters verhalten sich in den meisten Fällen in dieser Beziehung denen der Könige dieser Zeit ganz analog. Aber auch der entwickelte Handelsverkehr in den Städten führt zu dem gleichen Ergebnis; auch hier ist in der letzten Zeit des Mittelalters die Begründung eines Rechtsverhältnisses bloß durch Verbriefung und damit das Wegfallen eines Unterschiedes zwischen Handlung und Be-

[1] Vgl. Ficker, BzU. 1, 64ff., wo dies allerdings zu weitgehend auch für die ältere Zeit in Abrede gestellt ist.

[2] Belege dafür liefert jedes Urkundenbuch. Ich gebe nur einige Beispiele aus verschiedenen Zeiten und Gegenden. 952, Beyer 1, 254: Landvergabung Erzbischof Rotberts von Trier zu erblichem Besitz; die *legalis traditio* ist vollzogen *per manus advocati nostri Uodilberti;* der Erzbischof verfügt, *ut ab hac die habeant potestatem tenendi, donandi* usw. und bestimmt Strafe. — Nach 1015, Dronke S. 346, Tradition des Ernust an Kloster Fulda; *ego E. et coniux mea G. praedium nostrum B. dictum tradimus . . . et ut nulla occasio hanc traditionem destruendi haeredibus nostris contingeret . . . quod donavimus statim in manus praedicti pastoris concessimus.* — 1043 Tausch zwischen Erimbrecht und Kloster Petershausen. E. gibt Güter *cum manu uxoris meę Irmingardę.* und diese werden empfangen vom Bischof Eberhard *cum manu Folmari abbatis et Heremanni advocati*, Wirtbg. UB. 1, 267 n. 225. — 1044 Schenkung von Gütern an die Straßburger Kirche durch Hunfried; er übergibt sie *cum advocatoria manu in quorundum illustrium virorum . . . fidas manus* und läßt sie dann *per illorum manus, in quorum fidem antea commendaveram*, der Kirche tradieren, UB. Zürich 1, 126 n. 233. — 1108 Schenkung Arnolds von Goldbach an Allerheiligen zu Schaffhausen; der Schenkende überträgt *cum consensu et manu uxoris mee* gewisse Güter *per manum Erchinberti* an das Kloster, Quellen zur Schweizer Gesch. 3ᵃ, 74 n. 46. — Um 1150 Tausch mit Obermünster in Regensburg, Vernehmung von 7 Ministerialen, welche die Gegenstände abschätzen, *quo peracto ambo advocati legitimum concambium fecerunt*, QE. 1, 179.

urkundung in vielen Fällen nachweisbar. Für die Übertragung von unbeweglichem Besitz aber sind hier andere Formen aufgekommen.[1]

Während die Handlung, die zur Ausstellung einer Urkunde führt, sich meistens zu einem einheitlichen Formalakt gestaltet und nur seltener in mehrere, zeitlich auseinanderliegende Akte zerfällt, sind bei der Beurkundung regelmäßig mehrere Stufen zu unterscheiden, deren nähere Untersuchung für die diplomatische Kritik erforderlich ist.[2]

Als die erste Stufe sehen wir den Beurkundungsauftrag oder Beurkundungsbefehl an, den der Aussteller erteilte. Bei den Königsurkunden der älteren Zeit ist dieser Befehl regelmäßig vom Könige selbst gegeben worden, und daß dies geschehen sei, wird oft in der Urkunde selbst in der einen oder der anderen Form ausdrücklich gesagt; nicht minder ist von dem Beurkundungsauftrag auch in den Unterschriftsformeln der älteren Privaturkunden regelmäßig die Rede. Diese Erwähnung des Auftrages oder Befehls in der Urkunde ist ein Gebrauch, der mit seinen Wurzeln noch in die spätrömische Zeit zurückreicht. Wir erwähnten bereits in anderem Zusammenhange,[3] daß in den altrömischen Chirographa der Aussteller der Urkunde, wenn er schreibensunkundig oder am Schreiben verhindert war, eine dritte Person mit seiner Vertretung beauftragen konnte; es verstand sich von selbst, daß dann der Schreiber den empfangenen Auftrag in der Urkunde erwähnte,[4] was durch eine Formel zu Eingang des Chirographums geschah. Als später die Form der Epistola auch für rechtlich verpflichtende Urkunden aufkam, war eine entsprechende Erklärung wenigstens für den Fall nötig, daß der Aussteller den Brief weder eigenhändig schrieb noch unterschrieb; sie erfolgte nunmehr am Schlusse des Textes der subjektiv gefaßten Epistola, gewöhnlich in der Weise, daß dem Aussteller die Worte des Beurkundungsauftrags in den Mund gelegt wurden.[5] Schon früh, noch im 6. Jahrhundert, kam weiter der Brauch auf, daß der Schreiber der Urkunde im Eschatokoll eine Unterschrifts- und Vollziehungsformel hinzufügte, in der er sich selbst nannte.[6] Dabei war es in den Fällen, in denen der Beurkun-

---

[1] Vgl. Bd. 1, 732ff.

[2] Vgl. Ficker, BzU. 2, 9ff.

[3] Vgl. Bd. 1, 50.

[4] CIL. 4, Suppl. S. 318: *Ti. Claudius Syn ... scripsi rogatu et mandatu Abascanti ... eum accepisse.*

[5] Vgl. Marini S. 145: *quam donationis meae paginam ... Bono tabellioni huius civitatis Ravennae rogatario meo scribendam dictavi.*

[6] Vgl. Brunner, ZR. S. 66ff.

dungsauftrag am Schluß des Kontextes erwähnt war, nicht nötig, seiner in der Unterschrifts- oder Vollziehungsformel noch einmal zu gedenken;[1] wohl aber war dies erforderlich, wenn die Erwähnung des Beurkundungsauftrags am Schlusse des Textes fehlte; es geschah dann so, daß der Schreiber erklärte, er habe „auf Bitte“ (*rogatus*), „auf Befehl“ (*iussus*) geschrieben, wobei bisweilen der Name des Auftraggebers noch einmal genannt wurde.[2] Übrigens ist in späterer Zeit an diesen Regeln nicht immer streng festgehalten worden; der Auftrag wird auch in der Unterschriftzeile häufig erwähnt, wo das eigentlich überflüssig ist, und nicht erwähnt, wo man es erwarten sollte.

Die Erlasse der römischen Kaiser bedurften nach diesen Ausführungen der Erwähnung des Beurkundungsbefehls nicht, da sie durchweg eigenhändig unterzeichnet wurden; und dasselbe gilt von den Urkunden der ostgotischen Könige wie von denen der Päpste.[3] Dagegen kam in den Urkunden der Langobardenkönige, die wenigstens in der ältesten Zeit gewiß nicht schreiben konnten, die Königsunterschrift gänzlich in Fortfall; als Beglaubigung diente in ihnen, jedenfalls seit der Zeit des Königs Pertharit, in erster Linie die Unterschrift des Notars; und unter diesen Umständen erschien es nötig, dieser den Vermerk hinzuzufügen, daß der Notar auf Befehl des Königs (*ex dicto domini regis*) geschrieben habe.[4] Wenn der Beurkundungsbefehl vom König nicht unmittelbar dem schreibenden Notar,

---

[1] Daher heißt es in der S. 90 N. 5 erwähnten Urkunde einfach: *Bonus tabellio ... scriptor chartulae huius donationis ... complevi et absolvi.* — Ebensowenig brauchte die Rogation in der Unterschrift erwähnt zu werden, wenn, wie das später häufig vorkam, dem Signum des Ausstellers ein Relativsatz mit Erwähnung des Beurkundungsauftrags hinzugefügt wurde; vgl. z. B. Wartmann 1, n. 25: *Signum Wachar, qui hanc traditionem fieri atque firmare rogavit ... ego Waldo ... scripsi et subscripsi.*

[2] Der Zusammenhang, der in älterer Zeit zwischen der Erwähnung des Beurkundungsauftrags im Texte oder bei dem Signum des Ausstellers und dem Fortfallen des Wortes *rogatus* oder *iussus* in der Unterschrift besteht, ist früher nicht genügend beachtet worden.

[3] Näheres hierüber s. unten. Doch kommt vereinzelt auch in den Urkunden der älteren Päpste der Beurkundungsbefehl am Schluß des Contextes und die Skriptumzeile ersetzend vor, vgl. z. B. die Originale Jaffé-E. 2551. 2606 und die ähnlichen Fälle der Privilegien Benedikts IX., Jaffé-L. 4115[a] (NA. 11, 390), und Alexanders II., Jaffé-L. 4706. S. auch Bd. 1, 74 N. 2.

[4] Vgl. Chroust S. 36 ff. Daß diese Erwähnung nötig war, zeigt u. a. auch der Epilog zum Edictum Rotharis (LL. IV, 90), der bestimmt, daß nur die Exemplare seines Gesetzbuches glaubwürdig sein sollten *quod per manus Ansoald notario nostro scriptum aut recognitum seu requisitum fuerit, qui per nostram iussionem scripsit.*

sondern dem Kanzleichef oder einem anderen Manne erteilt und erst von diesem an den Notar weitergegeben wurde, so wurde auch dies Verhältnis in der Urkunde ausdrücklich erwähnt;[1] es galt offenbar die Verantwortlichkeit eines in der Urkunde genannten Beamten für die richtige Ausführung des königlichen Befehls festzustellen. Im Kontext wurde der Beurkundungsbefehl in der Regel nicht erwähnt; nur in einigen wenigen Urkunden der Könige Liutprand, Hildebrand, Ratchis und Aistulf findet sich in der Dispositio im Anschluß an die Petitionsformel die kurz gefaßte Angabe, daß der König die Ausstellung der Urkunde befohlen habe.[2]

Im Reiche der Merovinger sind alle Königsurkunden durch Besiegelung, ihre Mehrzahl auch durch die Unterschrift der Könige beglaubigt worden, die nur in den Gerichtsurkunden regelmäßig und außerdem in einigen anderen Stücken, insbesondere gewissen Mandaten fehlt. Infolgedessen würde eine Erwähnung des Beurkundungsbefehls in den Urkunden im allgemeinen nicht erforderlich gewesen sein:[3] doch fehlt sie keineswegs immer, und sie erfolgte in doppelter Weise. In einer Anzahl von Stücken nämlich, vorzugsweise solchen der späteren Zeit, fügte der unterfertigende Kanzleibeamte seiner Unterschrift die Bemerkung hinzu, daß er auf Befehl des Königs (*iussus*) seines Amtes gewaltet habe:[4] diese Bemerkung entspricht, wie man sieht, völlig dem

[1] Vgl. z. B. Reg. Farfense 2, 133 n. 175: *ex dicto domni regis per H. notarium scripsi ego P. notarius.* HPM. 13, 80 n. 42: *ex dicto domno regis per A. referendarium et ex ipsius dictatu scripsi ego P. not.* — In den spoletinischen Herzogsurkunden lautet die entsprechende Formel nicht *ex dicto*, sondern *ex iussione;* wurde die *iussio* mittelbar erteilt, so hieß es wie z. B. Reg. Farf. 1, n. 9: *ego Th. notarius ex iussione iam dicti ducis et ex dicto H. sculdahis.* In den Urkunden der Herzoge von Benevent heißt es gewöhnlich ebenfalls *ex iussione*, vereinzelt auch *ex iussu* oder *ex iussu et mandato*, vgl. Chroust S. 99ff. 142ff. Die Formel *ex iussione . . . scripsi* erhielt sich dann auch in den Fürstentümern Benevent, Salerno und Capua, daneben kommt aber in Salerno auch eine Erwähnung des Beurkundungsbefehls in der Corroboratio, wie wir sie unten kennen lernen werden, vor; vgl. Voigt, Beiträge zur Diplomatik der langob. Fürsten S. 27f. 42.

[2] Vgl. Chroust S. 71f. Die Formel kommt zuerst vor 715, Pasqui CD. Aretino 1, 7 n. 4: *preceptum emitti precipimus*, zuletzt 755, Chroust S. 212: *presentem nostrum preceptum in ipso verendo loco emitti precipimus.* Statt *emitti precipimus* findet sich auch *fieri iussimus.*

[3] Auf ihr Fehlen in den vom König nicht unterschriebenen Placiten könnte von Einfluß gewesen sein, daß in diesen regelmäßig eine Berufung auf das Testimonium des Pfalzgrafen stattfand.

[4] *N. iussus optulit* (*subscripsit*) in DD. M. 38. 47. 57. 67. 71. 72. 75. 81. 84. 88. 92. *Iussus recognovit* in DD. M. 61. 70. 77. — *Iussus scripsit* ist auch in den Urkunden der alamannischen Herzoge (vgl. FDG. 26, 40 N. 1) und in

bei den Langobarden üblichen *ex dicto*, nur daß sie dort vom Schreiber der Urkunde, hier von einem höheren Kanzleibeamten gemacht wird. Ferner ist in einer ziemlich großen Anzahl von Urkunden die in tironischen Noten[1] geschriebene Berufung auf einen Befehl, und zwar in der Regel auf den Befehl des Königs oder des an Stelle des Königs handelnden Maiordomus,[2] mit der Unterfertigung des Kanzleibeamten verbunden; die Erteilung des Befehls wird durch das Verbum *ordinare* ausgedrückt.[3] Viel seltener wurde dagegen im Kontext der Beurkundungsbefehl bestimmt zum Ausdruck gebracht; das kommt nur

denen der Arnulfinger in Austrasien, die von ihren eigenen Kanzleibeamten geschrieben sind (vgl. ebenda S. 31), die Regel. In Bayern kommt daneben sowohl bei den Notaren der agilolfingischen Herzoge, wie bei denen der Erzbischöfe und Bischöfe die Formel *scripsi ex ore N* vor, deren Bedeutung nicht zweifellos ist; vgl. Brunner, ZR. S. 250; FDG. 26, 62 N. 5 und unten S. 135 N. 1.

[1] Vgl. Havet, Oeuvres 2, 459f.; Tardif, Musée des archives S. 19; Arbois de Jubainville, BEC. 41, 85; Kopp, Palaeogr. crit. 1, 378; Jusselin, BEC. 66, 361ff.; 68, 481ff.; 74, 67ff.; Mentz, AfU. 4, 10ff. Mehrere dieser Stücke sind mit *iussus optuli* unterzeichnet. — In fünf Diplomen (DD. M. 47. 61. 77. 81. 84) bringt Jusselin mit den auf den Beurkundungsbefehl bezüglichen Noten andere Zeichen in Verbindung, die er *per anolum* oder *per anolo* liest; er nimmt an, daß in diesen Fällen der Beurkundungsbefehl schriftlich, durch ein mit dem Siegelring des Auftraggebers besiegeltes Dokument erteilt worden sei. Tangl, NA. 34, 312f. hat die Lesung dieser Zeichen bezweifelt; Mentz a. a. O. S. 12f. stimmt ihnen für die drei letzten Urkunden zu; über die beiden ersten konnte er sich noch nicht äußern. Ich bin in der paläographischen Frage inkompetent, habe aber sachliche Bedenken gegen die Annahme eines so komplizierten Geschäftsganges, der in den letzten Jahrhunderten des Mittelalters allerdings nachweisbar ist, schon für die merovingische Zeit.

[2] Berufung auf einen gemeinsamen Befehl des Königs und des Hausmaiers will Jusselin (zuletzt BEC. 74, 68) in DM. 57 finden, doch ist seine Lesung der Noten dieser Urkunde sowohl von Tangl (NA. 31, 515; 34, 313) wie von Mentz a. a. O. S. 11 bestritten. Der Vorschlag des letzteren, *cancellario* zu lesen, ist sachlich unmöglich und wird auch von Jusselin nicht angenommen. — In DM. 70 will Jusselin (BEC. 68, 500; 74, 69) *ordinante Hrodeberto* lesen und denkt dabei an den Referendar dieses Namens (Bd. 1, 368). Mentz S. 12 schlägt *ord. Hocioberto* vor, so daß der in der Urkunde genannte Pfalzgraf gemeint wäre. Auch hier muß ich mich in der Frage der Lesung des Urteils enthalten; sachlich würde mir der Vorschlag von Mentz annehmbar erscheinen. Denn in der Urkunde des Maiordomus Pippin D. Arn. 22 ist die Lesung *Braico fiere iussit* sicher; Braico aber war einer der Beisitzer des Placitums, *qui in vice comite palate nostro adistare videbantur;* und er hat also in diesem Falle den Beurkundungsbefehl gegeben, hat dies aber zweifellos im Auftrage des vorsitzenden Hausmaiers getan, vgl. Bresslau, AfU. 1, 177 und oben Bd. 1, 371 N. 2.

[3] Also heißt es z. B. in DM. 47: *Droctoaldus iussus optulit ordinante Ebroino maiore domus.*

vor, wenn etwa der König die Herstellung eines Diploms in mehreren Ausfertigungen anordnet,[1] oder wenn sonst eine besondere Veranlassung dazu vorliegt.[2] Häufiger wird der Beurkundungsbefehl so zu sagen implicite erwähnt, indem es im Kontext heißt, daß der Bittsteller die Ausstellung einer Urkunde erbeten und daß der König diese Bitte zu erfüllen beschlossen habe.[3]

In der Zeit der karolingischen Könige findet eine Erwähnung des Beurkundungsbefehls innerhalb der Rekognitionsformel nur noch zu Anfang in einigen Urkunden Pippins statt,[4] kommt dagegen in denen seiner nächsten Nachfolger nicht mehr vor. Um so häufiger wird dafür bis um die Mitte des 9. Jahrhunderts in den tironischen Noten[5] auch der Karolingerdiplome seiner gedacht, die überhaupt über den Geschäftsgang in der Kanzlei in dieser Zeit sehr wertvolle Aufschlüsse geben.[6] Wir erfahren daraus, daß der Beurkundungsbefehl

[1] So in dem Formular für *cartae paricolae*, Marculf 1, 38 (MG. Formulae S. 67): *unde aequales preceptionis eis fieri et accipere iussimus.* Entsprechend in DM. 67: *duas precepcionis uno tenure conscriptas exinde fiere iussimus* (vgl. dazu Jusselin, BEC. 74, 69). Hier handelt es sich um eine Art von Tauschvertrag des Königs mit St. Denis; und wenn die Erwähnung des Beurkundungsbefehls in solchen Urkunden hergebracht war, so wird auch in dem schon von Sickel, BzD. 7, 682, angeführten Formular Marculf 1, 30 (Formulae S. 61) die Wendung: *quapropter hunc preceptum a modo commutationis ipsius viro fieri decrevimus* nicht mit Erben, UL. 1, 356 N. 1, anzuzweifeln sein. Übrigens steht der Wendung in Marculf 1, 30 auch die in 1, 32 (Formulae S. 63): *propterea presentem preceptionem dedimus* nahe, die dann ähnlich in D. Kar. 69 und öfter wiederkehrt.

[2] DM. 88: *proinde ipsi abbati vel suis monachis tale praeceptum et confirmationem fieri rogamus una cum consensu maioris domus nostrae Raganfredi.* Hier wird der Konsens des Maiordomus zum Beurkundungsbefehl betont.

[3] So Marculf 1, 16. 31. 23. 35 usw. Dementsprechend in zahlreichen Urkunden.

[4] *Iussus recognovit* in DD. Kar. 2. 4—8. 11. 12. 14. — Über die in Italien seit 866 unter besonderen Verhältnissen wieder üblich gewordene Berufung auf den Beurkundungsbefehl, s. Bd. 1, 390. Diese Gewohnheit wirkt dann auch noch in den Zeiten der späteren italienischen Herrscher des ausgehenden 9. und der ersten Hälfte des 10. Jahrhunderts nach, vgl. Schiaparelli, Bullett. dell' Istituto stor. ital. 23, 77f.; 26, 54; 29, 124, ferner die übersichtliche Zusammenstellung von Rekognitionen bei Dümmler, Gesta Berengarii S. 170ff., und Bd. 1, 393.

[5] Vgl. Tangl, AfU. 1, 87ff. 2, 167ff.; Jusselin, Moyen-âge II, 11, 121ff.; Mélanges offerts à M. Emile Châtelain S. 35ff. Näheres unten im Kapitel Urkundenschrift.

[6] Vgl. für das folgende meinen Aufsatz über den Ambasciatorenvermerk in den Urkunden der Karolinger, AfU. 1, 167ff.; dazu Prou, Journal des Savants 1909 S. 44.

auch jetzt oft vom König unmittelbar, sehr häufig aber auch durch eine Mittelsperson gegeben wurde. Für die Erteilung des Befehles bleibt noch in der ersten Zeit Karls d. Gr. *ordinare* der übliche Ausdruck, der aber nach dem Jahre 786 nicht mehr vorkommt; seitdem wird gelegentlich *praecipere*, besonders oft aber *fieri iubere* gebraucht; für die Übermittlung des Beurkundungsbefehls durch einen Beauftragten wird seit 781[1] das Wort *ambasciare* üblich, das eigentlich 'eine Botschaft ausrichten' bedeutet.[2] Als Vermittler des Befehls erscheint unter Karl am häufigsten der Erzkapellan, unter Ludwig dem Frommen kommen neben den Erzkapellanen auch andere Hofleute vor; auch Mitglieder der königlichen Familie, so unter Karl einmal der König Pippin von Italien, unter Ludwig dem Frommen die Kaiserin Judith, haben den Befehl der Kanzlei gemeldet, und gar nicht selten sind es die Empfänger der Urkunden oder die Intervenienten, die von der Kanzlei als die Überbringer des Befehls genannt werden, die also selbst dafür Sorge getragen haben, daß die ihnen erteilte Bewilligung zur Ausstellung einer Urkunde der Kanzlei bekannt wurde.[3] Der Befehl wurde wohl in der Regel an den Kanzleichef oder den leitenden Notar übermittelt, der dann die Herstellung der Urkunde durch seine Untergebenen zu veranlassen hatte.

Auch unter den Söhnen Ludwigs des Frommen finden sich noch Erwähnungen des Beurkundungsbefehles in den der Rekognition beigefügten Notenzeichen. Unter Lothar I. freilich wird in Italien nur ein einziges Mal gesagt, daß der Kaiser den Befehl gegeben habe,[4] im übrigen berufen sich die Schreiber nur auf die von ihren Vorgesetzten in der Kanzlei empfangene Anweisung. Aber in Ostfranken bleibt es unter Ludwig dem Deutschen lange üblich, den König in Notenschrift

---

[1] Zuerst in D. Kar. 136. — Wenn jetzt Jusselin, BEC. 74, 72f. den Ausdruck *ambasciator* schon in zwei Merovingerurkunden von 716 (DD. M. 81. 84) finden will, so ist diese Lesung nach seinen eigenen Ausführungen doch zu unsicher, als daß Schlüsse daraus gezogen werden könnten.

[2] Wenn in Mühlbacher, Reg.[2] 612 gesagt ist: *Honfridus scribere iussit* (AfU. 2, 168), so kann es sich auch hier nur um dasselbe handeln, was in anderen Fällen durch *ambasciare* ausgedrückt wird.

[3] Unter Ludwig d. Fr. wird nach 827, häufiger seit 829, und in derselben Zeit wird unter Pippin von Aquitanien in den tironischen Noten bisweilen gesagt, wer die Urkunde erwirkt hat. Wahrscheinlich haben diese mit dem Vermerk *impetravit* eingeführten Personen auch die Übermittelung des Beurkundungsbefehles besorgt.

[4] Mühlbacher, Reg.[2] 1038.

als den Urheber des Befehles zu bezeichnen, den er in der Regel selbst[1] gegeben hat und nur in wenigen Fällen durch Mittelpersonen erteilen ließ;[2] erst seit 859 etwa verschwinden mit der Kenntnis und dem korrekten Gebrauch der tironischen Schrift auch solche Vermerke aus den ostfränkischen Urkunden. In Italien wird später unter Ludwig II. nur noch einmal,[3] in Lothringen unter Lothar II. nur noch zweimal[4] in solcher Weise des königlichen Beurkundungsbefehls gedacht: auf deutschem Boden geschieht es unter den Söhnen Ludwigs des Deutschen überhaupt nicht mehr.[5]

Dagegen war es schon unter Karl dem Großen üblich geworden, den Beurkundungsbefehl im Text der Urkunden zu erwähnen. Wie das gleich in der ersten erhaltenen Urkunde Karls geschieht,[6] so begegnet es noch in einigen anderen Diplomen dieses Herrschers,[7] findet sich in der Zeit Ludwigs des Frommen schon in beinahe der Hälfte der Formulae imperiales,[8] und seit der Zeit Arnulfs ward der Beurkundungsbefehl immer häufiger in die Diktate aufgenommen, ohne freilich ganz regelmäßig zu erscheinen. In bezug auf die Stellung und Fassung der Formel hat der Brauch geschwankt; bis in das 10. und gelegentlich noch bis zur Mitte des 11. Jahrhunderts hat sie auch dazu gedient, den Übergang von der Narratio zur Dispositio zu vermitteln, ist aber bisweilen schon unter Otto I. und Heinrich II. und besonders häufig unter Heinrich IV. zu einem Bestandteil der Korroborationsformel geworden.

Wem der Beurkundungsbefehl, den der König gab, erteilt wurde, darüber erhalten wir aus den Urkunden, seitdem aus ihnen die tironischen Noten verschwinden, keinen Aufschluß mehr und auch anderweite Nachrichten darüber, die zu allgemeineren Schlüssen auf die

---

[1] Zuerst in MÜHLBACHER, Reg.[2] 1345, zuletzt in 1409.

[2] MÜHLBACHER, Reg.[2] 1343. 1346. 1353. 1376, vgl. AfU. 2, 183.

[3] MÜHLBACHER, Reg.[2] 1188.

[4] MÜHLBACHER, Reg.[2] 1290. 1300.

[5] Die einzige Ausnahme macht das zwar in Deutschland, aber für ein französisches Bistum ausgestellte und offenbar von einem westfränkischen Schreiber herrührende Diplom MÜHLBACHER, Reg.[2] 1740, vgl. AfU. 2, 171.

[6] D. Kar. 55: *proptera hanc praeceptionem . . . conscribere iussimus.* Daß das auf langobardischen Einfluß zurückgehe, wie ERBEN, UL. 1, 356, vermutet, ist nicht wahrscheinlich, vielmehr entspricht es dem, was gelegentlich schon in merovingischer Zeit vorkommt (s. oben S. 94 N. 1).

[7] Vgl. z. B. D. Kar. 73. 81. 82. 90 u. a.

[8] Vgl. Form. imper. 2. 5. 6. 8. 9. 13. 14. 19. 20. 23. 24. 28. 36. 38. 40. 46—50. 53.

Geschäftsbehandlung berechtigten, liegen nicht vor.[1] Erst aus dem 13. Jahrhundert haben wir wieder ein reicheres Material, das über die hier aufzuwerfenden Fragen Aufklärung gibt. In dem Register Friedrichs II. sind den einzelnen Urkunden, die sich freilich nur auf Sizilien beziehen, regelmäßig Bemerkungen darüber hinzugefügt, auf wessen Befehl sie geschrieben worden sind.[2] Es ergibt sich daraus, daß der Befehl zumeist auf den Kaiser zurückgeführt wird, von diesem aber nur selten unmittelbar, häufiger durch eine Mittelsperson an den ausfertigenden Kanzleibeamten gekommen ist; als Mittelspersonen erscheinen am häufigsten die Leiter der Kanzlei oder ihre Notare, aber auch andere Regierungsbeamte: der Kämmerer, der Marschall usw. In einer Reihe von Fällen wird aber kein Bezug auf einen kaiserlichen

[1] Einige Notizen darüber hat Ficker, BzU. 2, 20f zusammengestellt. Bei Ratpert, Casus S. Galli cap. 25 (ed. Meyer v. Knonau S. 44) wird zwar nicht ausdrücklich gesagt, wem der König Ludwig der Deutsche den ersten Befehl zur Ausstellung von Mühlbacher, Reg.[2] 1409 gegeben hat, aber man wird annehmen können, daß es der Kanzler war, dem Ludwig später auch den Fertigungsbefehl gab, s. unten. In dem DH. II. 242 heißt es: *hanc cartam per manum Erici episcopi nostra iussione conscriptam;* aber *nostra iussione* ist nicht auf *per manum E. episcopi*, sondern auf *conscriptam* zu beziehen, und es ist also nicht nötig, daraus zu folgern, daß der König den Beurkundungsbefehl unmittelbar an den Bischof Erich (s. über ihn oben Bd. 1, 448. 457. 471) gegeben habe. Dagegen würde die unmittelbare Erteilung des Beurkundungsbefehls an Notare durch Heinrich II. aus Vita Meinwerci cap. 182, MG. SS. 11, 149: *(rex) ascitis notariis occulte fieri fecit de Ervete privilegium,* zu erschließen sein, wenn die ganze Nachricht glaubwürdiger wäre, als sie ist. Aus St. 3340 ist kein Schluß auf den Beurkundungsbefehl zu ziehen. Nach Oberts Ann. Ianuenses 1164, MG. SS. 18, 59 hat Friedrich I. 1164 die Ausfertigung eines Privilegs für den sardinischen Iudex Bareso unmittelbar einem Notar befohlen: *statim mandavit notario et iussit continuo privilegium scribi et sigillari.* Zum Jahre 1190 erzählt Gislebert von Mons (MG. SS. 21, 572; ed. Vanderkindere S. 253), daß die Ausstellung einer Urkunde für den Grafen von Hennegau *fuit concessum et cancellario et prothonotario* (also beiden zugleich) *ad faciendum commissum.* Im Jahre 1210 beauftragte Otto IV. einen Hofrichter und einen Hofkapellan, dem Domkapitel zu Verona auf Grund seiner Privilegien günstiges zu erweisen (Ficker, It. Forsch. 4, 281 n. 230); aber ein eigentlicher Beurkundungsbefehl war das nicht, und ob ein Schreiben zugunsten des Kapitels, das in diese Zeit gehören wird (daselbst n. 232) von jenen Männern veranlaßt ist, bleibt zweifelhaft. — Aus der böhmischen Kanzlei hat Emler (Abhandl. der böhm. Gesellsch. der Wissenschaften, 6. Folge, 9, 12) drei Fälle des 13. Jahrhunderts angeführt, in denen der Beurkundungsbefehl an Kanzler und Notare gegeben wurde.

[2] Vgl. Ficker, BzU. 2, 15ff. Die Formel ist *de mandato imperiali* oder *mandante d. imperatore*, bzw. wenn ein Mittelsmann genannt wird, *de mandato d. imperatoris facto (mandante d. imperatore) per N. N. scripsit N. N.*

Befehl genommen, sondern der ausfertigende Notar beruft sich lediglich auf den Befehl eines höheren Beamten.[1] Es ist hier nicht anzunehmen, daß dabei eine Ungenauigkeit des registrierenden Kanzleibeamten vorliege, der den Befehl des Kaisers als selbstverständlich betrachtet und deshalb nicht ausdrücklich erwähnt hätte. Aus der Kanzleiordnung Friedrichs II.[2] erfahren wir vielmehr, daß bei der Behandlung der einlaufenden Petitionen ein dreifach verschiedener Geschäftsgang innegehalten wurde. Über einen Teil davon konnten die oberen Beamten selbständig und ohne Einholung eines kaiserlichen Spezialbefehls (*sine conscientia imperatoris*) entscheiden; über einen anderen Teil war dem Kaiser in den Sitzungen des Hofrats, über einen letzten, Eingaben, welche die persönlichen Verhältnisse des Kaisers oder die Mitglieder seiner Kurie betrafen, war ihm allein Vortrag zu halten. Wir werden danach die in das Register eingetragenen Briefe, bei denen ein Befehl des Kaisers nicht erwähnt wird, wohl als *sine conscientia imperatoris* erlassen betrachten dürfen, obwohl auch sie in seinem Namen ausgestellt sind. Genauer zu bestimmen, welche Angelegenheiten in dieser Weise selbständig von den Beamten des Hofes erledigt sind, fehlt es uns übrigens an ausreichenden Anhaltspunkten.[3]

Für Deutschland haben wir auch aus dieser Zeit noch keine näheren Nachrichten über den Beurkundungsbefehl. Eine vereinzelte Notiz gibt ein Privileg Heinrichs (VII.) von 1223,[4] auf dessen Bug verzeichnet ist, daß der Bischof von Würzburg, der zu den Mitgliedern des Regentschaftsrates für den jungen König gehörte, den Beurkundungsbefehl erteilt habe.[5] Diese Notiz ist später ausradiert worden,

---

[1] Die Formel ist dann *de mandato facto per N. N.* oder nur *de mandato N. N. scripsit N. N.*; vgl. Ficker a. a. O. 2, 16.

[2] Winkelmann, Acta 1, 736.

[3] Die Annahme Philippis S. 29, daß der Kaiser „bei dem bei weitem größten Teil der unter seinem Namen ausgehenden Erlasse vollkommen unbeteiligt war" (ähnlich Erben, UL. S. 106), ist ohne ausreichenden Anhalt in den Quellen; Philippi hat die *in consilio* vorzutragenden Sachen nicht in Anschlag gebracht. In den Marseiller Registerauszügen (Winkelmann 1, 717f.) sind einige Entscheidungen des Kaisers über die Frage, ob gewisse Urkunden *sine conscientia* ausgefertigt werden dürfen, erhalten. Vgl. dazu Samanek, Kronrat und Reichsherrschaft (Berlin 1910) S. 31ff. 197ff.

[4] BF. 3899; vgl. Philippi S. 49, dessen Ansicht über die Bedeutung der hier besprochenen Notiz ich jedoch nicht teile.

[5] *Domnus Herbipolensis episcopus precepit.* Vgl. Winkelmann, Friedrich II. 1, 348 N. 3. — Auf die Vermutung Herzberg-Fränkels, MIÖG. Erg. 1, 277f., daß im 13. Jahrhundert die Formel *datum per manus* usw. bisweilen mit dem Beurkundungsbefehl zusammenhänge, ist später zurückzukommen.

aber noch lesbar; es ist nicht undenkbar, daß auch in anderen Fällen solche Angaben auf den Urkunden selbst notiert wurden, die uns, da sie vor der Aushändigung der Urkunden wieder getilgt wurden, verloren gegangen sind. Unter Heinrich VII., dem Lützelburger, wurde zur Zeit des Römerzuges über die Erledigung wenigstens eines Teiles der eingereichten Petitionen im Hofrat unter dem Vorsitz des Herrschers beraten und beschlossen, und die uns erhaltenen protokollarischen Aufzeichnungen über die Verhandlungen des Rates[1] enthalten zahlreiche Notizen über die Bewilligung von Gesuchen[2] oder über die Vertagung einer Entscheidung darüber.[3] Daß aber der Rat allgemein zur Erledigung von Petitionen irgendwelcher Art ohne Einholung der kaiserlichen Willensmeinung ermächtigt gewesen wäre, läßt sich aus den uns vorliegenden Quellen nicht erweisen,[4] und ebensowenig geben sie Aufschluß darüber, in welcher Form und durch wen die vom Kaiser genehmigten Beschlüsse des Rates der Kanzlei übermittelt wurden, wenn diese daraufhin Urkunden auszufertigen hatte.[5]

Erst in der Zeit Karls IV.[6] finden sich Vermerke, die darüber Aufschluß geben, in den Urkunden der Reichskanzlei, die diesen Brauch aus der französischen Königskanzlei, wo solche Vermerke schon einige Jahrzehnte früher vorkommen, übernommen haben mag;[7] um dieselbe Zeit, zum Teil sogar schon etwas früher, kommen sie in

---

[1] Vgl. Bd. 1, 131.

[2] Bisweilen mit der Formel *fiat* oder *fiat ut petitur*, die offenbar dem Gebrauche der päpstlichen Kanzlei (s. unten S. 104f.) nachgebildet ist.

[3] Das bedeutet die Formel *suspenditur*, aber auch, wie ich trotz der Ausführungen Samaneks a. a. O. S. 92 N. 3 glaube, die Formel *seur ce aura li sires deliberacion*. Abwesenheit des Kaisers bei der Fassung dieses Beschlusses ist durchaus nicht zu folgern.

[4] Anderer Meinung scheint Samanek S. 91ff. zu sein, dessen Ausführungen freilich auch nach den Erläuterungen, MIÖG. 32, 174ff., nicht leicht verständlich sind. Vgl. dazu auch Kern, GGA. 1910 S. 590ff.; 1911 S. 471f.

[5] Soweit die Kammernotare (Bd. 1, 544ff.) Beurkundungen vorzunehmen hatten, mag Bernardus de Mercato, der das Protokollbuch des Rates führte, diese entweder selbst unmittelbar auf Grund der gefaßten Beschlüsse ausgeführt oder seinen Kollegen aufgetragen haben. Beweisen läßt sich das aber nicht.

[6] Unter Ludwig dem Bayern kommen solche Vermerke, soviel bisher bekannt ist, weder auf Originalen vor (vgl. Grauert, KUiA. Text S. 306; Schaus, Zur Diplomatik Ludwigs des Bayern S. 46f. mit S. 47 N. 2), noch sind Angaben darüber in die uns erhaltenen Registerfragmente aufgenommen. Unter Karl IV. finden sie sich seit 1347 und werden seit 1355 zur Regel, vgl. Lindner S. 104.

[7] Das ist eine recht wahrscheinliche Vermutung Erbens, UL. S. 263.

den Kanzleien einiger Reichsfürsten vor.[1] Wir werden auf sie, da sie einen integrierenden Teil der Urkunden selbst bilden, später zurückzukommen und dabei ihre Formulierung in den Königsurkunden eingehender zu besprechen haben. Hier genüge die kurze Bemerkung, daß sie neben dem Namen eines für die Ausfertigung verantwortlichen Kanzleibeamten[2] stets, wenn nicht mehrere, so doch mindestens einen zweiten Namen, den des Auftraggebers, nennen. Entweder ist dies der Name des Herrschers selbst, oder es werden ein oder mehrere Beamte, Räte oder Vertraute des Herrschers genannt; die erbländische Kanzleiordnung Maximilians I.[3] redet in diesem Sinne von einem „Geschäftsherrn", der den Befehl des Königs der Kanzlei übermittelt; und es kann sowohl nach dem Wortlaut dieser Kanzleiordnung[4] wie nach anderen sicheren Anzeichen kein Zweifel daran sein, daß der Befehl (*mandatum, commissio, iussus, relatio*), worauf in diesen Notizen Bezug ge-

---

[1] Am frühesten in der Kanzlei der Grafen von Tirol und in der der Grafen von Holland, Seeland und Hennegau. Bei den ersteren stammt der älteste Fall aus dem Jahre 1314, wo der Vermerk auf der Rückseite des Originals steht, während er in einigen späteren Originalen sich am Schlusse des Kontextes findet; in den Registern und Konzepten finden sich Vermerke seit 1316; sie stehen aber hier wie dort zunächst nur in einer Minderzahl von Urkunden; im ganzen sind bis 1331 nur 32 Vermerke bisher nachgewiesen; vgl. Heuberger, MIÖG. 33, 432ff. — In Holland werden diese Vermerke nach einem vereinzelten Falle von 1317 seit 1319 in den Registern der Grafen am Rande verzeichnet und seit 1334 in die Urkunden selbst aufgenommen, vgl. Riemsdijk, Tresorie en Kanselarij S. 63 N. 5. 91ff. — In Österreich begegnen sie zuerst seit 1347 unter Albrecht II. und häufiger unter Rudolf IV., vgl. Kürschner, SB. der Wiener Akademie 49, 63ff.; v. Wretschko, Das österreichische Marschallamt S. 165ff. — In Brandenburg kommen nach Spangenberg, Hof- und Zentralverwaltung der Mark Brandenburg im Mittelalter S. 122 N. 3, die Kanzleivermerke seit 1388 (? weiter unten heißt es „seit der zweiten Hälfte des 14. Jahrhunderts") vor; ihre Fassung und Bedeutung in der Kanzlei der ersten Hohenzollerischen Markgrafen behandelt eingehend Lewinski S. 74ff.

[2] Der aber in den tirolischen und österreichischen und seit der Mitte des 15. Jahrhunderts oft auch in den Königsurkunden fehlt.

[3] Adler, Die Organisation der Zentralverwaltung unter Maximilian I. S. 511ff.; Fellner-Kretschmayr, Veröffentlichungen der Kommission für neuere Geschichte Österreichs 6, 50ff.; vgl. dazu Seeliger, Erzkanzler S. 80 N. 2; Walther, AfU. 2, 362.

[4] Ihr zufolge soll der Kanzler unterzeichnen: „was im rat beslossen" worden ist, „mit den worten: *comissio domini regis in consilio*, waz im aber durch kunigliche majestät muntlichen bevolen wirdet: *comissio domini regis propria*, waz im aber durch ainen geschaefftherrn angeschafft wurde, sol er underschreiben: *comissio domini regis propria per dominum N.*

nommen wird,[1] der an die Kanzlei ergangene Beurkundungsbefehl ist;[2] die Kanzleivermerke des 14. Jahrhunderts entsprechen also durchaus

[1] In Tirol ist die Formel der Vermerke von der aller anderen Gebiete abweichend; sie lauten hier: *nuncius dominus N.* Später wird statt *nuncius commissor* gesagt.

[2] Vgl. Lindner, S. 127ff.; Seeliger, MIÖG. 8, 15 (womit dieser seine früheren Ausführungen in der Dissertation über das deutsche Hofmeisteramt, in der er an den Fertigungsbefehl gedacht hatte, berichtigt); Lewinski S. 75ff.; van Riemsdijk, Tresorie en Kanselarij S. 82; Heuberger a. a. O. S. 437ff.; Samanek, Kronrat S. 154ff. Letzterem kann ich aber auch hier nicht in allem zustimmen. Insbesondere glaube ich nicht, daß das von Johann von Gelnhausen überlieferte Formular für die Ernennung eines Referendars, das erst dem Jahre 1368 angehört (vgl. Kaiser, Der Collectarius perp. formarum des Johann von Gelnhausen, Straßburg 1898, S. 50) und nur für Italien gilt, zur Erläuterung der in Deutschland seit 1347 vorkommenden Relationsvermerke herangezogen werden darf. — Dagegen denken v. Wretschko a. a. O. S. 168ff., Erben, UL. S. 262ff. (vgl. besonders S. 262 N. 3), und Redlich, Privaturkunden S. 168, (ebenso wie früher Seeliger) bei der Besprechung dieser Vermerke an den „Fertigungsbefehl", d. h. nach der von Ficker eingeführten und allgemein rezipierten Terminologie an den auf Grund des geprüften und gebilligten Konzeptes (oder, wie Redlich hinzufügt, mindestens seines sachlichen Inhalts) gegebenen Befehl zur Herstellung der Reinschrift. v. Wretschko (dem Redlich darin folgt) begründet seine Ansicht, die ich ablehnen muß, damit, daß in österreichischen Urkunden bisweilen dem Vermerk *dux per se*, wozu nach der Analogie aller gleichzeitigen nicht österreichischen Vermerke sowohl wie der späteren österreichischen selbst *iussit* oder *praecepit* oder *commisit* zu ergänzen ist, hinzugefügt wird *audivit.* Aber einmal ist es nicht zulässig, diesen Zusatz nach den wenigen Vermerken, in denen er sich findet, auch für die große Mehrzahl derer vorauszusetzen, in denen er eben nicht steht. Sodann aber ist es höchst wahrscheinlich, worauf wir unten zurückkommen, daß das *audivit* in den österreichischen Urkunden ebenso wie das der brandenburgischen auf die Verlesung nicht des Konzeptes, sondern der Reinschrift vor dem Fürsten zu beziehen ist und also dem Fertigungsbefehl nicht vorangeht, sondern auf die Herstellung der Reinschrift folgt. Denn der von v. Wretschko S. 168 N. 357 angeführte Vermerk von 1386, worin er „den besten Beweis" dafür erblickt, daß das Konzept und nicht die Reinschrift approbiert wurde, beweist das zwar für den Einzelfall, in dem es sich um ein ganz unregelmäßig außerhalb der Kanzlei entstandenes Konzept (*notula concepta extra cancellariam*) handelte, das natürlich vom Herzog im Rat geprüft werden mußte, ehe es der Reinschrift zugrunde gelegt wurde; aber aus einem solchen Ausnahmefall darf eben n i c h t auf die regelmäßige Geschäftsgebarung geschlossen werden. Wenn ferner Erben a. a. O. die Vermerke nicht auf den Beurkundungsbefehl beziehen will, weil wir aus ihnen nicht erfahren „wer die rechtliche Entscheidung traf", so verkennt er die Natur des Beurkundungsbefehls. Dieser sagt an sich niemals aus, „wer die rechtliche Entscheidung traf", sondern immer nur, von wem die Kanzlei den Befehl zur Anfertigung einer Urkunde erhielt: der Übermittler dieses Befehls war gewiß sehr oft (und immer, wenn es sich um den Herrscher oder den Rat handelte) derselbe, der die rechtliche Entscheidung getroffen hatte, aber notwendig war diese Identität

den Ambasciatoren-Vermerken der frühkarolingischen Zeit, von denen wir oben gehandelt haben.[1]

Einer besonderen Erörterung bedarf aber für diese spätere Zeit die Frage, ob und in welchen Fällen der Beurkundungsbefehl, wenn in den Kanzleivermerken ohne Nennung des Herrschers eine andere Person als Auftraggeber bezeichnet wird, ohne des ersteren Wissen (*praeter conscientiam regis*) erteilt worden ist und erteilt werden konnte. Selbstverständlich ist es, daß ein Spezialbefehl des Herrschers nicht

---

nicht, und für die Fälle, in denen eine andere Person als Übermittler genannt wird, ist sie keineswegs unbedingt vorauszusetzen. — Sehr willkommen ist es, daß wir jetzt, dank den Untersuchungen von van Riemsdijk, einen ganz sicheren, nicht bloß auf Schlüssen, sondern auf einem ausdrücklichen Zeugnis beruhenden Beweis dafür, daß die Vermerke auf den Beurkundungsbefehl zu beziehen sind, aus Holland beibringen können. Hier lautet der Vermerk zur Zeit des Grafen Wilhelm V., unter dem er feste Form gewonnen hat, *iussu domini comitis.* Darauf folgen entweder mit dem einleitenden Worte *presentibus* die Namen einiger, zumeist zweier Männer, die bei der Erteilung des Befehls durch den Grafen anwesend waren, oder es folgen (wie man annehmen darf, dann, wenn der Notar den Befehl nicht unmittelbar von dem Grafen erhalten hat) die Worte *ad relationem* oder *per* und dann einige Namen; zuweilen steht auch *per commune consilium.* Von diesen Vermerken redet nun einer der meist beschäftigen Notare Wilhelms V., Philipp von Leiden, in seiner Schrift De cura reipublicae et sorte principatus Casus LXIII (Werken der vereeniging tot uitgave der bronnen van het oude vaderlandsche recht, Tweede reeks n. 1, Haag 1900, S. 268): *nam clericus ... qui dicitur notarius subscribit litteras apertas; primo nomina duorum vel trium de consilio, qui huiusmodi concessioni interfuerunt.* Daraus ergibt sich also mit völliger Sicherheit, daß der *iussus comitis,* bei dem die genannten Männer gegenwärtig waren, eben der Beurkundungsbefehl, die *concessio* der Urkunde, ist.

[1] Der Zweck der Vermerke war offenbar (und Philipp von Leiden sagt das ausdrücklich) die Verantwortlichkeit des ausfertigenden Kanzleibeamten durch die Nennung des Mannes, der ihm den Befehl zur Ausfertigung erteilt hatte, zu entlasten. Das muß man immer im Auge behalten, wenn man die auffallende Fassung einzelner Vermerke verstehen will. Wenn es z. B. im Jahre 1363 in zwei Urkunden Karls IV. (vgl. Lindner S. 128. 203) heißt: *ad relationem Hombergerii commendatoris Boemie, cui commissioni, dum a cesare fieret, se Olomucensis episcopus interfuisse dicebat,* so sieht man deutlich, wie der Notar, vielleicht aus einem gewissen Mißtrauen, dessen Grund wir nicht kennen, Wert darauf legte, den Bischof von Olmütz als Zeugen für den kaiserlichen Beurkundungsbefehl zu nennen, den Homberger der Kanzlei übermittelt hatte. Daß zu solchem Mißtrauen oft Anlaß vorhanden sein konnte, sagt um dieselbe Zeit Philipp von Leiden, der an der in der vorhergehenden Note angeführten Stelle fortfährt: *et istud est valde periculosum clericis, quia, si tales subscripti negarent se factis huiusmodi interfuisse, prout aliquando fieri vidi, clericus ... suspectus est, et sic utilius esset, ut consules* (die Räte, die als *presentes* bei dem *iussus comitis* genannt werden) *ipsi sese subscriberent.*

erfolgte, wenn er schon vorher eine besondere Vollmacht auch zur Ausstellung von Urkunden in seinem Namen gegeben[1] oder etwa für den Fall seiner Abwesenheit aus dem Reich oder aus einem Teile des Reiches Verweser ernannt hatte. Sicher ist ferner, daß Ladebriefe und Urteilsverkündigungen des Kammergerichts zwar im Namen des Königs, aber ohne dessen Wissen und Genehmigung ausgestellt werden konnten.[2] Ob und in welchem Umfang es aber auch sonst in Deutschland vorgekommen ist, daß einzelne Beamte oder Räte des Herrschers, ohne dessen Willensmeinung im Einzelfalle einholen zu müssen, ermächtigt waren, die Ausfertigung von Urkunden über gewisse Angelegenheiten anzuordnen, darüber haben wir keine zu sicherer Beantwortung der gestellten Frage ausreichenden Nachrichten; aus der Tatsache allein, daß in dem Vermerk über den Beurkundungsbefehl der Herrscher nicht ausdrücklich genannt wird, darf jedoch darauf schwerlich geschlossen werden, obwohl dies in neuerer Zeit mehrfach geschehen ist.[3] Und im allgemeinen halte ich es nicht für wahrscheinlich, daß vor der Zeit Maximilians in Deutschland ohne die *conscientia* des Königs irgendwie häufiger Urkunden in außergerichtlichen Angelegenheiten ausgestellt worden sind. Die städtischen Gesandtschaftsberichte, die uns über die Bemühungen der Gesandten, Urkunden zu erwirken, Kunde geben, erwähnen fast in allen Fällen, auch da, wo es sich nur um einfache Privilegienbestätigungen handelte, daß die letzte Entscheidung der König selbst gegeben hat, wie groß auch der Einfluß sein mochte, den andere Männer, z. B. der Kanzler, auf diese Entscheidung ausübten. Und noch in der Zeit Friedrichs III. enthalten die schriftlichen Ausfertigungen des Beurkundungsbefehls auf der Kanzlei zugesandten Zetteln (*cedulae*), die uns in nicht geringer Zahl erhalten sind,[4] obwohl sie nur von einem „Geschäftsherrn“ geschrieben und

---

[1] Vgl. z. B. Böhmer, Reg. Lud. Bav. n. 543 oder für Österreich Kürschner, SB. der Wiener Akademie 49, 79. Besonders häufig und mißbräuchlich hat König Wenzel solche Vollmachten erteilt, vgl. Lindner, Archival. Zeitschrift 4, 170ff.

[2] Das hat schon Seeliger, MIÖG. 8, 15 f., festgestellt.

[3] Das zeigt z. B. der S. 102 N. 1 besprochene Vermerk. Ohne den hinzugefügten Relativsatz würde er einfach lauten: *ad relationem Hombergerii comm. Boemie.* Erst dieser Relativsatz, der in ungewöhnlieher Weise angehängt ist, zeigt uns, daß eine kaiserliche *commissio* vorlag, und gerade seine Fassung *cui commissioni* usw., was sich auf *ad relationem* usw. bezieht, scheint zu beweisen, daß der Notar bei der *relatio* die kaiserliche *commissio* als eigentlich selbstverständlich betrachtete.

[4] Mitgeteilt von Chmel, Mon. Habsburg. 1, S. XLff.; vgl. auch Seeliger, MIÖG. 8, 16f.; MIÖG. Erg. 3, 323 N. 3.

unterschrieben sind, fast ausnahmslos einen Hinweis auf die ausdrückliche Anordnung des Königs.[1] Erst unter Maximilian, der den Hofrat ebenso wie das Kammergericht zu einer fest organisierten Behörde machte, scheint das anders geworden zu sein, indem nun dem Rat weitgehende Vollmachten zu selbständiger Erledigung der Geschäfte nach Mehrheitsbeschluß erteilt wurden. Doch auf diese neuzeitliche Entwickelung der Verhältnisse am Kaiserhofe ist hier nicht mehr einzugehen.

Was die päpstliche Kanzlei betrifft, so sind wir über die Form des Beurkundungsbefehls nur für die letzten Jahrhunderte des Mittelalters, für diese aber auch durch die uns erhaltenen Suppliken und Supplikenregister sowie durch die Kanzleiordnungen und Kanzleiregeln recht gut unterrichtet. Er wurde hier regelmäßig schriftlich erteilt und auf den Suppliken selbst eingetragen, was man *supplicationem signare* nannte. Die Suppliken, die dem Papst selbst zur Bescheidung vorgelegt wurden, signierte dieser eigenhändig,[2] in den meisten Fällen, wie schon früher erwähnt wurde, durch das Wort *fiat*, das, wenn in einer Supplik mehrere Bitten gestellt waren, gewöhnlich jeder einzelnen, die bewilligt werden sollte, hinzugefügt wurde. Daneben finden sich aber auch Erweiterungen und Zusätze zu dem *fiat*; schon auf den beiden ältesten, uns erhaltenen Originalsuppliken, die Jakob II. von Aragonien eingereicht hat,[3] hat Bonifaz VIII. einmal dem *fiat* eine Einschränkung hinzugefügt und zugleich eine Bestimmung über die Verwendung des dem König bewilligten Zehnten getroffen, und über eine andere Bitte hat er sich weitere Verhandlungen vorbehalten, während er zwei Bitten des Königs überhaupt nicht genehmigt hat. Auch später kommen häufig statt des einfachen *fiat* längere Sätze vor, insbesondere dann, wenn der Papst eine Bitte nur zum Teil oder nur unter bestimmten Bedingungen oder mit bestimmten Vorbehalten

[1] So steht z. B. auf einer dem Kaiser eingereichten und der Kanzlei übersandten Petition: Lieber her Weigand! Meyns hern gnad hat solich manung geschafft. Sigmund von Niderntor. In anderen Fällen heißt es: unser her der Kaiser hat geschafft; u. h. d. K. hat pevolhen; *scitote maiestatem imperialem iussisse* usw.

[2] Die Eigenhändigkeit der Fiat-Signaturen ist schon für das 14. Jahrhundert durch zahlreiche Zeugnisse der Kanzleiregeln und der Supplikenregister sowie die uns erhaltenen Originalsuppliken völlig gesichert, und es ist unbegreiflich, wie immer wieder Zweifel daran geäußert werden können. Vgl. auch Brom, Guide aux archives du Vatican S. 55f. Über Vertretungen und Ausnahmen s. unten.

[3] S. oben S. 11.

genehmigen wollte;[1] ebenso sind im 14. und 15. Jahrhundert Zusätze zu dem *fiat* sehr gewöhnlich; sie werden in feste Formen gefaßt, und die Kanzleiregeln dieser Jahrhunderte enthalten ausführliche Bestimmungen darüber, bei welchen Gnadenbewilligungen die Signatur mit dem Worte *fiat* allein (*signatura per simplex fiat*) genüge, in welchen Fällen eine Signierung mit den Worten *fiat ut petitur, fiat de omnibus, fiat et dispensamus, fiat in forma* oder mit anderen Zusätzen erforderlich sei, und welche Bedeutung diese Signaturformeln haben.[2]

Seit der Zeit Johanns XXII.[3] war es üblich, daß der Papst seinem Bescheide auf der Supplik einen Majuskelbuchstaben hinzufügte, den wir als den Signaturbuchstaben bezeichnen. Die Signaturbuchstaben der Päpste des 14. und 15. Jahrhunderts sind die folgenden:

Johann XXII.	B.	Alexander V.	P.
Benedikt XII.	B.	Johann XXIII.	B.
Clemens VI.	R.	Martin V.	O.
Innocenz VI.	G.	Eugen IV.	G.
Urban V.	B.	Nikolaus V.	T.
Gregor XI.	R.	Calixt III.	A.
Urban VI.	—	Pius II.	E.
Clemens VII.	G.	Paul II.	P.
Benedikt XIII.	L.	Sixtus IV.	F.
Bonifaz IX.	P.	Innocenz VIII.	I.
Innocenz VII.	C.	Alexander VI.	R.[4]
Gregor XII.	—		

[1] Man lernt diese Bescheide aus allen neueren Publikationen kennen, in denen die päpstlichen Supplikenregister benutzt sind; vgl. z. B. die Zusammenstellung von Rieder, Röm. Quellen zur Konstanzer Bistumsgeschichte S. XXVf. — Bei Nichtgenehmigung einer Petition blieb das *fiat* fort; sollte ein Teil einer Bitte, z. B. eine Klausel, die der Petent wünschte, nicht genehmigt werden, so durchstrich der Papst die betreffenden Worte in der Originalsupplik.

[2] Die Stellen der Kanzleiregeln, die über einfaches *fiat* und *fiat ut petitur* handeln, hat v. Ottenthal, Reg. cancell. S. 309, verzeichnet. Über andere Varianten vgl. z. B. den Abschnitt *de expeditione litterarum* in den Kanzleiregeln Johanns XXIII., v. Ottenthal S. 173ff. Vgl. auch Kochendörffer, Bonifatius IX. S. 30f.

[3] Unter Bonifaz VIII. war, wie uns die oben erwähnten Originalsuppliken Jakobs II. von Aragonien lehren, die Hinzufügung eines solchen Buchstabens zu dem durch *fiat* oder eine andere Formel erteilten Bescheide noch nicht üblich. Seine Einführung wird wohl eine Neuerung Johanns XXII. sein.

[4] Vgl. Kochendörffer, Bonifatius IX. S. 30 N. 125 (wo für Gregor XI irrig B statt R angegeben ist) und Lichatschev S. 140ff. Der Buchstabe B ist

Seit der Zeit Bonifaz' IX. entspricht der Signaturbuchstabe jedesmal dem Anfangsbuchstaben des Taufnamens, den der Papst vor seiner Wahl geführt hatte.[1] Dagegen ist eine feste Regel für die Wahl des Buchstabens in der Zeit vor Bonifaz IX. bis jetzt noch nicht gefunden. In einigen Fällen, so bei Clemens VI. (Petrus Rogerii), Gregor XI. (Petrus Rogerii), Clemens VII. (Robertus Gebennensis) und Benedikt XIII. (Petrus de Luna) stimmt der Signaturbuchstabe mit dem Anfangsbuchstaben des Geschlechts- oder Beinamens des Papstes überein, und dies wird gewiß nicht auf bloßem Zufall beruhen;[2] bei Johann XXII., Benedikt XII., Innocenz VI. und Urban V. besteht aber eine solche Übereinstimmung entweder überhaupt nicht oder ist wenigstens noch nicht nachweisbar, und was für diese Päpste bei der Wahl des Signaturbuchstabens maßgebend gewesen ist, bleibt uns bis jetzt noch verborgen.

Vorbereitet wurde die durch den Beurkundungsbefehl zum Ausdruck gebrachte Entscheidung des Papstes seit dem Anfang des 14. Jahrhunderts von den Referendaren,[3] und diese wirkten auch mit, wenn der Vizekanzler im Auftrage und in Vollmacht des Papstes über die Suppliken entschied und die Beurkundung befahl.

Schon in der ersten Hälfte des 13. Jahrhunderts, zu der Zeit, als der Kardinal Guala Bichieri sein früher[4] besprochenes Formular an den Papst verfaßte, lag die Bescheidung aller Suppliken *de simplici iustitia* dem Vizekanzler ob.[5] Darunter verstand man Bittschriften

---

für Johann XXII. und Benedikt XII. gegen frühere Zweifel (vgl. z. B. Teige, MIÖG. 17, 419) völlig gesichert durch die in dem Register des Andreas Sapiti und dem Formularbuch des Heinrich Bucglant (s. oben S. 11 N. 3) erhaltenen Suppliken. Der Buchstabe L für Benedikt XIII., den Kochendörffer und Lichatschev noch nicht kannten, ergibt sich aus den Suppliken, die Denifle im 4. Bande des Chartularium universitatis Parisiensis mitgeteilt hat. Die Signaturbuchstaben Urbans VI. und Gregors XII. sind bis jetzt noch unbekannt; was Lichatschev für Urban VI. aus der von ihm Tafel II^{b}. III mitgeteilten Supplik gefolgert hat, ist ganz irrig, vgl. Tangl, NA. 33, 583 und Berlière, Revue Bénédictine 25, 39.

[1] Man beachte bei Pius II., daß er seinen Vornamen Eneas schrieb.

[2] Soweit also, aber auch nur soweit wird die von Lichatschev a. a. O. verfochtene These anzuerkennen sein.

[3] S. oben S. 10.

[4] S. oben S. 5.

[5] Das ergibt sich aus den Worten Gualas, AfU. 1, 502: *sunt enim quedam (scil. petitiones) de simplici iusticia, que de facili impetrantur, quia coram papa non leguntur ... Alie vero ... ex beneficio pape impetrantur et ex pura eius conscientia debent emanare.* Vgl. auch die sächsische Summa prosarum

um die Bestellung delegierter Richter in Klagesachen, in denen die römische Kurie ihre Gerichtsbarkeit als kompetent betrachtete.[1] Später erst wurde dem Vizekanzler, bzw. seinem Stellvertreter, auch an der Signierung der Petitionen in Gnadensachen ein Anteil eingeräumt, der ihm zur Zeit des Kardinals Guala noch nicht zukam. Wann das zuerst geschehen ist, bedarf noch weiterer Untersuchung, die freilich durch die Beschaffenheit der Überlieferung sehr erschwert ist. Einzelne Spuren einer Mitwirkung des Vizekanzlers bei der Bewilligung von Gratialurkunden finden sich schon in den Supplikenregistern Clemens' VI.; daß sie unter Innocenz VI. bestand, erhellt aus den Kanzleiregeln Urbans V., in deren erster der Vizekanzler Petrus de Monteruco beauftragt wurde, auf Grund der Petitionen um Gratien und Privilegien, die bei Lebzeiten Innocenz' VI. von diesem oder von dem eben

dictaminis QE. 9, 222f., die damit ganz übereinstimmt. Auch der Eid des Vizekanzlers (s. Bd. 1, 273) setzt voraus, daß er von Amts wegen ohne päpstlichen Befehl gewisse Briefe anfertigen lassen kann.

[1] Dazu gehören außer den Appellationen gegen Urteile niederer geistlicher Gerichte auch zahlreiche Rechtsfälle in erster Instanz, teils wegen der beteiligten Prozeßparteien (Kleriker, Kreuzfahrer, Witwen und andere *miserabiles personae*), teils wegen des Gegenstandes, um den es sich handelt (Ehesachen, fromme Stiftungen, Testamente usw.). Über den Umfang dieser ordentlichen Kompetenz der römischen Gerichtsbarkeit haben die Anschauungen im Laufe der Zeit gewechselt; näher kann hier darauf nicht eingegangen werden; vgl. für das 13. Jahrhundert Guala a. a. O., ferner die Beispiele bei Bonaguida von Arezzo, MIÖG. 17, 412f. und über das Dekretalenrecht im allgemeinen Phillips, Lehrb. des Kirchenrechts[3] S. 374ff.; für das Ende des 14. Jahrhunderts den Eingang des Stilus palatii Dietrichs von Nieheim (Erler, Lib. cancell. S. 217f.); für das Ende des 15. Jahrhunderts die Practica cancellariae des Hieronymus Pauli (Lugduni 1549) S. 41ff., dazu Teige, Audientia litt. contradict. S. 44. — Abgesehen von dieser ordentlichen Kompetenz gewährte die römische Kurie in Fällen, *quae non fuerunt ac sunt ad Romanam curiam de sui natura legitime devolutae* (so der in solchen Fällen gewöhnliche Ausdruck der Suppliken) dann Rechtshilfe, wenn die ordentliche, weltliche Gerichtsbarkeit versagte, sei es wegen Rechtsverweigerung, sei es weil eine Prozeßpartei wegen der Übermacht der anderen außerhalb der römischen Kurie kein Recht erlangen konnte oder dies wenigstens vorgab. Über solche Suppliken durfte indes der Vizekanzler nur nach eingeholtem Spezialbefehl des Papstes (*de mandato domini nostri pape*) entscheiden; bisweilen, aber wohl nur selten, mögen sie auch vom Papste selbst beschieden worden sein, wie in dem Falle bei Rieder, Röm. Quellen zur Konstanzer Bistumsgesch. 1, 79 n. 358, wo deshalb die Supplik ausnahmsweise auch registriert worden ist. Da aber in solchen Fällen die Entscheidung stets in Rom erfolgte, so kam es dabei behufs Einleitung des Prozesses überhaupt nicht zur Ausfertigung von Papsturkunden, die, wie wir früher gesehen haben (oben S. 21), nur bei *commissiones in partibus* ausgestellt wurden.

genannten Vizekanzler oder von dessen Vorgänger Petrus de Pratis signiert worden seien, Urkunden unter dem Namen Urbans ausfertigen und besiegeln zu lassen; ausgenommen davon wurden nur die Petitionen, in denen um Expektanzen und Dispensationen in Benefizialsachen gebeten wurde.[1] Urban V. selbst und seine Nachfolger haben dann in mehreren ihrer Kanzleiregeln Bestimmungen über die Befugnis des Vizekanzlers oder seines Stellvertreters zur Signierung von Petitionen in Justiz- und Gnadensachen getroffen,[2] und Benedikt XIII. hat in seine systematische Bearbeitung der Kanzleiregeln einen eigenen Abschnitt *de potestate vicecancellarii* aufgenommen, der diese Vollmachten spezifiziert; dieser Abschnitt ist seit Johann XXIII. ein feststehender Bestandteil der Regeln geworden und hat unter den Päpsten des 15. Jahrhunderts mehrfach neue Erweiterungen erhalten, gelegentlich aber auch einige Einschränkungen erfahren.

Die Vizekanzler signierten die Petitionen, wie bereits früher gesagt ist, nicht mit der dem Papste vorbehaltenen Formel *fiat*, sondern mit der Formel *concessum*, die wie das päpstliche *fiat* durch Zusätze wie etwa *concessum ut petitur*, *concessum pro omnibus* usw. erweitert werden konnte. Im 14. Jahrhundert fügte der Kanzleichef der Formel *concessum* seine Namensunterschrift nicht hinzu; unter Eugen IV. dagegen war das Brauch,[3] und ob dieser Brauch schon vorher aufgekommen ist, bedarf noch weiterer Untersuchung. Unter Eugen IV. wurde dann noch ein anderes üblich. Als der Papst im Herbst 1431 erkrankte, übertrug er dem Kanzleichef auch die Signierung der sonst seiner eigenen Entscheidung vorbehaltenen Suppliken; und für diese Signatur bürgerte sich nach einigem Schwanken allmählich die Formel *concessum in presencia domini nostri pape* (mit Unterschrift des Kanzleichefs) ein.[4] Diese Suppliken wurden regelmäßig von zwei Referendaren am oberen Rande gegengezeichnet, und solche Gegenzeichnung durch zwei oder drei Referendare war schon von Martin V. auch für gewisse Arten der vom Vizekanzler mit einfachem *concessum* zu signierenden Bittschriften vorgeschrieben worden, während unter Eugen IV. die Unterschrift drei Gegenzeichnungen gar nicht mehr verlangt und

[1] v. Ottenthal, Reg. cancell. S. 14 n. 1.

[2] Die Stellen sind im Register v. Ottenthals unter den Schlagworten *concessum*, *signatura* und *vicecancellarius* zusammengestellt. Vgl. auch Ottenthal S. XVIf.

[3] Vgl. z. B. Denifle, Chartul. univers. Paris 4, 509 n. 2368 vom 28. Mai 1431: *concessum ut petitur B. Graden.* und dazu Repertor. Germanic. 1, XVII.

[4] Repertor. Germanic. a. a. O.; auch in der Datierung der Supplik wurde in diesem Falle zu *datum* hinzugefügt *in presencia domini nostri pape.*

bei einer Art von Suppliken sogar die Gegenzeichnung nur eines Referendars für ausreichend erklärt wurde.[1]

Die Signierung von Gratialsuppliken durch einen Vertreter des Papstes mit der Formel *concessum in presencia domini nostri pape* ist unter Eugen IV. auch nach der Wiederherstellung der Gesundheit des Papstes in nicht wenigen Fällen beibehalten worden, weil diesem dadurch eine zeitraubende und gewiß oft genug sehr ermüdende Beschäftigung erspart wurde. Sie ist aber gleichfalls schon unter Eugen IV. auch Referendaren übertragen worden;[2] und in der zweiten Hälfte des 15. Jahrhunderts muß der Vizekanzler von dieser Art der Signierung ganz ausgeschlossen worden sein:[3] am Ende des Jahrhunderts ist sie ausschließlich einem der Referendare, den der Papst mit dieser Funktion betraute, vorbehalten.[4] Demnach sind am Ausgang des Mittelalters drei Hauptformeln der Signatur im Gebrauch: die Formel *fiat*, wenn der Papst persönlich signierte; die Formel *concessum in presencia domini nostri pape*, wenn der zur Signatur ermächtigte Referendar den Papst vertrat, endlich die einfache Formel *concessum* (oder in gewissen Fällen *concessum de mandato domini nostri pape*), wenn der Vizekanzler oder ein den Vizekanzler vertretender Referendar kraft der dem Vizekanzler ein für allemal übertragenen *potestas*[5] die Supplik genehmigte.

---

[1] Vgl. Ottenthal, Reg. canc. S. 208 n. 97. 213 n. 112. 216 n. 121. 222 n. 136. 225 n. 148. 235 n. 200. 250 n. 90. 251 n. 92. 251 n. 97. Die drei letzten Regeln sind von Eugen IV. Über die Bestimmungen Nikolaus' V., der erst von der Gegenzeichnung der Referendare Abstand genommen zu haben, später aber zu den Anordnungen Eugens zurückgekehrt zu sein scheint, vgl. Ottenthal a. a. O. S. 268.

[2] Vgl. z. B. die bei Černik, Jahrb. des Stiftes Klosterneuburg 4, 334 n. 1 abgedruckte Supplik, die der Referendar Johannes von Mella, Bischof von Zamora, der erst unter Calixt III. Kanzleichef (*regens cancellariam*) wurde (Bd. 1 S. 266), signiert hat.

[3] Im einzelnen können wir diesen Vorgang aus den bisher bekannt gewordenen Quellen noch nicht verfolgen.

[4] Von diesem spricht die Practica cancellariae von 1494 (ed. Schmitz-Kallenberg S. 16); sie sagt von ihm: *in pallacio communiter residet referendarius, cui papa specialiter committit signare huius modi supplicationem, sicut est reverendus Ardicinus episcopus Aleriensis et signat quottidie et ut in plurimum est episcopus*. S. 17 wird er *referendarius principalis* genannt. Im Anfang des 16. Jahrhunderts war ihm die Signatur aller Suppliken in Benefizialsachen übertragen, wenn es sich nicht um *beneficia reservata et in curia vacantia* handelte: die Signatur von Suppliken, welche die letzteren betrafen, hatte sich der Papst vorbehalten, QFIA. 2, 19.

[5] S. oben S. 108. Daß auch der Vizekanzler sich bei der Signatur der Justizsupplikationen bisweilen durch einen Referendar vertreten ließ, ergibt sich u. a. aus der Bulle Sixtus IV. von 1479, wo es in § 16 (Tangl, KO. S. 203)

Auf die Signierung der Supplik folgte, wenigstens seit der Zeit Johanns XXII.,[1] unmittelbar ihre Datierung. Sie war aber nur bei den Suppliken notwendig und üblich, auf Grund deren Urkunden ausgefertigt werden sollten; demgemäß wurden von den Justizsuppliken nur diejenigen, die zu einer *commissio in partibus*, d. h. zur Bestellung delegierter Richter außerhalb der Kurie, führten, datiert, diejenigen aber, auf Grund deren ein Auditor an der römischen Kurie selbst bestellt wurde, blieben, da sie zur Ausfertigung einer Urkunde nicht führten, ohne Datum. Ebenso blieben undatiert diejenigen Gratialsuppliken, bei denen durch besondere Verfügung auf Grund der Klausel *et quod presentis supplicationis sola signatura sufficiat absque aliarum litterarum desuper confectione* von der Ausstellung einer eigentlichen Urkunde abgesehen wurde.[2] Doch hat für eine Kategorie dieser Suppliken, die sog. *confessionalia,* Innocenz VIII. im Jahre 1488 angeordnet, daß sie datiert werden sollten.[3]

Alle anderen Suppliken wurden gleich nach der Signatur datiert. Die Datierung, die sie erhielten, war besonders bei den Gratialsuppliken von außerordentlicher Wichtigkeit; denn von dem in der Datierung angegebenen Zeitpunkt ab hatte, da dieser später in dem Konzept und danach in der Reinschrift der Urkunde wiederholt wurde, ihr Empfänger einen Anspruch auf die in der Urkunde verliehene Gnade, was namentlich bei den Provisionsurkunden von größter Bedeutung war. Normalerweise hätte demnach die Datierung der Supplik dem Zeitpunkt des Beurkundungsbefehls, d. h. der Bewilligung der Gnade, entsprechen müssen; das war aber in Wirklichkeit keineswegs immer der Fall; vielmehr wurden, worauf später noch zurückzukommen ist,[4] die Suppliken sehr oft auf Grund allgemeiner oder im Einzelfall

heißt: *unus ex referendariis causarum commissionum, qui commissiones ipsas examinat diligentur et illarum vim et effectum ... Roderico episcopo et vicecancellario refert et de eius nomine et vice nonnumquam signat.*

[1] Für die frühere Zeit ist darüber nicht sicher zu urteilen, da wir datierte Originalsuppliken vor Clemens VI. nicht kennen. Die einzigen uns erhaltenen Originalsuppliken aus der Zeit Bonifaz' VIII. (oben S. 11) sind zwar signiert, aber nicht datiert. Dagegen ist die Datierung der Suppliken unter Johann XXII. sicher schon üblich gewesen, wie eine seiner Kanzleiregeln (MIÖG. 17, 429 n. 42) beweist. Auch finden sich Abschriften datierter Suppliken aus seiner Zeit in dem Registerbuch des Sapiti, Hist. Jahrb. 14, 587ff. Vielleicht ist auch die Supplikendatierung von diesem Papste eingeführt worden, s. oben S. 105 N. 3.

[2] Vgl. oben S. 24f. und S. 25 N. 1 über einen Ausnahmefall von 1472.

[3] Schmitz-Kallenberg, Practica S. XXII N. 4.

[4] S. unten Kapitel Datierung.

gegebener päpstlicher Anordnungen rückdatiert, d. h. mit einem Datum versehen, das vor dem Zeitpunkt der wirklichen Eintragung der Datierung lag. Das aber ist klar, daß bei der großen Wichtigkeit, die unter diesen Umständen die Eintragung der Datierung hatte, sie nur besonders vertrauenswürdigen Beamten übertragen werden konnte.

Die Suppliken, die der Kanzleichef kraft seiner *potestas* signierte, wurden, wie sich jetzt aus den uns erhaltenen Originalsuppliken des 14. Jahrhunderts mit zweifelloser Sicherheit ergibt, von ihm selbst eigenhändig datiert, und zwar gilt das, wenigstens für diese Zeit,[1] für alle von ihm signierten Bittschriften sowohl in Gnaden- wie in Justizsachen, soweit sie überhaupt eine Datierung erhielten. Die Formel seiner Signatur lautete also z. B.: *concessum* (mit oder ohne Zusätze je nach Lage des Falles) *Avinione* (*Rome*) *II. kal. iul. anno secundo.*[2] *Recipe N. N. P. Pampilonensis.*

Bei den Suppliken dagegen, die vom Papste selbst mit *fiat*, und ebenso bei denen, die seit der Zeit Eugens IV. von dem Kanzleichef oder einem Referendar mit der Formel *concessum in presencia domini nostri pape* signiert wurden, wurde die Datierung, wenigstens seit der Avignonesischen Zeit, unter dieser Signatur und mit dem einleitenden Worte *datum* von einem anderen Manne eingetragen;[3] und es erhellt wiederum aus den uns erhaltenen Originalsuppliken des 14. Jahrhunderts, daß während eines bestimmten längeren oder kürzeren Zeitraumes immer ein und derselbe Mann diese Eintragung bewirkt hat.

---

[1] Die vom Vizekanzler signierten Originalsuppliken, die ich kenne, gehören alle der Zeit vor dem großen Schisma von 1378 an. Wie lange dies Verfahren beobachtet wurde, bedarf noch genauerer Untersuchung an späteren mit der Signatur des Vizekanzlers versehenen Originalsuppliken, wenn solche überhaupt erhalten sind. Aus dem Schlußsatze der 12. Kanzleiregel Gregors XII. (v. Ottenthal, Reg. cancell. S. 87) darf man folgern, daß damals noch das alte Verfahren beibehalten war; eben dasselbe lehrt die 25. Kanzleiregel Martins V. (a. a. O. S. 193), wenn, wie ich annehme, in dem Satze *nisi per dominum vicecancellarium data reperiatur apposita singulis petitionibus antedictis* die Worte *per dom. vicecanc.* mit *apposita* und nicht mit *reperiatur* zu verbinden sind.

[2] Es ist zu beachten, daß hier zwischen *concessum* und den Ort- und Zeitangaben das Wort *datum* nicht gesetzt wird, das neuere Herausgeber, auch der kundige Denifle, bei *Concessum*-Suppliken, die sie den Registern entnommen haben, zu Unrecht ergänzen zu sollen geglaubt haben.

[3] Für das folgende vgl. L. Celier, Les dataires du XVe siècle et les origines de la daterie apostolique (Bibliothèque des écoles françaises d'Athènes et de Rome fasc. 103). Paris 1910. Daß sich über die Vorgeschichte des Amtes noch erheblich mehr ermitteln läßt, als Celier gelungen ist, wird sich im folgenden zeigen.

Über Namen und Stellung der Männer, die diese Funktion ausgeübt haben, erfahren wir unmittelbar aus den Quellen, die für diese Zeit bisher bekannt geworden sind, fast nichts. In den Kanzleiregeln des 14. Jahrhunderts ist von ihrer Tätigkeit gar nicht, in denen, die aus dem Anfang des 15. Jahrhunderts vor der Beilegung des großen Schisma stammen, ist nur zweimal davon die Rede. Benedikt XIII. hat — wahrscheinlich im Dezember 1406 — angeordnet, daß der datierende Beamte (*ille qui databit*) außer dem Datum, mit dem die Supplik versehen wurde und das, wie wir schon erwähnten, nicht immer dem Zeitpunkt der wirklichen Signierung entsprach, auch das Datum der letzteren auf der Rückseite der Supplik vermerken und daß dies auch am Rande des Supplikenregisters eingetragen werden solle. Und Johann XXIII. hat im Jahre 1410 bestimmt, daß auf Grund von Suppliken, für die ein bestimmtes, ein für allemal festgesetztes Datum durch den Vermerk *sub data consueta* bewilligt worden sei, Urkunden nur ausgefertigt werden sollten, wenn dies Datum ausdrücklich von dem Papst oder von dem *datator*, wie es hier heißt, auf der Supplik eingetragen sei.[1] Aus den Supplikenregistern aber ist für die frühere Zeit noch weitere Auflärung zu gewinnen.[2] Stellt man nämlich die Vermerke zusammen, in denen die Supplikenregistratoren über Korrekturen berichten, die an den Originalsuppliken oder in den Supplikenregistern vorgenommen worden sind und die sich teils auf den Text, teils auf die Datierung der Suppliken beziehen, so ergibt sich, daß solche Änderungen, soweit sie nicht vom Papste selbst oder von dem Vizekanzler ausgingen, während eines kürzeren oder längeren Zeitabschnitts fast ausnahmslos immer von einem und demselben Mann vorgenommen oder angeordnet worden sind. Und es zeigt sich weiter, daß es meistens derselbe Mann ist, der in derselben Zeit schon vor der Signatur der Supplik eine für ihre Genehmigung erforderliche Handlung ermöglicht hat, indem er, wenn zwei Kleriker ihre Benefizien zu vertauschen wünschten, kraft päpstlicher Vollmacht die Resignation dieser Benefizien entgegennimmt, die dann auf Grund einer Supplik durch eine Provisionsurkunde gemäß dem Wunsche der Tauschenden neu verliehen wurden. Unter Clemens VI. hat diese Stellung zuerst, soviel ich bis jetzt sehen kann, der Notar Wilhelm von Aigrefeuille (Guillelmus de Agrifolio), Prior von Abbeville, dann erwählter Erzbischof von Saragossa, vor seiner Erhebung zum Kardinal von S. Maria

[1] v. Ottenthal, Reg. cancell. S. 153 n. 157 mit N. 4. S. 180 n. 36. Diese beiden Stellen hat auch Celier S. 76f. erwähnt.

[2] Bei Celier findet man nichts darüber.

trans Tiberim in den Jahren 1345—1349 innegehabt; dann ging sie 1350 an den Notar Guillelmus de Bordis über, der noch in demselben Jahr erwählter Erzbischof von Embrun wurde und der bis zum Tode Clemens' VI. dies Vertrauensamt behielt.[1] Unter Innocenz VI. war dieselbe Funktion nacheinander zwei Nepoten des Papstes übertragen, zuerst dem Audoinus Auberti, der schon Kardinal war (er wurde *cardinalis Magalonensis* genannt) und sie nur kurze Zeit ausübte, dann dem Notar Arnaldus Auberti, der 1354 zum Bischof von Agde, in demselben Jahr zum Bischof von Carcassonne und 1357 zum Erzbischof von Auch ernannt wurde und in letzterer Stellung gleichzeitig das Amt eines päpstlichen Kämmerers bekleidete.[2] Es kann keinem Zweifel unterliegen, daß wir in eben diesen Männern die „Datatoren" der Päpste zu erkennen haben,[3] und es wird, nachdem dies erkannt ist, keine Schwierigkeit mehr machen, soweit uns die Supplikenregister erhalten sind, ihre Namen auch schon für das 14. und den Anfang des 15. Jahrhunderts festzustellen.

Wahrscheinlich Martin V. ist es gewesen, der dann aus dieser Vertrauensstellung ein festes und ständiges Amt machte, dessen Träger von nun an den Titel *datarius* führte. Der erste dieser Datare war

---

[1] Über Aigrefeuille vgl. Berlière, Analecta Vaticano-Belgica 1 (Suppliques de Clément VI.), n. 942. 1057. 1296. 1421. 1444. 1842. 1861, Okt. 1345 bis Dez. 1349. Er begegnet dann ausnahmsweise noch einmal am 26. Aug. 1350 (n. 2060) in gleicher Tätigkeit, als sein Nachfolger schon eingetreten ist, aus welchem Anlaß, ist nicht zu erkennen. — Über de Bordis vgl. ebenda S. XXVII und n. 1897. 2010. 2038. 2103. 2120. 2208. 2209. 2354. 2495, ferner über die von ihm entgegengenommenen Resignationen n. 1901. 1937. 2007. 2071. 2183. 2184. 2225. 2236. 2237. 2306. 2314. 2338. 2368. 2414. 2415. 2478. 2479. Er kommt auch vor in den Monum. Vaticana res gestas Bohem. illustrantia 1, n. 1351. 1380 und bei Rieder, Römische Quellen zur Konstanzer Bistumsgeschichte n. 106. 107. 1199. 1200; er wird sich auch wohl noch aus anderen Publikationen, die ich zu diesem Behufe nicht durchgesehen habe, nachweisen lassen.

[2] Ich führe nur aus Berlières, Analecta Vaticano-Belgica 5 (Suppliques d'Innocent VI.) einige Belege an. Über Korrekturen des Cardinalis Magalonensis in den Suppliken vgl. daselbst n. 62. 100. 104. 118. Für Arnaldus Auberti vgl. n. 211. 234. 235. 249. 250. 275. 347. 381. 385. 461. 513. 688. 759. 858. 907. 934. 968. 1165. 1167. 1230. 1261. 1275. 1362. 1727. 1766; von ihm angenommene Resignationen z. B. n. 570. 621. 964 usw. Vgl. im übrigen über beide Männer das Bulletin de la commission royale d'histoire (de Belgique) 75, 158ff. 201ff.

[3] Völlig beweiskräftig ist in dieser Beziehung eine Eintragung im Supplikenregister Innocenz' VI. (Berlière a. a. O. n. 440): *Ista additio erat in quadam cedula scripta prime supplicationi annexa et manu domini pape signata ac per manum domini A. electi Agathensis* (d. i. Arnaldus Auberti) *datata.*

der mag. Johannes de Feys von Arezzo, der außerdem Abbreviator und Scriptor in der Kanzlei und Scriptor in der Poenitentiaria war; er begegnet in den Jahren 1418 und 1419, und nach ihm sind weiter bis zum Jahre 1503 noch elf andere Inhaber des Amtes nachgewiesen.[1] Das Amt hat in dieser Zeit immer mehr an Bedeutung gewonnen; unter seinen Inhabern finden wir im 15. Jahrhundert die hervorragenden Humanisten Maffeus Vegius und Laurentius Roverella, den Beichtvater Calixts III. Cosmas de Monteserrato, und zeitweiliger Vertreter des Datars war Johannes Baptista Cibo, der nachmalige Papst Innocenz VII. In der zweiten Hälfte des Jahrhunderts sind alle Datare während ihrer Amtszeit Bischöfe geworden, wenn sie es nicht vorher schon waren; die meisten vereinigten mit dem Datariat auch die angesehene Stellung eines Protonotars und waren zugleich Referendare, hatten also schon infolgedessen auch an den Verhandlungen über die materielle Erledigung der Suppliken Anteil. Abgesehen von ihren mit der Kanzlei im Zusammenhang stehenden Funktionen waren ihnen, was hier nur kurz berührt werden möge,[2] im 15. Jahrhundert auch wichtige finanzielle Geschäfte übertragen; sie wirkten insbesondere bei der Festsetzung der sog. Kompositionen mit, d. h. der oft sehr erheblichen Geldbeträge, die für die Bewilligung von Indulgenzen, Dispensationen und Absolutionen gezahlt werden mußten, und sie waren mit deren Einziehung beauftragt. Aber auch in den Kanzleigeschäften steigerte sich ihr Einfluß mehr und mehr. Hatten schon im 14. Jahrhundert die datierenden Beamten Korrekturen an den Suppliken vorgenommen und Änderungen im Supplikenregister angeordnet, so erscheinen sie am Ende des 15. Jahrhunderts nicht nur als die unmittelbaren dienstlichen Vorgesetzten der Beamten dieses Registers, sondern sie schalteten, wenn eine im Jahre 1497 von diesen Beamten eingereichte Beschwerde[3] begründet ist, aufs willkürlichste mit den schon signierten Suppliken, indem sie Zusätze und Klauseln aller Art und oft von bedeutender Wichtigkeit hinzufügten.[4]

---

[1] Celier S. 26ff. hat die Nachrichten über sie zusammengestellt, worauf zu verweisen hier genügt.

[2] Eingehend handelt darüber Celier S. 87ff.

[3] Tangl, KO. S. 389. Auch in die Distribution der Suppliken, die dem Kanzleichef zustand, scheinen sie sich schon vorher eingemischt zu haben; wenigstens wird ihnen solche Einmischung 1464 durch Paul II. untersagt, Tangl, KO. S. 190 § 3.

[4] Daß die Datare auch auf die Bewilligung oder Ablehnung der Suppliken Einfluß übten, ist aus dem Briefe des Nuntius Gherardi an den Datar Johannes de Sacchis vom Jahre 1490 zu folgern, den Celier S. 137 n. 7 mit-

Aber auch in bezug auf die Datierung der Suppliken hatte sich schon am Ende des 15. Jahrhunderts eine Gewohnheit ausgebildet, die das Ansehen und den Einfluß der Datare zu steigern geeignet war. In den Kanzleiregeln Martins V.[1] ist nur davon die Rede, daß der Datar die signierten Suppliken datieren soll, und zwar soll er entweder, soweit es ihm möglich ist, bei der Signatur selbst anwesend sein und dann, wie es scheint, die signierten Bittschriften sogleich an sich nehmen, oder diese sollen ihm nach der Signierung durch den Vizekanzler unter dessen Geheimsiegel behufs der Datierung zugestellt werden. Am Ende des Jahrhunderts aber war der Brauch aufgekommen, daß die Bittsteller, denen daran lag, sich ein möglichst frühes Datum für ihre Suppliken zu sichern, sich schon vor deren Signierung an den Datar wandten und ihn ersuchten, ihre Datierung festzustellen;[2] wenn er dieser Bitte nachgab, so erhielt die Supplik später, auch wenn sie erst mehrere Tage später zur Signatur gelangte, das Datum des Tages, an welchem sie dem Datar vorgelegt worden war. Je häufiger dies Verfahren angewendet wurde, um so seltener entsprach also die Datierung der Suppliken (und demgemäß später die Datierung der Bullen) dem Zeitpunkte des wirklichen Beurkundungsbefehls, um so regelmäßiger ging sie ihm vielmehr voran.

Was endlich die Privaturkunden betrifft, so ist in Italien die Erwähnung des Beurkundungsauftrages (*rogatio*) in der Unterschrift des ausfertigenden Notars sehr lange üblich geblieben. In Deutschland verschwindet sie allmählich mit dem Institut der öffentlichen Schreiber seit dem Ausgang des karolingischen Zeitalters: die Urkunden der späteren Zeit haben dann häufig nach dem Muster der königlichen den Beurkundungsbefehl in den Kontext aufgenommen, ohne daß sich indes in dieser Beziehung feste oder allgemein gültige Gebräuche entwickelt hätten.[3]

---

teilt. — Am Ende des 15. Jahrhunderts scheinen übrigens — wohl eben infolge ihrer vermehrten Obliegenheiten und des gesteigerten Ansehens ihrer Stellung — die Datare die Funktion, von der sie den Namen haben, die Datierung der Urkunden nicht mehr immer eigenhändig ausgeführt zu haben, indem sie sich darin durch andere Beamte vertreten ließen; wenigstens weisen darauf die Beobachtungen Tangls, Schrifttafeln 3, 63f. hin.

[1] v. Ottenthal, Reg. canc. S. 213 n. 112; vgl. S. 216 n. 121.

[2] Diese Vordatierung nannte man seit dem 16. Jahrhundert die *parva data*, vgl. Celier S. 6; ihre Eintragung lag später einem besonders damit beauftragten Unterbeamten des Datars ob.

[3] Daß die Fürstenurkunden des späteren deutschen Mittelalters in bezug auf den Beurkundungsbefehl den Königsurkunden gleichstehen, versteht sich von

Nachdem der Beurkundungsauftrag ergangen war, konnte seitens der mit der Ausfertigung betrauten Beamten oder Schreiber in doppelter Weise verfahren werden.[1] Entweder es konnte zunächst ein Konzept entworfen werden, daß der später herzustellenden Reinschrift zugrunde gelegt wurde; oder es konnte sofort die Herstellung der Reinschrift unternommen werden, ohne daß man sich dafür eines Konzepts bediente. Die Frage, ob in einem Einzelfalle der erstere oder der letztere Weg eingeschlagen ist, und ob wir demnach als zweite Stufe der Beurkundung die Herstellung eines Konzeptes anzunehmen haben oder nicht, ist für die ältere Zeit zumeist sehr schwer und bisweilen gar nicht zu beantworten, und jedenfalls ist auch in dieser Beziehung zwischen Privaturkunden, Königsurkunden und Papsturkunden zu unterscheiden.

Konzepte oder wenigstens konzeptartige Aufzeichnungen für Privaturkunden sind uns aus sehr früher Zeit im Archiv des Klosters St. Gallen erhalten.[2] Wir haben oben gesehen, daß nach älterem deutschen Recht bei Geschäften über unbewegliches Gut die Tradition des Urkundenpergaments selbst, die in einer Gerichtsversammlung erfolgte, eine Rolle spielte. Demnächst sollte nach einer Vorschrift der Lex Ribuaria[3] die Urkunde sofort vor versammelter Gerichtsgemeinde geschrieben werden. Dazu waren aber die Gerichtsschreiber, wenn sie gleichzeitig mehrere Rechtsgeschäfte zu beurkunden hatten, nicht immer imstande, und so begnügten sie sich häufig damit, zunächst nur kurze Notizen aufzusetzen, auf Grund deren sie später in Muße das Instrument herstellen konnten. Diese Notizen sind in Alamannien nicht selten auf die eine Seite des tradierten Pergamentblattes geschrieben worden, auf dessen anderer Seite später die Reinschrift Platz fand, und sind uns dadurch erhalten geblieben.[4] Seltener wurden die Notizen auf der für die Reinschrift bestimmten Seite selbst, und zwar an ihrem Rande angebracht; doch mag dies in Wirklichkeit häufiger geschehen

---

selbst. — Erwähnung des Befehls in der Datierungsformel findet sich auch im 12. Jahrhundert bisweilen, vgl. z. B. Meiller, Reg. aep. Salisburg. S. 133 n. 25, S. 244 n. 326. Einen interessanten Fall, in dem der Notar des Empfängers die Urkunde schreibt und sich auf das Spezialmandat des Ausstellers beruft, s. bei Posse, Privaturkunden S. 172 N. 5.

[1] Vgl. für das Folgende Ficker, BzU. 2, 23ff.

[2] Vgl. Bresslau, FDG. 26, 54ff.; Redlich, Privaturkunden S. 57 und zur Terminologie Redlich in Redlich-Erben, UL. 1, 27.

[3] Lex Ribuar. 59, 1.

[4] Faksimiles solcher Dorsualkonzepte bei Tangl, Schrifttafeln 3, n. 74, Chroust, Mon. palaeograph. 1, Lief. 14, Taf. 4. 5.

sein, als wir jetzt noch nachweisen können; denn es ist leicht möglich, daß solche Randnotizen nach der Herstellung der Reinschrift abgeschnitten worden sind. Die Notizen scheinen wenigstens in der Regel von der Hand der Gerichtsschreiber selbst herzustammen, während die Reinschriften vielfach von deren Vertretern geschrieben sind.[1] Es handelt sich dabei nicht um vollständige, formelmäßig ausgeführte Konzepte, die später einfach kopiert zu werden brauchten, sondern nur um kurze und rasch hingeworfene Aufzeichnungen, in denen etwa Ort und Zeit der Tradition, Namen der Beteiligten und der Zeugen, Objekt der Verfügung, besondere Klauseln u. dergl. fixiert wurden. Es wird angenommen werden dürfen, daß später aus diesen Notizen, ohne die Zwischenstufe eines zweiten vollständigen Konzepts, sofort die Reinschriften hergestellt wurden; mit Hilfe der Formularbücher, die den berufsmäßigen Urkundenschreibern durchweg zur Hand gewesen sein müssen, konnte ihre Anfertigung nicht mehr schwer fallen.

Daß der für Alamannien nachweisbare Brauch auch in anderen deutschen Rechtsgebieten gegolten hat, ist sehr wahrscheinlich; eine Metzer Urkunde aus dem Jahre 848 enthält in tironischen Noten eine jenen St. Galler Notizen vollkommen analoge Dorsualschrift, die gleichfalls als Konzept des Schreibers — hier eines kirchlichen Notars — aufzufassen ist.[2] Dauernd in Übung geblieben ist er dann freilich auf deutschem Boden nicht, was mit der allgemeinen, früher skizzierten Entwickelung des deutschen Privaturkundenwesens in nachkarolingischer Zeit zusammenhängt; die wenigen, mir bekannt gewordenen Originale deutscher Privaturkunden des 10. Jahrhunderts zeigen Dorsualkonzepte der bezeichneten Art nicht mehr. Und auch sonst haben wir von Konzepten nicht königlicher Urkunden des früheren Mittelalters aus Deutschland unmittelbar nur dürftige Kunde. Sehr merkwürdig ist allerdings ein vor kurzem bekannt gewordenes Konzept zu einer Ur-

---

[1] Ein Faksimile einer solchen Randnotiz bei Tangl, Schrifttafeln 3, Taf. 71[b], der im Text S. 35 noch ein anderes Beispiel angeführt und mit Recht die oben angeführte Möglichkeit betont hat. Bei der von ihm auf Tafel 72[b] abgebildeten Urkunde ist wenigstens das deutlich erkennbar, daß der obere Rand des Pergamentblatts abgeschnitten ist, nachdem die Urkunde mundiert war.

[2] Mitgeteilt von J. Havet, Une charte de Metz, BEC. 49, 95 ff. (wiederholt Havet, Oeuvres 2, 461 ff.); und gleichzeitig von A. Tardif aus dem Nachlaß seines Bruders J. Tardif in einer eigenen Schrift: Une minute de notaire du IXe siècle en notes tironiennes (Paris 1888). Während Havet bestreitet, daß die Rückenschrift Konzept sei, hat Tardif ihren Charakter richtig erkannt, vgl. NA. 14, 216 n. 60.

kunde des Bischofs Ulrich von Passau vom Jahre 1112 für das Kloster St. Georgen an der Donau (später Herzogenburg); es ist in Passau geschrieben und mit dem danach angefertigten Original in das Klosterarchiv gekommen; später ist es zur Aufzeichnung einiger zumeist St. Georgen betreffenden Traditionen benutzt worden.[1] Manche anderen Schriftstücke des 12. und 13. Jahrhunderts, die in Urkundenbüchern und Registerwerken als Konzepte bezeichnet werden, führen diese Bezeichnung zum Teil mit offenbarem Unrecht oder bedürfen wenigstens noch näherer Untersuchung, ehe sie als solche anerkannt werden können.[2] Einige von ihnen aber sind Beurkundungen diplomatischer Verträge,[3] die aus längeren Unterhandlungen hervorgegangen sind: bei

---

[1] Vgl. v. Mitis, Studien zum älteren österreichischen Urkundenwesen S. 192ff.

[2] Dahin gehört z. B. das zweite Exemplar einer Urkunde Dietrichs von Halberstadt von 1184, das Schmidt, UB. Bist. Halberstadt 1, 269 n. 301 Anm. erwähnt: er bezeichnet es als Konzept, während v. Bülow, Gero v. Halberstadt (Diss. Greifswald 1871) S. 83 n. 63, es eine zweite Ausfertigung nennt. Vgl. auch Mecklenburger UB. 1 n. 254. 255. Dahin gehören ferner die von v. Mitis S. 202 außer dem oben erwähnten St. Georgener angeführten Stücke, von denen ich keines mit einiger Bestimmtheit als Konzept zu bezeichnen wagen würde. Auch von den Stücken, die Posse, Privaturkunden S. 84 N. 4, anführt, kann ich nicht alle als Konzepte anerkennen. So sehe ich nicht ein, warum das von ihm auf Taf. XXI abgebildete Schriftstück Konzept des auf Taf. XX abgebildeten sein muß: es ist m. E. vielmehr eine, auf der Rückseite einer anderen Urkunde gemachte, ungenaue, namentlich durch Fehler in den Namensformen entstellte und durch den Zusatz von *omnibus possessionibus* vielleicht sogar interpolierte Abschrift davon. Wirkliches Konzept ist aber das auf Taf. XXIII[a] abgebildete Schriftstück von 1268. Wirkliche Konzepte des 13. Jahrhunderts, allerdings meist von Briefen, haben wir auch in der berühmten Papierhandschrift des Albertus (Bohemus) in München. Interessant ist sodann der von Wecken, Untersuchungen über das Urkundenwesen der Bischöfe von Minden S. 88f. (mit Faksimile) besprochene Fall: eine Originalurkunde von 1265 (Bestallung eines Münzmeisters) ist 1297 als Konzept für eine Urkunde gleichen Inhalts verwandt und dementsprechend korrigiert worden. Ähnliche Fälle aus der päpstlichen Kanzlei werden wir unten kennen lernen.

[3] So das Konzept eines Vertrages zwischen Mainz und Orlamünde von 1185, Stumpf, Acta imperii S. 542 n. 384, vgl. Ficker, BzU. 2, 30. 42. 56; das Konzept des zweiten Vertrages über die Freilassung Waldemars von Dänemark, Hasse, Schlesw.-Holst. Regesten 1, 197 n. 434, vgl. Mecklenburg. UB. 1, 317, v. Buchwald S. 257; das Konzept zu einem Landfriedensbund von 1283, UB. Stadt Lübeck 1, 401, vgl. v. Buchwald S. 322 u. a. m. — Keine eigentliche Urkunde, sondern eine Art von historischer Aufzeichnung ist die Erklärung Konrads von Mainz (1187—1190), Stumpf, Acta Moguntina S. 114 n. 112.

solchen Stücken wird allerdings die Aufsetzung eines Konzeptes durchweg angenommen werden müssen, ohne daß von ihnen auf andere Urkundenarten ein Schluß gezogen werden darf.

In Italien war der Brauch der Dorsualkonzepte für Notariatsurkunden bedeutend weiter ausgebreitet und hat sich viel länger erhalten als in Deutschland.[1] Sie sind zum Teil in einer eigentümlichen tachygraphischen Silbenschrift, von der wir noch an anderer Stelle ausführlicher zu reden haben, häufiger aber in gewöhnlicher Bücher- oder Urkundenschrift zumeist auf der Rückseite der zur Aufnahme des Notariatsinstruments bestimmten Pergamentblattes geschrieben; es kommt aber auch in Italien vor, daß solche Konzepte auf der Hauptseite dieses Blattes am oberen oder unteren Rande eingetragen sind oder waren. Die ältesten bisher nachgewiesenen Beispiele solcher Konzept-Aufzeichnungen gehören schon den Jahren 758 und 769[2] an; der Brauch kann also in Italien nicht erst in fränkischer Zeit und unter fränkischem Einfluß entstanden sein, sondern muß schon im langobardischen, wenn nicht gar im römischen Urkundenwesen seine Wurzeln haben, hat aber doch erst unter der fränkischen Herrschaft in der Zeit, da das Notariat gesteigerte Bedeutung gewann, weitere Verbreitung gefunden. Wir kennen

---

[1] Vgl. Kern, Dorsualkonzept und Imbreviatur (Stuttgart 1906), der S. 30ff. die von Gaudenzi in den Atti del congresso internazionale di scienze storiche 9, 419ff. vorgetragene, von mir schon NA. 31, 276 abgelehnte, irreführende Theorie über diese italienischen Dorsualkonzepte eingehend widerlegt, vgl. dazu auch die Besprechung von v. Voltelini, MIÖG. 28, 680ff. Gegen Gaudenzis wiederholte ausführliche Begründung seiner Lehre, Arch. stor. Ital. V, 41, 257ff., sind nach meiner kurzen Notiz NA. 35, 311, nach den zutreffenden Bemerkungen Redlichs, Privaturkunden S. 59f., und nach den mehrfach hier einschlagenden Ausführungen Schupfers in der oben S. 81 N. 4 erwähnten Abhandlung gegen Pitzorno noch die Erörterungen von P. S. Leicht im Bullettino Senese di storia patria 17, fasc. 3 (1910) zu vergleichen, die ich nach einem Separatdruck zitiere, mit denen ich aber nicht in jeder Beziehung übereinstimme. — Über die auch von Kern S. 3ff. mitbehandelten Dorsualakten aus Aosta, auf die zuerst Bethmann, AdG. 12, 591, aufmerksam gemacht hatte, hat jetzt Schiaparelli, Charta Augustana (Florenz 1907, Separatabdruck aus Arch. stor. Ital. V, 39, 253ff.), ausführlich gehandelt; sie unterscheiden sich in mancher Hinsicht von den italienischen, können aber in den folgenden Ausführungen unberücksichtigt bleiben, da sie nicht dem italienischen, sondern dem burgundischen Rechts- und Urkundengebiet angehören.

[2] Über die Urkunde von 758 vgl. Schiaparelli, Bullettino dell' Istit. stor. Italiano 30, 65 n. 9. Der Dorsualvermerk in drei Zeilen ist jetzt ausradiert lesbar ist noch *test. autoravele* (dies Wort ist wohl nicht als Eigenname, sondern als Attribut zu *test.* = *auctorabilis* aufzufassen) *Unpert de Veriano.*

bis jetzt solche Konzepte aus den Städten oder Grafschaften Arezzo,[1] Asti,[2] Bologna,[3] Brescia,[4] Como,[5] Florenz,[6] Genua,[7] Lucca,[8] Nonantola,[9] Novara,[10] Padua,[11] Pavia,[12] Piacenza,[13] Ravenna,[14] Rimini,[15] Rom,[16]

---

[1] Schiaparelli und Baldasseroni, Regesto di Camaldoli 1, 9 n. 14, 11 n. 18, 24 n. 53, 27 n. 59, 30 n. 70, 31 n. 73. 74, 57 n. 135 usw. Hier wie überhaupt in Toskana stehen die Konzepte fast ebenso häufig am unteren Rande wie auf der Rückseite des Blattes.

[2] Havet, La tachygraphie italienne (Paris 1887, jetzt Oeuvres 2, 483ff.); Cipolla, Miscellanea di storia italiana 25, 720ff.; Gabotto, Le più antiche carte dello arch. capitolare di Asti S. XXI; Schiaparelli, Bullett. dell' Istit. stor. Ital. 33, 19f. n. 11. 12; 24 n. 14.

[3] Kern S. 14ff.; Gaudenzi, Arch. stor. Ital. V, 41, 320f.

[4] Bonelli, Miscellanea di studi storici in onore di A. Manno (Turin 1912) S. 263 n. 1.

[5] Ebenda S. 265 n. 2.

[6] Pagliai, Regesto di Coltibuono S. 21 n. 39, 25 n. 45, 27 n. 49, 31 n. 59, 32 n. 62, 33 n. 69, 41 n. 80 usw. (die Stücke gehören teils der Stadt, teils der Grafschaft Florenz an). Schiaparelli, Charta Augustana S. 69 (317) N. 2; Derselbe, Le carte del monastero di S. Maria in Firenze 1, 73 n. 29, 75 n. 30, 80 n. 32, 119 n. 44 usw.

[7] Kern S. 24ff.

[8] Guidi und Parenti, Regesto del capitolo di Lucca 1, 27 n. 79, 130 n. 333, 133 n. 343, 192 n. 460 usw.

[9] Gaudenzi, Arch. stor. Ital. V, 41, 292ff.

[10] Schiaparelli, Bullett. dell' Istit. stor. Ital. 33, 17 n. 9, 25 15, 31 18.

[11] Kern S. 19ff.

[12] Bonelli, Cod. paleograf. Lombardo tav. 20. 21. Dies ist das drittälteste bisher bekannte Beispiel von 792; das zweitälteste von 769, ausgestellt *in vico Sossonno*, Bonelli tav. 11. 12, gehört ebenfalls der Lombardei an; für die spätere Zeit vgl. Schiaparelli, Bullett. dell' Istit. stor. Ital. 31, 57ff., 65ff.; 33, 21ff. n. 13. 16. 17. 19. 20. 22.

[13] In das Gebiet von Piacenza gehört die oben S. 119 N. 2 zitierte Urkunde von 758; eine spätere aus demselben Gebiet von 1007 s. bei Schiaparelli, Bullett. 31, 62 n. 4.

[14] Vgl. Arch. paleograf. Ital. 1, 28. 41 (Faksimile, Text gedruckt bei Kern S. 72ff.); 7, 10. 16. 19. Zahlreiche Beispiele bei Federici, Regesto di S. Apollinare Nuovo S. 14 n. 3, 21 n. 6 (vgl. dazu S. 405), 35 n. 17, 39 n. 22 usw., ferner bei Federici und Buzzi, Regesto della chiesa di Ravenna 1, 18 n. 19 (aus Ferrara, aber geschrieben von einem Notar aus Ravenna) usw. Vgl. auch Gaudenzi, Arch. stor. Ital. V, 41, 311ff.

[15] Leicht a. a. O. S. 7ff.

[16] Die römischen Dorsualnotizen sind in der bisherigen Litteratur wenig oder gar nicht beachtet worden; Leicht a. a. O. S. 11 hat es geradezu in Abrede gestellt, daß Dorsualnotizen im römischen Gebiet vorkämen, und selbst ein so trefflicher Kenner der römischen Archive wie P. Fedele bemerkte noch vor einigen Jahren (Arch. della soc. Romana di storia patria 27, 49), daß er auf römischen Urkunden nur zwei Beispiele davon kenne. In Wirklichkeit

Siena,[1] Tortona,[2] Veltlin (Valtellina),[3] Verona,[4] Voghera,[5] Volterra,[6] die dem 8.—12., in Ravenna auch noch dem 13. Jahrhundert angehören, so daß also der Brauch in der ganzen Lombardei vom Westen bis zum Osten, in der Emilia und in Toskana, in der Romagna[7] und in Rom selbst nachzuweisen ist;[8] neue Urkundenpublikationen werden vermutlich in diesen Landschaften noch weitere Belege aus Orten, für die er bis jetzt noch nicht erwiesen werden konnte, beibringen.

Form und Umfang dieser Konzepte sind außerordentlich verschieden. Regelmäßig pflegen sie die Namen der bei dem Rechtsgeschäft beteiligten Personen und der Zeugen zu enthalten sowie die

---

steht es nicht ganz so; die Beispiele sind zwar selten, aber doch nicht so selten, wie Fedele annahm. Ich habe mir außer den zwei Fällen, die Fedele aus dem Archiv von San Prassede anführt — a. a. O. 27, 43 n. 3 von 1010 (daß hier das Konzept von der Hand des Ausstellers, nicht des Notars geschrieben sei, wie Fedele für wahrscheinlich hält, ist kaum glaublich) und S. 49 n. 4 von 1030 — die folgenden angemerkt: Hartmann, Tabularium s. Mariae in Via Lata bietet drei Dorsualkonzepte: 1, 53 n. 43 (1019), 1, 56 n. 45 (1021); 1, 72 n. 57; wahrscheinlich gehört auch 1, 74 n. 58 von 1030 hierher. Aus dem Archiv von S. Pietro in Vaticano kommen in Betracht zwei Stücke von 989 (Arch. della Soc. Romana 24, 442 n. 5; nur wenige Worte) und 999 (ebenda 24, 444 n. 6; ausführlicheres Konzept, das aber nicht zu der Urkunde der Hauptseite gehört). Sehr merkwürdig ist ein Stück aus dem Archiv von S. Maria Nuova (ebenda 24, 165 n. 36): auf der Rückseite einer Urkunde von 1116 steht eine Aufzeichnung von 1163/64, die, wie die Korrekturen zeigen, sicher als Konzept angesprochen werden kann. Endlich ist die Aufzeichnung auf der Rückseite einer Urkunde von 1131 für S. Silvestro in Capite, die Federici (ebenda 22, 494 n. 16) für eine gleichzeitige Abschrift hält, ebenfalls als Konzept zu betrachten.

[1] Leicht a. a. O. S. 5; Pagliai, Regesto di Coltibuono S. 173 n. 384 Schneider, Reg. senense 1, 51 n. 134. Hierhin gehören auch die Urkunden von Passignano (vgl. Leicht S. 4. 21) im Staatsarchiv zu Florenz.

[2] Gabotto und Legé, Le carte dello archivio capitol. di Tortona 1, X; Schiaparelli, Bullett. 31, 70 n. 7; 33, 37 n. 21.

[3] Bonelli, Miscellanea di studi storici in onore di A. Manno S. 266 n. 10.

[4] Bonelli a. a. O. S. 266 n. 4.

[5] Gabotto und Legé, Documenti degli archivi Tortonesi relativi alla storia di Voghera S. 3 n. 2.

[6] Schneider, Reg. Volaterranum S. 13 n. 41; 31 n. 85.

[7] Daß auch in den Archiven von Faenza und Imola zahlreiche Dorsualkonzepte auf Urkunden des 11. und 12. Jahrhunderts vorhanden sind, hat mir A. Hessel mitgeteilt.

[8] Aus dem langobardischen Süditalien sind mir bisher nur zwei Dorsualkonzepte bekannt geworden, eins von 1065 aus dem Gebiet von Penne (bei Teramo), Jusselin, BEC. 68, 507 N. 4, und eins von 1192 aus Bari, das Kern S. 24 nachgewiesen hat.

für den sachlichen Inhalt des Rechtsgeschäftes notwendigsten Angaben; im übrigen geben sie bald nur einzelne Stichworte, bald mehr oder minder ausgeführte Formeln; auch die Datierung ist bald nur auf einzelne Angaben beschränkt, bald vollständig ausgeführt, öfters fehlt sie auch ganz. Allgemein gültige Regeln oder Vorschriften bestanden darüber nicht, und maßgebend war nur die Gewohnheit einzelner Gegenden und das Gutdünken der einzelnen Notare. Nicht selten beobachten wir, daß die Konzepte, mögen sie nun auf der Rückseite oder am Rande der Vorderseite eingetragen sein, nicht zu der Urkunde, die auf dem Blatte eingetragen ist, sondern zu einer anderen gehören, die wir oft nicht mehr besitzen; es findet sich aber auch, daß auf einem Blatte mehrere Konzepte geschrieben sind, von denen mitunter eines, mitunter aber auch gar keines zu der Reinschrift gehört, die auf dem Blatte enthalten ist.[1] Bisweilen besteht dann durch den sachlichen Inhalt der ins reine geschriebenen Urkunde oder durch die bei ihrer Ausstellung beteiligten Personen eine Beziehung zu dem eigentlich nicht zu ihr gehörigen Konzept, bisweilen fehlt aber eine solche auch ganz oder ist für uns wenigstens nicht erkennbar.[2] Diese Tatsachen zeigen, daß die Niederschrift des Konzeptes einer Urkunde auf der Rückseite eines Pergamentblattes, dessen Hauptseite später die Reinschrift derselben Urkunde aufnahm, zwar häufig, aber keineswegs immer vorkam, und daß die Aussagen späterer Schriftsteller,[3] die das

[1] Ich führe nur zwei Beispiele an. Nach dem Regesto di Coltibuono steht auf einem Blatte, das eine Urkunde von 1115 enthält, auf der Hauptseite das Konzept dieser, auf der Rückseite das einer anderen Urkunde. Ein Blatt, das eine Urkunde von 1104 bringt, enthält nicht weniger als vier Dorsualkonzepte, von denen keines zu der Urkunde der Hauptseite gehört; vgl. Pagliai, Regesto di Coltibuono S. 131 n. 284, S. 114 n. 244.

[2] Fälle beider Art bespricht Kern S. 24ff., dessen Erklärungsversuchen ich indes nicht durchweg beitreten möchte. Gar keine Beziehung ist, um auch dafür nur ein Beispiel zu geben, zwischen dem Konzept eines Testamentes von wahrscheinlich 967 und der Schenkung von 977, auf deren Rückseite sie steht: vgl. Federici, Regesto di S. Apollinare Nuovo S. 14 n. 3 und S. 21 n. 6 (dazu der Nachtrag auf S. 405). Aber auf der Rückseite der Urkunde von 977 steht noch ein zweites, nicht mehr lesbares Konzept, das möglicherweise zu ihr gehört hat.

[3] Das sagt wohl zuerst der zwischen 1170 und 1180 entstandene Ordo iudiciarius (ed. K. Gross S. 217): *nota, quod protocollum vel ceda vel abreviatio est scriptum, quod in contractibus fit a tabellione civitatis in pergameno ex parte pili* (d. h. auf der Haarseite, der Rückseite des italienischen Pergaments, s. unten Kapitel Schreibstoffe), *et sub brevitate conprehenduntur ibi dicta testium et nomina eorum ibi apponuntur. Postea quod ibi breviter continetur, ipse tabellio*

als eine allgemein befolgte Regel hinstellen, insofern, als sie auf Abweichungen von dieser Regel keine Rücksicht nehmen, der wirklichen Praxis der Notare nicht entsprechen.[1] Wir fanden Konzepte nicht nur auf der Rück-, sondern auch auf der Hauptseite der Pergamentblätter und die Zahl solcher Marginalkonzepte (wie wir sie zum Unterschied von den Dorsualkonzepten nennen können) wird wahrscheinlich noch viel größer gewesen sein, als wir heute nachweisen können, da sie durch das Beschneiden der Urkundenblätter nach der Herstellung der Reinschrift oft für uns verloren gegangen sein mögen. Wir stellten ferner fest, daß Konzepte und Reinschriften, die auf demselben Blatte vereinigt sind, nicht immer zueinander gehören, so daß es also Konzepte gibt, deren Reinschriften, und Reinschriften, deren Konzepte auf je anderen Blättern niedergeschrieben sein müssen.[2] Und wenn wir endlich in den Regesta chartarum Italiae, die uns über den ganzen Urkundenbestand einer Anzahl von geistlichen Stiftern eine annähernd vollständige Übersicht gestatten, die Zahl der uns erhaltenen Konzepte beider Arten mit der Zahl der uns erhaltenen Reinschriften vergleichen, so ergibt sich, daß die erstere zwar nicht absolut klein ist, relativ aber hinter der letzteren so weit zurückbleibt,[3] daß diese Erscheinung auch durch die Annahme, es seien von manchen uns erhaltenen Blättern Marginalkonzepte weggeschnitten worden, nicht erklärt werden kann, zumal da in manchen Gegenden, insbesondere in der Romagna, die Dorsualkonzepte durchaus vorherrschen und Marginalkonzepte viel seltener vorkommen. Da nun aber angesichts der gleichmäßigen Praxis der italienischen Notare gewiß auch zu den Urkunden Konzepte angefertigt worden sind, deren Originalausfertigungen jetzt weder auf der Rück-, noch auf der Hauptseite Spuren davon aufweisen, so muß angenommen werden, daß sehr häufig die Notare die Blätter, auf denen

---

cum magna cura et magna sollempnitate dictorum ex parte munda, id est cutis (sollte *carnis* heißen), *quae in Lonbardia etiam purgari non indiget, disponit et ordinat et illud scriptum dicitur mundum a parte pergameni, qua scribitur.* Andere gleichartige Äußerungen s. bei Gaudenzi, Arch. stor. Italiano V, 41, 335f.

[1] Darauf hat auch Redlich, Privaturkunden S. 58 N. 4 schon hingewiesen, dessen Ansicht auch über das, was ich im folgenden etwas weiter ausführe, mit der meinigen durchaus übereinstimmt.

[2] Und zwar gilt das nicht bloß von den Dorsual-, sondern auch von den Marginalkonzepten.

[3] Schon Kern S. 24 und Redlich S. 58 haben darauf hingewiesen, daß von 172 genuesischen Urkunden, die Belgrano in den Atti della soc. Ligure 2, 1 veröffentlicht hat, nur zu sieben Konzepte erhalten sind.

sie Konzepte eintrugen, überhaupt nicht zur Anfertigung von Reinschriften verwandten,[1] sondern bei sich zurückbehielten.

Daß dies geschah, ist für das Gebiet des römischen Rechtes im engeren Sinne, also für Rom und die Romagna sowie für die nicht zum langobardischen Reiche gehörenden Teile Süditaliens bestimmt zu erweisen. In Neapel war, wie wir schon früher erwähnt haben,[2] der Vorsteher der Kurialen, der *primarius curiae civitatis Neapolis,* berechtigt, Urkunden, die wegen des Todes der mit ihrer Herstellung betrauten Kurialen zwar ins reine geschrieben, aber nicht vollzogen worden waren, nachträglich mit der Vollziehungsformel zu versehen, und das ist bisweilen erst geschehen, nachdem seit dem Tode der Kurialen bereits eine Reihe von Jahren verflossen war. Aus dieser Tatsache hat schon Brunner[3] den berechtigten Schluß gezogen, daß die Kurialen Akten hinterlassen haben müssen, in denen die Konzepte der Urkunden, deren Ausfertigung ihnen übertragen war, sich vorfanden, so daß der Primarius diese Konzepte bei der Vollziehung prüfen und vergleichen konnte.[4] Wir sind aber nicht darauf angewiesen, das Vorhandensein solcher Konzepte nur durch diesen Schluß festzustellen. Es ist nämlich auch vorgekommen, daß ein Kuriale zwar nach Abschluß der Verhandlungen zwischen den bei einem Rechtsgeschäft beteiligten Parteien den Beurkundungsauftrag erhalten und das Konzept hergestellt hatte, dann aber, ehe er die Reinschrift anfertigen konnte, verstorben war. Auch in solchen Fällen konnte der Primarius eintreten; er nahm dann eine Abschrift des Konzeptes in eine von ihm ausgestellte, rechtsgültige Urkunde auf und stattete diese mit der Vollziehungsformel aus: zwei solche Urkunden von 1003 und 1027 sind uns erhalten, und in dem Falle von 1003 liegt sogar noch das Konzept selbst (das im Jahre 953 oder 968 ausgestellt sein wird) auf einem kleinen Pergamentblatt vor, das an die von dem Primarius ausgefertigte Urkunde angenäht war.[5] Diese neapolitanischen Konzepte enthielten, wie sich

---

[1] Denn daß diese Blätter in allen Fällen zur Herstellung uns nicht erhaltener Reinschriften gedient haben sollten, ist wohl in Anbetracht der Zahlenverhältnisse nicht anzunehmen.

[2] Bd. 1, 586.

[3] Brunner, ZR. S. 77f.

[4] Die Vermutung, daß die Konzepte eines Kurialen nach seinem Tode in dem Archiv des Kurialen-Kollegiums niedergelegt worden seien, dem der *tabularius* dieses Kollegs vorstand, liegt sehr nahe.

[5] Monumenta ad Neapolit. ducatus historiam pertinentia 2, 1, 197 n. 319 und 2, 1, 258 n. 411. Vgl. die Erläuterungen Capassos zu diesen Urkunden, ebenda 2, 2, 118ff. Auf der Rückseite des Pergamentblattes, welches das Konzept enthält, steht noch ein zweites Konzept zu einer anderen Urkunde.

daraus ergibt, im wesentlichen den vollen Wortlaut der danach herzustellenden Urkunde; nur Datierung und Poenformel waren verkürzt; das Eschatokoll fehlte in einem der beiden Fälle noch vollständig; in dem anderen enthielt das Konzept wenigstens schon die Namen der Zeugen, und das letztere scheint das im allgemeinen übliche gewesen zu sein.[1] Solche bereits mit dem Zeugennamen versehenen Konzepte nannte man in Neapel *note testate*, während die, denen die Zeugennamen fehlten, als *note alve* (*albe*) bezeichnet worden zu sein scheinen.[2]

Erheblich später, erst in der zweiten Hälfte des 11. Jahrhunderts, läßt sich das Vorkommen solcher Konzepte auch für Rom nachweisen: nach dem Tode eines Scriniars wurden Urkunden aus seinen Konzepten durch einen anderen Scriniar hergestellt und vollzogen;[3] mehrfach ist es der Sohn des verstorbenen Notars, der so über die Konzepte seines Vaters verfügt, es kommt aber auch vor, daß erst der Enkel und selbst der Urenkel Reinschriften aus ihnen hergestellt hat. Die Konzepte werden in Rom *dicta* genannt, wohl deswegen, weil sie die bei der *traditio cartae* von dem Aussteller gebrauchten formelhaften Äußerungen wiedergaben.[4] Wie sie beschaffen waren, erfahren wir aus Abschriften von ihnen, die bisweilen von den Notaren für die Aussteller der Urkunden oder ihre Rechtsnachfolger hergestellt worden sind, denen unter Umständen daran gelegen sein konnte, Wortlaut und Inhalt der in den Besitz der Urkundenempfänger übergegangenen Dokumente in den durch den Notar beglaubigten Abschriften der Konzepte aufzubewahren;[5] ein solches Konzept, das der Notar dem

---

[1] Dafür sprechen zwei Urkunden von 956 und 964, in denen der Notar die Namen von Zeugen, die vor der Herstellung der Reinschrift verstorben waren und deshalb die Reinschrift nicht unterfertigen konnten, den Konzepten entnimmt, Mon. ad. Neapol. ducatus hist. pert. 2, 1, 71 n. 89 und 2, 1, 95 n. 137.

[2] Es ist aber zu beachten, daß *note* als Plural für ein einzelnes Konzept gebraucht wird. Andere Bezeichnungen, die in den angeführten Urkunden vorkommen, sind *annotatio* und *schedula*. Die Zeugen im Konzept verzeichnen, heißt *testes prenotare*. Diese Ausdrücke zeigen zur Genüge, wie unrichtig es ist, daß Gaudenzi den Konzeptcharakter solcher Aufzeichnungen bestreitet.

[3] Zwei Belege hat Leicht S. 11, zwei andere Redlich, Privaturkunden S. 59 erwähnt. Weitere Zeugnisse aus dem 11. und 12. Jahrhundert: Arch. della soc. Romana 22, 422 n. 86; 22, 442 n. 96; 24, 182 n. 46; 24, 191 n. 54; 24, 193 n. 55; 25, 169 n. 57; 25, 193 n. 73; 25, 286 n. 41 usw.

[4] Diesen Ausdruck, der nur in Rom vorkommt, zu verallgemeinern, wie Leicht tut, ist kein Anlaß vorhanden.

[5] Sehr deutlich erhellt das aus der Abschrift einer Urkunde von 1083 (1084), Arch. della soc. Romana 24, 492 n. 27. Das Kapitel von St. Peter hatte einem Geldwechsler Paulus für ein Darlehen von 100 Solidi ein Stück Land verpfändet und wünschte später eine Abschrift der Verpfändungsurkunde zu be-

Empfänger ausgehändigt zu haben scheint, ist uns in dessen Archiv erhalten geblieben.[1] Auch diese römischen *dicta* sind in der Hauptsache schon den Reinschriften ziemlich gleichlautend; nur die Poenformel ist regelmäßig auf ein kurzes Stichwort, etwa *poena dupli*, beschränkt, während die Reinschriften die ausgeführte Formel *Si qua vero pars* usw. aufweisen; natürlich fehlt den Abschriften auch die Kompletionsklausel und der Notar sagt statt dessen, wie z. B. in einem Falle von 1153: *ego Filippus scriniarius S. R. E. sicut inveni in [dictis] Oddonis quondam scriniarii in hac cartula exemplavi.*[2]

Eine ganze Anzahl solcher Abschriften von Konzepten, zumeist aus dem Anfang des 12. Jahrhunderts, alle bezüglich auf eine einzelne Besitzung des Domkapitels zu Velletri, hat sich auf einem Rotulus im Archiv des Kapitels erhalten;[3] jedenfalls derselbe Notar, der die Urkunden hergestellt hatte, hat sie für das Kapitel behufs bequemer Übersicht über die Besitztitel hergestellt. Die Schlußformel lautet: *ego Nicolaus scriniarius has rogationis chartulas scripsi complevi et absolvi;* der Notar bezeugt also zugleich, daß er nach diesen Konzepten Urkunden ausgefertigt habe. Die Konzepte aber scheinen danach in Velletri als *rogationes* bezeichnet gewesen zu sein. Jedenfalls war der letztere Ausdruck in der Romagna, insbesondere in Bologna üblich, und die *rogationes* sind hier etwa um dieselbe Zeit wie in Rom die *dicta* oder

---

sitzen. Diese fertigte ihm der Neffe des Scriniars, der die Urkunde geschrieben hatte, aus und schloß sie mit folgender Klausel: *Ego Sasso scriniarius, sicut inveni in dictis Angeli scriniarii patrui mei ... rogatis ab eo, de quibus cartule scripte fuerunt aput Paulum cambiatorem, ita exsemplavi pro utilitate canonice sancti Petri, ut sit im memoria canonicorum suorum.* Der Text des *dictum* schließt mit den Worten *pena* (so, nicht *pensionis*, ist die Abkürzung *pen̄* aufzulösen) *prestitum duplum*, also der verkürzten Strafformel. Dann folgen die Namen der Zeugen mit der einleitenden Formel: *I sunt testes uius pignori*; diese Namen standen also schon im Konzept; ihre Unterschriften oder Signa und die Kompletionsklausel fehlen natürlich.

[1] Arch. della Soc. Romana 22, 492 n. 12.

[2] Arch. della Soc. Romana 27, 386 n. 16.

[3] Arch. della Soc. Romana 12, 90 n. 8. Die letzte Urkunde von 1110 ist später von anderer Hand nachgetragen. — Daß es sich um Abschriften von Konzepten und nicht von Reinschriften handelt, ist ganz deutlich. Abgesehen von der auch hier überall begegnenden, für die Konzepte charakteristischen Verkürzung der Poenformel (sie lautet etwa *oblig. XX sol.* oder *oblig. pretii dupli*), beweist das auch der Anfang des Tertes mit den Worten: *ego N. rogo scribere (fieri) chartulam donationis (renditionis).* In der Reinschrift mußte es statt dessen natürlich mindestens heißen: *ego N. dono (vendo)* oder *facio chartulam donationis (venditionis)*, wenn die Formel nicht, wie üblich, noch weiter ausgeführt war.

doch nur wenige Jahre später nachweisbar: so fertigt z. B. im Jahre 1082 der Tabellio Bonandus eine Urkunde aus, die er mit den Worten beglaubigt: *in dei nomine Bonandus tabellio hunc libellum enfiteusim per iussionem Petri notarii, quia in me reliquid omnes suas rogation s, sicut vidi in ista rogatione, ita scripsi.*[1]

Wie das Verhältnis dieser Rogationen, die der Notar bei sich behielt und über deren Besitz nach seinem Tode er verfügen konnte, zu den Dorsualnotizen, die ja in Bologna und der Romagna so sehr verbreitet waren, sich gestaltete, das läßt sich bisher noch nicht sicher erkennen. Es wäre an sich möglich, daß etwa einzelne Notare die erstere, andere die letztere Art der Konzepte bevorzugten; es wäre aber auch nicht unmöglich, daß die Notare neben den Dorsualkonzepten noch Abschriften davon oder ausgeführtere Konzepte herstellten, die sie bei sich aufbewahrten. Ob die eine oder die andere Annahme zutrifft, oder ob etwa noch andere Verhältnisse, die wir bis jetzt noch nicht übersehen können, bestanden, das wird noch weiterer Untersuchung bedürfen, die hoffentlich bei der Herausgabe der reichen urkundlichen Schätze der Romagna in den Regesta chartarum Italiae vorgenommen werden wird.

So viel aber ergibt sich aus den nachgewiesenen Tatsachen mit Sicherheit: wie die Dorsual- oder Marginalnotizen, von denen wir vorhin sprachen, so sind auch die *notae* von Neapel, die *dicta* von Rom, die *rogationes* der Romagna nichts als Konzepte, die als solche nicht den Beweiswert der Instrumente haben und deshalb in einem Rechtsstreit nicht vorgelegt werden können. Aber es sind Konzepte, denen insofern öffentliche Glaubwürdigkeit innewohnt, als aus ihnen jederzeit ohne weiteres Eingreifen des Ausstellers, der sich durch den rechtsförmlichen Beurkundungsauftrag ein für allemal gebunden hat, auf den Antrag des Empfängers[2] oder seines Rechtsnachfolgers eine mit einem gewissen Beweiswert ausgestattete Urkunde durch den beauftragten Notar oder dessen Rechtsnachfolger[3] hergestellt werden kann und hergestellt werden muß.

---

[1] Mitgeteilt von Gaudenzi, Arch. stor. Ital. V, 41, 333, wo auch noch andere Belege.

[2] Aber nicht auch des Ausstellers. Der Aussteller kann sich wohl Abschriften der Konzepte geben lassen, der Notar kann ihm auch bestätigen, daß er auf Grund dieser Konzepte Urkunden geschrieben habe, aber er stellt auf Grund des Konzeptes das Instrument nicht für den Aussteller, sondern nur für den Empfänger her.

[3] Aber nicht jedes beliebigen Notars, s. unten.

Die eben behandelten Konzepte der Gebiete des römischen Rechtes haben sich nun in der Folgezeit zu den sogenannten Imbreviaturen[1] ausgebildet, die im späteren Mittelalter für das italienische Notariatswesen charakteristisch sind, in ihren wesentlichsten Eigenschaften aber jenen Konzepten durchaus entsprechen. Seit dem Verschwinden des Brauches der Urkundentradition, die im Laufe des 12., hier und da auch erst im Beginn des 13. Jahrhunderts abkam, und seit dem allgemein werdenden Ersatz der *cartae* durch *notitiae* oder Breven[2] ging man auch in dem langobardischen Rechtsgebiet dazu über, die Dorsual- oder Marginalkonzepte, die in die Hände des Urkundenempfängers kamen, durch Konzepte zu ersetzen, die der Notar bei sich aufbewahrte und denen die gleichen Eigenschaften zukamen, welche die vorhin besprochenen Konzepte Neapels, Roms und der Romagna besaßen. Am frühesten ist das bis jetzt in den zum päpstlichen Gebiet gezogenen Teilen des langobardischen Tuscien nachweisbar, wo ein Notar in Massa Marittima (Populonia) eine Urkunde von 1128 so ausfertigt, *sicut a Petro notario adbreviatam inveni*;[3] in der eigentlichen Lombardei ist eine Lodeser Urkunde von 1142 wahrscheinlich ebenso entstanden;[4] gegen das Ende des 12. Jahrhunderts war der Brauch sehr weit verbreitet.[5]

---

[1] Statt *imbreviatura* wird gleichbedeutend auch *abbreviatura* gebraucht, vgl. z. B. die Urkunde von 1211, Ficker, Ital. Forschungen 4, 295 n. 248 und die Statuten von Pistoia (ed. Zdekauer) passim. Seltener ist *breviatura*, z. B. Fontt. rer. Austriac. 5, 140 n. 64. Aber auch die früher für Konzepte nachgewiesenen Ausdrücke kommen dafür vor. In einer Dekretale Gregors IX. wird für die von einem verstorbenen Notar hinterlassenen Imbreviaturen der Ausdruck *instrumenta redacta in nota* gebraucht (II, 22 de fide instrumentorum cap. 15 ed. Friedberg 2, 353); *scheda* (*schedula*) und *protocollum* begegnen öfter in den Schriften der Juristen und den Lehrbüchern der Notariatskunst, aber auch in Urkunden, z. B. Tiraboschi, Modena 3, 64; Muratori, Antt. Est. 2, 20; Fantuzzi, Mon. Ravenn. 3, 414. — *abreviatura seu protocollum* Reg. Senense 1, 170 n. 413.

[2] Vgl. v. Voltelini, Acta Tirolensia 2, XVIIf. und oben Bd. 1, 659f.

[3] Arch. stor. Ital. III, 20, 223; auf diese Urkunde hat schon Kern S. 55f. hingewiesen.

[4] Vgl. Kern S. 56, wenn dessen Auffassung des hier gebrauchten Ausdruckes *subscribere* das richtige trifft.

[5] Die Existenz von Imbreviaturen, nach denen andere Notare Reinschriften ausfertigen oder von denen sie beglaubigte Abschriften herstellen, ist bisher nachgewiesen für Padua 1178, Tortona 1182, Trient 1193, Ivrea 1204, vgl. v. Voltelini a. a. O. S. XXVIII. XXXIV; Kern S. 60. In Parma ist sie schon 1189, nicht erst 1196 (vgl. Kern S. 61) nachweisbar, vgl. Affò 2, 400 n. 102; der Notar schreibt die Urkunde *ex imbreviatura quadam in scrineo communis inventa*. Wahrscheinlich ist auch ein Fall von 1188 aus

Seit dem 13. Jahrhundert wurden dann die zunftmäßig organisierten und unter der Kontrolle der Stadtbehörden stehenden Notare zur Anfertigung solcher Imbreviaturen geradezu durch zwingende Vorschriften der städtischen Gesetzgebung verpflichtet.[1] Schon vorher war man dazu übergegangen, dafür Hefte oder Bücher anzulegen, in welche die Imbreviaturen entweder sofort eingetragen oder, wenn sie zuerst auf einem Einzelblatt geschrieben waren,[2] kopiert wurden. Die ältesten bis jetzt bekannten Imbreviaturbücher oder -hefte stammen aus Genua und gehören der Mitte des 12. Jahrhunderts an;[3] sie sind ebensowenig

Piacenza, Affò 2, 398 n. 101, ebenso zu beurteilen; in diesem Falle und in späteren von 1196 und 1197 (Affò 3, 311ff.; von Kern S. 61 N. 3 irrig auf Parma bezogen) handelt es sich um Imbreviaturen, die der Stadtschreiber (*notarius communis*) Guillelmus Girvinus hergestellt hat; die Reinschriften werden dann auf sein Geheiß von anderen Notaren ausgefertigt. Dasselbe scheint 1207 in Pisa vorzukommen; der Notar Guiscardus schreibt eine Urkunde nach der Rogation des Bandinus Martii, der nach Schneiders Angabe im Register Kanzler von Pisa war, Reg. Volaterranum S. 97 n. 282. Wie neu aber das Verfahren noch gewesen sein muß, zeigt die Umständlichkeit, mit der in Spugna im Elsatal eine Imbreviatur von 1203 behandelt wurde, als 1206 die Reinschrift danach hergestellt wurde; es heißt darüber (Reg. Senense 1, 170 n. 413): *Christophanus iudex et notarius abreviaturam seu protocollum olim a Scotto iudice et notario factum cum Rodulfo iudice atque notario ascoltavi et hoc scripsi a. 1206. 2. id. martii, ind. 10 coram* (folgen drei Namen). Über ein Zeugnis aus Asti von 1210 s. unten N. 3.

[1] Vgl. z. B. die Statuten von Como von 1208, HPM. 16, 234; von Bergamo von 1236 HPM. 16, 1970; die savoyischen Statuten von 1266, Wurstemberger, Peter von Savoyen 4, 422.

[2] Dies kam auch später noch nicht selten vor, vgl. Redlich, Privaturkunden S. 219 N. 6.

[3] HPM. Chartae 2, 285, vgl. Ficker, BzU. 1, 343; v. Voltelini, MIÖG. 1, 343. Über genuesische Notariatsbücher des 13. Jahrhunderts vgl. Caro, Genua und die Mächte am Mittelmeer 2, 417ff. Die ältesten Imbreviaturbücher aus Trient von 1236 und 1237 hat v. Voltelini, Acta Tirolensia Bd. 2 mit zwei Faksimiles herausgegeben. In Volterra sind Imbreviaturbücher aus den letzten Jahrzehnten des 13. Jahrhunderts erhalten, Reg. Volaterranum S. LIII N. 3. Daß es sich aber bei allen von Kern nachgewiesenen Erwähnungen von Imbreviaturen schon im 12. Jahrhundert (s. S. 128 N. 5) um Imbreviaturbücher handele, wie Kern und Redlich a. a. O. S. 219 annehmen, ist keineswegs sicher: es können, wie schon v. Voltelini MIÖG. 28, 682 mit Recht bemerkt hat, auch Einzelkonzepte gemeint sein. Wenn in Asti am 7. Januar 1211 der Notar die Imbreviatur einer Urkunde nicht mehr finden kann, die erst nach dem 13. Dezember 1210 ausgestellt sein kann, so ist das ganz gewiß kein Imbreviaturbuch, sondern ein Einzelblatt gewesen, vgl. Ficker, It. Forsch. 4, 294f. n. 247. 248. Sicher auf ein Imbreviaturbuch weisen dagegen die Belege aus Tortona hin (Gabotto und Legé, Le carte dello archivio capitolare di Tortona 1, 119 n. 93 und öfter), wo von dem *imbririarium* des Notars Georgius die Rede ist.

wie die älteren Dorsualkonzepte ganz gleichmäßig in der Form und bisweilen mehr, bisweilen minder ausführlich gehalten, reichten aber unter allen Umständen aus, um danach mit Hilfe von Formularbüchern die Reinschriften unmittelbar herzustellen.[1] Dies geschah bisweilen erst längere Zeit nach der Niederschrift der Imbreviatur; gerade, weil die Parteien jederzeit in der Lage waren, aus den Imbreviaturen sich ein Instrument ausfertigen zu lassen, warteten sie wohl mit dem Auftrage dazu, um die Gebühren zu ersparen, bis sie eines solchen bedurften; und so mag denn nicht selten[2] die Herstellung des Instruments ganz unterblieben sein. Jedoch überall da, wo aus einer Urkunde vor Gericht oder vor anderen Behörden ein Beweis geführt werden sollte, mußte das Instrument produziert werden; dazu genügte die Imbreviatur nicht, und auch sie hat also insofern den Charakter eines Konzepts immer bewahrt. Gerade deswegen aber galt auch für die Imbreviatur die uns schon von den älteren Konzepten her bekannte Bestimmung, daß nach dem Tode des Notars, der sie aufgenommen hatte, das Instrument auch von einem anderen Notar hergestellt werden konnte. Doch nicht von jedem Notar, sondern nur von dem, der die hinterlassenen Imbreviaturen von dem Notar, der sie aufgenommen hatte, oder seinen Erben oder, falls Erben nicht vorhanden waren, von der zuständigen Behörde erhalten hatte, deren Autorisation auch in dem ersteren Falle immer erforderlich war.[3] Dann aber hatten die so

---

[1] Nach der Ausstellung des Instruments wurde die Imbreviatur durchstrichen (cancelliert), um die Ausstellung eines zweiten Instruments in betrügerischer Absicht zu verhüten.

[2] Aber wohl doch nicht so oft, wie Kern S. 60 annimmt, vgl. v. Voltelini, MIÖG. 28, 682; Redlich a. a. O. S. 221.

[3] Vgl. v. Voltelini, Acta Tirolensia 2, XXXIII; Kern S. 60; Redlich a. a. O. S. 220f. — Nach kanonischem Rechte war die *auctoritas iudicis ordinarii* für die Anfertigung von Instrumenten nach den Imbreviaturen eines verstorbenen Notars vorgeschrieben; vgl. die oben S. 128 N. 1 angeführte Dekretale Gregors IX. Die städtischen Statuten des 13. Jahrhunderts regeln die Sache in verschiedener Weise, vgl. z. B. die Statuten von Pistoia (ed. Zdekauer S. 66 § 33) oder die von Como, wo 1270 ganz besonders strenge Kontrollmaßregeln (Autorisation durch zwei Konsuln und das *consilium generale*, Vereidigung des Notars, Gegenzeichnung der von ihm aus fremden Imbreviaturen hergestellten Instrumente durch zwei Konsuln) vorgeschrieben und 1281 noch verschärft werden (HPM. 16, 62). Umgekehrt ist die Sache sehr leicht gemacht z. B. in den allerdings erst dem 14. Jahrhundert angehörenden Statuten von Ascoli Piceno (in den Fonti per la storia d'Italia S. 7). Die Autorisation durch die Behörde wird oft in den Beglaubigungsformeln der Notare, die davon Gebrauch machen, ausdrücklich erwähnt. — Im späteren Mittelalter nahmen sich die städtischen Behörden der Imbreviaturbücher überhaupt an: ihre Verschleuderung oder

hergestellten Instrumente dieselbe Beweiskraft, die ihnen zugekommen wäre, wenn sie von dem Notar, von dem die Imbreviatur herrührte, selbst angefertigt worden wären.[1]

Ungleich schlechter als hinsichtlich der Privaturkunden ist es mit unserer direkten, unmittelbar aus archivalischen Überresten zu gewinnenden Kenntnis von den Konzepten für ältere Königsurkunden bestellt. Hat man früher vielfach solche Exemplare von Diplomen, die in der einen oder der anderen Beziehung, etwa durch den Mangel der Datierung, des Siegels oder eines Vollziehungs-Merkmals, sich von regelmäßigen Kanzleiausfertigungen unterschieden, als Konzepte bezeichnet,[2] so ist man jetzt im allgemeinen darüber einig, daß es sich durchweg nicht um solche handelt. Schon der Umstand, daß alle jene Schriftstücke in den Archiven der Empfänger überliefert sind, macht eine solche Annahme unwahrscheinlich; es ist bisher in keinem Falle nachgewiesen, daß in der Reichskanzlei hergestellte Konzepte in die Hände der Empfänger der danach ausgefertigten Diplome gelangt

Vernichtung wurde verboten und seit dem 14. Jahrhundert begann die Einrichtung von Notariatsarchiven, in denen die Imbreviaturbücher verstorbener Notare niedergelegt wurden, vgl. Paoli-Lohmeyer S. 376 ff.

[1] Viel seltener als die Herstellung eines wirklichen Instruments nach den Imbreviaturen eines verstorbenen Notars und nur in einzelnen Gegenden üblich, war in späterer Zeit das andere, uns schon bekannte Verfahren (s. oben S. 125) eingeschlagen worden, daß der spätere Notar von der Imbreviatur eines verstorbenen Kollegen eine genaue Abschrift nahm, die er beglaubigte. Dies Verfahren scheint besonders in Trient beliebt gewesen zu sein. In dem ersten Falle, der bekannt ist, Fontt. rer. Austriac. 5, 140 n. 64, liegt die Sache allerdings ganz so, wie in dem oben S. 125 besprochenen aus Rom: der Notar Oldoricus fertigt *per preceptum et auctoritatem domini Aldrici episcopi Tridentini* (also nach 1232) die Abschrift der Imbreviatur einer Belehnungsurkunde an, die der Bischof Konrad 1199 ausgestellt hatte; es ist also nicht der Empfänger, sondern der Rechtsnachfolger des Ausstellers, der das Transsumpt der Imbreviatur zu haben wünsch, offenbar um die Erfüllung der Verpflichtungen des Belehnten kontrollieren zu können, die in die Urkunde aufgenommen waren. Aber später scheinen solche Transsumpte in Trient auch anderweit vorzukommen (vgl. v. Voltelini, Acta Tirolensia 2, XXXIII; ein Beispiel auch bei Ficker, It. Forsch. 4, 465 n. 458), und es bedurfte nun auch dazu der richterlichen Ermächtigung und einer besonderen Vereidigung des Notars. Daß ähnliches auch in Dalmatien allgemein üblich war, führt v. Sufflay aus, SB. der Wiener Akademie Bd. 147 n. VI S. 103 mit N. 4. Die meisten Statuten aber kennen dies Verfahren gar nicht.

[2] So namentlich sehr oft Stumpf in den Regesten; vgl. dagegen Sickel, Acta 1, 825; Bresslau, FDG. 13, 94; Ficker, BzU. 2, 31; Sickel, BzD. 6, 72 f. (SB. der Wiener Akademie 85, 420 f.). Zuletzt scheint auch Stumpf, Wirzburg. Immunitäten 2, 75, seinen früheren Standpunkt aufgegeben zu haben.

sind, und es ist, nach dem was wir über die Einrichtungen in der Kanzlei wissen, nicht abzusehen, wie das hätte geschehen sollen.[1] Die früher als solche Konzepte angesehenen Stücke sind vielmehr entweder bloße Abschriften, oder es sind wirkliche und vollzogene Originaldiplome, die indessen aus irgend einem Grunde mangelhaft ausgefallen sind,[2] oder endlich es sind solche Ausfertigungen, die bestimmt waren, Originaldiplome zu sein und also ganz in der Weise solcher hergestellt waren, die aber aus irgend einem Grunde kassiert wurden, ohne vollzogen worden zu sein:[3] Ausfertigungen dieser Art konnten in die Hände der Empfänger kommen, weil sie bereits auf teurem Pergament geschrieben waren, dessen Auslieferung der Empfänger, wenn er die Taxe dafür bereits bezahlt hatte oder noch bezahlen mußte, mit Recht beanspruchen konnte.[4] Begreiflich ist es dagegen, daß uns eine kleine Anzahl von solchen Entwürfen zu Königsurkunden erhalten ist, die nicht in der Kanzlei, sondern von den Parteien, welche Diplome zu erwirken wünschten, hergestellt worden waren und diesen verblieben; in einigen dieser Fälle wissen wir nicht, ob es zur Ausstellung der gewünschten Diplome gekommen ist; in anderen ist es wenigstens

---

[1] An diesem Satze halte ich gegenüber den Bemerkungen von Tangl, NA. 25, 357f., und Kehr, QFIA. 7, 8ff., durchaus fest, indem ich in Abrede stelle, daß aus dem, was von der päpstlichen Kurie in bezug auf die hier zu erörternde Frage gilt, irgend ein Schluß auf die Verhältnisse am deutschen Königshofe, zumal des früheren Mittelalters, gezogen werden darf. Kehr und Tangl haben nicht genügend berücksichtigt, daß am Königshofe eine Einrichtung wie die der Prokuratoren, die zugunsten der Parteien den Verkehr zwischen den verschiedenen Kanzleibureaus vermitteln, in deren Hände daher die Konzepte kamen, um darin zu verbleiben, völlig fehlt.

[2] Beispiele dafür Bresslau, FDG. 13, 94.

[3] Beispiele solcher Stücke aus Ottonischer und Salischer Zeit Foltz, NA. 3, 23. 24; Bresslau, NA. 6, 548ff.; doch sind davon jetzt zu streichen St. 1148 (DO. III. 283); St. 1312 (DH. II. 3); St. 1911 (DK. II. 61). Dagegen kommen hinzu die DD. K. II. 218. 251. 274. Einen interessanten Fall illustrieren KUiA. Lief. II, Taf. 10. 11.

[4] Auch das bei Ficker, BzU. 2, 31 besprochene zweite Exemplar von St. 3901 ist ursprünglich kein Konzept, sondern eine zweite, unbesiegelt gebliebene Ausfertigung jener Urkunde, wenn es auch später als Konzept für St. 3905 benutzt worden sein mag. Und ähnlich verhält es sich mit der bei Winkelmann, Acta 1, 337 n. 385, gedruckten Ausfertigung von BF. 3519, die offenbar ursprünglich bestimmt war, Reinschrift zu werden, dann aber kassiert und nun als Konzept für die wirkliche Reinschrift verwandt ist. Unbekannt ist nur, wie sie nach Venedig gekommen ist. Über einige neuerdings von Wilmans-Philippi als Konzepte bezeichnete Stücke s. unten. Unverständlich ist der von Philippi gebrauchte Ausdruck „besiegeltes Reinkonzept“ (Wilmans-Philippi 2, 369; vgl. jetzt auch Tangl, Schrifttafeln 3, 47).

nicht zweifellos verbürgt, daß ihre Ausstellung gerade auf Grund der uns erhaltenen Entwürfe erfolgt ist.[1] Für die Frage aber, ob und in welchem Umfang in der Kanzlei selbst Konzepte regelmäßig angefertigt wurden und wie sie beschaffen waren, ist aus diesen Empfängerkonzepten nichts zu erschließen.

Alles, was uns an Kanzleikonzepten aus der Zeit vor Heinrich VII. erhalten ist,[2] beschränkt sich demnach, da die älteren Angaben über solche durchaus zu verwerfen sind, auf eine kurze Notiz, die etwa den früher besprochenen St. Galler Dorsualkonzepten zu vergleichen ist; sie ist in tironischen Noten auf der Rückseite eines Diploms Karls d. Gr. geschrieben, mit dem sie nichts zu tun hat, und war also offenbar für ein anderes, verlorenes Diplom des Königs bestimmt.[3] Daß solche Dorsualnotizen in der Kanzlei allgemeiner üblich gewesen wären, ist so gut wie ausgeschlossen, da sie an keinem zweiten Original des 8. bis 11. Jahrhunderts bisher haben beobachtet werden können.[4] Dagegen ist es möglich, daß entsprechende Marginalkonzepte, die nach der Herstellung der Reinschrift entfernt worden wären, häufiger vorkamen; dafür spricht die von Tangl[5] gemachte Beobachtung, daß in den Urkunden der älteren Karolinger sehr oft, unter Karl d. Gr. fast regel-

[1] Was darüber bis jetzt bekannt ist, habe ich Bd. 1, 460 zusammengestellt; hinzuzufügen wäre vielleicht noch das DO. III. 425, doch ist die Beurteilung dieses Stückes schwierig, wie mit Recht Erben, Histor. Vierteljahrschrift 16, 392 N. 2, bemerkt; es könnte sich hier doch auch um den Versuch einer Fälschung handeln, für den eine verlorene Urkunde Ottos III. für Monte Amiata (die auch die Herausgeber annehmen) benutzt wäre. Übrigens ist noch zu bemerken, daß auch mehrere der S. 132 N. 3 erwähnten Stücke in die Kategorie solcher Empfängerentwürfe gehören, denen aber gleich die Ausstattung von Reinschriften gegeben ist.

[2] Über das unter ganz besonderen Verhältnissen entstandene Privileg für Regensburg BF. 904, das nach Philippi als Reinschrift begonnen, dann zum Konzept bestimmt, schließlich aber doch als Reinschrift ausgegeben wurde, vgl. KUiA. Text S. 136; Philippi, Kanzleiwesen S. 17.

[3] Vgl. Tangl, MIÖG. 21, 344 ff. (mit Faksimile); AfU. 1, 104; D. Kar. 115.

[4] Höchstens könnte noch die von Jusselin entzifferte tironische Dorsualnotiz auf DM. 64 (Lauer et Samaran pl. 20, Text S. 15) hierher gezogen werden, aber sicher ist das keineswegs. Sie entspricht genau der in dem Placitum enthaltenen Formel des königlichen Urteilsspruches; da nun aber das Kloster über den Ort, um den es sich dabei handelt, später Rechtsgeschäfte abgeschlossen hat und auch in einen späteren Prozeß verwickelt war (vgl. DM. 70), so ist es sehr wohl denkbar, daß jene Formel des ersten Besitztitels bei einer späteren Gelegenheit in St. Denis aus der Urkunde herausgehoben und auf der Rückseite der Urkunde verzeichnet ist.

[5] AfU. 2, 185.

mäßig der obere Rand des Pergamentblattes, erst nachdem die Reinschrift geschrieben war, abgeschnitten worden ist. Dieselbe Beobachtung läßt sich auch für einige der merovingischen, auf Pergament geschriebenen Urkunden machen; und die gleiche Erscheinung ist in Italien bis in den Anfang des 10. Jahrhunderts zu verfolgen, während in Deutschland die Zahl der Urkunden, an denen sie in den letzten Jahrzehnten des 9. und im Anfang des 10. Jahrhunderts beobachtet werden kann, sehr klein ist. Gerade dies Verhältnis aber spricht für die von TANGL an seine Beobachtung angeknüpfte Vermutung. Wenn eine Beschneidung des Pergaments nach Herstellung der Reinschrift, wodurch die Schriftzüge der obersten Schriftzeile verletzt wurden, in Deutschland gerade in der Zeit so häufig vorkommt, in der auch auf Privaturkunden Dorsual- und Marginalkonzepte sich finden, nachher aber kaum mehr nachweisbar ist, so unterstützt das die Hypothese, daß sie eben deshalb stattfand, um solche Notizen von den mundierten und aus der Kanzlei ausgegebenen Urkunden zu entfernen.

Bleiben wir hier auf Vermutungen beschränkt, so führt uns auch, was wir sonst an direkten Nachrichten aus älterer Zeit besitzen, bei der Untersuchung darüber, ob für Königsurkunden volle Konzepte regelmäßig oder häufiger angefertigt wurden, nicht viel weiter. Als Ludwig der Deutsche 854 die Ausstellung einer Urkunde für St. Gallen beabsichtigte, befahl er, wie Ratpert erzählt,[1] zunächst das Konzept anzufertigen, ließ sich dieses dann vorlegen und erteilte erst, nachdem er es gutgeheißen, dem Kanzler den Auftrag zur Herstellung der Reinschrift. Daß hier ein ausnahmsweise umständliches Vorgehen beliebt wurde, daß man nicht immer so verfuhr, wie in diesem Falle, scheinen die Worte des Schriftstellers bestimmt anzudeuten,[2] aber es muß dahingestellt bleiben, ob ihm die Anfertigung eines Konzeptes an sich oder nur seine Vorlegung an den König als ungewöhnlich erschienen ist, und das Zeugnis kann deshalb weder für noch gegen die Annahme, daß damals regelmäßig Konzepte angefertigt seien, verwertet werden.

Weiter kommen wir, wenn wir den Versuch machen, die Frage zu beantworten, ob Verfasser und Schreiber der Königsurkunden die-

---

[1] Ratpert, Casus S. Gall. (oben S. 97 N. 1): *et ut cautius haec eadem firmitatis scriptura communiretur, praecepit primitus tantummodo dictatam et in aliqua scaeda conscriptam sibi praesentari; et cum ille causam comprobaret, tunc demum cancellario praecepit, in legitimis cartis conscribere praefati pacti confirmationem.*

[2] Vgl. FICKER, BzU. 2, 23; SICKEL, SB. der Wiener Akademie 93, 684 (BzD. 7, 46).

selben oder verschiedene Personen waren. Auch in letzterem Fall ist die Annahme, daß ein Konzept angefertigt worden sei, nicht unumgänglich; es wäre an sich denkbar, daß der Diktator dem Ingrossisten die Reinschrift unmittelbar in die Feder diktiert hätte. Das mag denn auch in einigen Fällen vorgekommen sein,[1] aber wir haben keinen Anhaltspunkt anzunehmen, daß es irgendwie häufiger geschehen sei, und im allgemeinen werden wir unfraglich daran festhalten können, daß, wenn Diktator und Ingrossist einer Urkunde verschiedene Personen waren, der letztere nach einem Konzept des ersteren gearbeitet hat.

Ausdrückliche Angaben über die Verschiedenheit dieser beiden Personen finden wir häufiger nur in den langobardischen Königsurkunden, und danach scheint in der langobardischen Kanzlei die Anfertigung von Konzepten wenn nicht regelmäßig so doch recht oft vorgekommen zu sein.[2] Für die merovingische Zeit fehlen solche Angaben gänzlich,[3] und unter den Karolingern ist nur einige Male unter Ludwig dem Frommen in den tironischen Noten der Diktator genannt; es ist in sechs Fällen der Kanzleichef oder der leitende Kanzleinotar,[4] in einem Falle wahrscheinlich Einhard, der die Ausfertigung der Urkunde erwirkt haben wird und der Kanzlei den Beurkundungsbefehl überbrachte;[5] geschrieben aber sind alle diese Diplome von anderen Männern. In den späteren deutschen Königsurkunden kommen derartige Notizen überhaupt nicht mehr vor.

---

[1] Sickel, Acta 1, 153 N. 4 nimmt es z. B. für zwei Diplome Karls des Großen an, DD. Kar. 84 und 90 (wo der dafür angeführte Fehler *augeat*, statt *audeat* durch Mühlbachers Korrektur verhüllt ist), und auf ähnliches würde auch der in bayrischen Privaturkunden nicht selten begegnende Ausdruck *scripsi ex ore N.* deuten, wenn hier *ex ore* nicht bloß „auf mündlichen Befehl" bedeutet, vgl. Brunner, ZR. S. 250, Bresslau, FDG. 26, 62 N. 5. Für die erstere Auslegung kann man aus einer langobardischen Urkunde von 747 Reg. Farf. 2, 42 n. 35) die Worte *quatuor breves consimiles proprio ore dictantibus uno tenore conscripti sunt per manus Petri* heranziehen.

[2] Vgl. Chroust S. 38ff.

[3] Auf die Frage, ob in merovingischer Zeit Konzepte üblich waren, wird unten bei der Besprechung der Bedeutung der Referendar-Unterschriften noch einmal zurückzukommen sein.

[4] Mühlbacher, Reg.² 773. 831. 872. 907. 923. 987; vgl. Tangl, AfU. 1, 114. 118 (vgl. 2, 169). 121. 123. 124. 130. In den drei ersten Fällen ist der Kanzleichef Fridugis, in den beiden letzten der leitende Notar Hirminmaris der Diktator. Ob in Mühlbacher, Reg.² 907 der Kanzleichef Theoto oder Hirminmaris diktiert hat, ist noch zu untersuchen. In Mühlbacher, Reg.² 872 hat auch der Impetrant auf das Diktat Einfluß gehabt.

[5] Mühlbacher, Reg.² 656, vgl. Tangl, NA. 27, 24ff.

Auch die Vergleichung von Stil und Schrift führt uns für die ältere Zeit zu keinen Ergebnissen, die für den Mangel positiver Zeugnisse über das in Rede stehende Verhältnis entschädigen könnten. Bei den Königsurkunden des früheren Mittelalters sind Untersuchungen darüber schwierig und wenig ergiebig; die Diplome der Merovinger und der ersten Karolinger sind so überwiegend nach Formularen geschrieben, und bringen deshalb so wenig stilistische Eigentümlichkeiten einzelner Beamten zum Ausdruck, daß eine Ermittlung der Verfasser nur in seltenen Fällen möglich ist.[1] Kann danach die Frage, ob eine Anfertigung von Vollkonzepten in der älteren karolingischen Kanzlei häufig oder regelmäßig erfolgt sei, mit Sicherheit nicht beantwortet werden, so läßt sich doch sagen, daß allgemeine Gründe eher zu ihrer Verneinung führen.[2] Gerade die allgemeine Benutzung der Formularbücher wird in den meisten Fällen die Anfertigung eines Konzepts überflüssig gemacht haben; das Formular selbst war das Konzept, nach dem ein nur einigermaßen geschickter Notar die Reinschrift einer Urkunde, wenn ihm Angaben über die besonderen Verhältnisse des Einzelfalles gemacht wurden, meist ohne besondere Schwierigkeit herstellen konnte. Und so halte ich die regelmäßige Anfertigung von Konzepten, die anders beschaffen gewesen wären, als die oben erwähnten kurzen Dorsualnotizen für die Königsurkunden bis zur Mitte des 9. Jahrhunderts nicht für wahrscheinlich.

Etwas anders gestalten sich die Verhältnisse allerdings seit dieser Zeit.[3] Schon unter Ludwig dem Deutschen wurden die Diktate individueller gestaltet; die Verfasser der Urkunden machten sich von den überkommenen Formularen bis zu einem gewissen Grade unabhängig oder gebrauchten wenigstens beim Anschluß daran gewisse ihnen eigentümliche Wendungen: kurz, es wird möglich, mit einer im Laufe der Zeit immer zunehmenden Sicherheit die Mehrzahl der uns erhaltenen Diplome bestimmten, wenn auch ihrem Namen nach nicht bekannten Notaren als Verfassern zuzuweisen.[4] Vergleichen wir die Listen der

---

[1] Vgl. Sickel zu KUiA., Lief. I, Taf. 1. Nur an einigen wenigen Stücken hat Sickel stilistische Eigentümlichkeiten des Hitherius unter Karl, des Durandus und Hirminmaris unter Ludwig d. Fr. hervorgehoben, vgl. Acta 1, 127. 261. In der neuen Ausgabe der Diplome Karls d. Gr. ist auf Diktatuntersuchungen in diesem Sinne fast ganz verzichtet worden; nur bei DKar. 131 ist in Note c auf eine Stileigentümlichkeit des Notars Giltbert aufmerksam gemacht worden; vgl. dazu Erben, Histor. Zeitschr. 99, 545 f.

[2] So jetzt auch Tangl, NA. 25, 357; AfU. 2, 186.

[3] Vgl. Sickel zu KUiA. Lief. VII, Taf. 7; Text S. 153.

[4] Über die Methode der Stilvergleichung, mit der solche Untersuchungen geführt werden, s. unten Kap. XV. Abzusehen ist dabei von den sich eng an

Diktatoren und Ingrossisten, die wir sonach aufstellen können, so ergibt sich für das 9., 10. und 11. Jahrhundert, daß in der überwiegenden Mehrzahl der Fälle beide Tätigkeiten von ein und demselben Manne ausgeübt sind. Das mag an einigen Beispielen aus diesen Jahrhunderten erläutert werden. Unter Ludwig dem Deutschen und Lothar II. haben die meistbeschäftigten Notare Hadebert und Grimbland alle von ihnen geschriebenen Urkunden selbst verfaßt. Von 50 Diplomen Arnulfs, die Sickel in bezug auf Schrift und Stil untersucht hat, sind 30 bestimmt von ihren Reinschreibern auch diktiert worden; bei 9 weiteren wird die Herstellung des Diktats durch die Schreiber als möglich und nur bei 11 Stücken wird sie als ausgeschlossen bezeichnet.[1] Häufiger ist im 10. Jahrhundert die Verschiedenheit von Diktator und Ingrossist. Von vier Schreibern z. B., deren Hände sich während der Amtszeit des Kanzlers Poppo unter Otto I. unterscheiden lassen, ist nur einer selbständiger Diktator gewesen, während zwei andere stets, der dritte meistens nach Vorurkunden arbeiten oder nicht von ihnen verfaßte Texte mundieren.[2] Aber das zahlenmäßige Verhältnis scheint auch jetzt das gleiche zu bleiben wie unter den letzten Karolingern. Aus den fünf Jahren von 950—955 bezeichnet Sickel bei mehr als 20 Originalen Schreiber und Verfasser als identisch, vier sind nach Vorurkunden, eins ist nach einem Formular geschrieben, und nur bei drei oder vier Diplomen scheint sich bestimmt zu ergeben, daß sie nach fremdem Diktat mundiert sind. Und auch in den letzten vier Jahren der Regierung Ottos I. ergibt eine Zählung kein wesentlich anderes Bild. Unter Otto II. und Otto III. ist der mit der Chiffre HB bezeichnete Mann, der von 978 bis 987 und wieder von 992—994 nachweisbar ist, einer der meist beschäftigten Notare der Kanzlei. Sein Diktat ist in etwa sechzig Urkunden nachzuweisen, von denen gegen vierzig noch in originaler

---

eine Vorurkunde anschließenden Bestätigungen. Daß bei solchen in der Regel kein besonderes Konzept benutzt, sondern die Vorurkunde unmittelbar zugrunde gelegt wurde, läßt sich gegen die Ansicht Fickers, BzU. 2, 20, für eine große Zahl von Fällen direkt dartun, vgl. unten Kap. XIV. Höchstens mochten den Ingrossisten kurze Notizen über etwa vorzunehmende Abänderungen gegeben werden.

[1] Sickel zu KUiA. Lief. VII, Text S. 154. 160. 188.

[2] MG. DD. Imp. 1, 82. Vgl. auch MIÖG. 2, 270 (wo freilich die Behauptung, daß von 953—961 zumeist Diktatoren und Ingrossisten auseinander zu halten seien, mit der Durchzählung der Angaben in der Edition nicht ganz vereinbar ist) und jetzt auch Stengel, Diplomatik der Immunitätsprivilegien S. 142ff.

Überlieferung erhalten sind: drei Viertel davon hat er selbst geschrieben und nur der vierte Teil der von ihm verfaßten Urkunden ist von anderen mundiert.[1] Und selbst der Notar, der unter jenen beiden Kaisern wohl am häufigsten andere Schreiber nach seinem Diktat hat mundieren lassen — er führt in der Ausgabe die Chiffre HA[2] — hat doch wenigstens in der Mehrzahl der Fälle die von ihm verfaßten Urkunden selbst mundiert. Beinahe noch regelmäßiger fallen im 11. Jahrhundert Schreiber und Diktator zusammen. Für die Zeit Heinrichs II. möge da nur auf einen Notar (GB) hingewiesen werden, der von 1013—1024 am meisten beschäftigt war und zuletzt eine leitende Stelle in der Kanzlei einnahm; während wir gegen vierzig Originaldiplome besitzen, die von ihm verfaßt und geschrieben sind und ihn noch bei einigen anderen, die sein Diktat aufweisen, als Schreiber vermuten können, kennen wir nur drei von ihm mundierte Diplome, in denen er nach fremdem Konzept gearbeitet und ein einziges, das er verfaßt, ein anderer Mann aber ins reine geschrieben hat.[3] Und für die ganze salische Periode haben meine bisherigen Untersuchungen zu wenig anderen Ergebnissen geführt; es mag genügen, da an den merkwürdigsten und einflußreichsten Kanzleibeamten dieses Jahrhunderts zu erinnern, an Adalbero C[4] unter Heinrich IV. Während einer langen Zeit (1071—1084) hat dieser Notar den beträchtlichsten Teil der Kanzleiarbeit allein verrichtet, und gegen 80 Diplome lassen sich bestimmt als von ihm verfaßt nachweisen. Davon ist beinahe die Hälfte in originaler Gestalt oder in Nachzeichnungen, die den Schreiber erkennen lassen, auf uns gekommen, und von diesen Stücken hat Adalbero C 28 selbst geschrieben, während er nur in sieben Fällen seine Diktate von anderen Schreibern hat mundieren lassen.[5] Eine ähnliche Stellung nimmt in den letzten Jahren Heinrichs V. der Notar ein, den ich als Bruno B (Philipp B) bezeichnet habe, und in bezug auf seine Arbeiten gilt fast dasselbe Verhältnis.[6]

Sind sonach mindestens für die Mehrzahl aller Diplome aus der Zeit von etwa 850—1125 Verfasser und Schreiber dieselben Personen

[1] Vgl. die Liste der von ihm verfaßten Urkunden, die freilich für unsere Zwecke einiger Modifikationen bedarf, und in der die DD. O. II. 219. 275. 313 nachzutragen sind, bei Lechner, MIÖG. 22, 404.

[2] Vgl. über ihn Stengel a. a. O. S. 188ff.

[3] Vgl. über ihn NA. 22, 158f. 26, 429ff. MG. DD. 3, Einl. S. 22f.

[4] Ich behalte vorläufig diese Chiffre bei; später wird sie wahrscheinlich durch die Bezeichnung Adalbero B ersetzt werden.

[5] Vgl. Gundlach, Ein Diktator aus der Kanzlei Heinrichs IV., Innsbruck 1884.

[6] Vgl. Bresslau, MIÖG. 6, 113f. 121.

gewesen, so ist damit allerdings noch nicht erwiesen, daß diese sich keiner Konzepte bedient haben. An sich wäre es nicht undenkbar, daß auch die Notare, die ihre Diktate selbst zu mundieren beabsichtigten, sie zunächst in minder sorgfältiger Form fixierten, ehe sie die eigentlichen Reinschriften anfertigten; ich bin nicht gemeint zu bestreiten, daß in einzelnen Fällen wirklich so verfahren sei,[1] und ich gebe zu, daß man nach den Vorstellungen über die gute Ordnung des Geschäftsganges in der Kanzlei der Kaiser, die lange geherrscht haben, ein derartiges Vorgehen sogar als das gewöhnliche voraussetzen sollte. Aber eben von diesen Vorstellungen haben uns alle neueren diplomatischen Untersuchungen mehr und mehr abzusehen gelehrt. Die Häufigkeit von Rasuren und Korrekturen in den Urkunden beweist, daß die Notare sich nicht allzusehr davor gefürchtet haben, Fehler zu machen, die sie in der Reinschrift verbessern mußten; gerade der Grund also, der uns heute vor allem zur Abfassung von Konzepten bestimmt, wird für sie weniger ins Gewicht gefallen sein. Die Zahl der zur Verfügung stehenden Arbeitskräfte in der Reichskanzlei war, wie wir gesehen haben, eine für moderne Begriffe überaus kleine; bisweilen hat ein Mann während längerer Zeit fast alle Geschäfte besorgt, selten haben mehr als drei oder vier Notare gleichzeitig den Dienst versehen. Und dieser muß weit umfassender gewesen sein, als wir aus den erhaltenen Diplomen allein schließen können: abgesehen davon, daß wir mit verlorenen Urkunden in großer Zahl zu rechnen haben,[2] galt es eine gewiß nicht wenig umfangreiche Korrespondenz mit den Fürsten und Beamten des Reichs, bisweilen auch mit auswärtigen Fürsten, zu führen, dem König über die Einläufe zu berichten, die Antworten zu entwerfen und auszufertigen; soviel wir sehen können, hat auch diese Arbeit im 10. und 11. Jahr-

[1] So bezeichnet z. B. Sickel, DO. I. 12 als „von PA wahrscheinlich nach eigenem Konzept geschrieben". Ich weiß freilich nicht, worauf sich dieser Ausspruch gründet. Wie Stengel a. a. O. S. 144 N. 2 bemerkt hat, hat PA für dies Diplom eine ähnliche Urkunde wie das DH. I. 36 (nicht bloß für die Arenga, von der Stengel spricht, sondern noch in weiterem Umfang) als Diktatvorlage benutzt; sollte er sich da wirklich erst noch ein Konzept angefertigt haben? Dagegen ist allerdings u. a. bei DO. I. 242. 256. 268 Anfertigung eines Konzepts wahrscheinlich; aber ist es hier wirklich sicher, daß die Konzepte, wie Sickel annimmt, von einem Kanzleinotar herrühren, kann nicht auch an Einreichung derselben von der Partei gedacht werden?

[2] Sowohl die Untersuchungen Stengels wie meine eigenen haben auf eine viel größere Anzahl von Acta deperdita geführt, als man früher anzunehmen geneigt war. Und gewiß hat es sehr viel uns verlorene Urkunden gegeben, von denen wir jetzt keine Spur mehr haben, vgl. NA. 26, 421 N. 4.

hundert hauptsächlich den Kanzleibeamten obgelegen. Kurz, ihre Zeit muß so in Anspruch genommen gewesen sein, daß sie gewiß schon aus diesem Grunde jede nicht ganz unumgängliche Arbeit vermieden und schwerlich erst in einer Kladde niedergeschrieben haben werden, was sie bei der formelmäßigen Gebundenheit des Urkundenstils und der Übung in der *ars dictandi*, die sie in der Schule und in der Praxis des Amtes erworben hatten, im allgemeinen gewiß ohne allzu große Schwierigkeiten sofort ins Reine zu schreiben vermochten.[1]

Bezeichnen wir sonach für die Mehrzahl der Urkunden der besprochenen Jahrhunderte die Benutzung von Konzepten als weniger wahrscheinlich denn die sofortige Herstellung der Reinschriften durch die mit der Abfassung beauftragten Notare, so ist nur noch für die Diplome, die von verschiedenen Personen geschrieben und diktiert sind,[2] die Anfertigung von Konzepten als die auf den Befehl des Königs zunächst folgende Stufe der Beurkundung ins Auge zu fassen.

Die Beschaffenheit dieser Konzepte und insbesondere ihr Umfang lassen sich nur indirekt aus gewissen Anhaltspunkten ermitteln.[3] Als einen solchen Anhaltspunkt hat man wohl Sätze in den uns erhaltenen Ausfertigungen angesehen,[4] die ihre nachträgliche Einschiebung durch ihre unpassende Stellung verraten, teils indem sie sachlich zusammengehörige Sätze trennen,[5] teils indem sie erst am Schluß des Textes hinter der Corroboratio oder zwischen Sanctio und Corroboratio oder gar am Schluß der ganzen Urkunde stehen, obwohl sie sachliche, in die Dispositio gehörige Bestimmungen treffen. Beispiele, insbesondere der letzteren Art, sind häufig,[6] und es liegt nahe, in ihnen nachträgliche Zusätze zum Konzept zu erkennen, die am Schlusse des letzteren, sei es von dem Konzipienten selbst, sei es von einem höheren Kanzleibeamten, hinzugefügt wurden, um an passender Stelle in den Text eingefügt zu werden, deren Einfügung dann aber von dem Reinschreiber vergessen wurde: aus derartigen Zusätzen würde also zu folgern sein, erstens, daß überhaupt ein Konzept benutzt wurde,

---

[1] Auch eine nähere Betrachtung der Art der Schreibfehler und Korrekturen in den von den Verfassern selbst geschriebenen Urkunden läßt vielfach die Benutzung eines schriftlichen Konzepts nicht eben wahrscheinlich erscheinen.

[2] Abgesehen von denen, die etwa von ihren Verfassern den Schreibern unmittelbar in die Feder diktiert sind, s. oben S. 135 mit N. 1.

[3] Vgl. Ficker, BzU. 2, 43ff.

[4] Ficker a. a. O. 2, 48ff.; Mühlbacher, SB. der Wiener Akademie 92, 398f.

[5] So z. B. in St. 3766. 3990.

[6] Vgl. die Zusammenstellung Fickers a. a. O. 2, 51, die sich aber erheblich vermehren ließe und mehrfach der Korrektur bedarf.

zweitens, daß es in der Regel mit der Corroboratio, eventuell mit der Sanctio abschloß.

Allein gegen eine derartige Argumentation sind doch erhebliche Bedenken geltend zu machen. Einmal trifft sie überall da nicht zu,[1] wo Verschiedenheit der Schrift oder der Tinte in den Originalen erkennen läßt, daß die Zusätze erst nach Vollendung der Reinschrift in den freien Raum zwischen Corroboratio und Signumzeile eingetragen worden sind: sie haben dann selbstverständlich überhaupt nicht im Konzept gestanden. Da aber eine solche Nachtragung zur fertigen Reinschrift keineswegs selten ist,[2] da man also auch bei nur abschriftlich überlieferten Diplomen[3] mit dieser Möglichkeit zu rechnen hat, so werden Kopialurkunden, welche Zusätze der besprochenen Art aufweisen, für die uns beschäftigende Frage außer Acht gelassen werden müssen. Aber auch für die Originaldiplome, in denen der Schriftbefund die Nachtragung der Zusätze erst zur Reinschrift nicht erkennen läßt, ist die Schlußfolgerung Fickers nicht zwingend. Sie wäre das nur, wenn die Voraussetzung, daß überhaupt ein Konzept benutzt wäre, zuträfe; aber sie ist es ohne jene Voraussetzung keineswegs. Gerade wenn ein Diktator gleich ins Reine schrieb, konnte es ihm leicht begegnen, daß er eine sachliche Bestimmung, die ihm aufgegeben war, in den Kontext zu verweben vergaß; wurde er dessen inne, sobald er nach Beendigung des Textes diesen noch einmal überlas, so blieb ihm, wollte er nicht seine ganze Arbeit von neuem beginnen, nichts übrig als einen Zusatz an einer unpassenden Stelle anzubringen.[4] Und sonach werden wir am besten tun, von derartigen Zusätzen abzusehen, wenn wir uns über den Umfang der Konzepte unterrichten wollen.

---

[1] Von Fällen, in denen die Zusätze auf Fälschung beruhen, wie z. B. in DH. I. 34, DO. I. 381, DD. H. II. 128 (vgl. Nachträge S. 723), 182, DK. II. 140, ist natürlich ganz abzusehen.

[2] Zu den schon von Ficker a. a. O. S. 51. 54 angeführten Beispielen dafür füge ich hinzu St. 2442, vgl. KUiA. II, 13 S. 27; 2914, vgl. KUiA. II, 27 S. 38. — In DO. II. 66 steht der Zusatz: *praecipimus-commendaverit* nicht auf Linien, wie der übrige Text, auch war das Siegel schon aufgedrückt, als diese Zeilen geschrieben wurden. Über St. 3182 vgl. Wilmans-Philippi 2, 282 N. 2. 3. 4; Nachtragung erst in der Reinschrift, nach der Besiegelung, ist zweifellos.

[3] Zu ihnen gehört, wenn die in Note 2 verzeichneten Stücke abgerechnet werden, die Mehrzahl der bei Ficker 2, 51 verzeichneten.

[4] Unter Umständen ergibt sich ganz bestimmt, daß so der Hergang gewesen ist. Vgl. z. B. DH. II. 210. Auf die Corroboratio folgt von gleicher Hand und Tinte: *forestum quoque, quod ultra Albiam fluvium iacet, de quo superius specialiter non fecimus mentionem, his terminis aquarum silvarumque*

Dazu fehlt es nicht ganz an Hilfsmitteln. In einer Anzahl von Fällen sind die von bewährten und geschäftskundigen Diktatoren der Kanzlei gelieferten Konzepte in die Hände ungeübter und unbeholfener Ingrossisten gekommen. Indem diese ihren Auftrag mangelhaft ausführten, sind mancherlei Unebenheiten und Unregelmäßigkeiten in den Reinschriften entstanden, die einen Schluß auf die Beschaffenheit der Vorlagen gestatten. Solche Fälle sind für das 10. Jahrhundert mehrfach in der neuen Ausgabe der Kaiserurkunden von Sickel konstatiert worden,[1] meine eigenen Untersuchungen für das 11. Jahrhundert haben mich auf andere Beispiele aufmerksam gemacht.[2] Danach wird anzunehmen sein,[3] daß die Konzepte in der Regel lediglich den Kontext der Urkunden, aber auch diesen nicht unverkürzt enthielten. Sie gaben ausgeführt wohl nur die Formeln, für die der ihrem Verfasser zugegangene kaiserliche Befehl maßgebend war, also Narratio und Dispositio, beschränkten sich dagegen für die Eingangs- und Schlußformeln, wenn diese nicht ganz fortgelassen wurden, vielfach auf eine kurze Andeutung, etwa durch die Angabe der Formelanfänge.[4] Das Eingangsprotokoll wird regelmäßig gefehlt haben; höchstens mögen Name und Titel des Herrschers mehr oder minder vollständig angedeutet gewesen sein. Vom Eschatokoll waren vielleicht gewisse Teile der Datierung angegeben; namentlich scheint nicht selten der Ort der Handlung, bisweilen auch der Tag auf den Kon-

---

designatum (folgt die Begrenzung) *eodem sigillo nostro ad Magadeburgensem aecclesiam roboramus.* Daß dies nicht im Konzept gestanden hat, sondern eine Bestimmung ist, deren sich der ohne Konzept arbeitende Schreiber erst nachträglich erinnerte, scheint mir auf der Hand zu liegen. Dasselbe gilt für nichtkönigliche Urkunden in den Fällen UB. des Landes ob der Enns 2, 336, Wichner, Admont 2, 285, die Ficker 2, 58 anführt, aber anders erklärt, da er Anfertigung eines Konzeptes voraussetzt.

[1] Vgl. z. B. DO. I. 37 und dazu die Erläuterung SB. der Wiener Akademie 93, 719 mit N. 1, DO. I. 97. 152. 174. 175. 221. 224. 324.

[2] Einen besonders interessanten Fall (DK. II. 89) habe ich Jahrb. Konrads II. 2, 452f. eingehend besprochen.

[3] Vgl. auch Sickel, SB. der Wiener Akademie 85, 425; MIÖG. 2, 268; KUiA. VII, 11. 16, Text S. 170. 179.

[4] So daß man also die Promulgatio etwa durch *notum sit etc.*, oder *noverint etc.*, die Sanctio durch *si quis etc.*, oder *quod qui etc.*, die Corroboratio durch *et ut haec etc.*, oder *quod ut certius* (*verius*) *etc.* bezeichnete. Ein sehr bezeichnender Fall ist der des DH. II. 333. Die Urkunde ist geschrieben von GB nach einem Konzept des EC; nur die Corroborationsformel entspricht nicht dem Stil des letzteren, sondern dem des ersteren; sie hat also sicher dem Konzept gefehlt.

zepten vermerkt worden zu sein.[1] Ob eine Signierung der Konzepte durch einen höheren Kanzleibeamten stattgefunden hat, ist für die ältere Zeit nicht zu erweisen; für die zweite Hälfte des 11. Jahrhunderts sprechen manche Umstände dafür, daß wenigstens in der italienischen Kanzlei eine eigenhändige Unterfertigung der Konzepte durch den Kanzler stattgefunden hat.[2]

Unter den Regierungen Lothars III. und Konrads III. scheinen, so viel bisher festgestellt ist, Diktat und Reinschrift gerade wie unter den salischen Kaisern in der Regel von denselben Kanzleibeamten herzurühren,[3] und wir werden daher die Konzepte nicht anders beurteilen wie in der vorhergehenden Periode. Für die spätere staufische Zeit fehlt es noch an eingehenden Untersuchungen über Diktatoren und Schreiber, deren Ergebnisse sich in diesem Zusammenhang verwerten ließen.[4] Aber einige Anhaltspunkte gibt uns aus dem 13. Jahrhundert die Kanzleiordnung Friedrichs II.,[5] die zwar zunächst sizilianische Verhältnisse ins Auge faßt, aber doch vielleicht ein wenigstens einigermaßen analoges Vorgehen bei den Urkunden dieses Herrschers für das Kaiserreich vorauszusetzen gestattet. Nachdem die eingegan-

---

[1] Das ist bei DK. II. 89 sicher, und danach auch für viele andere Urkunden, in denen der Ort der Handlung, bzw. des an die Handlung sich anschließenden Beurkundungsbefehls, mit Zeitangaben verbunden ist, die sich auf spätere Stadien der Beurkundung beziehen, wahrscheinlich. Aus späterer Zeit ist der von Ficker, BzU. 2, 287ff. besprochene Fall von St. 3777 gewiß so zu erklären.

[2] Vgl. Ficker, BzU. 2, 173; Bresslau, MIÖG. 6, 125ff. 128f.

[3] Vgl. Schultze, Die Urkunden Lothars III. S. 32ff.; Graber, Die Urkunden Konrads III. S. 20ff. Wenn Graber S. 17 N. 2 annimmt, daß in den meisten Fällen unter Konrad III. nach Konzepten gearbeitet worden sei, weil Rasuren und Korrekturen in den Reinschriften nur selten vorkommen, so ist ein solcher Schluß nicht ohne weiteres gerechtfertigt.

[4] Die sehr interessanten Ausführungen Erbens (Das Privilegium Friedrichs I. für das Herzogtum Österreich S. 5ff.) über Diktate aus der ersten Zeit Friedrichs I. berücksichtigen die Schrift nicht. Schum andererseits hat im Texte zu KUiA. Lief. 10 zwar mancherlei über die äußeren Merkmale der staufischen Diplome des 12. Jahrhunderts beigebracht, die Diktate aber zumeist nur obenhin besprochen.

[5] Philippi, der in seiner Schrift über das Kanzleiwesen Friedrichs II. an verschiedenen Stellen die regelmäßige Anfertigung von Konzepten als feststehend zu betrachten scheint, ist auf die Diktate nicht näher eingegangen. Für unsere Frage wichtig ist seine Ausführung über die Registrierung S. 32f., die er im Gegensatz zu Ficker, BzU. 2, 37ff., nach den Originalen, nicht nach Konzepten geschehen läßt (vgl. auch v. Heckel, AfU. 1, 452); dagegen kann ich seinen Ansichten über den Gang der Beurkundung S. 34 nur teilweise zustimmen.

genen Petitionen und Briefe an bestimmten Wochentagen in der Kanzlei verlesen waren,[1] wurden nach dieser Ordnung die Bescheide entweder sofort oder, wenn eine Entscheidung des Kaisers einzuholen war, nach deren Eingang auf die Rückseiten der Einläufe geschrieben und dann an die Notare zur Ausfertigung der Urkunden und Briefe verteilt. Was auf die Rückseite geschrieben wurde, war offenbar kein ausgeführtes Konzept, sondern nur eine summarische Zusammenfassung des sachlichen Bescheides.[2] Dann wurden von den Notaren binnen kurzer Frist die Reinschriften eingereicht und gingen, nachdem sie von den Oberbeamten der Kanzlei gebilligt waren, an das Siegelamt, um demnächst ausgehändigt oder abgesandt zu werden. Es fand also eine Revision nur der Reinschriften, nicht etwaiger Konzepte durch die Oberbeamten statt; wenn die Notare vollständige Konzepte anfertigten, worüber sich nichts feststellen läßt, so war das lediglich ihre Privatsache, und die Konzipierung bildet kein für uns in Betracht kommendes Stadium des Beurkundungsgeschäfts. Die schriftliche und summarische Instruktion der Notare über den sachlichen Inhalt des anzufertigenden Schriftstückes erfolgte gleichzeitig mit dem Beurkundungsbefehl; die nächste für uns erkennbare Stufe des Beurkundungsgeschäfts ist sofort die Herstellung der Reinschrift. Sicher ist aber, daß die Ingrossisten der Urkunden regelmäßig dieselben Notare sind, die auch ihre Abfassung besorgen; eine Arbeitsteilung, wie wir sie oben wenigstens für eine Anzahl von Urkunden kennen gelernt haben, so daß der eine Notar das Diktat, ein anderer die Reinschrift anfertigt, fand nach der Kanzleiordnung Friedrichs II. nicht statt.[3]

---

[1] Daß nur an Montagen, Mittwochen und Freitagen „Konzepte zur Ausfertigung angewiesen wurden", wie Philippi S. 33 schreibt, steht in der Kanzleiordnung nicht.

[2] Winkelmann, Acta 1, 736: *scribentur responsa litterarum in tergo cuiuslibet, prout summatim notariis dari poterit intellectus.* Bei den Petitionen ist der Ausdruck nicht so bestimmt, aber das Verfahren sicherlich das gleiche.

[3] Ganz dasselbe gilt von der wohl angiovinischen Kanzleiordnung (vgl. Bd. 1, 582 N. 3), Winkelmann, Acta 1, 739; über die frühere normannische Zeit vgl Bd. 1 S. 574f. Die Gründe, aus denen K. A. Kehr S. 126 N. 5 für diese Zeit Anfertigung von — freilich nicht vollständigen — Konzepten annimmt, scheinen mir nicht völlig durchschlagend zu sein. Anders aber steht es unter Karl I. nach dessen Ordnung von 1268, Winkelmann, 1, 740f. Hier ist von einer Bescheidung *in tergo* nicht mehr die Rede; den Oberbeamten der einzelnen Bureaus, Protonotar, *magistri iusticiarii, magistri rationales* usw., werden die Einläufe zur Erledigung überwiesen; der Protonotar hat stets zwei Schreiber für die Anfertigung von Konzepten und Reinschriften (*pro notandis et grossandis litteris*). Ich zweifle nicht, daß hier das Vorbild der päpstlichen Kanzleigebarung eingewirkt hat.

Wenden wir uns dem 14. und 15. Jahrhundert zu, so sind uns mancherlei Konzepte von Königsurkunden unter den beim Tode Heinrichs VII. in Italien zurückgebliebenen Archivalien erhalten. Zumeist handelt es sich aber dabei um Imbreviaturen oder Konzepte der Kammernotare,[1] deren Geschäftsbehandlung ganz dem Brauche der italienischen Notare, den wir kennen gelernt haben, entsprach. Konzepte, an denen die Kanzlei Anteil hatte, haben sich in Turin oder Pisa nur in sehr geringer Zahl vorgefunden.[2] Demnächst besitzen wir einzelne Konzepte aus der Kanzlei Ludwigs des Bayern und seines Sohnes Ludwigs des Älteren, die in deren Registraturbücher eingeheftet sind.[3] Zwei Konzepte zu Urkunden Karls IV. aus den Jahren 1366 und 1372 sind neuerdings in einem aus der Kanzlei dieses Kaisers stammenden, wahrscheinlich von dessen Kanzler, Johann Bischof von Olmütz, angelegten Sammelbande des Wiener Staatsarchivs aufgefunden worden.[4] In ähnlicher Weise wie in den Registerbüchern Ludwigs des Baiern sind dann auch in denen Sigmunds, Albrechts II. und Friedrichs III. Urkundenkonzepte eingeheftet worden,[5]

[1] Vgl. Bd. 1, 544ff.

[2] Dazu gehören MG. Const. 4, 522 N. *; 737 n. 751 (eine zum Konzept umgestaltete Reinschrift); 1024 n. 985. Die von Ficker, SB. der Wiener Akademie 14, 158, aufgezählten Stücke, die in Pisa liegen, sind in der Kanzlei zurückbehaltene Abschriften von Urkunden Heinrichs, wie der Schreibstoff (Pergament; zu Konzepten wurde dort und damals vorwiegend Papier verwandt) und der Mangel an Korrekturen wahrscheinlich machen.

[3] Liber privileg. n. 25 im Reichsarchiv zu München, f. 70: Konzept Ludwigs des Älteren mit der Kanzleinotiz: *registretur de verbo ad verbum;* die Registrierung ist unterblieben oder vielmehr durch Einheften des Blattes ersetzt worden. Das Pergamentblatt zeigt viele Korrekturen von erster Hand. f. 73—75: drei Pergamentblätter mit den mehrfach durchkorrigierten Konzepten der Urkunden Ludwigs des Bayern, Böhmer, Reg. 473—478. f. 95: Papierblatt mit in gleicher Weise korrigiertem Konzept von Reg. 914 usw. Unter den aus fürstlichen Kanzleien hervorgegangenen Konzepten des 14. Jahrhunderts ist von besonderem Interesse die von Rudolf Losse, Notar und Offizial Erzbischof Balduins von Trier, angelegte Handschrift, die neben Originalen und Kopien zahlreiche von Losse verfaßte Konzepte enthält. Sie befindet sich jetzt im Archiv zu Darmstadt, vgl. Ficker, SB. der Wiener Akademie 11, 679ff.; vgl. Priesack und Schwalm, Westdeutsche Zeitschrift 8, 81ff.

[4] Vgl. Steinherz, MIÖG. 9, 616f. Das eine der beiden Konzepte ist von einem Beamten (mit starken Kürzungen des Eschatokolls) entworfen, von einem zweiten, ehe es mit Zeugen und Datierung versehen wurde, durchkorrigiert, ein dritter hat den Unterfertigungsvermerk darunter gesetzt. Das andere Konzept weist keine Kanzleinoten, aber zahlreiche Korrekturen auf.

[5] Abbildungen von Konzepten Sigmunds bei Chroust a. a. O. 1, Lief. 13, Taf. 3, ebenda Taf. 7, ferner KUiA. Lief. XI, Taf. 23[b] und Arndt-Tangl, Schrifttafeln 2[4], n. 67; aus den Konzeptbüchern Maximilians bei Chroust a. a. O. Lief. 13,

und daß sich in den fürstlichen und städtischen Archiven des 15. Jahrhunderts Konzepte in nicht kleiner Zahl und verschiedenster Gestalt erhalten haben, ist bekannt genug.[1] Endlich geben die Registerbücher Ludwigs des Bayern, Karls IV. und seiner Nachfolger im Reiche sowie der geistlichen und weltlichen Fürsten des 14. und 15. Jahrhunderts nicht nur zahlreiche Abschriften, die nach Konzepten gemacht sind, sondern sie selbst sind bisweilen geradezu benutzt worden, um die ersten Entwürfe der Urkunden darin einzutragen.[2]

Hat somit ohne Zweifel der Brauch der Anfertigung von Konzepten an Ausdehnung bedeutend gewonnen, so ist doch nicht ohne weiteres zu folgern, daß regelmäßig und für alle Urkunden die Herstellung von Konzepten stattgefunden habe. Die Möglichkeit, daß gewisse Arten von Diplomen, insbesondere Privilegienbestätigungen, in denen wesentlich nur Vorurkunden zu kopieren und mit feststehenden Eingangs- und Schlußformeln zu versehen waren, daß ferner gewisse Urkunden minder wichtigen und sich stets gleichbleibenden Inhalts, Legitimationen, erste Bitten, Ernennungen zu Notaren, Aufnahmen in die Familiarität usw. nach den in der Kanzlei vorhandenen Formularen sofort ins Reine geschrieben wurden, kann nicht bestritten werden.[3] Nur das wird man im allgemeinen bestimmt annehmen dürfen, daß die Formen der Geschäftsbehandlung im Laufe dieser zwei Jahrhunderte sich immer stetiger und fester herausbildeten, und daß damit auch der Brauch der Anfertigung von Konzepten immer all-

---

Taf. 8. 9. — Konzepte von Briefen Friedrichs III. hat auch dessen Kanzleisekretär Enea Silvio in die Sammlung seiner Korrespondenz aufgenommen, vgl. Wolkan, Der Briefwechsel des Enea Silvio Bd. 2. Von besonderem Interesse ist der Brief 2, 49 n. 27 an König Wladislaw von Polen, über den Hufnagl, MIÖG. 31, 330f., noch weitere Mitteilungen gemacht hat. Danach hat der Kanzler Schlick erst ein deutsches, dann ein lateinisches Konzept dieses Briefes entworfen und das letztere sodann dem Enea Silvio übergeben mit der Bemerkung: *domine Enea, aptetis hoc ornatius, effectu non mutato.* Darauf hat Enea Silvio das endgültige Konzept in geschmückterem Stile hergestellt. Vgl. Lindner S. 149ff.; Seeliger, MIÖG. Erg. 3, 320ff. Für Konzepte Heinrichs VII., Karls IV., Wenzels und Sigmunds ist der Ausdruck *notula* überliefert; vgl. MG. Const. 4, 560 n. 599; 582 n. 619 und öfter, ferner Lindner S. 150 und Archival. Zeitschrift 4, 167, sowie Huber, Reg. n. 6193.

[1] Vgl. z. B. über Konzepte in der brandenburgischen Kanzlei Lewinski S. 119ff.

[2] So schon der oben erwähnte Liber privilegiorum n. 25. Gegen das Ende des Bandes sind darin Konzepte Ludwigs des Älteren eingetragen, vgl. die Abbildung solcher Konzepte bei Chroust, Mon. palaeograph. I, Lief. 2, Taf. 10.

[3] Vgl. Lindner S. 148.

gemeiner wurde, Am Ende des Mittelalters muß er völlig herrschend gewesen sein. Die Reichskanzleiordnung von 1494[1] setzt die Anfertigung von Konzepten anscheinend für alle Urkunden voraus; sie bestimmt, daß die Konzepte, welche die Sekretäre anfertigen, regelmäßig vom Kanzler unterzeichnet werden sollen, ehe die Reinschrift hergestellt wird, und daß keine Reinschrift besiegelt werden soll, ohne daß sie vorher mit dem Konzept kollationiert ist.

Eine Unterzeichnung durch den Kanzler, wie sie hier vorgesehen ist, habe ich auf den mir bekannt gewordenen Konzepten des 14. Jahrhunderts noch nicht bemerkt.[2] Nur einmal habe ich auf einem der in das Register Ludwigs des Baiern eingeschriebenen Konzepte ein kleines Stückchen Siegelwachs gefunden;[3] es ist möglich, daß hier ein die Ermächtigung zur Mundierung und Vollziehung der Urkunde erteilendes Siegel eines oberen Kanzleibeamten sich befunden hat. Im 15. Jahrhundert kommt dagegen auf den Konzepten Sigmunds und Friedrichs III. Unterzeichnung durch den Protonotar häufig, wenn auch nicht regelmäßig vor. Beschaffenheit und Umfang der Konzepte sind im 14. und 15. Jahrhundert noch nicht vollkommen gleichmäßig. Insbesondere sind die Protokollformeln bald mehr bald weniger verkürzt;[4] die Datierung fehlt entweder gänzlich[5] oder sie ist bald von der Hand des Konzipienten selbst, aber mit anderer Tinte,[6] bald von der Hand eines anderen Beamten, wahrscheinlich des Kanzlers oder Protonotars, nachgetragen.[7] Die Unterfertigungen scheinen, soweit sich aus den in die Register übergegangenen Abschriften der Konzepte schließen läßt, unter Karl IV. ziemlich regelmäßig auf den letzteren bereits vorhanden gewesen zu sein; unter Ruprecht sind sie vielfach im Register selbst erst nachgetragen, scheinen also in solchen Fällen

---

[1] Posse, Privaturkunden S. 205, §§ 2. 3; Seeliger, Archival. Zeitschr. 13, 2f.; vgl. auch die erbländische Kanzleiordnung Maximilians I. bei Adler S. 514.

[2] Der vom Protonotar kollationierte und signierte Vertrag K. Wenzels mit Richard von England (vgl. Archival. Zeitschr. 4, 167) berechtigt nicht, für andersartige Urkunden des Königs das gleiche anzunehmen.

[3] Liber privileg. n. 25 im Reichsarchiv zu München f. 84[b]; vgl. über analoge Beobachtungen Grauerts an Reinschriften unten.

[4] In dem Originalkonzept Ludwigs des Älteren (oben S. 145 N. 3) ist auch der Titel ganz vollständig wiedergegeben.

[5] So bei den Konzepten von Böhmer, Reg. Lud. 474. 475. 477 und bei Konzepten Sigmunds s. Lindner S. 149, sowie bei dem Konzept Friedrichs III. Chroust, a. a. O. 1, Lief. 13, Taf. 7.

[6] So bei Reg. Lud. 473. 476. 478. 914.

[7] Vgl. Lindner S. 149ff., vgl. auch die Jahresangabe in dem Konzept bei Chroust a. a. O. 1, Lief. 13, Taf. 3.

auf den Konzepten noch gefehlt zu haben; und dasselbe scheint wenigstens zeitweilig auch von den Konzepten Sigmunds und Friedrichs III. zu gelten, auf denen aber bisweilen die Unterfertigung nachgetragen wurde.[1]

Wir haben bisher hauptsächlich von solchen Konzepten gesprochen, die in der Kanzlei des Ausstellers angefertigt sind. Wesentlich anders sind aber von jeher die meisten Vertragsurkunden (*pacta*) behandelt worden, welche die Beziehungen der Könige zu den Päpsten oder auswärtigen und einheimischen Fürsten oder Kommunen oder dieser untereinander regelten. Daß derartige Urkunden regelmäßig nach Konzepten mundiert sind, versteht sich bei ihrer Wichtigkeit und der Tragweite, die jede einzelne Vertragsbestimmung haben mußte, von selbst. Ebenso selbstverständlich aber ist es, daß man die Herstellung dieser Konzepte nicht dem gewöhnlichen Kanzleipersonal oder wenigstens nicht ihm allein überlassen konnte, auch wenn diesem schließlich die Mundierung der festgestellten Entwürfe zufiel. Vielmehr wurden solche Entwürfe ohne Zweifel schon in den diplomatischen Verhandlungen, die dem Abschluß jedes Vertrages vorangehen, nicht nur ihrem Inhalt, sondern auch ihrem Wortlaut nach vereinbart,[2] wobei ja immerhin die Kanzleioberbeamten, die ohnehin besonders gern mit diplomatischen Aufträgen betraut wurden, mitgewirkt haben können.[3] Indem derartige Entwürfe in den Archiven der vertragschließenden Teile aufbewahrt und oft von Geschichtschreibern, Rechtsgelehrten oder Politikern kopiert wurden, haben Urschriften[4] und Abschriften

---

[1] Vgl. Seeliger, MIÖG. Erg. 3, 333ff.

[2] Vgl. die Ausführungen von Sickel, Privilegium Ottos I. S. 84ff. 166ff. über die älteren Verträge der Kaiser mit der römischen Kurie; Fanta, Über die Verträge der Kaiser mit Venedig vor 983, MIÖG. 1, 104ff. 112, und über andere ältere Verträge seit der merovingischen Zeit ebenda, 1, 113ff.; Bresslau, MIÖG. 6, 116ff., über die Vertragsentwürfe von 1119 und den Vertrag von 1122 zwischen Heinrich V. und der römischen Kurie; Kehr, NA. 13, 77ff. über Verträge Friedrichs I. Über Vertragsentwürfe im allgemeinen Ficker, BzU. 2, 45ff. — Ein sehr lehrreicher Fall der Art ist von K. A. Kehr, NA. 27, 758ff., besprochen worden. Auf die Fassung des von dem kaiserlichen Protonotar Wortwin geschriebenen Privilegs Friedrichs I. von 1177 über den Abschluß des Waffenstillstandes mit König Wilhelm von Sizilien haben sizilianische Kanzleibeamte einen deutlich nachweisbaren Einfluß ausgeübt, sie haben zweifellos ein Konzept dafür eingereicht.

[3] Daß bei der Mundierung dann von dem damit beauftragten Kanzleibeamten einzelne sachlich nicht in Betracht kommende Ausdrücke dem Kanzleistil entsprechend formuliert werden konnten, läßt sich an dem Wormser Konkordat von 1122 gut verfolgen, vgl. MIÖG. 6, 121.

[4] S. oben S. 118 N. 3.

davon[1] sich schon aus einer Zeit erhalten, aus der uns Konzepte andersartiger Urkunden nicht überblieben sind.

Aber auch abgesehen von solchen Vertragsentwürfen sind im Mittelalter die Konzepte zu Urkunden der Könige und Fürsten oft genug nicht von Beamten der Aussteller hergestellt worden. Wenn wir früher sahen,[2] daß es seit dem Ende der karolingischen Periode bisweilen, in gewissen Zeiten sogar recht häufig von der königlichen Kanzlei den Empfängern der Urkunden überlassen wurde, sogar ihre Reinschriften ganz oder teilweise anzufertigen, so darf es uns nicht wundernehmen, daß in kaum minder zahlreichen Fällen diejenigen, welche eine Königsurkunde zu erwirken wünschten, ihre Wünsche gleich in die Form eines Urkundenkonzeptes kleideten, das dann in der Kanzlei lediglich mundiert zu werden brauchte. Einzelne derartige Empfängerkonzepte sind uns, wie schon früher bemerkt wurde, noch erhalten, und sehr häufig geben die von einem Kanzleibeamten nach einem Konzept der Partei geschriebenen Urkunden ihre Entstehung durch eine von den Kanzleibräuchen abweichende Fassung zu erkennen.[3]

Nicht immer übrigens ist ein derartiges Konzept, das der Petent eingereicht hatte, ohne weiteres von der Kanzlei akzeptiert worden, und im späteren Mittelalter ist es darüber nicht selten zu längeren Verhandlungen gekommen, zumal wenn die Bitte von einem einflußreichen Fürsten oder einer angesehenen Stadt gestellt war. Besonders eingehende Kunde haben wir von solchen Verhandlungen aus dem Jahre 1400, da die Stadt Straßburg die Bestätigung ihrer Privilegien

---

[1] So schon die Vertragsentwürfe von 1119 bei Hesso, vgl. MIÖG. 6, 118. Beispiele aus späterer Zeit, die sich jetzt leicht vermehren ließen, bei Ficker, BzU. 2, 45ff.; vgl. die Ausgabe der Constitutiones et acta publica der MG.

[2] Bd. 1, 461 (mit N. 2) ff.

[3] Bd. 1, 460, s. oben S. 133 N. 1. Dort sind nur Beispiele aus dem früheren Mittelalter angeführt. Aus späteren Jahrhunderten sind die erhaltenen Empfängerkonzepte zahlreicher; hier sei nur ein besonders interessantes Stück angeführt, das Konzept zu einer Urkunde Ludwigs des Bayern für den Deutschen Orden, das in der Ordenskanzlei entworfen und mit den Siegeln des Hochmeisters sowie des bei der Ausfertigung gleichfalls interessierten Herzogs Heinrich von Bayern versehen ist; es muß, nachdem auf Grund davon das Original in der Reichskanzlei hergestellt war, mit diesem dem Ordensmeister zurückgegeben sein und befindet sich jetzt im Staatsarchiv zu Königsberg. Korroborationsformel, Datierung und Signumzeile fehlen diesem Konzept und sind erst im Original hinzugefügt. Vgl. v. Pflugk-Harttung, Der Johanniter- und der Deutsche Orden im Kampfe Ludwigs des Bayern mit der Kurie (Leipzig 1900) S. 187f.; Werminghoff, AfU. 5, 26.

von König Ruprecht erbat: das von ihren Vertretern vorgelegte Konzept (Nottel) wurde beanstandet, da darin die Rechte der Stadt über das in den Vorurkunden enthaltene Maß hinaus erweitert waren und der König den Kurfürsten kurz vorher versprochen hatte, solche Erweiterung städtischer Privilegien nicht zu bewilligen. Erst nach längeren Erörterungen zwischen den Vertretern der Stadt und den Räten des Königs traf Ruprecht selbst die Entscheidung, wie es scheint, zugunsten der Stadt.[1]

Abgesehen von vereinzelten Ausnahmefällen ist in der päpstlichen Kanzlei den Parteien ein Anteil an der Abfassung der Konzepte nicht verstattet worden.[2] Aber daß es hier schon in früher Zeit Brauch war, Urkunden nicht sofort ins reine zu schreiben, sondern vorher Konzepte davon anzufertigen, kann nicht wohl bezweifelt werden. Denn wenn auch aus dem, was wir über die päpstlichen Registereintragungen der ältesten Zeit wissen, auf das Vorhandensein von Konzepten kein sicherer Schluß mehr gezogen werden kann, da, wie wir früher gesehen haben,[3] die neueren Untersuchungen zu der Annahme geführt haben, daß diese Eintragungen in der Regel auf Grund der Originale angefertigt worden sind, so ist doch wenigstens für die Zeit Johanns VIII. und ebenso für die Zeit Gregors VII.,[4] wahrscheinlich also doch auch für die zwischen diesen beiden Regierungen liegende Epoche, Registrierung auf Grund der Konzepte anzunehmen. Und wenn dadurch wenigstens für die Zeit seit dem Ende des 9. Jahrhunderts die regelmäßige Anfertigung von Konzepten in der päpstlichen Kanzlei bewiesen wird, so ist sie schwerlich erst damals aufgekommen, sondern aller Wahrscheinlichkeit nach auf eine von alters her bestehende Übung zurückzuführen.

---

[1] RTA. 4, 193f, 197. — Hier mag auch angemerkt werden, daß bei der Wahl Albrechts II. die Kurfürsten den Wunsch äußerten, durch ständige, am königlichen Hofe residierende Vertreter einen Einfluß auf die Feststellung des Wortlauts von Privilegienbestätigungen, insbesondere für Städte zu gewinnen; vgl. Altmann, Wahl Albrechts II. S. 40. 43. 84. 86.

[2] Mit Vertragsurkunden steht es natürlich auch hier anders. So ist z. B. die päpstliche Ausfertigung des Konkordats von 1122 gerade so gut wie die königliche in den Verhandlungen von Worms vereinbart worden. — Im übrigen sind nur für die Mitte des 11. Jahrhunderts gewisse Anzeichen dafür vorhanden, daß die Herstellung von Konzepten für Papsturkunden den Parteien überlassen wurde, vgl. Bd. 1, 234.

[3] Bd. 1, 117.

[4] Bd. 1, 117. 741.

Die Herstellung der Konzepte[1] mag in älterer Zeit und bis zum 11. Jahrhundert oft denselben Beamten übertragen gewesen sein, denen es auch oblag, die Reinschriften anzufertigen;[2] später aber, mindestens vom 13. Jahrhundert ab,[3] waren die Funktionen des Konzipierens und des Mundierens, wie wir früher gesehen haben, regelmäßig verschiedenen Beamten anvertraut.[4] Im 13. Jahrhundert wurden die Konzepte bei Gnaden- und Justizsachen auf Grund der vom Papste oder dem Vizekanzler genehmigten Suppliken von den Notaren oder ihren Abbreviatoren abgefaßt und nach der von dem *corrector litterarum apostolicarum* vorgenommenen Revision den Scriptoren zur Reinschrift überwiesen. Im 14. Jahrhundert waren die Notare und ihre Abbreviatoren nur noch bei den Justizsachen beteiligt, während die Gnadenbriefe von den Kanzleiabbreviatoren entworfen wurden. Wie es mit der Herstellung der Konzepte für die in den Geschäften der Kurie selbst, nicht auf Ansuchen eines Petenten ausgestellten Urkunden und Briefen (den später sog. *litterae de curia*) bestellt war, darüber haben wir für die ältere Zeit keine genauere Kunde. Daß die Päpste selbst Konzepte für besonders wichtige Briefe oder für solche in mehr persönlichen Angelegenheiten entworfen haben, ist gewiß zu allen Zeiten vorgekommen, aber nur selten bezeugt. In dem Registrum Gregors VII. sind einige so entstandene Schreiben durch die Bemerkung *dictatus*

---

[1] Was wir Konzept nennen, hieß in der päpstlichen Kanzlei im 13. Jahrhundert *nota* (vgl. Chron. Evesham. zum Jahre 1205, ed. Macray S. 170, und die Bestimmungen der Kanzleiordnungen bei Tangl, KO. S. 54 § 9, 60 § 4, 66 § 9). Auch ein am Hofe Clemens' V. entworfenes Konzept zu einer Urkunde, die Philipp IV. von Frankreich ausstellen sollte, wird *nota* genannt, QFIA. 7, 228 (daher heißt ein Konzept entwerfen *litteras notare*). Diese Bezeichnung gilt auch noch zur Zeit Johanns XXII., Tangl a. a. O. S. 92ff., und ich finde sie noch 1356 (Göller, QFIA. 10, 304. 308); in den Kanzleiregeln Johanns XXII. rührt der Ausdruck *minuta* gewiß von der Überarbeitung her, welcher die älteren Regeln unter Gregor XI. unterzogen sind. Nachgewiesen finde ich den Ausdruck *minuta* zuerst in den Konzeptbüchern Innocenz' VI. (Werunsky, MIÖG. 6, 141); vgl. auch das Inventar von 1369 (Göller a. a. O. 10, 311) und die Verordnung Gregors XI. von 1372 (Tangl, KO. S. 126 n. 20). Eine Zeitlang mögen übrigens die ältere und die jüngere Bezeichnung nebeneinander hergegangen sein.

[2] Darauf führen die von mir angestellten Untersuchungen über Schreiber und Diktatoren, die bei der Gewohnheit, die Schreiber zu nennen, auch an Kopialurkunden angestellt werden können, deren Sicherheit freilich durch die häufige Wiederkehr der gleichen Namen (Petrus, Benedictus, Stephanus u. a. m. beeinträchtigt wird. Vgl. aber auch Kehr, MIÖG. Erg. 6. 81.

[3] Für das 12. Jahrhundert vgl. Bd. 1, 268f. mit N. 1 auf S. 269.

[4] Vgl. Bd. 1, 273ff. 312ff.

papae gekennzeichnet; aber diese ist keineswegs allen vom Papst entworfenen Stücken beigefügt, vielmehr ist, wie eine neuere Untersuchung gezeigt hat, die Zahl der von Gregor ganz oder teilweise entworfenen Briefe viel größer, als die Zahl derjenigen, die ausdrücklich als seine Diktate bezeichnet werden.[1] Im 13. Jahrhundert hat Berard von Neapel bei einzelnen, in seine Briefsammlung aufgenommenen Stücken ausdrücklich vermerkt, daß Papst Clemens IV. selbst sie verfaßt habe.[2] Und in anderen Fällen haben gewiß auch Mitglieder des Kardinalkollegiums oder Oberbeamte hoher Verwaltungsbehörden, die nicht der Kanzlei angehörten, an der Abfassung solcher wichtigen Dokumente Anteil gehabt.[3] Im allgemeinen aber war die Konzipierung der *litterae de curia* und *litterae secretae* wie der Breven in den letzten Jahrhunderten des Mittelalters Sache der päpstlichen Sekretäre,[4] die sich aber bisweilen auch hierbei der Hilfe von anderen Beamten bedienten und die Abfassung der Gnadenbriefe, für die sie die Gebühren erhoben, am Schlusse des Mittelalters kaum noch selbst zu besorgen pflegten.[5]

Ungeachtet dieser Organisation hat es nun aber in der päpstlichen Kanzlei bis ins 14. Jahrhundert hinein Fälle gegeben, in denen von der Anfertigung eines Vollkonzeptes Abstand genommen wurde. Wenn nämlich eine Bestätigungsurkunde auszustellen war, die im wesentlichen den Wortlaut des zu bestätigenden Privilegs oder Briefes wiederholen wollte, so hat man oft das Original oder eine Abschrift dieser Vorurkunde unmittelbar als Konzept für die neu auszustellende verwandt; die Veränderungen, die an dem Wortlaut der Vorurkunde vorzunehmen waren, wurden dann entweder in sie hineinkorrigiert oder an ihrem Rande oder auf ihrer Rückseite eingetragen oder auch auf dem für die neue Urkunde bestimmten Pergamentblatt vermerkt, das dem mit der Mundierung beauftragten Schreiber zugleich mit der zu bestätigenden Urkunde übergeben wurde. Ein merkwürdiger Fall der Art ist bereits aus dem 11. Jahrhundert bekannt. Von einem Privileg Benedikts IX. für das Domkapitel zu Florenz wird in dem Archiv des Kapitels eine Abschrift aufbewahrt, die zu einem Konzept für ein Privileg Leos IX. umkorrigiert worden ist, und diese Korrektur hat der Kanzler Leos selbst vorgenommen. Das so hergestellte Konzept

---

1 Vgl. Blaul, AfU. 4, 113ff.

2 Vgl. Kaltenbrunner, MIÖG. 7, 35.

3 Über die Beteiligung des Kämmerers an Briefen Clemens' V. an die Könige von Deutschland und Frankreich vgl. Schwalm, QFIA. 7, 221ff.

4 Vgl. Göller, QFIA. 10, 316f.

5 Vgl. Bd. 1, 316ff.

ist dann zwar bei der Ausfertigung des Privilegs Leos IX., dessen Original noch vorhanden ist, benutzt worden; aber der Kanzleibeamte, der es hergestellt hat, hat sich einige orthographische Abweichungen von seiner Vorlage erlaubt, und überdies ist in das Original ein im Konzept noch fehlender Passus aus einer Schenkungsurkunde des Bischofs von Florenz eingefügt worden.[1] Im 12. und 13. Jahrhundert ist es sehr häufig vorgekommen,[2] daß solche mehr oder minder, bisweilen auch gar nicht abgeänderte Originale oder Abschriften päpstlicher Urkunden[3] als Konzepte für die Bestätigungen verwandt worden sind.[4]

---

[1] Vgl. Kehr, GGN. 1898 S. 496ff. mit Faksimile-Fragment der korrigierten Abschrift. — Einen ähnlichen Fall möchte v. Pflugk-Harttung (Histor. Vierteljahrschrift 3, 234ff.) an dem Privileg Calixts II. für Kloster Springiersbach, Jaffé-L. 6778 konstatieren. Aber da hier, wenigstens nach den Angaben Pflugk-Harttungs, Korrekturen nicht vorhanden zu sein scheinen, so fehlt gerade das, woran man zumeist ein Konzept am sichersten erkennen kann.

[2] Beispiele geben Kehr, QFIA 7, 10ff.; Göller, ebenda 10, 306. 308 N. 2; Baumgarten, Römische Quartalschrift 21, 143ff. mit beachtenswerten Bemerkungen über das ganze Verfahren. — In diese Kategorie gehört auch das in den Dissertazioni della pontificia accademia di archeologia Ser. II Bd. 6 (Rom 1896) abgebildete Privileg Innocenz' IV. vom 9. Aug. 1253 mit den wohl von einem höheren Kanzleibeamten herrührenden, den Beurkundungsbefehl enthaltenden Randbemerkungen *ad instar fiat S.* und *ex causis manifestis mihi et protectori fiat ad instar*, die Cozza-Luzi a. a. O. S. 27ff. vollständig mißverstanden hat und die ihm zu einer sentimentalen Novelle über die Beziehungen Innocenz' IV. zu der heiligen Clara Veranlassung gegeben haben.

[3] Auch außerhalb der päpstlichen Kanzlei ist solche Benutzung von Originalurkunden zur Anfertigung von Konzepten öfter vorgekommen. Über einen interessanten Fall aus dem Ende des 13. Jahrhunderts aus Minden s. oben S. 118 N. 2. In der kaiserlichen Kanzlei könnte so eine Urkunde Friedrichs I. St. 4567* zum Konzept für ein Diplom Friedrichs II. BF. 1643 hergerichtet sein, vgl. Stumpf, Acta inedita S. 552 N. 1; doch bedürfen diese Urkunden genauerer Untersuchung; Simonsfeld, SB. der Münchener Akademie 1905 S. 711, bezeichnet das Mailänder Exemplar des Diploms Friedrichs I., das Stumpf zweifelnd für Original hält, als Abschrift des 13. Jahrhunderts.

[4] Selbstverständlich ist, daß, wenn bereits mundierte Urkunden aus irgend welchen Gründen verworfen wurden und deshalb rescribiert werden mußten (vgl. Bd. 1, 278), nicht ein neues Konzept angefertigt zu werden brauchte, sondern die für ungültig erklärte Urkunde selbst mit den nötigen Veränderungen als Vorlage für die Neuausfertigung diente. Das besagt der von Göller, QFIA. 10, 304, auf einem korrigierten Original von 1356/57 nachgewiesene Kanzleibefehl: *Rescribe et serva pro nota, lacerata prima nota* (vgl. auch ebenda S. 304 N. 2 und S. 312). Ich habe mehrere solche zur Rescribierung verurteilten Urkunden im Hamburger Staatsarchiv kennen gelernt; zu ihnen gehört der Exekutorialbrief Benedikts XII. von 1341, der als Umschlag für die Handschrift des Formularbuches des Heinrich Bucglant (vgl. dessen Ausgabe

Im übrigen sind uns Konzepte von Papsturkunden aus dem früheren Mittelalter nicht erhalten, und auch anderweit haben wir, wenigstens soweit es sich um Privilegien handelt,[1] keine Anhaltspunkte, um über ihren Umfang und ihre Beschaffenheit sicher zu urteilen. Konzepte für Privilegien besitzen wir auch aus dem 12. und 13. Jahrhundert noch nicht; wohl aber ist aus diesen Jahrhunderten eine nicht ganz kleine Anzahl von Konzepten päpstlicher Mandate und Justizbriefe auf uns gekommen. Sie liegen sämtlich in den Archiven der Empfänger,[2] was um so merkwürdiger ist, als für das nächste Jahrhundert eine gleiche Erscheinung nicht zu beobachten ist, vielmehr die Konzepte für Gnaden- und Justiz- sowohl wie für Kurial- und Sekretbriefe, die wir aus dem 14. Jahrhundert kennen, ausschließlich aus dem päpstlichen Archiv oder aus dem Besitz päpstlicher Beamten herstammen. Ob dies darauf beruht, daß im 12. und 13. Jahrhundert die Konzepte in der päpstlichen Kanzlei anders behandelt werden als im 14.,[3] oder ob hier nur ein Spiel des Zufalls vorliegt, läßt sich einstweilen noch nicht sicher entscheiden.[4]

---

von Schwalm S. XIX) verwandt ist. Die Urkunde war adressiert: *Dilecto filio . . preposito ecclesie sancte Marie ad Gradus Coloniensis.* Darüber ist geschrieben: *Dilectis filiis . . preposito sancte Marie ad Gradus Coloniensis et . . sancti Gereonis ac sancti Georgii Coloniensium decanis ecclesiarum.* Am Rande ist bemerkt, daß die Formel: *Quod si non omnes etc.*, *duo etc.* eingeschoben werden solle. Unter dem Kostenvermerk steht *R(ecipe* [oder in diesem Falle vielleicht *rescribe*]) *B. Testagay. P. Vig.*, das ist also der Befehl für die Rescribierung; und auf der Rückseite der Neuausfertigung, deren Original noch vorhanden ist und in der jene Korrekturen berücksichtigt sind, steht dem entsprechend *R*ᵃ (= *rescripta*) *B. Testagay.* Die Urkunden haben noch andere interessante Vermerke, auf die aber hier nicht einzugehen ist.

[1] Denn die uns bekannten Registerbücher Johanns VIII. und Gregors VII., aus denen man allenfalls Schlüsse ziehen könnte, enthalten fast ausnahmslos nur Briefe.

[2] Die Empfänger sind bei Justizbriefen nicht notwendig auch die Adressaten. Diese Briefe wurden vielmehr denjenigen ausgehändigt, zu deren Gunsten sie ausgestellt waren und man überließ ihnen, sie den Adressaten zu übergeben oder vorzulegen.

[3] Daß im 13. Jahrhundert die Konzepte zu päpstlichen Urkunden in die Hände von Prokuratoren der Empfänger kommen konnten, beweist die von Tangl, NA. 25, 358, angeführte Stelle des Chron. Eveshamens. (s. oben S. 151 N. 1); und darauf weist auch die von v. Heckel, AfU. 1, 492 N. 1, angezogene Stelle aus Tangl, KO. S. 54 § 9, hin; aber das wird im 14. Jahrhundert wohl kaum weniger möglich gewesen sein, und daraus allein läßt sich die im Text besprochene Erscheinung schwerlich erklären.

[4] Vgl. unten S. 156ff.

Was wir so an päpstlichen Konzepten des 12. und 13. Jahrhunderts besitzen, sei hier kurz verzeichnet.[1] Aus dem ehemaligen Archiv des Kloster Passignano haben sich in Florenz fünfzehn Konzepte von Briefen Alexanders III. erhalten, ferner die beglaubigte Abschrift eines Konzeptes aus der Zeit Cölestins III.,[2] die ein Notar dieses Papstes dem Kopisten übergeben hat, endlich ein Konzept zu einem Justizbrief aus dem Anfang des 13. Jahrhunderts.[3] Außerdem ist uns ein Konzept zu einem Justizbrief, vielleicht Alexanders III., erhalten geblieben, das in das Kopialbuch des Klosters Subiaco, das Registrum Sublacense, eingeklebt worden ist;[4] endlich beruhen im erzbischöflichen Archiv zu Ravenna zwei Konzepte zu Justizbriefen Bonifaz' VIII., die etwa aus dem Jahre 1299 stammen mögen.[5] Alle diese Konzepte haben eine sehr gleichmäßige Beschaffenheit: vom Eingangsprotokoll weisen sie nur Namen und Titel der Adressaten auf;[6] die Datierung fehlt

---

[1] Konzepte zu Briefen der amtlichen und politischen Korrespondenz der Päpste sind natürlich nicht darunter; sie konnten ja nicht wohl in die Empfängerarchive gelangen. Über die Beschaffenheit solcher Konzepte im 13. Jahrhundert gibt indessen die aus ihnen geschöpfte Briefsammlung des Berard von Neapel, in die freilich auch eine allerdings nicht sehr große Anzahl von Gnaden- und Justizbriefen aufgenommen ist, einigen Aufschluß.

[2] In der Beglaubigungsformel wird dies Stück als *forma litterarum* bezeichnet; das Wort *forma* kommt sonst in der Regel in der Bedeutung Formular vor, doch findet sich auch in dem Gedicht des Heinrich v. Wirzburg v. 218 (Abhandl. der bayr. Akademie, phil. u. hist. Klasse 27, 74) der Ausdruck *formas abreviare*.

[3] Veröffentlicht mit eingehenden Erläuterungen und einem Faksimile von P. Kehr, QFIA. 7, 8ff.

[4] Vgl. Reg. Sublacense ed. G. Levi S. 27 und N. 1; Kehr, GGN. 1901 S. 224 n. 8; Faksimile im Arch. paleograf. Italiano 2, tav. 19. In der Datierung folge ich Kehr, während Levi und Monaci das Stück in das 13. Jahrhundert setzen; vgl auch v. Heckel, AfU. 1, 494f.

[5] Herausgegeben und beschrieben von G. Levi im Arch. della Soc. Romana 9, 621ff. Vgl. v. Heckel, AfU. 1, 488ff., dessen Annahme, daß diese beiden Konzepte als Vorlagen für die beiden im Registre de Boniface VIII. n. 2898. 2899 überlieferten Briefe gedient hätten, ich aber nicht für richtig halten kann. So erhebliche Abweichungen zwischen Konzept und Reinschrift, wie sie hier ungeachtet der Ausführungen v. Heckels anzunehmen wären, sind durchaus unwahrscheinlich. Ich halte vielmehr gerade das, was v. Heckel S. 492 ausschließen will, daß nämlich den Reinschriften andere, auf Grund der uns erhaltenen angefertigte, aber noch weiter korrigierte Konzepte zugrunde gelegt sind, für höchst wahrscheinlich. Sein Einwand, daß man nicht verwendete Konzepte wohl kaum aufgehoben hätte, ist durchaus nicht stichhaltig; vgl. oben S. 132.

[6] *Dilectis filiis* (*dilecto filio*) vor diesen Namen steht nur in den Konzepten von Ravenna; die Grußformel fehlt immer. In Exekutorialbriefen

durchweg; im Kontext sind einzelne Formeln nur angedeutet; bei Konzepten, die sachlich und formell zusammengehören, kommt gelegentlich eine Verweisung von dem einen auf das andere vor; einzelne sind sehr stark, andere weniger durchkorrigiert, bald von der Hand des Schreibers selbst, bald von anderer Hand, nur selten fehlen Korrekturen ganz; geschrieben sind sie alle auf Pergamentblättern von verschiedener Größe, bald jedes einzelne für sich, bald mehrere auf einem Blatt, in flüchtiger Minuskelschrift mit starken Abkürzungen; Kanzleivermerke fehlen fast immer.[1]

Eine viel größere Anzahl von Konzepten für fast alle Gattungen von Papsturkunden ist aus dem 14. Jahrhundert auf uns gekommen, aber von denen, die bisher bekannt geworden sind, stammt, wie schon bemerkt wurde, keines aus einem Empfängerarchive. Im päpstlichen Archiv selbst befinden sich noch jetzt 13 Foliobände, die Konzepte zu Kurial- und Sekretbriefen aus der Zeit Clemens' VI., Innocenz' VI. und Gregors XI. oder wenigstens überwiegend zu dieser Art von Briefen enthalten.[2] Die auf Papierblättern mit breitem Rand geschriebenen Konzepte sind den vorhin beschriebenen ähnlich, weichen aber doch in einigen Einzelheiten von ihnen ab. Sie enthalten den Kontext vollständig; nur die stehenden Schlußformeln sind bisweilen abgekürzt. Das Eingangsprotokoll gibt nur die vollständige Adresse und das Wort *salutem*, läßt also den Papstnamen meistens fort; die sehr kurz gefaßte Datierung läßt bisweilen Nachtragung, sei es durch den Konzipienten, sei es durch einen anderen Beamten, erkennen;[3] mitunter ist nur das Tagesdatum, bisweilen ist auch die Adresse von anderer Hand nachgetragen. Der Text zeigt zahlreiche Korrekturen,

---

steht bisweilen statt der Namen der Adressaten nur *Iud.* (*Iudici* oder *Iudicibus*) s. unten S. 159.

[1] Nur auf einem der Konzepte von Passignano, Kehr, QFIA. 7, 24 n. 6, steht ein solcher Vermerk, der aber über die Geschäftsbehandlung in der Kanzlei keinen Aufschluß gibt.

[2] Vgl. Werunsky, MIÖG. 6, 140ff.; v. Ottenthal, MIÖG. Erg. 1, 540ff.; Posse, Privaturkunden S. 91f.; Donabaum, MIÖG. 11, 101ff.; Tangl in Festgaben für Büdinger S. 300f.; Tomaseth, MIÖG. 19, 417ff.; Göller, QFIA. 10, 300ff. Abbildungen solcher Minuten bei Posse a. a. O. Taf. XXIV. XXV und bei Donabaum a. a. O. — Vereinzelt sind Konzepte von Sekret- und Kurialbriefen schon aus etwas früherer Zeit im Vatikanischen Archiv erhalten; ein interessantes derartiges Konzept (noch auf Pergament!) zu einer Urkunde Clemens' V. beschreibt Göller, Mitteilungen und Untersuchungen über das päpstliche Register- und Kanzleiwesen S. 44; vgl. auch Schwalm, QFIA. 7, 221ff.

[3] Vgl. über die Datierung der Papsturkunden im allgemeinen unten Kap. XVII.

teils von erster Hand, teils von einem revidierenden Beamten. Mehrere Briefe in gleicher Sache wurden auf demselben Blatte konzipiert; die dabei vorkommenden Kürzungen sind dieselben, die uns aus den päpstlichen Registern bekannt sind.[1] Auf der Rückseite der Konzepte finden sich Weisungen an die Scriptoren über die Art der Mundierung und die gewöhnlich sehr kurz bemessene Frist, innerhalb deren diese erfolgen soll; sie beginnen regelmäßig mit einem R, das zu dem Worte *Recipe* zu ergänzen ist[2] und auf das der Name des mit der Mundierung beauftragten Scriptors folgt. Diese Kanzleiweisungen rühren zumeist von dem Sekretär her, der die Minute angefertigt oder korrigiert hatte; in einzelnen Fällen aber überwies der Sekretär das Konzept dem Rescribendar des Scriptorenkollegiums, der dann die weitere Anweisung an einen Schreiber ebenso zu besorgen hatte, wie die Distribution der nicht von Sekretären verfaßten Konzepte stets ihm oblag. Auf der Rückseite der Konzepte finden sich gewöhnlich noch Vermerke über die nach ihnen bewirkte Registrierung.[3]

Abgesehen von diesen Konzepten für Kurial- und Sekretbriefe sind im Vatikanischen Archiv bisher, so viel wir wissen, nur drei Konzepte[4] zu Gnaden- und Justizbriefen aufgefunden worden, die wohl zufällig in Registerbänden liegen geblieben sind.[5] Dagegen sind uns

---

[1] Vgl. Bd. 1, 122ff.

[2] Daß das R so zu ergänzen ist, habe ich schon in der ersten Auflage dieses Handbuchs bemerkt, und diese Ergänzung ist jetzt auch von Göller, QFIA. 10, 304f., der das R früher wie Werunsky, Donabaum u. a. fälschlich zu *Rescribe* ergänzt hatte, angenommen und ausführlich begründet worden. Vgl. auch oben S. 17 N. 3 und unten S. 159. Die Befehle sind von dem Beamten, der sie gibt, mit seinem Namen oder mit einer Sigle seines Namens unterzeichnet. — Wenn solche Recipe-Vermerke, wie recht häufig der Fall ist, auf Originalurkunden vorkommen, so erklärt sich das aus der oben S. 153 besprochenen Verwendung von Originalen als Konzepte für Bestätigungen derselben. — Nach Anfertigung der Reinschriften wurden die von den Sekretären verfaßten Minuten in der Regel mit den Reinschriften an jene zurückgeschickt; besonders geheim zu haltende Briefe hatten die Schreiber bei der Rücksendung zu versiegeln; vgl. Donabaum a. a. O. S. 106ff.

[3] Über andere, bisweilen für die Kenntnis des Geschäftsganges im Einzelfall sehr interessante Vermerke, die auf den Konzepten vorkommen, vgl. Göller, QFIA. 10, 313ff.

[4] Zwei aus der Zeit Benedikts XII. und Innocenz' VI. erwähnt Denifle, Specimina palaeographica, Text S. 55, ein drittes aus der Zeit Clemens' VI. Tangl, MIÖG. 13, 59 N. 3. Genauere Beschreibung dieser Konzepte liegt noch nicht vor.

[5] Konzepte oder Abschriften von Konzepten Bonifaz' VIII. hat Digard, BEC. 48, 371ff., in der Pariser Handschrift lat. 4038B aufzufinden gemeint. Aber was er über die Beschaffenheit der darin enthaltenen Urkundenabschriften

in den beiden früher erwähnten Handschriften,[1] denen wir eine so erhebliche Förderung unserer Kenntnis von den Suppliken des 14. Jahrhunderts verdanken, auch zahlreiche Konzepte von Gratial- und den dazu gehörigen Exekutorialbriefen erhalten, die also, wie jene Suppliken, nicht in die Hände der Empfänger gekommen, sondern am päpstlichen Hofe zurückgeblieben sind. Sie stammen, soweit ihre Zeit sich feststellen läßt, aus den Pontifikaten Gregors XI. und Clemens' VII. und entsprechen in vielen Beziehungen den eben besprochenen Konzepten zu Kurialbriefen, weisen aber unter sich größere Unterschiede auf als jene. Der Gratial- und der dazu gehörige Exekutorialbrief scheinen zumeist auf einem Papierblatte gestanden zu haben, doch kommen auch Exekutorialbriefe ohne den Gratialbrief vor. Über dem Gratialbrief, der, wie wir früher gesehen haben, an die Supplik, auf Grund deren er angefertigt wurde, angenäht wurde,[2] scheint in der Regel der Abbreviator, der dafür verantwortlich war, seinen Namen eingetragen zu haben.[3] Die Konzepte haben aber die Abbreviatoren, wie mancherlei Anzeichen dartun, nicht immer selbst geschrieben, sondern es hat den Anschein, daß sie sich häufig durch Hilfsschreiber[4] gleichsam im Vorrat Abschriften aus Formularbüchern herstellen ließen, in denen für die Namen, die Zahlen, worin der jährliche Ertrag eines zu verleihenden Benefiziums angegeben war, und für anderes, was im Einzelfalle besonders festzustellen war, Lücken gelassen waren, so daß die Abbreviatoren sich auf die Korrektur dieser bisweilen ziemlich fehlerhaften Abschriften, auf die Ausfüllung jener Lücken und auf die Hinzufügung der Daten beschränken konnten. Ob außer den Korrekturen, die von den Abbreviatoren an den von ihnen selbst oder ihren Gehilfen entworfenen Konzepten angebracht wurden, auch noch Verbesserungen eines anderen, höhergestellten Be-

---

mitteilt, schließt m. E. eine solche Annahme aus. Ich glaube, daß wir in der Handschrift ein Spezialregister zu erkennen haben, das zum Gebrauch des im Jahre 1301 nach Ungarn gesandten Legaten, nicht aus den vatikanischen Registerbänden, sondern aus den Originalen der für seine Legation wichtigen Schriftstücke von verschiedenen Schreibern zusammengestellt wurde.

[1] S. oben S. 11.

[2] S. oben S. 18. Reste der Fäden, mit denen er angenäht war, sind an den Konzepten bisweilen noch erhalten.

[3] S. Bd. 1, 301.

[4] Solche Hilfsschreiber wurden in einer Supplik des Abbreviators Robertus de Turre de Adria an Clemens VI. (Baumgarten, Von der apostolischen Kanzlei S. 25) erwähnt. Der Abbreviator suppliziert für vier Männer *clericis et scriptoribus suis*, *qui in notis vestris de curia et negotiis dominorum cardinalium et vestrorum (?) laborant assidue.*

amten der Kanzlei vorgekommen sind, läßt sich an den uns erhaltenen Stücken nicht sicher feststellen. Während bei den Gratialbriefen die in üblicher Weise verkürzte Adresse, sei es von vornherein, sei es nachgetragen, an der Spitze des Konzeptes steht, geht den Konzepten der Exekutorien regelmäßig nur die Adresse: *Iud.*, d. h. *Iudici* oder *Iudicibus*, voran.[1] Die Namen der *iudices*, d. h. der Exekutoren, werden dann regelmäßig auf der Rückseite des Konzeptes notiert,[2] und es kommt auch vor, daß hier Korrekturen vorgenommen sind und an Stelle eines zuerst bezeichneten ein anderer Exekutor gesetzt wird. Ferner steht auf der Rückseite dieser Konzepte der in die uns schon bekannte Formel *Recipe N. N.* gekleidete und von dem Rescribendar unterzeichnete Distributionsvermerk, durch den das Konzept einem Scriptor zur Mundierung überwiesen wird; endlich findet sich hier oft auch ein Vermerk[3] über das erste gleich nach der Anfertigung des Konzeptes dafür gezahlte Honorar,[4] das später bei der Berichtigung der Abbreviatorentaxe von ihr abgezogen werden durfte.[5]

Eine für das Verständnis des Herganges der Beurkundung im Mittelalter besonders wichtige Frage ist nun die, welcher weiteren Geschäftsbehandlung die fertigen Konzepte unterzogen wurden, ehe sie mundiert wurden. Daß sie in der Kanzlei selbst, aus der sie hervorgingen, einer Überprüfung und Korrektur unterzogen wurden, ergibt sich sowohl aus dem, was oben über die Beschaffenheit der uns erhaltenen Konzepte zu Kaiser- und Papsturkunden ausgeführt worden ist, wie aus den früher besprochenen zu diesem Behuf in der kaiserlichen und in der päpstlichen Kanzlei getroffenen Einrichtungen. Etwas von dieser innerhalb der Kanzlei vollzogenen Revision wesentlich verschiedenes würde es nun aber bedeuten, wenn es sich erweisen

[1] So auch in einem der oben S. 155 erwähnten Konzepte aus Passignano, QFIA. 7, 41 n. 17 (wo N. a entsprechend den Ausführungen im Text zu berichtigen ist), und in sechs Konzepten bei Berard von Neapel, vgl. AfU. 1, 494.

[2] Nur in einem Konzept von 1369 betr. die Verleihung einer Scriptorenstelle in der Kanzlei, ist die Adresse des Vizekanzlers, an den in diesem Falle der Exekutorialbrief gerichtet wurde, in den zwischen Gratial- und Exekutorialbrief auf dem Papierblatt freigelassenen Raum nachgetragen.

[3] Er lautet: *solvit VI gr.* oder ähnlich.

[4] Vgl. Bd. 1, 341. Unsere Konzepte zeigen also, daß auch diese erste Zahlung, die bisher nur für das Ende des 15. Jahrhunderts nachgewiesen ist, schon im 14. Jahrhundert üblich war.

[5] Aus dem 15. Jahrhundert kennen wir bisher nur einige wenige Konzepte für Breven, die in Registerbände eingeheftet sind, vgl. Ottenthal, MIÖG. Erg. 1, 541. Was darüber mitgeteilt ist, gibt zu weiteren Erörterungen an dieser Stelle keinen Anlaß.

ließe, daß die Konzepte regelmäßig oder wenigstens in zahlreichen Fällen auch dem auszustellenden Herrscher hätten vorgelegt oder vorgelesen werden müssen, und daß sie nicht ohne einen eigenen Fertigungsbefehl des Herrschers hätten mundiert werden dürfen.[1] Das ist in einigen Fällen ausdrücklich bezeugt und in anderen wahrscheinlich; wir erinnern uns, daß Ludwig der Deutsche 854 sich das Konzept einer für St. Gallen auszustellenden Urkunde vorlegen ließ;[2] wir hören, daß Papst Martin IV. das Konzept zu einem Brief an den König von Ungarn approbiert habe;[3] wir dürfen annehmen, daß Heinrich VII. von den Konzepten gewisser wichtiger Konstitutionen französische Übersetzungen anfertigen ließ, um davon vor ihrer Ausfertigung genauere Kenntnis zu nehmen:[4] kurz, wir können bei politisch wichtigen Briefen und Erlassen, insbesondere natürlich auch bei Verträgen, ein derartiges Vorgehen als ganz gebräuchlich voraussetzen. Weiter mögen auch die nicht in der Kanzlei selbst angefertigten, sondern von den Parteien eingereichten Urkundenkonzepte unter Umständen dem Herrscher mitgeteilt worden sein, ehe er die Genehmigung zur Herstellung der Reinschrift erteilte.[5] Dagegen halte ich es

---

[1] Das ist die Meinung Fickers, die er zunächst BzU. 2, 59 (vgl. 102ff.) begründet und auf die er wiederholt zurückkommt. Sie spielt bei seinen Untersuchungen eine große Rolle; insbesondere sollen die Beurkundungszeugen in der Regel Zeugen des Fertigungsbefehls gewesen (2, 89ff.) und auch die Datierungsangaben sollen oft auf ihn zu beziehen sein. Dabei wird dann allerdings mehrfach nicht an den Fertigungsbefehl des Herrschers, sondern an denjenigen eines höheren Kanzleibeamten gedacht, ohne daß das immer ganz scharf geschieden würde. Eine solche Ermächtigung oder Anordnung eines höheren Kanzleibeamten, wie sie schon in den tironischen Noten der Karolingerurkunden durch die Formel *scribere iussit* häufig erwähnt wird, ist allerdings in allen größeren Kanzleien des Mittelalters durchaus als regelmäßig vorauszusetzen; aber von ihr reden wir hier nicht.

[2] S. oben S. 134 N. 1.

[3] Vgl. die von Kaltenbrunner, MIÖG. 7, 35, mitgeteilte Kanzleinotiz zu Ep. Berardi 410. Einen ähnlichen Fall aus dem 14. Jahrhundert betrifft der von Göller, QFIA. 10, 313, nachgewiesene Kanzleivermerk: *R. pater, dominus noster presentem minutam vidit et correxit.*

[4] Vgl. die Aktenstücke, Dönniges, Acta Heinrici VII. 2, 225, (jetzt Const. 4, 800 n. 800, 966 n. 930, 967 n. 932) und dazu Ficker, BzU. 2, 106.

[5] Vgl den oben S. 149f. angeführten Fall aus der Zeit Ruprechts. Ähnlich hatte ich früher die Formel *recitatum publice* in der Datierung der DD. H. II. 98. 100 zu erklären versucht, indem ich annahm, daß es sich um Empfänger-Konzepte handele. Jetzt wissen wir, daß die Urkunden von einem Kanzleibeamten herrühren, und ich denke nun an öffentliche Verlesung der Reinschriften, die der Kanzleibeamte von vornherein in Aussicht genommen haben wird, vgl. unten S. 162 n. 4.

für durchaus unwahrscheinlich, daß bei den in der Kanzlei selbst entstandenen Konzepten für Urkunden über gewöhnliche und alltägliche Regierungsgeschäfte eine Vorlegung an den Herrscher irgendwie häufiger vorkam. Wo von einem Verlesen der Urkunden vor Papst oder König die Rede ist, haben wir diese Angaben, wie wir noch sehen werden, fast immer auf eine Verlesung der Reinschriften zu beziehen.[1] Keine der uns erhaltenen Kanzleiregeln aus der päpstlichen, sizilianischen oder deutschen Kanzlei erwähnt eine Verlesung der Konzepte vor dem Herrscher oder bezeichnet eine Genehmigung dieser Konzepte durch ihn als erforderlich; vielmehr spricht die Schilderung des Geschäftsganges bei der Beurkundung, welche diese Kanzleiregeln geben, auf das bestimmteste dafür, daß, nachdem der Beurkundungsbefehl erteilt war, der Herrscher in der Regel vor der Herstellung der Reinschrift nicht weiter in den Geschäftsgang eingriff. Und wenn, wie wir gesehen haben, in der Reichskanzlei die Anfertigung von Konzepten überhaupt in der älteren Zeit nicht regelmäßig stattfand, wenn es oft lediglich von äußerlichen Verhältnissen abhing, ob überhaupt ein Konzept angefertigt wurde oder nicht, so ist es nicht wohl denkbar, daß dann, wenn dies geschah, eine andere Art der Geschäftsbehandlung zur Anwendung kam, als dann, wenn es unterblieb.

Können wir diesen Ausführungen zufolge bei Königs- und Papsturkunden im allgemeinen davon absehen, die Verlesung des Konzepts vor dem Aussteller und seinen Befehl zur Anfertigung der Reinschrift als ein eigenes Stadium des Beurkundungsgeschäftes zu betrachten, so steht die Sache hinsichtlich der Privaturkunden etwas anders. Allerdings scheinen die ältesten deutschen Gerichtsschreiberurkunden, soweit sie nicht gleich an der Malstätte (*publice*) ins Reine geschrieben wurden, auf Grund der dort gemachten kurzen Notizen, die nicht der Art sind, daß sie den Beteiligten vorgelesen sein können, von den

[1] S. unten S. 167. 171ff. H. Hirsch, NA. 36, 397ff. hat erwiesen, daß die von Ficker, BzU. 2, 103 in dieser Frage mit herangezogene Urkunde Leos VIII. für Einsiedeln Jaffé-L. 3708 und das Privileg für Schuttern Jaffé-L. 3707, das mit jener eng zusammenhängt (darauf habe ich bereits in der ersten Auflage dieses Werks hingewiesen, und die Angabe Hirschs a. a. O. S. 397 mit N. 5 ist also zu berichtigen), Machwerke eines Reichenauer Fälschers des 12. Jahrhunderts (vgl. Bd. 1, 12) sind. Aber die von Ficker angenommene Möglichkeit der Benutzung einer echten Vorlage für Reichenau oder Einsiedeln bleibt auch jetzt noch bestehen. Nur darf das Wort *lectum* in der Datierung der Fälschung keinesfalls darauf zurückgeführt werden, vielmehr kann es höchstens als ein Lesefehler des Fälschers angesehen werden, der das Wort *datum* seiner Vorlage (dies Wort ist in den älteren Papsturkunden meist in besonders verkünstelter Schrift geschrieben) falsch auffaßte.

Schreibern oder ihren Gehilfen mundiert zu sein, ohne daß es dazu einer besonderen Autorisation seitens der Aussteller bedurft hätte. Dagegen sind schon die ältesten nicht mehr *in dorso* geschriebenen Imbreviaturen italienischer Notare[1] und sogar schon einige Dorsualkonzepte in eine Form gebracht, die sich zur Verlesung wohl eignete. Eine solche Verlesung der Imbreviaturen vor Parteien und Zeugen wird denn auch z. B. in der savoyischen Notariatsordnung von 1266 ausdrücklich angeordnet; erst nach der Genehmigung der Imbreviatur wurde hier das Instrument geschrieben.[2] Aber auch in Deutschland findet sich bis ins 12. Jahrhundert hinein in zahlreichen Fällen in Urkunden der verschiedensten Aussteller eine Bemerkung über die geschehene Verlesung.[3] Bleiben wir dabei auch zumeist im Zweifel, ob diese Vermerke sich auf Verlesung der Reinschrift oder des etwaigen Konzeptes beziehen,[4] so spricht doch an sich nichts gegen die Annahme, daß häufig das letztere der Fall gewesen sein möge. Wenn die Könige und Päpste im allgemeinen sicher sein konnten, daß der von ihnen gegebene Beurkundungsbefehl ihren Intentionen gemäß ausgeführt werden würde, so waren die Aussteller von Urkunden, die eine organisierte Kanzlei nicht besaßen und die Herstellung der Urkunde ihrem Empfänger überließen, nicht immer in der gleichen Lage; es ist sehr wohl denkbar, daß sie vielfach schon von dem Konzept der Urkunde Kenntnis zu nehmen wünschten, ehe sie den Auftrag

---

[1] S. oben S. 743.

[2] WURSTEMBERGER, Peter von Savoyen 4, 422; vgl. FICKER, BzU. 2, 101. Ebenso schreiben die aus dem Ende des 13. Jahrhunderts stammenden Statuten von Novara (ed. CERUTI, Novara 1879) S. 83 vor, daß der Notar den Kontext zunächst den Parteien, nach ihrer Genehmigung den Zeugen vorlesen und ihn dann erst ausfertigen (*contractum perficere*) soll; da ihm zur Aushändigung an die Parteien dann noch eine Frist von 14 Tagen, bzw. zwei Monaten gegegeben wird, wird sich das wohl auf die Verlesung der Imbreviatur, nicht der Reinschrift beziehen. Damit ließe sich auch die Verlesung des Konzepts einer Urkunde Heinrichs VII. (MG. Const. 4, 690 § 5) erklären, die FICKER 2, 59 anführt: das Stück ist ein Notariatsinstrument, nicht ein Diplom. Aber es ist in diesem Falle doch zweifelhaft, ob die öffentliche Verlesung vor dem Volk von Genua nach dem Konzept erfolgte; es ist sehr wohl möglich, daß der sie betreffende Satz der Imbreviatur hinzugefügt wurde, weil die Verlesung des Instruments beschlossen war, vgl. unten N. 3.

[3] Beispiele bei FICKER, BzU. 2, 101ff.

[4] Wo das erstere der Fall war, braucht der Vermerk nicht erst nach geschehener Verlesung der Reinschrift hinzugefügt zu werden, sondern konnte, wenn diese bestimmt beabsichtigt war, schon vorher niedergeschrieben sein; gerade wie die Formel *manu propria confirmantes* geschrieben wurde, ehe die Unterzeichnung durch den König erfolgt war.

zur Reinschrift erteilten. Und wenn Vermerke der bezeichneten Art sich im späteren Mittelalter kaum mehr finden, so hängt das wohl damit zusammen, daß wenigstens höher gestellte Personen und Korporationen in dieser Zeit durchweg ihre eigenen, ihnen verantwortlichen Urkundenschreiber hatten. Ehe das aber der Fall war, kann eine besondere Prüfung des Konzepts häufig als nötig erschienen sein, und wir werden also bei Privaturkunden des früheren Mittelalters (etwa bis zum 13. Jahrhundert) mit der Möglichkeit des Eingreifens des Ausstellers in das Beurkundungsgeschäft nach Herstellung des Konzepts und vor Herstellung der Reinschrift zu rechnen haben.

Bei den Königs- und Papsturkunden dagegen wird nach den vorhergehenden Ausführungen in der Regel erst, nachdem die Reinschrift ganz oder wenigstens zum größeren Teil vollendet war, ein solches Eingreifen anzunehmen sein.

Daß in älterer Zeit in der Regel die Reinschriften der Diplome den Herrschern zur Unterschrift vorgelegt wurden, und daß bei dieser Gelegenheit der Befehl zur Besiegelung (Vollziehungsbefehl) erteilt wurde, besagen die seit der karolingischen Zeit üblich gewordenen Korroborationsformeln mit vollkommener Deutlichkeit, wie abweichend sie auch in ihrer Fassung im einzelnen sein mögen.[1] Es versteht sich von selbst, daß dabei Wendungen wie diese: *manu nostra subter eam firmavimus et de anulo nostro sigillari iussimus* niedergeschrieben werden konnten, ehe in Wirklichkeit die Unterschrift stattfand und der Befehl zur Besiegelung erteilt wurde.[2] Bisweilen ist man aber in der Genauigkeit so weit gegangen, daß man Teile der Korroborationsformel zunächst fortließ und erst nach wirklich erfolgtem Vollziehungsbefehl nachtrug; so sind unter den Karolingern mehrfach die auf die Besiegelung bezüglichen Worte von den Ingrossisten selbst, von einem andern Notar oder von dem Rekognoszenten nachgetragen worden.[3] Inwieweit der Herrscher das ihm vorgelegte Diplom, ehe er seine Unterschrift hinzufügte und den Befehl zur Besiegelung gab, selbst geprüft hat, vermögen wir natürlich nicht zu sagen; für uns genügt

[1] In der Merovingerzeit wird die Vorlegung auch durch das Wort *obtulit* in der Unterschrift des Referendars ausgedrückt; s. unten Kap. XVI.

[2] Besiegelte Blanketts, d. h. Urkunden, die schon vor der Schrift besiegelt wurden, sind nur ganz ausnahmsweise vorgekommen.

[3] Sickel, Acta 1, 344 N. 5; KUiA. Lief. III, 4; IV, 1. 2 (Text S. 66); VII, 26. (Text S. 191). Daselbst führt Sickel aus, wie unter Karl III., Arnulf und Ludwig auch das Rekognitionszeichen oft erst im Moment der Besiegelung nachgetragen wurde.

es zu konstatieren, daß ihm die Möglichkeit dazu gegeben war, und daß das Beurkundungsgeschäft nicht ohne seinen Vollziehungsbefehl zum Abschluß kam. Freilich ist nun die eigenhändige Unterzeichnung durch den König zwar die Regel, aber sie ist zu keiner Zeit allen Königsurkunden zuteil geworden. Nehme ich auch aus später darzulegenden Erwägungen,[1] abweichend von einer neuerdings mehrfach vorgetragenen Lehre an, daß bis in die Zeit Heinrichs V. alle Diplome, die ein mit dem Vollziehungsstrich versehenes Monogramm aufweisen, vom König wirklich eigenhändig unterfertigt sind, so bleibt es nichtsdestoweniger sicher, daß eine Anzahl von Königsurkunden von jeher der Königsunterschrift entbehrt haben. Gilt das, wie wir später sehen werden, unter den Merovingern und den ersten Karolingern nur von einer kleinen Anzahl von Diplomen, so wächst die Zahl der vom Könige nicht unterfertigten Urkunden unter Ludwig dem Frommen bedeutend an, nimmt dann unter den folgenden Regierungen allmählich wieder ab und macht im 10. und 11. Jahrhundert nur einen verhältnismäßig geringen Bruchteil der aus der Kanzlei hervorgegangenen Urkunden aus.[2] Da nun auch diese seit der Karolingerzeit durchweg den Besiegelungsbefehl enthalten, so entsteht die Frage, ob auch bei ihnen die bezüglichen Worte der Korroborationsformel (*iussimus sigillari* oder dergl.) wörtlich zu nehmen sind, ob wir also auch bei ihnen an einen eigenen Vollziehungsbefehl des Königs zu denken haben, oder ob wir annehmen dürfen, daß in gewissen Fällen von geringerer Wichtigkeit der König, nachdem er den Beurkundungsbefehl[3] erteilt hatte, auf ein weiteres Eingreifen in den Gang der Beurkundung verzichtete.

Eine befriedigende Beantwortung dieser Frage ermöglichen uns leider die wenigen in tironischen Noten geschriebenen Vermerke, in denen von der Besiegelung gesprochen wird, nicht.[4] Sie besagen, daß

---

[1] S. unten Kap. XX.

[2] S. unten Kap. XVI.

[3] Der ja in gewissem Sinne auch den Vollziehungsbefehl mit einschloß.

[4] Nach den Zusammenstellungen Tangls, AfU. 1, 107ff., 2, 167ff. sind es die folgenden, Mühlbacher[2] n. 735: *magister sigillare iussit;* 920: *magister scribere et sigillari iussit;* 986: *subscripsi iussus ab Hirminmaro;* Hugo (Jusselin: *et) ipse sigillavit;* 994: *Hirminmaris magister fieri iussit, qui et sigillavit;* 997: *subscripsi iussus ab Hirminmaro, qui ipse sigillavit;* 1006: *S . . . (scriptumque,* Ruess; Eliseus, Erben und Jusselin) *impetravit et ego sigillavi;* 1096: *iubente magistro Agilmaro Remigius sigillavit;* 1114: *Remigius magister firmare iussit, qui et ipse sigillavit.* Dazu kämen nach Jusselin, Mélanges Emile Châtelain S. 36. 37. 40, noch Mühlbacher[2] n. 844: *magister Durandus firmare iussit et ipse sigillavit;* 872: *magister fieri et firmare iussit et Durandus sigillavit;*

der Befehl zur Besiegelung von einem höheren Kanzleibeamten erteilt ist, oder daß ein solcher Beamter selbst gesiegelt hat, aber sie berechtigen nicht zu dem Schlusse, daß er den Befehl erteilt oder die Besiegelung selbst ausgeführt hat, ohne vom Könige dazu ermächtigt zu sein, und ganz gleichlautende Vermerke dieser Art finden sich sowohl in Urkunden, welche die Unterschrift des Königs aufweisen, wie in solchen, die ihrer darben.[1] So bleibt zwar die Möglichkeit, daß im 9., 10. und 11. Jahrhundert das Eingreifen des Königs sich bei einfacheren und minder wichtigen Geschäften, die ohne Unterschrift verbrieft wurden, auf den Beurkundungsbefehl beschränkte, und daß dieser die Ermächtigung zur Besiegelung einschloß, aber gewiß ist das keineswegs, und selbst wenn es der Fall gewesen wäre, so würde daraus noch nicht zu folgern sein, daß im 12. Jahrhundert der Vollziehungsbefehl überhaupt fortgefallen sei. Zwar nimmt seit der Zeit Heinrichs V. und Lothars die Zahl der eigenhändig unterfertigten Urkunden mehr und mehr ab, und unter den Staufen und in den nachstaufischen Jahrhunderten wird die eigenhändige Unterschrift des Königs ebenso zur Ausnahme, wie früher ihr Fehlen eine Ausnahme war,[2] aber es

---

1127: *Daniel iubente magistro firmare iussit, qui et sigillavit* (zu diesen drei letzten Lesungen ist noch eine Äußerung Tangls zu erwarten). Alle übrigen früher von Sickel angeführten Vermerke, in denen irgendwie von Besiegelung die Rede sein sollte, werden jetzt anders gelesen, so DDKar. 118. 123. 206, Mühlbacher[2] n. 1290. Allerdings sind nun noch die Vermerke zu erwägen, in denen von einem Festigen (*firmare*) der Urkunde die Rede ist; hierhin gehören DKar. 206: *Hildebaldus episcopus ita firmavit*; Mühlbacher, Reg.[2] 780: *clericus magistri scripsit et ego firmavi* und Mühlbacher, Reg.[2] 756. 831. 844. 872. 923 963. 987. 1104. 1114. 1143. 1175, denen allen zufolge ein höherer Kanzleibeamter das *firmare* befohlen hat; endlich Mühlbacher[2] n. 993: *Hirminmaris recognovi et subscripsi et presens fui, dum firmaretur.* Aber diese Vermerke sind für unseren Zweck kaum zu benutzen, denn *firmare* kann zwar auf die Besiegelung gehen, aber auch auf die Beglaubigung durch Rekognition und endlich auch auf die Vollziehung des Monogramms durch den König. In DKar. 206 wird wahrscheinlich die Besiegelung gemeint sein, denn die Rekognitio hat Aldricus geschrieben; in Mühlbacher[2] n. 993 wird Hirminmaris vielleicht haben sagen wollen, daß er bei der Vollziehung des Monogramms zugegen war; in n. 1114 (und nach Jusselin auch in n. 844. 872. 1127) endlich wird zwischen *firmare* und *sigillare* ausdrücklich unterschieden, und kann ersteres nur auf die Rekognition bezogen werden. Somit ist aus dem *firmare iussit* der übrigen Urkunden, da wir nicht wissen, welcher Akt damit gemeint ist, für unsere Betrachtung nichts zu folgern.

[1] So sind von den im Eingang der vorigen Note aufgezählten Stücken Mühlbacher[2] n. 920. 994. 1114 mit Königsunterschrift versehen, in n. 735. 986. 997. 1006 fehlt dagegen die Unterschrift.

[2] S. unten Kap. XX.

ist doch nicht ausgeschlossen, daß auch jetzt noch die Herrscher dafür Sorge trugen, daß wenigstens wichtigere Urkunden nicht vollzogen wurden, ehe sie Einsicht davon genommen und die Besiegelung angeordnet hatten. Aus dem 12. Jahrhundert, über dessen Urkundenwesen wir immer noch am wenigsten eingehend unterrichtet sind, weiß ich freilich ein direktes Zeugnis für ein derartiges Vorgehen nicht anzuführen. Aber aus späterer Zeit fehlt es an solchen nicht. In erster Linie lege ich dabei Gewicht auf die Aussage des Züricher Magisters Konrad von Mure, dessen Blüte in die zweite Hälfte des 13. Jahrhunderts fällt, und der, wie er selbst erklärt, mit dem Geschäftsgang am Hofe des Kaisers wie des Papstes bekannt war.[1] Stellt nun dieser Mann die Regel auf, daß keine Urkunde, sehr einfache Sachen ausgenommen, ohne besonderes Wissen des Fürsten mit dessen Siegel versehen werden dürfe,[2] so werden wir diese Worte schwerlich nur auf den Beurkundungsbefehl beziehen können, sondern als die Meinung Konrads zu betrachten haben, daß es zur Besiegelung der Urkunden noch einer besondern Autorisation des Herrschers bedurfte. Weiter erwähnt allerdings die sizilianische Kanzleiordnung Friedrichs II. die Einholung eines königlichen Besiegelungsbefehles nicht, scheint vielmehr die Besiegelung lediglich von der Einhaltung des in ihr vorgeschriebenen Geschäftsganges abhängig zu machen,[3] aber in einer Kanzleiordnung Karls von Anjou, wahrscheinlich aus dem Jahre 1268 oder 1269, wird wiederum ausdrücklich vorgeschrieben,

---

[1] *Vidi enim in curia pape necnon imperatoris, ubi notariis et curie rectoribus familiaris eram satis et familiaris.* QE. 9, 457.

[2] QE. 9, 475: *nulle littere nisi valde simplices debent domini sigillo communiri nisi de scitu principis speciali.*

[3] Dabei ist aber zu beachten, daß in der sizilianischen Kanzlei Friedrichs II. auch der Beurkundungsbefehl sehr häufig nicht von dem Kaiser sondern von dazu ein für alle Mal ermächtigten oberen Beamten erteilt wurde, s. oben S. 736. Nach der Kanzleiordnung wurden dann diesen Beamten die Reinschriften vorgelesen und sie sandten diese an das Siegelamt, gaben also den Vollziehungsbefehl (Winkelmann, Acta 1, 736 Z. 36ff.). Daß dementsprechend die *cum conscientia imperatoris* abgefaßten Urkunden, für die also der Kaiser selbst den Beurkundungsbefehl gegeben hatte, ihm in der Reinschrift noch einmal vorgelesen wurden, sollte man voraussetzen, aber die Kanzleiordnung sagt es nicht, scheint es sogar, wenn man das *littere omnes* (Z. 36) wörtlich nehmen müßte, auszuschließen. Aber sollte nicht auch hier ein Vorbehalt, wie er bei dem Z. 32 vorangehenden *omnes littere* in dem Satze *nisi sit aliquid de secretis domini* usw. ausgesprochen wird, als selbstverständlich zu ergänzen sein? Ich halte es für höchst unwahrscheinlich, daß der Kaiser auch bei wichtigen politischen Erlassen sich auf den Beurkundungsbefehl beschränkt und auf die Kenntnisnahme des Wortlautes der ausgehenden Urkunden verzichtet hätte.

daß keine Urkunde in Gnadensachen oder von einiger Bedeutung, auch wenn dieser Geschäftsgang befolgt ist, ohne Wissen des Königs besiegelt werden soll.[1] Demnach muß der mit der Besiegelung beauftragte Kanzleibeamte, auch wenn er eine von dem Protonotar signierte Urkunde empfing, ehe er sie besiegelte, verpflichtet gewesen sein, sich zu überzeugen, ob sie der Willensmeinung des Herrschers entsprach;[2] sich diese Überzeugung zu verschaffen, hatte er im Zweifelsfalle kaum ein anderes Mittel als die Einholung des königlichen Vollziehungsbefehls. Aus Deutschland besitzen wir königliche Kanzleiordnungen des 13. und 14. Jahrhunderts leider nicht. Allein in den Urkunden Karls IV. finden sich mehrfach Vermerke, die eine Vorlage und Verlesung der Reinschrift vor dem König bezeugen;[3] einmal hören wir in bemerkenswerter Weise, daß ein Diplom zwar nicht dem Kaiser, aber dem Kanzler und dem Hofmeister vorgelesen sei, und daß darauf der Kaiser, nachdem sie ihm Bericht erstattet hatten, die Besiegelung

---

[1] WINKELMANN, Acta 1, 745: *nullaque patens littera seu clausa, que graciam contineat aut pondus importet, sigillabitur sine consciencia regis, quantumcumque in ea impressio anuli dicti prothonotarii et ipsius inscripcio habeatur.* Über die Abfassungszeit vgl. v. HECKEL, AfU. 1, 467 N. 2.

[2] Denn bei der Einholung des Beurkundungsbefehls war er nicht beteiligt; diesen erwirkte vielmehr der Referent über die Bittschriften, der die genehmigten dem Protonotar zur Verteilung unter die Notare überwies, WINKELMANN, Acta 1, 745 Z. 9ff. Ausdrücklich wird übrigens auch in dieser Ordnung (a. a. O. Z. 17) vorgeschrieben, daß, wenn Kanzler und Protonotar bei der Revision der Reinschriften Bedenken wegen einer vorzunehmenden Korrektur hätten, darüber dem König Vortrag zu halten sei.

[3] Die Fälle sind zusammengestellt bei LINDNER S. 129. Es sind die folgenden: 1359 April 13 (jetzt WINKELMANN, Acta 2 n. 852): *lecta coram domino imperatore* —. 1362 Februar 11: *per dominum imperatorem qui literam verbotenus audivit.* — 1364 Juni 29 (HUBER 4058): *dominus imperator audivit grossam.* Nur den letzten dieser Fälle kannte FICKER, BzU. 2, 107, der ihn als eine ungewöhnliche Ausnahme behandeln wollte. Auch auf einer Anzahl von Originalen aus der ersten Zeit Ludwigs des Bayern hat seitdem GRAUERT (KUiA. Text S. 307. 311) den Kanzleivermerk *lecta* konstatiert. Er bezieht sich offenbar auf Verlesung der Reinschrift, wie ich annehme (ebenso SCHAUS S. 10 N. 1) vor dem König, während ERBEN, UL. S. 267, an einen höheren Kanzleibeamten denkt und diesen Lesungsvermerk mit Korrekturvermerken auf Urkunden Karls IV. statt mit den eben angeführten in Verbindung bringt. Keinesfalls aber stammt, wie GRAUERT und ERBEN a. a. O. annehmen, die Dorsualnotiz *perlecta* bei WINKELMANN, Acta 2, n. 589. 590. 623, aus der Reichskanzlei, sondern vielmehr aus der des Empfängers, vgl. ebenda n. 687. 737. 844. — Nicht hierher gehört auch die bei FICKER 2, 106 besprochene Urkunde von 1226, die Verlesung erst nach der Besiegelung vor bestimmten Fürsten, welche darüber Zeugnis ablegen sollen, kund macht; sie ist nur eine andere Form der Transsumierung, als die sonst übliche.

befahl.[1] Um dieselbe Zeit mehren sich auch wieder die Zeugnisse für eigenhändige Unterzeichnung wenigstens gewisser Arten von Urkunden und Briefen. Sowohl die lützelburgischen Herrscher wie König Ruprecht haben ihre Korrespondenzen mit den Päpsten persönlich unterschrieben;[2] unter Karl IV. hat auch ein deutscher Reichsfürst, Erzbischof Balduin von Trier, dafür Sorge getragen, daß die Urkunden, deren Ausstellung er für sich erwirkte, vom König selbst beglaubigt wurden; wir haben mehr als dreißig derartige Dokumente, auf die Karl sein *aprobamus* geschrieben hat; ein Teil derselben ist überdies noch mit dem Ringsiegel des Herrschers, vielleicht von ihm selbst, versehen worden.[3] Spuren eines kleinen, in der Regel rückwärts aufgedrückten Ringsiegels sind auch auf Urkunden Ludwigs des Bayern, namentlich auf solchen aus dem Anfang seiner Regierung beobachtet worden; und es ist kaum zweifelhaft, daß durch dies in den meisten Fällen später entfernte Siegel die Erlaubnis zur Hauptbesiegelung mit dem großen Kanzleisiegel gegeben wurde.[4] Ob diese Signierung durch den König selbst oder durch einen höheren Kanzleibeamten erfolgte, ist freilich nicht sicher festzustellen;[5] sicher nachweisbaren Anteil an der Besiegelung hat aber Friedrich III. genommen, der sich seit dem Jahre 1441 fast alle Diplome in der Reinschrift vorlegen ließ, um sie mit seinem eigenen geheimen Handsekretsiegel zu beglaubigen oder

[1] 1364 Dez. 23, Lindner S. 129: *littera verbotenus lecta fuit ... dominis cancellario et magistro curie et relacione per eos domino imperatori facta eam sigillari mandavit.* — Die Verhältnisse, unter welchen der Kaiser 1370 den Besiegelungsbefehl für zwei Urkunden schriftlich erteilte, hat Lindner S. 194ff. besprochen; sie sind außergewöhnlicher Art. — Auf einer Urkunde Karls IV. vom 12. Dezember 1347 (Elsässische Stadtrechte 1, 48 n. 36), deren Original im Bezirksarchiv zu Straßburg beruht, befindet sich der Dorsualvermerk: *Sletzstat sigillari debet;* leider ist nicht gesagt, wer die Besiegelung befohlen hat.

[2] Näheres darüber s. unten.

[3] Lindner S. 51. 96f., vgl. auch Archival. Zeitschr. 9, 184.

[4] Vgl. Grauert, KUiA. Text S. 306f.; Schaus S. 9f.

[5] Letzteres nimmt Grauert a. a. O. S. 307 N. 1 an, der dafür auf die sizilischen Kanzleiordnungen verweist, wo solche Signierung durch den Protonotar vor der Besiegelung vorgeschrieben war. Für ersteres könnte dagegen das von Erben S. 275 N. 4 (vgl. Giry S. 763 N. 2 und Langlois, BEC. 55, 663 N. 2) angeführte französische Vorbild sprechen; und wenn wirklich, wie Schaus erkennen wollte, auf einem noch erhaltenen Siegel solcher Art ein gekrönter Kopf dargestellt war, so würde wenigstens in diesem Falle anzunehmen sein, daß der König die Signierung vollzogen habe. — In einem anderen Falle — auf der Rückseite von Böhmer, Reg. Lud. Bav. 1052 — ist aber der Besiegelungsbefehl sicher von dem Notar Berthold von Tuttlingen mit den Worten: *Sigilletur pendenti. Ber[tholdus] subscripsit* gegeben; vgl. Grauert S. 307.

beglaubigen zu lassen, indem dieses auf das Hauptsiegel aufgedrückt wurde. Es macht keinen erheblichen Unterschied für unsere Betrachtung, daß diese „Sekretation" erst erfolgte, nachdem die Besiegelung mit dem Hauptsiegel bereits bewirkt war; das wesentliche ist: daß der Herrscher sich durch diesen Akt eine letzte persönliche Kontrolle wenigstens aller wichtigeren Urkunden, nachdem sie mundiert waren, sicherte, und daß ohne seine Sekretation die Ausgabe der Urkunden nicht erfolgen durfte.[1] Auch die eigenhändige Unterschrift Friedrichs III. findet sich auf einer nicht kleinen Zahl seiner Urkunden,[2] und unter Maximilian I. wird dann der Brauch der eigenhändigen Unterschrift durchaus zur Regel.[3] In einem Erlaß von 1507, den er auf dem Konstanzer Reichstage an die Stände richtete, sagt der König, daß er bisher alle Briefe in Sachen, die das Reich, Österreich und Burgund berührten, selbst gezeichnet habe; da ihm dies aber bei der Größe seiner Königreiche und Länder in Zukunft zu schwer fallen werde, habe er sich „ainen truck ainer signatur", d. h. einen Stempel machen lassen, dessen man sich in Zukunft in der Kanzlei bedienen werde.[4] Sind somit die Reinschriften der Urkunden dem König regelmäßig vorgelegt worden, so entspricht es dem vollkommen, wenn in Maximilians Instruktion für den Hofkanzler von 1497—1498 diesem der Auftrag erteilt wird, keine Urkunde oder Verschreibung „ausgehen zu lassen, sie sei denn zuvor der königlichen Majestät selbst, oder in offenem Rat verlesen und abgehört";[5] und wir werden nach der Analogie dieser Stelle auch in der uns überlieferten Formel des Eides, den Jacob von Trier, Kanzler Friedrichs III., im Jahre 1441 ableistete, die Verpflichtung, „alle Briefe und Schriften, die aus der Kanzlei ausgehen sollen, nach bester Form auszurichten und zu fertigen und dieselben ohne des Königs Willen nicht auszugeben",[6]

[1] Vgl. Seeliger, MIÖG. 8, 10f.; 15 N. 1; 31f.; Steinherz, KUiA. Text S. 472f.

[2] Vgl. unten Kap. XVI und XX.

[3] In Österreich kommt die eigenhändige Unterschrift des Herzogs zuerst unter Rudolf IV. vor, vgl. Kürschner, SB. der Wiener Akademie 49, 22f. — In Brandenburg haben die Markgrafen in der Zeit von 1411—1470 noch nicht unterschrieben, aber daß die Reinschriften in sehr zahlreichen Fällen ihnen vorgelegt oder vorgelesen wurden, ist sicher; vgl. Lewinski S. 82ff. und die Liste der Kanzleivermerke S. 139ff.

[4] Vgl. Janssen 2, 739 und dazu Steinherz S. 479.

[5] Vgl. Adler, Zentralverwaltung unter Maximilian S. 513; im Entwurf der Hofordnung von 1497 (Seeliger, Erzkanzler S. 196 § 4) war sogar die Besiegelung selbst in währender Hofratssitzung vorgesehen.

[6] Chmel, Reg. Frid. III n. 338: daz Ir oder die Prothonotarj alle briefe und geschrifft, die ausz derselben Canczlej ausgeen sullen, nach dem bessten

darauf beziehen müssen, daß vor der Vollziehung und Ausgabe der Urkunden noch ein besonderer Befehl des Königs einzuholen war.

Finden wir nach diesen Ausführungen am Anfang und am Schluß des Mittelalters, daß die Vorlegung der ins Reine geschriebenen Urkunden an den König und die Erwirkung seiner Genehmigung zur Vollziehung derselben Kanzleibrauch war, so spricht die Wahrscheinlichkeit dafür, daß auch in der Zeit, aus welcher nähere Nachrichten ganz fehlen oder nur spärlich vorhanden sind, nicht anders verfahren worden sei. Es mögen zu verschiedenen Zeiten in verschiedener Weise Bestimmungen getroffen sein, denen zufolge minder wichtige Angelegenheiten nach dem Beurkundungsbefehl in der Kanzlei definitiv erledigt werden durften; als Regel aber werden wir betrachten dürfen, daß wichtigere Geschäfte nicht ohne einen besonderen Vollziehungsbefehl abgeschlossen wurden.

Ganz ähnlich nun, wie in der Reichskanzlei, haben sich in älterer Zeit die Dinge am päpstlichen Hofe gestaltet.[1] Im Anschluß an den altrömischen Brauch, der für die im Namen der Kaiser ausgegebenen Erlasse ihre eigenhändige Subscription durch diesen verlangte, sind in der ältesten Zeit auch alle päpstlichen Urkunden und Briefe dem Papst zur eigenhändigen Subscription vorgelegt worden. In manchen Fällen lassen die Originale deutlich erkennen, daß erst nach der Unterschrift des Papstes die Datierung erfolgte; bisweilen kann man sogar feststellen, daß die Unterschrift auch der Vollendung der Scriptumzeile voranging. Und es kann keinem Zweifel unterliegen, daß auch die Bullierung der Urkunden nicht eher erfolgte, als nachdem die Genehmigung dazu durch die Unterzeichnung des Papstes erteilt war.[2]

form ausrichtet und vertiget, und die an unseres herrn des Romischen Kunigs willen nicht ausgebet. Eine ähnliche Verpflichtung im Eide des Kanzlers des Kurfürsten Albrecht Achill von 1486, Archival. Zeitschr. 10, 22: das durch ine noch nyements nichts damit versigelt werd oder ausgee, es geschee denn mit wissen und gehais m. gn. h. oder in irer gnaden abwesen durch rate [irer rete] den derselben irer gnaden sach zu handeln bevolhen wurdet. Die beiden Worte „irer rete“ habe ich nach der Formel auf S. 26 eingeschoben.

[1] Über die formelle Gestaltung der päpstlichen Unterschrift, die im Laufe der Jahrhunderte mehr gewechselt hat, als die der Kaiser, vgl. unten Kap. XVI und XX.

[2] Es entspricht dem, daß Urkunden eines Papstes, der vor ihrer Bullierung verstorben war, nur mit der Genehmigung seines Nachfolgers, dem sie zu diesem Behufe vorgelesen wurden, ausgegeben werden durften; vgl. unten Kap. XIV.

Nun nahm aber im Laufe der Zeit, wie schon früher bemerkt worden ist, die Zahl der vom Papst selbst unterfertigten Dokumente mehr und mehr ab. Zuerst fiel die Unterschrift bei Briefen fort; dann auch bei dem größten Teil der Privilegien; zuletzt blieb nur noch eine kleine Anzahl von Urkunden übrig, die in der feierlichen Form ausgestellt wurden, die früher für alle Privilegien üblich gewesen war. Daß diese noch im 13. und 14. Jahrhundert dem Papst durch den Vizekanzler zur Unterzeichnung vorgelegt wurden, lehrt nicht nur bei der Untersuchung der Originale der Augenschein, sondern das ist uns auch ausdrücklich bezeugt. Da indeß ihr Inhalt, der oft auf Bestätigung von Urkunden beschränkt war, der feierlichen Form kaum mehr entsprach, so begnügte sich der Papst, wenigstens bei den minder wichtigen, die als *privilegia communia* bezeichnet werden, im 13. Jahrhundert mit der eigenhändigen Signierung, ohne daß die oft sehr langen Urkunden ihm dabei vorgelesen werden mußten;[1] Nikolaus III. aber verfügte 1278 wieder ihre Verlesung durch den Vizekanzler.[2]

Für alle nicht in der Form der feierlichen Privilegien, d. h. für die weitaus überwiegende Mehrzahl der aus der päpstlichen Kanzlei hervorgehenden Urkunden fiel demnach im späteren Mittelalter die Unterschrift des Papstes fort.[3] Dafür trat ein anderes ein. Wir haben früher gesehen, daß im späteren Mittelalter die große Masse der päpstlichen Urkunden in zwei Hauptgruppen zerfiel, die als *litterae legendae* und als *litterae simplices* oder *communes* unterschieden werden;[4] die letzteren werden auch als *litterae quae solent dari sine lectione et transeunt per audientiam* bezeichnet. Maßgebend für die Unterscheidung war, wie gleichfalls schon früher gesagt wurde, die größere oder geringere Wichtigkeit des Inhalts, die Art des beurkundeten Rechtsverhältnisses, unter Umständen auch die persönliche Stellung des Urkundenempfängers; eine schon mehrfach von uns angezogene päpstliche

[1] Tangl, KO. S. 73 § 7: *item privilegia communia non legebantur, sed scripta in grossa per vicecancellarium portabantur ad papam, ut signarentur.* — Daß in älterer Zeit auch solche Stücke verlesen wurden, zeigt der Vermerk über die Verlesung in Jaffé-L. 3722; er steht hier hinter der Scriptumzeile und vor der Datierung; leider ist das Original der Urkunde nicht erhalten.

[2] Die Verfügung des Papstes Nikolaus III. über die *privilegia communia* lautet (Tangl a. a. O): *legantur per vicecancellarium.* Dem entspricht die aus dem 14. Jahrhundert stammende Vorschrift der *Forma scribendi privilegium commune* (Tangl, KO. S. 303 § 6): *in rota nichil scribatur, quousque sit lectum privilegium et signatum per papam signo crucis.*

[3] Dagegen wurde die Unterschrift am Ende des Mittelalters wiederum ein Erfordernis der *motus proprii*, s. Bd. 1, 84.

[4] Vgl. Bd. 1, 282.

Verfügung von 1278 setzte im einzelnen fest, welche Briefe zu der einen und welche zu der anderen Kategorie zu rechnen seien.

Demnach war für alle wichtigeren Urkunden eine Verlesung des Wortlautes vor dem Papst vorgeschrieben.[1] Wenn nun aber früher vielfach angenommen wurde,[2] daß die *litterae legendae* im Konzept dem Papste vorgelesen worden seien, so bin ich vielmehr der Meinung, daß eine Verlesung der Reinschrift angenommen werden muß.[3] Dafür kommt zunächst in Betracht, daß Zeugnisse für die Vorlegung der Konzepte gewöhnlicher Urkunden so gut wie ganz zu fehlen scheinen,[4]

---

[1] Daß es sich um eine Verlesung vor dem Papst handelt, ist unzweifelhaft. Vgl. QE. 9, 222: *Legende dicuntur a legendo, eo quod ipsas semper oportet legi papae.* 9, 223: *de legendis hee sunt regule generales. Oportet quod dentur de certa sciencia domini pape et quod legantur eidem.* Dazu ein Zusatz des Baumgartenbergers, ebenda 9, 222: *set cum arduum est negotium legende sunt domino pape, et si non legantur ei, quasi per surrepcionem obtente non valent.*

[2] Vgl. Munch-Löwenfeld S. 16f.; Kaltenbrunner, MIÖG. 7, 610; Rodenberg, NA. 10, 512 u. a. m. Wenn Rodenberg, Epp. saec. XIII. 3, XVIIff., gegenüber meinen Ausführungen in der ersten Auflage dieses Werkes geltend macht, daß in einigen Fällen, in denen es sich nicht sowohl um Urkunden, als um eigentliche Briefe handelte, die Päpste auch die Abfassung der Konzepte kontrollierten, so habe ich das nie bestritten, s. oben S. 151f. 160. Meine Ausführungen beziehen sich aber vorzugsweise auf Urkunden im eigentlichen Sinne, und ich muß sie insoweit Rodenberg gegenüber durchaus festhalten Seine Auffassung hängt eng mit der von ihm entschieden vertretenen These zusammen, daß im 13. Jahrhundert nach den Konzepten, nicht nach den Originalen registriert wurde, aber eben diese These ist, wie Bd. 1, 117 ausgeführt worden ist, durch die neueren Untersuchungen doch sehr stark erschüttert worden.

[3] So jetzt auch Göller, Mitteilungen und Untersuchungen S. 45; v. Heckel, AfU. 1, 497. — Nach Bonaguida von Arezzo (MIÖG. 17, 410) wären im 13. Jahrhundert alle (*omnes*) *litterae beneficiales* dreimal, zuerst in der Supplik, dann im Konzept, endlich in der Reinschrift vor dem Papst (*coram domino papa*) verlesen worden. Aber an eine regelmäßige Verlesung der Konzepte glaube ich aus früher dargelegten Gründen trotz dieser Angabe nicht; daß Guido mit dem Geschäftsgang an der Kurie nicht immer ganz bekannt war, haben wir schon früher gesehen, vgl. Bd. 1, 282 N. 1.

[4] S. oben S. 159ff. Wenn Ficker, BzU. 2, 59, eine Kanzleinotiz zu einer Urkunde Urbans IV: *cum fuit lecta per vicecancellarium et etiam cassata, ultimo dominus* (*d. papa* Pertz) *concessit eam* (Régistres d'Urbain IV. n. 2589; statt *cum* und *etiam* lesen Pertz und Denifle zweimal *ter*, Kaltenbrunner zweimal *tamquam*) als solches Zeugnis betrachtet, so tat er das wohl nur, weil Pertz, AdG. 5, 345, sie in einem Konzeptbuch Urbans gefunden haben wollte. Das ist aber ein Irrtum; der Band ist kein Konzeptbuch, sondern ein Register, und der Wortlaut der Notiz kann gerade so gut auf Verlesung der Reinschrift wie auf solche des Konzepts bezogen werden.

während Zeugnisse für die Vorlegung der Reinschriften an den Papst mehrfach vorliegen.[1] Sodann ist in Erwägung zu ziehen, daß die Verlesung der *litterae legendae* vor dem Papst offenbar der öffentlichen Verlesung der *litterae simplices* in der *audientia litterarum contradictarum* entsprach: wo die eine stattfand, fiel die andere fort; und da nun die Verlesung in der *audientia*, wie zweifellos feststeht, an den Originalen erfolgte, so wird auch für die Verlesung vor dem Papst das gleiche Verfahren anzunehmen sein. Entscheidend ist endlich meines

[1] Sehr wichtig sind für diese Frage Akten von c. 1210 in einem Prozesse, in dem die Echtheit einer Urkunde Innocenz' III. bestritten wird. Einer der Streitenden hat gesagt: *quod littere ille facte fuerunt de mandato domini pape et bullate in canzellaria illius et lecte in auditorio eius*, ein Zeuge: *quod littere fuerunt bullate, ubi bullantur alie, et publice recitate in presentia domini pape.* Dagegen wird eingewandt: *quod non est verisimile, quia talia coram domino papa legi non consueverunt.... Preterea dicit, quod circa octavam fuerunt ista facta, quod ... impossibile esse videtur, ut uno eodemque die et hora peticio sua fuerit admissa et littere scripte et bullate et lecte et maxime coram domino papa.* Ein anderer Zeuge hat gesagt: *quod littere ille fuerunt lecte inter terciam et nonam et quod dominus papa specialiter legit illas et dixit „bene stant“.* Einwand: *quod nec est verum nec verisimile et inauditum a seculo, quod dominus papa tali tempore, scilicet estivo, et tali hora prebeat audienciam et legat litteras* (Gabotto, Le carte dello arch. capit. di Casale Monferrato 1, 133f.). Daß es sich hier überall um Verlesung der Reinschrift (und zwar in diesem Falle der schon bullierten) handelt, liegt auf der Hand. — Aus etwas späterer Zeit gehören hierher einige Vermerke, die sich in dem N. 6 erwähnten Registerbande finden, so z. B. Régistres d'Urbain IV. n. 1042: *hanc litteram legit vicecancellarius coram domino nostro* usw. (denn, wie Tangl, Festgaben für Büdinger S. 292, richtig bemerkt, *littera* heißt immer die Reinschrift, nie das Konzept); 2096: *hec fuit cassata, quia dominus papa reddidit litteram episcopo Tholosano* usw. (vgl. auch n. 2493) und n. 2563: *fuit data ad bullam per dominum nostrum.* — Weiter beweist Verlesung der Reinschrift die oben S. 171 N. 2 angeführte Stelle aus der *Forma scribendi privilegium commune.* Endlich ergibt sich das gleiche aus zahlreichen Kanzleiweisungen auf Originalkonzepten des 14. Jahrhunderts. So z. B. M fol. 48: *R(ecipe) Io. de Angicuria II ultimas et rogo, quod, sicut consuevistis, expediatis tali hora, quod ante vesperas intremus ad papam*; H: *R(ecipe) Valasce I sec. statim et venias cum littera et ibis ad palatium;* M fol. 80: *R(ecipe) A. de Fabrica et pro deo cito quod periculum est in mora et ego miserabiliter crucior per papam* (vgl. Posse, Privaturkunden S. 91 N. 1). Das hier die Reinschriften schleunigst dem Papst vorgelegt werden sollen, ist klar. Vgl. ferner die von Göller, QFIA. 10, 313, mitgeteilten Vermerke C 136: *beatissimo domino suo*, ähnlich F 354, E 148: *R(ecipe) Iac. de Soleg. II secretas pro cras mane et portes et ibimus ad papam*, C 221: *ista erit ostendenda domino nostro* und besonders das von ihm, Mitteil. und Untersuchungen S. 44, besprochene Konzept zu einem Schreiben Clemens' V., von dem drei Reinschriften hergestellt werden sollten, mit dem Vermerk: *bullentur sine alia lectione.*

Erachtens ein anderer Umstand. Bekanntlich wurden im 13. Jahrhundert Urkunden, die *de iure et stilo* zweifelhaft waren, durch Vizekanzler und Notare geprüft, im 14. Jahrhundert aber einer förmlichen Judikatur in der Kanzlei unterworfen, für die es eingehende Vorschriften gab.[1] Jener Prüfung und dieser Judikatur wurden die Reinschriften zugrunde gelegt; sie konnten hier verworfen werden und mußten dann rescribiert werden. Dieses Verfahren wäre undenkbar, wenn bereits die Konzepte der *litterae legendae* dem Papste vorgelesen und von ihm genehmigt worden wären; vom Papste genehmigte Urkunden konnten unmöglich nachträglich aus sachlichen Gründen in der Kanzlei von untergeordneten Organen verworfen werden. Muß also die Judikatur der Verlesung vor dem Papst vorangegangen sein,[2] so folgt daraus, daß diesem die Reinschriften und nicht die Konzepte vorgetragen wurden.

Nach diesen Darlegungen würden wir im allgemeinen anzunehmen haben, daß im 13. und 14. Jahrhundert bei allen *litterae legendae*, d. h. bei allen wichtigeren Urkunden, der Vollziehungsbefehl des Papstes vor der Bullierung und Ausgabe eingeholt wurde, wenn hier nicht eine andere Erscheinung in Betracht zu ziehen wäre. Die uns erhaltenen Originalsuppliken und die Supplikenregister des 14. Jahrhunderts zeigen nämlich, was bei der gewaltigen, dem Papst durch die Verlesung der Urkunden erwachsenden Arbeitslast und dem Wunsch der Parteien nach möglichst beschleunigter Abfertigung sehr begreiflich ist, daß damals[3] in der Regel der Papst gebeten und bewogen wurde, durch Spezialbefehl von der Verlesung Abstand zu nehmen. Fast alle von Privatpersonen eingereichten Suppliken enthalten neben der materiellen noch die zweite Bitte, daß die betreffende Urkunde ohne weitere Verlesung ausgegeben werde, und in den meisten Fällen ist auch diese Bitte vom Papste genehmigt worden.[4] Dadurch geschah es, daß tat-

[1] Vgl. Bd. 1, 273. 298.

[2] Dafür gibt es zum Überfluß noch ein besonderes Zeugnis. Eine der Kanzleinotizen des S. 172 N. 4 erwähnten Registerbandes lautet (Régistres d'Urbain IV. n. 2172): *de consilio d. Iordani card. fuit iudicata iusta et postea dominus audivit eam et mandavit expediri.*

[3] In dem Formularbuch für Petitionen des Kardinals Guala (s. oben S. 5) kommt die in der folgenden Note erwähnte Bitte noch nicht vor.

[4] Die Bitte lautet in der Regel: *item* (oder *et*) *quod transeat sine alia lectione*, die Gewährung erfolgt durch ein zweites *fiat* des Papstes. Es versteht sich von selbst, was Munch (bei Löwenfeld S. 17) übersehen hat, daß diese Bitte nur bei *litterae legendae* notwendig war; bei Urkunden, die ohnehin nach allgemeiner Kanzleiregel *sine lectione* gegeben wurden, war eine derartige Spezialbitte überflüssig, obwohl sie auch bei ihnen oft vorgekommen sein mag.

sächlich zum mindesten in der großen Mehrzahl der Fälle, in denen Urkunden auf Grund von Suppliken ausgefertigt wurden, das Stadium des Vollziehungsbefehls in der päpstlichen Kanzlei fortfiel, daß in der Hauptsache nur noch bei den in den eigenen Geschäften der Kurie ausgestellten *litterae curiales*[1] und *secretae* eine Verlesung üblich bleiben mochte, wenngleich immer noch eine Anzahl anderer Urkunden übrig blieb, welche zur Verlesung kamen. Nicht immer nämlich wurde die Bitte um Dispens von der Verlesung genehmigt;[2] ja unter Johann XXII. scheint sogar einmal ganz allgemein beschlossen zu sein, diesen Dispens nicht mehr zu gewähren.[3] Das letztere war indeß gewiß unausführbar, und, obwohl Benedikt XIII. diese Verordnung erneuert hat,[4] scheint es bis zum Ende des Mittelalters, soviel wir bisher von diesen Dingen wissen,[5] dabei geblieben zu sein, daß nur in verhältnismäßig seltenen Fällen die Verlesung der mundierten Urkunden vor dem Papst wirklich stattfand.

Fragen wir nun endlich, inwiefern bei den übrigen Urkunden des Mittelalters durch die Einholung des Vollziehungsbefehls eine besondere Stufe des Beurkundungsgeschäfts eingeleitet wurde, so läßt sich nach dem bisherigen Stand unserer Kenntnis diese Frage nur für einige Urkundengruppen mit Bestimmtheit beantworten. Für die ältere deutsche Gerichtsschreiberurkunde und für die von einem Privatschreiber in den Formen der letzteren hergestellte Urkunde über private Rechtsgeschäfte war ein besonderer Vollziehungsbefehl rechtlich nicht erforderlich; der Beurkundungsauftrag ermächtigte den Notar zur Herstellung des Instruments in rechtsgültiger Form. Es konnte vor-

---

[1] Aber gewiß nicht bei allen *litterae curiales*. Auch hier wird man gewiß bei einfacheren Sachen der laufenden Verwaltung von der Verlesung Abstand genommen haben, so daß also v. Ottenthal, MIÖG. 5, 129, auch deshalb ganz Recht hat, wenn er gegen Munch bemerkt, daß die Begriffe *litterae legendae* und *litterae curiales* sich keineswegs decken.

[2] Vgl. Kehr, MIÖG. 8, 98 N. 4. 5; 101.

[3] Erler, Liber canc. S. 168: *anno domini millesimo etc., inhibuit dominus Iohannes papa nobis Gau[celmo]* (s. Bd. 1, 256 ff.) *vicecancellario, quod nulle littere expediantur sine lectione, etiamsi in peticione ipsius domini pape signo signata id specialiter caveatur.*

[4] v. Ottenthal, Reg. canc. S. 145 § 129: *item voluit et ordinavit, quod de cetero non ponatur in supplicationibus 'sine alia lectione'.*

[5] Die Bitte *quod transeat sine alia lectione* fehlt allerdings auf den Suppliken der letzten Jahrzehnte des Mittelalters (vgl. Tangl, Schrifttafeln n. 107; Lichatschev S. 153) und in den Formularen der Practica cancellariae; aber daraus folgt wohl nur, daß sie überflüssig geworden war, gewiß nicht, daß die Verlesung wieder stattfand.

kommen, daß bei der Tradition und Levation der Urkunde schon die vorausgefertigte Reinschrift vorlag; nötig aber war das nicht, auch das unbeschriebene Urkundenpergament konnte zu diesem Zweck benutzt werden. Auch zur Unterzeichnung brauchte die Reinschrift dem Aussteller nicht vorgelegt zu werden: eigenhändige Unterschrift des Ausstellers ist bei diesen deutschen Urkunden nur in den seltensten Fällen vorgekommen.[1] Der Aussteller brauchte demnach bei dem Beurkundungsgeschäft nach Erteilung des Beurkundungsauftrages nicht weiter beteiligt zu sein und war es in der großen Mehrzahl der Fälle auch in der Tat nicht.[2]

Dem gegenüber hat man in Italien länger an dem durch die römische Gesetzgebung des fünften Jahrhunderts vorgeschriebenen Erfordernis festgehalten, daß die Vertragsurkunde, wenn sie von dem Aussteller nicht eigenhändig geschrieben war, wenigstens seine eigenhändige Unterschrift tragen müsse.[3] Bis ins 12. Jahrhundert hinein weist die ober- und mittelitalienische *carta* regelmäßig, sei es die eigenhändige Unterfertigung des Ausstellers, die durch die Formel *ego N. subscripsi* charakterisiert ist, sei es sein Handzeichen (*signum manus N.*) auf.[4] Zweifelhaft kann nur sein, ob das Kreuz, welches als Handzeichen diente, wirklich immer von dem Aussteller selbst gezeichnet wurde. Einigemale wird das ausdrücklich gesagt;[5] bisweilen ergibt es sich aus dem Augenschein;[6] aber nicht immer wird es der Fall ge-

---

[1] In den von mir untersuchten Originalen des St. Galler Archivs habe ich sie nirgends konstatiert, abgesehen von den Fällen, in welchen der Aussteller zugleich Schreiber der Urk. war. Ebenso steht es bei den meisten Originalen aus Metz, Trier, Köln, Straßburg, die ich kenne. Die Signa des Ausstellers rühren ebenso wie die der Zeugen (vgl. Kap. XII) meist vom Schreiber der Urkunde her.

[2] Doch vgl. oben S. 161ff. über den Fertigungsbefehl.

[3] Vgl. Brunner, ZR. S. 58ff.; Karlowa, Römische Rechtsgesch. 1, 996f Auf die zwischen Brunner und Karlowa streitige Frage, ob nach römischem Rechte beide Kontrahenten eine Vertragsurkunde unterzeichnen mußten, braucht hier nicht eingegangen zu werden. Im Mittelalter ist eine Unterschrift der Urkunde durch den Vertragsgegner des Ausstellers kaum jemals vorgekommen; wollte man auch die von diesem übernommenen Verpflichtungen verbriefen, so wurde darüber eine eigene zweite Urkunde ausgestellt.

[4] Vgl. Brunner a. a. O. S. 35ff. Beispiele aus späterer Zeit gibt jede Urkundensammlung. Vgl. auch unten Kapitel XII.

[5] Beispiele bei Brunner S. 37. Vgl. auch noch die Unterschrift des Bischofs von Siena bei Ficker, It. Forsch. 4, 189, oder die des Herzogs Liutald von Kärnten bei Gloria, CD. Padovano 1, 306.

[6] So wird das Kreuz wohl vielfach da eigenhändig sein, wo etwa die Worte *signum* usw. in dessen Winkel gesetzt sind, wie in der Urkunde Konrads von Tuscien von 1124, Ficker, It. Forsch. 4, 143 n. 98 und in der Ur-

wesen sein. Die früheren Herausgeber der italienischen Urkunden haben auf den Umstand wenig geachtet,[1] und die uns vorliegenden Faksimiles lassen den Sachverhalt nicht immer sicher erkennen, doch kann bei vielen von ihnen kaum in Zweifel gezogen werden, daß auch die Kreuze von der Hand des Notars herrühren;[2] in solchen Fällen werden die Aussteller lediglich die schon geschriebenen Kreuze durch Handauflegung als die ihrigen anerkannt haben, was bereits ein Gesetz des Königs Ratchis gestattet zu haben scheint.[3] Aber auch dann sinkt die Hinzufügung des Signums der Aussteller durch den Notar nicht zu einer so bedeutungslosen Formalität herab, wie das in Deutschland der Fall war. Vielmehr scheint man in Italien daran festgehalten zu haben, daß die Reinschrift dem Aussteller noch einmal vorgelegt wurde; erst wenn er von ihr Kenntnis genommen hatte, unterschrieb er, fügte sein Signum hinzu oder firmierte das vom Notar gezeichnete Kreuz durch Handauflegung und erkannte dadurch an, daß die ihm vorgelegte und nun zu vollziehende Urkunde dem Beurkundungsauftrag entsprach. Gerade wie der ganz eigenhändig unterzeichnende Aussteller seinem *subscripsi* häufig ein *relegi* voraufschickte,[4] so finden wir sehr oft dem Handzeichen des Ausstellers die Bemerkung hinzugefügt *eique relectum est.*[5] Ist diese Formel nur in gewissen Gegenden mit Vorliebe und regelmäßig angewandt, so geht das wohl nur auf den Sprachgebrauch der betreffenden Notare zurück;

---

kunde Engelberts von Tuscien von 1136, ebenda S. 151 n. 106 (ähnlich in der *notitia* ebenda S. 81 n. 55). Konrad sagt ausdrücklich, daß er *manu propria* firmiert habe.

[1] Doch hat z. B. SCHIAPARELLI in der Ausgabe der Urkunden des Kapitelarchivs von St. Peter zu Rom (Arch. della Soc. Romana Bd. 24) auch diese Kreuze sorgfältig beachtet und in den Vorbemerkungen zu den einzelnen Urkunden angegeben, ob sie autograph sind oder nicht. Ebenso z. B. FEDELE in derselben Zeitschrift 27, 40ff. und CIPOLLA in der Ausgabe der ältesten Urkunden von S. Giusto zu Susa in Bullettino dell' Istituto stor. Italiano n. 18.

[2] Vgl. z. B. die hinter dem Cod. dipl. Langob. (Mon. Patr. hist. XIII) mitgeteilten Faksimiles der beiden Urkk. von 771 und 809, das. S. 79 und 160, oder BONELLI, Cod. paleogr. Lombardo Taf. 1. 13 u. a. In Volterra rühren nach SCHNEIDER, Reg. Volaterranum S. XXXVII, die Kreuze und die Unterschriften mit *signum manus* ausnahmslos von dem Notar her.

[3] Vgl. BRUNNER ZR. S. 35.

[4] Vgl. BRUNNER a. a. O. Auch in Deutschland ist *relegi* und *subscripsi* da, wo wirklich eigenhändige Unterschrift vorkommt, in manchen Fällen verbunden, vgl. FICKER, BzU. 2, 101.

[5] Beispiele bei FICKER, It. Forsch. 4, 28 n. 22; 49. 51 n. 34; MORBIO, Storia dei municipi Italiani 2, 42. 45. 47. 48. 51. 53. 54. 55 usw.; FANTUZZI 1, 89. 91. 93. 113 usw.

daß sie sich aber auf die Reinschrift bezog, folgt aus der Verbindung mit dem Handzeichen und aus der Analogie des *relegi et subscripsi* bei wirklich eigenhändiger Subscription mit Bestimmtheit.

Nur in Süditalien war, soviel wir sehen können, die Genehmigung der Reinschrift durch den Aussteller vor ihrer Vollziehung nicht vorgeschrieben; jene Bestimmungen römischer Kaiser, welche sie anordneten, scheinen hier gar nicht zur Einführung gelangt zu sein.[1] Häufig findet sich zwar auch im Gebiete des ehemaligen Herzogtums Benevent eine — in der Regel sehr kurz gefaßte — Unterschrift oder eine Signumformel des Ausstellers, aber sie fehlt nicht selten auch ganz.[2] Eine Verlesung der Urkunde durch oder für den Aussteller wird hier durchweg nicht erwähnt.

Von den italienischen *notitiae* bedürfen die außergerichtlich ausgestellten gleichfalls einer Unterschrift seitens der Kontrahenten nicht. Der Aussteller kann sie nicht unterzeichnen, da er ja ihr Empfänger ist[3] und seine Unterschrift zu seinen Gunsten nichts beweisen könnte. Sie sind in älterer Zeit in einigen Fällen von dem, der die verbriefte Rechtshandlung zugunsten des Ausstellers und Empfängers vollzogen, also z. B. die Investitur erteilt hatte, unterschrieben oder signiert worden; später kommt auch das kaum mehr vor. Die einfache Unterschrift des Notars und die Erwähnung der Zeugen genügt zur Beglaubigung dieser Stücke. Offenbar sind diese *notitiae* in der Reinschrift den Parteien wenigstens in späterer Zeit nicht mehr zur Genehmigung vorgelegt worden; nachdem die Imbreviatur verlesen und genehmigt war,[4] fertigte der Notar selbständig das Instrument aus und behändigte es dem Empfänger. Dadurch wurde natürlich eine erhebliche Vereinfachung des Beurkundungsgeschäftes bewirkt, und diese Vereinfachung wird eine der Ursachen davon sein, daß die Notitia im späteren Mittelalter durchaus die bevorzugte Form der Notariatsurkunde wurde, daß man sich jetzt in zahlreichen Fällen auch für Geschäfte, die früher zumeist *per cartam* beurkundet waren, der Form der Notitia bediente. Aber auch wo man die Form der Carta noch beibehielt, vereinfachte man sie jetzt nach dem Muster der Notitia; seit dem 13. Jahrhundert, ja schon seit der Mitte des 12., fällt auch in den italienischen *cartae* die eigenhändige Unterschrift oder Sig-

---

[1] Vgl. Brunner a. a. O. S. 38.

[2] Vgl. Brunner a. a. O. Eine größere Zahl von Belegen gibt der Cod. dipl. Cavensis.

[3] Vgl. Brunner, ZR. S. 37.

[4] S. oben S. 162.

nierung der Aussteller und damit die Notwendigkeit, ihm die Reinschrift noch einmal zur Genehmigung vorzulegen, in der Regel fort;[1] Beurkundungs- und Fertigungsbefehl schlossen jetzt zugleich die Ermächtigung zur Vollziehung in sich.

Von der außergerichtlichen unterschied sich die gerichtliche, die *notitia iudicatus*, in bezug auf das hier behandelte Verhältnis durchaus. Wie verschieden auch ihre Fassung nach den in verschiedenen Zeiten in den verschiedenen Provinzen Italiens üblichen Formularen sein mochte; durch eigenhändige Unterfertigung sind sie überall beglaubigt worden;[2] was in dieser Beziehung eine Verordnung Lothars[3] ausdrücklich vorschrieb, war schon lange vorher geltendes Recht. Die Art der Unterfertigung ist dabei gleichgültig; sowohl ganz eigenhändige Unterschriften, diese wieder in den verschiedensten Formulierungen,[4] wie Signierungen kommen vor; daß bei den letzteren das Signum, in der Regel ein Kreuz, eigenhändig gemacht ist, wird gelegentlich ausdrücklich gesagt[5] und durchweg anzunehmen sein. Auch hinsichtlich

[1] Eine Ausnahme machen namentlich die Urkunden aus dem venezianischen Gebiet, mögen sie nun von den öffentlichen Notaren oder von den Kanzlern der Dogen, Patriarchen, Bischöfe geschrieben sein. Hier hat sich die eigenhändige Unterschrift — die Formel ist meistens: *ego N. N.* (z. B. *ego Vitalis Faletro dei gratia dux*) *mm. ss. (manu mea subscripsi)* — vielfach bis in das späte Mittelalter hinein erhalten. Beispiele in Fülle in dem großen Werk von Cornelius, Ecclesiae Venetae (Venedig 1749), und an anderen Orten. Vgl. über die venezianischen Dogenurkunden insbesondere Lazzarini, Originali antichissimi della cancellaria Veneziana (Venedig 1904), mit einem Faksimile der eigenhändigen Unterschrift des Dogen Vitalis Michael von 1098.

[2] Ein Stück, wie Ficker, It. Forsch. 4, 136 n. 91, dem sie fehlt, ist eine historische Aufzeichnung, aber keine Urkunde; es heißt am Schlusse ausdrücklich, daß ein Urteil nicht abgegeben ist (*nullam inde iudices dederunt sententiam*). Ebenso steht es mit dem bei Ficker folgenden Stück n. 92, vgl. dessen Anmerkung S. 138.

[3] Liber Papiensis, Lothar 98: *quod iudicaverint, confirmare sua subscriptione non dissimulent.* Dazu die Glosse: *per hoc subscribunt se iudices in cartis.*

[4] Besonders häufig ist *ego N. interfui* oder *interfui et subscripsi.* In Süditalien wird oft einfach gesagt: *ego qui supra N. iudex*, auch *ego N. fieri rogavi* findet sich. Aber man ergeht sich auch in längeren Wendungen: Cesso, Königsbote Ottos III., gibt seiner Gemütsstimmung Ausdruck und unterschreibt *leto animo fidelique mente, veloci quoque manu et gravitate* (Ficker, It. Forsch. 4, 61 n. 40); andere machen Verse (s. unten Kap. XV), kurz in dieser Beziehung ist dem Belieben oder der Laune der Unterschreibenden durchaus freier Spielraum gelassen.

[5] Vgl. z. B. Ficker a. a. O. 4, 70 n. 47; 97 n. 70; 105 n. 78; 133 n. 88; 141 n. 96.

der Zahl der Unterzeichnenden schwankt der Gebrauch; es kommt vor, daß nur der Vorsitzende des Gerichts allein unterfertigt, häufiger aber ist, daß mit ihm alle Beisitzer oder wenigstens einige von ihnen unterschreiben, und bisweilen geschieht es sogar, daß der Vorsitzende überhaupt nicht, sondern nur einer oder mehrere der Beisitzer, namentlich der rechtskundigen, subscribieren.[1] Vielleicht erklärt sich diese Verschiedenheit des Vorgehens dadurch, daß nicht immer die Reinschrift der Notitia unmittelbar während oder gleich nach der Gerichtssitzung hergestellt werden konnte, und daß, wenn sie zur Unterschrift und Genehmigung vorgelegt wurde, nicht mehr alle an der Sitzung beteiligt gewesenen Personen an Ort und Stelle waren; irgend ein festes Prinzip, nach dem dabei vorgegangen worden wäre, läßt sich, soviel ich sehen kann, nicht ermitteln.

Auch bei den Urkunden über Sitzungen des vom König präsidierten Hofgerichtes hat sich in dieser Beziehung ein ständiger Brauch erst allmählich herausgebildet. Bis zum Ende des 10. Jahrhunderts sind diese Urkunden nicht vom Könige, sondern nur von dem neben dem König tätigen Vorsitzenden und den Beisitzern, besonders häufig von dem Pfalzgrafen,[2] zuweilen auch vom Kanzler[3] unterschrieben. Erst Otto III. hat hier ein anderes Verfahren eingeführt. In einem Placitum vom Jahre 996[4] findet sich vor der Notarsunterschrift sein Monogramm; ob es vom Kaiser vollzogen war, läßt sich nicht feststellen, da die Urkunde nur abschriftlich überliefert ist. Außerdem aber steht vor den Unterschriften der Beisitzer ein Kreuz, das durch den Zusatz *Signum manus domini imperatoris Otonis qui hoc signum crucis fecit* als eigenhändig gekennzeichnet ist; gewiß wird daher auch in einem Placitum von 999,[5] wo vor den Unterschriften der Beisitzer *† Otto Romanorum dei gratia imperator augustus* geschrieben ist, das Kreuz von dem Kaiser selbst herrühren.[6] Endlich aber ist in einer

[1] So z. B. Ficker a. a. O. n. 7. 9. 10. 11 und besonders merkwürdig n. 84, wo der einzige anwesende *iudex* nicht unterschreibt und von den sechs anwesenden *causidici* nur einer.

[2] Vgl. D. Ber. I. 37; D. Lamb. 6; DD. O. I. 269. 340. 398—400. DO. III. 411.

[3] Vgl. D. Ber. I. 73. 74.

[4] DO. III. 227. An der Zuverlässigkeit der Abschrift von 1283 zu zweifeln, ist kein Grund vorhanden.

[5] DO. III. 339.

[6] Aber auch nur dieses; an subjektive Subscription, die Erben, UL. S. 186, annimmt, ist nicht zu denken, da sonst *subscripsi*, das bei den Unterschriften aller Geistlichen steht, nicht fehlen würde. Dagegen findet sich bei den Laien, die nur ein Kreuz gemacht haben, dieselbe Form wie bei dem Kaiser.

Gerichtsurkunde von 1001 [1] hinter der subjektiv gefaßten Unterschrift des Papstes in derselben Form: *† Otto servus apostolorum subscripsi* die des Kaisers abgegeben, und es ist nicht unwahrscheinlich, daß sie ganz eigenhändig erfolgte. Von den drei Placiten Heinrichs II. ist eins nur von dem Pfalzgrafen und den Beisitzern unterfertigt; [2] ein zweites weist eine Signumzeile mit einem Monogramm auf, das allerdings von der in der Kanzlei üblichen Gestalt abweicht und dessen eigenhändige Vollziehung, da das Original nicht erhalten ist, ungewiß bleibt; [3] in dem dritten endlich [4] folgen einem Kreuz die Worte *Ego Einricus imperator*, und wenigstens teilweise eigenhändige Unterschrift wird hier anzunehmen sein. In den Gerichtsurkunden Konrads II., der nicht schreiben konnte, ist von jeder Form der Kaiserunterschrift abgesehen; eine, die nur abschriftlich überliefert ist, entbehrt aller Subscriptionen,[5] zwei andere,[6] darunter ein Original, sind vom Kanzler unterfertigt, der aber wahrscheinlich nur das Subscriptionszeichen (*ss.*) eigenhändig hinzugefügt hat, während er die diesem Zeichen vorangehenden Worte: *Kadelohus cancellarius et missus sacri palatii* von einem Kanzleibeamten schreiben ließ, der sonst bei der Herstellung der Urkunde nicht beteiligt war. Zu eigenhändiger Unterschrift der Gerichtsurkunden ist dann Heinrich III. zurückgekehrt. Von den drei Placita dieses Herrschers, die für uns in Betracht kommen [7] und die sämtlich in originaler Überlieferung erhalten sind, weist das erste vom Jahre 1047 [8] die Unterschrift: *Ego Heinricus imperator subscripsi* auf; dem Worte *subscripsi* folgen zwei Zeichen, die eine bestimmte Deutung nicht zulassen. Die Unterschrift selbst besteht aus schönen und gleichmäßigen Buchstaben, die durchaus der diplomatischen Minuskelschrift der Zeit entsprechen; sie ist der folgenden Unterschrift des Kanzlers[9]

---

[1] DO. III. 396.

[2] DH. II. 299.

[3] DH. II. 461.

[4] DH. II. 465. Auch die folgenden Unterschriften bestehen nur aus *Ego* und dem Namen; *subscripsi* fehlt immer.

[5] DK. II. 92. Nur die Unterschrift des Notars ist vorhanden.

[6] DD. K. II. 258. 259.

[7] Das vierte St. 2471 entbehrt in unserer Überlieferung aller Unterschriften, außer der des Notars. Was Steindorff 2, 389 ff. über die drei anderen bemerkt, beruht nicht auf eigener Kenntnis der Originale.

[8] St. 2327. Sehr bemerkenswert ist, daß dies Placitum besiegelt war, was sonst nicht üblich ist.

[9] *Ego Henricus cancellarius subscripsi*, wobei die letzten Buchstaben von *subscripsi* durch eine Art von Subscriptionszeichen ersetzt sind. Man beachte die verschiedene Orthographie des Namens.

ähnlich, aber nicht von der gleichen Hand wie diese hergestellt, und ich halte es nicht für ausgeschlossen, daß sie ganz autograph ist. In den beiden anderen Stücken von 1054 und 1055[1] lautet die Unterschriftsformel: *Ego Heinricus dei gratia Romanorum imperator augustus confirmavi*, doch ist im zweiten Falle der Name des Kaisers durch ein Monogramm dargestellt, das aber völlig von der kanzleimäßigen Form verschieden ist; an diese Unterschrift, die in keiner der beiden Urkunden von dem Kaiser, sondern in der ersten von einem unbekannten Italiener, in der zweiten von dem Schreiber des Placitums herrührt, schließt sich dann aber in beiden das Eigenhändigkeitszeichen des Kaisers[2] an, das die in den Diplomen übliche Gestalt aufweist und dem wie in den Diplomen drei Interpunktionszeichen vorangehen und drei Kreuze folgen. Heinrich III. hat also diese Placita in derselben Weise wie seine Diplome unterfertigt; in dem ersten hat er vielleicht das ganze Eigenhändigkeitszeichen selbst gezeichnet, in dem zweiten rühren wohl nur die drei Kreuze von ihm her. Sehr gleichmäßig ist die Unterschrift Heinrichs IV. gestaltet; sie lautet regelmäßig: † *Ego Heinricus dei gratia rex* (*tercius Romanorum imperator augustus*) *ss.*;[3] daß sie stets eigenhändig war, ist höchst wahrscheinlich und steht für zwei Originale,[4] die in Faksimiles vorliegen, durch die vollständige Gleichheit der Schriftzüge fest. Den Brauch des Vaters hat auch sein ältester Sohn Konrad beibehalten, der ein Placitum vom Jahre 1097 mit der Formel *Ego Chonradus dei gratia Romanorum rex subscripsi* unterzeichnet hat;[5] dagegen hat sich dessen Bruder Heinrich V. darauf beschränkt, seine zahlreichen Placita aus den Jahren 1116—1118 mit einem großen Kreuze zu unterfertigen, dessen Eigenhändigkeit durch eine Beischrift ausdrücklich versichert wird.[6] Seit dem Ende der sali-

[1] St. 2451. 2475.

[2] Vgl. über dies Zeichen unter Kap. XX.

[3] So in St. 2840. 2845[a] (Davidsohn, Forschungen zur älteren Gesch. von Florenz 1, 175 n. 17) 2853. 2905. 2929. In St. 2847 fehlt *subscripsi*, in St. 2861[a] fehlt nach dem Drucke Glorias *tercius* und *subscripsi*. In St. 2908 fehlen die Worte *tercius Romanorum* und *augustus* im Drucke Odoricis.

[4] St. 2905. 2929; zu den bei Stumpf verzeichneten Faksimiles kommt für die erstere Urkunde noch ein anderes bei Moschetti, Il Museo civico di Padova (Padua 1903), hinzu, das Erben, UL. S. 181, anführt; besser noch als an den Faksimiles läßt sich die Schriftgleichheit der Subskriptionen an den von mir eingesehenen Originalen selbst feststellen. Was Schum, NA. 1, 129, über diese Unterschriften sagt, ist irrig.

[5] St. 3003; das Stück ist nur abschriftlich überliefert; das Originalplacitum St. 3002 entbehrt der Unterschrift des Königs.

[6] Vgl. das Faksimile von St. 3129 in den Diplomi imperiali e reali delle cancellerie d'Italia Tav. 13 (mit Erläuterungen von Cipolla) und das Faksimile

schen Periode ward dann die Beteiligung des Königs an öffentlichen Gerichtssitzungen in Italien immer seltener,[1] und Gerichtsurkunden in der bis dahin üblichen Gestalt sind uns weder von Lothar noch von den staufischen Herrschern bekannt.

Aber auch bei sonstigen *notitiae iudicatus* kam in Italien etwa seit der Mitte, in manchen Gebieten, wie z. B. in Rom,[2] schon seit dem Anfang des 12. Jahrhunderts die eigenhändige Unterfertigung allmählich außer Übung.[3] Mit den Veränderungen, die sich im Gerichtswesen selbst und in der sonstigen Formulierung der Urkunden im 12. Jahrhundert vollzogen haben,[4] steht diese Erscheinung in keinem erkennbaren Zusammenhang; sie macht sich erst beträchtlich später geltend als jene, und sie findet sich auch in Urkunden, die nach Inhalt und Form noch dem älteren Herkommen entsprechen. Aber sie tritt um dieselbe Zeit auf, da auch in den italienischen *cartae* der Brauch der eigenhändigen Unterfertigung fortfiel, und sie wird aus

---

von St. 3138 bei Gloria, Autografo d'Irnerio e origine dell' università di Bologna (Padua 1888). — Die Beischrift zu dem Kreuz lautet in St. 3126: *Hec crux est signum manu d. Henrici imperatoris Romanorum*, in St. 3133: *Hoc signum crucis fecit domnus Henricus dei gratia inprerior* (so nach Cipolla) *augustus*, in St. 3136 (ähnlich in St. 3158ª): *Hoc signo crucis idem imperator hanc noticiam corroboravit*, in St. 3158ᵇ (NA. 20, 229): *Hoc signum fecit domnus Einricus imperator suis manibus.* In St. 3129 steht neben dem Kreuz *Heinricus*, in St. 3132 *Hec cus*; die Annahme, daß die Beischrift hier eigenhändig gewesen sei, läßt sich nicht begründen. In St. 3134 sind die Worte *Henricus dei gratia quartus Romanorum imperator augustus subscripsit* in die durch die Kreuzarme gebildeten Winkel verteilt; für diese Form der Unterschrift ist gewiß der in den Urkunden der Gräfin Mathilde übliche Brauch (s. S. 185) bestimmend gewesen, vgl. Hessel, NA. 31, 469ff., der darauf hinweist, daß die eigenhändige Unterkreuzung des Kaisers, die bei den Placiten üblich war, auch in dem Notariatsinstrument St. 3158 (vgl. auch St. 3138, wo neben dem Kreuz ein *R* steht) wiederkehrt. In St. 3139 steht nach einer Abschrift aus dem Original im Apparat der MG. vor dem Kreuz *imperator aug.*, dahinter *H. dei gracia R.* In St. 3128 fehlt eine Beischrift neben dem Kreuz. In St. 3130 steht nach einer Abschrift im Apparat der MG. ein großes Kreuz, das vielleicht vom Kaiser herrührt, mitten in der Unterschrift des *iudex Obertus*.

[1] Vgl. Ficker, It. Forsch. 1, 294ff.

[2] Vgl. Hirschfeld, AfU. 4, 558 N. 5.

[3] Beispiele: 1148 Gericht des Grafen des Abts von Polirone, Ficker a. a. O. 4, 165 n. 122; 1158 Gericht des Markgrafen Hermann von Verona, das. 4, 167 n. 125; 1163 Gericht Rainalds von Köln, das. 4, 174 n. 132; 1163 Gericht des Rektors von Verona, das. 4, 176 n. 134; 1176 Gericht des Bischofs von Modena, das. 4, 189 n. 149 usw. Doch kommen auch jetzt noch Unterfertigungen vor, vgl. Ficker a. a. O. 4, 168 n. 127; 202 n. 160; Hirschfeld a. a. O.

[4] Vgl. Ficker a. a. O. 3, 288ff.

demselben Wunsch nach einer Vereinfachung des Geschäftsganges zu erklären sein, den wir hinsichtlich der *cartae* als bestimmend annahmen.

Wir haben schließlich noch zu untersuchen, wie sich in Italien die besprochenen Verhältnisse bei den Urkunden geistlicher und weltlicher Fürsten gestalteten. Insofern die große Mehrzahl von diesen — nicht anders wie in späterer Zeit die Urkunden städtischer Kommunen — von öffentlichen Notaren hergestellt worden sind, gilt von ihnen lediglich, was hinsichtlich der Notariatsurkunden soeben ausgeführt worden ist. Weiter sind die von den eigentlich bischöflichen Kanzlern und Notaren[1] geschriebenen Urkunden zwar in bezug auf ihre Fassung mehrfach von den *cartae* öffentlicher Notare verschieden, nicht aber in bezug auf die uns jetzt beschäftigende Frage; auch sie zeigen ganz regelmäßig bis ins 12. Jahrhundert hinein eigenhändige Unterschrift oder Signierung in den uns bekannten Formen, lassen also eine Vorlage der Reinschrift zur Genehmigung erkennen. Eine besondere Erwähnung verdienen aber in diesem Zusammenhange die Urkunden der Erzbischöfe von Ravenna, die oft auch gewöhnliche Schenkungen und andere weltliche Geschäfte durch ihre eigenen Notare verbriefen ließen und bei denen die Unterzeichnung eine besondere Form angenommen und sich länger erhalten hat. Schon seit der Mitte des 7. Jahrhunderts ist diese Form nachweisbar; sie besteht darin, daß der Erzbischof eigenhändig nicht seinen Namen oder sein Signum, sondern das Wort *legimus* — gewöhnlich in Majuskelbuchstaben geschrieben und von zwei Kreuzen eingeschlossen — unter die Urkunde setzt, wie das auch bei den byzantinischen und vereinzelt auch bei den fränkischen Kaisern, wie wir sehen werden, vorkommt. Der Brauch läßt sich bis zum Ende des 12. Jahrhunderts verfolgen, war aber selbst im 13. noch nicht vergessen; noch 1262 unterfertigt Erzbischof Philipp eine Urkunde mit dem althergebrachten feierlichen *legimus*, dessen sich seine Vorgänger von jeher bedient haben.[2]

---

[1] Vgl. Bd. 1, 589. 620.

[2] Vgl. meine Bemerkungen MIÖG. 9, 24f. und Brandi, AfU. 1, 41 N. 3. 74. — Wenigstens in der Anmerkung will ich notieren, daß einige süditalienische Erzbischöfe und Bischöfe zwar nicht mit *legimus*, aber in Nachahmung des römischen Brauchs mit eigenhändigem *Bene valete* ihre Urkunden unterzeichneten. Vgl. z. B. die Urkunde des Erzbischofs Atenulf von Capua von 988 (Jannelli, Capua S. 331): *hoc libertatis nostrae scriptum ... sigillo nostro ... iussimus sigillari. Quam videlicet libertatis absolutionem tibi Ioanni subdiacono primicerio et bibliothecario nostro scribere praecepimus nec non et propriis manibus sacerdotes et clericos nostros se subscribere iussimus et pro con-*

Unter den weltlichen Herren Ober- und Mittelitaliens haben zuerst die Markgrafen von Tuscien aus dem Hause Canossa damit begonnen, ihre Urkunden vielfach nicht von öffentlichen Notaren, sondern von ihren eigenen Beamten herstellen zu lassen und in ihnen die Formen der Königsurkunden in manchen Beziehungen nachgeahmt.[1] Schon Bonifaz und ebenso seine Nachfolger und Nachfolgerinnen: Beatrix, Gottfried, Mathilde, haben mindestens einen Teil ihrer Urkunden besiegeln lassen;[2] regelmäßig fügen sie außerdem ihre Unterfertigung hinzu. Deren Form schwankt; Bonifaz, der offenbar schreiben konnte, braucht zumeist die auch in den von ihm ausgestellten Notariatsurkunden vorherrschende Formel † *Bonifacius marchio* (*et dux*) *subscripsi*; daneben findet sich: *Signum d. Bonifacii ducis et marchionis*, so daß wahrscheinlich ein Monogramm angewendet worden ist. Der Signumformel bedienten sich auch Gottfried und Beatrix, während Mathilde zumeist eine andere Art der Unterzeichnung anwendet: ein großes Kreuz, in dessen vier Winkel die Worte: *Matilda dei gratia si quid est* (*sum*) *ss.* (d. h. *subscripsi*) in nicht immer gleicher Verteilung eingetragen sind.[3] Ob diese ganze Unterschrift oder nur ein Teil von ihr von der Markgräfin selbst herrührt, bedarf noch genauerer Untersuchung; daß sie aber mindestens teilweise wirklich autograph war, ergibt sich aus den Korroborationsformeln mit voller Bestimmtheit, und in einer Urkunde, die 1115 kurz vor dem Tode der großen Markgräfin ausgestellt ist, der das Zeichen fehlt, wird überdies ausdrücklich gesagt, daß Mathilde nicht mehr imstande gewesen sei, zu

---

firmatione ... secundum consuetudinem praeceptorum manu nostra subscripsimus. Es folgen die Unterschriften der Kleriker, darunter: † *Bene valete.* — Ähnlich Landulf von Benevent 975 (Ughelli 8, 65), Aldericus von Calvi 969 (Reg. Neapol. Arch. Monum. 1, 2, 175) u. a. m.

[1] Vgl. Overmann, Gräfin Mathilde von Tuscien (Innsbruck 1895) S. 220ff. Unter Mathilde gewinnt auch der päpstliche Kanzleibrauch Einfluß auf ihr Urkundenwesen.

[2] Bonifaz 1038. 1048, Camici, Supplementi d'istorie Toscane (Florenz 1773) S. 8. 86. — Gottfried allein oder mit Beatrix, Rena, Della serie degli antichi duchi e marchesi di Toscana (Flor. 1775) S. 85. 118. — Mathilde allein oder mit Welf, Rena, Serie degli duchi usw. (Flor. 1778) S. 41; Serie (Flor. 1779) S. 57. 82; Serie (Flor. 1780) S. 60. 101; vgl. Overmann S. 220 N. 2; S. 226 N. 5ff.; daselbst S. 215. 225 Belege für die im folgenden besprochenen Unterschriften.

[3] Faksimile einer so unterschriebenen Urkunde der Gräfin bei Steffens, Lat. Palaeographie, Taf. 64 (2. Aufl. Taf. 78). Vgl. Overmann S. 215f. — Ein Original Mathildens im Britischen Museum zu London (Egerton Charters 132; es ist die Urkunde Overmann S. 174 n. 87) hat kein Kreuz, aber in ganz kleinen Majuskeln die Unterschrift: *Matilda dei gratia si quid est in hac cartula a me facta ss.*

unterschreiben und deshalb nur die Besiegelung des Dokuments angeordnet habe.[1]

Um die Mitte des 12. Jahrhunderts haben dann auch die Grafen von Savoyen und Markgrafen von Turin, zuerst, wie es scheint Amadeus III.,[2] begonnen sich von der Form der Notariatsurkunde zu emanzipieren und ihre schriftlichen Verfügungen in Formen zu kleiden, die denen der übrigen Reichsfürsten entsprachen. Ihre Urkunden tragen seit dieser Zeit ein Siegel, aber unterschrieben sind sie nicht;[3] und erst um dieselbe Zeit, da die eigenhändige Unterschrift auch in Deutschland in fürstlichen Erlassen häufiger zur Anwendung kam, finden wir sie auch in den Urkunden der Herzöge von Savoyen; zuerst, soweit bis jetzt bekannt geworden ist, unter Herzog Ludwig im Jahre 1451.[4]

In Unteritalien urkunden die alten Herzoge von Benevent ebenso wie die von Spoleto nach dem Muster der langobardischen Königsdiplome ohne Unterschrift und ohne die Besiegelung anzukündigen; daß aber die letztere stattgefunden hat, kann als wahrscheinlich angesehen werden.[5] Auch nach dem Ende des langobardischen Reiches behalten die Fürsten von Benevent, Salerno, Capua die gleichen Formen bei; aus dem 9. Jahrhundert haben wir besiegelte Originale von ihnen.[6] Doch erst zu Anfang des 10. Jahrhunderts führen die Fürsten von Benevent und Capua — zuerst, soviel ich sehe, Atenulf von Benevent und Capua in einer Urkunde von 902[7] — eine Korroborationsformel

[1] Rena, Serie (Flor. 1780) S. 101: *quam chartulam, quia predicta comitissa propriae manus subscriptione firmare non potuit, sigilli sui impressione insigniri praecepit.* — In ähnlicher Form, wie die Canossaner, namentlich Mathilde, also zumeist mit Unterschrift und Siegel, urkunden auch die sich vielfach ihrer eigenen Kanzler und Notare bedienenden späteren deutschen Markgrafen und Herzoge von Tuscien (vgl. Ficker 2, 223ff.). Die anderen deutschen Reichsbeamten des 12. und 13. Jahrhunderts in Italien schließen sich in ihren Urkunden, soweit sie nicht von Pfalznotaren in der gewöhnlichen Art der Notariatsurkunden geschrieben sind, zumeist an deutschen Brauch an; eigenhändige Unterschrift oder Signierung fehlt also in der Regel.

[2] Vgl. dessen Urkunde von 1147 für San Giusto zu Susa, Bullettino dell' Istit. stor. Italiano 18, 93 n. 6.

[3] Vgl. Cibrario und Promis, Documenti S. 62ff.; Cibrario und Promis, Sigilli de' principi di Savoia S. 5.

[4] Vgl. Datta, Lezioni di paleografia e di critica diplomatica sui documenti della monarchia di Savoia (Turin 1834) S. 417.

[5] Vgl. Chroust S. 134f.

[6] Vgl. Voigt, Beitr. zur Diplomatik der langob. Fürsten S. 16.

[7] Gattula, Hist. Casinens. 1, 28. Original in Monte Cassino, vgl. Voigt S. 66 n. 123. Wahrscheinlich aber ist schon das noch ungedruckte Diplom Atenulfs von 901, Voigt n. 121, ebenso formuliert.

in ihren feierlichen Diplomen ein, in der von nun an Unterfertigung[1] und Besiegelung[2] regelmäßig angekündigt werden. Die Unterfertigung erfolgt in der Gestalt eines Monogrammes, das den karolingischen Monogrammen in Kreuzform nachgebildet ist, sich aber dadurch von ihnen unterscheidet, daß es in Anlehnung an byzantinischen Brauch mit roter Tinte ausgeführt ist.[3] Daß das ganze Monogramm von der Hand des Fürsten stamme, ist nicht anzunehmen; es wird in der Regel von einem höheren Kanzleibeamten, vielleicht dem Referendar, an einer von dem Urkundenschreiber dafür freigelassenen Stelle nachgetragen sein; doch ist nach dem Wortlaut der Korroborationsformel sicherlich an eine eigenhändige Beteiligung des Fürsten bei seiner Herstellung zu denken, wofür auch ein frühes Zeugnis spricht;[4] welcher Teil des Monogramms aber als Vollziehungsstrich anzusehen ist, hat bisher noch nicht sicher festgestellt werden können.[5] An dem Brauche derartiger Unterzeichnung haben die Fürsten von Capua und Benevent, auch die Herrscher normannischer Abkunft, die hier um die Mitte des 11. Jahrhunderts eintraten, festgehalten; noch im 12. Jahrhundert urkundet Robert II. von Capua in dieser Weise. Dagegen haben ihn die Fürsten von Salerno nicht angenommen; und wenn auch ihre Diplome mindestens seit der Mitte des 9. Jahrhunderts besiegelt sind,[6]

---

[1] Die Formel lautet in bezug auf die Unterschrift: *manu propria scripsimus.* In den einfachen Diplomen fehlt die Unterschrift.

[2] Über die Siegel der unteritalienischen Fürsten s. unten Kap. XXI.

[3] Vgl. Voigt S. 19ff. und die Faksimiles auf den letzten Tafeln seiner Schrift. In der Mitte des Kreuzes steht, wie bei den Karolingern, der Buchstabe O, der aber nicht rautenförmig, wie bei jenen, sondern rund gezeichnet ist; an den vier Armen sind die Buchstaben des Namens, nicht auch des Titels, des Fürsten in einer Anordnung angebracht, die sich bis zuletzt sehr gleichmäßig erhält. Nur das Monogramm, das Waimar IV. von Salerno in seinen capuanischen Urkunden (1038—1047) anbringen ließ, weicht mehr von der herkömmlichen Form ab (in der Mitte steht ein A) und es ist auch nicht in roter, sondern in schwarzer Tinte ausgeführt.

[4] In einer Urkunde von 1020 (Gattula, Hist. 1, 35) wird von einem capuanischen Fürstendiplom gesagt: *in qua ipse domnus Paldolfus princeps et* (lies *per*) *litteras rubeas roborato erat;* vgl. Muratori, Antt. Ital. 1, 1013.

[5] Vgl. Voigt S. 21f. In einem der Datierung darbenden Diplom fehlen die beiden Horizontalstriche des F (vgl. n. 8 der Monogrammabbildungen Voigts), und es ist also nicht unwahrscheinlich, daß diese Urkunde unvollzogen geblieben ist, und daß jene beiden Striche sonst vom Fürsten hinzugefügt wurden. Doch bedarf das noch weiterer Prüfung.

[6] Erwähnt wird ein *brebe sigillatum* des Fürsten Ademar von Salerno schon 858, CD. Cav. 1, 69. Erhalten ist ein Siegel zuerst an einem Diplom Waimars I. von Salerno 886; CD. Cav. 1, 130, vgl. Voigt S. 16. Abbildung im CD. Cav. Bd. 1 nach einer etwas jüngeren Urkunde.

so sind sie doch nicht von den Herrschern unterschrieben.[1] Ob auch ihnen, wie den Fürsten von Capua und Benevent, die Diplome in der Reinschrift vorgelegt werden mußten, läßt sich demnach nicht ermitteln.

Die vom byzantinischen Reiche abhängigen Herrscher von Neapel, Gaeta, Amalfi haben ihre Urkunden, die zumeist von Kurialen und Notaren geschrieben sind, mit ihrer Namensunterschrift unterfertigt. Die Formel lautet z. B. in einer Urkunde des Herzogs Marinus von Neapel von 975:[2] *† Marinus consul et imperialis anthipatus patricius subscripsi;* und da der Kopist, der diese Urkunde überliefert, ausdrücklich bemerkt, daß diese Worte von anderer Hand als der Text geschrieben seien, so darf an eigenhändige Subscription gedacht werden. Ein Siegel neben der Unterschrift zeigt nur die letzte, dem Jahre 1131 angehörige Urkunde eines Herzogs von Neapel, die wir besitzen.[3]

Sehr verschieden sind die Formen, in denen die älteren normannischen Fürsten in Unteritalien[4] ihre Urkunden unterfertigt haben, soweit eine solche Unterfertigung überhaupt stattfand, was bei Robert Guiscard in der Regel nicht der Fall war. Nur selten findet sich ein Monogramm nach Art derer, die in Capua und Benevent gebräuchlich waren; so z. B. in einer Urkunde des Grafen Robert, Sohnes Rainulfs, von 1109.[5] Häufiger ist die Formel: *† ego N. dux me subscripsi.*

---

[1] Eine Ausnahme machen nur die für Capua und Benevent ausgestellten Urkunden der Fürsten von Salerno, welche zugleich diese Gebiete beherrschten: in ihnen findet sich das Monogramm; vgl. die Urkunden Gisulfs I. von Salerno von 953 bei Ughelli 8, 56 und Waimars IV.; s. Voigt S. 71 n. 223 ff. und oben S. 187 N. 3.

[2] Neapol. archiv. monumenta 2, 239. Vgl. auch die Faksimiles der offenbar autographen Unterschriften neapolitanischer Herzoge von 951—1131 bei Capasso, Monum. ad. Neapolit. ducatus hist. pertinentia 1, Taf. 4. 6. 7. 8; 2, Taf. 9. 10. 11. Entsprechend z. B. in Amalfi 1033: *Iohannes domini gratia dux et patricius subscripsi,* Camera, Mem. istor. diplom. dell' ant. città e ducato di Amalfi 1, 110; in Gaeta 890: *† ego Dicibilis ypatus in anc concessione subscribsi, † ego Iohannes ypatus in anc concessione subscribsi,* CD. Caietan. 1, 25 n. 15, vgl. auch 1, 61 n. 36 (934); 1, 103 n. 55: *† ego Iohannes consul et dux subscripsi;* Faksimile dieser autographen Unterschrift CD. Caietan. 1, Taf. 4.

[3] Del Giudice 1, Anhang S. VIII ff.; vgl. S. XII N. 1. Die Urkunde ist nach del Giudice zugleich die einzige nicht von einem Kurialen geschriebene, die ein Herzog von Neapel ausgestellt hat. Faksimile der Urkunde mit Spuren des Siegels bei Capasso a. a. O. 2, Taf. 11.

[4] Vgl. Chalandon, Mélanges d'archéologie et d'histoire 20, 179 ff.; Salomon, Studien zur normann.-ital. Diplomatik (Diss. Berlin 1907).

[5] Ughelli 8, 95.

welche die Herzoge Roger I. und Wilhelm von Apulien anwenden.[1] Bei Roger kommt daneben auch die abgekürzte Formel: † *ego R. dux* vor,[2] und einmal steht in einer außerhalb der Kanzlei geschriebenen Urkunde vom Jahre 1089 † *signum sancte crucis signavit Rogerius dux*;[3] schon daraus ergibt sich, daß nur das sehr individuell gezeichnete Kreuz[4] eigenhändig vom Herzog hinzugefügt war, während die in Majuskelbuchstaben ausgeführte Beischrift von einem Notar herrührt; Wilhelm dagegen hat, wie es scheint, die ganze Subscription, Kreuz und Beischrift, eigenhändig hergestellt.[5] Bei den Grafen von Sizilien kommen neben den lateinischen auch griechische Unterschriften vor, und Roger II. von Sizilien hat den Brauch dieser Unterschrift auch als König beibehalten: die Formel seiner eigenhändig, aber nicht in roter, wie man früher vermutet hat, sondern in schwarzer Tinte ausgeführten Unterschrift lautet stets gleichmäßig: '*Ρογέριος ἐν χριστῷ τῷ ϑεῷ εὐσεβὴς κραταιὸς ῥὴξ καὶ τῶν χριστιανῶν βοηϑός*; ihr geht ein Kreuz voran, während in der Regel drei, vereinzelt zwei Kreuze folgen.[6] Die Unterschrift findet sich nur in Privilegien, besonders häufig bei Stücken von größerer Wichtigkeit; in Mandaten fehlt sie regelmäßig. Aber schon unter Roger ist sie in den Stücken fortgelassen, in denen die aus dem Gebrauch der päpstlichen Kanzlei in die sizilianische übernommene Rota[7] angewandt wurde, und unter den folgenden Herrschern fehlt sie stets. Während also unter Roger die Reinschrift

---

[1] Vgl. z. B. Salomon a. a. O. S. 45. 46; v. Heinemann, Normannische Herzogs- und Königsurkunden (Tübinger Universitätsprogramm 1899) S. 5ff. n. 4ff., wo das *me* vor *subscripsi* mehrmals fehlt.

[2] Vgl. z. B. v. Heinemann S. 11ff. n. 5. 6.

[3] CC. Barese 5, 27 n. 14; vgl. über die Echtheit Salomon S. 41ff. — Ähnlich heißt es in einer Urkunde des Herzogs Robert Guiscard: *Signum crucis propriis manibus supra nominati Roberti ducis*, Ughelli 10, 515, vorausgesetzt, daß hier der Druck der Handschrift entspricht.

[4] Vgl. das Faksimile bei Chalandon, Taf. IV, 1 und Salomon S. 41ff.; v. Heinemann hält irrig die ganze Unterschrift für autograph.

[5] So nach K. A. Kehr, Urkunden der Normann. Könige S. 176. Autograph ist wahrscheinlich auch die Unterschrift des Fürsten Grimoald von Bari, CD. Barese 5, 121. 123 n. 69. 71.

[6] Vgl. K. A. Kehr S. 177ff. Faksimile einer lateinischen Unterschrift Rogers von 1124, Archivio paleografico Italiano 3, Taf. 45.

[7] Vgl. über die Rota der Papsturkunden unten Kap. XX. In den Urkunden Rogers kommt sie schon vor der Königskrönung vor; Beschreibung bei K. A. Kehr S. 165ff., wo auch zahlreiche Faksimiles verzeichnet sind; dazu noch Faksimile im CD. Barese 5, Taf. 2. Die Rota der sizilischen Diplome wird seit 1140 in roter Tinte ausgeführt; eigenhändige Beteiligung des Herrschers dabei kommt nicht vor.

der Urkunden wenigstens in zahlreichen Fällen dem Herrscher vorgelegt wurde — und zwar geschah dies vor der Besiegelung —, ist eine solche Vorlegung unter dessen Nachfolgern nicht zu erweisen, deren Urkunden nur durch das Siegel und die Nennung des Notars, der sie geschrieben hat, sowie durch die Datierungsformel des Kanzlers, des Protonotars oder eines anderen höheren Beamten beglaubigt sind; und erst im 15. Jahrhundert unter der Königin Johanna von Neapel kommt die eigenhändige Namensunterschrift wieder auf.[1]

Was endlich die Urkunden jener Dynastengeschlechter betrifft, die seit dem Ausgang des 13. und in den beiden nächsten Jahrhunderten überall in Ober- und Mittelitalien zur Herrschaft gelangten: der Markgrafen von Montferrat und Saluzzo in Piemont, der Visconti und Sforza in Mailand, der Este in Modena, der Gonzaga in Mantua, der Medici in Florenz u. a. m., so fehlt es noch zu sehr an Vorarbeiten, als daß sich die Verhältnisse, die wir hier ins Auge fassen, genügend übersehen ließen.[2]

Auch in Deutschland, zu dem wir nunmehr zurückkehren, finden wir in den Urkunden der Fürsten, geistlicher und weltlicher, eine große Mannigfaltigkeit in den bei der Vollziehung beobachteten Formen. Vollkommen eigenhändige Unterschrift ist hier jedenfalls nur ganz selten vorgekommen; auch in den Fällen, in denen die Formel der Unterschrift subjektiv gefaßt ist, ist sie mehrfach erweislich von dem Schreiber der ganzen Urkunde ausgeführt worden.[3] Auch wo die

---

[1] Rossi, Paleografia e diplomatica de' documenti delle provincie Napoletane (Neapel 1883) S. 79. Ebenda s. über Unterschriften der aragonesischen, französischen und spanischen Könige beider Sizilien. Das Faksimile einer Urkunde mit eigenhändiger Unterschrift des Königs Friedrich von Neapel (1446 bis 1501) ist der Abhandlung von N. Barone, Intorno allo studio dei diplomi dei re Aragonesi di Napoli (Neapel 1913; aus den Atti der Accademia Pontaniana Bd. 43), beigegeben.

[2] Am ersten ist das noch in Mailand der Fall, dank der Publikation von Osio, Documenti diplomatici tratti dagli archivi Milanesi (Mailand 1864—1872, 3 Bde.). Doch hat auch hier der Herausgeber gerade den Formalien des Urkundenwesens weniger Beachtung geschenkt, als für unsere Zwecke zu wünschen wäre.

[3] So z. B. in der Mainzer Synodalurkunde von 887 für Corvey und Herford, vgl. Wilmans, KU. Westfalens 1, 455. In der Bamberger Synodalurkunde von 1007, DH. II. 143, sind nur die Kreuze eigenhändig, vgl. die Vorbemerkung. Anders steht es wahrscheinlich in der Urkunde Egilberts von Minden (Erhard, CD. Westf. 1, 115 n. 147) mit: *ego Egilbertus Mindensis episcopus haec propria manu scripsi* usw., oder in Urkunden Egberts von Trier von 980. 981 (Beyer 1, 311 ff. n. 254 f.) mit: *hanc cartam ego Egbertus . . . propriae manus subscrip-*

Signumformel gebraucht ist, läßt sich in der Mehrzahl der Fälle, die mir aus Originalen bekannt geworden sind, ein Anteil des Ausstellers an der graphischen Herstellung des Signums nicht erkennen; und nur einige wenige Beispiele eigenhändiger Unterkreuzung sind bestimmter nachzuweisen.[1] Nicht selten kommen ferner in bischöflichen oder erzbischöflichen, vereinzelt auch in anderen Urkunden des 10. bis 12. Jahrhunderts Monogramme vor, die den in den Königsurkunden gebrauchten Namenszeichen entsprechend gebildet sind,[2] bisweilen auch Rotae, die denen der Papstprivilegien nachgeahmt werden;[3] nähere Anhaltspunkte aber, die auf eine eigenhändige Vollziehung dieser Zeichen zu schließen berechtigen, finden sich nur ganz vereinzelt.[4]

---

tione firmavi. Die Urkunde Bennos von Meißen von 1071, CD. Saxon. reg. 1, 1, 335, mit ähnlicher Klausel (*hec Benno decimus Misin. eccl. ep. scripsit*) gilt für falsch. Echt ist dagegen wieder die Urkunde Brunos von Trier von 1103 (Beyer 1, 467 n. 408) mit: *ego Bruno manu mea subscripsi. Si quis hec infregerit anathema sit*; das noch erhaltene Original muß die Frage der Eigenhändigkeit entscheiden. Vgl. auch die Urkunde Adalberos von Basel von 1136 (Beyer 1, 545 n. 488): *ego Adalbero Basiliensis episcopus . . . manu propria subscripsi et sigilli mei impressione sub anathemate firmavi.*

[1] So in der Forchheimer Synodalurkunde von 890 für Neuenheerse, wo nach Diekamp, Supplement n. 321, die Kreuze über den Namen verschiedenen Duktus zeigen; in den Touler Urkunden, die Bd. 1, 703 N. 5 angeführt sind; in der Urkunde Udos von Hildesheim von 1092, Wigands Archiv 1, 4, 105; in den Urkunden Udos von Trier von 1068—1075, Beyer 1, 424 n. 367; 433 n. 375.

[2] Ein paar Beispiele: Monogramme Adalberos I. von Metz (940), vgl. Lothring. Jahrbuch 2, 308. 312; Eberhards von Trier 1061, Cardauns, Rhein. Urkk. 1, n. 10; Adalberts von Bremen 1059, Hasse 1, 19 n. 44; Dietrichs von Verdun 1082, Calmet, Preuves S. 480; Embricos von Augsburg 1067, MB. 33, 7; des Grafen Werner von Baden 1127, UB. Zürich 1, 160 n. 276; Philipps von Köln 1169, Ztschr. des berg. Geschichtsvereins 22, 237, Lacomblet 1, 301 n. 432. Beispiele aus Bamberg führt Hirsch, MIÖG. 29, 23 N. 2 an; andere aus Passau, Salzburg, Freising Gross, MIÖG. Erg. 8, 576 mit N. 1. Etwas von diesen Namenszeichen ganz verschiedenes sind andere Monogramme, wie das Signum *s. Viti martyris* in Corveyer Urkunden, Monogramme aus A und O in Urkunden Balderichs von Hamaland u. dgl. m.

[3] So in Urkunden Adalberos von Würzburg von 1057, Original in München, MB. 37, 25, und Eberhards von Bamberg von 1151, vgl. v. Mitis, Studien zum älteren österr. Urkundenwesen S. 73 N. 3. In Salzburg finden sich in erzbischöflichen Urkk. mehrfach Zeichen, die dem päpstlichen Bene-valete-Monogramm entsprechen, vgl. v. Meiller, Reg. aep. Salisb. S. 437. 446. 494. 496. Auch in Urkunden der Erzbischöfe von Benevent, Ravenna und Trani kommen im 12. Jahrhundert Rotae vor, vgl. K. A. Kehr S. 164 N. 4.

[4] So etwa in der oben Note 2 angeführten Urk. Adalberos von Metz von 940, wo es auch heißt: *manu propria nostri nominis monogrammam subtus signavimus* oder in der des Grafen Werner von Baden, wo gesagt wird: *ego Werinherus comes de Baden subscripsi et anulo meo sigillavi.*

Scheint sonach eine Beteiligung der Aussteller an der Vollziehung durch Unterschrift nur selten vorgekommen zu sein, so haben wir wenigstens in den Urkunden der deutschen Bischöfe während jener Jahrhunderte um so regelmäßiger eine Beteiligung bei der Besiegelung vorauszusetzen; es genügt an das zu erinnern, was wir in anderem Zusammenhang über die Verkündung des bischöflichen Bannes im Anschluß an die Besiegelung, über die eigenhändige Besiegelung und über die Besiegelung vor Zeugen ausgeführt haben;[1] wir dürfen danach annehmen, daß wenigstens in den meisten Fällen die Vollziehung einer Urkunde, für die, wie wir wissen, die Besiegelung das allein maßgebende Moment geworden war, nicht ohne die Einholung der Genehmigung des Ausstellers erfolgte. Und daß im späteren Mittelalter in den fürstlichen Kanzleien, über die wir genauere Nachrichten haben, gleichfalls ein ähnlicher Geschäftsgang anzunehmen ist, haben wir bereits erfahren.[2]

Nächst dem Beurkundungsbefehl kommt nach diesen Ausführungen der Vollziehungsbefehl, bzw. die Vollziehung selbst, vorzugsweise in Betracht, wenn wir nach den Stadien des Beurkundungsgeschäfts fragen, in denen ein persönliches Eingreifen des Ausstellers anzunehmen ist. Auf die Vollziehung der Urkunde folgt dann als letzte Stufe des ganzen Hergangs ihre Aushändigung an den Empfänger.

Wir haben oben gesehen, daß die Übergabe der Urkunde an den Empfänger in gewissen Fällen durch den Aussteller selbst unter feierlichen Formen oder vor Zeugen erfolgte.[3] Regel aber war es wenigstens im späteren Mittelalter und in den Kanzleien der Könige und Päpste, daß die Aushändigung an den Empfänger oder seine Bevollmächtigten einfach durch die Beamten der Kanzlei bewirkt wurde, ohne daß dabei ein direktes oder indirektes Eingreifen des Ausstellers nötig gewesen wäre. In der sizilianischen Kanzlei scheinen die Notare, welche die Urkunde geschrieben hatten, auch die Aushändigung gegen Erhebung der Taxe besorgt zu haben;[4] in Rom erfolgte sie gleichfalls nach Zahlung der Gebühren in der Registratur oder im Siegelamt, bei Justizbriefen vielleicht auch in der *Audientia litterarum contradictarum*,[5] in der deutschen Reichskanzlei, wenigstens am Schlusse

---

[1] Bd. 1, 711ff.

[2] Oben S. 169 N. 3. 6.

[3] S. oben S. 68f. Auch einzelne von den bei Ficker, BzU. 2, 215 angeführten Fällen mögen hierher gehören.

[4] Vgl. Bd. 1, 575 N. 8.

[5] Vgl. v. Ottenthal, MIÖG. 1, 514; Baumgarten, Aus Kanzlei und Kammer S. 217ff. Über die Audientia vgl. die Verordnung Johanns XXII., Tangl, KO.

des Mittelalters, durch den Taxator, der die Gebühren einhob.[1] In älterer Zeit werden aber am deutschen wie am römischen Hofe nicht selten auch höhere Kanzleibeamte die Aushändigung bewirkt haben.[2]

Zwölftes Kapitel.

Die Entstehung der Urkunden.

3. Fürbitter und Zeugen.

In die Verhandlungen, die der Ausstellung einer Urkunde an den Herrscherhöfen des Mittelalters vorangingen, griffen dritte Personen nicht bloß insofern ein, als sie, wie wir früher gesehen haben, den Herrschern auf Befragen einen Rat gaben oder ihre Zustimmung zu einer Regierungshandlung erteilten: häufiger noch — wenigstens in älterer Zeit — finden wir erwähnt, daß die, welche eine Urkunde zu erwirken wünschten, sich dazu der Beihilfe angesehener und einflußreicher Mittelspersonen bedienten, die in verschiedener Form gewährt werden konnte.

Von jeher ist es üblich gewesen, daß, wer in irgend einer Angelegenheit der Gunst des Herrschers bedurfte, sich der Fürbitte solcher Personen zu versichern suchte, deren Einfluß ihm für die Erfüllung seiner Wünsche zustatten kommen konnte; und Konnexionen bei Hofe sind in alter wie in neuer Zeit in gleicher Weise erstrebt worden. Schon in den ältesten fränkischen Formularsammlungen

---

S. 111ff; über Aushändigung in der Registratur die Kanzleiregel Gregors XI., v. Ottenthal, Reg. cancell. S. 44 n. 90, und Benedikts XIII., daselbst S. 137 n. 83. Von Interesse sind die zwei Notariatsinstrumente, Braunschweig. UB. 3, 527 und 4, 16, aus den Jahren 1340 und 1341, in denen ein Prokurator wegen verspäteter Aushändigung von Urkunden in der Bullaria dagegen Protest erhebt, daß die Appellationsfrist verstreiche oder verstrichen sei; wir erfahren daraus, daß es damals im Siegelamt einen eigenen, mit der Aushändigung beauftragten Beamten, magister Andreas Barrerie, gab, der in der einen Urkunde als *tunc ad legendum litteras apostolicas bullatas et ad eas reddendum in domo habitacionis bullatorum . . . deputatus*, in der anderen als *deputatus ad restituendum litteras bullatas d. pape* bezeichnet wird. Die Urkunde, wegen deren verspäteter Aushändigung der Prokurator sich am 18. Januar 1341 beschwert, ist im Braunschweig. UB. 3, 482 gedruckt; sie war vom 5. November 1339 datiert.

[1] Vgl. Seeliger, MIÖG. 8, 34ff.

[2] Über die Formel *datum per manus* etc., die Ficker als Aushändigungsformel bezeichnet hat, s. unten Kap. XVI.

finden sich Musterbeispiele für Briefe, durch die eine derartige Verwendung nachgesucht,[1] und für Schreiben, durch die sie gewährt wird;[2] und in den Urkunden selbst wird schon seit der merovingischen Zeit bisweilen eine derartige Fürbitte erwähnt.[3] In dieser, wie in der Zeit der ersten Karolinger ist eine solche Erwähnung indessen noch selten; erst unter Ludwig dem Frommen wird sie häufiger; und da, wie in der nächsten Zeit bis zum Anfang des 10. Jahrhunderts, kann es geradezu als ein Maßstab für die mehr oder minder große Selbständigkeit der Regierung eines Herrschers betrachtet werden, ob in seinen Urkunden mehr oder minder häufig der Fürbitte anderer gedacht wird.[4]

Wahrscheinlich aus der königlichen Kanzlei ist der Brauch Fürbitter in den Urkunden anzuführen, nicht nur in die geistlicher und weltlicher Fürsten, in denen er freilich niemals die gleiche Bedeutung erlangt hat, sondern auch in die Kanzlei der Päpste übergegangen. Findet sich in den älteren päpstlichen Urkunden eine derartige Er-

---

[1] Marc. 2, 51: *indecolum ad homines potentes palatinus, maxime ad cognitos sibi.* Form. epistolares 2, 10: Bitte an einen Freund, den zur Pfalz geschickten Gesandten des Schreibers förderlich zu sein. Form. Salzburg. 66: Bitte an einen Kapellan, einen Verwandten bei seiner Bewerbung um ein *beneficium* des Kaisers zu unterstützen Form. Bitur. 18: Bitte an eine vornehme Dame (Schwester des Königs) um Verwendung beim König behufs Ernennung der Bittstellerin zur Äbtissin. Form. epistolares 2, 3: *ad regina sive qualibet femina,* Bitte um Verwendung beim Kaiser.

[2] Form. Bitur. 11: Verwendungsschreiben an den König für einen Bischof. Auch in den Korrespondenzen karolingischer und späterer Zeit liegen manche Zeugnisse für solche Fürbitter vor, und an anderweiten Nachrichten fehlt es nicht. Vgl. z. B. Alcuini epp. 90 (Alcuin, um Fürbitte bei Karl für Monte Amiata gebeten, hat sich seinerseits an die Königin gewandt). 211; Einharti epp. 3 (Bernhar von Worms an Einhart). 18; Frotharii Tullens. epp. 15 (die Kirche von Sens an die Kaiserin Judith). 17. 18 (MG. Epp. 4 [Kar. 2], 134. 351. 5 [Kar. 3], 110. 119. 286f.); Chron. S. Michael. in pago Virdun. cap. 32, MG. SS. 4, 84.

[3] DM. 28. 57. Vgl. auch Gesta abb. Fontanell. cap. 6, ed. Löwenfeld S. 23.

[4] Dafür die Ausdrücke *suggerere* (so in DM. 28. 57), *petere, deprecari, postulare, rogare, referre. Intervenire* — in gleichem Sinne schon in römischer Zeit gebraucht, vgl. Cod. Just. 9, 8, 5 — kommt unter Karl in echten Urkunden noch nicht, unter Ludwig dem Frommen dreimal vor (Sickel, Acta 1, 69 N. 6), ist noch unter Karl III. selten (Mühlbacher, SB. der Wiener Akademie 92, 423), wird erst um den Ausgang des 9. Jahrhunderts häufiger und erst im 10. — neben *intercedere* — das vorherrschende Wort, ohne indes die anderen Ausdrücke und ihnen gleichbedeutende völlig zu verdrängen. Ein den langobardischen Urkunden eigentümlicher Ausdruck für die Intervention ist *per rogum.* — Über die Bedeutung von *ambasciare*, was man früher als gleichbedeutend mit *impetrare* aufgefaßt hat, s. oben S. 95.

wähnung außerordentlich selten,[1] fehlt sie z. B. in dem ältesten Formularbuch der päpstlichen Kanzlei, dem *Liber diurnus*, gänzlich, so wird man es doch wohl auf den Einfluß der im fränkischen Reich herrschenden Gewohnheit zurückführen dürfen, wenn seit der Mitte des 9. Jahrhunderts die Erwähnung der Intervention auch in die päpstlichen Privilegien eindringt.[2] In diesem Jahrhundert sind die Urkunden, in denen das geschieht, noch nicht häufig;[3] aber sie mehren sich seit der Mitte des 10. Jahrhunderts beträchtlich;[4] und während in früherer Zeit meist von einem *petere, postulare, deprecari* die Rede war, werden nun zuweilen auch die in den Diplomen der Reichskanzlei üblichen Ausdrücke *intervenire* und *interventus* gebraucht.[5]

Für den Historiker sind die Erwähnungen der Intervention nach mehreren Richtungen hin von großer Bedeutung. Sie geben ihm

---

[1] Mehrfach ist hier die Intervention geradezu ein Zeichen der Fälschung. So z. B. in Jaffé-E. 2047. 2048 die Fürbitte der Frankenkönige Chlothar und Chlodwig, in Jaffé-E. 2073. 2074 die Dagoberts, in Jaffé-E. 2084 die Chlodwigs und noch in Jaffé-E. 2294 die Pippins, sowie in Jaffé-E. 2328 die eines Bischofs und Karlmanns. Der Interpolation verdächtig ist in Jaffé-E. 2053 die Intervention des Langobardenkönigs Rothari und seiner Gemahlin, in Jaffé-E. 2105 die des Bischofs von Tours. Unter Agatho sind die Privilegien eines englischen Klosters auf Bitten K. Egfrids von Northumberland bestätigt, Jaffé-E. 2106, aber wir haben nur ein Extrakt des Privilegs, das Beda mitteilt, und es ist nicht sicher, daß in diesem selbst die Intervention erwähnt war. Daß Fürbitten beim Papst vorkamen, ist natürlich selbstverständlich (s. oben S. 8) und auch sonst bezeugt, vgl. Jaffé-E. 2002. 2019. 2172. 2505; Mühlbacher, Reg.[2] 790: ungewöhnlich ist nur die Bezugnahme darauf in den Privilegien. Sie findet sich allerdings, aber nur sehr selten, wie z. B. in Jaffé-E. 1374. 2020.

[2] Die älteste Originalurkunde, in der das geschieht, ist Jaffé-E. 2663, von 855 für Corbie, die sich auf die Fürbitte (*mandatum atque supplicatio*) Lothars I. und Ludwigs II. bezieht. Aus dem 9. Jahrhundert gehört auch Jaffé-E. 2446 hierher, allein das ist kein Privilegium. Falsch sind noch 2406. 2489. 2533. 2562. 2570. 2714.

[3] Ich führe beispielsweise an Jaffé 2717. 2818. 2848. 3033. 3052. 3472.

[4] Bemerkenswert ist die Intervention des Patricius Alberich in Jaffé-L. 3597. 3601. 3608. Sie wird als bloße Bitte oder Fürbitte bezeichnet, bedeutete aber gewiß mehr, vgl. W. Sickel, MIÖG. 23, 123.

[5] Vgl. z. B. Jaffé-L. 3600 (*Hugo rex cum filio suo rege Lothario deprecatus est*, vgl. 3605). 3635 (*per interventum regis Ottonis*). 3689. 3690. 3702. 3712. 3715. 3721. 3724 (interpoliert). 3734. 3735 (*interventu Olive comitis*). 3738. 3739 (*per interventum Ottonis imperatoris*). 3741. 3746. 3751. 3760. 3764; GGN. 1898 S. 58 n. 2 (*ob interventum ac peticionem ... Henrici imperatoris augusti*) usw. Doch bleibt *petere* auch für das, was wir Intervention nennen, in der päpstlichen Kanzlei immer der üblichere Ausdruck.

wertvolle Aufschlüsse über die Beziehungen des Ausstellers der Urkunde zu dem Intervenienten und lehren ihn die Personen kennen, deren Rat und Fürbitte auf den Herrscher von Einfluß war. Sie unterrichten ihn weiter über die Beziehungen des Intervenienten zum Empfänger der Urkunde und ergänzen insbesondere in dieser Beziehung die oft so empfindlichen Lücken unserer historiographischen Überlieferung auf das erwünschteste. Sie geben endlich Aufschluß über die Personen, die zu einer gewissen Zeit am Hofe des Herrschers verweilt haben, und das Verzeichnis der Intervenienten, die in den auf einem Hoftage oder während einer Heerfahrt ausgestellten Urkunden genannt sind, ist oft die einzige Quelle, aus der man die Teilnehmer an jenen kennen lernt. Denn für die in den Königsurkunden genannten Intervenienten darf wenigstens in den meisten Fällen, insoweit nicht besondere Gründe für das Gegenteil sprechen,[1] angenommen werden, daß ihre Fürbitte mündlich vorgebracht ist, während den Päpsten wie die Petition selbst so auch die Fürbitte häufig schriftlich vorgetragen zu sein scheint und hier also aus der Intervention auf persönliche Anwesenheit der Fürbitter nicht ohne weiteres geschlossen werden darf.[2]

Überblickt man die in den Urkunden als Fürbitter genannten Personen, so lassen sie sich leicht in zwei Kategorien scheiden.[3] Einmal sind es Männer, bisweilen auch Frauen, die zu den Empfängern der Urkunden in näheren Beziehungen stehen, die aber wegen ihrer höheren Stellung leichter auf Gehör rechnen können, als die Empfänger selbst. Sodann sind es Personen, die den Ausstellern der Urkunden nahe stehen und deren Vermittlung deshalb von den verschiedensten Seiten nachgesucht wird.

Die Intervenienten in den Papsturkunden gehören in der älteren Zeit fast immer zu der ersteren Klasse. In der Mehrzahl der Fälle sind es die königlichen Herrscher von Deutschland, England, Frankreich, oder auch weltliche Machthaber niederen Ranges, wie die Grafen des nördlichen Spaniens, die sich für Kirchen ihrer Gebiete beim

---

[1] Solche Gründe sind z. B. vorhanden bei Mühlbacher, Reg.² 933, vgl. 930ᵃ.

[2] Diesen Unterschied hat Harttung, Dipl. hist. Forschungen S. 404f., nicht genügend beachtet. Fälle sicherer schriftlicher Intervention sind z. B. Jaffé 2663. 2718. 3600. 3746. 3751, vgl. 3753. 4087. 4598. 4692 usw.

[3] Vgl. auch für alles zunächst folgende Ficker, BzU. 1, 232ff., der die meisten hierher gehörigen Gesichtspunkte zuerst aufgestellt hat, und dazu Kehr, Hist. Zeitschr. 66, 405ff.

päpstlichen Hofe verwenden,[1] oder Bischöfe, die für ihnen nahestehende Klöster Fürbitte einlegen.[2] Sehr viel seltener werden in älterer Zeit dem Papste besonders nahestehende Personen als Intervenienten genannt; auch die Kardinäle, deren Fürbitte gewiß in zahlreichen Fällen nachgesucht wurde,[3] werden kaum vor dem 11. Jahrhundert in den Urkunden als Intervenienten erwähnt.[4]

Auch in den Urkunden der königlichen Kanzlei ist die erste Gattung von Intervenienten namentlich in der älteren Zeit zahlreich vertreten. So legt wohl ein Graf für Angehörige seiner Grafschaft,[5] ein Herzog für Kirchen und Laien seines Herzogtums,[6] ein Herr für seinen Vassallen oder Beamten,[7] ein Bischof für Kleriker seiner Diözese[8] Fürbitte ein, oder höhergestellte Verwandte der Urkundenempfänger verwenden sich für diese.[9] Häufiger aber sind hier noch die Fürbitter der zweiten Kategorie, und in so zahlreichen Fällen, daß jede Urkundensammlung Beispiele in Fülle bietet und einzelne Anführungen unnötig erscheinen, treten sie uns entgegen. Es sind zunächst Ver-

[1] Beispiele aus dem 10. Jahrhundert s. oben S. 195 N. 3. Aus dem elften führe ich beispielsweise als Intervenienten an: Heinrich II. Jaffé-L. 4028; Konrad II. 4087; Heinrich III. 4146. 4189. 4287; Philipp von Frankreich 4598; Wilhelm I. von England 4692.

[2] Beispiele: Jaffé-L. 2717. 3676. 3741. 3754. 3761. 3831. 4632. 4633 usw.

[3] Sie gilt in den Kanzleiordnungen des 13. Jahrhunderts als etwas ganz gewöhnliches, vgl. Tangl, KO. S. 54 § 8.

[4] Zu den ersten Beispielen, die ich mir angemerkt habe, gehören Jaffé-L. 4433. 4569. 4678, in denen Petrus Damiani und 4555, in denen Kardinal Stephan interveniert. In den letzten Jahrhunderten des Mittelalters ist es feste Regel und ausdrücklich vorgeschrieben, daß in den Papsturkunden Fürbitter nur erwähnt werden, wenn es sich um Fürsten, Kardinäle, Prälaten, Kapitel, Klöster, Patrone und Verleiher von Benefizien handelt; andere Intervenienten lernen wir nur aus den Suppliken kennen. Vgl. v. Ottenthal, Reg. cancell. S. 1 n. 2.

[5] Vgl. Mühlbacher, Reg.[2] n. 914; DH. I. 17; DDO. I. 10. 23; DO. II. 102; DH. II. 48; St. 2226.

[6] Vgl. DD. H. I. 10. 15. 30; DD. O. I. 6. 25. 29. 466; DO. II. 189; DO. III. 23; DK. II. 28; St. 2690. Diese Fälle sind besonders zahlreich und die Beispiele wären leicht zu vervielfachen.

[7] Vgl. Mühlbacher, Reg.[2] 1618; D. Ber. I. 9; DK. I. 27; DH. I. 2; DO. I. 33.

[8] Vgl. Mühlbacher, Reg.[2] 1545. 1563; D. Ber. I. 84; DK. I. 2; DD. H. I. 17. 38; DO. I. 29; DK. II. 117.

[9] Vgl. Mühlbacher, Reg.[2] 1528; DD. O. I. 17. 40. — Hier wie in den vorangehenden Anmerkungen sind nur einzelne Beispiele meist aus älterer Zeit angeführt.

wandte der Könige, die so genannt werden; eine Gemahlin,[1] ein Sohn, eine Mutter, ein Bruder oder eine Schwester.[2] Sodann Beamte seines Hofes, der Erzkapellan, der Erzkanzler und der Kanzler — besonders häufig der Erzkanzler und Kanzler für Italien, wenn es sich um Angelegenheiten dieses Reiches handelt — vereinzelt auch wohl ein einfacher Kapellan, oder ein Ministerial, wie etwa der Truchseß oder der Jäger des Königs. Weiter Große, deren hervorragenden Einfluß auf die Regierungsgeschäfte auch andere Quellen bezeugen, wie etwa der Bischof Liutward von Vercelli unter Karl III., der Erzbischof Hatto von Mainz unter Ludwig IV., der Erzbischof Willigis von Mainz unter Otto III., die Erzbischöfe Adalbert von Bremen und Anno von Köln unter Heinrich IV., oder auch solche Reichsfürsten, auf deren Einfluß wir eben aus ihren Interventionen schließen dürfen.

In einigen Fällen gewinnt die Intervention noch eine andere und besondere Bedeutung. Daß bisweilen zwei oder mehrere Fürbitter genannt werden, findet sich nicht selten; fast zur Regel geworden aber ist es erst in der Zeit Ludwigs IV. des Kindes. Unter ihm steigt die Zahl der Intervenienten auf vier, sechs, acht, ja bisweilen auf zehn bis fünfzehn Personen, und in manchen Fällen wird ausdrücklich hinzugefügt, daß außer den genannten auch die anderen am

---

[1] Die Intervention der Gemahlin des Herrschers wird in deutschen Königsurkunden besonders häufig seit der Heirat Ottos I. mit Adelheid erwähnt, wie KEHR a. a. O. S. 412 mit Recht hervorgehoben hat.

[2] Daß die Nennung der Gemahlin und des Sohnes des Königs vielfach keine sachliche Bedeutung gehabt habe, sondern nur eine ehrende Erwähnung bezwecke, möchte ich nicht mit FICKER, BzU. 1, 232, annehmen; vgl. dagegen auch KEHR a. a. O. S. 411 N. 2. Auch in den Jahren, in denen sie am häufigsten vorkommt, finden sich nicht wenige Urkunden, in denen sie fehlt, und sie fehlt immer, wenn wir die Abwesenheit der Gemahlin oder des Sohnes vom Hoflager des Königs bestimmt nachweisen können. Und auch unter Heinrich III. finden sich andere Intervenienten als Gemahlin und Sohn öfter, als FICKER a. a. O. annimmt, wenn auch in den späteren Jahren seltener als früher. So möchte ich nicht bezweifeln, daß, wenn eine Intervention in den Urkunden erwähnt wird, sie in der Regel auch wirklich stattgefunden hat. Selbst die Erwähnung ganz unmündiger Prinzen als Intervenienten (wie etwa Ottos II. in DO. I. 215 oder Ottos III. in DO. II. 265 oder Heinrichs IV. in einer Anzahl von Urkunden Heinrichs III. aus den Jahren 1054—1056) halte ich nicht für ganz bedeutungslos, sondern glaube, daß dabei ebenso irgend eine zeremonielle Form beobachtet worden ist, wie das geschehen ist, wenn man den jungen Heinrich IV. nach dem Tode des Vaters Urkunden unterschreiben ließ. Natürlich haben Interventionen der letzteren Art keinen merklichen Einfluß auf die Ausstellung der Urkunden ausüben können, aber die Anwesenheit der Intervenienten am Hofe wird auch in solchen Fällen anzunehmen sein, wenn nicht besondere Gründe vorliegen, um an ihr zu zweifeln.

Hoflager anwesenden Großen sich bei der Intervention beteiligt haben. Hier liegt offenbar ein anderes Verhältnis vor, als das, welches wir bisher gekennzeichnet haben; es handelt sich nicht um eine bloße Fürbitte bei einem selbst entscheidenden Herrscher, sondern vielmehr darum, daß im Namen des unmündigen Königs die Gesamtheit der am Hofe anwesenden Großen, unter vorwaltendem Einfluß einzelner, damals besonders Hattos von Mainz und Adalberos von Augsburg, die Regierungsgeschäfte führt; die Intervention ist hier eine bloße Form, hinter der sich die tatsächliche Entscheidung der Dinge birgt.

Das so gesteigerte Ansehen der Fürsten wirkt dann auch noch unter der nächsten Regierung nach; auch unter Konrad I. ist die Nennung mehrerer Intervenienten noch recht häufig, um darauf unter Heinrich I. und Otto I. wieder seltener zu werden. Die Intervention ist jetzt eine Form, in der die ersten Anfänge ständischer Mitregierung der Fürsten zum Ausdruck gelangen; und Fälle, in denen viele oder alle am Hofe anwesenden Großen als Fürbitter genannt werden, unterscheiden sich nicht wesentlich von denen, in welchen in der oben[1] besprochenen Weise ihr Beirat oder ihre Zustimmung erwähnt werden, wie denn auch nicht selten die Ausdrücke *consilium* und *interventus* oder *consensus* und *interventus* nebeneinander gebraucht sind. Daß dann unter Otto III. sich nicht ganz die gleichen Verhältnisse wiederholen, wie unter Ludwig IV., hat seinen Grund darin, daß jetzt die Reichsverwesung entschieden in den Händen einer Person, erst der Theophanu, dann der Adelheid liegt; ihre entscheidende Stimme wird bisweilen ausdrücklich von der bloßen Fürbitte anderer unterschieden,[2] während in anderen Fällen ihre Führung der Regierungsgeschäfte doch nur in der bloßen Erwähnung der Intervention zum Ausdruck gelangt. Ähnlich steht es während der ersten Zeit der Minderjährigkeit Heinrichs IV.: die Urkunden, die bis zum Jahre 1062 in seinem

---

[1] S. 37ff.

[2] Für diese entscheidende Stimme der Kaiserinnen werden besonders die Ausdrücke *votum* und *petitio* (daneben auch *ob amorem, ob dilectionem* u. dgl.) gebraucht, und sie wird in einer ganzen Anzahl von Fällen sehr bestimmt von dem *interventus* anderer Großen geschieden. Gegen die abweichende Meinung Kehrs a. a. O. S. 428 N. 1 hat Uhlirz, NA. 21, 115ff., meine in der ersten Auflage angedeutete Auffassung dieser Formeln in eingehender Untersuchung als zutreffend erwiesen und S. 125 die Formeln für die Zeit der Theophanu zusammengestellt. Nach Theophanus Tode werden ähnliche Formeln, in denen die nunmehrige Regentin Adelheid erwähnt wird, etwas seltener, verschwinden aber nicht aus den Urkunden, vgl. z. B. DD. O. III. 93. 108. 118 (*ob interventum Athalheidis ... aliorumque fidelium ... consultu*). 120 (*ob petitionem et interventum Adalheidis ... nec hon et interventum fidelium*) 131. 132. 133. 135 u. a.

Namen ausgestellt sind, nennen fast sämtlich nur die Kaiserin Agnes, die Reichsregentin, als Fürbitterin; wenn neben ihr noch andere Intervenienten vorkommen, wird gelegentlich auch hier eine Scheidung gemacht, wie unter Otto III.[1] Seit dem Staatsstreich von Kaiserswerth ändern sich dann aber diese Verhältnisse; der Name der Kaiserin Agnes verschwindet aus den Urkunden des jungen Königs, um später nur noch vereinzelt wieder aufzutauchen; statt ihrer erscheinen nun wieder, wie unter Ludwig IV., die Männer als Intervenienten, die in dem Einzelfall die Entscheidung im Namen des unmündigen Herrschers gegeben haben. Treten dabei häufig einzelne besonders einflußreiche Herren, Anno von Köln, Adalbert von Bremen, Siegfried von Mainz, in den Vordergrund, so werden doch nicht selten auch andere Fürsten, oder, wie unter Ludwig IV., die gerade bei Hofe anwesenden Fürsten als Fürbitter genannt, oder es wird gesagt, daß außer einzelnen mit Namen angeführten Fürsten auch *alii (caeteri) fideles* oder auch *familiares nostri* interveniert hätten.[2] Und ganz wie im Anfang des 10. Jahrhunderts hat dann auch in der zweiten Hälfte des 11. der während der Minderjährigkeits-Regierung aufgekommene Brauch noch später nachgewirkt. Auch als Heinrich unfraglich persönlich und in eigenem Namen die Herrschaft führte, hat seine Kanzlei daran festgehalten, in zahlreichen Fällen eine Mehrzahl einflußreicher Fürsten als Fürbitter zu nennen. Konnten wir für die ältere Zeit im allgemeinen daran festhalten, daß die als Intervenienten in den Urkunden aufgezählten Personen von dem Bittsteller wirklich um Unterstützung seines Gesuchs angegangen waren, so wird das für diese Zeit nicht mehr überall zutreffen. Zwischen Intervention, Rat und Zustimmung der Fürsten machen die Urkunden noch weniger als früher einen scharfen Unterschied; häufig sind Ausdrücke angewandt, die auf das eine wie auf das andere bezogen werden können;[3] kurz, es wird auch die Erwähnung der Intervention wie die des Beirats der Fürsten ein Mittel, um ihre Teilnahme an den Geschäften der Reichsregierung

[1] Vgl. z. B. St. 2553 für Minden: *consiliante et precante ... Agnete imperatrice, ob petitionem et fidele servitium ... Coloniensis archiepiscopi Annonis.*

[2] Vgl. z. B. St. 2609, Intervenienten vier Erzbischöfe, drei Bischöfe, ein Herzog, ein Graf *aliique fideles nostri;* 2613, Intervenienten Siegfried und Anno *ceterique episcopi duces et comites;* 2638, Intervenienten Anno *caeterique fideles nostri*, und so sehr oft auch noch in späterer Zeit, vgl. St. 2704. 10. 61. 62. 72. 82. 2804. 18—20. 24 usw.

[3] Vgl. z. B.: *subvenientibus et consilium dantibus* St. 2732, *consilio et interpellatione* 2756, *submonentibus* 2729. 2750, *submonentibus ac rogantibus* 2792, *faventibus* 2867, *ad hoc nitentibus* 2803, *succinentibus* 2790, *adstipulatione* 2762, *consilio et interventu* 2884, *consilio et rogatu* 3035.

in den Urkunden zum Ausdruck zu bringen und das Gewicht der königlichen Verfügung dadurch zu verstärken, was in einer Zeit, da die Autorität der Krone vielfach in Frage gestellt war, um so gebotener erscheinen konnte.[1]

Dieser Zweck wurde nun aber auch erreicht, wenn lediglich die Anwesenheit der Fürsten zur Zeit einer vom König getroffenen Anordnung hervorgehoben wurde: die, welche Zeugen einer königlichen Verfügung gewesen waren, ohne ihr zu widersprechen, durften wohl im allgemeinen als mit ihr einverstanden betrachtet werden. So hat es denn mit jenen Formeln, die Fürbitte oder Beirat der Fürsten ausdrücken, einen wesentlich gleichen Sinn, wenn in den Urkunden nur ihre Gegenwart erwähnt wird. Ich finde das zuerst[2] vereinzelt schon im Anfang der Regierung Heinrichs IV., da die Regentin Agnes einen Streit zwischen dem Bischof von Straßburg und einem Grafen entscheidet.[3] Häufiger aber wird es erst seit dem Jahre 1074, und es ist bezeichnend, daß es gerade die Zeit der entscheidenden Krisis in der Regierung des Königs ist, in der so die Gegenwart der Fürsten betont zu werden beginnt, und in der somit der Übergang von der Intervention zum Zeugnis in Königsurkunden sich anbahnt.[4]

---

[1] Vgl. Ficker, Vom Reichsfürstenstand 2, 73f.

[2] Ein ganz allein stehender Fall aus früherer Zeit ist das D. Karls III., Mühlbacher, Reg.[2] 1760, wo es in der Datierungszeile heißt: *praesentibus pluribus principibus nostris*; die Urkunde stammt aus einer Zeit, da der Kaiser nicht mehr im Vollbesitz der Herrschaft war.

[3] St. 2580; die Tätigkeit der Regentin wird in der üblichen Weise durch ihre Intervention zum Ausdruck gebracht; dann heißt es, daß die Entscheidung getroffen sei *in praesentia A. Wormatiensis, C. Spirensis, G. Eistetensis episcoporum principum nostrorum nec non Eberhardi comitis* usw.

[4] Vgl. z.B. *in praesentia principum nostrorum* St. 2770. 2782; *praesentibus regni principibus* 2772. 2790. 2907. 2908. 2956; *praesentibus assensumque praebentibus* 2893; *astantibus principibus* 2955; *in conspectu omnium qui tunc ibi aderant principum* 2956 (offenbar gleichbedeutend mit *consilio principum nostrorum, qui interfuere* 2965); *coram episcopis ceterisque principibus nostris* 2999 (vom Gegenkönig Hermann). Dann heißt es schon in St. 2838. 2839: *ob interventum filii nostri C. et fidelis nostri B. Lausannensis episcopi et cancellarii consilio et sub testimonio eorum et ceterorum fidelium nostrorum* (folgen andere Namen); von denselben Personen, deren Zeugnis in 2839 erwähnt wird, heißt es in St. 2845, einer zweiten Urkunde über denselben Gegenstand, daß die Verfügung *propter consilia* derselben getroffen sei. Vgl. weiter *petitione et testimonio* St. 2854. Es ist hervorzuheben, daß die Einführung dieser Redeweise in die Reichskanzlei zu gutem Teil auf einen einzelnen Beamten, den Diktator Adalbero C, zurückgeht. In älterer Zeit scheint die Gleichsetzung von *testes* und *interventores* nur einmal unter Otto III. (DO. III. 95) vorzukommen, worauf Erben, UL. S. 351, aufmerksam gemacht hat. — Übrigens ist

Vor dieser Zeit ist die Erwähnung von Zeugen in Königsurkunden eine außerordentlich seltene Erscheinung, und in der Mehrzahl der Fälle, in denen Zeugenlisten auf Diplomen früherer Könige erscheinen, sind eben diese Listen schon ein Merkmal der Unechtheit oder geben sich als spätere Zutat zu erkennen.[1] Des Unterschiedes, der in dieser

hier anzumerken, daß auch nach dem vollzogenen Übergang der Intervenientenlisten in Zeugenlisten die Erwähnung von Intervenienten in Königsurkunden vorkommt, daß dieselbe sich bis ins spätere Mittelalter hinein, wenn auch nicht gerade sehr häufig, findet. Wo das aber der Fall ist, handelt es sich wieder um eine wirkliche Fürbitte in dem Sinne, der in der ältesten Zeit mit der Intervention verbunden war.

[1] Echte langobardische Königsurkunden mit Zeugen gibt es nicht, vgl. Chroust S. 87. — Aus merovingischer Zeit ist DM. 19, ein Klosterprivileg für St. Denis, das einzige Original eines Diploms, das andere Unterschriften als die des Königs und des Referendars aufweist; aber es handelt sich dabei nicht eigentlich um Zeugnis, wie noch Levison, NA. 33, 756, annimmt, sondern um Konsens, s. oben S. 33. Auch in DM. 29 (Abschrift aus dem Anfang des 11. Jahrh.) sind die Unterschriften zweier Königinnen (der Tante Childerichs II., die für ihn die Regentschaft geführt hatte, und seiner Gattin) sowie die eines *dux* Gundoinus (die übrigens in einer jüngeren Handschrift fehlt, worauf Levison a. a. O. N. 2 hinweist) sicher nicht auf Zeugnis zu beziehen: die drei Namen und der des *domesticus* Hodo, der bei den Vorverhandlungen mitgewirkt hatte, werden schon in der Intitulatio neben dem König aufgeführt, was bei Zeugen keinen Sinn hätte; ich vermute, daß in der Intitulatio mit der Handschrift 2 das Wort *cum* vor den Namen Gundoins und Hodos zu streichen ist, daß diese die Adressaten der Urkunde sind, und daß ihre Namen mit denen der beiden Königinnen aus Intitulatio und Adresse an den Schluß der Urkunde interpoliert sind. Das DM. 31 mit Zeugenunterschriften, die auch in der Korroborationsformel angekündigt werden, hat lange für echt gegolten (vgl. noch Erben, UL. S. 349 N. 4), ist aber jetzt von Levison, NA. 33, 745f., 753ff. als gefälscht erwiesen worden. In DM. 40 endlich sind, wie es auch um die zwischen Krusch und Levillain streitige Echtheit der Urkunde bestellt sein möge (wir brauchen darauf hier nicht einzugehen), Datierung und Unterschriften, die in der ältesten Handschrift fehlen, jedenfalls interpoliert, vgl. NA. 29, 250. 31, 341. Gibt es also jetzt kein echtes merovingisches Diplom mit wirklichen Zeugenunterschriften, so hat es doch ein solches gegeben. Nach den Gesta Dagoberti cap. 42 (MG. SS. rer. Merov. 2, 420) hat Dagobert I. sein letztes Diplom, weil er es in seiner Todeskrankheit nicht mehr selbst unterschreiben konnte, von seinem Sohn Chlodwig und von den anwesenden Großen *propriis subscriptionibus* unterfertigen lassen. Hier handelt es sich also wirklich um Zeugenunterschriften, aber der Fall steht ganz allein da. Das von den Großen mit unterzeichnete Testament Dagoberts aber, das in den Gesta Dagoberti cap. 39 erwähnt wird (vgl. Levison, NA. 27, 333ff.), hat auch in anderen Formen und Formeln sich den Privaturkunden angenähert und ist in dieser Hinsicht mit dem von Einherd überlieferten Testament Karls d. Gr. (Mühlbacher, Reg.² 458) zu vergleichen, das ebenfalls kein Diplom war. An seiner Echtheit zweifle ich nicht. — Gehen wir zur karolingischen Epoche über, so weist D. Kar. 16,

Beziehung zwischen den regelmäßig mit Zeugenunterschriften versehenen Privaturkunden und den ebenso regelmäßig zeugenlosen

---

ausgestellt von Pippin für Kloster Prüm, die Unterschriften des Königs, seiner Gemahlin, seiner Söhne (diese ausdrücklich als konsentierend bezeichnet), dann von 8 Bischöfen und 12 Grafen auf. Ich möchte das nicht mit Mühlbacher daraus erklären, daß es sich hier um eine „Familienurkunde" handele; denn ich wüßte nicht, warum solche Unterschriften gerade „dem Charakter einer Familienurkunde entsprechen" sollten; vielmehr wird auch hier, wie schon Sickel, BzD. 4, 17 (579), angenommen hat, an den bei Klosterprivilegien üblichen Konsens zu denken sein. Es ist bezeichnend, daß von den Bischöfen zuletzt der Diözesan unterzeichnet, vielleicht ist gleichzeitig auch ein bischöfliches Privileg für Prüm ausgestellt worden; vgl. auch Tangl, MIÖG. 20, 203. Auch in DKar. 32 für Fulda, gleichfalls einem Klosterprivileg, würden demnach Unterschriften nicht befremden können; aber, wie Tangl a. a. O. 193ff. 220ff. nachgewiesen hat (vgl. dazu jetzt Stengel, AfU. 5, 103ff.), ist das Diplom (zuletzt gedruckt bei Stengel, UB. des Klosters Fulda 1, 39 n. 20) gefälscht und die Liste der Unterschriften im Kloster aus anderen Urkunden zusammengestellt. Wenn in DKar. 66 (vgl. den Nachtrag MG. DD. Kar. 1, 563) Unterschriften *a pontifice vel a leudis nostris* in der Korroboration angekündigt werden, so geht diese Formulierung auf die Einwirkung einer fränkischen Privaturkunde zurück; vorhanden sind solche Unterschriften in dem Diplom nicht. Die Unterschriften in der ältesten Urkunde Ludwigs d. Fr. als Königs von Aquitanien (Mühlbacher, Reg.² 516) gehören den Männern an, die für den königlichen Knaben die Regierung führten; Zeugenunterschriften sind es nicht. Auch die Unterschriften in dem Vertrage Ludwigs d. Fr. von 817 mit dem Papst (Mühlbacher, Reg.² 643) und in seinen Bestätigungen durch Otto I. und Heinrich II. (DO. I. 235. DH. II. 427) bedeuten viel mehr als ein bloßes Zeugnis; schon bei den Schenkungen Pippins und Karls an die römische Kurie, die nicht erhalten sind, hatte diese Wert darauf gelegt und durchgesetzt, daß die Zustimmung der Großen des Reichs in den Urkunden durch Unterschrift zum Ausdruck kam. Wenn es ferner in der Datierungszeile des DH. I. 11 für Chur vom Jahre 926 heißt: *actum in civitate Vuormatia praesente domno rege Ruodulfo*, so ist das nur eine ehrende Erwähnung des auf dem Hoftage anwesenden Königs von Burgund, ähnlich wie in der Datierungszeile des DH. II. 428 die Erwähnung des Papstes: *venerabili papa Benedicto presente et confirmante*, womit man vergleichen mag, daß in einer 1023 bei der Zusammenkunft Heinrichs II. und Roberts von Frankreich ausgestellten Urkunde des letzteren der Kaiser sogar als Mitaussteller genannt wird, vgl. die Vorbemerkung zu DH. II. 492. Was endlich die Unterschriften des DH. II. 255 von 1013 betrifft, so sind sie aus einem Synodalprotokoll von 1007 in ein die Synodalbeschlüsse bestätigendes Diplom jenes Jahres und daraus in das Diplom von 1013 übergegangen. — Die älteste Königsurkunde mit wirklichen Zeugen ist danach das DO. I. 85 von 947 für Essen; es ist nicht unecht, wie Sickel ursprünglich annahm, sondern muß als echt anerkannt werden (vgl. DO. II. 49 und v. Ottenthal, Reg. 145); aber die Zeugenliste ist nicht in der Kanzlei, sondern auf einem von dieser gelieferten Blankett mit dem größten Teile des Kontextes von einem Privatschreiber, jedenfalls im Kloster, hergestellt; daß die in der Liste genannten Männer wirklich Zeugen

Königsurkunden bestand,[1] ist man sich schon im 11. Jahrhundert bewußt gewesen; ein Mönch des bayrischen Klosters Ebersberg, der die Urkunden seines Stiftes kopierte, fügte der Erwähnung einer Verfügung Konrads II. von 1034, durch die ein Tausch zwischen Freising und Ebersberg bestätigt wurde, die Bemerkung hinzu: *testes in hac re ne requiras, quibus in concampiis et testamentorum datione non eget regia auctoritas.*[2] Die Gründe für diesen Unterschied erhellen aus dem, was früher über die Stellung und den Wert der Königsurkunde im Beweisverfahren bemerkt worden ist; die Anfechtung ihres sachlichen Inhalts war rechtlich unmöglich und ihre formale Echtheit wurde nicht durch Zeugenbeweis, sondern durch die Aussagen des königlichen Kanzleipersonals oder des Königs selbst erwiesen.

Daß von Privaturkunden das Umgekehrte gilt, haben wir gleichfalls schon früher gesehen. Sie sind in erster Linie kein selbständiges Beweismittel für die in ihnen berichteten Tatsachen, sondern sie erleichtern nur den Zeugenbeweis. Nur in gewissen Fällen können sie nach einem in das ribuarische Recht eingeschalteten Königsgesetz, das indessen in Sachsen und Bayern nicht galt und auch im übrigen Deutschland in nachkarolingischer Zeit außer Kraft trat, selbständiges Beweismittel werden. Unter diesen Umständen können die älteren deutschen Privaturkunden der Zeugenunterschriften nicht entbehren, und die Volksrechte enthalten denn auch mehr oder minder eingehende Bestimmungen darüber.[3] Hinsichtlich der Zahl der Zeugen

---

der Handlung waren, ist nicht in Zweifel zu ziehen. Ganz ebenso steht es mit dem DK. II. 124 von 1028 für Corvey; auch hier ist die Zeugenliste samt dem Kontexte auf ein von der Kanzlei geliefertes Blankett im Kloster eingetragen. In beiden Fällen hat die Kanzlei die so angefertigten Urkunden nicht beanstandet und beglaubigt. Sie selbst aber hat vor der Zeit Heinrichs IV. wohl bisweilen im Texte Zeugen von Rechtshandlungen, die der des Königs vorangingen (so z. B. in DK. II. 199 einer Tradition der Kaiserin Gisela oder in St. 2195 eines Tausches) verzeichnet, aber den Königsurkunden, die sie ausfertigte, niemals eine Liste von bloßen Zeugen hinzugefügt. Denn alle Diplome, die früher für das Vorkommen solcher Zeugen angeführt worden sind, sofern sie nicht in den vorangehenden Ausführungen eine andere Erklärung gefunden haben, durch neuere Untersuchungen als falsch oder interpoliert erwiesen worden.

[1] Vgl. darüber Brunner in Festgabe für Heffter (Berlin 1879) S. 155ff.

[2] Libell. concamb. Ebersperg. ed. Hundt, Abhandl. d. Bair. Akad. Hist. Classe 14, 3, 157, jetzt auch DK. II. 213.

[3] Lex Alam. 1, 1. 2, 1. Lex Salic. Extrav. 4, ed. Behrend S. 122. Lex Rib. 59 1. 7. Lex Baiuv. 1, 1. 16, 16. Edictus Langob. Ratchis 8. Lex Burgund. t. 43. 60. 99 (add. 1, 12).

treffen sie verschiedene Bestimmungen; die *lex Ribuaria* schreibt bei Kauf- und Schenkungsurkunden über Grundbesitz sieben Zeugen für eine *res parva*, zwölf für eine *res magna* vor, ohne eine Grenze zwischen großen und kleinen Objekten zu ziehen; das burgundische Gesetz erfordert fünf oder sieben, bei *causae minores* nur drei Zeugen; eine in Italien aufgezeichnete Bestimmung des salischen Rechts scheint die Zahl von sieben Zeugen als die normale zu betrachten,[1] während das bayrische und alamannische Recht sechs oder mehr Zeugen verlangen.[2] Über die Qualität der Zeugen enthalten die Volksrechte keine besondere Bestimmung; das langobardische Recht verlangt, daß sie *idonei* sein müssen. Gegen Freie waren jedenfalls nach dem Prinzip der Ebenbürtigkeit nur freie Männer zeugnisfähig; einem Gesetz Ludwigs des Frommen zufolge waren sogar nur freie Grundbesitzer zum Zeugnis vollberechtigt.[3] In der Praxis war die Zahl der Zeugen sehr verschieden; selten werden weniger als sieben *testes* in den Urkunden genannt,[4] dagegen kommen oft bedeutend höhere Zahlen vor. Urkundenzeugen konnten nicht alle sein, die bei der zu beurkundenden Handlung zugegen gewesen waren, sondern sie mußten besonders dazu berufen oder aufgefordert sein und werden darum häufig als *testes rogati* oder *vocati* bezeichnet. Eine spezielle Eigentümlichkeit zahlreicher bayrischer Urkunden ist es, die Ohrziehung der Zeugen (*testes per aurem tracti*) zu erwähnen.

Die Tätigkeit der Zeugen bei dem Beurkundungsgeschäft wird mit sehr verschiedenen Ausdrücken, am häufigsten aber als *firmare* oder

---

[1] Die Siebenzahl geht jedenfalls auf römischen Brauch zurück, vgl. Bruns, Die sieben Zeugen des römischen Rechts, Kleine Schriften 2, 119ff.

[2] Die alamannischen Formulare erwähnen mehrfach *signa testium septem vel amplius*, vgl. Form. Augiens. Coll. B. 1. 3. 17. 21. 34. 37. 40. 42. In einem St. Galler Formular (Collect. Sangall. 6) heißt es: *scribe minimum 5 (testes) et inde usque 30 vel quotum volueris numerum;* in einem anderen (Coll. Sangall. 7): *scribe 5 et deinde quantoscumque*; aber auch hier, Coll. Sangall. 9, *scribe 7 vel plus.*

[3] Heusler, Institutionen 1, 157. Ficker, BzU. 1, 86; Waitz, VG. 4, 423f.; Brunner, DRG. 2, 396. Inwieweit die Stammesverschiedenheit beim Zeugenbeweis in Betracht kam, ist streitig. In den Urkunden und Formeln werden die Zeugen oft als *boni homines* bezeichnet; die Bedeutung dieses Ausdrucks ist gleichfalls streitig.

[4] Wenn weniger als sieben Zeugen vorkommen, so ist die Sechszahl die häufigste; der Schreiber wurde dann wohl als siebenter Zeuge gerechnet. In Bayern wird der Schreiber oft ausdrücklich als Zeuge genannt, vgl. Brunner, ZR. S. 253, anderswo seltener. Zuweilen wird der Aussteller selbst auch als Zeuge bezeichnet, wie z. B. 761 in St. Gallen, Wartmann 1, n. 27, und häufig in den Weißenburger Traditionen, z. B. Zeuss n. 2. 3. 4 usw.

roborare (*confirmare, corroborare*) *cartam* bezeichnet. Eine eigenhändige Unterschrift der Zeugen wird dabei durch das Gesetz nirgendwo verlangt; nur das burgundische Recht setzt diese oder mindestens die eigenhändige Anbringung eines Handzeichens — gewöhnlich eines Kreuzes — auf den Urkunden voraus;[1] die übrigen Volksrechte sehen es als eine genügende *firmatio* an, wenn die Zeugen zu der Urkunde irgendwie in ein körperliches Verhältnis getreten sind, was in der Regel durch ein Berühren der Urkunde mit der Hand (*cartam tangere, manum in cartam mittere, imponere* usw.) geschah, und wenn demnächst die Namen der Zeugen in der Urkunde verzeichnet wurden. Bei der außergerichtlichen Notitia war nicht einmal eine solche Berührung der Urkunde erforderlich, sondern es genügte die bloße Gegenwart der Zeugen und ihre Erwähnung in der Urkunde.[2]

Die Form der Zeugenunterschriften, wie die der Unterschriften im früheren Mittelalter überhaupt,[3] ist eine zweifache.[4] Entweder die Formel der Unterschrift wurde, vom Standpunkt des Unterschreibenden aus, subjektiv gefaßt und lautete dann — in einfachster Gestalt[5] —: † *ego ille subscripsi* oder *ego ille subscripsi* †;[6] oder sie wurde, von gleichem Standpunkt aus, objektiv gefaßt und lautete *signum* (oder *signum manus*) † *illius.* Dabei war aber nach den Bestimmungen der römischen Gesetze der Ersatz der eigenhändigen durch die Signum-Unterschrift nur dem Aussteller einer Urkunde und auch diesem nur dann, wenn er des Schreibens unkundig war, gestattet;[7] als Zeugen konnten nur schreibkundige Personen gewählt werden, die eigenhändig unterzeichnen mußten.[8] An diesen Grundsätzen hat man

[1] Lex Burgund. t. 43; ebenso das westgotische Gesetz, auf das wir aber nicht näher einzugehen haben; vgl. Brunner, Carta und Notitia S. 14: Zeumer, NA. 24, 13ff. Wenn Regino von Prüm, Form. Extravag. 1, 18, Zeumer S. 545, für die *carta ingenuitatis* eigenhändige Zeugensigna (*signa propria manu impressa*) verlangt, so kann ich bei dem Mangel älterer Prümer Originalurkunden nicht feststellen, ob dem ein Brauch dieses Klosters zugrunde liegt; allgemein in Lothringen war jedenfalls eigenhändige Signierung der Zeugen zu Reginos Zeit nicht üblich.

[2] Vgl. Brunner, ZR. S. 39. 230. 253.

[3] S. oben S. 176f.

[4] Vgl. Sickel, Privilegium Ottos I. S. 27ff.

[5] Die aber zumal in den früheren Jahrhunderten in der Regel durch mannigfache Zusätze erweitert wurde.

[6] In gerichtlichen *notitiae* pflegt es statt dessen in Italien zu heißen: *interfui.*

[7] Vgl. Zeumer, NA. 24, 19.

[8] Diese Regeln werden in den älteren ravennatischen Papyrusurkunden beachtet. Vgl. Marini S. 131: Maria stellt eine Urkunde aus *cuique quia litte-*

in der Stadt Rom am längsten festgehalten, insofern wenigstens, als die Signum-Unterschriften für Zeugen hier nie eigentlich gebräuchlich geworden sind.[1] Doch beschränkte man hier schon im Laufe des 10. Jahrhunderts die Zeugenunterschrift unter Fortlassung der früher angewandten längeren Formel und sogar des Verbums *subscripsi* auf die einfache Nennung des Namens des Zeugen: *† Leo nobili viro,* mit oder ohne Hinzufügung von *testis*, und man begnügte sich bei den längeren Unterschriften sowohl wie bei diesen verkürzten oft damit, daß nur die Kreuze und die Namen oder auch nur die Kreuze allein autograph waren, während im übrigen der Schreiber der Urkunde an Stelle des Zeugen eintrat. Seit der Mitte des 11. Jahrhunderts wurden dann bisweilen die Kreuze bei einigen oder allen Zeugen fortgelassen, und dies wurde im Laufe des 12. Jahrhunderts allgemein üblich, so daß nun nur eine vom Urkundenschreiber angefertigte Liste der Zeugen am Schlusse der Urkunde vor der Unterschrift des Scriniars übrig blieb.[2]

Schon in der nächsten Umgebung von Rom, z. B. in Nepe und Sutri, ging man dagegen auch bei den Zeugenunterschriften allgemein zu der Signumformel über, und diese, die in Ravenna schon im 6. Jahrhundert vorkommt,[3] ist im Laufe der Zeit in ganz Italien ebenso wie in Deutschland durchaus üblich geworden. Daneben kommen freilich ganz oder wenigstens teilweise autographe Zeugenunterschriften mit Anwendung der subjektiven Formel in Italien bis ins 12. Jahrhundert hinein gar nicht selten vor; insbesondere geistliche Herren, aber auch Laien haben als Zeugen von Urkunden eigenhändige Unterschriften geliefert.[4] In Deutschland dagegen sind von vornherein bei

ras ignoro, signum feci. Signum Mariae donatricis. Die Zeugen unterschreiben dann mit der Formel: *Flavius Gregorius . . . testis subscripsi;* vgl. ebenda S. 133. 139 usw.

[1] Ausnahmen sind außerordentlich selten, vgl. z. B. die Urkunde von 966, Arch. della Soc. Rom. 24, 440 n. 4.

[2] Belege für das im Text ausgeführte geben die Publikationen stadtrömischer Urkunden bei Hartmann, Tabularium S. Mariae in Via Lata und im Arch. della Soc. Romana Bd. 21ff., sowie die Faksimiles solcher Urkunden bei Hartmann und im Arch. paleograf. Italiano Bd. 2.

[3] So bei einigen Zeugenunterschriften der Urkunde von c. 540, Marini n. 118 S. 179f.

[4] Allerdings ist später die eine Eigenhändigkeit anzeigende Formel vielfach auch da angewandt worden, wo nur ein Teil der Unterschrift, etwa das einleitende Kreuz und Chrismon, oder das Subscriptionszeichen, ja selbst da, wo gar kein Teil der Unterschrift mehr eigenhändig war. So in den Rekognitionszeilen der königlichen Diplome, den Subscriptionszeilen der Schreiber in den

der Seltenheit schriftkundiger Zeugen eigenhändige Zeugenunterschriften außerordentlich selten gewesen,[1] und es ist dafür besonders bezeichnend, daß die St. Galler und die Reichenauer Formularsammlungen, die mehrfach Anweisungen über die Art der Zeugenunterschriften geben, den Fall eigenhändiger Subscription überhaupt nicht kennen, sondern die Form *Signum † illius* als die einzig zur Anwendung kommende betrachten.[2]

Aber auch diese Form ist nicht dauernd in dem Sinne angewandt worden, in dem sie von der römischen Gesetzgebung für den Aussteller einer Urkunde vorgeschrieben war. Setzte diese die eigenhändige Hinzufügung des Kreuzes durch den Signierenden voraus und ergibt sich aus den ravennatischen Papyrusurkunden, daß dementsprechend in spätrömischer Zeit auch in der Praxis verfahren worden ist,[3] so hat man doch auch in Italien schon im früheren Mittelalter daran nicht festgehalten. Ausdrückliche Angaben über Eigenhändigkeit oder Nichteigenhändigkeit der Signa sind hier freilich sehr selten;[4] aber die Ori-

---

deutschen Privaturkunden, in den Unterschriften der Päpste und der Kardinäle in den Papsturkunden; so schon im 10. Jahrhundert in den Unterschriften der Zeugen oder Beisitzer in italienischen Placiten, vgl. Sickel, Privilegium Ottos I. S. 30.

[1] In den St. Galler Urkunden gehört hierher die wahrscheinlich eigenhändige Zeugenunterschrift des Waringisus, der aber berufsmäßiger Gerichtsschreiber war, Wartmann 1, n. 71, vgl. FDG. 26, 46. Häufiger ist es hier und in den Weißenburger Traditionen, daß die Aussteller, wenn sie Geistliche sind, so subscribieren, vgl. z. B. Zeuss n. 36. 38. So hat auch die Schenkungsurkunde Einhards für Kloster Lorsch seine und seiner Gemahlin Imma eigenhändige Unterschriften, Chron. Lauresham., MG. SS. 21, 360. Ebenso hat der Abt Fulrad von St. Denis zwei Ausfertigungen seines Testaments eigenhändig unterschrieben und in einer von ihnen finden sich noch zwei andere autographe Unterschriften, vgl. Tangl, NA. 32, 183f. 187f. — Ein vereinzeltes Beispiel noch aus dem 12. Jahrhundert wird die Zeugenunterschrift des Abtes Antonius von Ilbenstadt in einer Urkunde des Erzbischofs Heinrichs I. von Mainz, Guden 1, 191, sein, die nach ihrer Form eigenhändig zu sein scheint. Sehr viel häufiger aber geschieht es in Deutschland, daß auch Männer, die zweifellos schreiben konnten, Bischöfe, Äbte und andere Kleriker, nicht selbst subscribierten, sondern nur ihre Signa beifügen ließen.

[2] Vgl. die oben S. 205 N. 2 angeführten Formulare.

[3] Vgl. die oben S. 206 N. 8 zitierten Urkunden, in denen die Zeugen ausdrücklich bescheinigen, daß die Signierenden das Signum in ihrer Gegenwart gemacht haben.

[4] Doch fehlen sie nicht ganz. Auf die Bemerkungen über die Eigenhändigkeit des Kreuzes in der Unterschrift Heinrichs V. ist schon oben S. 182 hingewiesen. Noch bemerkenswerter ist es, wenn in DO. III. 227, einem Placitum Ottos III., zwischen eigenhändiger und nicht eigenhändiger Anfertigung des

ginale und die zahlreich vorliegenden Abbildungen lassen keinen Zweifel daran, daß in der weitaus überwiegenden Mehrzahl der Fälle die Kreuze von den Urkundenschreibern selbst hergestellt sind.[1] Vollends in Deutschland läßt sich im allgemeinen mit voller Bestimmtheit sagen, daß die Formel *Signum † illius* nur eine Fiktion bedeutet, und daß die Zeugen das *signum*, auch wenn es, wie bisweilen auch hier geschieht, als *signum manus* bezeichnet wird, nicht selbst gemacht haben.[2] Dafür sprechen nicht bloß die schon erwähnten Wendungen, die von der Berührung der Urkunde durch die Zeugen reden, sondern auch die oben angeführten Anweisungen der alamannischen Formularsammlungen, die, ohne auch nur im entferntesten eine Beteiligung der Zeugen selbst vorauszusetzen, lediglich dem Urkundenschreiber aufgeben, die Zeugennamen zu schreiben. Das beweisen ferner auch hier die uns erhaltenen Originale älterer Privaturkunden;[3] weder unter der großen Zahl der St. Galler Originale,

Kreuzes ausdrücklich unterschieden wird. Von den Kreuzen des Kaisers und des Herzogs Tebald heißt es: *qui hoc signum crucis fecit*, von denen des Herzogs Heinrich und des Grafen Ardingus: *qui hoc signum crucis fieri iussit.* Vgl. auch die Placiten Ficker, It. Forsch. 4, 49 n. 47; 4, 96 n. 70; 4, 104 n. 78; 132, n. 88, wo die Eigenhändigkeit mehrerer Kreuze ausdrücklich bezeugt ist.

[1] Man erkennt es, wie schon Paoli, Programma scolastico 3, 133, bemerkt hat, daran, daß die Kreuze verschiedener Zeugen vollkommen die gleiche Form haben, während sie bisweilen so künstlich gestaltet sind, daß sie von einem schriftunkundigen Manne nicht herrühren können. Ferner kommt es sehr oft vor, daß die Kreuze verschiedener Zeugen zu einer Figur verbunden sind, daß also das Signum bei drei Zeugen so: +++, bei vier Zeugen so: ++++, aussieht; daß diese Zeichen, für die dann häufig die Formel *Signa manuum* angewandt ist, nur vom Urkundenschreiber herrühren können, liegt auf der Hand. Endlich ist oft zu beobachten, wie ich noch hinzufüge, daß der Anfang des Horizontalstriches des Kreuzes mit dem letzten Buchstaben von *Signum*, sein Ende mit dem ersten Buchstaben von *manus* in Ligatur gebracht ist. Wie wenig Wert man auf die Kreuze legte, zeigt auch der gleichfalls schon von Paoli a. a. O. S. 132 N. 1 bemerkte Umstand, daß sie bisweilen durch die Zeichnung von Händen ersetzt sind, vgl. Pasqui, CD. Aretino 1, 305 n. 217; 307 n. 219; 356 n. 257 und das Faksimile bei S. 318. Daher ist denn auch nicht befremdlich, daß im 11. und 12. Jahrhundert trotz Beibehaltung der Signumformel die Kreuze nicht selten ganz fehlen.

[2] Doch hält in zwei der Ausfertigungen des Testamentes Fulrads von St. Denis (oben S. 208 N. 1) Tangl, NA. 32, 184 N. 3, wegen des kräftigen Zuges der Kreuze ihre eigenhändige Eintragung für nicht unmöglich. Aber die Kreuze selbst sind doch auch hier einander sehr ähnlich.

[3] Zu ihnen dürfen unter dem hier maßgebenden Gesichtspunkt die Synodal-Urkunden nicht gerechnet werden, bei denen sowohl eigenhändige Unterschrift wie eigenhändige Zufügung der Kreuze öfter vorkommt; vgl. z. B. oben S. 190 N. 3. 191 N. 1. Außerdem findet sich das eine oder das andere wohl auch bei

die ich daraufhin untersucht habe, noch in den mir sonst bekannt gewordenen ähnlichen Stücken aus Trier, Metz und anderen Orten befand sich irgend eines, das eine eigenhändige Fertigung der Signa durch die Zeugen erkennen ließ.[1] Und wie gedankenlos man die Formel *Signum illius* aufzufassen gewohnt war, das ergibt sich klar aus der Tatsache, daß in vielen Fällen in St. Galler Originalen zwar das Wort *Signum* dem Namen eines jeden Zeugen voraufgeht, in Wirklichkeit aber weder ein Kreuz, noch ein anderes Handzeichen gesetzt ist, während in anderen Fällen wieder dem Namen ein Kreuz voraufgeht oder folgt, aber das Wort *Signum* fortgelassen ist.[2]

War so die Anwendung der Formel *Signum † illius* bei der Aufzählung der Zeugen ein Brauch, den das deutsche Mittelalter aus römischer Zeit übernommen hatte, ohne seine ursprüngliche Bedeutung festzuhalten, ja vielleicht ohne sie nur zu kennen, so ist es begreiflich, daß man sich früh davon loszusagen begann. Schon vor dem Anfang des 9. Jahrhunderts haben einzelne deutsche Urkundenschreiber sowohl auf das Wort *Signum* wie auf das Kreuz verzichtet und sich darauf beschränkt, die Zeugen einfach aufzuzählen und dieser Aufzählung eine Einführungsformel (*testes; haec nomina testium; coram his testibus*; *isti sunt testes; huius rei testes sunt* u. dergl.) voraufzuschicken. Im Laufe des 9. und 10. Jahrhunderts, an einzelnen Orten früher, an anderen später, wird diese Vereinfachung allgemein;[3] die

---

Unterschriften von Domkapiteln oder Klosterkonventen unter Urkunden der Bischöfe und Äbte, die nicht selten vorkommen. Doch ist hier auch bei subjektiv gefaßten Unterschriften die Frage der Eigenhändigkeit immer noch besonders zu untersuchen. Für Konstanz vgl. darüber Barth. Heinemann S. 103ff., für Hildesheim O. Heinemann S. 118, für Passau Gross, MIÖG. Erg. 7, 590ff. 605.

[1] Auch wird eine solche durch die Art, wie vielfach die Namen oder Signa auf der Rückseite der Urkunden in den Konzepten sich finden, vgl. FDG. 26, 54ff., direkt ausgeschlossen. Bisweilen ist auch in diesen Urkunden *Signum* mit dem folgenden Kreuz durch Ligatur verbunden.

[2] Außer den St. Galler Originalen zeigen auch andere dieselbe Erscheinung; man vgl. z. B. aus Sachsen die Urkunde Unwans von Paderborn, Diekamp, Westf. UB. Supplement n. 361, wo *signum* fehlt; aus Lothringen die Trierer Prekarie von 909 (Beyer 1, n. 153; Or. auf der Stadtbibliothek zu Trier), wo *signum* steht, aber die Kreuze fehlen. Es kommt auch vor, daß das Wort *signum* nur vor dem Namen des Ausstellers oder des ersten Zeugen steht und die anderen Namen einfach folgen.

[3] So in Rätien schon im 8. Jahrhundert, vgl. Wartmann 1, n. 72, dann n. 165. 173. 174. 180. 187. 224. 235. 247 usw. Und doch findet sich hier in n. 247 u. a. die Schlußformel des Kontextes: *sub presentia bonorum hominum, qui ab eo rogiti venerunt vel signa fecerunt.* Aus Fulda Dronke n. 220. 221. 242. 243. 263 usw. Aus Lothringen Beyer 1, n. 80. 103. In Weißenburg scheint das

Signumformel verschwindet mehr und mehr aus den deutschen Privaturkunden; die einfache Aufzählung der Zeugennamen tritt an ihre Stelle. In Italien dagegen hat die Signumformel sich länger im Gebrauch erhalten und kommt bis gegen das Ende des 12. Jahrhunderts nicht selten vor; erst im Laufe des 13. gelangt auch hier die bloße Aufzählung der Zeugen mit einer Einführungsformel zur ausschließlichen Herrschaft.[1]

Die Zeugenunterschriften stehen in Privaturkunden durchweg hinter dem Kontext, und zwar zumeist entweder vor der Unterschrift des Schreibers und der damit verbundenen Datierung,[2] oder dahinter, also ganz am Schluß der Urkunden. An die gleiche Stelle tritt nun auch die Erwähnung der Zeugen in den Königsurkunden.[3] Wo des Rates oder der Fürbitte, oder der bloßen Gegenwart der Fürsten Erwähnung getan wird, da geschieht dies nach wie vor in der Narratio oder Dispositio. Wo Zeugen erwähnt werden, geschieht dies in der Regel am Schlusse oder kurz vor dem Schlusse des Kontextes.[4] Unter Heinrich V. und noch unter Lothar ist dabei die Stellung der Zeugenliste noch nicht ganz fixiert; sie geht meistens entweder der Corroboratio voran, steht also zwischen dieser und der Sanctio, oder, wo eine solche nicht vorhanden ist, der Dispositio,[5] oder sie folgt auf die

---

schon im 8. Jahrhundert öfter vorgekommen zu sein, vgl. Zeuss n. 2. 3. 4. 5 und öfter. Ebenso in Bayern, vgl. für Freising QE. NF. 4, n. 8. 9. 11. 16. 19 usw.

[1] Die Einführungsformel bezeichnet in Italien noch bis ins spätere Mittelalter die Zeugen ausdrücklich häufig als *vocati* oder *rogati* (s. oben S. 205), was in Deutschland zumeist nicht zu geschehen pflegt, hier aber gleichfalls mit dem Aufkommen der Notariatsurkunde im späteren Mittelalter üblich wird.

[2] Ein kurzes Verzeichnis der Zeugennamen (*notitia testium*) pflegt dann hinter der Datierung in den ravennatischen Papyrusurkunden noch von dem Urkundenschreiber hinzugefügt zu werden, und dieser Brauch hat sich in der Romagna lange behauptet. Vgl. oben S. 207 über das Aufkommen dieses Brauches in Rom selbst.

[3] Vgl. Ficker, BzU. 1, 238, der hier an einen Einfluß der Mainzer Kanzlei denkt; aber die Stellung der Zeugen zwischen Korroboration und Eschatokoll findet sich auch in anderen fürstlichen Urkunden.

[4] Wo die anwesenden Großen weder als Intervenienten, noch ausdrücklich als Zeugen, sondern nur als gegenwärtig aufgeführt werden, kommen beide Stellungen vor.

[5] So z. B. St. 3053. 3083. 3117. 3168. — Unter Lothar findet sich diese Stellung aber nur noch in der kleinen Minderzahl der Urkunden, z. B. St. 3238. 3286. 3299. Übrigens kommen auch andere Kombinationen vor; in St. 3087 z. B. stehen die Zeugen zwischen Narratio und Dispositio, in St. 3198 sind sie vor Poenformel und Corroboratio in die Dispositio eingeschoben; in St. 3111 bildet die Zeugenliste einen Teil der hier der Poenformel vorangestellten

Corroboratio und geht unmittelbar dem Eschatokoll voran.[1] Unter den staufischen Königen ist dann die letztere Stellung allmählich die regelmäßige geworden, und Ausnahmen finden sich in der zweiten Hälfte des 12. Jahrhunderts nur noch selten, während in nachstaufischer Zeit wieder häufiger Abweichungen von der Regel vorkommen.

Auf die formelle Gestaltung der Zeugenlisten in den Königsurkunden werden wir in einem späteren Abschnitt zurückkommen; hier ist nur die wichtige Frage zu erörtern, auf welches Stadium des mit der mündlichen oder schriftlichen Petition beginnenden und mit der Aushändigung der Urkunde an den Petenten abschließenden Geschäftes Fürbitte und Zeugenschaft zu beziehen sind.

Hinsichtlich der Intervention kann die Beantwortung dieser Frage nicht zweifelhaft sein. Die Fürbitte wird sich der Natur der Sache nach in den meisten Fällen unmittelbar an die Petition angeschlossen haben, sie mußte jedenfalls, sollte sie überhaupt einen Sinn haben, erfolgen, bevor die Bitte genehmigt war. Die Fürbitte geht also stets entweder der Handlung oder dem Beurkundungsbefehl voran.[2] Daraus folgt, daß wenigstens in allen den Fällen, in denen sich die Daten einer Urkunde auf eine hinter der Handlung oder dem Beurkundungsbefehl liegende Stufe der Beurkundung beziehen, die Intervention einem früheren Zeitpunkt als dem durch die Daten bezeichneten angehört. Intervenienten, die in einer Königsurkunde genannt

---

Corroboratio; in St. 3175. 3233. 43. 49. 67 steht sie sogar hinter der Datierung. Vgl. auch Schultze, Die Urkunden Lothars III. S. 106, wo noch andere Beispiele verzeichnet sind.

[1] So z. B. St. 2964. 3032. 3070. 3097. 3124. 3159.

[2] Auch bei dem Diplom Heinrichs V. von 1112, St. 3086, betreffend die Schenkung einer Burg an Bamberg, halte ich ungeachtet der Bemerkungen Fickers, BzU. 1, 236, die Beziehung der Intervenientenliste auf die Handlung nicht für ausgeschlossen. Muß auch, wie nach den Feststellungen Meyers v. Knonau, Jahrb. Heinrichs V. 1, 253· N. 61, jetzt auch ich annehme, die Tradition jener Burg bereits vor dem 4. März 1108 erfolgt sein und werden auf diese erste Handlung nun auch die bayrischen Traditionszeugen bezogen werden müssen, so fand doch 1112, wie aus dem Wortlaut des Diploms erhellt, eine feierliche Bestätigung jener ersten Handlung statt, unter Zustimmung der in der Urkunde genannten, in Münster anwesenden Reichsfürsten, die deshalb als Intervenienten in der Bestätigungsurkunde genannt werden. Ebensowenig möchte ich in dem zweiten Exemplare von St. 3172 die Intervenienten auf die Beurkundung allein beziehen; wurde, wie Ficker, BzU. 1, 239, annimmt, dies Exemplar nur der stattlicheren Intervenientenreihe wegen angefertigt, so konnte doch dieser Grund auch maßgebend sein, wenn sich die Intervention auf die Handlung bezog, falls etwa in dem ersten Exemplar nur ein Teil der Intervenienten genannt war.

werden, brauchen also keineswegs immer zu der in der Datierung angegebenen Zeit und an dem dort angegebenen Ort am Hofe anwesend gewesen zu sein; es bedarf vielmehr in jedem Einzelfalle einer besonderen Untersuchung des Sachverhalts, und nur dann darf eine solche Anwesenheit angenommen werden, wenn Gründe dafür vorhanden sind, daß die Datierung auf die Handlung zu beziehen ist, oder daß, wenn das nicht der Fall ist, die Beurkundung unmittelbar auf die Handlung gefolgt ist.[1] Die Nichtbeachtung dieser Regel durch die Historiker hat schon manche irrige Annahme zur Folge gehabt. Urkunden sind für unecht erklärt worden, lediglich weil die Intervenienten zu der in ihrer Datierung angegebenen Zeit nicht mehr am Leben waren,[2] oder weil die Intervenienten zu dieser Zeit unmöglich am Hofe des Königs anwesend gewesen sein können;[3] und in zahlreichen Fällen sind die aus den Königsurkunden konstruierten Itinerare von Bischöfen und anderen Großen durch falsche oder unsichere

[1] Für die Entscheidung dieser Frage können mannigfache Momente in Betracht kommen, die sich nicht allgemein bestimmen lassen. Eines der wichtigsten ist die Beachtung des Ausstellungsortes der Urkunde im Verhältnis zum Wohnort des Empfängers. Ist z. B. eine Urkunde für ein trierisches Kloster von Trier selbst datiert, so werden wir im allgemeinen folgern dürfen, daß dort auch die Bitte gestellt und die Handlung vor sich gegangen ist, daß also dort auch die Intervenienten anwesend waren. Umgekehrt wird, wenn eine Urkunde für ein bayrisches Kloster aus Franken datiert ist, während der König kurz vorher in Bayern und in der Nähe jenes Klosters war, im allgemeinen angenommen werden können, daß Bitte, Fürbitte und Handlung nach Bayern gehören, es werden also die Intervenienten nicht für den fränkischen Aufenthalt des Hofes in Anspruch genommen werden dürfen. Ein weiteres Moment gibt die Vergleichung verschiedener Urkunden an die Hand. Nennen mehrere während eines Hoftages oder in der nächsten Zeit danach ausgestellte Urkunden für verschiedene Empfänger die gleichen Intervenienten, so ist deren Anwesenheit auf dem Hoftage wahrscheinlich. Sodann kommt die Heimat der Intervenienten in analoger Weise in Betracht, wie wir sie unten für die Frage, ob Handlungs- oder Beurkundungszeugen anzunehmen sind, verwerten werden. Kurz die Entscheidung der Frage hängt durchaus von den Verhältnissen des Einzelfalles ab, und neben den erwähnten können noch manche andere Anhaltspunkte dafür ins Gewicht fallen.

[2] So, um nur ein Beispiel anzuführen, DO. I. 293 (vgl. 298) von Dümmler, Otto I. S. 378 N. 1; aber die Urkunden sind Originale. — Über die Nennung bereits verstorbener Intervenienten vgl. auch Sickel, MIÖG. Erg. 2, 163; Kehr, Urkunden Ottos III. S. 215 N. 1.

[3] So z. B. DO. I. 169 (und 179) von Dümmler und Giesebrecht, vgl. Sickels Ausführungen zu DO. I. 179, in denen dieser Anfechtungsgrund mit Recht abgelehnt ist; die erstere Urkunde selbst halte freilich auch ich jetzt nicht mehr für echt, sondern für eine von LA veranlaßte Fälschung.

Beziehung der Intervention selbst falsch und unsicher geworden.[1] Vor diesen Fehlschlüssen ist zu warnen, und es ist stets festzuhalten, daß, wenn in vielen Fällen der Zeitpunkt der Intervention und der durch die Datierung bestimmte Zeitraum zusammenfallen oder nur durch einen kurzen Abstand getrennt sein mögen, doch in anderen Fällen dieser Abstand Monate, ja selbst Jahre betragen kann.

Nicht so einfach beantwortet sich die Frage hinsichtlich der Zeugenlisten; hier ist zwischen früherer und späterer Zeit und zwischen Königs- und Privaturkunden zu unterscheiden.

Was zunächst die älteren deutschen und italienischen Privaturkunden betrifft, so kann es keinem Zweifel unterliegen, daß ihre Zeugen durchweg als Zeugen der Handlung[2] anzusehen sind.[3] Das ergibt sich mit völliger Gewißheit sowohl aus den Rechtsquellen wie aus dem, was wir über die Art der Herstellung der älteren deutschen Gerichtsschreiber- und der italienischen Notariatsurkunden wissen. Sowohl die in St. Gallen erhaltenen Konzepte alamannischer Cancellare wie die Dorsualkonzepte und Imbreviaturen italienischer Notare enthalten bereits Namen von Zeugen, die nach vollzogener Handlung aufgezeichnet und in der Reinschrift lediglich wiederholt werden; die Zeugen können möglicherweise, wenn die Reinschrift gleich am Orte der Handlung angefertigt und vollzogen wurde, auch Zeugen der Beurkundung sein, es kann dies sogar in der Urkunde selbst vermerkt werden;[4] aber, ob das der Fall ist oder nicht, darauf kommt es rechtlich nicht an; rechtlich ist nur von Bedeutung, daß die Zeugen mit ihren Ohren gehört und mit ihren Augen gesehen haben, wie die Handlung vor sich ging. Wird die Urkunde angefochten, so sagen die Zeugen nicht aus, daß sie bei der Herstellung der Urkunde zugegen waren, sondern sie bekunden:[5]

---

[1] Um auch hier nur ein Beispiel zu geben, verweise ich auf den Jahrb. Konrads II. 1, 41 N. 3 berührten Fehlschluß Dehios.

[2] Die Ausdrücke Handlungs- und Beurkundungszeugen sind auch im Mittelalter üblich; so stehen im Asseburger UB. 1, 16 n. 20 (1175) zwei Zeugenreihen nebeneinander: *huius autem actionis testes* und *conscriptionis autem huius testes.* Vgl. ferner CD. Anhalt. 1, 386 n. 523: *huius facti et scripti testes sunt hi,* St. 3772: *huius nostre actionis testes sunt. Actionis testes,* Nassauisches UB. 1, n. 179 (1130); CD. Westphal. 2, 95 (1160); UB. Bist. Halberstadt 1, n. 215 (1147) usw.; *testes actę rei,* Stumpf, Acta n. 109 S. 133; *testes huius actionis et privilegii,* Osnabrücker UB. 1, 250 n. 311. Beyer, 2, n. 4: *testes huius actionis sunt hi.* Wirtemberg. UB. 2. 133: *huius conscriptionis carthę testes sunt hii.* CD. Anhalt. 1, n. 626: *testes huius actionis sunt* usw.

[3] So auch — unter Beibringung zahlreicher Belege — Ficker, BzU. 1, 100f.

[4] Vgl. die Beispiele bei Ficker, BzU. 1, 98.

[5] Lex Alam. 2, 1.

ut illi ad praesens fuissent et oculis suis vidissent et auribus audissent, quod pater eius illas res ad ecclesiam dedisset et cartam fecisset[1] *et illos ad testes advocasset.*

Die Echtheit einer Freilassungsurkunde wird nach einem karolingischen Kapitular bewiesen:

testimonio bonorum hominum, qui tunc aderant, quando liber dimissus fuit;[2]

alamannische Zeugen schwören vor zwei Königsboten:

quod D. omnes res suas tradedisset, sicut cartula ista continet;[3]

bayrische Urkundenzeugen (*testes videntes*) sagen aus:

se vidisse Hludolfum hanc traditionem facere;[4]

kurz überall in Deutschland, und in Italien steht es nicht anders, bezieht sich die Aussage der Urkundenzeugen in älterer Zeit nicht auf die Herstellung der Urkunde, sondern auf die in ihr verbriefte Handlung und den sich daran anschließenden Beurkundungsauftrag.

Da, wie wir sehen werden, in den italienischen und den älteren deutschen Privaturkunden auch die Datierung denselben Zeitpunkt ins Auge faßt, so folgt daraus, daß wir hier durchweg die Anwesenheit von Zeugen an dem in der Datierung bezeichneten Ort zu der dort angegebenen Zeit annehmen können. Da nun aber die Herstellung der Reinschrift der Urkunden unter Umständen erst längere Zeit nach der Handlung und dem Beurkundungsbefehl erfolgte, so kann es vorkommen, daß den Zeugen, wenn ihre Stellung in der Zwischenzeit sich verändert hatte, Bezeichnungen gegeben werden, die wohl zur Zeit der Reinschrift, aber noch nicht zur Zeit der Handlung und der auf diese sich beziehende Datierung zutreffend waren.[5] Scheinbare Widersprüche dieser Art berechtigen also an sich nicht zur Verdächtigung der Urkunden, in denen sie sich finden.

In späterer Zeit gestalten sich aber die Verhältnisse in Deutschland vielfach anders. Die Besiegelung der nichtköniglichen Urkunden sollte diesen einen selbständigen Beweiswert verleihen. Der Akt der

---

[1] *Cartam facere* heißt hier und öfter nicht „die Urkunde schreiben", denn der Aussteller schreibt sie nicht, sondern „den Beurkundungsauftrag geben". Der Beurkundungsbefehl ist aber in älterer Zeit bei Privaturkunden unmittelbar mit der Handlung verbunden gewesen (oben S. 83ff.), und daher werden auch wohl bloß Zeugen des Beurkundungsbefehls angeführt, die zweifellos zugleich Handlungszeugen waren, wie in der von Ficker, BzU. 1, 101, angeführten Lorscher Urkunde, MG. SS. 21, 382.

[2] MG. Capit. 1, 215 n. 7.

[3] Wartmann, UB. St. Gallen 2, 394 n. 16.

[4] Abhandl. der Bayr. Akad. hist. Classe 13, 1, 12 n. 14.

[5] Beispiele bei Ficker, BzU. 1, 75.

Besiegelung einer Urkunde wurde dadurch in gewisser Beziehung dem der Handlung gleichwertig, und es lag nahe, Fürsorge für den Fall zu treffen, daß etwa die Echtheit des Siegels angefochten werden sollte. Das konnte geschehen, indem man die Besiegelung vor Zeugen vornahm und diese in der Urkunde verzeichnete, und solche Zeugen der Besiegelung werden denn auch seit dem 10. Jahrhundert mehrfach erwähnt.[1] Indem nun aber so in bezug auf eine einzelne und besonders wichtige Stufe des Beurkundungsgeschäfts für die Möglichkeit eines eventuellen Zeugenbeweises Sorge getragen wurde, geschah es, daß man auch allgemeiner Beurkundungszeugen in nicht königlichen Urkunden verzeichnete,[2] worauf denn auch nach dem, was wir gleich sehen werden, der in den Königsurkunden übliche Brauch nicht ohne Einfluß gewesen sein wird. Und so werden wir seit dem Ausgang des 10. Jahrhunderts auch bei den nicht vom König ausgestellten Urkunden, obgleich hier die Verzeichnung von Handlungszeugen überwiegend üblich bleibt, doch die Möglichkeit, daß die Zeugenschaft auf die Beurkundung zu beziehen sei, stets im Auge zu behalten haben.

In den Königsurkunden war, wie wir gesehen haben, der Brauch, Zeugen anzuführen, aus der Erwähnung von Intervenienten hervorgegangen. Daher wurde die Zeugenschaft der Großen wie ihre Intervention zunächst auf die Handlung bezogen, indem sie wie diese eine Form war, die Mitwirkung bei oder die Zustimmung zu der vom König vollzogenen Handlung zum Ausdruck zu bringen und dadurch die Autorität der königlichen Verfügung zu verstärken.[3] Dem entspricht

---

[1] Beyer 1, n. 255; Urkunde Egberts von Trier von 981: *hanc kartam ego Ekebertus archiepiscopus . . . astante clero et populo recitari iussi et signi nostri impressione atque proprie manus subscriptione firmavi.* Nass. UB. 1, n. 112: Urkunde Poppos von Trier von 1021—1031: *terminationem ipsam in carta iussi annotari ac sigilli mei impressione coram infra notatis testibus sigillari.* Beyer 1, n. 310, Urkunde desselben von 1038: *huius autem sigillatae confirmationis testes sunt hi.* Bode, UB. der Stadt Goslar 1, n. 264, Urkunde Hermanns von Hildesheim von 1169: *hanc paginam conscribi et sigilli nostri inpressione insigniri iussimus in presentia eorum, qui subter notati sunt.* Andere Beispiele bei Ficker, BzU. 1, 102. — Über eine ganz besondere Gattung von Besiegelungszeugen, die nur im späteren Mittelalter in den Urkunden erwähnt wird, welche auf Bitten des eines eigenen Siegels entbehrenden Ausstellers von einem dritten besiegelt werden, vgl. Bd. 1, 722 N. 5. Auf den mit der Besiegelung zusammenhängenden Bann wird das Zeugnis bezogen in einer Urkunde Hillins von Trier von 1157, Beyer 1, n. 604.

[2] Vgl. Ficker, BzU. 1, 99. 104ff. Posse, Privaturkunden S. 73ff.

[3] Dieser Grund wird ausdrücklich angegeben in St. 3198: *ut autem huic nostre traditioni maior addatur auctoritas, principes nostros, in quorum presentia facta est, subscribi iussimus.* — In castilischen Königsurkunden (deren

es vollkommen, wenn in den Urkunden Heinrichs V. die Zeugen mehrfach als solche genannt werden, die „gesehen und gehört" haben; es wird ausdrücklich gesagt, daß sie deshalb später Zeugnis abzulegen imstande sind, daß ihre Zeugenschaft die Stetigkeit der königlichen Verfügung unterstützen soll.[1] Und so werden noch in einer der letzten Urkunden Heinrichs V., nachdem im Eingang des Textes die Intervention der Königin und der Rat der Fürsten erwähnt sind, am Schluß des Textes (vor der Corroboratio) die letzteren, zweiundzwanzig geistliche und weltliche Herren, als *presentes et consentientes* aufgeführt.[2] Daß hier Konsens, Intervention, Rat, Zeugnis, ohne bestimmtere Unterscheidung zwischen diesen Ausdrücken, auf dieselbe Sache zu beziehen sind, und daß, was durch diese Ausdrücke bezeichnet wird, der Handlung vorangegangen ist, ist völlig klar.

Mancherlei Umstände wirkten nun aber zusammen, um der Zeugenliste in den Königsurkunden doch auch eine andere Bedeutung zu geben. Wenn, wie das nicht selten der Fall sein mochte, die Handlung des Königs nur darin bestand, daß er ihm vorgelegte Urkunden bestätigte, einen Rechtsstreit entschied, einen Tausch genehmigte, so schloß sich wohl in der Regel der Beurkundungsbefehl unmittelbar an diese Handlung an, und auch zwischen dem Befehl und seiner Ausführung verstrich oft nur eine kurze Zeit. Es lag dann

---

hier deshalb Erwähnung geschehen muß, weil unter König Alfons auch deutsche Große dabei in Betracht kommen) ist es üblich, die Zeugen überhaupt als Konfirmierende zu bezeichnen. Dabei werden denn auch Abwesende aufgeführt, vgl. Ficker, MIÖG. 3, 436 ff. In Deutschland kommt das letztere nicht vor.

[1] St. 3031: *hi sunt autem testes, qui viderunt et audierunt;* ebenso St. 3083. Sehr deutlich ist in St. 3032 gesagt: *ut autem omnia ista, prout in praesentia nostra sunt definita, rata et inconvulsa permaneant, nomina principum et nobilium, qui nobiscum viderunt et audierunt ... subter notari fecimus. Nomina testium* (folgen die Namen). St. 3086 (s. oben S. 212 N. 2): *testes qui Bawarico more tracti per aurem viderunt et audierunt.* St. 3087: *huius autem rei testes sunt* (Namen), *qui ea que viderunt et audierunt vere testificari possunt.* Später wird die Formel *testes, qui viderunt et audierunt* seltener, doch findet sie sich noch unter Friedrich I., vgl. St. 4281. In nicht königlichen Urkunden war sie besonders in Schwaben üblich, vielleicht im Anschluß an die oben S. 214 N. 5 erwähnte Bestimmung des Lex Alamannorum und kommt hier noch im 13. Jahrhundert nicht selten vor. — Ganz den oben S. 200 f. angeführten Fällen entsprechend heißt es dann in St. 3111: *hanc igitur privilegii paginam consilio et rogatu simul et testimonio principum nostrorum* (folgen die Namen) *conscribi iussimus;* Intervention und Zeugnis werden also auf den Beurkundungsbefehl bezogen; eine besondere Handlung hat hier — es handelt sich um eine einfache Besitz- und Privilegienbestätigung — kaum stattgefunden.

[2] St. 3200, jetzt Thurgauisches UB. 2, n. 19.

nahe, die Zeugen zugleich als solche der Handlung und der Beurkundung zu verzeichnen, und das ist schon unter Heinrich V. einige Male geschehen.[1] Andererseits konnte es aber auch vorkommen, daß, wenn die Beurkundung einer unter ungewöhnlichen Verhältnissen, etwa auf einem Feldzuge, vollzogenen Handlung, sich lange verzögerte, die Kanzlei nicht in der Lage war, die Zeugen der Handlung anzugeben: wollte sie dann überhaupt, wie das üblich geworden war, Zeugen verzeichnen, so mußte sie Beurkundungszeugen anführen.[2] Endlich aber mag doch auch die Eigenschaft der Königsurkunde als eines an sich unanfechtbaren Zeugnisses in diesem Sinne gewirkt haben: wenn man sich erinnerte, daß der Königsbrief eine rechtlich erhebliche Tatsache schon an sich ausreichend bezeuge, so konnte die Anführung der Zeugenliste nur noch der Beglaubigung der Echtheit der Urkunde dienen, d. h. es mußten die Zeugen der Beurkundung angegeben werden. Das tritt namentlich seit der staufischen Zeit sehr deutlich hervor und findet darin seinen Ausdruck, daß unter Konrad III. und Friedrich I., was früher nur selten vorgekommen war, die Zeugenliste oft in der Korroborationsformel angekündigt wird, also wie Königsunterschrift und Besiegelung als ein Mittel zur Beglaubigung der Urkunde erscheint.[3]

So haben wir also in Königs- wie in Privaturkunden sowohl auf Handlungs- wie auf Beurkundungszeugen gefaßt zu sein, und worauf

---

[1] So wird 1125 ein Streit zwischen dem Bischof von Basel und St. Blasien zugunsten des Klosters entschieden und darauf dem letzteren ein Privileg Ottos II. bestätigt. In der Urkunde darüber (St. 3204) heißt es: *huius ęcclesię renovatę, libertati et privilegio praesenti a nobis confirmato idoneę personę praesentes interfuere.* Die Zeugen sind offenbar solche der Handlung und der Beurkundung zugleich. Und dasselbe gilt von einer zweiten Urkunde desselben Tages für dasselbe Kloster St. 3205: *interfuerunt autem donationi huius privilegii A. U. F. G. aliique principes, qui interfuerunt, dum aliud privilegium Rusteno abbati porreximus.* An Zeugen der Übergabe der Urkunde ist trotz des darauf deutenden Ausdrucks nicht zu denken, da die Zeugennamen in den Originalen dann nachgetragen sein müßten, was nicht der Fall ist, sondern wohl an Zeugen des Beurkundungsbefehls, der im zweiten Fall mit der Handlung zusammenfiel, im ersten sich unmittelbar an sie anschloß.

[2] So liegen die Verhältnisse z. B. bei St. 3190; die Handlung war auf einem westfälischen Feldzuge, wahrscheinlich dem von 1114 vollzogen, die Urkunde ist 1123 ausgestellt; die Zeugen sind sicher Beurkundungszeugen, vgl. KUiA. zu Lief. IV, Taf. 30; Text S. 88.

[3] Vgl. Ficker, BzU. 1, 243. Die Beispiele sind sehr häufig; sehr deutlich ist die Beziehung auf die Beurkundung in diesem Sinne ausgesprochen in St. 3685, vgl. Ficker a. a. O. 2, 490. Unter Lothar ist diese Ankündigung der Zeugen noch selten; sie kommt vor in St. 3237. 3244. 3353.

das Zeugnis im Einzelfalle geht, ist wiederum nur durch genaue Prüfung aller Verhältnisse des Einzelfalles zu ermitteln. Bisweilen geben dabei die Ausdrücke der Urkunden einen ausreichenden Anhaltspunkt, aber sehr häufig ist das nicht der Fall. Am einfachsten liegt die Sache, wo zwei Zeugenreihen nebeneinander in einer und derselben Urkunde angeführt werden;[1] da pflegen dann die einen bestimmt als Zeugen der Handlung, die andern als Zeugen der Beurkundung bezeichnet zu werden. Bisweilen sind ferner die Ausdrücke in der die Zeugen einführenden Formel so bestimmt gefaßt, daß über ihre Beziehung kein Zweifel sein kann, so wenn geradezu von *testes actionis* oder *conscriptionis* die Rede ist, oder wenn in einem Relativsatze der Vorgang, bei dem die Zeugen zugegen waren, ausdrücklich angegeben ist.[2] Indessen ist in der Verwertung dieser Angaben Vorsicht geboten. Werden die Zeugen einfach als *testes traditionis, donationis, concessionis* usw. bezeichnet, so könnte man zunächst geneigt sein, das auf die Handlung zu beziehen. Allein *traditio, donatio, concessio* hieß nicht nur die königliche Schenkung, sondern auch die über eine solche Schenkung ausgefertigte Urkunde, und wenigstens bisweilen läßt sich ganz bestimmt erweisen, daß auch die so bezeichneten Zeugen Beurkundungszeugen waren.[3] Ebenso brauchen Zeugen *qui huic facto, huic negotio interfuerunt* nicht notwendig Handlungszeugen zu sein, da diese Ausdrücke auch für das Beurkundungsgeschäft gebraucht sein können. Umgekehrt sind *testes confirmationis* nicht

---

[1] Vgl. Ficker, BzU. 1, 99f. 241f. Da dies in Königsurkunden nicht eben häufig vorkommt, füge ich noch hinzu St. 4851: Zeugen der *per manus* des Kaisers vollzogenen Handlung in der Narratio; Zeugen der Beurkundung (nur mit *huius rei testes sunt* eingeführt) am Schluß des Kontextes. Eine Vermischung beider Reihen möchte ich hier — gegen Ficker 1, 263 — nicht annehmen. St. 4994, in der Narratio: *huius traditionis et predicte venditionis testes sunt*, am Schluß des Textes: *huius autem nostrae confirmationis testes sunt.*

[2] Beispiele bei Ficker, BzU. 1, 100. 244. 248f. In nichtköniglichen Urkunden sind derartige, jeden Zweifel ausschließende Ausdrücke häufiger als in Königsurkunden; ich füge daher nur für letztere noch ein paar Beispiele hinzu. Handlungszeugen St. 3237: *pro testimonio autem rei gestae testes subscribi fecimus.* 3489: *nomina quarundam excellentium personarum, que huic contractui* (ein in Gegenwart des Königs geschlossener Vertrag, den er bestätigt hat) *interfuerunt.* 3581: *testes, qui actioni et iudicio interfuerunt.* 3815: *testes, qui huic statuto interfuerunt.* 3876: *huius investiture testes sunt.* Beurkundungszeugen 4195: *testes, qui in donatione huius privilegii aderant* (s. oben S. 218 N. 1). 3622: *huius confirmationis privilegii testes sunt.* Vgl. Graber, Urkunden Konrads III. S. 86.

[3] Ein charakteristisches Beispiel s. oben S. 218 N. 2.

notwendig Beurkundungszeugen, da wir wissen, daß oft eine eigene Bestätigungshandlung erfolgte, die auch *confirmatio* hieß.[1] Alle diese und ähnliche Ausdrücke, die im 12. Jahrhundert oft vorkommen, berechtigen kaum zu einem sichereren Schlusse auf die Beziehung der Zeugen, als das ganz farblose *huius rei testes sunt*, das — nur noch etwa mit *adhibitis testibus idoneis, quorum nomina haec sunt* abwechselnd — seit dem Schluß des 12. Jahrhunderts alle anderen Ausdrücke mehr und mehr aus dem Sprachgebrauch der Kanzlei verdrängt.

Im 12. Jahrhundert scheint man häufig Wert darauf gelegt zu haben, solche Zeugen zu verzeichnen, die sowohl der Handlung als der Beurkundung angehörten. So hat Friedrich I. im Jahre 1160, als er in Pavia eine vor längerer Zeit in Deutschland ergangene Entscheidung verbriefte, von den Zeugen der Handlung nur diejenigen verzeichnen lassen, die auch in Italien bei der Beurkundung zugegen waren.[2] So gebraucht die Kanzlei Konrads III. häufig den Ausdruck *testes, in quorum praesentia haec sunt acta et confirmata*, diejenige Friedrichs I. den Ausdruck *testes huius donationis* (*traditionis, concessionis, tuicionis, rei* usw.) *et confirmationis.*[3] Und daß damit wirklich beide Arten von Zeugen bezeichnet werden sollen, sieht man deutlich, wenn unter Konrad III. einmal, um nur Beurkundungszeugen anzuzeigen, der Ausdruck gewählt wird: *testes huius confirmationis, sub quorum presentia hec firmata sunt*[4] oder wenn, wie in einigen oben angeführten Fällen geschieht, die *testes confirmationis* den Zeugen der Handlung ausdrücklich gegenübergestellt werden.[5] Aber auch bei der Benutzung jener Formeln ist Vorsicht notwendig; nicht immer sind sie nur da gebraucht, wo alle genannten Zeugen sowohl der Handlung als der Beurkundung angehören, sondern es läßt sich erweisen, daß sie auch dann angewandt sind, wenn einige von ihnen nur auf die Handlung, andere nur auf die Beurkundung zu beziehen sind, und daß also die Kanzlei bisweilen beide Gattungen von Zeugen, die sie in anderen Fällen wohl auseinanderzuhalten wußte, in geradezu irreführender Weise in

---

[1] Klar ist natürlich die Beziehung, wenn es z. B. in Urkunde Philipps von Köln von 1190 (Zeitschr. des berg. Geschichtsvereins 22, 254) heißt: *scripta et confirmata sunt hęc . . . presentibus idoneis testibus* usw.

[2] St. 3888.

[3] Entsprechend heißt es wohl in nicht königlichen Urkunden *testes actionis et privilegii.* Vgl. z. B. Stephan, Beiträge zum Urkundenwesen des Bistums Osnabrück S. 76.

[4] St. 3546; vgl. St. 4071: *testibus subternotatis in quorum presentia hec confirmata sunt.*

[5] S. oben S. 219 N. 1.

eine Reihe zusammengeworfen hat.[1] Diese Vermengung findet sich freilich auch da, wo ganz farblose Ausdrücke in der Zeugeneinführungsformel gewählt sind, und sie läßt sich auch in nicht königlichen Urkunden nachweisen.[2]

Nun haben wir allerdings auch unabhängig von den Ausdrücken der Urkunden einzelne Anhaltspunkte, um die Beziehung der Zeugen zu ermitteln. Die Nennung verstorbener Zeugen, oder solcher, die zur Zeit der Datierung aus anderen Gründen nicht bei dem Aussteller gewesen sein können, während für frühere Zeit ihre Anwesenheit unbedenklich ist, beweist, wenn die Urkunden echt sind, daß Handlungszeugen anzunehmen sind, die Beurkundung aber später vollzogen ist Kommen in mehreren, zu verschiedener Zeit ausgefertigten Urkunden über dieselbe Handlung verschiedene Zeugenreihen vor, so gehören sie offenbar der Beurkundung an, während die Wiederkehr derselben Zeugenreihe in derartigen Urkunden auf Handlungszeugen schließen läßt. Für Beurkundungszeugen spricht die Wahrscheinlichkeit, wenn mehrere Urkunden gleicher oder einander nahestehender Datierung über verschiedene Handlungen identische oder nahezu identische Zeugenreihen aufweisen. Finden sich in einer Urkunde zahlreiche Zeugen niederen Standes, Ministerialen, Bürger, niedere Kleriker usw., deren Heimat von dem Ausstellungsorte der Urkunde weiter entfernt ist, so kann im allgemeinen angenommen werden, daß die verbriefte Handlung in der Heimat jener Personen vollzogen worden ist, und daß sie Handlungszeugen sind, wofern nicht etwa besondere Umstände, wie z. B. Teilnahme an einer Heerfahrt, ihre Anwesenheit am königlichen Hoflager auch in weiterer Entfernung von der Heimat erklären. Auch wenn etwa die Zeugenliste einer auf einem Hoftage ausgestellten Urkunde eine Reihe von Namen — insbesondere fürstlicher Personen — bietet, die in keiner anderen Urkunde des gleichen Hoftages wiederkehren, werden wir Bedenken tragen, die Träger jener Namen als auf dem Hoftage anwesend zu betrachten und werden sie zunächst als Zeugen einer früher an anderem Orte vollzogenen Handlung aufzufassen geneigt sein.

Beachtet man diese und andere Anhaltspunkte, die sich etwa aus den besonderen und sehr verschiedenartig gestalteten Verhältnissen des

---

[1] Ein sicherer und sehr bezeichnender Fall der Art ist St. 3515 von Konrad III., vgl. Bresslau, Dipl. centum S. 180; Ficker, BzU. 1, 252. 261. Ebenso sicher zeigt solche Vermengung das von Ficker a. a. O. 1, 260 besprochene Beispiel aus der Zeit Friedrichs I., wo freilich die Zeugen nur als *huius rei testes* eingeführt sind.

[2] Vgl. Ficker a. a. O. 1, 261ff. 103f.

Einzelfalles ergeben und hier nicht erwähnt werden können,[1] so wird man allerdings sehr oft in die Lage kommen, mit einem hohen Grade von Wahrscheinlichkeit die Beziehung der Zeugen feststellen zu können. Wo solche Anhaltspunkte ganz fehlen, bleibt sie zweifelhaft. Bei Privaturkunden älterer Zeit, etwa bis ins 12. Jahrhundert, wird man auch dann nicht leicht fehl gehen; man kann bei ihnen im allgemeinen, wenn keine besonderen Gründe für die Annahme von Beurkundungszeugen sprechen, Handlungszeugen voraussetzen. Viel weniger sicher kann man bei Königsurkunden urteilen. Im 12. Jahrhundert scheinen auch in ihnen Handlungszeugen nicht viel seltener vorzukommen als Beurkundungszeugen, während seit dem 13. Jahrhundert allerdings die letzteren überwiegen und beim Fehlen von Anhaltspunkten, die durch die Ausdrucksweise der Urkunde oder die Sachlage des Einzelfalles gegeben sind, Beziehung des Zeugnisses auf die Beurkundung die größere Wahrscheinlichkeit für sich haben wird.

Für den Fall, daß die Zeugen von Königsurkunden als Beurkundungszeugen anzusehen sind, darf schließlich die weitere Frage, auf welche Stufe des Beurkundungsgeschäftes dies Zeugnis zu beziehen sei, nicht unerörtert bleiben.[2] Hier geben, soweit die Originale noch vorhanden sind, die äußeren Merkmale der Urkunden einen erwünschten Anhaltspunkt. Ist die ganze Zeugenliste von derselben Hand und Tinte und in einem Zuge mit dem Kontexte der Urkunde geschrieben, so wird sie sich auf den Beurkundungsbefehl des Königs beziehen; sie war dann ja, wenn die Reinschrift dem König zur Einholung des Vollziehungsbefehls vorgelegt wurde, bereits vorhanden; zwischen Beurkundungsbefehl aber und Vollziehungsbefehl gibt es nach unseren früheren Erörterungen kein Eingreifen in den Gang des Beurkundungsgeschäfts, dessen Zeugen man zu verzeichnen Veranlassung gehabt hätte.[3]

---

[1] Wer sich über die Möglichkeiten, die da in Betracht kommen können, orientieren will, möge Fickers Neubearbeitung der Regesta imperii 1198 bis 1273 studieren, in der diesen Verhältnissen die größte Aufmerksamkeit geschenkt ist.

[2] Ficker, BzU. 2, 77ff., hat der Lösung dieser Frage große Bemühungen zugewandt, ohne indeß zu sehr sicheren oder streng beweisbaren Ergebnissen zu gelangen. Die Differenz zwischen seinen Ergebnissen und dem, was hier im Text kurz bemerkt ist, beruht hauptsächlich darauf, daß ich eine besondere, durch den Fertigungsbefehl des Königs abgeschlossene Stufe der Beurkundung für Königsurkunden überhaupt nicht annehme, vgl. oben S. 159ff., und demnach nicht mit Ficker die Beurkundungszeugen der Königsurkunden vorwiegend als Zeugen des Fertigungsbefehls betrachten kann.

[3] In St. 3636 wird diese Beziehung der Zeugen auf den Beurkundungsbefehl ausdrücklich ausgesprochen: *testes autem in quorum praesentia hoc*

Eine solche Beziehung der Zeugen auf den Beurkundungsbefehl lag ja auch, wenn man nicht ausdrücklich Handlungszeugen verzeichnen wollte, an sich am nächsten; er schloß sich wohl in den meisten Fällen unmittelbar an die Handlung an; er war, wie wir wissen, der für das Beurkundungsgeschäft eigentlich maßgebende Akt des Königs; und bisweilen ward alles weitere, auch die Vollziehung der Urkunde, einfach der ausführenden Kanzlei überlassen.

Nicht ganz selten läßt sich nun aber in den uns erhaltenen Originalausfertigungen der Reichskanzlei eine nachträgliche Hinzufügung der Zeugenliste erkennen.[1] Bisweilen ist die ganze Zeugenliste, in anderen Fällen sind nur Teile davon nachgetragen; manchmal ist nur die Zeugenliste, häufiger ist außer ihr auch das Eschatokoll ganz oder wenigstens zum Teile nachgetragen. Diese Erscheinung kann sehr verschiedene Ursachen haben. Sie kann, namentlich wenn außer der Zeugenliste auch das Eschatokoll nachgetragen ist, lediglich auf einer Pause im Schreibgeschäft oder der Ablösung des einen Schreibers durch einen anderen beruhen, wie diese auch sonst nicht selten vorkommen; sie ist dann für die Frage nach der Beziehung der Zeugenliste ohne Bedeutung. In anderen Fällen mögen dem Ingrossisten die Namen der aufzuzeichnenden Zeugen nicht bekannt gewesen sein, so daß er Raum für sie ließ und ihre spätere Nachtragung vorbehielt, die dann übrigens mitunter vergessen wurde. Diese Erklärung trifft sicher zu, wenn die nachgetragenen Zeugen sich durch einen der früher besprochenen Anhaltspunkte als Handlungszeugen zu erkennen geben; es ist kein Grund denkbar, weshalb der Schreiber Zeugen der Handlung, wenn er sie gekannt hätte, nicht sofort hätte verzeichnen

---

scriptum fieri mandavimus sunt hii. Daß es sich hier um den Beurkundungsbefehl, nicht, wie Ficker, BzU. 2, 90, meint, um den sogen. Fertigungsbefehl handelt, halte ich für zweifellos; wir wissen schon, daß *fieri iussit* auch in karolingischer Zeit der Ausdruck für den Beurkundungsbefehl war, während *scribere iussit* auf den Fertigungsbefehl geht, vgl. AfU. 1, 180.

[1] Einige Fälle der Art hat Ficker, BzU. 2, 78f., zusammengestellt. Für die Zeit Lothars verzeichnet Schultze, Die Urkunden Lothars III. S. 106 N. 8, außer den von Ficker angegebenen noch St. 3258. 3263, für die Zeit Konrads III. Graber S. 86 noch St. 3372. 3375. Ficker hält diese Fälle S. 81 für vereinzelte Ausnahmen. Allein das scheint wenigstens für das 13. Jahrhundert nach den Beobachtungen Philippis nicht zuzutreffen. In dessen Notizen über die von ihm untersuchten Originale Friedrichs II. und seiner Söhne (Zur Gesch. der Reichskanzlei S. 68ff.) zähle ich über vierzig Fälle, darunter auch solche aus der Zeit nach 1231, in denen Nachtragung der Zeugenliste oder von Teilen davon durch die Beschaffenheit der Schrift wahrscheinlich gemacht wird.

sollen, statt ihre Namen später hinzuzufügen. Aber auch Zeugen des Beurkundungsbefehls können bisweilen aus dem gleichen Grunde nachträglich erst hinzugefügt sein,[1] so daß die Nachtragung an sich nicht beweist, daß das Zeugnis nicht auf den Zeitpunkt jenes Befehles zu beziehen sei. Sodann kann allerdings die Nachtragung der Zeugenliste dadurch veranlaßt sein, daß man in dem betreffenden Falle aus besonderem Grunde nicht die Zeugen des Beurkundungsbefehls, sondern die des Vollziehungsbefehls, oder der Vollziehung selbst, oder etwa gar der Aushändigung zu verzeichnen beabsichtigte; da diese zur Zeit der Reinschrift des Kontextes noch nicht bekannt sein konnten, mußten sie nachträglich hinzugefügt werden. Auch die Nachtragung einzelner Namen zu einer schon fertigen Zeugenliste kann endlich aus jedem der angegebenen Gründe erfolgt sein.[2] Eine ganz sichere Erklärung solcher Nachtragungen ist also nur möglich, wenn und insoweit die besonderen Verhältnisse des Einzelfalles sie an die Hand geben. Dagegen werden wir für nichtkönigliche Urkunden, wenn in ihnen Beurkundungszeugen angeführt sind, in der Regel einen der letzten Akte des Beurkundungsgeschäfts, etwa die Besiegelung oder die Aushändigung, als den für die Nennung der Zeugen maßgebenden Zeitpunkt betrachten können;[3] sie müssen dann nachträglich hinzugefügt sein,

---

[1] Die für ein einzelnes Geschäft aufzuführenden Zeugen scheinen aus der Zahl der am Hofe überhaupt anwesenden Personen häufig eigens ausgewählt und bestimmt zu sein; vgl. Ficker, BzU. 2, 82f., und dazu Stellen, wie St. 3303: *huius rei testes assignati sunt;* St. 3527: *huius donationis testes esse volumus.* Der Kanzleibeamte konnte also nicht ohne weiteres die Großen, deren Anwesenheit am Hofe ihm bekannt war, als Zeugen des Einzelfalles nennen, sondern bedurfte für die Herstellung der Zeugenliste einer Anweisung oder eines Konzeptes. Hiermit dürfte es auch zusammenhängen, wenn nach Philippi die Zeugennamen in einzelnen Urkunden des 13. Jahrhunderts nach mündlichem Diktat geschrieben zu sein scheinen. Vgl. auch Posse S. 70 N. 5.

[2] Wenn z. B. nach Philippi S. 95 in BF. 4176 für die Vornamen zweier Bischöfe in der Zeugenliste Raum gelassen ist, so hat der Schreiber offenbar diese Namen nicht gekannt und ihre Nachtragung beabsichtigt. Wenn in St. 3187 der fertigen Zeugenliste eine Reihe von Namen, darunter auch die der beiden Kardinäle Lambert und Saxo nachträglich hinzugefügt sind (vgl. KUiA. Lief. IV, Taf. 20), so kann man daran denken, daß die nachgetragenen Zeugen auf die Vollziehung oder Aushändigung, die der ursprünglichen Liste auf den Beurkundungsbefehl zu beziehen seien; es ist aber auch möglich, daß lediglich durch irgend ein Versehen des Schreibers jene Namen in der ersten Liste fortgeblieben sind, und daß man ihre Nachtragung anordnete, weil auf sie besonderer Wert gelegt wurde.

[3] S. oben S. 216 N. 1; 192 N. 3.

wie wir das auch an einzelnen erhaltenen Originalen noch erkennen.[1] Wo in solchen Urkunden Beurkundungszeugen genannt werden, ohne daß die Originale eine Nachtragung aufweisen, kann das Zeugnis entweder auf den Beurkundungsbefehl oder auf den, wie wir gesehen haben, bei Privaturkunden eine größere Rolle spielenden Fertigungsbefehl bezogen werden.

Fast durchweg nachträglich hinzugefügt und meistens entweder ganz oder wenigstens zum Teil eigenhändig sind schließlich die Zeugnis oder Konsens bedeutenden Unterschriften in den Urkunden der Päpste sowie in ihren Synodalakten und oft auch in denen anderer geistlicher Würdenträger.[2] Die Unterschreibenden sind also hier auch bei der Beurkundung beteiligt, womit natürlich nicht ausgeschlossen ist, daß sie in vielen Fällen, so in allen Synodalakten und überall da, wo die Unterschreibenden ihren Konsens erklären, auch an der Handlung Anteil hatten. Wie weit das letztere auch von den Kardinalsunterschriften in den feierlichen Privilegien der Päpste gilt, ist mit Sicherheit nicht zu ermitteln.[3]

Dreizehntes Kapitel.

Die Entstehung der Urkunden.

4. Die Vorlagen der Urkundenschreiber. Formulare. Vorurkunden. Akte.

Wenn Kanzleibeamte und Urkundenschreiber des Mittelalters Dokumente abfaßten, so haben sie deren Wortlaut keineswegs immer, ja in älterer Zeit nur in seltenen Fällen frei entworfen, sondern sie haben sich bei ihrer Arbeit sehr oft gewisser Vorlagen bedient, denen sie sich mehr oder minder getreu anschlossen. Diese Vorlagen verhalten sich in mancher Hinsicht zu den Urkunden, bei deren Abfassung sie benutzt werden, ganz ähnlich wie in der historiographischen Literatur primäre Quellen zu den Ableitungen daraus; und gerade so

---

[1] So z. B. an einer Urkunde des Abtes Gotfried von Weißenburg von 1193 (Straßburger Bezirksarchiv H. 1064 n. 2). Die mit *Acta sunt haec* beginnende Datierung schließt mit den Worten *coram hiis testibus;* dann sind die Namen der Zeugen mit viel hellerer Tinte nachgetragen.

[2] Vgl. z. B. für das Bistum Passau Gross, MIÖG. Erg. 8, 590ff.

[3] S. oben S. 54ff. Wir kommen unten auf diese Unterschriften noch einmal zurück.

wichtig, wie es für die historische Kritik ist, die Quellen, die ein Geschichtschreiber etwa benutzt hat, festzustellen und mit seiner eigenen Darstellung zu vergleichen, gerade so wichtig ist es für die Interpretation und Kritik einer Urkunde, zu ermitteln, ob ihr Autor eine Vorlage benutzt hat, und wenn das geschehen und die Vorlage erhalten ist, diese mit seiner Arbeit zu vergleichen.

Unter den von den Urkundenschreibern benutzten Vorlagen spielen namentlich im früheren Mittelalter die Formulare, die zumeist zu Formularsammlungen oder Formularbüchern vereinigt sind, eine besonders wichtige Rolle.[1] Unter Formularen verstehen wir alle diejenigen Aufzeichnungen, die, ohne selbst Urkunden zu sein, d. h. ohne einen rechtlichen Wert zu beanspruchen, als Muster für die Abfassung von Urkunden zu dienen bestimmt sind. Es macht dabei keinen Unterschied, ob die Formulare frei erfunden sind oder sich an einen Einzelfall anlehnen und aus einer auf einen solchen bezüglichen Urkunde abstrahiert sind. Es ist auch nicht von wesentlicher Bedeutung, ob im letzteren Fall die Beziehungen auf den besonderen Fall, wie sie sich in den Namen von Personen und Orten, Zahlen, Daten usw. kundgeben, aus der Urkunde, die man zum Formular umgestaltet hat,

---

[1] Ich gebrauche absichtlich diesen Ausdruck und nicht den früher fast allgemein verwandten: Formel, Formelsammlung, Formelbuch. Denn den Ausdruck Formel verwenden wir in der diplomatischen Terminologie allgemein auch im wesentlich anderen Sinne, zur Bezeichnung nämlich der einzelnen Urkundenteile (s. Bd. 1, 46ff.), so daß wir also von Formeln des Protokolls, von der Korroborationsformel, der Pönformel usw. reden. Dasselbe Wort aber zur Bezeichnung ganz verschiedener Dinge anzuwenden, ist sicherlich nicht empfehlenswert. Allerdings hat Sickel früher, Acta 1, 208, auch den Ausdruck Formular in anderem Sinne, nämlich gleichbedeutend mit Protokoll, gebrauchen wollen, aber dieser Sprachgebrauch hat keine Nachahmung gefunden, und er selbst hat nicht daran festgehalten. Dagegen paßt der Ausdruck Formular, so wie ich ihn angewandt sehen möchte, auch nach dem heutigen Sprachgebrauch gut. Unsere heutigen gedruckten Formulare für Wechsel, Frachtbriefe, gerichtliche Vorladungen usw., in die nur das, was dem Einzelfall besonders eigen ist, eingetragen zu werden braucht, entsprechen doch in vielen Beziehungen den früher sogenannten Formeln des Mittelalters durchaus; man vgl. auch den Titel der Schriften Formularbuch zu Notariatshandlungen und Urkk. der bayrischen Staatsbürger und Notare (München 1863) und Formulario per i notari degli atti giudiziarii civili (Florenz 1837). Übrigens hat auch schon Ficker, BzU. 1, 268ff., und öfter den Ausdruck Formular im gleichen Sinne, wie hier vorgeschlagen wird, gebraucht und ebenso zwischen Formel und Formular unterschieden. — Im späteren Mittelalter heißt das, was ich Formular nenne, nicht *formula*, sondern sowohl in der kaiserlichen wie in der päpstlichen Kanzlei regelmäßig *forma;* das, was ich Formularbuch nenne, wird mehrfach als *formularius* bezeichnet.

beibehalten oder mehr oder minder verwischt sind, ob man sie z. B. durch willkürlich gewählte Namen (wie bei den römischen Juristen Gaius und Titius und im langobardischen Cartular Petrus und Martinus) oder durch das Pronomen *ille* oder durch *talis* oder durch ein *n* ersetzt hat.[1] Das entscheidende Moment für die Beantwortung der Frage, ob eine einzelne Aufzeichnung Urkunde oder Formular ist, beruht lediglich darauf, ob sie eine rechtserhebliche Tatsache zu bezeugen bestimmt ist, oder ob sie Musterbeispiel für das Entwerfen von Urkunden sein will.

Daß es schon in römischer Zeit derartige Formulare gegeben hat, die vielleicht auch schon zu Sammlungen von Formularen vereinigt waren, kann nicht wohl bezweifelt werden. Auch wenn wir keine ausdrücklichen Zeugnisse dafür hätten, würde die Übereinstimmung in den Gesetzen, den Senatuskonsulten, den Konstitutionen der Kaiser und den römischen Privaturkunden ihr Vorhandensein und ihre Benutzung sowohl durch die staatlichen und munizipalen Behörden wie durch die privaten Urkundenschreiber beweisen.[2] Aber an solchen ausdrücklichen Zeugnissen fehlt es nicht. Hierhin gehören in gewissem Sinne schon die *commentarii magistratuum* aus republikanischer Zeit, die Mommsen als offizielle Instruktionsbücher für die Beamten charakterisiert hat.[3] „Nach den davon zerstreut erhaltenen Resten enthielten sie Schemata, Formulare für die einzelnen amtlichen Handlungen, deren Mitteilung durch anweisende, belehrende Bemerkungen unterbrochen wird.“[4] Hierhin gehört auch das Formularbuch der *legis actiones*, eine Art von Klagespiegel, das nach einer glaubwürdigen Überlieferung um das Jahr 450 vor Christus Cn. Flavius, der frühere Schreiber des Appius Claudius Caecus, publiziert hat.[5] Und gelegentlich redet Cicero ausdrücklich von solchen Formularsammlungen der späteren republikanischen Zeit.[6]

---

[1] In älterer Zeit werden *ille* und *talis* in der abgekürzten Form '*ill.*' und '*tal.*' gebraucht und nicht dekliniert. '*ill.*' ist älter als '*tal.*' und '*n*' (wohl Abkürzung von *nomen*) scheint noch jünger zu sein. Für Zahlen wird die Abkürzung '*tant.*' gebraucht.

[2] Vgl. Brissonius, De formulis et solennibus populi Romani verbis. Erste Ausgabe (Paris 1583); Dirksen, Beiträge z. Gesch. d. röm. Formelwesens; in seinem Buch: Versuche z. Kritik und Auslegung der Quellen d. römischen Rechts (Leipzig 1823); Stouff, De formulis secundum legem Romanam (Paris 1890).

[3] Mommsen, Staatsrecht 1^2, 4ff.

[4] Karlowa 1, 107f.

[5] Karlowa 1, 475.

[6] De leg. 1, 4, 14 und öfter. Vgl. auch Ad. fam. 7, 18, 2 und dazu Dziatzko, Untersuchungen über ausgewählte Kapitel des antiken Buchwesens

Erhalten sind uns von alledem freilich nur geringe Fragmente, die in juristische oder antiquarische Schriften aufgenommen worden sind.[1] Aber daß ein unmittelbarer Zusammenhang zwischen diesen römischen und den Formularsammlungen besteht, die später in den auf römischem Boden gegründeten germanischen Staaten entstanden sind, kann nicht in Abrede gestellt werden. Wenn in gewissen Gegenden der römische Urkundentypus bis in das 9. Jahrhundert hinein fortbesteht,[2] wenn die aus fränkischer Zeit stammenden Formulare nicht nur für Rechtsinstitute römischer Herkunft, wie z. B. die Testamente, die mit den *gesta municipalia* zusammenhängenden Stücke, sondern auch für Geschäfte, die nach deutschrechtlichen Grundsätzen beurteilt werden, wie z. B. für den Verkauf von Knechten, Ausdrücke wörtlich wiederkehren lassen, die wir aus den ältesten uns erhaltenen römischen Urkunden gleichen Inhalts kennen,[3] so wird das schwerlich

S. 123. Formulare für Verträge im landwirtschaftlichen Betrieb überliefert Cato, De agricultura c. 144ff., ed. H. Keil S. 90ff. Einzelne Formulare heißen bekanntlich nach ihren Verfassern, so die *stipulatio Aquiliana*, die in der Instit. 3, 29, 2 überlieferten Form sichtlich für eine Urkunde berechnet ist. Vielleicht bezieht sich auf ein Formular auch die Stelle Sueton. Domit. c. 13: *cum procuratorum suorum nomine formalem dictaret epistolam*, auf welche mich O. Hirschfeld freundlichst aufmerksam gemacht hat.

[1] In griechischer Sprache besitzen wir aber noch ein Fragment eines Formularbuches selbst auf einem aus Fayum stammenden Papyrus des Britischen Museums, vgl. Wessely, Wiener Studien 9, 263ff. Statt *ille* steht hier *ὁ δεῖνα*.

[2] Abgesehen von Italien, wo das selbstverständlich ist, namentlich in Rätien, Brunner, ZR. S. 245ff.

[3] Auf den Zusammenhang zwischen gewissen Klauseln der fränkischen Formulare über Sklavenverkauf und den entsprechenden Urkunden der siebenbürgischen Wachstafeln (mit denen jetzt auch ein lateinischer Papyrus vom Jahre 166, Arndt-Tangl, Schrifttafeln[4] 2, Taf. 32, und ein griechischer vom Jahre 359, Bruns, Fontes[7] S. 366, verglichen werden mögen) hat schon Zeumer zu Marculf 2, 22 aufmerksam gemacht. Näher noch ist der Zusammenhang zwischen den letzteren und der ältesten langobardischen Urkunde gleichen Inhalts von 725 (Bonelli, Cod. paleograf. Lombardo Taf. 2). Heißt es hier: *Ermedruda ... fatetur se accepisse sicuti et in presenti accepit .. auri sol. duodicem nobus (novos) finito pretio pro puero nomine Saorelano sive quo alio nomine nuncupatur, nationi in Gallia*, so vgl. man damit aus einer siebenbürgischen Wachstafel von 142 (Bruns, Fontes[7] S. 329) die Worte: *Dasius Breucus emit ... puerum Apalaustum sive is quo alio nomine est, natione Grecum ... pretium eius ... accepisse et habere se dixit Bellicus Alexandri ab Dasio Breuco.* Vgl. auch Stouff, De formulis S. 30ff., und über Benutzung eines altrömischen Formulars in Bayern noch im 7. oder 8. Jahrhundert Brunner, ZR. S. 259, sowie über den Zusammenhang der Fassung von Urkunden des 8. Jahrhunderts aus der Diözese Piacenza mit sehr alten römischen Formularen Tamassia und Leicht in den Atti des R. Istituto Veneto 68, 857ff.

bloß durch eine unmittelbar fortlebende Tradition der Urkundenpraxis erklärt werden können; man wird vielmehr annehmen dürfen, daß zwischen den römischen und den ältesten germanischen Formularsammlungen ein Zusammenhang bestand, der durch uns nicht erhaltene Zwischenglieder vermittelt wurde.

Bei den germanischen Völkern mußte das Bedürfnis nach solchen Formularsammlungen von vornherein noch viel größer sein als bei den Römern. Hatten ihre Urkundenschreiber Diktate in einer Sprache abzufassen, deren sie, mochten sie Romanen oder Germanen sein, nur in ungenügender Weise mächtig waren, handelte es sich dabei um die Beurkundung von Rechtsverhältnissen, die bei der Eigenart der Rechtsentwickelung in diesen Gebieten ihnen nur zum Teil vertraut sein konnten, so mußte, wie mit Recht bemerkt worden ist,[1] die Benutzung von Formularen, deren sich die Römer vielfach nur aus Bequemlichkeit bedient hatten, ihnen geradezu unentbehrlich werden.[2]

Unter den älteren Formularbüchern des fränkischen Reiches[3] ist für uns das wichtigste die Sammlung der *Formulae Marculfi*. Über ihren Verfasser wissen wir leider nur, was er selbst in der Vorrede mitteilt. Danach war Marculf ein Mönch schon hohen Alters — er selbst gibt an, daß er siebzig Jahre oder mehr zähle —, der auf die Aufforderung eines Bischofs Landerich zunächst zum Schulunterricht

---

[1] Sickel, Acta 1, 111.

[2] Vgl. Stengel, Diplomatik der deutschen Immunitätsprivilegien S. 30ff., 256ff.

[3] Davon kommen jetzt nur zwei Ausgaben in Betracht: die von E. de Rozière, Recueil général des formules usitées dans l'empire des Francs du V. au X. siècle (Paris 1859—1871, 3 Bde., Bd. 3 Indices) und die von K. Zeumer, Mon. Germ. hist. Legum sectio V. (Hannover 1886). Ersterer hat die einzelnen Formulare systematisch nach ihrem Inhalt geordnet, während letzterer die Formularbücher in ihrer handschriftlich überlieferten Zusammensetzung belassen hat. Außerdem zeichnet sich Zeumers Ausgabe durch sorgfältige Textrevision und reichhaltigen Kommentar aus. Eine Vergleichungstabelle beider Editionen gibt Zeumer S. IXff. Eine Auswahl von 73 Formularen hat Pirson, Merovingische und Karolingische Formulare (Heidelberg 1913), herausgegeben. — Zur Kritik und Erläuterung vgl. Sickel, Acta 1, 109ff.; Zeumer, NA. 6, 1ff.; 8, 475ff.; 10, 383ff.; 11, 313ff.; 14, 589ff.; 30, 716ff.; GGA. 1882, 1389ff.; Schröder, Zeitschr. der Savignystiftung, Germ. 4, 75ff.; Neue Heidelberger Jahrbücher 2, 165ff.; Dümmler, NA. 21, 301ff.; Tardif, BEC. 44, 353ff.; Nouv. Revue historique du droit français 8, 557ff.; 9, 368ff.; Krusch, Histor. Zeitschr. 51 (NF. 15), 512ff. — Brunner, Deutsche Rechtsgesch. 1², 576ff.; Schröder, Deutsche Rechtsgeschichte⁵ S. 276ff. 723f.; v. Amira, Grundriß des German. Rechts (Straßburg 1901) S. 23ff.; Conrat, Gesch. der Quellen und der Litteratur des röm. Rechts im Mittelalter 1, 293ff.; Schillmann, Deutsche Geschichtsblätter 13, 187ff. — Giry S. 482ff.; Paoli, Programma 3, 44ff.

(*ad exercenda initia puerorum*), dann aber auch zur Benutzung durch Notare und Urkundenschreiber (*exemplando*) seine Arbeit unternahm. Jenen Landerich hat man früher zumeist für einen Bischof von Paris gehalten, der 653 in einer Urkunde Chlodwigs II. genannt wird; doch sprechen gewichtige Gründe dafür, vielmehr mit Zeumer an einen gleichnamigen Bischof von Meaux zu denken, der gegen das Ende des 7. Jahrhunderts anzusetzen ist.[1] Dadurch wird zugleich die Abfassungszeit der Schrift bestimmt, und es ist wahrscheinlich, daß Marculf selbst der Diözese von Meaux, vielleicht dem Kloster Resbach (Rebais) angehört hat. Die in zwei Bücher geteilte Sammlung enthält 92 Formulare, sämtlich für *cartae*;[2] *notitiae* scheint der Verfasser grundsätzlich ausgeschlossen zu haben.[3] Das erste Buch gibt 37 Formulare für Königsurkunden, denen drei andere, die als Vorurkunden zu Königsurkunden dienen, angeschlossen sind; das zweite Buch gibt 52 Formulare für Privaturkunden (*cartae pagenses*). Der Formularcharakter ist durchaus gewahrt, indem das Urkundenprotokoll ganz fortgelassen oder stark verkürzt ist; auch einzelne regelmäßig wiederkehrende Kontextformeln, so die Corroboratio oder die Pertinenzformel sind bisweilen nur durch die Anfangsworte angedeutet. An Stelle von Eigennamen steht regelmäßig *ille*. Erläuternde Bemerkungen finden sich nur selten eingestreut.[4] Über seine Quellen sagt Marculf selbst, er habe zusammengestellt, was er von älteren Leuten nach

---

[1] Neuerdings ist Pfister, Revue historique 50, 43ff., auf eine ältere, schon von Zeumer, NA. 11, 340ff., widerlegte Ansicht zurückgekommen, wonach Landerich Bischof von Metz gewesen wäre; er sucht für ihn hier nach 650 in der Bischofsliste einen Platz zu gewinnen. Daß diese Hypothese ganz ausgeschlossen werden muß, hat Zeumer, NA. 30, 716ff., nachdrücklich betont; und für die von Pfister angenommene Identität Marculfs mit einem gleichnamigen Mönche des Klosters Salicis, der in der Vita S. Columbani des Jonas 1, 7 erwähnt wird, läßt sich schlechterdings nichts als eben der Umstand anführen, daß beide den gleichen Namen haben; sie ist ebenso entschieden abzulehnen. Auch die von Morin, Revue Bénédictine 29, 262ff., ausgesprochene Vermutung, daß Landerich überhaupt nicht Bischof einer bestimmten Diözese, sondern vielleicht der Vorgänger des Pirmin in einem Melcis (oder in weniger guten Handschriften Meltis) genannten Kastell gewesen sei, das Pirmins Wohnort war, ehe er nach Süddeutschland kam, erscheint mir wenig wahrscheinlich, vgl. auch Levison, NA. 38, 351 n. 76.

[2] Nur 1, 25 ist Prolog zu einem Placitum.

[3] Vgl. Brunner, Deutsche Rechtsgesch. 1², 579.

[4] So 1, 3: *aut cui volueris dicere;* 1, 14, wo drei Arengen zur Auswahl gegeben werden, vor der zweiten *item alio*, vor der dritten *item alio ad loco sancto;* 1, 15, wo mehrfach durch ein *vel* oder *aut* zwischen zwei Ausdrücken die Wahl gelassen wird usw.

der Gewohnheit seines Aufenthaltsortes erlernt oder aus eigenem Sinne erdacht habe. Bestimmt nachweisbar ist, daß er ein Diplom König Dagoberts sowie ein Privileg des Bischofs Burgundofaro für das Kloster Rebais, wahrscheinlich, daß er irgend ein Diplom König Childerichs II. zur Hand gehabt hat; erstere hat er nicht ganz unverändert gelassen, letzterem nur die Arenga entnommen.[1] Auch sonst zeigen seine Formulare mit erhaltenen Urkunden älterer Zeit einige Berührungen, die jedoch nicht zum Beweise dafür ausreichen, daß ihm gerade diese und nicht andere ähnliche, jetzt verlorene Stücke vorgelegen hätten. Kaum glaublich aber ist es, daß Marculf seine Formulare so korrekt, so sehr dem diplomatischen Gebrauch und den rechtlichen Verhältnissen seiner Zeit entsprechend hätte aufstellen können, wenn er nicht selbst, sei es als Gerichtsschreiber, sei es vielleicht gar im Dienste der königlichen Kanzlei praktische Erfahrungen gesammelt hätte, ehe er sich ins Kloster zurückzog.[2]

[1] 1, 1; 1, 2; 1, 14. Über die Art der Benutzung seiner Vorlagen vgl. Krusch, NA. 31, 363.

[2] Man könnte allenfalls vermuten, daß Marculf ein älteres Formularbuch der königlichen Kanzlei benutzt hätte. Daß es ein solches schon vor seiner Zeit in der merovingischen Kanzlei gegeben hat, wird man aus der großen Übereinstimmung des Wortlautes merovingischer Diplome gleichen oder analogen Inhalts schließen dürfen, und es würde nicht sehr schwer sein, aus den Urkunden selbst die Kanzleiformulare zu rekonstruieren. Allein, wenn Marculf eine solche Sammlung vor Augen gehabt hätte, so würde man mehr wörtliche Übereinstimmungen zwischen seinen Formularen und älteren Diplomen erwarten dürfen. Daß Marculf die Art der Verhandlungen *tam in palatio quam in pago* kannte, beweist ein Satz seiner Vorrede, und so dürfte die im Text ausgesprochene Vermutung nicht unwahrscheinlich sein. Anderer Ansicht ist allerdings Zeumer, NA. 11, 356, der namentlich darauf Gewicht legt, daß Marculf mehrfach eine Korroborationsformel verwendet, die genau so in Originalen merovingischer Diplome nicht vorkomme, vgl. NA. 6, 34f. Allein, daß diese Formel der merovingischen Kanzlei ganz fremd gewesen sei, möchte ich nicht folgern; in abschriftlich überlieferten Stücken kommt sie ganz ähnlich vor (DM. 29. 85), und ich möchte sie ebensowenig verwerfen, wie die Corroboratio von Marc. 1, 2, die gleichfalls so in Originalen nicht nachweisbar und doch einer echten Urkunde entlehnt ist. Aber auch wenn das nicht zuträfe, würde ich nicht mit Zeumer annehmen, daß die Abweichung auf Unkenntnis des Brauches der Kanzlei beruhte. Es hat nämlich in der Kanzlei zwei verschiedene Formeln für die Corroboratio gegeben: *manus nostre signaculis* oder *manus nostre subscriptionibus subter eam decrevimus roborare*, je nachdem Handmal oder eigenhändige Unterschrift des Königs hinzugefügt wurde (so jetzt auch Havet, Oeuvres 1, 134f.); und es kann daher der Verfasser des Formularbuches das einfache *manu nostra*, das in beiden Fällen paßte und leicht ergänzt werden konnte, auch absichtlich gewählt haben. Daß er sich Abweichungen von seinen Vorlagen gestattet, zeigt ja auch der Vergleich von DM. 15 mit Marc. 1, 2.

Sein Werk ist dann schnell zu hohem Ansehen gelangt. Wie schon ein Diplom Childerichs III. vom Jahre 744[1] und einige Urkunden der arnulfingischen Hausmeier[2] wahrscheinlich auf Marculf zurückgehen, so ist es gewiß, daß eine ziemlich große Anzahl von Diplomen der Könige Pippin, Karlmann und Karl nach seinen Formularen diktiert sind, so daß also seine Sammlung unter den ersten Karolingern zu offiziellem Gebrauch in der Kanzlei gewesen sein muß, wenngleich man freilich hier noch andere Formulare daneben besaß.[3]

In enger Verbindung mit der Marculfischen Sammlung geben drei Handschriften sechs Formulare,[4] darunter drei für Königsurkunden, die Lücken in der Sammlung ausfüllen und gegen das Ende der Merovingerzeit eingeschoben zu sein scheinen. Sodann hat unter Karl dem Großen, aber vor seiner Kaiserkrönung, eine Umarbeitung vieler Formulare Marculfs und des Supplements stattgefunden,[5] bei der eine Anzahl von Briefmustern hinzugefügt worden sind; Beziehungen zur Reichskanzlei sind bei dieser Umarbeitung nicht nachzuweisen.

Demnächst erfolgte unter Ludwig dem Frommen eine wesentliche Veränderung. Während die Marculfischen Formulare, auch in den unter Karl dem Großen modifizierten Fassungen, in seiner Kanzlei nicht mehr angewandt werden, fand bald nach Ludwigs Thronbesteigung in der Kanzlei oder in dem mit ihr damals in naher Verbindung stehenden St. Martinskloster zu Tours, vielleicht unter der Leitung des Fridugisus, eine durchgreifende stilistische Umarbeitung der Diktate statt, die namentlich auf eine Reinigung der Sprache, auf eine geregelte Konstruktion und einen einfacheren und verständlichen Satzbau abzielte.[6] Damit hängt es nun wohl auch zusammen, wenn in der Kanzlei selbst, wahrscheinlich noch unter Fridugisus in den Jahren 828—832, eine neue Sammlung von Formularen durchgängig aus Urkunden Ludwigs angelegt wurde, in denen die individuellen Beziehungen nur zum Teil getilgt worden sind. Diese 55 Stücke enthaltende

---

[1] DM. 97, vgl. LEVISON, NA. 27, 348, KRUSCH, NA. 31, 363. Aus demselben Formular wie dies D., nämlich aus Marc. 1, 2 stammt auch das D. für Senones, DM. sp. 65, das ich mit LEVISON a. a. O. für eine mit Benutzung einer Marculfhandschrift im Kloster entstandene Fälschung halte.

[2] Vgl. SICKEL, Acta 1, 116.

[3] Über Benutzung der Formulare Marculfs in einer Murbacher Urkunde von 731/732 und in einer Weißenburger von 735/736 s. LEVISON, NA. 27, 371ff.

[4] Bei ZEUMER S. 107ff gedruckt als *Supplementum formularum Marculfi.* — Weitere Zusätze aus verschiedenen Handschriften ebenda S. 110ff. als *Additamenta e codicibus Marculfi*, darunter zwei Königsurkunden.

[5] Bei ZEUMER S. 113ff. als *Formulae Marculfinae aevi Karolini.*

[6] SICKEL, Acta 1, 160f.; STENGEL, Immunitätsprivilegien S. 8ff.

Sammlung, die früher nach ihrem ersten Herausgeber CARPENTIER genannt wurde, jetzt aber nach ihrem Inhalt zutreffender mit dem Namen *Formulae imperiales* bezeichnet wird, ist uns in einer aus dem St. Martinskloster zu Tours stammenden, größtenteils in tironischen Noten geschriebenen Handschrift überliefert.[1]

Daß diese Formulare aus der Zeit Ludwigs des Frommen auch in den Kanzleien seiner Söhne noch benutzt worden seien, läßt sich nicht sicher erweisen; und es ist möglich, daß der uns in den Urkunden der späteren Karolinger entgegentretende, anscheinende Zusammenhang mit ihnen lediglich auf die direkte oder indirekte Benutzung von Vorurkunden aus der Zeit Ludwigs I. zurückzuführen ist.[2] Daß auch in der Kanzlei dieser späteren Karolinger sowie der Könige aus dem sächsischen und salischen Hause umfangreiche Formularbücher von der Art der beiden bisher besprochenen vorhanden und benutzt worden seien, ist weder nachweisbar noch irgendwie wahrscheinlich.[3] Aber ganz aufgehört hat die Benutzung von Formularen in der Reichskanzlei auch in dieser Zeit nicht. Daß eine kleine Sammlung von fünf Formularen für Königsurkunden, die uns in einer aus Tegernsee stammenden Handschrift erhalten ist und mit der wohl erst in diesem Kloster zwei Bischofsbriefe verbunden worden sind, in der Kanzlei Ludwigs des Deutschen entstanden ist, hat eine neueste scharfsinnige Untersuchung mit voller Sicherheit dargetan.[4] Ähnliche kleine Sammlungen von Formularen, zumal für gewisse, immer sehr gleichförmig stilisierte Urkundenarten, nicht bloß für die Freilassungsurkunden, für die es am deutlichsten gezeigt werden kann,[5] sondern

[1] Herausgegeben außer von ZEUMER S. 285ff. auch von SCHMITZ, Monumenta tachygraphica codicis Parisiensis latini 2718 (Hannover 1882), mit 22 phototypischen Tafeln; über ihre Benutzung in der Kanzlei vgl. jetzt auch STENGEL a. a. O. S. 27f.

[2] Für eine einzelne Gruppe von Diplomen, die Immunitätsurkunden, hat STENGEL a. a. O. S. 32ff. dies im einzelnen ausgeführt und teils bestimmt nachgewiesen, teils wenigstens recht wahrscheinlich gemacht.

[3] An dieser schon NA. 26, 413 von mir ausgesprochenen Ansicht halte ich mit den sich aus dem folgenden ergebenden Einschränkungen auch jetzt noch fest. Vgl. auch STENGEL a. a. O. S. 266ff.

[4] Vgl. HUSSL in den von W. ERBEN herausgegebenen Quellenstudien aus dem hist. Seminar der Universität Innsbruck 5, 22ff. Es handelt sich um die bisher sog. Collectio Pataviensis, MG. Formulae S. 456ff., die nun wohl diesen Namen aufgeben muß.

[5] Bei ihnen haben sowohl SICKEL wie ich selbst schon in der Diplomataausgabe die Benutzung von Kanzleiformularen angenommen, und auch STENGEL a. a. O. S. 267 N. 2 hat sie bei diesen Urkunden wenigstens nicht für unmöglich gehalten, vgl. auch ERBEN, MIÖG 34, 145 N. 2. Jetzt hat HUSSL a. a. O.

auch für die italienischen Mundeburdsurkunden, für die Urkunden über die Ernennung von Königsboten, für Marktprivilegien[1] und vielleicht auch für Einforstungsurkunden hat es wahrscheinlich jederzeit in der Kanzlei gegeben. Darüber hinaus ist es aber allem Anschein nach gar nicht selten vorgekommen, daß Notare sich für ihren eigenen Gebrauch von einzelnen Urkunden, die sie verfaßt hatten oder die durch ihre Hände gingen, Abschriften zurückbehielten oder wenigstens einzelne Sätze oder Wendungen daraus notierten, um sie gelegentlich bei der Abfassung von Diplomen wieder zu verwerten, und es ist auch keineswegs ausgeschlossen, daß in einzelnen, wenn auch gewiß nicht häufigen Fällen solche Privatsammlungen von einem Notar auf einen anderen, etwa seinen Schüler, übergingen.[2] Aber mit Ausnahme der *Formulae Marculfi* und der *Formulae imperiales*, sowie der oben erwähnten kleinen Sammlung aus der Kanzlei Ludwigs des Deutschen ist von solchen Aufzeichnungen, die in der Kanzlei entstanden oder gebraucht worden wären, nichts auf uns gekommen,[3] und was sich

S. 5ff. die ganze Serie der uns erhaltenen *cartae denariales* noch einmal untersucht und sich mit gutem Grunde dafür entschieden, daß sie in den meisten Fällen nach Formularen geschrieben sind.

[1] Eine recht sichere Spur der Benutzung eines Formulars in den zwei Marktprivilegien DD. O. III. 197. 208 hat Erben, Mitteilungen der Gesellschaft für Salzburger Landeskunde 50, 85 N. 2, nachgewiesen.

[2] Vgl. Stengel S. 268ff., der dafür selbst Beispiele aus dem 10. Jahrhundert und S. 268 N. 5 einen sicheren Beleg beibringt (dazu Erben, MIÖG. 13, 555f.). Etwas ähnliches hat schon Fanta, MIÖG. Erg. 2, 558 für den Notar It. H Ottos II. bemerkt. Daß auch für den Notar Willerius (It. B) unter Otto I. das gleiche angenommen werden muß, habe ich schon in der Vorbemerkung zu DK. II. 280 erwähnt. Dasselbe nehme ich aus dem 11. Jahrhundert z. B. für die Notare GB unter Heinrich II., für UD unter Konrad II., für TA und für T. II. A unter Heinrich III. an. Bei GB ist es die Hildesheimer Immunität Ludwigs des Frommen, auf die er so oft zurückgreift, daß man sich der Überzeugung, er habe eine Abschrift davon zurückbehalten, kaum entziehen kann. Bei T. II. A spielt die Trierer Immunität St. 2281 eine ähnliche Rolle. Ein strikter Beweis für diese Annahmen, wie Stengel S. 269 N. 1 ihn für wünschenswert erklärt, läßt sich allerdings nicht erbringen; es handelt sich hier überall nur darum, unter den verschiedenen Möglichkeiten für die Erklärung gewisser Diktatübereinstimmungen die wahrscheinlichste aufzufinden.

[3] Hussl a. a. O. S. 37 mit N. 1 will allerdings noch für die von Zeumer, Formulae S. 327f. (vgl. S. 287) aus einer Leidener Handschrift als Additamentum zu den *Formulae imperiales* gedruckten zwei Stücke Entstehung in der Kanzlei Lothars I. annehmen. Aber dafür ist kein ausreichender Grund vorhanden. Das eine Stück ist eine Freilassungsurkunde eines Bischofs, das andere beruht auf einer Tauschbestätigung Lothars von 845. Aber dies Diplom

sonst an Formularen für Königsurkunden in den Sammlungen des 8. und 9. Jahrhunderts, die hauptsächlich für privaten Gebrauch bestimmt sind, zerstreut findet, steht nicht mehr in nachweisbarem Zusammenhange mit der Reichskanzlei. Zum Teil sind es Formulare, die aus einzelnen Urkunden, welche den Verfassern jener Formularbücher zur Hand waren, umgearbeitet, zum Teil solche, die von ihnen frei konzipiert sind und infolgedessen bisweilen von dem wirklichen Kanzleigebrauch auffallend abweichen.

Die wichtigsten dieser weder offiziell zusammengestellten noch offiziell benutzten Formularbücher sind die folgenden.[1]

I. Fränkische und burgundische Sammlungen.

1. *Formulae Andegavenses,* 60 Formulare für Privaturkunden, überliefert in einer Fuldaer Handschrift des 8. Jahrhunderts, zusammengestellt zu Angers, zum Teil vielleicht von einem Gerichtsschreiber, zum Teil von einem Schreiber der städtischen Kurie. Die Entstehungszeit ist nicht sicher zu bestimmen, doch stammen die ersten 57 Formulare wohl noch aus der ersten Hälfte des 7. Jahrhunderts, die letzten drei sind nach 678 hinzugefügt worden.

2. *Formulae Bituricenses,* 19 aus verschiedenen Sammlungen stammende, in Bourges entstandene Formulare, darunter keine Königsurkunde. Die ersten fünf, überliefert in einer Pariser Handschrift aus dem Anfang des 8. Jahrhunderts, sind spätestens im Jahre 720 entstanden; das sechste, in derselben Handschrift befindlich, gehört entweder in das Jahr 734 oder in 764/765. Das siebente, in einer anderen Pariser Handschrift des 9. Jahrhunderts auf uns gekommen, trägt noch merovingisches Gepräge. Die zwölf letzten Formulare, in einer Leidener Handschrift des 9. Jahrhunderts überliefert, meist Briefmuster, gehören erst der Zeit Karls des Großen an. In demselben Codex befinden sich noch zwölf andere unwichtige Formulare, wahrscheinlich aus dem Kloster S. Petri Doverensis unweit Bourges.

3. *Formulae Arvernenses,* acht Formulare für Privaturkunden, enthalten in einer Pariser Handschrift des 9. Jahrhunderts, entstanden in der Auvergne, vielleicht in Clermont, im 8. Jahrhundert.

---

kann an sich ebensogut außerhalb, am Wohnort des Empfängers, wie in der Kanzlei Lothars zu einem Formular ausgestaltet worden sein. Und daß es nicht in der Kanzlei entstanden ist, dafür spricht u. a. das Rekognitionsverbum *agnovit.*

[1] Ich schließe mich in der folgenden kurzen Übersicht wesentlich der von Brunner, Deutsche Rechtsgesch. 1^2, 577ff., beobachteten Anordnung und seinen Ausführungen an.

4. *Formulae Turonenses,*[1] 45 Formulare, entstanden in Tours, vollständig überliefert in vier Handschriften des 9. und 10. Jahrhunderts, fragmentarisch in zwei anderen. Die ersten 33 Stücke, darunter zwei Formulare für Königsurkunden, gehören etwa der Mitte des 8. Jahrhunderts an; die letzten zwölf sind später hinzugefügt. Die Handschriften dieser Sammlung enthalten noch 8 andere Formulare, darunter eins für eine Königsurkunde, die ZEUMER als Additamenta gedruckt hat.[2]

5. *Formulae Senonenses,* zwei verschiedene in Sens entstandene Sammlungen; beide überliefert in einer Pariser Handschrift des 9. Jahrhunderts:

a) *Cartae Senonicae,* 51 Formulare, davon sieben für Königsurkunden, zwei Briefe an den König, die übrigen 42 für Privaturkunden, teils *cartae,* teils *notitiae,* abgefaßt wahrscheinlich zwischen 768 und 775, zum Teil unter Benutzung Marculfs von einem Gerichtsschreiber zu Sens. In derselben Handschrift befindet sich ein Anhang von 6 wohl noch aus merovingischer Zeit stammenden Formularen, von denen eines die Datierungsart einer Königsurkunde veranschaulicht.

b) *Formulae Senonicae recentiores,* 18 Formulare, darunter sieben *notitiae* über Gerichtsverhandlungen, zusammengestellt in der Zeit Ludwigs des Frommen.[3]

6. *Collectio Flaviniacensis,* eine Sammlung von 117 Formularen, überliefert in einer früher PIERRE PITHOU gehörigen Pariser Handschrift des 9. Jahrhunderts, entstanden im Kloster Flavigny in der burgundischen Diözese Autun, wahrscheinlich im letzten Viertel des 8. Jahrhunderts. Die Sammlung beruht größtenteils auf Marculf, dem Supplement zu Marculf und den *Form. Turonenses,* enthält aber auch mehrere neue, in Flavigny abgefaßte Stücke. Ein Appendix von sechs Formularen scheint ursprünglich nicht in Burgund entstanden zu sein.

7. *Formulae Salicae Bignonianae,*[4] 27 Formulare, darunter eins für eine Königsurkunde, überliefert in einer Pariser Handschrift des 9. Jahrhunderts,[5] entstanden auf salischem Rechtsgebiet, wahrscheinlich

[1] Aufgefunden von SIRMOND und danach früher *Form. Sirmondicae* genannt.

[2] Die vier von ZEUMER aus einer vatikanischen Handschrift gedruckten Formulare, die er als Appendix den Form. Turon. angefügt hat, stammen aus dem 9. Jahrhundert.

[3] Diesen schließen sich zwei bei ZEUMER S. 723 f. gedruckte Formulare für *praestariae* an, die auf dem letzten Blatt des Codex in tironischen Noten eingetragen und gleichfalls in Sens entstanden sind.

[4] Zuerst herausgegeben von BIGNON.

[5] Das letzte Formular fehlt jetzt in der Handschrift.

in den ersten Jahren Karls des Großen; doch scheinen ältere Stücke beigefügt zu sein; der Brief n. 16 muß, da er einen Majordomus als Aussteller nennt, noch aus der merovingischen Epoche stammen.

8. *Formulae Salicae Merkelianae*,[1] überliefert in einer vatikanischen Handschrift des 9. oder 10. Jahrhunderts, 66 Formulare, die in drei Teile zerfallen. Die ersten 30 (oder 31) Formulare für *cartae pagenses*, darunter mehrere *notitiae* über Gerichtsverhandlungen, sind unter Benutzung Marculfs und der *Form. Turon.* bald nach der Mitte des 8. Jahrhunderts abgefaßt. Die Formulare n. 31 (oder 32) bis 42 scheinen unter Benutzung der *Form. Sal. Bignon.* in den Jahren 774 oder 775 entstanden zu sein; ihnen sind die Formulare n. 43—45 nach 817 angehängt worden. Diese beiden Teile sind in einem Kloster des salischen Rechtsgebiets verfaßt. Die Formulare n. 46—66 endlich, anderswo, vielleicht in einer Bischofsstadt, von einem anderen Verfasser zusammengestellt, scheinen aus der Königszeit Karls des Großen zu stammen. In derselben Handschrift befinden sich noch zwei Formulare für Urkunden eines Bischofs von Paris.

9. *Formulae Salicae Lindenbrogianae*,[2] 21 Formulare für *cartae pagenses*, überliefert in zwei Handschriften des 9. Jahrhunderts in Kopenhagen und München, entstanden vor dem Ausgang des 8. Jahrhunderts auf altsalischem Boden, vielleicht in Kloster St. Amand im Hennegau. Erzbischof Arno von Salzburg, früher Abt dieses Klosters, hat sie von da noch vor 800 mit nach Bayern gebracht, wo sie spätere Formularbücher und Urkunden mannigfach beeinflußt haben.[3]

10. *Formulae Pithoei*, Fragmente aus einer umfangreichen, mindestens 108 Formulare enthaltenden Sammlung, die auf salischem Boden wohl noch im 8. Jahrhundert entstanden ist. Die Sammlung ist in einer dem François oder Pierre Pithou gehörigen Handschrift von Du Cange benutzt worden, der jene Fragmente in sein *Glossarium mediae et infimae latinitatis* aufgenommen hat. Dieselben Fragmente, die Du Cange uns aufbewahrt hat, und zahlreiche andere enthält eine Pariser Handschrift vom Jahre 1602, aus der sie neuerdings von Poupardin herausgegeben sind.[4]

11. *Formulae collectionis S. Dionysii*, 25 Formulare, überliefert in einer Pariser Handschrift des 9. Jahrhunderts, zusammengestellt im Kloster St. Denis bei Paris unter Karl dem Großen, zum Teil auf

[1] Zuerst herausgegeben von J. Merkel.

[2] Zuerst zum größten Teil herausgegeben von Fr. Lindenbruch.

[3] In der Ausgabe Zeumers sind vier Formulare als Additamenta hinzugefügt, von denen drei nur in der Münchener Handschrift stehen.

[4] BEC. 69, 643ff.

Privilegien und Briefe des Archivs von St. Denis, zum Teil auf in Tours geschriebene Stücke zurückgehend. Die in Tours entstandenen Formulare der Sammlung sind älter als die übrigen.

12. *Formulae codicis Laudunensis*, 17 Formulare, überliefert in einer Pariser Handschrift des 9. Jahrhunderts, von denen die fünf ersten vielleicht in St. Bavon zu Gent vor der Mitte des 9. Jahrhunderts, die übrigen zu Laon in der zweiten Hälfte dieses Jahrhunderts entworfen sind.

II. Alamannische Sammlungen.

1. *Formulae Morbacenses*, 26 Formulare, überliefert in einer St. Galler Handschrift des 9. Jahrhunderts, größtenteils Briefmuster, aber auch ein Formular für eine Königsurkunde. Letzteres reicht vielleicht noch in die Zeit Pippins zurück, im übrigen ist die Sammlung vor 791 in dem elsässischen Kloster Murbach entstanden.[1]

2. *Formulae Augienses*, drei verschiedene Sammlungen, die im Kloster Reichenau entstanden und in drei Handschriften des 9. Jahrhunderts in Karlsruhe, Straßburg und St. Gallen überliefert sind:

a) *Collectio A*, 23 Stücke, die mit einer Ausnahme nur die Eingangs- und Schlußformeln von Privaturkunden geben, entstanden wohl noch im Ausgang des 8. Jahrhunderts mit Benutzung Marculfs.

b) *Collectio B*, 43 Formulare für Privaturkunden, deren zwölf erste noch dem 8. Jahrhundert angehören; die Formulare n. 13—21 sind noch vor 800 unter Benutzung Marculfs, die übrigen allmählich bis zur Mitte des 9. Jahrhunderts hinzugefügt worden. Der größte Teil der Sammlung steht auch in einer Handschrift des 9. Jahrhunderts von St. Paul in Kärnthen, in der noch drei andere, um 845 entstandene Formulare (n. 44—46) damit verbunden sind.[2]

c) *Collectio C*, ein Reichenauer Briefsteller von 26 Formularen, dessen Zusammenstellung in der Zeit des Abtes Erlebold (823—838) begonnen und unter dessen Nachfolger Walahfrid Strabo vollendet ist.[3]

3. *Formulae Sangallenses miscellaneae*, 23 verschiedenartige Formulare aus vier Handschriften von St. Gallen, Zürich, Colmar und

---

[1] Form. 27 ist nicht viel vor der Mitte des 9. Jahrhunderts nachträglich hinzugefügt worden. — Auf die *Form. Morbac.* folgen bei ZEUMER als *Form. Argentinenses* drei im 9. Jahrhundert entstandene Formulare einer Berner Handschrift des 10. oder 11. Jahrhunderts.

[2] Gedruckt bei ZEUMER in den Addenda S. 725.

[3] Zu dieser *Collectio C* vgl. PLATH, NA. 17, 263ff., und DÜMMLER, NA. 21, 301ff.

Rom, entstanden sämtlich im Kloster St. Gallen.[1] Das älteste Stück (n. 1) gehört der ersten Hälfte des 8. Jahrhunderts, die jüngsten gehören den letzten Jahrzehnten des 9. Jahrhunderts an. Diplomatisch von Wert sind die hier wie in den anderen alamannischen Sammlungen oft hinzugefügten Anweisungen für die Urkundenschreiber.

4. *Collectio Sangallensis Salomonis III. tempore conscripta,*[2] überliefert in sechs Handschriften des 10.—12. Jahrhunderts, eine Kompilation von 47 Formularen, die sich aus vier verschiedenen Bestandteilen zusammensetzt:

a) Die ersten fünf Formulare für Königsurkunden sind zwischen 885 und 887 frei erfunden. Sie lehnen sich weder an bestimmte Urkunden, noch im allgemeinen an den Kanzleibrauch der Zeit an und sind hauptsächlich dadurch von Interesse, daß sie zeigen, wie wenig man im Kloster St. Gallen imstande war, eine Königsurkunde ohne Vorlage korrekt zu entwerfen.[3]

b) Form. n. 6—21, 16 Formulare für Privaturkunden über Rechtsgeschäfte, davon vier für Urkunden über Geschäfte zwischen Laien. Sie sind in St. Gallen seit 870 oder 871 zusammengestellt worden.

c) Form. n. 22, 23, eine *epistola formata* und die Anweisung zur Abfassung solcher Briefe.

d) Form. n. 24—43, eine Briefmustersammlung der Brüder Waldo und Salomon, später Bischöfe von Freising und Konstanz, angelegt in den Jahren 877 und 878. Die vier letzten Stücke (n. 44—47) sind um 883 hinzugefügt worden.[4] Die ganze Kompilation ist zwar zur Zeit Salomos III. von Konstanz, aber ohne seine erweisliche Mitwirkung, nach einer sehr wahrscheinlichen Annahme Zeumers von dem 912 gestorbenen Mönch Notker dem Stammler im Kloster St. Gallen zusammengestellt worden.

III. Bayrische Sammlungen.

1. *Formulae Salzburgenses,* 66 Stücke, überliefert in einer Münchener Handschrift des 9. Jahrhunderts, sämtlich Muster für Briefe,

[1] Zu den St. Galler Formularen vgl. auch Caro, Jahrb. f. Schweizer Gesch. 26, 221 ff.

[2] Früher bekannt unter dem Namen: Das Formelbuch Salomos III. von Konstanz (ed. Dümmler, Berlin 1856).

[3] Nach einer von ihnen ist im 10. Jahrhundert von Notker eine Urkunde Ottos I. für Chur stilisiert worden, vgl. DO. I. 26.

[4] N. 48—50 sind kleine Gedichte, die mit Formularen nichts zu tun haben. Als *Additamenta e codicibus collectionis Sangallensis* folgen bei Zeumer S. 433 noch sechs Formulare, darunter eins für eine Königsurkunde.

mit Ausnahme von zwei Formularen für Privaturkunden, entstanden im Anfang des 9. Jahrhunderts in Salzburg auf Veranlassung des Erzbischofs Arno und unter ausgiebiger Benutzung der Briefe Alkuins.[1]

2. *Formulae codicis S. Emmerammi*, Fragmente einer verlorenen Kompilation von Formularen, die aus drei Sammlungen bestand, von denen die zweite die *Form. Sal. Lindenbrog.*, die dritte 39 Briefmuster im Anschluß an die karolingische Überarbeitung des Marculf enthielt, die erste und wichtigste jetzt noch neun Formulare — darunter zwei aus der Sammlung von Sens, sieben anderweit nicht bekannte — bietet. Die Kompilation ist wohl im Kloster St. Emmeram zu Regensburg angelegt, woher die jetzt in München befindliche Handschrift stammt. Daß aber auch die uns sonst unbekannten Formulare dort entstanden sind, ist sehr unwahrscheinlich; vielmehr hat der Kompilator nur eine ursprünglich alamannische oder vielleicht fränkische Sammlung ebenso ausgeschrieben, wie die *Form. Sal. Lindenbrog.* und den karolingischen Marculf.[2]

Außer den angeführten Sammlungen finden sich in der vortrefflichen Formularausgabe Zeumers noch 33 Briefmuster aus sechs verschiedenen Handschriften,[3] und 61 einzeln überlieferte Formulare, die der Herausgeber als Extravaganten bezeichnet hat, und die in zahlreichen Handschriften vereinzelt überliefert sind.[4] Von letzteren be-

[1] Über die früher hierhergezogene sog. *Collectio Pataviensis* s. jetzt oben S. 233 mit N. 4.

[2] Die Benutzung der Form. Senonenses liegt in Schwaben näher als in Bayern. Zu Alamannien besser als zu Bayern paßt das Vorkommen der Rachenburgen in Form. 9 und der Schöffen in Form. 3, vgl. Brunner, MIÖG. 8, 177ff., während die Erwähnung des Königs Ludwig neben dem Kaiser von 834 bis 838 dort ebensogut möglich ist wie hier. Endlich sprechen dafür auch die deutschen Glossen. Über diese schrieb mir E. Steinmeyer freundlichst: „Die Zahl der in den Emmerammer Formelfragmenten enthaltenen deutschen Glossen ist so gering, daß es schwer hält, sicher über ihren Dialekt zu urteilen. Nach den Formen der Vorsatzpartikeln ke und fer (die erste Glosse, die Schmeller nicht erklären konnte, ist keskerita zu lesen) glaube ich eher an alamannische Provenienz als an bayrische; für letztere spräche höchstens das p in ferkepan, doch begegnet diese Verschiebung auch in alamannischen Denkmälern." — Schröder, Deutsche Rechtsgesch.[5] S. 278 und Brunner, RG. 1[2], 587 N. 73, nehmen fränkische Herkunft dieser Formulare an. Aber das sprachliche Argument scheint eher auf Schwaben zu deuten, und das Symbol des andelangus kann trotz Grimm, Rechtsaltertümer 2, 90, dem schwäbischen Recht nach Cart. Langob. 2 nicht unbekannt gewesen sein. Immerhin soll die Möglichkeit fränkischen Ursprungs der Formulare nicht durchaus bestritten werden.

[3] Bezeichnet als *Formularum epistolarium collectiones minores*.

[4] Zu n. 31ff. vgl. die Anmerkung Traubes zum 4. Kapitel seiner Textgeschichte der Regula S. Benedicti.

ziehen sich 26 auf weltliche Angelegenheiten, darunter mehrere recht wichtige Stücke, 35 aber auf kirchliche Dinge.

Mit den angeführten Sammlungen aus Schwaben und Bayern schließt die Zahl der in Deutschland entstandenen Formularbücher auf längere Zeit ab. Aus der sächsischen und salischen Periode sind uns Formulare für Urkunden überhaupt nicht erhalten, was zum Teil mit den früher dargestellten Veränderungen,[1] die sich im deutschen Urkundenwesen seit dem Anfang der karolingischen Periode vollzogen, zusammenhängen mag, sich aber aus ihnen allein doch nicht ausreichend erklärt, sondern auf eine Abwendung von dieser ganzen Litteraturgattung hinweist. Wir besitzen aus dem 10. und 11. Jahrhundert nichts als einige Briefsammlungen, die für die Urkundenlehre von geringer Bedeutung sind und auf die hier nicht einzugehen ist. Erst aus dem Anfang des 12. Jahrhunderts ist uns wieder eine aus Bamberg stammende umfangreiche Sammlung von Formularen für Briefe und Urkunden erhalten, welche direkt bestimmt waren, angehenden Kanzleibeamten als Muster zu dienen. Dieser Sammlung aber geht eine wesentliche Umgestaltung in der Anlage der mittelalterlichen Briefsteller und Formularbücher voran, die in Italien ihren Ursprung nahm und uns zu diesem Lande zurückführt.

Die großartige Sammlung von Mustern und Formularen für Königsurkunden und Briefe, die Cassiodor aus den Registerbüchern des Hofes von Ravenna zu Ende des Jahres 537 oder im folgenden Jahre zusammengestellt und in zwölf Büchern unter dem Titel *Variae* (*sc. epistolae*)[2] u. a. auch zur Ausbildung junger Staatsmänner im Kanzleistil und in den Geschäften publiziert hat, gehört der mittelalterlichen Urkundenlehre noch nicht an, da die ostgotischen Kanzleiformen sich noch durchaus auf römischer Grundlage bewegen. Von allergrößter Bedeutung aber ist für das mittelalterliche Urkundenwesen das Formularbuch der päpstlichen Kanzlei, das unter dem Namen *Liber diurnus* bekannt ist.

Der *Liber diurnus*[3] — so genannt, weil er das täglich gebrauchte

[1] Bd. 1, 665f.

[2] Ausgabe von Mommsen, MG. Auctores antiquissimi T. 12 (Berlin 1894).

[3] Beste Ausgabe von Sickel, Liber diurnus Romanorum pontificum (Wien 1899). Dazu: Berichtigungen MIÖG. 10, 468; ferner: Prolegomena zum Liber diurnus I und II in den SB. der Wiener Akad. Bd. 117. Eine neue Ausgabe von A. Ratti mit Benutzung des Cod. Ambrosianus, die demnächst erscheinen wird, habe ich durch die Güte des Herausgebers in den Aushängebogen benutzen können. — Über die älteren Ausgaben vgl. Sickel in der Vorrede zu seiner Edition S. LVIIff.

Handbuch der Kanzlei war[1] — ist uns jetzt noch überliefert in zwei Handschriften. Die älteste, im Anfang verstümmelt, die einst dem Cistercienserkloster von S. Croce in Gerusalemme zu Rom angehört hat und sich jetzt im vatikanischen Archiv befindet (V),[2] ist, soweit sich nach paläographischen Merkmalen darüber urteilen läßt, etwa um das Jahr 800 geschrieben.[3] Eine andere Handschrift, die im 17. und 18. Jahrhundert dem Jesuitenkollegium von Clermont zu Paris angehörte (C), ist seit dem Jahre 1764 verschollen; über ihr Alter gehen die Angaben der Gelehrten, die sie gesehen und benutzt haben,[4] auseinander, doch darf mit Sicherheit angenommen werden, daß sie nicht älter war als die vatikanische.[5] Nahe der verlorenen Handschrift verwandt, aber jünger, frühestens in der zweiten Hälfte des 9., vielleicht erst im Anfang des 10. Jahrhunderts entstanden ist eine dritte uns noch erhaltene Handschrift, deren erste Lage aber heute verloren ist;

[1] Wo er bei den mittelalterlichen Kanonisten zitiert wird, wird auch *Diurnus pontificum* oder *Liber pontificum qui dicitur diurnus* gesagt.

[2] Beschreibung der Handschrift (mit Faksimile) von Daremberg und Renan, Archives des missions (1855) 1, 246ff., ferner in Sickels Ausgabe S. VIIIff. und in seinen Prolegomena 1, 5ff. mit weiteren Faksimiles. Andere schöne Abbildungen: New Palaeographical Society, II. Ser. (1913) 1, Taf. 13. Zur Geschichte der Handschrift vgl. Giorgi, Arch. della Soc. Romana 11, 641ff.; Sickel, NA. 18, 107ff.; Ratti, Rendiconti dell' Istituto Lombardo II, 46 (1913), 238ff.

[3] So nach der Annahme Sickels, die mir wahrscheinlicher erscheint als die neuerdings in der New Palaeographical Society (s. N. 2) wieder bevorzugte Ansicht, die Handschrift sei erst in der zweiten Hälfte des 9. Jahrhunderts angefertigt. — Daß dies in Rom selbst geschehen sei, wie Sickel annimmt, ist möglich, aber nicht sicher beweisbar. Die Vermutung Giorgis und Sickels, daß die Hs. von Papst Hadrian III. im Jahre 885 mit auf die Reise genommen, bei seinem Tode in Nonantola geblieben und von dort nach S. Croce gekommen sei, erhält durch den von Ratti a. a. O. veröffentlichten Brief Holstes vom 23. Juli 1646 eine kräftige Unterstützung und kann nun wohl als nahezu gesichert gelten.

[4] Zusammengestellt von Sickel, Prolegomena 1, 47.

[5] Entscheidend hierfür ist die Datierung der Form. 82, worauf ich schon in der ersten Auflage hingewiesen hatte und wovon Sickel, Prolegomena 2, 35f. jetzt ausführlicher handelt. Während dies Formular eines Papstwahldekrets in der römischen Handschrift die Daten *mense ill. indictione ill.* bietet, stand im Cod. Claromontanus (und entsprechend im Ambrosianus) *mense decembri indictione quarta*, was nur aus dem Wahldekret des im Dezember 795 geweihten Papstes Leo III. stammen kann. Dazu kommt, daß auch die Angaben über den *ordo* des Gewählten in Form. 82. 83 nach den Handschriften C und A, aber nicht nach V auf Leo III. passen. Weniger durchschlagend, aber immerhin beachtenswert sind die Gründe, aus denen Sickel S. 47ff. die Entstehung des Formulars n. 103. 104 in die Zeit nach der Kaiserkrönung Karls d. Gr. setzt.

sie stammt aus dem Kloster Bobbio, wo sie möglicherweise auch geschrieben ist, und befindet sich jetzt in der Ambrosiana zu Mailand[1] (A). Die drei Handschriften repräsentieren zwei oder, wenn man will, drei verschiedene Redaktionen des Formularbuches.[2] Die der römischen Handschrift, die 99 Formulare enthält, ist in der Gestalt, in der sie uns jetzt vorliegt, während der Regierung Hadrians I. entstanden, zerfällt aber selbst in mehrere, nicht derselben Zeit entstammende Bestandteile. Die ersten 63 Formulare sind im 7. Jahrhundert, jedenfalls vor dem Jahre 680 und wahrscheinlich bald nach 625 unter dem Papste Honorius hergestellt worden; daran sind im Laufe des 7. Jahrhunderts die Formulare 64—81 allmählich als ein erster Anhang angefügt worden, und endlich ist unter Hadrian I. selbst eine zweite Sammlung, welche die Formulare 82—99[3] umfaßte, damit verbunden worden. Im übrigen enthält aber schon die Sammlung der ersten 63 Formulare manche Stücke, die wahrscheinlich einem noch älteren Formularbuche entlehnt sind, und hierzu dürften namentlich diejenigen gehören, die völlig oder größtenteils mit Urkunden Gregors I. übereinstimmen: denn daß in der päpstlichen Kanzlei Formulare benutzt worden sind, ist für die Zeit Gregors I. bestimmt zu erweisen,[4] aber auch schon für eine frühere Zeit durchaus wahrscheinlich.

---

[1] Sie ist zuerst beschrieben von CERIANI in den Rendiconti dell' Istituto Lombardo II, 22, 367ff.; mehrere Faksimiles sind der Ausgabe RATTIS beigegeben. Daß der im 10. oder vielleicht erst im Anfang des 11. Jahrhunderts angehängte *ordo ad monachum ordinandum* in Bobbio geschrieben ist, ist sicher. Aber auch für die Schrift des *Diurnus* selbst ist, wie auch L. TRAUBE glaubte, Entstehung in Bobbio nicht ausgeschlossen, wenngleich man ohne die Provenienznotizen nicht gerade zuerst auf dies Kloster als Entstehungsort der Handschrift verfallen würde. SICKEL, NA. 18, 111, möchte auch für den Ambrosianus römischen Ursprung annehmen und hält für möglich, daß er 885 durch den Erzkanzler Liutward, der damals nach Rom gesandt war, in das Kloster des h. Columban gekommen sei.

[2] Ich schließe mich im folgenden in der Hauptsache den Ausführungen SICKELS über die Entstehungsgeschichte des *Liber diurnus* an; die Einwendungen FRIEDRICHS, SB. der Münchener Akademie 1890 1, 58ff., und DUCHESNES, BEC. 52, 5ff., hat HARTMANN, MIÖG. 13, 239ff., ausreichend widerlegt. Vgl. auch noch GÖTZ, Deutsche Zeitschr. für Kirchenrecht 5, 1ff., der die Kirchweihformulare n. 10—31 des *Liber diurnus* als die vielleicht älteste Teilsammlung davon zu erweisen sucht, und BUSCHBELL, Die Professiones fidei der Päpste (Diss. Münster) 1896 S. 24ff. über die Formulare n. 83. 84. 85.

[3] Das in der Handschrift nur verstümmelt erhaltene Formular 99 hat LERCHE, AfU. 3, 216ff., aus einer danach geschriebenen Urkunde glücklich wiederhergestellt und ergänzt.

[4] Die Benutzung von Formularen in der Kanzlei Gregors I. ergibt sich 1. aus der wörtlichen Übereinstimmung zeitlich weit auseinanderliegender Ur-

Die zweite Redaktion des *Liber diurnus*, die uns durch die verlorene Handschrift von Clermont repräsentiert wird und die im Anfange des 9. Jahrhunderts, vielleicht noch unter Papst Leo III. entstanden ist, beruht auf der ersten, aber nicht auf dem uns erhaltenen vatikanischen, sondern auf einem anderen, nicht mehr erhaltenen Codex. Die erste Sammlung der 63 Formulare ist in die zweite Redaktion fast unverändert übergegangen;[1] dagegen ist in ihr die Reihenfolge der Formulare des ersten Anhanges und der zweiten Sammlung zugunsten einer von dem Kompilator dieser Redaktion beliebten Anordnung nach Materien wesentlich umgestaltet worden, und es ist überdies ein zweiter Anhang hinzugefügt, der mindestens acht Formulare umfaßte,[2] die zum Teil ihren jüngeren Ursprung deutlich erkennen lassen. Dieser zweiten Redaktion gehört in der Hauptsache auch die aus Bobbio stammende Mailänder Handschrift an, die aber nicht aus dem Cod. Claromontanus, sondern, wie eine Prüfung der Lesarten zeigt, aus einem anderen und besseren Exemplar der zweiten Redaktion abgeleitet ist. Einen wesentlicheren Unterschied zwischen

kunden gleichen Rechtsinhalts, aber für verschiedene Empfänger, wie sie im Register Gregors mehrfach vorkommt, 2. daraus, daß im Register häufig Briefe nicht vollständig, sondern nur zum Teil kopiert sind, während mit einem *et cetera* oder *et cetera secundum morem* auf die Formulare, aus denen der Wortlaut ergänzt werden konnte, verwiesen wird, vgl. Reg. Greg. I. 2, 39. 40; 3, 11; 5, 20. 21. 22; 8, 5; 9, 210. 233; 13, 18 und die dazu gehörigen Anmerkungen der Herausgeber. Aber auch ohne diese ausdrücklichen Hinweise finden sich im Register Verkürzungen der Briefe, die nur durch das Vorhandensein bekannter Formulare erklärt werden; vgl. z. B. 6, 8; 13, 40.

[1] Daß die Form. 19. 20. 21 des Cod. Vat. im Cod. Clarom. fehlen, ist nur auf ein Versehen des Schreibers des Cod. Clar. zurückzuführen; da Form. 19 und 22 den gleichen Anfang haben, ist der Schreiber irregeführt worden. Daß die drei Formulare in der zweiten Redaktion selbst nicht gefehlt haben, zeigt die Handschrift von Bobbio, die auf diese Redaktion zurückgeht und sie enthält. — Eine wirkliche Abweichung zwischen V und C besteht in diesem Teile nur darin, daß die Form. 72 und 81 von V in C hinter Form. 46 eingereiht sind. Sickel, Proleg. 1, 56, meint, daß dies auf die Beschaffenheit der von dem Kompilator der zweiten Redaktion benutzten Handschrift zurückgehen möge; ich glaube aber, daß schon hier sein Streben, sachlich Zusammengehöriges nebeneinander zu stellen, eingewirkt hat.

[2] Es sind Form. 100—107 der Ausgabe Sickels (in der Ausgabe Rattis Form. 107—114); von Form. 107 ist in der Handschrift von Clermont nur die Überschrift erhalten; der Text nur in der Handschrift von Bobbio. Dagegen fehlen in der zweiten Redaktion die Form. 78. 79. 80 und 99 der ersten Redaktion; ob dies auf die für die zweite Redaktion benutzte Handschrift der ersten zurückzuführen ist, oder ob diese vier Formulare absichtlich fortgelassen sind, ist nicht zu entscheiden.

der Mailänder Handschrift und dem Claromontanus macht es aus, daß die Zusammenstellung der Eingangs- und Schlußformeln, die den Papstbriefen je nach Rang und Stand der Adressaten zu geben waren, ein Verzeichnis, das in den beiden ersten Redaktionen des Formularbuches an dessen Spitze stand, an dieser Stelle in der Mailänder Handschrift gefehlt haben muß; wahrscheinlich sollte es in ihr an den Schluß der Sammlung gesetzt werden, doch ist diese Absicht nur angekündigt und nicht ausgeführt worden.[1] Überdies sind dann am Schlusse der Handschrift noch zwei Formulare hinzugekommen, die schwerlich schon den älteren Handschriften der zweiten Redaktion angehört haben:[2] das erste von ihnen unterscheidet sich in seiner Fassung und Anlage deutlich von den übrigen Stücken und wird wohl in der Mailänder Handschrift zuerst in die Sammlung aufgenommen worden sein.

Der *Liber diurnus* ist in der päpstlichen Kanzlei bis ins 11. Jahrhundert benutzt worden;[3] Spuren seines Gebrauches sind noch in den Urkunden Alexanders II. mit hinreichender Deutlichkeit zu erkennen. Der letzte Schriftsteller, der sich auf ihn beruft, ist der Kardinal Deusdedit; er hat in seiner im Jahre 1087 vollendeten Canonessammlung 11 Kapitel dem *Liber Romanorum pontificum qui dicitur diurnus* entnommen,[4] und es ergibt sich mit Sicherheit aus den Lesarten seines Textes, daß die von ihm benutzte Handschrift dem verlorenen Codex von Clermont näher stand, als den beiden erhaltenen. Abgesehen davon weisen aber seine Canones zahlreiche Formeln und auch einige sachliche Abweichungen von den uns durch die älteren Hand-

[1] Das hat Sickel, NA. 18, 126, mit Recht bemerkt. Es läßt sich mit Sicherheit berechnen, daß auf dem verlorenen ersten Quaternio der Mailänder Handschrift nur die Form. 2—8 und die erste Hälfte von Form. 9 des Cod. Vaticanus, aber nicht auch das Verzeichnis der Form. 1 der Ausgabe Sickels Platz finden konnte; und auch in der Annahme, daß Form. 117 der Ausgabe Rattis die Ankündigung jenes Verzeichnisses enthält, ist Sickel durchaus zuzustimmen.

[2] Form. 115. 116 in der Ausgabe Rattis. Form. 115 hat allein von allen Papstbriefen des *Liber diurnus* eine Intitulatio und Adresse, wodurch die jüngere Redaktion des Formulars klar wird, obwohl es selbst älteren Ursprungs ist.

[3] Interessante Belege dafür gibt Tangl, MIÖG. 20, 212.

[4] In der neuen Ausgabe von V. Wolf v. Glanvell (Paderborn 1905) sind es die folgenden: Buch II cap. 109—112 (alte Zählung II, 92—95), Buch III cap. 145—150 (alte Zählung III, 124—129), Buch IV cap. 427 (alte Zählung IV, 162 § 5). Außerdem hat Deusdedit in den *Libellus contra invasores et simoniacos* 4, 5 (MG. Libelli de lite 2, 358) das auch in der Canonessammlung 3, 150 benutzte Formular aufgenommen.

schriften überlieferten Formularen des *Liber diurnus* auf, und wenn es auch wahrscheinlich ist, daß viele dieser Abweichungen willkürliche Änderungen sind, die sich der Kardinal auch sonst seinen Vorlagen gegenüber gestattete,[1] so sind doch andere der Art, daß der Grund einer absichtlichen Änderung schwer erkennbar wäre; die Annahme,[2] Deusdedit habe eine uns verlorene jüngere Redaktion des *Liber diurnus* benutzt, ist also jedenfalls nicht ohne weiteres von der Hand zu weisen. Ob aber die Vorlage des Deusdedit wesentlich reicher war, als die uns erhaltenen Handschriften, ist angesichts des Umstandes, daß sich in den letzteren alle Stücke vorfinden, die er dem *Liber diurnus* entnommen hat, sehr zu bezweifeln. Daß neben dem *Liber diurnus* seit dem 10. Jahrhundert in der päpstlichen Kanzlei auch noch andere umfangreichere Formularbücher in Gebrauch waren, ist möglich, aber nicht erweisbar; die Übereinstimmung einzelner Urkunden, wie z. B. der Palliumverleihungen,[3] kann auch mit der Benutzung von kleineren Sammlungen oder von Einzelformularen für bestimmte Urkundenarten, wie sie oben[4] für die königliche Kanzlei vermutet worden ist, ausreichend erklärt werden.

In den letzten Jahrzehnten des 11. Jahrhunderts aber kam der *Liber diurnus* in der Kanzlei jedenfalls außer Gebrauch. Die Umgestaltung aller Verhältnisse der päpstlichen Verwaltung und Regierung unter Gregor VII. machte auch eine gründliche Umarbeitung der in der päpstlichen Kanzlei üblichen Formulare notwendig; und als dann, wie wir in anderem Zusammenhang näher ausführen werden,[5] unter Urban II. der sogenannte Cursus die Sprache der Papsturkunden zu beherrschen begann, waren die alten Urkunden- und Briefmuster auch aus diesem Grunde nicht mehr ohne weiteres benutzbar. Viele einzelne Wendungen der Formulare des *Liber diurnus* lebten allerdings noch lange fort, aber das Buch als ganzes war veraltet. Ob nun

---

[1] Vgl. darüber LÖWENFELD in der Deutschen Litteraturzeitung 1889 Sp. 1236 f. und MÜHLBACHER, Die streitige Papstwahl des Jahres 1130 S. 158.

[2] Für sie hat sich SICKEL wiederholt entschieden ausgesprochen, am ausführlichsten in der Vorrede seiner Ausgabe S. 51 ff.; die eingehende Beweisführung aber, die er in Aussicht gestellt hatte, ist leider nicht gegeben. WOLF v. GLANVELL hatte eine Untersuchung darüber dem von ihm beabsichtigten zweiten Bande seiner Deusdedit-Edition vorbehalten. Was BUSCHBELL, Die Professiones fidei der Päpste S. 33 ff., mit Rücksicht auf Form. 83 und ihre Umgestaltung bei Deusdedit ausführt, ist nicht durchweg überzeugend.

[3] Vgl. Graf HACKE, Die Palliumverleihungen bis 1143 (Marburg 1898) S. 75 ff.

[4] S. 233 f.

[5] S. unten Kapitel XV.

aber damals schon ein neues Formularbuch zum offiziellen Gebrauch der Kanzlei angelegt worden ist, vermögen wir noch nicht mit Bestimmtheit zu sagen.

Ist uns in dem *Liber diurnus* ein in Italien entstandenes Formularbuch erhalten, das zu den wertvollsten des ganzen Mittelalters gehört, so besitzen wir dagegen auffallenderweise keine ältere Sammlung von Formularen für den Gebrauch der italienischen Notare, die, wie wir wissen, den gesamten Urkundenverkehr des Landes fast ausschließlich vermittelten. Ich möchte nicht glauben, daß es an solchen Büchern im früheren Mittelalter selbst völlig gefehlt hätte.[1] Aber daß sie uns verloren sind, ist nicht schwer zu erklären. Außerhalb Italiens war das Urkundenschreiben so gut wie ausschließlich Sache der Geistlichkeit, daher auch ein Gegenstand des Unterrichts in den klösterlichen und bischöflichen Schulen: man begreift, daß die auch Unterrichtszwecken dienenden Formularbücher und Briefsteller sich in den Archiven und Bibliotheken des Klerus erhalten haben. In Italien dagegen war das Notariat ein weltliches Gewerbe; die von den Notaren benutzten Formulare konnten nicht leicht in die Bibliotheken der geistlichen Institute gelangen, die für die ältere Zeit ausschließlich die Fundstätten der auf uns gekommenen mittelalterlichen Schriftdenkmale sind. Die Notariatsarchive selbst aber, die es in Italien gibt, reichen nirgends über das 12. Jahrhundert hinauf.

So erklärt sich, daß von den Formularbüchern, deren sich die italienischen Notare des früheren Mittelalters bedient und nach denen sie die jungen Leute, welche sich dem Notariatsberuf widmen wollten, unterrichtet haben mögen, uns nichts überblieben ist. Erst aus der zweiten Hälfte des 11. Jahrhunderts besitzen wir auch aus Italien wiederum Werke, die für uns von Interesse sind.

Diese in Italien seit dem 11. Jahrhundert entstandenen Werke unterscheiden sich nun aber ganz wesentlich von den bisher be-

[1] Das nimmt allerdings Brunner, RG. 1², 576, an, der der Meinung ist, jeder Notar habe in seinen Notariatsakten eine Auswahl von Mustern besessen, deren Kenntnis er an seinen Nachfolger vererbte, wie er sie von seinem Vorgänger erworben hatte. Aber einmal ist ein solcher regelmäßiger Übergang der Notariatsakten von einem Notar auf einen anderen für die ältere Zeit nicht zu erweisen, und sodann waren die Akten eines Notars schwerlich jungen Leuten, die sich dem Notariatsberuf widmen wollten, zugänglich und, wenn zugänglich, schwerlich ohne eigene Bearbeitung geeignet, sie in allen Formen des Notariatsstiles zu unterweisen. Daß es aber gerade im Lande des gewerbsmäßigen Notariats und in der Heimat der späteren Lehrbücher der *Ars dictandi* und der *Ars notaria* in älterer Zeit an solchen Unterrichtsmitteln ganz gefehlt hätte, ist gewiß am wenigsten wahrscheinlich.

sprochenen Formularbüchern älterer Zeit. Beschränken sich diese darauf, Muster für Briefe und Urkunden zu geben, aus denen man die Regeln für die Abfassung solcher Dokumente empirisch ableiten mußte, und denen nur hier und da, wie wir gesehen haben, ganz kurz gefaßte Winke und Anweisungen für Kanzleibeamte und Urkundenschreiber beigegeben waren, so geben jene zumeist eine mehr oder minder ausführlich gehaltene theoretische Darstellung der beim Abfassen von Briefen und Urkunden zu beobachtenden Regeln, die durch in den Text eingefügte Beispiele oder durch eine am Schlusse der theoretischen Abhandlung angehängte Sammlung von Beispielen, häufig auch durch beides, illustriert werden.[1]

Die erste Schrift dieser Art, die wir kennen, stammt von dem Diakon Albericus von Montecassino, der in der zweiten Hälfte des 11. Jahrhunderts in jenem Kloster lebte und lehrte;[2] wir besitzen von ihm ein zweien seiner Schüler gewidmetes *Breviarium de dictamine*, das als ein kurz gefaßtes Handbuch zur Ergänzung des mündlichen Unterrichts dienen sollte, den jene von Alberich empfangen hatten.[3]

---

[1] Vgl. für das Folgende im allgemeinen Palacky, Über Formelbücher zunächst in bezug auf böhmische Geschichte, Abhandl. der böhm. Gesellsch. der Wissensch. N. F. 2, 219ff. 5, 1 (Prag 1842. 1847); Peschek, Über Formelbücher des Mittelalters, Arch. f. sächs. Gesch. 1843, 154ff.; Wattenbach, Über Briefsteller des Mittelalters, Archiv f. österr. Gesch. 14, 29ff.; Rockinger, Über Formelbücher vom 13.—16. Jahrhundert (München 1855); derselbe, Über Briefsteller und Formelbücher in Deutschland während des Mittelalters (München 1861); derselbe, Über die *ars dictandi* und die *summae dictaminum* in Italien, SB. der Münchener Akad. 1861, 1, 98ff.; derselbe, Briefsteller und Formelbücher des 11.—14. Jahrhunderts, QE. 9, Einleitung; Bärwald, Zur Charakteristik und Kritik mittelalterlicher Formelbücher (Wien 1858); Gaudenzi, Sulla cronologia delle opere dei dettatori Bolognesi, Bullett. dell' Istit. stor. Italiano 14, 85ff.; Gabrielli, L'epistole di Cola di Rienzo e l'epistolografia medievale, Arch. della soc. Romana di storia patria 11, 381ff.; Langlois, Formulaires de lettres du XII., du XIII. et du XIV. siècle, Notices et extraits des mss. de la Bibliothèque nationale Bd. 34. 35; Loserth, Formularbücher der Grazer Universitätsbibliothek NA. 21, 307ff., 22, 299ff., 23, 751ff.; Bütow, Die Entwickelung der mittelalterlichen Briefsteller bis zur Mitte des 12. Jahrhunderts mit besonderer Berücksichtigung der Theorien der ars dictandi (Diss. Greifswald 1908).

[2] Vgl. über ihn Petrus diac. MG. SS. 7, 728, der ihn als Verfasser eines *Liber dictaminum et salutationum* kennt.

[3] Auszugsweise gedruckt von Rockinger nach zwei Münchener Handschr. aus St. Emmeram und Tegernsee QE. 9, 29ff.; angeführt als *Summa Alberici* im Katalog der Bibliothek Bischof Ottos von Passau (1254) MB. 28ª, 486. Über Fragmente einer italienischen Handschr. in Pistoia s. Zdekauer, Studi Senesi 9, 77. Von einer anderen Schrift Alberichs, *Flores rhetorici* oder (so in einer Breslauer Handschrift) *Radii dictaminum* genannt, teilt Rockinger a.a.O.

Die Schrift beginnt mit einer Erörterung gewisser grammatischer Formen und der durch sie hervorzubringenden stilistischen Variationen, behandelt dann die zum Lob und Tadel dienenden Redefiguren und gibt darauf eine Anweisung zur Abfassung von *epistolae formatae*, der zwei Beispiele beigegeben sind. Die beiden folgenden Abschnitte besprechen die päpstlichen Privilegien und die königlichen Präcepte, mit besonderer Berücksichtigung der äußeren Merkmale, freilich in keineswegs erschöpfender Weise, und geben zur Erläuterung zwei Urkunden Gregors VII. und Heinrichs IV. für Monte Cassino, die aber nicht, wie man wohl gemeint hat, aus Originalen des Klosterarchivs zu Formularen umgearbeitet, sondern von Albericus frei erfunden sind, zwar mit einer gewissen allgemeinen Kenntnis der Formeln päpstlicher und königlicher Privilegien, aber doch mit manchen Verstößen gegen den speziellen Kanzleibrauch der Herrscher, denen sie zugeschrieben sind.[1] Daran schließen sich Ausführungen über Intitulatio und Adresse (die Albericus *prologi* nennt) mit Musterbeispielen an, dann abermals stilistische und grammatische Erörterungen.

Auf die Schrift des Albericus folgen seit dem Anfange des 12. Jahrhunderts so viele andere, die unter den Titeln *Rationes dictandi*, *Ars dictandi*, *Summa dictaminis* und ähnlichen Bezeichnungen zur Abfassung von Briefen und Urkunden anleiten, daß es weder möglich noch erforderlich ist, hier eine vollständige Übersicht über diese reiche,

9, 4 f. nur die Vorrede mit. Eine dritte Schrift, die er ihm zuschreibt, *Rationes dictandi*, teilweise gedruckt a. a. O. 9, 7 ff. gehört nicht Alberich an, wie schon Wattenbach, GQ. 2[6], 240 N. 1, bemerkt hat. Sie ist in der Zeit Innocenz' II., am wahrscheinlichsten in der Gegend von Bologna oder Faenza entstanden, s. unten S. 252 N. 1. — Das Breviarium führt Hugo von Bologna, QE. 9, 54, an als *Alberici monachi viri eloquentissimi liber, qui, etsi plene per singula dictaminis documenta non scriberet, in epistolis tamen scribendis et dictandis privilegiis non iniuria cęteris creditur excellere.*

[1] Daß beide Urkunden von einem und demselben Verfasser herrühren, also nicht aus der Kanzlei Gregors und Heinrichs hervorgegangen sein können, macht eine Vergleichung des Diktats unzweifelhaft. In dem Privileg Gregors, das Löwenfeld (Jaffé-L. 5305) mit Recht als unecht bezeichnet hat, ist ganz kanzleiwidrig die Rota mit der Umschrift: *Dextera domini plena est terra* — einer Variante der Devise Leos IX. Das Diplom Heinrichs IV., mit dessen Datierung sich Stumpf und Ficker vergebens abmühen (S. 2991[a]), hat falschen Titel, eine für diese Zeit unmögliche Corroboratio und eine ganz verkehrte Rekognitionszeile; im Texte vorher (QE. 9, 39) ist Heinrich als Kanzler genannt, der nur unter Heinrich III. vorkommt, und Gregor von Vercelli, Kanzler von 1063—1077, fungiert als Erzkanzler. Die Urkunden haben keinen anderen Wert als diejenigen in den *Form. Sangallenses temp. Salomonis conscriptae* s. oben S. 239.

bis zum 16. Jahrhundert eifrigst gepflegte und noch in den modernen Briefstellern sich fortsetzende Litteratur zu geben. Es wird genügen, wenn wir im nachfolgenden die wichtigsten sowohl der Schriften, bei denen der theoretische Teil die Hauptsache ist, wie der bloßen Mustersammlungen für Briefe und Urkunden — denn diese hören auch, nachdem sich die *Ars dictandi* zu einer förmlichen Disziplin entwickelt hat, keineswegs auf — zusammenstellen. Es wird sich dabei Gelegenheit bieten, die mannigfachen Verschiedenheiten, die zwischen den einzelnen Schriften dieser Litteratur je nach Neigungen, Absichten, Hilfsmitteln, Kenntnissen und Talenten der einzelnen Autoren bestehen, ausreichend zu charakterisieren.[1] Wir werden uns dabei, dem Plane dieses Werkes entsprechend, vorzugsweise auf die Schriften italienischer und deutscher Autoren beschränken, aber auch einzelne der in anderen Ländern entstandenen wenigstens beiläufig berücksichtigen müssen, da fast alle derartigen Bücher, wo sie auch geschrieben sein mögen, auch die Lehre von den Papsturkunden behandeln und gerade einige der außerhalb Italiens und Deutschland abgefaßten von besonderem Wert für diese Lehre sind.

Bereits im Anfang des 12. Jahrhunderts werden uns zwei Gegner der von Albericus aufgestellten Theorien genannt, ein gewisser Aginulf, von dem wir nichts weiter als den Namen kennen,[2] und Albertus von Samaria, dessen *Praecepta dictaminum* im zweiten Jahrzehnt des 12. Jahrhunderts verfaßt und in einer Pommersfelder Hand-

[1] Eine allgemeine Einteilung der Formularbücher ist kaum möglich. Die von Palacky, Formelbücher S. 220, aufgestellte und von vielen Neueren angenommene Unterscheidung von vier Klassen bezieht sich nicht auf den theoretischen Teil, sondern bloß auf die Beispiele und Mustersammlungen. Und der Einteilungsgrund Palackys — mehr oder minder weitgehende Unterdrückung der individuellen Angaben, der Orts- und Personennamen in den von den Sammlern benutzten Vorlagen — ist zwar für den Historiker wichtig, für die Urkundenlehre aber wenig brauchbar. Für diese macht es keinen erheblichen Unterschied, ob ein Formular gar keinen Namen, oder einen fingierten oder willkürlich gewählten Namen, oder den aus einer bestimmten Einzelvorlage beibehaltenen Namen gibt. Von größerer Erheblichkeit wäre die Unterscheidung zwischen frei erfundenen oder aus wirklichen Urkunden und Briefen entnommenen Formularen. Aber fast in allen Sammlungen finden sich Formulare beider Arten, und in vielen Fällen ist die Entscheidung, ob ein Formular frei fingiert („Stilübung") sei oder sich an ein bestimmtes historisches Dokument anlehne, außerordentlich schwierig; vgl. Bresslau, Aufgaben mittelalterl. Quellenforschung (Straßburger Rektoratsrede 1904) S. 12ff.

[2] Vgl. Wattenbach, Archiv f. österr. Gesch. 14, 36, der ihm ein in einer Tegernseer Handschrift überliefertes Fragment zuschreiben möchte.

schrift überliefert sind.[1] Von größerer Bedeutung sind die etwa um das Jahr 1124 in Bologna von einem Kanonikus Hugo abgefaßten *Rationes dictandi prosaice*, die er einem kaiserlichen Pfalzrichter aus Ferrara widmete.[2] Er unterscheidet vier Hauptteile des Briefes: *Salutatio*, *Prologus* oder *Exordium*, *Narratio* und *Conclusio* und erläutert seine Regeln durch kurze, zumeist wohl frei erfundene Beispiele. Ganze Briefe sind erst am Schlusse angehängt, darunter auch eine kurze Korrespondenz zwischen Papst Honorius II. und dem Bischof Viktor von Bologna.[3] Urkunden im eigentlichen Sinne sind weder im Text der Schrift besonders berücksichtigt noch unter den Beispielen vertreten.[4] Etwas jünger, gegen das Jahr 1135 verfaßt, sind *Rationes dictandi* einer St. Emmeramer Handschrift des 12. Jahrhunderts, deren

[1] Auszüge von BETHMANN, AdG. 9, 539ff.; Ausgabe von KRABBO, NA. 32, 71ff., vgl. den Zusatz S. 717ff. Hugo von Bologna (s. die folgende Note) hat das Werk des Albertus, das uns übrigens nicht vollständig erhalten zu sein scheint, obwohl er dagegen polemisiert, sehr ausgiebig benutzt. Auf Beziehungen Alberts zu Alberich von Montecassino weist die *Salutatio* bei KRABBO S. 75 Z. 17 hin; obwohl er als sein Gegner bezeichnet wird, konnte er sehr wohl sein Schüler gewesen sein.

[2] Abgedruckt bei ROCKINGER, QE. 9, 53ff. Überliefert in drei Handschriften in Pommersfelde, Wolfenbüttel und Salzburg. Vgl. auch BÜTOW S. 44ff.

[3] Von LÖWENFELD, JAFFÉ-L. 7391, wohl mit Recht für fingiert gehalten. Ich mache auf die Studentenbriefe QE. 9, 81f. aufmerksam, die hier begegnen und seitdem kaum in einem Briefsteller fehlen; vortrefflich handelt darüber HASKINS, The life of medieval students as illustrated by their letters, American historical Review 3, 203ff. — Einer der angehängten Briefe, QE. 9, 84, nennt *A. Samaritanus solo nomine magister* als Absender und läßt ihn als berufsmäßigen Lehrer der *Ars dictandi* erscheinen, *que clericis s^{e}pe et (est?) valde necessaria, monachis congrua, laicis honesta*; man vergleiche damit aus den *praecepta* des Albertus den Brief NA. 32, 76f., der eine ganz übereinstimmende Wendung enthält. In dem jenem Briefe Alberts vorangehenden, wohl an ihn gerichteten Schreiben wird von seinem Ruhm und Lehrerfolg gesprochen, der in ganz überschwenglicher Weise geschildert wird. — In der Wolfenbütteler Handschrift ist das Werk des Hugo von Bologna dem Bischof Benno von Meißen zugeschrieben, und auch in den Beispielen sind bisweilen statt italienischer deutsche Namen eingesetzt. — Etwa gleichzeitig mit der Schrift des Hugo von Bologna ist die *Aurea gemma* des Henricus Francigena, die zwischen 1119 und 1124 in Pavia verfaßt ist. Sie steht in der unten S. 254 erwähnten Altenzeller und in einer Wolfenbütteler Handschrift; Albert von Samaria ist darin benutzt. Einen Studentenbrief daraus hat FITTING in der Zeitschr. der Savigny-Stiftung f. Rechtsgesch. 20 (Rom. 7), 66ff. herausgegeben; eingehendere Mitteilungen darüber macht BÜTOW a. a. O. S. 30ff.

[4] In der Salzburger Handschrift sind noch einige Briefe eingeschoben, QE. 9, 89ff., darunter ein Manifest eines Kaisers E. gegen einen Heresiarcha, der sich Roms bemächtigt hat.

Verfasser unbekannt ist, die aber gleichfalls in Mittelitalien, vielleicht ebenfalls in Bologna oder in Faenza, entstanden sein müssen.[1] Hier zuerst findet sich die von fast allen späteren Lehrern der *Ars dictandi* beibehaltene Gliederung des Briefes in fünf Teile: *Salutatio, Captatio benevolentiae, Narratio, Petitio* und *Conclusio,* die dann einzeln — besonders ausführlich die *Salutatio* — abgehandelt und durch Beispiele erläutert werden. Außerdem gibt der Verfasser stilistische Regeln. Urkunden hat auch er nicht berücksichtigt. Außer diesen *Rationes dictandi* haben wir aus der Zeit Lothars noch drei lombardische Mustersammlungen, von denen eine, überliefert in einer fürstlich Lobkowitzischen Handschrift zu Weißenau, als *Aurea gemma Wilhelmi* bezeichnet ist. Leider ist davon bisher nichts als ein kleiner Teil der Briefe — sieben — bekannt geworden, die ebenso fingiert sind, wie die meisten kaiserlichen, päpstlichen und sonstigen Schreiben der beiden anderen Sammlungen: die Benutzung dieser Erfindungen als historischer Dokumente hat, ehe man ihren wahren Charakter erkannte, manche Verwirrung hervorgerufen.[2]

Treten in den zuletzt genannten Sammlungen die theoretischen Ausführungen, soviel bisher davon bekannt geworden ist, hinter den beigefügten Mustern bei weitem zurück, so herrschen die letzteren in den deutschen Arbeiten ähnlicher Art, die wir aus dem 12. Jahrhundert besitzen, noch mehr vor, haben aber wenigstens zum Teil einen ganz anderen Charakter. Am bedeutendsten darunter ist der *Codex epistolaris,* den Udalrich von Bamberg[3] zusammengestellt und 1125 dem Bischof Gebhard von Würzburg gewidmet hat.[4] Ein theoretischer

---

[1] Das erste Buch QE. 9, 9ff. Zu der angenommenen Abfassungszeit passen alle Namen. Ich mache aufmerksam auf den, wenn auch fingierten, so doch sehr beachtenswerten Brief S. 25 über eine Verbindung der Anconitaner mit Roger von Apulien.

[2] Vgl. über alle drei Wattenbach, Archiv f. österr. Gesch. 14, 37ff.; s. auch Bernhardi, Lothar von Supplinburg S. 855f. Die *Aurea gemma Wilhelmi* dürfte eine Umarbeitung der Schrift des Henricus Francigena (s. S. 251 N. 3) sein. Eine wohl mit Reims zusammenhängende Bearbeitung der *Aurea gemma* des Henricus in einer Oxforder Handschrift erwähnt Haskins a. a. O. S. 206 N. 2.

[3] Er war wohl nicht, wie Jaffé annahm, Mönch von Kloster Michelsberg, sondern gehörte wahrscheinlich dem Domstift an, vgl. Dümmler, NA. 19, 223f.; Bresslau, NA. 21, 160f.

[4] Herausgegeben von Eccardus, Corp. hist. medii aevi 2, 2ff., nach der Wiener Handschrift und von Jaffé, Bibl. 5, unter Mitbenutzung einer Zwettler und einer Wolfenbütteler Handschrift. Über die Spur einer anderen, verlorenen Handschrift s. die Vorbemerkung zu DK. II. 140 S. 190. So schlecht die Ausgabe Eccards ist, so läßt sie doch die Anlage der Sammlung besser erkennen als die Jaffés, der die einzelnen Stücke streng chronologisch geordnet

Teil findet sich überhaupt nicht, sondern nur eine Tafel der *Salutationes*, auf die sofort eine umfangreiche Mustersammlung folgt, deren einzelne Stücke aber nicht fingiert, sondern wirklichen Dokumenten entnommen sind. Dabei sind nicht nur Briefe, sondern in großer Zahl auch Urkunden, namentlich Königsurkunden, dann aber auch Manifeste, Verträge, Streitschriften, Synodalakten und andere Aktenstücke berücksichtigt. Der Verfasser hat die Hauptmasse der mitgeteilten Dokumente Bamberger Archiven entnommen, aber auch Stücke anderer Provenienz, namentlich aus Regensburg und aus Bremen, sind ihm zugänglich gewesen. Daß dies Formularbuch eine Zeitlang in der Kanzlei Friedrichs I. benutzt worden ist, ist neuerdings mit vollkommener Sicherheit nachgewiesen worden.[1]

Ist in dem *Codex epistolaris* Udalrichs von Bamberg nur ein geringer Einfluß der in Italien aufgekommenen neuen Richtung erkennbar, so zeigt sich ein solcher sehr deutlich in einigen anderen deutschen Briefsammlungen des 12. Jahrhunderts.[2] Dahin gehört eine in dem thüringischen Kloster Reinhardsbrunn um die Mitte des 12. Jahrhunderts oder bald nachher entstandene, in der mehrerwähnten Pommersfelder Handschrift überlieferte Sammlung, die mit den Lehrbüchern des Albert von Samaria und des Hugo von Bologna eine beträchtliche Zahl von Briefen verbindet, welche zwar zum größten Teil, soweit sie sich auf thüringische Verhältnisse beziehen, echten Vorlagen entnommen sind, von denen aber andere und gerade die, welche die hohe Politik angehen, lediglich als fingierte und zum Teil sehr ungeschickt erfundene Stilübungen anzusehen sind.[3] Ähnlich beschaffen

---

und die anderweit gedruckten Urkunden ausgeschieden hat. Daß die letzten Nummern der Sammlung später hinzugefügt sind, liegt auf der Hand. — Eine andere Schrift Udalrichs, eine kurze Anleitung zur Rhetorik, zusammengesetzt aus Auszügen bekannter Schriftsteller, ist in einer Wiener Hs. erhalten; die metrischen Vorreden hat Dümmler a. a. O. S. 224f. herausgegeben.

[1] Vgl. Erben, Das Privilegium Friedrichs I. für das Herzogtum Österreich (Wien 1902) S. 5ff.

[2] Nicht eigentlich in die Kategorie der Formularsammlungen gehören die im 12. Jahrhundert häufiger werdenden Konzept- und Briefbücher, wie diejenigen Wibalds von Stablo, Eberhards I. von Salzburg u. a.

[3] Die Briefe sind sehr mangelhaft herausgegeben von Höfler, Archiv f. österr. Gesch. 5, 19ff. Vgl. Wattenbach, ebenda 14, 57f.; Krabbo, NA. 32, 51ff.; Wibel, NA. 36, 728ff. — Ein wertvolles ganz, auf echten Vorlagen beruhendes Formularbuch aus dem Kloster U. l. Frauen zu Magdeburg (Mitte des 12. Jahrhunderts), herausgegeben von Ludwig, Reliq. manuscr. 2, 333ff. (vgl. Winter, FDG. 10, 642ff.), entbehrt des theoretischen Teiles; vielleicht stand ein solcher auf der jetzt verlorenen ersten Blätterlage. Handschrift früher in Wien, jetzt in Wernigerode.

ist eine etwas wenig jüngere Tegernseer Sammlung, die ebenfalls echte und erfundene Briefe miteinander verbindet, bei denen aber ebenso die ersteren durchaus überwiegen.[1] Aus dem Ende des 12. Jahrhunderts mag endlich noch eine in einem aus Altenzelle stammenden, jetzt in Leipzig befindlichen Codex überlieferte Briefsammlung erwähnt werden, die in Hildesheim entstanden ist und eine große Anzahl inhaltlich sehr interessanter und für die Zeitgeschichte nicht unwichtiger, wenn auch sämtlich fingierter Briefe aus den Tagen Kaiser Heinrichs VI. enthält.[2]

Die Hildesheimer Sammlung schließt sich in dieser Handschrift an ein aus Frankreich stammendes Formularbuch an und gibt uns Veranlassung, auch den französischen Schriften des 12. Jahrhunderts, die zum Teil auch in Deutschland große Verbreitung fanden, ein kurzes Wort zu widmen. Zwei Schulen sind es besonders, an denen in Frankreich die Kunst des Briefstiles geübt und gelehrt wurde: die von Tours und die von Orléans oder vielmehr von Meung (Magdunum) bei Orléans.[3] In Tours ist die *Summa dictaminis* eines Meisters Bernardus entstanden,[4] den man mit dem bekannten Schriftsteller Bernardus Silvester (gest. 1156) identifiziert. Einen Auszug aus ihr stellt die kleinere *Summa Bernardi* dar, die in sehr zahlreichen Handschriften überliefert und von einem anderen Bernhard, Canonicus von Meung, der dort Lehrer war, in der zweiten Hälfte des 12. Jahrhunderts verfaßt ist.[5] Die letztere *Summa* ist es nun, die der Samm-

[1] Vgl. Wattenbach a. a. O. 56ff.; NA. 17, 33ff.

[2] Vgl. B. Stehle, Über ein Hildesheimer Formelbuch (Diss. Straßburg 1878); Loreck, Zeitschr. des Harzvereins 26, 255ff. 293ff. und O. Heinemann, Zeitschr. des hist. Vereins f. Niedersachsen 1896 S. 79ff.

[3] Vgl. im allgemeinen über die französischen Formularbücher: Delisle, Les écoles d'Orléans au douzième et au treizième siècle im Annuaire-Bulletin de la société de l'hist. de France (1869), 139ff.; Wattenbach, Archiv f. österr. Gesch. 14, 56f.; Valois, De arte scribendi epistolas apud Gallicos medii aevi scriptores (Paris 1880) und Langlois in den oben S. 248 N. 1 erwähnten Abhandlungen. — Ohne Bedeutung für unsere Zwecke ist der Aufsatz von A. de Foulques de Villaret, L'enseignement des lettres et des sciences dans l'Orléanais in den Mémoires de la société arch. et hist. de l'Orléanais 14 (1875), 299ff.

[4] Vgl. besonders Langlois, BEC. 54, 225ff. Der weiteren Identifikation des Bernardus Silvester mit Bernardus von Chartres hat Hauréau, ebenda S. 792, widersprochen, vgl. die Antwort von Langlois, daselbst S. 795. Über die Stabloer (jetzt Brüsseler) Handschrift dieser *Summa* vgl. Wattenbach, Anz. f. Kunde der deutschen Vorzeit 16, 189ff. Zwei andere Handschriften sind in Wien und Brügge.

[5] Aufzählung von 16 Handschriften bei Langlois, BEC. 54, 231f.; Nachtrag ebenda S. 795. Über eine hierher gehörige Londoner Handschrift s.

lung von Altzelle-Hildesheim zugrunde liegt, während ihre Musterbeispiele die Grundlage eines weiteren Formularbuches bilden, das, etwa um 1180 in Orléans oder in Meung angelegt, im 13. Jahrhundert im Salzburgischen oder Österreichischen umgearbeitet und vermehrt wurde und uns jetzt in einer Donaueschinger Handschrift aus dem Ende des 13. Jahrhunderts vorliegt.[1] Gleichfalls in Orléans oder in Meung und ebenfalls gegen das Ende des 12. Jahrhunderts ist die sehr interessante *Ars dictandi Aurelianensis* entstanden,[2] die bisher nur aus einer Fürstenfelder (jetzt Münchener) Handschrift bekannt und hier mit einer aus Tours stammenden, aber in Deutschland stark überarbeiteten und dem 13. Jahrhundert angehörigen Mustersammlung[3] verbunden ist. Als Verfasser wird in dieser Handschrift ein sonst nicht bekannter Magister Rudolf von Tours genannt; es ist aber aus den bisherigen Angaben nicht mit voller Sicherheit zu erkennen, ob dieser als der Autor nur des ersten theoretischen Teiles, der eigent-

---

Hampe, NA. 22, 610f.; Mitteilungen aus der Handschrift von Agen gibt Auvray, Documents orléanais du XII. et du XIII. siècle in den Mémoires de la société arch. et hist. de l'Orléanais 23 (1892), 393ff., aus ihr und einer vielleicht damit identischen, verschollenen Handschrift von Beauvais Delisle in den Notices et Extraits 36, 171ff. Vgl. auch Cartellieri, Philipp II. August Bd. 1, Beil. S. 88ff. 113ff., Bd. 2, Beil. S. 325ff. Über ein bretonisches mit der Schule von Orléans zusammenhängendes Formularbuch von Tréguier vgl. Delisle in den Mémoires de la société arch. et hist. de 'Orléanais 23 (1892), 41ff. — Noch nicht vollständig bekannt ist die *Ars dictaminis* des Peter von Blois in einer Cambridger Handschrift, vgl. Langlois in den Notices et Extraits 34, 2, 23ff.; er erklärt, daß ihm weder der *Liber de dictaminibus* des Bernardus noch die Schriften der *Turonenses magistri* genügen.

[1] Herausgegeben von Cartellieri, Ein Donaueschinger Briefsteller (Innsbruck 1898).

[2] Herausgegeben von Rockinger, QE. 9, 103ff. Aus einer in Pariser Handschriften befindlichen jüngeren Überarbeitung dieser *Ars dictandi* hat zunächst Delisle und dann Winkelmann, Kanzleiordnungen S. 22ff., den auf die *Salutationes papae* bezüglichen Abschnitt drucken lassen; die Überschrift, die der letztere ihm gegeben hat, „Gebrauch der päpstlichen Kanzlei unter Coelestin III.“ trifft aber nicht zu, vgl. Bresslau, Deutsche Litteraturzeitung 1881 Sp. 899.

[3] Vgl. Rockinger a. a. O. und Simonsfeld, SB. der Münchener Akad. 1898 1, 402ff., durch dessen Erörterungen aber noch nicht alle Fragen, die sich an diese Sammlung knüpfen, beantwortet sind. Die Mustersammlung schließt eine doppelte theoretische Darlegung über die Privilegien in sich, einmal aus Guido Fabas *Summa dictaminis* (von 1229), sodann im Anschluß an die *Summa* des Bernardus. Wie flüchtig die Umarbeitung der Formulare bewirkt ist, zeigt das Privileg, Simonsfeld S. 436, in dem, obwohl es von Kaiser Friedrich ausgestellt sein will, eine den capetingischen Königsurkunden eigentümliche Formel stehen geblieben ist.

lichen *Ars dictandi*, oder als der Kompilator der ganzen Schrift, d. h. der Vereinigung jener *Ars dictandi* mit der Mustersammlung anzusehen ist.

Im 13. Jahrhundert nimmt nun aber die Zahl der Briefsammlungen und Lehrbücher der *Ars dictandi* der Art zu, daß an dieser Stelle noch mehr als für die frühere Zeit eine Beschränkung auf die wichtigeren und in brauchbaren Ausgaben vorliegenden Schriften der Art geboten ist. Eine besonders bemerkenswerte, hier aber nur kurz zu berührende Gruppe für sich bilden in dieser Zeit die Schriften, welche nicht sowohl die Kunst, Briefe und Urkunden aller Art zu entwerfen, lehren wollen, als vielmehr angehenden Notaren eine Anleitung zu geben bezwecken, wie sie ihre Instrumente abzufassen haben, und die deshalb auch nicht als Lehrbücher der *Ars dictandi*, sondern als solche der *Ars notaria* bezeichnet werden müssen.[1] Ein Formularbuch für Notare (*formularium tabellonium*), das bereits im 12. Jahrhundert der wenn nicht älteste, so doch berühmteste Lehrer der Rechtsschule von Bologna Irnerius aufgestellt hatte,[2] ist uns freilich nicht erhalten geblieben.[3] Dagegen besitzen wir die sehr wirkungsvolle *Summa artis notariae* des Rainerius Perusinus, der 1219 Lehrer der Notariatskunst in Bologna war:[4] das Werk, in dem meh-

[1] Vgl. Savigny, Gesch. des röm. Rechts im MA. Bd. 5; Stintzing, Gesch. der populären Litteratur des römisch-kanonischen Rechts in Deutschland S. 293 ff. und ganz besonders eingehend Bethmann Hollweg, Der Zivilprozeß des gemeinen Rechts 6, 159 ff.

[2] Vgl. Bethmann Hollweg 6, 161; Ficker, It. Forsch. 3, 147; Fitting, Die Anfänge der Rechtsschule zu Bologna S. 92.

[3] Palmieri glaubt in der Florentiner Handschrift Magliab. XXIX, 206 eine in Toskana entstandene Überarbeitung dieser Schrift des Irnerius aufgefunden zu haben. In der Tat ist das von ihm zuletzt in seinen Appunti e documenti per la storia de' glossatori (Bologna 1892) herausgegebene Werk zweifellos die in Toskana verfaßte Redaktion eines älteren in Bologna entstandenen Formularbuches für Notare. Aber daß dies ältere Buch das des Irnerius sei, ist durchaus unwahrscheinlich; vielmehr sprechen alle Anzeichen (insbesondere die von Palmieri nicht genügend beachteten Münzbezeichnungen) dafür, daß es erheblich jünger ist; vgl. dazu auch Besta, L'opera di Irnerio (Turin 1896).

[4] Herausgegeben von Gaudenzi, Bibliotheca iuridica medii aevi 2, 25 ff.; vgl. die lehrreiche Besprechung von Seckel, Zeitschr. f. Rechtsgesch. 34 (Rom. 21), 217 ff.; Palmieri a. a. O. S. XXX N. 1 erwähnt vier Handschriften dieses Werks, eine in St. Gallen, die Bethmann Hollweg beschrieben hat, zwei in Siena, eine in Privatbesitz. Auf eine fünfte Hs. in Paris macht Seckel a. a. O. S. 221 aufmerksam; sie enthält entweder dies oder ein zweites noch ungedrucktes Werk Rainers. Cod. 918 der Bibl. Riccardiana zu Florenz enthält nicht, wie Savigny annahm, das Werk Rainers von Perugia, sondern ein anonymes, aber mit dem Rainers zusammenhängendes Formularbuch aus Arezzo, das aus den

rere ältere uns verlorene Formularbücher benutzt worden sind, ist ausdrücklich für den Unterricht von Studierenden bestimmt. Der Formularsammlung geht eine theoretische Einleitung voran, in der zwei Hauptteile des Notariatsinstruments: *capitula* und *publicationes*, oder, wie wir sagen könnten, Text und Protokoll,[1] unterschieden werden; Teile des Protokolls sind in der Imbreviatur: Jahresangabe, Tagesangabe, Indiktion, Zeugen, Ort, wozu im Instrument noch der Name des regierenden Kaisers und die Unterschrift des Notars hinzukommen; gewisse Instrumente erhalten außerdem eine monogrammatische Invokation (*signum crucis*); die Formeln des Textes sind natürlich nach den verschiedenen Rechtsgeschäften verschieden und werden durch die sehr reichhaltige Formularsammlung, die sich an die Einleitung anschließt, erläutert. Jünger ist eine *Summa artis notariae* von Salathiel, der 1237 als Notar in Bologna immatrikuliert wurde;[2] sie zerfällt in vier Bücher, von denen die ersten drei theoretischen Inhalts sind, das vierte die Formularsammlung gibt; Rainer von Perugia ist ausgiebig benutzt und zum Teil wörtlich ausgeschrieben. Viel wichtiger und überhaupt das bedeutendste und einflußreichste Werk auf dem Gebiet der Notariatskunst ist dann aber die 1256 abgeschlossene *Summa artis notariae* des Rolandinus Passagerii,[3] der 1234 Notar in Bologna wurde, später Präkonsul der Zunft der Notare war und an der Spitze des Doktorenkollegiums der Notariatsschule

Jahren 1240—1253 stammt und von Cicognari in Gaudenzis Bibliotheca iurid. 3, 283ff. herausgegeben ist (vgl. darüber u. a. Brandileone, Rendiconti dell' Istituto Lombardo II, 31, 1128ff.) — In der Biblioth. iuridica 3, 353ff. ist eine *Summa notariae* aus Belluno publiziert. Eine mit den Bologneser Formularen zusammenhängende *Ars notariatus* des Paduaner Notars Conradinus von 1223 hat Roberti in den Memorie des R. Istituto Veneto 27 n. 6 (1906) aus einer Handschrift von Admont herausgegeben. — Über ein Veroneser Formularbuch für Notare aus dem 13. Jahrhundert handelt Besta in den Atti desselben Istituto 64, 2, 1161ff. Der Verfasser ist ein Notar Ventura aus Verona.

[1] Den Ausdruck *protocollum* oder *rogatio* gebraucht Rainer für das, was wir Imbreviatur nennen; er stellt also *protocollum* (*rogatio*) und *instrumentum* einander gegenüber. Dieser Sprachgebrauch kommt auch sonst vor.

[2] Überliefert in einer Pariser Handschrift; verfaßt 1248—1253, vgl. Bethmann Hollweg S. 174ff. Das Druckwerk Formulare instrumentorum nec non ars notariatus (Straßburg 1516) stimmt nach B. H. mit der Pariser Handschrift im allgemeinen überein. Abdruck der Vorrede aus dieser Handschrift bei Savigny 5, 638. Zur Abfassungszeit vgl. Roberti (oben S. 256 N. 4) S. 4 mit Note 3.

[3] Vgl. Sarti, De claris archigymnasii Bononiensis professoribus 1, 424ff.; Savigny 5, 539ff.; Bethmann Hollweg 6, 175ff.; Hessel, Gesch. der Stadt Bologna S. 243 N. 56. 343f. 504. 507. 517f.

stand (gestorben 1300). Sein oft gedrucktes Werk[1] zerfällt in zehn Kapitel; die sieben ersten geben Formulare für Kontrakte im weitesten Sinne des Wortes, das achte für Testamente, das neunte für prozessualische Handlungen, das zehnte handelt von der Vervielfältigung und Erneuerung der Urkunden sowie von der Prüfung verdächtiger Urkunden. Theoretische Einleitungen gehen den einzelnen Kapiteln voran, und mehr oder minder ausführliche Anmerkungen erläutern die einzelnen Formulare; ein nach Vollendung des ganzen Werks 1256 geschriebener Anhang, der in den Handschriften und Ausgaben als *Tractatus notularum* bezeichnet wird, handelt ausführlich von den Verträgen und Notariatsinstrumenten im allgemeinen.[2] Eine Ergänzung des großen Werks ist die zwei Jahre später, 1258, abgefaßte Schrift *De officio tabellionatus in villis et castris*, welche die eigentümlichen Geschäfte der auf dem Lande angestellten Notare behandelt. Was nach Rolandinus auf dem Gebiet der Notariatskunst geleistet ist, so die *Summa artis notariae* des Zacharias von Bologna, verfaßt 1271,[3] das gleichbetitelte Werk des Johannes von Bologna, verfaßt um 1281,[4] gewidmet dem Erzbischof Johann Peckam von Canterbury und bestimmt für die Unterweisung der bei den geistlichen Gerichten tätigen Notare, u. a. m., mag hier nur kurz erwähnt werden, und auch auf die einschlägigen Arbeiten des 14. und 15. Jahrhunderts ist es nicht nötig näher einzugehen: die Summa des Rolandinus bleibt bis zum Ausgang des Mittelalters das maßgebende Hand- und Lehrbuch der Notariatskunst.[5]

Nicht so unbestritten wie auf diesem Spezialgebiete behauptet Italien den Vorrang auf demjenigen der *Ars dictandi* im allgemeinen, obgleich wir auch hier noch bedeutende und interessante italienische

---

[1] Über Handschriften und Ausgaben vgl. Savigny 5, 542ff.; Stintzing S. 296.

[2] Über die zweifelhafte Echtheit der dem Rolandinus zugeschriebenen weiteren Schriften: *Flos ultimarum voluntatum* und *Aurora* s. Bethmann Hollweg 6, 181f. Über die Kommentare zum Rolandinus ebenda S. 193f.

[3] Handschrift in Paris. Vgl. Bethmann Hollweg 6, 187.

[4] Gedruckt QE. 9, 603ff. nach drei Handschriften des 14. Jahrhunderts; vgl. Bethmann Hollweg 6, 188ff. und über andere Handschriften NA. 21, 308. 310. 22, 626; Redlich, Mitteilungen aus dem Vatikan. Archiv 2, XVf.

[5] Nur ganz kurz sei hier noch auf das interessante Formularbuch für byzantinische Notare hingewiesen, daß G. Ferrari im Bullett. dell' Istituto storico Italiano n. 33 herausgegeben hat. Entstanden ist es in der zweiten Hälfte des 13. Jahrhunderts, überliefert im Cod. Vatican. graec. 867; es hat Interesse auch für das Urkundenwesen Süditaliens, da die griechischen Urkunden dieses Gebiets in ihren Formeln den byzantinischen entsprechen.

Werke zu verzeichnen haben. Besonderen Ruhm hat sich in der ersten Hälfte des 13. Jahrhunderts der Magister Buoncompagno[1] aus Signa unweit Florenz erworben, der in Bologna lehrte und für sein Hauptwerk, die *Rhetorica antiqua*, die er auch nach seinem eigenen Namen *Boncompagnus* benannte, nach feierlicher Verlesung 1215 von der Universität Bologna den Lorbeerkranz erhielt.[2] In der Vorrede davon zählt er elf ältere Schriften auf, und auch nachher hat er seine schriftstellerische Tätigkeit, während er einige Jahre in Venedig und Reggio lebte, fortgesetzt; sein für uns wichtigstes Werk aus dieser späteren Zeit ist die *Rhetorica novissima*, die in Venedig begonnen und 1235 in Bologna vollendet wurde. Ein Rivale Buoncompagnos, aber ein Mann von viel geringerer Bedeutung war der Florentiner Magister Bene (Bonum), der 1218 als Lehrer der *Ars dictandi* nach Bologna kam und in den Jahren 1220—1223 ein Lehrbuch dieser Kunst schrieb, dem er den Titel *Candelabrum* gab.[3] Sehr erheblichen Einfluß dagegen nicht bloß auf Italien, sondern auch auf Deutschland und Frank-

[1] Vgl. über ihn und die Handschriften seiner Werke besonders Sutter, Aus Leben und Schriften des Magisters Boncompagno (Freiburg 1894), und Gaudenzi, Sulla cronologia delle opere dei dettatori di Bologna (Bullettino dell' Istituto storico Italiano 14, 85ff.). Von den Schriften des Buoncompagno sind vollständig gedruckt (außer dem uns hier nicht interessierenden *Liber de obsidione Anconae*) die *Cedrus* von Rockinger, QE. 9, 121ff., die *Palma* von Sutter S. 105ff., die *Rhetorica novissima* von Gaudenzi, Bibliotheca iuridica medii aevi 2, 249ff. (vgl. dazu Seckel, Zeitschrift für Rechtsgeschichte 34 [Rom. 21], 324ff.), der *Libellus de malo senectutis et senii* von Novati, Rendiconti dell' accademia de' Lincei, Classe di scienze morali usw. Ser. V, Bd. 1, 49ff. Über den Liebesbriefsteller (*Rota Veneris*) vgl. Monaci in denselben Rendiconti IV, 5ª, 68ff. und Sutter S. 18ff. Aus der *Rhetorica antiqua* hat Rockinger, QE. 9, 128ff., die ausgiebigsten Mitteilungen gemacht; einige Stücke davon haben u. a. Winkelmann, FDG. 15, 374ff., in den Jahrbüchern der deutschen Geschichte unter Philipp und Otto IV. und in den Acta imperii inedita, Schönbach in den SB. der Wiener Akademie Bd. 145 n. IX, Loserth in den Beiträgen zur Kunde steiermärk. Geschichtsquellen 26 (1894), 21ff. veröffentlicht. Den Prolog zu den *Decem tabulae salutationum* hat Delisle in der oben S. 254 N. 3 erwähnten Abhandlung (Append. VI) gedruckt. Von den übrigen Schriften sind nur kleine Stücke bisher publiziert (namentlich von Sutter); besonders erwünscht wäre eine vollständige Edition der *Oliva*, die von den Privilegien und Notariatsurkunden handelt. — Über eine spätere Bearbeitung der *Rhetorica antiqua* im sog. Formelbuch Albrechts I. vgl. Schweizer, MIÖG. 2, 229ff.

[2] Publiziert ist die *Rhetorica antiqua* erst 1226 oder 1227.

[3] Vgl. Hauréau, Notices et Extraits de quelques manuscrits de la Bibl. nationale 4 (1892), 259ff.; Sutter S. 28ff.; Gaudenzi, Bullettino a. a. O. S. 110f. 150ff. — Von ihm zu unterscheiden ist ein Mag. Bonus aus Lucca, der 1268—1276 in Bologna als Lehrer der *Ars dictandi* nachweisbar ist, vgl. Gaudenzi S. 162ff., Rockinger, QE. 9, 97.

reich haben die Schriften des Guido Faba gewonnen, eines geborenen Bolognesen, der seit 1210 nachweisbar ist, die Pfründe eines Kapellans an der Kirche von St. Michael zu Bologna inne hatte, daneben aber auch Notar und vielleicht Lehrer an der Domschule daselbst war.[1] Unter diesen Schriften, die in außerordentlich zahlreichen Handschriften über ganz Europa verbreitet sind, sind besonders die *Dictamina rethorica* und die *Summa dictaminis* hervorzuheben; die *Dictamina* (1227) bieten eine umfangreiche Sammlung kurzer, klarer und einfacher Musterbriefe für alle Verhältnisse des privaten und des öffentlichen Lebens; in der *Summa* (1228/29) ist die theoretische Anleitung die Hauptsache, und sie steht unter dem Einflusse Buoncompagnos, aber auch im Gegensatze zu ihm. Guido Faba war ohne Frage weniger geistreich als sein Zeitgenosse und seine allgemeine litterarische Bedeutung ist mit der Buoncompagnos nicht gleichzustellen, aber er war praktischer und deshalb als Lehrer wie als Schriftsteller wirksamer als dieser. Seinen eminent praktischen Sinn zeigt auch die kleine *Doctrina ad inveniendas, incipiendas et formandas materias* (etwa 1237), das erste Lehrbuch der *Ars dictandi*, das auch Musterbeispiele in italienischer Vulgärsprache bietet. Die späteren italienischen Lehrer des Briefstils haben eine geringere allgemeine Bedeutung; hier sei nur noch Laurentius von Cividale (oder von Aquileia) erwähnt,[2] der zwischen 1298 und 1302 in Paris studiert hat, hier sowie in Bologna

---

[1] Vgl. Rockinger, QE. 9, 177ff.; Gaudenzi S. 118ff. Noch unediert sind die meisten kleinen Schriften Guidos, von denen nur Proben gedruckt sind. Gedruckt sind die *Summa dictaminis* teilweise (der Abschnitt über Privilegien) von Rockinger, QE. 9, 197ff., vollständig von Gaudenzi im Propugnatore N. Serie Bd. 3; die *Dictamina rethorica* von Gaudenzi im Propugnatore N. S. Bd. 5; die *Epistolae* von demselben ebenda Bd. 6; die *Parlamenti ed epistole* in Gaudenzis Schrift 'I suoni, le forme e le parole dell' odierno dialetto della città di Bologna' (Turin 1889) S. 127ff.; die *Doctrina ad inveniendas, incipiendas et formandas materias* von Rockinger, QE. 9, 185ff.; die *Exordia* von Redlich in Mitteil. aus dem Vatikan. Archiv 2, 317ff. Über die *Gemma purpurea* vgl. Monaci in den Rendiconti dell' accademia de' Lincei IV, 4^{b}, 399ff. — Als Notar stand Guido Faba, wie ich gütigen Mitteilungen Hessels entnehme, zeitweise in nahen Beziehungen zu dem kaiserlichen Legaten Konrad von Metz.

[2] Vgl. über ihn und seine Werke: Rockinger, Über Briefsteller und Formelbücher vom 13.—16. Jahrhundert S. 59f.; derselbe, QE. 9, 951ff.; Novati, L'influsso del pensiero latino sopra la civiltà italiana nel medio evo (Mailand 1897) S. 175; Liruti, Notizie de' letterati di Friuli 1, 336ff.; Haskins a. a. O. S. 208 Anm.; Schweizer, MIÖG. 2, 240ff.; Loserth, NA. 22, 300f.; derselbe, Das St. Pauler Formular S. 13; Hampe, NA. 22, 625; Delisle, Le formulaire de Clairmarais, Journal des Savants 1899 S. 172ff.; Wenck, Philipp der Schöne (Marburger Rektoratsprogramm 1905) S. 15.

und Neapel als Lehrer tätig war und eine *Practica* oder *Summa cancellariae* verfaßt hat, die sich großer Verbreitung erfreute; sie bringt die Neuerung, daß sie nach einer theoretischen Einleitung die Musterbeispiele für die Teile des Briefes (*salutatio*, *narratio*, *petitio*, *conclusio*) in tabellarischer Form zusammenstellt; und zwar scheint Laurentius sieben solcher Tafeln [1] hergestellt zu haben.[2]

Nicht minder wichtig als die französischen und italienischen sind im späteren Mittelalter die deutschen Schriften auf diesem Gebiet gewesen. Hierhin gehört eine sächsische *Summa prosarum dictaminis*, die von einem Magdeburger Kleriker, einem Schüler des dortigen Domscholasters Gernand, der 1222 Bischof von Brandenburg wurde und 1241 starb, noch bei dessen Lebzeiten und im Anschluß an seine Vorträge und Schriften verfaßt worden ist.[3] Das sehr beachtenswerte Werk, das sich namentlich durch die starke Betonung des juristischen Elements im Urkundenwesen auszeichnet und von den gleichzeitigen italienischen Lehrbüchern der *Ars dictandi* unterscheidet, berücksichtigt vorzugsweise den päpstlichen Kanzleibrauch, behandelt aber auch die Kaiserurkunden und die Urkunden geistlicher und weltlicher Fürsten;[4] sie werden nach sachlichen Gesichtspunkten in Gruppen eingeteilt, deren Scheidung aber nicht immer ganz scharf ist. Eine reiche Mustersammlung, fast ganz auf wirklich echte Urkunden zurückgehend, schließt sich an den theoretischen Teil an; dem Verfasser[5] müssen für die

[1] S. QE. 9, 952 N. 1. Ob eine achte Tafel in der von Schweizer a.a.O. beschriebenen Wiener Handschrift des sog. Formularbuchs Albrechts I., die von dem sonstigen Schema ganz abweicht, da sie vollständige Briefe gibt, zu dem ursprünglichen Werke gehört, erscheint zweifelhaft und bedarf noch weiterer Untersuchung.

[2] Ganz auf der Schrift des Laurentius beruht die *Practica* des Johannes Bondi von Aquileia, die nur eine andere Ordnung der Tafeln durchführt und jüngere Namen eingesetzt hat, vgl. Rockinger, QE. 9, 956ff., und Schweizer a. a. O.

[3] Gedruckt von Rockinger, QE. 9, 203ff., aus einer Münchener, ehemals Oberaltaicher Handschrift. Aus einer jüngeren, aber vielfach besseren Wiener Handschrift gibt Rosenstock, Ostfalens Rechtslitteratur unter Friedrich II. (Weimar 1912) S. 4ff., Ergänzungen und Berichtigungen. Vgl. Kohlmann, Erzbischof Ludolf von Magdeburg (Diss. Halle 1885) S. 53 N. 148; Sello, 20. Jahresbericht des hist. Vereins zu Brandenburg (1888) S. 4ff. und Rosenstock S. 54ff., 115ff. Rosenstock hat die Schrift in den Zusammenhang der ostfälischen, speziell magdeburgischen, Rechtslitteratur eingereiht.

[4] Zwei Urkunden berücksichtigen auch städtische Verhältnisse.

[5] Rosenstock a. a. O. S. 66 vermutet den Verfasser in dem Bautzener Scholastikus Konrad, der seit 1236 in magdeburgischen Diensten stand, aber auch Notar des Bischofs von Meißen war; vgl. dazu v. Gierke, Zeitschr. für Rechtsgesch. 47 (Germ. 34), 543.

Herstellung dieser Sammlung die Magdeburger und die Meißener Archive zugänglich gewesen sein.[1] Zum großen Teil auf diesem Werke fußt dann eine andere *Summa dictaminum*,[2] die um das Jahr 1250 von einem Hildesheimer, dem Magister Ludolfus, Kanonikus des Heiligenkreuzstiftes daselbst und seit 1229 als Notar des Bischofs Konrad II. von Hildesheim nachweisbar, verfaßt worden ist.[3] Hinzugekommen ist hier in der Hauptsache nur die allgemeine Einleitung[4] über die Bestandteile der *litterae*, die sich freilich an uns schon bekannte Schriften des 12. Jahrhunderts anlehnt; außerdem sind vielfach neue Musterbeispiele, die zumeist auf Urkunden der hildesheimischen Kanzlei beruhen, beigegeben.[5] Ludolfs Werk ist dann wiederum die Vorlage für ein großes Formularbuch gewesen, das im Anfang des 14. Jahrhunderts von einem Mönch des Cistercienserklosters Baumgartenberg bei Linz verfaßt worden ist.[6] Der Baumgartenberger *Formularius de modo prosandi*, das vollständigste und bedeutendste theoretisch-praktische Formularbuch des Mittelalters, zerfällt aber in

[1] Die letzten Musterbeispiele der Münchener Handschrift, die in der Wiener fehlen, gehören dem ursprünglichen Werke nicht an, sondern sind in Würzburg damit vereinigt, wo auch in zwei früheren Urkunden die Eigennamen verändert worden sind, vgl. Rosenstock S. 6f.

[2] Gedruckt bei Rockinger, QE. 9, 349ff.; daselbst auch über die Handschriften. Einen Klagenfurter Kodex, der die *Summa dictaminum* enthält, hat Jaksch, MIÖG. 6, 255 N. 2, nachgewiesen. Die Einleitung steht auch in einer Londoner Hs., vgl. Levison, NA. 32, 427. Ein Münchener Codex der *Summa Ludolfi* (vgl. Busson, Archiv für österr. Gesch. 40, 133ff.) enthält Nachträge, die in Bamberg entstanden sind, darunter mehrfach für authentisch gehaltene Briefe zur Geschichte König Wilhelms, die Scheffer-Boichorst, Zur Gesch. des 12. und 13. Jahrhunderts S. 290ff., als Stilübungen nachgewiesen hat. Über den Verfasser der *Summa* vgl. Grotefend, Zeitschr. des hist. Ver. f. Niedersachsen (1871), S. 37ff.; Heinemann, Beitr. zur Diplomatik der älteren Bischöfe von Hildesheim S. 19f.

[3] Vielleicht war er schon 1217—1221 Notar Bischof Siegfrieds, doch ist die Identität des in diesen Jahren erscheinenden Notars Ludolf mit dem seit 1229 genannten nicht sicher.

[4] Dagegen nicht, wie Rockinger a. a. O. S. 350 meint, der Abschnitt über die Privilegien, dessen theoretische Einleitung, gerade wie die der späteren Abschnitte, vielmehr ganz auf der sächsischen *Summa prosarum dictaminis* beruht.

[5] Ein Kommentar zu der Summa des Ludolf von Hildesheim sind die *Notabilia de arte dictandi*, Rockinger, QE. 9, 969ff., verfaßt im 14. Jahrhundert, vielleicht von einem Magister Simon aus Westfalen.

[6] Herausgegeben von Bärwald, Fontt. rer. Austriacarum 2. Abt. Bd. 25 Wien 1886. Auszüge bei Rockinger, QE. 9, 715ff. Über die Handschriften s. Bärwald S. XI.

sieben Hauptteile: 1. eine Abhandlung über die Teile des Briefes, besonders eingehend über die *salutatio*, 2. eine Abhandlung über die *litere, que dantur in curiis principum* in 17 Abschnitten nach den Urkundenarten, 3. eine Abhandlung *De quibusdam incidentiis*, in der eine Reihe juristischer und diplomatischer Fragen — unter anderen auch die Verschiedenheit zwischen *datum* und *actum* — erörtert werden, 4. eine Abhandlung über die Privilegien, 5. und 6. zwei Abschnitte über Urkundenanfänge (*exordia*) und über die behufs stilistischer Ausschmückung einzuflechtenden *proverbia*, 7. endlich eine sehr umfangreiche und ergiebige, fast ganz aus wirklichen, aber zu Formularen umgearbeiteten Briefen und Urkunden bestehende Mustersammlung, von der wir gleich noch weiter zu reden haben. Das Werk des Baumgartenberger Mönches ist, wie schon erwähnt, in seiner Art die vollkommenste Leistung des Mittelalters; keine spätere ähnliche Arbeit hat es übertroffen oder auch nur erreicht, so daß wir auf eine nähere Beschäftigung mit späteren Theorien der *Ars dictandi* füglich verzichten können. Nur eines etwas älteren und seiner ganzen Anlage nach wesentlich verschiedenen Werkes müssen wir noch gedenken, der *Summa de arte prosandi* des Züricher Magisters Konrad von Mure, die 1275 und 1276 verfaßt ist;[1] die ungemein lehrreiche und durchaus originelle, häufig geistreiche Schrift verbreitet sich über alle bei der Abfassung von Briefen und Urkunden in Betracht kommenden Fragen; sie unterscheidet sich ebensowohl durch ihre ganze Anlage, wie durch den Umstand von allen anderen bisher besprochenen Schriften, daß der Autor prinzipiell auf die Beigabe einer Mustersammlung verzichtet hat.

Stehen die zuletzt behandelten Schriften sämtlich[2] außerhalb eines unmittelbaren Zusammenhanges mit der Kanzlei des Reiches, der Päpste oder einzelner Fürsten, so bleibt uns nun noch eine zahlreiche

---

[1] Vgl. über ihn und seine litterarische Tätigkeit Lorenz, GQ. 1³, 77f.; v. Wyss, Gesch. der Historiographie in der Schweiz S. 79f.; Bendel, MIÖG. 30, 51ff., und die daselbst angeführten Spezialarbeiten. Einen Nachtrag zur Biographie gibt B. Heinemann, Anzeiger für Schweizer Gesch. 1910, S. 33ff.; vgl. auch dessen Beiträge zum Urkundenwesen der Bischöfe von Konstanz S. 106 f. und seine Ausführungen AfU. 3, 113ff. — Die *Summa de arte prosandi* hat Rockinger aus einer Münchener Handschrift QE. 9, 405ff. auszugsweise herausgegeben. Die Einleitung hat Bendel a. a. O. S. 83ff. etwas vollständiger wiedergegeben; S. 87ff. hat er den Abschnitt über die Siegel in nicht fehlerfreier, recht willkürlicher und keineswegs notwendiger Umgestaltung neu abgedruckt.

[2] Doch vgl. was unten über das Baumgartenberger Formularbuch bemerkt ist.

Gruppe von Arbeiten zu besprechen, bei denen ein solcher Zusammenhang besteht, und die deshalb für unsere Zwecke eine ganz besondere Beachtung verdienen.

Schon im 12. Jahrhundert haben sich Beamte der päpstlichen Kanzlei an der Abfassung theoretischer Schriften über die *Ars dictandi* beteiligt. Noch erhalten, aber noch nicht ediert sind eine kurze stilistische Anweisung für die Notare der päpstlichen Kanzlei, die Albertus de Morra, von 1178—1187 Kanzler des römischen Stuhles und später unter dem Namen Gregor VIII. selbst Papst, verfaßt hat, und eine *Summa dictaminis* des Magisters Transmundus, der unter Albert als Notar der römischen Kurie gedient hat.[1] Berühmter und wichtiger als diese Schriften ist die *Summa dictaminis* des Kardinals Thomas von Capua, der unter Innocenz III. erst als Notar und stellvertretender Datar, dann als Kanzler fungierte;[2] nach einer theoretischen Einleitung, die besonders hervorhebt, daß vor allen Dingen an dem Sprachgebrauch der römischen Kurie diejenigen, welche gute Diktatoren werden wollen, ihren Stil zu bilden haben,[3] gibt sie eine sehr umfangreiche, nach sachlichen Gesichtspunkten in zehn Bücher eingeteilte Sammlung von Briefmustern, die überwiegend aus den Beständen der päpstlichen Kanzlei geschöpft sind, unter denen sich aber auch manche fingierte Stücke finden. Weniger bekannt ist bis jetzt die große Formularsammlung des Marinus von Ebulo,[4] der 1244

[1] Über beide s. unten Kap. XV.

[2] S. Bd. 1, 248; vgl. über ihn Hormayr, Archiv f. Geographie, Historie usw. 1821 n. 129ff. Über Handschriften der *Summa* s. Rockinger, Über Formelbücher S. 153 n. 349; vgl. Hampe, NA. 24, 525; Ausgabe von Hahn, Collectio monumentorum veterum et recentium ineditorum 1, 279ff. Eine neue kritische Edition fehlt noch; daß diejenige Hahns nur einen kleinen Teil des Werks gibt, bemerkt Stobbe, Archiv für österr. Gesch. 14, 307 N. 1. Über eine Briefsammlung in Cod. Remensis 1043 (743) mit Briefen des Thomas von Capua vgl. Rodenberg, NA. 18, 179ff.

[3] *Eapropter Romanae curiae vestigiis inhaerentes, eius stili non indigne magisterium imitamur, confutato illorum errore, qui se sine praefato magisterio dictatores faciunt.* — Die Einleitung definiert das Diktamen und seine drei Arten: *prosaycum ut Cassiodori, metricum ut Virgilii, rithmicum ut Primatis,* behandelt dann die fünf Teile des Briefes, besonders eingehend die *salutatio,* weiter die Interpunktion und schließlich die Lehre vom Cursus.

[4] Über Handschriften vgl. AdG. 5, 448. 12, 242. 256. 408. 425; Marini, Papiri S. 242 zu n. 51. Die Zusammensetzung der Sammlung beschreibt bis jetzt am deutlichsten Hampe, NA. 23, 618ff., nach der S. 265 erwähnten jungen Pariser Handschrift (Coll. Moreau 1234 aus dem 17. Jahrhundert), die freilich keine vollständige Abschrift bietet. Die theoretischen Abhandlungen *De confirmationibus* und *Super revocatoriis* hat Teige, Beitr. zur Gesch. der Audientia

bis 1251 Vizekanzler Innocenz' IV. war, dann zum Erzbischof von Capua ernannt wurde, aber die Leitung jener Kirche erst unter Clemens IV. wirklich übernahm und wahrscheinlich im Anfang der Regierung Honorius IV. (wohl 1286) gestorben ist. Wann seine Sammlung entstanden ist, geht aus dem, was bisher darüber veröffentlicht worden ist, noch nicht hervor. Aber es steht fest, daß sie wesentlich den Brauch der päpstlichen Kanzlei berücksichtigte, und daß Marinus auch eingehende theoretische Auseinandersetzungen nicht nur über die formale Gestaltung der Papsturkunden, sondern auch über ihre sachlichen und rechtlichen Voraussetzungen verfaßt hat, die eine vollständige Ausgabe des Werkes als sehr wünschenswert erscheinen lassen.[1] Nach einer modernen Pariser Abschrift war die Sammlung in sieben Bücher geteilt, von denen die meisten mehrere Unterabteilungen enthielten, und sie umfaßt nach dieser Handschrift gegen 2700 Musterbriefe: ob aber diese Gestalt der Sammlung die ursprüngliche ist, bedarf noch weiterer Untersuchung; eines der Bücher enthält Briefe aus einer Zeit, die hinter dem oben als wahrscheinlich bezeichneten Todesjahr des Marinus liegt.

Viel weiter verbreitet als die Sammlung des Marinus, von der ältere Handschriften nur in Rom zu liegen scheinen, war die gleichfalls der zweiten Hälfte des 13. Jahrhunderts angehörende *Summa dictaminis secundum stilum Romanae curiae* des Riccardus von Pofi. Der Verfasser war in den Jahren 1254—1264 *scriniarius ecclesiae Romanae*, d. h., wie wir wissen,[1] nicht päpstlicher Archiv- oder Kanzleibeamter, sondern öffentlicher Notar in Rom und vielleicht schon damals zugleich päpstlicher Kammerschreiber.[2] Im Jahre 1257 war er außerdem Notar des Kardinals Peter von St. Georgius ad Velum aureum und 1264 Kapellan des Kardinals Jordan von St. Cosmas und Damianus; 1264 erscheint er auch im Besitz von Kanonikaten in Metz und Veroli, die er auf Jordans Fürbitte erhalten haben mag.

---

litt. contrad. S. XIXff., herausgegeben; für beide gibt er als Quelle die Codd. Vatic. 3975. 3976 der Formularsammlung an; die zweite scheint aber ein besonderes, nicht eigentlich zu der Sammlung gehöriges Schriftchen des Marinus zu sein. Teige hat in jenem Buch und in einer anderen czechisch geschriebenen und mir unzugänglich gebliebenen Schrift (vgl. Jahresber. der Geschichtswissenschaft 1896, IV, 136 N. 102) eine erhebliche Anzahl von Formularen des Marinus abgedruckt.

[1] F. Schillmann bereitet seit längerer Zeit eine Ausgabe vor. In der Röm. Quartalschrift 22, 108ff. hat er einige Briefe aus der Sammlung herausgegeben.

[2] S. Bd. 1, 207. 267.

Einem jener Kardinäle wird er es zu verdanken haben, daß er, wahrscheinlich schon unter Alexander IV., als Notarabbreviator in den Dienst der päpstlichen Kanzlei aufgenommen wurde; wenn sich, wie ich annehmen möchte, ein in seine Sammlung aufgenommenes Formular für ein Ernennungspatent eines päpstlichen Scriptors auf ihn selbst bezieht, so mag auch diese Beförderung noch der Einfluß des Kardinals Jordan, der früher Vizekanzler Urbans IV. gewesen war, für ihn erwirkt haben.[1] Richards Sammlung, die in sehr zahlreichen

[1] Vgl. über ihn Simonsfeld, SB. der Münchener Akademie 1892 S. 456ff. 505ff.; Jordan, Etudes d'histoire du moyen-âge dédiées à Gabriel Monod, S. 329ff.; Batzer, Zur Kenntnis der Formularsammlung des Richard von Pofi (Heidelberg 1910), und Baumgarten, NA. 36, 743ff. Baumgarten hat die Urkunden, in denen der Verfasser des Formularbuches genannt wird, am vollständigsten gesammelt, aber dessen Lebensgeschichte in vollständige Verwirrung gebracht, indem er ihn mit einem anderen Riccardus, einem Neffen des Kardinals Richard von Sant' Angelo, also eines Verwandten Innocenz' III., identifiziert hat. Der letztere, der schon 1262 die hohen Ämter eines päpstlichen Subdiakons und eines der sechs *notarii apostolicae sedis* bekleidete, wird niemals de Pofis genannt und hat mit unserem Mann, der über viel untergeordnetere Stellungen nie hinausgekommen ist, nichts als den im 13. Jahrhundert wahrlich nicht seltenen Vornamen gemein. — Daß Richard von Pofi in der päpstlichen Kammer angestellt war, darf man aus drei vielleicht miteinander zusammenhängenden Handschriften seiner Sammlung folgern, in denen er *olim domini pape clericus camere* genannt wird. Allerdings ist es möglich, wie Batzer S. 148 N. 81 bemerkt, daß diese Bezeichnung aus einem Briefe der Sammlung entnommen ist (gedruckt bei Simonsfeld a. a. O. S. 509 n. 2), der die Ernennung eines *olim camere nostre clerici* zum *scriptor litterarum apostolicarum* enthält; die Schreiber jener Handschriften, bzw. der älteste von ihnen, hätte dann ebenso, wie ich (Jahresber. der Geschichtswissenschaft 1892, IV, 87) getan habe, das Ernennungspatent auf Richard selbst bezogen. Aber diese Beziehung erscheint mir auch jetzt noch als sehr wahrscheinlich; die Einwendungen Batzers S. 123 sind ganz hinfällig. Denn Richard von Pofi hat natürlich jenes Patent nicht selbst verfaßt, sondern eine Abschrift des Originals davon in seine Sammlung aufgenommen, und ebensowenig beweist der Umstand, daß er in den Urkunden bei Batzer S. 126ff. nicht *scriptor* heißt, irgend etwas: abgesehen davon, daß er vielleicht damals noch gar nicht Scriptor war, begnügen sich solche Urkunden sehr oft mit einem Titel des Adressaten. Daß er aber vorher Abbreviator war, ist ungeachtet der Zweifel, die v. Heckel, Abhandlungen der Münchener Akademie phil.-hist. Kl. 27, 488, äußert, mit Sicherheit anzunehmen, nicht bloß wegen des Briefes bei Batzer S. 137, den ich freilich auch auf ihn selbst beziehe, sondern vor allem, weil er in der Einleitung zu seiner Sammlung sagt, daß er *quasdam litteras diversarum formarum secundum Romane curie stilum ex mandato superioris et ingenii mei parvitate confectas* in seine Sammlung aufgenommen habe; damit bezeichnet er sich so deutlich wie möglich als Notarabbreviator.

Handschriften überliefert ist,[1] enthält nach einer kurzen und ziemlich unbedeutenden theoretischen Einleitung[2] etwa 470[3] Musterstücke, zumeist Papsturkunden und -Briefe aus der Zeit Alexanders IV., Urbans IV. und Clemens' IV., die aus Konzepten[4] entnommen sind, großen Teiles gewiß solchen, an deren Abfassung Richard selbst beteiligt gewesen war. Die Angabe einiger Handschriften, daß die Stücke den päpstlichen Registern entnommen seien, scheint nicht zuzutreffen.

Eingehender noch als über die zuletzt besprochenen[5] sind wir durch eine genaue und sorgfältige Untersuchung über eine andere sehr wichtige römische Formularsammlung des 13. Jahrhunderts unterrichtet.[6] Auch sie liegt in zahlreichen Handschriften in mehreren, wesentlich voneinander verschiedenen Redaktionen vor und diese gehen sämtlich mittelbar oder unmittelbar auf die in der päpstlichen Kanzlei gesammelten und geordneten Konzepte des Magisters Berardus von Neapel zurück, der unter Urban IV. als Notar angestellt wurde und unter dessen Nachfolgern mehr als zwanzig Jahre einer der einflußreichsten und meistbeschäftigten Kanzleibeamten der Kurie war. Namentlich in einer der Redaktionen dieser Sammlung tritt es sehr

---

[1] Batzer zählt deren 29 auf; eine Vatikanische Hs. (ist das eine jener 29?) bezeichnet Baumgarten a. a. O. S. 751 als besonders wichtig und stellt einen Bericht darüber in Aussicht.

[2] Abgedruckt bei Simonsfeld a. a. O. S. 505 ff.

[3] Die von Batzer selbst untersuchten Handschriften enthalten 471 (oder, da zwei Stücke zweimal begegnen, 469) Briefe, die Batzer S. 40 ff. im einzelnen verzeichnet. Doch zählt eine (noch nicht genauer untersuchte) Handschrift 484, eine andere 496 Briefe. Die Drucke von Briefen aus der Sammlung des Riccardus hat Batzer verzeichnet.

[4] Daher bei den Exekutorien mehrfach die Adresse *Iudicibus* (s. oben S. 159) z. B. bei Batzer S. 66 n. 235; 72 n. 298; 76 n. 32; 80 n. 372; 84 n. 409.

[5] Noch ganz unbekannt ist die NA. 21, 309 kurz erwähnte *Summula magistri Laurencii de Summelona domini pape subdiaconi canonici Cicestrensis*, die 1254 vollendet ist und Formulare für die bei Erledigung und Besetzung eines Bistumes vorkommenden Schriftstücke enthält.

[6] Vgl. Delisle, Notices et extraits des mss. de la Bibl. nationale 27[b], 87 ff., und ganz besonders Kaltenbrunner, MIÖG. 7, 21 ff. 555 ff., ferner Otto, Die Beziehungen Rudolfs von Habsburg zu Papst Gregor X. (Innsbruck 1895), und MIÖG. 22, 247 ff. Publikationen aus dieser Sammlung des Berardus finden sich besonders in Mitteilungen aus dem Vatikan. Archiv Bd. 1, in den MG. Epp. saec. XIII. Bd. 3, in den MG. Const. Bd. 2. 3, in den Registres de Clément IV. von Jordan (vgl. dazu MIÖG. 23, 481 ff.), in den Registres de Grégoire X. App. 1 von Guiraud, sowie bei Hirsch-Gereuth, Studien zur Gesch. der Kreuzzugsidee nach den Kreuzzügen (München 1897).

deutlich hervor, wie man die Konzepte zu Formularen (*dictamina*) umgestaltet hat.

Daß solche Formulare in der zweiten Hälfte des 13. Jahrhunderts in der Kanzlei der Päpste benutzt wurden, ist nun nicht bloß an sich wahrscheinlich,[1] sondern auch direkt bezeugt.[2] Eine erhebliche Zahl solcher Formulare, allerdings nur solche für Privilegien und Schutzbriefe der Mönchs- und Nonnenklöster, Ritter- und Bettelorden, Hospize, Bischöfe, Erzbischöfe und Juden, ist in den *Liber cancellariae*, das früher[3] besprochene Handbuch der Kanzlei, eingetragen; die Sammlung ist wahrscheinlich unter Gregor IX. vor dem Jahre 1228 angelegt, unter Innocenz IV. ergänzt und revidiert und unter seinen nächsten Nachfolgern noch um mehrere Stücke bereichert worden.[4] Der letzte dieser Nachträge gehört in die Zeit Clemens' IV.; dann ist auf die Fortführung der Sammlung zunächst verzichtet worden.[5] Über die Formulare der päpstlichen Kanzlei aus dem letzten Viertel des 13. Jahrhunderts sind wir dann näher unterrichtet durch eine Kanzleiverfügung aus dem Jahre 1278.[6] Am 18. Januar dieses Jahres,[7] noch nicht einen Monat nach seiner Krönung, hatte Papst Nikolaus III. mit seinem Vizekanzler, Magister Petrus Peregrossi von Mailand, und einigen Notaren eine Konferenz, in der Regeln für die geschäftliche Behandlung gewisser Urkundenarten aufgestellt wurden. Dem Papste wurde zu diesem Zwecke ein Verzeichnis der in der päpstlichen Kanzlei im Gebrauch befindlichen Formulare (*cedula continens formas litterarum apostolicarum infra scriptas*) vorgelegt, und nach Kenntnisnahme von den einzelnen Formularen, über die eine Diskussion stattfand (*dictis formis inspectis et discussis*), erließ der Papst die geeignet scheinenden

[1] So auch Rodenberg, NA. 10, 512.

[2] Benutzung von Formularen setzt auch die Gestaltung der Konzepte des Berardus von Neapel bisweilen direkt voraus, vgl. MIÖG. 7, 613 N. 2.

[3] S. Bd. 1, 346ff.

[4] Tangl, KO. Einleitung S. XXXVIff.

[5] Daß die Sammlung als Formularbuch benutzt wurde, hat Erler ohne ausreichende Gründe bestritten. Es ergibt sich aus Tangl, KO. S. 229 n. 1, S. 239 Anmerk. und anderen Stellen.

[6] Beste Ausgabe von Tangl, KO. S. 72ff. Über die Handschriften s. daselbst S. 69ff. 429f. Die Ausgabe Pitras, Analecta novissima 1, 162, stammt nach gütiger Mitteilung Tangls aus Cod. Vat. lat. 3796 und aus der Handschrift des Vatikanischen Archivs Arm. XXXI t. 72, einem Exemplar der Sammlung des Marinus von Ebulo. Hier stand die Verfügung als n. 3039. 3040 und daraus ist in Pitras Druck die Angabe geworden, die soviel Kopfzerbrechen verursacht hat, er habe die Codd. 3039. 3040 der Vatikanischen Bibliothek benutzt, vgl. jetzt auch NA. 31, 770.

[7] Über das Datum vgl. jetzt Tangl, KO. S. 429.

Verfügungen, indem er zugleich für den Fall der Aufstellung neuer Formulare deren Vorlegung behufs weiterer Anordnungen vorschrieb. Ob diese Formulare zu einem Buche, wie der *Liber diurnus* der früheren Jahrhunderte, vereinigt oder einzeln oder gruppenweise auf besonderen *cedulae* aufgezeichnet waren, ergibt sich aus der Kanzleiverfügung nicht mit voller Bestimmtheit; doch machen einige Stellen das letztere sehr wahrscheinlich.[1]

Erst in der avignonesischen Zeit erhielt die in das Kanzleibuch selbst eingetragene Sammlung von Formularen eine neue und sehr erhebliche Erweiterung. Wahrscheinlich unter Clemens VI. wurde, wie schon oben erwähnt ist,[2] eine Fortsetzung des Kanzleibuches, die in der Kanzlei als *quaternus albus* bezeichnet wurde, begonnen, in die man zunächst eine ältere Anweisung[3] zur Anfertigung der päpstlichen Privilegien (im alten Sinne des Wortes) eintrug, worauf man dann eine Sammlung von Mustern — zunächst zwei Privilegien für den Benediktiner- und den Augustinerorden, weiter eine erhebliche Anzahl anderer Gnadenbriefe, meist Indulgenzen und Dispense — folgen ließ; später wurden noch andere Nachträge daran angehängt.[4]

Handelte es sich bei diesen in das Kanzleibuch eingetragenen Sammlungen wesentlich um Gratialbriefe, so gab es nun noch ein anderes zum Gebrauch in der Kanzlei, in der *Audientia litterarum contradictarum* und bei den dort wirkenden Prokuratoren bestimmtes Formularbuch, dessen Ursprung jedenfalls noch in das 13. Jahrhundert zurückreicht, obwohl es uns erst aus Handschriften der avignonesischen Zeit, die daraus abgeleitet sind, bekannt ist.[5] Es enthielt u. a. eine

---

[1] Ein Formular für Provisionen zugunsten armer Kleriker mit drei *clausulae*, a) für Frankreich, Deutschland und die spanischen Reiche, b) für England, c) für Italien steht im Register Bonifaz' VIII. unter den *litterae curiales*, vgl. Digard, Registres de Boniface VIII. n. 1559.

[2] S. Bd 1, 348ff.

[3] Früher schon gedruckt von Delisle, BEC. 19, 73; wiederholt von Winkelmann, Kanzleiordnungen S. 34 n. 9.

[4] Ausgabe von Tangl, KO. S. 303ff. Auf ein von Tangl nicht herausgegebenes Formular für Expectanzen in der Barberini-Handschrift (Bd. 1, 348 N. 4) macht Haller, Histor. Zeitschrift 77, 118, aufmerksam. Ein *Formularium cancellariae* aus der Zeit Innocenz' VI., das eine wertvolle Ergänzung zu den von Tangl publizierten Formularen darstellen soll, hat Göller im Vatikanischen Archiv gefunden, QFIA. 12, S. VIII.

[5] Auf zwei dieser Handschriften, Cod. Marc. Cl. IV, 30 und Vindob. 2188 ist in der ersten Auflage dieses Werkes S. 638ff. zuerst nachdrücklicher hingewiesen worden. Dann hat Simonsfeld, SB. der Münchener Akademie 1890 S. 228ff., über die erste jener Handschriften und, Abhandlungen derselben Akademie phil.-hist. Kl. 21, 2, über eine hierher gehörige Münchener Hand-

aus dem Ende des 13. Jahrhunderts stammende Aufzeichnung über die Regeln der graphischen Ausstattung der Papsturkunden und die dabei maßgebende Unterscheidung der *littere cum filo serico* und *cum filo canapis*,[1] ferner Listen der Festtage an der römischen Kurie sowie der approbierten Orden; die Formularsammlung gibt Musterbeispiele für fast alle Arten von Papsturkunden, die durch die *Audientia* zu gehen hatten, in erster Reihe also für die Exekutorien der Gnaden- und für Justizbriefe.[2]

Formularbücher ähnlicher Art, wie sie uns in den erwähnten Sammlungen vorliegen, hat es zweifellos noch in erheblich größerer Zahl gegeben.[3] Hervorzuheben ist eine Sammlung aus der ersten

---

schrift (clm. 17788) genauere Mitteilungen gemacht. Dazu vgl. die Besprechungen Tangls, MIÖG. 12, 189ff. und Deutsche Zeitschrift für Geschichtswissenschaft, NF. 2, Monatsblätter S. 158ff., wo der Zusammenhang dieser Handschriften erörtert und auf andere verwandte: Cod. Paris. lat. 4163, ein dem Registrum Clemens' VI. ann. 1 pars 2 beigebundenes Formularbuch und Cod. Trevir. 987 hingewiesen ist. Dazu kommen noch ein Cod. der Bibl. Chigi in Rom E. V. 137 und der Cod. Sampetrinus 68 in Erfurt, die Teige, Beitr. zur Geschichte der Audientia litt. contrad. S. 16, erwähnt, und ein zweiter Chisianus, den Tangl, Schrifttafeln 3, 47 anführt. Zuletzt hat v. Heckel, AfU. 1, 496, beachtenswerte Bemerkungen über dies Formularbuch gemacht, dessen Ausgabe er vorbereitet.

[1] Zuletzt gedruckt nach der Römischen Handschrift im Registrum Clemens' VI. und dem Cod. Trevirensis mit eingehenden Erläuterungen von Tangl, Schrifttafeln 3, 49ff.; nach der Münchener Handschrift, die einen etwas erweiterten Text bietet, von Simonsfeld, Abhandl. der Münchener Akademie a. a. O. S. 365 (mit Faksimile). S. auch unten Kap. XX.

[2] Daher das Explicit der Pariser Handschrift: *Explicit formularium audientie.* Daß aber die von den Neueren öfter gebrauchte Bezeichnung Formularbuch der *Audientia* leicht irre führen kann, bemerkt v. Heckel a. a. O. S. 496 mit Recht. Es handelt sich um ein Formularbuch der Kanzlei, das aber auch in der *Audientia* bei der Prüfung der Justizbriefe in Betracht kommen und deren Beamten und Prokuratoren bekannt sein mußte. — Formulare der von der *Audientia* selbst auszustellenden Urkunden, der Vollmachten für Prokuratoren usw. sind nach Teige S. 16 in der Sammlung des Marinus von Ebulo sowie in Cod. Vat. 3886 enthalten, und danach von Teige abgedruckt.

[3] Zwei päpstliche Formularbücher befanden sich mit mehreren *Artes dictaminis* im 15. Jahrhundert in Peniscola, wohin sie aus Avignon gekommen sind; vgl. Denifle, Arch. f. Litteratur und Kirchengesch. 2, 21 N. 1. Ebenso kommen zahlreiche Formularbücher in dem Katalog der Bibliothek Urbans V. vor; vgl. Faucon (s. Bd. 1, 157 N. 3) 1, 143 n. 555, 145 n. 578, 174 n. 946, 189 n. 1139, 192 n. 1181. 1182. 1185. 1186, 204 n. 1340, 207 n. 1375, 219 n. 1536, 222 n. 1576, 250 n. 1967. Mehrfach wird dabei zwischen einem *formularium vetus* und einem *formularium novum* unterschieden, einmal (n. 1340) von einem *formularium vetus in textu secundum ordinationem novam* gesprochen; n. 1536 ist *formularium novum cum apparatu.*

Hälfte des 14. Jahrhunderts, die ersichtlich von einem Beamten der päpstlichen Kanzlei herrührt, deren Musterbeispiele aber, soweit die darüber vorliegenden Mitteilungen ein Urteil gestatten, vorzugsweise Gnadenbriefe betreffen; sie ist besonders bemerkenswert wegen der oft den Formularen hinzugefügten Bemerkungen, die auch über die äußere Ausstattung der Urkunden Aufschluß geben.[1] Nicht geringeres Interesse erwecken eine Reihe von Formularbüchern, deren sich einige aus Bremen stammende Geistliche, die in der zweiten Hälfte des 15. Jahrhunderts als Abbreviatoren und Notare in der päpstlichen Kanzlei angestellt waren, bei ihrer amtlichen Tätigkeit bedient zu haben scheinen.[2] Einer der Bände enthält eine Sammlung von Formularen[3] für Provisionsurkunden, die in der letzten Zeit Urbans VI. entstanden ist, aber mehrere spätere Nachträge erhalten hat, in zwei anderen sind mehr als 500 Formulare für eine große Anzahl anderer Urkundenarten verzeichnet: zu ihrer Herstellung sind wirklich ausgestellte Urkunden benutzt worden, die man wahrscheinlich aus Registerbüchern des 14. und 15. Jahrhunderts exzerpiert hat. In einem anderen Bande sind u. a. Arengen und Adressen zusammengestellt, während wieder andere von ihrem Entdecker als Hand-, Studien- und Instruktionsbücher bezeichnet werden, die dazu dienen sollten, päpstliche Beamte in der sachlichen Behandlung und Erledigung bestimmter Geschäfte zu unterweisen.

Wenden wir uns nunmehr der Reichskanzlei zu, so haben wir auch hier eine nicht geringe Zahl einschlägiger Arbeiten zu verzeichnen. Aus der ersten Hälfte des 13. Jahrhunderts gehört hierher die großartige Sammlung von Briefen und Urkunden meist aus der Kanzlei Friedrichs II. und seiner Söhne, die unter dem Namen des Petrus a Vinea geht;[4] sie ist in zahllosen Handschriften in mehreren sehr

---

[1] Vgl. Kirsch, Histor. Jahrbuch 14, 814ff. Die Sammlung steht im Cod. Barberini XXXI, 11.

[2] Sie sind mit nach Deutschland gebracht und im bremischen Archiv niedergelegt worden, aus dem sie neuerdings in das Staatsarchiv zu Hannover gekommen sind. Beschrieben sind sie von Meinardus, NA. 10, 44ff.

[3] Daß es Formulare sind, woran Meinardus anfangs gezweifelt hatte, zeigt klar die Bemerkung auf dem vorletzten Blatt der zweiten Lage (NA. 10, 46): *Incipiunt forme provisionum ecclesiarum cathedralium.* Vgl. Schillmann, Zeitschr. für Kirchengeschichte 31, 283ff., der Regesten der zeitlich bestimmbaren Urkunden, denen die Formulare entnommen sind, gegeben hat, und Anzeiger für Schweiz. Gesch. 1909 S. 474ff.

[4] Druck: Petrus de Vinea, Epistolarum libri VI, ed. J. C. Iselius (Iselin) (Basel 1740, 2 Bde.). Über die Handschriften vgl. besonders Pertz, AdG. 5, 353ff., 7, 890ff.; W. Meyer, FDG. 19, 75ff.; über eine Handschrift

verschiedenen Redaktionen überliefert, harrt aber noch einer seit lange verheißenen kritischen Bearbeitung und Ausgabe, für die in den Sammlungen der *Monumenta Germaniae Historica* ausgedehnte Vorarbeiten vorliegen. Für die Zeit Wilhelms von Holland und Richards will F. J. Bodmann einen umfangreich, prächtig geschriebenen *Codex epistolaris* aus Kloster Egmond besessen haben,[1] der jetzt leider verschollen zu sein scheint. Die Angaben dieses Schriftstellers über ungedrucktes handschriftliches Material, das in seinem Besitz gewesen sein soll, haben sich neuestens vielfach als ganz unzuverlässig, ja als einfach erlogen erwiesen und können nur mit Mißtrauen aufgenommen werden; doch werden sie im vorliegenden Fall — Bodmann beschreibt sogar das Titelbild der Handschrift — schwerlich auf Erfindung beruhen. Dann aber macht die Provenienz der Handschrift ihre Entstehung in der Kanzlei sehr wahrscheinlich;[2] Vizekanzler Wilhelms war der Abt Lubbert von Egmond, und Protonotar beider Könige war der Magister Arnoldus de Hollandia, den man vielleicht als den Urheber der Sammlung wird ansehen können. Keinem Zweifel unterliegt dann die Existenz solcher Formularbücher, die aus Abschriften

---

in Barcelona vgl. Garufi, Arch. stor. Siciliano N. S. 25, 181ff.; zwei andere spanische NA. 6, 257. 367. Im übrigen vgl. Huillard-Bréholles, Vie et correspondance de Pierre de la Vigne (Paris 1865); Capasso und Jannelli, Pietro della Vigna (Caserta 1882); Jannelli, Pietro della Vigna di Capua (das. 1886); Hanauer, MIÖG. 21, 257ff.; Kantorowicz, ebenda 30, 651ff. Pertz' Ansicht, daß die Sammlung aus den Registerbüchern Friedrichs II. stamme und daß Petrus a Vinea selbst mit ihrer Anlegung nichts zu tun gehabt habe, ist nicht aufrecht zu erhalten. — Formulare für das sizilianische Großhofgericht Friedrichs II. hat Winkelmann, Acta imp. inedita 1, 721ff. aus einer Handschrift der Sammlung des Petrus a Vinea herausgegeben. — Eine wichtige Briefsammlung aus der Zeit Friedrichs II. hat Hampe in dem Pariser Cod. lat. 11867, von dem er in den SB. der Heidelberger Akademie 1910 n. 8 eine ausführliche Beschreibung gibt, aufgefunden und eine Anzahl von Stücken daraus in den MIÖG. 22, 575ff., der Zeitschr. f. Gesch. des Oberrheins NF. 20, 8ff. und in der Histor. Vierteljahrschrift 4, 161ff.; 7, 473ff.; 8, 509ff. sowie in den Heidelberger SB. 1911ff. gedruckt und eingehend erläutert. Für ihren Sammler hält er — mit Vorbehalt der genaueren Untersuchung — den aus dem Grafenhause von Celano stammenden Rainald, der in der päpstlichen Kanzlei Notar gewesen war und 1200 erwählter Erzbischof von Capua wurde. Eine vollständige Edition bereitet Hampe vor. — Erwähnung verdient auch die noch etwas ältere, interessante Briefsammlung von Thomas von Gaeta, Notar des sizilianischen Gegenkönigs Tankred, später der Kaiserin Constanze, die P. Kehr in dem Cod. Vat. reginae 1598 entdeckt hat, vgl. Kehr, Das Briefbuch des Thomas von Gaeta (Rom 1905; Separatabdruck aus QFIA. Bd. 8).

[1] Vgl. die Vorrede zu seinem Cod. epistol. Rudolfi S. XI.

[2] Vgl. Herzberg-Fränkel, MIÖG. Erg. 1, 295f.

oder Konzepten von Urkunden und Briefen der Könige und ihrer Kanzleibeamten sowie aus Abschriften von Urkunden und Briefen für und an diese kompiliert sind, in den Kanzleien der ersten Habsburger, König Rudolfs und König Albrechts;[1] und wir besitzen eine Reihe von Sammlungen, die mittelbar oder unmittelbar auf solche Formularbücher zurückgehen.

Eines dieser Formularbücher rührte von dem königlichen Notar Andreas von Rode her und war wahrscheinlich in den Jahren 1277 bis 1281 zu Wien von ihm angelegt worden.[2] Erhalten ist es uns in mehreren abgeleiteten Sammlungen, die auf drei verschiedene Redaktionen des von Andreas zusammengestellten Formularbuches zurückgehen. Aus der ersten Redaktion stammen eine Sammlung von 408 Briefen und Urkunden, überliefert in einer Trierer Handschrift aus dem Anfang des 14. Jahrhunderts,[3] und eine Sammlung von 317 Stücken, mit dem Titel *Summa curiae regis*, überliefert in einer Erlanger (einst Würzburger) und in einer Londoner Handschrift, beide aus dem 14. Jahrhundert.[4] In der Sammlung des Trierer Kodex handelt es sich überwiegend um Briefe und Urkunden aus der Zeit

---

[1] Vgl. Herzberg-Fränkel, MIÖG. Erg. 1, 291ff.; Kretzschmar, Die Formularbücher aus der Canzlei Rudolfs von Habsburg (Innsbruck 1889); Redlich, Mitteilungen aus dem Vatikanischen Archiv 2, XVIff.; Redlich, MIÖG. 11, 330ff. und Regesta imperii VI, 1, 15ff.; Otto, NA. 26, 217ff.

[2] Die erste Sammlung des Andreas von Rode denkt sich Otto, NA. 26, 222ff., als aus zurückbehaltenen Konzepten bestehend. Aber ich kann seine Gründe nicht als durchschlagend betrachten und halte gerade wegen der von Otto S. 225 angeführten Bemerkungen die Ansicht Kretzschmars, daß schon in der ersten Sammlung die aus Originalen oder Konzepten entnommenen Texte zu Formularen verarbeitet waren, für wahrscheinlicher.

[3] Der größte Teil gedruckt bei Bodmann, Codex epistolaris Rudolfi I. (Leipzig 1806), einige andere Formulare bei Kretzschmar S. 160ff., anderes ist aus anderen Sammlungen publiziert; die letzten bisher ungedruckten Stücke des Cod. Trevir. 1876 hat Schwalm, NA. 28, 689ff. herausgegeben.

[4] Über Cod. Erlang. 563 vgl. Stobbe, Österr. Archiv 14, 307ff.; Kretzschmar S. 13ff. Über die in Nürnberg geschriebene Londoner Handschrift des Brit. Museums, die für die Ausgabe der Formulare in MG. Const. 3 und 4, 1 noch nicht benutzt ist, aber auch keine große Bedeutung dafür zu besitzen scheint, vgl. Waitz, NA. 4, 335f. 378; Levison, NA. 32, 424ff.; Wolff, Der Briefsteller des Thymo von Erfurt und seine Ableitungen (Diss. Bonn 1911) S. 9f.; a. a. O. S. 428 N. 3 teilt Levison einige beachtenswerte Lesarten des Londoner Codex mit. — Auf die *Summa curiae regis* folgen in der Londoner Hs. eine in Würzburg vor 1325 entstandene Formularsammlung und eine andere etwa aus derselben Zeit stammende, die nach Mainz gehört; über beide vgl. Levison a. a. O. S. 428ff.

König Rudolfs, nur am Schlusse der Handschrift[1] sind einige Stücke Albrechts I. angefügt; in der *Summa curiae regis* dagegen sind die Formulare aus der Kanzlei Albrechts zahlreicher und treten sowohl am Anfang wie am Ende der Sammlung auf. Eine zweite Redaktion des Formularbuches des Andreas von Rode ist aus einer Abschrift seiner ersten Sammlung abgeleitet, die in Österreich zurückblieb, als Andreas im Jahre 1281 Wien verließ. Aus dieser zweiten Redaktion stammen der zweite Teil einer Briefsammlung, die am Ende des 13. oder zu Beginn des 14. Jahrhunderts in Wien entstanden ist und sich jetzt in der Vatikanischen Bibliothek zu Rom befindet,[2] ferner eine Sammlung von etwa 150 Urkunden und Briefen in einer seit dem 17. Jahrhundert verschollenen Handschrift des Klosters Heiligenkreuz, deren Inhalt wir aber größtenteils kennen,[3] endlich eine Reihe von Stücken in zwei Wiener Handschriften,[4] die umfangreichere Kompilationen von Formularen und Formularbüchern verschiedener Art und Herkunft enthalten. Auf einer dritten Redaktion der von Andreas angelegten Sammlung beruhen endlich die Rudolfinischen Urkunden des oben erwähnten Baumgartenberger Formularbuches.[5]

Wenn die auf Andreas von Rode zurückgehenden Formulare seit lange bekannt und beachtet sind, so haben wir über eine andere Sammlung, die mit der Kanzlei Rudolfs und Albrechts im Zusammen-

---

[1] Vgl. Schwalm, NA. 28, 690.

[2] Cod. Vatican. Ottobon. 2115; der hier in Frage kommende zweite Teil beginnt auf f. 66 der Handschrift und enthält 291 Formulare; Edition danach in den Mitteilungen aus dem Vatikan. Archiv Bd. 2.

[3] Aus der verlorenen Handschrift stellte der Abt Seifried von Zwettl (1612—1625) 126 Formulare zusammen; seine eigene Sammlung ist zweifellos verloren, aber aus ihr sind abgeleitet der uns erhaltene Cod. 509 von Heiligenkreuz und der Druck von Cenni, Codex Carolinus et Rudolfinus Bd. 2 (der Mon. domin. pontif.) (Rom 1761).

[4] Es sind Cod. 2493 der Wiener Hofbibliothek, eingehend beschrieben bei Kretzschmar S. 24ff. und Cod. 577 des Wiener Staatsarchivs, das sog. Formularbuch König Albrechts, worüber Chmel, Archiv f. österr. Gesch. 2, 211ff. und Schweizer, MIÖG. 2, 225ff. zu vergleichen sind.

[5] Abt Seifried von Zwettl hat noch eine zweite Sammlung angelegt, die sich von seiner ersten (oben N. 3) nur dadurch unterschied, daß er aus dem Baumgartenberger Formularbuche 23 Stücke hinzufügte. Diese zweite Sammlung Seifrieds ist von Gerbert, Codex epist. Rudolphi I. Rom. regis (St. Blasien 1772) abgedruckt. — Ohne erkennbaren Zusammenhang mit dem Formularbuche des Andreas von Rode sind das in einer Berliner Handschrift enthaltene Fragment einer Sammlung von Formularen Rudolfs, das Kaltenbrunner herausgegeben hat (Archiv f. österr. Gesch. 55, 249ff.) und das in dem Münchener Cod. 29095 enthaltene Fragment, das Simonsfeld, SB. der Münchener Akademie 1892 S. 474ff., beschreibt.

hang steht, erst vor kurzem Aufklärung erhalten. Überliefert in dem ersten Teile der schon oben angeführten einst Wiener, jetzt Vatikanischen Handschrift und 217 Stücke umfassend, ist sie aller Wahrscheinlichkeit nach von Gottfried, der 1287—1295 Protonotar Herzog Albrechts von Österreich war, kompiliert worden, der aber seinerseits eine ältere, vielleicht von dem seit 1274 nachweisbaren, gleichnamigen Protonotar Rudolfs angelegte Sammlung von Briefen und Urkunden aus der Kanzlei Rudolfs benutzt hat.[1]

Mit der Anlage einer solchen Sammlung hat sich aber noch ein dritter Beamter der Kanzlei Rudolfs, der Notar Konrad von Diessenhofen, beschäftigt. Zwanzig Formulare daraus sind uns in einer Handschrift der Luzerner Kantonsbibliothek[2] erhalten; ob diese nur einen Auszug aus der Sammlung des Notars darstellen, oder ob jene selbst überhaupt nicht umfangreicher war, wird sich schwer feststellen lassen.[3]

Für die Zeit Heinrichs VII. besitzen wir Sammlungen, die den eben besprochenen an die Seite zu stellen wären, nicht;[4] dagegen haben sich unter den Resten seiner Archivalien, die jetzt in Turin und Pisa aufbewahrt werden,[5] einige wenige Formulare vorgefunden.[6] Ebenso sind uns unmittelbar aus der Kanzlei Ludwigs des Bayern sechs Formulare für Urkunden über erste Bitten erhalten, die auf einem Papierblatt verzeichnet sind, das in eines der Registerbücher eingeheftet ist.[7] Es ist danach wahrscheinlich, daß auch in der

[1] Herausgegeben von Redlich in den Mitteilungen aus dem Vatikan. Archiv Bd. 2.

[2] Vgl. v. Liebenau, Anzeiger für Schweizer Geschichte 1886 S. 110ff.

[3] Keinen direkten Zusammenhang mit der Reichskanzlei hat die *Summa de litteris missilibus* Peters von Hall, herausgegeben von Firnhaber, Fontt. rer. Austr. Abt. 2 Bd. 6[b]; aber sie hat gewisse Stücke aus den übrigen Sammlungen geschöpft.

[4] Inwiefern der Münchener Cod. 21242, aus dem W. Meyer, FDG. 19, 80ff., eine Anzahl von Formularen herausgegeben hat, denen Urkunden Heinrichs VII. zugrunde liegen, mit der Kanzlei dieses Kaisers zusammenhängt, wird noch untersucht werden müssen; eine Darlegung darüber hat Schwalm in Aussicht gestellt, vgl. MG. Const. 4, 646 n. 676.

[5] S. Bd. 1, 171ff.

[6] Solche Formulare sind z. B. die Stücke MG. Const. 4, 483 n. 524· 484 n. 525.

[7] Herausgegeben von Bresslau, NA. 14, 432ff. Schreiber und Verfasser der Formulare ist wahrscheinlich der Notar Berthold von Tuttlingen, der an der Herstellung dieses Registerbandes hauptsächlich Anteil gehabt hat. Er war vorher Notar Bischof Rudolfs von Konstanz und hat den Streit zwischen Ludwig dem Bayern und Johann XXII. zu einem Diktamen verarbeitet, vgl. Wattenbach, Archiv für Österreich. Gesch. 14, 66; Archiv der Gesellsch. 10, 577.

Kanzlei Ludwigs ein vollständiges Formularbuch nicht existiert hat, daß aber in ähnlicher Weise wie hier für erste Bitten, so auch für andere Urkundenarten, namentlich solche, die häufig vorkamen, Formulare auf Einzelblätter eingetragen waren und aufbewahrt wurden.

Ebenso sicher ist die Benutzung von Formularen in der Kanzlei Karls IV. Sie ergibt sich einmal aus dem uns erhaltenen Fragment der Registerbücher dieses Kaisers: sehr oft sind dort gewisse Urkunden nicht nach ihrem Wortlaut, sondern stark abgekürzt oder nur im Regest eingetragen, indem für das weitere auf die als bekannt vorausgesetzten Formulare verwiesen wird.[1] Sodann erklärt der Oberregistrator Karls, Johann von Gelnhausen[2] ausdrücklich, daß er in und außerhalb der Kanzlei viele Formulare des Kanzleistils kennen gelernt habe, die ihm freilich nicht genügten und zum Teil sehr mangelhaft erschienen.[3] Deshalb stellte er selbst ein umfassendes Formularbuch zusammen, das direkt zum Gebrauch der Notare in königlichen und in fürstlichen Kanzleien bestimmt war; nach dem Tode des Kaisers Stadtschreiber in Brünn geworden, wo er von 1380 bis 1387 nachweisbar ist, widmete er das Werk, dem er den Titel *Collectarius perpetuarum formarum* gab, dem Markgrafen Jobst von Mähren, eine zweite, später entstandene Redaktion aber dem Herzog Albrecht III. von Österreich.[4] Die ältere (mährische) Redaktion be-

[1] Die Verweise (vgl. Ficker, BzU. 2, 34) lauten: *etc. secundum formam, etc. secundum formam communem, etc. prout in forma scribitur, ut in forma, ut in forma consueta, prout in forma communi* usw.

[2] Über Johann von Gelnhausen vgl. zuletzt Tadra, MIÖG. 20, 100ff.; Bretholz, Zeitschr. des deutschen Vereins f. d. Gesch. Mährens und Schlesiens 7, 1ff.; Burdach (Abhandlungen der Berl. Akademie 1903), Bericht über Forschungen zum Ursprung der nhd. Schriftsprache usw. S. 23ff. Auf alle an sein Leben und seine schriftstellerische Tätigkeit sich knüpfenden Fragen einzugehen, ist hier nicht der Ort.

[3] In der Einleitung zu dem gleich zu erwähnenden Werk (ed. Kaiser S. 1): *dum olim in aula cesarea beate memorie divi Karoli quarti Rom. imperatoris et Bohemie regis ... moratus summus et eciam stipendiatus de sui gracia litterarum registrator existerem ... et multos formularios stili curie imperialis inepte et incomplete compositos tam in cancellaria quam extra viderem, placuit michi ... ex omnibus registris ... formas stabiles et perpetuas precipuo studio colligere et in unum corpus redigere ad commemoracionem divi cesaris ac omnium notariorum ad notissimum et verissimum documentum, sine quibus ... notarii principum ad colorandum et disponendum litteras imitacione congrua non subsistunt.*

[4] Ausgabe von Kaiser, Collectarius perpetuarum formarum Johannis de Geylnhusen (Innsbruck 1900). Die Ausgabe der österreichischen Redaktion von Hoffmann, Sammlung ungedruckter Nachrichten 2, 1—292 ist jetzt nicht

steht aus 176 Formularen, auf die in der einzigen uns davon erhaltenen Handschrift[1] eine theoretische Anleitung zur Abfassung von Briefen und Urkunden folgt, die jedenfalls auch auf Johann von Gelnhausen zurückgeht,[2] aber wohl nur zum kleinsten Teile sein geistiges Eigentum ist. Dieser theoretische Teil ist in der zweiten (österreichischen) Redaktion der Sammlung[3] fortgelassen; auch eine kleine Zahl der Formulare — zwölf im ganzen — sind fortgeblieben, dagegen sind hier sehr zahlreiche Stücke hinzugekommen, so daß die Sammlung nun im ganzen 315 Formulare umfaßt. Johann erklärt, daß er aus den Registerbüchern der Kanzlei geschöpft habe; und das trifft für die Hauptmasse der Sammlung sicher zu. Aber einzelne Formulare hat er doch aus den Ausfertigungen selbst später in die während seiner Dienstzeit in der Kanzlei begonnene Sammlung eingefügt; eine kleine Anzahl von Stücken hat er aus dem viel verbreiteten Formularbuche des Petrus a Vinea übernommen, von dem wir schon sprachen, und eine etwas größere aus einer anderen, schon etwas früher entstandenen Sammlung von Formularen geschöpft, die gleichfalls in der Kanzlei Karls IV., aber von einem höhergestellten und bedeutenderen Mann, als Johann von Gelnhausen war, angelegt war.[4] Karls Kanzler, Johann von Neumarkt,[5] Bischof von Leitomischl

---

mehr zu brauchen. Über die Entstehung und Zusammensetzung der Sammlung vgl. KAISER, Der Collectarius perpetuarum formarum des Johann von Gelnhausen (Straßburg 1898).

[1] Ccd. Vatican. n. 3995; zuerst eingehender beschrieben von DUDIK, Iter Romanum 1, 291ff., vgl. jetzt KAISER, Der Collectarius S. 26ff. Zwischen Formular 176 und dem theoretischen Teil sind auf leerem Raum von jüngerer Hand vier Formulare eingetragen, die mit Johann von Gelnhausen nichts zu tun haben. Dagegen mögen 61 Formulare, die auf den theoretischen Teil folgen, aber zu dem *Collectarius* nicht gehören, später in Mähren von Johann selbst oder in seinem Auftrage der uns erhaltenen Abschrift der mährischen Redaktion hinzugefügt sein. Noch andere Nachträge scheinen in Thüringen oder Meißen entstanden zu sein.

[2] Auszüge daraus bei KAISER, Der Collectarius S. 134. Der Anfang (*Colores verborum et sentenciarum*) hängt nahe mit einem Abschnitt in der Wolfenbütteler Handschrift der *Summa* Johanns von Neumarkt zusammen; der spätere Teil mit der *Practica* des Laurentius von Aquileia, s. oben S. 260.

[3] Überliefert in einer Gießener Handschrift (KAISER a. a. O. S. 23ff.), die HOFFMANN benutzt hat. Eine ihr nächst verwandte Mainzer Handschrift (vgl. GUDENUS, CD. Maguntinensis 2, 595) ist verloren.

[4] Vgl. HUBER, Reg. Karoli IV. S. LVIIf.; LINDNER S. 151f.; FRIEDJUNG, Karl IV. und sein Anteil am geistigen Leben seiner Zeit S. 109ff.

[5] Seit dem Lebensabriß HUBERS, Allg. deutsche Biographie 14, 468f. haben sich besonders TADRA in einer czechisch geschriebenen Abhandlung im Casopis Musea královstvi českého Bd. 60, die ich nur aus Zitaten kenne, und

(1353—1364) und von Olmütz (1364—1380), der seit 1347 der Kanzlei des Königs zuerst als Notar, dann als Protonotar angehörte und sie von 1354 [1] bis 1374 mit kurzer Unterbrechung geleitet hat, ein Mann, dessen Bedeutung für die Anfänge der humanistischen Bewegung in Deutschland sehr hoch angeschlagen werden muß, ist ohne jeden Zweifel der Verfasser dieses älteren Formularbuches, das unter dem Titel *Summa cancellariae* [2] bekannt und in zahlreichen Handschriften [3] verbreitet ist. Abgesehen von Urkundenformularen, die aus Abschriften und Konzepten der Kanzlei entstammen mögen, enthält seine Sammlung auch zahlreiche, zum Teil interessante Privatbriefe sowohl des Kanzlers wie des Kaisers; doch sind auch in ihr ältere Quellen benutzt; 12 Formulare sind, teilweise mit Veränderung der Siglen und Namensformen, auch von Johann aus der Briefsammlung des Petrus a Vinea entlehnt.[4] Daß auch von der *Summa cancellariae* mehrere Redaktionen zu unterscheiden sind, ist sicher; aber wie viele ihrer anzunehmen, wie die Handschriften auf die einzelnen Redaktionen zu verteilen, in welchem Verhältnis diese zueinander stehen und wann sie entstanden sind, ist strittig; und der Umstand, daß die neueste Ausgabe dieser *Summa* eines ausreichenden kritischen Apparates entbehrt, macht es für den, der die czechische Sprache ihrer Einleitung und ihrer Anmerkungen nicht beherrscht, unmöglich zwischen den einander scharf gegenüberstehenden Ansichten eine Entscheidung zu

in den Einleitungen seiner unten N. 2 und S. 279 N. 3 erwähnten Editionen sowie Lulvès, Die Summa cancellariae des Johann von Neumarkt (Berlin 1891 S. 4ff.; S. 4 N. 3 die ältere Litteratur) mit dem Leben Johanns beschäftigt. Seine allgemeine Bedeutung für Kultur und Litteraturgeschichte hat nachgewiesen Friedjung a. a. O. S. 108ff., und mit besonderem Nachdruck hat sie K. Burdach sowohl in dem Buche 'Vom Mittelalter zur Reformation' (Leipzig 1893) wie in manchen späteren Aufsätzen ins Licht gestellt, vgl. namentlich Abhandlungen der Berliner Akademie 1903 S. 21ff.

[1] Kaum schon im Herbst 1353, trotz der Rekognition von Reg. Kar. IV. 1622, vgl. Huber im Additamentum zu den Regesten S. VIII.

[2] Ausgabe von F. Tadra (Prag 1895), der von Bretholz, MIÖG. 17, 198ff., mehr Lob gespendet wird, als sie, soweit ich zu übersehen vermag, verdient; vgl. auch die Ausführungen Loserths, Zeitschr. für die österreich. Gymnasien 47, 1103ff., Tadras Erwiderung das. 48, S. 379 und Loserths sich daran anschließende Replik. Die Sammlung hat in Tadras Ausgabe 366 Nummern.

[3] Über die Handschriften vgl. Lulvès S. 20ff. (daselbst auch Angaben über die bisherigen Ausgaben einzelner Stücke aus verschiedenen Handschriften), Tadra in der Ausgabe S. VIIIff., Loserth a. a. O.; Burdach in den Abhandlungen der Berliner Akademie 1903 S. 25; Simonsfeld, Archival. Zeitschr. N. F. 3, 125ff.

[4] Vgl. Kaiser, NA. 25, 217ff.

treffen. So muß es denn an dieser Stelle unentschieden gelassen werden, ob die verlorene Vorlage einer Görlitzer Handschrift aus dem Anfang des 15. Jahrhunderts, in der 214 Formulare enthalten sind, die erste Redaktion des Werkes enthielt,[1] oder ob die kleine Sammlung von noch nicht 50 Formularen, die wir aus einem Codex der Prager Universitätsbibliothek gleichfalls aus dem 15. Jahrhundert kennen, den Anspruch darauf erheben darf, der ersten Redaktion am nächsten zu stehen,[2] und ebenso ob die erste Anlage der Arbeit in das Jahr 1374 oder 1375[1] oder schon in das Jahr 1360 fällt.[2] Sicher erkennbar ist jedoch die letzte Redaktion des Formularbuches, die durch eine Handschrift der Leipziger Ratsbibliothek und eine daraus abgeleitete Handschrift der bischöflichen Bibliothek zu Klagenfurt vertreten wird. In ihr ist die *Summa cancellariae* durch eine große Anzahl von Formularen für Briefe und Urkunden vermehrt, die der späteren Zeit Johanns von Neumarkt und der bischöflich olmützischen Kanzlei entstammen;[3] das ganze Werk ist zugleich in sechs Bücher geteilt; ob diese letzte Redaktion, die jedenfalls nach 1378 entstanden ist, noch bei Lebzeiten des Johannes und ob sie von ihm selbst veranstaltet, oder ob nur in seinem Auftrage hergestellt und etwa erst nach seinem Tode vollendet worden ist, wird sich schwerlich mit Sicherheit feststellen lassen.[4]

Aus der Zeit König Wenzels haben wir mehrere Handschriften die als Formularbücher im Sinne unserer gegenwärtigen Betrachtung bezeichnet werden können, aber sie alle gehören nicht eigentlich der Reichskanzlei, sondern der böhmischen Kanzlei an,[5] und auch aus der

---

[1] Das ist die Meinung von Lulvès.

[2] Das glaubt (nach der Analyse von Bretholz a. a. O. S. 200) Tadra; der Codex hat die Signatur 8. A. 19; vgl. über ihn Lulvès S. 28.

[3] Diese letzteren hat Tadra, als ob sie ein eigenes Werk wären, unter dem Titel *Cancellaria Iohanni Noviforensis* im Archiv f. österr. Gesch. Bd. 68 nach der Klagenfurter Handschrift herausgegeben.

[4] Eine andere Formularsammlung von etwa 200 Nummern, von denen bisher nur 37 von Mencken, SS. rer. German. 3, 2009 ff., gedruckt sind, ist in Cod. 1249 der Leipziger Universitätsbibliothek enthalten; nach Lulvès S. 21 stammt sie gleichfalls aus der Kanzlei Karls IV., ist aber von der *Summa cancellariae* Johanns von Neumarkt verschieden und hat mit ihr nur zwei Stücke gemeinsam. Dagegen steht eine Handschrift des Klosters Melk, die Formulare Karls, Wenzels und Sigmunds enthält, mit dem Werke Johanns in näherer Beziehung, als Lulvès annahm, da sie mehr als 50 Nummern daraus enthält, vgl. Loserth a. a. O. 48. 383.

[5] Über zwei davon, einen Codex der Schwarzburgischen Bibliothek zu Wittingau und einen Codex des Domarchivs zu Prag, vgl. Palacky, Über Formelbücher, 2. Lieferung; Lindner, Gesch. des deutschen Reichs 2, 167 N. 1.

Kanzlei Ruprechts von der Pfalz ist ein Formularbuch nicht auf uns gekommen. Dagegen haben sich zwei Handschriften erhalten, die aus der Kanzlei Sigmunds hervorgegangen sind und ähnlichen Zwecken, wie die bisher behandelten Schriften, dienten. Die eine davon wird jetzt in der Serie der Registerbücher Sigmunds im Wiener Staatsarchiv aufbewahrt[1] und dürfte zugleich mit ihnen aus dem Nachlaß Sigmunds in den Besitz Albrechts II. und seiner habsburgischen Nachfolger gekommen sein. Sie gehört aber nicht eigentlich zu ihnen, sondern sie enthält eine von einem Kanzleibeamten[2] zu eigenen Zwecken angelegte Sammlung von Konzepten und Abschriften, die zu Formularen umgewandelt sind. Sie scheint auch noch unter Albrecht II. benutzt und erweitert zu sein;[3] in dem Inhaltsverzeichnis heißt es, daß sie *ex diversorum prothonotariorum scripturis* angelegt sei. Anderer Art, aber wohl der gleichen Provenienz, ist die zweite, ebenfalls im Wiener Staatsarchiv beruhende Handschrift;[4] auch sie stellt ein von einem Kanzleibeamten angelegtes Formularbuch dar, für das aber in der Hauptsache nur die Registerbücher eines einzigen Jahres (1417) benutzt sind;[5] erst in der zweiten Hälfte des 15. Jahrhunderts sind noch einige Nachträge hinzugekommen,[6] die aber mit der ursprüng-

---

Beide werden als *Cancellariae Wenceslai* bezeichnet, das Formularbuch der Wittingauer Handschrift genauer als *Summa cancellarie regis Bohemie.* Eine dritte Handschrift, das sog. *Copiarium diplomatum Przemislaeum* in der Prager Universitätsbibliothek (vgl. Lindner, Urkundenwesen S. 169ff.; Seeliger, MIÖG. Erg. 3, 242ff.) enthält zwar auch Reichssachen, ist aber wahrscheinlich erst 1425 mit Benutzung der Registerbücher Wenzels angelegt worden, um als Formularbuch in der Kanzlei des litauischen Prinzen Sigmund Korybut zu dienen, der zum König von Böhmen bestimmt war.

[1] Sie ist mit D signiert; vgl. darüber Lindner, Urkundenwesen S. 177; Altmann, Regesten Sigmunds S. IV N. 5; Quidde, Reichstagsakten 10, XXXIf.; Seeliger, MIÖG. Erg. 3, 265 erwähnt die Handschrift, ohne näher auf sie einzugehen, da sie eben kein Registerbuch ist.

[2] Nach Altmann a. a. O. von dem Sekretär Simon Amman von Aspern. Nach dem Inhaltsverzeichnis bei Lindner a. a. O. muß der Kompilator jedenfalls dem Kanzler Georg von Passau nahe gestanden haben.

[3] Soweit es sich um Sigmund handelt, umfaßt der Band nach Quidde a. a. O. die Zeit von etwa 1412—1432. Georg von Passau war 1418—1423 Kanzler.

[4] Signatur Cod. 22; Verzeichnis des Inhalts und Ausgabe der historisch wichtigeren Stücke von Caro, Archiv für Österreich. Gesch. 59, 1ff.; vgl. Altmann a. a. O.

[5] Altmann a. a. O. meint, daß das Buch oder seine Vorlage im Jahre 1417 geradezu als Register gedient habe.

[6] Diese weisen zum Teil auf einen Zusammenhang mit Straßburg hin. — Über den Kompilator der Sammlung eine Vermutung zu äußern, ist einst-

lichen Sammlung in keinem Zusammenhang stehen. Endlich ist hier noch ein wahrscheinlich in der Kanzlei Friedrichs III. entstandenes Formularbuch zu erwähnen, für das Urkunden der Jahre 1457—1477 benutzt sind, über das uns aber eingehendere Nachrichten noch fehlen.[1]

Wie in der königlichen, so sind nun aber auch in den fürstlichen Kanzleien[2] Deutschlands ähnliche Formularsammlungen angelegt worden, insbesondere häufig im Osten und im Südosten des Reichs.[3] Wir können sie nach dem Plane dieses Werkes nicht mit gleicher Ausführlichkeit wie die bisher besprochenen behandeln und müssen uns damit begnügen, auf einige der wichtigeren von ihnen in der Anmerkung hinzuweisen.[4]

---

weilen unmöglich. Vielleicht würden die darin enthaltenen Briefe eines oder mehrerer Kanzleibeamten einen Anhaltspunkt dazu geben, aber diese Stücke hat Caro in seiner Edition nicht abgedruckt. In n. 108 finden sich nach Caro Stoßseufzer eines Kanzlisten über seine Lage, gerichtet an den Erzbischof von Ungarn.

[1] Es ist der Sammelband Cod. suppl. 410 des Wiener Staatsarchivs, auf den Seeliger, MIÖG. Erg. 3, 311, kurz hingewiesen hat.

[2] Die nicht mit fürstlichen oder städtischen Kanzleien des späteren Mittelalters zusammenhängenden Formularbücher des späteren Mittelalters können hier nicht berücksichtigt werden.

[3] Vgl. das Verzeichnis, das Schillmann, Deutsche Geschichtsblätter 13, 197ff. gibt.

[4] In Böhmen (vgl. im allgemeinen Palacky, Formelbücher Bd. 1. 2 und Emler, Abhandlungen der böhmischen Gesellsch. der Wissenschaften 6. Folge Bd. 9) reichen die Formularbücher, die mit der königlichen Kanzlei zusammenhängen, bis ins Ende des 13. Jahrhunderts zurück. Zuerst kommt hier das Formularbuch des Henricus Italicus in Betracht, der seit 1274 Protonotar Ottokars II. war, unter Wenzel II. diese Stellung verlor und 1280 im Dienste der Stadt Prag stand (Handschriften und Ausgaben verzeichnet Novák, MIÖG. 20, 253 N. 1), eine Sammlung von Formularen, die durchaus auf echte Briefe und Urkunden zurückgeht. Davon völlig zu unterscheiden ist die unter dem irreführenden Titel *Codex epistolaris Primislai Ottocari II.* bekannte Sammlung des Henricus de Isernia, gleichfalls eines Italieners, der, aus einem in Isernia angesessenen, angesehenen guelfischen Geschlechte stammend, 1269 zu den Ghibellinen übertrat, nach Deutschland übersiedelte, seit 1270 oder 1271 in Prag lebte, hier eine Zeitlang als Lehrer der Rhetorik wirkte, dann in dienstliche Beziehungen zu seinem Landsmann, dem gleichnamigen Protonotar trat, mit dem er früher irrigerweise identifiziert worden ist, und schließlich (wie ich mit Hampe annehme) zum Notar in der Kanzlei Ottokars II. ernannt wurde. Diese Sammlung des Iserniers steht nicht in direktem Zusammenhang mit der Kanzlei und setzt sich größtenteils aus bloßen Stilübungen, Fiktionen ihres Verfassers, zusammen; sie ist historisch nicht wertlos, aber nur mit größter Vorsicht zu benutzen. Über Handschriften und Ausgaben vgl. Novák, MIÖG.

In noch umfassenderem Maße als die Formulare, von denen wir soeben gehandelt haben, kommen als Quellen, deren sich die Notare und Urkundenschreiber des Mittelalters bei der Erledigung ihrer Ge-

20, 254 N. 1. Desselben Untersuchung im Česky časopis historický 9 (1903) kenne ich nur aus den Angaben MIÖG. 28, 390. 29, 690. Dazu jetzt Hampe, Beiträge zur Gesch. der letzten Staufer. Ungedruckte Briefe aus der Sammlung des Heinrich von Isernia (Leipzig 1910). Das Werk von A. Petrov, Henrici Italici libri formarum e tabulario Otacari II. Bohemorum regis quatenus rerum fontibus aperiendis possent inservire (Petersburg 1906—1907, 2 Bde., Bd. 1 russisch, Bd. 2 lateinisch) ist mir unzugänglich gewesen, vgl. Novák, MIÖG. 29, 689ff. und Hampe a. a. O. S. 4f. Petrovs Meinung, daß der Isernier auch das oben unter dem Namen des Protonotars Heinrich (mit dem aber Petrov den Isernier nicht identifiziert) gehende Formularbuch angelegt habe, ist zweifellos verkehrt; vgl. auch Wolff in der unten erwähnten Schrift über Thymo von Erfurt S. 75ff. — Von einem Schüler Heinrichs von Isernia, Bohuslav, der vielleicht Notar der Königin Kunigunde, Gemahlin Ottokars II., war, rührt der größte Teil des sog. Formularbuchs dieser Königin her (gedruckt bei Palacky, Formelbücher Bd. 1 aus Cod. Vindob. 526; eingehend behandelt von Novák in der Festschrift für Jar. Goll, Prag 1906, die ich nur aus den Anzeigen MIÖG. 28, 553 und NA. 32, 573 kenne); er enthält nur Stilübungen; damit verbunden sind in der Handschrift ein Formularbuch eines unbekannten Autors, das auf echten Urkunden beruht und ein kurzer Anhang mit authentischen Stücken aus der Kanzlei der Königin. — Zu den mit der Kanzlei im Zusammenhang stehenden Sammlungen gehören ferner: Fragmente eines Formularbuchs aus der Zeit Wenzels II., ed. Loserth, Archiv für Österreich. Gesch. 57, 463; ein umfangreiches Formularbuch aus der Zeit und der Kanzlei desselben Königs, das durchweg auf echte Urkunden zurückgeht, mit einer großenteils auf Guido Faba beruhenden theoretischen Einleitung, überliefert in einer Sammelhandschrift des Klosters St. Paul im Lavanttal, herausgegeben von Loserth, Das St. Pauler Formular (Prag 1896); *Codex epistolaris Iohannis regis Bohemiae*, ed. Jacobi, Berlin 1841; *Summa dictaminis magistri Gerhardi*, ed. Tadra, Archiv für österreich. Gesch. 63, 305; wahrscheinlich von einem Kanzleibeamten des Unterkämmereramtes aus der Zeit König Johanns angelegt. Aus dem 15. Jahrhundert mag schließlich noch die *Cancellaria regis Georgii* erwähnt werden, vgl. Palacky, Fontt. rer. Austr. 2. Abt. 20 S. XIf. — Aus der Kanzlei der Bischöfe und Erzbischöfe von Prag stammen die *Cancellaria Arnesti*, ed. Tadra, Archiv für österreich. Gesch. 6, 269ff., der *Codex epistolaris* des Johann von Jenzenstein, ed. Loserth, ebenda 55, 265ff. und das Formularbuch des Tobias von Bechin (1279—1296; ed. Novák Prag 1903, ein neu gefundenes Fragment, herausgegeben von Sebesta, Hist. Archiv der Kaiser Franz Josefsakademie in Prag 1905 n. 26); aus der bischöflich Olmützischen Kanzlei die sogen. *Cancellaria Iohannis Noviforensis*, s. oben S. 279 N. 3, und, daran in der Ausgabe angeschlossen, eine kleine, von Sanderus, dem Offizial Johanns von Neumarkt, angelegte Sammlung. Über die *Summa cursus curiae* des Nikolaus von Habelschwerdt, die zuletzt Unterlauff, Zeitschr. f. d. Gesch. Schlesiens 27, 311ff. mit der herzoglichen Kanzlei von Glogau in Verbindung bringen wollte, vgl. jetzt die treffliche Schrift von P. Wolff, Der Briefsteller des Thymo von

schäfte bedienten, die Vorurkunden in Betracht. Wir bezeichnen mit diesem Namen alle wirklich ausgestellten Urkunden, die bei einem späteren Beurkundungsgeschäft desselben oder eines anderen Ausstellers vorgelegen und die Gestaltung der späteren Urkunden formell oder sachlich beeinflußt haben.[1]

Die Benutzung von Vorurkunden hat am häufigsten und ganz regelmäßig dann stattgefunden, wenn es sich bei einer späteren Beurkundung um Bestätigung eines durch eine oder mehrere ältere Urkunden bereits verbrieften Rechtsverhältnisses handelte. Wir haben schon früher erwähnt,[2] daß es im Mittelalter von der ältesten bis in die späteste Zeit allgemeiner Brauch war, weltlichen und geistlichen

---

Erfurt (Diss. Bonn 1911) S. 81ff. — Mit der bischöflichen Kanzlei von Breslau hängt zusammen das Formularbuch des Domherrn Arnold von Protzau, vollendet vor 1332, herausgegeben von Wattenbach, CD. Silesiae Bd. 5). Über ein anderes Formularbuch aus der Kanzlei des Bischofs von Breslau aus den Jahren 1441—1444 vgl. Burdach, Litterar. Centralblatt 1898 Sp. 653f. — Über Formularbücher des 14. Jahrhunderts aus Salzburg vgl. Mayer, Archiv für österreich. Gesch. 62 und Simonsfeld, SB. der Münchener Akademie 1890 Bd. 2, 240ff. — Ob das von Simonsfeld, Archival. Zeitschr. N. F. 3, 105, beschriebene Freisinger Formularbuch mit der dortigen bischöflichen Kanzlei zusammenhängt, bedarf noch der Untersuchung; sicher dagegen erscheint der Zusammenhang des von V. Schmidt, Verhandlungen des histor. Vereins f. Niederbayern 33, 249ff., behandelten Formularbuchs aus Passau (1435—1436) mit der Kanzlei des Bischofs. — Über ein Straßburger Formularbuch, das aus der Kanzlei des Bischofs Johann I. (1306—1328) stammen muß, vgl. Palacky, S. 237f., Rosenkränzer, Bischof Johann I. von Straßburg (Trier 1881) S. 101ff., und Herzberg-Fränkel, MIÖG. 16, 476ff. Ihm folgt ein aus Eichstätt stammender, noch nicht näher bekannter erster Teil. — Schließlich erwähnen wir noch die Briefsammlung des Nikolaus Lindenstumpf aus Straßburg, der daselbst 1417 in der städtischen Kanzlei und später als bischöflicher Offizial tätig war (vgl. Kaiser, Zeitschr. für Gesch. des Oberrheins N. F. 17, 17ff.) und das Formularbuch des Christian von Geren aus dem 15. Jahrhundert, dessen älterer Teil angelegt wurde, als der Verfasser der lübischen Ratskanzlei angehörte, während ein anderer Teil bei einem römischen Aufenthalt Christians entstand (Hansische Geschichtsquellen N. F. 2, 312ff.). — Von den neuerdings in größerer Anzahl bekannt gewordenen klösterlichen Formularbüchern sei hier nur das Niederaltaicher des ausgehenden 13. und beginnenden 14. Jahrhunderts erwähnt, vgl. Herzberg-Fränkel, MIÖG. 30, 337ff.

[1] Im wesentlichen hiermit übereinstimmend ist die Definition Fickers, BzU. 1, 270. — Für das folgende sei hier ein für allemal auf die lehr- und inhaltreichen Erörterungen Stengels, Diplomatik S. 276ff., verwiesen, dessen Ausführungen sich allerdings zunächst nur auf Immunitätsurkunden beziehen, indessen zumeist auch auf andere Urkundenarten sinngemäß übertragen werden können.

[2] S. oben S. 27ff.

Fürsten, von denen man die Bestätigung urkundlicher Verfügungen ihrer Vorgänger erbat, diese zur Prüfung und Anerkennung vorzulegen. Nicht minder üblich war es, wenn staatliche oder kirchliche Autoritäten um Bestätigung von privaten Rechtsgeschäften oder von Verfügungen anderer geistlicher oder weltlicher Autoritäten ersucht wurden, dabei die Urkunden über jene Rechtsgeschäfte oder Verfügungen einzureichen. So haben Königen päpstliche und Päpsten königliche Urkunden vorgelegen, so sind diesen höchsten Machthabern des Staates und der Kirche in zahlreichen Fällen Urkunden ihrer Untergebenen eingereicht worden, so haben geistliche und weltliche Fürsten von Urkunden ihrer Diözesanen oder Territorialangehörigen Kunde erhalten, so hat man aber auch bisweilen Urkunden höher stehender Autoritäten Machthabern vorgelegt, die jenen untergeben waren, um ihnen durch deren Bestätigung in einem bestimmten lokalen Bereich noch eine besondere Anerkennung zu verschaffen,[1] oder sich der Ausführung der darin getroffenen Anordnungen zu versichern.

Nicht in allen Fällen, in denen eine solche Vorlegung älterer Urkunden zum Zweck der Bestätigung und Anerkennung stattfand, ist es, auch wenn das Gesuch bewilligt wurde, zu wirklicher Ausfertigung einer neuen Urkunde gekommen. Bisweilen erfolgte vielmehr die Bestätigung unmittelbar auf der vorgelegten älteren Urkunde selbst.[2] So hat in Deutschland namentlich König Arnulf nicht ganz

---

[1] Beispiele für diese Fälle bietet fast jedes Urkundenbuch.

[2] Hierhin gehört es nicht, wenn Urkunden von Königen durch Unterschriften ihrer bereits gekrönten Nachfolger und Mitregenten beglaubigt werden. Die Bestätigung erfolgt in diesen Fällen nicht nachträglich auf der älteren Urkunde, sondern sie ist von vornherein bei der ersten Beurkundung in Aussicht genommen. Beispiele dafür sind aus dem 9. Jahrhundert die Urkunde Lothars I. und Ludwigs II. Mühlbacher[2] 1147; aus dem zehnten die DD. Ottos I. und II. DDO. I. 410. 414 (wo die Unterschriften jetzt fehlen, aber mit Sicherheit erschlossen werden können) und das DO. II. 21, das Otto II. ausgestellt und der Vater mit unterfertigt hat; aus dem 11. Jahrh., die DD. K. II. 195. 196 (während in DK. II. 206 die Unterschrift Heinrichs III. fehlt, obwohl er als Mitaussteller genannt ist). Später kommen Fälle der Art in der Reichskanzlei nicht mehr vor. Bei den italienischen Königen des 9. und 10. Jahrh. findet sich das gleiche öfter. Wir haben einen Fall aus der Zeit Widos und Lamberts (DW. 13) und viele aus der Zeit Hugos und Lothars sowie Berengars II. und Adalberts. — Nicht ganz gleichen Charakters sind in dieser Hinsicht die Unterschriften der Söhne Ludwigs des Deutschen auf Urkunden ihres Vaters. Sie sind in einigen Fällen in der Korroborationsformel angekündigt und dementsprechend sofort hinzugefügt, in anderen dagegen erst später behufs Anerkennung und Bestätigung nachgetragen; vgl. Sickel, BzD. 1, 393; 2, 128; KUiA. Text S. 156. Nur

selten Urkunden seiner Vorgänger nach Antritt der eigenen Regierung durch Hinzufügung seiner Unterschrift, bisweilen außerdem auch seines Siegels bestätigt;[1] dies Beispiel ist dann, gleichfalls in einer nicht ganz kleinen Zahl von Fällen, von Ludwig dem Kinde befolgt worden.[2] Später ist eine solche Bestätigung vorgelegter älterer Urkunden durch bloße Unterschrift oder Besiegelung in der Reichskanzlei nicht mehr vorgekommen,[3] und auch sonst ist es in Deutschland immer nur selten geschehen,[4] daß weltliche oder geistliche Fürsten Urkunden ihrer Vorgänger in dieser Weise konfirmiert haben. Dagegen kommt diese Art der Bestätigung nicht nur in Frankreich und Spanien auch später vor,[5] sondern sie war namentlich in italienischen Bischofsurkunden sehr gebräuchlich; in einzelnen Gegenden Italiens ist es ganz gewöhnlich, daß bischöfliche Privilegien für Klöster oder Kanonikatstifte von den Nachfolgern der Aussteller durch Namensunterschrift konfirmiert worden sind.[6]

---

in einem Falle, Mühlbacher² 1133, ist bisher eine ähnliche nachträgliche Unterfertigung durch Kaiser Ludwig II. auf einer Urkunde Lothars I. nachgewiesen worden.

[1] Unterschrift Arnulfs in Mühlbacher² 1511. 1512. 1534. 1655. Unterschrift und Siegel Mühlbacher² 1759, vgl. KUiA. Lief. IV Taf. 2.

[2] Hierhin gehören Mühlbacher² 824, wo ich das *Signum Hludowici regis* lieber mit Mühlbacher a. a. O. auf Ludwig das Kind, als wie gewöhnlich (auch noch von Sickel, KUiA. Text S. 156) angenommen wird, auf Ludwig den Deutschen beziehe, Mühlbacher² 1548. 1958 (vgl. 2053), wo außer Signumzeile und Monogramm auch eine Datierung hinzugefügt ist, endlich Mühlbacher² 1877. 1921, hinsichtlich welcher Stücke ich mich den Bemerkungen Sickels, MIÖG. 1, 240 N. 2, KUiA. Text S. 157, und Diekamps, Supplement S. 53 n. 333, gegen Ficker, BzU. 1, 310, anschließe. — Sickel a. a. O. S. 156 erwähnt auch eine ähnliche Unterfertigung Zwentibolds. Die Monogramme Arnulfs, Zwentibolds und Benedikts IV. auf Mühlbacher² 1296 sind aber, wie Sickel a. a. O. nachweist, fälschende Zutat von Stabloer Mönchen.

[3] Was ich NA. 6, 555 über die von Ficker, BzU. 1, 284 angeführten DD. St. 2513. 2365. 2394 bemerkt habe, bedarf insofern der Berichtigung, als das Siegel Friedrichs I. auf den beiden letzteren Diplomen jetzt als falsch erkannt ist. Über St. 2513 muß ich mir das letzte Wort noch vorbehalten.

[4] Einige Beispiele der Art bei Ficker, BzU. 1, 271.

[5] Vgl. Mabillon, De re dipl. S. 157; Prou, Recueil des actes de Philippe I. roi de France S. XLVII. CLXXVIIIff. Hierhin gehören auch die Unterschriften späterer Grafen von Barcelona auf einer Urkunde Silvesters II. für S. Cugat, vgl. MIÖG. 9, 2.

[6] Vgl. z. B. aus Padua, Unterschrift Bischof Ursos unter Urkunde Bischof Hildeberts, Gloria 1, 71; Unterschrift Bischof Johanns unter Urkunde Bischof Burchards, ebenda 1, 181; aus Parma: Unterschrift Bischof Guidos unter Urkunde Bischof Siegfrieds, Affò 1, 382; Unterschrift Bischof Heinrichs unter Urkunde Bischof Siegfrieds, ebenda 1, 384. Die Beispiele wären leicht zu vermehren.

Ungleich häufiger aber, als die Fälle, in denen die Bestätigung unmittelbar auf der vorgelegten Urkunde bewirkt wurde, sind in Deutschland wie in Italien diejenigen, in denen sie durch eine eigene, neue Urkunde erteilt wurde. Und in diesen Fällen sind nun fast immer die vorgelegten Dokumente nicht nur als Rechtstitel für die Bestätigung angesehen, sondern auch bei der Abfassung der Konfirmationsurkunden mehr oder minder ausgiebig benutzt und dadurch zu Vorurkunden der letzteren geworden. So entstehen oft lange Reihe von Urkunden, von denen immer die jüngeren aus den älteren ganz oder teilweise abgeleitet sind, und deren genaue Vergleichung für die Kritik[1] und Interpretation der Urkunden ebenso wichtig ist, wie diejenige historiographischer Schriften des Mittelalters mit den in ihnen benutzten Quellen.[2] Diese Aufgabe wird häufig dadurch erleichtert, daß in den Bestätigungen auf die benutzten Vorurkunden ausdrücklich Bezug genommen wird, aber sie ist auch da zu stellen, wo das nicht geschieht;[3] und es ist für ihre Lösung zu beachten, daß zwar in den meisten Fällen, aber doch nicht immer in jenen Reihen mehr oder minder gleichlautender Urkunden das zeitlich unmittelbar vorhergehende Dokument entsprechenden Inhalts als Vorurkunde des zeitlich unmittelbar folgenden gedient hat, daß vielmehr manchmal aus diesem oder jenem Grunde auf ein älteres Stück zurückgegriffen worden ist, und daß ferner nicht selten mehrere der älteren Stücke zugleich als Vorlagen für eine und dieselbe spätere Beurkundung benutzt worden sind, so daß bisweilen der Text der letzteren fast mosaikartig aus ineinander gefügten Worten und Wendungen der Vorurkunden zu-

[1] Sowohl für die Kritik der Echtheit wie für die auf Herstellung eines korrekten Textes gerichtete. Sehr häufig sind Emendationen verderbt oder lückenhaft überlieferter Texte nur mit Hilfe der Vorurkunden oder Nachurkunden möglich.

[2] Vgl. schon oben S. 225. — Es versteht sich von selbst, daß insbesondere auch an die Herausgeber von Urkunden die Anforderung gestellt werden muß, diese Vergleichung vorzunehmen. Und es empfiehlt sich, ihre Ergebnisse im Druck kenntlich zu machen, was am besten — nach dem Vorbild der Mon. Germ. Hist. — dadurch geschieht, daß die aus älteren, noch vorhandenen Vorlagen abgeleiteten Stellen mit kleineren Typen wiedergegeben werden. Dies Verfahren ist dem in den Urkundeneditionen des Istituto storico Italiano gewählten, demzufolge die entlehnten Stellen durch Kursivdruck hervorgehoben werden, vorzuziehen.

[3] Oder wo es in irreführender Weise geschieht, wie wenn z. B. in DO. I. 120 Diplome Karls und Ludwigs als Vorurkunden genannt werden, während in Wirklichkeit ein Diplom Lothars I. als solche gedient hat und jene Angabe eben daraus mit übernommen ist. Fälle dieser Art sind recht häufig.

sammengesetzt ist.[1] Möglich ist natürlich eine solche Vergleichung nur da, wo die Vorurkunden selbst noch erhalten sind; aber auch, wo das nicht der Fall ist, kann man nicht selten mit voller Bestimmtheit auf die Benutzung von Vorurkunden aus stilistischen Eigentümlichkeiten der abgeleiteten Stücke schließen[2] und so das einstige Vorhandensein jetzt verlorener Urkunden feststellen. Von wie erheblicher Bedeutung für die Geschichtsforschung eine solche Feststellung sein kann, hat, um nur ein Beispiel dafür beizubringen, neuerdings die stilistische Untersuchung des Diploms Konrads II. vom 31. Mai 1027[3] gezeigt, durch das dem Bistum Trient die Grafschaft Trient, wie man bisher glaubte, verliehen worden ist. Sie hat ergeben, daß dies Diplom als eine in der Hauptsache wörtliche Wiederholung einer verlorenen Vorurkunde Heinrichs II. angesehen werden muß, die auf dessen erstem Zuge nach Italien im Jahre 1004 ausgestellt war. Dies Ergebnis[4] aber stimmte aufs beste zu einer bisher wenig beachteten Äußerung in der Bestätigungsurkunde Friedrichs I. vom Jahre 1161,[5] in der die Verleihung der Grafschaft einem König Heinrich zugeschrieben wird; und es konnte damit die für die Geschichte Südtirols recht wichtige Tatsache erwiesen werden, daß die Begründung der Grafschaftsrechte des Tridentiner Bischofs 23 Jahre früher und unter ganz anderen Umständen erfolgt ist, als bisher angenommen wurde.

Um die Vorurkunde für eine bestimmte Beurkundung aufzusuchen, wird man zunächst innerhalb des Urkundenvorrats eines Empfängers, bzw. seiner Rechtsvorgänger die Dokumente zur Vergleichung heranziehen, deren Rechtsinhalt dem der späteren Beurkundung entspricht oder näher verwandt ist. Wesentlich schwieriger aber wird diese Aufgabe in den Fällen, in denen Vorurkunden anderen Rechtsinhalts, unter Umständen auch solche für andere Empfänger bei einer späteren Beurkundung benutzt worden sind.

---

[1] Das letztere ist namentlich bei Empfängerdiktaten oft zu beobachten, kommt aber auch in der Kanzlei vor.

[2] Unter Umständen kann dieser Schluß schon aus dem Protokoll allein gezogen werden. So würde z. B. aus der Invocatio: *In nomine domini nostri Iesu Christi dei aeterni* in DO. I. 117 die Benutzung einer Vorurkunde von Lothar I. (da Ludwig II. und Karl von Provence, bei denen die gleiche Invokation begegnet, nicht in Betracht kommen) auch dann bestimmt gefolgert werden können, wenn diese nicht mehr erhalten wäre.

[3] DK. II. 101.

[4] Es ist von einigen tridentinischen Lokalforschern bestritten worden. Aber auf eine Diskussion mit diesen dilettantischen Erörterungen kann ich mich nicht einlassen.

[5] St. 3919.

Daß auch eine solche Benutzung sehr häufig stattgefunden hat, kann wenigstens für die deutsche Reichskanzlei[1] nach den Ergebnissen neuerer Untersuchungen nicht mehr bezweifelt werden.[2] Es ist ganz sicher, daß im späteren Mittelalter den Beamten der Reichskanzlei jeder Zeit ein nicht unbeträchtlicher Vorrat von Urkunden verschiedensten Inhalts und in verschiedensten Formen der Ausfertigung zu Gebote stand; was in dieser Beziehung die nach dem Tode Heinrichs VII. von Lützelburg in dessen Nachlaß aufgefundenen und uns erhaltenen Bestände[3] unmittelbar dartun, wird ähnlich, wie für das 14. und 15., wohl auch schon für das 13. Jahrhundert allgemein angenommen werden können. Für die vorhergehenden Jahrhunderte, d. h. also für die Zeit der sächsischen, salischen und wohl auch noch für die der ersten staufischen Könige wird man allerdings, wie eingehende neuere Untersuchungen[4] dargetan haben, nicht annehmen dürfen, daß in der Reichskanzlei ein größerer Bestand von älteren Urkunden oder von Abschriften davon längere Zeit aufbewahrt worden sei; nur in Ausnahmefällen wird dies geschehen sein. Aber auch damals schon waren die Notare oder die zur Aushilfe in der Kanzlei hinzugezogenen Schreiber doch nicht bloß auf die etwa von den Empfängern eingereichten Vorurkunden und, wenn solche fehlten und Formulare nicht vorhanden waren, allein auf ihr Gedächtnis oder ihre eigene Geschäftskenntnis und ihre stilistische Begabung angewiesen. Regelmäßig oder doch wenigstens sehr häufig

[1] Für andere Kanzleien sind bisher derartige Untersuchungen noch nicht in ausreichender Weise unternommen worden. Ein Beispiel aus dem östlichen Deutschland, bei dem aber die Übereinstimmung zweier Urkunden auch auf andere Weise erklärt werden kann, bei Posse, Privaturkk. S. 82 N. 1; ein anderes aus der Kanzlei Herzogs Ludwig von Bayern bei Ficker, BzU. 2, 502. Für die päpstliche Kanzlei hat Ficker, MIÖG. 4, 337 ff., engen Zusammenhang des Diktats verschiedener Urkunden des 13. Jahrhunderts, aber allerdings verwandten Inhalts dargetan. Einen sehr interessanten Fall, der den unten zu besprechenden ganz analog ist, hat Kehr, Italia pontificia 6, 89 n. 4; 195 n. 6, schon für das 12. Jahrhundert nachgewiesen. In einem Privileg Paschals II. für S. Ambrogio Maggiore zu Mailand vom 14. Februar 1102 ist ein Privileg Alexanders II. für S. Pietro in Cielo d'Oro zu Pavia als Vorurkunde benutzt worden, während das am gleichen Tage ausgestellte Privileg Paschals II. für das Paveser Kloster selbst wesentlich davon abweicht.

[2] Die einst von mir ausgesprochene gegenteilige Ansicht (Kanzlei Konrads II. S. 26. 159) habe ich nach den Ausführungen von Ficker, BzU. 1, 329 ff., schon Jahrb. Konrads II. 2, 241. 443 zurückgenommen; vgl. auch Sickel zu KUiA. Lief. VII Taf. 17.

[3] Vgl. Bd. 1, 174 ff.

[4] Vgl. Stengel, Diplomatik S. 336 ff.

wird die Kanzlei gleichzeitig oder ungefähr gleichzeitig mit der Ausfertigung von Diplomen für mehrere Empfänger beauftragt gewesen sein, und die etwa durch einen von diesen eingereichten Vorurkunden oder das für ihn neu ausgefertigte Diplom konnten dann auch als Vorlage für die einem anderen von ihnen auszustellende Urkunde benutzt werden.[1] Daß das in der Tat geschehen und wie dabei verfahren worden ist, das mag an einigen wenigen bezeichnenden Beispielen erläutert werden. Eine Urkunde Ottos I. für Kloster Einsiedeln vom Jahre 947[2] zeigt in Protokoll und Text große Übereinstimmung mit einer anderen Urkunde desselben Königs für Kloster Pfävers[3] vom Jahre 950, während beide wieder auf ein unechtes Diplom Lothars I. für Pfävers vom Jahre 840 zurückgehen.[4] Dieser Sachverhalt erklärt sich nun sehr einfach so. Als die Mönche von Kloster Pfävers, das lange Zeit in Abhängigkeit von St. Gallen stand, ihre Selbständigkeit wieder zu gewinnen suchten, legten sie Otto I. zur Unterstützung ihres Gesuchs ihre älteren Privilegien, darunter auch das erwähnte Diplom Lothars I. vor; die Verhandlungen darüber müssen spätestens im Jahre 947 begonnen haben, und schon damals muß auch das Konzept zu einer Urkunde Ottos I., die das Gesuch der Mönche bewilligte, aufgesetzt sein. Während sich nun aber die

---

[1] Bisweilen mag es auch vorgekommen sein, daß ein Kanzleinotar Muster für das Diktat einer von ihm auszustellenden Urkunde in dem Archiv des Bistums oder des Klosters aufsuchte, in dem sich der Hof gerade aufhielt. Doch wird sich das nur selten sicher beweisen lassen; die Möglichkeit, daß die so benutzte Urkunde der Kanzlei zur Bestätigung eingereicht oder als Beweismittel in einem Prozesse vor dem Königsgericht vorgelegt sei, wird sich, auch wenn wir eine solche Bestätigung nicht kennen (etwa weil es zu ihrer Ausfertigung nicht gekommen oder weil sie verloren ist) oder wenn wir von einem solchen Prozesse nichts wissen, kaum jemals bestimmt bestreiten lassen; auch in dem von Stengel, Diplomatik S. 708, angeführten Falle ist sie nicht sicher auszuschließen. Anders freilich scheint die Sache bei der Benutzung von St. 2138 für St. 3184 (vgl. Hirsch, MIÖG. Erg. 7, 515f.) zu liegen. Aber hier ist das in Bamberg hergestellte DH. V., für welches das Bamberger DH. III. als Vorurkunde gedient hat, auch nicht in der Kanzlei, sondern von einem Hilfsschreiber hergestellt, der sich in dem Archiv des Ausstellortes ein Muster suchte.

[2] DO. I. 94. Das in Einsiedeln vorhandene Schriftstück bezeichnet Sickel als Diplom zweifelhafter Originalität, läßt also unentschieden, ob wir eine Kanzleiausfertigung oder eine im Kloster entstandene Nachzeichnung einer solchen vor uns haben. Die Echtheit des Stückes steht nicht in Frage. Vgl. Sickel, KU. in der Schweiz S. 72ff.

[3] DO. I. 120.

[4] Mühlbacher² n. 1068. Über die Unechtheit vgl. Stengel, Diplomatik S. 69 N. 1.

Verhandlungen darüber, vielleicht infolge einer Opposition St. Gallens, noch Jahre lang hinzogen, wurde die Ausfertigung einer Immunitäts- und Wahlrechtsbestätigung für Einsiedeln verfügt; und indem derselbe Notar, dem die Bearbeitung der Pfäverser Angelegenheit übertragen war, mit der Ausfertigung des Privilegs für Einsiedeln beauftragt wurde, legte er ihr jenes Konzept[1] zugrunde; erst drei Jahre später wurde dann auf Grund desselben das Diplom für Pfävers expediert. In ähnlicher Weise sind unter Heinrich II. bei der Ausfertigung von Urkunden für das Kloster S. Maria di Farneta, für das Domkapitel zu Volterra und für das Kloster S. Salvatore in Fonte Taona Vorurkunden benutzt, die für das Kloster S. Pietro in Cielo d'oro zu Pavia, für das Domkapitel zu Pavia und für das Kloster S. Salvatore zu Lucca ausgestellt und der Kanzlei Heinrichs eingereicht waren.[2] Und ebenso ist unter Lothar III. eine Urkunde Ludwigs des Frommen für Corvey,[3] die Lothar zur Bestätigung eingereicht wurde, nicht nur als Vorurkunde für das Konfirmationsprivileg benutzt worden, sondern hat auch die Fassung des Protokolls eines Privilegs für Kloster Segeberg[4] beeinflußt, über welches die Verhandlungen etwa gleichzeitig begonnen sein werden.

Beispiele, wie die eben angeführten aus dem 10., 11. und 12. Jahrhundert,[5] tun dar, daß auch unter Urkunden für verschiedene Emp-

[1] Nicht die Urkunde Lothars selbst, sondern das auf Grund davon angefertigte Konzept (oder, was auf dasselbe hinauskäme, ein noch unvollzogener Entwurf der Reinschrift) von DO. I. 120 muß für DO. I. 94 benutzt sein, wie die den DDO. I. 94 und 120 gemeinsamen Abweichungen von Mühlbacher² n. 1068 beweisen. So jetzt auch Stengel, Diplomatik S. 316f.

[2] Vgl. die Vorbemerkungen zu den DD. H. II. 288. 292. 296.

[3] Mühlbacher² n. 900, in der vorliegenden Fassung verfälscht, aber mit Benutzung einer echten Vorlage aus der Kanzlei Ludwigs des Frommen.

[4] Vgl. St. 3292. 3348. Daß das letztere Diplom nicht gefälscht, sondern echt ist, hat Bahr, Studien zur nordalbing. Gesch. (Diss. Leipzig 1885) S. 37ff. erwiesen, und ohne Bahrs Ausführungen zu kennen, ist Schultze, Die Urkunden Lothars III. S. 129ff., zu dem gleichen Ergebnis gelangt. Schultzes eigene Ansicht aber, daß 3292 nach 3348 gefälscht sei, ist keinesfalls haltbar, vielmehr sind beide Urkunden echt und etwa gleichzeitig konzipiert, wobei für das Protokoll das in N. 3 erwähnte Diplom benutzt wurde. Auf die Frage ihrer Entstehungszeit kann ich hier nicht eingehen.

[5] Ihre Zahl ist leicht zu vermehren; vgl. z. B. noch DO. I. 75 mit 74; DO. I. 34 mit 20; DO. I. 105 mit 76; DO. I. 204 mit 200 und die Vorbemerkungen zu DD. O. II. 135. 163 (dazu NA. 34, 78). 276; DO. III. 269; DArd. 6; DD. K. II. 8. 58. 70. 73. 129. 170. 178. 201. 211. 248. 280. Beispiele aus der Kanzlei Karls III. bei Mühlbacher, SB. der Wiener Akademie 92, 397. Besonders sorgfältig hat Stengel in seinen Untersuchungen über die Immunitäts-

pfänger sehr bemerkenswerte Zusammenhänge bestehen können.[1] Und gerade solche Zusammenhänge zu beachten kann in gewissen Fällen besonders wichtig werden.[2] Wo sie zwischen zwei Urkunden bestehen, die von demselben Aussteller herrühren oder deren eine von dem Nachfolger des Ausstellers der anderen gegeben ist, und von denen die eine sicher echt ist, wird das in der Regel geradezu die Echtheit auch der anderen gewährleisten; wer sie leugnete, müßte annehmen, daß etwa der einem geistlichen Stifte angehörige Fälscher für seine Zwecke die Bestände des Archivs eines anderen Stiftes hätte zu Rate ziehen können, was zwar auch im Mittelalter in einzelnen Fällen vorgekommen, aber in den meisten doch gewiß ungleich weniger wahrscheinlich ist, als die Erklärung eines derartigen Zusammenhanges durch in der Kanzlei geschehene Benutzung der einen Urkunde als Vorurkunde für die andere.

In der päpstlichen Kanzlei, in der, wie wir gesehen haben, von Formularen ein konstanter, nie unterbrochener und sehr ausgedehnter Gebrauch gemacht wurde, haben die Vorurkunden nie eine so bedeutende Rolle gespielt, wie in der Kanzlei der fränkischen und deutschen Könige. Ihre Benutzung beschränkt sich in der Hauptsache auf eine Gattung von Urkunden: die feierlichen Privilegien für Bistümer und Klöster, und sie ist demgemäß, da diese Urkunden, die später sogenannten *privilegia communia*, sehr häufig nur in der Zeit vom 9. bis zum Ende des 13. Jahrhunderts ausgestellt wurden, nur

---

urkunden des 10.—12. Jahrhunderts dies Verhältnis beachtet und in zahlreichen Fällen nachgewiesen.

[1] Selbst Urkunden, die verschiedenen Ausstellergruppen angehören, können unter besonderen Umständen einander beeinflußt haben; so hat Fanta, MIÖG. Erg. 1, 93 eine derartige Beeinflussung des Paktums zwischen Herzog Sicard und den Beneventanern (MG. LL. 4, 216) durch die venetianischen Verträge der Kaiser nachgewiesen. S. auch unten S. 292 N. 1.

[2] Um sie aufzufinden, ist es notwendig, mit einem bestimmten Diplom, das untersucht werden soll, nicht bloß die Vorurkunden derselben Empfängergruppe zu vergleichen, wie schon oben S. 287 verlangt worden ist, sondern auch die Diplome, die mit den zu untersuchenden ungefähr gleichzeitig, bzw. bald vorher oder bald nachher in derselben Kanzlei ausgestellt sind, und dabei auch die Vorurkunden dieser Diplome zu berücksichtigen. Aber auch auf diesem Wege können nicht immer alle solchen Verhältnisse aufgeklärt werden, z. B. dann nicht, wenn die Sache so liegt, wie in dem oben S. 292 erwähnten Falle von S. Maria di Farneta: denn die Urkunde für S. Pietro in Cielo d'oro, deren Vorurkunden für DH. II. 288 benutzt sind, ist entweder nicht ausgestellt worden oder uns nicht erhalten. Und so werden die hier besprochenen Zusammenhänge bisweilen doch nur durch einen glücklichen Zufall entdeckt werden können.

in dieser Periode in größerem Umfange in den Papsturkunden nachweisbar. Daß damals die der päpstlichen Kanzlei eingereichten Vorurkunden geradezu als Konzepte für die auszustellenden Bestätigungen gedient haben, ist schon oben ausgeführt worden.[1] Im späteren Mittelalter dagegen sind auch die Privilegien für Klöster, Bistümer und Orden in der Regel wohl auf Grund der Formulare ausgefertigt worden, die zu diesem Behufe in die früher besprochenen offiziellen Kanzleibücher eingetragen waren.[2]

Es versteht sich von selbst, daß auch in den Fällen, in denen Vorurkunden für die Abfassung neuer Beurkundungen benutzt worden sind, ihr Inhalt keineswegs immer ungeändert bleiben konnte. Selbst bei bloßen Bestätigungen waren etwa die Namen der Intervenienten oder Zeugen oder der Name des Urkundenempfängers nach den Verhältnissen des Einzelfalles zu modifizieren, es waren etwa neuerworbene Besitzungen zu berücksichtigen, oder es war neu entstandenen Rechtsverhältnissen Rechnung zu tragen. Und daß vollends da, wo Vorurkunden anderer Aussteller, oder solche für andere Empfänger, oder anderen, wenn auch verwandten Rechtsinhaltes, benutzt wurden mancherlei Veränderungen notwendig werden mußten, braucht kaum ausdrücklich bemerkt zu werden. Für diese Veränderungen mußten natürlich den Verfassern der neuen Urkunden besondere Anweisungen gegeben werden, und solche Anweisungen, mündlich oder schriftlich erteilt, bildeten dann neben den Vorurkunden selbst die Quellen, an die sich die Diktatoren hielten.[3]

---

[1] S. oben S. 152f. Im 10. und 11. Jahrhundert haben bisweilen auch Kaiserurkunden als Vorurkunden für Papsturkunden gedient, ebenso wie damals und mehr noch im 12. Jahrhundert die Benutzung von Papsturkunden in der kaiserlichen Kanzlei vorkommt. Über die zum Teil dadurch vermittelten Einwirkungen des einen Kanzleibrauches auf den anderen vgl. Stengel, Diplomatik S. 368ff.; wir kommen unten in Kap. XVI darauf zurück.

[2] S. oben S. 268ff.

[3] Bisweilen sind uns diese Anweisungen selbst noch erhalten. So wurden auf dem DO. I. 173, als dies dem Schreiber des DO. I. 221 übergeben wurde, um ihm als Vorlage zu dienen, gewisse beizubehaltende Stellen mit *scribe*, andere fortzulassende mit *desine* bezeichnet, vgl. Ficker, BzU. 2, 29; Sickel, Acta 1, 130 und in der Vorbemerkung zu DO. I. 221. — In der päpstlichen Kanzlei wurden solche Anweisungen durch Korrekturen in der Vorurkunde selbst oder durch Randbemerkungen auf ihr gegeben, oder sie wurden auf dem Pergamentblatt notiert, das die Bestätigung aufnehmen sollte, s. oben S. 152; bisweilen wurden sie auch auf eine *cedula* eingetragen, die der Vorurkunde beigegeben wurde. Erhalten sind uns solche *cedulae* meines Wissens nicht; aber sie werden mehrmals erwähnt.

Aber auch da, wo Vorurkunden überall nicht benutzt wurden, hat es nicht immer an schriftlichen Quellen für die neue Beurkundung gefehlt. Zumal in den Fällen, die außerhalb der päpstlichen und königlichen Kanzlei sehr häufig vorkommen, aber auch in diesen nachweisbar sind, in den Fällen nämlich, in denen eine Beurkundung erst längere Zeit nach der voraufgegangenen Handlung erfolgte, konnte man sich keineswegs immer auf das Gedächtnis verlassen, sondern mochte vielfach das Bedürfnis empfinden, etwa über Ort und Zeit der Handlung, über die Zeugen, über gewisse nähere Umstände des Rechtsgeschäfts sofort eine kurze Aufzeichnung anzufertigen.[1] Solche Aufzeichnungen, die noch der vollen urkundlichen Form entbehren und in dieser Gestalt nicht geeignet waren, als rechtliche Beweismittel zu dienen, die aber später bei der Herstellung wirklicher Beweismittel in Urkundenform benutzt werden konnten, bezeichnen wir als Akte.[2] Als solche Akte können in gewissem Sinne auch die Dorsual- oder Marginalnotizen zahlreicher St. Galler und italienischer Urkunden des 8.—12. Jahrhunderts bezeichnet werden, von denen oben[3] schon gesprochen worden ist.[4] Auf Grund solcher Akte sind dann die Urkunden selbst später angefertigt worden. Als unbeglaubigte Akte sind aber auch zahlreiche Aufzeichnungen über Traditionen an geistliche Stiftungen Deutschlands oder sonstige von deren Vorstehern vollzogene Rechtsgeschäfte zu bezeichnen, die sich aus dem 9., 10. und 11. Jahrhundert erhalten haben, zum Teil in den Traditionscodices dieser Stiftungen,[5] zum Teil einzeln oder zu Gruppen vereinigt auf Pergamentblättern, wie man sie gerade fand;[6] es hängt mit der

[1] Von dieser Annahme ganz verschieden ist natürlich, was Riess, Histor. Vierteljahrschrift 14, 489ff., über ein „Memorandum", ein „Kalendarium des geschäftsführenden Beamten" (oder „der Kanzlei") ohne den geringsten Anhaltspunkt in den Quellen zusammenphantasiert hat.

[2] Nach dem Vorgang Fickers, BzU. 1, 340. Vgl. auch Redlich-Erben, UL. 1, 28. Der Ausdruck Vorakt, den Sickel bisweilen gebraucht, ist gleichbedeutend, ebenso der Ausdruck Notiz, den v. Mitis anwendet.

[3] S. oben S. 116ff.

[4] Nehmen diese Notizen anfangs eine Art von Mittelstellung zwischen Akt- und Konzeptaufzeichnung ein, so erhalten sie doch in Italien mehr und mehr bei ihrer Umbildung zu den Imbreviaturen der späteren Zeit den Charakter wirklicher Konzepte.

[5] Vgl. Redlich, MIÖG. 5, 17ff., und desselben Einleitung zu Acta Tirolensia Bd. 1; Dürre, Ztschr. f. vaterl. Gesch. u. Altertumsk. Westfalens 36[b], 164ff.; Bresslau, FDG. 26, 59; v. Mitis, Studien zum älteren österreichischen Urkundenwesen (Wien 1906—1908) passim.

[6] Solche Einzelakte sind z. B. erhalten aus Allerheiligen zu Schaffhausen, vgl. Baumann in Quellen zur Schweizer Gesch. 3, 177ff.; aus Paderborn aus der

früher[1] besprochenen Entwickelung der rechtlichen Beweiskraft deutscher Privaturkunden zusammen, daß auf Grund dieser letzteren Akte Urkunden in den meisten Fällen überhaupt nicht ausgefertigt worden sind, daß man sich vielmehr mit jenen einfachen und unbeglaubigten Aufzeichnungen begnügte.

Aus späterer Zeit haben sich wenigstens in Deutschland[2] Akte nur ganz vereinzelt erhalten.[3] Aus der Reichskanzlei liegen derartige Aufzeichnungen in größerer Zahl nur aus dem Nachlaß Heinrichs VII. von Lützelburg vor.[4] Aber daß wenigstens für gewisse Arten von Urkunden auch hier häufig oder regelmäßig Akte benutzt worden sind, ist doch sehr wahrscheinlich und läßt sich in manchen Fällen aus der Fassung dieser Urkunden noch mit großer Bestimmtheit erkennen.

Zeit Bischof Meinwerks, vgl. Ficker, BzU. 1, 89. 341. 344, Diekamp, Supplement S. 110 n. 651, und die Abbildungen das. Taf. 4 (hier sind auch die Akte mehrfach erst längere Zeit nach der Handlung aufgezeichnet); aus Bayern eingeheftet oder eingebunden in Traditionscodices namentlich von Freising und Salzburg, vgl. Redlich, MIÖG. 5, 32ff.; derselbe Privaturkunden S. 71ff. 75ff.

[1] S. Bd. 1, 665ff.

[2] Aus dem 12. und 13. Jahrhundert führt Posse, Privaturkunden S. 83 N. 1, vgl. Taf. XIX, einen Fall an, in dem zwei Akte auf der Rückseite einer Urkunde verzeichnet stehen. Die beiden anderen Fälle, die er anreiht, gehören weniger hierher; in dem einen handelt es sich um eine besiegelte Urkunde und keinen eigentlichen Akt, in dem anderen um einen an eine Urkunde angehefteten Ergänzungszettel, wie solche auch sonst vorkommen. Von größerem Interesse sind für uns die drei Stücke UB. Bist. Halberstadt 2, 173 n. 929—931. N. 929 ist ein Akt über einen Vertrag zwischen Magdeburg und Halberstadt mit Schluß- aber ohne Anfangsprotokoll, wahrscheinlich erst nachträglich besiegelt und jedenfalls nicht bestimmt, als eigentliche urkundliche Aufzeichnung zu dienen; auf Grund dieses Aktes und unter vielfach wörtlichem Anschluß an ihn sind dann die eigentlichen Urkunden n. 930. 931 von den beiden Kontrahenten ausgefertigt worden. Einige weitere Fälle des 12. Jahrhunderts bespricht Redlich, Privaturkunden S. 72. 77.

[3] Aus Italien haben wir Amtsakten verschiedener Behörden, so die *Acta curiae archiepiscopalis* des Erzbischofs Ubald von Ravenna 1213ff. und die mit 1248 beginnenden Akten der bischöflichen Kurie von Arezzo; vgl. Ficker, BzU. 1, 344. Über Amtsakten in Genua und Savona vgl. Caro, Genua und die Mächte am Mittelmeer 2, 417ff., NA. 23, 228ff. Vgl. auch über italienische Prozeßakten Kantorowicz, Albertus Gandinus S. 65ff., der die Stücke, die wir Akte nennen, als Vermerke bezeichnet. In Deutschland könnten als Amtsakten in gewissem Sinne die Bd. 1, 732ff. besprochenen Eintragungen in Schreins- und Stadtbücher aufgefaßt werden; doch haben diese, wie wir sahen, direkte und unmittelbare Beweiskraft.

[4] Vgl. Ficker, BzU. 1, 345f. Über einen Fall von 983, wo Akt und danach gefertigte Diplome erhalten sind, ebenda 1, 349 und die Vorbemerkung zu DO. II. 298.

Dahin gehören einmal die Staatsverträge, zu denen seit dem 12. und 13. Jahrhundert auch die Verträge des Königs mit Fürsten oder städtischen Gemeinwesen zu zählen sind; zeigt sich bei einzelnen von ihnen, wie z. B. bei dem Pactum Lothars I. mit den Venetianern von 840,[1] deutlich, daß sie nicht in der Weise wie gewöhnliche Präzepte zustande gekommen sind, so kann man nicht bezweifeln, daß die Ergebnisse der diplomatischen Verhandlungen zwischen den Kontrahenten regelmäßig sofort nach ihrer Feststellung schriftlich fixiert worden sind. Diese Aufzeichnungen, die sich den modernen Präliminarverträgen vergleichen lassen, können dann für die Abfassung der definitiven Vertragsinstrumente freier benutzt oder wörtlich kopiert sein; je nachdem das eine oder das andere geschehen ist, mag man sie als Akte oder als Konzepte der späteren Instrumente ansehen und bezeichnen.

Sodann ist namentlich bei den Diplomen, die in der Kanzlei auf Grund eines Urteilspruches des Reichshofgerichts ausgefertigt wurden, sehr häufig ein Akt des Hofgerichts zugrunde gelegt worden, das, wie wir wissen, wenigstens in der karolingischen Zeit und wieder seit dem 13. Jahrhundert sein eigenes Schreiberpersonal hatte.[2] Ist es in der Hofgerichtsordnung Friedrichs II. von 1235 ausdrücklich vorgeschrieben,[3] daß der Notar des Hofgerichts alle Urteilsprüche, die vor dem König gefunden seien, aufzeichnen solle, damit sie in Zukunft als Präzedentien dienen könnten, und daß dabei das Land, nach dessen Gewohnheit der Spruch ergangen sei, erwähnt werden müsse, so ist das gewiß keine neue Anordnung, sondern es wird dem, was schon längere Übung war, um so mehr entsprechen, als ja gerade in den Jahrhunderten der sächsischen und fränkischen Kaiser die ganze Weiterentwickelung des Rechts hauptsächlich durch die Praxis des Reichshofgerichts erfolgte, gerade damals also die sofortige Aufzeichnung seiner Urteile um so mehr erforderlich war. Unmittelbar erkennbar ist die Benutzung eines derartigen Aktes über eine vor Otto I. stattgefundene Inquisitionsverhandlung in einer Urkunde des Kaisers von 972;[4] hier ist sogar die objektive Fassung des Aktes in der Ur-

---

[1] Vgl. Ficker, BzU. 1, 350; Fanta, MIÖG. Erg. 1, 103ff.; Sickel-Bresslau, MIÖG. 6, 107f. 136ff.

[2] Vgl. Ficker, BzU. 1, 350; Sickel, BzD. 6 (SB. der Wiener Akademie 85), 412.

[3] MG. Const. 2, 247 § 29. Daß die Bestimmung noch im 15. Jahrhundert ausgeführt wurde, beweist der Bericht Eb. Windecks über einen 1417 vor Kaiser Sigmund verhandelten Prozeß gegen Ludwig von Bayern, angeführt bei Franklin, De iustic. cur. reg. S. 53 N. 5.

[4] DO. I. 419[a], vgl. auch Sickel a. a. O. S. 422.

kunde beibehalten worden. Spuren aber hat die Benutzung der Hofgerichtsakten auch in den meisten anderen Beurkundungen von Rechtsprüchen des Hofgerichts zurückgelassen. Schon im 12. Jahrhundert, wo dergleichen Beurkundungen in größerer Zahl zuerst auftreten, in vielen, seit dem 13. Jahrhundert in fast allen Fällen, zeigen sie die übereinstimmende Erscheinung, daß der Ort, an dem das beurkundete Urteil gefällt ist, bereits im Text der Urkunde genannt wird[1] — ganz entsprechend der oben angeführten Bestimmung von 1235, die eine solche Angabe für die Aufzeichnungen des Hofgerichtsnotars vorschrieb. Sehr häufig wird dann weiter der Name des ersten Urteilers angegeben. Seit Rudolf von Habsburg endlich ist es ständiger Brauch,[2] auch den Tag des Urteilspruches, zuweilen auch das Jahr, schon im Text der Urkunde zu nennen; daß diese Tagesangaben durchweg nach dem kirchlichen Festkalender bestimmt sind, auch zu einer Zeit, da sich die Reichskanzlei selbst noch ständig der römischen Tagesbezeichnung nach Kalenden, Nonen, Iden bedient, weist mit Bestimmtheit darauf hin, daß hier außerhalb der Kanzlei entstandene Aufzeichnungen, eben die Hofgerichtsakten, benutzt worden sind. Und überhaupt können nur aus solchen Akten die genauen und detaillierten Angaben über den Wortlaut der Rechtsprüche selbst, über Zahl und Namen der Urteiler und dergleichen entstammen, die oft auch dann in den Beurkundungen über Rechtsprüche sich finden, wenn sie Monate, ja selbst Jahre nach der Verlautbarung des Urteils ausgefertigt worden sind.

Was hier von den Urkunden über Urteile des Hofgerichts gesagt worden ist, gilt in ganz ähnlicher Weise auch von den Beurkundungen über Sprüche von Land- und Gaugerichten.[3] Und ganz allgemein

---

[1] Vgl. Ficker, BzU. 1, 181ff. Der Brauch geht aber noch viel höher hinauf, und die Nennung des Orts im Texte der Gerichtsurkunden kommt schon in merovingischer und karolingischer Zeit vor, vgl. z. B. DD. M. 49. 60. 66; DD. Kar. 1. 63. 102 usw. Vielleicht hat damals schon der Pfalzgraf einen Akt über den Spruch des Gerichts aufgenommen und ihn der Kanzlei zugestellt.

[2] Spuren auch davon schon aus früherer Zeit hat Ficker, BzU. 1, 352, nachgewiesen.

[3] Ganz besonders deutlich erkennt man, um nur ein Beispiel anzuführen, die Benutzung eines solchen Aktes schon in der Fassung einer Urkunde Rudolfs von Halberstadt (UB. Bist. Halberstadt 1, 174 n. 206) von 1144 über einen in Seehausen vollzogenen landgerichtlichen Vergleich. Die Urkunde beginnt mit der Zeitangabe, gibt dann kurz den Inhalt des Streites an, wobei von Bischof Rudolf in dritter Person geredet wird, nennt dann die große Zahl der Anwesenden, skizziert den Inhalt des Vergleichs und gibt nun erst die subjektiv gefaßte Bestätigung Bischof Rudolfs.

kann nur wiederholt werden, daß bei königlichen und nichtköniglichen Urkunden in Deutschland die genauen Angaben über Ort, Zeit, Umstände der Handlung, Teilnehmer und Zeugen derselben, die oft erst lange Zeit nachher niedergeschrieben sind, wenigstens in zahlreichen Fällen nur aus der Benutzung von Akten oder aktähnlichen Aufzeichnungen erklärt werden können.

Vierzehntes Kapitel.

Die Entstehung der Urkunden.

Das Verhältnis der Nachbildungen zu den Vorlagen.

Der Natur der Sache nach beschränkte sich die Benutzung der Vorlagen, die einem Urkundenschreiber oder Diktator zur Hand waren, in der überwiegenden Mehrzahl der Fälle auf den Kontext.[1] Für das Protokoll waren, wie wir wissen, besondere je nach Zeit, Ort und Kanzleibrauch wechselnde Regeln gültig; spätere Schreiber konnten von vornherein wissen, daß sie hier der älteren Vorlage nicht ohne weiteres folgen durften, ohne einen Verstoß zu begehen; auch werden wenigstens denen von ihnen, die einer gut geordneten Kanzlei angehörten, die darin herrschenden Normen meist geläufig genug gewesen sein, um sie der Notwendigkeit, sich dafür an ein Muster zu halten, zu überheben. Darum entbehren die Formulare des Protokolles in der Regel ganz oder bieten es wenigstens in wesentlich verkürzter Gestalt, und auch die Akte werden, soweit wir nach den uns erhaltenen Beispielen urteilen können, in den meisten Fällen nicht mit einem vollständigen Protokoll versehen gewesen sein.

Anders stand es dagegen bei den Vorurkunden, die regelmäßig mit vollem Protokoll in die Hände der nachbildenden Notare gelangten. Und hier hat denn in der Tat, wenn auch meistens die Vorurkunde nur für den Kontext der Nachbildung benutzt wurde, doch bisweilen auch eine Einwirkung jener auf das Protokoll der Nachbildung stattgefunden. Verhältnismäßig am häufigsten ist das hinsichtlich der *Invocatio* und der einen Teil der *Intitulatio* bildenden Devotionsformel geschehen, Formeln, die seit dem 10. Jahrhundert überhaupt freier behandelt wurden als in der karolingischen Epoche und bei denen also ein Anschluß an die Vorurkunden am wenigsten

---

[1] Vgl. FICKER, BzU. 1, 315f. 325.

bedenklich sein mochte. So findet man in DO. I. 117 Invokations- und Devotionsformel aus einer Urkunde Lothars I., in DO. I. 118 aus einem Diplom Ludwigs des Frommen, in DO. I. 141 die Invokation aus einem Diplom Rudolfs II., in DO. I. 167. 168 Devotionsformeln aus einem verlorenen Diplom Lothars II., in DO. I. 238 dieselbe Formel und die Invokation sowie in DO. I. 253 die letztere aus Diplomen Hugos und Lothars von Italien, in DO. I. 334 dieselbe aus einem Diplom Ludwigs II. von Italien: Beispiele, die sich auf die Urkunden eines einzigen Herrschers beschränken und aus denen anderer Könige leicht zu vermehren wären.[1] Nicht ganz so oft kommt es vor, daß der eigentliche Königstitel infolge der Einwirkung einer Vorurkunde eine von dem für die Zeit der Nachbildung üblichen Kanzleibrauch abweichende Gestaltung erhält; doch findet sich auch das in manchen Fällen. Es gehört hierin, wenn der Titel *rex Francorum et (atque) Langobardorum*, der unter Karl dem Großen nach der Eroberung Italiens üblich gewesen und unter Otto I. und Heinrich II. in einigen Urkunden der Jahre 951 und 1004[2] wieder aufgenommen war, aus einer der letzteren in ein Diplom Konrads II.,[3] aus einer anderen in ein Diplom Heinrichs III. Eingang fand;[4] ja selbst der volle Königstitel Karls des Großen *rex Francorum et Langobardorum ac patricius Romanorum* ist aus einer auf den Namen Karls gefälschten Urkunde noch in ein Diplom Heinrichs V. übergegangen.[5] Nicht anders steht es mit gewissen Zusätzen zum Titel; die Bezeichnung *servus servorum Christi* in einer Urkunde Heinrichs II. für San Salvatore bei Pavia beruht ebenso sichtlich auf Anlehnung an eine Vorurkunde Ottos III.,[6] wie es wahrscheinlich ist, daß der Titel *rex excellentissimus* in einem Diplom Konrads II. für dasselbe Kloster[7] mittelbar oder unmittelbar aus einer der zahlreichen langobardischen Königsurkunden für dieses Stift stammt.

---

[1] Vgl. z. B. für die Kanzlei Karls III. MÜHLBACHER, SB. der Wiener Akademie 92, 406f., oder für die Zeit Heinrichs II. die DD. H. II. 15. 36. 40. 45 usw.

[2] Durch Benutzung einer Urkunde Ottos I. auch in DH. II. 95 vom Jahre 1005.

[3] DK. II. 52, vgl. die Vorbemerkung dazu. Auch in DK. II. 64 wird der Titel wohl aus einem Diplom Heinrichs II. übernommen sein.

[4] St. 2163, jetzt gedruckt STUMPF, Acta n. 458; vgl. STEINDORFF, Jahrb. Heinrichs III. 1, 79 N. 2. Auch in Heinrichs IV. Diplom für Parenzo St. 2798 muß der Titel aus einem verlorenen Diplom Heinrichs II. stammen.

[5] St. 3213.

[6] DH. II. 284, vgl. DO. III. 375.

[7] DK. II. 62.

So kann es denn nicht wundernehmen, wenn auch ganze Protokollformeln, die nur einer bestimmten Epoche angehören, noch in späterer Zeit wieder aufleben. Das gilt von der *Inscriptio*, die, wie wir wissen, den Diplomen der sächsischen und salischen Epoche an sich fremd ist: es beruht auf Vorurkunden aus karolingischer Zeit, wenn wir die Formel nichtsdestoweniger nicht nur im 10. Jahrhundert in Diplomen Ottos I.[1] antreffen, sondern wenn noch im 11., in Privilegien Heinrichs IV., die ihr eigentümliche Spezialisierung der Angeredeten in der dem Kontext angehörigen *Promulgatio* wiederkehrt;[2] in einer bestimmten Urkundengruppe, den Immunitäten für Kloster Weißenburg im Speyergau,[3] wirkt diese karolingische Formel bis in die Zeit Heinrichs III. nach.

Auch im Schlußprotokoll wiederholen sich ähnliche Erscheinungen. Und hier verdient zunächst die Zeugenliste Beachtung. Wenigstens für das 13. Jahrhundert[4] läßt sich für einzelne königliche und nichtkönigliche Urkunden mit voller Bestimmtheit behaupten, daß in ihnen die Zeugenreihen der Vorurkunden entweder ganz genau kopiert oder doch nur mit gewissen Veränderungen — Auslassungen, Hinzufügungen, Berichtigungen — wiederholt worden sind.[5] So kann es also vorkommen, daß die Zeugen von Bestätigungsurkunden mit der Bestätigung selbst nichts zu tun haben; es gibt Fälle, in denen sie zur Zeit der Bestätigung längst verstorben waren[6] oder etwa auf einer Kreuzfahrt im heiligen Lande sich befanden;[7] ihre Namen sind eben einfach den Vorurkunden entnommen. Die Möglichkeit einer solchen Erklärung auffallender Zeugenreihen in Konfirmationsurkunden ist unter diesen Umständen auch da nicht außer acht zu lassen, wo wir ihre Richtigkeit nicht durch die Vergleichung der Vorurkunden beweisen können, weil diese verloren gegangen sind.

Von minder erheblicher Bedeutung sind die Einwirkungen, welche die Formeln der Königs- und der Kanzlerunterschrift durch die Benutzung von Vorurkunden erlitten haben. Auch hier begegnen sowohl

---

1 DO. I. 55. 110.

2 Vgl. Bresslau, Ztschr. für Gesch. der Juden in Deutschland 1, 152. Daraus ist die Formel dann sogar noch in die Bestätigung Friedrichs I. von 1157 übergegangen, ebenda S. 138.

3 DO. II. 15. DH. II. 35. DK. II. 148. St. 2191.

4 Für das 12. Jahrhundert vgl. St. 3020 mit St. 2976; Fickers Erklärung, BzU. 1, 320f., hat große Wahrscheinlichkeit.

5 Vgl. Ficker, BzU. 1, 323ff.; 2, 499; Posse, Privaturkunden S. 78ff.

6 So in BF. 939.

7 So in BF. 922; vgl. Winkelmann, Acta 1, 123 mit der Anmerkung auf S. 124.

im Titel des Königs wie in der Signumzeile und in der Rekognition gelegentlich Worte, die aus Vorurkunden übernommen und zur Zeit der Ausstellung sonst nicht gebräuchlich sind.[1] Wichtiger aber ist, daß auch die Datierung einen derartigen Einfluß bisweilen erfahren hat, der nicht selten in der Anordnung der Datierungszeile und ihrer einzelnen Bestandteile hervortritt, unter Umständen aber auch ein oder das andere Mal dahin geführt hat, daß eine oder mehrere Zahlenangaben oder selbst eine Ortsangabe irriger- oder unpassenderweise aus der Vorurkunde abgeschrieben worden sind.[2] Daß dies Verhältnis, wenn es bei Interpretation und historischer Verwertung der Urkunden

---

[1] So z. B. in DO. III. 69 das damals ungebräuchliche Beiwort *serenissimus* aus DBer. I. 52, in DH. II. 304 der Titel *cesar* aus DO. III. 328, in St. 2532 der Titel *archicapellanus* aus St. 2148, in St. 4083 der Titel *archicancellarius regni Teutonici* aus einer Urkunde des Erzkanzlers selbst (Gudenus 1, 254). Von größerer Bedeutung würde es sein, wenn sich erweisen ließe, daß auch der Name des Erzkanzlers oder des Kanzlers öfter aus der Vorurkunde in die Nachurkunde übergegangen wäre. Indessen von den beiden von Ficker, BzU. 1, 327 dafür angeführten Belegen ist der eine, St. 2682, eine Fälschung des 12. Jahrhunderts, für die sowohl ein D. Heinrichs III. wie eins Heinrichs IV. benutzt ist, und in St. 1453 (DH. II. 140) ist der Kanzlername nur in den älteren Drucken verdruckt, im Original dagegen ganz korrekt. So kenne ich denn bis jetzt nur einen einzigen ganz sicheren Fall, in dem der Name des Kanzlers wirklich in unpassender Weise aus der Vorurkunde entlehnt ist, den des DH. II. 399. Ein zweiter Fall wäre das D. Friedrichs I. St. 3799 mit Rekognition aus der Zeit Konrads III., wenn es wirklich echt ist, vgl. Hirsch, MIÖG. Erg. 7, 589ff. — Nicht ganz so selten kommt es vor, daß ein Monogramm der Vorurkunde in die Nachurkunde eines anderen Herrschers, für den es nicht paßte, übernommen ist. Ein Fall der Art ist das oben S. 298 N. 4 erwähnte Diplom Heinrichs IV. für Parenzo mit dem Monogramm Heinrichs II.; ebenso findet sich in St. 3234 das Monogramm Heinrichs II., entlehnt aus der Vorurkunde DH. II. 144. Daß das Monogramm Konrads II. aus einer verlorenen Urkunde dieses Königs in die DD. St. 3211. 3251 von Lothar III. übergegangen ist, hat Hirsch, MIÖG. Erg. 7, 581ff. gezeigt; ebenso ist in die DD. Friedrichs I. St. 3682 und 3799 (wenn echt, s. oben) das Monogramm Konrads III. aus St. 3493. 3596 übernommen, vgl. Hirsch a. a. O. S. 513. 591.

[2] Vgl. Ficker, BzU. 1, 325. 328ff. 333ff. 2, 500f. (wo aber nicht alle Beispiele zutreffen); Sickel, BzD. 6, 395; Bresslau, NA. 22, 174; Schiaparelli, Bullettino dell' Istituto stor. Italiano 29, 142f. Daß in dem D. Konrads III. St. 3383 der Name des Ausstellortes aus einer Vorurkunde Heinrichs IV. entlehnt sei, hat Scheffer-Boichorst, Zur Gesch. des 12. und 13. Jahrhunderts S. 92ff. darzutun versucht. Allein nach einer Mitteilung Kehrs an Tangl bei Graber, Die Urkunden Konrads III. S. 4 N. 1, soll St. 3383 nicht Original, sondern Nachzeichnung aus dem Ende des 12. oder dem Anfang des 13. Jahrhunderts sein. Danach muß der Fall noch eingehender untersucht werden, vgl. einstweilen meine Bemerkung NA. 34, 274 (wo 3388 statt 3383 verdruckt ist).

nicht beachtet wird, zu mannigfachen Mißgriffen in ihrer Deutung führen kann, liegt auf der Hand.

Wesentlich verschieden von der bisher erörterten Nachahmung einzelner Protokollteile einer Vorurkunde in der sich ihr anschließenden späteren Beurkundung ist es nun aber, wenn die ganze Vorurkunde, Protokoll und Kontext, ihrem vollen Wortlaut nach in die Bestätigungsurkunde übernommen (inseriert) wird. Wir haben dies Verfahren der Insertion schon in anderem Zusammenhange zu betrachten gehabt;[1] im italienischen Gerichtsverfahren war die wörtliche Einrückung vorgelegter Dokumente in die über das Urteil ausgefertigte Urkunde bereits im 9. Jahrhundert bekannt; im Anschluß daran hatte sich in Italien schon im Anfang des 12. Jahrhunderts, etwas später auch in Deutschland der Brauch festgestellt, dort durch Notare hier durch andere glaubwürdige Personen Urkundenkopien (Transsumpte) beglaubigen zu lassen. Dies Verfahren hatte indessen nur den Zweck der Urkundenvervielfältigung; eine authentische Kopie stand dem Original, von dem sie genommen war, höchstens gleich; eine Bekräftigung und Bestätigung des durch das Original verbrieften Rechtes wurde durch die Transsumierung nicht bewirkt und konnte schon deshalb nicht bewirkt werden, weil der Transsument in der Regel nicht der Rechtsnachfolger des Ausstellers der ursprünglichen Urkunde, sondern eine beliebige dritte Person war, der nur *publica fides* zuzustehen brauchte.

In eigentlichen Konfirmationsurkunden dagegen, mochten sie von den Rechtsnachfolgern der Aussteller der ursprünglichen Verbriefung oder von solchen hochstehenden Personen eingeholt werden, durch deren Bestätigung die Rechtskraft des ursprünglichen Geschäftes erst bewirkt oder wenigstens vermehrt wurde, ist eine derartige wörtliche Insertion in älterer Zeit im allgemeinen durchaus unbekannt. Vielmehr werden auch da, wo die Bestätigungsurkunde sich in ihrem Wortlaut möglichst eng an die Vorurkunde anschließt, die aus der letzteren wiederholten Worte und Sätze entweder geradezu dem Aussteller der bestätigenden Urkunde in den Mund gelegt oder zwar als Inhalt der Vorurkunde angegeben,[2] aber doch nicht in der subjektiven Redeweise, die in dieser gebraucht war. Regelmäßig bezieht sich ferner die Wiederholung der Worte der Vorurkunde nur auf ihren

---

[1] S. Bd. 1, 90f.

[2] Etwa mit der Formel: *nostris obtutibus obtulit praecepta antecessorum nostrorum, in quibus hoc continebatur, quod* usw.

Kontext, während ihr Protokoll zwar in einzelnen Fällen das Protokoll der Bestätigungsurkunde beeinflussen kann,[1] aber nie in seinem ganzen Wortlaut in die Nachurkunde aufgenommen wird. Die ersten vereinzelten Abweichungen von diesem Verfahren in der Reichskanzlei sind offenbar eben durch den bei italienischen Gerichtsurkunden herrschenden Brauch veranlaßt worden.[2] So ist unter Otto II. im Jahre 981 eine Gerichtsurkunde zugunsten des Klosters S. Vincenzo am Volturno in ihrem vollen Wortlaut und mit vollem Protokoll in das Bestätigungsdiplom[3] eingerückt worden, durch das der Kaiser den Abt des Klosters mit den ihm in der Gerichtssitzung zugesprochenen Gütern investierte. Dies Diplom ist von einem italienischen Notar verfaßt; etwas anders ist ein deutscher Notar unter Heinrich III. verfahren, dem aufgegeben wurde, eine Urkunde für das Bistum Como zu verfassen, in der die Entscheidung eines Placitums bestätigt werden sollte, das der deutsche Kanzler als Königsbote im Jahre 1043 in Italien abgehalten hatte.[4] Der Notar begann das Diplom mit der üblichen Kanzleiinvokation, ließ auf diese sofort, indem er von einer *Intitulatio* absah, den Wortlaut des zu bestätigenden Placitums folgen, an dem er nur geringfügige Änderungen vornahm,[5] dessen Schluß mit den Unterschriften des Vorsitzenden, der Beisitzer und des Notars er aber fortließ. An die Poenformel des Placitums fügte er dann einen Satz

---

[1] S. oben S. 297ff.

[2] Was sonst von Königsurkunden älterer Zeit wörtliche und vollständige Insertion aufweist, ist durchweg falsch oder unzuverlässig. So auch die Urkunde Karls des Großen Mühlbacher[2] n. 491, jetzt D. Kar. 310 (vgl. Ficker, BzU. 1, 307; Sickel, Acta 1, 129. 200); sie beruht allerdings auf echter Vorlage, aber diese enthielt, wie Mühlbacher wohl mit Recht annimmt, nur eine Besitzbestätigung. Die Fälschung ist frühestens im 10. Jahrhundert entstanden; daß dem Fälscher bekannt war, daß eine Insertion in Königsurkunden nicht üblich war, ergibt sich aus seinen eigenen Worten deutlich genug; er sagt: *non enim ex consuetudine anteriorum regum hoc facere decrevimus.* Ebenso unecht sind die Diplome St. 1995 (vgl. die Vorbemerkung zu DK. II. 142). 2563. 3678. — St. 2933, worin nach dem Regest Stumpfs eine Urkunde des Herzogs Heinrichs von Kärnthen „transsummiert" sein soll (vgl. auch Meyer von Knonau, Jahrb. Heinrichs IV., 479 N. 27), ist echt; aber um Insertion im Sinne unserer obigen Ausführungen handelt es sich dabei nicht.

[3] DO. II. 255.

[4] Vgl. St. 2244; zu den Bemerkungen Steindorffs, Jahrb. Heinrichs III. 1, 408f. verweise ich auf die zukünftige Ausgabe in MG. DD. Bd. 5 und bemerke hier nur, daß die Echtheit des Diploms keinem Zweifel unterliegen kann.

[5] Er ließ hinter dem Eingangsworte des Placitum (*Dum*) dessen Invokation, die jedenfalls *in dei nomine* gelautet hat, fort, und er hat überdies aller Wahrscheinlichkeit nach die Latinität des Placitums verbessert und geglättet.

an, der seine Bestätigung durch den König aussprach und schloß mit der kanzleimäßigen Korroborationsformel und dem regelmäßigen Eschatokoll der Königsurkunde.

Auf Urkunden, die nicht Placita waren, ist das Verfahren der wörtlichen Insertion, wenn auch anfangs in unvollkommener Weise, zuerst von einem Beamten der Kanzlei Heinrichs IV. angewandt worden, der auch sonst allerhand Neuerungen eingeführt hat. Dieser hat zum ersten Mal in einem Diplom vom Jahre 1072 für Kloster Hornbach den Auszug aus einer Vorurkunde, angeblich Karls des Großen, den er in sein Diktat wörtlich aufnahm, als solchen ausdrücklich angekündigt und ebenso deutlich angezeigt, wo das Exzerpt aufhört.[1] Etwas weiter ging dann im Jahre 1111 ein Beamter der Kanzlei Heinrichs V. in einer Urkunde für St. Eucharius zu Trier:[2] hier ist der ganze Kontext der Vorurkunde Heinrichs III. unter ausdrücklicher Ankündigung dieses Verfahrens inseriert,[3] aber das Schlußprotokoll der Vorlage ist ganz fortgelassen und vom Anfangsprotokoll nur die *Invocatio* wiedergegeben.[4] Noch im ganzen 12. Jahrhundert wird dann die Form dieser Einrückung durchaus unsicher gehandhabt. Als Friedrich I. 1166 der Marienkirche zu Aachen ein gefälschtes Privileg Karls des Großen[5] und 1171 den Klöstern Ottobeuren und Springiersbach Privilegien Lothars III. und Konrads III. bestätigte,[6] kündigte die Kanzlei jedesmal die wörtliche Insertion der

---

[1] St. 2752: *volumus igitur ... de eiusdem Karuli imperatoris decretali carta huic pagine nostre aliqua inseri, ut nostra confirmatio tanto tucior possit subsequi, cuius series talis est.* Dann heißt es am Ende des Auszuges, in welchem die subjektive Redeweise der Vorurkunde beibehalten ist: *hec verba Karuli imperatoris in nostra excerpsimus, que et nos cum illo concedentes* usw. Über die inserierte Urkunde vgl. Mühlbacher, Reg.[2] n. 42 und S. 858. — Ganz ähnlich St. 2760 für Basel mit wörtlichem und genau bezeichnetem Auszug aus einem Diplom Konrads II. von 1028. Etwas abweichend ist St. 2826 für Klingenmünster, wo nur das Ende des Auszugs angegeben ist. Vgl. Gundlach, Ein Diktator S. 23.

[2] St. 3081, vgl. KUiA. Lief. IV Taf. 24.

[3] Nur mit der Abweichung, daß ein in der Vorurkunde hinter der Korroborationsformel hinzugefügter Nachtrag hier in etwas anderem Wortlaut an passender Stelle eingeschoben ist.

[4] *In nomine sancte et individuę trinitatis et reliqua.*

[5] St. 4061, vgl. über die Echtheit der Urkunde Loersch bei Rauschen, Die Legende Karls des Großen S. 193ff.; MIÖG. 12, 311ff. 13, 107. Gegen die Zweifel von Hansen (Zeitschr. des Aachener Geschichtsvereins 14, 277ff.), Schultheiss (Hist. Jahrb. 13, 724ff.) und Mühlbacher (DD. Kar. 1, S. 440f.) halte ich mit Tangl (ebenda S. 569) an der Echtheit fest.

[6] St. 4124. 4125. Das Privileg für Ottobeuren hat Dettloff, Der erste Römerzug Friedrichs I. (Diss. Göttingen 1872) S. 66ff., für unecht erklärt, und

Vorurkunden an, nahm aber von diesen nur den Kontext auf, in dem Privileg für Springiersbach[1] mit einem Einschiebsel, das sich auf den zu Friedrichs Zeit regierenden Abt bezog, das aber ohne weitere Bemerkung in den Text der Konradinischen Urkunde eingefügt wurde, in dem für Ottobeuren so, daß sich an die Verfügungen Lothars unmittelbar neue Bestimmungen Friedrichs und seines Sohnes Heinrichs VI.[2] anschließen, ohne daß der Übergang von den einen zu den anderen irgendwie ausdrücklich und bestimmt kenntlich gemacht würde.[3] Ein sehr eigentümliches Verfahren wurde dann im Jahre 1179 eingeschlagen, als es sich um die Bestätigung eines Privilegs Lothars III. für Kloster Kaltenborn handelte: man kopierte die Urkunde dieses Kaisers, fügte auf demselben Pergamentblatt eine sehr kurz gefaßte, aber vollständige Bestätigungsurkunde Friedrichs I. hinzu und befestigte daran zwei Siegel, dasjenige Lothars, das wahrscheinlich von dessen Urkunde abgelöst worden war, und dasjenige Friedrichs selbst.[4] Eine vollständige Insertion verschiedener Aktenstücke, allerdings noch ohne Datierung, findet sich mehrfach in Urkunden, durch welche Verträge Friedrichs I. und Heinrichs VI. mit italienischen Städten verbrieft werden, so z. B. in dem großen Privileg Heinrichs VI. für Pisa vom Jahre 1191; auf die eigentliche Verleihung des Königs folgen hier

Sickel zu DO. I. 453 hat dem zugestimmt. Allein die Ausführungen Detloffs, der überhaupt eine ganze Anzahl von Urkunden Friedrichs I. auf die schwächsten Gründe hin angefochten hat, beweisen gar nichts gegen die Konfirmation Friedrichs I., sondern sprechen nur gegen die inserierte Urkunde Lothars (St. 3362), oder eigentlich auch nicht einmal gegen diese, sondern vielmehr gegen ihre Vorurkunden, die gefälschten Diplome Karls des Großen und Ottos I. Daß aber von Friedrich I. gefälschte Vorlagen bestätigt wurden, kommt auch sonst mehrfach vor. Das Original der Konfirmation Friedrichs, das in München ist, kenne ich nicht; ihre Echtheit wird aber durch Protokoll und Zeugen wie durch die Übereinstimmung mit St. 4125 gerade in der Art der Insertion der Vorurkunde hinreichend verbürgt. Vgl. auch Ficker, BzU. 1, 313; 2, 150. 152. 200; Scheffer-Boichorst, Zur Gesch. des 12. und 13. Jahrh. S. 49ff.

[1] Über dessen Bestätigung durch Heinrich VI. St. 4810 s. Ficker, BzU. 1, 313. 316.

[2] Diese beginnen offenbar bei den Worten *preterea firmissime statuimus;* der hier erwähnte Abt Rupert, der in die Zeit Lothars gehört, wird *sanctus* genannt, was doch wohl auf seinen früheren Tod schließen läßt.

[3] In der Urkunde für Aachen St. 4061 ist der Schluß der inserierten Fälschung durch einen Satz, der ihre Bestätigung durch die von Karl versammelten Großen berichtet, angezeigt.

[4] St. 3323 (KUiA. Lief. X, Taf. 13^{c}), vgl. dazu Bresslau, MIÖG. 6, 112 N. 2; Posse, Privaturkunden S. 80 N. 1; Kaisersiegel, 5, 217 N. 3; Schultze, Urkunden Lothars III. S. 139.

eine Reihe von Eidesformeln und Verträgen, an die sich Zeugenliste und Eschatokoll anschließen.[1] Einschließlich der Datierung und der Unterschriften ist in ein anderes Diplom Heinrichs VI. vom gleichen Jahre für Savona eine Urkunde des Markgrafen Otto von Savona inseriert, die der Kaiser bestätigt.[2] Eigentlich ausgebildet aber ist das Verfahren vollständiger Transsumierung innerhalb der Reichskanzlei[3]

---

[1] St. 4686, jetzt MG. Const. 1, 472 n. 333. Ähnlich St. 4701 für Genua. Über St. 4795[a] für Tortona vgl. Ficker, BzU. 2, 498. 501. Ähnliches findet sich aber auch schon unter Friedrich, vgl. Const. 1, 282. 292. 302 n. 205. 211. 214.

[2] St. 4718, gedruckt bei Stumpf, Acta n. 405. Die Schlußformeln der Urkunde des Markgrafen sind aber auch hier noch verkürzt, wie die mit *relinquo et trado et cetera* und *et stabilius et cetera* endigenden Sätze beweisen. Über andere Fälle unvollständiger Insertion unter Heinrich VI. und Otto IV. vgl. Scheffer-Boichorst, Zur Gesch. des 12. und 13. Jahrhunderts S. 111.

[3] Außerhalb der Reichskanzlei führt Ficker, BzU. 1, 272 als ältesten ihm bekannten Fall auf deutschem Boden eine Urkunde des Bischofs von Straßburg von 1155 oder 1156 (nicht von 1153, vgl. Wentzcke, Regesten der Bischöfe von Straßburg 1, n. 558) an, in der zwei Urkunden seiner Vorgänger inseriert sind. Älter wären freilich zwei Urkunden des Erzbischofs Konrad I. von Salzburg vom 21. und 22. Jan. 1130, in deren einer eine, in deren anderer sieben oder acht teils von ihm selbst, teils von anderen ausgestellte Urkunden für St. Peter zu Salzburg inseriert und bestätigt sind. Aber wie schon v. Meiller, Reg. archiep. Salisburg., in den Anmerkungen zu diesen Urkunden (Konrad I. n. 114. 115, Anm. 45. 46) bemerkt hat (vgl. auch Hauthaler, Salzburger UB. 1, 325; v. Mitis, Studien S. 59 N. 6), sind sie jedenfalls erst nach dem Tode des Erzbischofs (1147 Apr. 9) und vielleicht erst erheblich später auf seinen Namen hergestellt worden. Denn wenn auch Wibel, Westdeutsche Zeitschr. 31, 172 N. 25, darin Recht hat, daß das Attribut *felicis memoriae* nicht unbedingt auf den Tod dessen schließen läßt, dem es gegeben wird, so ist die Sache doch anders aufzufassen, wenn es wie hier in der *Intitulatio* steht; da würde seine Hinzufügung unerklärlich sein, wenn es sich nicht um einen Verstorbenen handelte. Echt scheint dagegen die Urkunde desselben Erzbischofs vom 6. Sept. 1142 zu sein, von der v. Meiller S. 44 n. 233 das Regest gibt: Konrad beurkundet mit vollständiger Insertion der betreffenden Urkunde das Vermächtnis, welches Bischof Altmann von Trient dem Erzbistum mit dem Schloß Hohenburg gemacht hat; vgl. v. Mitis a. a. O. S. 59. Leider gibt v. Meiller keinen vollständigen Abdruck der Urkunde, so daß nicht ersichtlich wird, ob es sich wirklich um vollständige Insertion auch im Sinne unserer obigen Ausführungen handelt. — In Flandern hat Graf Dietrich 1161 eine Urkunde seines Vorgängers Karl von 1119 bestätigt und transsumiert, aber eine eigentliche Insertion liegt auch hier nicht vor: vielmehr folgt die bestätigte Urkunde mit den einleitenden Worten: *privilegium igitur ... comitis Caroli ... subscribi feci* auf die Bestätigung (Album Belge de diplomatique pl. 20). — Das älteste Beispiel aus Norddeutschland, das ich notiert habe, gehört nach Bremen: Erzbischof Hartwig bestätigt ein inseriertes Privileg seines Vorgängers Adalbero für das Hamburger Kapitel. Die Be-

erst unter Friedrich II., und zwar erst seit dem Jahre 1216.[1] In den zahlreichen Urkunden dieses Kaisers, in denen seitdem Vorurkunden transsumiert werden, ist das Vorgehen der Kanzlei ein durchaus gleichmäßiges; in der Narratio der Bestätigungsurkunde wird die Vorlegung der Vorurkunden, ihre eventuelle Verlesung und Prüfung sowie die Bitte um Bestätigung berichtet; es folgt der volle Wortlaut der Vorurkunden einschließlich des Anfangs- und Schlußprotokolls; daran reiht sich die *Dispositio*, welche die Bestätigung ausspricht. Soll der Inhalt der Vorurkunden durch neue Verleihung erweitert,[2] oder soll er, was unter Friedrich II. nicht ganz selten vorkommt, in einer oder der anderen Beziehung eingeschränkt werden,[3] so wird das stets in den auf das Insert folgenden Sätzen ausdrücklich ausgesprochen.

Seit Rudolf von Habsburg ist dann die Insertion, die bei weitem überwiegende Form, in der die Könige Urkunden ihrer Vorgänger bestätigen.[4] Sind deren, die zur Bestätigung eingereicht werden, mehrere, so kann ein dreifaches Verfahren eingeschlagen werden. Ent-

stätigung wie das inserierte Privileg sind ohne Daten; erstere muß vor Okt. 1168, kann aber schon erheblich früher gegeben sein; Hasse, Schlesw.-Holst.-Lauenburg. Regesten 1, 60 n. 121. — Ein interessanter Fall, wo außerhalb der Reichskanzlei bei Insertion der zu bestätigenden Vorurkunde gewisse Veränderungen vorgenommen wurden, auf die aber in der Bestätigung ausdrücklich hingewieseu wird, ist ein Privileg Johanns von Mecklenburg für das Bistum Ratzeburg von 1260, Mecklenburg. UB. 1, 145 n. 859.

[1] Die ältesten Fälle vollständiger Insertion: Juli 1212 (Miscellanea di storia Italiana 32, 201) und 31. März 1213 (BF. 700) stehen noch unter dem Einfluß der sizilianischen Kanzlei, wo die vollständige Insertion schon früher vorkommt (vgl. K. A. Kehr, Normann. Königsurkunden S. 125 N. 3); unvollständig ist die Einrückung noch in den Jahren 1214, 1215 und am 3. Jan. 1216; das erste Beispiel vollständiger Wiedergabe der Vorurkunde datiert vom 6. Mai 1216 (BF. 855, vgl. Scheffer-Boichorst, SB. der Berliner Akademie 1901 S. 1239f.). Nur ganz vereinzelt findet sich ungenaue Insertion — Aufnahme nur eines Auszugs aus der Vorurkunde — auch später noch, vgl. BF. 5413; Böhmer-Redlich n. 816. 2226.

[2] Vgl. z. B. Winkelmann, Acta 1, 249 n. 274; 1, 259 n. 284; 265 n. 291; 1, 305 n. 345; 1, 306 n. 346 usw.

[3] So z. B. durch die Hinzufügung der Klausel *salva in omnibus ac per omnia imperiali iusticia* in Winkelmann, Acta 1, 317 n. 358; ähnlich 1, 328 n. 371; vgl. ebenda 1 n. 239, n. 271, wo die Nichthinzufügung der sonst üblichen Klausel (vgl. über sie Scheffer-Boichorst in SB. der Berliner Akademie 1900 S. 135f.) *salvo mandato et ordinatione nostra* ausdrücklich hervorgehoben wird; oder durch die Hinzufügung, daß die Verleihung nur gelten soll, solange die Empfänger treue Dienste leisten, ebenda 1, 324 n. 367; oder durch ausdrückliche Kassierung gewisser Sätze der inserierten Urkunde und Hinzufügung einer Bedingung zugunsten des Kaisers, ebenda 1, 337 n. 385 usw.

[4] Vgl. Herzberg-Fränkel, KUiA. Text S. 247.

weder es wird nur eine der Vorurkunden inseriert, von den übrigen aber lediglich der Inhalt oder die Übereinstimmung mit jener kurz angegeben. Oder es wird für jede einzelne Vorurkunde eine besondere Konfirmationsurkunde ausgestellt.[1] Oder endlich, alle vorgelegten Urkunden werden in eine einzige Konfirmationsurkunde inseriert, die dann oft ihres Umfangs halber in Buchform ausgefertigt werden muß.[2]

Auch in der päpstlichen Kanzlei ist die Insertion von zur Bestätigung vorgelegten Urkunden im 12. und 13. Jahrhundert sehr häufig. Bei deren Abschrift hat man sich im allgemeinen viel größerer Genauigkeit beflissen, als in der deutschen Reichskanzlei angewandt zu werden pflegte. Schon unter Innocenz III. tritt das hervor; als seine Kanzlei im Jahre 1213 drei zum Teil zerstörte Papyrusurkunden für Nonantola transsumieren sollte, wurden die Ergänzungen einzelner Silben und Buchstaben, die man mit Sicherheit vornehmen zu können glaubte, durch Buchstaben besonderer Gestalt (*litterae tonsae*) kenntlich gemacht, während da, wo eine Ergänzung nicht mehr möglich war, leerer Raum gelassen wurde. Ähnlich verfuhr man unter Gregor IX., der eine große Anzahl alter Privilegien seiner Vorgänger transsumieren ließ; in einem Falle wurde im Jahre 1229 eine Urkunde Johanns XIX. für Naumburg auf solche Weise erneuert, wobei man zum Behuf der Ergänzung noch ein jene bestätigendes Privileg Innocenz' II. heranzog; in einem anderen handelte es sich um eine Urkunde Calixts II. für Saint-Omer, die so im Jahre 1234 transsumiert wurde.[3] Übrigens hat man sich dann gerade in Rom, wie wir schon in anderem Zusammenhang erwähnt haben,[4] sorgfältig davor gehütet, mit der Transsumierung so alter, in bezug auf ihre Echtheit schwer zu kontrollie-

---

[1] Dies geschieht namentlich oft unter Karl IV.

[2] Das geschieht namentlich oft im 15. und 16. Jahrhundert.

[3] Vgl. Potthast n. 4756; 8277 (Faksimile mit Erläuterungen von Krabbo, MIÖG. 25, 279ff.); Auvray, Registres de Grégoire IX. 1, 1034 n. 1896 (Faksimile mit Erläuterungen von Delisle, BEC. 62, 256ff.) — Über den Ausdruck *litterae tonsae* vgl. auch Traube, SB. der Münchener Akademie 1900 S. 532ff.; die Buchstaben sehen in den beiden Originalen, die wir besitzen, sehr verschieden aus, entsprechen aber in beiden zum Teil wenigstens denjenigen, in denen der Papstname geschrieben war und haben im ganzen, wie Krabbo mit Recht bemerkt, einen uncialen Grundcharakter. Auch in den Registerabschriften der Urkunden sind übrigens diese Hervorhebungen wiedergegeben, bei dem Privileg für Naumburg freilich in etwas abweichenden Buchstabenformen. In einer Buchhandschrift, dem von Petrus Diaconus geschriebenen Frontinuscodex in Montecassino, kommt die Bezeichnung der Ergänzungen durch Majuskelbuchstaben schon mehr als ein Jahrhundert früher vor, vgl. Gundermann, Berliner philolog. Wochenschrift 23 (1903) n. 46, Sp. 1454f.

[4] S. oben S. 31 N. 2.

render Stücke, eine Bestätigung zu verbinden; die Päpste verleihen zwar der inserierten Abschrift dieselbe Beweiskraft, welche das Original gehabt haben würde, verwahren sich aber durch eine Klausel dagegen, daß durch die Transsumption selbst dem Empfänger irgend ein neues Recht erwachse.

Von der Wiederholung einer Vorurkunde durch Insertion, mochte damit Bestätigung verbunden sein oder nicht, ist nun ein anderes Verfahren zu unterscheiden, bei dem es gleichfalls zur Erneuerung einer Vorurkunde kam: wir bezeichnen es nach dem Vorgange Fickers als Neuausfertigung[1] und besprechen es am besten in diesem Zusammenhange. Es gilt hier, wenn wir zunächst von Königsurkunden reden, zwei Fälle auseinanderzuhalten: Neuausfertigung durch denselben Herrscher oder durch einen seiner Nachfolger. Das erstere ist namentlich im 10. und 11. Jahrhundert nicht selten vorgekommen. Wie es aus verschiedenen Gründen von der Kanzlei beliebt werden konnte, von einer Urkunde, die nur einen Empfänger hatte, mehrere Exemplare zugleich herzustellen:[2] zuweilen lediglich, um den Parteien von vornherein mehrere gleich beweiskräftige Dokumente zur Verfügung zu stellen,[3] oder etwa um neben einem allgemeinen Rechtstitel für eine umfassende Erwerbung noch besondere Rechtstitel für die einzelnen Teile davon herzustellen, die bei etwaiger Veräußerung dieser Teile nach allgemeinem mittelalterlichen Brauch[4] mit ausgefolgt

[1] Vgl. Ficker, BzU. 1, 272ff. 294ff.; 2, 399f. und öfter; Sickel, MIÖG. 1, 229ff.; Erg. 2, 122ff.; Mühlbacher, SB. der Wiener Akademie 92, 492; Posse, Privaturkunden S. 77ff.; Redlich, Privaturkunden S. 145ff.

[2] Davon ist noch zu unterscheiden die Ausfertigung mehrerer Exemplare einer Urkunde für verschiedene Empfänger, die von jeher dann üblich war, wenn mehrere Parteien bei dem Rechtsgeschäft interessiert waren, also z. B. bei Bestätigungen von Tausch- und anderen Verträgen. Die verschiedenen Exemplare stimmen in der Regel wörtlich überein (*cartae paricolae* s. Bd. 1, 668), aber sie können auch differieren; es kann in die eine Ausfertigung eine Bestimmung aufgenommen sein, die in der anderen fehlt, weil sie für den Empfänger der letzteren kein Interesse hat. So in dem Fall des D. Konrads III. St. 3425, das ich Centum dipl. S. 187 n. 79 besprochen habe. — Daß Reichsgesetze in mehreren Originalausfertigungen für verschiedene Empfänger hergestellt wurden, ist ganz gewöhnlich; ich erinnere z. B. an die *Constitutio in favorem principum* vom Jahre 1232 (MG. Const. 2, 211 n. 171) oder an die Goldene Bulle Karls IV., von der bekanntlich noch sieben Ausfertigungen, darunter zwei später hergestellte, erhalten sind.

[3] Vgl. St. 2772, Heinrich IV. erneuert seiner Gemahlin eine frühere Schenkung: *ut si prioris (cartae) testimonio destituatur, ad hanc recurrendo se consoletur.*

[4] S. Bd. 1, 181.

werden konnten,[1] so ist es auch nicht selten geschehen, daß die weiteren Ausfertigungen, sei es in unveränderter, sei es in veränderter Fassung, später hergestellt wurden als die erste. In manchen Fällen liegt der Grund dafür auf der Hand; wenn etwa ein Herrscher als König eine Rechtsverleihung verbrieft hatte, konnte dem Empfänger daran liegen, davon eine zweite Ausfertigung zu erlangen, nachdem der Aussteller Kaiser geworden war; oder, was im späteren Mittelalter häufig vorkommt, wer etwa von einem erwählten König vor der Krönung eine Urkunde erlangt hatte, ließ sich diese wiederholen, nachdem die Krönung stattgefunden hatte. Hierhin gehören weiter die gleichfalls im späteren Mittelalter nicht seltenen Fälle, in denen eine Erneuerung von Urkunden wegen einer Siegelveränderung des Ausstellers erwünscht wurde. In anderen Fällen handelte es sich darum, eine Besserung des ersten Präzepts vorzunehmen, einen Zusatz hinzuzufügen oder eine genauere Bestimmung vorzunehmen. Es gibt endlich noch Urkunden, für deren Neuausfertigung verschiedene andere Gründe mitgewirkt haben müssen, die wir bisweilen erraten können, aber nicht immer klar zu erkennen vermögen.

Die ersten Ausfertigungen verhalten sich dann wohl meistens zu den späteren ganz ähnlich, wie Vorurkunden zu den Bestätigungen; d. h. wenn die Kanzlei geschickt vorging, sollte im Kontext wie im Protokoll den Veränderungen Rechnung getragen werden, die mit Rücksicht auf die spätere Entstehung der Neuausfertigungen notwendig waren. Gerade bei solchen Neuausfertigungen aber sind noch häufiger als bei anderen Bestätigungen Mißgriffe vorgekommen, die zu falscher Beurteilung der ersteren führen können und in manchen Fällen wirklich geführt haben. Es wird zweckmäßig sein, an ein paar Beispielen zu zeigen, wie das gemeint ist.

Unter Otto I. sind mehrfache Ausfertigungen besonders häufig vorgekommen bei den zahlreichen Diplomen für die bevorzugte Gründung des Kaisers: Magdeburg.[2] So sind z. B. über die Schenkung von Rothenburg an das Kloster St. Mauritius zu Magdeburg fünf Beurkundungen erhalten, von denen zwei, die das Datum Ohrdruf 961 Juli 29 tragen, nach ganz zuverlässigen Merkmalen erst in Italien um 964 entstanden sein können; die Datierung ist aus einer früheren Ausfertigung oder einem Akte für diese entnommen.[3] Unter Otto II.

---

[1] Vgl. z. B. DD. H. II. 382—384. 455.

[2] Vgl. Sickel zu DO. I. 16 (dazu Stengel, Diplomatik S. 157 N. 2). 222. 230.

[3] DD. O. I. 232[a]. 232[b]; vgl. die Vorbemerkung zu DO. I. 230.

erhielt das Kloster Nienburg am 3. März 980 eine Schenkungsurkunde über eine größere Anzahl von Villen; aus uns unbekannten Gründen wurde später eine neue Ausfertigung dieser Urkunde hergestellt, in der mehrere der in jenem Diplom genannten Orte fortgelassen wurden: man behielt in der Neuausfertigung Orts- und Tagesangabe aus der Vorurkunde bei, verminderte aber willkürlich sämtliche Jahresbezeichnungen um eine Einheit, so daß diese und jene nicht mehr zusammenstimmen.[1] Unter Heinrich II. erhielt 1007 das Bistum Hildesheim ein Diplom, durch das der Streit um das Kloster Gandersheim mit dem Erzbistum Mainz, in den die Bischöfe verwickelt waren, zu ihren Gunsten entschieden wurde; es war von zahlreichen geistlichen und weltlichen Großen unterfertigt, ist aber wahrscheinlich im Januar 1013 bei dem Brande der Hildesheimer Domkirche zugrunde gegangen. Noch im selben Jahre erwirkte der Bischof eine Neuausfertigung;[2] diese erhielt Kanzlerunterschrift und Datierung, die zur Zeit ihrer Herstellung paßten, dagegen wurden Eingangsprotokoll, Text und Unterzeichnungen aus der Vorurkunde beibehalten, obwohl mehrere der unterfertigenden Persönlichkeiten längst nicht mehr am Leben waren: hauptsächlich um dieses Umstandes willen hat das Stück lange Zeit allgemein als Fälschung gegolten, bis erst in jüngster Zeit seine völlige Echtheit dargetan worden ist.[3] Von einem Zollprivileg Ottos IV. für die Stadt Braunschweig vom Januar 1199 haben wir zwei besiegelte Originale, das eine war immer im Archiv der Stadt, das andere ist aus dem herzoglichen Landesarchiv zu Wolfenbüttel erst kürzlich an das Stadtarchiv abgegeben worden. Das letztere ist graphisch viel besser ausgestattet und nennt vier Zeugen mehr als das erstere, darunter den Bischof Harbert von Hildesheim, der im Januar 1199 noch nicht Bischof gewesen, sondern erst im Herbst dieses Jahres ge-

---

[1] DO. II. 185ᵃ und DO. II. 213ᵃ (= 185ᵇ), vgl. ERBEN, MIÖG. 13, 544f., nach dessen Ausführungen die Vorbemerkung SICKELs und seine Darlegungen MIÖG. Erg. 2, 123 (vgl. auch FICKER, BzU. 1, 302) zu berichtigen sind.

[2] Als Quelle wird eine in Hildesheim erhaltene Abschrift gedient haben.

[3] DH. II. 255, vgl. BAYER, FDG. 16, 178ff.; KUiA. Lief. IV, Taf. 8; FICKER, BzU. 1, 228. 298. und die Vorbemerkung zu der neuen Ausgabe in den MG. — Ob das in der ersten Auflage an dieser Stelle von mir besprochene DH. IV. für Meißen St. 2779 hierher gehört, ist nach den Ausführungen von POSSE, Kaisersiegel 2, Taf. 43, 2; 5, 227 N. 2, der sein Siegel für gefälscht, nach dem Abdruck eines echten Siegels hergestellt erklärt, sehr zweifelhaft geworden. Eine endgültige Entscheidung darüber wird nur im Rahmen einer nochmaligen, umfassenden Untersuchung aller Diplome für das Bistum Meißen erfolgen können.

wählt sein kann.[1] Offenbar haben wir in dem Wolfenbütteler Exemplar eine Neuausfertigung der Urkunde vor uns, in der man die alte Datierung beibehielt, obwohl sie zu der erweiterten Zeugenliste nicht paßte; ob aber diese Neuausfertigung der Bürgerschaft wirklich übergeben ist, läßt sich, da das Original im Archiv des Stadtherrn verblieben zu sein scheint, nicht sicher feststellen. Klärt sich hier der Sachverhalt durch das Vorhandensein beider Exemplare einfach auf, so wird man um so weniger Bedenken tragen, auch in Fällen, wo nur eine Ausfertigung erhalten ist, eine ähnliche Erklärung anzunehmen. Wir besitzen eine Urkunde Friedrichs II. für den Erzbischof von Monreale, die, obwohl Friedrich den Kaisertitel führt und das achte Kaiserjahr gezählt wird, doch ihrer Datierung nach im Juli 1220 in Weißenburg ausgestellt ist. Man darf annehmen, daß wir es mit einer aus der Kaiserzeit stammenden Neuausfertigung der ursprünglich im Juli 1220 ausgestellten Urkunde zu tun haben, bei der man die ursprünglichen Daten beibehielt, den Titel des Herrschers aber veränderte; später mag man den Widerspruch bemerkt und eben deshalb noch eine dritte Ausfertigung mit einer zu dem Kaisertitel passenden Datierung hergestellt haben.[2] Im 14. Jahrhundert kommen dann nicht selten Neuausfertigungen vor, die aus dem Register gegeben werden:[3] es sind vielfach vollständige Abschriften der alten Urkunden *sub data veteri*, wie wohl gelegentlich geradezu gesagt wird.[4] Nur die Kanzleiunterfertigungen passen nicht zu der alten Datierung, sondern nennen den zur Zeit der Neuausfertigung amtierenden Kanzleibeamten; auch die äußeren Merkmale entsprechen dem zu letzterer Zeit üblichen Kanzleibrauch. Gelegentlich ist auch die Besiegelung eine andere geworden; es wird wohl einmal ausdrücklich bemerkt, daß die Vorurkunde unter Wachssiegel, die Neuausfertigung unter Goldbulle gegeben sei. Und ganz ausgeschlossen sind auch Zusätze zum Kontext nicht: von einer Legitimationsurkunde für drei Söhne Konrad Besserers vom 22. Mai

[1] BF. 211, vgl. die Berichtigung auf S. 2164, WINKELMANN, Philipp von Schwaben S. 143 N. 1, und das UB. der Stadt Braunschweig 2, 12f. Faksimile beider Ausfertigungen bei HÄNSELMANN, Urkunden aus dem Braunschweiger Stadtarchiv (Braunschweig 1889).

[2] BF. 1142, vgl. BF. 1298, FICKER, BzU. 2, 497.

[3] Vgl. LINDNER S. 186ff. — Auch im sizilianischen Register Friedrichs II. finden sich Notizen über spätere Ausfertigungen von Mandaten *sub eadem data*, die wahrscheinlich aus den Registern selbst, nur mit Veränderung der Namen, gegeben wurden, vgl. FICKER, BzU. 2, 401.

[4] Übrigens kommen auch andere Neuausfertigungen mit laufendem Datum vor.

1360 ist z. B. eine zweite Ausfertigung unter dem alten Datum, aber mit anderer Unterfertigung im Juli 1361 ausgestellt worden, in der die Vergünstigung auch auf eine Tochter Konrads ausgedehnt wurde.[1]

Ist demnach Neuausfertigung von Urkunden durch denselben Herrscher, von dem die ersten Ausfertigungen stammen, im ganzen Mittelalter oft genug vorgekommen, so sind dagegen aus der deutschen Reichskanzlei sichere Beweise dafür bisher nicht erbracht worden, daß auch Urkunden früherer Herrscher durch die Nachfolger nicht bloß bestätigt oder transsumiert, sondern wirklich neu ausgefertigt wären.[2] Alle die Fälle, die man bisher in dieser Beziehung angeführt hat, sind anderweit einfacher zu erklären;[3] der Ausdruck *renovare praecepta*, der in Bestätigungsurkunden des Mittelalters in bezug auf Urkunden früherer Herrscher sehr oft gebraucht wird, bezieht sich wenigstens in königlichen Diplomen, so viel bisher ermittelt ist, nur auf die uns schon bekannten Formen der Bestätigung durch Wiederholung des Inhalts oder des Wortlautes des Kontextes, oder selbst durch mehr oder minder genaue Insertion; aber es ist dabei nicht an eine wirkliche Neuausfertigung zu denken, die auf Befehl des Nachfolgers in dessen Kanzlei, aber im Namen des Vorgängers erfolgt wäre.

Auch in der päpstlichen Kanzlei, wo Wiederholungen früherer Erlasse durch denselben Aussteller gleichfalls vorkommen,[4] wo wir außerdem Insertion von Vorurkunden,[5] teils mit, teils ohne Bestäti-

---

[1] Lindner S. 187 N. 3. Ein zweifelloser Fall von abgeänderter Neuausfertigung unter altem Datum aus dem 15. Jahrhundert ist Chmel, Reg. Frider. III. n. 8163, wozu im Register bemerkt ist: ist nochmals zu Ynsprugk annders geschrieben und anstat Graf Ulrich zu Montfort des J. Graf Oswald von Tierstein geseczt worden und ist darinn anders nicht verendert worden weder dat noch ichtz anders.

[2] Der einzige Fall, der angeführt werden könnte, ist der oben S. 304 N. 4 besprochene; aber hier haben wir doch nur eine ungeschickte Art der Transsumierung vor uns.

[3] S. die schon oben S. 308 N. 1 zitierten Ausführungen Sickels, MIÖG. 1, 229 ff., gegen Ficker, Wilmans und Philippi.

[4] Soweit ich zu übersehen vermag, in der Regel mit dem der Zeit der Wiederholung entsprechenden Protokoll und mit Berücksichtigung der notwendigen Veränderungen im Text, so daß Widersprüche, wie sie oben S. 309 ff. besprochen sind, nicht leicht entstehen können. Vereinzelt kommen solche auch hier vor, wie z. B. in Jaffé-L. 4007, wo die Namen zweier Subscribenten nicht zur Datierung stimmen, doch wird die Erklärung in anderer Richtung zu suchen sein.

[5] Diese kommt hier schon viel früher vor, als in der Reichskanzlei. So ist z. B. schon in Jaffé-L. 3949 vom Jahre 1006 eine Urkunde des Bischofs

gung ihres Inhalts, wie oben erwähnt worden ist, seit dem 13. Jahrhundert sehr häufig finden, ist Neuausfertigung von Urkunden eines Vorgängers durch den Nachfolger in dem eben dargelegten Sinne bisher nicht nachgewiesen worden. Nur eine verwandte, aber doch verschiedene Erscheinung ist hier zu besprechen. Wenn Urkunden, deren Erlaß ein Papst angeordnet hatte, bei dessen Tode zwar schon ausgefertigt, aber noch nicht bulliert waren, so war ihre Expedition nicht mehr gestattet, wenn nicht der Nachfolger, dem darüber vom Kanzleichef Vortrag gehalten wurde, sie gut hieß und ihre Aushändigung an die Empfänger anordnete. Eine Anzahl solcher Stücke sind uns schon aus dem letzten Jahre Martins IV. erhalten, deren Expedition erst nach der Thronbesteigung Honorius' IV. von diesem angeordnet wurde.[1] Hier haben wir also wirklich Papsturkunden, deren Ausfertigung erst der Nachfolger des Ausstellers verfügt hat. Aber das Verfahren dabei war nicht so, daß einfach die schon mundierten Urkunden Martins etwa bloß mit dem Siegel des Honorius versehen worden wären, sondern so, daß sie in eine Urkunde des letzteren, in der das Verhältnis völlig klar gelegt und der Grund der eigentümlichen Art der Expedition angegeben war, ihrem vollen Wortlaut nach inseriert wurden. Mißgriffe, wie wir sie oben kennen gelernt haben, waren dabei ausgeschlossen.[2]

Häufiger noch als in der königlichen Kanzlei kommen Neuausfertigungen verschiedener Art in Deutschland außerhalb der Reichskanzlei vor. Erfolgten sie noch durch denselben Aussteller, so werden sie oft überhaupt nicht mehr kenntlich sein, wenn nicht etwa der Schriftcharakter oder eine inzwischen eingetretene Veränderung des Siegelstempels[3] uns die Erkenntnis des Sachverhalts ermöglicht. In

---

Reynald von Paris, allerdings ohne Protokoll, aber mit Beibehaltung der subjektiven Fassung eingerückt.

[1] Prou, Registres de Honorius IV. n. 2ff.; vgl. Denifle, Arch. f. Kirchen- und Litteraturgesch. 2, 69 N. Das gleiche Verfahren beim Tode Bonifaz' VIII. erhellt aus Grandjean, Registres de Benoit XI. n. 12; andere Beispiele sind leicht zu erbringen, vgl. Baumgarten, Aus Kanzlei und Kammer S. 216. Die Neuausfertigungen beginnen regelmäßig mit der Formel *Rationi congruit* usw. Die nicht bullierten Ausfertigungen sind natürlich zumeist nicht erhalten: über einen Ausnahmefall aus dem Jahre 1370/1 vgl. Baumgarten a. a. O. S. 179.

[2] In gewisser Beziehung kann damit verglichen werden das Verfahren italienischer Notare, die nach den Imbreviaturen verstorbener Kollegen die Instrumente ausfertigen, s. oben S. 124ff. 130. Auch hier wird das Verhältnis jedesmal ganz klar gelegt.

[3] Welche letztere vielfach die Veranlassung zur Neuausfertigung war, vgl. Posse, Privaturkunden S. 77.

anderen Fällen läßt sich die Neuausfertigung an Zusätzen, die erst nach der Zeit der ersten Beurkundung entstanden sein können, oder aus anderen Umständen genügend erkennen.[1] Freilich ist hier wie bei den Fällen, die für das Vorkommen von Neuausfertigungen durch einen Nachfolger des Ausstellers der ursprünglichen Urkunde beigebracht werden können, die Entscheidung, ob eine wirkliche Renovation oder eine Fälschung vorliegt, häufig sehr schwer und auf Grund des in den gedruckten Urkundenbüchern vorliegenden Materials oft gar nicht zu fällen.[2]

---

[1] Vgl. Ficker, BzU. 1, 275ff.; Posse a. a. O.; Schneider, Archival. Zeitschr. 11, 16 (die hier wie bei v. Buchwald S. 312ff. gemachte Scheidung zwischen Innovation und Renovation ist nicht zweckmäßig). Ein ganz sicheres Beispiel von Neuausfertigung durch denselben Aussteller infolge eines Zusatzes bieten die Urkunden Erhard, CD. Westf. 2, 4 n. 198, die Ficker 1, 78 besprochen hat. Sicher sind ferner Neuausfertigungen von Urkunden des Bischofs Ludolf II. von Halberstadt durch seinen Nachfolger Volrad, nachdem die Wahl Ludolfs für ungültig erklärt worden war; zum Teil ist dabei die ursprüngliche Jahreszahl beibehalten, aber ein anderes Tagesdatum hinzugefügt (vgl. UB. Bist. Halberstadt 2, n. 870. 871. 881), zum Teil sind alle Daten verändert (ebenda 2, n. 894. 917). — In Italien kommen Neuausfertigungen von Notariatsurkunden schon in langobardischer Zeit vor: ein Beispiel von 756, wo die Neuausfertigung (*relevatio*) durch denselben Notar, der zwei Jahre früher die erste Urkunde geschrieben hatte, erfolgte, nachdem dazu die ausdrückliche Genehmigung des bei dem Rechtsgeschäft beteiligten Königs Aistulf eingeholt war, s. Troya 4, 4, 540. Jedenfalls gehört hierher auch schon die Luccheser Urkunde, die zuletzt Guidi, Alcune note intorno alle quattro carte più antiche dell' archivio arcivescovile di Lucca (Lucca 1903), abgedruckt und besprochen hat. Eine Schenkungsurkunde vom Jahre 713, geschrieben von dem Notar Sicherad, ist von demselben Notar wohl nicht lange danach neu geschrieben. Er sagt am Schlusse der neuen Schrift (die wir allein besitzen, die erste ist verloren): *ego Sicherado ... hanc cartula ex autentico fiditer exemplavi*; man hat deshalb das uns erhaltene Exemplar als Kopie betrachtet. Wenn man aber erwägt, daß auf die Zeugenliste zunächst der Zusatz folgt: *et post hanc completa cartula rememoravimus particellula nostra de Oliveto in Uaccula: ego Fortonato et Bonuald ... offerimus deo et beati Petri* und dann erst die oben erwähnte Beglaubigung, so wird es klar, daß eine eben durch jenen Zusatz notwendig gemachte Neuausfertigung vorliegt, und daß die Formel: *ex autentico exemplavi* sich nur auf den ersten Teil einschließlich der Zeugenliste bezieht.

[2] Vgl. z. B. die beiden im 12. Jahrhundert geschriebenen Urkunden Bischof Burchards von Worms von 1016, Boos 1, 34f. n. 43. 44, die der Herausgeber, wie es scheint, als Neuausfertigungen betrachten will, während Wattenbach, Zeitschr. f. Gesch. des Oberrheins 24, 152, wenigstens die erstere als Fälschung ansah. Daß Wattenbach Recht hatte, führt Rodenberg, NA. 25, 489ff. aus.

Sehr selten nämlich wird in derartigen Fällen geradezu gesagt, daß es sich um Neuausfertigung handelt; wo dies geschieht, wird im allgemeinen an Fälschung nicht zu denken sein. So, wenn 1115 unter dem Siegel Bischof Giralds von Lausanne eine Reihe von Schenkungen für das Priorat Rougemont, die bis in die Zeit seines Vorgängers Burchard zurückreichen, in einer Urkunde zusammengefaßt werden: aus einer in der Mitte des Stückes stehenden Zeugenformel mit darauf folgender *Arenga* und *Publicatio* ersieht man deutlich, daß hier mehrere ältere Urkunden erneuert werden sollen, und am Schluß heißt es denn auch ausdrücklich: *refecta est hec charta anno dom. inc. 1115 coram testibus Giraldo Lausannensi episcopo* usw.[1] Schwieriger wird die Entscheidung in einem Falle wie dem folgenden. Eine Urkunde des Bischofs Herrand von Halberstadt von 1096, betreffend die Besetzung des Klosters Hillersleben mit Ilsenburger Mönchen und verschiedene Vergabungen an das Kloster, ist uns in einer von einem Ilsenburger, also von Empfängerhand geschriebenen, aber vom Bischof besiegelten Original, gegen das keine Bedenken erhoben worden sind, erhalten.[2] Von derselben Urkunde gibt es nun aber noch eine zweite, von gleicher Hand geschriebene Ausfertigung unter demselben Datum, aber offenbar späteren Ursprungs.[3] Sie nennt zwei Petenten mehr, läßt dagegen einen Passus, der dem Ilsenburger Abt dauernd die Seelsorge in Hillersleben überträgt, fort, erweitert dann eine Schenkung des Zehnten von 12 Mansen auf 14, fügt endlich eine Strafformel hinzu. Diese zweite Ausfertigung nun ist nicht mit dem Siegel Herrands, sondern mit dem seines Nachfolgers Reinhard versehen. Von demselben Reinhard gibt es endlich noch eine andere Urkunde von 1109, die zwar die Petenten wie in der zweiten Ausfertigung nennt, ja noch einen weiteren hinzufügt, demnächst aber nur vom Zehnten über zwölf Mansen, als einem Geschenke Herrands, spricht und als eine neue Verleihung aus der Zeit Reinhards die Erhebung des Priorats Hillersleben zu einer selbständigen Abtei anreiht.[4] Es ist danach klar, daß die zweite Ausfertigung der Urkunde von 1096 jünger ist als die Urkunde von 1109; die Fortlassung der Befugnisse des Ilsen-

[1] Zeerleder, Bern. UB. 1, 56 n. 28. Vgl. auch Redlich, Privaturkunden S. 147, über einen ähnlichen Fall von 1249, wo Herzog Bernhard von Kärnten eine von ihm 1234 gegebene Urkunde neu ausfertigen läßt.

[2] UB. Bist. Halberstadt 1, 81 n. 118. Schreiber ist nach dem Herausgeber derselbe Mann, der auch 1, n. 119 für Ilsenburg mundiert hat, also offenbar ein Ilsenburger.

[3] A. a. O. 1, 82.

[4] UB. Bist. Halberstadt 1, 96 n. 134.

burger Abts in der ersteren erklärt sich eben aus der inzwischen erfolgten Erhebung des Hillerslebener Priors zum Abt. Danach sind zwei Fälle möglich: entweder das zweite Exemplar der Urkunde von 1096 ist eine auf Reinhards Anordnung erlassene Neuausfertigung der ersten Urkunde unter gleichem Protokoll, aber mit Erweiterung des Inhalts, oder es ist eine im Kloster nach 1109 entstandene Fälschung. Ich halte das letztere für wahrscheinlich,[1] muß aber bemerken, daß eine definitive Entscheidung, wenn überhaupt, dann erst nach genauer Prüfung des Siegels und seiner Befestigungsart möglich sein wird.

Sicherer wird man in einem etwas anders liegenden Fall urteilen dürfen. In München befindet sich eine angebliche Originalurkunde des Erzbischofs Bardo (1031—1051) von Mainz, betreffend die Anlage von Weinbergen zu Rüdesheim und die davon zu entrichtenden Abgaben.[2] Das Stück gibt sich seinem ganzen Wortlaut nach bis zum Schluß der *Corroboratio* als Urkunde Bardos; dann folgt, eingeleitet mit der Formel *Huius rei testes sunt hii* eine Zeugenliste, die offenbar aus der Zeit des Erzbischofs Siegfried stammt, und eine zur Regierungszeit des letzteren passende Datierung: *a. inc. 1074, ind. 12, regnante Henrico quarto, regni eius 18.* Die Schrift der Urkunde gehört nach dem Urteil Sauers in das Ende des 11. Jahrhunderts; das Siegel soll Erzbischof Bardo angehören. Sauer bezweifelt die Echtheit nicht und hält das Stück für eine Neuausfertigung der Urkunde Bardos durch seinen Nachfolger Siegfried. Ich würde, trotzdem die Unterlassung jedes Hinweises auf Siegfried auch in der Datierung sowie das Fehlen seines Siegels sehr auffällig sein würde, diese Erklärung nicht ohne weiteres unmöglich halten, wenn nicht die Beschaffenheit des Siegels, das von demjenigen in anderen unbedenklichen Urkunden Bardos abweicht und dessen Umschrift verdächtig ist, die Annahme der Fälschung näher legte.[3] Sehr schwer ist eine Entscheidung in

[1] Namentlich deswegen, weil eine Bestätigung des Bischofs Friedrich von 1214 (a. a. O. 1, 424 n. 477) auch nur vom Zehnten über 12 Mansen spricht. Auch das Verhältnis zweier anderen Hillerslebener Urkunden von gleichem Datum, a. a. O. 1, n. 238. 238[a], ist nicht unverdächtig.

[2] Nass. UB. 1, 58 n. 114; vgl. 1, 71 n. 131.

[3] Für die Fälschung wäre eine echte Urkunde Siegfrieds benutzt worden; eine solche Bardos braucht nicht angenommen zu werden; Grund der Fälschung auf seinen Namen kann sehr wohl eine mündliche Überlieferung über seinen Anteil an der Anlage der Rüdesheimer Weinberge gewesen sein. — Andersartig ist der Fall Nass. UB. 1, 64 n. 123; Bestätigung einer Verleihung des Willigis durch Siegfried. Hier gibt sich Siegfried als den Aussteller, sein Siegel ist befestigt, aber die Datierung geht auf Willigis: *a. inc. 995, ind. 10,*

folgendem Falle. Die Urkunde über die Gründung von Kloster Alpirsbach in Schwaben durch Ruotmann von Hausen und die Grafen Adelbert von Zollern und Alwig von Sulz liegt uns in zwei Ausfertigungen vor, die, in der Hauptsache übereinstimmend, beide undatiert sind. Die ältere Ausfertigung könnte um 1099 entstanden sein, die jüngere hat einen in den Text eingeschobenen Zusatz, der auf Vorgänge in der Zeit des Königs Lothar und des Bischofs Ulrich von Konstanz hinweist, also erst nach 1125 geschrieben sein kann;[1] der Zusatz ist sehr ungeschickt angebracht, redet von einem der Aussteller in dritter Person und unterbricht den Zusammenhang in der störendsten Weise. Da beide Stücke nur in unbesiegelten Aufzeichnungen vorliegen, so wird es schwer sein, mit Bestimmtheit festzustellen, ob das jüngere eine mit Genehmigung der Aussteller, bzw. ihrer Rechtsnachfolger hergestellte Neuausfertigung, oder ob es eine im Kloster ohne Autorisation angefertigte interpolierte Abschrift des älteren ist; doch ist unter den obwaltenden Umständen die letztere Annahme kaum weniger wahrscheinlich als die erstere.

Es wird nicht nötig sein, weitere Beispiele für die erörterten Verhältnisse anzuführen.[2] Wie vorsichtig bei der Beurteilung von Urkunden wie die besprochenen zu Wege gegangen werden muß, zeigen die vorangehenden Darlegungen zur Genüge: in vielen Fällen wird man überhaupt nicht zu einem sicheren Ergebnis gelangen, sondern sich mit einem *non liquet* begnügen müssen.

Schwierigkeiten wie die zuletzt behandelten haben ihren Grund in dem ganzen eingeschlagenen Verfahren und beruhen weniger auf der mehr oder minder großen Geschicklichkeit und Gewandtheit, mit

---

4. non. iul., regn. Heinr. II. Ficker nimmt an, sie sei aus der von Willigis ausgestellten Vorurkunde übernommen (BzU. 1, 273). Aber diese Datierung kann in keiner Urkunde des Willigis gestanden haben; ob überhaupt eine Urkunde des letzteren vorgelegen hat, ist nach den Ausdrücken Siegfrieds (*audivi, compertum habeo*) sehr zweifelhaft; dagegen paßt die Erwähnung einer Weihe durch *Azzo Antiquae urbis antistes*, d. h. Ezico von Aldenburg, sehr gut zur Zeit des Willigis; vgl. meinen Aufsatz in den Forsch. zur brandenburg. und preuß. Gesch. 1, 403. Auch hier wird die weitere Entscheidung vor allen Dingen von einer genaueren Prüfung des Siegels abhängen, wie sie demnächst von O. Posse zu erwarten ist.

[1] Wirtemberg. UB. 1, 315 n. 254; 361 n. 284; vgl. Ficker, BzU. 1, 274. Die erste Ausfertigung ist uns nach Hirsch, MIÖG. Erg. 7, 531, noch in der Urschrift erhalten; über die zweite spricht er sich nicht ganz bestimmt aus, doch scheint auch er nach S. 542 der zweiten, oben im Text angedeuteten Möglichkeit zuzuneigen.

[2] Doch vgl. noch die von Redlich, Privaturkunden S. 147, besprochenen.

der die Notare und Urkundenschreiber des Mittelalters ihres Amtes gewaltet haben. Dagegen spielt die letztere eine große Rolle, wenn wir andere Vorgänge betrachten, die sich bei der Nachbildung von Vorurkunden ergeben konnten.

Keineswegs immer haben die Notare und Urkundenschreiber dabei ihre Aufgabe so zu lösen verstanden, daß sie, wie ohne Zweifel auch im Mittelalter gefordert worden ist,[1] bei der Benutzung der Vorlagen das, was für die Verhältnisse zur Zeit der Nachbildung nicht mehr passend war, diesen entsprechend modifizierten; häufig führt die gedankenlose Art der Nachbildung, die zu einem ganz mechanischen Abschreiben wurde, Mißgriffe herbei, die wir bisweilen erst durch die Vergleichung der Vorlagen als solche erkennen.

Für eine Denarialurkunde Heinrichs III. von 1050[2] hat als Vorlage zweifellos ein Formular oder eine Vorurkunde gedient, in der von der Freilassung eines männlichen Knechtes die Rede war; der Schreiber kopierte sie so, daß er alle auf den Freigelassenen, für dessen Namen er zweimal eine Lücke ließ, bezüglichen Worte: *quendam, servum, liberum, predictus* usw. männlich bildete; in jene Lücken wurde dann der Name einer weiblichen Freigelassenen Sigena eingetragen, und nun wurden durch Korrektur die richtigen weiblichen Formen *quandam, servam, liberam, predicta* usw. hergestellt.[3] Sind hier die nicht passenden Formen alsbald korrigiert worden, so kommt es andererseits vor, daß einmal gemachte Schreibfehler sich durch mehrere, bisweilen durch ganze Serien nachgebildeter Urkunden hindurch verfolgen lassen. In einer Immunitätsurkunde Arnulfs von 889 für Würzburg, deren Vorlage ein Diplom Ludwigs des Frommen war, fehlt durch ein Versehen des

---

[1] Man vgl., was der Vf. des Baumgartenberger Formularbuchs (ed. Bärwald S. 87) von einem geschickten Notar verlangt: *quam formulam quemve tenorem subtiliter contemplando omnis ydoneus et industrius notarius sicut nasum cereum secundum diversam negociorum qualitatem ad diversas poterit coaptare personas, licet condicione inpares et dispares dignitate.*

[2] St. 2390; vgl. Arndt, GGA. 1872 S. 1382, der aber von der Nachtragung des Namens noch nichts wußte.

[3] Einen anderen Fall, in dem er gleichfalls Benutzung eines Formulars annahm, hat Sickel, Acta 1, 130 besprochen. In einer Originalurkunde Arnulfs von 896 geht zweimal dem Namen die Majuskel *N* voran; Sickel meinte, diese habe im Formular statt des einzusetzenden Namens gestanden, der Kopist habe aus Unwissenheit oder Unachtsamkeit dies *N* mit abgeschrieben. Dem gegenüber wird Stumpf, Wirzb. Immun. 2, 48 N. 79, der das *N* als Sigle für das Wort *nomine* betrachten will, um so eher recht haben, als in Formularen dieser Zeit an Stelle des einzusetzenden Namens noch nicht *N*, sondern *ille* oder *talis* oder ein ähnliches Wort zu stehen pflegt.

Schreibers in einem Satze der *Narratio* das Objekt *praedictam sedem* vor *sub plenissima defensione et immunitatis tuitione habuissent*; den gleichen Fehler wiederholen die Bestätigungen Konrads I. von 918 und Heinrichs I. von 923. Die Konrads fügt einen zweiten Fehler hinzu: sie läßt in der Immunitätsformel einen ganzen Satz aus und macht sie dadurch völlig sinnlos: der Schreiber Heinrichs I. hat auch das wiederholt.[1] In einem Privileg Heinrichs IV. für Rüggisberg[2] finden sich die Worte *per manum prefati ducis R. vicinum loco et adiacens desertum;* der König bestätigt dem Kloster diese durch die Hände des Herzogs Rudolf tradierte Wüstung. In der Kanzlei Heinrichs V., der die Urkunde zur Konfirmation vorgelegt wurde, übersah man das Spatium hinter *R* und bestätigte den Rüggisbergern: *desertum quoddam iuris nostri regni Ruuicinum*[3] *in loco adiacens;* unter Konrad III. verbrieft man in entsprechender Weise direkt auf die Urkunde Heinrichs IV. zurückgehend *Ruicinum loco et adiacens desertum quoddam iuris regni mei* und dieselben Worte, nur *locum* statt *loco* berichtigend, wiederholt noch einmal die Bestätigung Friedrichs I. von 1152.[4]

Haben wir hier schon einen Schreibfehler, der gefährlich wirken kann — wie mancher Lokalforscher mag schon seine Zeit damit verloren haben, den modernen Namen des *locus Ruuicinus* aufzusuchen! — so wird die Gefahr mißverständlicher Benutzung von Urkunden noch größer, wenn sachliche Angaben der Vorlagen in den Nachbildungen unpassender Weise wiederholt sind. Nicht leicht wird jemand, der etwa in Urkunden Pippins oder Karls des Großen den Ausdruck *leudes* findet,[5] diesem *terminus technicus* aus merovingischer Zeit auch noch für die karolingische Periode eine staatsrechtliche Bedeutung zuschreiben, oder wenn etwa nach dem Muster älterer Vorlagen von *missi dominici* und *missi discurrentes* noch in deutschen Diplomen des 10. und 11. Jahrhunderts die Rede ist,[6] darum das karolingische In-

---

[1] Vgl. Bresslau, FDG. 13, 91. Fälle ähnlicher Art sind sehr häufig.

[2] St. 2788; vgl. Scheffer-Boichorst, MIÖG. 9, 201 (Zur Gesch. des XII. und XIII. Jahrh. S. 182ff.). Ich lasse hier dahingestellt, und es ist für unsere Betrachtung gleichgültig, ob das Schriftstück, das uns jetzt im Berner Archiv nur in verfälschter Gestalt vorliegt, schon in dieser Form, oder ob das echte Diplom Heinrichs IV., das der Fälscher benutzt haben muß, als Vorlage der späteren Bestätigungen gedient hat.

[3] So das Or., *Ruincinum, Runicinum* der Drucke.

[4] St. 3121. 3538. 3638.

[5] Vgl. Sickel, Acta 1, 130.

[6] DO. I. 20; DH. II. 491 und öfter.

stitut der Königsboten noch als in dieser Epoche fortlebend betrachten. Wird etwa in einer Urkunde Konrads II. die Kaiserin Adelheid, Ottos I. Gemahlin, *amita nostra* genannt,[1] so wird man darum nicht ein Verwandtschaftsverhältnis konstruieren wollen, das so nicht bestanden hat: aber man könnte doch schon geneigt werden, die Echtheit der Urkunde in Zweifel zu ziehen, wenn man nicht beachtet, daß der Ausdruck lediglich aus einer Vorurkunde Heinrichs II. entlehnt ist. Anders steht es schon, wenn ganze Sätze mit bestimmten historischen Angaben aus den Vorurkunden entlehnt sind. Dahin gehört es z. B., wenn in einem Diplom Konrads II. für ein Kloster zu Ravenna von *placitum nostrum*, in dem der Kaiser das Kloster investiert habe, und von *missus noster*, vor welchem eine Abtretung zugunsten des Klosters erfolgte, die Rede ist; beide Ausdrücke entstammen einer Vorurkunde Ottos II. und sind auf diesen Herrscher, nicht auf Konrad zu beziehen.[2] Ein besonders instruktiver Fall der Art, auf den Ficker aufmerksam gemacht hat, ist der folgende. In einer Urkunde vom Jahre 1220 verleiht Friedrich II. dem Guido Cacciaconte eine Burg *attendentes preclara servitia, que iampridem in partibus Apulie nobis exibuit et deinceps domino concedente ad honorem imperii erit exibiturus.* Der Benutzer der Urkunde könnte leicht versucht sein, anzunehmen, daß Cacciaconte sich etwa bei Abwehr des Einfalls Ottos IV. in Apulien um die staufische Sache verdient gemacht hätte. In Wirklichkeit aber stammt der ganze Satz aus einer wörtlich wiederholten Vorurkunde Ottos IV. selbst, und die Dienste, die Friedrich nach seinem Diplom zu belohnen scheint, sind in Wahrheit gegen ihn selbst geleistet worden.[3]

Besondere Schwierigkeiten verursacht es nun aber, wenn gewisse Namen in gleicher Weise in Vorurkunde und Nachbildung wiederkehren. Es handelt sich dabei insbesondere häufig um die Namen

---

[1] DK. II. 62, vgl. DH. II. 284.

[2] DK. II. 250, vgl. DO. II. 242. In meinen Jahrb. Konrads II. 2, 265 N. 3 habe ich mich selbst durch diese Stelle irreführen lassen. — Ähnlich sind in einem DH. V. für Pomposa (NA. 20, 225) die Worte ab *Heinrico nostro altero antecessore* aus dem DH. III. St. 2283 übernommen worden, wo sie auf Heinrich II. gehen. Ohne Kenntnis dieser Vorurkunde müßten sie auf Heinrich III. bezogen werden.

[3] BF. 1222, vgl. BF. 457 (mit Nachtrag) und dazu Ficker, BzU. 1, 317. Der Erklärung Fickers gegenüber kann diejenige Winkelmanns, Otto IV. S. 284 N. 3, nicht in Betracht kommen. Zweifelhaft ist dagegen, ob auch, wie Ficker a. a. O. annimmt, in dem Vertrage Ottos I. mit Venedig die Stelle, in der von einem früher zu Ravenna geschlossenen Vertrage die Rede ist, lediglich in derselben Weise zu erklären ist, vgl. Sickel zu DO. I. 350.

von Grafen, in deren Gauen die in den Urkunden erwähnten Ortschaften liegen, und um die Namen von Intervenienten und Zeugen. In gewissen Fällen freilich liegt der Sachverhalt auf der Hand. Kehrt in zwei Diplomen Ottos I. und Konrads II. für Kloster Fischbeck die ganze Güterliste wörtlich übereinstimmend wieder, einschließlich der Namen der fünf Grafen, in deren Gauen die Güter lagen,[1] so wird niemand, der überhaupt das spätere Diplom mit dem früheren verglichen hat, annehmen, daß zufällig wirklich 1025 fünf gleichnamige Grafen in denselben Gauen fungiert hätten. Auch wer in einer Urkunde Friedrichs I. für Brandenburg von 1161 einen Ort als *in pago Northturinga et in comitatu Liutheri* bezeichnet findet, wird bei einer Vergleichung mit der Vorurkunde Heinrichs III. angesichts der Tatsache, daß in staufischer Zeit die Gauverfassung in voller Auflösung ist, die offenbare und gedankenlose Entlehnung leicht erkennen.[2] Unsicher aber bleibt die Sache in anderen Fällen. Wird z. B. in einer Urkunde Ottos I. von 954 der Kroatengau als *in ministerio Hartwigi* belegen bezeichnet und wiederholen sich dieselben Worte in einem zweiten Diplom von 961, dem jenes als Vorlage gedient hat,[3] so ist es sehr wohl möglich, daß Hartwig 961 noch Graf jenes Gaues war, aber aus dem Diplom von diesem Jahre allein würde man es ohne anderweite Anhaltspunkte nicht mit absoluter Gewißheit folgern dürfen: die eben angeführten Beispiele werden zur Vorsicht in derartigen Schlüssen mahnen.

Ganz ähnlich wie hier, steht es nun auch hinsichtlich der Intervenienten und Zeugen. Daß die Zeugenlisten der Vorurkunden zuweilen in den Nachbildungen, namentlich in Neuausfertigungen wiederkehren, ist schon oben erwähnt worden;[4] handelt es sich hier in der Regel um längere völlig oder zum Teil übereinstimmende Namenreihen, so wird man, sobald man das Verhältnis der Nachbildung zur Vorurkunde überhaupt beachtet, über die Art der Entlehnung nicht in Zweifel sein können. Nicht so leicht ist es in manchen Fällen zu entscheiden, ob auch die Nennung der Intervenienten und Petenten durch die Vorurkunde beeinflußt ist. Klar ist es allerdings, daß die Nennung eines bereits verstorbenen Intervenienten, wenn er auch in

[1] DO. I. 174. DK. II. 15, vgl. Ficker, BzU. 1, 317. Ganz dasselbe Verhältnis besteht hinsichtlich dreier Grafennamen in DO. III. 273, verglichen mit DO. II. 51, vgl. Sickel, KU. in der Schweiz S. 63.

[2] St. 3907, vgl. St. 2402.

[3] DO. I. 173, vgl. DO. I. 221.

[4] S. oben S. 299.

der Vorurkunde erscheint, lediglich aus ihr abgeschrieben ist und weder für die Kritik der Urkunde, noch für ihre Interpretation Bedeutung hat.[1] So leicht zu kontrollierende Vergehen lassen sich nun aber die Urkundenschreiber doch verhältnismäßig nur selten zu Schulden kommen. Sehr viel häufiger dagegen geschieht es, daß wir in den Nachbildungen entweder dieselben noch lebenden Männer, oder die zeitigen Nachfolger der Männer als Intervenienten genannt finden, die in den Vorurkunden als solche erwähnt worden waren. Und solche Fälle sind nun bisweilen sehr schwer zu beurteilen. Finden wir in einer ganzen Reihe von Urkunden für St. Peter zu Aschaffenburg[2] regelmäßig den Herzog Otto und ihn allein als Fürbitter erwähnt, so ist nicht in Abrede zu stellen, daß Otto, der Gründer jenes Stiftes, wirklich in jedem einzelnen Fall sich dafür verwandt haben kann, aber das mit voller Sicherheit anzunehmen und die Möglichkeit einer gegenseitigen Einwirkung der früheren Urkunden auf die späteren ganz außer Betracht zu lassen, würde doch gewagt sein. Wird dagegen in einer Urkunde Heinrichs II. für St. Sophia zu Benevent von 1022 Bischof Heinrich von Parma als Intervenient genannt, während die Vorurkunde von 972 einen seiner Vorgänger Hubert von Parma, den damaligen Erzkanzler Italiens, mit Bischof Dietrich von Metz als Fürbitter anführt, so glaube ich angesichts der Tatsache, daß Bischof Heinrich nachweislich im Gefolge des Kaisers in Unteritalien war, annehmen zu müssen, daß gerade darum, weil in der vorzulegenden Vorurkunde der Vorgänger Intervenient gewesen war, das Kloster diesmal die Fürbitte des Nachfolgers nachsuchte und daß diese gewährt wurde.[3] Und wie hier, so liegt es auch in anderen Fällen.

---

[1] So in DH. II. 15 die Wiederholung der Fürbitte des Bischofs Franco von Worms aus DO. III. 312, vgl. schon Hirsch, Jahrb. Heinrichs II. 1. 228 N. 4. Ebenso in St. 3043 die Wiederholung des Petenten aus DH. II. 95. Auch in DK. II. 192 ist so die Intervention des bereits vor zwei Jahren verstorbenen Aribo von Mainz aus DK. II. 138 wiederholt, und ebenso könnte in DO. I. 179 die Intervention der bereits verstorbenen Herzoge Heinrich und Konrad aus DO. I. 122 übernommen sein, so daß aus diesem Grunde allein die Urkunde nicht mit Dümmler, Otto der Große S. 277, anzufechten wäre.

[2] DD. O. II. 117. 128. 188. 215. 245. 284 (ebenso die Spurien 321. 324); vgl. Ficker, BzU. 1, 319. — Ähnliche Fälle DO. I. 94 Intervenient Hermann von Schwaben, nachgebildet DO. I. 218 Burchard v. Schwaben (für Einsiedeln); DH. I. 13 Unwan von Paderborn, DO. I. 24 Toto von Paderborn (für Herford). Auch außer den schon bei Ficker a. a. O. angeführten ließen sich noch zahlreiche andere Beispiele anführen.

[3] DH. II. 468, vgl. DO. I. 408; wenn es sich auch hier, wie Ficker a. a. O. anzunehmen scheint, um bloße bedeutungslose Wiederholung in der

Häufig aber wird eine sichere Entscheidung, ob der Empfänger die Intervention deshalb nachgesucht hat, weil ein Vorgänger in der Vorurkunde als Intervenient genannt war, oder ob lediglich die Kanzlei aus dem gleichen Grunde den Nachfolger als Intervenienten nennt, überhaupt nicht zu treffen sein.[1]

Ist es sonach unzweifelhaft vorgekommen, daß den Vorurkunden tatsächliche Angaben entlehnt sind, die für die Zeit der Nachbildung und die besonderen Verhältnisse des Einzelfalls durchaus nicht passend waren, so kann es natürlich noch weniger befremden, daß in sehr zahlreichen Fällen Urkundenformeln in den Nachbildungen wiederholt sind, die zur Zeit der letzteren keineswegs mehr im Gebrauch waren.[2] Es läßt sich in dieser Beziehung ganz allgemein sagen, daß, zwar das Vorkommen von Formeln, die zur Zeit der Ausstellung der Urkunde

Kanzlei handelte, so würde man eher die Nennung des zeitigen Erzkanzlers, als die des zeitigen Bischofs von Parma erwarten; zudem ist es in diesem Fall sehr fraglich, ob das DO. I. 408 der Kanzlei Heinrichs II. überhaupt vorgelegen hat. — Ein ähnliches Verhältnis wird auch bei DK. II. 91 obwalten; wahrscheinlich hat doch der Umstand, daß in der Vorurkunde Berengars I. vier Bischöfe als Petent und Intervenienten genannt waren, 1027 den Bischof von Padua veranlaßt, drei seiner Amtsbrüder um ihre Intervention zu ersuchen.

[1] Zweifel wie die eben besprochenen können aber nicht bloß bei den Namen von Zeugen und Intervenienten, sondern auch bei anderen in den Urkunden genannten bestehen. Ein besonders schwieriger Fall ist in dieser Beziehung der des DH. III. St. 2192. Es ist ausgestellt für das Bistum Meißen, *cui nunc preest venerabilis episcopus Aico*, und weiter unten ist noch einmal von dem *iam dictus Aico episcopus* die Rede. Dieser Aico ist sonst nicht bekannt; aber auch in der Vorurkunde, dem DO. I. 174, war der Empfänger der Bischof Aico von Meißen. Ob es nun wirklich zwischen dem 1027 begegnenden Bischof Dieterich und dem 1046 erwähnten Bischof Bruno von Meißen im Jahre 1040 einen Bischof Aico II. gegeben hat, von dem wir sonst nichts wissen, oder ob der Name nur durch Gedankenlosigkeit des Kanzleinotars aus der Vorurkunde übernommen ist, wird sich mit Sicherheit nicht entscheiden lassen; für unmöglich wird man aber auch die zweite Alternative gewiß nicht halten dürfen.

[2] Vgl. Ficker, BzU. 1, 316. Dort ist u. a. ein sehr bezeichnender Fall aus dem 14. Jahrhundert angeführt: Karl IV. erklärte im Jahre 1375 eine von ihm selbst 1362 ausgestellte Urkunde für unecht, weil sie dem *stilus cancellarie nec in regula dictaminis neque modo loquendi* entspreche, was sich daraus erklärt, daß sie einer Urkunde Ludwigs des Baiern wörtlich nachgebildet ist, die Karl schon früher einmal im Jahre 1349 wiederholt hatte. Nach den Ausführungen Lindners S. 199 ist nun aber die Urkunde von 1362 zwar wirklich echt, aber nicht in der Kanzlei geschrieben; und es ist wohl möglich, daß diese, hätte sie die Urkunde angefertigt, wenigstens einige der formalen Mängel beseitigt hätte.

noch unbekannt waren, ihre Echtheit, soweit die Fehler nicht auf die Überlieferung zurückgeführt werden können, ausschließt, umgekehrt aber das Vorkommen von Formeln, die zur Zeit der Ausstellung nicht mehr üblich waren, da, wo es durch Benutzung von Vorurkunden erklärt werden kann, einen Verdachtsgrund an sich durchaus nicht bildet. Und dasselbe gilt namentlich da, wo mehrere Vorlagen für eine Nachbildung benutzt sind, von ihrer ungeschickten und unbeholfenen Verarbeitung, wie sie sehr häufig vorkommt.

Schließlich muß dann aber noch bemerkt werden, daß es zahlreiche Fälle gibt, in denen die Vorurkunden nicht bloß Protokoll und Text, sondern sogar die äußeren Merkmale der Nachbildung beeinflußt haben, Fälle also, in denen die Nachbildung sogar zu wenigstens teilweise durchgeführter Nachzeichnung wird. So ist z. B. eine Urkunde Heinrichs III. für Verona vom Jahre 1047 ganz unzweifelhaft in ihrer Schrift durch die Vorurkunde von 1027 beeinflußt;[1] noch auffallender ein Diplom zu San Zeno zu Verona von 1084[2] durch eine uns nicht mehr im Original erhaltene Vorurkunde aus der ersten Hälfte des Jahrhunderts. So hat ein Schreiber unter Heinrich V., der im Jahre 1123 ein Diplom für San Benedetto di Polirone mundierte, sich nicht nur in bezug auf die Schrift durch ein ihm vorgelegtes Privileg Paschals II. beeinflussen lassen, sondern der Vorurkunde zu Liebe sogar eine Art von *rota* gezeichnet, die er dann freilich durch das Siegel verdeckte.[3] So hat insbesondere die nicht in den alten Traditionen erwachsene Kanzlei Lothars III. namentlich in dessen ersten Regierungsjahren allerhand graphische Eigentümlichkeiten der Vorurkunden nachgeahmt, so daß hier sogar noch einmal das ganz bedeutungslos gewordene Rekognitionszeichen wiederkehrt.[4] Kommen aber dergleichen Dinge selbst in der Reichskanzlei, und zwar gar nicht

---

[1] St. 2338, vgl. DK. II. 96, beide Originale im Kapitalsarchiv zu Verona.

[2] St. 2860; die Beispiele ließen sich leicht vermehren, und bisweilen läßt sich sogar aus der Nachurkunde, eben weil sie der Vorurkunde nachgezeichnet ist, der Schreiber der letzteren, auch wenn sie selbst verloren ist, erkennen. Es kommt sogar vor, daß ein Kanzleibeamter Schriftformen, die er auf solche Weise in einer Vorurkunde kennen gelernt hat, sich dauernd aneignet und auch in späteren Urkunden anbringt, das gilt z. B. von dem Schreiber von St. 2320 hinsichtlich des DK. II. 85; vgl. auch NA. 34, 108.

[3] Bresslau, MIÖG. 6, 114 N. 4; doch ist dazu jetzt nachzutragen, daß nur die Rekognition und die Datierung vor dem Kanzleinotar Bruno B = Philipp B) herrühren, alles übrige aber, auch die *rota*, von einem anderen Schreiber.

[4] Vgl. Schum, KUiA. Text S. 117. 119; Schultze, Urkunden Lothars III. S. 45. 49.

selten vor, so darf es nicht Wunder nehmen, daß wir auf ähnliche Erscheinungen noch häufiger in königlichen und nichtköniglichen Urkunden stoßen, die außerhalb der Kanzlei entstanden sind.

Fünfzehntes Kapitel.

Die Urkundensprache.

Die lateinischen Sprachformen, die uns in den Litteraturdenkmälern aus der letzten Zeit der römischen Republik und den Anfängen der Kaiserzeit überliefert sind, gehörten damals nicht nur der Schriftsprache, sondern auch, wenigstens insofern man auf den eigenen Ausdruck sorgfältiger achtete und sich nicht nachlässig gehen ließ, der Umgangssprache aller derer an, die durch soziale Stellung und Bildung ausgezeichnet, die leitenden Klassen der römischen Gesellschaft bildeten. Daß sich von ihnen die tägliche Verkehrssprache des gewöhnlichen Volks, der *sermo vulgaris* oder *rusticus* oder, wie er sonst genannt wurde,[1] unterschied, konnte natürlich den Römern ebenso wenig entgehen, wie man etwa heute in den Gegenden Deutschlands, in denen ein erheblicher Unterschied zwischen der Schrift- und der Volkssprache besteht, sich dieses Gegensatzes unbewußt bleiben kann.[2] Gelegentlich machen schon früh die Komiker zur Charakteristik einzelner Figuren, die sie auftreten lassen, von einer vulgären Färbung der Sprache Gebrauch; gelegentlich führen Rhetoriker, Enzyklopädisten, Grammatiker einzelne Formen des *sermo rusticus* an, um vor ihnen zu warnen; allein die Schriftsprache sucht sich im übrigen nicht nur in den Erzeugnissen der Litteratur, sondern auch in den Urkunden[3] des geschäftlichen Verkehrs, soweit man es vermag, sorgfältig von ihnen fernzuhalten.

---

[1] Vgl. Schuchardt, Vokalismus des Vulgärlateins (3 Bde., Leipzig 1866 bis 1869) 1, 102f. — Anschauungen über die Beurteilung des Vulgärlateins und die Ursachen seiner Differenzierung, die von den hier und im folgenden, in Übereinstimmung mit den Untersuchungen der namhaftesten deutschen Sprachforscher gegebenen Ausführungen vielfach abweichen, vertritt das gelehrte Buch von M. Bonnet, Le Latin de Grégoire de Tours (Paris 1890). Zuzustimmen vermag ich ihnen nicht.

[2] Vgl. W. Meyer-Lübke, in Gröbers Grundriß der roman. Philologie 1^2, 455ff.

[3] Ich habe hier wirkliche Urkunden, die mit Tinte oder mit dem Griffel auf Wachs geschrieben sind, im Auge; nicht inschriftliche, auf Stein oder Erz von Handwerkern — also Vulgärlatein redenden Leuten — eingetragene Abschriften von Urkunden.

Vollständig gelungen freilich ist das nicht. Zwar in den Bureaus der kaiserlichen Behörden erhielt sich, soweit wir aus den uns überlieferten Urkundentexten schließen können, wenn auch nicht die Reinheit der Klassizität, die vielmehr durch mancherlei grammatische, insbesondere syntaktische, und lexikalische, zum Teil aus der vulgären Redeweise übernommene Besonderheiten beeinträchtigt ward, so doch das Laut- und Formensystem der Schriftsprache wesentlich unverändert und unverderbt. Nicht anders steht es hinsichtlich der Schriftstücke, die in den ersten Jahrhunderten des Christentums aus der Kanzlei der Päpste und aus den Schreibstuben höher gestellter geistlicher Würdenträger, namentlich der Bischöfe des römischen Reiches, hervorgegangen sind. Aber schon von den wenigen Originalen römischer Privaturkunden aus den Provinzen, die aus den beiden ersten Jahrhunderten der Kaiserzeit auf uns gekommen sind,[1] gilt nicht mehr dasselbe. Kommen hier namentlich die dem ersten Jahrhundert angehörigen Wachstafeln aus Pompeji[2] und die aus dem zweiten Drittel des 2. Jahrhunderts stammenden, zumeist in dem dakischen Städtchen Alburnus maior (dem heutigen siebenbürgischen Verespatak) geschriebenen Diptycha und Triptycha[3] in Betracht, so kann es allerdings keinem Zweifel unterliegen, daß die Schreiber der einen wie der anderen die Absicht hatten, sich der Schriftsprache zu bedienen. Aber daß diese nicht mehr ihre Muttersprache, sondern von ihnen schulmäßig erlernt war und nicht vollkommen beherrscht wurde, ersieht man aus den zahlreichen vulgärlateinischen Formen, die sich offenbar unbeabsichtigt neben denen der Schriftsprache eindrängen; die in dem vulgären Latein herrschende Auflösung des Laut- und Formensystems macht sich bereits sehr deutlich fühlbar.[4]

---

[1] Sie sind zusammengestellt bei Karlowa, Röm. Rechtsgesch. 1, 783ff., wo aber auch die nach der vorigen Note hier nicht zu berücksichtigenden Stein- oder Erztafeln mit aufgezählt sind. Dazu kommen jetzt eine erhebliche Anzahl lateinischer Texte auf Papyrusurkunden aus Ägypten, deren Sammlung und Veröffentlichung von Seymour de Ricci seit langer Zeit angekündigt ist.

[2] Herausgegeben CIL. Bd. 4, Supplement, von Zangemeister.

[3] Herausgegeben CIL. 3, 924ff. Nachträge Ephemeris epigraphica 2, 467; 4, 187f.

[4] Es genügt jetzt für die pompejanischen Tafeln auf die Zusammenstellungen Zangemeisters, CIL. 4, Suppl. S. 449, zu verweisen; in den siebenbürgischen sind die Spuren des Vulgärlateins noch zahlreicher. — Auf etwas höherer Stufe der Reinheit steht dagegen z. B. die Latinität einer noch vor dem Untergang des weströmischen Reichs geschriebenen Papyrusurkunde (Moscardi-Maffei, jetzt im Vatikan), Marini S. 108 n. 73, die von einem vor-

Von der wesentlichsten Bedeutung für die weitere Entwickelung war es nun, daß einerseits das siegreiche Christentum sich vielfach geradezu abwehrend gegen die heidnische Litteratur und gegen die in ihr herrschende Schriftsprache verhielt, daß seine Vertreter oft mit bewußter Absicht zu dem Volke in der Sprache des Volkes redeten und sich geradezu geringschätzig über jene künstlich gepflegte Redeweise ausließen, die von den Regeln der Grammatiker beherrscht wurde;[1] daß andererseits aber auch die tausende von öffentlichen Schulen, durch die bisher die Überlieferung der kanzleimäßigen Schriftsprache dem zahllosen Heere kaiserlicher Beamter in Italien und in den Provinzen allein hatte vermittelt werden können, mit dem Wegfall der römischen Kaiserherrschaft und seiner Bureaukratie überflüssig geworden waren und notwendigerweise eingehen mußten.

In den beiden Gebieten, die für unsere Darstellung in Betracht kommen, in Italien und im Frankenreiche, vollzog sich nun aber der Verfall der auf der antiken Bildung beruhenden Schrift- und Kunstsprache nicht zu gleicher Zeit und nicht in gleicher Weise. In Italien hat weder die kurze Regierung Odovakars, noch die Herrschaft der Ostgoten ihn vollkommen herbeigeführt. Das einzige Dokument aus der Kanzlei des ersteren, das wir abschriftlich besitzen, zeigt nur sehr wenige Spuren des in die Schriftsprache eindringenden Vulgärlateins,[2] die noch dazu vielleicht nicht sowohl auf Rechnung des königlichen Notars, der das Original geschrieben, als auf die Rechnung der allerdings schon viel weniger korrekt redenden sizilianischen Munizipalbehörde,[3] welche die uns erhaltene Abschrift angefertigt hat, gesetzt werden dürfen. Hinsichtlich der Ostgoten aber braucht man nur daran zu erinnern, daß einer der letzten Repräsentanten voller römischer Bildung, Cassiodor, an der Spitze der Kanzlei Theodorichs

---

nehmen Mann aus Ravenna stammt; doch finden sich auch hier schon Vulgarismen, z. B. S. 109, 27 *de peculia*, 35. 56 *suscriptio*, 43. 53 *scibitis*, 46 *miseremus*.

[1] Es genügt, an die bekannten Äußerungen des Augustin, De doctr. christ. 3, 7, Gregors des Großen in der Vorrede zum Hiob-Kommentar und Gregors von Tours in der Vorrede zu der Schrift In gloria confessorum zu erinnern.

[2] Marini S. 128 n. 82: *prestat, conpraehensam, livero, arvitrio, consiliario nostro* (für *consiliarium nostrum*). *Actum Ravenna.*

[3] In den von dieser stammenden Teilen des Papyrus finden sich Formen wie *suscribsit, hostensa adque relectam, scribta, aedicere, grevetur* (für *gravetur*), *beneratione, paginam hostensa adque relecta est, ed eandem praedia, ambulaissent, pro eadem praedia* u. a. — Vgl. auch den 491 in Ravenna geschriebenen Papyrus, Marini S. 130 n. 84, der noch etwas reineres Latein hat als jener aus Syracus.

und seiner nächsten Nachfolger stand, und daß seine *Variae* die direkte Absicht hatten, die Tradition des römischen Kanzleistils und der römischen Kanzleisprache fortzupflanzen. So darf es uns denn nicht wundernehmen, wenn auch die wenigen fast ausschließlich aus Ravenna oder seiner Umgebung stammenden Urkunden von Privatpersonen oder Munizipalbehörden, die wir aus dem 6. Jahrhundert besitzen, zumeist eine im ganzen doch nicht sehr durch vulgärlateinische Beeinflussung getrübte Schriftsprache aufweisen. Nur einzelne Stücke, so ein in eine Urkunde von 564 inseriertes Breve,[1] zeigen eine stärkere Verwahrlosung, wie diese denn auch in den eigenhändigen Unterschriften mancher offenbar der Schriftsprache durchaus nicht mehr mächtigen Zeugen vielfach deutlicher hervortritt, als in den von gewerbsmäßigen Schreibern herrührenden Urkunden selbst.[2] Erst die langobardische Eroberung Italiens brachte hier gewaltige Veränderungen hervor. In gleicher Weise der religiöse wie der politische Gegensatz, der die Sieger von den Besiegten trennte, die geringe Empfänglichkeit, welche die ersteren für die römische Bildung wenigstens in der ersten Zeit nach der Reichsgründung bewiesen, die ungünstige ökonomische und rechtliche Lage, in welche die römische Bevölkerung in den von den Langobarden eroberten Gebieten überall versetzt wurde, endlich ihre wenigstens anfänglich fast vollständig durchgeführte Fernhaltung aus allen Ämtern des Staats- und Hofdienstes — das alles mußte zusammenwirken, um die schulmäßige Fortpflanzung der römischen Schriftsprache auf langobardischem Gebiete außerordentlich zu erschweren, wenn auch nicht ganz unmöglich zu machen. Und gewiß haben die Langobarden selbst, soweit sie sich des lateinischen Idioms für ihren Geschäftsverkehr bedienten, es zunächst nicht in der Form der Schriftsprache, sondern in derjenigen der vulgären Rede überkommen.

Wie man in der langobardischen Königskanzlei geschrieben hat, das wissen wir nun freilich aus Mangel an Originalurkunden, die darüber allein authentischen Aufschluß geben könnten, nicht. Das langobardische Gesetzbuch zeigt auch in den uns vorliegenden Ab-

[1] Marini S. 125 in n. 80.

[2] Vgl. z. B. in der Urkunde Marini n. 114 die Unterschriften des Petrus und des Latinus S. 174 Z. 97ff. Vorzugsweise solchen Unterschriften sind die Beispiele entnommen, die Gröber, Arch. f. lat. Lexikogr. 1, 55, anführt, der Unterschied zwischen Unterschriften und Text ist aber hier nicht genügend beachtet. Das ebenda erwähnte Stück n. 119 von 551, mit stärkeren Verderbnissen auch im Texte, ist von Goten ausgestellt, nicht in Aquileia, sondern in Classis bei Ravenna und nach den verheerenden Einflüssen des Gotenkrieges.

schriften Vulgarismen in großer Fülle, und ob sie nicht in den verlorenen Originalen noch weit zahlreicher gewesen sind, muß dahingestellt bleiben. Die der Zeit der Ausstellung nahestehende, wenn auch kaum ganz gleichzeitige Abschrift einer Urkunde König Aistulfs von 755 ist ebenfalls stark vom Vulgärlatein beeinflußt,[1] aber auch hier ist sehr wohl möglich, daß die Abschrift, die möglicherweise schon der karolingischen Zeit angehört, bereits manches verwischt hat. Vollkommen vom Vulgärlatein beherrscht sind dagegen die ältesten uns erhaltenen Originalurkunden, die von Privatpersonen ausgestellt, aber von öffentlichen Notaren geschrieben, aus dem langobardischen Italien auf uns gekommen sind; sie gehören dem Anfang des 8. Jahrhunderts an.[2]

Aber auch in den italienischen Gebietsteilen. die gar nicht oder erst spät unter langobardische Herrschaft gekommen sind, ist eine zunehmende Korruption der Urkundensprache seit dem Ende des 6. Jahrhunderts nicht zu verkennen. Es wird zwar gewöhnlich angenommen, daß man wenigstens in der päpstlichen Kanzlei die Tradition der antiken Schriftsprache zu bewahren verstanden habe;[3] allein sicher ist das keineswegs. Mag die Behauptung für die Zeit Gregors I.,[4] vielleicht auch seiner nächsten Nachfolger, noch zutreffen, so ist doch zu erwägen, daß wir keine Originalurkunde der päpstlichen Kanzlei aus

[1] Vgl. das Faksimile Carta, Mon. palaeogr. sacra tav. 12; Bonelli, Cod. paleograf. Lombardo 1, tav. 7; Steffens, Lat. Palaeographie^{1} Suppl. Taf. 18; ^{2} Taf. 39 (es ist wohl die älteste uns erhaltene Abschrift einer langobardischen Königsurkunde, aber kein Original, vgl. unten Kap. XVIII): *basilice . . . sita, contenebatur, casa unam, intecrum, possedeat, postolasti, viro* (für *vero*), *considerantis* (nom. pl.), *mercidem, presentem nostrum preceptum, iam dicto preceptum, dinuscitur, concidimus, utilitatis* (acc. pl.), *homenis* (nom. pl.), *puplico, consuitudinem acto,* (für *actum*), *vigisima, filicissimi, per indicione octaba.*

[2] Vgl. die ältesten Stücke des Mailänder Archivs von 721 und 725, Bonelli, Cod. paleogr. Lombardo 1, tav. 1. 2; das älteste Or. des Turiner Archivs von 726, Vayra, Museo stor. della casa di Sav. S. 296; das älteste Or. des erzbischöflichen Archivs zu Lucca (nach 713), Guidi, Atti della R. accademia Lucchese 32, 399ff.; das älteste Stück im Staatsarchiv von Florenz von 726/7, Ces. Paoli, Arch. stor. Ital. Ser. 3, Bd. 17, 235ff. u. a. m.

[3] Vgl. Gröber, Arch. f. lat. Lexikographie 1, 56; Sittl, ebenda 2, 553.

[4] Vgl. Hartmann, NA. 15, 527ff. (wo aber der Ausdruck Orthographie der Sache nicht recht entspricht) und in der Ausgabe des Registrum Gregorii I., MG. Epp. 2, XXXIIff. Inwieweit aus den Handschriften der von Gregor selbst verfaßten litterarischen Werke (vgl. darüber Sepulcri, Le alterazioni fonetiche e morfologiche nel latino di Gregorio Magno e del suo tempo in Studi medievali 1, 171ff.) auf die Schreibweise der Kanzleibeamten geschlossen werden darf, die seine Briefe mundiert haben, ist übrigens sehr zweifelhaft.

vorkarolingischer Zeit besitzen und demnach ganz zuverlässiger Kunde von der päpstlichen Urkundensprache dieser Zeit entbehren; und es ist weiter in Betracht zu ziehen, daß die ältesten erhaltenen Originale aus dem Zeitalter der Karolinger keineswegs zu einer so guten Meinung davon berechtigen: die Sprache dieser Dokumente, die von Hadrian I. und Paschalis I. herrühren, steht mit nichten auf einer höheren Stufe als die der gleichzeitigen fränkischen Königsurkunden.[1] Und im 8. Jahrhundert ist es vollends in sprachlicher Beziehung um die nicht zahlreichen römischen und ravennatischen Privaturkunden, deren Originale wir kennen, nicht wesentlich besser bestellt, als um die aus dem langobardischen Reiche.

Noch viel deutlicher aber als in Italien und viel früher läßt sich der Prozeß der Vulgarisierung der Urkundensprache im Frankenreiche verfolgen. Mochten auch immerhin, namentlich im südlichen Gallien, nicht nur bis in die Zeiten des Apollinaris Sidonius, sondern auch bis in die des Venantius Fortunatus, einzelne Männer sich finden, welche die römische Litteratursprache pflegten, so waren doch die Urkundenschreiber, sowohl die Beamten der königlichen Kanzlei wie andere, nicht mehr in auch nur irgendwie zureichender Weise mit ihr vertraut, und schon die ältesten uns erhaltenen Originalurkunden, die in der merovingischen Reichskanzlei bis in die erste Hälfte des 7. Jahrhunderts zurückreichen, von anderen Personen ausgestellt aber erst aus der zweiten Hälfte dieses Jahrhunderts vorliegen, zeigen eine vollständige Verwilderung der Sprache.[2]

Eins ist nun freilich für die Charakteristik dieser Urkundensprache sowohl Italiens wie des fränkischen Reiches wohl zu beachten. Keine Urkunde dieser Länder gibt uns in den früheren Jahrhunderten des

---

[1] Jaffé-E. 2462. 2551; Marini S. 12ff. Aus dem ersten Stück führe ich z. B. an: *cum . . . regina eorumque novilissimos suvoles*, *inter eis*, *cum indiculum*, *Benebentani*, *qualibet malitiam*, *de recipiendi eos*, *maturemini* (statt *maturetis*), *fautori* (abl. sing.) —; aus dem zweiten *valeat* (3. Pers. plur.), *perturvare* (Inf. praes. pass.), *inrefragavile*, *confirmabit* (Perf.), *formulas* (nom. pl.), *ceteris pissimis imperatoribns* (gen. plur.), *per donationibus*, *conrovorationis*, *per quolibet adinventionis argumento*, *veneravilis*, *ex episcopato . . . aut civitatis*, *sine praeceptionem vestram*, *nullum molestia*, *desmilitari*, *pro talem atrocem audaciam*. So schrieb man 819 — aus diesem Jahre ist das Privileg Paschals — in der Kanzlei Ludwigs des Frommen schon nicht mehr.

[2] Beispiele bei Gröber, Arch. f. lat. Lexikogr. 1, 54f. Vgl. auch das oben S. 325 N. 1 angeführte Buch Bonnets, ferner Haag, Die Latinität Fredegars (Roman. Forschungen 10, 835ff.); Pirson, Le latin des inscriptions latines de la Gaule (Brüssel 1900); derselbe, Le latin des formules mérovingiennes et carlovingiennes (Roman. Forschungen 26, 837ff.).

Mittelalters eine reine Anschauung des wirklichen Vulgärlateins oder — was nahezu dasselbe ist — der gesprochenen romanischen Sprache. Alle Urkundenschreiber haben eine gewisse, wenn auch noch so dürftige Kenntnis von den Regeln der lateinischen Schriftsprache oder wenigstens eine Vorstellung davon, daß es solche Regeln gibt. Soweit sie dem geistlichen Stande angehören, kennen sie die Schriftsprache, wenn auch nicht mehr aus weltlichen Texten, so doch aus der lateinischen Bibelübersetzung, häufig auch aus anderen kirchlichen Schriften; überdies ist, wie wir schon gesehen haben, auch eine bis in die bessere römische Zeit zurückreichende Tradition von Urkundenformularen vorhanden, mögen auch diese selbst im Laufe der Jahrhunderte von der sprachlichen Korruption mit erfaßt sein. Alle Urkundenschreiber wollen demnach nicht Vulgärlatein schreiben, sondern möchten sich, so gut sie können, des Schriftlateins bedienen; auch bei den am meisten korrumpierten Texten hat das Vulgärlatein mindestens eine schriftlateinische Färbung;[1] die Vulgarismen aber sind unbeabsichtigt. So entstehen Texte, die man ganz zutreffend als Kompromißtexte zwischen der Vulgärsprache und dem Schriftlatein bezeichnet hat. Besonders charakteristisch für diese Kompromißtexte ist eine Erscheinung, die man sich gewöhnt hat, als die der „umgekehrten Schreibung" zu bezeichnen. Indem die Urkundenschreiber wissen, daß eine Eigentümlichkeit ihrer Redeweise, z. B. die Aussprache von *habere*, *homo* als *abere*, *omo*, von der Schrift abweicht, daß sie also in vielen Fällen, um bei dem gewählten Beispiel zu bleiben, *h* schreiben müßten, wo sie es nicht sprechen, setzen sie jenen Buchstaben häufig auch da ein, wo derselbe nicht berechtigt ist, und schreiben also z. B. *hostendere* oder *hutilitas*, was natürlich nie und nirgends gesprochen wurde. Gerade durch diese umgekehrte Schreibung, die nicht bloß im Lautsystem, sondern auch in der Nominal- und Verbalflexion und sonst in Erscheinung tritt, bringen die Kompromißtexte so oft den Eindruck völliger und ganz prinziploser Verwirrung hervor,[2] während sich doch bei sorgfältigerer Untersuchung die hauptsächlichsten Eigentümlichkeiten der wirklich gesprochenen Sprache mit genügender Sicherheit erkennen lassen.

---

[1] Vgl. W. Meyer-Lübke in Gröbers Enzyklopädie 1[1], 358, 1[2], 460.

[2] Insbesondere störend wirkt sie auf den Vokalismus durch die anscheinend ganz prinziplose Vertauschung von *e* und *i*, von *o* und *u*. Während zunächst aus schriftlat. *ĭ* und *ŭ* roman. *e* und *o*, aus schriftlat. *ē* und *ō* in gewissen Fällen roman. *i* und *u* wird, entsteht die von den Regeln der Lautwandelung abweichende Vertauschung der beiden Vokalgruppen hauptsächlich durch umgekehrte Schreibung.

Nun kann es nicht die Aufgabe der Urkundenlehre sein, eine auf solchen Untersuchungen beruhende erschöpfende Lautlehre und Grammatik des Vulgärlateins in sich aufzunehmen.[1] Aber indem sie die Sprache der Urkunden als ein wesentliches Moment für die Kritik ins Auge zu fassen hat, kann sie einer gewissen Kenntnis jener sprachlichen Erscheinungen nicht entraten. Selbstverständlich wird, wenn einmal erkannt ist, daß z. B. in der merovingischen Kanzlei das Vulgärlatein zu weitgehender Herrschaft gelangt ist, eine merovingische Urkunde, wie etwa das Diplom Chilperichs I. für Beauvais,[2] schon ihrer sprachlichen Reinheit halber nicht als unanfechtbare Originalurkunde, wofür sie lange gehalten worden ist, anerkannt werden. Aber ganz abgesehen von solchen allgemeinen Erwägungen, für die es einer genaueren Kenntnis der Vulgärsprache nicht bedarf, kann auch die Beachtung gewisser Unterschiede, die in ihr je nach den verschiedenen Ländern hervortreten, dem Diplomatiker für manche Untersuchungen, insbesondere solche nach der Herkunft des Schreibers einer Urkunde, wertvoll werden.

Denn das Vulgärlatein, aus dem nicht eine, sondern mehrere, untereinander bestimmt verschiedene romanische Sprachen hervorgegangen sind, ist von allem Anfang an keineswegs in Italien und in den einzelnen Provinzen, in die es vordrang, ein- und dieselbe Sprache gewesen, vielmehr lassen sich lokale Verschiedenheiten der Vulgärsprache deutlich erkennen.[3] Der Grund dieser Verschiedenheiten ist nur zum Teil der Einfluß jener Ursprachen, welche durch das

---

[1] Aus der Sprache der fränkischen Urkunden hat Sickel, Acta 1, 141ff. eine Reihe der wichtigsten Erscheinungen zusammengestellt; doch wäre nach den neueren Arbeiten der Philologen manches anders zu formulieren und anderes hinzuzufügen.

[2] DM. 8. Faksimile des angeblichen jetzt verlorenen Or. Neues Lehrgebäude 5 Taf. 66 n, 1; während noch K. Pertz in der Monumentenausgabe die Originalität annimmt, hat schon Sickel, Acta 1, 214 N. 4, sich mit Recht dagegen ausgesprochen.

[3] Vgl. Sittl, Lokale Verschiedenheiten der lateinischen Sprache, Erlangen 1882; derselbe, Zur Beurteilung des sog. Mittellatein, Arch. f. lat. Lexikogr. 2, 550ff.; Gröber, Sprachquellen und Wortquellen des lateinischen Wörterbuchs, ebenda 1, 35ff. und Vulgärlateinische Substrate romanischer Wörter, ebenda 1, 204ff.; Geyer, Beiträge zur Kenntnis des gallischen Latein, ebenda 2, 25ff.; d'Arbois de Jubainville, La déclinaison latine en Gaule à l'époque mérovingienne, Paris 1872; Stünkel, Das Verhältnis der Sprache der Lex Romana Utinensis zur schulgerechten Latinität, Jahrb. f. klass. Philologie Suppl. 8, 585ff.; Meyer-Lübke, Einführung in die romanische Sprachwissenschaft 2. Aufl. (Heidelberg 1909) S. 18ff. 96ff.; Mohl, Introduction à la chronologie du Latin vulgaire (Paris 1899) S. 11ff. 84ff. und öfter.

Lateinische bei der Romanisierung der Provinzen verdrängt wurden, und in noch geringerem Maße derjenige der germanischen Dialekte, die von den späteren Eroberern jener Provinzen gesprochen wurden; überwiegend hängen sie vielmehr mit der Chronologie der Eroberung und Romanisierung der Provinzen zusammen.

Das Vulgärlatein, das von Italien aus in die Provinzen verbreitet wurde, war eine lebendige, in kontinuierlicher Entwickelung begriffene Sprache. In dieser Entwickelung sind natürlich zeitlich verschiedene Stufen zu unterscheiden; wie etwa das heutige Toskanische als ihre letzte, gegenwärtig erreichte Stufe angesehen werden kann, so war die Vulgärsprache eine andere, als Sardinien, eine andere, als Gallien, eine andere, als Rätien von den Römern erobert wurde. Von der Stufe aus, in der das Vulgärlatein in eine Provinz gelangte, begann es nun aber dort eine Sonderentwickelung durchzuleben, die, wenn auch immer neue Einflüsse des Mutterlandes der Sprache sich geltend machten und der Verkehr als ausgleichender Faktor wirkte, dennoch keineswegs notwendig mit derjenigen Fortbildung identisch zu sein brauchte, welche die Sprache in Italien oder in anderen Provinzen erfuhr, so daß sich hierauf sowohl die Verschiedenheit der heutigen romanischen Sprachen wie die Verschiedenheit des uns in den früh mittelalterlichen Urkunden der einzelnen Länder überlieferten Lateins wenigstens zum guten Teile zurückführen läßt.[1]

Nach den skizzierten Gesichtspunkten das in zuverlässigen Quellen überlieferte vulgärlateinische Sprachmaterial zu durchforschen und provinziell zu sondern, ist eine Aufgabe, die von den dazu berufenen Philologen noch nicht völlig gelöst ist. Immerhin ergeben sich schon aus den bisher vorliegenden Arbeiten manche Resultate, die auch für den Diplomatiker beachtenswert sind und ihm für die Untersuchung nach der Herkunft eines Urkundenschreibers und damit für die Urkundenkritik gewisse Anhaltspunkte bieten.

Indem wir einige der wichtigeren[2] dieser Anhaltspunkte besonders aus der Nominal- und Verbalflexion hervorheben, können wir für die Zwecke, die dies Buch verfolgt, von der Betrachtung des Vulgärlateins der Balkan- und der pyrenäischen Halbinsel ganz absehen;[3] wir haben

---

[1] Gröber hat in den N. 3 S. 332 angeführten Arbeiten diesen wichtigen Gedanken zuerst eingehend ausgeführt.

[2] Ich betone, daß es sich in diesem Buche nur um eine Auswahl besonders beachtenswerter Erscheinungen handeln kann.

[3] Spanisch gefärbtes Vulgärlatein kommt in unserem Bereich nur in einigen wenigen Papsturkunden, die auf aus Spanien eingereichten Vorlagen

es wesentlich nur mit dem gallischen[1] und italienischen Latein, daneben höchstens noch mit der dem italienischen Latein nahe stehenden Vulgärsprache der räto-romanischen Gebiete[2] zu tun.

Was die Lautlehre betrifft, so sind die meisten innerhalb des Vokalismus begegnenden Lautwandelungen weit verbreitet, so insbesondere der Übergang von *ĭ*, *ŭ* in *e* und *o*, in gewissen Fällen von *ē ō* in *i* und *u* und die entsprechenden umgekehrten Schreibungen, ebenso der Übergang von *ae*, *oe* in *e* und die umgekehrte Schreibung von *ae* für *e*. Der Übergang von *a* in *e*, den man auf gallischem Boden am häufigsten erwarten sollte, ist auch hier nur selten; spezifisch gallisch scheint er zu sein in dem sehr häufigen Worte *adiecentiae* (*adgaecentiae*, *adiaec.-*, *adgec.-*),[3] das mir außerhalb des Frankenreichs nicht aufgefallen ist, während umgekehrt der gleiche Übergang in *Ienuarius* (*Iaenuarius*) für *Ianuarius* in Nordfrankreich nicht nachzuweisen, in Italien aber häufig ist. Der spezifisch französische Übergang von betontem *a* zu *e* ist im Vulgärlatein unserer Urkunden noch nicht zu belegen.[4] Dagegen ist allerdings in dem Worte *monasterium* der Übergang von *a* zu *e* oder *i* (*y*) besonders häufig auf gallischem Gebiet. Die Vorgänge auf dem Gebiet des Konsonantismus machen sich namentlich in der Flexion fühlbar. Daß auslautendes *s* in der Vulgärsprache wieder fest geworden war, als sie nach Gallien kam und sich hier erhielt, während es in Italien nach jener Epoche völlig schwand,[5] bewirkt einen für unsere Zwecke ganz besonders wichtigen Unterschied zunächst in der Behandlung des Nom. Sing. Masc. der

---

beruhen, zur Erscheinung; vgl. MIÖG. 9, 2 N. 5 und im allgemeinen Carnoy, Le latin d'Espagne (2. Aufl. Brüssel 1906). Auch das sehr altertümliche Sardinische bedarf hier keiner Berücksichtigung.

[1] Aus der Litteratur über die Sprache einzelner Schriften aus dem Frankenreiche seien hier außer dem oben S. 325 N. 1 erwähnten Buche von Bonnet und den S. 330 N. 2 zitierten Schriften noch angeführt: Slijper, De formularum Andecavensium latinitate (Amsterdam 1906); Beszard, La langue des formules de Sens (Paris 1910).

[2] Über die letzteren vgl. Buck, Zeitschr. f. Roman. Philologie 11, 107ff.

[3] Beispiele, die sich leicht vermehren lassen, bei Schuchardt 1, 193f.

[4] Höchstens könnte man *aquerum* für *aquarum* in DM. 57 hierherziehen.

[5] Vgl. hierzu L. Havet, L's latin caduc in Etudes Romanes dédiées à Gaston Paris (Paris 1891) S. 303ff.; Carola Proskauer, Das auslautende *s* auf den lateinischen Inschriften (Straßburg 1910). Eine ganz abweichende, aber schwerlich zutreffende Auffassung über die Gründe der Festhaltung des auslautenden *s* im gallischen Latein vertritt Mohl, Introduction à la chronologie du Latin vulgaire S. 230ff.

zweiten Deklination.[1] Nominativformen von männlichen Wörtern dieser Deklination lauten also in Italien auf *-us*, *-os*, *-u*, besonders häufig aber auch auf *-o* und (durch auf umgekehrter Schreibung beruhende Hinzufügung eines stummen *m*) auch auf *-um* aus, während man in Frankreich durchweg das *s* beibehielt und speziell ein *-o* niemals antrifft.[2] Dieselbe Erscheinung macht sich bei dem Nom. Sing. der männlichen und weiblichen Wörter der dritten Deklination geltend;[3] er lautet auf französischem Boden in zahlreichen Worten auf *s* aus, während in Italien in analogen Worten häufig vokalisch oder auf *m* auslautende Formen vorkommen.[4] So bleibt die Unterscheidung zwischen dem Nom. und den Casus obliqui, die aus dem Altfranzösischen und Altprovencalischen bekannt ist, auch schon für das vulgäre Latein dieser Länder ein sehr beachtenswertes Merkmal. Des weiteren ist das Eintreten von *i* für *ae* im Gen. und Dat. Sing. der ersten Deklination dem französischen und rätischen Latein gemeinsam,[5] während im italienischen nur etwa *ie* für *ii* (oder umgekehrt) gesetzt wird. Italienisch sind ferner die Akkusativformen des Plurals auf *i*, die in der zweiten und dritten Deklination eintreten, um nach dem Ausfall des *s* die Unterscheidung vom Singular zu ermöglichen,[6] desgleichen die Akkusativformen auf *e* im Plural der ersten Deklination,[7] während

---

[1] Dasselbe gilt von der vierten Deklination, die im Vulgärlatein in der zweiten aufgeht, wie die fünfte in der ersten und dritten.

[2] Sittl, Arch. f. lat. Lexikogr. 2, 557ff. erklärt die wenigen scheinbar abweichenden Fälle aus gallischen Urkunden und gibt für das Italienische zahlreiche Beispiele, die sich aus späteren italienischen Urkunden sehr leicht vermehren lassen. Formen wie diese: *scripsi ego Meroingo v. c. notario* (774; HPM. 13, 103) oder: *ubi venerunt Andreas advocato* (828, Ficker, It. Forsch. 4, 15) wären im Munde eines Angehörigen des Frankenreichs kaum möglich. — Dasselbe gilt dann von der umgekehrten Schreibung, durch die im Acc. Sing. Masc. II *-us* statt *-um* gesetzt wird, so *servus vester* in Urkunden von 721, Bonelli 1, tav. 1. Dagegen ist natürlich eine Form auf *-o* im Acc. Sing. Masc. II auch in Frankreich ganz gewöhnlich; irreführend ist es aber, wenn Zeumer, NA. 11, 331 *manso* in Form. Andecav. n. 25 = *mansus* setzt, es steht dort wie auch sonst immer für *mansum*.

[3] Sittl a. a. O. 2, 559f.

[4] Vgl. z. B. Russi S. 201: *ego Gemulu presbiter sum teste*; Hartmann, Tabul. S. Mariae in Via Lata 1, 4: *Romanus* (*Petrus*) *rogatus teste*.

[5] Sittl a. a. O. 2, 566. Daher dann durch umgekehrte Schreibung auch *e* oder *ae* und selbst *em* im Gen. Sing. II (*fisce*, *page* usw.), was gleichfalls in Italien nicht vorkommt.

[6] Sittl a. a. O. 2, 567.

[7] Vgl. z. B. Ficker, It. Forsch. 4, 17: *de ipsi petioli de vinee;* 4, 21: *de iste case; aberent ipse case;* 4, 24: *contendere vellent due portioni* usw.

im französischen Latein zwar Nominativformen auf *as*, also eine Ersetzung des Nominativs durch den Akkusativ, aber nicht die umgekehrten Formen vorkommen. Endlich mag noch in Bezug auf die Deklination als spezifisch italienisch die Bildung von Pluralformen auf *ora* (*ura*) auch von *O*- und *U*-Stämmen der zweiten, dritten und vierten Deklination bezeichnet werden.[1] Schließlich bleibt zu erwähnen, daß in bezug auf den Ersatz der Kasusflexion durch Präpositionen *de* und *ad* überall auf romanischem Boden verwandt werden. Die Verbindung *de ad* (*de ab, de a*) kommt vereinzelt auch in Texten vor, die aus Nordfrankreich stammen, das daraus zusammengeflossene *da* aber nur bei den Italienern und Rätoromanen.[2]

Gehen wir zur Konjugation über, so macht sich hier ein bedeutsamer Unterschied zwischen dem rätischen und italienischen Latein einer-, dem gallischen, insbesondere dem nordgallischen, Latein andererseits in der dritten Person Singularis aller Tempora und namentlich im Ind. Perf. auch in der dritten Person Pluralis geltend, indem in der letzteren Sprache auslautendes flexivisches *t* sich lange — bis ins 12. Jahrhundert — erhielt, während es in Italien nach der Eroberung Galliens verstummte und demgemäß auch nach Rätien nicht mehr als gesprochener Buchstabe gelangte.[3] Wir finden also in Italien und Rätien zunächst zahlreiche vokalisch auslautende dritte Per-

---

[1] Sittl a. a. O. 2, 570. Also *lectora, campora, portora, rivora* (*rigora*) usw. Vgl. auch *fundora* FDG. 10, 276 (dies ist schon alt, vgl. Meyer-Lübke, Einführung[2] S. 164), *tectora* HPM. 13, 39, *preceptora* Pasqui, CD. Aretino 1, 40. Als vorzugsweise italienische Eigentümlichkeit kann weiter bezeichnet werden die Hinzufügung des stumm gewordenen *s* an Neutralformen auf *a*, Sittl a. a. O. 2, 572, obgleich dergleichen bisweilen auch in Frankreich vorkommt. Ebenso ist in Italien die Analogiebildung des Gen. Plur. auf *orum* von Wörtern der dritten Deklination häufiger als in Frankreich, kommt aber doch hier schon weit früher vor als Sittl a. a. O. 2, 563 annimmt, vgl. *fratrorum* DM. 51, *abbatorum* DA. 23, beide im Or. erhalten.

[2] Sittl a. a. O. 2, 579. Besonders üblich in den Urkunden ist *da* bei Grenzbestimmungen; so in der rätischen Schweiz noch im 9. Jahrhundert *da una parte, da alia parte*, Wartmann n. 224. 235. 248. 253. 258 usw. So unendlich oft in Italien.

[3] Vgl. Gröber, Arch. f. lat. Lexikogr. 1, 211 f. Geyer, ebenda 2, 42 f. Die St. Galler Urkunden, die Geyer anführt, bieten nicht gallisches, sondern rätisches Latein; es darf also auch nicht von Ausnahmestellung gesprochen werden. — In Südfrankreich hat sich das auslautende *t* nur in der 3. Person Sing. Ind. der schwachen Perfekta auf *-avit, -ivit, -dedit* erhalten, ist dagegen in allen übrigen Verbalformen vor dem 10. Jahrhundert verstummt. Über einige Beispiele für abgefallenes *t* in den Form. Andecavenses vgl. Pirson, Roman. Forschungen 26, 897 f.; Slijper S. 66 ff.

sonen, die in Gallien, wenn überhaupt, dann jedenfalls nur ganz vereinzelt begegnen. Weiter tritt das *t*, da es nicht mehr gehört wurde, durch umgekehrte Schreibung an unrichtiger Stelle ein, indem es namentlich der ersten Person Perfecti (*ego complivi et dedit*) oder dem Infinitiv (*constat me accepisset*) angehängt wird,[1] oder indem die in der Schriftsprache auf *m* auslautenden Konjunktivformen mit auslautendem *t* geschrieben werden (*ego accepisset*). Gewinnen wir hier ein negatives Kennzeichen des gallischen Lateins, so ist ein positives Merkmal dafür die nur in nordfranzösischen Urkunden vorkommende Verdoppelung des *m* in der ersten Person Pluralis (*iobimmus, dibirimmus, conservammus* usw.).[2] Ebenso erscheint als spezifisch französisch die Abschwächung des Bindevokals *a* im Konjunktiv Praesentis der dritten Konjugation zu *i*, so daß also Formen wie *inferit, incurrit, exigintur, tollintur* statt *inferat, incurrat, exigantur, tollantur* begegnen.[3]

Einige bemerkenswerte Kennzeichen bieten auch die Hilfsverba *sum, possum, volo*. Italienisch und rätisch ist die Ersetzung des Konjunktivs *sim* durch *siam* oder *seam*, italienisch auch *possam* statt *possim*;[4] italienisch kommt *fuisserunt* für *fuissent* vor;[5] gallisch sind *potibat* und *podibat*, *volibat* und *vellibat*, ebenso *vellis, vellit* für *vis* und *vult*.[6]

In der Anwendung der Präpositionen ist die Vertauschung von *ad* und *ab* sehr weit verbreitet. Als besonders gallische Gewohnheit erscheinen die Anwendung von *apud* (daraus prov. afr. *ap* oder *ab*, frz. *ab, a, ad*) für *cum* und dementsprechend die umgekehrte Anwendung

[1] Beispiele bei Geyer a. a. O. Ich erwähne aus Rätien noch Wartmann n. 6 *nodavi quod fici* (statt *fecit*); ebenda n. 8 *conrocaveron*, aus Italien, Ficker, It. Forsch. 4, 4: *dum resedisse Reginardus*; *ego Grausus ... interfuit;* 4, 17: *ego Barbericius interfuit;* 4, 24: *berum est quia ista Adelgisa in birtute compreensid et in terra iactabit et adulterabit illa.* Es ist die 1. Pers. Sing. Perf. Vgl. auch Schuchardt 1, 118ff.: die zwei Trierer Inschriften mit *quiesce, quiesci* werden von italienischen Steinmetzen herrühren.

[2] Schuchardt 1, 261; Sittl, Lokale Verschiedenheiten S. 61; Geyer a. a. O. 2, 46. — Entsprechende Verdoppelung des *m* auch sonst, z. B. *dommebus* DM. 67; *memmoratus* DKar. 102, *praesummatis* DM. 48. Auch die Gemination des *l* ist in Gallien häufig.

[3] Geyer a. a. O. 2, 44f. Bisweilen wird auch *ia* geschrieben, so DM. 82 *exigiatur* für *exigatur*.

[4] Geyer a. a. O. 2, 45. Rätisch *sead escommunicados* schon 744, Wartmann n. 9; *seat* 764 ebenda n. 40.

[5] Nicht für *fuerunt*, wie Geyer a. a. O. 2, 46 annimmt, ebenso 828 in Siena zweimal *professi fuisserunt* (Ficker, It. Forsch. 4, 17) und in derselben Urkunde *abuisserunt* für *habuissent*, und *denegasserunt*, *refutasserunt*.

[6] Geyer a. a. O. 2, 46ff. Ebenso *potibunt* DM. 72.

von *cum* für *apud* oder das mit diesem verwechselte *a* (*ab*),[1] sowie der Gebrauch von *ab* für *ob*, den der Diplomatiker besonders aus der in Urkunden und Formularen vorkommenden Wendung *apposita* (statt *opposita*) *persona* kennt.[2] Inwieweit sich endlich auch in syntaktischen Dingen lokale Verschiedenheiten des Vulgärlatein nachweisen lassen, darüber gibt es bis jetzt noch wenig Spezialuntersuchungen,[3] aber schon, was bisher angeführt werden konnte, wird für die Bestimmung der Herkunft eines Textes in vielen Fällen ausreichen.

Wesentlich verschieden von dem gesprochenen Vulgärlatein sind nun die Korruptionen des Schriftlateins, die uns in den ältesten auf deutschem Boden geschriebenen lateinischen Urkunden begegnen. Vergleicht man da die ältesten Originalurkunden, die wir besitzen, die Dokumente von St. Gallen, untereinander, so wird man des gewaltigen Unterschieds, der zwischen den von rätischen und den von alamannischen Schreibern herrührenden Stücken besteht, sofort inne.[4] Er beruht zweifellos darauf, daß das Latein, welches diese alamannischen Notare schrieben, mit ihrer deutschen Muttersprache in keinem Zusammenhange stand. Wenn das Latein der Merovingerdiplome in der Zeit bis 650 minder verwildert erscheint als in dem nächsten Jahrhundert,[5] so hat das seinen Grund darin, daß in dem letzteren Jahrhundert die französische Vulgärsprache sich immer weiter vom schulmäßigen Latein entfernt, also bei Leuten, deren Muttersprache sie war, immer zersetzender auf die Latinität der Urkunden einwirken mußte. Bei deutschen Schreibern, die zumeist nicht einmal romanisch verstanden, fiel dieser zersetzende Einfluß weg; das allein mußte ausreichen, um die Urkundensprache korrekter zu gestalten, um den geistlichen Urkundenschreibern die Gewöhnung an die grammatisch richtigen Formen des Lateins, die sie in biblischen oder theologischen Schriften oder in ihren Meßbüchern fanden, zu ermöglichen. Wenn trotzdem in ihren Urkunden zahlreiche Formen begegnen, die nur aus dem Vulgärlatein verständlich werden, so mag das auf den Unterricht

---

[1] Geyer a. a. O. 2, 26ff.

[2] Vgl. Geyer a. a. O. 8, 477ff.

[3] In bezug auf die Unterscheidung von *suus* und *eorum* oder *illorum*, vgl. Geyer a. a. O. 2, 35ff., gehen das französische, italienische, rätische Latein gegen das spanische und portugiesische zusammen. Über Unterschiede des gallischen und italischen Lateins in der Bezeichnung der Reziprozität vgl. Thurneysen, Arch. f. lat. Lexikographie 7, 523ff.

[4] Das hat schon Sickel, Acta 2, 152 N. 1 hervorgehoben.

[5] Sickel, Acta 1, 151.

durch romanische Lehrer, wie sie gewiß in deutschen Klöstern vielfach vorhanden waren,[1] auf den Einfluß benachbarter Romanen, wie z. B. in St. Gallen der Rätier, namentlich aber auch auf die Benutzung von Formularsammlungen aus romanischen Ländern zurückgeführt werden, die man ausschrieb, ohne sich über ihre Korrektheit oder Fehlerhaftigkeit Rechenschaft geben zu können. Ein auf die romanischen Sprachgesetze zurückgehendes Prinzip liegt also diesen Romanismen nicht zugrunde, sondern nur gedankenlose Herübernahme und mangelhafte Kenntnis des Lateinischen; und neben ihnen finden sich manche andere Verderbnisse (wenn auch nicht so zahlreich und so entstellend, wie die aus der Vulgärsprache stammenden), die offenbar als Germanismen oder als auf die deutsche Aussprache des Lateinischen zurückgehend bezeichnet werden müssen. Dahin gehört z. B die in den alamannischen Urkunden nicht selten begegnende Vertauschung von Tenuis und Media an Stellen, wo sie dem Vulgärlatein ganz allgemein fremd ist (also z. B. Formen wie *in bresente*, *bresbiter*, *bago* statt *pago*, *etefficiis*, *bumiferis* statt *aedificiis*, *pomiferis* usw.)[2] oder die häufiger werdende Übernahme deutscher und lediglich mit einer lateinischen Endung versehener Worte oder deutsch gedachte Konstruktionen und Wendungen von mancherlei Art.[3]

Zeigen diese Urkunden von St. Gallen, wie schlecht es noch im Beginn der karolingischen Periode um die Kenntnis der lateinischen Sprache selbst in einem so angesehenen Kloster bestellt war, so tritt doch eben in dieser Zeit eine Wendung ein, die der Urkundensprache

[1] Hierhin gehören auch die Schottenmönche, die sich in vielen deutschen Klöstern finden.

[2] Wartmann n. 41. 44. 67. Am auffallendsten ist in dieser Beziehung die von dem Kleriker Vunolf geschriebene Urkunde, Wartmann n. 138 von 795, wo fast jede Muta verschoben ist: *tecrevit*, *contonare*, *tepere* (*debere*), *baco* (*pago*), *liperam*, *cusdodiente*, *stapilis*, *a tie presente* usw.

[3] Vgl. z. B. Wartmann n. 49: *cummunis manibus*, *terram proservire* (Land verdienen), *non solum quod ei non liciat* (*quod* als Demonstrativum gebraucht, weil das deutsche „das“ sowohl Relativ- wie Demonstrativpronomen ist: „so soll ihm das nicht erlaubt sein“); n. 52: *me ad monachum trado* (ich gebe mich zum Mönch), *ad nullum hominem nullum concambium faciant* (deutsche Häufung der Negation); n. 63: *redimere cum precio*, n. 64: *acquirere cum precio* (mit einem Preise von . .); n. 103: *partibus vische;* n. 138: *visco* (statt *fisci*, *fisco*, deutsche Aussprache des *v*); n. 132: *prestetis ad usare et meliorare;* n. 144: *ut nos liceat tempus vitae nostrae* (Zeitlebens) *ipsas res abere;* n. 148: *si voluerit de ipso censo se abstrahere* (sich dem Zins entziehen). Ähnlicher Dinge ließe sich aus den Urkunden anderer Gebiete sowie aus den in Deutschland entstandenen Formularen noch eine Fülle beibringen.

einen wesentlich anderen Charakter gab. Sie hängt mit der allgemeinen litterarischen Bewegung des karolingischen Zeitalters aufs innigste zusammen und nahm ihren Ausgangspunkt vom Hofe der Könige. Schon in der letzten Zeit des Langobardenreiches machte sich in Italien eine starke Strömung geltend, die eine Annäherung der allmählich ganz romanisierten Langobarden an die zwar in Verborgenheit zurückgedrängte und aus der Öffentlichkeit fast verschwundene, aber doch niemals ganz untergegangene Tradition der antiken Bildung herbeiführte. Als der aus edlem Langobardengeschlecht entsprossene Paulus Diaconus am Hofe des Ratchis zu Pavia nach alter Germanensitte erzogen wurde, mag es dort bereits eine Hofschule gegeben haben; er selbst nennt als seinen Lehrer einen Grammatiker Flavianus, der dort gewirkt haben muß. Paulus trat dann zu dem Königshaus des Desiderius in nahe Beziehung; die Annahme, daß er in seiner Kanzlei tätig gewesen sei, findet zwar in den uns überlieferten Urkunden keine Bestätigung; aber er ward der Lehrer seiner Tochter Adelperga, der Gemahlin des Herzogs Arichis von Benevent, an deren Hofe er litterarisch tätig war. In Pavia lebte auch ein anderer, schon bejahrter Grammatiker Petrus von Pisa,[1] der mit Paulus wenigstens später in freundschaftlichen Beziehungen stand. Beider Zeitgenosse war der ehrwürdige Paulinus, der als Lehrer der Grammatik in Oberitalien tätig gewesen sein muß und später den Patriarchenstuhl von Aquileja bestieg.[2]

Die letztere Würde hat ihm Karl der Große verliehen, der ihn 776 auf seinem Zuge nach Italien kennen gelernt und ihn schon damals mit einer ansehnlichen Schenkung bedacht hatte. Fünf Jahre später, auf seiner ersten Romfahrt, bewog der König dann Paulus Diaconus und Petrus von Pisa, der sein eigener Lehrer in der Grammatik werden sollte, an den fränkischen Hof überzusiedeln, und diesen beiden gesellte sich Alcuin zu, der wirksamste und tätigste Vertreter der in seinem angelsächsischen Vaterlande zu glänzender Entfaltung gediehenen wissenschaftlichen Studien, dessen Bekanntschaft Karl eben auf jenem Zuge von 781 in Parma erneuerte. Mit Hilfe dieser und anderer Männer, die Karl von allen Seiten an seinen Hof zog und die zu ihm in die engsten persönlichen Beziehungen traten, erblühte im Frankenreiche jene neue Ära wissenschaftlicher und litterarischer Studien, die man mit Recht als eine erste mittelalterliche Renaissance des klassischen Altertums bezeichnet hat.

---

[1] Sein Aufenthalt in Pavia ergibt sich aus einem Briefe Alcuins, MG. Epp. 4 (Karol. 2), 284 n. 172.

[2] Vgl. Dümmler, NA. 4, 113.

Indem Karl nun aber diese neue Bildung pflegte und mit allen Mitteln begünstigte, hatte er dabei nicht nur im Sinne, sie zu einem Besitztum der geistigen Aristokratie, die er in seiner Umgebung gesammelt hatte, sondern er gedachte sie zum Eigentum seines fränkischen Volkes, zunächst der fränkischen Geistlichkeit, zu machen.[1] Darum reorganisierte er nicht nur die aus alter Zeit bestehende Hofschule, in der die *palatini pueri* erzogen wurden, die dem Kaiser selbst als Sekretäre dienten, sondern er schrieb auch durch einen Erlaß von 789 die Errichtung von Schulen für den elementaren Unterricht dem gesamten Klerus seines Reiches vor,[2] und aus einer privaten, vielleicht von einem Bischof herrührenden Aufzeichnung, die nach 803 verfaßt ist, erfahren wir, daß man damals sogar für die Kinder aller Laien eine Erziehung in jenen geistlichen Schulen verlangte. Vor allem aber ging das Streben des Kaisers auf die Reinigung der lateinischen Sprache hinaus, durch die allein jene antike Kultur vermittelt werden konnte. Die alte Schriftsprache sollte neu belebt, die Vulgarismen, die sich aus der Umgangssprache eingeschlichen hatten, sollten beseitigt werden. Darum wurde der Unterricht in der Grammatik vorgeschrieben, der Bibeltext und die liturgischen Bücher mit Hilfe Alcuins und Paulus' revidiert und gereinigt, die Emendation der Bücher allen Geistlichen vorgeschrieben: und aus den Jahren 780—800 stammt ein warm empfundenes Rundschreiben Karls an alle Erzbischöfe des Reichs zur Nachachtung des gesamten Klerus, in der das Studium der Wissenschaften aufs nachdrücklichste empfohlen wurde.[3] Daß der König dabei vor allen Dingen sprachliche Studien im Auge hatte, ersieht man aus dem, was er über die Veranlassung des Erlasses sagt: es waren die Briefe, die im Laufe der letzten Jahre aus zahlreichen Klöstern an ihn gerichtet waren, und in

---

[1] Vgl. Sickel, Acta 1, 156ff.; Wattenbach, Geschichtsquellen 1⁷, 167ff.; Ebert, Allg. Gesch. der Litteratur des Mittelalters 2, 8ff.; Simson, Jahrb. Karls des Großen 2, 570ff.; Büdinger, Von den Anfängen des Schulzwangs, Zürich 1865. Léon Maitre, Les écoles épiscopales (Paris 1866). Weitere Literaturangaben bei Wattenbach 1⁷, 167.

[2] MG. Capit. 1, 60 n. 22, 72. Nicht erweislich aber ist, daß Karl auf das Unterrichtsprogramm für den Klerus auch *scribere cartas et epistolas* gesetzt habe, wie noch Sickel, Acta 1, 157, annimmt; es steht diese Forderung allerdings in einer Aufzeichnung mit der Überschrift *haec sunt quae iussa sunt discere omnes aecclesiasticos* (Capit. 1, 235); aber nichts berechtigt diese Karl beizulegen; über ihren Verfasser wie über ihre Entstehungszeit haben wir keine Kenntnis.

[3] Capit. 1, 60 n. 22, 72; 1, 78. 1, 80. Alcuin, MG. Epp. 4 (Karol. 2), 322 n. 195.

denen er mit Bedauern zwar einen geraden Sinn, aber eine durchaus ungebildete Sprache wahrgenommen hatte.[1]

Es konnte nicht fehlen, daß diese allgemeine Neubelebung der wissenschaftlichen Studien auch auf die Sprache der Urkunden einwirken und für sie den Übergang von einem mehr oder minder verderbten Vulgärlatein zum schulmäßigen Schriftlatein herbeiführen mußte. Aber diese Besserung trat keineswegs so schnell, wie man wohl erwarten möchte, ein. Wenn in der Kanzlei Pippins und Karls des Großen bereits gewisse Fortschritte im Gebrauch der Sprache sich geltend machen,[2] so sind diese doch noch nicht sehr bedeutend; und sie hängen nicht sowohl mit dem allgemeinen Aufschwung der litterarischen Bildung als damit zusammen, daß erstens die Notare der ersten Karolinger nicht mehr Laien, wie die merovingischen Kanzleibeamten, sondern Geistliche, also mit kirchlichen Schriften und ihrer Sprache etwas mehr vertraut waren, und daß zweitens am Hofe der ersten Karolinger deutsch und nicht romanisch geredet wurde, also, wie schon bemerkt, der auf die Reinheit der Schriftsprache ungünstig einwirkende Einfluß der vulgären Umgangssprache etwas mehr zurücktrat.

Ein größerer Fortschritt war erst zu erwarten, als einmal die junge Generation, die in den neu errichteten Schulen erzogen ward, so weit herangewachsen war, um in den Kanzleidienst des Hofes treten zu können, oder in Klöstern und Bistümern an dem Geschäft der Herstellung von Urkunden sich zu beteiligen, und als ferner jene grammatische und stilistische Reinigung, welcher schon in den Tagen Karls biblische und liturgische Texte unterzogen waren, auch auf die in den Kanzleien benutzten Urkundenformulare ausgedehnt wurde. Beides aber geschah unter der Regierung Ludwigs des Frommen.[3] Schon Helisachar, der erste Kanzler dieses Kaisers, besaß eine gewisse litterarische Bildung; der gelehrte Bischolf Frechulf von Lisieux bezeichnet sich als seinen Schüler und ist durch ihn zur Abfassung seiner Weltchronik veranlaßt worden, deren ersten Teil er ihm widmete.[4] Fridugis, sein Nachfolger, war ein Landsmann und bereits ein

---

[1] Capit. 1, 79: *cognovimus in plerisque praefatis conscriptionibus eorundem et sensus rectos et sermones incultos.*

[2] Vgl. Sickel, Acta 1, 151ff. 157f., der besonders hervorhebt, daß die von einzelnen Notaren, z. B. von Wigbald und Rado, geschriebenen Diplome der ersten Karolinger eine etwas gebildetere Sprache aufweisen.

[3] Vgl. Sickel, Acta 1, 158ff.

[4] Ebert, Allg. Gesch. der Litteratur des Mittelalters 2, 380f. Vgl. auch den interessanten Brief Helisachars, NA. 11, 564ff., jetzt MG. Epp. 5 (Karol. 3), 307 n. 6.

Schüler Alcuins, hat später vielleicht als Lehrer am Hofe gewirkt und ist selbst schriftstellerisch tätig gewesen.[1] Er wurde nach Alcuins Tode (804) dessen Nachfolger als Abt von St. Martin zu Tours, und in einer, wie es scheint, vor 818 aufgezeichneten Liste von Mönchen dieses Klosters, dessen Schule damals die berühmteste und wirksamste des Frankenreiches war, finden wir eine Anzahl von Namen, die wir aus der Kanzlei Ludwigs des Frommen und Ludwigs des Deutschen kennen: Theoto, den Nachfolger des Fridugis im Kanzleramt, Hirminmaris, der zur Zeit Ludwigs des Frommen unter den Notaren der Kanzlei besonders angesehen war, Adilleodus und Adebertus (Hadebert), die unter Ludwig dem Deutschen als Rekognoszenten vorkommen.[2] Auf die Mönche aus der Schule von Tours folgen unter Ludwigs des Deutschen Kanzler Grimald Männer, die aus dessen Kloster Weißenburg stammen, das sich gleichfalls einer angesehenen Schule erfreute, worauf dann gegen das Ende des 9. Jahrhunderts Männer aus der blühenden Schule von St. Gallen in den Dienst der deutschen Reichskanzlei eintreten;[3] daß in diesem Kloster die Abfassung von Urkunden in den Bereich des Schulunterrichts hineingezogen war, steht für den Anfang des 10. Jahrhunderts fest. Und wie am Königshofe hervorragende Männer aus den ersten Unterrichtsanstalten des Reichs in der Kanzlei beschäftigt werden, so haben auch in den Provinzen namhafte Schriftsteller und Gelehrte es nicht unter ihrer Würde erachtet, an der Herstellung von Urkunden für ihre Kirchen sich mit eigener Hand zu beteiligen; im 9. Jahrhundert finden wir in Kloster Weißenburg keinen geringeren als Otfried, den Dichter der Evangelienharmonie,[4] in St. Gallen den berühmten Erfinder der Sequenzen Notker den Stammler,[5]

---

[1] Sickel, Acta 1, 89; Simson, Jahrb. Ludwigs d. Frommen 2, 235 ff.; Wattenbach, Geschichtsquellen 1[7], 187 N. 3, mit weiteren Litteraturangaben.

[2] MG. Libri confratern. S. Galli ed. Piper S. 13f. Sickel, KU. in der Schweiz S. 4f. Schon den Witherius, der im letzten Lebensjahre Karls des Großen als außerordentlich korrekt schreibender Notar uns entgegentritt, hält Sickel, KUiA. zu Lief. I Taf. 5, für ein Mitglied der Schule von Tours. Über Hadebert vgl. auch Sickel, zu KUiA. Lief. VII Taf. 7.

[3] Vgl. die Liste im Liber Confratern. S. Galli S. 71f. und Sickel, KU. in der Schweiz S. 5.

[4] Zeuss, Cod. tradit. Wizenburg. n. 165. 204. 254; vgl. Praefatio S. V.

[5] Wartmann 1, n. 465. 476. 546. 548. 549. 617. 618. 738. 758. 761. Für die Identität des in allen diesen Urkunden genannten Notker mit dem Stammler ist gegen die Zweifel Dammerts, FDG. 8, 327 ff., besonders Zeumer, NA. 8, 514 N. 1, eingetreten, dem ich mich vollkommen anschließe. Auch der gewählte Stil jener Urkunden spricht entschieden für die Autorschaft Notkers; man vgl. Wendungen: *si quis vero huic carteę contradictor emerserit* (n. 548. 549), *si de*

in Fulda den angesehenen Geschichtschreiber Rudolf[1] als Urkundenschreiber tätig.

Eben diese Männer aber nun waren zum Teil dieselben, welche sich um die Verbesserung der Formulare verdient gemacht haben. Es genügt hier, an schon früher ausgeführtes[2] zu erinnern: an die Umarbeitung der Diplomformulare gleich im Beginn der Regierung Ludwigs des Frommen, wahrscheinlich unter Leitung des Fridugis, an die jedenfalls in der Kanzlei Ludwigs des Frommen unter Fridugis entstandene Sammlung der *Formulae imperiales*, an die privaten Formularsammlungen, die in verschiedenen Teilen des Reichs, namentlich auch in St. Gallen, von dem eben erwähnten Notker dem Stammler verfaßt sind. An Mustern korrekter Urkundensprache fehlt es in Deutschland für diejenigen, welche sich ihrer bedienen wollen, nicht mehr.

Von einer Beeinflussung der Urkundensprache durch das Vulgärlatein kann in der Kanzlei Ludwigs des Frommen und seiner Nachfolger auf dem ostfränkischen Thron nicht mehr die Rede sein.[3] Und auch aus den deutschen Privaturkunden verschwinden im Laufe des 9. Jahrhunderts die durch fremde Formulare in Gebrauch gekommenen vulgärlateinischen Formen so gut wie vollständig, und eine korrektere Behandlung der Sprache und des Stils tritt überall hervor.[4]

Keineswegs so vollständig und so durchgreifend war die Wirkung der vom karolingischen Hofe ausgehenden litterarischen Reformbewegung auf dem Gebiete des italienischen Urkundenwesens. Daß man in der päpstlichen Kanzlei noch zur Zeit Ludwigs des Frommen schlechter schrieb, als in derjenigen dieses Kaisers, haben wir schon oben gesehen.[5] Aber noch bis in den Anfang des 11. Jahrhunderts hinein vermochte man sich hier von dem Einfluß des vulgären Lateins nicht völlig zu emanzipieren. Prüfen wir die verhältnismäßig sehr geringe Anzahl päpstlicher Originalurkunden, die wir aus dieser Zeit besitzen,

---

acie (aus dem Felde) *non remearem* (n. 761), aber auch schon in n. 465: *ubi venatione piscium fungitur*.

[1] Diesen auch als Urkundenfälscher, vgl. Stengel, AfU. 5, 40ff.

[2] S. oben Kap. XIII S. 232ff.

[3] Die sehr seltenen vulgären Einzelformen in den Urkunden Ludwigs des Frommen (Sickel, Acta 1, 163) erklären sich zumeist aus nachlässiger Benutzung von Vorurkunden.

[4] Eine Ausnahme machen nur einige Urkunden aus Gebietsteilen des deutschen Reiches mit romanischer Bevölkerung: Rätien, gewissen Gegenden Lothringens usw. Hier war die Zurückdrängung des Vulgärlateins schwieriger.

[5] S. 330 N. 1.

auf ihre Sprache hin, so finden wir allerdings, namentlich in der zweiten Hälfte des 9. Jahrhunderts, Stücke darunter, die völlig oder fast völlig korrektes Schriftlatein aufweisen, wie etwa das Privileg Benedicts III. für Corbie, das Nicolaus' I. für St. Denis, oder das Johanns VIII. für Tournus.[1] Aber dann tritt ein offenbarer Rückschlag ein. Schon in dem Privileg Stephans VI. für Neuenheerse von 891 finden sich wieder eine Anzahl orthographischer Versehen, die auf die vulgäre Aussprache zurückzuführen sind,[2] und indem diese in den nächstfolgenden Urkunden sich noch vermehren, stoßen wir am Ausgang des 10. und im Anfang des 11. Jahrhunderts auf Stücke, die einen ganz vulgärlateinischen Charakter tragen.[3] In die Privilegien Silvesters II. und Johanns XVIII. für St. Cugat[4] sind Güterverzeichnisse mit durchaus spanischem Latein aufgenommen, ohne daß man die offenbar von seiten des Klosters eingereichten Listen sprachlich zu korrigieren für nötig gefunden hätte; aber auch die in der päpstlichen Kanzlei konzipierten Sätze zeigen in der letzten Urkunde Formen wie: *monasterium adquisiturus erit*, *nulli umquam nostrorum successorum presumat, aliquit vim aut invasionem*, *a cocumque episcopo*, *obtamus, Nobembri.* Damit vergleiche man in einem Privileg Sergius' IV. von 1011:[5] *constitutis* (für *constituti*), *comis*, *illę sanctae aeclesiae, annuente summo regi*, *cum salinis et clibanis pisceis*, *ad sancto Martino coenobium, in eodem cenobium*, *hordinis*, *qui eius fungimus vicem*, *in virtute* (statt *virtutem*), *in mense Novanber.* Noch unter Benedict VIII. steht es nicht besser; eine seiner letzten Urkunden[6] bietet noch Formen, wie

[1] Jaffé-E. 2663. 2718. 3052.

[2] Jaffé-L. 3468. Namentlich b für v: *prebilegio* (zweimal), *decrebimus*, *sibe* (zweimal), dann *precipuae* statt *praecipue*. In Jaffé-L. 3484 von Formosus findet man so *pleves* statt *plebes* u. a., aber auch schon ein ganz vulgäres Wort: *fortiam facere.* Noch reicher an solchen Dingen ist das Privileg des Romanus für Gerona, Jaffé-L. 3516: hier liest man *veneravilis*, *immoviles*, *sexsus*, *stavilimus*, *cum raficum seu pascuarium*, *fortiam facere*, *hab eis*, *exigire*, *presummat*, *sciiat*, *octubrias.*

[3] Aus der Zwischenzeit will ich nur auf Jaffé-L. 3714 (Johann XIII. für Bologna) aufmerksam machen: *cum residissem*, *affuerunt religiosis presbiteris*, *pro universos clericos*, *ut nullam dationem vel redditu publicis facerent a magnum usque ad parvum*, *quod omnes filiis* (nom. plur.). Das ist aus den ersten elf Zeilen des Druckes genommen, und damit vergleiche man die gleichzeitig am selben Ort in der Kanzlei des Kaisers ausgestellten Diplome!

[4] Jaffé-L. 3927. 3956. [5] Jaffé-L. 3976.

[6] Jaffé-L. 4057 für Fulda vom Jahre 1024. Etwas besser ist die Sprache in dem Privileg Johanns XIX. für Grado, Pflugk-Harttung, Acta 2, 66, das zumeist nur orthographische Vulgarismen zeigt. Das ganz korrekte Privileg desselben für Naumburg, Jaffé-L. 4099, ist späte Fälschung.

aput conditore, ad meliorem statu. hac (für *ac*), *monasterio* (acc. sing.), *quoquina, cum curte atque puteum, cum introito et exito per porta maiore, proibemus, tam eis quas .... quam que* u. dgl. m., zeigt also noch volle Abhängigkeit von der vulgären Redeweise. Erst unter Benedict IX. erfolgt die entscheidende Wendung, die wohl mit dem Eintritt des Petrus diaconus[1] in die päpstliche Kanzlei zusammenhängt. Die Originalurkunden aus seiner Zeit zeigen eine durchaus korrekte Sprache, und die lange Amtsverwaltung dieses Kanzlers unter den von Heinrich III. eingesetzten deutschen Päpsten hat dann dahin geführt, daß die Reform eine dauernde wurde.[2] Von da ab ist das Vulgärlatein, von ganz vereinzelten Ausnahmen[3] abgesehen, aus der päpstlichen Kanzlei verschwunden.

Auch die Urkunden der Könige Italiens im 9. und 10. Jahrhundert haben sich nicht in demselben Maße wie die der deutschen Herrscher von der Beeinflussung durch die Vulgärsprache frei zu erhalten gewußt. Zwar sind die in der Kanzlei Ludwigs des Frommen umgearbeiteten Formulare auch für das Urkundenwesen seiner italienischen Nachfolger maßgebend gewesen, und alle in den königlichen Kanzleien angestellten Beamten waren der gereinigten Schriftsprache bis zu einem gewissen Grade mächtig. Aber doch nur bei wenigen von ihnen geht diese Beherrschung der Schriftsprache so weit, daß sie imstande gewesen wären, Vulgarismen ganz zu vermeiden, und in der großen Mehrzahl der Urkunden finden sich wenigstens vereinzelt alle jene Dinge wieder, die wir als Merkmale des italienischen Vulgärlateins kennen gelernt haben.[4]

---

[1] S. Bd. 1, 224 f.

[2] Sehr charakteristisch ist aber auch eine Äußerung in einer Urkunde Honorius' III. von 1225, GGN. 1902 S. 418 n. 1. Der Papst bestätigt ein Privileg Alexanders II. *non obstante, quod in ipso privilegio multis locis est in latinitate peccatum, sicut in antiquioribus privilegiis per manum tabellionum conscriptis frequentius invenitur.*

[3] Zu diesen rechne ich natürlich nicht die Urkunden von Päpsten, die außerhalb der päpstlichen Kanzlei hergestellt sind, s. Bd. 1, 226.

[4] Ich gebe eine kleine Anzahl von Beispielen aus der neuen Ausgabe der Diplome Berengars I., Widos, Lamberts und einigen neueren Drucken von Urkunden ihrer Vorgänger und Nachfolger. — Vertauschung von *u* und *o*: sehr häufig in *cortis* und *corticella*, dann aber auch in Diminutiven (*rivolus, cartola, terrola* usw.), oft auch in *coltis et incoltis* (z. B. B. I. 4. 129. W. 7. 12). Umgekehrt *u* für *o*: *consuprinus* B. I. 26. — Vertauschung von *i* und *e*: *molestari* B. I. 66, *pignerari, calumniari* B. I. 75, *roborari* Hugo FDG. 10, 295, immer statt *-re*; mehrfach *qui* für *quae* (z. B. Hugo und Lothar MIÖG. 7, 457 Hugo und Lothar), umgekehrt *fluvius quae* B. I. 128, *de loco quae, monasterium*

Vollends bei den Notaren, die italienische Privaturkunden schrieben, auch bei den Pfalz- und Königsnotaren, von denen die Gerichtsurkunden der Herrscher hergestellt wurden, blieb das Vulgärlatein im 9. und 10. Jahrhundert durchaus vorherrschend. Wirkte auf sie die in der Karolingerzeit im Frankenreich erfolgte Umarbeitung der Formulare kaum ein, erhielten sich die bei den Langobarden üblich gewesenen Formulare bis tief in die deutsche Kaiserzeit hinein, gingen auch die Umarbeitungen, die später in Italien erfolgten, von Männern aus, die nur die Vulgärsprache völlig beherrschten,[1] so war

quae B. I. 25. 27, wohl wegen des für *qui* und *quae* geltenden ital. *chi*, ebenso wie wegen des ital. *che monasterium qui* B. I. 41, *hortum quod* MIÖG. 7, 456 (L. III. 17). — Unrichtig fortgelassenes oder hinzugefügtes *h*: *hubi* für *ubi* FDG. 10, 299 Hugo, *hac* für *ac* B. I. 118, *ac* für *hac* B. I. 60 Hugo FDG. 10, 299, *actenus* B. I. 10, *eredibus* B. I. 86, oft *ortus*, *orticellus*, *ortellus* für *hortus* usw. — Fortgelassenes *m*: *potestate* B. I. 5, *assensu* B. I. 19, *posita* B. I. 57 (immer statt des accus.), *ob amore* B. I. 108 und öfter, *munificentia* W. 10, *violentia* W. 18 und öfter (sehr häufig diese Erscheinung in Güterverzeichnissen, die überhaupt minder sorgfältig behandelt zu werden pflegen). Umgekehrt *m* im Ablativ hinzugefügt: *occasionem*, *mercedem* B. I. 41, *de eadem curtem* B. I. 128, *sub nostra defensionem* W. 11, ebenso im Dativ *imperatrici* (*coniugi*) *et consortem* W. 4. 5. 7; im Nominativ *hoc imperialem praeceptum* Mühlbacher² 1617, *abbatissam* W. 10. — *s* fortgelassen: *ad causas audienda* B. I. 30, *ad fideiussores tollendo* FDG. 10, 296 Hugo, *legali disceptatio* W. 11, *res illa* (acc. plur.) MIÖG. 7, 457 Hugo und Lothar, *ceteri* (abl. plur.) B. I. 118; *Iohanne* (nom. sing.) B. I. 10. Umgekehrt *s* unrichtig hinzugefügt: *sciat se compositurus* B. I. 19, W. 18, *alias res* (nom. plur.) B. I. 27, *Tarvisiensis* (dat. sing.) B. I. 52. — Fortgelassenes *t*: *feci* (statt *fecit*) B. I. 108. *Deusdedi* B. I. 19. — Falsche Kasus: *pro tempora* B. I. 11 und öfter, *cum filiis et filias et nepotis, eosdem servis et ancillis, cum filias suas et possessiones illarum, ad ipsis servis* B. I. 19, *a presulis* B. I. 24, *ad termino* B. I. 27, *cum ipsas res* B. I. 108, *pro remedium animae* W. 18, *eidem cenobii* (dat.) W. 18, *quidam noster abbate* (nom.) Hugo FDG. 10, 295, *cui fuerint illatas iniurias* B. I. 17, — Activum für Deponens und Masculinum für Neutrum: häufig *hunc nostrum praeceptum* und Formen von *largio* statt *largior*; *inpertimus* B. I. 118, *ad eundem monasterium* B. I. 55. — Bildungen auf *-ora* (s. oben S. 336 N. 1) *fundoris et locis* W. 4. 5. 21. L. 4, *fondoris* W. 7. — Präpositionale Konstruktion statt des Genitivs: *res de Dominico presbitero* B. I. 20. — Fehler verschiedener Art: *ingressi* (nom. plur. von *ingressus*) B. I. 89, *ad* statt *ab* W. 10, *succetrices* FDG. 10, 312 Hugo und Lothar, *venerabillimo* Mühlbacher² 1617; endlich zahlreiche Orthographika verschiedener Art, z. B. *-ae* statt *-e* als Adverbialendung (*voluntariae* B. I. 34, *assiduae* B. I. 89), *magestati* B. I. 91, *actoritas* B. I. 41. 118, *contraditio* (statt *-dictio*) B. I. 46. 118, *largietate* W. 5, *sexsus* W. 21 u. a. m. Sehr häufig begegnet man auch jetzt schon der in Italien später ganz gewöhnlichen Verdoppelung einfacher und Vereinfachung doppelter Konsonanten.

[1] Vgl. Ficker, It. Forsch. 1, 14ff. Das von Ficker angeführte, ihm seltsam und auf einen zufälligen Mißgriff zurückzugehen scheinende *eorum* oder

andererseits, da die italienischen Notare überwiegend dem weltlichen Stande angehörten, auch die karolingische Reform der kirchlichen Schulen auf ihre Geschäftssprache nicht von großem Einfluß. Unter diesen Umständen kommen korrekt geschriebene italienische Notariatsurkunden bis ins 11. Jahrhundert hinein so gut wie gar nicht vor;[1] ja diese Notare sind nicht einmal imstande, das Schriftlatein auch nur abschriftlich korrekt wiederzugeben und entstellen selbst kaiserliche Mandate oder Diplome, die ihnen vorgelegen haben und die sie in ihre Placita inserieren, durch Vulgarismen.[2] So kann es denn nicht wundernehmen, daß auch die aus Italien stammenden Notare, die in der Kanzlei der deutschen Könige beschäftigt worden sind, bis in die Zeit Heinrichs II. und Konrads II. hinein, was die grammatische Korrektheit und die gewandte Beherrschung der Sprache angeht, weit hinter ihren deutschen Amtsgenossen zurückstehen.[3] Erst in der zweiten Hälfte des 11. Jahrhunderts macht sich, und zwar im mittleren Italien, in Tuscien und der Romagna, früher als im Norden und Süden der Halbinsel, eine Besserung der Sprache bemerkbar, die gewiß mit der Zunahme des schulmäßigen Rechtsstudiums seitens der Notare zusammenhängt,[4] und der auch die um eben dieselbe Zeit ein-

eorum omnibus paruit rectum esse erklärt sich leicht aus der Vulgärsprache, *eorum* = *illorum*, das wie das italienische *loro* auch für den Dativ eintritt; vgl. Geyer, Arch. f. lat. Lexikographie 2, 35ff. Aus dem *eorum* aber erklären sich dann die übrigen verkehrt angewandten Genitive.

[1] Selbstverständlich gilt das nur von Originalen. Abschriften sind sehr häufig, die mancher Codices, wie z. B. des Reg. Farfense oder des Codex Sicardianus in Cremona, durchweg in bezug auf die Sprache einer eingreifenden Korrektur unterworfen.

[2] Vgl. z. B. das kurze Mandat DO. I. 347 mit: *in comitatu Mediolanensis* (also durch umgekehrte Schreibung hinzugefügtem *s*) und *diffinihendum*. Noch viel zahlreichere Vulgarismen enthält das längere DO. I. 247.

[3] Man vgl. etwa aus dem von dem Kanzleinotar HB geschriebenen DH. II. 294 vom Jahre 1014: *una cum . . abbatissam Alpergam — cum omnibus sanctaemoniales ibi deo famulantibus — omnia subtancia — per quod monasterium illud res habitas et adhuc in iure ipsius monastaerii iuste manentes possint in futurum contineri — faeminarum — aeligant — alia omnia ad ius ipsius monasterii pertinentes — in iurae — decano* (nom. sing.) — *sanctaemonialaes inibi deo famulantibus — Alpergae abbatissae suasque successores seu sanctaemoniales inibi deo famulantibus.*

[4] Der Einfluß dieses Rechtsstudiums auf die Urkundensprache tritt anschaulich hervor beim Vergleich der beiden von Segnoritto 1076 geschriebenen, von Nordilus, einem gelehrten Richter der Markgräfin Beatrix, unterfertigten Urkunden, Ficker, It. Forsch. 4, 99ff. n. 73. 74. Die erste ist wahrscheinlich von Nordilus (oder nach Fitting, Anfänge der Rechtsschule zu Bologna S. 86, von dem *legis doctor* Pepo) diktiert und sie sticht in bezug auf Grammatik,

setzenden theoretischen Arbeiten auf dem Gebiet der *Ars dictandi* sowie die damit verbundenen Mustersammlungen zustatten kommen mußten.[1] Demnächst hat in Unteritalien die Normannenherrschaft die Urkundensprache günstig beeinflußt, in Mittelitalien aber das Beispiel der deutschen Reichsbeamten, die wenigstens zum Teil ihre eigenen Notare hatten, in gleicher Weise gewirkt.[2] So kommt es, daß im Laufe des 12. Jahrhunderts die Fortschritte immer größer werden, und daß schon um seine Mitte die Schriftsprache auch in der italienischen Notariatsurkunde durchaus die Herrschaft gewinnt, Vulgarismen aber nur noch vereinzelt und durch Nachlässigkeit vorkommen. Im 13. Jahrhundert, als die *Ars notariatus* sich zu einer festen und schulmäßig gelehrten Disziplin ausgebildet hat, wird dann die Kenntnis der Schriftsprache, die man von der italienisch gewordenen Vulgärsprache nun ganz bestimmt zu unterscheiden weiß, geradezu ein Erfordernis für die Notare; schon im Jahre 1250 machen die Statuten von Bologna die Zulassung zur Zunft der Notare von einer Prüfung darin abhängig.[3]

Die somit in Deutschland früher und allgemeiner, in Italien später herrschend gewordene Schrift- und Kunstsprache, in der die Urkunden abgefaßt sind, ist nun freilich von der klassischen Latinität noch weit entfernt und beruht keineswegs, wie etwa die Sprache der Humanisten des 15. und 16. Jahrhunderts, lediglich auf einer toten Nachahmung ciceronianischen oder cäsarianischen Lateins. Indem sie die gewöhnliche Sprache aller geschäftlichen Verhandlungen ist, ist sie zugleich diejenige aller Wissenschaft und Kunst, diejenige des feineren geselligen Verkehrs. Man wendet nicht gezwungen an, was man mühsam erlernt hat, sondern man bedient sich einer den Bedürfnissen der Zeit angemessenen Ausdrucksweise, die man sich selbst gebildet hat,

---

Stil und Orthographie aufs vorteilhafteste von der zweiten ab. Nordilus' eigene versifizierte Unterschriften aber sind durchaus tadellos.

[1] Namentlich mag das *formularium notariorum*, das nach dem Zeugnis Späterer der große Bologneser Jurist Irnerius im Anfang des 12. Jahrhunderts zusammengestellt hat, s. oben S. 256, von Einfluß gewesen sein.

[2] Vgl. die zahlreichen Urkunden dieser Beamten bei Ficker, It. Forsch. 4 passim.

[3] Statuti di Bologna, ed. L. Frati, 2 (Bologna 1869), 185ff. Jeder, der als Notar approbiert zu werden wünscht, muß durch eine Prüfung vor vier anderen Notaren nachweisen, *qualiter sciant scribere et qualiter legere scripturas, quas fecerint, litteraliter et vulgariter, et qualiter latinare et dictare.* Ähnliche Bestimmungen z. B. in den Statuten von Siena 1262 und in denen Peters II. von Savoyen (1263—1268). Über die Prüfung der päpstlichen Tabellionen vgl. Baumgarten, Von der apostolischen Kanzlei S. 10f.; 30ff.

und in der man sich mit Leichtigkeit bewegt.[1] Während diese Sprache von gröberen Versehen in bezug auf die Grammatik, namentlich die Flexion im ganzen frei bleibt,[2] geht sie in der Syntax vielfach ihre eigenen Wege; man denke nur an den Ersatz des Accusativus cum Infinitivo durch Sätze mit *quod, qualiter, quia* nach den Verben des Sagens, durch Sätze mit *ut* nach *iubeo*; an die vom klassischen Latein vielfach abweichende Anwendung der Pronomina (*ipse* als einfaches Demonstrativum, *talis-qualis* für *is-qui*, das Reflexivpronomen *suus, se* usw. auch da, wo es nicht auf das Subjekt des Satzes zu beziehen ist usw.); an die Häufigkeit präpositionaler Verbindungen, wo im klassischen Latein ein Kasus ohne Präposition genügt (z. B. *donare ad aliquem, per praesens praeceptum praecipimus* usw.); an die zahlreichen Gerundivkonstruktionen (*praecipiendo iubemus*) u. dgl. m.[3] Zugleich beschränkt sich die Sprache keineswegs ängstlich auf den lexikalischen Bestand der klassischen Latinität; vielmehr wird eine Fülle von Lehnwörtern aus den romanischen Idiomen, aber auch aus dem deutschen Wortschatz übernommen,[4] und aus den so übernommenen Stämmen oder auch aus lateinischen Stämmen bildet man nicht ohne Geschick mit Hilfe lateinischer Endungen immer neue Wörter für die neuen

---

[1] Vgl. Wattenbach, Geschichtsqu. 2[6], 6, dessen Ausdrücke ich im vorstehenden mehrfach wiederholt habe; Paulsen, Gesch. des gelehrten Unterrichts[1] S. 24ff.

[2] Was freilich selbst in Urkunden der deutschen Abteilung der Reichskanzlei einzelne Germanismen (vgl. z. B. *tale praedium quale ad nostras manus legitime perventum est*, DH. II. 452) zu keiner Zeit ganz ausschließt.

[3] Über die Consecutio temporum in der Latinität des 10. Jahrhunderts sollte nach Sickel, MIÖG. Erg. 2, 167 N. 1, eine besondere Arbeit von J. Huemer in Aussicht stehen, die meines Wissen jedoch bis jetzt nicht erschienen ist.

[4] Ein freilich keineswegs vollständiges Verzeichnis solcher Lehnworte, romanischer und deutscher, gibt Schönemann, Diplomatik 1, 344ff. Aus jedem Glossar zu einem Urkundenbuch läßt es sich erweitern. Unter den lexikalischen Hilfsmitteln für das Verhältnis dieser Worte steht obenan das Glossarium mediae et infimae latinitatis, conditum a Carolo Dufresne domino Du Cange mit Ergänzungen von Carpentier, Adelung u. a., herausgegeben von Henschel (Paris 1840—1850, 7 Bde.), neubearbeitet von L. Favre (Paris 1882ff.). Vgl. ferner Diefenbach, Glossarium Latino-Germanicum mediae et infimae aetatis (Frankfurt 1857) und Novum Glossarium (ebenda 1867); sodann die Glossaria germanica von Wachter (Leipzig 1736), Haltaus (Leipzig 1758) und Scherz (ed. Oberlin, Straßburg 1781—1784, 2 Bde.) und das Glossarium diplomaticum von Brinckmeier (Gotha 1850—1863, 2 Bde). Nützlich und ergiebig sind auch die Wort- und Sachregister zu den Diplomata-, Formulae-, Kapitularien- und Konstitutionenausgaben der Mon. Germ. hist.

Begriffe, insbesondere des Rechts, mit denen man es zu tun hat.[1] Indem nun zugleich zahlreiche lateinische Wörter ihre Bedeutung verändern, einen neuen technischen Sinn erhalten und dann wieder der Ausgangspunkt anderer Weiterbildungen werden,[2] ist die Sprache imstande, ohne zu umständlichen Umschreibungen ihre Zuflucht zu nehmen, allen Bedürfnissen gerecht zu werden, und sie kann in gewissem Sinne wirklich als eine lebende bezeichnet werden.[3]

Fast immer aber kann man auch jetzt noch aus ihrer Anwendung die Nationalität dessen, der sich ihrer bedient, erkennen. Insbesondere ist es im allgemeinen nicht schwer, z. B. in der Kanzlei der Könige, wälsche und deutsche Notare zu unterscheiden.[4] Auch den Italienern, die der Schriftsprache vollkommen mächtig sind und vor Vulgarismen in der Flexion sich sorgfältig zu hüten wissen, schlüpft doch sehr häufig eine oder die andere orthographische Eigentümlichkeit, etwa ein zuviel gesetztes oder unrichtig fortgelassenes *h*, ein *donnus* für *domnus* und dgl. aus der Feder; insbesondere aber bereitet ihnen die Orthographie der deutschen Eigennamen eine Schwierigkeit, die sie nur selten so ganz zu überwinden wissen, daß ihre undeutsche Abkunft sich nicht verriete. Bis in das 11. Jahrhundert hinein lassen sich die italienischen Notare auch durch den eigentümlichen Charakter ihrer Schrift und vielfach auch durch die von ihnen gebrauchten Formeln von ihren deutschen Amtsgenossen unterscheiden; und es verdient besondere Beachtung, daß durch ihre Tätigkeit in der Reichskanzlei sich bisweilen in deutsche Urkunden Ausdrücke der italienischen Rechtssprache eingeschlichen haben, deren Erklärung denen, welche die

[1] Nur einige Beispiele mögen das veranschaulichen. Aus *bannus* werden die Composita *heribannus*, *wiltbannus*, die Verba *bannire*, *forbannire;* aus *forestum* (*forestis*, *foreste*): *forestensis*, *forestarius*, *forestare*, *inforestare*; aus *casa*: *casale*, *casalinum*, *casella*, *casatus*, *casaticum* usw.; aus *beneficium*: *beneficialis*, *beneficiarius*, *beneficiare*, *inbeneficiare* u. a. m.

[2] So das in N. 1 angeführte *beneficium* oder *placitum* mit den Weiterbildungen *placitare*, *placitatio*, *complacitare*, *complacitatio* usw.

[3] Auf die Ausbildung eines neuen, kunstvollen rhetorischen Stiles und Satzbaues in der Kanzlei Karls IV. hat Burdach nachdrücklich hingewiesen und neue Untersuchungen darüber in Aussicht gestellt (Vom Mittelalter zur Reformation. Ankündigung der zweiten Auflage, Brünn, 1898).

[4] Vgl. Mühlbacher, SB. der Wiener Akademie 92, 403; Sickel in MG. Diplom. 1, 86ff.; BzD. 7, 89; KUiA. zu Lief. III, Taf. 20. 27; MIÖG. Erg. 2, 103; Bresslau zu KUiA. Lief. II, Taf. 6; NA. 22, 141ff.; Fanta, MIÖG. Erg. 2, 553ff.; Erben, MIÖG. 13, 580ff.

Nationalität der Schreiber nicht kannten oder nicht beachteten, Schwierigkeiten bereitet hat.[1]

Diejenigen Schreiber, deren italienische Herkunft man erkannt hat, um ihrer Sprache willen einem bestimmten Dialektgebiet des südlichen Königreichs zuzuweisen, ist bisher nicht versucht worden und wird schwerlich gelingen. Aussichtsvoller sind Untersuchungen, die sich darauf richten, die Herkunft deutscher Schreiber näher zu bestimmen; wenigstens für die Unterscheidung derjenigen, die dem ober- und derjenigen, die dem niederdeutschen Sprachgebiet angehören, müßten, wie man erwarten sollte, die deutschen Namensformen auch in lateinischen Urkunden[2] ausreichende Anhaltspunkte bieten. Dennoch sind solche Untersuchungen nicht leicht, und Vorsicht ist bei ihnen geboten. Denn die im allgemeinen gewiß zutreffende Regel, daß jeder Deutsche im Mittelalter seine eigene Mundart schreibt, und daß daher aus den von ihm gebrauchten mundartlichen Sprachformen seine Heimat sich bestimmt ermitteln läßt, erleidet doch gerade in bezug auf Urkundenschreiber, zumal solche, die einer Behörde, wie die Reichskanzlei war, angehören, gewisse Einschränkungen. Einmal kommt hier in Betracht, daß diese Schreiber Orts- und Personennamen gewiß nicht selten so wiedergegeben haben, wie sie dieselben in den ihnen übergebenen Vorlagen, Vorurkunden, Akten, Konzepten, kurzen Notizen über Güterbestand und dgl., fanden, ohne deren Sprachformen in die ihrer eigenen Mundart oder ihrer eigenen Zeit umzusetzen.[3] Sodann wird es als möglich zugegeben werden müssen, daß bei dem am wandernden Königshofe beschäftigten Schreibern, welche die verschiedensten Gegenden des Reichs in fast regelmäßigem Wechsel besuchten und so die verschiedensten Mundarten kennen lernen mußten, sich eine gewisse Toleranz gegen diese ausbildete, daß sie namentlich weniger bekannte und schwieriger zu deutende Ortsnamen einfach so wiedergaben, wie sie sie hörten. Endlich aber kann, auch wenn wir die von den Germanisten viel erörterte Frage, ob es wirklich am karolingischen und deutschen Königshofe eine offizielle Hof- und Schriftsprache

[1] Vgl. z. B. was KUiA. zu Lief. II, Taf. 6 über *aldiones* in Urkunden für das Bistum Naumburg bemerkt worden ist.

[2] Selbstverständlich sind auch hier nur die Originale, nicht Abschriften, als vollgültige Zeugnisse in Betracht zu nehmen.

[3] Vgl. hierzu Schröder, MIÖG. 18, 15ff., der aber meine schon in der ersten Auflage stehenden Bemerkungen hierüber nicht beachtet hat, wenn er zu glauben scheint, daß die Diplomatiker vor ihm mit diesem Umstande nicht gerechnet hätten.

gegeben habe, hier unerörtert lassen,[1] dies jedenfalls nicht geleugnet werden, daß in der Reichskanzlei wenigstens für gewisse Namensformen eine offizielle, rheinfränkisch-oberdeutsche Schreibung vorgeschrieben war, und daß auch für andere Namen diese Mundart wenigstens bevorzugt wurde. In dieser Beziehung ist beweisend, daß für die Namen der Könige und ihrer Gemahlinnen aus dem sächsischen Hause nicht eine nieder-, sondern eine oberdeutsche Form die offizielle war, daß also in den Diplomen ausnahmslos Otto und wenigstens durchaus überwiegend Heinricus, nicht Oddo und Hênricus geschrieben wird, daß die Gemahlin Ottos I. in den Urkunden ihres Gemahls, ihres Sohnes und ihres Enkels regelmäßig Adal- oder Adelheidis, nur sechsmal Athel- oder Athalheidis, nur je einmal Adalhetha und Adalheitha und niemals Athalhedis genannt wird,[2] daß die angelsächsische Gemahlin Heinrichs III. am Hofe ihres Schwiegervaters den heimischen Namen Gunhild mit dem neuen Chunigund vertauschte, daß weiter auch für die Kanzler und Erzkanzler in der weit überwiegenden Mehrzahl der Fälle amtliche, und zwar oberdeutsche, Namensformen in den Urkunden angewandt werden.[3] Besonders

---

[1] Vgl. Franz Pfeiffer, Freie Forschung S. 309ff.; Müllenhoff und Scherer, Denkmäler[3], Vorrede S. XIVf., XVIf., XXXff.; Heinzel, Zeitschr. f. österr. Gymnas. 1874 S. 173ff.; Scherer, ebenda 1875 S. 200ff., Anzeiger f. deutsches Altertum 1, 189; Rödiger, ebendaselbst 5, 41ff.; Scherer, Zeitschr. f. deutsches Altertum, N. F. 9, 474ff.; Paul, Gab es eine mhd. Schriftsprache? (Halle 1874); O. Behaghel in der Baseler Festschrift zum Heidelberger Universitätsjubiläum (Basel 1886) S. 43ff.; Socin, Schriftsprache und Dialekte im Deutschen nach Zeugnissen alter und neuer Zeit (Heilbronn 1888) S. 80ff.; Pischek, Zur Frage nach der Existenz einer mhd. Schriftsprache im ausgehenden 13. Jahrhundert (Progr. Teschen 1892); Behaghel, Schriftsprache und Mundart (akad. Rede, Gießen 1896).

[2] Athelheidis nur in DD. O. I. 293. 299; DO. II. 82; DO. III. 102; Athalheidis in DD. O. III. 34. 118; Adalhetha in DO. II. 170; Adalheitha in DO. II. 213; endlich Adalheda in DO. III. 83. DO. I. 391 mit Adheleidis ist außerhalb der Kanzlei in St. Maximin bei Trier entstanden. In DO. I. 430 Adelheida stehen die beiden ersten Buchstaben auf Rasur; der Schreiber, ein Niederdeutscher (er spricht von Hluthuuuicus rex), hat wahrscheinlich zuerst Ath- geschrieben, sich dann aber der offiziellen Form erinnert. Die Italiener in der Kanzlei wenden sehr verschiedene Formen an: Hadelehida, Hadelegida, Adalehida usw., brauchen aber immer die *media dentalis* in der zweiten Silbe; Adheleida steht nur in DO. II. 305 neben Adeleida.

[3] So unter Heinrich I. und Otto I. durchweg Poppo und nicht Bobbo, Fridericus oder Fridurícus und nicht Frithericus, Frithuricus. Das th in letzterem Namen nur in Abschriften, dann in DO. I. 85 (in Essen geschrieben, aber echt, vgl. DO. II. 49) und in den Originalen DD. O. I. 113. 130. 137, von denen die beiden ersten von ein und demselben sicher niederdeutschen, das

deutlich aber erhellt das angedeutete Verhältnis aus einem Diplom Heinrichs I. für seine Gemahlin Mathilde vom Jahre 929.[1] Die Urkunde ist von einem Manne mundiert, dessen Schrift sonst in der Kanzlei Heinrichs nicht nachweisbar ist und der dieser also sicher nicht als ständiger Beamter angehört hat. Infolgedessen ist es ihm widerfahren, eine Anzahl niederdeutscher oder halbniederdeutscher Namensformen zu gebrauchen; er schreibt *filii nostri Oddonis*, *Quidilingaburg*, *Nordhusi*, *Tuderstedi*. Sein Elaborat hat dann Simon, der die Kanzleigeschäfte leitete, revidiert, und er hat durch eigenhändige Korrektur alle jene niederdeutschen Formen beseitigt, also *Ottonis*, *Quitilingaburg*, *Nordhuse*, *Tutersteti* hergestellt. Daß unter Heinrich I. die Kanzlei die niederdeutschen Sprachformen prinzipiell verpönte, kann danach nicht bezweifelt werden. Selbstverständlich ist aber weder unter Heinrich I. noch unter seinen Nachfolgern dies Prinzip irgendwie konsequent durchgeführt oder seine Beobachtung so wie in dem eben erwähnten Falle konsequent kontrolliert worden; und wenn auch nur selten in den Namen der Könige, ihrer Familienglieder, der Erzkanzler und Kanzler, so doch in anderen Namen von Orten und Personen finden sich in den Urkunden der nächsten Jahrhunderte niederdeutsche Formen häufig genug.

---

dritte von einem italienischen Schreiber herrührt. Bei Ludolf ist eine offiziell festgesetzte Schreibung nicht zu erkennen und man schwankt zwischen Liudolfus, Liudulfus und Liutolfus, Liutulfus. — Unter Otto II. ist Folgmarus häufiger als Folcmarus, Folchmarus kommt nur einmal vor (DO. II. 129). Neben Egbertus findet sich Ecgpertus in DO. II. 134, Egpertus in n. 139; beide Stücke sind außerhalb der Kanzlei entstanden. Hildiboldus und Hildibaldus erscheinen ungefähr gleichberechtigt; erst unter Otto III. überwiegt die letztere Form entschieden; Hildebaldus (-boldus) kommt sehr selten, Hildibuldus einmal vor; Hilteboldus in DO. II. 311 hat ein nicht der Kanzlei angehöriger Mann geschrieben; Hildipaldus findet sich gar nicht: in DO. III. 189 ist -baldus aus -paldus korrigiert. Ähnlich blieben die Verhältnisse auch im 11. Jahrhundert. — Die offizielle Festsetzung des Kanzlernamens ergibt sich auch aus dem Umstand, daß Abweichungen am ersten in den Anfängen der Amtszeit eines neuen Kanzlers vorkommen: so im 11. Jahrhundert Gunzelinus für Guntherius in DH. II. 169, vgl. NA. 22, 162f., Khazo für den italienischen Kanzler Kadelohus nur in dem von einem Beamten der deutschen Kanzlei hergestellten DK. II. 255, Eppo für den in St. 2191 zuerst genannten Kanzler Eberhard nur in den zwei Urkk. St. 2192. 2193, Dietericus für den Kanzler Theodericus nur in dessen erster Urk. St. 2265, Hacelinus für Hartwicus nur in dessen erster Urkunde St. 2332, vgl. Steindorff 1, 347ff. Beachtenswert ist in diesem Zusammenhange auch die viermalige Tilgung der Koseform Thiemo in DH. II. 221 und ihr Ersatz durch die Vollform Thietmarus.

[1] DH. I. 20.

Unter diesen Umständen wird ein Schluß auf die oberdeutsche Herkunft eines Kanzleibeamten aus den Namensformen seiner Urkunden nur mit großer Vorsicht gemacht werden dürfen; auch wer ausschließlich oberdeutsche Formen gebraucht, kann möglicherweise durch den überwiegenden Kanzleibrauch dazu bestimmt worden sein, seiner eigenen Mundart, wenn sie davon abwich, sich zu entwöhnen; immerhin sind auch hier doch wenigstens gewisse Wahrscheinlichkeitsschlüsse möglich. Leichter wird man bisweilen niederdeutsche Abkunft eines Schreibers behaupten können; mit voller Sicherheit aber doch nur da, wo niederdeutsche Sprachformen in Namen vorkommen, die amtlich oberdeutsch fixiert sind, oder wo sie in Urkunden, die in Oberdeutschland ausgestellt sind, bei Namen von Orten, die in Oberdeutschland liegen, begegnen, wo also jede Beeinflussung durch eine Vorlage oder durch die Mundart des Aufenthaltsortes der Kanzlei ausgeschlossen ist. Der Schreiber, der unter Otto I. den Namen des Erzkanzlers Friedrich von Mainz, für den die amtliche Schreibung Friduricus oder Fridericus feststeht, in zwei von ihm mundierten Urkunden Frithuricus lauten läßt,[1] muß ebensowohl aus Niederdeutschland stammen, wie der Kanzleibeamte Heinrichs IV., der in einer von ihm selbst verfaßten und geschriebenen, in Franken ausgestellten Urkunde vom Jahre 1080 das schwäbische Remsthal Ramesdal nennt.[2]

Lassen sich so aus genauerer Untersuchung der Urkundensprache mannigfache Anhaltspunkte gewinnen, die für ihr Verständnis und ihre Kritik von Wert sind, so ist nun eine derartige Untersuchung auch nach einer anderen Richtung hin ein bedeutendes Hilfsmittel der modernen Urkundenlehre geworden. Indem die Sprache, in der die Urkunden der nachkarolingischen Periode abgefaßt sind, von den Diktatoren, die sich mehr und mehr von den Formeln emanzipieren, mit einer gewissen Freiheit gehandhabt wird, wird sie in höherem Grade als etwa die auf bloßer Nachahmung der Alten beruhende Sprache der Humanisten des 15. und 16. Jahrhunderts zu individueller Ausgestaltung fähig; man kann in zahlreichen Fällen stilistische Angewohnheiten der einzelnen Diktatoren, in manchen sogar sehr bestimmt ausgeprägte und eigentümlich entwickelte Stilarten unterscheiden und mittels der Stilvergleichung mit mehr oder minder

---

[1] S. oben S. 353 N. 3. Dasselbe gilt von dem Schreiber der sechs ersten S. 353 N. 2 erwähnten Urkunden.

[2] St. 2824, vgl. Gundlach, Ein Diktator aus der Kanzlei Heinrichs IV. S. 92.

großer Sicherheit bestimmte Urkundengruppen einem und demselben Verfasser zuschreiben.[1]

Daß die Stilvergleichung neuerdings, namentlich bei Untersuchungen über gewisse Geschichtswerke der karolingischen Periode, in nicht immer methodischer und geschickter Weise als Hilfsmittel der Kritik angewendet worden ist, hat ihren Wert überhaupt in einen gewissen Mißkredit gebracht und die Äußerung von Bedenken gegen die methodische Zulässigkeit des Verfahrens hervorgerufen,[2] die, an sich nicht unberechtigt, dennoch ihrerseits leicht dazu führen könnten, um einzelner Mißgriffe willen die historische Forschung eines Hilfsmittels, das bei richtiger Handhabung großen Nutzen bringen kann, ganz zu berauben. Es wird nötig sein, die richtige Methode der Stilvergleichung für das Gebiet der Urkundenlehre etwas näher zu besprechen.

Es ist da zunächst hervorzuheben, daß in dieser Beziehung zwischen der Sprache litterarischer Denkmäler und derjenigen der Ur-

[1] Die Stilvergleichung, bei litterarischen Denkmälern schon lange bekannt und geübt, ist als Mittel der Urkundenkritik zuerst von Sickel in dem von ihm aufgestellten Programm für die neue Diplomata-Ausgabe NA. 1, 427ff., vgl. besonders S. 465ff., angewandt worden. Demnächst hat K. Rieger, NA. 1, 509ff., eine derartige Untersuchung über einen Diktator aus der Kanzlei Ottos I. und Ottos II. veröffentlicht, deren Resultate freilich durch die neueren Arbeiten Sickels vielfach berichtigt sind. Weiter sind in der neuen Diplomata-Ausgabe und den dazu als Vorarbeiten, Erläuterungen und Exkurse in den MIÖG. und im NA. veröffentlichten Aufsätzen die Ergebnisse einer ganzen Reihe solcher Untersuchungen niedergelegt; auf andere ist im Texte zu den KUiA. Bezug genommen worden. Spezialarbeiten der Art liegen noch vor in Gundlachs Buch über einen Diktator aus der Kanzlei Heinrichs IV. (Innsbruck 1884), in mehreren der früher in Kap. VIII angeführten neueren Untersuchungen über Bischofsurkunden (doch vgl. Bd. 1, 612ff.) und hier und da in anderen Arbeiten der letzten Jahrzehnte, von denen hier nur noch die oft angeführte Diplomatik der Immunitätsprivilegien von E. Stengel und die Untersuchung über einen Diktator aus der Kanzlei Friedrichs I. in Erbens Buch über das Privilegium Friedrichs I. für das Herzogtum Österreich (Wien 1902) S. 5ff. hervorgehoben seien. Was v. Buchwald in seinem oft erwähnten Buch über Bischofs- und Fürstenurkunden des Mittelalters in dieser Beziehung beibringt, weicht methodisch vielfach ab: beeinflußt durch v. Buchwalds mechanische Zählungsmethode ist auch Perlbach, Preußisch-polnische Studien (Halle 1886), der indes viel um- und vorsichtiger zu Werke geht.

[2] Vgl. namentlich was E. Bernheim, Hist. Aufsätze dem Andenken an Georg Waitz gewidmet S. 91ff., in dieser Beziehung ausgeführt hat. Dagegen Abel-Simson, Jahrb. Karls d. Gr. 1^2, 657. Theoretische Sätze über die Stilvergleichung bei Schriftstellern, die Beachtung verdienen, hat Gundlach, Wer ist der Verfasser des Carmen de bello Saxonico S. 112ff., vgl. auch seine Heldenlieder der deutschen Kaiserzeit 2, 757ff., aufgestellt.

kunden ein erheblicher Unterschied besteht. Jene beruht zum guten Teil auf Entlehnungen aus anderen Autoren; Worte und Wortverbindungen, ja ganze Sätze, die man aus römischen Klassikern oder aus der Bibel, auch aus Schriftstellern der ersten christlichen Jahrhunderte geschöpft hat, sind den mittelalterlichen Autoren geläufig, werden von ihnen in der verschiedensten Weise, bald mit mehr, bald mit weniger Geschick angewandt und kehren überall wieder. So kann die Sprache verschiedener Autoren scheinbar große Verwandtschaft zeigen, die den Forscher irre führen mag, wenn er ihren Grund nicht erkennt. In der Sprache der Urkunden dagegen sind klassische Zitate selten, selbst die Bibel wird nur wenig ausgebeutet, und wo man von einer Anführung Gebrauch macht, wird sie meist als solche ausdrücklich gekennzeichnet. Andererseits bedarf die Sprache der Urkunden keines großen Wortschatzes; es ist nur eine verhältnismäßig kleine Zahl von Gedanken, die in der Mehrzahl der Urkunden in Worte zu fassen sind. Dadurch erhält die Urkundensprache leicht etwas stereotypes, sowohl im allgemeinen bei den Urkunden eines bestimmten Zeitabschnittes, wie bei den Urkunden eines Diktators im besonderen. Etwa so wie wir uns heute gewöhnen bei Worten, die wir täglich schreiben, z. B. der Datierung unserer Briefe oder unserer Namensunterschrift, an bestimmter Stelle stets einen bestimmten Schnörkel oder Federzug anzubringen, ebenso etwa gewöhnt sich der mittelalterliche Diktator, der täglich dieselben oder ähnliche Gedanken auszudrücken hat, leicht daran, an bestimmter Stelle seiner immer nach gleichem Schema abgefaßten Urkunden stets bestimmte Worte zu gebrauchen, während ein anderer Mann an derselben Stelle ebenso ständig andere Worte zu gebrauchen liebt. Nicht der Gebrauch gewisser, allen Schriftstellern der Zeit geläufiger Worte, sondern ihre Verwendung in bestimmter Verbindung und an bestimmter Stelle der Urkunden ist demgemäß bei der auf diese angewandten Stilvergleichung in erster Linie in Betracht zu ziehen.

Zur Erläuterung des Gesagten wird es genügen, auf einige Beispiele zu verweisen. Wenn mehrere Urkunden Ottos I. aus den Jahren 953—956 in der Arenga die Wendung *de nostri statu regni tractare* aufweisen,[1] oder wenn in der Interventionsformel einer Anzahl von Stücken aus der Zeit Konrads II. und Heinrichs III. fast gleichmäßig die Wendung *ob minime denegandam dilectissimi N. petitionem*

[1] DO. I. 169: *quod nos pie et salubriter de nostri statu regni tractando.* DO. I. 170: *nos itaque de statu regni nostri regali more ... tractantes.* DO. I. 177: *quod nos pie et salubriter de statu regni nostri tractando* usw.

wiederkehrt,[1] oder wenn in einer großen Anzahl von Urkunden Heinrichs IV. die Corroboratio eingeleitet wird mit den Worten *cuius traditionis* (*donationis* etc.) *testem hanc paginam* (*cartam, cartam praesentem* usw.) *scribi iussimus*,[2] so ist in keinem dieser Fälle eines der gebrauchten Worte an sich und aus der Verbindung, in der sie begegnen, losgelöst, derart individuell und eigentümlich, daß man aus ihm an und für sich auf eine bestimmte Persönlichkeit, die es allein gebrauchte, schließen dürfte. Dagegen berechtigen dieselben Worte, indem sie in dieser bestimmten und eigentümlichen Verbindung an bestimmten Stellen der Texte in zeitlich nahestehenden Urkundengruppen vorkommen, allerdings zu einem derartigen Schlusse.

Um diesen aber sicher ziehen zu können, ist noch anderes erforderlich. Einmal wird man nur in ganz besonders gearteten Fällen[3] aus einer einzigen derartigen Wendung Folgerungen auf die Autorschaft eines Diktators ziehen dürfen; vielmehr werden solche in der Regel erst dann zulässig sein, wenn mehrere sprachlich individuelle Eigentümlichkeiten (die natürlich nicht sämtlich in sämtlichen Urkunden wiederzukehren brauchen) sich bei einem Diktator nachweisen lassen.[4] Sodann aber müssen die Wendungen wirklich als individuell erkannt und nachgewiesen sein; wer solche Stilvergleichung vornimmt, muß, um sie als solche zu erkennen und nachzuweisen, den gesamten Sprachgebrauch der Urkunden einer Kanzlei, bzw. bei Urkunden, deren kanzleimäßiger Ursprung nicht von vornherein vorausgesetzt werden kann, den gesamten Sprachgebrauch der Urkunden einer Zeit und Gegend für die Vergleichung heranziehen und daraus

---

[1] DK. II. 171: *ob minime denegandam dilectissime prolis nostre H. regis peticionem;* DK.II. 222. 223: *ob minime denegandam petitionem dilectissimae coniugis nostrae Gislae;* DK. II. 184: *ob minime denegandum interventum dilectissimae coniugis nostrae Gislae*; St. 2217: *ob minime denegandam voluntatem fidelissimi fidelis nostri E. marchionis.* Alle diese Stücke sind von dem Kanzleinotar UB verfaßt; vgl. aber unten N. 4.

[2] Vgl. Gundlach, Ein Diktator S. 62ff.

[3] So z. B. wenn etwa in ein Diplom, das im übrigen einer Vorurkunde wörtlich nachgeschrieben ist, unter Abweichung vom Wortlaut der letzteren eine individuell gehaltene Wendung eingefügt ist.

[4] Dabei ist dann aber auch in Betracht zu ziehen, daß solche individuelle Wendungen, nachdem sie zuerst von einem Mann aufgebracht sind, häufig von anderen, Amtsgenossen oder Schülern, nachgeahmt werden. So ist z. B. die oben (vgl. N. 1) besprochene Fassung der Interventionsformel, die dem UB eigentümlich war, in DK. II. 233 von einem anderen Kanzleinotar nachgeahmt worden. Manche ursprünglich individuelle Wendungen sind so später in den allgemeinen Sprachgebrauch übergegangen.

feststellen, daß die einer bestimmten Urkundengruppe zuzuweisenden Wendungen eben nur in dieser Gruppe vorkommen, und daß in anderen Gruppen an entsprechenden Stellen andersartige Wendungen begegnen.

Zu solchen aus der Betrachtung des Sprachschatzes und der Phraseologie geschöpften Erwägungen kann dann unter günstigen Umständen die Beobachtung feinerer stilistischer Eigentümlichkeiten hinzutreten. Dahin gehört z. B. die häufigere Anwendung gewisser Redefiguren — *colores rhetorici* nennt sie ein Schriftsteller des 11. Jahrhunderts[1] —, die zwar in litterarischen Schriftwerken des Mittelalters oft begegnen, zu denen aber die ihrer Natur nach trockene und einfache Ausdrucksweise der Urkundensprache nur selten Anlaß bietet, und die daher, wenn sie hier in Verbindung mit den eben besprochenen Eigentümlichkeiten des Sprachgebrauchs auftreten, die aus diesen zu ziehenden Schlüsse aufs wirksamste unterstützen. So liebte z. B. Leo, Bischof von Vercelli, den wir als Verfasser von Urkunden, Briefen und anderen Aktenstücken unter Otto III. und Heinrich II. und noch unter Konrad II. kürzlich kennen gelernt haben, die Redefigur der Anaphora, die man im Mittelalter *repetitio* nannte;[2] und so ist die Redefigur der *traductio*, d. h. des Spieles mit bestimmten Worten und Begriffen, die, gleichsam wie ein Fangball hin- und hergeworfen, in einer Reihe aufeinander folgender Sätze oder Satzglieder immer aufgenommen und variiert worden, eine hervorstechende Eigentümlichkeit eines Diktators, der eine bedeutende Stellung in der Kanzlei Heinrichs IV. eingenommen hat.[3]

---

[1] Mag. Onulf von Speyer, dessen so betitelte Schrift Wattenbach in den SB. der Berliner Akademie 1894 S. 361 ff. herausgegeben hat.

[2] Vgl. die schon von Bloch, NA. 22, 63 f., angeführten Beispiele: *cotidie contra leges agitur — cotidie legis sententia feriantur* (MG. Const. 1, 22): *quia legibus perdiderunt, legibus nostra sunt, et quia legibus nostra sunt, legibus damus* (DH. II. 322[b]); *nullus thelonia capiat, nullus mercata habeat* (DO. III. 383); *merito obfuscamur, merito dimergimur, merito vincimur* (St. 1790).

[3] Vgl. Gundlach, Ein Diktator S. 56 f. Man betrachte nur die Arenga von St. 2750: *haec sola ... ad coelum scala est, sine qua numquam ad deum scanditur, dilectio dei et proximi. Quae licet duplex sit, utpote in deum et proximum, in sola tamen proximi dilectione utraque exhibenda iubetur, quia in hoc ipso, quod proximum diligimus, deum nos diligere monstramus. Qui enim fratrem quem videt non diligit, deum quem non videt quomodo potest diligere. Qua dilectione omnibus quidem connectimur, sed his quos etiam per affectionem cognationis diligimus* usw. — Die von Holder-Egger, NA. 19, 405 ff., aus Schriftstellern des 11. Jahrhunderts beigebrachten Beispiele der Traductio widerlegen die Ausführungen Gundlachs, soweit diese sich auf Urkunden und Briefe Heinrichs IV. beziehen, nicht.

Ebenso bemerkenswert sind ferner gewisse Abweichungen von dem zu einer Zeit allgemein herrschenden Kanzleibrauch, die sich in einer kleinen Anzahl von Urkunden dieser Zeit finden, und deshalb nur auf individuelle Gepflogenheiten zurückgeführt werden können. Wenn z. B. in der Promulgationsformel der Königsurkunden bis auf die Zeit Heinrichs II. regelmäßig die gegenwärtigen Getreuen oder Gläubigen, denen die königlichen Verfügungen kundgegeben werden, den zukünftigen vorangestellt werden,[1] und wenn nun plötzlich unter Heinrich II. in den Jahren 1004 und 1005 eine Formel auftritt, in der die *futuri* den *praesentes* vorangehen,[2] eine Formel, die dann wieder verschwindet und sich erst in der zweiten Hälfte der Regierung Konrads II. aufs neue einbürgert, so sind wir vollkommen berechtigt, die Diplome Heinrichs II., in denen sie auftritt, einem und demselben Verfasser zuzuweisen. Und die gleiche Schlußfolgerung ist gestattet, wenn wir in einigen Urkunden Heinrichs II. an Stelle der sonst üblichen Partikeln *quapropter, quocirca, idcirco, ideo* usw., mit denen die Publikationsformel an die Arenga angeschlossen zu werden pflegt, Übergänge ganz anderer, unter sich aber übereinstimmender Art finden.[3]

Es versteht sich von selbst, daß die vorstehenden Bemerkungen den Gegenstand, den sie behandeln, nur streifen, aber nicht erschöpfen können. Es ist unmöglich, für alle dafür in Betracht zu nehmenden Gesichtspunkte ganz feste Regeln aufzustellen; hier wie bei allen wissenschaftlichen Untersuchungen hängt zuletzt doch das meiste von der Umsicht und dem Takte dessen, der sie anstellt, ab.

Ist nun durch die Stilvergleichung erwiesen worden, daß mehrere Urkunden eines Ausstellers für verschiedene Empfänger, die unter sich nicht in näheren Beziehungen stehen, so daß also nicht die eine aus der anderen geschöpft sein kann, von einem und demselben Verfasser herrühren, so steht damit wohl fest, daß ihre Fassung in der Kanzlei des Ausstellers entstanden ist, aber es läßt sich damit noch nicht un-

---

[1] Von der von Kehr, Urkunden Ottos III. S. 167 N. 3, für die Formel *futuri et praesentes* angeführten Belegen ist DO. II. 53 außerhalb der Kanzlei verfaßt und in junger Abschrift überliefert, vgl. Wibel, NA. 29, 715 N. 1, DO. II. 56[b] Fälschung Schotts, DO. II. 131 in stark überarbeitetem Text überliefert und DO. II. 297 Fälschung aus dem Ende des 11. Jahrh., vgl. NA. 30, 152ff. Es gibt also mit Ausnahme von DO. III. 240 (vgl. die folgende Note) dafür keinen zuverlässigen Beleg vor Heinrich II.

[2] DD. H. II. 98. 100. 115; dazu kommt das von Bloch, NA. 23, 145ff., besprochene, von demselben Verfasser herrührende DO. III. 240.

[3] DD. H. II. 363. 366. 370. 371; vgl. Bloch, NA. 19, 621.

bedingt, wie das bei der Schriftvergleichung möglich ist,[1] die Echtheit der Urkunden selbst und in ihrem ganzen Umfange beweisen. Eine Urkunde, deren Diktat wir auf einen Kanzleischreiber zurückführen können, kann immer noch durch Interpolation oder Auslassung entstellt sein. Daß in ihr nicht ein dem Empfänger unbequemer Satz fortgelassen, daß nicht etwa das Verzeichnis geschenkter Güter im Interesse des Empfängers willkürlich erweitert und gefälscht ist, daß nicht andere Zusätze gemacht sind, die dem Empfänger neue Rechte und Ehren zuweisen, das läßt sich durch die bloße Stilvergleichung niemals erweisen. Es ist also festzuhalten, daß der durch die Stilvergleichung festgestellte Ursprung des Diktats mehrerer Urkunden in der Kanzlei eines Ausstellers zwar für alle mindestens die Benutzung echter Vorlagen, aber nicht unbedingt die vollständige Echtheit selbst erweist.[2]

Wir haben in den vorangehenden Ausführungen besonders darauf hingewiesen, daß es bei Untersuchungen zum Zwecke der Stilvergleichung erforderlich ist, das Individuelle und Persönliche in der Sprache einer Gruppe von Urkunden von dem zu unterscheiden, was zu einer bestimmten Zeit oder in einer bestimmten Kanzlei allgemein üblich oder gar durch Regeln vorgeschrieben war. In dieser Beziehung kommt natürlich in erster Reihe in Betracht, was sich über die Entwickelung der einzelnen Urkundenformeln sowohl des Protokolls wie auch des Kontextes feststellen läßt: wir werden darauf im nächsten Kapitel näher einzugehen haben. Außerdem aber gibt es auch sprachliche Eigentümlichkeiten, die für bestimmte Zeiten charakteristisch sind und die zu diesen Zeiten auf die Gestaltung aller oder doch fast aller Urkundenformeln gleichmäßig einwirken.

Die wichtigste und für die Urkundenlehre beachtenswerteste von diesen Eigentümlichkeiten ist die rhythmische Kadenz der Sätze und vorzüglich der Schlüsse (*clausulae*) von Sätzen oder Satzteilen, das, was man technisch im späteren Mittelalter als C u r s u s bezeichnete.[3] Den

---

[1] S. oben S. 38f.

[2] Vgl. Bloch, NA. 19, 605f. 648 N. 2.

[3] Die grundlegende Untersuchung darüber ist der Aufsatz W. Meyers, Die rnythmische lateinische Prosa, zuerst gedruckt GGA. 1893 n. 1, jetzt in dessen Gesammelten Abhandlungen zur mittellateinischen Rhythmik (Berlin 1905) 2, 236ff. Außerdem vgl. Norden, Gesch. der antiken Kunstprosa 2², 909ff.; Havet, La prose métrique de Symmaque et les origines du cursus (Paris 1892); Valois, Etude sur le rythme des bulles pontificales BEC. 42, 161ff. 257ff.; Couture in der Revue des questions historiques 51 (N. S. 7), 253ff.; Vacandard,

Zusammenhang dieser rhythmischen Kadenz mit älteren Erscheinungen auf dem Gebiete der Metrik zu verfolgen, ist nicht unsere Aufgabe; wir beschränken uns auf die Betrachtung dessen, was für die mittelalterliche Urkundensprache von Bedeutung ist.

Seit dem Anfang des 5. Jahrhunderts läßt sich in der lateinischen Prosa sowohl bei den Schriftstellern wie in Urkunden und Briefen die Beobachtung fester Regeln über die Rhythmik der Satzschlüsse deutlich erkennen. Es kommt dabei nicht sowohl auf die Quantität der Silben, als vielmehr auf die Akzentuation an; und der wichtigste Grundsatz für diese Rhythmik ist der, daß am Ende von Sätzen oder Satzgliedern die beiden letzten betonten Silben durch mindestens zwei, unter Umständen durch drei oder vier unbetonte Silben getrennt werden müssen.[1] Unter den auf Grund dieser Hauptregel möglichen Satzschlüssen sind nun drei die wichtigsten und am meisten bevorzugten:

1. der Satzschluß: ´ ⏑ ~, ~ ~ ´ ~ *epíscopi haberéntur*; *epíscopos non debére.*
2. der Satzschluß: ´ ~, ~ ´ ~ *consecráre deberet*; *ésse non pósse.*
3. der Satzschluß: ´ ~, ~ ´ ⏑ ~ *Christi fidélibus*; *arguménto vel órdine.*[2]

Dazu kommen drei Satzschlüsse freierer Übung, die aber ebenfalls gestattet waren und häufig angewendet wurden, allerdings öfter am Schlusse von Satzteilen (also vor schwachen Interpunktionen) als am Schlusse ganzer Sätze. Es sind dies:

4. der Schluß: ´ ⏑ ~, ´ ~ *cúpidum fécit*; *dícta sunt vére.*
5. der Schluß: ´ ⏑ ~, ´ ⏑ ~ *grátia nóbilis*; *grátus et nóbilis.*
6. der Schluß: ´ ~, ~ ~ ´ ~ *parári debuísset*; *grátus et fidélis.*

Endlich kommen (7.), wenn auch nicht gerade sehr oft, Schlußwörter von mehr als vier Silben vor.

Von den eben entwickelten Regeln über die Satzschlüsse wird seit dem 5. Jahrhundert die Sprache der päpstlichen Kanzlei beherrscht; rhythmische Prosa dieser Art findet sich z. B. sowohl in den Briefen des Papstes Leo I.[3] wie in den meisten Formularen des ältesten Teiles

ebenda 78 (N. S. 34), 59ff. und neuerdings Burdach, SB. der Berliner Akademie 1909 n. XIX mit weiteren Litteraturangaben S. 525 N. 1.

[1] Ein Satzschluß wie *regnáre fáciat* in dem Briefe Leos III. (Alcuini epp. n. 127; MG. Epp. 4 [Kar. 2], 189), in dem zwischen den letzten beiden Tonsilben nur eine unbetonte steht, ist also regelwidrig.

[2] Einsilbige Partikeln wie *vel*, *et*, aber auch einsilbige Worte wie *non* gelten dabei als unbetont.

[3] Vgl. die Analyse eines Briefes Leos bei W. Meyer, Gesammelte Abhandlungen 2, 272ff.

des *Liber diurnus,* der, wie wir gesehen haben,[1] in der päpstlichen Kanzlei als Mustersammlung für die Abfassung von Briefen und Urkunden benutzt wurde,[2] wie auch noch zu Anfang des 6. Jahrhunderts in den Briefen des Papstes Hormisda, die uns in der sog. *Collectio Avellana* erhalten sind.[3] Aber das Gesetz des rhythmischen Satzschlusses hat sich, wenigstens was die Papsturkunden und -briefe angeht, keineswegs dauernd behauptet. Schon im Registrum Gregors I. (590 bis 604) finden sich neben zahlreichen Briefen, die noch rhythmisch korrekt gebaut sind, manche andere, in denen die gröbsten Verstöße gegen die Regeln des Satzschlusses begegnen.[4] Und die Papstbriefe des 9. Jahrhunderts zeigen vollends, daß diese Regeln vergessen waren; wenn auch hier noch mehrfach korrekte Satzschlüsse sich finden, so beruht das zum Teil wenigstens auf Zufall, zum Teil aber darauf, daß ältere Urkundenformeln sich bis in diese Zeit erhalten haben. An eine wirkliche Kenntnis der älteren Regeln und an ihre bewußte Beobachtung ist in dieser Zeit nicht mehr zu denken.

Auch in der fränkischen Reichskanzlei sind die Gesetze des rhythmischen Satzschlusses nicht unbekannt gewesen. Daß sie noch

---

[1] S. oben S. 241ff.

[2] Man vgl. z. B. das Formular n. IX (ed. Sickel S. 8) mit den Clausulae: *desolávit ecclésias — deficiénte remánserit — constríngimur cogitáre — moderámine gubernáte — rapiátur insídiis — córdi consílium — antistítibus gubernándas — prevídimus committéndam — constitúimus ac unítam — póssis exístere — cúra dispónere — auctoritáte licéntiam — animábus invígila — póssis exíbeas*: also neunmal der dritte und fünfmal der erste der obigen Schlüsse. Fehlerhafte Schlüsse sind in diesem Teil des *Liber diurnus* sehr selten; aufgefallen ist mir in n. 15—16 (ed. Sickel S. 12f.) die dreimal, allerdings nur vor schwachen Pausen, begegnende Clausula: *dedicári débeat, necésse fúerit, molestiárum ínferant;* sollten diese beiden Formulare jünger sein?

[3] Vgl. z. B. den Brief des Hormisda n. 202 (Corp. script. eccl. Latin. 35, 2, 661). Ich zähle unter 21 Clausulae 10 nach Schema 3, 6 nach Schema 2, 3 nach Schema 1 und 2 nach Schema 5. Verstöße gegen die rhythmischen Gesetze kommen nicht vor.

[4] Ich gebe nur ein paar herausgegriffene Beispiele. Reg. Greg. 5, 3: *generétur scándalum;* 5, 6: *díu pórto, súbito mórtuus est, magístro scríbere*; 5, 15: *córde hábeas;* 5, 20: *bónae méntis est, idóneus non est, necessitáte pótest, débet dáre;* 5, 45: *rectitúdinem et blandiméntum, dáre stúdeat, maiéstas sólvit, ínter nos páx fúerat, núllo trépidet, auctoritáte ágat, fídem pérdere.* Vgl. etwa noch 3, 33: *cogitántes dícet, temporálem párent;* 4, 10: *súpples* (oder *supplébis*) *stúdio;* 9, 81: *procul dúbio novéritis;* 9, 227: *córdi quíes est, contemplatiónis lévat, quid múlta lóquar, párum lóquor;* 10, 15: *opprêssis débet, núllus pótest, inimícos vívere, ratiónem réddo;* 13, 2: *percussiónem vácat, veritátis plácet, merémur non vúlt irásci, ámmonet ut invocétur, ágros éxeat, damnatiónis párcat;* 14, 4: *méntis írritat;* 14, 10: *núllo módo pátimur.*

in den Formularen Marculfs[1] beachtet werden, ist bereits früher bemerkt worden[2] und leicht zu erkennen;[3] und auch in Königsurkunden des 6. und 7. Jahrhunderts ist ihre Berücksichtigung zu konstatieren.[4] Durch die Vermittlung jener Formulare und der die Regeln beobachtenden Vorurkunden haben sich dann korrekte Satzschlüsse in den fränkischen Diplomen bis ins 8. und 9. Jahrhundert hinein erhalten, aber daß man auch damals noch die Gesetze des Satzschlusses selbst gekannt und mit Bewußtsein befolgt hätte, ist höchst unwahrscheinlich: Urkundenschreiber, die die gute Clausula: *praesentibus et futuris* zu der ganz unkorrekten *tam praesentibus quam et futuris* entstellt haben,[5] können von diesen Gesetzen keine Vorstellung mehr gehabt haben.

Es wird noch weiterer Untersuchung bedürfen, von wo der Anstoß zu neuer Belebung der rhythmischen Gesetze am Ende des 11. Jahrhunderts, der in der päpstlichen Kanzlei erkennbar ist, seinen Ausgang genommen hat.[6] Wir erfahren davon in der Zeit des Papstes Urban II. Als dieser im Jahre 1088 den Mönch von Monte Cassino Johannes von Gaeta, den späteren Papst Gelasius II., an seinen Hof berief und ihn zum Kanzler der römischen Kirche ernannte, erteilte er ihm, wie berichtet wird, den Auftrag, den in Vergessenheit geratenen Leoninischen Cursus in den Urkunden der römischen Kanzlei

[1] S. oben S. 229ff.

[2] Norden, Antike Kunstprosa 2^2, 950.

[3] Vgl. z. B. das Immunitätsformular, Form. Marculfi 1, 4, mit den Schlüssen: *aúre benígna* (2), *ménte perpéndere* (3), *partícipes non negáre* (1), *orácolis confirmáre* (1), *nóstri suggéssit* (2), *emunitáte concessísset* (6), *ingredíre non débeat* (3), *osténdedit relegéndas* (1), *ésse conservátum* (6), *celsitúdinem nóstram* (4), *generáliter confirmáre* (1), *confirmásse cognúscite* (3), *fúit concéssa* (2), *érgo iubémus* (2), *omnímodis conservétur* (1) usw. Unregelmäßig sind nur die Schlüsse *ingredíre non presumátis* und *perpétuo profíciat.* Vgl. auch Havet, Oeuvres 1, 315 N. 2 über Form. Marculfi 1, 1.

[4] Vgl. Havet a. a. O. S. 315 N. 1 über das Edikt Guntchramms, MG. Capitul. 1, 11f., und über das Diplom Dagoberts I. DM. 13. Was im Text gesagt ist, muß auch gegenüber der Bemerkung von Krusch, NA. 29, 250, aufrecht erhalten werden. Auch in dem mit DM. 13 gleichzeitigen Indiculus, MG. SS. Merov. 4, 572, sind die rhythmischen Regeln bei den Hauptschlüssen durchaus beachtet.

[5] DM. 86. DKar. 6 und öfter.

[6] Die Anregung Caspars, NA. 36, 95 N. 1. 91 N. 1, daß der Ursprung der Stilreform in Monte Cassino gesucht werden möge, verdient Beachtung; aber in den beiden Musterbeispielen, die Albericus von Monte Cassino (s. oben S. 248f.) für Kaiser- und Papsturkunden gibt, findet sie kaum einen Anhalt; die Hauptschlüsse des sog. Cursus (s. unten S. 368) fehlen hier fast ganz.

wieder neu zu beleben.[1] Es ist kaum zu bezweifeln, daß dabei ein Anschluß an die rhythmischen Gesetze beabsichtigt war, die, wie wir gesehen haben, in den Briefen des Papstes Leo I. beobachtet wurden;[2] aber freilich befolgte die päpstliche Kanzlei diese Gesetze nicht ohne gewisse Veränderungen, von denen eine sogar dem eigentlichen Grundgesetz der Prosarhythmik durchaus zuwiderlief.[3] So gestaltete sich schon im 12. Jahrhundert die Sprache der Papsturkunden rhythmisch; dem Cursus zuliebe erlitten selbst die üblichen Formeln gewisse Umwandlungen; und wenigstens seit der Mitte des Jahrhunderts wird die häufige Vernachlässigung seiner Regeln geradezu als ein gewichtiger Verdachtsgrund gegen die Echtheit eines päpstlichen Briefes angesehen werden können.[4] Wir hören sogar, daß die päpstliche Kanzlei sie noch unter Lucius III. geheim gehalten habe, um sie als ein Mittel zur Erkennung von Fälschungen verwerten zu können.[5]

Die Theorie des Cursus, wie sie sich in der päpstlichen Kanzlei gestaltet hatte, hat dann zuerst gleichsam offiziell Albertus de Morra, der von 1178—1187 als Kardinalpriester vom Titel S. Laurentii in Lucina Kanzler des römischen Stuhles unter den Päpsten

---

[1] Liber pontif. ed. Duchesne 2, 311: *Tunc papa litteratissimus et facundus fratrem Iohannem, virum utique sapientem ac providum ... admovit suumque cancellarium ... constituit, ut per eloquentiam sibi a domino traditam antiqui leporis et elegantiae stilum in sede Romana iam pene omnem deperditum ... reformaret ac Leoninum cursum lucida velocitate reduceret.* Duchesne, BEC. 50, 161ff., hat zuerst auf diese wichtige Stelle aufmerksam gemacht; vgl. dazu Caspar, NA. 36, 95f., und über die Zeit der Berufung Bd. 1, 239 N. 6.

[2] Wenn W. Meyer a. a. O. S. 267 gegen diese Annahme das Bedenken äußert, daß die Leoninischen Hexameter nicht nach Leo I. benannt sein können, weil Leo I., soviel wir wissen, keine Verse gemacht hat, so möchte ich dies Bedenken nicht als ausschlaggebend anerkennen. Es ist doch nicht nötig anzunehmen, daß die Leoninischen Hexameter nach demselben Leo genannt seien wie der Cursus Leoninus. Vgl. auch Norden, Geschichte der antiken Kunstprosa 2[2], 865 N. 1.

[3] S. unten S. 367 N. 3.

[4] So hat bereits Valois mit Recht darauf aufmerksam gemacht, daß in dem berufenen Schreiben Hadrians IV. vom 19. März 1158 (Jaffé-L. 10393) schon die Vernachlässigung der Regeln des Cursus die Annahme der Echtheit ausschließt. Zu einem anderen, gleichfalls unechten Briefe desselben Papstes (Jaffé-L. 10575) vgl. Scheffer-Boichorst, Gesammelte Schriften 1, 234f.

[5] Das sagt Petrus von Blois, der es wissen konnte, in einer von Langlois (Notices et extraits 34, 2, 26) mitgeteilten Stelle seines Libellus de arte dictandi rhetorice: *De distinccionum fine sive terminacione, que cadencia nuncupatur. Huiusmodi fines vocant notarii Romane curie cadencias, quas velut sanctuaria celantes nulli volunt penitus revelare; per illas enim suas literas ab adulterinis discernunt.*

Alexander III., Lucius III. und Urban III. war und demnächst unter dem Namen Gregor VIII. ihr Nachfolger auf dem päpstlichen Thron wurde, in einer eigenen, jedenfalls noch während seiner Amtszeit in der Kanzlei abgefaßten Abhandlung dargelegt, die unter dem Titel *Forma dictandi, quam Rome notarios instituit magister Albertus qui et Gregorius VIII. papa* handschriftlich überliefert ist.[1] Danach ist sie auseinandergesetzt in einer *Summa dictaminis*,[2] die handschriftlich in mehreren späteren Bearbeitungen vorliegt, von deren ältester Redaktion aber ein Fragment, eben das, welches den Cursus behandelt, in derselben Handschrift, der wir die *Forma dictandi* Gregors VIII. verdanken, dieser unmittelbar angefügt ist; ihr Verfasser ist ein Magister Transmundus, wahrscheinlich derselbe, der, während Albert von Morra Kanzler war, eine Zeitlang, vom Dezember 1185 bis zum März 1186 als stellvertretender Datar fungierte[3] und zu den Notaren der römischen Kurie gehörte. Um die Mitte des 13. Jahrhunderts hat dann der päpstliche Abbreviator Richard von Pofi, von dessen Formularsammlung wir früher sprachen,[4] die Theorie des Cursus kurz wiederholt, und sie ist nun auch von anderen Lehrern der *Ars dictandi*, Guido von Orléans, Laurentius von Rom, Pontius von der Provence behandelt worden; auch die wahrscheinlich am Ausgang des 13. Jahrhunderts an der Pariser Schule entstandene Poetria des Magisters Johannes Anglicus widmet ihr einen kurzen Abschnitt, der im Druck vorliegt.[5]

Die Hauptsätze dieser Theorie des Cursus lassen sich folgendermaßen wiedergeben. Jedes zweisilbige Wort wird als Spondeus, jedes einsilbige als Halb-Spondeus bezeichnet. Ein dreisilbiges Wort wird Daktylus genannt, wenn es kurze Paenultima, also den Ton auf der Antepaenultima hat; bei langer und deshalb betonter Paenultima besteht es aus anderthalb Spondeen. Mehrsilbige Worte sind entweder nur aus Spondeen und Halb-Spondeen, oder aus einem Daktylus und Spondeen oder Halb-Spondeen zusammengesetzt, je nachdem sie den

---

[1] Es ist die Handschrift Ms. lat. n. 2820 der Pariser Nationalbibliothek, wo auf f. 58 nach Valois, BEC. 42, 167 (gegen Pertz, Arch. der Ges. 7, 43), von einer Hand des 12. Jahrhunderts die Abhandlung eingetragen ist.

[2] Valois S. 168ff.

[3] S. Bd. 1, 247.

[4] S. oben S. 265ff. Richard verlangt, daß der *solitus et ordinarius cursus in fine quarumlibet clausularum* befolgt werde. Die Stelle ist abgedruckt in den SB. der Münchener Akademie 1892 S. 508.

[5] QE. 9, 501.

Ton auf der Paenultima oder auf der Antepaenultima haben.[1] Nun stellt Gregor VIII. für den Anfang, für die Mitte und für das Ende des Satzes verschiedene Regeln auf.

Zu Anfang des Satzes können mehrere Spondeen stehen. Ein Daktylus darf als erstes Wort des Satzes nur gebraucht werden, wenn auf ihn mehrere Spondeen folgen, als zweites Wort nur dann, wenn ein Spondeus oder anderthalb Spondeen vorangehen. Fehlerhaft ist die Anwendung mehrerer Daktylen hintereinander; nicht empfehlenswert die Anwendung eines Daktylus zu Anfang eines Satzteiles nach einer stärkeren Interpunktion.[2]

In der Mitte des Satzes ist eine angemessene Mischung von Dactylen und Spondeen anzuempfehlen. Allgemeine Übereinstimmung besteht darüber, daß zwei Daktylen niemals unmittelbar aufeinander folgen dürfen. Dagegen dürfen bis zu fünf Spondeen hintereinander verwandt werden, während die unmittelbare Aufeinanderfolge einer größeren Zahl von Spondeen von einem eleganten Stilisten vermieden werden soll. Wie im einzelnen die Mischung erfolgen soll, darüber gehen die Vorschriften der späteren Theoretiker auseinander.

Am wichtigsten aber sind die Regeln, die für das Ende von Sätzen oder größeren Satzteilen gelten. Am Schluß eines Satzes läßt Gregor VIII. nur zwei Endungen zu: entweder zwei Spondeen, denen ein Daktylus vorangeht,[3] oder ein Wort von anderthalb Spondeen, dem

[1] Demnach sind also, im Sinne der Theoretiker des Cursus, *et, cum, per* usw. Halb-Spondeen, *bonus, mihi, auctor* usw. Spondeen, *gratia, dominus, liberos* usw. Daktylen. *Liberaliter* besteht aus einem Spondeus und einem Daktylus, *domi nationem* aus drei Spondeen, *inimicitiae* aus anderthalb Spondeen und einem Daktylus usw.

[2] Gute Satzanfänge sind also: *fidem suam suspectam reddit; deus omnium; magister militum; dominus et magister noster Iesus Christus.* Fehlerhaft ist: *negligens famulus aliquis.* Gut ist: *impudicae matris nequitia corrumpit filiam; et vix potest pudicam facere, quam habuit impudica;* nicht empfehlenswert würde das zweite Satzglied sein, wenn es lautete: *poterit enim vix facere pudicam, quam habuit impudica.* — Spätere Theoretiker gehen noch weiter und verwerfen überhaupt Daktylen an den Satzanfängen; Pontius von der Provence läßt nur gewisse daktylische Konjunktionen, wie *itaque, igitur, insuper* usw., am Satzanfang zu und schreibt vor, daß, wenn ein Satz mit einem Daktylus endet, der folgende unter allen Umständen mit mehreren Spondeen anfangen muß.

[3] *gaudia pervenire; agere nimis dure; sufficiant ad volatum.* — Das ist also der erste von den oben S. 362 aufgezählten Satzschlüssen. Aber indem am Ende des Satzes auch zwei zweisilbige Worte (*nimis dure*) zugelassen werden, wird gegen die Grundregel der Prosarhythmik, daß zwischen den beiden letzten betonten Silben mehr als eine unbetonte stehen muß, gröblich verstoßen. Trotzdem hat sich auch diese Schlußform völlig eingebürgert.

anderthalb oder zwei Spondeen vorangehen.[1] Die erste dieser Endungen wird als *cursus velox*, die zweite als *cursus planus* bezeichnet; zu beiden fügte Transmundus eine dritte hinzu, die man *cursus tardus* (*ecclesiasticus, durus*) nannte: am Schluß des Satzes steht ein Daktylus, davor ein halber Spondeus, dem mindestens noch ein Spondeus, in der Regel mehrere vorangehen.[2] Für das Ende ganzer Sätze wird der *cursus velox* am meisten empfohlen, neben ihm der *cursus planus* zugelassen, während der *cursus tardus* meistens dem Ende von Satzteilen zugewiesen wird. Endlich empfehlen verschiedene Diktatoren für das Ende des Satzes auch ein vielsilbiges spondeisches Wort.[3]

In der Praxis wurden in der päpstlichen Kanzlei weniger die für den Anfang und die Mitte als die für das Ende der Sätze und Satzteile aufgestellten Regeln beobachtet. Nachdem dann die theoretischen Gesetze des Albert von Morra und des Transmund formuliert und den Notaren im Laufe der nächsten Jahre immer mehr geläufig geworden waren, sind sie im 13. Jahrhundert bis zur Thronbesteigung Nikolaus' IV. so konsequent beobachtet worden, daß am Schluß ganzer Sätze Endungen, die nicht einem der drei Cursus entsprechen, kaum vorkommen, daß sie auch am Schluß größerer Satzteile nicht häufig sind, und daß alle stehenden Formeln diesen Gesetzen entsprechend gestaltet werden. In dieser Zeit kann also, wie bereits angedeutet ist,[4] der Cursus geradezu ein Hilfsmittel der Kritik werden; er kann zur Verbesserung fehlerhaft überlieferter Texte wertvolle Anhaltspunkte geben; und häufige Vernachlässigung seiner Gesetze wird als ein gewichtiger Verdachtsgrund gegen die Echtheit eines päpstlichen Briefes angesehen werden können.[5] Seit dem Schluß des 13. Jahrhunderts tritt dann eine rückläufige Bewegung ein; die Gesetze des Cursus werden mit der Zeit in immer zunehmendem Maße vernachlässigt,

---

[1] *audiri compellunt; confidenter audebo.* — Die letzten anderthalb Spondeen können auch aus zwei Worten bestehen: *prudenter et caute.* Auch können vor den letzten anderthalb Spondeen Worte von mehr als zwei Spondeen stehen: *intemerata vigorem, iucunditate letamur, iurisdictionis apparent* usw. Das ist also der zweite der oben S. 362 verzeichneten Schlüsse.

[2] *facta dirigentur in exitus; ille certe videtur operari iustitiam.* Das ist also der dritte Schluß der Aufzählung S. 362.

[3] *eorum compositioni; vinculo excommunicationis.* Diese Fälle gehören zum siebenten der oben S. 362 aufgezählten Schlüsse.

[4] S. oben S. 365.

[5] In der Zeit von Innocenz III. bis Honorius IV. will Valois so weit gehen, jeden Brief, in dem auch nur ein Satz fehlerhaft schließt, als verdächtig zu betrachten.

bis mit dem Schluß des Mittelalters ihre Kenntnis gänzlich verschwindet.

Diese Kenntnis ist aber keineswegs auf die päpstliche Kanzlei beschränkt geblieben, vielmehr hat sie sich seit der theoretischen Formulierung jener Regeln durch Gregor VIII. und ihrer weiteren Ausbildung durch zahlreiche Diktatoren über das ganze christliche Europa verbreitet. Wie in der ersten Hälfte des 13. Jahrhunderts der Magister Ludolf, Notar Bischof Konrads II. von Hildesheim, die Anwendung des Cursus in allen Briefen verlangt,[1] so bezeugt in der zweiten Hälfte desselben Johannes Anglicus, daß die Gesetze des Cursus — des Stilus Gregorianus, wie er ihn mit Rücksicht auf Gregor VIII. nicht unpassend nennt — in der Kanzlei des Papstes, der Kardinäle, Erzbischöfe, Bischöfe und an einigen anderen Höfen beobachtet würden.[2]

In der deutschen Reichskanzlei finden sich schon im 12. Jahrhundert[3] einzelne Spuren von seiner Kenntnis,[4] aber von einer konsequent durchgeführten Beobachtung seiner Regeln kann keine Rede sein; manche Kanzleibeamte, so z. B. ein in den ersten Jahrzehnten Friedrichs I. vielbeschäftigter Diktator, der Wendungen wie *successura posteritas, insigniri iussimus* am Satzschluß gebraucht,[5] aus denen sich durch einfachste Änderung der Wortstellung der *cursus velox* hätte herstellen lassen, können die rhythmischen Gesetze kaum gekannt haben, und auch solche Urkunden, die in einigen Satzschlüssen den Vorschriften des Cursus folgen, weichen in anderen wieder so auf-

[1] QE. 9, 370f. Schon vor ihm, aber kürzer, macht der Verfasser der sächsischen *Summa prosarum*, QE. 9, 213, alle Diktatoren auf den Cursus, den er *stilus Romanus* nennt, aufmerksam. Dagegen hat Buoncompagno (s. oben S. 259) gegen die Anwendung des Cursus heftig polemisiert; vgl. das von Schönbach, SB. der Wiener Akademie 145 (1902) n. IX S. 80, mitgeteilte Stück aus der *Rhetorica antiqua*. Dessen ungeachtet befolgt er selbst in seinen eigenen Schriften sehr oft die Gesetze des Cursus.

[2] QE. 9, 501.

[3] Wenn Erben, UL. S. 291 N. 4, schon in den Diktaten des Heribert A unter Otto III. bewußte Anwendung des Cursus, der damals in Rom nicht bekannt war, erkennen will, so kann ich dem nicht folgen. Einzelne Beispiele des *cursus velox* in seinen Urkunden können dafür nichts beweisen, sie werden, da neben ihnen immer fehlerhafte Schlüsse in größerer Zahl begegnen, ebenso auf Zufall beruhen wie vereinzelte Reime, die nicht zur Annahme beabsichtigter Reimprosa berechtigen.

[4] Vgl. was Curschmann, NA. 28, 430, nach meinen Beobachtungen über St. 3575. 4282 ausgeführt hat.

[5] St. 3753; vgl. über diesen Diktator Erben, Das Privilegium Friedrichs I. für das Herzogtum Österreich S. 5ff.

fallend ab, daß man den Zweifel daran, ob jene korrekten Schlüsse nicht bloß auf Zufall beruhen, schwer unterdrücken kann.[1]

Anders verhielt sich die sizilianische Kanzlei des 12. Jahrhunderts. Daß auf ihr Urkundenwesen überhaupt das der Päpste starken Einfluß ausgeübt hat, werden wir später noch öfter zu konstatieren haben; so befremdet es nicht, daß etwa seit der Zeit König Wilhelms II. der Cursus in den Diplomen und Mandaten Siziliens zur Herrschaft gelangt und in denen Tankreds und Konstanzens ebenso regelmäßig wie in denen der Päpste angewandt wird.[2] Daß die sizilianische Kanzlei Friedrichs II. sich diesem Brauche vollkommen angeschlossen hat, ist selbstverständlich, und von Sizilien aus ist der Cursus auch in die Urkunden der Reichskanzlei eingedrungen, wo er schon unter Heinrich VI. öfter begegnet und seit den späteren Jahren Friedrichs II. die volle Herrschaft gewonnen hat.[3]

---

[1] Das gilt vielleicht auch von den beiden Diplomen Friedrichs I. St. 4088 und St. 4312, die Erben, UL. S. 291 N. 4, als Beispiele für Beobachtung der Cursusregeln anführt. Liest man in St. 4088 ⟨*communiri*⟩ *precépimus* ⟨*et*⟩ *roborári*, in St. 4312 ⟨*roborandam*⟩ *dúximus* ⟨*et*⟩ *confirmándam*, und erwägt man, daß beide Male durch Fortlassung der von mir eingeklammerten, für den Sinn keineswegs erforderlichen Worte statt der inkorrekten Satzschlüsse *cursus velox* erzielt worden wäre, so wird man auch hier zweifeln können, ob bei den zahlreichen korrekten Schlüssen jener Diplome die Beobachtung der rhythmischen Gesetze wirklich beabsichtigt war. In St. 4205 wird der Cursus des Schlußsatzes, der übrigens, wenn wir den überlieferten Text beibehalten, nicht streng durchgeführt ist, auf sizilianischen Einfluß zurückgehen, vgl. NA. 27, 762 N. 1.

[2] Vgl. K. A. Kehr, Die Urkunden der normannisch-sizilianischen Könige S. 243 mit N. 1. Eigene Nachprüfung hat die Angaben Kehrs durchaus bestätigt.

[3] Man vergleiche eine Urkunde wie Winkelmann, Acta 1, 329 n. 373, vom Jahre 1243 mit den Schlüssen von Sätzen und Satzteilen: 329, Z. 25 *infidélium ad fidéles* — 27 *fidélium ampliátur* — *récipit increméntum* — 28 *hóstium vicinórum* — 29 *humíliter supplicárint* — 30 *exímere dignarémur* — 31 *império teneántur* — 33 *subícere deberémus* — 35 *benígnius inclináti* — 38 *in áliquo teneántur* — 43 *débeant respondére* — 330, 5 *rebéllibus tenebántur* — 9 *plénius consulátur* — 10 *fírmiter statuéntes* — 13 *veníre presúmat* — 15 *iniúriam applicánda* — 17 *iússimus communíri*. Die durchgänge Anwendung des *cursus velox* ist unverkennbar; nur einmal kommt *cursus planus* vor (*venire presumat*); kein Satzschluß des Kontextes verstößt gegen die Regeln des Cursus. — Oder den folgenden Erlaß Winkelmann, Acta 1, 330 n. 374: S. 330, 45 *dilúcide demonstrárunt* (beachte die des Cursus wegen nötige Elision wie oben bei *humíliter supplicárint*) — 331, 1 *témpora longióra* — 3 *recíperet successórem* — 5 *dúximus liberándos* — 7 *notítiam sunt perláta* — 11 *nóminis revocávit* — 12 *émulum pácis nóstre* — 14 *pródiit tossicáta* — 15 *déditos invocámus* — 16 *partícipes indeféssos* — *propénsius exortámur* — 19 *cúlminis, confundántur* —

Von dem *stilus Gregorianus*, also der rhythmisch kadenzierten Prosa, unterscheidet Johannes Anglicus neben zwei anderen Stilarten,[1] deren eine wir schon beiläufig berührt haben, während die andere für uns nicht in Betracht kommt, den *stilus Isidorianus*, als dessen Muster er die auch unter dem Titel *Soliloquia* bekannte Schrift Isidors von Sevilla über die Synonyma bezeichnet, obwohl das, was nach der Definition des Johannes diese Stilart charakterisiert, nämlich die Reimprosa, in jener Schrift keineswegs konsequent durchgeführt ist.

Daß die Reimprosa[2] bei der großen Beliebtheit, deren sie sich im 10. und 11. Jahrhundert erfreute und bei der häufigen Anwendung, die sie in historischen Schriften und anderen litterarischen Denkmälern fand, auch in die Urkundensprache eindrang, kann in keiner Weise wundernehmen.[3] Nur muß man sich hüten, aus jedem

---

20 *beneficia pleniόra* — 23 *efficáciter quam libénter* — 26 *grátiam inducámur.* Durchweg *cursus velox.* Geradezu verlangt wird die Beobachtung des *cursus debitus et ordinatus* in der für die Reichskanzlei bestimmten, aus der Zeit Albrechts I. stammenden *Summa curiae regis* (Archiv für Österreich. Gesch. 14, 317), in deren Formularen sich denn auch fast durchweg der *cursus velox* eingehalten zeigt. Ebenso ist z. B. in den Proverbia, die der Verfasser des Baumgartenberger Formularbuches zum Schmuck der Urkunden zusammenstellt (ed. Bärwald S. 104ff.), der *cursus velox* derart beobachtet, daß von 60 Sätzen nur drei einen seinen Regeln nicht entsprechenden Schluß zeigen.

[1] Dem *stilus Tullianus*, bei dem es nicht auf Rhythmus, sondern auf *dictionum et sententiarum coloratio* ankommt (s. oben S. 359), und dem *stilus Hilarianus*, einer Spielerei, dem Bau eines ganzen Briefes nach dem Muster des hilarianischen Hymnus *Primo dierum omnium* — *quo mundus extat conditus*, vgl. QE. 9, 501; Valois, BEC. 42, 186.

[2] Mit ihr wird sich demnächst ein Buch von Karl Polheim beschäftigen, von dem mir während der Korrektur dieses Bogens eine nicht im Buchhandel befindliche Teilausgabe der drei ersten Kapitel und Korrekturbogen des vierten, die Reimprosa in den Urkunden behandelnden Kapitels durch die Freundlichkeit des Verfassers zugegangen sind. In der Annahme bewußter oder beabsichtigter Reimprosa geht Polheim mehrfach weiter, als ich nach den folgenden Darlegungen für geraten oder gestattet halte.

[3] Am wenigsten darf man daraus mit v. Buchwald S. 44f. auf „Sangbarkeit der Urkunden" und gar darauf schließen, „daß im 12. Jahrhundert in Norddeutschland die Urkunde schwerlich gesprochen, sondern rezitativisch gesungen sei, wie das in der Kirche üblich ist." Für diesen seltsamen Einfall läßt sich nicht das geringste anführen. Denn was v. Buchwald über das Vorkommen von Akzenten in den Urkunden oder die Verbindung von c und t durch eine „wellenförmige Ligatur" bemerkt, wird doch niemand, der etwas von Palaeographie versteht, als eine Stütze jener Ansicht betrachten; und wenn die Reime an und für sich in dieser Hinsicht etwas bewiesen, so müßten auch die Annal. Altahenses und die Komödien der Roswitha, um nur an diese beiden Werke zu erinnern, zum Singen bestimmt gewesen sein. Gegen Buch-

Vorkommen von Reimen in Urkunden auf gewollte Reimprosa zu schließen.[1] Denn da in der lateinischen Sprache die gleichen Kasus regelmäßig die gleichen Endungen haben, also z. B. alle Maskulina der zweiten Deklination im Genitiv Pluralis auf *orum* endigen, so müssen notwendig, so oft mehrere derartige Formen nebeneinander vorkommen, Reime entstehen; gewiß aber haben die Diktatoren der Reichskanzlei, die etwa niederschrieben: *interventu fidelium nostrorum N. et N. venerabilium episcoporum* zumeist nicht im entferntesten beabsichtigt, sich der Reimprosa zu bedienen. Von Reimprosa kann nach der Natur der Sache, nach dem, was wir aus den in Reimprosa abgefaßten Litteraturdenkmälern folgern, und nach dem ausdrücklichen Zeugnis des Johannes Anglicus[2] zunächst nur da die Rede sein, wo die Reime sich am Schluß von Sätzen oder zueinander in Parallelismus stehenden Satzteilen finden. Aber auch ihr Vorkommen an dieser Stelle läßt, wenn es vereinzelt bleibt, noch keineswegs immer auf beabsichtigte Reimprosa schließen. Namentlich in gewissen Formeln, die aus zwei oder mehreren Gliedern bestehen, wie das in Urkunden so oft der Fall ist, war der Reim schwer zu vermeiden. Ein Diktator, der etwa eine Arenga wie diese schrieb: *si petitionibus fidelium nostrorum annuerimus — non solum regium morem decenter implemus — verum etiam eosdem ad servitium promptiores efficimus,* oder eine Promulgatio wie diese: *notum sit igitur omnibus fidelibus nostris — praesentibus scilicet ac futuris*, oder eine Corroboratio wie diese: *quod ut verius credatur — diligentiusque ab omnibus observetur*[3] mag die Reime, die er niederschrieb, gehört und nicht vermieden haben, aber er hat gewiß nicht — was bei wirklicher Reimprosa der Fall ist — seinen Sätzen um der Reime willen diese Gestalt gegeben. Ich spreche demnach von beabsichtigter Reimprosa erst da, wo entweder die Reime am

---

WALDS Einfall aber spricht einfach die Tatsache, daß in unseren Quellen hundert und aber hundert mal vom Verlesen, aber nie vom Singen der Urkunden die Rede ist.

[1] Auch in dieser Beziehung ist v. BUCHWALD weit über das Ziel hinausgeschossen. Wenn er z. B. S. 45 einen Satz wie diesen: *quod nostri ministeriales—de Medeheim et res fratres* als „Knittelverse" bezeichnet, oder S. 34 in einer Pertinenzformel wie diese *sive in villis sive in agris sive de silvis extirpandis* Reimprosa erblicken will, so verkennt er einfach das Wesen dieser Redeweise — von Seltsamkeiten wie dem Tunreim *donari* und dem Tatenreim *neglectionem* (S. 34) und dgl. mehr ganz zu schweigen.

[2] QE. 9, 502: *in stilo Ysidoriano . . . distinguuntur clausule similem habentes finem secundum leoninitatem vel consonantiam.*

[3] POLHEIM S. 90f. will auch in der Korroborationsformel Reimprosa in weiterem Umfang annehmen, als ich zugeben kann.

Schluß von Sätzen oder Satzteilen sich durch größere Partien der Urkunden hindurchziehen, oder wo sie an bestimmten Stellen der Urkunden einer Kanzlei während eines gewissen Zeitraums regelmäßig oder wenigstens sehr häufig vorkommen, oder endlich da, wo das Streben, Reimworte an das Ende von Sätzen oder Satzteilen zu bringen, sich durch Abweichungen von der gewöhnlichen Ausdrucksweise, Formulierung und Wortstellung verrät.

Legt man diese Beschränkung zugrunde, so finden sich in älterer Zeit, bis ins 10. Jahrhundert, höchstens ganz vereinzelte Beispiele von beabsichtigten Reimen und diese nur in Privaturkunden.[1] Erst im 10. Jahrhundert werden sie dann in verschiedenen Gegenden häufiger,[2] bleiben aber zumeist noch auf Privaturkunden beschränkt;[3] es kann geradezu als Anzeichen, daß eine Urkunde Ottos I. außerhalb der Kanzlei entstanden ist, angesehen werden, wenn sie eine offenbar mit Absicht gereimte Arenga aufweist.[4] Unter Otto III. lassen sich in einzelnen Kanzleidiktaten gereimte Arengen nachweisen,[5] und unter Heinrich II. hat besonders ein niederlothringischer Notar (BA), der freilich nur kurze Zeit in der Kanzlei tätig war, von der Reimprosa ausgedehnten Gebrauch gemacht, die sich bei ihm nicht bloß in den Arengen, sondern auch in anderen Teilen der Urkunden findet;[6] Arengen, bei denen man an beabsichtigte Reime denken muß, kommen

---

[1] Vgl. Redlich, MIÖG. 5, 48; Polheim S. 103ff.

[2] Beispiele bei Ficker, SB. der Wiener Akademie 73, 200; Polheim a. a. O.

[3] Sickel, KUiA. Text S. 160, macht auf zwei Diplome Lothars II., Mühlbacher, Reg.[2] 1319 und 1323, aufmerksam, in denen sich einige Reime finden. In dem letzteren hat in der Tat die Arenga am Anfang und am Ende Reime, die beabsichtigt zu sein scheinen, während ich bezweifle, ob das auch von dem einen Reimpaar der Arenga des ersteren Diploms gilt und noch weniger in seiner von Polheim S. 96 angezogenen, ganz gewöhnlichen Korroborationsformel Reimprosa erkennen möchte.

[4] DO. I. 11.

[5] Von den Beispielen gereimter Arengen aus der Zeit Ottos III., die Kehr, Die Urkunden Ottos III. S. 167 N. 1 und Erben, UL. S. 291 N. 1 (vgl. auch Polheim S. 98f.), anführen, kann ich nur die DD. O. III. 60 (Diktat des HA?), 164 (Diktat des HG), 237 (von einem Hilfsschreiber) und 315. 387 (von Heribert C) als sicher hierher gehörig anerkennen. In DO. III. 330. 399 ist Reimprosa kaum anzunehmen. — Sehr merkwürdig ist aber die Urkunde von 1002 für S. Maria di Prataglia, DO. III. 423 (wiederholt in St. 2317), die zwar keine Reimprosa aufweist, deren Arenga aber aus drei Hexametern besteht: *Si precibus Christo famulantum nostra potestas Annuat, hinc nobis victoria celitus aucta Corporis atque salus animę quoque gaudia crescent.* In der Ausgabe ist das nicht angemerkt.

[6] Vgl. DD. H. II. 98. 99. 100. 102. 504.

unter Heinrich aber auch sonst, wenn auch nicht eben häufig vor.[1] In den Urkunden Konrads II. ist Reimprosa nicht so sicher nachzuweisen;[2] jedenfalls war ihre Anwendung eingeschränkter als unter dem Vorgänger; und erst unter Heinrich III. gewann sie größere Bedeutung für die Urkunden der Reichskanzlei. Wir finden sie in ausgeprägter Gestalt nicht nur in zwei Urkunden für Kloster Niederaltaich, die im Kloster selbst entstanden sind, wo diese Redeweise bekanntlich besonders gepflegt wurde,[3] sondern auch in einer Urkunde für Trier,[4] die von einem Kanzleinotar geschrieben ist, und in einer anderen für Besançon,[5] deren Ursprung in der Kanzlei wenigstens nicht bestimmt geleugnet werden kann, sind größere Partien in sichtlich gewollter Reimprosa abgefaßt; vor allem aber zeigt sich ihre Beliebtheit darin, daß jetzt die Arengen zu gewissen Zeiten sehr häufig nicht nur in einem, sondern in zwei und selbst in drei Reimpaaren abgefaßt sind, so daß an beabsichtigtem Gebrauch dieser Kunstprosa hier nicht gezweifelt werden kann.[6] Auch unter Heinrich IV. verschwindet sie nicht aus den Urkunden; ein schon oben[7] erwähnter Beamter seiner Kanzlei hat nicht selten von ihr Gebrauch gemacht; doch tritt die Reimprosa weder unter ihm noch unter seinen Nachfolgern, unter denen sie sich noch bis ins 12. und vereinzelt bis ins 13. Jahrhundert nachweisen läßt,[8] so bedeutsam hervor, wie das in der Zeit des zweiten salischen

[1] Vgl. z. B. außer dem auch sonst vielfach eigentümlich gestalteten DH. II. 34, in dem sich Reime durch den ganzen Text durchziehen, die DD. H. II. 408. 445. 486.

[2] Man vgl. etwa die Arengen der DD. K. II. 81. 82. 84. 205. 218. 229, in denen sich Reime finden, aber nicht in sehr ausgeprägter und regelmäßiger Art. In den von Polheim S. 99 angeführten DD. K. II. 198. 201 tritt die Reimprosa fast noch weniger deutlich hervor.

[3] St. 2161. 2346. Vgl. Bresslau, Jahrb. Konrads II. 2, 432 N. 1. Gerade St. 2346 zeigt sehr deutlich, wie um der Reimprosa willen abweichende Formen und Wortstellungen gewählt sind.

[4] St. 2281.

[5] St. 2273.

[6] Vgl. z. B. St. 2175. 2178. 2179. 2182. 2185. 2187. 2188. 2211. 2214. 2243. 2248. 2281. 2291. 2294. 2307. 2367. 2378. 2414. 2415. 2423. 2487. Mehrfach zeigt hier auch die Wortstellung, daß es sich um beabsichtigte Reime handelt, vgl. z. B. St. 2231. 2245; drei Reimpaare mit gekreuzten Reimen hat St. 2437. Die Arenga von St. 2372 vgl. man mit der von DO. III. 121, um die beabsichtigten Reime zu erkennen. Aber auch wo nur ein Reimpaar vorhanden ist, tritt die Absicht zu reimen in dieser Zeit bisweilen durch die Wortstellung oder die Wahl der Ausdrücke deutlich hervor.

[7] S. 359 N. 3.

[8] Einige Beispiele gibt Erben, UL. S. 291 N. 2; vgl. außerdem Ficker, SB. der Wiener Akademie 73, 202; BzU. 2, 494; Polheim S. 100ff.

Herrschers der Fall ist. In Unteritalien ist die Reimprosa in der sizilianischen Kanzlei wenig angewandt worden;[1] und auch in der päpstlichen Kanzlei hat sie niemals rechten Eingang gefunden.[2]

Dagegen hat man in anderen Urkunden im 11. und mehr noch im 12. Jahrhundert allerdings sehr ausgedehnten Gebrauch von Reimprosa und gereimten Versen gemacht. Finden wir in Südfrankreich im 11. Jahrhundert Arengen, die man als vollständige Gedichte bezeichnen kann,[3] so lieben es in Italien[4] besonders die gebildeten Notare und Richter ihren Unterschriften eine versifizierte Form zu geben.[5] So unterschreibt im 11. Jahrhundert Nordilus, ein Missus der Markgräfin Beatrix von Tuscien, mit leoninischen Herametern: *Addo fidem dictis scribens ego Nordilus istis,* oder: *Nordilus haec laudat, quae presens*

---

[1] Vgl. K. A. Kehr S. 243; doch vgl. dazu Polheim S. 129.

[2] Ein Beispiel von 1066 (Jaffé-L. 4953) mit gereimter Sanctio führt Ficker a. a. O. S. 200 an. Ein anderes ist Jaffé-L. 4149 (Clemens II. für Bamberg von 1047). Gereimt ist auch die Arenga von Jaffé-L. 4158 (1049). Polheim S. 130ff. will auch in der päpstlichen Kanzlei ausgedehnteren Gebrauch der Reimprosa annehmen.

[3] Eine Arenga von 27 Versen hat die Urkunde des Bonifacius von Reillane, Cart. de St. Victor 1, 419 n. 414. Mit einem Gedicht von 54 Versen beginnt 1038 eine Urkunde des Erzbischofs Peter von Aix (ebenda 1, 311 n. 293), und dasselbe Gedicht, durch Weglassung von zwei und Einschiebung von elf anderen Versen etwas modifiziert, findet sich in einer Urkunde Erzbischof Raimbalds von Arles von c. 1040, ebenda 1, 411 n. 407. Besonders interessant sind Verse aus Apt in einer ungenügend datierten Urkunde Gallia christiana 1, c. 73 (vgl. dazu jetzt auch Polheim S. 126 N. 1):

Facta est haec donatio
In Aptae diversorio
Sexta luce sub Iulio
Regnante Christo domino.
Rostagnus est signaculum,
Qui fecit hoc propatulum,
Mensura dat tetrametrum,
Scriptorem autem Fredolum.

Zahlreiche Beispiele für Reimprosa und Verse in französischen Urkunden bringt Giry S. 450ff.; vgl. auch Erben S. 290 und Polheim S. 124ff.

[4] In Deutschland ist ähnliches ganz selten. Doch findet sich in einer Unterschrift der Urkunde Heinrichs von Würzburg (DH. II. 174[a]) ein leoninischer Hexameter: (*Azzo*) *presbyter indignus subscripsi corde benignus.*

[5] Gelegentlich unterschreibt sich auch wohl ein Bischof mit einem schlechten Vers, so etwa 1032 Hugo von Parma (Affò 2, 304): *Res sit ut haec firma, feci presentia signa.* Vgl. in Parma 1081: *Quod probat hic ordo, confirmat acolithus Oddo;* Affò 2, 338.

cartula monstrat;[1] ähnliche Verse finden sich dann im 12. Jahrhundert sehr häufig, So heißt es 1112 in Lucca: *Iudicis est signum Ricardi pollice pictum;* der Bologneser Notar Angelus unterzeichnet 1116 mit der Formel:

Angelus his metris causidicus ista peregi
Notarii signo subscribens more benigno;[2]

der Glossator Bulgarus wendet als Unterschrift an:

Romane legis ego Wido tabellio regis
Hoc instrumentum scripsi ceu cetera centum;[3]

im Paduanischen schreibt ein Notar Ubert

Notarius rectus pro more rogatus Ubertus
Hanc cartam scripsis (so) *precibus rogatus amicis,*

ein anderer Adam:

Hanc scripsi cartam firmatam testibus Adam
Qua stat contractus ceu vidi sumque rogatus;[4]

in Nonantola sagt 1170 der Notar Rainer unter freier Benutzung der Verse des Wido Bulgarus:

Rainerius pinxit regisque tabellio finxit
Hoc instrumentum ratione docente scientum;[5]

in Lucca unterschreibt 1178 ein Notar Nicolaus mit dem selbstbewußten Verse:

Has scripsit prudens Nicholaus iuris amator;[6]

und in Rom sagt 1198 ein Senatsschreiber:

Concivis factus Christo bona plurima nactus
Boiani natus complevi scriba senatus;[7]

---

[1] Ficker, It. Forsch. 4, 100. 101 n. 73. 74. Zwei Verse stehen in einer Urkunde Mathildens von 1096:

Et scriptor scriptis subscripsi Pontius istis
In castro Pladena fuit haec dicta (data?) factaque charta,

Calmet, Preuves S. 505.

[2] Savioli 1[b], 160 und öfter.

[3] Ebenda 1[b], 261 und öfter.

[4] Gloria 2[a], 402. 378. 390. 418 und öfter.

[5] Tiraboschi, Nonantola 2, 295.

[6] Mem. e docum. Lucchesi 4[b], 190. Ähnlich schreibt 1191 ein Rechtsgelehrter in Arezzo: *His subsignator sum legis Petrus amator*, Pasqui, CD. Aretino 1, 386.

[7] Vitale, Storia diplomatica de' senatori di Roma 1, 43. — Ein Teil dieser Verse ist schon von Brunner, ZR. S. 85 angeführt worden.

in Trani endlich — um auch aus dem Süden ein Beispiel zu geben — dichtet 1169 ein Richter als Zeuge:

Testis robustus iudex hic est Tresagustus.[1]

Diese Beispiele sind leicht zu vermehren; erst im 13. Jahrhundert verschwindet diese Art von Poesie allmählich wieder aus der italienischen Notariatsurkunde. In Deutschland[2] endlich findet sich die Reimprosa ganz allgemein, in Lothringen[3] wie in Bayern,[4] in Franken,[5] in Schwaben[6] und in Sachsen, wo ihr Vorkommen namentlich für das bremische Gebiet im 12. Jahrhundert in großem Umfang nachgewiesen ist.[7] Als Hilfsmittel der Kritik aber wird die Reimprosa sowohl bei den königlichen wie bei anderen Urkunden angesichts der weiten Verbreitung, deren sich diese Spielerei erfreute, einerseits und der Willkürlichkeit und Unregelmäßigkeit ihrer Verwendung andererseits nur mit großer Vorsicht in Betracht gezogen werden dürfen.

Neben dem mehr oder minder reinen oder entstellten Latein wurde im früheren Mittelalter innerhalb der Gebiete, die für uns in Betracht kommen, nur noch das Griechische als Urkundensprache verwandt.

---

[1] Diesen Vers und zahlreiche andere aus Süditalien hat Garufi, Studi medievali 1, 107ff., 432ff. beigebracht; vgl. auch Federici, Arch. stor. della Soc. Romana 27, 503ff.; Winkelmann, NA. 5, 19. Der Zusammenhang zwischen Unterschriften in Versen und Anwendung der Minuskelschrift, den Garufi festgestellt, aber nicht erklärt hat, ist keineswegs befremdlich; die Mitglieder der alten und festorganisierten Schreiberkollegien von Neapel, Gaeta, Amalfi usw. haben wie an der hergebrachten Kursive, so auch an der alten Form der Unterschrift festgehalten und sich der neuen Mode nicht anbequemt.

[2] Zahlreiche Beispiele aus allen Teilen des Reiches bei Polheim S. 103ff.

[3] Hierhin gehören die meisten Beispiele, die Ficker a. a. O. S. 200f. anführt; besonders charakterisiert ist durch den Reim eine Trierer Urkunde von 1036, Beyer 1, 359 n. 307.

[4] Vgl. Redlich, MIÖG. 5, 48f.

[5] Vgl. z. B. die Urkunde Embricos von Würzburg von 1139 (Wirtbg. UB. 2, 5 n. 309) mit *fidelibus*: *presentibus*, *vocatus: dicatus*, *Adelberonis*: *predecessoris, cenobio: hoc modo.* Dann *tradiderunt*: *rogaverunt*, *inchoatum: consummatum*, *monasterio*: *patrocinio*, *pertingit*: *ascendit*: *descendit*, *habebant*: *sustinebant —pactum*: *actum*, *accepisse*: *dedisse*, *procederet: augesceret*, *maliciosi: permoti — animati: inflammati*, *obviavimus*: *sedavimus* usw.) oder die Urkunde Günthers von Speyer von 1152, ebenda 2, 64 n. 339 u. a. m.

[6] Einige Beispiele noch aus dem 13. Jahrhundert bei Schneider, Archival. Zeitschr. 11, 7. Im 12. Jahrhundert zeichnen sich durch den ausgedehnten Gebrauch von Reimprosa die Bd. 1, 12 N. 5 erwähnten Reichenauer Fälschungen aus. Über Eberhard von Fulda (Bd. 1, 12 N. 6) vgl. Polheim S. 106ff.

[7] v. Buchwald passim. Eine gereimte Arenga in einer deutsch abgefaßten Urkunde von 1290 aus Konstanz bespricht Bartsch, Germania 31, 442.

Wie diese Sprache bei den Römern lange Zeit im Umgang namentlich der gebildeten Klassen der hauptstädtischen Bevölkerung eine bedeutende Rolle spielte, ist hinlänglich bekannt und hier nicht näher zu erörtern; für uns ist es nur wichtig, zu konstatieren, daß sie auch im geschäftlichen Verkehr sowohl von Privatpersonen wie von staatlichen Behörden volle Anerkennung gefunden hatte.[1] Wie schon im ersten christlichen Jahrhundert die kaiserliche Kanzlei, das Bureau *ab epistulis*, in eine griechische und eine lateinische Abteilung mit gesondertem Beamtenpersonal zerfiel,[2] so kennt noch das römische Staatshandbuch des beginnenden 5. Jahrhunderts zwar nicht für die westliche, aber doch für die östliche Reichshälfte einen *magister epistolarum graecarum*, der die Schreiben des Kaisers, die griechisch erlassen zu werden pflegen, entweder selbst verfaßt, oder wenn sie ursprünglich lateinisch abgefaßt sind, ins Griechische überträgt.[3] Wenigstens seit der Zeit Hadrians sind denn auch deutliche Spuren von griechisch erlassenen Reskripten und Konstitutionen der Kaiser namentlich in den Pandekten erhalten,[4] und zahlreiche andere sind uns durch Inschriften oder durch die ägyptischen Papyrusfunde der neuesten Zeit bekannt.[5] Es handelt sich dabei durchweg um Erlasse, die entweder an einzelne Personen oder an Behörden oder Gemeinden im Osten des Reiches adressiert sind. Die Zahl dieser griechischen Erlasse hat sich dann seit dem 4. Jahrhundert bedeutend vermehrt: freilich noch nicht unter Konstantin, der ebenso wie Diocletian, wenn nicht ausschließlich, so doch ganz vorzugsweise, das Lateinische als Geschäftssprache behandelt zu haben scheint, aber doch unter dessen Nachfolgern seit Julian. Bis ins 6. Jahrhundert bleibt dann das römische Geschäftsleben doppelsprachig: noch Justinians eigene Mutter-

---

[1] Vgl. Dirksen, Über den öffentlichen Gebrauch fremder Sprachen bei den Römern (Civilistische Abhandlungen, Berl. 1820 1, 1ff.).

[2] Hirschfeld, Die kaiserlichen Verwaltungsbeamten S. 320f.

[3] Not. dignit. ed. Seeck S. 44, Or. 19, 2: *magister epistolarum graecarum eas epistolas, quae graece solent emitti, aut ipse dictat, aut latine dictatas transfert in graecum;* vgl. Bd. 1, 185.

[4] Dirksen a. a. O. S. 46ff.

[5] Vgl. Lafoscade, De epistulis aliisque titulis imperatorum magistratuumque Romanorum, quas ab aetate Augusti usque ad Constantinum graece scriptas lapides papyrique servaverunt (Diss. Paris 1902); Faass, AfU. 1, 252ff.; 257, dessen Angaben sich nach den neuesten Papyruspublikationen vervollständigen ließen. Daß viele dieser griechischen Erlasse von den Empfängern aus dem Lateinischen übersetzt sind, ist allerdings sicher; vgl. Faass a. a. O. S. 253 N. 12 und die dort angeführte Litteratur.

sprache war das Lateinische;[1] und auch die innere Verkehrssprache seiner Bureaus scheint noch das Lateinische gewesen zu sein.[2] Aber unter seinen späteren Erlassen, namentlich den nach der Publikation des zweiten Codex ausgegebenen Novellen, überwiegt die Zahl der griechischen bedeutend; und im ganzen sind nur noch die Novellen lateinisch abgefaßt, die entweder die lokalen Angelegenheiten lateinisch redender Länder betreffen oder den inneren Geschäftsgang der konstantinopolitanischen Behörden regeln.[3]

Unter den nächsten Nachfolgern des Justinian wurde nun — in natürlichem Zusammenhange mit dem allmählichen Verlust der meisten abendländischen Provinzen des rhomäischen Reiches — das Lateinische mehr und mehr aus dem offiziellen Gebrauch bei den Behörden verdrängt; etwa seit der Zeit des Kaisers Mauritius (582—602) war das Griechische die alleinige Sprache der Regierung, wurden die kaiserlichen Erlasse nur noch griechisch publiziert. Seit das letztere nun aber die herrschende Geschäftssprache der byzantinischen Behörden war, drang es siegreich auch in die ehemals lateinischen Gebiete des Reiches ein, deren Verbindung mit Byzanz von längerer Dauer war. Kam dabei in Rom das Griechische gar nicht, in Ravenna und seinem Bezirk nur in beschränkter Weise zur Anwendung,[4] so fand es dagegen einen sehr ausgedehnten Gebrauch in den Teilen Unteritaliens, die von der langobardischen Eroberung nicht betroffen wurden. Ausgehend von den Bureaus der kaiserlichen Statthalter und Beamten

---

[1] Vgl. Biener, Gesch. der Novellen Justinians S. 14. Die mit der Abkunft des Kaisers aus dem lateinisch redenden Illyricum zusammenhängende Tatsache erweist nicht nur sein eigenes Zeugnis, das Biener anführt (Nov. 7, 1; 13, 1; 146, 1), sondern auch der Umstand, daß die eigenhändige Unterschrift des Kaisers auch in den griechischen Novellen lateinisch abgefaßt ist (vgl. z. B. Nov. 7 an den Patriarchen von Konstantinopel, griechisch, aber mit der Unterschrift *divinitas te servet per multos annos, sancte ac religiosissime pater*) und der andere, daß Justinians Siegel eine lateinische Inschrift hat, s. Schlumberger, Sigillographie Byzantine S. 418.

[2] Wenigstens die Datierung ist in die Registerbücher und vielleicht auch in die Originale stets lateinisch eingetragen worden, auch wenn der Text griechisch war.

[3] Biener S. 17 ff. Gegen die Annahme einzelner, die Novellen seien sämtlich ursprünglich lateinisch abgefaßt und der griechische Text sei nur Übersetzung, vgl. Biener S. 13. 20 f.

[4] Lateinische Unterschriften mit griechischen Buchstaben finden sich in einigen ravennatischen Papyrusurkunden des 6. Jahrhunderts, Marini S. 143. 145. 186. An der ersten Stelle bezeichnet der Unterschreibende sich als Neapolitaner, und in Neapel kommen solche Unterschriften häufiger vor, vgl. die Faksimiles Reg. Neap. Arch. Mon. 1, 1 tab. 1, 3; 1, 2 tab. 1, 1.

verbreitete es sich hier in immer weitere Kreise, wurde auch von der Geistlichkeit vielfach als Geschäftssprache verwandt und drang auch in den Gebrauch von Privatpersonen und Notaren ein.[1] In Sizilien behauptete das Griechische sich sogar unter der Herrschaft der Araber, welche die Insel im Anfang des 9. Jahrhunderts einnahmen, und war infolgedessen die bevorzugte Sprache der ersten normannischen Herrscher des Landes;[2] hier wie in Apulien und Calabrien blieb es, freilich seit der Normannenzeit allmählich mehr und mehr gegen das Lateinische zurücktretend, bis ins 13. Jahrhundert[3] in Übung, und eine sehr große Zahl griechischer Urkunden aus Unteritalien ist uns erhalten.[4] Ob aber das Griechische auch noch in der Kanzlei Kaiser Friedrichs II. vereinzelt angewandt worden ist, läßt sich nicht mit voller Sicherheit bestimmen; es sind uns allerdings vier griechische Briefe dieses Kaisers an den Despoten von Epirus Michael Komnenos und an den Kaiser von Nicaea Johannes Vatazes in einer Florentiner Handschrift erhalten;[5] aber die Frage, ob wir Übersetzungen aus

---

[1] Über die ältere Meinung, daß das mittelalterliche Griechisch in diesen Gebieten griechischer Kolonisation eine direkte Fortsetzung des alten Hellenischen sei, das auch durch die römische Eroberung niemals verdrängt worden wäre, vgl. Russi S. 178ff., und neuerdings auch K. A. Kehr, S. 241, die sich dagegen erklären, sowie Ferrari (unten N. 4) S. 5 mit N. 4. 5; an dem byzantinischen Ursprung dieses italienischen Griechisch ist nicht zu zweifeln. Auch die Ausführungen Tamassias, Atti del R. Istituto Veneto **66**, 2, 73ff. (1906/07), beweisen doch höchstens, daß sich einige griechische Worte, insbesondere der Rechtssprache, aus alter Zeit im Gebrauch der Kurialen von Neapel erhalten haben.

[2] Über die griechischen und arabischen Urkunden der normannischen Könige Siziliens vgl. K. A. Kehr S. 233ff.

[3] Nur im Distrikt von Gallipoli erhielt sich das Griechische als Urkundensprache bis 1331, vgl. Garufi, Arch. stor. Ital. V, 22, 73ff.

[4] Die beiden Hauptsammlungen dieser Urkunden sind: Trinchera, Syllabus graecarum membranarum, quae partim Neapoli in maiori tabulario et primaria bibliotheca, partim in Casinensi coenobio et Cavensi et in episcopali tabulario Neritino iam diu delitescentes usw., Neapel 1865, 336 Urkk. von 885 bis 1331; und Cusa, I diplomi Greci ed Arabi di Sicilia, Palermo 1868ff. Ältere Litteraturangaben bei Amari, Storia dei Musulmani di Sicilia 3, 201ff., neuere bei K. A. Kehr S. 3 und bei Garufi a. a. O. S. 76; vgl. auch Ferrari, I documenti greci medievali di diritto privato dell' Italia meridionale (Byzantinisches Archiv Bd. 4) S. 3. — Vereinzelt haben sich griechische Urkunden auch in deutsche Archive verirrt, vgl. UB. Bistum Lübeck 1 Taf. 2 das Faksimile einer griechischen Urkunde der Mönche von Grotta Ferrata 1279 für Bischof Burchard von Lübeck.

[5] Beste Ausgabe von Festa, Arch. stor. Ital. V, 13, 1ff.; vgl. BF. 3811. 3820. 3823. 3826; Philippi S. 5f.

lateinischen oder Abschriften griechischer Originale vor uns haben, läßt sich kaum ganz sicher entscheiden;[1] doch hat der letzte Herausgeber nicht unerhebliche Gründe dafür geltend gemacht, daß sie von vornherein von einem der griechischen Sprache kundigen Italiener am Hofe Friedrichs in jener Sprache konzipiert worden seien.[2]

Selbstverständlich ist nun aber die griechische Urkundensprache des Mittelalters keineswegs die reine Schriftsprache der klassischen Periode; wie diese im Laufe der Zeit mannigfache Wandlungen erlitten und Einflüsse der Vulgärsprache erfahren hat, so ist sie in Italien insbesondere durch lateinische Elemente beeinflußt worden.[3] Ein näheres Eingehen auf die Eigentümlichkeiten dieser griechischen Urkundensprache Italiens würde indes nur im Zusammenhang mit einer Betrachtung des gesamten byzantinischen Urkundenwesens möglich sein und liegt außerhalb des Planes dieses Werkes. Noch weniger kann hier ausführlicher von den arabischen oder bilinguen, griechisch-arabischen Urkunden geredet werden, die in Sizilien vereinzelt auch noch nach der Eroberung der Insel durch die Normannen vorkommen.[4]

Während der Gebrauch des Griechischen in den Urkunden des Westreiches, wie wir sahen, schon vor dem Mittelalter beginnt, in den letzten Jahrhunderten desselben aber, wenigstens in den Gebieten, mit denen wir uns zu beschäftigen haben, wieder verschwindet, treten die nationalen Vulgärsprachen erst in diesen letzten Jahrhunderten in den Urkunden auf, aber sie gewinnen dann immer mehr an Boden gegenüber dem Lateinischen als der universalen Urkundensprache des Mittelalters.

Erst verhältnismäßig spät tritt uns das Italienische als Urkundensprache entgegen. Nur auf der Insel Sardinien, deren Geschicke seit dem Ende der byzantinischen Herrschaft von denen des Festlandes lange Zeit fast ganz geschieden waren, hat man sich schon im 11. Jahrhundert des heimischen Dialektes für die Abfassung von

---

[1] Gewiß nur Übersetzung ist der in das griechische Instrument eines Beamten eingereihte griechische Text von BF. 1532, den Winkelmann, NA. 3, 637, zitiert.

[2] Eine arabische Vollmacht für Gesandte nach Tunis hat Friedrich II. außerhalb der Kanzlei auf ein besiegeltes Blankett schreiben lassen. BF. 2803, vgl. Philippi S. 6.

[3] Vgl. Russi S. 183; Spata, Le pergamene greche esistenti nel grande archivio di Palermo (Palermo 1861) S. 93ff.; K. A. Kehr S. 241; Ferrari S. 4.

[4] Vgl. darüber K. A. Kehr S. 239ff.

Urkunden bedient. Die älteste Urkunde in sardinischer Sprache, die wir kennen, stammt wahrscheinlich aus der Zeit von 1070—1080, ist aber nur in einer Abschrift des 15. Jahrhunderts erhalten.[1] Gleichfalls noch dem 11. Jahrhundert angehörig ist dann eine sardische, in griechischen Buchstaben geschriebene Urkunde, deren Original, aus dem Kloster S. Victor stammend, sich jetzt in Marseille befindet;[2] und aus dem 12. und 13. Jahrhundert hat sich eine große und fortlaufende Reihe von unzweifelhaften Originalurkunden in sardischer Sprache im erzbischöflichen Archiv zu Cagliari erhalten,[3] die erst kürzlich in zuverlässigen Texten bekannt geworden sind. Dagegen beginnt auf dem italienischen Festlande der Gebrauch der Vulgärsprache in den Urkunden nicht vor dem Ende des 12. Jahrhunderts. Daß schon in einzelnen Urkunden aus den Jahren 960, 961 und 964 italienische Zeugenaussagen wiedergegeben werden,[4] ist eine vereinzelte Erscheinung und hat für die Urkundensprache selbst keine Bedeutung. Bemerkenswerter ist eine Urkunde aus Fabriano vom Jahre 1186, in der ein Teil des Kontextes italienisch abgefaßt ist,[5] und noch mehr eine Urkunde aus Piceno von 1193, die nach einer freilich nicht völlig gesicherten Annahme einen vollständigen, italienisch geschriebenen Privatvertrag, eingeschoben in ein lateinisches Notariatsinstrument, enthalten soll.[6] Im 13. Jahrhundert sind dann solche italienischen, privaten und unbeglaubigten Aufzeichnungen über Rechtsgeschäfte, die man *scriptae* (ital. *scritte*) nannte, nicht mehr selten;[7] sollte aber eine solche Urkunde öffentlichen Glauben erhalten, so mußte sie von einem Notar transsumiert und mit einer Beglaubigungsformel versehen werden, die in lateinischer Sprache abgefaßt wurde: so wurde mit dem Testament der Gräfin Beatrix von Capraia vom Jahre 1278/9 nach ihrem Tode verfahren.[8] Im 13. Jahrhundert beschäftigten sich auch die Lehrer der *Ars*

---

[1] Herausgegeben von Solmi, Arch. stor. Ital. V, 35, 281ff.

[2] Herausgegeben von Blancard und Wescher mit Faksimile BEC. 35, 256ff. Vgl. O. Schultz-Gora, Zeitschr. für roman. Philologie 18, 144ff.

[3] Herausgegeben von Solmi a. a. O. Vgl. dessen eingehende und sorgfältige Erläuterungen zu diesen sehr merkwürdigen Dokumenten, Arch. stor. Ital. V, 36, 1ff.

[4] Paoli, Programma S. 101 N. 4.

[5] Monaci, Crestomazia italiana n. 9.

[6] Monaci a. a. O. n. 13; Abbildung bei Monaci, Facsimili di antichi manoscritti per uso delle scuole di filologia neolatina tav. 21. Vgl. Paoli, Arch. stor. Ital. V, 5, 275ff.

[7] Vgl. Paoli, Miscellanea Fiorentine d'erudizione e storia 1, 23 und Arch. stor. Ital. V, 15, 306ff.

[8] Vgl. Paoli, Arch. stor. Ital. V, 20, 120ff.

dictandi mit der Vulgärsprache;[1] und die Bologneser Statuten von 1250 verlangten von denen, die sich um die Zulassung zum Notariat bewerben, den Nachweis ihrer Befähigung zu schriftlichem Ausdruck sowohl in der Vulgär-, d. h. in der italienischen, wie in der lateinischen Schriftsprache.[2] Aber wenn auch in den letzten Jahrhunderten des Mittelalters der Gebrauch des Italienischen in den Urkunden erheblich zunahm, so ist er doch immer ein beschränkter geblieben. In der päpstlichen Kanzlei hat man im Mittelalter überhaupt nicht italienisch geschrieben; auch andere geistliche Würdenträger halten, wenn auch nicht in Briefen, so doch in Urkunden, zumeist an diesem Brauche fest; in den Kanzleien der italienischen Fürsten und Städte ist die italienische Sprache erst im 15. Jahrhundert zu umfangreicherer Anwendung gekommen; und die öffentlichen Notare haben das ganze Mittelalter hindurch das Lateinische ständig bevorzugt.

Das Französische kommt als Urkundensprache für uns wesentlich insofern in Betracht, als es in den westlichen Provinzen des Reiches, in den Gebieten von Ober- und Niederlothringen die Muttersprache eines beträchtlichen Teiles der Bevölkerung war. Gerade in diesen romanischen Teilen des deutschen Reiches nun ist der Gebrauch der französischen Sprache im geschäftlichen Verkehr sehr früh üblich geworden. Die ältesten nordfranzösischen[3] Originalurkunden, die überhaupt erhalten sind, sind zwar auf französischem Boden, aber in der Nähe der Grenze, zu Douai und Tournai in den Jahren 1204 und 1206 ausgestellt,[4] aber ihnen folgt sehr bald eine jetzt im Privatbesitz befind-

---

[1] So besonders Guido Faba, vgl. QE. 9, 187ff.; Monaci, Rendiconti dell' accad. dei Lincei (Classe di scienze mor. stor. e filol. IV, 4^b, 399ff.; Gaudenzi, Bullettino dell' Istituto stor. Italiano 14, 142ff. Daß die Kaufleute sich in ihrer Korrespondenz der italienischen Sprache bedienen, sagt auch Buoncompagno von Florenz, QE. 9, 173; er selbst aber kümmert sich um diese Schriftstücke, die *ornatum non requirunt*, nicht.

[2] Vgl. oben S. 349 N. 3.

[3] Provencalische Stücke sind älter, hier aber nicht in Betracht zu ziehen.

[4] Vgl. Bonnier, Etude critique des chartes de Douai, Zeitschr. für Roman. Philologie 13, 431ff.; 14, 66ff.; 298ff.; Abbildung der Urkunde von 1204 im Musée des archives départementales pl. 28 n. 58 und im Album Belge de diplomatique pl. 27. Eine von Tailliar, Recueil d'actes du XII. et XIII. siècle en langue romane wallonne (Douai 1849), aus dem Archiv von Tournai herausgegebene Urkunde, angeblich von 1197, ist nach Giry S. 467 jetzt nicht auffindbar; überdies bezieht sie sich zwar auf ein Rechtsgeschäft von 1197, ist aber erst einige Jahre später geschrieben; vgl. NA. 21, 590 n. 166. — Die älteste Originalurkunde in französischer Sprache, die Giry in Tournai gesehen hat, ist vom Jahre 1206.

liche, in Metz ausgestellte Originalurkunde vom Jahre 1212.[1] Gerade in diesem lothringischen Gebiete wird dann der schriftliche Gebrauch der französischen Sprache sehr schnell und sehr allgemein üblich; in privatrechtlichen Urkunden aus Metz ist sie schon seit dem Ausgang des ersten Viertels des 13. Jahrhunderts entschieden vor dem Lateinischen bevorzugt.[2] Zur Anwendung in der deutschen Reichskanzlei ist das Französische durch die Thronbesteigung der lützelburgischen Kaiser gelangt. In der lützelburgischen Grafschaft war schon im 13. Jahrhundert das Französische zwar nicht die Sprache der Mehrzahl der Bevölkerung, aber wohl diejenige des Hofes und infolgedessen auch der gräflichen Kanzlei, soweit diese sich nicht des Lateinischen bediente. Sie blieb denn auch, als das gräfliche Haus mit König Heinrich VII. auf den deutschen Thron gelangte, die bevorzugte Hofsprache; die Rechnungen des königlichen Haushalts und Schatzes und andere Aufzeichnungen der Hofbeamten wurden in ihr abgefaßt; aber in Urkunden des Königs wurde sie doch nur selten und eigentlich nur, wenn dieselben sein Stammland betrafen, angewandt. Und nicht anders stand es unter Karl IV., in dessen Anfängen es für die Grafschaft Lützelburg eine eigene Nebenkanzlei gab, die sich mit Vorliebe der französischen Sprache bediente.[3]

Etwas später erst als das Französische tritt das Deutsche in den Kreis der Urkundensprachen ein.[4] Schon ziemlich früh allerdings ist die deutsche Sprache in Rechtsaufzeichnungen verwandt, denen man durch Besiegelung urkundliche Kraft verliehen hat. Wohl das

---

[1] Wiegand, BEC. 41 (1880), 393ff. Das von Keuffer, Roman. Forschungen 8, 496, edierte Metzer Dokument, angeblich vom Jahre 1205, gehört, wie der Herausgeber selbst später erkannt hat (vgl. Jahrb. für Lothring. Gesch. 13, 325ff., woselbst eine Abbildung), vielmehr ins Jahr 1250. Einen Metzer Schreinsbrief vom Jahre 1204 erwähnt Wichmann, Die Metzer Bannrollen 1, XXVII; aber er ist nur abschriftlich erhalten. — Über andere nordfranzösische Urkunden des 13. Jahrhunderts vgl. Giry S. 468f.

[2] Vgl. Wichmann, Die Metzer Bannrollen 1, XXVII und LIVff., sowie die an der ersten Stelle erwähnten Ausgaben von Prost in der Nouvelle Revue de droit français et ètranger 4, 591ff. (auch separat unter dem Titel Etude sur le régime ancien de la propriété, Paris 1880) und de Wailly in den Notices et extraits des manuscrits de la bibl. nationale Bd. 28 (Paris 1878). de Wailly hat hier 384 lothringische Urkunden in französischer Sprache aus der Zeit von 1214—1300 herausgegeben.

[3] S. Bd. 1, 546. Zwei französische Urkunden Karls IV. sind faksimiliert KUiA. Lief. V Taf. 2.

[4] Vgl. Vancsa, Das erste Auftreten der deutschen Sprache in den Urkunden (Leipzig 1895).

älteste Dokument dieser Art ist das von Erzbischof Konrad von Mainz (1161—1165 und wieder 1183—1200) festgestellte Formular für den Erfurter Judeneid;[1] es ist in Bücherschrift mit Verzierung der Initialbuchstaben auf ein Pergamentblatt geschrieben, an dem das wohl erhaltene Siegel der Stadt Erfurt hängt. Die nächstälteste Rechtsaufzeichnung in deutscher Sprache würde das Braunschweiger Stadtrecht sein, dessen Original mit dem Siegel Herzog Otto des Kindes versehen ist, wenn es, wie der letzte Herausgeber[2] und andere mit ihm angenommen haben, ins Jahr 1227 gehörte. Doch sind gegen diese Ansetzung neuerdings überzeugende Gründe geltend gemacht worden, und es ist vielmehr eine Entstehung des deutschen Textes erst nach 1250 wahrscheinlich.[3]

Sind Stücke, wie diese, keine eigentlichen Urkunden, so ist dagegen das Mainzer Landfriedensgesetz Friedrichs II. vom August 1235 wirklich in urkundliche Form gebracht worden. Allerdings hat man die in der Kanzlei hergestellte, offizielle und mit den üblichen Urkundenformeln ausgestattete Ausfertigung dieses Landfriedens noch in lateinischer Sprache abgefaßt.[4] Aber wie eine neuere Untersuchung[5] nachgewiesen hat, ist dieser lateinische Text nicht der ursprüngliche, sondern teils Bearbeitung, teils Übersetzung eines älteren deutschen Textes, der während der Reichstagsverhandlungen über das Gesetz entstanden ist. Und eben dieser deutsche Text[6] ist dann mit nicht sehr erheblichen Veränderungen wenige Tage später auf Grund einer offiziellen und wohl gleichfalls in der Kanzlei erfolgten Niederschrift, die

---

[1] Am besten gedruckt bei Müllenhoff und Scherer, Denkmäler 1³, S. 321 n. 100. Or. im Staatsarchiv zu Magdeburg. — In Köln finden sich schon am Ende der fünfziger Jahre des 12. Jahrhunderts in der Laurenzpfarre Schreinseintragungen, bei denen der Schreiber von der lateinischen in die deutsche Sprache übergeht, vgl. Höniger, Schreinsurkunden 1, 215.

[2] Hänselmann, UB. Braunschweig 1, 3.

[3] Vgl. Frensdorff, Über das Alter niederdeutscher Rechtsaufzeichnungen, Hans. Geschichtsbl. 6, 117ff. Die ältesten schon ursprünglich deutsch abgefaßten Stadtrechtsaufzeichnungen sind nach Wackernagel und Frensdorff das für Öhringen von 1253, das Basler Bischofs- und Dienstmannenrecht von 1260—1262, die Rechtsmitteilung von Magdeburg nach Breslau von 1261 (mitteldeutsch).

[4] Beste Ausgabe von Weiland, MG. Const. 2, 241 n. 196.

[5] Zeumer, Zeitschr. der Savignystiftung für Rechtsgesch. 36 (Germ. 23), 61ff. Derselbe, NA. 28, 437ff.

[6] Aus den verschiedenen Überlieferungen hat ihn Zeumer, NA. 28, 443ff., hergestellt. Diese Ausgabe ist mit einigen Verbesserungen wiederholt MG. Const. 3, 275ff. und (mit dem lateinischen Text) in Zeumers Quellensammlung zur Gesch. der deutschen Reichsverfassung² S. 68ff.

allerdings der den Urkunden eigentümlichen Eingangs- und Schlußformeln entbehrt haben muß, aber doch wohl irgendwie beglaubigt gewesen sein wird, in Mainz amtlich bekannt gemacht worden.[1] Fürsten und Stände verschafften sich Abschriften des publizierten deutschen Textes; bald nachher, 1236 oder noch 1235, ließ Herzog Friedrich II. von Österreich diese deutsche Fassung zu einem österreichischen Landesgesetze umarbeiten,[2] und der Vorgang war von solcher Bedeutung, daß auch in der Folge für die Landfriedensurkunden sehr bald die deutsche Sprache die vorherrschende wurde.[3]

Abgesehen von diesen, ist die älteste datierte deutsche Einzelurkunde, die sich im Original erhalten hat,[4] ein Diplom Konrads IV. vom 25. Juli 1240, durch das ein Vergleich zwischen der Stadt Kaufbeuren und einem Herrn von Kemenathen bestätigt wird.[5] Auch

---

[1] Chron. reg. Colon. 1235: *ubi (Maguntiae) fere omnibus principibus regni Teutonici convenientibus pax iuratur, vetera iura stabiliuntur, nova statuuntur et Teutonico sermone in membrana scripta omnibus publicantur.* Über die Auslegung dieses Zeugnisses kann kein Zweifel bestehen.

[2] Vgl. Luschin v. Ebengreuth, NA. 25, 541ff., und dazu Zeumer, Zeitschr. der Savignystiftung a. a. O. S. 85f.

[3] Der bayrische Landfrieden von 1244 (MG. Const. 2, 570 n. 427) ist zwar noch lateinisch; aber auch von ihm muß es eine deutsche amtliche Ausfertigung gegeben haben; im § 33 heißt es: *nullus iudex iudicio sine prescripta forma presideat*, und über *forma* ist übergeschrieben „*theutonice*". Im Straubinger Landfrieden von 1256, der in deutscher Fassung erhalten ist (MG. Const. 2, 596 n. 438), wird in § 32 entsprechend gesagt: ez sol chain richter an dem gerihte sitzen, er hab den frid teusche bi im gescriben. Deutsch ist ferner der österreichische Landfrieden Ottokars von 1254 (MG. Const. 2, 604 n. 440; über die Datierung s. Dopsch, MIÖG. 19, 160ff.); und als originale Kanzleiausfertigungen sind uns erhalten in zwei Exemplaren der bayrische Landfrieden Rudolfs von Habsburg von 1281 (MG. Const. 3, 268 n. 278), in einem sein rheinischer Landfrieden aus dem gleichen Jahre (ebenda S. 280 n. 280), während von dem fränkischen Landfrieden wiederum des gleichen Jahres nur Abschriften vorliegen (ebenda S. 280 n. 279); in sechs Originalausfertigungen endlich besitzen wir den allgemeinen Landfrieden von 1287 (ebenda S. 370 n. 390). Diese rudolfinischen Landfrieden gehen mit Ausnahme des bayrischen auf den Friedrichs II. von 1235 zurück.

[4] Der von W. v. Mülinen (Anzeiger f. Schweizer. Gesch. 5 [1888], 230) publizierte Vertrag zwischen den Gebrüdern Ludwig, Johann und Konrad von Mülinen, angeblich aus dem Jahre 1221, ist in Wirklichkeit hundert Jahre jünger, vgl. Seemüller, MIÖG. 17, 310ff.

[5] BF. 4427, Faksimile KUiA. Lief. VI, Taf. 19. — Ist aber das Stück wirklich in der Kanzlei geschrieben? Nach Philippi, KUiA. Text S. 140, sollen noch andere Urkunden von demselben Schreiber herrühren, aber er selbst hat seine Notizen über Diplome Konrads IV. als „zum Teil flüchtig" bezeichnet und a. a. O. hervorgehoben, daß die Invokation (vgl. aber dagegen BF. 4443) und

datierte Privaturkunden in deutscher Sprache sind vor dieser Zeit nicht nachweisbar; was man früher als solche angesehen hat, insbesondere eine Urkunde des Grafen Rudolf von Habsburg von 1217, die lange als das älteste Dokument in deutscher Sprache galt, hat sich als späte Übersetzung erwiesen. Nur ein einziges Originaldokument, ein Teilungsvertrag zwischen den Grafen Albrecht IV. und Rudolf III. von Habsburg, dem die Daten fehlen, kann dem erwähnten Diplom Konrads IV. den Rang streitig machen und ist wahrscheinlich eine Anzahl von Monaten älter als jenes.[1]

Der Gebrauch der deutschen Sprache in den Urkunden hat sich dann in den nächsten zwei Jahrzehnten nur sehr zögernd verbreitet, in Süd- und Westdeutschland aber noch etwas schneller, als im Norden und im Osten des Reiches. Die Grenzlande gehen auch hier voran:[2] aus der Grafschaft Holland haben wir städtische Keuren für Gravezande und Middelburg von den Jahren 1246 und 1254, aus Flandern eine Urkunde der Schöffen von Bouchaute von 1249,[3] aus dem niederrheinischen Gebiet einen Vertrag der Erzbischöfe von Köln und Trier mit dem rheinischen Pfalzgrafen von 1248; die älteste deutsche Urkunde des Elsaß stammt aus dem Jahre 1261; in der Schweiz ist in der Gegend von Zürich schon 1248 deutsch geurkundet worden, und 1251 haben Luzern und Bern einen deutsch abgefaßten Vertrag abgeschlossen. In Schwaben beginnen die deutschen Urkunden mit einem Vertrage zwischen dem Bistum Konstanz und den Herren von Lupfen vom Jahre 1251;[4] in Bayern dagegen — abgesehen von zwei

---

die von der Norm abweichende Schreibung des Königsnamens auffällig seien. Vgl. auch Vancsa S. 78 N. 6, der meinen schon in der ersten Auflage dieses Werkes ausgesprochenen Zweifel teilt, ohne ihn zu erwähnen.

[1] Kopp, Geschichtsbl. aus der Schweiz 1, 53, mit Faksimile; Fontes rer. Bernensium 2, 181. Hier wird mit Rücksicht auf die Besiegelung die Zeit vom Februar 1238 bis März 1239 als Entstehungszeit angenommen. Dagegen ist die mehrfach, vgl. zuletzt Socin, Schriftsprache und Dialekte S. 51 N. 2, angeführte Augsburger Verkaufsurkunde aus der Zeit Bischof Embrichos (1063—1077; die Angabe bei Socin „vom Jahre 1070" ist ungenau) offenbar nur Übersetzung, wenngleich alt.

[2] Ich folge im nachstehenden den Zusammenstellungen bei Vancsa S. 27 ff., wo auch die Belege gegeben sind; doch vgl. N. 3.

[3] Serrure, Geschiedenis der Nederlandsche en Fraansche letterkunde in het graafschap Vlaanderen (Gent 1855) S. 88; Faksimile im Album Belge de diplomatique pl. 28. Dies Stück ist Vancsa entgangen.

[4] Eine Anzahl deutscher Urkunden aus Schwaben seit 1253 hat neuerdings F. Wilhelm in den Münchener Texten Heft 4 (München 1912) herausgegeben.

vereinzelt dastehenden Fällen aus den fünfziger Jahren — erst zwanzig Jahre später; in Österreich — wiederum abgesehen von einem vereinzelten Falle des Jahres 1248 — seit 1263. Auch der fränkische Mittelrhein bleibt etwas zurück; hier hat man erst etwa seit 1270 angefangen deutsch zu urkunden, während im östlichen Franken wie in Thüringen Urkunden in der Landessprache erst im letzten Jahrzehnt des 13., in Meißen und Obersachsen — mit Ausnahme von Freiberg, das um einige Jahre vorangeht — sogar erst im Anfange des 14. Jahrhunderts auftreten. Westfalen hat aus dem Ende des 13. Jahrhunderts nur ein vereinzeltes Beispiel einer deutschen Urkunde aufzuweisen, häufiger werden solche erst mit den dreißiger Jahren des 14. Jahrhunderts. Norddeutschland endlich ist, abgesehen von den braunschweigischen, brandenburgischen und mecklenburgischen Gebieten, wo einige deutsche Urkunden schon im letzten Jahrzehnt des 13. Jahrhunderts auftreten, im allgemeinen erst im folgenden Jahrhundert langsam und zögernd zur Anwendung der deutschen Urkundensprache übergegangen. In Süd- und Westdeutschland etwa um 1300, in Mitteldeutschland um 1330, in Niederdeutschland um 1350 ist der Sieg der deutschen Urkundensprache gegenüber der lateinischen entschieden.[1]

Aus der Reichskanzlei sind deutsche Urkunden nach jenem Diplom Konrads IV. erst wieder unter Rudolf von Habsburg hervorgegangen.[2] Unter ihm sind außer Landfriedensinstrumenten und königlichen Hofgerichtsurkunden insbesondere Stadtrechtsprivilegien sowie Sühnen und Schiedssprüche in deutscher Sprache ausgestellt worden, d. h. also

---

[1] Vgl. Vancsa S. 104. — Über die Einführung der deutschen Sprache als Geschäftssprache bei den kölnischen Schreinen vgl. Keussen, Mitteil. aus d. Stadtarchiv von Köln 15, 45ff.

[2] Ausnahmslos in deutscher Sprache abgefaßt sind seit Rudolf die Urkunden des königlichen Hofgerichts; und es mag damit vielleicht zusammenhängen, daß Johann von Victring (ed. Schneider 1, 269) behauptet, Rudolf habe bestimmt *quod propter communem intelligenciam obscure latinitatis privilegia et littere de cetero vulgariter conscribantur; quod patet ex eo, quod ante sua tempora nulle littere vulgariter scripte reperiuntur de negociis vel contractibus quibuscumque.* Vgl. in der Rezension A (Schneider a. a. O. S. 221): *decretum in hiis curiis* (von 1275) *fuit, ut privilegia vulgariter conscribantur, quia latinitatis difficultas errores et dubia maxima pariebat et laycos decipiebat.* Wenn auch die Nachricht in dieser Allgemeinheit zweifellos irrig ist, so wäre doch nicht ganz unmöglich, daß die Anwendung der deutschen Sprache in den Urkunden des Hofgerichts auf einer Anordnung des Königs beruhte. Schneider a. a. O. S. 221 N. 4 meint, Johann habe an Ottokar v. 13101ff. (MG. Deutsche Chroniken 5, 173f.) gedacht, der Rudolf sich gegen den Gebrauch der lateinischen Sprache auf dem Reichstage erklären läßt.

solche Stücke, die unter dem Einfluß von privaten Vorurkunden standen oder auf deren Abfassung die Empfänger, sei es durch Herstellung des Diktats, sei es durch Anfertigung auch der Reinschrift, die dann in der Kanzlei nur besiegelt wurde, einwirkten. Dazu kamen dann Pfandbriefe, Kaufbriefe und andere Urkunden über einfache Rechtsgeschäfte, und allmählich dehnte sich die Anwendung der deutschen Sprache auf eine immer größere Zahl von Urkunden aus, so daß schon unter Albrecht fast in allen Gruppen von Königsurkunden deutsch geschriebene vorkommen. Ein bemerkenswerter, aber leicht erklärlicher Rückschritt trat unter Heinrich VII. von Lützelburg ein, dessen Kanzlei die deutsche Sprache nur in sehr seltenen Fällen anwandte; aber unter Ludwig dem Bayern gewann sie eine der lateinischen völlig gleichberechtigte Stellung und wurde nun sogar was bisher nicht vorgekommen war, in feierlichen Privilegien angewandt; auch für ihre Formeln bildete sich nun allmählich ein fester Kanzleibrauch aus. Rechtlich wird im 14. Jahrhundert eine deutsche Urkunde kaum noch irgendwelchen Einwendungen begegnet sein, während noch gegen das Ende des 13. Konrad von Mure vor dem Gebrauch der deutschen Sprache warnen zu sollen glaubte; nicht nur, daß die päpstliche Kurie sie nicht annehme, er habe auch sonst gesehen, daß deutsche Briefe, auch mit authentischen Siegeln, vor Gericht (Konrad denkt wohl zunächst an geistliche Gerichte) als Beweismittel nicht zugelassen worden seien.[1]

Die Mundart dieser deutschen Urkunden ist im allgemeinen diejenige der Urkundenschreiber. Daß eine bestimmte Kanzlei- oder Amtssprache in den Kanzleien der deutschen Fürsten bestanden habe, der sich auch diejenigen Schreiber gefügt hätten, deren Muttersprache von jener Kanzleisprache abgewichen wäre, wird vor der Mitte des 14. Jahrhunderts wenigstens für die feineren dialektischen Unterscheidungen[2] um so weniger anzunehmen sein, als ja zahlreiche

---

[1] QE. 9, 473.

[2] Solche Unterscheidungen hat allerdings Heinzel, Gesch. der niederfränkischen Geschäftssprache (Paderborn 1874), für die Rheinlande, von Mainz abwärts bis in die Niederlande aufzustellen gesucht; aber mir scheinen seine Voraussetzungen vom Standpunkt des Diplomatikers aus zum Teil sehr anfechtbar und seine Ergebnisse, soweit ich mir über diese Dinge ein Urteil erlauben darf, nicht genügend gesichert zu sein. — Über die Kanzlei- und Urkundensprache einzelner Territorien und Städte gibt es eine große Zahl neuerer Untersuchungen, von denen ich, ohne den Anspruch auf absolute Vollständigkeit zu machen, die wichtigeren verzeichne: Brandstetter, Die Luzerner Kanzleisprache 1250—1600, Geschichtsfreund der fünf Orte Bd. 47; Haendcke,

Fürstenurkunden überhaupt nicht in der Kanzlei der Aussteller, sondern von den Empfängern hergestellt wurden, und als demnach die Aussteller offenbar kein Gewicht darauf legten, daß die mit ihrem Siegel versehenen Urkunden genaue sprachliche Übereinstimmung zeigten. Dagegen tritt allerdings der große Gegensatz zwischen Oberdeutsch und Niederdeutsch sehr deutlich auch in den Fürstenurkunden hervor; wenigstens bis um die Mitte des 14. Jahrhunderts sind, von vereinzelten Ausnahmen abgesehen, die Urkunden oberdeutscher Aussteller ebenso regelmäßig oberdeutsch, wie diejenigen niederdeutscher Aussteller niederdeutsch geschrieben worden. In der Reichskanzlei trifft man nur das oberdeutsche an; niederdeutsche Kaiserurkunden sind, wenn sie überhaupt echt sind, ganz bestimmt als von den Empfängern hergestellt anzusehen. Eine bestimmte Mundart ist unter Ludwig dem Bayern noch nicht als bevorzugt nachzuweisen; je nach der Herkunft der Schreiber herrscht in den Urkunden bald der schwäbische, bald der bayrische Dialekt vor; beide aber kommen nur selten ganz rein vor; vielmehr führt das Zusammenwirken von Beamten verschiedener Herkunft oder die Benutzung von Vorurkunden und Formularen der einen Mundart durch aus dem Gebiet einer anderen Mundart stammende Notare zu den verschiedensten sprachlichen Mischungen.[1]

Erst unter den lützelburgischen Kaisern bildet sich eine nahezu einheitliche Kanzleisprache aus, die auf einer — in Böhmen sich am

---

Die mundartlichen Elemente in den elsässischen Urkunden (Diss. Straßburg 1894); Scholz, Gesch. der deutschen Schriftsprache in Augsburg (Berlin 1898); Nebert, Zur Gesch. der Speyrer Kanzleisprache (Diss. Halle 1891); Hoffmann, Die Wormser Geschäftssprache vom 11.—13. Jahrhundert (Berlin 1903); Böhme, Zur Kenntnis des Oberfränkischen im 13., 14. und 15. Jahrhundert (Diss. Leipzig 1893); Kemmer, Versuch einer Darstellung des Lautstandes der Aschaffenburger Kanzleisprache in der ersten Hälfte des 16. Jahrhunderts (Diss. Würzburg 1898); Scheel, Jaspar von Gennep und die Entwickelung der neuhochdeutschen Schriftsprache in Köln, Westdeutsche Zeitschr., Ergänzungsheft 8; Kahle, Die mittelniederdeutsche Urkunden- und Kanzleisprache Anhalts im 14. Jahrhundert (Diss. Leipzig 1908); Jahn, Die Kanzlei der Stadt Zerbst (Diss. Halle 1913) S. 40ff.; Damköhler, Die Mundart der Urkunden des Klosters Ilsenburg und der Stadt Halberstadt, Germania 35, 129ff.; Lasch, Gesch. der Schriftsprache in Berlin bis zur Mitte des 16. Jahrhunderts (Dortmund 1910); Arndt, Der Übergang vom Mittelhochdeutschen zum Neuhochdeutschen in der Sprache der Breslauer Kanzlei (Breslau 1898); Brenner, Ein Kapitel aus der Grammatik der deutschen Urkunden, Roman. Forschungen Bd. 5.

[1] Vgl. F. Pfeiffer, Die Kanzleisprache Ludwigs des Bayern, Germania 9, 159ff. (wieder abgedruckt in Freie Forschung S. 363ff.). Den Einfluß der Augsburger Urkundensprache auf die der Kanzlei Ludwigs hat Scholz (s. die vorige Note) S. 274ff. nachgewiesen.

natürlichsten ergebenden — Ausgleichung zwischen der obersächsisch-mitteldeutschen und der bayrisch-österreichischen Mundart beruht und zumal in den späteren Jahren Karls IV. immer deutlicher hervortritt.[1] Sie wurde von Wenzel[2] beibehalten, dann, nachdem unter Ruprechts kurzer Regierung eine Unterbrechung der Entwickelung eingetreten war,[3] von Sigmunds Kanzlei wieder aufgenommen.[4] Und nun war es von entscheidender Bedeutung, daß, während die herzogliche Kanzlei Friedrichs III. die steirisch-österreichische Mundart bevorzugt hatte, nach seiner Königswahl die neu organisierte Reichskanzlei die Sprache der Urkunden seiner Vorgänger annahm,[5] und daß es dabei auch unter Maximilian blieb. Dem Vorbild der Reichskanzlei folgte die Urkundensprache in manchen fürstlichen und städtischen Schreibstuben; in anderen vollzogen sich analoge Bildungen. Mit den fränkischen Hohenzollern zog die mitteldeutsche Mundart in die Marken ein; sie blieb in deren Kanzlei auch auf niederdeutschem Boden die herrschende. In der Kanzlei der sächsischen Kurfürsten[6] hatte sich etwa seit 1470

---

[1] Vgl. E. Wülcker, Die Entstehung der kursächsischen Kanzleisprache, Zeitschr. des Ver. f. thür. Gesch. N. F. 1, 351 ff. Derselbe in Paul und Braunes Beiträgen 4, 1 ff. und in Germania 28, 191 ff. Lindner S. 184, der eine Untersuchung über Dialekt und Orthographie der Kaiserurkunden dieser Zeit vermißt, hat die Abhandlungen Wülckers nicht gekannt, aber seine eigene Beobachtung, daß Urkunden in niederdeutscher oder alamannischer Mundart ohne weiteres als nicht in der Kanzlei geschrieben betrachtet werden können, stimmt zu ihren Ergebnissen. Vgl. auch Rückert, Gesch. der nhd. Schriftsprache (Leipzig 1875) 1, 179 ff.; Scherer, Deutsche Litteraturgesch.[1] S. 279; Socin S. 146 ff.; Burdach, Vom Mittelalter zur Reformation. Ankündigung der zweiten Auflage (Brünn 1898) S. 16 ff. — Das Buch von E. A. Gutjahr, Die Urkunden deutscher Sprache in der Kanzlei Karls IV. (Leipzig 1906), ist für unsere Zwecke wenig brauchbar und seine Hauptergebnisse sind mit Recht vielfach abgelehnt worden; er hält indes auch in der neueren Schrift: Die Anfänge der nhd. Schriftsprache vor Luther (Halle 1910) daran fest.

[2] Daß unter Wenzel auch czechische Urkunden für Böhmen ausgestellt worden sind, sei hier nur mit einem Worte erwähnt.

[3] Unter Ruprecht tritt die pfälzische Mundart auch in den Urkunden der Reichskanzlei hervor.

[4] Über die kurze Regierung Albrechts II. fehlt es noch an genaueren Untersuchungen in dieser Hinsicht; auch Wülcker erwähnt sie nur im Vorbeigehen.

[5] Eine etwas abweichende Auffassung vertritt Moser, Historisch-grammatische Einführung in die frühnhd. Schriftdialekte (Halle 1909) S. 14 ff.

[6] Vgl. über die sächsische Kanzleisprache außer der oben N. 1 erwähnten Abhandlung Wülckers noch O. Böhme, Zur Gesch. der sächsischen Kanzleisprache von ihren Anfängen bis Luther. I. 13. und 14. Jahrhundert in der Festschrift zum 50jährigen Jubiläum der Realschule zu Reichenbach (auch separat, Halle 1899). Böhme tritt dafür ein, daß die Entwicklung der sächsischen Kanzleisprache von der kaiserlichen nicht nachhaltig beeinflußt sei.

eine Sprache entwickelt, welche derjenigen der Reichskanzlei sehr ähnlich war; beruhte die letztere auf oberdeutscher Grundlage, näherte sich aber dem Mitteldeutschen in manchen Beziehungen, so ruhte umgekehrt die erstere auf mitteldeutschem Untergrunde, machte aber dem Oberdeutschen mancherlei Zugeständnisse.

An die Sprache dieser beiden Kanzleien, der kaiserlichen unter Maximilian, der sächsischen unter Friedrich dem Weisen, schloß sich nun Luther in seinen deutschen Schriften, seiner eigenen Äußerung zufolge, an; er sagt, sie sei als eine gemeine deutsche Sprache geeignet von Ober- und Niederländern verstanden zu werden. Es trifft zwar nicht zu, wenn er meint, daß schon vor ihm „alle Könige und Fürsten in Deutschland" ihr nachgefolgt seien, aber seine eigene Wirksamkeit hat dazu beigetragen, dieser neuhochdeutschen Schriftsprache wie in der Litteratur, so auch in den Urkunden zu vollständigem Siege zu verhelfen.[1]

[1] In Deutschland sind im Mittelalter auch hebräische Urkunden ausgestellt und als rechtsgültige Zeugnisse anerkannt worden. Insbesondere kommen in dieser Beziehung die Urkunden des Judenrates zu Köln (unbesiegelt, aber mit eigenhändigen Unterschriften der Ratsmitglieder) in Betracht, welche als Vorurkunden für die Eintragungen in das Judenschreinsbuch der Laurenzpfarre zu Köln gedient haben. Vgl. über sie die Bd. 1, 733 N. 2 angeführte Publikation von Höniger und Stern und in der Einleitung dazu S. XVII die Zusammenstellung Sterns über das, was sonst an hebräischen Urkunden in Deutschland bekannt geworden ist.

Sechzehntes Kapitel.

Die Datierung der Urkunden.

Schon in römischer Zeit ist zunächst von Konstantin I. für die kaiserlichen Erlasse, dann von späteren Imperatoren auch für alle anderen Urkunden die Verordnung getroffen worden, daß sie, um gültig zu sein, mit Angabe von Jahr und Tag versehen sein sollten.[1] Diese Bestimmung ist von den germanischen Völkern, als sie die Formen des schriftlichen Verkehrs von den Römern kennen lernten, beibehalten worden. Sowohl das bayrische wie das alamannische Volksrecht machen nach dem Vorbild des westgotischen die Rechtsbeständigkeit der Urkunden von ihrer ordnungsmäßigen Datierung abhängig.[2] In Italien verordnet ein Kapitulare Ludwigs des Frommen oder Lothars I., daß Urkunden „*absque mense et die mensis*", wie sie bisweilen vorkämen, keine Kraft haben sollen.[3] In Lothringen hat Regino am Ausgang des 9. Jahrhunderts die Notwendigkeit der Datierung für die Gültigkeit der Urkunden unter direkter Bezugnahme auf die Bestimmungen des römischen Rechts betont,[4] und unter gleicher Bezugnahme wird in Köln im Anfang des 12. Jahrhunderts die Rechtskraft einer bestimmten Urkunde, weil sie undatiert sei, bestritten.[5] In Italien schreiben auch später noch die städtischen Statuten, soweit sie genauere Bestimmungen über die Abfassung der Notariatsurkunden geben, fast regelmäßig eine ordnungsmäßige Datierung vor, und erklären undatierte Schriftstücke für ungültig. Und im 14. Jahrhundert hat Ludwig der Bayer durch ein bald nach seiner Kaiserkrönung in Rom erlassenes Gesetz, indem er bestimmte Vorschriften für die Form der Datierung in den Notariats-

---

[1] Cod. Theodos. 1, 1, 1. Besonders eingehend Justin. Nov. 47, 1.

[2] Leg. Visigoth. II, 5, 1. 2. 14.; danach Lex Baiuv. 16, 16; Lex Alam. 42, 2; vgl. Zeumer, NA. 24, 108 f.

[3] MG. Capit. 1, 335 n. 168, 4. Für die libelli manumissionis schreibt Ludwig der Fromme 819 in einem Erlaß an den Erzbischof von Trier vor, daß sie *mensis*, *dies*, *annus regni* und *indictio* angeben sollen. MG. Capit. 1, 355 n. 173.

[4] Form. Extravag. 1, 18. Vgl. auch Form. Aug. Coll. B. n. 34.

[5] Westdeutsche Ztschr. f. Gesch. 1, 377: *dicunt qui viderunt quod litterae quas attulit Iohannes non proferunt diem nec indictionem . . . decreta autem Romana affirmant, nullius esse vigoris epistolas quae carent die et indictione.*

urkunden gab, ihre Rechtskraft ausdrücklich von der Innehaltung dieser Formen abhängig gemacht.[1]

Diese Vorschriften beziehen sich jedoch nur auf eigentliche Urkunden, durch die Rechte verliehen, bestätigt oder bezeugt werden; Briefe, die einer rechtlichen Bedeutung entbehrten, bedurften der Datierung nicht. Die uns erhaltenen Briefe fränkischer Könige aus merovingischer und karolingischer Zeit sind sämtlich undatiert und auch bei den deutschen Königen des 10. und 11. sowie der ersten Hälfte des 12. Jahrhunderts ist die Datierung von Briefen ganz ungewöhnlich.[2] Erst in der Zeit Friedrichs I. ist in Italien im Jahre 1159 der Brauch aufgekommen, Briefe mit einer kurzgefaßten Datierung, die nur den Ort und den Tag der Ausstellung angab,[3] zu versehen und dieser Brauch ist dann in der Folge immer regelmäßiger geworden; im 13. Jahrhundert wird zumeist auch eine Jahresangabe, bisweilen, so unter Wilhelm von Holland, das Inkarnationsjahr oder die Indiktion, später in der Regel auch das Regierungsjahr dazu gesetzt.[4]

Bei Mandaten kommt eine Datierung in vereinzelten Fällen schon in karolingischer Zeit vor,[5] bleibt aber bis zur zweiten Hälfte des 12. Jahrhunderts selten[6] und wird erst seitdem ein regelmäßiger Bestandteil des Eschatokolls.[7]

---

[1] Villani 10, 67; Fumi, Cod. dipl. della città d'Orvieto (Docum. di stor. ital. 8) S. 467 n. 645; Chroust, Beitr. z. Gesch. Ludwigs d. Bayern 1, 138. Befolgung dieser Vorschrift zeigen z. B. lombardische Urkunden vom März 1328, MG. Const. 6, 326 ff. n. 424 ff.; vgl. auch NA. 30, 431 n. 1.

[2] Eine Ausnahme macht nur der von Widukind überlieferte Brief Ottos I. an die sächsischen Fürsten DO. I. 355, den man übrigens auch als Mandat ansehen könnte. Aber auch wenn man dies Schriftstück nicht, wozu auch Nürnberger's Quellenstudie aus dem historischen Seminar der Universität Innsbruck V. Heft (1913) geneigt ist, als eine Erfindung Widukinds betrachten will, so haben ihre Ausführungen jedenfalls dargetan, daß es von dem Corveyer Chronisten stark überarbeitet worden ist, und so ist es sehr wohl möglich, daß die auch formell durch das Eingangswort ganz singuläre Datierung: *scripta XV. kal. febr. in Campania juxta Capuam* erst von ihm — übrigens vielleicht auf Grund richtiger Angaben seiner Gewährsmänner (vgl. A. Nürnberger a.a.O. S. 82) — hinzugefügt ist. Gegen die Annahmen Nürnberger's NA. 43, S. 647 n. 264.

[3] St. 3865: *dato in obsidione Cremae XVI Kal. Oct.* weiter 3869. 3870 usw.

[4] Die Frage der Datierung von Papstbriefen bedarf noch sorgfältiger Untersuchung im einzelnen; ich kann hier nicht näher darauf eingehen.

[5] Vgl. z. B. DKar. 172. 217. Mühlbacher Reg.² 1493.

[6] Es ist bezeichnend, daß wir noch von Konrad III. nur ein einziges datiertes Mandat St. 3393 besitzen.

[7] Auch die Ernennungsurkunden von Königsboten usw. (vgl. Bd. 1, 68 N. 2), obwohl nicht eigentliche Mandate, entbehren regelmäßig der Datierung.

Aber auch bei den Diplomen hat man jeder Zeit doch nur in der Theorie an der Notwendigkeit der Datierung festgehalten. In der Praxis sind selbst Urkunden der königlichen und der päpstlichen Kanzlei nicht selten, namentlich bis zum 12. Jahrhundert, durch die Nachlässigkeit des bei der Ausfertigung beteiligten Personals ausgegeben worden, ohne daß die Datierung hinzugefügt worden wäre.[1] Sehr viel häufiger noch ist das in Deutschland, namentlich vom 10. bis zum 13. Jahrhundert, bei Privaturkunden der Fall, während italienische Notare in dieser Hinsicht zumeist sorgsamer vorgingen. Daß man aber derartigen mangelhaften Urkunden nun wirklich Glaubwürdigkeit und Rechtskraft versagt hätte, davon findet sich nur in sehr seltenen Fällen eine Andeutung.

Die Stellung der Datierung in den Urkunden war von jeher eine doppelte. In Briefen, und demgemäß in allen die Briefform innehaltenden Erlassen der römischen Kaiser, standen die Zeitangaben am Schlusse und bildeten die letzte Formel des Eschatokolls. In den Instrumenten der römischen Tabellionen dagegen sollten nach kaiserlicher Verordnung[2] die Daten an den Anfang der Urkunde gesetzt werden. In den uns erhaltenen spätrömischen Privaturkunden, wie den siebenbürgischen und pompejanischen Wachstafeln, die nicht von Tabellionen ausgefertigt sind, steht die Datierung je nach der sonstigen Form der Urkunde bald am Anfang, bald am Schluß. Im Mittelalter haben die Urkunden der päpstlichen Kanzlei, die ja aus Briefen hervorgegangen sind, die Datierung durchweg am Schluß; eine Ausnahme machen regelmäßig nur die Synodal-Constituta,[3] welche wie die römischen Senatusconsulta mit der Datierung beginnen. Im Eschatokoll stehen die Daten auch in den langobardischen Königsurkunden,[4] sowie zumeist in den Urkunden weltlicher und geistlicher Fürsten und Herren, die nicht von öffentlichen Notaren

[1] Eine undatierte Papsturkunde ist z. B. Jaffé-L. 4036, s. MIÖG. 9, 11 N. 3. Beispiele aus der deutschen Reichskanzlei s. FDG. 13, 94; Ficker, BzU. 2, 181. 195. In einzelnen Fällen mag das Fehlen der Datierung in Originalen darauf zurückzuführen sein, daß der untere Rand derselben abgerissen oder abgeschnitten ist; gegen die Annahme Stumpf's, Reichskanzler 1, 122 N. 248, daß daraus stets auf spätere Verstümmelung zu schließen sei, hat sich Ficker a. a. O. S. 180 mit Recht ausgesprochen. — Das verlorene Or. von DO. III. 389 entbehrte von vornherein die Datumzeile, vgl. Schramm, Kaiser, Rom und Renovatio II, S. 65.

[2] Justin. Nov. 47, 1.

[3] S. oben Bd. 1, 74 f. Die Gerichtsurkunden der älteren Päpste über weltliche Angelegenheiten sind zumeist nicht in der Kanzlei geschrieben.

[4] Ebenso in den Urkunden der Herzoge von Spoleto, Benevent und der späteren Fürsten von Salerno, Capua und Benevent, sowie der normannischen Herrscher.

geschrieben sind. In den italienischen Notariatsurkunden bestehen in dieser Beziehung örtliche und sachliche Unterschiede einerseits zwischen den *cartae* und den *notitiae*, besonders den Gerichtsurkunden, andererseits zwischen den verschiedenen Urkundengebieten: dem lombardisch-tuskischen, dem romagnolisch-römischen und dem süditalienischen. Auf die Einzelheiten einzugehen, muß einer Spezialbearbeitung der italienischen Notariatsurkunden vorbehalten bleiben; ganz allgemein läßt sich nur bemerken, daß im Laufe der Zeit die Anfangsdatierungen gegenüber den Schlußdatierungen in ganz Italien mehr und mehr an Boden gewinnen, daß aber auch Mischformen auftreten, namentlich häufig im 12. Jahrhundert eine Form, welche die Tagesbezeichnungen an den Anfang, die Jahresangaben in das Eschotakoll stellt. Immerhin weisen am Ausgang des Mittelalters die italienischen Notariatsurkunden jeder Art ganz überwiegend Anfangsdaten auf. In Deutschland sind die Königs- und Fürstenurkunden ausschließlich am Schlusse datiert worden. Auch die deutschen Privaturkunden kennen, von vereinzelten, eigenartigen Fällen abgesehen, nur Schlußdatierungen; eine Ausnahme machen im früheren Mittelalter nur die Privaturkunden Rätiens, die mit merkwürdiger Zähigkeit bis ins 12. Jahrhundert hinein an der römischen Form der Anfangsdatierung festhalten[1] und in den beiden letzten Jahrhunderten des Mittelalters zahlreiche Urkunden der *notarii publici*, die wie in anderen Dingen so auch darin gern sich dem Brauch ihrer italienischen Kollegen anschließen, daß sie die Daten in das Anfangsprotokoll ihrer Instrumente setzen.

Die Datierungsformel besteht in den meisten Fällen aus Zeit- und Ortsangabe.[2] Die in ihr angewandten Bezeichnungen für Tag, Monat und Jahr näher zu erläutern, ist streng genommen nicht Sache der Urkundenlehre, sondern der historischen Chronologie; die erstere sollte die Bekanntschaft mit der letzteren voraussetzen können. Da indessen die vorhandenen chronologischen Lehr- und Handbücher[3] nicht gerade

[1] Vgl. dazu Helbok in den Quellen zur Gesch. Vorarlbergs, Bd. 1, I. Exkurs, S. 8. 33.

[2] So wenigstens bei den Schlußdatierungen. Die Anfangsdatierungen enthalten wenigstens im früheren Mittelalter nur Zeitangaben, während dann die Ortsangabe am Schlusse steht und dabei häufig auf die vorangehenden Daten Bezug genommen wird, s. unten S. 446 N. 2.

[3] L'art de vérifier les dates des faits historiques, des inscriptions, des chartes, chroniques et autres anciens monuments, (Paris 1750; 4. Aufl. 1819). — Ideler, Handbuch der mathemat. u. techn. Chronologie, (Berl. 1825—26). — Derselbe, Lehrbuch der Chronologie (Berl. 1831). — Matzka, Die Chronologie in ihr. ganz. Umfange (Wien 1844). —

für die Bedürfnisse des Diplomatikers angelegt sind, so wird es zweckmäßig sein, wenigstens die wichtigsten der hierhergehörigen Fragen in möglichster Kürze zu erörtern.

Für die Tagesbezeichnung bediente sich das christliche Mittelalter erstens der Monatsdatierung, zweitens der Angabe der Wochentage, drittens der Angabe, welche Stellung ein bestimmter Tag im kirchlichen Festkalender einnimmt, viertens einer Bestimmung des einzelnen Tages nach seinem Mondalter. Die Monats- und die Festdatierung kommen je für sich allein vor, jede der beiden anderen Bezeichnungen ist in der Regel mit einer zweiten verbunden.

Die Monatsdatierung[1] erfolgt nach drei verschiedenen Methoden der Zählung: entweder in altrömischer Weise nach Kalenden, Iden, Nonen oder in der heute bei uns üblichen Weise, daß die Tage des Monats vom ersten bis zum letzten fortlaufend gezählt werden, oder in einer speziell dem Mittelalter eigenen Weise, die jeden Monat in zwei Hälften zerlegt, und für die erste und zweite Hälfte des Monats eine besondere Zählung vornimmt.

Die fortlaufende Tageszählung, wie sie heute bei uns üblich ist, ist im Orient[2] entstanden, wahrscheinlich im Anschluß an die biblische Art der Monatsdatierung. Im Abendlande ist sie in Italien wie in Gallien gegen das Ende des 6. Jahrhunderts bekannt geworden.[3] Dabei besteht

---

Grotefend, Handbuch der hist. Chronologie des deutschen Mittelalters und der Neuzeit (Hann. 1872.) — Carraresi, Cronografia generale (Flor. 1874). — Brinckmeyer, Prakt. Handbuch der hist. Chronologie, (2. Aufl. Berl. 1882). — Kopallik, Vorlesungen über die Chronologie des Mittelalters, (Wien 1885). — Grotefend, Zeitrechnung des deutschen Mittelalters und der Neuzeit (Hannover 1891—98, 2 Bde). — Derselbe, Taschenbuch der Zeitrechnung im deutschen Mittelalter (6. Aufl. Hannover 1928). — Derselbe, in Meister's Grundriß, Bd. 1, Abt. 3. — Rühl, Chronologie des Mittelalters und der Neuzeit (Berlin 1897). — Lersch, Einleitung in die Chronologie (Freiburg 2. A. 1899, 2 Bde). — Ginzel, Handbuch der mathematischen u. technischen Chronologie, 3 Bde (Leipzig 1906—14). — Neugebauer, Astronomische Chronologie (Berlin u. Leipzig 1929) 2 Bde. — Vgl. auch Giry (1894, Neudruck 1925), S. 79 ff. — Paoli, Programma 3, 159 ff. — Kalendarien und Jahrzeitbücher s. unten S. 404.

[1] Die Namen der Monate sind in lateinischen Urkunden des Mittelalters durchweg die römischen. Über die deutschen Monatsbezeichnungen s. Weinhold, Die altdeutschen Monatsnamen, Halle 1869.

[2] Nach Mommsen, Ztschr. f. Rechtsgesch. 6, 88 ff., vgl. NA. 3, 594, speziell in Syrien oder Ägypten.

[3] Das älteste, aber ganz vereinzelte Beispiel in Italien ist eine Inschrift des 3. oder 4. Jahrhunderts aus Lodi, CIL. 5, 6377. Dann folgen Inschriften von 574, 608. 619, vgl. NA. 3, 594; Sickel bei Stintzing, Ztschr. f. Rechtsgesch. 5, 339. Für Gallien vgl. die Inschriften bei le Blant n. 322. 325. 560. 586[a].

aber in bezug auf die Form dieser Bezeichnung ein durchgreifender Unterschied zwischen beiden Ländern, den ein Beispiel klar machen möge: der 6. Mai heißt in Italien *sextus dies mensis madii* oder *de mense madio*; in Gallien sagt man: *quod* (*ubi, quo, quando*) *fecit mensis madius dies sex.* Diese Form herrscht besonders in der merovingischen Kanzlei bis um die Mitte des 7. Jahrhunderts vor, soweit überhaupt Monatsdaten angegeben sind.[1] Nur beim ersten Monatstag oder bei einem Tag der zweiten Monatshälfte wurde nach dem römischen Kalender gerechnet.[2] Die fortlaufende Tagesbezeichnung wird von da ab bis zum Schluß der merovingischen Epoche und vereinzelt auch noch unter den ersten Karolingern [3] neben der römischen Bezeichnung angewandt, doch wird sie auch schon in den Urkunden der arnulfingischen Hausmeier mehrfach nur in der einfacheren italienischen Weise bewirkt.[4] Die merovingische Form ist auch auf deutschem Boden nachweisbar,[5] ebenso die fortlaufende Zählung der einfacheren Form.[6] Beide werden auch aus den deutschen Privaturkunden,[7] wie aus denen der karolingischen Kanzlei, seit den ersten Jahren des 9. Jahrhunderts durch die römische Zählung für lange Jahrhunderte fast völlig verdrängt, so daß auch die Formulare sich dem

[1] Das erste merovingische originale Königsdiplom mit römischem Monatsdatum ist DM. 19; in Abschriften kommt es schon früher vor, und ebenso ist in den Capitularien schon vorher die römische Bezeichnung angewandt, so 585 und 587 bei Guntram (MG. Capit. 1, 12. 14 n. 5. 6), 596 bei Childebert II. (ebenda 1, 17 n. 7), 614 bei Chlothar II. (1, 23 n. 8). — Form. And. 1 steht die fortlaufende, Form. And. 60 die römische Bezeichnung.

[2] Vgl. Erben, UL. S. 324 und Schmitz, in der unten S. 445 N. 4 angeführten Maschinenschriftdissertation S. 30.

[3] Die karolingischen Beispiele sind zusammengestellt von Tangl, NA. 32, 182 N. 2. Das letzte Diplom, in dem die Form vorkommt, ist DKar. 118 vom Jahre 777, das letzte Plazitum DKar. 216 vom Jahre 812.

[4] So z. B. DArn. 9: *die mensis febr. XXIII*; 12: *m. iulio VIIII die*, vgl. auch DArn. 18. 21. Erst seit Karl Martell aber kommt die merovingische Form in den Urkunden der Hausmeier vor.

[5] Vgl. z. B. Beyer 1 n. 8: *sub die quod fecit m. iun. dies XXIII* (720); Wartmann 1 n. 10: *sub die quod fecit nov. dies IX* (744), vgl. n. 27. 33. 49. 59 und öfter. Zeuss n. 194: *sub die quod fecit m. febr. dies XIII* (718), vgl. auch Form. Aug. Coll. A. 14, B. 1.

[6] Vgl. Stengel, UB. d. Klosters Fulda n. 18: *sub die XVIII ian.* (753); n. 23: *sub die XV iun.* (754); Dronke n. 70: *die XXV m. nov.* (780) und öfter. Zeuss n. 43: *die XX m. iun.* (696); n. 228: *sub die XV sept.* (695, 711) und öfter.

[7] Über die Form der Tagesbezeichnungen in den Urkunden des Bistums Freising vgl. die sorgfältige Arbeit von H. Aicher, Quellenstudien aus dem hist. Seminar der Universität Innsbruck, IV. Heft (1912), worin namentlich auf die Art der Tagesbezeichnung im Texte der Urkunden, auf die wir hier nicht eingehen, berücksichtigt ist.

anschließen und, während noch die Reichenauer Formulare, die bis ins 8. Jahrhundert zurückgehen, die fortlaufende Zählung gebrauchen, die St. Galler des 9. Jahrhunderts nur die römische Datierung kennen. In Italien ist die älteste bis jetzt bekannte Urkunde, welche die Monatstage fortlaufend zählt, im Jahre 587 von Gregor, der später als der erste dieses Namens den päpstlichen Stuhl bestieg, ausgestellt worden,[1] und die gleiche Form der Datierung ist auch in den Briefen Gregors zeitweise angewandt worden.[2] Die Kanzlei der Nachfolger Gregors I. hat dann allerdings diesen Brauch wieder aufgegeben und wendet die römische Tageszählung an; doch hat man im 11. Jahrhundert auch in der päpstlichen Kanzlei die Tage mehrfach wiederum fortlaufend gezählt,[3] und in den päpstlichen Breven des 15. Jahrhunderts ist im Gegensatz zu den nach römischer Art datierten Bullen die fortlaufende Zählung vollkommen zur Regel geworden. Die letztere war auch die regelmäßige Form in der Kanzlei der langobardischen Könige,[4] und sie spielt auch in den italienischen Privaturkunden eine sehr bedeutende Rolle. In gewissen Gebieten wie in dem unter griechischem Einfluß stehenden Herzogtum Neapel wird sie bis zur normannischen Zeit so gut wie ausschließlich angewandt, und sie verdrängt seit dem Jahre 1144 auch in der Kanzlei der normannischen Herrscher die bis dahin dort angewandte römische Zählweise.[5] In der Romagna herrscht sie bis zum 12. Jahrhundert wenigstens vor; in der Lombardei und Tuskien konkurriert sie um dieselbe Zeit mit der römischen Datierung. In der deutschen Reichskanzlei bleibt dagegen in der Zeit nach 800 die römische Zählung allein herrschend; erst unter Heinrich VI. findet sich, offenbar unter sizilianischem Einfluß, einige Male schon im Dezember 1191, häufiger seit 1195 die fortlaufende Zählung in italienischen und vereinzelt auch in deutschen Urkunden.[6] Unter

---

[1] Marini, Papiri S. 137.

[2] Vgl. Ewald, NA. 3, 592 ff., der die Echtheit dieser Daten erwiesen hat. Sie finden sich auch in Formularen des *Liber diurnus*, die aus Gregors I. Zeit stammen.

[3] Vgl. z. B. GGN. 1898, S. 55 n. 1; Jaffé-L. 4292. 4293. 4365. 4375 u. a. m.

[4] Über die wenigen Ausnahmen vgl. Chroust S. 58 f.; dazu Hartmann, NA. 25, 616. Die Herzoge von Benevent und Spoleto geben in ihren Urkunden regelmäßig nur den Monat, nicht auch den Tag an, was auch sonst im langobardischen Reiche häufig vorkommt. In den Fürstentümern Capua und Benevent wird seit dem 10. Jahrhundert römische Tageszählung angewandt, dagegen bleibt in Salerno die bloße Monatsdatierung üblich, nur vereinzelt kommt fortlaufende Tageszählung vor, vgl. Voigt S. 43, 30.

[5] Vgl. K. A. Kehr, Die Urkunden der normannischen Könige S. 299. Die Form ist hier *mense octobr. die* XVIII.

[6] Vgl. Ficker, BzU. 2, 365; Scheffer-Boichorst, NA. 24, 160.

Friedrich II. unterscheiden sich vielfach die Urkunden für Sizilien und die für Deutschland und Italien gerade durch die verschiedene Weise der Tagesbezeichnung; doch findet sich andererseits sehr häufig die Anwendung der sizilianischen fortlaufenden Tageszählung auch in Reichssachen, während das umgekehrte nicht vorkommt. Nicht unter Heinrich (VII.), wohl aber unter Konrad IV., und gewiß wiederum unter dem Einfluß sizilianischer Notare, die der Vater in Deutschland zurückgelassen hatte,[1] bürgert sich dann die fortlaufende Zählung auch in Deutschland in Königsurkunden vollkommen ein. Die nächste Zeit zeigt neue Schwankungen. In den Urkunden Wilhelms werden die Tage römisch gezählt, in denen Richards und Alfonsens fortlaufend, nach dem Interregnum dagegen wiederum römisch. Schon unter Ludwig dem Bayern aber kommen, namentlich während des Zuges nach Italien, wieder fortlaufend gezählte Tagesdaten vor, die zwar in der luxemburgischen Kanzlei zurücktreten, aber unter Ruprecht von der Pfalz wieder üblich werden; dann verschwindet allmählich die römische Zählung vor der fortlaufenden und der Tagesbezeichnung nach dem Festkalender sowohl in den Urkunden der Reichskanzlei wie in anderen in Deutschland völlig aus dem Gebrauch.

Verwandt der fortlaufenden Zählung ist die Tagesbezeichnung, welche den Monat in zwei verschieden behandelte Hälften teilt; ich will für sie den hergebrachten, obwohl nicht ganz passenden Ausdruck der bolognesischen Datierung beibehalten.[2] Die erste Hälfte des Monats — im Februar bis zum 14., in dreißigtägigen Monaten bis zum 15., in einunddreißigtägigen bis zum 16. einschließlich — heißt *mensis intrans* oder *ingrediens* und wird fortlaufend gezählt; es heißt also *primo die m. iunii, secundo die intrante m. iunio* usw. bis zum 15., *die XV intrante m. iunio.* Die zweite Monatshälfte heißt *mensis exiens*, *stans*, *restans*, *astans*, und wird rückläufig gezählt, so daß also der 16. Juni (oder der 17. Juli) bezeichnet werden als *XV dies exeunte m. iunio* (*iulio*). Für den vorletzten und letzten Tag sind auch die Bezeichnungen *die penultimo* (*ultimo*) *mensis* üblich.[3] Für den 15. eines Monats wird vereinzelt *me-*

---

[1] Vgl. Ficker, BzU. 2, 373.

[2] *Consuetudo Bononiensis.* Die Bezeichnung geht auf Rolandinus (oben S. 257) zurück. Die Datierung ist nicht in Bologna entstanden. Sie kommt in der Romagna erst von 1150 ab häufiger vor (vgl. Savioli 1^{b}, 228 n. 148, 237 n. 153), ist dann aber allerdings seit dem Anfang des 13. Jahrhunderts gerade in Bologna ganz zur Herrschaft gelangt.

[3] Aber nicht ausschließlich, es heißt z. B. 1209 in Bologna *die II exeunte m. madii*, Savioli 2^{b}, 297 n. 382. — Zur Reduction der Angaben nach *mensis exiens* auf unsere

diante mense gesagt.[1] Diese Datierungsweise scheint auf langobardischem Gebiet entstanden zu sein und ist viel älter als früher meistens angenommen wurde. Angaben nach *mensis intrans* lassen sich in der Lombardei und Tuszien schon im 8. und 9., solche nach *mensis exiens* schon um die Mitte des 9. Jahrhunderts nachweisen; [2] in den langobardischen Fürstentümern von Salerno und Benevent finden sich Belege für die Zählung nach *mensis stans* gleichfalls schon vor dem Ende des 9. und im Anfang des 10. Jahrhunderts, und wenn sie nicht zahlreich sind, so liegt das wohl nur daran, daß hier überhaupt gewöhnlich nur der Monat, nicht auch der Tag in den Urkunden angegeben wird. [3] Häufiger und allgemeiner angewandt

Zählung zieht man von der Tageszahl des Monats + 1 die Angabe nach *mensis exiens* ab. — Vereinzelt kommt auch in der ersten Hälfte des Monats die Zählung vom Monatsende, in der zweiten die vom Monatsanfang ab vor. So heißt es 1279 in Pisa „*die 20. isciente aprili* (Paoli, Programma 3, 205), 1308 in Florenz" die 24 *intrante m. decembris* (MIÖG. 7, 465).

[1] Zwei Beispiele aus Spalato und Ragusa von 1188 und 1198 bringt v. Šufflay, SB. der Wiener Akademie 147 n. 6 S. 162. Auch in Süditalien im Gebiete von Salerno und Benevent soll diese Formel nach einer Angabe im Cod. dipl. Cavensis 1 p. LX vorkommen. Aber Belege werden dort nicht angeführt, und in den drei ersten Bänden des Cod. dipl. Cavensis, die bis zum Jahre 1000 reichen, findet sich die Formel nicht. Alt scheint sie aber nicht zu sein, und ich kann mich nicht entschließen, um ihretwillen mit v. Šufflay, MIÖG. 27, 481 f., dem M. Tangl, NA. 32, 585 n. 224 zustimmt, einen Zusammenhang der *consuetudo Bononiensis* mit der altattischen Teilung des Monats in drei Dekaden anzunehmen, zumal da die Bezeichnung μεσοῦν nicht für den mittelsten Tag des Monats, sondern für die mittelste Dekade, also die Tage vom 11. bis zum 20. gebraucht wird.

[2] Der erste Fall, auf den schon Chroust S. 60 aufmerksam gemacht hat, ist (wenn wir Troya n. 519 seinem gewiß zutreffenden Vorschlage entsprechend emendieren, vgl. den Neudruck im Cod. dipl. Langob. (1929) n. 69) Troya n. 719 von 757 mit *V. die intrante mense novembrio* (Or. Lucca). Zur Skepsis gegen diese Datierung ist kein Grund. Ich habe mir aus früher Zeit noch angemerkt — selbstverständlich, ohne die Gesamtheit der italienischen Privaturkunden daraufhin zu untersuchen —: Pisa 796, *V. die intrante mense iunio* (Ficker, It. Forsch. 4, 4 n. 3); 807, *sub. die XI. intrante mense sept.* (Fumagalli, Cod. dipl. n. 29); bei Brescia 842, *die XII. m. intr. oct.* (HPM. 13, 256 n. 147); Chiusi 858, *mense augusto exeuntis undecimo dies* (Brunetti, Cod. dipl. Toscano 1, 563, n. 53).

[3] Cod. dipl. Cavensis 1, 102 n. 79 (875): *decimo die stante menses aprilis*; 1, 143 n. 114 (902): *uno die stante mense iunius*; 1, 261 n. 203 (959) *undecima die mense martius stante*; 2, 71 n. 268 (972) *septimo die intrante mense octuber*; 2, 92 n. 284 (975): *nono die intrantes mense magio.* Das sind alle Fälle, die ich in den drei ersten Bänden des Cod. dipl. Cavensis finde. Beispiele des 12. Jahrhunderts, darunter auch einige Mandate König Wilhelms II. und der Königin Constanze bei K. A. Kehr, Urkunden der normannischen Könige, S. 300 f. Auch bei den unteritalienischen Schriftstellern, am häufigsten bei Falco von Benevent, kommt diese Tagesbezeichnung vor.

ist diese Art der Tagesbezeichnung in ihnen erst gegen den Ausgang des 11. und im 12. Jahrhundert; im Anfang des 13. gelangt sie in gewissen Gebieten, namentlich im Bolognesischen, für längere Zeit zu fast ausschließlicher Herrschaft. In der Reichskanzlei findet sie sich nur vereinzelt seit der zweiten Hälfte des 12. Jahrhunderts,[1] etwas häufiger unter Otto IV. und Friedrich II.,[2] aber im ganzen doch nur in wenigen, von italienischen Notaren oder Kanzleibeamten herrührenden Urkunden. Auch außerhalb der Reichskanzlei ist diesseits der Alpen die bolognesische Zählung nur in wenigen Urkunden, deutschen und lateinischen, seit der Mitte des 13. Jahrhunderts angewandt worden.[3]

In Bezug auf die Anwendung der römischen Zählung nach Kalenden, Iden und Nonen ergiebt sich das Erforderliche aus den vorangehenden Bemerkungen von selbst. Die Regeln für die Berechnung der Daten sind im Mittelalter nicht verändert worden, nur daß ihre Ausführung den mittelalterlichen Urkundenschreibern oft erhebliche Schwierigkeiten bereitete und Veranlassung zu manchen sehr fehlerhaften Datierungen gab.[4] Nur in Bezug auf den Ausdruck hat das Mittelalter die römische

[1] St. 4150. 4247. 4371. 4830. Über St. 1920 vgl. DK. II. 69 Anm. o. Andere ältere Fälle, wie St. 2840. 2841. 4008. 4185. 4388. usw. betreffen Urkunden, die nicht in der Kanzlei geschrieben sind.

[2] Vgl. Ficker, BzU. 2, 368, 379. Ein vereinzeltes Beispiel aus der Kanzlei des Gegenpapstes Nikolaus V: *anno Domini* 1326 *penultimo die Septembris* s. bei Eubel, Archival. Zeitschr. NF. 4, 127.

[3] Abgesehen von den Italien benachbarten Alpenländern, insbesondere Tirol, wo sie von Trient aus weiter vorgedrungen ist, findet sich die *consuetudo Bononiensis* in vier Urkunden des 13. Jahrhunderts (Mon. Zollerana 2, 24 n. 56; 2, 57 n. 102; 2, 65 n. 111; 2, 66 n. 112), die offenbar von einem Notar des Burggrafen von Hohenzollern geschrieben sind, und in zwei schlesischen Urkunden des Herzogs Heinrich von Breslau von 1266 (Stenzel, Urk. zur Gesch. des Bistums Breslau, S. 31 n. 24) und des Herzogs Bolko von Fürstenberg von 1301 (Cod. dipl. Silesiae 9, 6). Hier mag der Einfluß italienischer Bildung der Notare maßgebend gewesen sein. Häufiger ist die allgemeine Bezeichnung des eingehenden und ausgehenden Monats, *principio, mensis, incipiente mense* u. dgl. ohne Tagesangabe; sie findet sich auch in einer Urkunde Rudolfs von Habsburg vom April 1283 (Böhmer-Redlich n. 1780); vgl. Grotefend, Zeitrechnung 1, 28 ff., wo auch die hier angeführten Fälle schon verzeichnet sind.

[4] Ein besonders beachtenswertes Versehen ist es, daß der Schreiber, nachdem er den Tag vor den Kalenden richtig berechnet hat, den laufenden Monat statt den folgenden nennt, also z. B. den 20. März statt XIII *kal. april.* als XIII *kal. mart.* bezeichnet. Vgl. Ficker, BzU. 1, 40. 216 f.; 2, 217 (aber zu DO. II. 235 Sickel, MIÖG. Erg. 2, 180, N. 2), 2, 479; Mühlbacher, Wiener SB. 85, 486; Mühlbacher, Reg.[2] 2034; Löwenfeld zu Jaffé-L. 3796. 4006. 4021; Grotefend, Zeitrechnung 1, 168 f. Einen Fall, in dem dies Versehen mit voller Sicherheit festgestellt werden kann, bespricht Tangl, NA. 31, 266 n. 19[1]; vgl. auch Finke, Westfäl. Papsturkunden S. 158 n. 338; Bresslau in der

etwas umständliche Form dieser Datierungsweise vereinfacht. Statt des klassischen *ante diem V. kalendas* (*nonas*, *idus*) *iulias* (*decembres*) findet sich schon in den Urkunden der ersten Kaiserzeit das einfachere *V. kal. iunias*; im 6. Jahrhundert ist in den ravennatischen Papyrusurkunden die Form *sub die XII. kal. apr.* besonders beliebt, die auch in der fränkischen Kanzlei, als diese die römische Zählung annahm, vorherrscht. Das spätere Mittelalter setzt zumeist das Zahlwort in den Ablativ, fügt den Monatsabschnitt im Akkusativ, seltener im Genitiv, den Monatsnamen aber in der Regel im Genitiv Singularis hinzu, sagt also zum Beispiel *quarto kalendas maii*.[1]

Für die Bezeichnung der Wochentage hat das Mittelalter zwei Weisen: die jüdisch-christliche und die heidnisch-römische. Nach der ersteren werden die Wochentage vom Sonntag bis zum Sonnabend durchgezählt und als *feria prima* bis *septima* bezeichnet. Die letztere behält die planetarischen Wochentagsnamen *dies Solis*, *Lunae*, *Martis*, *Mercurii*, *Iovis*, *Veneris*, *Saturni* bei. Bei beiden Bezeichnungsweisen werden aber für den Sonntag und Sonnabend häufiger die Ausdrücke *dies dominica* und *Sabbatum* gebraucht. In deutschen Urkunden heißt der erste Wochentag Sonntag[2] oder Frohntag, der zweite Montag, der dritte Dienstag (in Schwaben und Franken oft mit anlautendem Z geschrieben, also Zistac, Zinstac u. s. w.), in Bayern Eritac oder Erchtac (auch Aftermontag kommt vor), der vierte Wodentag (Wuonstag, auch mit anlautendem *G* Godenstag, Guttentag) oder Mittwoch (Mittichen), der fünfte Donnerstag oder Pfingstac (Pfinstac usw. von fünf — oder πέμπτη — abgeleitet), der sechste Freitag, der siebente Sonnabend oder Samstag (Sambiztac usw., gleich Sabbathstag), in Westfalen Saterstag (Saiterstag). Obwohl die Ferienzählung von der Kirche begünstigt wurde, hat sie doch die heidnischen Wochentagsnamen niemals zu verdrängen und sich ihnen gegenüber schließlich nicht einmal zu behaupten vermocht.

Vorbemerkung zu DH. III. 134. — Bisweilen kommen auch Tage vor, die es gar nicht gibt, so z. B. *VII non. iul.* in DO. I. 181; *VI non. april.* in DO. I. 240. DH. II. 110; *XVIIII kal. aug.* in DK. II. 41.

[1] Für *pridie* wird auch *secundo* gesagt. An den Abschnittstagen selbst sagt man *kalendas* oder *kalendis* oder *die kalendarum julii* — „In Bayern kommt in agilolfingischer Zeit auch die Verbindung des *die quod fecit* mit römischen Daten nach Kalenden, Nonen Iden vor," vgl. Brunner, Zur Rechtsgesch. S. 252 und Aicher, s. oben S. 398 N. 7 passim.

[2] Auf die Verschiedenheiten der alt- und mittelhochdeutschen Formen einzugehen, ist hier nicht erforderlich; nur einige besonders starke dialektische Abweichungen mögen notiert werden.

Die Wochentagsangabe findet sich schon in fränkischer Zeit in Privaturkunden sehr häufig, in Königsurkunden aber vor dem 13. Jahrhundert nur selten;[1] erst in Verbindung mit der Datierung nach dem Festkalender wird die Angabe des Wochentages, die hier vielfach unentbehrlich ist, auch in deutschen Urkunden üblich. Es versteht sich von selbst, daß in allen Fällen, in denen Wochen- und Monatstagangaben miteinander verbunden sind, zu prüfen ist, ob beide zusammentreffen.[2]

Die Datierung nach dem Festkalender[3] bedient sich sowohl der unbeweglichen als der beweglichen Feste des Kirchenjahres. Für ihr Verständnis genügt es, auf die chronologischen Handbücher und die Kalendarien zu verweisen.[4] Im früheren Mittelalter sind die Angaben

[1] Beispiele: DO. I. 30: *feria VI.* DO. I. 33: *feria II.* DO. I. 50: *feria IIII.* DO. I. 115: *feria V.* DO. I. 159: *feria V.* DH. II. 277: *feria III.* DH. II. 506: *feria I.* DL. III. 66: *feria IIII.* DL. III. 72 (zu dieser Urkunde vgl. Ottenthal in der Festschrift f. P. Kehr [1926] S. 342): *feria III.* — Andere Bezeichnungen, als die nach der Ferienzahl in älterer Zeit nur in Urkunden, welche außerhalb der Kanzlei von italienischen Notaren geschrieben sind: St. 2841 *die Martis*, 3128. 3182. 3136. 3139 alle *die Sabathi*, 3866 *die Veneris*, 3871 *die Martis*, 3872 *die Iovis*, 3890. 4420. 4455 *die dominico*, 4371 *die Iovis*, 4388 *die Veneris* (beide Male mit Bolognesischer Tageszählung), BF. 670 usw. Doch gilt dies nur für die Datierungszeile; in anderen Teilen der Urkunden finden sich auch diese Namen schon viel früher; vgl. z. B. DO. III. 144: *dies Veneris.*

[2] Über die Reduktion der Monats- auf Wochentage und umgekehrt siehe Grotefend, Chronologie S. 6. 12; Zeitrechnung 1, 171 ff. — Eine in Ermangelung jedes tabellarischen Hilfsmittels, aber nur bei Daten des Julianischen Kalenders (oder darauf reduzierten Daten) anwendbare Berechnungsmethode ist diese: Man dividiert die Zahl der verflossenen Jahre (also die Jahreszahl minus 1) durch 4, multipliziert den Quotienten mit 1461, den etwaigen Rest mit 365 und addiert beides, zählt dazu die im laufenden Jahre verflossenen Tage (den laufenden Tag mitgezählt) und dividiert die Summe durch 7. Ist der Rest 1, so ist der gesuchte Tag Sonnabend (weil der 1. Jan. des Jahres 1 post Chr. Sonnabend war), 2 Sonntag, 3 Montag usw.; bleibt kein Rest, so ist der gesuchte Tag Freitag. Beispiel: 1106 Juli 4, welcher Wochentag? 1105 : 4 = 276 Rest 1. — 276 . 1461 (= 403 236) + 1 . 365 (= 365) + 31 + 28 + 31 + 30 + 31 + 30 + 4 = 403 786. 403 786 : 7 = 57 683. Rest 5. 5 = Mittwoch. Die Rechnung läßt sich erheblich vereinfachen, indem man zuerst von der Zahl der verflossenen Jahre so oft als möglich 28 abzieht (sie durch 28 dividiert und nur mit dem Rest so verfährt, wie eben angegeben ist . Also 1105 : 28 = 39 Rest 13. 13 : 4 = 3 Rest 1, 3 × 146 (+ 1 + 365 + 185 = 4933 . 4933 : 7 = 704 Rest 5.

[3] Vgl. Sachse, Das Aufkommen der Datierungen nach dem Festkalender (Diss. Erlangen 1904); Zillicken, Der Kölner Festkalender, seine Entwicklung und seine Verwendung zu Urkundendatierungen, Bonner Jbb. 119 (1910). Dazu die Besprechungen beider Schriften von Aicher, Deutsche Geschichtsbll. XIII, S. 87 ff. und dessen Bemerkungen in der oben S. 398 N. 7 angeführten Schrift S. 73 ff. Ferner Miesges, Der Trierer Festkalender, Trierer Arch., Erg.-Heft XV, (1915).

[4] S. oben S. 396 N. 3 und vgl. Haltaus, Calendarium medii aevi praecipue

nach dem Festkalender, während sie im Text der Urkunden mit Vorliebe angewandt werden, um z. B. einen Zinszahlungstermin oder einen Jahrmarktstag zu bezeichnen,[1] in der eigentlichen Datierung nicht häufig; in Königsurkunden kommen sie vor dem 11. Jahrhundert nur selten vor[2] und sind auch bis zur Mitte des 12. noch recht spärlich.[3] Erst seit der Zeit Wilhelms von Holland wird die Datierung nach dem Festkalender in Deutschland immer beliebter, und im 14. Jahrhundert ist sie in und außerhalb der Reichskanzlei, namentlich in deutsch abgefaßten, aber auch in lateinischen Urkunden geradezu vorherrschend geworden.

Wegen der großen Bedeutung, welche für den mittelalterlichen Festkalender, insbesondere die Berechnung des in dessen Mittelpunkt stehenden Osterfestes die Mondphasen hatten, kommt es bisweilen vor, daß einer Tagesangabe die Angabe des Mondalters hinzugefügt wird. Die in der Form „*luna X*" neben einem Tagesdatum gegebene Bestimmung besagt

---

Germanicum, (Lipsiae 1729). — Rabe, Calendarium festorum dierumque mobilium atque immobilium perpetuum, (Onoldi 1737). — Waser, Histor. diplom. Jahrzeitbuch zur Prüfung der Urkunden (Zürich 1779). — Pilgram, Calendarium chronologicum medii potissimum aevi (Vienn. 1781). — Helwig, Zeitrechnung zur Erörterung der Daten in Urkunden für Deutschland (Wien 1787). — Weidenbach, Calendarium historico-christianum medii et novi aevi (Regensbg. 1855); ferner die Verzeichnisse der Heiligentage bei Potthast, Biblioth. histor. med. aevi Supplementum[1] (Berl. 1868), Zinkernagel, Handbuch für angehende Archivare und Registratoren (Nördl. 1800); sowie die Diözesankalender bei Grotefend, Zeitrechnung, Bd. 2 und Kellner, Heortologie oder die geschichtliche Entwicklung des Kirchenjahres und der Heiligenfeste[2] (Freiburg 1906).

[1] Ebenso bei Beurkundungen von Rechtssprüchen, wo das Datum nach dem Festkalender im Text angegeben zu werden pflegt, vgl. Ficker, BzU. 1, 181. 352 f.

[2] Die einzelnen Fälle hat Sachse S. 16 ff. zusammengestellt. Es sind je zwei aus dem 9. und 10. und drei aus dem 11. Jahrhundert: Mühlbacher, Reg.[2] 1976. 1977; DD.O. III. 95. 166. DH. II. 422. St. 2917. 2997; (die von Sachse angeführte Notitia St. 2534 ist kein Diplom und in St. 2785 steht die Festdatierung in einem späteren Zusatz zu dem Diplom). Zur Datierung ist einmal das Oster-, einmal das Pfingstfest, einmal das Evangelistenfest und dreimal der Tag eines Heiligen benutzt, der zu dem Ausstellungsort (DH. II. 422) oder zu dem Empfänger (DD.O. III. 95. 166) oder zu dem verschenkten Kloster (Mühlbacher, Reg.[2] 1976) in nächsten Beziehungen steht. Bei den letzteren Fällen mit Sachse an Empfängerdiktat zu denken, ist kein ausreichender Grund vorhanden; die Sache lag auch der Kanzlei nahe genug. — Am frühesten finden sich Festdatierungen in angelsächsischen Urkunden, vgl. Grimm, Kleine Schriften, 5, 321; dazu auch Treiter, Die Urkundendatierung in angelsächsischer Zeit, AfU. (1921), S. 76 f., 103 ff.

[3] St. 3095. 3164. 3424. 3511. 4156. 4167. 4419. 4801. 4843 (Brief). 4952 (Brief). BF. 99. 100. 871. 3855. 4326. 4387. 4424 (Brief).

also, daß der gegebene Tag der zehnte eines Mondmonats sei, dessen Anfang der cyclisch, nicht astronomisch, berechnete Neumondstag ist.[1] In Deutschland und Italien finden sich derartige Angaben nur selten;[2] ziemlich häufig dagegen kommen sie, namentlich im früheren Mittelalter, in Burgund vor.

Unter den mittelalterlichen Jahresbezeichnungen ist die älteste die nach Konsulatsjahren:[3] in altrömischer Zeit bekanntlich die im offiziellen Gebrauch einzig herrschende. Auf deutschem Boden ist sie nie üblich geworden,[4] in Italien dagegen lange in ausgedehntester Anwendung, und insbesondere in der ostgotischen Kanzlei wie in derjenigen der Päpste [5] herrschend geblieben. Seit dem Ende des vierten Jahrhunderts wirkten bei der Ernennung der Konsuln die Kaiser des Ost- und des Westreiches zusammen, und infolgedessen sind schon im 5. Jahrhundert mancherlei Störungen und Schwankungen in bezug auf die Konsulardatierung eingetreten. Namentlich seit dem Untergang des Westreiches unter den germanischen Königen, die das Recht der Ernennung eines der Konsuln kraft einer Delegation seitens der Kaiser des Ostens ausgeübt zu haben scheinen, kam es in Italien, also auch in den Papsturkunden, sehr häufig vor, was freilich auch schon vorher geschehen war, daß die

---

[1] Für die Kontrolle der Mondalterangaben vgl. Grotefend Chronologie S. 10, Zeitrechnung 1, 127. Man beachte, daß der Neumondstag selbst als der erste Tag des Mondmonates gezählt wird, der Tag nach Neumond also *luna II* hat. — Wenn sich bisweilen in Urkunden die Mondalterangabe des Ostertages eines Jahres findet, so dient dieselbe zur näheren Bestimmung der Jahreszahl, nicht des Tagesdatums.

[2] Auch in Königsurkunden vereinzelt, so z. B. DO. I. 184. DH.II. 277. DD.K. II. 78. 80. Über die Mondalterangaben im *Codex traditionum* von Kloster Mondsee, wo sie seit 820 ziemlich regelmäßig vorkommen, vgl. Hauthaler, MIÖG. 7, 231 f. Über Mondalterdatierung einer Augsburger Urkunde sowie von älteren Urkunden des Klosters Allerheiligen in Schaffhausen vgl. Arch. Zeitschr. NF. 3, Bd. 4 (1928) S. 45 mit dem Hinweis auf Quellen zur Schweizer Geschichte Bd. III.

[3] Vgl. De Rossi, Inscript. christ. urbis Romae, 1, XV ff.; Mommsen, NA. 14, 226 ff.

[4] Ausgenommen die kurze Episode des burgundisch-romanischen Reichs, dessen Herrschaft sich ja auch über später deutsches Land erstreckte, vgl. Binding, Gesch. des burg.-roman. Königreichs 1, 309 ff. — Wenn in bayrischen, insbesondere seit 764 in Freisinger Urkunden sehr oft die Datierung durch die Worte: *actum* (*datum*) *sub die consule* eingeleitet wird, worauf dann das Monatsdatum folgt, so ist das keine Zählung nach Konsulatsjahren, sondern eine gedankenlose Herübernahme aus römischen Urkunden oder Formularen, vgl. Brunner, Zur Rechtsgesch. S. 252.

[5] Die ersten echten Papstbriefe, welche Konsuljahre angeben, sind von Siricius (384—98), Jaffé-K. 255. 258. Aber es ist natürlich nur Zufall, daß uns ältere Papstbriefe mit Konsulardatierung nicht erhalten sind.

Jahre nur nach einem, dem abendländischen, statt nach beiden Konsuln bezeichnet wurden. Doch ist das keinesfalls offizielle Vorschrift gewesen, und noch 488 und 494, in welchen Jahren beide Konsuln wahrscheinlich im Orient ernannt waren, ist nach ihnen auch in Italien und in Rom datiert worden.[1] Im Abendland war der letzte anerkannte Konsul Decius Paulinus Iunior, den Athalarich für das Jahr 534 ernannte; im Orient wurde die Konsulernennung noch einige Jahre fortgesetzt, der letzte Konsul ist hier Basilius Iunior 541. Seit 535 wird in den Gebieten, welche gotischer Herrschaft gehorchen, nach *anni post consulatum Paulini*, in denen, welche unter Einfluß der Byzantiner stehen, nach den orientalischen Konsuln datiert; seit 542 rechnet man auch im byzantinischen Italien nach *anni post consulatum*[2] *Basilii.*[3] Erst 566 nahm Kaiser Justin II. wiederum den Konsulat zum erstenmal und 568 zum zweitenmal an,[4] und von nun an blieb es üblich nach *anni post consulatum* des jeweilig regierenden Kaisers zu rechnen, wobei aber vielfach das Jahr, welches auf die Annahme des Konsulats folgte, nicht als *annus 1*, sondern als *annus 2 post consulatum* bezeichnet wurde.[5] In späterer Zeit wurde stets nach *anni post consulatum* der Kaiser gezählt, welche bei den Herrschern, die allein zu regieren anfingen, mit ihren kaiserlichen Regierungsjahren zusammenfielen, bei denen aber, die zunächst Mitregenten eines anderen Herrschers waren, erst vom Tage ihrer Alleinherrschaft ab gerechnet wurden, so daß ihre Zahl in diesem Falle stets kleiner sein mußte als die-

[1] Über diese Verhältnisse vgl. MOMMSEN, a. a. O.; durch ihn sind die Ausführungen DE ROSSI's a. a. O., welche von späteren Forschern allgemein angenommen waren (vgl. z. B. KRUSCH, NA. 12, 299 f.), in erheblichen Punkten modifiziert und berichtigt worden; namentlich ist die Annahme DE ROSSI's, daß seit 501 Theoderich innerhalb seines Gebietes die Datierung nach orientalischen Konsuln ausgeschlossen habe, dadurch beseitigt. — Ausgaben der Konsularfasten von MOMMSEN, MG. auct. antiqu. 9, 197 ff. (Consularia Constantinopolitana) und 249 ff. (Consularia Italica); v. LIEBENAM, Fasti consulares imperii Romani (Bonn, 1910).

[2] Diese Worte werden durch die Siglen *p. c.* ausgedrückt, und sind in späteren Handschriften mannigfach entstellt.

[3] Es ist also z. B. *a. 2 p. c. Paulini* = 536 und *a. 2 p. c. Basilii* = 543. — Über die Datierung nach Postkonsulatsjahren in Byzanz vgl. OSTROGORSKY, Byzantinisch-neugriech. Jbb. VII (1930) S. 51 ff., dessen Ausführungen jedoch noch der Ergänzung bedürfen.

[4] Diese beiden Konsulate des Justin sind außerhalb Roms und Ravennas nicht immer streng auseinandergehalten worden.

[5] Die Annahme DE ROSSI's a. a. O. S. LVII, daß dies auf Grund einer Anordnung Justins geschehen sei, hat MOMMSEN, NA. 16, 55 N. 4 widerlegt.

jenige der vom Beginn der Mitregentschaft ab gerechneten kaiserlichen Regierungsjahre.[1]

Im langobardischen Italien verschwindet seit der Eroberung des Landes die Rechnung nach Konsulats- oder Postkonsulatsjahren;[2] sie erhielt sich nur da, wo man in Verbindung mit Byzanz blieb, also insbesondere in Rom und in der Kanzlei der Päpste.[3] Diese Jahreszählung, die natürlich seit dem Jahre 772, (in welchem Jahre sich zum letzten Male in der päpstlichen Kanzlei Spuren einer Anerkennung der oströmischen Kaiser finden),[4] aufhört, ist nun aber in sehr unangemessener Weise seit der Kaiserkrönung Karls des Großen wieder aufgenommen worden. Während die Karolinger selbst natürlich den Konsultitel nicht führten und während die Zählung nach Jahren ihres Konsulats oder Postkonsulats weder in ihren eigenen Erlassen noch in fränkischen Privaturkunden auftritt,[5] übertrug die päpstliche Kanzlei die byzantinische Rechnung nach Postkonsulatsjahren der Kaiser, die zumeist mit den kaiserlichen Regierungsjahren zusammenfielen,[6] auch auf die fränkischen Träger der Kaiserkrone;[7] und dieser Brauch ging auch in Privaturkunden des römischen Gebiets über.[8] Ohne regelmäßig vorzukommen,[9] erhielt er sich doch in der päpstlichen Kanzlei bis zum Tode Kaiser Ludwigs des Blinden,[10] um dann definitiv zu verschwinden. Unter dem neuen Kaisertum der Ottonen ist von Konsulats- oder Postkonsulatsjahren nicht mehr die Rede.[11]

---

[1] Vgl. Jaffé, Bibl. 3, 17 f.

[2] Nur vereinzelt findet sie sich noch in einigen Inschriften des 6. Jahrh.

[3] Hier sind Postkonsulatsjahre der Kaiser seit 596 nachweisbar. Aber von 567 bis 596 haben wir nur eine verschwindend kleine Zahl volldatierter Urkunden.

[4] S. unten S. 419.

[5] Vgl. Waitz, VG. 3², 242 N. 1. Die einzige Ausnahme macht ein italienisches Capitulare Karls des Großen von 801, MG. Capit. 1, 204 n. 98, mit *anno . . . consulatus autem nostri primo*. Hier steht *consulatus* = *imperium*; eine anderweitige Angabe des Kaiserjahres fehlt.

[6] Doch wird unter Hadrian II. im Jahre 868 zwischen *a. imp.* 19 und *post consulatum eius a.* 18 unterschieden. Jaffé-E. 2904 ff.

[7] So zuerst in Privilegien Leos III., vgl. Jaffé ed. 2 S. 307.

[8] Vgl. z. B. Reg. Farfense 2, 174. 178. 181. 189.

[9] Allerdings sind die Urkunden, in denen sie fehlt, nur abschriftlich erhalten, oder wie z. B. Jaffé-L. 3468 unvollständig datiert.

[10] Das letzte Beispiel ist eine Urkunde Sergius' III. von 904 mit dem 4. Postconsulatsjahr Ludwigs, Jaffé-L. 3533.

[11] Auch nicht unter Otto III. Die ältere Ansicht, nach der er einmal den Titel Konsul führt, MG. Const. 1, 50 S. 23, vgl. Waitz, VG. V², 108 N. 1, Gregorovius, Gesch. d. Stadt Rom 6³, 460 N. 1 ist von Schramm, Kaiser, Rom und Renovatio (1929) II, S. 19 f. widerlegt.

Als Datum des Jahresanfangs gilt für die älteren Konsulats- und Postkonsulatsjahre der erste Januar. Die späteren Postkonsulatsjahre der Kaiser fallen mit ihren Regierungsjahren auch in bezug auf den Anfangstermin (die Epoche) zusammen.

Die nächstältteste Jahreszählung mittelalterlicher Urkunden ist diejenige nach Indiktionen.[1] Wir haben an dieser Stelle auf die verwickelte Frage nach dem Ursprung der Indiktionsrechnung nicht einzugehen [2] und können uns auch über ihr Wesen sehr kurz fassen. Indiktionszyklen von je 15 Jahren laufen durch die gesamte Zeitrechnung hindurch; die Stelle, die ein Jahr innerhalb eines solchen Indiktionszyklus einnimmt, heißt eine Indiktion; die Zahl der verflossenen Zyklen wird nicht berücksichtigt [3]. Man berechnet die Indiktion eines Jahres der christlichen Ära, indem man zur laufenden Jahreszahl 3 addiert und die Summe durch 15 teilt; der Rest, oder wenn kein Rest bleibt, 15 selbst, ist die Ziffer der Indiktion, welche mindestens mit dem größten Teil des laufenden Jahres zusammenfällt.[4]

Die Bezeichnung der Jahre nach Indiktionen kommt in der päpstlichen Kanzlei vereinzelt seit dem Ausgang des 5., häufiger aber erst seit der Mitte des 6. Jahrhunderts vor [5] und ist im 6. Jahrhundert auch in italienischen Privaturkunden aus der Romagna angewandt worden.[6] Sie wurde dann von den Kanzleien der langobardischen Könige und Herzoge ebenso adoptiert, wie sie sich schon im 7. Jahrhundert in Privaturkunden des langobardischen Reiches findet.[7] Der merovingischen Kanzlei und derjenigen der ersten Karolinger war sie fremd, wurde aber unter Karl dem Großen seit 802 in die Diplome aufgenommen. [8] In deutschen Privaturkunden wird sie wohl in Bayern, gewiß infolge der

---

[1] Deutsch in Notariatsurkunden des 15. Jahrh. „der Römer Zinszahl".

[2] Es genügt auf den Artikel „Indiktion" bei Pauly-Wissowa 9, 2 (1916) S. 1327 ff. hinzuweisen.

[3] Über vereinzelte Ausnahmefälle von dieser Regel vgl. Grotefend, Zeitrechnung 1, 93.

[4] Diese Regel hat man in hübsche Memorialverse gebracht; die u. a. Konrad von Mure, QE. 9, 478 überliefert:

Si per quindenos domini diviseris annos,
Tres simul adiungens, indictio fit tibi presens.
Si nichil excrescet, quindena indictio curret.

[5] Zuerst in einem Briefe Felix' III. von 490, Jaffé-K. 614.

[6] Vgl. Marini, Papiri S. 114. 116. 124 u. s. w. Im Text einer Urkunde schon c. 444, Marini S. 108 f.

[7] Vgl. NA. 3, 240 n. 29. 30 usw. MG. LL. 4, 1.

[8] Sickel, Acta 1, 253 f.

Beziehungen zum langobardischen Reich am frühesten schon im 8. Jahrhundert [1] angewandt; in anderen Privaturkunden des fränkischen Reichs kommt sie erst nach dem Vorgange der kaiserlichen Kanzlei vereinzelt zur Anwendung und wird erst seit der Mitte des 9. Jahrhunderts häufiger gebraucht. [2]

Der Epochentag der Indiktionsjahre, d. h. der Tag des Kalenderjahres, an dem die Indiktionsziffer umgesetzt wurde, ist im Mittelalter dreifach verschieden gewesen, und wir unterscheiden danach

1. Die griechische Indiktion (*indictio graeca*), die mit dem 1. September beginnt.

2. Die Neujahrsindiktion,[3] die mit dem 1. Januar oder dem 25. Dezember[4] beginnt.

3. Die Bedaische Indiktion[5] (*indictio Bedana*), die mit dem 24. September beginnt.

Für alle Daten aus den ersten 8 Monaten des Kalenderjahres ist es gleichgültig, welche Indiktionsepoche zugrunde liegt: in der Zeit vom 1. Januar bis zum 31. August z. B. des Jahres 824 gilt bei richtiger Berechnung unter allen Umständen die zweite Indiktion.[6] Nun aber beginnt die Differenz. Unter Anwendung der Neujahrsepoche läuft die zweite Indiktion bis zum 24., beziehungsweise 31. Dezember 824; unter Anwendung der griechischen, beziehungsweise der Bedaischen Epoche

---

[1] Vgl. Abhandl. der Bayr. Akad. H. Kl. 12, 1, 163 ff.

[2] Vgl. Sickel, Acta 1, 226 mit N. 4. Die Formularbücher kennen die Indiktion sehr früh in den *Epistulae formatae*, dann zunächst in Formularen für kirchliche Manumissionen. Vgl. oben S. 393 N. 3.

[3] Daß diese nur durch *abusus* aufgekommen ist und dem Streben nach Gleichsetzung der Indiktionsjahre mit den Kalenderjahren ihren Ursprung verdankt, bemerkt mit Recht Mommsen, NA. 16, 56. Aber sie ist schon seit dem 6. Jahrhundert nachweisbar.

[4] Es ist möglich, daß die Indiktion mit dem 1. Januar umgesetzt wird, auch wenn der 25. Dezember als Epochentag des Inkarnationsjahres gilt; so ist z. B. in der Kanzlei Konrads III. gerechnet worden, vgl. Graber, Die Urkk. Konrads III. S. 72 f.

[5] Über die Bezeichnungen *indictio caesarea* oder *Constantiniana* und *indictio Romana* oder *pontificalis*, sowie über die Einbürgerung der Indiktion vom 24. Sept. durch die Autorität Beda's s. Sickel, BzD. 1, 345 f., Acta 1, 228 f. — Eine ganz eigentümliche Indiktionsrechnung mit dem Epochentag des 8. September war in Siena üblich, vgl. Luschin von Ebengreuth, MIÖG. Erg. 6, 336 ff. In Genua wechselt die Indiktion am 24. September, aber die Indiktionsziffer bleibt um eine Einheit hinter der sonst üblichen zurück. Hier ist also die laufende Jahreszahl plus 2 durch 15 zu dividieren, vgl. schon Lupus, CD. Bergom. 1, 387 ff., neuerdings Grotefend, Zeitrechnung, 1, 94 f.

[6] Doch vgl. N. 5.

beginnt dagegen die dritte Indiktion schon am 1. beziehungsweise am 24. September 824.

Die griechische Indiktionsepoche ist die ursprüngliche, und sie hat im byzantinischen Reiche sowie in den davon abhängigen Gebieten im Mittelalter ausschließlich gegolten; auch die Langobarden und Bayern haben sich ihrer bedient.[1] Auch in der päpstlichen Kanzlei und in derjenigen der karolingischen Kaiser ist die Epoche vom 1. September anfangs allein herrschend gewesen, dort bis zum Jahre 1087, hier bis zum Jahre 823; dann treten hier wie dort Schwankungen ein, und auch die andern Berechnungsarten kommen zur Anwendung. So wird es Aufgabe spezialdiplomatischer Untersuchung für jede zusammengehörige Urkundengruppe, die der Datierung zugrunde liegende Indiktionsepoche festzuhalten, wobei indessen zu beachten bleibt, daß zu gewissen Zeiten sowohl in den königlichen wie in den außerhalb der Reichskanzlei in Deutschland geschriebenen Urkunden gerade die Indiktion sich als diejenige Jahresbezeichnung erweist, mit der die Urkundenschreiber am wenigsten vertraut sind, und hinsichtlich deren deshalb große Unsicherheit herrscht.[2] Was bisher darüber ermittelt ist, ist etwa das folgende: Unter Ludwig dem Frommen war in der Zeit von 823—832 die Indiktionsberechnung schwankend, um das Jahr 832 aber entschied sich die Kanzlei für die Neujahrsindiktion.[3] In den Urkunden Lothars I. herrschte die griechische Indiktion noch bis 840 vor, dann war bis 849 die Neujahrsindiktion üblich, darauf aber kehrte die kaiserliche Kanzlei zur griechischen Indiktion zurück.[4] Die Bedaische Indiktionsepoche des 24. September tritt zuerst unter Ludwig dem Deutschen auf und scheint in seiner Kanzlei als Norm gegolten zu haben;[5] doch sind aus den letzten Regierungsjahren des Königs ziemlich viele Urkunden erhalten, in denen die Indiktion nach der Neujahrsepoche angesetzt ist.[6] Bei den späteren Karolingern ist nur ein Schwanken zwischen der Neujahrs- und einer Septemberindiktion festzustellen;[7] ob wenigstens die einzelnen Urkunden-

[1] Sickel, Acta 1, 227; Chroust, S. 61; Voigt, S. 31. 44.

[2] Vgl. z. B. über Indiktionsangaben in der Kanzlei Ottos I. Sickel, BzD. 8, 137 ff., in der Heinrichs II. Bresslau, NA. 20, 132 166 ff. 22, 161 ff. 26, 435 ff., über solche in norddeutschen Urkunden des 12. und 13. Jahrhunderts v. Buchwald S. 150 f.

[3] Vgl. Sickel, Acta 1, 273 ff.

[4] Vgl. Mühlbacher, Wiener SB. 85, 526.

[5] Das nehmen Sickel und Mühlbacher an und dafür spricht namentlich Mühlbacher Reg.² 1440, wo sie am 24. September umgesetzt ist.

[6] Vgl. Mühlbacher Reg.² 1436, 1482, 1484, 1489, 1490.

[7] So Mühlbacher, Reg.² S. LXXXIX. Unter Ludwig II. von Italien kommt

schreiber, von deren Ermessen oder Willkür die Indiktionsberechnung schon damals wesentlich abgehangen haben wird, konsequent verfahren sind, wird noch untersucht werden müssen. Im 10. Jahrhundert läßt sich unter Heinrich I. die Bedaische Indiktion als durchaus vorherrschend bezeichnen.[1] Unter Otto I. wurden die Indiktionsziffern lange Zeit sehr willkürlich behandelt;[2] erst mit 958 wurden sie richtig berechnet, und seit dem zweiten Zuge nach Italien hat die italienische Kanzlei Ottos eine Septemberepoche, wahrscheinlich die griechische der Indiktionsberechnung zugrunde gelegt,[3] während in der deutschen Kanzlei die Notare zwischen einer September- und der Neujahrsepoche schwankten, bis mit dem Jahre 971 die letztere entschieden die Herrschaft gewann.[4] Sie waltet auch in den bei Lebzeiten des Vaters ausgestellten Urkunden Ottos II. vor, während seit 973 eine feste Regel für die Berechnung der Indiktionen sich um so weniger feststellen läßt, als ihre Ziffern sehr häufig ganz verkehrt angegeben sind.[5] Auch unter Otto III. hat keine einheitliche Norm für die Ansetzung der Indiktionen bestanden und selbst die einzelnen Notare haben geschwankt, wenn auch bei den Italienern die griechische Epoche bevorzugt wurde[6]. Die Schwankungen dauern noch unter Heinrich II. fort, doch läßt sich hier wenigstens bei einzelnen Notaren ein konsequentes Festhalten an gewissen Grundsätzen erkennen: von zwei Schreibern, die in der Zeit von 1009 an nebeneinander tätig sind, hat der eine regelmäßig die Neujahrs-, der andere die Epoche des 1. September der Berechnung der Indiktionen zugrunde gelegt;[7] seit dem Jahre 1019 ist dann die Neujahrsindiktion durchaus vorherrschend geworden.[8] Auch unter Konrad II. überwiegt ihre Anwendung, wenn gleich mehrfach von einer

dabei aber nur die griechische Rechnungsweise in Betracht. Über die Zeit Karls III. vgl. die Zusammenstellung Mühlbacher's, Wiener SB. 92, 368 ff.

[1] Vgl. DD.H. I. 2. 12. 14. 25 (gehört zu 929, vgl. NA. 23, 120). 30 und das Diplom für Alden-Eyck, NA. 23, 120. Abweichend ist nur die unzuverlässige Kopie des DH. I. 11; gegen die griechische Indiktion entscheidet DH. I. 20.

[2] Vgl. Sickel, BzD. 8, 137 ff.

[3] Hierfür spricht das Or. DO. I. 260, wo am 12. September umgesetzt ist, während DO. I. 259 vom 19. September, wo die Indiktion nicht umgesetzt ist, nur als Kopie vorliegt, vgl. auch Sickel, BzD. 8, 161.

[4] Vgl. Sickel, BzD. 8, 174 ff., wo aber DO I. 404 nicht berücksichtigt ist.

[5] Nur im Jahre 981 ist seit dem Einmarsch in Italien die Beobachtung der Epoche vom 1. September deutlich erkennbar.

[6] Vgl. Kehr, Urkunden Otto III. S. 188 ff.

[7] Vgl. NA. 22, 161.

[8] Vgl. NA. 26, 437 N. 1.

Septemberepoche Gebrauch gemacht wird.[1] In Heinrichs III. Kanzlei[2] herrscht in den deutschen Diplomen die Neujahrsepoche vor; nur in den Jahren 1040—42 und 1045 ist überwiegend eine Septemberepoche angewandt worden; in der italienischen Kanzlei dagegen hat man bis 1046 wahrscheinlich die griechische Indiktion zugrunde gelegt, während in den letzten Jahren auch hier die Neujahrsepoche vorherrschend wird. Für die Urkunden der späteren Salier und der staufischen Kaiser fehlt es noch an ausreichenden Spezialuntersuchungen über die Indiktionsberechnung; festgestellt ist bisher, daß unter Lothar bis 1130 die Bedaische Indiktion angewandt wurde und daß nach einem gewissen Schwanken von spätestens 1132 ab bis 1137 überhaupt keine Regel mehr zu erkennen ist,[3] daß dagegen unter Konrad III. die Indiktion ganz regelmäßig mit dem 1. Januar umgesetzt wurde.[4] Im 13. Jahrhundert wurde anfangs die Bedaische Indiktion in der Reichskanzlei bevorzugt, doch drang schon seit 1214 die in Sizilien allein übliche Rechnung nach der griechischen Epoche vom 1. September auch in die Urkunden für das Reich ein; sie überwiegt seit 1218 und verdrängt seit 1219 den deutschen Brauch vollkommen, erhält sich endlich auch noch unter Heinrich (VII.) und Konrad IV. neben der Bedaischen Epoche.[5] Erst in der nachstaufischen Zeit scheint die letztere zu überwiegender Geltung gelangt zu sein; doch kommen Abweichungen von der Norm, die schwerlich alle, wie man angenommen hat, auf bloße Nachlässigkeit zurückgeführt werden dürfen, sondern z. T. auf eine Konkurrenz der Neujahrsrechnung hinzuweisen scheinen, nicht ganz selten vor,[6] und seit der Luxemburgischen Zeit ist

[1] So in den DD. K. II. 6. 70. 110—113. 154. 278. Auch in den DD. K. II. 233. 234 liegt der falsch berechneten Indiktion jedenfalls eine Septemberepoche zugrunde.

[2] Vgl. Steindorff, Jahrbücher Heinrichs III. 1, 371 ff.; dazu Kehr, DD. 5, S. LXXII.

[3] Hirsch in der Einleitung zu MG. DD. 8, S. XV. XXII f., wodurch die früheren Angaben bei Schultze, Urkunden Lothars III. S. 89 ff. verbessernde Ergänzung erfahren.

[4] Vgl. Graber, Urkunden Konrads III. S. 72 gegen Schum, KUiA. Text S. 372. Das unter Philipp von Schwaben die Epoche des Indiktionswechsels überhaupt sich nur in wenigen Fällen nachweisen läßt, dreimal aber noch — in BF. 60. 161. 162. — die griechische Epoche des 1. September anzunehmen ist, bemerkt Gutbier, Das Itinerar des Königs Philipp von Schwaben (Diss. Berlin, 1912), S. 10, N. 3.

[5] Vgl. Ficker, BzU. 2, 369; Regesta imperii V, 5 Einleitung S. LXVI. LXXVI. LXXXII.

[6] Vgl. Herzberg-Fränkel, KUiA. Text S. 225; über einen auffallenden Fehler unter Wilhelm, Regesta imperii V, 2 S. 920; über die Zeit Rudolfs, Regesta imperii VI, S. 13.

die letztere abermals zur Norm in der Kanzlei geworden.[1] Freilich wurde die Indiktionsangabe selbst in den letzten Jahrhunderten des Mittelalters immer seltener; schon im 14. Jahrhundert findet sie sich hauptsächlich nur noch in den feierlicheren Urkundenformen,[2] und in die deutsch geschriebenen Stücke ist sie überhaupt nicht aufgenommen worden.[3]

Eine noch bedeutendere Rolle als in der kaiserlichen hat die Indiktionsrechnung wenigstens im früheren Mittelalter in der päpstlichen Kanzlei gespielt. Bis zum Jahre 1088, in dem Urban II. auf den päpstlichen Stuhl erhoben wurde, ist in ihr nur die griechische Epoche angewandt worden.[4] Dann aber tritt hier ein vollständiger Wandel ein, der doch wohl auf eine ausdrückliche Anordnung, sei es des Papstes selbst, sei es seines Kanzleichefs, des Kardinaldiakons Johannes zurückgeführt werden muß; die griechische Indiktion verschwindet unter Urban fast ganz aus dem Gebrauch,[5] und statt ihrer werden nun die Bedaische und die Neujahrsepoche angewandt. Schon unter Paschal II. ist man dann freilich zu der griechischen Indiktionsrechnung zurückgekehrt; diese überwiegt unter ihm wieder im Gebrauche und unter Gelasius II., Calixt II.,[6] Honorius II., Lucius II. und Lucius III. wäre sie nach den freilich nicht durchweg zutreffenden Angaben Löwenfeld's[7] ausschließlich angewandt worden. Aber unter anderen Päpsten wurde es dann wieder anders damit gehalten. Nach eben diesen Angaben Löwenfeld's kommt unter Paschal II., Innozenz II., Anaclet II. die Neujahrsepoche neben der griechischen vor. Unter Cölestin ist es nicht zu entscheiden, ob die griechische oder die Bedaische Rechnung angewandt ist, aber schon wenig später tritt die letztere immer mehr in den Vorder-

---

[1] Vgl. Zimmermann, Die Datierungsformel in Urkunden Kaiser Karls IV. (Diss. Berlin, 1889) S. 20 f. 28 ff. Nur in zwei Urkunden vom Jahre 1347 (Huber n. 355. 357) ist offenbar die Bedaische Rechnung beabsichtigt gewesen.

[2] Vgl. KUiA. Text, S. 224; Schaus, Zur Diplomatik Ludwigs des Bayern, S. 36; Zimmermann, a. a. O.

[3] Nur in Stücken, die aus dem Lateinischen übersetzt sind, kommt die Angabe der Römerzinszahl vor.

[4] Das hat bereits Jaffé in der Vorrede zur ersten Auflage der Regesta pontificum Romanorum S. IX festgestellt.

[5] Nach Löwenfeld (Jaffé 1^2, 657) wäre sie nur noch zweimal in Jaffé-L. 5410. 5527 angewandt worden.

[6] Vgl. für Calixt auch Robert, Études sur les actes du pape Calixte II. S. 42, der jedoch einige Ausnahmen von der griechischen Rechnung annimmt.

[7] Ich beziehe mich hier auf die den einzelnen Jahren vorangestellten Notizen in der zweiten Ausgabe der Regesten. Aber einige von Löwenfeld noch nicht gekannte Urkunden stimmen nicht zu diesen Ansetzungen.

grund. Sie wird neben der griechischen und der Neujahrsepoche unter Eugen III. angewandt, neben der letzteren, doch weitaus vorwiegend, zuletzt allein üblich unter Alexander III., und sie scheint unter Anastasius IV., Hadrian IV., Victor (IV.), Urban III., Clemens III. und wohl auch unter Gregor VIII.[1] ausschließlich geherrscht zu haben, während unter Cölestin III. wiederum die Neujahrsrechnung mit ihr konkurriert zu haben scheint.

Im 13. Jahrhundert, in dem die feierlichen Privilegien, die von den päpstlichen Urkunden allein mit einer Indiktionsangabe ausgestattet sind, immer seltener werden, haben die Beamten der römischen Kanzlei sich offenbar mit dieser Zeitrechnung nicht mehr recht abzufinden gewußt oder aber wenig Wert auf sie gelegt. Ob es unter Innozenz III. überhaupt eine Kanzleinorm für die Bestimmung der Indiktionsepoche gegeben hat, ist sehr zweifelhaft; so auffallend das an sich ist: aus der Zusammenstellung der in der Urkunde vorkommenden Daten gewinnt man doch den Eindruck, daß in dieser Hinsicht in der päpstlichen Kanzlei mit ebenso großer Willkür verfahren sei, wie früher in der der deutschen Könige:[2] jedenfalls läßt sich ein festes Prinzip für die Umsetzung der Indiktionen unter seiner Regierung nicht erkennen, und höchstens so viel kann man sagen, daß sie in der Regel im Herbst erfolgt ist,[3] meist aber erst nach dem 24. September.[4] Auch unter den nächsten Päpsten bleibt die Indiktionsrechnung noch unsicher, doch kann man mit einiger Bestimmtheit annehmen, daß unter Honorius III. seit 1219[5] und unter Innozenz

[1] Doch wäre unter diesem auch die Annahme der griechischen Epoche zulässig.

[2] Vgl. die Zusammenstellungen, die Delisle BEC. 19 (1858), 49 ff. gegeben hat. Besonders auffällig ist, daß die 10. Indiktion in Innozenz' Urkunden überhaupt nicht vorzukommen, daß man vielmehr im Herbst 1207 von der 9. unmittelbar zur 11. Indiktion übergegangen zu sein scheint.

[3] Für die griechische Epoche kann nur die Ansetzung von ind. 12 am 21. September 1208 angeführt werden.

[4] Ganz unregelmäßig ist die Rechnung in den Jahren 1206 und 1207.

[5] Zwar scheinen schon Pressutti n. 798 vom 21. Sept. 1217 mit ind. 5 und n. 812 vom 25. Sept. mit ind. 6 zum Schluß auf die Bedaische Epoche zu berechtigen. Aber wenn man sieht, daß in n. 866. 902 vom 7. November und 5. Dezember wieder ind. 5, in n. 831 vom 10. Oktober ind. 4 und in n. 844. 882 vom 24. Okt. und 16. November ind. 7 angesetzt ist, so wird man in alledem nur völlige Unsicherheit in der Indiktionsrechnung erkennen und sich eines Schlusses aus den beiden ersten Daten enthalten. Auch 1218 steht neben Presutti n. 1633. 1690 vom 5. Oktober und 21. November mit ind. 7 in n. 1751 vom 19. Dezember ind. 6. Erst seit 1219 kann eine Herbstepoche und zwar wegen Pressutti n. 2198 vom 14. September 1219 mit ind. 7 und 2261 vom 19. November 1219 mit ind. 8 sowie wegen n. 5650 vom 18. September 1225 mit ind.

IV.[1] seit 1245 die Bedaische Epoche die kanzleimäßige war, während für die Zeit Gregors IX.[2] Zweifel bleiben. Aus der zweiten Hälfte des 13. Jahrhunderts haben wir dann ein ausdrückliches Zeugnis eines Mannes, der an der Kurie sich längere Zeit aufgehalten hatte und uns berichtet, daß der Wechsel der Indiktionsepoche am 24. September festgehalten wurde.[3]

Zu den wichtigsten mittelalterlichen Jahresbezeichnungen gehört ferner die Angabe der Regierungsjahre. Die Einführung der Rechnung nach Regierungsjahren in den amtlichen urkundlichen Gebrauch ist eine Neuerung Kaiser Justinians und erfolgte in der Zeit, als die Rechnung nach Konsuljahren bereits in Verfall geraten war. Durch eine uns erhaltene Verordnung vom 31. August 537 ordnete Justinian an,[4] daß im ganzen Umfang seines Reiches gerichtliche und außergerichtliche Urkunden fortan an erster Stelle nach den Regierungsjahren der Kaiser datiert werden sollten, denen die Konsulatsjahre und die Indiktionsangabe folgen sollten; zugleich setzte er die Norm für die Berechnung dieser Regierungsjahre fest, indem er bestimmte, daß der 1. April, der Tag seines Regierungsantritts, als Epochentag angesehen und demgemäß bis zum 1. April 538 das elfte, von da ab aber das zwölfte Regierungsjahr gezählt werden sollte.[5]

13 und 5667 vom 26. September 1225 mit ind. 14 die Bedaische als gesicherte Kanzleinorm betrachtet werden.

[1] Vgl. Berger, Registres d'Innocent IV. 1, LIX f. Noch 1243 und 1244 ist die Rechnung ganz unsicher; ind. 2 wird vom 26. September 1243 bis 21. März 1245, also 18 Monate lang, gezählt. Dann wird ind. 3 noch am 30. September 1245 gesetzt, vom 10. Oktober 1245 ab aber ind. 6, und von nun an gilt, abgesehen von vereinzelten Versehen, die auch jetzt noch vorkommen, die Bedaische Epoche.

[2] Im Jahre 1227 ist im Dezember ind. 1 gesetzt; dagegen wird 1229 im Herbst nicht umgesetzt und ind. 2 wird noch im Frühjahr 1230 gerechnet (Registres de Grégoire IX. n. 753). Für das Jahr 1233 ist nach Registres de Grégoire IX. n. 1578 vom 1. September mit ind. 7 die griechische Epoche gesichert (vgl. die Anmerkung Auvray's, a. a. O. 1, 870 Nr. 1), wenn man aus einer einzigen Urkunde einen bestimmten Schluß ziehen darf.

[3] Vgl. Johannes Bononiensis QE. 9, 610 (nach der besseren Handschrift B) [*curia Romana*]*renovat indictiones seu mutat octavo kalendas octobris.*

[4] Nov. 47. Zur Datierung dieser Novelle vgl. Zachariae von Lingenthal, Zeitschr. der Savignystiftung für Rechtsgeschichte, Rom. Abt. 12, 84 ff.

[5] Vgl. Mommsen, NA. 16, 51 ff. Daselbst ist bemerkt (S. 54 N. 1), daß die Datierung von Nov. 41, derentwegen ich früher die Möglichkeit erwogen hatte, daß schon vor dem 31. Aug. 537 das Regierungsjahr vereinzelt angegeben worden sei, handschriftlich unbeglaubigt ist. Anders als nach der justinianischen Norm berechnete Regierungsjahre kommen in mittelalterlichen Urkunden unseres Gebiets nicht vor.

Die Datierung der Urkunden nach ihren eigenen Regierungsjahren haben sowohl die langobardischen Könige Italiens wie die merovingischen Könige des Frankenreichs adoptiert.[1] Wenn schon die byzantinischen Kaiser, welche Mitregenten hatten, auch deren Herrscherjahre in ihren Urkunden angaben, so beginnt zuerst unter Karl dem Großen die Angabe verschiedener Arten von Regierungsjahren für ein und denselben Herrscher. Seit dem Juni 774 werden in seinen Urkunden die italienischen und fränkischen Regierungsjahre (*anni regni in Italia* und *in Francia*) unterschieden,[2] und seit 801 die *anni imperii* hinzugefügt. Während Ludwig der Fromme diese Unterscheidung wieder aufgegeben hat, so daß in seinen Urkunden nur Kaiserjahre erscheinen, hat Lothar I. bis 833 die Regierungsjahre seines Vaters neben den eigenen genannt,[3] die letzteren aber in den Jahren 833 und 834 und wieder seit dem Herbst 840 als *anni in Italia* und *in Francia* gesondert angegeben, endlich seit 850 die Kaiserjahre seines Sohnes Ludwig II. beigefügt. Von den späteren ostfränkischen Karolingern hat Karlmann *anni regni in Bawaria* und *in Italia* unterschieden; bei Karl III. sind seit Ende 879 *anni regni in Francia* und *in Italia* angegeben, dann nach der Kaiserkrönung zunächst nur *anni imperii*, seit Mitte 882 daneben, aber nicht regelmäßig, *anni regni in Francia* oder *in orientali Francia*,[4] endlich seit Mai 885 noch *anni regni in Gallia*; die Kanzlei Arnulfs zählt seit der Kaiserkrönung *anni imperii* neben *anni regni* schlechtweg. Die letztere Scheidung findet sich auch bei allen späteren italienischen und deutschen Kaisern. Italienische Regierungsjahre neben den burgundischen führen dann noch die ersten italienischen Urkunden Rudolfs von Burgund,[5] während die späteren die burgun-

[1] Dagegen weder Odovakar noch die ostgotischen Könige, vgl. MOMMSEN, NA. 14, 240. In Burgund ist nur einmal eine Angabe des Königsjahres nachweisbar, MG. LL. 2, 1, 93 n. 62. Über den Brauch der Westgoten und Vandalen vgl. MOMMSEN, NA. 16. 61 ff. und HEUBERGER, MÖIG. Erg. 11, S. 103 f.

[2] Zuerst in DKar. 80; die Formel ist anfangs einfach: *anno sexto et primo regni nostri*. Nach der Rückkehr nach Deutschland verschwinden die italienischen Jahre wieder und werden erst im Januar 775 (DKar. 91) wieder aufgenommen, fehlen aber auch später noch in manchen Urkunden. Die Hinzufügung der Ländernamen zu den Jahresangaben (*anno XXXIII regni nostri in Francia atque XXVIII in Italia*) findet erst seit der Kaiserkrönung statt (zuerst in DKar. 179).

[3] Ebenso Ludwig der Deutsche 830—833.

[4] Wenn die Kaiserjahre neben diesen auftreten, haben sie den Zusatz: *a. imp. in Italia.*

[5] Vgl. SCHIAPARELLI in Bulletino dell' Istituto storico Italiano 30, S. 25.

dischen Jahre fortlassen.[1] Dagegen kommen besondere *anni regni in Italia* unter den späteren deutschen Königen Italiens nur ganz vereinzelt vor: so bei Otto I. in den Jahren 951 und 952,[2] bei Heinrich II. im Jahre 1004,[3] und bei Konrad II. im Jahre 1027.[4] Besondere burgundische Königsjahre sind in der Reichskanzlei auch nach der Eroberung des burgundischen Reiches durch Konrad II. nie gezählt worden. Hat man also von Heinrich II. ab für keines der zum *imperium* gehörigen Länder besondere Regierungsjahre aufgeführt, so ist es davon verschieden, wenn Heinrich VI. und Friedrich II. sizilische Regierungsjahre angeben lassen, letzterer außerdem seit 1226 gelegentlich auch nach jerusalemitischen Königsjahren rechnet, da es sich hier um Gebiete handelt, die eben nicht als Bestandteile des Kaiserreichs gelten. Erst unter Karl IV. hat die Kanzlei wiederum einen Gebietsteil des *imperium*, das Königreich Böhmen, bei der Angabe der Regierungsjahre besonders berücksichtigt.[5] Dieser Brauch blieb für die späteren Herrscher, welche auch Böhmen besaßen, in Kraft; seit Sigmund kommen auch besondere ungarische Regierungsjahre vor. Fügen wir noch hinzu, daß bis zum 11. Jahrhundert die Könige, welche als Mitregenten selbständige Urkunden ausgestellt haben, in der Regel in diesen die Regierungsjahre ihrer Väter neben den eigenen angeben,[6] daß umgekehrt bisweilen — so einige Male

---

[1] *Anni regni in Italia* nur zweimal in MÜHLBACHER, Reg.[2] 1894. 1896, vgl. 1893 a.

[2] Über St. 428. 429 s. SICKEL zu DO. I. 376. — Ein Plazitum Ottos III., DO. III. 193, mit *a. regn. in It.* 2, ist nicht in der Reichskanzlei geschrieben.

[3] Aber nur einmal in DH. II. 70, das wahrscheinlich außerhalb der Kanzlei geschrieben ist. St. 1403, daß ich früher als ein zweites Beispiel betrachtete, ist jetzt als gefälscht erkannt. Wenn neuere Gelehrte mehrfach Schwierigkeiten in der Datierung nach *anni regni* in Königsurkunden dadurch zu beheben suchten, daß sie eine Rechnung nach italienischen Regierungsjahren annahmen, so ist dies überall da ein unzulässiges Auskunftsmittel, wo die Urkunden nicht ausdrücklich von *a. r. in Italia* reden. Solche kommen in italienischen Privaturkunden allerdings öfter vor. — Angemerkt mag hier werden, daß man in Lothringen unter Heinrich I. in Privaturkunden besondere lothringische Regierungsjahre des Königs zählte, vgl. WAITZ, Jahrb. Heinrichs I. S. 77. Unter Otto I. fallen dagegen in erzbischöflich trierischen Urkunden die *anni regni super regnum quondam Lotharii* mit den gewöhnlichen Regierungsjahren zusammen.

[4] DK. II. 92 (Placitum) und DK. II. 95, beide nicht in der Kanzlei geschrieben.

[5] Da die Epochentage der deutschen und böhmischen Regierungsjahre (11. Juli und 26. August 1346) nahe beieinander lagen, also in der Regel der *annus regni* für beide der gleiche war, so sagte man *anno regnorum nostrorum II*; nur in der Zeit zwischen den beiden Tagen mußten die deutschen und böhmischen Jahre gesondert angegeben werden.

[6] S. oben S. 417. So durchweg die italienischen Herrscher des 9. und 10. Jahrhunderts, dann noch Otto II. Von Konrad, dem Sohne Heinrichs IV., sind solche

unter Otto I. und Konrad II. — in den Urkunden solcher Kaiser, deren Söhne schon gekrönte Könige waren, auch deren Regierungsjahre aufgeführt sind, daß endlich in den Urkunden Heinrichs III., Heinrichs IV. und Heinrichs V. — bei den beiden letzteren aber nicht regelmäßig und zuletzt gar nicht mehr — *anni ordinationis* und *anni regni* unterschieden werden, deren erstere von der noch bei Lebzeiten des Vaters erfolgten Krönung, deren letztere vom Tode des Vaters, also dem wirklichen Regierungsantritt, ab gerechnet werden, so dürften die in den deutschen und italienischen Königsurkunden vorkommenden Arten von Regierungsjahren sämtlich erwähnt sein.[1]

In den Papsturkunden[2] finden wir die Datierung nach byzantinischen Kaiserjahren erst einige Zeit nach dem Erlaß des oben erwähnten Gesetzes Justinians I., soviel bis jetzt bekannt ist, zuerst im Jahre 550, als Papst Vigilius sich in Konstantinopel aufhielt.[3] Diese werden dann freilich noch nicht regelmäßig angewandt; doch wird ihr Fehlen in den meisten Fällen auf die Überlieferung zurückgehen: unter Gregor I. fehlt z. B. ganz ausnahmslos die Angabe der Kaiserjahre in den Briefen, die wir nur aus den großen auf die Registerbücher zurückgehenden Sammlungen kennen, steht dagegen fast regelmäßig in denjenigen, deren Überlieferung sich auf die Originale oder auf vollständige Abschriften aus den Registerbüchern zurückführen läßt. Im 7. Jahrhundert werden neben den Jahren der eigentlich regierenden Kaiser auch die der Mitregenten angeführt. Eine wesentliche Veränderung trat erst unter Hadrian I. ein, der 772 zum letzten Male Kaiserjahre in seinen Urkunden anführen ließ und vom Dezember 781 ab nach Jahren seines Pontifikats datierte[4]:

Stücke, abgesehen von einem nicht in der Kanzlei entstandenen Plazitum nur aus der Zeit nach seinem Abfall vom Vater erhalten und natürlich ohne dessen Regierungsjahre. Von Heinrich, dem Sohne Konrads III., haben wir bloß undatierte Briefe. Heinrich VI. und die Söhne Friedrichs II. datieren nur nach eigenen Regierungsjahren; nur in den Urkunden, die Heinrich (VII.) als König von Sizilien vor seiner deutschen Königswahl ausgestellt hat, werden die Regierungsjahre des Vaters gezählt.

[1] Nur das ist noch zu bemerken, daß die im 12. und 13. Jahrhundert vereinzelt vorkommende Anführung von Bischofsjahren in Königsurkunden, vgl. Ficker, BzU. 1, 292 ff.; 2, 331, wenigstens in der Mehrzahl der Fälle darauf zurückzuführen ist, daß die betreffenden Urkunden nicht in der Reichskanzlei entstanden sind. Über die Regierungsjahre der sizilianischen Könige vgl. K. A. Kehr, S. 307 ff. Neben den Jahren der eigentlichen Herrscher werden auch die der zu Königen oder zu Herzogen ernannten Söhne und Mitregenten gezählt.

[2] Vgl. v. Pflugk-Harttung, Histor. Ztschr. 55, 71 ff.

[3] Jaffé-K. 924 ff.; vgl. Mommsen, NA. 16, 54 N. 5.

[4] Zuerst in Jaffé-E. 2435. Zur Beurteilung der staatsrechtlichen Bedeutung

der Zusatz „*regnante domino deo et salvatore nostro Iesu Christo cum deo patre et spiritu sancto per infinita saecula*“ dient in dieser oder ähnlicher Fassung nicht chronologischen Zwecken, sondern soll die unmittelbare Unterordnung des Papsttums allein unter Gott ausdrücken. Diese Stellung hielt Leo III., Hadrians Nachfolger, nicht aufrecht; schon vor der Krönung Karls des Großen fügte er seinen Pontifikatsjahren *anni domini Caroli excell. regis Francorum et Langobardorum et patricii Romanorum, a quo cepit Italiam* [1] hinzu, und seit der Kaiserkrönung Karls ließ er die ersteren fort und gab nur die abendländischen Kaiserjahre an, denen sogar, wie wir schon sahen, Postkonsulatsjahre beigefügt wurden. Indessen dauerte die unbedingte Anerkennung der kaiserlichen Oberhoheit, die sich in dieser Datierungsweise aussprach, diesmal noch nicht ein Jahrhundert. Johann VIII. datierte nach dem Tode Ludwigs II. und vor der Kaiserkrönung Karls des Kahlen nur nach Jahren seines Pontifikats, denen er die Formel: *regnante imperatore domino Iesus Christo* voranstellte;[2] ähnlich, nur ohne jene Formel, datierte er zwischen dem Tode Karls des Kahlen und der Kaiserkrönung Karls III. Nach der Kaiserkrönung Karls des Kahlen ließ er dessen Kaiserjahre angeben, denen aber gelegentlich die Pontifikatsjahre vorangestellt sind;[3] aus der Zeit Karls III. haben wir überhaupt nur eine voll datierte Urkunde des Papstes, diese zählt nach Kaiser- und Pontifikatsjahren und setzt die letzteren an die erste Stelle.[4] Ähnliche Schwankungen finden sich unter den nächsten Päpsten, bis dann seit Formosus zur Datierung allein nach Kaiserjahren zurückgekehrt wird.[5] Nach dem Tode Ludwigs des Blinden verschwinden diese mit dem Kaisertume selbst wieder aus dem Gebrauch der päpstlichen Kanzlei, und die Datierung nach Pontifikatsjahren setzt sich nunmehr durch mehr als fünfzigjährige Übung der Art fest, daß man sie auch

---

dieser Neuerung vgl. W. Sickel, Histor. Zeitschr. 84, 397 ff., dessen Auffassung ich mich aber nicht ganz anzuschließen vermag. — Die neuere Literatur s. bei Heldmann, Das Kaisertum Karls des Großen (Quellen u. Studien zur Verfassungsgesch. VI, 2 (1928) S. 165 N. 2.

[1] So seit 798, Jaffé-E. 2495. Also von der Eroberung Italiens an gerechnet, aber mit einem Epochentag, der früher fallen muß, als die Einnahme Pavias durch Karl, vgl. Sickel, Acta 1, 252 N. 11.

[2] Jaffé-E. 3020. [3] Jaffé-E. 3033. [4] Jaffé-E. 3381.

[5] Bei Marinus I. einmal nur Pontificats-, einmal nur Kaiserjahre, Jaffé-L. 3388. 3389; bei Hadrian III. einmal nur Kaiserjahre, Jaffé-L. 3401; bei Stephan V. zweimal nur Kaiser- (Jaffé-L. 3429. 3465), dreimal nur Pontifikatsjahre (Jaffé-L. 3455. 3466. 3467); bei Formosus nur Kaiserjahre; ebenso bei Stephan VI., Romanus, Benedict IV., Christophorus.

nach der Erneuerung des Kaisertums durch Otto I. beibehielt.[1] Unter den Ottonen wurde, wenn ein Kaiser vorhanden war, regelmäßig nach Pontifikats- und Kaiserjahren datiert,[2] wobei die ersteren vorangehen; waren die deutschen Herrscher nicht gekrönte Kaiser, so wurden sie in der Datierung nicht berücksichtigt. Den Saliern hat man dann nicht einmal diese Stellung zugestanden: Jahre Konrads II. scheinen überhaupt höchstens zweimal in den Jahren 1027 und 1037 in Papsturkunden vorzukommen, während der Kaiser in Italien war;[3] solche Heinrichs III. gibt Clemens II. nach dem Eintritt eines deutschen Beamten in seine Kanzlei in ein paar Urkunden des Jahres 1047 an[4]; aber schon der dritte deutsche Papst, Leo IX., faßt seine Stellung anders auf, und unter ihm verschwinden die Kaiserjahre definitiv aus der päpstlichen Kanzlei. Sie finden sich in der Folge nur noch zweimal unter besonderen Verhältnissen: einmal 1086 unter Wibert-Clemens III.,[5] sodann 1111 in einer Urkunde nach dem Siege Heinrichs V. über Paschal.[6] In der staufischen Periode werden Kaiserjahre nicht einmal in den Urkunden der kaiserlichen Gegenpäpste angegeben.

In Urkunden, die nicht aus der königlichen und päpstlichen Kanzlei hervorgegangen sind, finden wir im früheren Mittelalter durchweg die Datierung nach Regierungsjahren der Könige und Kaiser; nur in Rom selbst und seinem Ducat werden wenigstens seit dem 8. Jahrhundert, ebenso in Teilen der Romagna, namentlich dem Ravennatischen, die Jahre der Päpste entweder allein oder in Verbindung mit den Kaiserjahren angegeben. In Deutschland findet sich die Angabe von Pontifikatsjahren der Erzbischöfe und Bischöfe schon im 10. Jahrhundert in ihren eigenen,[7] wenig später auch in manchen Urkunden, welche von

[1] Was hier bemerkt wird, gilt von Privilegien; die Datierung der Briefe hat andere Normen.

[2] Urkunden nur mit Kaiserjahren kommen nur ganz vereinzelt vor; solche nur mit Pontifikatsjahren etwas häufiger, aber auch nur ausnahmsweise.

[3] Jaffé-L. 4080, (dessen Datierung freilich nicht unzweifelhaft ist) und GGN. 1906, Beiheft S. 18 n. 1. In der abschriftlich überlieferten Urkunde für Salzburg, Jaffé-L. 4074 ist die Datierung nach Königsjahren Konrads II. gewiß interpoliert; auch die Tagesangabe, „*mense iunio die XXI.*“ kann nicht ursprünglich sein. Vgl. auch Germania pontificia I, S. 17 n. 37.

[4] Jaffé-L. 4149. 50. 51.

[5] Jaffé-L. 5322, hier sogar ohne die Pontifikatsjahre, die auch in dem Or. Jaffé-L. 5334 fehlen, welches letztere aber auch keine Kaiserjahre hat. Das Or. Jaffé-L. 5326 hat nur Pontificatsjahre.

[6] Jaffé-L. 6292.

[7] So in Köln unter Erzbischof Wikfried 948, Cardauns 1, 16 n. 3; in Trier unter

ihnen untergebenen Geistlichen ausgestellt sind. Seltener und erst in bedeutend späterer Zeit sind auch die Regierungsjahre weltlicher Fürsten in deren Urkunden verzeichnet.[1] Im späteren Mittelalter findet sich nicht bloß in Italien, sondern auch in Deutschland in Urkunden aller Art — nur nicht in denen der Reichskanzlei — sehr häufig die Rechnung nach Papstjahren[2] neben der nach Kaiserjahren, ja sogar ohne die letztere[3].

Behufs der richtigen Reduktion der Regierungsjahre ist es notwendig, ihren Epochentag zu erkennen. Im allgemeinen hat dafür überall, entsprechend der von Justinian aufgestellten Regel, der Tag des Regierungsantritts gegolten: bei gekrönten Königen und Kaisern wenigstens bis zum 13. Jahrhundert derjenige der Krönung, bei den Päpsten seit dem 13. Jahrhundert ausnahmslos derjenige der Weihe.[4] Abweichungen von

Rotbert 955, Beyer 1, 259 n. 198; in den meisten Bistümern in den nächsten Jahrzehnten.

[1] Höchst selten nur kommt es vor, daß neben den Regierungsjahren der Fürsten auch die Angabe ihres Lebensalters zur Datierung benutzt wird. So in den Diplomen Herzog Rudolfs IV. von Österreich, vgl. Kürschner, Arch. f. öst. Gesch. 49, 20. So aber schon vereinzelt in zwei Urkunden Ottos III. aus dem Jahre 994 (DD. O. III. 148. 156), *anno aetatis XV* und in Urkunden Heinrichs IV. vom Jahre 1062 (St. 2604. 2605) *anno vitae* XII.

[2] Indessen kommt die Rechnung nach Jahren der Päpste in Deutschland vor der Zeit Heinrichs IV. kaum vor; über einen angeblichen älteren Fall s. Rodenberg, NA. 25, 483 ff. In Sizilien wurde in einigen Urkunden des Großgrafen Roger nach Jahren der Päpste datiert, vgl. K. A. Kehr, S. 307.

[3] In Italien und Burgund begegnen nicht selten in kaiserlosen Zeiten oder in solchen, in denen ein Kaiser am Ausstellungsorte nicht anerkannt wurde, Datierungen *post obitum* des letzten anerkannten Herrschers oder Formeln wie *vacante imperio, vacante imperatore, regnante Christo* und dgl. Italienische Beispiele bei Paoli, Programma 3, 196 ff., burgundische bei Bresslau, Jahrbücher Konrads II, 2, 113 f.; Kallmann, Jahrbuch f. Schweiz. Gesch. 14 (1889), S. 51 und öfter.

[4] Im früheren Mittelalter kennen wir in zahlreichen Fällen diese Tage durch unmittelbare Zeugnisse nicht und können sie erst wiederum aus den Urkunden durch Vergleichung der verschiedenen Datierungsangaben erschließen. — Zwischen Wahl und Weihe datieren die Päpste des späteren Mittelalters nach „*anni a nobis suscepti apostolatus officii*"; entsprechende Formeln (z. B. Rechnung nach *anni electionis* im Gegensatz zu *anni ordinationis* oder *consecrationis*) kommen auch in Bischofsurkunden aus der Zeit vor der Weihe des Ausstellers vor. Im 12. Jahrhundert sind die Pontifikatsjahre der Päpste bisweilen von der Weihe ab berechnet worden. Sicher ist das bei Calixt II., (obwohl es bei Jaffé-Löwenfeld nicht angenommen ist); vgl. die bei Robert, Études sur les actes du pape Calixte II. S. 43 f. angeführten Fälle, ferner Jaffé-L. 7009 mit *non. Febr. a.* 1123, *a. pont.* 5. Aber auch unter Innozenz II. ist in der Regel der Wahltag (14. Februar) als Epochentag für die *anni pontificatus* be-

dieser Regel kommen freilich in den Königsurkunden nicht selten vor. Von den karolingischen Herrschern[1] hat Ludwig der Fromme seine Regierungsjahre vom Tode des Vaters abgerechnet, und zu der gleichen Zählung ist Lothar I. im Jahre 849 übergegangen; auch Lothar II., Karlmann von Bayern und Ludwig III. haben wahrscheinlich den Todestag des Vaters zum Epochentag ihrer Regierungsjahre (Karlmann natürlich nur für die *anni regni in Bawaria*) gemacht, bei den späteren Saliern sind die *anni regni* — im Gegensatz zu den von der Krönung ab gezählten *anni ordinationis* — ebenso berechnet. Bei Lothar I. und Ludwig dem Deutschen ist der Epochentag der Regierungsjahre im Laufe ihrer Regierung selbst verändert worden; jener zählte sie erst von seiner Sendung nach Italien (822 Herbst) ab, machte dann die Ereignisse von 833 zum Ausgangspunkt einer neuen, aber nur kurze Zeit befolgten Rechnung und rechnete von 840—849 seine Regierungsjahre in Italia und in Francia von einem nur der Bequemlichkeit halber gewählten, konventionellen Epochentage (für die ersteren Neujahr 820?, für die letzteren Neujahr 840) ab. In der Kanzlei Ludwigs des Deutschen begann gleichfalls im Jahre 833 eine veränderte Berechnung der Regierungsjahre, die bis dahin von seiner Erhebung zum König von Bayern (Frühjahr 826) ab gezählt waren; als Epochentag scheint die Kanzlei von 833 ab den 24. September betrachtet zu haben, um Regierungsjahre und Indiktion gleichzeitig umsetzen zu können; später hat man in der Kanzlei die Rechnung noch zweimal geändert, um sie einfacher zu gestalten.[3] Für die Regierungsjahre Karls von der Provence scheint die Zeit des Vertrages von Orbe (856), für die Karls III. die Zeit des Vertrages im Ries (876) maßgebend gewesen

handelt worden, vgl. Jaffé-L. 7448. 7452. 7544. 7826. 7874. 8086. 8346. GGN. 1906, Beiheft 1, 38 n. 14 (*VIII kal. marcii* ist auch im Schaltjahr Februar 21); Kehr, Italia pontificia 3, 296 n. 1. Anders datiert sind Jaffé-L. 7609. 7756. Die Rechnung vom Wahltage ab war also jedenfalls auch unter Innozenz II. die kanzleimäßige. Für einige Päpste des 12. Jahrhunderts läßt sich die Frage nicht entscheiden, für andere bedarf es noch der Untersuchung.

[1] Ihre Epochen sind zusammengestellt bei Mühlbacher, Reg.[2] S. XC f. — Über die Epochen der merovingischen Könige vgl. Krusch, FDG. 22, 451 ff.; Havet, Oeuvres 1, 91 ff.; Krusch, NA. 16, 579 N. 1; Vacandard, Revue des questions historiques 59, 491 ff.; Levison, NA. 27, 356 ff. Festzuhalten ist, daß in der merovingischen Kanzlei die Epoche nicht gewechselt hat, sondern immer durch den ersten Regierungsantritt, sei es im ganzen Reich oder in einem Reichsteile bestimmt wurde, vgl. Levison, NA. 33, 756.

[2] Diese Epoche gilt auch für die Regierungsjahre Lothars in Urkunden Ludwigs II.

[3] Durch den Einfluß des Hadebert gilt die Rechnungsformel a. reg. — 20 = ind., seit 870 die Formel a. reg. — 30 = ind.

zu sein; die Jahre seiner Regierung im ganzen Reich hat der letztere wahrscheinlich von der Wormser Reichsversammlung im Mai 882, die *anni regni in Gallia* von seinem Einmarsch in Westfrancien (Mai 885) ab gerechnet. Unter Arnulf ward zwar nicht das Epochenjahr, wohl aber der Epochentag der Regierungsjahre verlegt; vor 892 zählte man sie von der Thronbesteigung im November 887 ab; später wurden sie zugleich mit dem Inkarnationsjahr umgesetzt. In späterer Zeit ist eine solche willkürliche Umänderung der Epoche der Regierungsjahre weiter nur noch unter Otto II. festgestellt worden;[1] seit dem Jahre 975 rechnete man seine Königsjahre nicht mehr vom 26. Mai 961 ab, an welchem Tage Otto zum König gekrönt war, sondern setzte sie zusammen mit den Kaiserjahren, den Jahren der christlichen Aera und oft auch den Indiktionen am 25. Dezember um, wobei aber — je nach dem Ermessen der einzelnen Notare — bald der Weihnachtstag von 961, bald der von 960 als Ausgangspunkt angenommen wurde; im Jahre 982 nahm man dann sogar für die Königsjahre die vereinfachte Gleichung *annus regni* 10 = *annus imperii* auf, schob also den Epochentag für sie auf den 25. Dezember 957 zurück.[2]

Anders ist es zu beurteilen, wenn man die Regierungsjahre nicht an dem Monatstage, an dem die Krönung stattgefunden hatte, sondern an dem Festtage, an dem sie im Krönungsjahre erfolgt war, umsetzte: wenn dies ein bewegliches Fest gewesen war, wurde die Epoche von dem in jedem Jahre wechselnden Festkalender abhängig. Ob so schon unter Otto III., der am Himmelfahrtstage 996 zum Kaiser gekrönt worden war, verfahren worden ist, läßt sich nicht sicher ausmachen,[3] sicher war es unter Karl IV. hinsichtlich der Kaiserjahre der Fall. Seine Kaiserkrönung hatte am Ostertage, 5. April 1355, stattgefunden; aber nicht dies Monatsdatum, sondern das jährlich wechselnde Datum des Osterfestes galt für die *anni imperii* als Epochentag.[4]

Von dem Grundsatze, die Königsjahre vom Tage der Königskrönung ab zu zählen, ist man zuerst in der späteren staufischen Zeit abgewichen.

---

[1] Vgl. DD. 2, 7 ff.

[2] Unerheblicher ist, daß einzelne italienische Notare Ottos III., der am 25. Dezember gekrönt war und unter dem also Inkarnations- und Königsjahre am gleichen Tage umzusetzen waren, diese Gleichung auch dann beibehielten, wenn sie das Inkarnationsjahr erst am 1. Januar beginnen ließen; vgl. Kehr, Urkunden Otto III., S. 188.

[3] Vgl. Kehr, Urkunden Otto III. S. 191 ff.

[4] Vgl. zuletzt Zimmermann, Datierungsformeln in den Urkunden Karls IV., S. 25.

Es entspricht durchaus der erhöhten Bedeutung, welche die deutschen Fürsten in dem 1198 ausgebrochenen Thronstreit im Gegensatz zu der päpstlichen Auffassung dem durch sie vollzogenen Wahlakt beimaßen,[1] daß unter Philipp von Schwaben der 6. März 1198, an welchem Tage er in Arnstadt zum König gewählt war, nicht aber der Tag seiner Krönung den Ausgangspunkt für die Berechnung der Regierungsjahre bildete.[2] Dagegen wurden die Königsjahre Ottos IV., dessen Anhänger nicht die gleiche Auffassung von der Wahl hatten, sondern vielmehr der Aachener Krönung ihres Herrn das größte Gewicht beilegten, vom Krönungstage ab gezählt[3], und nur ganz vorübergehend, in der ersten volldatierten Urkunde Ottos, die wir aus der Zeit nach der im Jahre 1208 wiederholten Frankfurter Königswahl der Welfen besitzen, ist auch in seiner Kanzlei der Ansicht, die den Wahltag als den Anfang der Regierung betrachtet wissen wollte, ein Zugeständnis gemacht worden.[4] Ob Friedrich II. die *anni regni Romani* (oder *regni Romani in Germania*) von der Frankfurter Königswahl, die am 5. Dezember 1212 erfolgte, oder von der Krönung ab gerechnet hat, die am 9. Dezember in Mainz stattfand, läßt sich nicht sicher ausmachen.[5] In den Urkunden Heinrichs (VII.) kommen Regierungsjahre nur selten vor; sie sind in den ersten Jahren des jungen Königs von der Krönung ab gezählt, nach 1225 aber meistens so fehlerhaft berechnet, daß sich ein bestimmter Epochentag dafür überhaupt nicht annehmen läßt.[6] Die Kanzlei Konrads IV. endlich, der bekanntlich nie gekrönt worden ist, hat nur in wenigen Urkunden aus der Zeit nach

[1] Vgl. darüber Bloch in der Hist. Vierteljahrsschrift 1909, S. 238 ff., 481 ff.; wieder abgedruckt in seinen staufischen Kaiserwahlen (1911) S. 27 ff. S. 54 ff.

[2] Vgl. BF. 15 a und Reg. imp. V, Einleitung, S. XXI. — Doch sind in BF. 135 die Regierungsjahre von der Krönung ab gezählt und BF. 99. 100 haben die Angabe *anno coronationis nostre apud Aquis primo*.

[3] Vgl. BF. 198[i].

[4] Vgl. BF. 244 vom 20. November 1208 mit *anno regni primo*. Die Konjektur dieser Stelle, die Winkelmann, Jahrbücher Ottos IV. 2, 124 N. 3 vorschlägt, ist um so weniger zulässig, als Otto auch in BF. 243 Philipps Königtum anerkennt, wie Winkelmann selbst hervorhebt. Allerdings ist diese Auffassung der staufischen Partei, die Otto erst von 1208 ab als König betrachtete, von ihm selbst schon wenige Tage später — am 23. November — wieder aufgegeben, wie BF. 246 lehrt.

[5] In BF. 86[b] wird zu bestimmt das erstere angenommen; es gibt keine Urkunde, die sicher zwischen diesen beiden so naheliegenden Daten entschiede.

[6] Vgl. Huillard-Bréholles, Introduction S. LIII. Über die einzige Urkunde, bei der an den Wahltag als Epoche gedacht werden könnte, BF. 3953, vgl. Ficker, BzU. 1, 183.

dem Tode Friedrichs II. Regierungsjahre des Königs angegeben und diese vom Todestage des Kaisers ab gezählt.[1]

Bei den Gegenkönigen ist unter Heinrich Raspe, der ja gleichfalls nicht zur Krönung gelangte, nur in einer Urkunde ein — natürlich von der Wahl ab gerechnetes — Königsjahr notiert.[2] Unter Wilhelm von Holland hat die Kanzlei zuerst gleichfalls den Wahltag als Epoche der Regierungsjahre betrachtet;[3] noch im Laufe des Jahres 1249 aber hat sie diese Auffassung aufgegeben und nur von der Krönung ab gerechnet. Die letztere gilt auch als die Epoche für Richards Regierungsjahre, während wir von Alfons nur eine Urkunde haben, in der ein römisches Königsjahr angegeben ist, das entweder von der Wahl oder von der Erklärung ihrer Annahme ab gezählt ist.[4]

Auch in der Zeit nach dem Interregnum ist ein ganz festes Prinzip für die Berechnung der Königsjahre noch nicht wieder gefunden, doch hat die Anschauung, die den Wahltag als maßgebend betrachtet, mehr und mehr an Boden gewonnen; die Zählung der *anni regni* vom Wahltage ab überwiegt durchaus in den Urkunden Rudolfs I., Adolfs, Albrechts I., während unter Heinrich VII. wieder der Krönungstag die Epoche bildet.[5] Dem Brauche seines Vorgängers ist dann auch Ludwig der Bayer gefolgt[6]; dagegen hat die Kanzlei Karls IV. zwar bis zu seiner Kaiserkrönung die Angabe von Regierungsjahren in den Urkunden ebenso wie die Heinrichs VII. unterlassen, dann aber diese nicht zum Krönungs-, sondern vom Wahltage gerechnet.[7] Doch auch die lange

[1] Vgl. BF. 4534.

[2] BF. 4882; vgl. 4867. 4868 mit *die II. electionis nostrae.*

[3] BF. 4912. 4914, vor der Krönung ausgestellt, mit *anno creationis nostrae* oder *regni nostri primo.* Aber auch BF. 4956. 4963 vom 7. Januar und 4. Februar 1249 haben trotz der am 1. November 1248 vollzogenen Königskrönung *a. regni secundo* und rechnen also von der Wahl ab.

[4] Vgl. BF. 5239 f. 5493.

[5] In den vor der Krönung ausgestellten Urkunden Heinrichs werden Regierungsjahre nicht angegeben; vgl. KUiA. Text S. 225 und Böhmer, Reg. imp. 1246—1313 (1844), S. 256.

[6] Wobei aber nach Schaus, Zur Diplomatik Ludwigs des Bayern S. 57 der 26. (nicht der 25. November) und für die Kaiserjahre (nicht der 17., sondern) der 18. Januar als Epochentag gilt. Ebenso sind aber auch unter Karl IV. die Regierungsjahre nicht an dem eigentlichen Epochentage, sondern erst an dem darauf folgenden Tage umgesetzt.

[7] Vgl. Zimmermann, Die Datierungsformel in Urkunden Kaiser Karls IV. S. 21 ff., 33 ff. Für die erbländischen Königsjahre ist der Tag des Regierungsantritts in Böhmen maßgebend. Vgl. auch oben S. 424.

Regierung Karls IV. hat noch keine ganz feststehende Norm geschaffen, und unter Wenzel ist man noch einmal zur Berechnung der Regierungsjahre vom Krönungstage ab zurückgekehrt [1] und erst nach dem Tode Ruprechts von der Pfalz steht für das 15. Jahrhundert die Epoche des Wahltages [2] für die Zählung dieser Jahre ganz fest. Nur darin hat die Kanzlei Sigmunds dem älteren Usus noch einmal eine vorübergehende Konzession gemacht, daß sie im Jahre 1414, nachdem der König endlich in seinem fünften Regierungsjahre am 8. November gekrönt worden war, neben den Jahren der „Erwählung" (*electionis*) solche der Krönung (*coronationis*) anführte [3], doch ist diese Komplizierung der Jahresangaben schon im Frühjahr 1415 wieder aufgegeben worden.

Am spätesten ist in den Urkunden des Mittelalters die Datierung nach Jahren der christlichen Aera üblich geworden. Weder in den Urkunden der langobardischen noch in denen der merovingischen oder der ersten karolingischen Könige kommt sie zur Anwendung.[4] Auf fränkischem und deutschem Boden tritt sie am frühesten, schon vor der Mitte des 8. Jahrhunderts, in Kapitularien [5], dann in Privat-

---

[1] Das ist nicht ganz leicht festzustellen, da wir ja Regesten Wenzels noch nicht besitzen, und Weizsäcker ist sich denn auch über den Kanzleigebrauch nicht klar geworden, wie seine Bemerkungen RTA. 1, 287 N. 1; 560 N. 3 beweisen. In Wirklichkeit kann es bei der Vergleichung der Daten in der kritischen Zeit keinem Zweifel unterliegen, daß wie für die böhmischen, so auch für die römischen Regierungsjahre Wenzels im allgemeinen der Krönungstag (6. Juli 1376) und nicht der Wahltag (10. Juni) maßgebend war. Angaben, in denen das Königsjahr antizipiert ist, kommen freilich vor, aber doch nicht sehr häufig, und es bleibt dann mehrfach noch zweifelhaft, ob vom Wahltag ab gerechnet ist oder ob ein Versehen vorliegt.

[2] Und zwar des Tages der ersten Wahl Sigismunds, 20. Sept. 1410, nicht der zweiten, 17. Juli 1411.

[3] Die Formel lautet: der Romischen erwelungen in dem funften und der cronunge in dem ersten iaren, lateinisch: *anno . . . electionis quinto, coronationis vero primo.*

[4] Vgl. Chroust S. 61; Sickel, Acta 1, 221; Mühlbacher, Wiener SB. 92, 367. Wo Inkarnationsjahre in der Datierungszeile einer Urkunde dieser Zeit erscheinen, weist das auf Unechtheit oder Interpolation hin. — Im Urkundentext findet sich aber die Angabe eines Inkarnationsjahres schon 803 in DKar. 199 und wird hier, wie Mühlbacher annimmt, ursprünglich sein. (Vgl. Wiener SB. 92, 367 N. 1.) Ganz unantastbar ist das Inkarnationsjahr unter Ludwig dem Frommen in Form. imp. 37, und so wird es auch in einer Urk. Karls des Kahlen (Mabillon, Dipl. S. 530 n. 88) nicht bezweifelt zu werden brauchen. Vereinzelt steht das Inkarnationsjahr einer Urkunde Pippins II. von Aquitanien von 839, vgl. Giard, BEC. 62, 715.

[5] Hier schon 742 (MG.Capit. 1, 24 n. 10), dann 744 (Capit. 1, 29 n. 12), 789 (Capit. 1, 62 n. 23) usw.; vgl. Seeliger, Die Kapitularien der Karolinger (München 1893) S. 17.

urkunden seit der ersten Hälfte des 9. Jahrhunderts, zuerst allerdings nur vereinzelt, auf,[1] von der Reichskanzlei aber ist sie erst seit dem Beginn der Regierung Ludwigs III. und Karls III.[2] adoptiert und auch in die Diplome Italiens, sowie nach deren Muster in die italienischen Privaturkunden eingeführt worden. In Papsturkunden kommt sie zuerst unter Leo VIII. im Jahre 963, dann unter Johann XIII. in den Jahren 968—970 vor.[3] In der ersten Zeit vielfach sehr mangelhaft und unvollkommen gehandhabt, wird die Rechnung nach Inkarnationsjahren im späteren Mittelalter die wichtigste aller Jahresbezeichnungen.

Auch die Inkarnationsjahre beginnen nun aber keineswegs überall mit dem gleichen Epochentage; vielmehr gibt es im Mittelalter sechs hauptsächlich in Betracht kommende Jahresanfänge. Es sind die folgenden:

1. der Jahresanfang mit dem 25. Dezember (Nativitätsstil),
2. der Jahresanfang mit dem 25. März (Marienjahr), der in doppelter Weise gebraucht werden kann,
   a) so daß das Jahr 1100 vom 25. März 1100 bis zum 24. März 1101 unserer heutigen Zeitrechnung gezählt wird (*calculus Florentinus*),
   b) so daß das Jahr 1100 vom 25. März 1099 bis 24. März 1100 unserer Zeitrechnung läuft (*calculus Pisanus*),
3. der Jahresanfang mit Ostern (vereinzelt auch mit Karfreitag), der also, je nachdem Ostern früher oder später fällt, auf 35 verschiedene Monatstage fallen kann (*stilus Francicus, mos Gallicanus*),[4]
4. der Jahresanfang mit dem 1. März (frühchristlicher Stil),

[1] MÜHLBACHER a. a. O. S. 367 N. 2.

[2] Von den drei italienischen Diplomen Karlmanns, die das Inkarnationsjahr aufweisen, MÜHLBACHER, Reg.[2] 1542. 1543. 1546 ist das erste als Original überliefert und deshalb wird auch in dem zweiten ihm nahe verwandten die Angabe dieses Jahresdatums nicht angefochten werden können. Dagegen soll in dem Original des dritten die Jahresangabe nach DOPSCH von jüngerer Hand unterhalb der Signumzeile eingefügt sein. Sie ist in allen drei Stücken falsch (in 1542: 871, in 1543. 1546: 872 statt 879); aber gerade diese Übereinstimmung beweist, zumal wenigstens 1546 für einen anderen Empfänger als 1542 und 1543 ausgestellt ist, wohl auch die Echtheit der Nachtragung in 1546.

[3] JAFFÉ-L. 3700. 3702. 3728. 38. 41; vgl. JAFFÉ, Reg.[2], 1, praef. p. IX. Im Text von Papsturkunden kommen Ärenjahre schon früher vor; vgl. z. B. JAFFÉ-E. 3182.

[4] Vgl. über ihn ACHT, Die Entstehung des Jahresanfangs mit Ostern (Berlin 1908), gegen dessen Ausführungen ich aber mancherlei Bedenken habe. — Genau genommen begann das Osterjahr bereits mit dem Samstage vor Ostern, der Ostervigil, an einzelnen Orten, wie z. B. in Tournay (vgl. NELIS, Annales de la soc. d'émulation de Bruges 56, 7 ff.) sogar schon mit Karfreitag.

5. der Jahresanfang mit 1. September (griechischer Stil),
6. der Jahresanfang mit 1. Januar (Zirkumzisionsstil).

Welcher dieser Jahresanfänge in einer einzelnen Kanzlei oder Gegend zu einer bestimmten Zeit gegolten hat, ist durch spezialdiplomatische Untersuchungen festzustellen; [1] hier kann nur das Wichtigste kurz angeführt werden. [2]

In Deutschland hat bis in die letzte Zeit des Mittelalters der Jahresanfang mit dem Weihnachtsfeste durchaus die vorherrschende Stellung gehabt. In der Reichskanzlei gilt er von der karolingischen Periode an bis ins 13. Jahrhundert so gut wie ausschließlich; wenn einige Diplome gelegentlich auch nach dem Weihnachtstage die alte Jahresziffer fortführen, so ist das in Anbetracht der doch erheblich zahlreicheren Fälle, in denen sie an diesem Tage geändert ist, schwerlich auf ein anderes Prinzip der Jahreszählung, sondern vielmehr entweder auf ein bloßes Versehen oder darauf zurückzuführen, daß die Jahreszahl schon vor dem 25. Dezember geschrieben, das Tagesdatum aber erst nach dem Fest nachgetragen ist.[3] Eine andere Jahresepoche hat vor dem 13. Jahrhundert nur die Kanzlei Heinrichs II. vorübergehend im Frühjahr 1014 angewandt, indem sie sich, so lange der Kaiser sich innerhalb der Grafschaft Pisa aufhielt, dem Calculus Pisanus anbequemte und also das Inkarnationsjahr 1015 in die Datierung der Diplome einsetzte, — eine Rechnungsweise, die sie indessen, bald nachdem man das Pisaner Gebiet verlassen hatte, wieder aufgab.[4] Erst unter König Philipp trat eine längere Zeit nachwirkende Änderung des Kanzleibrauches ein, indem seit dem Jahre 1200 die An-

[1] Besonders bemerkenswert durch die Häufung der Zeitangaben sind im 13. Jahrhundert die Urkunden, die aus der Kanzlei des Bischofs Konrad von Konstanz (1209—33) hervorgegangen sind, vgl. LADEWIG, Reg. epp. Const. n. 1231 ff.

[2] Vgl. im einzelnen die von GROTEFEND, Zeitrechnung 1 S. 88 angeführten Stellen; GIRY S. 112 ff., wo aber nur Frankreich mit genügender Ausführlichkeit und Korrektheit behandelt ist.

[3] S. unten S. 431. Auch bei den von SCHIAPARELLI, Bullet. dell' istit. stor. ital. 23, 81 f. aus der Zeit Berengars I. und bei KEHR, Urkunden Otto III. S. 202 f. aus der Zeit dieses Kaisers angeführten Fällen, in denen im Anfang des Jahres noch die Ärenzahl des abgelaufenen angewandt wird, glaube ich nur an solche Versehen oder an uneinheitliche Datierung denken zu dürfen und nicht Rechnung nach dem Calculus florentinus. Einzelne Fälle der Art kommen fast in jeder Regierung vor, und ganz gewiß ist insbesondere in der völlig vereinzelt dastehenden Urkunde Heinrichs VI. vom Januar 1195 (mit: a. inc. 1194) nur an ein Versehen und nicht, wie SCHEFFER-BOICHORST NA. 24, 128 annahm, an eine andere Epoche des Jahres der Inkarnation zu denken (vgl. auch NA. 27, 73).

[4] Vgl. die Vorbemerkung zu DH. II. 291 und über DH. II. 297 jetzt MG. DD. 4, 421.

nunziationsepoche des 25. März, aber nicht nach pisanischem, sondern nach florentinischem Brauche, für den Anfang des Inkarnationsjahres angenommen wurde[1]; die sehr wenigen abweichenden Urkunden werden z. T. nicht in der Kanzlei geschrieben sein. Es liegt nahe, diese Neuerung darauf zurückzuführen, daß Philipp vor seiner Thronbesteigung Herzog von Turin gewesen war und also anzunehmen, daß der Notar Helfrich, der sein herzoglicher Protonotar gewesen war, sie in die Reichskanzlei eingeführt hätte; doch steht dem entgegen, daß die einzige uns erhaltene tuskische Herzogsurkunde Philipps, die für diese Frage in Betracht kommt,[2] nicht nach florentinischem Stil datiert ist. Auch die Kanzlei Ottos IV., in die ja mehrere Beamte Philipps, unter ihnen auch jener Helfrich, nach dem Tode ihres Herrn eintraten, hat im Jahre 1209 die florentinische Jahresrechnung angenommen[3] und, allerdings nicht unter völligem Ausschluß des Weihnachtsanfanges, sie fast bis in die letzte Zeit des Kaisers beibehalten.[4] Nach dem Übertritt des Reichskanzlers Konrad von Metz und Speyer zu Friedrich II., dem sich auch andere Kanzleibeamte Ottos anschlossen, ist dann dieselbe Jahresrechnung auch in dessen Kanzlei eingeführt worden. Im Anfang der Jahre 1213 und 1215 sind fast alle Urkunden danach datiert,[5] während im Jahre 1214 keine einzige und in den Jahren 1216 und 1217 nur noch einzelne Urkunden[6] die florentinische Jahreszählung aufweisen. Seit 1218 tritt diese dann vor der Weihnachtszählung wieder mehr und mehr zurück; doch kommen in der nächsten Zeit noch vereinzelte Nachklänge des früheren Brauches vor,[7] und in den dreißiger Jahren, zumal seit 1232 wird die Annunziationsdatierung noch einmal wieder aufgenommen,[8] um nun bis in die letzte Regierungszeit des Kaisers, freilich nicht als ausschließliche Norm, aber

[1] Vgl. Reg. imp. V, 3, XXI, wo aber der Sachverhalt nicht klar genug dargestellt ist; es hätte mindestens derselbe Zusatz gemacht werden müssen, der S. XXVIII in bezug auf die Urkunden Ottos IV. gemacht ist. Gutbier, Das Itinerar des Königs Philipp von Schwaben (Diss. Berlin 1912) geht auf die Frage nicht näher ein, er bemerkt nur S. 21 N. 4, bis in den März 1200 sei es in der Kanzlei üblich gewesen, das alte Jahr 1199 zur Datierung zu verwenden.

[2] BF. 6.

[3] Vorher findet sich sie nur in BF. 216, aber nicht in BF. 211. 232; vgl. Schum, KUiA. Text S. 454.

[4] Vgl. noch BF. 502.

[5] Vgl. BF. 686 ff. vom Jahre 1213 und 776 ff. vom Jahre 1215. In BF. 688 ist gewiß statt MCCXU zu lesen MCCII.

[6] BF. 843. 892. 897. 898.

[7] Z. B. BF. 979. 1001. 1088. 1089. 1267. 1268. 1274. 1280. NA. 27, 96 u. a. m.

[8] BF. 1925 ff.

doch neben der Weihnachtsdatierung vielfach und in Urkunden für das Kaiserreich sogar vorwiegend angewandt zu werden. Das gilt aber nur von den Diplomen Friedrichs II.; in den deutschen Urkunden seiner Söhne Heinrichs (VII.) und Konrads IV. sowie in denen Wilhelms von Holland [1] herrscht die Weihnachtsdatierung vor der florentinischen durchaus vor, während Heinrich Raspe die letztere bevorzugt hat.[2]

In der Zeit nach dem Interregnum ist der Calculus Florentinus in den deutschen Königsurkunden nicht mehr angewandt worden; dagegen tritt mit dem Jahresanfang zu Weihnachten jetzt der Circumcisionsstil, der das Jahr mit dem 1. Januar beginnen läßt, in Konkurrenz. In der Kanzlei Rudolfs I. herrscht er ausschließlich,[3] in der Adolfs von Nassau kommt er wenigstens neben dem Nativitätsstil zur Anwendung.[4] Unter Albrecht I. und Heinrich VII. scheint in der Kanzlei unter letzterem auch in den Akten der Kammernotare nur der Weihnachtsanfang maßgebend gewesen zu sein; dagegen war in den ersten Jahren Ludwigs des Bayern bis 1323 der Circumcisionsstil kanzleimäßig, der dann in den letzten Jahren des Kaisers nach einer mehrjährigen Zeit des Schwankens durch den Nativitätsstil wieder verdrängt wurde.[5] Seit Karl IV.[6] war jedoch der letztere bis zu dem Ausgang des Mittelalters in der Reichskanzlei wiederum der allein normale; die verhältnismäßig wenig zahlreichen Abweichungen von der Regel, die sich in den Urkunden Karls finden, sind ebenso wie in den Diplomen des 10.—12. Jahrhunderts zu erklären.[7]

[1] Die Annahme von Böhmer, Reg. imp. V, 920 f., daß in den für die Utrechter Diözese ausgestellten Urkunden Wilhelms der Annunziationsstil befolgt sei, ist schon deswegen abzulehnen, weil dieser Stil in der Utrechter Diözese überhaupt nie üblich gewesen ist. Vgl. dazu die Ausführungen von S. Muller-Fz., Bijdragen voor een oorkondenboek van het sticht Utrecht (Haag 1890) S. 18 ff., wo ein interessanter Brief Ficker's mitgeteilt wird, und von I. de Fremery und R. Fruin in den Bijdragen voor vaderlandsche geschiedenis en oudheidkunde III, 9, 105 ff. und III, 10², 125 ff., 147 ff., 176 ff., IV, 1, 138 ff., woraus sich ergibt, daß in den von Wilhelm für seine holländische Grafschaft ausgestellten Urkunden neben dem Jahresanfang mit dem 1. Januar (oder mit Weihnachten) bisweilen der Osteranfang vorkommt; s. unten S. 434.

[2] Vgl. BF. 4883 ff.

[3] Vgl. Redlich in Reg. imp. VI, S. 13.

[4] Vgl. Böhmer, Reg. Adolfs n. 296. 337, beide mit Jahresangaben nach dem Circumcisionsstil.

[5] Vgl. Schaus, Zur Diplomatik Ludwigs des Bayern S. 55 f.

[6] Vgl. Zimmermann, Datierungsformel in Urkunden Karls IV. S. 15 ff. und die ungefähr gleichzeitige Äußerung Huber's im Additamentum zu den Regesta Karoli IV. S. VIII.

[7] S. oben S. 429 N. 3.

Im übrigen sind es in Deutschland hauptsächlich die westlichen Landschaften, in denen von dem Weihnachtsanfang abgewichen ist: nicht die Erzdiözese Mainz, die mit ihren Suffraganbistümern, auch dem westfälischen Paderborn, an dem Nativitätsstil festhielt, wohl aber die beiden Erzdiözesen Trier und Köln, in denen andere Jahresrechnungen Eingang fanden. In den Diözesen von Trier und Metz wurde der Annunziationsstil (nach florentinischer Rechnung) herrschend; er kommt schon im 12. Jahrhundert in einzelnen Urkunden vor und verdrängt etwa seit 1236 den Weihnachtsstil völlig;[1] er hat sich hier in den Gebieten von Lothringen und Luxemburg bis zum letzten Viertel des 16. Jahrhunderts behauptet. In den Bistümern Toul und Verdun galt aber der trierische Stil nicht; hier war vielmehr wenigstens im 14. und 15. Jahrhundert der von Frankreich aus nach Osten vordringende Jahresanfang mit dem Osterfeste herrschend.[2] In Köln verdrängte dieser etwa seit dem Anfang des 13. Jahrhunderts den hier bis dahin herrschenden Nativitätsstil,[3] der aber durch einen Beschluß der erzbischöflichen Synode vom Jahre 1310 wieder eingeführt [4] und nun als *mos Coloniensis* bezeichnet wurde. Drei oder vier Jahre danach gab man auch im Bistum Münster den Osterstil, der hier im 13. Jahrhundert herrschend geworden, vorher höchstens vereinzelt vorgekommen war, auf; aber hier ging man nicht zum Circumcisionsstil über.[5] In den beiden anderen westfälischen Suffraganbistümern Kölns, in Minden und in Osnabrück, galt dagegen der Osterstil ebensowenig wie in dem zur Mainzer Kirchenprovinz gehörigen Bistum Paderborn; in Minden war im 13. Jahrhundert entweder der Weihnachts- oder der Jahresanfang mit dem 1. Januar üblich,[6] in Osnabrück

---

[1] Vgl. Marx im Jahresbericht der Gesellschaft für nützliche Forschungen zu Trier 1872 S. 9 ff.; Goerz, in der Einleitung zum 3. Band des Mittelrheinischen UB. S. III ff. Daher seit dem 14. Jahrhundert der Ausdruck *stilus* oder *mos Treverensis (Metensi)*, *gewohnheit des stichts ze Trier, des hofes von Metz* usw.

[2] Giry S. 119.

[3] Vgl. Ficker, Engelbert der Heilige S. 211; Cardauns, Annalen des hist. Vereins f. d. Niederrhein 21/22 (1870) S. 272 ff.; Knipping, Beiträge zur Diplomatik der Kölner Erzbischöfe, Diss. Bonn 1889, S. 24 ff.; Ennen, Quellen zur Gesch. der Stadt Köln 3, 437 ff.; Goerz a. a. O., Grotefend, Zeitrechnung 1, 142.

[4] Kölner Regesten IV n. 498, S. 101.

[5] Vgl. Wilmans, Westfäl. UB. 3, 949 f. Das Dekret von 1313 oder 1314 bei Niesert, Münsterische Urkundensammlung 4, 4. Zur Datierung des Dekrets vgl. Rühl, S. 36 N. 3.

[6] Vgl. Wecken, Untersuchungen über das Urkundenwesen der Bischöfe von Minden in der Ztschr. f. vaterl. Gesch. Westfalens, Bd. 58 (1900) II, S. 90 ff., auch Diss. Marburg 1900 S. 70 ff.

datierte man im 12. Jahrhundert überwiegend nach dem Nativitäts-, im 13. nach dem Annunziationsstil; der Osterstil kommt nur vereinzelt vor.[1] Wohl aber fand der Osterstil im 13. Jahrhundert in die niederländischen Suffraganbistümer Kölns Eingang. Von den Bischöfen von Lüttich[2] war Johann II. (1229—1238) der erste, der ihn einführte[3]; in der bischöflichen Kanzlei von Utrecht ist er zuerst im Jahre 1224 nachweisbar,[4] aber anfangs sehr vom Domkapitel und den meisten geistlichen Stiftern der Diözese angenommen. Das Kölner Synodalstatut vom Jahre 1310 hat ihn dann auch hier abgeschafft, in Utrecht schon im gleichen Jahre, in Lüttich erst 1333, in beiden Diözesen ward dafür der Weihnachtsanfang eingesetzt.[5] Endlich begann seit dem 13. Jahrhundert auch die Kanzlei des zur Kirchenprovinz Reims gehörigen Bistums Cambrai das Jahr mit Ostern; hier aber wurde an diesem Stil (*stilus curie Cameracensis*, *costume des hofs van Kamerich*, *coutume de la cour de Cambrai*) während des ganzen Mittelalters festgehalten.[6] Von den fürstlichen Kanzleien dieser niederlothringischen Landschaften kommen hier besonders die der Grafen von Hennegau, von Flandern und von Holland in Betracht. In den Urkunden der Grafen von Hennegau und von Flandern ist im 12. Jahrhundert der Osterstil noch nicht nachweisbar.[7]

---

[1] Vgl. Philippi, Mitteilungen des hist. Vereins zu Osnabrück 16, 23 ff.; Stephan, Beiträge zum Urkundenwesen des Bistums Osnabrück, Diss. Marburg 1902, S. 79 ff.

[2] Vgl. de Maraeffe, Styles et indictions dans les anciens documents Liégeois (Brüssel 1896). Ich kenne die Schrift nur aus Angaben Muller's.

[3] Die von Grotefend, Zeitrechnung 1, 143 n. 1 und Acht S. 81 angeführte Urkunde des Bischofs Alexander II. Lacomblet 1, 281 n. 409 beweist nichts gegen die Anwendung des Osterstils schon im 12. Jahrhundert. Denn die Inkarnationsjahrzahl 1165 bezieht sich auf die in Aachen vollzogene Handlung, das Tagesdatum aber auf die in Lüttich erfolgte Beurkundung. Der Aufenthalt des Bischofs in Aachen wird in den Dezember 1165 zu setzen sein, als der Kaiser dort anwesend war, vgl. St. 4058. 4059; die Beurkundung erfolgte dann im März.

[4] Vgl. S. Muller-Fz. in den Verslagen en mededeelingen der Niederländischen Akademie IV, 7, 309 ff., wo ältere Arbeiten angeführt sind. — Auf die neuerdings von niederländischen und belgischen Forschern viel erörterte Frage, ob vorher der Nativitätsstil oder der Circumcisionsstil gegolten hat (vgl. zuletzt Callewaert, in den Annales de la société d'émulation de Bruges 58, 103 ff.), gehe ich nicht näher ein.

[5] Vgl. für Utrecht van Mieris, Charterboek 2, 103 (wo statt MCCCIV zu lesen ist: MCCCXI), für Lüttich die von Grotefend, Zeitrechnung 1, 143 angeführten Zeugnisse.

[6] Vgl. Grotefend a. a. O. S. 142, Giry S. 114; bringen Beispiele für die Zeit seit dem 14. Jahrhundert. Über eine Ausnahme von 1258 vgl. Dubrulle, Cambrai à la fin du moyen âge (1903) S. 39 N. 7.

[7] Über eine schon von Giry S. 113, dann von Acht S. 74 und von anderen als sicheren Beleg für den Osterstil angeführte Urkunde des Abtes Adalard von Saint-

Noch Balduin V. von Hennegau, der 1191 auch Flandern erbte, hat ihn nicht angewandt[1]; und erst unter Balduin VI. von Hennegau (XI. von Flandern) kam er neben dem Nativitätsstil zur Anwendung [2] und wurde im 13. Jahrhundert allein herrschend. In der Grafschaft Holland war vor dem Grafen Wilhelm II., der 1247 zum König gewählt wurde, der Osterstil gleichfalls noch nicht üblich, wurde dann unter ihm und seinen nächsten Nachfolgern neben dem Circumcisions- oder Nativitätsstil gebraucht und gelangte seit dem Heimfall der Grafschaft an das Haus Hennegau-Avesnes 1299 auch hier zur ausschließlichen Herrschaft; er wird nun als Stil des Hofes von Holland oder auch als Hofstil (*stilus curiae*) schlechtweg bezeichnet.[3] In allen diesen Gebieten ebenso im Herzogtum Brabant hat sich der Osterstil über den Schluß des Mittelalters hinaus behauptet.

Im Südwesten war ein von dem allgemein deutschen abweichender Jahresanfang in den zum arelatischen Reich gehörenden Bistümern Genf, Lausanne und Sitten üblich. In Genf war der Osterstil etwa seit 1220 in Gebrauch, wurde aber im Jahre 1305 zugunsten des Weihnachtsstils durch eine bischöfliche Verordnung aufgegeben.[4] Der *stilus curiae Lausannensis* war seit dem 13. Jahrhundert der Annunziationsstil nach florentinischer Rechnung.[5] Im Bistum Sitten läßt sich in der ersten Hälfte des 13. Jahrhunderts der Osterstil in der bischöflichen Kanzlei nach-

Bertin vom Jahre 856 oder 857, vgl. die beachtenswerten Bemerkungen von DE CALLEWAERT in den Annales de la société d'émulation de Bruges 59, 58.

[1] Vgl. CALLEWAERT in denselben Annales 55, 13 ff. 121 ff.; 59, 41 ff.; dazu für die letzten flandrischen Grafen aus dem Hause Elsaß auch COPPIETERS STOCHOVE in den Annales de la société d'histoire de Gand 1907, S. III. — Die Einwendungen, die ACHT S. 72 ff. gegen die Methode CALLEWAERT's erhoben hat, sind in dessen zweiter Abhandlung (Annales de Bruges 59) siegreich widerlegt.

[2] Über die Urkunden Balduins VI. (IX.) vgl. auch DUVIVIER im Bulletin de Commission royale Belgique d'histoire V, 11 (1901), 37 ff., dessen Ausführungen aber CALLEWAERT berichtigt hat. — Gislebert von Mons, der Kanzler Balduins V., hat als solcher den Osterstil nicht angewandt (Beweis eine Urkunde vom 30. März 1181, vgl. CALLEWAERT, Annales de Bruges 55, 129), ihn aber in seinem 1196 vollendeten Chronicon Hanonniae der Chronologie durchaus zu Grunde gelegt.

[3] S. oben S. 431 N. 1 und die dort verzeichneten Untersuchungen von DE FREMEREY und FRUIN. In der Kontroverse zwischen beiden Forschern schließe ich mich dem letzteren an.

[4] Vgl. BRANDSTETTER, Geschichtsfreund der 5 Orte 25, 54 f. Daß vorher der Annunziationsstil gegolten hätte, darf nicht mit B. aus dem Ausdruck *annus incarnationis* gefolgert werden; vgl. auch die von ACHT S. 32 angeführten Lausanner Daten des 12. Jahrhunderts.

[5] BRANDSTETTER ebenda S. 57 f.

weisen, der aber schon 1248 hier durch den Nativitätsstil verdrängt wurde, während er in den Urkunden des walliser Klosters Saint Maurice noch in den Jahren 1281 bis 1274 vorkommt, seit 1299 aber auch hier dem Jahresanfang mit Weihnachten wich.[1]

In Ober- und Mittelitalien war der Annunziationsstil weit verbreitet, und sowohl der Calculus Pisanus wie der Calculus Florentinus gelten auch außerhalb der beiden Städte, nach denen diese Rechnungsarten benannt sind und die an ihnen weit über das Ende des Mittelalters hinaus hartnäckig an ihnen festhielten. Daß nun das Gebiet der florentinischen Jahresrechnung ausgedehnter war als das der pisanischen, ist sicher; im einzelnen aber fehlt es noch für viele Orte an zuverlässigen Feststellungen, wie weit das eine und das andere sich erstreckte, und es wird die Aufgabe der zukünftigen diplomatischen Lokalforschung sein müssen, die genaueren Grenzen zwischen den beiden Arten des Annunziationsstiles unter einander und zwischen ihnen und dem auch in Italien vielfach vorkommenden Jahresanfang mit dem Weihnachtsfeste zu ziehen.[2]

---

[1] Vgl. Gremaud in den Mémoires et documents de la Suisse romande 29, XVIII ff. Danach sind die Angaben Brandstetter's, die Grotefend 1, 143 wiedergibt zu berichtigen. — Abgesehen von diesen territorialen Stilen ist noch zu erwähnen, daß die Zisterzienser-Klöster ohne Rücksicht auf den Gebrauch des Landes, in dem sie lagen, vielfach nach Annunziationsstil datierten. Ob dies auch von den Augustiner-Konventen gilt, wie Posse, Privaturkunden S. 102 angibt, bedarf noch der Nachprüfung.

[2] Vgl. darüber Giry S. 127; Rühl, Chronologie des Mittelalters und der Neuzeit S. 30; Grotefend, Zeitrechnung 1, 9; Paoli-Lohmeyer 3, 232, deren Angaben aber nicht durchweg übereinstimmen. Für Siena nehmen Rühl und Grotefend *Calc. Pisanus*, Giry und Paoli *Calc. Florentinus* an; wenigstens für das 16. Jahrhundert ist die Frage im Sinne der letzteren durch die Ausführungen Luschin's von Ebengreuth, MIÖG. Erg. 6, 333 ff. entschieden. Auch in Arezzo, für das Rühl und Giry gleichfalls *Calc. Pisanus* annehmen, stand es anders damit; hier scheint der Nativitätsstil vorgeherrscht zu haben, daneben scheint vereinzelt der *Calc. Pisanus*, häufiger der *Florentinus* vorgekommen zu sein, vielleicht nach Brauch oder Willkür der einzelnen Notare: darauf weisen die chronologischen Anmerkungen von Schiaparelli und Baldaferoni im *Regestum Camaldulense* mehrfach hin. In Samminiato galt nach Paoli der *Calc. Pisanus* bis 1369, in Cortona bis 1411, dann der florentinische; in Corneto was bis 1234 der pisanische Stil maßgebend und wurde dann durch den Nativitätsstil ersetzt, vgl. Pflugk-Harttung, Iter italicum S. 530). Über Volterra und sein Gebiet vgl. Schneider, Reg. Volaterranum S. XL: auch hier gingen, je nach der Gewohnheit der einzelnen Notare beide Stile lange nebeneinander, bis der florentinische das Übergewicht gewann. In Pistoia rechnet man 1273—1286 nach keinem der beiden Calculi, sondern nach Nativitätsstil, vgl. die bei Zdekauer, Breve et ordinamenta populi Pistorii (Mailand 1891) S. 268 unter *a nativitate* angeführten Stellen, von denen die erste S. 78: *a nativitate* 1273 *ind.* 1, *mens. Februarii* auch abgesehen von dem Ausdruck den *Calc. Florentinus*, die anderen den Pisanus ausschließen. In Lucca soll nach

In der päpstlichen Kanzlei, in deren Urkunden Inkarnationsjahre seit den sechziger Jahren des 10. Jahrhunderts zuerst vereinzelt, dann gegen das Ende des Jahrhunderts etwas öfter, in der ersten Hälfte des 11. Jahrhunderts wieder nur selten, seit Nikolaus II. aber immer häufiger begegnen,[1] ist der Beginn dieses Jahresanfangs entsprechend dem in dem römischen Gebiet und in der Romagna allgemein herrschenden Gebrauch nach dem Nativitätsstil angesetzt worden. Doch finden sich einzelne Ausnahmen von dieser Regel. Als Nikolaus II. im November 1059 seine Hofhaltung nach Florenz verlegt hatte, haben die hier in seinen Dienst getretenen Notare den florentinischen Jahresanfang angenommen, wie die Urkunden aus den ersten Monaten des Jahres 1060 beweisen.[2]

PAOLI (Arch. stor. Ital. III. *12, 137 N. 1*), der sich auf die Mitteilung BONGI's stützt, die florentinische Rechnung bis zum Ende des 12. Jahrhunderts gegolten haben, dann sei der Nativitätsstil eingeführt. Allein nach FUMI (R. Archivio di stato in Lucca, Regesti 1, *IX ff.*) galt vielmehr immer der Nativitätsstil, und daß dieser auch in der Zeit der pisanischen Herrschaft (1342—1368) wenigstens offiziell der Stil der Stadt war, beweist ein Brief der pisanischen Regierung an die Signorie von Lucca vom 26. Febr. 1348 (Regesti 2, 62 n. 352). Weiter nördlich in der Emilia und im Gebiet von Mailand gilt der Weihnachtsanfang. Doch galt nach PALLASTRELLI, dessen Schrift ich nur in der Anzeige im Arch. stor. Ital. II, 3, 216 kenne, in Piacenza und nach ASTEGIANO CD. Cremonese 1, 20 auch in Cremona der florentinische Jahresanfang. Daß in Lodi der pisanische Stil befolgt sei, wird von GIRY, GROTEFEND, RÜHL u. A. sehr bestimmt behauptet und ist doch ganz unrichtig, die im CD. Lodese von VIGNATI veröffentlichten Urkunden lassen an der regelmäßigen Anwendung des Nativitäts- oder des Circumcisionsstiles gar keinen Zweifel, und so sind von dem Herausgeber ihre Daten auch umgerechnet worden. Für Piemont bedarf es noch genauerer Untersuchungen, die Angaben von DATTA, Lezioni di paleografia S. 378 f. genügen noch nicht. Für Asti nimmt CIPOLLA, Miscellanea di storia italiana 28, (1890), 302 ff. vom Ende des 11. Jahrhunderts an Weihnachtsanfang an, vorher habe man geschwankt, doch habe der florentinische Stil vorgewogen. Für Aosta, wo man *Calc. Florentinus* angenommen hatte, hat SCHIAPARELLI, Arch. stor. Italiano V, 39 (1907), 301 den Weihnachts- oder den Januaranfang nachgewiesen. In Genua und seinem Gebiet galt der Nativitätsstil. — Eine Rechnung für sich hatte Venedig; in den Urkunden der Dogen und der Behörden der Republik, wahrscheinlich auch in den meisten Notariatsurkunden begann das Inkarnationsjahr am 1. März, die Indiktion am 1. September, vgl. LAZZARINI, Originali antichissimi della cancellaria Veneziana S. 6 und PAOLI S. 238 f. Das in Verona der Nativitätsstil wenigstens seit dem Ende des 11. Jahrhunderts herrschte, ist völlig gesichert, vgl. FAINELLI, Nuovo archivio Veneto N. S. 21 (1911), 150.

[1] Bis zum Ende des 10. Jahrh. habe ich folgende Fälle notiert: JAFFÉ-L. 3700. 3702. 3728. 3738. 3741. 3765. 3798. 3800 (hier in ganz singulärer Weise auch Datierung nach der spanischen Ära, gewiß unter Mitwirkung des Empfängers). 3827. 3835 (echt?). 3840. 3849. 3856. 3857. 3863. 3867. 3873. 3875. 3900. 3904.

[2] JAFFÉ-L. 4425—4429; dazu die Urkunden vom 10. Febr. aus Cesena, GGN. 1898. S. 30 n. 1.

Sodann ist unter Alexander II., als er im Jahre 1062 in Lucca weilte, eine Reihe von Urkunden nach pisanischem Stil datiert worden,[1] was umso auffallender ist, als damals in Lucca der Calculus Pisanus sicher nicht gegolten hat;[2] vielleicht hat ein Pisaner Schreiber diese Rechnung veranlaßt.[3] Daß dann unter Urban II. und seinen nächsten Nachfolgern jede Einheitlichkeit in der Berechnung der Inkarnationsjahre fehlt, daß neben dem Nativitätsstil auch der florentinische und der pisanische Jahresanfang vorkommen, hat schon Jaffé festgestellt.[4] Aber eine genauere Untersuchung darüber, worauf diese Verschiedenheit der Datierung beruht, wird erst möglich sein, wenn wir einerseits zuverlässigere Texte besitzen, als sie bis jetzt von vielen Urkunden dieser Zeit vorliegen, und wenn andererseits die Scheidung der Schreiber und Diktatoren, die damals tätig gewesen sind, vollständig durchgeführt sein wird;[5] gegenwärtig darf die Vermutung, daß die einzelnen Schreiber in der Berechnung der Daten ihre besonderen Gewohnheiten befolgten, nur mit allem Vorbehalt ausgesprochen werden. Erst mit Eugen III. kann wieder von einer festen Kanzleinorm die Rede sein; der Annunziationsstil florentinischer Rechnung wurde regelmäßig der Datierung zu Grunde gelegt, und wenn auch später noch vereinzelte Abweichungen von dieser Regel

[1] Jaffé-L. 4489. 4490 (vgl. MIÖG. Erg. 6, 94 N. 3). 4493, ferner das Privileg vom 5. Dezember 1062, GGN. 1901 S. 87 n. 3 (4489a) haben sämtlich *a. incar. 1063*.

[2] S. oben S. 435 N. 2.

[3] Daß damals Schreiber verschiedener Herkunft in der Kanzlei beschäftigt wurden, hat Kehr MIÖG. Erg. 6, 94 bemerkt. Da Jaffé-L. 4490 für die Kanoniker in Pisa geschrieben ist, könnte der Schreiber dieses Privilegs, von dem auch Jaffé-L. 4489 herrührt, wohl ein Pisaner gewesen sein. Allerdings findet sich nun *a. inc. 1063* schon in Jaffé-L. 4489, das Kehr einem anderen Schreiber zuweist, aber es ist doch sehr wohl möglich, daß der Schreiber von 4489a, 4490 schon vor der Ausstellung von 4489 ein nicht erhaltenes Privileg geliefert hat und so den *Calc. Pisanus* in den Stil der Kanzlei eingeführt hat. Sollte er schon im Mai Jaffé-L. 4476 geschrieben haben, das gleichfalls *a. inc. 1063* aufweist? — Auch später scheinen noch einige Urkunden Alexanders dem *Calc. Pisanus* zu folgen, so z. B. Jaffé-L. 4634a (GGN. 1898 S. 64 n. 6 mit *a. inc. 1066*, aber zu 1067 gehörig). Umgekehrt mag Jaffé-L. 4670 vom 13. Januar 1070 mit *a. inc. 1069* florentinisch datiert sein, ebenso vielleicht Jaffé-L. 4657 vom 30. Dez. 1068, das nach dem Nativitätsstil 1069 aufweisen müßte, vgl. Jaffé-L. 4493. Doch kann es sich in diesen Fällen auch um bloße Versehen handeln, wie sie unter Alexander öfter vorgekommen zu sein scheinen.

[4] Vgl. auch für Calixt II. Robert, Études sur les actes de Calixte II. S. 42 f.

[5] Die wertvollen Mitteilungen darüber bei Kehr, MIÖG. Erg. 6, 103 ff., beschränken sich in der Hauptsache auf die Originale, gehen der Absicht des Verfassers entsprechend auf die Daten nur gelegentlich ein und beziehen sich nur auf Urban II. und Paschal II., aber nicht mehr auf seine Nachfolger.

vorkommen [1], so werden sie in den meisten Fällen auf Überlieferungsfehler oder auf Versehen der Schreiber zurückzuführen sein, die auch bei den bestgeordneten Kanzleiverhältnissen nicht immer vermieden wurden. Noch unter Innozenz III. ist an der unter Eugen III. aufgestellten Regel festgehalten worden.[2] Dann aber folgte eine Periode neuen Schwankens; unter Honorius III. und Gregor IX. überwiegt in den großen Privilegien, die allein in Betracht kommen, der Weihnachtsanfang durchaus gegenüber dem florentinischen Stil,[3] und aus dieser Zeit, aus dem Jahre 1234, stammt dann auch das erste Zeugnis, das den Nativitätsstil als den *mos Romanae ecclesiae* bezeichnet.[4] Unter Innozenz IV. scheint anfangs der letztere noch gegolten zu haben, aber schon seit 1245 gewann die florentinische Jahresrechnung wieder die Oberhand [5] und blieb unter den nächsten Päpsten vorherrschend,[6] doch, wie es scheint, nur in den Privilegien, während im übrigen bei den Büros der römischen Kurie wahrscheinlich der Weihnachtsanfang als Regel galt.[7] Seit Martin IV. wurde dieser auch in den wenigen Privilegien, die noch mit Inkarnationsjahresangaben versehen sind, für die Zählung maßgebend,[8] und blieb es das ganze 14. und die ersten Jahrzehnte des 15. Jahrhunderts hindurch. Daher konnte in den früher [9] erwähnten Erlassen, durch die im Anfang des 14. Jahrhunderts in Genf, Köln und Lüttich der Osteranfang durch den Nativitätsstil ersetzt wurde, der letztere mit Recht als Gewohnheit der römischen Kirche bezeichnet werden; denn nach ihm

[1] Nicht bloß unter Alexander III., für den es bereits von Jaffé-Löwenfeld angemerkt ist, sondern auch unter vorangehenden und nachfolgenden Päpsten.

[2] Vgl. Delisle, BEC. 19 (1858) S. 58 f., womit Tangl, Histor. Vierteljahrsschrift 3, 88 übereinstimmt.

[3] Tangl, a. a. O.

[4] Pflugk-Harttung, Iter italicum S. 530.

[5] Vgl. Berger, Registres d'Innocent IV. I, LXI.

[6] Tangl, a. a. O. S. 89.

[7] Ihn setzt die Datierung der Verfügung Nicolaus III. über die *litterae legendae* voraus, Tangl KO. S. 72. Und auf diese Zeit wird sich der Ausspruch des Johannes Bononiensis beziehen, der in den achtziger Jahren des 13. Jahrhunderts in England ein Formularbuch verfaßte (QE. 9, 610; ich folge der besseren Handschrift B): *In curia Romana incipiunt notarii annos domini a nativitate. Curia tamen in privilegiis incipit annos ab incarnatione.*

[8] Vgl. Tangl, Hist. Vjschr. 3, 89. Die Annahme Rühl's, S. 39 f., daß Nicolaus IV. das Jahr mit Ostern begonnen habe, ist irrig, wie Tangl a. a. O. S. 86 f. mit Recht bemerkt.

[9] S. oben S. 432 ff. Daß man in Münster den Circumcisionsstil gleichfalls mit Berufung auf den päpstlichen Brauch wählte, war unberechtigt, ist aber erklärlich.

rechnete sowohl die päpstliche Kammer wie die *Audientia causarum* oder *sacri palatii* (*Rota*) und die *Audientia litterarum contradictarum.*[1] An dem Brauch dieser Büros, — für die Kammer wenigstens steht das fest, — wurde auch nichts geändert, als Eugen IV. gleich nach seiner Wahl im März 1431 in der Kanzlei neue Ordnungen einführte. Alle Urkunden, Bullen, bullierte Briefe und Breven, die letzteren anfangs nicht ganz regelmäßig, später aber ebenso wie die Bullen ausnahmslos, wurden von nun an mit der Angabe des christlichen Ärenjahres versehen.[2] Für die Kanzlei wurde dabei der Jahresanfang florentinischen Stiles vorgeschrieben,[3] den Eugen schon während seiner kurzen Verwaltung des Bistums Siena in seinen amtlichen Erlassen angewandt haben wird. Im Sekretariat der Breven scheint unter ihm derselbe Jahresanfang gegolten zu haben; später, es bleibt noch zu untersuchen wann, wurde hier der Weihnachtsanfang wiederhergestellt.[4] Auch in der Kanzlei ist

[1] Für die beiden ersten ist das vielfach bezeugt und schon durch Tangl a. a. O. S. 89 festgestellt worden. Für die *Audientia litterarum contradictarum* vgl. z. B. die Verfügung des Auditors Bertrand von Embrun vom 26. Jan. 1333 (Tuje, Beiträge zur Gesch. der Audientia S. XI) und das Protokoll über eine Verlesung in der Audientia vom 15. März 1365 (ebenda S. 60), beide datieren nach *anni a nativitate domini* und beide schließen durch ihre sonstigen chronologischen Angaben den florentinischen Stil aus.

[2] Die Neuerung Eugens soll nach Paoli-Lohmeyer 3, 244 durch eine Verfügung von 1445 erfolgt sein, vgl. Rühl S. 40. Grotefend, Zeitrechnung 1, 205 spricht von einer Bulle Eugens, in der er verkünde, das Jahr fortan mit Weihnachten beginnen zu wollen. Paoli oder seine Quelle hat wohl an die Bulle „*Sicut prudens*" vom 7. Juni 1445 gedacht, welche die Verhältnisse des Skriptorenkollegs ordnete (MIÖG. Erg. 1, 570 ff.); aber darin steht nichts davon und welche Bulle von 1440 Grotefend meint, weiß ich nicht zu sagen. In Wirklichkeit trat die Neuerung unmittelbar nach der Krönung Eugens ins Leben, und ich vermute, daß sie durch eine uns noch nicht bekannte Kanzleiregel eingeführt ist.

[3] Infolge eines schwer begreiflichen Versehens heißt es im Repert. Germanicum 1, XXVIII, daß das Jahr in der Kanzlei Eugens IV. mit Ostern begonnen habe. In Wirklichkeit zeigen die daselbst mitgeteilten Regesten aufs deutlichste, daß der Wechsel am 25. März eintrat; vgl. n. 319 vom 24. März 1431 mit a. 1430, 9 *kal. apr.*, *a. pont.* 1 und n. 334 vom 26. März mit a. 1431, 7 *kal. apr.*, *a. pont.* 1. Das kommt auch in der Formel zum Ausdruck. Während man im internen Verkehr der Kanzlei nach wie vor nach *anni a nativitate* zählt (so unter Eugen noch im Mai 1431, Ottenthal, Kanzleiregeln S. 253 und unter Nicolaus V. noch 1447, daselbst S. 255), werden die Bullen nach *anni ab incarnatione* datiert. Daß aber auch in der *Audientia litterarum contradictarum* der Weihnachtsstil festgehalten wurde, ergibt sich aus den Datierungen bei Tangl KO. S. 193, vgl. S. 194.

[4] Das wird bei Paoli-Lohmeyer 3, 245 N. 1 festgestellt. Vgl. z. B. das Breve

man in der Folge noch manchmal zu der alten Gewohnheit, die im internen Geschäftsverfahren der Büros festgehalten wurde, zurückgekehrt; Norm aber blieb für die Datierung der Bullen und bullierten Briefe seitdem und bei weit über den Schluß des Mittelalters hinaus die Anwendung des *Calculus Pisanus*.

In den von der langobardischen Eroberung unberührt gebliebenen Gebieten Unteritaliens wurde der griechische Jahresanfang mit dem 1. September, der eigentlich nur für die Jahre der griechischen Weltära galt,[1] auch auf die Jahre nach Christi Geburt übertragen und blieb hier lange in Gebrauch; in Bari redet ein Notar sogar noch im Jahre 1507 von dem *cursus civitatis Bari, ubi anni domini semper a primo die mensis septembris una cum indictione mutantur.*[2] Ob die normannischen Herzöge Apuliens und Siziliens diesen Brauch gleichfalls übernommen haben, bedarf noch weiterer Untersuchung;[3] in der Kanzlei der sizilischen Könige ist man ihm jedenfalls nur in einzelnen Ausnahmefällen gefolgt: Norm war hier der Jahresanfang mit Weihnachten.[4] An ihm hat auch die Kaiserin Konstanze[5] festgehalten, und man darf annehmen, daß er auch in Friedrichs II. sizilischer Kanzlei gegolten hatte: nur in der Zeit vom Herbst 1202 bis zum Mai 1206 wurden hier die Jahre nach griechischem Stil begonnen; während dieser Zeit war der junge König

Calixt's III. vom 15. Febr. 1457 mit *die XV. febr.* 1457, *pont.* 2 bei PASTOR, Ungedruckte Akten zur Gesch. der Päpste, S. 64 n. 48.

[1] Diese Weltära kommt im Abendland nur in griechischen Urkunden vor (eine vereinzelte Ausnahme ist eine Urkunde Robert Guiscards bei K. A. KEHR, S. 410, wenn sie nicht aus dem Griechischen übersetzt ist); sie ist hier ebensowenig zu behandeln wie die in den arabischen Urkunden Siziliens begegnende Rechnung nach Jahren der Hedschra.

[2] PAOLI, MIÖG. 7, 464 f.

[3] Vgl. CHALANDON, Mélanges d'archéologie et d'histoire 20, 176 f. und dazu K. A. KEHR, S. 303. In den Urkunden bei v. HEINEMANN, Normannische Herzogs- und Königsurkunden S. 14 n. 7 vom Oktober 1090 mit *a. inc. 1090*, *a. ducatus 4*, *ind. 14*; S. 17 n. 8 vom September 1092 mit *a. inc. 1092 ind. 1* ist die Indiktion am 1. September umgesetzt, das Inkarnationsjahr aber nicht. Dagegen werden S. 24 n. 8 mit *a. inc. 1115, mense decembri*, *ind. 8* zum Dezember umzusetzen sein und beide Jahresangaben am 1. September gewechselt haben. S. 29 n. 67, S. 30 n. 68 schließen sich wieder der ersten Gruppe an; die Ziffer des Inkarnationsjahres ist nicht mit der Indiktion zugleich umgesetzt.

[4] Vgl. K. A. KEHR, S. 304 f. und gegen die Zweifel von UHLIRZ und CHALANDON ERBEN, UL. S. 333 mit N. 2.

[5] Vgl. BF. 513 und SCHEFFER-BOICHORST, NA. 24, 225 n. 4; 226 n. 5. Vgl. RIES, Regesten d. Kaiserin Konstanze, Quellen u. Forsch. a. ital. Arch. u. Bibl. 18 (1926) S. 41 n. 19; dazu ibid. S. 58 f. n. 67 und S. 86.

in der Gewalt des Wilhelm Capparone, dem ein Protonotar L. die Kanzleigeschäfte führte, der aus irgendwelchen, uns unbekannten Gründen diese Jahreszählung gewählt haben mag.[1]

Die bisher besprochenen sind die wichtigeren, in der Datierung mittelalterlicher Urkunden begegnenden Zeitangaben, doch finden sich daneben gelegentlich noch manche andere Zeitbestimmungen:[2] verhältnismäßig am häufigsten Epakten und Konkurrenten,[3] Sonntagsbuchstaben, güldene Zahlen u. a. m.[4] Für alle diese Angaben muß hier auf die schon zitierten Hand- und Lehrbücher der Chronologie verwiesen werden.[5]

Beruht nach den vorhergehenden Bemerkungen die Schwierigkeit einer richtigen Auflösung und Interpretation mittelalterlicher Datierungen bisweilen darauf, daß es nicht festzustellen ist oder zweifelhaft bleibt, welcher der verschiedenen denkbaren und möglichen Jahresrechnungen der Schreiber einer Urkunde gefolgt ist, so erhöht sich natürlich diese Schwierigkeit noch erheblich, wenn die Datierung selbst nicht korrekt ist, sondern von vornherein fehlerhaft eingetragen war.

Schreibfehler[6] sind bei der geringen Sorgfalt, welche vielfach im Mittelalter auf die Herstellung der Urkunden verwandt wurde, wie in anderen Teilen derselben, so auch in der Datierung nicht selten vorgekommen. Immerhin aber doch kaum so häufig, wie früher mehrfach[7] angenommen worden ist. Schreibfehler sind Versehen, die lediglich

[1] Vgl. BF. 567—583. Dazu WINKELMANN, Otto IV., 2, 56 und BAETHGEN, Heidelberger Abh. H. 44 (1914) S. 81 N. 2.

[2] Besonders bemerkenswert durch die Häufung der Zeitangaben sind im 13. Jahrhundert die Urkunden, die aus der Kanzlei des Bischofs Konrad von Konstanz (1209—33) hervorgegangen sind, vgl. LADEWIG, Reg. epp. Const. n. 1231 ff.

[3] Über vereinzelte Fälle von Stundenangaben s. FICKER, BzU. 1, 63.

[4] Epakten und Konkurrenten sind in Königsurkunden meistens ein Kennzeichen der Ausfertigung durch den Empfänger.

[5] Lediglich in der Anmerkung genügt es, zu erwähnen, daß nicht selten auch ein allgemein bemerkenswertes geschichtliches Ereignis (also z. B. St. 3182: *quando domnus imperator annulum et baculum ecclesie remisit*) oder ein für den Aussteller oder Empfänger wichtiger Vorgang (z. B. v. MEILLER, Reg. aep. Salisburg. 206, 156 *quando filia dicti Ortolfi F. de P. iuniori nupsit*) erwähnt wird. Mehrere solcher Angaben vereinigt die Urkunde des Bischofs Martin von Meißen, CD. Sax. reg. 1, 2, 353 n. 512. An „Chronikenspuren" in den Urkunden (SCHIRREN, Beitr. z. Kritik ält. holst. Geschichtsquellen S. 189) ist dabei nicht zu denken, vgl. v. BUCHWALD S. 187 ff.

[6] Vgl. für das Folgende namentlich die ausführlichen Erörterungen bei FICKER, BzU. 1, 35 ff.; dazu SICKEL, BzD. 6 (Wiener SB. 85), 427 ff.

[7] Namentlich von STUMPF, der sehr oft vermeintliche Widersprüche in den Ur-

aus Unaufmerksamkeit hervorgegangen sind, und vermöge deren jemand etwas schrieb, was er bei gehöriger Achtsamkeit nicht geschrieben haben würde. Sie dürfen daher nur da angenommen werden, wo nach dem Tatbestande des Einzelfalles die psychologische Wahrscheinlichkeit einer solchen Annahme besteht. Mehrfach kann der Grund des Schreibfehlers ein Lesefehler sein:[1] wenn etwa in der Vorlage *kal. ian.* oder *II idus* stand, so kann daraus *kal. iun.* oder *u* (= *V*) *idus* entstanden sein. Solche Schreib- und Lesefehler sind natürlich besonders bei abschriftlich überlieferten Urkunden möglich, können aber auch in Originalen in Folge flüchtiger Benutzung der Vorlagen (Konzepte, Akte, Vorurkunden) begegnen. Weiter kann der Schreibfehler auf einem Denkfehler beruhen: man kann etwa aus Flüchtigkeit einen Strich zuviel oder zuwenig setzen, also z. B. statt *ind. VIII.* etwa *ind. VIIII.* oder *ind. VII* schreiben, oder man kann eine später zu schreibende Zahl schon früher im Kopfe haben und an unrichtige Stelle bringen,[2] oder man kann im Anfang eines neuen Monats aus Versehen noch den Namen des verflossenen Monats, also statt *III. non. augusti* etwa *III. non. iulii* schreiben, beziehungsweise nach dem Epochentag eines Inkarnations-, Regierungs- oder Indictionsjahres die Umsetzung der Jahresziffer vergessen, also z. B. statt 5. Januar 1038 etwa 5. Januar 1037 setzen. Mit derartigen Schreibfehlern ist bei der Deutung mittelalterlicher Datierungen überall zu rechnen; dagegen ist es unzulässig, einen Schreibfehler da anzunehmen und durch Emendation zu beseitigen, wo eine solche oder ähnliche Möglichkeit seiner psychologischen Erklärung nicht vorliegt.[3]

kunden durch die Annahme von Schreibfehlern und deren willkürliche Emendation zu beheben gesucht hat.

[1] Was ich hier nach dem Vorgange Ficker's hinsichtlich der Datierung bemerke, gilt natürlich ganz ebenso von allen anderen Teilen der Urkunde. Durch einen Lesefehler in der Vorlage ist der *locus Ruicinus* (oben S. 319) entstanden; aber es ist nicht zulässig, mit Stobbe (Ztschr. für Gesch. der Juden in Deutschland 1, 209) *mancosi* in dem Judenprivileg Heinrichs IV. für Speyer (St. 2902) als Lese- oder Schreibfehler für *mansionaticum* anzusehen. Auf dies im 11. Jahrhundert in Deutschland fast unbekannte Wort wäre schwerlich ein deutscher Kopist verfallen.

[2] So ist z. B. die Indictionsziffer XVIII in DO. I. 172 zu erklären: es ist in Wirklichkeit die Zahl der gleich folgenden Regierungsjahre.

[3] Unzulässig war es also, um ein Beispiel zu geben, wenn Stumpf in einer Urkunde Konrads III. vom 2. Aug. 1146 (St. 3515), in welcher der bereits am 29. Mai verstorbene Bischof Egilbert von Bamberg als Zeuge erscheint, und die Jaffé deshalb als unecht verworfen hatte, nachdem er sich von der Echtheit des Diploms überzeugt hatte, die Schwierigkeit dadurch lösen wollte, daß er einen Schreibfehler annahm, und *IIII. non. aug.* in *IIII. non. maii* emendierte. Die Erklärung des Sachverhalts beruht viel-

Häufiger noch als Schreibfehler in dem eben besprochenen Sinne sind die Mißgriffe in den Datierungen, die aus Ungeübtheit im Rechnen und aus mangelnder Gewandtheit im Operieren mit den römischen Zahlzeichen hervorgegangen sind. Sie treten uns nicht zu allen Zeiten in gleicher Weise entgegen; obwohl sie kaum in irgendeiner Periode des Mittelalters ganz fehlen, sind sie doch am häufigsten in der zweiten Hälfte des 9. und im 10., sehr zahlreich auch noch im 11. Jahrhundert — einer Zeit, in der in der Tat der mathematische Sinn mancher Urkundenschreiber auch in der Reichskanzlei so mangelhaft entwickelt war, wie man es kaum für möglich halten würde, wenn nicht die genaueste Untersuchung der Kaiserurkunden dieser Periode Belege in Fülle dafür erbracht hätte.[1] Es wird genügen, das an ein paar Beispielen zu erläutern. Die Kanzlei Lothars I., die am 24. Januar 835 noch das 12. Regierungsjahr des Kaisers zählt, geht am 21. Februar dieses Jahres zum 17. Regierungsjahr über, behält dies bis zum 7. März bei und verzeichnet dann vom 5. Mai 835 an bis Ende 837, also mehr als zwei und ein halbes Jahr hindurch, das 18. Regierungsjahr. Unter den Urkunden Ottos I. sind zwei unanfechtbare Originale, die aller Wahrscheinlichkeit nach den Jahren 955 und 956 angehören, mit der Datierung *anno incarnat.* 976 versehen.[2] Von einer Urkunde desselben Herrschers für Magdeburg, die zum 30. März 948 anzusetzen ist, sind zwei Originalexemplare erhalten,[3] deren Datierung derselbe Kanzleibeamte geschrieben hat; da dieser das christliche Ärenjahr nicht genau kannte, schrieb er zuerst nur die Hunderte nieder und trug erst später Einer und Zehner nach: in dem einen Exemplar 46, in dem anderen 47 — also in zwei Ausfertigungen einer und derselben Urkunde eine verschiedene und in beiden eine verkehrte Jahresziffer. Unter den Urkunden des Jahres 952, dem — welche Epoche man auch zu Grunde legen mag — vom 1. Januar bis zum 31. August die Indiktionsziffer *X* zukommt, nennen drei statt dessen *ind. VII*, eine

---

mehr darauf, daß das Zeugnis Egilberts sich auf die vor dem 29. Mai wahrscheinlich in Nürnberg (vgl. St. 3516. 3517) vollzogene Handlung bezieht; s. Bresslau, Dipl. Cent. S. 180; vgl. Ficker, BzU. 1, 252 und oben S. 221 N. 1 — Auch in Reg. imp. VI n. 1746 ist es mir zweifelhaft, ob wie Redlich annimmt, *4 kal. febr.* Schreibfehler für *4 kal. ian.* ist, oder ob hier nicht doch noch eine andere Erklärung zu suchen ist.

[1] Vgl. Mühlbacher, Wiener SB. 85, 463 ff.; über die Datierung in den Urkunden Lothars I. Sickel, BzD. 6 u. 8, sowie MIÖG. Erg. 2, 104 ff. über die in den Diplomen Ottos I. und II., Bresslau, NA. 20, 125 ff., 22, 139 ff., 26, 411 ff. über die in den Diplomen Heinrichs II., sowie Kehr, Die Urkunden Otto III. S. 181 ff.

[2] DO. I. 175. 182.

[3] DO. I. 97.

ind. V und eine sogar *ind. IIII*;[1] die Ziffer *VII* ist dann sogar noch in einer Anzahl von Diplomen der Jahre 953, 954 und 955 stereotyp festgehalten. Ein Bamberger Schreiber Heinrichs II. wendet in Diplomen mit den Inkarnationsjahren 1011, 1013 und 1020 die gleiche Indiktionsziffer 6 an, die nur zu 1008 paßt.[2] Unter Konrad II. ist in vier Urkunden des Jahres 1036 und in fünf Urkunden von 1037 das Kaiserjahr, über dessen Epochentag doch kein Zweifel sein konnte, um eine Einheit zu klein, dagegen ist in mehreren Urkunden von 1037 und in allen von 1038 das Kaiserjahr um eine oder zwei Einheiten zu groß.[3] Unter Heinrich III. sind besonders die Ordinationsjahre fehlerhaft behandelt worden.[4] Während z. B. vom 14. April 1046 ab *ann. ordinat. 19* geschrieben werden mußte, findet sich statt dessen *a. ord. 18*, und diese Ziffer wird bis zum 7. September 1047, also bis in *a. ord. 20* hinein, ständig beibehalten. Die Ziffer *21* erscheint zuerst im Mai 1049, wo *22* stehen sollte, und verläßt uns erst Ende November 1050, wird also gleichfalls über anderthalb Jahre hindurch fortgeführt. Unter Heinrich IV. kann ein von 1089 bis 1095 nachweisbarer Kanzleibeamter sich weder mit den Indiktionen noch mit den Regierungsjahren zurechtfinden: bei jenen bleibt er mehrfach um eine oder zwei, ja selbst um drei Einheiten hinter der richtigen Ziffer zurück, bei diesen eilt er regelmäßig um eine, zwei oder drei Einheiten der richtigen Ziffer voran.[5]

Seltener als in der Kanzlei des deutschen Reiches finden sich Fehler der bezeichneten Art in der Kanzlei der Päpste, wo man ja, wie wir schon oft bemerkten, überhaupt mit ungleich größerer Genauigkeit arbeitete. Aber ganz hat man sich auch hier davon nicht frei zu halten gewußt; noch unter Innozenz III. kommt es vor, daß ein Faktor der Datierung, die Rechnung nach Indiktionsjahren, lange Zeit sehr nach-

---

[1] DD.O. I. 151. 152. 154; DO. I. 149; DO. I. 150.

[2] D. H. II. 239. 240. 241. 270. 432; vgl. NA. 22, 175.

[3] Vgl. DD. K. II 229. 232. 233. 234 und DO. 4, XX f.

[4] Vgl. Steindorff, Jbb. Heinrichs III. 1, 360 ff.

[5] Vgl. NA. 6, 554. — Auch aus dem 12. Jahrhundert ließen sich noch Beispiele genug beibringen. So befinden sich in der Kanzlei Lothars III. die Zeitangaben in den Datierungen des Schreibers EA. gewöhnlich in heilloser Unordnung (vgl. Hirsch, Einleitung zu DD. 8, S. XXII f.) und in der Kanzlei Friedrichs I. tritt 1162 in der Berechnung der Königsjahre ein Irrtum ein, der bis 1171 nachwirkt, (vgl. Schum, KUiA. Text S. 390. 408). Dann werden die Königsjahre berichtigt, dafür aber folgt eine Antizipation der Kaiserjahre, die bis zum Ende der Regierung nicht wieder völlig beseitigt wird.

lässig behandelt und infolgedessen ganz unzuverlässig wird.[1] Und daß endlich bei Privaturkunden, namentlich des früheren Mittelalters, die Datierungsangaben unendlich oft sehr vernachlässigt und vielfach durch Mißgriffe aller Art entstellt sind, wird nach den vorangehenden Ausführungen niemand wundernehmen.[2]

Ist es unter diesen Umständen oft sehr schwierig, die Daten einer Urkunde korrekt aufzulösen und bedarf es dazu sorgfältigster Untersuchung des jeweiligen Kanzleibrauchs und der besonderen Gewohnheiten der einzelnen Schreiber und Diktatoren, so kann auf der anderen Seite auch ein Datierungsfehler geradezu zum Kriterium der Echtheit werden. Wir sahen schon, daß derartige Fehler sich oft in der Kanzlei vollkommen festsetzten und durch eine lange Reihe von Urkunden hindurchzogen. Findet sich nun ein solcher Fehler in einem Diplom, das sich jener Reihe einfügen läßt, so kann er als Argument, zwar nicht unter allen Umständen für die Echtheit der Urkunde, wohl aber für die Benutzung einer echten Vorlage dienen: nur ein durchaus unwahrscheinlicher Zufall hätte es bewirken können, daß ein späterer Fälscher, der ohne Anhalt einer echten Urkunde die Daten berechnete, dabei in denselben Fehler verfallen wäre, den eben in der Zeit, in die er seine Fälschung setzte, die Kanzlei zu begehen pflegte.[3]

Die Beantwortung der Frage, ob eine Datierung korrekt oder fehlerhaft berechnet sei, ist in zahlreichen Fällen nur möglich, wenn man weiß, worauf die Angaben in der Datierungszeile mittelalterlicher Urkunden zu beziehen sind, mit anderen Worten, wenn man sich darüber klar geworden ist, was die Notare damit auszudrücken beabsichtigten, daß sie diese und jene Zeit- und Ortsangaben miteinander verbanden. Um sich darüber Klarheit zu verschaffen, ist es erforderlich, schon hier auch die Datierungsformeln, auf deren Gestaltung im einzelnen wir bei den Königs- und Papsturkunden im weiteren Zusammenhang näher eingehen werden,[4] in Betracht zu ziehen.

---

[1] S. oben S. 415 und vgl. Delisle, BEC. 19 (1858), 55; vgl. auch Ficker, MIÖG. 4, 337 ff. 380 ff.

[2] Welche Schwierigkeiten es z. B. Wartmann bereitet hat, die Daten der St. Galler Urkunden zu entwirren, ergibt sich aus zahlreichen Stellen der scharfsinnigen und sorgfältigen Erläuterungen, mit denen er seine Edition derselben ausgestattet hat.

[3] Unter Umständen genügt schon eine einzelne andere Urkunde, um diesen Schluß zu rechtfertigen. DH. II. 391 für Würzburg ist eine zweifellose Fälschung, aber da ihre Datierung genau mit der von DH. II. 390 übereinstimmt, namentlich auch in dem Fehler *a. inc.* 1017 statt 1018, so hat dem Fälscher gewiß eine echte Vorlage zu Gebote gestanden, die von demselben Manne herrührte, der DH. II. 390 datiert hat.

[4] S. unten 456 ff. 468 ff. Vgl. dazu auch die Zusammenstellungen in der Maschinen-

Die beiden im Mittelalter am häufigsten zur Einleitung der Datierung gebrauchten Worte „*actum*" und „*data*" (*datum*) gehen auf altrömischen Sprachgebrauch zurück. Die mittelalterlichen Urkundenschreiber haben beide Worte schon als technische Ausdrücke übernommen, und um ihre Bedeutung zu ermitteln, ist es daher vor allen Dingen wichtig, festzustellen, in welcher Weise sie in altrömischer Zeit gebraucht wurden, und welchen Sinn man damals mit ihnen verband.[1]

In bezug auf die Formel „*actum*" läßt sich das leicht erledigen. Sie ist die übliche Einleitung der Datierung in der älteren römischen Privaturkunde und herrscht also sowohl in den pompejanischen und siebenbürgischen Wachstafeln, wie auch in dem, was sonst von urkundlich verbrieften Rechtsgeschäften unter Privatleuten überliefert ist, durchaus vor.[2] Über die ursprüngliche Bedeutung dieses „*actum*" kann kaum ein Zweifel bestehen, es stammt aus einer Zeit, in der die Chirographa wie die schlichten Zeugenurkunden lediglich als Beweismittel für ein schon abgeschlossenes Rechtsgeschäft aufgesetzt wurden, und bezieht sich also offenbar auf die Handlung, deren Zeit und Ort die Datierungsformel angibt.[3]

Nicht so einfach ist die Frage nach der ursprünglichen Bedeutung der Formel „*data*"[4] zu erledigen. Gewiß ist, daß diese ebenso der Epistola, der dispositiven Urkunde, angehört, wie *actum* dem Chirographum, der Beweisurkunde. Darum ist „*data*" das regelmäßige Ein-

schriftdissertation von Schmitz, Datierung und Beglaubigung in ma. Urkunden bis zum Interregnum, Münster 1923 und Bouard, Manuel de diplomatique (1929) S. 293 ff.

[1] Daß Ficker, BzU. 2, 206 ff., bei seiner Untersuchung über den Ausdruck *datum* auf den altrömischen Sprachgebrauch eigentlich nur vorübergehend eingegangen ist (2, 214), statt von ihm auszugehen, scheint mir für diese Untersuchung nicht vorteilhaft gewesen zu sein.

[2] Dabei ist hervorzuheben, daß in den Pompejanischen Quittungen, wo die Zeitangaben ohne Einleitungsformel zu Anfang der Urkunde stehen, *actum* mit dem Ortsnamen diese beschließt. Wo Zeit- und Ortsangaben zusammen am Ende der Urkunde stehen, geht ihnen auch hier *actum* voran. In den ravennatischen Papyrusurkunden ist häufig, wenn die Daten ohne einleitende Formel zu Anfang stehen, am Schluß die Formel: *actum Romae die et cons. suprascriptis* angewandt, vgl. Marini S. 138. 139. 154. 179. 185.

[3] Dementsprechend steht *actum* auch in den Prozeßakten, Bruns-Mommsen, Fontes[7] S. 407; ebenso in einem Auszug aus den Akten des kaiserlichen Konsistoriums, Cod. Theod. 1, 22, 4.

[4] Ich brauche kurzweg diese Form, ohne jedesmal hinzuzufügen, daß daneben auch *datum* vorkommt, und daß bisweilen nicht zu unterscheiden ist, ob die Abkürzung *dat.* das eine oder das andere bedeutet. Für die Zwecke unserer jetzigen Betrachtung ist es unnötig, einen Unterschied zwischen *data* und *datum* zu machen.

leitungswort für die Zeit- und Ortsangaben in den Erlassen der römischen Kaiser sowohl wie in anderen in Briefform gekleideten Urkunden, mögen sie von geistlichen oder weltlichen Würdenträgern des römischen Reiches ausgestellt sein; andere Einleitungsformeln begegnen nur so selten, daß unsere Betrachtung von ihnen absehen kann.[1] Daß nun *data* sich auf die Beurkundung bezieht, ist sicher, sicher auch, daß es sich auf eine ihrer letzten Stufen beziehen muß, und daß die so eingeleitete Datierung erst nach der Unterschrift durch den Kaiser hinzugefügt ist.[2] Demnach sind, da die Besiegelung, insoweit sie stattfand, bei ihrer rechtlichen Bedeutungslosigkeit in römischer Zeit nicht wohl in Betracht kommen kann, nur zwei Möglichkeiten zu erwägen. Beziehung der Datierung entweder auf die Zeit und den Ort, zu welcher und an welchem die Konstitution durch die kaiserliche Unterschrift rechtskräftig wurde, oder Beziehung auf die Aushändigung der Verfügung, sei es an den Adressaten, sei es an einen Boten, der sie diesem überbringen sollte.

Für die letztere Möglichkeit hat sich J. Ficker entschieden, dessen bezügliche Ausführungen wohl Zustimmung, aber, soviel ich sehe, keinen näher begründeten Widerspruch gefunden haben.[3] Für sie läßt sich ge-

[1] Die am besten überlieferten Kaisererlasse, die in Konzilsakten aufgenommenen Reskripte, sowie die posttheodosianischen und justinianischen Novellen haben fast ausschließlich *data*; vgl. Haenel in der Vorrede zum Cod. Theod. S. XL N. 271 ff. und Mommsen in der Einleitung zu seiner neuen Ausgabe (1905) S. 155 ff. Die Vermerke *accepta, proposita, lecta, praelata, regesta* beziehen sich natürlich nicht auf die ursprüngliche Briefdatierung, die vielmehr, wo sie allein stehen, vor ihnen ausgefallen sein muß, sondern auch die spätere geschäftliche Behandlung der Erlasse. Sonst finden sich noch die Einleitungsformeln *emissa, directa, subscripta*. *Emissa*, das davon am häufigsten vorkommt, bedeutet einfach „erlassen“, woraus nichts zu folgern ist. Für „*missa*“, dessen Vorkommen wichtig wäre, führt Haenel drei Stellen an; aber an zweien davon (Cod. Theod. 8, 6, 1 und 11, 30, 50) ist vielmehr mit Mommsen *emissa* zu lesen, und an der dritten 8, 11, 3 ist der Vermerk „*missa a praefecto praetorio die id. feb.*“ usw., wie schon Grotefend bemerkt hat, nicht die ursprüngliche Briefdatierung, sondern eine jener späteren Notizen. *Directa* endlich (8, 5, 28; verdreht aus *proposita*?) und *subscripta* (10, 15, 3) kommen je nur einmal vor.

[2] Das darf man mit Bestimmtheit folgern, wenn man die nicht aus den Registerbüchern, sondern aus den Originalen oder Abschriften davon in unsere Sammlungen übergegangenen Konstitutionen betrachtet. Vgl. z. B. Nov. Valentin. III. 9, 1: *et manu divina: proponatur amantissimo nostro populo Romano. Et ad latus: dat. VIII kal. iul. Rav.* Ebenso 1, 3. 14, 1 und öfter. Dazu stimmt, daß auch die griechisch abgefaßten Erlasse noch unter Justinian regelmäßig wie die *subscriptio* des Kaisers, so auch die Datierung in lateinischer Fassung aufweisen; wie die erstere, so ist offenbar auch die letztere nachgetragen.

[3] Ficker, BzU. 2, 214; vgl. Brunner, Zur Rechtsgesch. S. 89 N. 2; Posse, Privaturkunden S. 105.

wiß die ursprüngliche Bedeutung des Ausdruckes „*dare litteras*“ anführen; an zahlreichen Stellen, z. B. in Ciceros Briefen, ist damit unzweifelhaft die Aushändigung des Briefes an einen Boten gemeint.[1] Allzuviel Gewicht aber wird auf diesen älteren Sprachgebrauch kaum zu legen sein; wie zweifellos im Mittelalter, so kann auch schon in der Kaiserzeit jene ursprüngliche Bedeutung verblaßt sein, und es finden sich auch schon bei Cicero Stellen, wo „*dare*“ kaum mehr aushändigen, sondern allgemeiner schreiben, abfassen, erlassen zu bedeuten scheint.[2] Wichtiger würde es sein, wenn in den Briefen und Erlassen der Kaiserzeit selbst sich Spuren dafür fänden, daß man bei „*data*“ an die Aushändigung gedacht hätte. Das ist aber kaum der Fall. Macht FICKER Formeln geltend, wie die eines Schreibens der *domini rationales* von 193: *litterae datae VII idus sept. Romae*; *redditae IIII idus sept. Romae isdem cos.*, oder wie die eines Erlasses von 383: *XVI kal. iul. Veronae, accept. prid. kal. aug.*, so ist darauf zu erwidern, daß diese Formeln nicht die ursprünglichen Briefdatierungen, sondern nachträgliche Zusätze über das spätere Schicksal der Briefe darstellen.[3] Wie hier auf den Briefen oder in den Registerbüchern die Zeit der Übergabe an den Empfänger vermerkt wurde, so in anderen Fällen die Zeit der öffentlichen Bekanntmachung, der Verlesung, der Einverleibung in das Edikt eines Beamten usw.;[4] auf die ursprüngliche Bedeutung des Wortes „*data*“ ist aus diesen später hinzugefügten Notizen über die Geschäftsbehandlung[5] ein Schluß im Sinne der Ausführungen FICKER's nicht zulässig.

Einen Anhaltspunkt für die Beantwortung der uns beschäftigenden Fragen aber können wir aus ihnen doch gewinnen, wenn wir die Frist ins Auge fassen, die zwischen dem „Geben“ und dem „Empfangen“ eines kaiserlichen Erlasses da verfloß, wo der Adressat und der Aussteller sich am gleichen Orte befanden. Bisweilen ist diese Frist so kurz, daß nichts im Wege stehen würde, *data* auf die Aushändigung an den Boten zu beziehen;

[1] THIELMANN, Das Verbum *dare* im Lateinischen (Leipzig 1882) S. 110 unterscheidet zwischen *litteras dare ad aliquem*, einen Brief an jemanden richten, und *litteras dare alicui*, jemandem einen Brief geben (zur Besorgung). Aber für uns kommt es darauf an, was *litteras dare* absolut, ohne *ad* und ohne einen Dativ, bedeutet.

[2] Vgl. z. B. Cic. Ad Attic. 7, 17, wo ein langer Brief mit den Worten beginnt: *A. d. VI. kal. febr. Capuam Calibus proficiscens cum leviter lippirem, has litteras dedi.*

[3] BRUNS-MOMMSEN, Fontes[7] S. 345; Cod. Iust. 1, 15, 1 (Cod. Theod. 1, 3, 1).

[4] Darauf gehen die Vermerke: *dat. et propos.*; *dat. et lect.*; *dat. et recitat.*; *dat. et antelata* usw.; vgl. HAENEL, Cod. Theod. Praef. S. XL f.

[5] Sie entsprechen etwa dem heutigen Präsentationsvermerk auf Schreiben, die an eine Behörde gerichtet sind.

in anderen Fällen aber so lang, daß daran nicht wohl gedacht werden kann. Ist etwa eine Novelle Valentinians III. am 20. Februar in Ravenna gegeben, am 14. März ebenda von dem Präfekten empfangen, eine andere am 13. März in Rom gegeben, am 27. März daselbst empfangen, eine Novelle des Anthemius am 20. Februar in Rom gegeben, am 15. März ebenda empfangen, so wird man doch nicht im Ernst daran glauben können, daß in diesen Fällen die Beförderung vom Büro der kaiserlichen Kanzlei bis zu dem des Empfängers zwei bis drei Wochen in Anspruch genommen habe:[1] unmöglich kann *data* demnach hier den Zeitpunkt bezeichnen, an welchem die Erlasse dem Boten übergeben sind.[2]

Führt diese Überlegung zu dem Ergebnis, daß die Datierung der kaiserlichen Erlasse auf einen vor ihrer Aushändigung liegenden Akt zu beziehen ist, so kann nach unseren früheren Ausführungen nur an die Unterschrift des Kaisers gedacht werden.[3] An diese zu denken empfiehlt sich aber auch aus einer anderen Erwägung.[4] Während es juristisch irrelevant war, wo und zu welcher Zeit ein Erlaß durch die Kanzleibeamten einem Boten zur Bestellung an den Adressaten übergeben war, war es umgekehrt juristisch von höchstem Wert, festzustellen, wann der Kaiser einen Erlaß unterschrieben und ihm dadurch Rechtskraft verliehen hatte. Es wäre möglich, daß man etwa zur Kontrolle der Boten auch von dem ersteren Zeitpunkt einen Vermerk genommen, es ließe sich erklären, — aber wir haben keinen Anhaltspunkt, es anzunehmen —, daß

[1] Vgl. Haenel a. a. O. S. XLI.

[2] Von anderen Schwierigkeiten, die sich Ficker's Annahme entgegenstellten, will ich nur beiläufig reden. *Data* steht auch auf den Erlassen, die an den *populus Romanus* oder die *cives Constantinopolitani* adressiert und mit „*proponatur amantissimo nostro populo Romano*" oder ähnlich subskribiert sind (vgl. z. B. Nov. Valentin. III. 9, 1; Nov. Iust. 13). Ebenso steht *data* auf Schreiben an den Senat; vgl. z. B. Cod. Theod. 6, 2, 25: *dat. VI. kal.* [*mai.*]. *Recitata in senatu* usw. Wie kann *data* in solchen Fällen, wo die Erlasse überhaupt nicht ausgehändigt sind, eine Aushändigung bedeuten?

[3] Das nehmen auch Faass, AfU. 1, 224 und Seeck, Regesten der Kaiser und Päpste (Stuttgart 1919) S. 2 f. an.

[4] Kein großes Gewicht will ich darauf legen, daß, wie schon oben erwähnt, einmal (Cod. Theod. 10, 15, 3) die Datierung eines kaiserlichen Erlasses geradezu mit *subscripta* eingeleitet wird. Aber wenigstens angemerkt soll doch werden, daß, (worauf mich Mommsen aufmerksam gemacht hat), auch in dem Priesterschreiben von 289 (Bruns-Mommsen, Fontes[7] S. 248 auf die Subskription (*Optamus vos bene valere)* folgt: *Pontius Gavius Maximus pro magistro suscripsi XVI kal. sept.* usw. „Hier kann", bemerkt Mommsen, „das Datum verständigerweise von *subscripsi* nicht getrennt werden, mag es nun vom Promagister oder vom Schreiber hinzugesetzt sein."

man ihn etwa auf der Außenseite der Briefe oder sonstwie notiert hätte; aber es darf als ganz unglaublich bezeichnet werden, daß man die Urkunden nur nach diesem rechtlich gleichgültigen Moment datiert und das rechtlich allein wichtige, den Tag der Vollziehung durch den Kaiser, auf ihnen überhaupt nicht vermerkt hätte.

Halten wir sonach daran fest, daß in den Erlassen der römischen Kaiser die durch *data* eingeleiteten Zeit- und Ortsangaben auf die Subskription durch den Kaiser zu beziehen sind, so ist dies Ergebnis für unsere weitere Untersuchung von großem Wert. Zunächst werden wir von vornherein sagen können, daß auch in den älteren Papsturkunden, so lange sie sich in den Formeln des Eschatokolles genau an die Konstitutionen der Kaiser anschließen,[1] d. h. also bis etwa zum Ende des 8. Jahrhunderts, die Datierungsangaben Zeit und Ort der päpstlichen Subskription bezeichnen. Weiter werden wir bei den wenigen Urkunden der ostgotischen Kanzlei, die mit einer Datierung versehen sind, das gleiche annehmen können.[2] Endlich dürfen wir allgemein festhalten, daß das Mittelalter das Wort *data* in einer Bedeutung überkommen hat, in der es auf einen für die Beurkundung maßgebenden Akt bezogen wurde.

In der langobardischen Königskanzlei[3] beginnt die Datierung mit *datum* (*data*) oder *actum*; beide Formen sind gleich gut beglaubigt und werden anscheinend unterschiedslos gebraucht. Da die langobardischen Präzepte nicht vom König unterschrieben sind, dagegen im Eschatokoll der königliche Beurkundungsbefehl besonders stark betont wird, so liegt die Annahme nahe, daß bei der Datierung der Zeitpunkt dieses Beurkundungsbefehls ins Auge gefaßt sei.[4] Und diese Annahme gewinnt an Wahrscheinlichkeit dadurch, daß in der spoletinischen Herzogsurkunde, welche der Königsurkunde in ihrer ganzen Formulierung so nahe

---

[1] So genau, daß auch hier die Datierung „*ad latus*" stand. So schon in Jaffé-K. 321 (Innocenz I. an das Konzil von Carthago): *et alia manu*: „*Bene valete fratres Et ad latus* : *data VI. kal. febr.*" usw. Vgl. auch Jaffé-K. 346.

[2] Die einzige uns erhaltene, abschriftlich überlieferte Urkunde Odovakars (Marini S. 128, jetzt vollständig bei Schiaparelli, Raccolta di Documenti Latini 1 (1923) n. 66), die im Auftrage des Königs von dem *Magister officiorum* unterschrieben ist, läßt die Datierung, die der Subscriptio vorangeht, nicht wie in den Kaiser- und Papsturkunden folgt, mit *actum* beginnen. Es liegt nahe, das auf den königlichen Vollziehungsbefehl zu beziehen.

[3] Vgl. Chroust S. 56 ff., dessen Annahme, die Datierung sei auf die Aushändigung zu beziehen, ich nicht teilen kann. — Auch die Vandalische Reichskanzlei begann die Datierung mit *datum* (*data*), vgl. Heuberger, MÖIG. Erg. 11, 103.

[4] Vgl. auch Ficker, BzU. 2, 283.

steht, die regelmäßige Einleitungsformel der Datierung so lautet: *datum iussionis Spoleti in palatio anno ... mense ...* usw.[1]

In den merovingischen Königsurkunden beginnt die Datierung regelmäßig mit *datum*,[2] worauf die Tagesangabe, das Regierungsjahr und die Ortsangabe folgen; die Formel wird unterschiedslos gebraucht, ob die Diplome vom König unterschrieben sind oder nicht; sie kann also hier nicht auf die Unterschrift bezogen werden. Was die Gerichtsurkunden betrifft, die nicht vom König unterschrieben sind, so läßt sich Datierung nach der Zeit der Handlung, d. h. hier des Urteilsspruches, erweisen. Dafür ist nicht entscheidend, daß die Datierung einmal mit *iudicatum* statt mit *datum* beginnt;[3] die betreffende Urkunde ist nur abschriftlich überliefert, und das einleitende Wort hat also keine unzweifelhafte Gewähr. Aber eine Reihe anderer Umstände sichern die Annahme. Wo in merovingischen Gerichtsurkunden im Kontext der Ort der Gerichtssitzung angegeben wird, ist dies stets derselbe Ort, den die Datierungszeile nennt. Ein Placitum Chlodwigs III. bestimmt einer der Parteien eine Frist von 40 Nächten, die am 20. September abläuft: die Frist ist also, Anfangs- und Endtag nach üblichem mittelalterlichen Brauch eingerechnet, am 12. August gesetzt worden, und „*datum quod ficit m. augustus dies XII*" lautet die Datierung der Urkunde.[4] In einem anderen Placitum desselben Königs[5] wird berichtet, daß ein Termin auf den 25. Februar[6] anberaumt gewesen sei; nur die eine Partei sei erschienen und habe „drei Tage oder mehr" den Termin wahrgenommen, worauf Urteil zu ihren Gunsten gefällt sei. Das Urteil kann also erst am 28. Februar gesprochen sein, und von diesem Tage ist die Urkunde datiert. In einem Placitum Theude-

[1] Vgl. Chroust S. 147. Nur einmal findet sich *actum*. *Datum ex iussione* in Troya n. 804 ist nach dem korrekteren Abdruck im Reg. Farf. n. 60 in *datum iussionis* zu verbessern. — In den beiden Königsurkunden, Reg. Farf. n. 23. 58, rührt *datum iussionis* wohl von dem Redaktor des Reg. Farf. her, der das Eschatokoll beider Urkunden überarbeitet hat, vgl. Chroust S. 41. — In den beneventanischen Herzogsurkunden beginnt die Datierung mit *actum*, wofür aber viermal *data iussione* und einmal *data ex iussione* eintritt; vgl. Chroust S. 106. Beziehung auf den Beurkundungsbefehl scheint mir auch hier am wahrscheinlichsten.

[2] Nicht *data*, wie in der Angabe von K. Pertz gedruckt ist. Vgl. Sickel, Mon. Germ. hist. Diplom. imp. Tomus I (Berl. 1873) S. 44 f. *Actum* steht nur in unechten oder schlecht überlieferten Stücken.

[3] DM. 94. [4] DM. 59.

[5] DM. 66, vgl. auch DM. 60, wo der Sachverhalt freilich nicht ganz so klar ist.

[6] *Dies quinque ante istas kal. marcias* ist doch sicher gleich *a. d. V. kal. mart.* zu fassen.

richs III.[1] endlich wird gesagt, daß einem gewissen Amalgarius, nachdem er einen ihm auferlegten Eid „*dies duos ante istas kalendas iulias*“ abgeleistet hatte, ein streitiges Gut durch Urteil zugesprochen sei. Da die Urkunde „*sub die secundo kalendas iulias*“ datiert ist, fallen der Tag der Datierung und der des Eides und Urteilsspruches zusammen.

Steht sonach für Gerichtsurkunden der Sachverhalt fest, so ist die Vermutung, daß auch bei anderen Urkunden der Merovinger die Datierung sich auf die Handlung beziehe, wohl naheliegend, aber als sicher kann sie doch nicht in allen Fällen gelten.[2] Denn bei Placiten schloß sich der Beurkundungsbefehl gewiß durchweg an die Handlung, d. h. den Urteilsspruch unmittelbar an, die Datierung kann also ebensowohl auf jenen Befehl, wie auf die Handlung bezogen werden. Bei anderen Urkunden aber ist ein solches Zusammenfallen nicht mit gleicher Sicherheit vorauszusetzen, und wenn etwa bei ihnen gleichfalls bei der Feststellung des Datums an Zeit und Ort des Beurkundungsbefehls gedacht sein sollte, so ist die Möglichkeit, daß zwischen diesem und der vorangehenden Handlung bereits eine gewisse Frist verstrichen sei, nicht von vornherein abzuweisen.

Es bleibt uns noch zu untersuchen, wie sich die besprochenen Verhältnisse bei den deutschen und italienischen Privaturkunden des früheren Mittelalters gestalteten.

Was zunächst die italienische Notariatsurkunde betrifft, so liegen die Dinge hier ziemlich einfach. Die bei den *cartae* durchaus vorherrschende Form der Datierung ist in ganz Italien [3] die, daß die Zeitangaben, und zwar ohne ein Einleitungswort, zu Anfang der Urkunde stehen, die Ortsangabe mit einleitendem *actum* dem Eschatokoll angehört; bei der Ortsangabe wird häufig auf die vorangehenden Zeitangaben Bezug genommen, zuweilen auch eine davon wiederholt, so daß es also z. B. heißt: *actum Mediolani sub die, rege et indictione suprascripta* (oder *suprascripta octava*) *feliciter*.[4] Lassen schon dieser Sachverhalt und der offenbare Anschluß an den römischen Brauch kam einen Zweifel, daß wir die Daten auf die Handlung oder, was hier auf dasselbe hinauskommt, den sich unmittelbar

---

[1] DM. 49.

[2] Ein interessanter Fall liegt in DM. 13 vom 8. April 630 (nicht 629, vgl. KRUSCH, FDG. 22, 467) vor. Die Urkunde befiehlt die Weihe des Desiderius von Cahors, die Ostern 630 stattfand, und sie ist vom Ostertage selbst datiert.

[3] Vgl. oben S. 396.

[4] Daß der Ortsname fehlt und etwa bloß steht „*acta feliciter*“, wie in HPM. 13, 69 n. 36, geschieht sehr selten.

anschließenden Beurkundungsbefehl zu beziehen haben, so führt auf die gleiche Annahme, daß wir in Italien nach früheren Ausführungen in der Regel einen datierten Akt, sei es in Form einer Dorsualnotiz oder in der einer eigentlichen Imbreviatur, als Vorlage der Reinschrift voraussetzen können; war in diese Vorlage das Datum der Handlung oder des Beurkundungsbefehls aufgenommen, so wurde es in dem Instrument einfach wiederholt.[1]

Dasselbe wird dann auch von den Notitien gelten dürfen. Zwar kommen hier, namentlich in älterer Zeit, auch andere Formeln der Datierung vor; indem die Daten in der Lombardei und Tuscien am Ende der Gerichtsurkunden stehen, erscheinen sie nicht bloß mit *actum*, oder einem ähnlichen Wort, das auf die Handlung, oder mit *scribere ammonuimus*, was auf den Beurkundungsbefehl geht, sondern auch geradezu mit dem *scripsi* des Notars verbunden, so daß zunächst an eine Beziehung auf die Ausfertigung gedacht werden kann. Wo in solchen Fällen, wie oft geschieht, nur der Monat, nicht auch der Tag, angegeben ist, wird dieser in der Regel sowohl zur Handlung wie zur Beurkundung gepaßt haben. Wo sich dagegen eine Tagesangabe findet, muß man erwägen, ob jene Verbindung der Daten mit dem *scripsi* des Notars, so nahe sie zu liegen scheint, überhaupt geboten ist. Es wird dabei zu beachten sein, daß es regelmäßig nicht heißt: *ego N. notarius anno y. scripsi* etc., sondern vielmehr durchweg: *ego N. notarius scripsi anno y.* etc. So ist die Möglichkeit vorhanden, hinter *scripsi* einen Punkt zu setzen und an eine Schlußdatierung ohne Einleitungswort zu denken, die dann ganz der Anfangsdatierung ohne Einleitungswort der *cartae* entsprechen würde.[2] In einzelnen

[1] Vereinzelte Ausnahmen kommen vor. Steht etwa statt des *actum* in HPM. 13, 19 n. 6: *facta cartola in fundo Campiliunis diae, regni et ind. suprascripta*, so ist das allerdings nur ein anderer Ausdruck für *actum*; zum *cartam facere* genügt der Beurkundungsbefehl, vgl. Brunner, Zur Rechtsgesch. S. 28. Dagegen haben wir wirklich eine Beziehung auf eine spätere Stufe der Beurkundung, wenn es in einer Urkunde der Königin Ermengard HPM. 13, 749 n. 434, heißt: *ego R. notarius hanc cartulam scripsi et reddidi a. d. Berengarii reg. XXII.* Allein Fälle der Art sind so selten, daß wir von ihnen absehen können; ein derartiges Vorgehen der Notare wird gewiß nur da angenommen werden dürfen, wo die Ausdrücke der Urkunden unzweideutig darauf hinweisen, und dann bedarf es keiner näheren Erläuterung.

[2] Ganz wie diese vom folgenden *scripsi* zu trennen ist, so wäre dann jene vom vorangehenden *scripsi* zu sondern. Gelegentlich ersieht man klar, daß die Sache so zu fassen ist. So hat auch Ficker, It. Forsch. 4, 47 interpungiert: *ego Campo scabinus et notarius . . . notitiam hanc scripsi et ibi fui. Ab incarn. d. n. Iesu Christi anno* usw., während er, wo *anno* unmittelbar auf *scripsi* folgt, beide Worte nur durch ein Komma trennt. Ebenso 4, 61: *ego D. notarius . . . scripsi. In nomine domini dei et salvatoris n.*

Fällen ist eine solche Trennung der Datierung von dem *scripsi* geradezu durch die gewählte Ausdrucksweise geboten,[1] und da sie uns vor der Notwendigkeit bewahrt, für die Gerichtsurkunden der Lombardei und Tusciens eine andere Bedeutung der Datierung annehmen zu müssen, als für alle übrigen Urkunden Italiens, so werden wir uns um so eher zu ihr entschließen, als im späteren Mittelalter auch für jene Stücke, wie schon erwähnt ist, die auf die Handlung zu beziehende Anfangsdatierung herrschend wird.

In Deutschland haben die älteren Privaturkunden aus der Zeit vor dem Aufkommen der Besiegelung, mögen sie von Gerichtsschreibern oder Schreibern der Parteien hergestellt sein, rechtlich mit den italienischen Notariatsinstrumenten soviel Verwandtschaft, daß wir auch bei ihnen von vornherein Datierung nach der Handlung vorauszusetzen geneigt sein werden. Dahin führt auch eine nähere Betrachtung der Formeln, obgleich diese in Deutschland ungleich mehr Verschiedenheit aufweisen als in Italien. Verzichten wir darauf, wie das in diesem Buche notwendig ist, alle einzelnen Variationen, die vorkommen, zu erschöpfen, so können wir drei Hauptformen der Datierung unterscheiden.[2] Entweder alle Zeit- und Ortsangaben stehen unter *actum* vereinigt. Oder Zeit- und Ortsangaben — bisweilen auch bloß die ersteren — werden durch die Worte *facta donatio*, *venditio*, *traditio*, *precaria* usw. eingeleitet. Oder die Ortsangaben werden durch *actum* eingeführt, während die davon getrennte Zeitangabe so lautet: *notavi diem x, annum y* usw.

In den ersten beiden Fällen wird die Beziehung der Daten auf die Handlung nicht bezweifelt werden. Wie bestimmt man sich noch der Bedeutung des *actum* bewußt war, dafür spricht die häufige Hinzufügung von *publice* oder *coram testibus qui praesentes fuerunt* [3] u. dgl. m.; und

Iesu Chr. tertius Otto gratia die imp. aug. anno imperii eius usw. 4, 64 setzt Ficker zwischen *scripsit* und *anno* ein Semikolon; auf *anno* folgt noch *vero*, und auch hier wäre ein Punkt angebracht gewesen. Vgl. noch 4, 72 *(anni vero)*, 4, 90 *(regni vero)* usw.

[1] S. die vorige Note. Vgl. auch DO. I. 269. Ein Diplom Ottos I. vom 8. Aug. 964 wird in einer Gerichtssitzung unter Vorsitz des Kaisers verlautbart: was doch kaum vor dem folgenden Tage geschehen sein kann. Datiert nun die Gerichtsurkunde vom 9. August, so beziehe ich das auf die Handlung und halte trotz des vorangehenden *scripsi*, das ich von der Datierung trenne, für sehr zweifelhaft, ob das recht umfangreiche Placitum noch am selben Tage mundiert ist.

[2] Von den rätischen Urkunden, welche, wie die italienischen, Anfangsdatierung aufweisen, kann dabei abgesehen werden. Es genügt auf Helbok, Regesten von Vorarlberg und Lichtenstein S. 1 ff. hinzuweisen, vgl. besonders S. 8. 17. 19. 22.

[3] Vgl. z. B. Form. Sang. misc. 18 (MG. Form. S. 388): *actum in loco n. publice, praesentibus quorum hic signacula continentur. Signum illorum, qui hanc placitaverunt.*

daß *facta traditio* und *actum* völlig gleichbedeutend aufgefaßt wird, zeigt die Vergleichung von Urkunden desselben Schreibers, in denen bald das eine, bald das andere gesagt wird.[1] Aber auch die mit *notavi* eingeleiteten Daten gehen auf die Handlung. Gerade in den Fällen, in denen St. Galler Dorsualakte, wie sie oben besprochen sind, auch eine Tagesangabe enthalten,[2] wird mehrfach diese Angabe, also der Tag der Handlung und des Beurkundungsbefehls, in den Reinschriften wiederholt und durch *notavi diem* eingeleitet:[3] man könnte geradezu auf die Vermutung kommen, daß die Formel *notavi* eben wegen dieses konzeptartigen Notierens (*nota* für Konzept ist ja ein uns schon bekannter Ausdruck) in Übung gekommen sei. Dem entspricht es dann vollkommen, wenn insbesondere häufig in Fuldaer Urkunden, nachdem die Daten unter *actum* oder *facta donatio* bereits gegeben sind, der Schreiber sich mit einem *scripsi et notavi diem et tempus quo supra* darauf zurückbezieht.[4]

Neben den Urkunden, deren Datierung durch eine der besprochenen Formeln als auf die Handlung bezüglich gekennzeichnet ist, stehen nun aber andere, wenn auch in weit geringerer, so doch in an sich nicht unbedeutender Zahl, bei denen die Einleitungsformeln auf die Beurkundung bezogen werden können oder müssen. Unsicher ist schon die Beurteilung der Stücke, in denen die Datierung nicht mit *facta donatio traditio* u. dgl., sondern mit *facta cartula donationis* (*traditionis* u. dgl.)[5] eingeleitet wird. Es ist nicht ausgeschlossen, daß hier nur ein anderer Ausdruck für dieselbe Sache vorliegt, aber es ist doch auch nicht unmöglich, daß, indem hier die Anfertigung der Urkunde in der Datierung

---

[1] Vgl. z. B. Stengel, UB. d. Klosters Fulda n. 49 u. 48 oder 28 u. 31. Ebenso sagt in Weißenburger Urkunden ein und derselbe Schreiber bald *factum testamentum*, bald *actum testamentum*, vgl. z. B. Zeuss, Trad. Wirzenb. n. 76. 75.

[2] Was übrigens keineswegs so regelmäßig der Fall ist, wie in den italienischen Dorsualkonzepten und Imbreviaturen.

[3] Vgl. z. B. Wartmann n. 120. 147 mit den Dorsualakten FDG. 26, 55.

[4] Vgl. z. B. Stengel UB. d. Klosters Fulda n. 30. 31. 32. 33. 40. 37. 52. 55 usw. Heißt es in Werdener Urkunden, nachdem die Daten unter *acta est* usw. gegeben sind, *notavi diem tempus locum, quo hec scripta sunt* (Lacomblet 1 n. 3 ff.; vgl. Ficker, BzU. 1, 66 f.), so erklärt sich diese Betonung, daß das Schreiben am Tage der Handlung selbst erfolgt sei, gerade in dem ribuarischen Kloster Werden leicht: die Formel ist entstanden mit Rücksicht auf die Vorschrift der lex Rib. 59, 1, daß die Urkunde „*publici*", also sofort nach der Handlung vor versammelter Gerichtsgemeinde geschrieben werden soll, vgl. FDG. 26, 54.

[5] Gleichbedeutend ist wohl das namentlich in Fulda oft begegnende *acta cartula donationis*; vgl. oben N. 1.

betont wird, die letztere selbst auf die Beurkundung bezogen ist,[1] die allerdings auch in diesen Fällen oft genug unmittelbar auf die Handlung folgen mochte. Deutlicher sind dann andere Fälle, in denen die Zeitangaben ausdrücklich auf das Schreiben bezogen werden, mögen sie nun durch *scripta est cartula* eingeleitet oder in die Subskriptionsformel (*ego N. anno x mense y scripsi et subscripsi*) eingeschaltet sein. Auch hier ist freilich bisweilen diese Beziehung der Datierung nur formell, nicht sachlich von derjenigen auf die Handlung verschieden. Heißt es z. B. in einer St. Galler Urkunde von 766: *actum Nibalgavia villa publica, ubi cartula ista scripta est coram multis testibus in anno ... dadum fecit mensis iunius dies VII*,[2] so ist hier zweifellos die Urkunde selbst unmittelbar nach der Handlung an der Malstätte, wo jene vollzogen war, und vor den Zeugen der Handlung geschrieben worden. Gerade ein solches Zusammenfallen der Zeit der Handlung und der Beurkundung, das öfters vorgekommen sein mag, konnte dann leicht dahinführen, daß man überhaupt auf die Wahl der richtigen und genau passenden Einleitungsformel für die Datierung weniger Gewicht legte.

Das letztere zeigt sich nun aber sehr deutlich, wenn wir zu der Entwicklung zurückkehren, welche die Datierungsformel in den Königsurkunden erfahren hat.[3] Diese gestaltete sich in der karolingischen Periode wesentlich anders als in der merovingischen. Schon unter Pippin tritt uns in den Diplomen eine Formel entgegen, die anfangs noch nicht regelmäßig, allmählich immer konstanter gebraucht wird und in den Urkunden der Karolinger, der italienischen Könige des 9. und 10. Jahrhunderts, der deutschen Könige aus sächsischem und salischem Geschlecht bis gegen Ende des 11. Jahrhunderts vorherrschend bleibt. Auch unter Heinrich V. findet sie sich — freilich öfters in etwas verkürzter Gestalt — noch in zahlreichen Diplomen. Allmählich aber wird sie — und diese

---

[1] Selten sind in älteren Privaturkunden die Fälle, in denen der Ortsname unter *actum*, die Zeitangaben unter *data* gegeben werden, wie etwa 761 in St. Gallen, WARTMANN n. 27. Die Formel ist derjenigen der Königsurkunden (siehe unten) entsprechend, und ich wage nicht zu entscheiden, ob man dabei eine andere, als die sonst gewöhnliche Bezeichnung der Datierung überhaupt beabsichtigte.

[2] WARTMANN n. 49, vgl. n. 44. 52 und öfter; s. auch oben S. 455 N. 4 und FICKER, BzU. 1, 98.

[3] Diese Entwicklung ist sehr eingehend dargestellt worden von FICKER, BzU. 2, 237 ff. Eine kurze Übersicht über die Datierungsformeln von der merovingischen Zeit an gibt ERBEN, UL. S. 335 ff., wobei auch die Formeln der französischen und sizilischen Königsurkunden berücksichtigt sind. Wir gehen auf jene nicht ein und begnügen uns für diese auf die Darstellung von K. A. KEHR S. 256 ff. zu verweisen.

Bewegung beginnt schon in der letzten Zeit Heinrichs IV. — mehr und mehr aus dem Gebrauch der Reichskanzlei verdrängt, kommt aber in einzelnen Fällen noch unter Konrad III., ja sogar noch einige Male unter Friedrich I. vor.[1] Die Formel, die FICKER als die ältere Datierung bezeichnet hat, ist zweiteilig. Sie beginnt regelmäßig mit *data* oder *datum*,[2] worauf der Tag, dann die Jahresangaben (zuerst nur die Regierungsjahre, seit 802 dazu die Indiktion und seit 876 auch das Inkarnationsjahr) folgen; daran schließt sich als zweiter Teil die mit *actum* eingeleitete Ortsangabe. Die Stellung der Jahresangaben untereinander ist nicht konstant und wechselt je nach der Willkür der einzelnen Notare, worauf hier nur kurz hingewiesen werden kann. Im allgemeinen steht das Inkarnationsjahr an erster Stelle, folgt also unmittelbar auf die Tagesangabe; die Indiktion stand wie unter Berengar I. in Italien so auch in Urkunden italienischer Notare Ottos I. und Ottos II. oft hinter den Regierungsjahren, rückte aber in der Zeit Ottos II. oft vor diese und wurde namentlich im 11. Jahrhundert von manchen Schreibern sogar dem Inkarnationsjahr vorangestellt.

Der wesentlichste Unterschied dieser Formel von der merovingischen ist für die Untersuchung, die wir an dieser Stelle anstellen, der, daß die Zeit- und Ortsangaben nur durch zwei verschiedene Einleitungsworte *data* und *actum* von einander getrennt sind. Diese durch die Einschiebung des Wortes *actum* vor der Ortsangabe herbeigeführte Zweiteilung der Formel beruht aber, wie als sicher gelten darf,[3] nur darauf, daß die karolingischen Kanzleinotare sich an den Brauch der fränkischen Privat-Urkunden angeschlossen haben, und es ist gewiß, daß damit zunächst nur eine formelle, nicht auch eine sachliche, die Bedeutung ändernde Modifikation der Datierungsformel bewirkt wurde. Neuere und höchst sorgfältige Untersuchungen haben unwiderleglich erwiesen, daß die Kanzleibeamten der karolingischen und der nächsten Zeit nicht beabsichtigt haben, woran man zunächst denken könnte, etwa nur den Ort der Handlung und die Zeit der Beurkundung in den Urkunden zu verzeichnen, daß vielmehr in der weit überwiegenden Mehrzahl der Fälle nach wie vor Ort und Zeit zusammengehören, und daß man für *data* und *actum* einen und denselben Zeitpunkt im Auge hatte.

[1] Vgl. FICKER, BzU. 2, 311 ff.

[2] Zuerst unter Pippin kommt *datum* noch häufiger vor, dann gewinnt *data* die Oberhand, doch kommt daneben immer noch *datum* vor und wird namentlich von italienischen Notaren öfters bezeugt.

[3] Vgl. SICKEL, Acta 1, 219; STUMPF, Reichskanzler 1, 122; FICKER, BzU. 2, 240 ff.

Das mußte denn aber notwendig die weitere Folge haben, daß die ursprüngliche Bedeutung der Worte *data* und *actum* überhaupt — sowohl in der königlichen Kanzlei wie außerhalb derselben — mehr und mehr verblaßte. Diese Erscheinung tritt uns dann auch sehr deutlich entgegen, wenn wir die weitere Entwicklung der Datierungsformel in den Königsurkunden hier in aller Kürze verfolgen. In der ersten Hälfte des 12. Jahrhunderts sind diese Formeln [1] in bunter Mannigfaltigkeit außerordentlich voneinander verschieden, und von einem festen Kanzleibrauche für ihre Gestaltung kann überhaupt nicht geredet werden. Die Anordnung der Tages-, Orts- und Jahresangaben wird nur durch die Laune oder das Belieben des einzelnen Schreibers bestimmt und, worauf es hier für uns besonders ankommt, die Ausdrücke *data* (*datum*) und *actum* werden oft ganz regellos und willkürlich verwandt.[2] Erst unter Friedrich I. bildet sich allmählich wieder eine feste Norm für die Datierungsformel aus. Schon in seinen ersten Regierungsjahren begegnet vereinzelt diese Formel, die FICKER als die feierliche (staufische) Datierung bezeichnet hat, und etwa seit 1159 wird sie mit immer zunehmender Regelmäßigkeit in den feierlichen Diplomen durchgeführt. Sie beginnt mit den Einleitungsworten *acta sunt haec*,[3] worauf die Jahresangaben in der Anordnung Inkarnationsjahr, Indiktion, Regierungsjahre folgen. Daran schließt sich dann als zweiter Teil der Formel [4] mit einleitendem *data* die Orts- [5] und die

[1] Übergangsdatierungen nennt sie FICKER, BzU. 1, 311, dem ich mich im folgenden näher anschließe.

[2] Auch in den nicht königlichen Urkunden dieser und der nächsten Zeit, auf die wir hier nicht im einzelnen eingehen können, begegnen ähnliche Erscheinungen. Sorgfältige und fleißige Zusammenstellungen darüber, auf die hier ein für allemal verwiesen werden möge, finden sich bei POSSE, Privaturkunden S. 103 ff. Auch in dem Werke v. BUCHWALD'S, Bischofs- und Fürstenurkunden des 12. und 13. Jahrhunderts sind die hier einschlagenden Fragen vielfach behandelt, s. das Register s. v. *actum, datum*, Datierung, Handlung, Beurkundung.

[3] Statt *acta sunt haec* steht in einer Anzahl von Urkunden des Jahres 1167: *actum quoque est*; vgl. SCHEFFER-BOICHORST, NA. 24, 168.

[4] Bisweilen sind in dieser Datierungsformel auch Bestandteile des Eschatokolls und sogar des Kontextes eingeschaltet. Die den Datar nennende Formel (*datum per manus*, vgl. S. 193 N. 2 und S. 474 N. 1) steht meistens zwischen der Orts- und Zeitangabe im zweiten Teile der Formel. Rekognotion, Signumzeile, Zeugennennung, selbst die Pönformel stehen bisweilen zwischen beiden Teilen der Formel.

[5] Unter Friedrich II. kommt dann noch eine Modifikation der Formel (von FICKER Monatsdatierung genannt) wohl unter sizilischem Einfluß auf. Die Tagesangabe fällt fort; dafür wird die Angabe des Monats hinter die des Inkarnationsjahres gestellt; an die Ortsangabe schließen sich die Worte *anno, mense et indictione praescriptis* an; vgl. FICKER 2, 364 ff.

Tagesangabe [1]. Diese ganze Formel ist also zweiteilig wie die „ältere Datierung", aber gerade die Angaben von Tag und Ort, die in der letzteren durch *data* und *actum* von einander getrennt sind, sind in dieser feierlichen staufischen Datierung unter dem einleitenden Worte *data* untereinander aufs engste miteinander verbunden. Übrigens wird diese zweiteilige Formel nicht in allen feierlichen Privilegien und gar nicht in den einfachen gebraucht: in einem Teil jener und in allen diesen sind vielmehr alle Zeit- und Ortsangaben miteinander vereinigt, wobei das einleitende Wort meistens *datum* (*data*), zuweilen aber auch *acta sunt haec* oder eine ähnliche Wendung ist.

In der Zeit nach dem Interregnum endlich fällt die Zweiteiligkeit der Formel, die in der karolingischen Epoche eingeführt ist, ganz fort. Alle Zeit- und Ortsangaben werden nunmehr hinter dem einleitenden Wort *datum* (in deutschen Urkunden „geben") vereinigt. An erster Stelle steht regelmäßig der Ort, die Reihenfolge der Zeitangaben ist schwankend; doch überwiegt seit etwa 1259 die Anordnung Tag, Inkarnationsjahr, Indiktion,[2] Regierungsjahre. Ausnahmen von dieser Anordnung sind aber nicht selten und kommen besonders häufig unter Albrecht I. vor. Diese Anordnung bleibt für die feierlichen Privilegien auch unter Ludwig dem Bayern maßgebend,[3] dagegen tritt seit der Zeit Karls IV. das Inkarnationsjahr in der Regel vor die Tagesangabe, und bei dieser Anordnung bleibt es unter seinen Nachfolgern, doch ist zeitweise, namentlich unter Friedrich III. öfter, auch wieder die vor Karl IV. geltende Reihenfolge der Daten angewandt worden.

Blickt man auf diese Entwicklung der Datierungsformeln in den Königskurkunden und die wechselnde und widerspruchsvolle Verwendung der Ausdrücke *actum* und *datum* in ihnen zurück, so kann man nicht verkennen, daß es ganz unmöglich ist, sie zu irgendwie sicheren und allgemein gültigen Schlüssen darüber zu verwenden, ob die auf diese Formeln folgenden Zeit- und Ortsangaben auf die Handlung oder die Beurkundung zu beziehen sind. Sehr eigentümlich ist es nun aber, daß, während einerseits eine so regellose und willkürliche Verwendung der Einleitungsformeln der Datierung stattfindet, andererseits ihre ursprüngliche Bedeutung doch zu keiner Zeit des Mittelalters ganz vergessen worden ist. Wie noch im Anfang des 14. Jahrhunderts ein Baumgartenberger Mönch

[1] Vgl. Herzberg-Fränkel KUiA. Text S. 223 ff.

[2] Soweit diese überhaupt noch angegeben ist, s. oben S. 414.

[3] Bemerkenswert für unsere Betrachtung ist, daß unter ihm bisweilen die Einleitungsformel *actum et datum* (oder *datum et actum*) vorkommt.

einen eigenen Paragraphen seines Formularwerkes „*de differencia inter datum et actum*" überschrieb und diesen Unterschied ganz richtig auseinandersetzt,[1] so hat es zu keiner Zeit an Urkundenschreibern gefehlt, die sich seiner bewußt waren und ihn in der Gestaltung der Datierungsformeln zum Ausdruck brachten.

Allgemein gültige Regeln über die richtige Deutung der Datierung deutscher Königs- und Privaturkunden lassen sich darum, wenigstens für die Zeit seit dem 9. Jahrhundert, kaum aufstellen. Die gesonderte Betrachtung des jeweilig in einer Kanzlei herrschenden, oft auch des von einzelnen Kanzleibeamten oder privaten Urkundenschreibern beobachteten Gebrauchs, überhaupt die sorgfältigste Untersuchung der für den Einzelfall maßgebenden Verhältnisse allein kann hier vor Irrtümern bewahren. Und dabei ist ein wichtiger Umstand nie zu vergessen: wir dürfen bei der Deutung der Datierungen so wenig wie bei sonstigen Erscheinungen des mittelalterlichen deutschen Urkundenwesens das Maß von Genauigkeit und Sorgfalt in der Behandlung der einzelnen Datierungsangaben, wie sie einmal herkömmlich waren, voraussetzen, das wir etwa in der altrömischen und wieder in der heutigen Zeit erwarten können. Den Urkundenempfängern war es die Hauptsache, daß sie ein gehörig beglaubigtes Diplom erhielten, und daß dieses datiert wurde, war altes Herkommen; aber ob die einzelnen Angaben der Datierung untereinander genau übereinstimmten und gewissen Zeitpunkten der Handlung oder Beurkundung genau entsprachen, darum haben sich selbst die Notare der Reichskanzlei bisweilen sehr wenig gekümmert.[2]

An dieser Stelle können wir nur versuchen, einige leitende Gesichtspunkte zusammenzustellen, die namentlich den Historikern bei der Benutzung von Urkunden zu statten kommen mögen, denen aber der Vorbehalt vorausgeschickt werden muß, daß sie zwar eine weite, aber keine ausnahmslose Gültigkeit beanspruchen.

Die für den Historiker in bezug auf die Datierung wichtigste Frage ist ohne Zweifel die nach ihrer Einheitlichkeit. Nur wenn die Datierung einheitlich ist, d. h. wenn Zeit- und Ortsangaben auf einen und den-

[1] QE. 9, 778: *datum quidem inportat solummodo tempus in quo datur litterra. Actum autem inportat tempus in quo ea facta sunt super quibus litterra datur.* Wie aus diesen oder den folgenden Worten des Baumgartenbergers v. Buchwald S. 250 herauslesen konnte: „das einfache *actum* pflegte man da zu setzen, wo man den Tag der Übergabe nicht wußte" ist mir unverständlich.

[2] Darauf hat sehr nachdrücklich und mit vollem Recht Sickel in der Einleitung zur Ausgabe der Diplome Ottos II. S. 5 hingewiesen. Noch für das 15. Jahrhundert kann man eine ähnliche Beobachtung machen, vgl. Seeliger, MIÖG. 8, 28.

selben Zeitpunkt zu beziehen sind (gleichviel welcher das ist), kann der Historiker sie unmittelbar benutzen, um aus den Urkunden eines Ausstellers sein Itinerar zu konstruieren; denn nur bei einheitlicher Datierung darf aus einer Urkunde gefolgert werden, daß ihr Aussteller zu der in ihr angegebenen Zeit an dem in ihr angegebenen Orte sich aufgehalten hat.

Daß nun die Datierung wenigstens der Königsurkunden stets einheitlich sei, galt in früherer Zeit fast als ein Axiom der Diplomatik. Forscher, wie Böhmer, Jaffé, Stumpf-Brentano, haben nicht daran gezweifelt[1] und haben die Urkunden, welche sich in das auf diese Ansicht gegründete System nicht fügen wollten, als unecht behandelt, wenn sich nicht durch die Annahme von Schreibfehlern oder Irrtümern in der Datierungszeile und durch deren mehr oder minder willkürliche Emendation die Schwierigkeit scheinbar beheben ließ.

Auch heute noch kann die Ansicht jener Forscher als allgemeine Regel festgehalten und sogar auch auf die nichtköniglichen Urkunden ausgedehnt werden; es darf gesagt werden, daß überall da, wo nicht besondere Gründe dagegen sprechen, die Datierung für die Zwecke der historischen Forschung als einheitlich angesehen werden kann.[2] Aber jene allgemeine Regel hat sehr zahlreiche Ausnahmen; und Gründe, welche gegen ihre Anwendung in einem Einzelfall sprechen, sind viel häufiger vorhanden, als früher angenommen wurde.

Daß die Datierung nicht einheitlich ist, daß also einzelne ihrer Angaben auf die Handlung oder auf ein früheres,[3] andere auf ein späteres[4] Stadium der Beurkundung bezogen werden müssen, erkennen wir an

---

[1] Auch ich selbst habe noch in meiner ersten, 1869 erschienenen diplomatischen Arbeit (Kanzlei Konrads II. S. 69) an diesem Satze festgehalten, ihn dann aber schon in den Jahrbüchern Heinrichs II. und Konrads II. mehrfach aufgegeben, so daß die Bemerkung von Posse, Privaturkunden S. 186, über meine Stellung zu dieser Frage schon damals nicht mehr zutraf.

[2] Durchweg als einheitlich datiert können die Urkunden der sizilischen Könige gelten. Allerdings kommt in Betracht, daß seit 1145 die sizilischen Privilegien regelmäßig nur eine Monatsangabe, nicht auch eine Tagesangabe bieten, und daß also seit jenem Jahre, wenn sich das Beurkundungsgeschäft innerhalb eines Monats abgespielt hat, ein zeitlicher Unterschied zwischen Handlung und Beurkundung in ihnen überhaupt nicht zum Ausdruck kommen kann.

[3] Es kommen da namentlich Herstellung der Reinschrift, Vollziehungsbefehl, Vollziehung (Siegelung) und Aushändigung (letztere aber nur selten) in Betracht.

[4] Als solche wird insbesondere der Beurkundungsbefehl, bisweilen auch die Konzipierung oder die Genehmigung des Konzepts durch einen höheren Kanzleibeamten (Fertigungsbefehl) in Erwägung zu ziehen sein.

inneren Gründen; doch geben uns auch äußere Merkmale der Urkunden wichtige Anhaltspunkte dafür.[1]

Als ein äußeres Merkmal nicht einheitlicher Datierung kann es in gewissen Fällen gelten, wenn die Angaben der Datierungszeile einer im Original überlieferten Urkunde sich graphisch als zu verschiedenen Zeiten eingetragen zu erkennen geben. Solche Nachtragungen in der Datierungszeile erkennen wir an der Verschiedenheit der Schrift, an hellerer oder dunklerer Färbung der Tinte, endlich auch daran, daß die für die Nachtragung gelassenen Lücken zu groß oder zu klein bemessen waren, so daß die nachgetragene Schrift sie entweder nicht vollständig ausfüllte, oder, um Platz zu finden, stark zusammengedrängt werden mußte.[2] Sehr verschiedene Ursachen können solche Nachtragungen veranlaßt haben; hängen sie zumeist offenbar mit nicht einheitlicher Datierung zusammen, so sind sie andererseits bisweilen auch nur deswegen vorgenommen worden, weil ein erster Schreiber die für die richtige Angabe der Daten erforderlichen Berechnungen nicht vorzunehmen wußte und dieselben einem Genossen vorbehielt; und in anderen Fällen mögen auch noch andere für uns heute nicht mehr nachweisbare Gründe vorgelegen haben. Die Wahrnehmungen an den Originalen, die eine Nachtragung erkennen lassen, zwingen also in vielen, aber nicht in allen Fällen zur Annahme nicht einheitlicher Datierung, ohne dafür notwendige Vorbedingung zu sein. Denn einmal sind natürlich solche Wahrnehmungen an Kopialurkunden überhaupt nicht anzustellen, während doch auch bei ihnen nicht einheitliche Datierung vorkommt. Sodann ist niemals mit Sicherheit aus für uns nicht mehr erkennbarer auf nicht geschehene

[1] Nicht hierher gehören natürlich die nicht so ganz seltenen Fälle, in denen ausdrücklich für Handlung und Beurkundung mehrfache und verschiedene Zeit- oder Ortsangaben in den Urkunden selbst enthalten sind (vgl. Ficker, BzU. 1, 70. 127. 348 ff.; Posse, Privaturkunden S. 118). In solchen Fällen liegt nicht eine einzige, nicht einheitliche, sondern vielmehr eine Doppeldatierung vor. Ob dagegen auch die Form, die Posse S. 115 als getrennte Datierung bezeichnet, in gleicher Weise aufzufassen sei, ist mir zweifelhaft.

[2] Auch Nachtragungen der ganzen Datierungszeile kommen nicht selten vor und können verschiedene Gründe haben, aber auf nicht einheitliche Datierung kann aus ihnen natürlich nicht geschlossen werden. — Nicht selten ist die beabsichtigte Nachtragung vergessen worden, und es sind die Urkunden mit Lücken in der Datierung auf uns gekommen. Auch wenn in Kopialurkunden gewisse Bestandteile der Datierung fehlen, die in der Kanzlei des Ausstellers gesetzt zu werden pflegten, braucht das nicht immer auf Nachlässigkeit der Kopisten, sondern kann auch auf lückenhafter Datierung der Originale beruhen.

Nachtragung zu schließen:[1] wenn die Nachtragung von derselben Hand mit derselben Tinte in geschickter Weise vorgenommen ist, wird sie für uns überhaupt nicht sichtbar sein. Endlich ist aber auch da, wo wirklich nichts nachgetragen worden ist, nicht einheitliche Datierung möglich, z. B. in dem Fall, daß gewisse auf einen früheren Zeitpunkt bezügliche Angaben einem Akt oder Konzept nachgeschrieben, andere auf einen späteren Zeitpunkt bezügliche erst bei der Reinschrift hinzugefügt sind. In die letztere kann dann alles in einem Zuge eingetragen worden sein.

So bleiben die inneren Gründe zumeist doch die eigentlich maßgebenden. Sie ergeben sich hauptsächlich aus einer Vergleichung verschiedener Urkunden desselben Ausstellers untereinander oder mit anderen gut beglaubigten Zeugnissen. Wo eine solche Vergleichung zu Widersprüchen oder offenbaren Unwahrscheinlichkeiten führt,[2] da ist es, wenn gegen die Echtheit der Urkunden anderweitige Bedenken nicht bestehen, am nächsten liegend durch die Annahme nicht einheitlicher Datierung die Schwierigkeit zu beheben. Für welche von mehreren in Betracht kommenden Urkunden nicht einheitliche Datierung anzunehmen ist, wird bei näherer Untersuchung in der Regel festgestellt werden können.

[1] Neuerdings hat STHAMER den Nachweis zu erbringen versucht, daß entsprechend dem Brauch in der sizilianischen Kanzlei der Anjous und dem der päpstlichen Kanzlei auch in allen Kaiser-Urkunden die Datierung in mehreren Phasen nachgetragen worden sei (Sitzungsber. d. Berl. Akad. 1927, S. 250 f. 256. 259. 262 und ibid. 1929 S. 38). Diese These ist von ZATSCHEK MÖIG. 43, 443 abgelehnt worden unter Hinweis auf die Ausführungen BLOCH's, Über nicht-einheitliche Datierung besonders in den Urkunden Heinrichs II. (Hist. Vierteljahrschr. 16 (1913), 1 ff. KEHR dagegen rechnet für die Kanzlei Heinrichs III. ernsthaft mit der These STHAMER's, ohne mit ihrer Beweisführung übereinzustimmen, vgl. DD 5, S. LXIV f.

[2] Diese können in der verschiedensten Weise eintreten, und in den von FICKER, SICKEL, MÜHLBACHER und POSSE angeführten Arbeiten sind die in Betracht kommenden Fälle eingehend erörtert. Vgl. auch noch KILIAN, Itinerar Kaiser Heinrichs IV. (Karlsruhe 1886); MÜLLER, Das Itinerar Kaiser Heinrichs III. (Berlin 1901); GUTBIER, Das Itinerar des Königs Philipp von Schwaben (Diss. Berlin 1912). Ich hebe nur einige der häufigsten und wichtigsten Fälle hervor. Zwei Urkunden desselben Ausstellers mit gleichen Zeitangaben haben verschiedene, miteinander nicht zu vereinbarende Ortsangaben. Das aus den Urkunden zu konstruierende Itinerar steht mit den Angaben glaubwürdiger Schriftsteller über die Aufenthaltsorte des Ausstellers im Widerspruch. Das aus den Urkunden zu konstruierende Itinerar ergibt innere Unwahrscheinlichkeiten, indem ihm zufolge der Aussteller größere Entfernungen zurückgelegt haben müßte, als möglich oder wahrscheinlich ist, oder indem aus ihm ein zweckloses Hin- und Herziehen von dem Orte x nach dem Orte y und zurück sich ergeben würde. Die aus der Natur eines Zuges, z. B. eines Zuges nach Italien oder nach Polen, notwendig sich ergebende Richtung des Itinerars wird durch die Datierung einer Urkunde in auffallender und unmotivierter Weise gestört u. dgl. m.

Ebenso wird nähere Untersuchung ergeben müssen, welche von den verschiedenen bei nicht einheitlicher Datierung an sich möglichen Kombinationen im Einzelfall zutrifft. Der wohl am häufigsten vorkommende Fall ist der, daß die Tagesangabe allein [1] nicht zu der Ortsangabe und den Jahresbezeichnungen stimmt: sie entspricht dann ganz überwiegend einem späteren Stadium der Beurkundung als die letztere. Erst im 14. Jahrhundert kommen auch Fälle, in denen die Tagesangabe allein einem früheren Zeitpunkt entspricht, häufiger vor. Der Grund davon ist der, daß man jetzt, worauf unten zurückzukommen ist, in der Regel nach dem Beurkundungsbefehl zu datieren wünschte; hatte man dann den Tag des Eingangs dieses Befehls in der Kanzlei notiert, den Ort aber nicht, so lag es nahe, wenn die Kanzlei inzwischen ihren Aufenthaltsort gewechselt hatte, den Ort zu nennen, an welchem sie sich zur Zeit der Vollendung der Urkunde befand.[2] Ein zweiter gleichfalls sehr häufiger Fall ist der, daß die Tages- und Ortsangaben wohl zu einander, aber nicht zu den Jahresangaben stimmen. Sie sind dann entweder aus Akt oder Konzept übernommen und entsprechen der Handlung oder einem früheren Stadium der Beurkundung, während die Jahresangaben in einem späteren Stadium diesem allein entsprechend eingetragen sind. Oder aber Ort und Tag sind in einem späteren Stadium der Beurkundung diesem entsprechend nachgetragen, während die Jahresangaben auf die Handlung oder ein früheres Stadium der Beurkundung zu beziehen sind. Kaum viel seltener mag es vorkommen, daß Jahres- und Tagesangaben zusammengehören und der Ort allein einem andern Zeitpunkt entspricht: Fälle der Art entziehen sich aber am leichtesten unserer Kenntnis.[3] Ob

[1] Über einen weiteren Unterschied, der in diesem Falle noch zu machen ist, s. Sickel in der Vorrede zur Ausgabe der Urkunden Ottos II. S. 5; vgl. auch Posse S. 111.

[2] Anzumerken ist übrigens, daß Nichteinheitlichkeit der Datierung in bezug auf den Tag allein sich häufig unserer Kenntnis entziehen wird. Wenn z. B. die Tagesangabe bei Vollendung der Urkunde nachgetragen wurde, die Nachtragung aber noch in demselben Jahre geschah, ohne daß die Kanzlei inzwischen den Aufenthaltsort gewechselt hatte, so ergibt die Datierungszeile keinen Widerspruch.

[3] Gar nicht selten erkennen wir an den Originalen, daß *actum* und Ort zunächst allein eingetragen und alle Zeitangaben erst später hinzugefügt sind. Geschah aber die Nachtragung der letzteren noch am gleichen Orte, so entsteht kein Widerspruch. Geschah sie an anderem Orte, aber noch in gleichem Jahre, so entsteht wiederum kein Widerspruch zwischen Orts- und Jahresangaben, sondern nur zwischen diesen und der Tagesangabe. Nur wenn in solchem Falle die Hinzufügung der Zeitangaben erst in einem anderen Jahre und an einem anderen Orte erfolgte, tritt ein Widerspruch zwischen der Ortsangabe allein und allen Zeitangaben für uns ohne weiteres zutage.

es dann weiter auch häufiger vorgekommen ist, daß die nicht einheitliche Datierung sich auch auf die mehrfachen, nebeneinander angewandten Jahresbezeichnungen erstreckt, daß also in einer und derselben Urkunde die einen Jahresbezeichnungen, z. B. Inkarnationsjahr und Indiktionsjahr, einem früheren, die andern, z. B. die Regierungsjahre, einem späteren Zeitpunkt entsprechen, das bedarf noch weiterer Prüfung: in manchen der Fälle, für welche man diese Annahme vorgeschlagen hat,[1] und welche seitdem näher untersucht worden sind, lassen sich die Erscheinungen, welche zu der Annahme Veranlassung gegeben haben, auch anderweit erklären.[2]

Die vorangehenden Bemerkungen dürften die wichtigsten Gesichtspunkte, die bei der Annahme nicht einheitlicher Datierung in Betracht kommen, angedeutet haben. Es bleibt noch zu erörtern, worauf bei der Mehrzahl der königlichen und nichtköniglichen Urkunden Deutschlands, die, wie erwähnt, einheitlich datiert sind, die Datierungsangaben bezogen werden müssen. Sollen wir versuchen, auch dafür eine allgemeine Regel — natürlich mit allen Vorbehalten — aufzustellen, so wird da zunächst zwischen zwei Perioden zu unterscheiden sein. Die erste Periode geht bis zur vollen Entwicklung der durch die Besiegelung nichtköniglicher Urkunden aufgekommenen Rechtssätze, d. h. etwa bis zur Mitte des 13. Jahrhunderts; innerhalb derselben ist zwischen königlichen und nichtköniglichen Urkunden noch ein Unterschied zu machen. In der zweiten Periode, welche die letzten Jahrhunderte des Mittelalters umfaßt, und in welcher durch die allgemeine Besiegelung die rechtliche Funktion der königlichen von derjenigen der nichtköniglichen Urkunden nicht mehr prinzipiell verschieden ist, verliert auch jener Unterschied seine frühere Bedeutung.

In der ersten Periode kann als allgemeine Regel gelten, daß Königsurkunden nach der Beurkundung, nichtkönigliche nach der Handlung datiert sind. Diese Regel hat aber so zahlreiche Ausnahmen, daß sie nur da als Notbehelf angewandt werden kann, wo besondere Anhaltspunkte, die Frage für den Einzelfall zu entscheiden, nicht vorhanden sind, und daß sie, wo es solche Anhaltspunkte gibt, niemals ihrer Prüfung enthebt. Solche Anhaltspunkte können auch hier aus der Vergleichung

---

[1] Vgl. die von Ficker, BzU. 2, 483 im Nachtrage zu § 52 angeführten Stellen seines Buches.

[2] Vgl. Sickel, MIÖG. Erg. 2, 106 ff.; Bresslau, Jahrb. Konrads II. 2, 471 ff. Dagegen hat Mühlbacher, Wiener SB. 92, 379 ff., bei mehreren Urkunden Karls III. sich für die Annahme Ficker's entschieden.

mehrerer Urkunden untereinander oder mit anderen Zeugnissen gewonnen werden.[1] Sehr häufig aber lassen sich dieselben hier schon aus einer Vergleichung der Datierung mit den in anderen Teilen derselben Urkunde enthaltenen Angaben entnehmen, um von den Fällen, in denen das Verhältnis mit ausdrücklichen Worten in den Urkunden klargelegt ist, ganz abzusehen. Passen die im Text oder Protokoll einer Urkunde enthaltenen Angaben, z. B. Namen oder Titel des Ausstellers, der Zeugen und Intervenienten, der beteiligten Kanzleibeamten nicht zur Datierungszeit, sondern entsprechen sie einem späteren Zeitpunkt: wird also z. B. in einer aus der Königszeit datierten Urkunde der Aussteller Kaiser genannt, heißt ein Zeuge oder Intervenient Bischof, der zur Zeit der Datierung dies Amt noch nicht bekleidete, tritt ein Kanzleibeamter auf, der zur Zeit der Datierung noch nicht im Amte war, werden Personen, die zur Zeit der Datierung noch lebten, als verstorben bezeichnet u. dgl., so ist, insofern gegen die Echtheit der Urkunde keine anderen Bedenken vorliegen, Datierung nach der Handlung und spätere Beurkundung anzunehmen: gerade solche Fälle lassen oft erkennen, daß nicht nur bei Privat-, sondern auch bei Königsurkunden zwischen Handlung und Beurkundung bisweilen ein sehr erheblicher Zeitraum liegen konnte. Umgekehrt ist dann natürlich, wenn Angaben des Textes oder Protokolls auf eine frühere Zeit, als die der Datierung, hinweisen, wenn also z. B. Intervenienten oder Handlungszeugen genannt werden, die zur Zeit der Datierung bereits verstorben waren, oder ein Kanzleibeamter auftritt, der zur Zeit der Datierung nicht mehr im Amte war, oder wenn etwa der Empfänger der Urkunde eine Bezeichnung erhält, die ihm zur Zeit der Datierung nicht mehr, wohl aber zu einem früheren Zeitpunkt zukam (wiederum

[1] Ich hebe wieder, im übrigen auf die oft genannten Werke verweisend, nur einige Fälle hervor, um zu zeigen, in welcher Weise das geschehen kann. Haben mehrfache Ausfertigungen über dieselbe Sache verschiedene Daten, so sind sie nach einem späteren Stadium der Beurkundung datiert; haben sie dieselben Daten, so liegt Datierung nach der Handlung oder dem Beurkundungsbefehl nahe und wird dann zur Gewißheit, wenn die Zahl der Ausfertigungen so groß ist, daß ihre Vollendung an einem Tage nicht als wahrscheinlich gelten kann. Sind in der Zeit nach einem Hoftage eines Fürsten mehrere Urkunden für Empfänger, deren Anwesenheit auf dem Hoftage wir voraussetzen dürfen, von Orten aus der Nachbarschaft des Hoftages datiert, so haben wir an Handlung auf dem Hoftage, Beurkundung in späterer Zeit und Datierung nach der letzteren zu denken. Sind Gesetze, Verträge, Richtersprüche u. dgl. von dem Tage datiert, an welchem, wie wir aus anderen Zeugnissen erfahren, das Gesetz erlassen, der Vertrag geschlossen, der Spruch gefällt ist, so werden wir in der Regel Datierung nach der Handlung annehmen, und es dahingestellt sein lassen, ob die Beurkundung noch zur Zeit der Datierung erfolgt ist. Kurz, es können hier die mannigfachsten Gesichtspunkte in Betracht kommen.

unter der Voraussetzung, daß die Echtheit nicht aus anderen Gründen bezweifelt werden muß), Datierung nach der Beurkundung, Beziehung der sonstigen Angaben auf die frühere Handlung anzunehmen. Bisweilen gibt auch schon die bloße Erwägung, ob die Ortsangabe der Datierungszeile zum Rechtsinhalt der Urkunde insofern paßt, daß Vollziehung der Handlung an jenem Orte überhaupt angenommen werden kann, einen Anhaltspunkt zur Entscheidung der Frage. Und daß neben den angeführten noch manche andere, nach der Beschaffenheit des Einzelfalles verschiedene und in diesen allgemeinen Bemerkungen unmöglich zu erschöpfende Gesichtspunkte in Betracht kommen können, versteht sich von selbst.

Wo in den vorstehenden Bemerkungen von Datierung nach der Handlung die Rede war, kann, wie wiederholt anzumerken ist, oft auch an den Beurkundungsbefehl gedacht werden: zwischen Handlung und Beurkundungsbefehl ist, soweit wir sehen können, in den meisten Fällen ein erheblicher Zeitraum nicht verstrichen. Wo dagegen von Datierung nach der Beurkundung die Rede war, muß durchweg ein späteres Stadium der letzteren ins Auge gefaßt sein. Welche Stufe der Beurkundung gemeint ist, läßt sich mit Sicherheit nur selten und nur für bestimmte Gruppen von Urkunden ermitteln; es können in Betracht kommen namentlich die Zeit der Vollendung der Reinschrift, des Vollziehungsbefehls und der Vollziehung selbst, dann in den Fällen, in denen überhaupt Anfertigung eines Konzeptes wahrscheinlich ist, die Zeit der Herstellung des Konzeptes und die seiner Genehmigung durch einen höheren Kanzleibeamten oder den Aussteller selbst, endlich auch die Zeit der Aushändigung der Urkunde; doch ist an die letztere meines Erachtens weniger häufig zu denken, als neuerdings mehrfach angenommen worden ist. Übrigens ist bei einheitlicher Datierung nach der späteren Beurkundung die Frage, welches der späteren Beurkundungsstadien ins Auge gefaßt sei, nur selten für die Kritik oder die historische Verwertung der Urkunden von größerer Erheblichkeit.

Einfacher liegen die Verhältnisse in der zweiten späteren Periode des Mittelalters. Sehen wir ab von den unbesiegelten Notariatsinstrumenten, die dem italienischen Gebrauche folgen, von den gleichfalls unbesiegelten Eintragungen in Schreinskarten und Stadtbücher, soweit diese überhaupt datiert sind, endlich von den Urkunden über gerichtliche Vorgänge, bei denen auch jetzt noch nach der Handlung datiert worden zu sein scheint, so haben wir ganz überwiegend Datierung nach der Beurkundung anzunehmen; wenigstens in den Urkunden, die aus königlichen und fürstlichen Kanzleien hervorgegangen sind, kann das überall da vorausgesetzt werden, wo nicht in einem Einzelfall ganz besondere Gründe für das Gegenteil vorliegen.[1] Eingehenderer weiterer Untersuchungen bedarf es aber noch darüber, ob nun ein früheres oder späteres Stadium der Beurkundung ins Auge gefaßt worden ist. Soweit sich das bis jetzt übersehen läßt, scheint bis etwa um die Mitte des 14. Jahrhunderts häufig noch das letztere vorgekommen zu sein. Dann aber begann man offenbar den Beurkundungsbefehl besonders zu beachten; eigene Vermerke über ihn wurden in die Originale der Urkunden aufgenommen; es hängt damit, dann aber auch wohl mit dem gleich zu erörternden Gebrauch der päpstlichen Kanzlei zusammen, daß jetzt der Beurkundungsbefehl in zunehmendem Maße für die Zeit der Datierung maßgebend wurde. Daß im 15. Jahrhundert, in der Kanzlei Friedrichs III., regelmäßig nach dem Beurkundungsbefehl (der Relation) datiert wurde, hat sich an bestimmten Zeugnissen erweisen lassen.[2]

Kehren wir nunmehr zu der päpstlichen Kanzlei zurück, so kann nach unseren früheren Darlegungen Datierung nach der Handlung bei den Papsturkunden, abgesehen von gewissen leicht erkennbaren Kategorien,[3] nicht in Frage kommen. Auch nicht einheitliche Datierung ist hier bisher kaum jemals sicher erwiesen worden, und wenn überhaupt, dann nur in so vereinzelten Ausnahmefällen[4] vorgekommen, daß wir hier darauf keine Rücksicht zu nehmen brauchen.

Eine genauere Untersuchung über die Beziehung der Datierung ist hier überhaupt erst seit der Zeit Hadrians I. möglich, in der, wie wir früher gesehen haben, die formelle Unterscheidung zwischen Privilegien und Briefen sich fest ausbildet. Ehe wir aber dazu übergehen, ist es zweckmäßig, zuvor die Entwicklung der Datierungsformeln in den Papsturkunden darzustellen.

---

[1] Vgl. hierzu, was unten S. 476 ff. über willkürliche Datierung bemerkt ist. Auch die Fälle von Neuausfertigung unter altem Datum (s. oben 308 ff. 311) und andere Abweichungen von dem gewöhnlichen Geschäftsgange fallen natürlich nicht unter die im Text gegebene Regel.

[2] Vgl. Seeliger, MIÖG. 8, 26 ff. Schon für die Zeit Karls IV. hat Ficker wiederholt darauf aufmerksam gemacht.

[3] Es sind das Gerichtsurkunden, gewisse Synodalaktenstücke und die wenigen außerhalb der päpstlichen Kanzlei geschriebenen Papsturkunden. In der Regel ist hier der Sachverhalt auch durch eine besondere Gestaltung der Datierungsformel, Anfangsdatierung oder Einleitung mit *actum*, kenntlich gemacht.

[4] Zu diesen Ausnahmefällen mag z. B. Jaffé-L. 8818, vgl. Diekamp, MIÖG. 3, 589 gehören, wenn hier nicht Schreibfehler oder Versehen vorliegen. Vgl. oben 441 ff.

Wie schon früher in anderem Zusammenhang ausgeführt worden ist,[1] findet sich in den päpstlichen Privilegien, auf die wir uns hier zunächst beschränken — nicht auch in den Briefen — eine Doppeldatierung, die auf zwei Formeln verteilt ist. Eine erste Formel — die Skriptumzeile — schließt sich unmittelbar an den Text an[2]. Sie beginnt mit den Worten *Scriptum per manum* (bald *manus*), nennt dann einen Kanzleibeamten niederen Ranges, gewöhnlich einen Skriniar oder Notar, und läßt darauf einen Teil der Zeitangaben, nämlich den Monat und die Indiktion folgen. Daß statt der Indiktion eine andere Jahresbezeichnung sich findet, kommt nur außerordentlich selten vor. Eine Tagesangabe wird gleichfalls nur selten, namentlich im 11. Jahrhundert unter Leo IX. hinzugefügt. Die Formel ist regelmäßig von der Hand des Kontextschreibers geschrieben worden, und es darf in fast allen Fällen angenommen werden, daß dies der in ihr genannte Kanzleibeamte war.[3] Die Formel ist bis zur Mitte des 11. Jahrhunderts ein fester Bestandteil der Privilegien. Erst unter Clemens II. beginnt sie häufiger zu fehlen, erhält sich aber bis in den Anfang des 12. Jahrhunderts und wird erst unter Calixt II. völlig aufgegeben. Im Jahre 1103 kommt sie zum letztenmal vor[4].

[1] Vgl. Bd. 1, 76 ff.

[2] Kehr, Die ältesten Papsturkunden Spaniens (Abh. der Berliner Akademie, 1926, n. 2, S. 8. 10 will die Skriptumformel wenigstens in der ältesten Periode (9. und 10. Jahrhundert), weil sie sich unmittelbar an den Kontext anlehnt, zu diesem rechnen. Das ist, rein graphisch betrachtet, unzweifelhaft richtig. Wenn man aber Kontext und Protokoll nach sachlichen Gründen unterscheidet, so gehört eine Formel, die sich auf die Datierung bezieht und einen bei der Ausfertigung einer Urkunde beteiligten Kanzleibeamten nennt, unzweifelhaft zum Protokoll. — Die Skriptumzeile ist zuweilen nachgetragen, so z. B. in Jaffé-L. 4000. 4134. 4395, wo sie sich durch die dunklere Farbe der Tinte deutlich von dem vorangegangenen Kontext abhebt. In Jaffé-L. 4036 für Hildesheim ist nur *scrip.*, in Jaffé-L. 4057 für Fulda nur *scriptum*, in Jaffé-L. 4665. 4666 für Toul nur *scriptum per manus* geschrieben; die sicher beabsichtigte Nachtragung des übrigen Teiles der Formel ist unterblieben. In zwei Privilegien Johanns XIII. für Vich (Jaffé-L. 3746. 3747; vgl. Kehr, a. a. O. S. 16), in Jaffé-L. 3956 (Johanns XVIII. für San Cugat dal Vallés, Faks. ibid. N. 9 Taf. X, in dem S. 4991 f. N. 9 genannten Werk Taf. XIV) und in Jaffé-L. 4000 (Benedikt VIII. für Kaiser Heinrich) ist hinter *scriptum per manus* eine Lücke für den Namen des Schreibers gelassen, die nicht ausgefüllt ist. Eine völlig befriedigende Erklärung für diese Erscheinung ist noch nicht gefunden worden; Kehr S. 34 hat verschiedene Vermutungen darüber, ohne sich bestimmt zu entscheiden, zur Wahl gestellt; vgl. auch Pflugk-Harttung, Bullen der Päpste S. 149, dessen Ansicht Kehr wie ich selbst (MIÖG. 9, 11 N. 3) abgelehnt haben.

[3] Kehr bezweifelt diese allerdings für zwei der von ihm untersuchten älteren Privilegien wegen des Schriftcharakters, nämlich für Jaffé-E. 2718 und Jaffé-L. 3976; vgl. a. a. O. S. 9 f.

[4] Jaffé-L. 7064. — Seit der zweiten Hälfte des 11. Jahrhunderts fehlen öfter die Zeitangaben und es wird nur der Name des Schreibers angegeben.

Ausführlicher müssen wir von der Entwicklung der zweiten Formel, der Datum-Formel (große Datierung), sprechen. Sie beginnt mit dem Worte *Datum* (*data*, *dat*) *per manum* (*manus*) und enthält den Namen des Datars, regelmäßig eines höheren Kanzleibeamten[1], das Tagesdatum und die genaueren Jahresangaben. Eine Angabe des Ausstellungsortes fehlt in älterer Zeit fast immer, kommt seit der ersten Hälfte des 11. Jahrhunderts öfter vor und wird erst mit Stephan IX. ein festerer Bestandteil der Papsturkunde; der Ortsname wird dann gewöhnlich zwischen Datum und *per manus* gesetzt. Im 11. Jahrhundert steht hinter dem Namen und Titel des Datars häufig noch der Name des obersten Kanzleichefs, *vice* dessen er sanktioniert. Die Datumformel fehlt in der zweiten Hälfte des 10. und im Anfange des 11. Jahrhunderts öfter, wird aber später immer regelmäßiger ein fester Bestandteil der feierlichen Privilegien, deren Schluß sie bildet. Bis in die Zeit Leos IX. darf es als sicher gelten, daß der in der Datumformel genannte Kanzleibeamte die Datierung eigenhändig geschrieben hat. Erst seit dem Jahr 1050, in dem Udo, Primicerius von Toul, Chef der Kanzlei wurde, kommt es vor, daß von dieser Regel abgewichen wurde, und daß ein Notar, der seinen Namen nicht nannte, als Stellvertreter selber diese Formel schrieb und dabei den Namen seines Chefs gebrauchte[2], ein Vorgang, der sich in der Folgezeit öfter wiederholte, aber sich doch nicht dauernd durchzusetzen vermochte. Unter Urban II. ist man mit dem Amtsantritt des Kanzlers Johann von Gaeta zu dem alten Gebrauch der eigenhändigen Datierung zurückgekehrt und hat daran auch noch unter Paschal II. streng festgehalten.

Aber in der Zeit Calixt' II. vollzieht sich in dieser Beziehung eine wichtige Veränderung. Während sein erster Kanzler Grisogonus wenigstens in der Regel die ganze Datierung selbst schrieb,[3] hat sein Nachfolger im Kanzlerarmt Aimericus den Brauch eingeführt, die Datierungsformel bis auf den Anfangsbuchstaben seines Namens schreiben zu lassen und nur diesen Buchstaben zur Beglaubigung der Urkunde eigenhändig

[1] Doch vgl. Bd. 1, 209 N. 2.

[2] Vgl. Bd. 1, 233 ff.

[3] Vgl. Brackmann, Papsturkunden Text S. 14 zu Tafel VI. Auffällig ist, daß unter den zwei Originalen aus der Zeit Grisogons Jaffé-L. 6962. 6969 der Name des Datars fehlt, vgl. Kaltenbrunner, MIÖG. 1, 393; sollte etwa schon Grisogon in der letzten Zeit seiner Amtsführung den unten zu erwähnenden Gebrauch, die Datierung durch andere schreiben zu lassen und nur seinen Namen nachzutragen, eingeführt haben und diese Nachtragung in jenen beiden Urkunden vergessen sein?

nachzutragen[1]. An diesem Brauch hat Aimericus, der unter Honorius II. und Innozenz II. bis 1141 Kanzler bleibt, dauernd festgehalten; sein Nachfolger Gerardius aber, der Ende 1141 sein Amt antrat, ist etwas anders verfahren; er hat zwar auch die Herstellung der Datierungsformel der Kanzlei überlassen, aber nicht bloß den Anfangsbuchstaben seines Namens, sondern den ganzen Namen eigenhändig in eine dafür gelassene Lücke eingefügt. Seinem Beispiel sind seine Nachfolger, die Kanzler Robert und Guido und deren Stellvertreter gefolgt, so daß bis zum Jahre 1153 die Nachtragung des Datarnamens in der Datumzeile die Beglaubigung der Urkunde durch den Kanzleichef oder seinen Stellverteter darstellt. Dann aber ist der Kanzler Roland, der im Mai 1153 unter Eugen III. an die Spitze der päpstlichen Kanzlei gestellt wurde, zu dem Gebrauch Aimerichs zurückgekehrt und seinem Vorgang sind alle seine Nachfolger gefolgt, so daß seit 1153 die Nachtragung des Anfangsbuchstabens des jeweiligen Datars, sei dies nun der Kanzler selbst oder sein Stellvertreter, nicht nur im 12., sondern auch im 13. Jahrhundert [2] die Regel bleibt, die in allen feierlichen Privilegien der Päpste befolgt wurde.

Briefe der Päpste haben niemals eine Doppeldatierung, sondern nur eine einfache mit Datum (*Data*, *Dat.*) eingeleitete Datierung gehabt. Mit Sicherheit läßt sich aber über die Briefdatierung erst seit der Mitte des 11. Jahrhunderts urteilen, da abgesehen von dem Bruchstück eines Schreibens Hadrians I. an Gesandte Karls des Großen der Brief Clemens II. an Kaiser Heinrich für Kloster Romainmoutier [3] der erste im Original erhaltene Brief eines Papstes ist und auch von seinen Nachfolgern Alexander II. und Gregor VII. nur sehr wenige Originalbriefe auf uns gekommen sind. Aller Wahrscheinlichkeit nach sind sie im 11. Jahrhundert bis auf die Zeit Gregors VII. und Urbans III. undatiert gewesen, und es darf dagegen nicht geltend gemacht werden, daß die Briefe Gregors VII. in seinem *Registrum* ein Datum tragen; wir haben sichere Beweise, daß Briefe des Papstes, die in dem Register datiert sind, den

[1] Vgl. Pflugk-Harttung, Bullen der Päpste S. 16. 285; Tangl, Arch. f. öst. Gesch. 76 (1890) S. 344; Diekamp MIÖG. 3, 588; Brackmann, Papsturkunden Text S. 15 zu Tafel VII. So konnte es kommen, daß die Nachtragung vergessen und statt Datum *per manus Aimerici* nur Datum *per manus Imerici* in einer Urkunde zu lesen ist; vgl. Jaffé-L. 7427 und Pflugk-Harttung 1, 138 zu n. 158 (Jaffé-L. 7362).

[2] Vgl. Diekamp, MIÖG. 3, 588. 4, 501. Vgl. auch Pflugk-Harttung, Bullen der Päpste passim, dessen Angaben aber wie so oft, recht unbestimmt sind.

[3] Vgl. Pflugk-Harttung, NA. 11, 592; Faksimile in seinen Specimina, Tafel 101. Der Brief ist bei Jaffé-L. 4238 irrtümlich Leo IX. zugeschrieben; doch vgl. Jaffé-L. Reg. S. 709.

Empfängern undatiert zugestellt wurden[1]. Erst unter Urban II. ist eine Datierung der Briefe eingeführt worden, die aber nicht immer gesetzt wurde und sich lange Zeit in der Regel auf den Ort und das Tagesdatum beschränkt, also der Datierung gleich ist, die unter Friedrich I. in den Briefen der deutschen Kaiser üblich wurde und dort wahrscheinlich auf das päpstliche Vorbild zurückgeht. Jahresangaben sind unter Urban und seinen nächsten Nachfolgern in sehr seltenen Fällen hinzugefügt, fehlen aber von der Zeit Honorius III. bis auf Urban III. gänzlich[2] und erst Gregor VIII. hat im Jahre 1187 die Indiktion in seine Briefe aufgenommen, die dann Clemens III. in Februar 1188 durch das Pontifikatsjahr ersetzt hat, so daß seitdem die Papstbriefe die regelmäßige Datierung Dat., Ort, Tagesdatum, Regierungsjahr tragen[3].

Kehren wir nun zu der Frage, auf welche Stufe der Beurkundung die Daten der Papsturkunden zu beziehen sind, zurück, so kommt dafür, soweit es sich um die ältere Zeit handelt, entscheidend das Verhältnis in Betracht, in dem die Zeitangaben der Skriptum- und diejenigen der Datumzeile zu einander stehen.

Überwiegend nennt die Scriptumzeile denselben Monat, in welchen auch der Tag des Datums fällt[4]. In einer ziemlich erheblichen Zahl von Fällen nennt die Scriptumzeile einen früheren Zeitpunkt, und oft ist der Abstand zwischen *datum* und *scriptum* ein recht beträchtlicher, ja mehrere Monate umfassender[5]. Geht danach das *datum* auf einen späteren Zeitpunkt als das *scriptum*, und stimmt damit der Schriftbefund, worauf gleich zurückzukommen ist, überein, so mögen die Fälle, in denen das *datum* scheinbar auf einen früheren Zeitpunkt geht, soweit es sich bei ihnen um Zählung nach den Kalenden handelt, mit Ficker durch das schon früher[6] erwähnte, im Mittelalter mehrfach vorkommende Versehen zu erklären sein, wodurch man in der zweiten Hälfte des Monats den Tag der Kalenden zwar richtig berechnete, aber mit dem Namen des laufenden,

---

[1] Vgl. z. B. Reg. Greg. 6, 8; dazu Zatschek, Studien zur mittelalt. Urk. (1929) S. 61.

[2] Vgl. Brackmann, Papsturkunden Text S. 11, zu Tafel V b.

[3] Diese Regel für die Datierung der Briefe hat schon Jaffé am Ende der Vorrede zur ersten Auflage der Regesten aufgestellt.

[4] Einmal in Jaffé-L. 4365 ist auch der Tag in beiden Zeilen identisch.

[5] Vgl. die Beispiele bei Ficker 2, 211; Harttung, Dipl. hist. Forsch. S. 415 f. Die Beispiele lassen sich noch vermehren.

[6] Oben S. 442.

statt mit dem des folgenden Monats verband; nur einige wenige Fälle bedürfen einer anderen Erklärung.[1]

Geht schon danach *datum* auf ein hinter der Mundierung des Textes liegendes Stadium der Beurkundung, so entspricht dem die Tatsache, daß in allen Originalen der älteren Zeit die Datumzeile zur Reinschrift nachgetragen ist[2]. Könnte man nun danach geneigt sein, *datum per manus illius* usw. auf das letzte Stadium der Beurkundung, die Aushändigung an den Empfänger zu beziehen, so erheben sich doch dagegen die gewichtigsten Bedenken. Hatte *datum* in der päpstlichen Kanzlei vor der Zeit Hadrians I. aller Wahrscheinlichkeit nach schon nicht mehr die Bedeutung „ausgehändigt"[3], so würde schwer abzusehen sein, wie das Wort diesen Sinn gerade damals erhalten habe, oder wie man darauf gekommen sein sollte, gerade von nun ab den Zeitpunkt der Aushändigung, der rechtlich gleichgültig war, zu betonen. Wird weiter, wie wir sehen, regelmäßig ein höherer Kanzleibeamter, man kann vielleicht sagen, der jeweilige Leiter des Beurkundungsgeschäftes als Datar genannt, so ist nicht abzusehen, warum immer nur dieser und niemals ein niederer Beamter, niemals auch der Aussteller selbst die Aushändigung bewirkt haben sollte[4]. Ich kann aus diesen Gründen die Datumzeile nur als eine

---

[1] An dieser Annahme FICKER's halte ich mit LÖWENFELD auch nach den Einwendungen HARTTUNG's, Diplom. hist. Forsch. S. 417 N. 1, (vgl. die Bullen der Päpste S. 17) fest. Macht er geltend, daß Datumzeilen auch da auf eine frühere Zeit weisen, wo nicht nach Kalenden gerechnet ist, so trifft das von den bei ihm angeführten elf Fällen früheren Datums (da JAFFÉ-L. 3588 wenigstens bei der Emendation 7. *kal. iul.* nicht in Betracht kommt) nur zu bei JAFFÉ-L. 3806. 3877, wo die Datierungszeilen verderbt sind und bei 3810, wo möglicherweise *die* IX in *die* II zu verbessern sein wird. In einzelnen Fällen kann aber auch eine für uns nicht mehr feststellbare Nachtragung der Scriptumzeile, die gewiß häufiger vorgekommen ist, als wir jetzt wissen, (vgl. S. 469 N. 1) hier eingewirkt haben. Erfolgte diese Nachtragung, nachdem die Datumzeile bereits geschrieben war, so kann das für ihre spätere Zeitangabe bestimmend gewesen sein.

[2] Vgl. dazu STHAMER, Sitzungsber. d. Berl. Akad. 1927, S. 263 ff. und oben S. 463 N. 1.

[3] S. oben S. 450.

[4] Dazu lassen sich noch andere Gründe fügen. Kehrte nach Hinzufügung des *datum* die Urkunde noch einmal in die Hand des Schreibers zurück (vgl. MIÖG. 9, 11 und oben N. 1), so ist sie doch schwerlich vom Datar ausgehändigt worden. Für die spätere Zeit ist dann entscheidend der Brauch der sizilianischen Kanzlei, welche die Formel *datum per manus* im Anfang des 12. Jahrhunderts dem päpstlichen Kanzleibrauch nachgebildet und doch ganz gewiß in derselben Bedeutung angewandt hat, wie man sie vorfand. Werden hier nun bisweilen drei und vier hochgestellte Würdenträger als Datare einer Urkunde genannt (vgl. Bd. 1, 574), so wird doch niemand daran denken, daß diese drei oder vier Männer hätten zusammenkommen müssen, um ein Privileg

Formel der Beglaubigung durch den Leiter der Kanzlei oder einen Stellvertreter des Leiters betrachten[1], und ich halte es auch nicht für einen Zufall, daß die der Rekognition der fränkischen Königsurkunden entsprechende Formel gerade unter Hadrian I. eingeführt wurde, der in die engsten Beziehungen zum fränkischen Reiche trat.

Doch kann diese Annahme, daß in der Datumzeile der Zeitpunkt der Beglaubigung durch den Datar angegeben sei, wenn sie überhaupt zutrifft, keineswegs mehr für die Zeit gelten, in der seit Calixt II., wie wir gesehen haben, nicht mehr die ganze Datumzeile, sondern nur noch der Name des Datars oder der Anfangsbuchstabe statt dieses Namens nachgetragen wurde. Wäre nämlich auch jetzt noch die Zeitangabe auf die Beglaubigung durch die Unterschrift des Datars zu beziehen, so müßten wir erwarten, in den Originalen häufige Nachtragungen der Tagesdaten, gleichzeitig mit jenen Namensnachtragungen ausgeführt, wahrzunehmen. Das scheint nun aber, soweit die mir bekannt gewordenen Beobachtungen reichen, gerade bei den Privilegien in der Regel nicht der Fall zu sein, und unter diesen Umständen wird man seit jener Zeit Beziehung der Privilegiendaten auf die Beglaubigung nicht mehr annehmen können. Ich möchte vermuten, da die mit großer Datierung versehenen Privilegien zu den Gnadenbriefen gehören, daß für sie schon jetzt, wie gewiß später, Datierung nach dem Beurkundungsbefehl üblich war.

Sehr häufig findet sich dagegen seit dem 12. Jahrhundert Nachtragung der genaueren Daten — der Tages- und Ortsangabe — in den Briefen der Päpste[2]. Diese Angaben werden also auf ein späteres Stadium der Beurkundung zu beziehen sein. Es liegt nahe an den Vollziehungsbefehl oder die Verlesung der Reinschriften zu denken; dann dürften Nachtragungen nur in Briefen sich finden, die zu den *litterae legendae* gehören. Wieweit das zutrifft, wird noch weiterer Prüfung an den Originalen bedürfen.

Ob die wesentlichen Veränderungen, die im 13. Jahrhundert in der

---

auszuhändigen; es ist überdies positiv bezeugt (vgl. Bd. 1, 575 N. 8), daß die Aushändigung durch die Notare erfolgte. So auch durch K. A. Kehr, Urkunden der normannisch-sizil. Könige S. 74 N. 5.

[1] Das ist für die spätere Zeit auch die Meinung Ficker's und wohl aller Anderen. Aber ich glaube, daß es von vornherein gilt, und daß die Formel gleich als Beglaubigung eingeführt ist. Daher vermeide ich auch den von Ficker gewählten Ausdruck „Aushändigungsformel", obwohl ich nicht leugnen will, daß sie in späterer Zeit außerhalb der päpstlichen Kanzlei in einigen wenigen Fällen in Folge wörtlicher Übersetzung auch für die Aushändigung angewandt ist.

[2] Vgl. Diekamp, MIÖG. 3, 590 f., 4, 505.

päpstlichen Kanzlei-Organisation eingeführt wurden, auch neue Anordnungen über die Beziehung der Datierung hervorgerufen haben, darüber fehlt es uns an direkten Nachrichten. Wohl aber liegen uns solche aus dem 14. Jahrhundert vor; sie zeigen, daß man damals die verschiedenen Arten von Briefen nicht gleichmäßig behandelte.

Die Kanzleiordnung Johanns XXII. bestimmt in dieser Beziehung, daß die Skriptoren bei Gnadenbriefen stets dasjenige Datum der Reinschrift hinzufügen sollen, das sie auf den Konzepten vorfinden; bei Briefen, welche die *Audientia litterarum contradictarum* zu passieren haben, sollen sie das Datum des Tages, an welchem sie den Auftrag erhalten haben, setzen; haben sie den Auftrag während der Kanzleiferien erhalten, so soll das Datum des ersten Audienztages nach den Ferien gesetzt werden[1].

Bei den Gnadenbriefen ist nun das Datum der Konzepte zweifellos immer dasselbe mit demjenigen, das nach der Genehmigung der Supplik durch den Papst von dem Vizekanzler oder einem Vertreter desselben auf die letztere gesetzt wurde[2], d. h. das Datum des Beurkundungsbefehls war auch für die Datierung der Reinschrift maßgebend. Das bestätigt sich in allen Fällen, in denen wir die die uns erhaltenen Originalsuppliken oder Supplikenregister mit den nach den Suppliken angefertigten Urkunden vergleichen können. Schwierigkeiten konnten da nur entstehen, wenn etwa ein größerer Supplikenrotulus, dessen sämtliche Bitten mit einem *Fiat* und unter einem Datum genehmigt waren, unter mehrere Abbreviatoren zur Anfertigung der Konzepte verteilt wurde, so daß einzelne Suppliken undatiert waren, oder wenn sonst aus irgend einem Grunde oder durch irgend ein Versehen eine Supplik zwar signiert, aber nicht datiert war. Für solche Fälle ordnete eine Kanzleiregel Bonifaz' IX. an, daß die Urkunde das Datum des Tages erhalten sollte, an dem die Supplik in die Kanzlei gebracht worden sei[3].

---

[1] Tangl, KO. S. 103 § 127: *quod in litteris que transire habeant per audientiam publicam, scriptor apponat datam diei qua ipsas recipiat ad scribendum, nisi vacationes communes existerent, et tunc data ponere teneatur diei prime audientie resumende. In gratiosis vero litteris illam datam studeat apponere, quam appositam sive scriptam viderit in notis earundem.* Daß die Ausdrucksweise hier, wie mehrfach in den Konstitutionen Johanns XXII. nicht ganz präzis ist, und daß auch gewisse Gnadenbriefe im 14. Jahrhundert noch durch die Audientia gingen, habe ich bereits Bd. 1, S. 337 bemerkt. Vgl. auch die Kanzleiregel Johanns XXII. MIÖG. 17, 429 § 42.

[2] Vgl. die Kanzleiregeln Benedikts XII. bei Ottenthal, Reg. cancellariae S. 9 § 4; Gregors XI., ib. S. 34 § 55, Benedicts XIII. S. 129 § 35. Vgl. auch schon Diekamp, MIÖG. 4, 506.

[3] Vgl. Ottenthal, Reg. cancellariae S. 62 § 26; ebenso Johann XXIII., S. 180

Wie diese Regel in bezug auf Gnadenbriefe bis zum Ausgang des Mittelalters nicht geändert worden ist, so wird sie auch von Johann XXII. schwerlich erst eingeführt worden, vielmehr wohl schon im 13. Jahrhundert in Kraft gewesen sein. Und dasselbe gilt aller Wahrscheinlichkeit nach von der Regel, daß Justizbriefe von dem Tage zu datieren sind, an dem der Auftrag zur Mundierung dem Schreiber zugegangen ist.

Keine Bestimmungen enthält nun aber die Kanzleiordnung Johanns XXII. hinsichtlich derjenigen Urkunden, die weder zu den Gnaden- noch zu den Justizbriefen gehören, sondern in eigenen Angelegenheiten der Kurie (politischen, administrativen u. dgl.) erlassen worden sind, d. h. also hinsichtlich der Kurial- und Sekretbriefe. Diese Stücke, die ja historisch besonders wichtig sind, scheinen in bezug auf die Datierung schon im 13. Jahrhundert nicht gleichmäßig behandelt worden zu sein[1]. In welcher Weise man aber dabei vorgegangen ist, das bedarf noch näherer Untersuchung, und für diese Untersuchung liegt ein reiches Material in den uns überbliebenen Konzepten von Kurial- und Sekretbriefen des 14. Jahrhunderts [2] vor. Ehe diese Konzepte auch mit Rücksicht auf die uns beschäftigende Frage näher geprüft und mit den erhaltenen Originalausfertigungen oder Registerabschriften verglichen sind, würde es verfrüht sein, jene Frage beantworten zu wollen.

In den bisherigen Darlegungen ist von dem Vorgehen bei der Datierung insofern gesprochen worden, als dasselbe ein regelmäßiges war oder wenigstens sein wollte; als man die Absicht hatte — wie schlecht man sie auch bisweilen verwirklichen mochte —, daß die Datierung gewissen Vorgängen bei der Handlung oder Beurkundung entsprechen sollte. Diese Absicht hat zwar meistens, aber doch nicht immer bestanden; es gibt auch Fälle ganz willkürlicher Datierung, und von den wichtigsten derselben muß, da sie geeignet sind, dem Historiker unter Umständen besondere Schwierigkeiten zu bereiten, in der Kürze noch geredet werden[3].

---

§ 37 und Martin V., S. 193 § 29. Eugen IV., S. 247 § 71, fügt hinzu, daß, wenn das Datum der Signierung oder das vom Papst bewilligte Datum sich mit Wahrscheinlichkeit aus der Supplik selbst ergebe, dies Datum eingesetzt und daß in zweifelhaften Fällen der Papst befragt werden solle. — Über die Datierung der Konsistorialbullen vgl. Ottenthal, MIÖG. Erg. 1, 552.

[1] Vgl. Rodenberg, NA. 10, 550 ff. Namentlich die von Rodenberg hervorgehobene Erscheinung, daß mehrere gleichlautende Ausfertigungen einer Urkunde für verschiedene Empfänger bald gleiches Datum, bald verschiedene Daten aufweisen, scheint zu der Annahme nicht gleichmäßigen Vorgehens bei der Datierung zu nötigen.

[2] S. oben S. 156 ff.

[3] Vgl. für das folgende Ficker, BzU. 1, 219 ff.

Am häufigsten kommt es in dieser Beziehung vor, daß Urkunden willkürlich rückdatiert sind, d. h. ein früheres Datum erhalten haben, als ihnen nach dem wirklichen Vorgehen bei Handlung und Beurkundung zukommen würde. Dafür konnten die verschiedensten rechtlichen und politischen Gründe in Betracht kommen. Bei päpstlichen Benefizien-Verleihungen z. B. war es von hohem Wert, eine möglichst früh datierte Verleihungsurkunde zu besitzen, um damit den Ansprüchen etwaiger Mitbewerber, die einen späteren Rechtstitel besaßen, entgegentreten zu können; hier scheint deshalb die Bitte, der Urkunde eine „*data anterior*“ zu geben, häufig vorgekommen zu sein; eine eigene Kanzleiregel Johannes XXIII. bestimmt, daß dieser Bitte nur dann in der Kanzlei entsprochen werden soll, wenn der Papst die Supplik mit den Worten „*Fiat sub data petita*“ eigenhändig signiert habe[1]. Rechtliche Gründe werden es denn auch gewesen sein, welche die Nürnberger bestimmten, eine Goldene Bulle, die sie im Jahre 1461 oder 1462 von Friedrich III. über ihre Befreiung vom Reichskriegsdienste erwirkten, auf den 23. Juni 1452 zurückdatieren zu lassen, um so gewisse Forderungen des Markgrafen Albrecht desto erfolgreicher ablehnen zu können.[2] In politischer Beziehung am interessantesten sind die berühmten Urkunden über die päpstliche Approbation Wenzels, welche zwischen der Kurie und dem deutschen Hofe ausgewechselt wurden: ausgestellt und vereinbart nach der Königskrönung Wenzels erhielten sie eine frühere Datierung, um ein Beweismittel dafür zu schaffen, daß die Approbation vor der Krönung erbeten und erteilt worden sei oder werden müsse.[3]

Fälle wie die vorgenannten — es kam nur darauf an, einige Beispiele zu geben, um die verschiedenartigen Ursachen des Verfahrens zu erläutern — sind aus den späteren Jahrhunderten des Mittelalters noch in größerer Zahl nachweisbar. Es wird an ihnen auch früher nicht gefehlt haben[4]; begreiflicher Weise entziehen sich aber solche Fälle, wenn einigermaßen geschickt dabei vorgegangen ist, leicht unserer Kenntnis, soweit

[1] Ottenthal, Reg. cancellariae S. 180 n. 36.

[2] Vgl. Hegel, Städtechroniken Nürnberg 4, 407 ff. Von Fälschung im diplomatischen Sinne kann aber bei dieser vom Kaiser eigenhändig unterschriebenen Urkunde nicht die Rede sein. — Über Rückdatierung der zahlreichen vom Krönungstage datierten Urkunden s. oben S. 78 N. 1.

[3] Weizsäcker, RTA. 1, LXXXVI ff.; Lindner, Dtsche Gesch. (1875) 1, 55 ff.

[4] Über einen interessanten Fall aus dem 9. Jahrhundert vgl. Mühlbacher, Wiener SB. 85, 509 ff.; Dümmler, Ostfränk. Reich², 142 N. 4; Mühlbacher, Reg.² n. 1072. Vgl. auch denselben, Wiener SB. 92, 394 zu Reg.² n. 1645, wo freilich ein Erklärungsgrund für die Annahme willkürlicher Zurückdatierung fehlt.

sie nicht durch anderweitige Nachrichten aufgeklärt werden: solche anderweitige Nachrichten liegen eben erst aus der späteren Zeit des Mittelalters vor.

Seltener ist willkürliche Vorausdatierung nachweisbar; doch lassen sich auch dafür einige Beispiele beibringen. Ein ganz sicherer Fall aus dem 14. Jahrhundert, den FICKER nachgewiesen hat, mag angeführt werden. Im Jahre 1327 wollte Ludwig der Bayer die jährlich am 8. September fällige Reichssteuer der Stadt Lübeck dem Grafen von Henneberg für die Zeit bis 1331 anweisen: er tat das, indem er dem Grafen gleichlautende Quittungen über den Empfang derselben übergab, welche sämtlich 1327 vorausgefertigt und willkürlich vom 15. September 1329 —1334, drei mit der Ortsangabe Nürnberg, drei mit der Ortsangabe Frankfurt, datiert sind. Da die Quittungen nicht an die Lübecker ausgeliefert sind, wie gewiß beabsichtigt war, sondern noch im hennebergischen Archive liegen, ist der Sachverhalt hier völlig klar[1].

Endlich mögen hier die Fälle erwähnt werden, in denen Urkunden im Namen des in ihnen genannten Ausstellers von Bevollmächtigten oder Stellvertretern desselben, die sich an einem andern Aufenthaltsort befanden, erlassen worden sind. Die Datierung ist bei ihnen zwar meist nicht ganz willkürlich, indem auf die durch den Bevollmächtigten oder Vertreter vollzogene Handlung oder Beurkundung dabei Rücksicht genommen zu werden pflegt: aber sie darf hier insofern angereiht werden, als aus solchen Stücken so wenig wie aus den willkürlich vor- oder rückdatierten ein Schluß auf das Itinerar des Ausstellers gezogen werden kann. Fälle dieser Art sind insbesondere für das spätere Mittelalter, seit dem 13. Jahrhundert, in großer Zahl nachweisbar [2] und mahnen aufs neue zur Vorsicht bei der Interpretation und Kritik der Datierungsangaben in mittelalterlichen Urkunden.

[1] Vgl. FICKER, Reg. Lud. Bav. Additam. 3, S. XIII; BzU. 1, 219 f. — Vgl. auch LINDNER S. 193 ff. über zwei, zwar nicht ganz ohne Berechnung, aber doch nach willkürlicher Schätzung im Mai ausgefertigte und auf den 15. Juni vordatierte Urkunden Karls IV. — Ein Beispiel von Vordatierung aus der Zeit Wenzels bespricht KEUSSEN, Mitteil. aus dem Stadtarchiv von Köln 15 (1888), 53. Urkunden waren nach dem Zeitpunkt vordatiert, an welchem sie verabredetermaßen dem Empfänger ausgehändigt werden sollten, sind aber schon mehrere Monate früher geschrieben.

[2] Über DO. III. 363, vgl. FICKER, BzU. 1, 222; KEHR, Urkunden Otto III. S. 253 N. 1 und die Vorbemerkung SICKEL's in der Monumentenausgabe. Ob der Fall hierher gehört, ist nicht mit Sicherheit zu sagen. Über St. 3552, das FICKER schon früher hierher ziehen wollte, s. dessen BzU. 2, 142; BERNHARDI, Konrad III. 1, 448 N. 42. Daß die römische Kurie ihren Legaten besiegelte, willkürlich auszufüllende Blanquets *(multa*

Siebzehntes Kapitel.

Die Urkundenschreibstoffe.

Als Schreibstoffe für Urkunden und Rechtsauffassungen kommen während der Jahrhunderte des Mittelalters und in den Gebieten, mit denen wir uns beschäftigen, Stein und Metall, die von den Alten so häufig zu diesem Zwecke verwandt waren, nicht mehr in Betracht. Es ist zwar auch in Deutschland und Italien im Mittelalter vorgekommen, daß Abschriften von Urkunden oder urkundenähnlichen Aufzeichnungen, deren öffentliche Ausstellung man beabsichtigte, und für die deshalb die gewöhnlichen Schreibstoffe des Mittelalters sich nicht eigneten, auf Stein oder Erz eingegraben wurden.[1] Aber diesen Abschriften mangelt jede

paria litterarum et scedulae sigillatae ad arbitrium eorum adhuc scribendae) mitgab, ist schon für das 12. Jahrhundert bezeugt, vgl. Ragewin, Gesta Friderici 3, 11. Auch später erfolgt die Ausstellung von Urkunden durch Bevollmächtigte in doppelter Weise: entweder es wird ihnen das Siegel des Ausstellers anvertraut, oder es werden ihnen besiegelte Blanquets (Membranen) übergeben. S. im übrigen Ficker, Wiener SB. 69, 275 ff. (dazu aber in bezug auf BF. 4447 Philippi S. 45 f.); Ficker, BzU. 1, 222 ff. 2, 489 f.; Lindner S. 182 ff. 193 ff.; derselbe, Archival. Ztschr. 4, 170 f.; Gesch. des deutschen Reichs 1 (1875), 428; 2 (1880) 454 ff. Über gleiches Vorgehen in fürstlichen Kanzleien s. für Österreich Kürschner, Arch. f. öst. Gesch. 49, 78 ff.; für das nordöstliche Deutschland die bei Posse, Privaturkunden S. 197 N. 4 angeführten Stellen. Im Registerbuche Ludwigs des Römers im Münchener Reichsarchiv hat eine Lage, die auf f. 313 beginnt, die Überschrift: *Quaternus et contenta in eo sunt data et conscripta per dominum Alb. de Wolfstein domino Ludovico marchione et suo prothonotario absente*, worauf noch einmal die Notiz folgt: *Notandum quod contenta in hoc quaterno seu VI foliis . . . sunt data in absentia domini marchionis et sui prothonotarii.* Nichtsdestoweniger sind die Urkunden im Namen Ludwigs ausgestellt; datiert sind sie von Bozen oder Meran 1354 usw.

[1] Eine große Anzahl von Urkundenabschriften auf Stein und Erz oder an Mauerwänden hat Wattenbach, Schriftwesen[3] S. 42 zusammengestellt; Ergänzungen dazu gibt Kehr, Histor. Zeitschr. 86, 295; vgl. auch Deloye, Chartes lapidaires en France BEC. (1846) 31 ff. und Wibel, AfU. 6, 246; sowie über einige Stücke aus der Schweiz Stückelberg, Eine Steinurkunde aus der Schweiz vom Jahre 1307, Anz. f. Schweizer Altertumskunde 29, (1896) 81 ff. und Wackernagel, Drei Basler Steinurkunden, Basler Zeitschr. f. Gesch. u. Altertumskunde 5, (1903) 430 ff. Daß im Mittelalter jemals Urkunden nur in dieser Gestalt angefertigt seien, daß also jene Inschriften Originalurkunden seien, glaube ich nicht. *Teste hac ecclesia* in einer derartigen Urkunde Johanns von Orléans (Mabillon, Annales ord. S. Bened. 5, 533) heißt nicht, daß das Kirchengebäude Zeuge sein soll, sondern ist auf den ganzen Klerus des Klosters zu beziehen; analoge Wendungen kommen öfter vor. Der Versuch Pflugk-Harttung's, der QFiA. 4, 167 ff. eine große Anzahl von Papsturkunden auf Stein von Gregor I. bis ins 11. Jahrhundert zusammengestellt hat, die ältesten von ihnen als Originalaus-

Beglaubigung und deshalb jeder urkundliche Beweiswert, für die Urkundenlehre sind nur die Texte der Abschriften, nicht die Schreibstoffe, auf denen sie sich eingetragen finden, von Interesse, und sie kann auf jede nähere Beschäftigung mit den letzteren verzichten.[1]

Von ungleich ausgedehnterem Gebrauch war auch im Mittelalter das Schreiben auf Wachstafeln, die ja, wie allgemein bekannt ist, in römischer Kaiserzeit mit Vorliebe für die Ausfertigung von Privaturkunden verwandt wurden.[2] Daß sie aber gerade diesem Zwecke auch im Mittelalter gedient hätten, läßt sich nicht erweisen. So zahlreiche Nachrichten auch über mittelalterliche Wachstafeln vorliegen,[3] und so manche Reste derselben sich erhalten haben, so lassen doch weder die einen noch die anderen die Annahme zu, daß man jemals das Original einer wirklichen Urkunde auf eine Wachstafel geschrieben hätte. Nur zu Konzepten jeglicher Art, dann zu Rechnungen, Verzeichnissen, Registern u. dgl. wurden diese Tafeln verwandt; vereinzelt auch zu Briefen,

---

fertigungen nachzuweisen (vgl. auch Bullen der Päpste S. 32 und QFiA. 5, 130) ist von Schmitz-Kallenberg, Histor. Jb. 26, 588 ff. widerlegt worden und hat trotz der Erwiderung Pflugk-Harttung's, ebenda 27, 248 ff., soviel ich weiß, keinerlei Zustimmung gefunden. Über eine der in Deutschland vorkommenden Abschriften von Privilegien auf Metall (Privileg Adalberts von Mainz für die Stadt von 1135) vgl. Hegel, FDG. 20, 437 ff., der das natürlich auf Pergament geschriebene, besiegelte Original wieder aufgefunden hat, das im 13. Jahrhundert in Mainz selbst als verloren galt; wie Hegel a. a. O. S. 448 bemerkt, folgt die Inschrift genau dem Wortlaut der Pergamenturkunde, darum aber kann sie keineswegs, wie Hegel S. 447 meint „nicht minder als jene den Anspruch auf Originalität erheben"; vgl. auch Wibel, AfU. 6, 246 f. Sie ist wahrscheinlich das Vorbild für das jetzt nur in verfälschter und interpolierter Gestalt inschriftlich erhaltene Privileg Heinrichs V. für Speyer von 1111 (St. 3071. 3072, jetzt auch bei Hilgard, Urkunden zur Geschichte der Stadt Speyer S. 17 ff. N. 14) gewesen, über das Wibel a. a. O. S. 247 ff. ausführlich gehandelt hat. — Nicht erwähnt hat Wattenbach die nicht selten in den Kirchen aufgestellten Tafeln, auf denen die Abgaben und Dienstleistungen der Gemeinde verzeichnet waren. In Westfalen, wo Immermann seinen Hofschulzen das Abkommen dieses guten alten Brauches beklagen läßt, kann ich ihn auch zuerst nachweisen; vgl. Urkunde Brunos von Würzburg von 1036 (MB. 37, 22) betreffend den westfälischen Hof Sunrike: *quia in duabus tabulis ereis concatenatis in capella Sunrike locatis litteris legibilibus insculptis semper quantitas reperietur de exitibus et reditibus*. Diese Aufzeichnungen mögen als Originale angesehen worden sein, aber es sind natürlich keine Urkunden.

[1] Über eine angebliche Urkunde K. Liutprands für die Kirche von Asti auf einer Bleitafel, eine späte und plumpe Fälschung, vgl. Gorrini, Rivista stor. ital. 1, 209 ff. — Zu den Bleitafeln von Bologna vgl. Hessel, NA. 28, 514 f.

[2] Vgl. Karlowa, Röm. Rechtsgesch. 1, 795 ff.

[3] Eingehend handelt von ihnen Wattenbach, Schriftwesen [3] S. 51 ff., auf den zu verweisen für unsere Zwecke genügt.

aber gerade von den letzteren ist uns nichts erhalten. Und so scheiden denn auch die Wachstafeln, so interessant die Beschäftigung mit ihnen dem Geschichtsschreiber des mittelalterlichen Schriftwesens sein wird, aus unserer Betrachtung aus. Für diese kommen nur die Schreibstoffe in Betracht, die wirklich im Mittelalter verwandt wurden, um Originalurkunden aufzunehmen: Papyrus, Pergament, Papier.

Wo die Papyrusstaude (*Cyperus papyrus L.*) [1] ihre ursprüngliche Heimat hatte, ist jetzt nicht mehr mit Sicherheit zu ermitteln; manches spricht aber dafür, daß die Landschaften am mittleren Nil in Nubien, wo die Pflanze jetzt noch wild wachsend vorkommt, als diese Heimat anzusehen sind. Von dort muß sie dann in vorgeschichtlicher Zeit nach Ägypten exportiert sein; hier gab es, namentlich in den Gegenden des Deltas, zahlreiche sorgfältig kultivierte Pflanzungen der Staude, die als Nutzgewächs zu verschiedenen Zwecken diente, namentlich aber zur Fabrikation von Schreibmaterial verwandt wurde. Gegenwärtig ist die Pflanze aus dem unteren Niltale wieder verschwunden und kommt, in Afrika wenigstens, nur in den mittleren und oberen Gebieten dieses Stromes vor.

Eine der ägyptischen Staude nahe verwandte, aber doch nicht ganz mit ihr identische Pflanze ist der syrische oder asiatische Papyrus (*Cyperus syriacus*). Von seinem Vorkommen schon im Altertum berichteten Theophrast und Plinius, [2] und diese Abart der Pflanze ist —

[1] Vgl. Parlatore, Mémoire sur le papyrus des anciens et sur le papyrus de Sicile (Mém. prés. à l'Académie des Sciences 12, 469 ff.); Wattenbach, Schriftwesen³ S. 96 ff.; Blümner, Technologie und Terminologie der Gewerbe und Künste bei Griechen und Römern, Bd. 1² (Leipz. 1912); C. Paoli, Del Papiro specialmente considerato come materia che ha servito alla scrittura (Firenze 1878); Paoli, Programma 2, 30 ff.; Birt, Das antike Buchwesen (Berl. 1882); Ders., Kritik und Hermeneutik nebst Abriß des antiken Buchwesens in Iw. Müller's Handb. d. Altertumswissenschaften I³, 3 (1913); Rohde, Kleine Schriften 2, 428 ff.; Ewald, NA. 9, 331 ff.; Karabacek, Österr. Monatsschrift für den Orient (1885) S. 162 ff. Derselbe, Führer durch die Ausstellung der Papyrus Erzherzog Rainers (Wien 1894); Dziatzko, Untersuchungen über ausgewählte Kapitel des antiken Buchwesens (Leipzig 1900); Traube, Vorlesungen und Abhandlungen 1, 84 ff.; Schubart, Das Buch bei den Griechen und Römern² (Berlin 1921); Birt, Die Buchrolle in der Kunst (Leipzig 1907); Gardthausen, Griechische Paläographie I² (Leipzig 1911) 45 ff.; Mitteis-Wilcken, Grundzüge und Chrestomathie der Papyruskunde I (Leipzig-Berlin 1912); Schubart, Einführung in die Papyruskunde (Berlin 1918). Die ältere Literatur anzuführen, ist nach diesen neueren Arbeiten nicht mehr erforderlich.

[2] Theophrast, Hist. plant. 4, 8, 3. Plin. Nat. Hist. 13 § 73. Plinius kennt Papyrus auch am Euphrat in Babylonien.

wahrscheinlich schon vor den Arabern[1] — nach Sizilien importiert worden,[2] wo sie in den Sümpfen bei Palermo der arabische Reisende Ibn-Haukal, der 972 oder 973 in Palermo war, kennen lernte.[3] Gegenwärtig ist die wild wachsende Pflanze aus der Umgegend von Palermo wieder verschwunden,[4] kommt aber, seit dem 17. Jahrhundert nachweisbar in der Gegend von Syrakus, vor. Außerhalb Siziliens findet sich die Papyruspflanze im Abendlande nicht, insbesondere ist es in keiner Weise verbürgt, daß sie auf dem Festlande Unteritaliens vorkomme.[5]

Die Fabrikation des Schreibmaterials — der *charta* — aus der Papyruspflanze erfolgt im Altertume fast ausschließlich in Ägypten; im Mittelalter wurde, wie Ibn-Haukal angibt, auch der sizilianische Papyrus dazu verwandt; der Emir von Palermo deckte seinen Papierverbrauch aus dem Ertrage der Pflanzungen um seine Residenz.

Über die Art der Fabrikation haben wir einen sehr eingehenden Bericht bei Plinius (Natur hist. 13. § 74 ff.), der von neueren Schriftstellern[6] interpretiert und erörtert worden ist, ohne daß über seine Deutung allseitige Übereinstimmung erzielt worden wäre. Für uns genügt es, das wesentlichste hervorzuheben.

Das Material der Papierbereitung war das Mark der Papyrusstaude, das mit einem scharfen Instrument in dünne, möglichst breite Streifen (*scissurae*) geschnitten wurde. Je zwei[7] Lagen solcher eng aneinander gefügten Streifen wurden rechtwinklig übereinander gelegt, so daß sie sich kreuzten. Zur Verbindung genügte der natürliche Klebstoff der Pflanze, der durch Anfeuchtung mit Nilwasser gelöst wurde.[8] Das so ent-

[1] Vgl. Gardthausen, Griech. Paläographie 1², 51, 80.

[2] Das wird man aus der von Parlatore nachgewiesenen Identität des in Sizilien und des in Syrien wild wachsenden Papyrus wohl folgern dürfen. Schwerwiegende Bedenken dagegen Gardthausen 1², 52.

[3] Vgl. Amari, Storia dei Musulmani di Sicilia 2, 294 ff. und Bibliotheca Arabo-Sicula 1, 21; Karabacek, Das arabische Papier S. 18. — Über den sizilianischen Papyrus vgl. noch Carini, Il papiro (Rom 1890); Consentino, La carta di papiro (Palermo 1889).

[4] Daß die Pflanzungen noch in der normannischen Zeit ausgenutzt wurden, beweist eine von Wattenbach ³ S. 97 angeführte Stelle aus Salimbene.

[5] Die Angabe scheint keine andere Autorität zu haben, als diejenige Guilandini's (Melch. Guilandino, Papyrus, Venet. 1572, S. 108). Sie findet sich nichtsdestoweniger bei mehreren der Neueren.

[6] Zuletzt von Blümner, Paoli, Birt, Dziatzko, Gardthausen, Schubart.

[7] Unter den Papyrusrollen von El-Fayûm befinden sich auch solche, die aus drei Schichten bestehen.

[8] Leim oder Kleister brauchte man hierzu nicht. Nach den Untersuchungen

standene Papyrusblatt (*plagula*, σέλις) wurde gepreßt, mit einem Hammer glatt geschlagen, an der Sonne getrocknet und geglättet. Solche *plagulae* wurden in der Fabrik zu Rollen aneinander geklebt[1], und zwar war es alte Sitte je 80 Seiten zu einem „Stück“ (*scapus*) zusammenzu kleben und in dieser Form als Papyrusrollen in den Handel zu bringen.[2] Von ihnen konnte der Benutzer Blätter beliebiger Größe abschneiden, konnte auch mehrere Stücke zu umfangreicheren *volumina* aneinanderfügen.

Die Folge dieser Fabrikationsart ist, daß ein Papyrusblatt, stets sehr deutlich die netzwerkartige Kreuzung der Pflanzenfasern aufweist, wodurch es leicht von Pergament oder Papier unterschieden werden kann. Für die Bewertung des Fabrikats war besonders seine Breite maßgebend; als die beste Qualität galt lange die *charta hieratica* oder *regia*, später *Augusta* genannt, mit einer Blattbreite von 24 Zentimeter, bis Kaiser Claudius eine noch bessere, die festere und 29½ Zentimeter breite *charta Claudia* herstellen ließ,[3] die geringste Qualität war die nur 11 Zentimeter breite *charta emporitica*, auf der nicht mehr geschrieben wurde. Die Verwendung des Papyrus zu urkundlichen Zwecken stand wenigstens in der späteren Kaiserzeit unter staatlicher Aufsicht; nach einer Novelle Justinians[4] sollte wenigstens in Konstantinopel das erste Blatt (πρωτόκολλον) der Papyrusrolle den Namen des *Comes sacrarum largitionum* und die Zeit der Ausfertigung enthalten. In ähnlicher Weise wurden die ägyptischen Papyrusfabriken seit der arabischen Eroberung des Landes als staatliches Eigentum behandelt; wir besitzen noch unter den in El-Fayûm gefundenen Dokumenten aus der Sammlung des Erzherzogs Rainer zu Wien Briefe aus den Jahren 811—815 mit Anweisungen des arabischen Finanzdirektors zu Papyruslieferungen aus diesen ärarischen Fabriken.[5] Ganz ähnlich wie in byzantinischer Zeit waren auch jetzt diese Papyrus-

---

Berthold's, vgl. Dziatzko S. 84, wurde Stärkekleister, den Wiesner, mikroskopische Untersuchung des Papiers S. 24 nachgewiesen hat, nur auf der Außenseite gefunden, wo er als eine Art Firnis gedient hätte, vgl. Blümner 1², 318. Auch Schubart spricht Das Buch², S. 5 von der Verwendung von Leim nur zum Satinieren und zur Verbindung fertiger Blätter. Anderer Ansicht ist Birt in Iwan Müllers Hdb. I³, 3, S. 267.

[1] Hierzu war natürlich Kleister nötig; vgl. Schubart, l. c.

[2] Mitteis-Wilcken, Papyruskunde I, S. IX; Ibscher, Arch. f. Papyrusforsch. V, 192.

[3] Eine noch breitere Sorte erwies sich als unpraktisch.

[4] Nov. 44, 2.

[5] Vgl. auch für das folgende Karabacek, Österr. Monatsschrift f. d. Orient 1884 S. 280. 1885 S. 162f., und denselben, Das arabische Papier S. 17.

rollen an der Spitze mit einer amtlichen Signierung versehen; zur Signierung dienten Koransprüche, andere offizielle Formeln, die Namen der Statthalter und Steuerverwalter und die entsprechenden Jahreszahlen. Unter den im Abendland erhaltenen Papyrusdokumenten findet sich noch jetzt eine derartige Signierung auf einem Privileg Papst Johanns VIII. für Tournus; sie ist jetzt sehr zerstört und nur noch das Wort Allah, sowie der Name des Finanzdirektors sind zu entziffern.[1]

In den arabischen Fabriken des 8. und 9. Jahrhunderts betrug die Normallänge der Papyrusrolle 14,5 Meter, ihre Breite 0,60 Meter.[2] Das nannte man einen Kartâs und $^1/_6$ Kartâs hieß ein Tumâr. Die vorkommenden Formate sind 1, $^2/_3$, $^1/_2$, $^1/_3$ Kartâs, 1, $^1/_2$ und $^1/_3$ Tumâr. Der Preis für einen Kartâs betrug $^1/_4$ Dinar, d. i. 1,0625 gr. Gold, oder ziemlich genau 2,60 Mark unseres Geldes.

Beschrieben wurden im Mittelalter, übereinstimmend mit dem antiken Gebrauch im allgemeinen zuerst die Rektoseite des Papyrus, d. h. die Seite, deren Fasern horizontal, also rechtwinklig zur Blätterklebung laufen, und die bei Rollen die geschützte Innenseite ist. Dagegen besteht ein anderer Unterschied zwischen der antiken und mittelalterlichen Übung. Im Altertum wurde die Rolle wenigstens bei Büchern quer gelegt und kolumnenweise beschrieben, wobei die Schrift sehr häufig über die Klebungen der einzelnen *plagulae* hinweggeht, ihre Breite also nicht die natürliche Grenze für die Ausdehnung der Zeilen war. Bei Urkunden konnte ebenfalls über das quergelegte Blatt geschrieben werden, doch ist die Schrift oft über die ganze Länge ohne Unterbrechung geführt worden, so daß wir ebenso Längszeilen mit und ohne Kolumnen vorfinden.[3]

In anderen Fällen dagegen ist schon im Altertum[4] bei Urkunden die Rolle so gelegt worden, daß die einzelnen *plagulae* nicht in der Reihenfolge von links nach rechts, sondern in der Reihenfolge von oben nach unten beschrieben wurden, die Schriftzeile also den Klebungen parallel läuft. Das letztere ist bei den mittelalterlichen Urkunden durchaus das

---

[1] J.-E. 3052; vgl. CHAMPOLLION-FIGEAC, Chartes et documents sur papyrus de la bibl. royale (Paris 1840) pl. 1; AMARI, Storia dei Musulmani di Sicilia 2, 299; KARABACEK, Das arabische Papier S. 18 f.; KEHR, Abh. d. Berl. Akad. 1926, S. 7 n. 6.

[2] KARABACEK, Das arabische Papier S. 17. Österr. Monatsschrift a. a. O.

[3] Die von BRANDI, AfU. 1, 72 f. besprochene Urkunde des 7. Jahrhunderts steht mit mehr als 3 m langen durchlaufenden Zeilen allerdings einzig da.

[4] Das gilt von dem bei BIRT a. a. O. besprochenen Falle des Pap. Paris 21. usw.; vgl. WILCKEN a. a. O. S. 490 N. 1.

gewöhnliche;[1] die Klebungen werden gar nicht beachtet und bisweilen ist gerade über eine solche hinweggeschrieben.

Die Breitendimension unserer abendländischen mittelalterlichen Papyrus-Urkunden entspricht also dem, was die Alten die Höhe (*longitudo*) der einzelnen Papyrusblätter nannten;[2] sie schwankt bei den bisher genauer untersuchten Dokumenten zwischen etwa 30 und etwa 95 Centimeter.[3] Die Breite der *plagulae* kann nur ermittelt werden, indem man von einer Klebung zur andern mißt, wobei natürlich in Anschlag gebracht werden muß, daß je das Ende des einen und der Anfang des anderen Blattes übereinandergeklebt sind; bis jetzt sind in dieser Hinsicht nur wenige Papstprivilegien untersucht worden; und bei diesen kommen Blätter von 12 cm einer- und von 22 cm andererseits vor. Nach antiken Begriffen würden also Papyrussorten von sehr guter und solche von recht schlechter Qualität in der päpstlichen Kanzlei verwandt worden sein; vorausgesetzt, daß auch jetzt noch der Wert dieser Qualitäten durch die Breite derselben bedingt wurde, worüber wir keine Angaben besitzen und was an sich keineswegs feststeht.[4] Die jetzige Länge der ganzen Urkunde hängt davon ab, wieviel solcher Blätter zusammengefügt sind; sie steigt bei dem Privileg Paschals I. für Ravenna bis zu 2,43 m, bei dem Silvesters II für Urgel bis zu 2,70 m und bei demjenigen Benedicts III. für Corbie gar bis zu 6,50 m.[5]

Beim Schreiben wurde nicht die ganze Fläche der Papyrusrolle mit Schrift bedeckt, sondern oben wurde in der Regel ein ziemlich beträchtliches Stück, bisweilen eine ganze *plagula* und mehr, leergelassen; so bei dem Privileg Benedicts VIII. für Hildesheim, jetzt in Hannover, ein Stück von 0,26 m, bei demjenigen des Romanus in Gerona ein Stück von 0,18 m. Auch links und rechts blieb ein schmälerer, immerhin aber z. B. bei dem

---

[1] Auf der beschriebenen Seite laufen also die Fasern in vertikaler Richtung, vgl. Ewald, NA. 9, 339.

[2] Vgl. über die Bedeutung der *termini* Höhe oder Länge und Breite bei Plinius Birt S. 252 f.

[3] Genaue Maßangaben der in Spanien, Italien und Deutschland erhaltenen päpstlichen Papyrusurkunden gibt das S. 491 f. N. 9 zitierte päpstliche Faksimilewerk; für die französischen Stücke vgl. Omont, BEC. 65 (1904) 575; am schmalsten ist das Privileg Johanns XVIII. in Bergamo; das erhaltene Stück (Jaffé-L. 3942) mißt 0,29 m. Am breitesten ist die Urkunde Silvesters II. in Urgel (Jaffé-L. 3918), deren Maß auf $0{,}75^1/_2$ m angegeben wird; bei fränkischen Königsurkunden kommen sogar Blätter bis zu 96 cm Breite vor.

[4] Vgl. Erben, MIÖG. 26, 126 f.

[5] Jaffé-E. 2551. Jaffé-L. 3918. Jaffé-E. 2663.

Privileg Paschals I. in Ravenna noch 4,5 beziehungsweise 6,5 Millimeter breiter Rand. Spuren von Linierung des Papyrus habe ich nirgends gefunden; verlaufen trotzdem die Schriftzeilen ziemlich gerade, so mögen die durchschimmernden Streifen der Rückseite den Schreibern einen Anhaltspunkt gegeben haben. Dagegen sind die Zeilenabstände, bei den von mir näher untersuchten Stücken keineswegs gleichmäßig, sondern bisweilen in einer und derselben Urkunde sehr verschieden groß.

Die gewöhnliche Bezeichnung des Papyrus im Mittelalter ist *charta*, *tomus*;[1] auch *tomus chartaceus*, *carticineus* usw., oder *tomus chartae*, *charta tomi* wird gesagt; seltener kommt das griechische *byblus* (*biblus*) zur Anwendung. Die späteren Jahrhunderte, welche die Pflanze nicht mehr kannten, glaubten an die Fabrikation des seltsamen ausländischen Schreibstoffes aus Binsen, Simsen, Ginster, Riedgras, Baumrinde, und sie sprechen darnach von Urkunden, die auf einem Stoff *de iunco*, *scirpo*, *carice*, *lisca*, *alga*, *boga*, *cortice* usw. gefertigt seien; alle diese Ausdrücke,[2] in mittelalterlichen und modernen Urkundenbescheinigungen begegnend, sind auf Papyrus zu beziehen.

Die Verwendung des Papyrus zu urkundlichen Zwecken war in spätrömischer Zeit, wo nicht Wachstafeln oder Erz und Stein benutzt wurden, eine ganz allgemeine; daß man vor dem 7. Jahrhundert irgendwo Urkunden auf Pergament schrieb, kam jedenfalls nur selten vor; auch für Briefe mag es kaum häufiger zur Anwendung gekommen sein.[3] Wie die einzigen uns erhaltenen Original-Fragmente von Reskripten römischer Kaiser[4] auf Papyrus geschrieben sind, so muß auch die Kanzlei der Ostgoten-Könige, für welche ein bei Cassiodor[5] überlieferter Brief eine Papyruslieferung ausschreibt, sich dieses Schreibstoffes bedient haben. Dasselbe gilt von den langobardischen Königen;[6] das wenige, was wir

[1] Vgl. über τόμος = abgeschnittene *charta papyracea* im Altertum BIRT S. 25.

[2] Von ihnen handelt in fleißiger Zusammenstellung EWALD, NA. 9, 335 ff. Vgl. auch die Nachweisungen in meinem Aufsatz MIÖG. 9, 1 ff.

[3] Die ersten Angaben über Pergament-Briefe stammen aus der Zeit des Hieronymus, vgl. BIRT S. 62, doch wurde Papyrus noch lange vorgezogen; und noch Augustin schrieb nur wegen *inopia chartae* einen Brief auf Membrana.

[4] Vgl. MOMMSEN Jahrb. des gem. deutschen Rechts von BEKKER, MUTHER und STOBBE 6, 398 ff. und unten S. 516 N. 4. Wenn in einem Reskript Kaiser Leos von 470 (Cod. Just. 1, 23, 6) von einer kaiserlichen *subnotatio* „*in chartis sive membranis*" gesprochen wird, so müssen allerdings schon damals auch Kaiserurkunden auf Pergament vorgekommen sein.

[5] Variae 11, 38.

[6] Ebenso auch von der vandalischen Reichskanzlei, vgl. HEUBERGER, MÖIG. Erg. 11 (1929) S. 105.

über Urkunden derselben wissen, weist überwiegend auf Papyrus hin.[1] Nicht anders sind die Merovinger-Urkunden in älterer Zeit ausschließlich auf Papyrus geschrieben worden; bis zum Jahre 677, wo zum ersten Male das Pergament in der merovingischen Kanzlei zur Anwendung kommt,[2] hat dieselbe sich nur des Papyrus bedient. Endlich hat die päpstliche Kanzlei bis ins 10. Jahrhundert hinein ausschließlich Papyrus gebraucht; sind uns auch Originalurkunden vor dem 8. Jahrhundert nicht überliefert, so kann doch die Sache selbst keinem Zweifel unterliegen.[3] Die lateinischen Privaturkunden auf Papyrus[4] beginnen in Ägypten sehr bald nach der römischen Eroberung des Landes;[5] und im 5. Jahrhundert beginnt auch die Reihe der uns erhaltenen italienischen Papyrusurkunden;[6] sie stam-

[1] Vgl. CHROUST S. 20 f., mit dem ich aber hier nicht ganz übereinstimme. Zu den Zeugnissen gehört zunächst ein aus Nonantola stammendes Verzeichnis (MARINI S. 102 ff. n. 69), welches fünf Urkunden des Aistulf und eine des Adelchis auf Papyrus anführt. Ob die betreffenden Urkunden echt waren, steht freilich sehr dahin (vgl. GAUDENZI, Bull. dell' Ist. stor. ital. 22. 77 ff. und 36, 13 ff.), aber wenn nicht Papyrusurkunden der langobardischen Könige in Nonantola bekannt gewesen wären, wäre auf diesen Schreibstoff gewiß kein späterer Fälscher verfallen. Weiter darf auf den Gebrauch der königlichen Kanzlei auch in dieser Beziehung aus dem der spoletinischen geschlossen werden: 751 werden in einer Königsurkunde vier Urkunden des Herzogs Lupus von Spoleto im Reg. Farf. n. 23 als „*munimina voluminum quatuor*" bezeichnet. *Volumina* aber können nur Papyrusurkunden heißen. Gegen diese Erwägungen, deren Beweiskraft ich höher anschlage als ERBEN, UL. S. 120, beweist es natürlich nichts, daß das Edictum Rotharis in einen Pergamentkodex geschrieben war (CHROUST S. 21); das Edikt ist eben kein Diplom. Ob die Urkunde Ariperts für Papst Johann VII. (Chroust S. 20) auf Pergament oder Papyrus geschrieben war, wird nicht berichtet; Goldschrift ist auf dem letzteren Schreibstoff sehr wohl denkbar. Was endlich die auf Pergament geschriebene angebliche Originalurkunde Aistulfs für Bergamo (CHROUST S. 5 f.) betrifft, so ist unter diesen Umständen eben der Schreibstoff ein Grund mehr, um sie in Verbindung mit der ganz unfeierlichen und formlosen Ausstattung und der mangelnden Besiegelung nur für Abschrift zu halten, was CHROUST S. 86 ja selbst für sehr wohl möglich hält. Vgl. auch SCHIAPARELLI im Arch. stor. Ital. Ser. VII, 5, 161 f. (1926) und das Faksimile bei STEFFENS, Lateinische Paläographie², Taf. 39.

[2] DM. 47.

[3] Vgl. die Zeugnisse bei WATTENBACH, Schriftwesen³ S. 108 ff. und meine Abhandlung MIÖG. 9, 1 ff.

[4] Auf griechische und orientalische Papyrusurkunden ist hier nicht einzugehen.

[5] Zahlreiche Faksimiles bieten die von WESSELY herausgegebenen Schrifttafeln zur ältesten lateinischen Paläographie (Leipz. 1898). Eine Zusammenstellung lateinischer Papyri, die aber durch neue Funde und Publikationen vervollständigt werden kann, gibt IHM, Centralblatt für Bibliothekswesen 16, 341 ff.

[6] Vgl. MARINI, I Papiri diplomatici (Rom 1805); MARUCCHI, Monumenta papyracea latina bibliothecae Vaticanae (Rom 1895) und vgl. auch das oben S. 484 N. 1 angeführte Werk von CHAMPOLLION-FIGEAC.

men zumeist aus den Archiven von Ravenna und sind jetzt vielfach zerstreut; doch sind auch Stücke anderer Provenienz erhalten, oder wir besitzen wenigstens sichere Nachrichten über dieselben, so über eine Urkunde des Erzbischofs Petrus von Mailand noch aus dem Jahre 789.[1] Auf fränkischem Boden dagegen ist außerhalb der königlichen Kanzlei der Merovinger nur sehr wenig von Papyrus die Rede. Er wurde wohl direkt von Ägypten nach Marseille importiert; und aus einer Stelle bei Gregor von Tours ergibt sich, daß er wenigstens im 6. Jahrhundert noch für Briefe zwischen Bischöfen verwandt wurde; doch scheint er schon damals knapp geworden zu sein.[2] Auch sind nur wenige fränkische Privaturkunden auf Papyrus auf uns gekommen und darunter manche von zweifelhafter Autenzität.[3] Offenbar hat die Eroberung Ägyptens durch die Araber unter Omar 641 dem direkten Import des Papyrus aus jenem Lande nach der Südküste Galliens[4] entweder ganz ein Ende gemacht oder ihn wenigstens sehr erschwert; auf dem Umwege über Byzanz und Italien bezogen, mußte aber der Schreibstoff mindestens sehr verteuert werden, zumal der Preis des Papyrus, wie wir schon gesehen haben, auch im Lande seiner Erzeugung eine nicht unbeträchtliche Höhe erreichte. So begreift es sich, daß die letzten merovingischen Königsurkunden auf Papyrus, die wir kennen,[5] aus der Regierungszeit Chlotars III. stammen, während das älteste uns erhaltenen Pergamentdiplom, eine Urkunde Theuderichs III. am 10. September 677[6] ausgestellt ist. In der Zwischenzeit, d. h. nach 660[7] und vor 677 muß also in der königlichen Kanzlei

[1] MARINI n. 54.

[2] Greg. Tur. Hist. Franc. 5, 5: *O si te habuisset Massilia sacerdotem. Numquam naves oleum aut reliquas species detulissent nisi cartam tantum, quo maiorem opportunitatem scribendi ad bonos infamandos haberes. Sed paupertas cartae finem inponit verbositati.*

[3] TARDIF, Monuments historiques, Paris 1866. Von einigen dieser Stücke handelt HARTTUNG, Dipl. hist. Forsch. S. 526 ff.; vgl. auch BORDIER, Les archives de France S. 190 ff.

[4] Über den Handel mit Papyrus im merovingischen Gallien vgl. die Ausführungen PIRENNE's (Acad. des Inscriptions et Belles-Lettres, Paris 1928, S. 178 ff.), die jedoch überspitzt zu sein scheinen.

[5] DD. M. 32. 34. 35. 36. 37. Daß das DM. 60 nicht auf Papyrus, wie bisher angenommen wurde, sondern auf Pergament geschrieben ist, hat auf Grund einer Untersuchung durch E. BERGER W. ERBEN MIÖG. 26, 123 ff. mitgeteilt. Bis in die zweite Hälfte des 7. Jahrhunderts reichen auch die fränkischen Privaturkunden auf Papyrus, vgl. TARDIF, Mon. historiques n. 29. 40.

[6] DM. 47, vgl. LEVISON NA. 30, 751 n. 474.

[7] Denn DM. 36 muß nach 660 ausgestellt sein, vgl. LEVISON a. a. O.

der Übergang von dem älteren zu dem jüngeren Schreibstoff erfolgt sein. Diese Zeitgrenzen engen sich aber dadurch noch mehr ein, daß in der Corroborationsformel eines Diploms Childerichs II. für Stablo vom 6. September 670 (nach dem älteren Ansatz 667) ausdrücklich gesagt ist, sie sei auf Pergament geschrieben[1]: die auffallende Wendung erklärt sich leicht, wenn dies etwa die erste oder eine der ersten Urkunden war, für die in dem austrasischen Reichsteile der neue Schreibstoff gewählt wurde. Danach haben wir aus dem Jahre 716 ein Diplom Chilperichs II. für das Kloster Corbie, durch welches demselben eine Reihe von Lieferungen aus der Zollstätte von Fosses zugesichert wird.[2] Befindet sich darunter auch eine Lieferung von *carta tomi quinquaginta*, so wird man sie allerdings nur als Papyrus verstehen dürfen;[3] aber man braucht darum nicht anzunehmen, daß noch 716 der Papyrus wirklich einen Gegenstand des Handelsverkehrs im Frankenreiche gebildet hätte; das Diplom Chilperichs ist nur die Bestätigung einer etwa 662 ausgestellten Urkunde Chlothars III., und die Papyruslieferung wird einfach aus der Vorurkunde mit übernommen sein, ohne daß sie noch aktuelle Bedeutung hatte. Überhaupt ist seit dem 8. Jahrhundert diesseits der Alpen von Papyrus keine Rede mehr;[4] die Angaben über Urkunden Karls des Großen auf diesem Schreibstoff haben sich bei genauerer Prüfung als irrig erwiesen.[5] Allerdings halten es noch 862 deutsche Bischöfe, die einem königlichen Schreiben an die päpstliche Kurie eine Einlage hinzufügen, für erforderlich, sich zu entschuldigen, daß sie nicht nach alter Sitte Papyrus, sondern Pergament dazu gewählt hätten.[6] Aber wenn sie hinzufügen, daß das wegen

[1] DM. 29: *et ut haec praeceptio nostra in membranis conscripta firma et inviolabilis perseveret, manu nostra subter eam decrevimus roborare.*

[2] DM. 86.

[3] Das nehme ich mit Wattenbach, Schriftwesen³ S. 107 an; so auch Giry S. 495 N. 3 und Karabacek, Arab. Papier S. 16, gegen Delisle, BEC. 1860 S. 402 und Sickel, Acta 1, 288, die es als Pergament deuten wollen.

[4] In Spanien findet man aber noch 977 eine Papyrusurkunde des Bischofs Miro von Gerona, die Innocenz IV. transsumiert, Marini S. 162 n. 104.

[5] Vgl. Sickel, Acta 1, 287 N. 4. Ebenso haben Wattenbach und Sickel bereits die Angabe von Waitz, Archiv d. Gesellsch. 8, 6, daß St. 2738 von Heinrich IV. auf Papyrus geschrieben sei, berichtigt, und ich kann nach eigener Einsicht des Diploms nur bestätigen, daß es auf Pergament steht. Der Papyrus-Brief des Abtes Maginarius von St. Denis (Tardif n. 86 = MG. Epp. 3, Karol. 1, 655) an Karl den Großen ist in Unteritalien geschrieben.

[6] MG. Epp. 6 (Karol. 4) 214; vgl. Wattenbach, Schriftwesen³ S. 105 f. Statt *tuncardo* wollte Ewald, NA. 9, 336 N. 2, lesen „*in iunco vel carice*"; besser wäre die Emendation von Karabacek, Das arab. Papier S. 16, „*tumario*"; Traube denkt an eine neue Wortbildung aus *tomus* und *charta*, will also *tuncardo* beibehalten.

der Eilfertigkeit der Expedition geschehen sei, so ist dieser Grund nicht recht verständlich; es ist nicht abzusehen, wie die Ausfertigung des Briefes auf Papyrus, wenn man über diesen Schreibstoff verfügt hätte, mehr Zeit in Anspruch genommen haben würde, als auf Pergament; und so wird aus der Äußerung lediglich zu schließen sein, daß die Bischöfe weder Papyrus besaßen, noch ohne großen Zeitverlust zu beschaffen imstande waren.[1] Sehr deutlich zeigt sich dann ein ähnlicher Sachverhalt an einer in St. Gallen auf den Namen Papst Johanns X. angefertigten Fälschung;[2] die Mönche wußten sehr wohl, daß die Urkunde eigentlich auf Papyrus hätte geschrieben werden müssen, konnten sich aber diesen Stoff nicht mehr verschaffen und nahmen deshalb — eine bei Fälschungen ähnlich mehrfach wiederkehrende Erscheinung — in den Text einer Klausel auf, in der sie den Papst erklären ließen, er habe ausnahmsweise und auf Bitten der St. Galler in die Ausfertigung des Dokuments auf Pergament gewilligt.

Verschwand so der Papyrus in Deutschland und Frankreich seit dem Anfang des 8. Jahrhunderts ganz aus dem urkundlichen Gebrauch, so hielt er sich in Italien noch lange. Aber allerdings in immer enger werdendem Kreise. In der Lombardei ist die letzte Papyrusurkunde, die wir kennen, das schon erwähnte Privileg des Erzbischofs Petrus von Mailand von 789; die Privaturkunden werden hier und in Tuscien schon seit dem Anfang des Jahrhunderts überwiegend auf Pergament geschrieben. Aus Ravenna haben wir datierte Stücke nur bis zur Mitte des 9. Jahrhunderts;[3] jünger mögen aber vielleicht einige undatierte Urkunden aus Ravenna und Rimini sein, die man ins 10. Jahrhundert setzen will.[4] In der zweiten Hälfte des 10. Jahrhunderts, in der Zeit des Erzbischofs Petrus VI. (927—971), scheint dann auch ein jetzt in München auf einer Papyrus-

---

[1] Übrigens setzt, wie Wattenbach, Schriftwesen [3] S. 106, mit Recht anmerkt, ein Schreiben des Papstes Stephan V. von 891, Jaffé-L. 3470 (= MG. Epp. 7 [Karol. 5] S. 364 n. 5), gar nichts anderes voraus, als daß man mit ihm von Deutschland aus auf Pergament korrespondiere.

[2] Jaffé-L. 3559. Über die Unechtheit des Stückes vgl. MIÖG. 9, 12 N. 1, und jetzt auch Brackmann GGN. 1904, S. 496 ff.

[3] Marini n. 97. 99, vgl. Brandi, AfU. 1, 71 ff. — Ein Fragment einer Königsurkunde für Ravenna hat A. Mai (Classici Auct. 5, 362) herausgegeben, vgl. auch Marucchi, Mon. papyracea n. 2; nach Sickel, Acta 1, 287 N. 4 muß es einem der späteren Karolinger angehören. — Wem die Papyrus-Fragmente eines kaiserlichen Diploms für die römische Kirche zuzuweisen sind, die A. Mercati in der Kehr-Festschrift (1926) S. 163 ff. veröffentlichte, ist noch nicht ganz geklärt; vgl. Stengel, Hist. Ztschr. 134 (1926) 217 N. 3.

[4] Marini n. 127. 134. 135.

handschrift befindliches Güterverzeichnis der Kirche von Ravenna[1] entstanden zu sein. Gegen die Annahme aber, daß noch in der zweiten Hälfte des 10. Jahrhunderts in Ravenna der Papyrus als Schreibstoff verwandt worden wäre, spricht jedenfalls der Umstand, daß gerade im Jahre 967 hier die älteste Papsturkunde auf Pergament ausgestellt ist, die wir im Original besitzen und als echt anerkennen können;[2] er erklärt sich am leichtesten, wenn man annimmt, daß die päpstliche Kanzlei in Ravenna sich Papyrus nicht verschaffen konnte und mit dem von Rom etwa mitgenommenen Vorrat nicht ausreichte.

Denn in Rom selbst verfügte man noch im ganzen 10. Jahrhundert über jenes Schreibmaterial; die päpstliche Kanzlei bediente sich seiner — von jenem einen Fall abgesehen — ausschließlich,[3] und auch von Privaturkunden auf Papyrus liegen aus den Jahren 945, 949, 954, 961, 969, 983 und 984 hinreichend beglaubigte Zeugnisse vor.[4] Woher man ihn bezog, ist allerdings nicht ganz sicher. Die Fabrikation des Papyrus, dessen Ausfuhr nach Byzanz schon am Ende des 7. Jahrhunderts einmal verboten worden war[5], wurde nämlich in Ägypten in der zweiten Hälfte des 10. Jahrhunderts eingestellt,[6] und wenn man auch vielleicht in Rom noch über ältere Vorräte verfügte,[7] so werden diese doch kaum dauernd ausgereicht haben. So mag man sich eine Zeitlang mit sizilianischem Papyrus beholfen haben;[8] doch wird dieser kaum genügend zu beschaffen gewesen sein. Und so entschloß man sich am Anfang des 11. Jahrhunderts von dem bisher hartnäckig festgehaltenen Brauche abzugehen.[9] Das ist

[1] Vgl. Paoli, Papiro S. 56; Hartmann MIÖG. 11, 361 ff. (= Zur Wirtschaftsgesch. Italiens (1904), S. 1 ff.). Faksimile im Arch. palaeogr. Ital. VII, 82 u. 83. Der Kodex ist von verschiedenen Händen geschrieben.

[2] Jaffé-L. 3714; vgl. MIÖG. 9, 10. Kehr, Abh. d. Berl. Akad. 1926, S. 14. 15.

[3] Vgl. MIÖG. 9, 13 ff.

[4] Marini n. 100. 101. 130. 102. 103. 106. 105. Die irrig aufgelösten Daten sind nach den Angaben Kehr's Abh. d. Gött. Ges. NF. 1 (1897) 8 ff. berichtigt; vgl. auch Schiarapelli, Arch. della soc. Romana 25, 222 f.

[5] Karabacek, Österr. Monatsschr. f. den Orient, 1884 S. 280. 1885 S. 164.

[6] Karabacek, Das arabische Papier S. 14 ff.

[7] Das Vorhandensein solcher Vorräte ist für das 9. Jahrhundert gewiß; die Papyrusrolle, auf welcher das oben S. 484 N. 1 erwähnte Privileg für Tournus 876 geschrieben wurde, ist c. 838 fabriziert, Karabacek a. a. O. S. 19 f.

[8] Karabacek a. a. O. 17. 20.

[9] Für das folgende vgl. meine Zusammenstellungen MIÖG. 9, 15 ff. und den vervollständigten Katalog päpstlicher Papyrusurkunden, den Omont BEC. 65 (1904), 575 ff. gegeben hat; vgl. ferner dazu das ausführliche Verzeichnis der erhaltenen Originale von Papsturkunden von Paschalis I. bis Clemens II. bei Melampo, Miscellanea di storia

gelegentlich schon unter Johann XVIII. geschehen, denn wenn auch die Privilegien für Paderborn von 1005 und St. Maur-des-Fossés von 1007 mit Ausnahme der Datierung vom Empfänger selbst auf Pergament geschrieben sind, so stammt doch das gleichfalls auf Pergament geschriebene Privileg von 1007 für Pisa aus der päpstlichen Kanzlei und ist ganz von der Hand des Petrus, des Kanzlers des lateranischen Palastes geschrieben, der auch nach den Feststellungen KEHR's die beiden anderen Stücke datiert hat.[1] Demgegenüber besitzen wir noch zwei Papyrusoriginale Johanns XVIII. in Barcelona und Bergamo und haben von zwei anderen jetzt verlorenen für Portus und St. Viktor in Marseille sichere Kunde.[2] Auch von seinem Nachfolger Sergius IV. ist nur ein Papyrusoriginal in Perpignan und kein Pergament-Privileg erhalten.[3] Dann aber beginnt unter Benedict VIII. der Gebrauch des Pergaments zu überwiegen, wenn auch noch eine Zeitlang, wie in der merovingischen Kanzlei des 7. Jahrhunderts Pergament und Papyrus nebeneinander hergehen. Von Benedikt VIII. besitzen wir noch sechs Pergamentoriginale, zwei in Florenz und je eines in Perugia, München und Marburg und Seo de Urgel,[4] daneben auf Papyrus nur ein Privileg von 1017 für das spanische Kloster Campodron, das sich in der Pariser Nationalbibliothek und ein Privileg das sich im Staatsarchive zu Hannover befindet.[5] Das sind die jüngsten unversehrt erhaltenen Papyrusurkunden, die wir kennen; unter den nächsten Päpsten wird der Gebrauch des ägyptischen Schreibstoffes immer seltener. Doch reichen die letzten Nachrichten darüber noch in die zweite

e cultura ecclesiastica III (1904/5), S. 385 ff. 470 ff. 555 ff. und IV (1905/6) S. 14 ff. 93 ff. 228 ff. 304 ff. 427 ff. 549 ff.; für Spanien AGUSTIN MILLARES CARLO, Documentos pontificios en papiro de archivos Catalanes, Madrid 1918 und KEHR's schon oben S. 469 N. 2 zitierten Untersuchungen: Die ältesten Papsturkunden Spaniens erläutert und reproduziert (Abh. d. Berl. Akad. Phil.-hist. Kl. n. 2, 1926). Dazu: Pontificum Romanorum diplomata papyracea, quae supersunt in tabulariis Hispaniae, Italiae, Germaniae phototypice expressa jussu Pii PP. XI. (Rom 1929).

[1] Damit sind die früheren Zweifel entkräftet und die Originalität der Stücke JAFFÉ-L. 3947. 3952. 3953 (= IP. III. 333 n. 12) erwiesen; vgl. KEHR a. a. O. S. 24 ff. und zum Pisaner Stück JAFFÉ-L. 3953, auch GGN. 1897, S. 279 ff.

[2] JAFFÉ-L. 3942. 3956; dazu KEHR a. a. O. S. 22 f.

[3] JAFFÉ-L. 3976, KEHR S. 23.

[4] JAFFÉ-L. 4000 (= IP. IV 109 n. 1 beschrieben von BRESSLAU MIÖG. 9, 10) IP. I 20 n. 1 (vgl. dazu Giorgetti, Arch. stor. ital. 5. Ser. 11, 104 ff.). JAFFÉ-L. 3792 (= IP. IV. 67 n. 7). 4001. 4057. 3993. — Das Privileg von 1022 für Ragusa (JAFFÉ-L. 4042), das SICKEL früher als die älteste päpstliche Originalurkunde auf Pergament angesehen hatte, und das sich jetzt in Wien befindet, halte ich nur für Abschrift; vgl. MIÖG. 9, 26 N. 2.

[5] JAFFÉ-L. 4019. 4036, KEHR a. a. O. S. 31. 32.

Hälfte des XI. Jahrhunderts. Neben sehr zahlreichen Pergamentoriginalen Leos IX., die wir besitzen, gab es noch im vorigen Jahrhundert im Archive der Kathedrale von Puy ein auf Papyrus geschriebenes Privileg Leos IX., von dem ein kleines Bruchstück noch jetzt im dortigen Museum erhalten ist;[1] eine zweite Papyrus-Urkunde Leos von 1049 für Portus war wenigstens im 13. Jahrhundert noch vorhanden und ist von Gregor IX. transsumiert worden.[2] Endlich hat die Kirche von Silva Candida sich sogar noch 1057 von Victor II. ihre Privilegien auf Papyrus verbriefen lassen; auch diese Urkunde ist von Gregor IX. transsumiert worden.[3] Das ist aber auch das letzte nachweisbare Vorkommen dieses Schreibstoffes im Abendlande; er war offenbar damals schon eine Rarität geworden und hatte längst die Herrschaft an das Pergament abgetreten.

Daß die von Plinius[4] berichtete, auf Varro zurückgehende Überlieferung von der Erfindung des Pergaments unter König Eumenes II. von Pergamon, (die erfolgt sein soll, weil Ptolemäus von Ägypten aus Eifersucht auf die emporblühende attalidische Bibliothek die Ausfuhr des Papyrus aus seinem Reiche verbot) keinen Glauben verdient, ist heute meist anerkannt.[5] Der Gebrauch von Tierhäuten (*membrana*), nicht bloß gegerbten, also durch einen chemischen Prozeß zu Leder verarbeiteten, sondern auch ungegerbten, nur mechanisch gereinigten Häuten zum Schreiben ist in Asien uralt, und nur eine Verbesserung in der Fabrikation oder die bevorzugte Anwendung der Membranen in der Hauptstadt des Attalidenreichs kann es gewesen sein, die diesem Schreibstoff den Namen *pergamenum*, *charta pergamena* verschafft hat.[6] Im Mittelalter erfolgte die Fabrikation natürlich im Abendland; schon im 9. Jahrhundert wird unter den Leuten des Klosters Corbie ein *pergaminarius* erwähnt und ließ sich ein Reichenauer Mönch Pergament aus Mainz kommen; in späterer Zeit wird die Pergamentfabrikation ein bürgerliches Gewerbe, das in zahlreichen deutschen Städten nachweisbar ist.[7]

---

[1] Jaffé-L. 4265, vgl. Delisle BEC. 37 (1876), 109.

[2] Marini S. 84 n. 49.

[3] Marini S. 86 n. 50.

[4] Hist. nat. 13 § 68 ff.

[5] Vgl. die Kritik bei Birt S. 50 ff., Paoli, Programma 2, 43. Nicht ganz ablehnend Gardthausen 1², S. 93.

[6] Italienisch auch *carta pecora*, *carta de corio* (schon im 14. Jahrhundert), deutsch buchfell, vgl. Wattenbach, Schriftwesen ³ S. 115 f. — Die älteste Erwähnung des Namens *pergamena* wird die in Diocletians Edikt *de pretio rerum venalium* von 301 sein.

[7] Nachweisungen bei Wattenbach, Schriftwesen ³ S. 126 ff. Vgl. dazu noch die a. a. O. S. 130 erwähnte Stelle, Städtechroniken Nürnberg 1, 271, wo in der Stadt-

Ein Rezept zur Anfertigung von Pergament enthält schon eine Luccheser Handschrift des 8. Jahrhunderts;[1] die Haut soll drei Tage lang in ein Kalkbad gelegt werden, damit die Haare sich lockern; dann werden die letzteren mit einem Messer abgeschabt und die gespannte Haut getrocknet. Ein Glätten mit Bimsstein wird hier nicht vorgeschrieben, ist aber später in Deutschland allgemein üblich; dann folgte noch ein Überziehen der Schreibfläche mit fein gepulverter Kreide. Gutes Urkundenpergament, verlangt Konrad von Mure,[2] muß gut geschabt und geglättet und darf weder allzu hart noch allzu weich sein. Immerhin bestand zwischen den verschiedenen Gebieten Europas ein gewisser Unterschied in bezug auf die Anfertigungsart des Pergaments, das man für Urkunden verwandte. In Italien wie überhaupt im Süden Europas werden zumeist die beiden Blattseiten verschieden behandelt; die Fleischseite, die bei Urkunden zum Schreiben bestimmt ist, ist weiß, sehr glatt und reichlich kalziniert, die Haarseite dagegen hat einen gelben oder grauen Farbenton und ist weniger stark geschabt, so daß auch für den tastenden Finger der Unterschied zwischen den beiden Seiten sehr deutlich hervortritt.[3] In Deutschland besteht dagegen zwischen beiden Seiten eine so erhebliche Verschiedenheit weder in bezug auf die Farbe noch in bezug auf die Glätte des Pergaments. Dieser Unterschied zwischen italienischem oder südländischem und deutschem oder nordländischem Pergament wird noch dadurch verstärkt, daß man in Deutschland mehr Kalbs-,[4] in Italien mehr Ziegen- und Hammelfelle zur Pergamentfabrikation verwandte,

---

rechnung von 1388 Heinrich Permeter als Empfänger einer Zahlung für 12 Häute Pergament vorkommt, und QE. 9, 426, wo die *pergamenarii seu kartarii* unter den Gewerbetreibenden von Konrad von Mure aufgezählt werden. Über Pergamenarii in Florenz vgl. Paoli a. a. O. S. 45 und Davidsohn, Gesch. von Florenz IV, 2, 15.

[1] Muratori, Ant. It. 2, 370: *pargamina quomodo fieri debet.* — In einer Kopenhagener Bibelhandschrift, die zu Hamburg auf Anregung des Dekans Bertold um die Mitte des 13. Jh. entstanden ist, schildern eine Reihe von Miniaturen den Werdegang einer Pergamenthandschrift, vgl. Björnbo, Ztschr. f. Bücherfreunde XI (1907—08), 329 ff.

[2] QE. 9, 437.

[3] Daher nannte man dies Pergament in der päpstlichen Kammer *pergamena non rasa*, vgl. Baumgarten, Aus Kanzlei und Kammer S. 129 ff.

[4] Daß man im 15. Jahrhundert in Deutschland bei Pergament schlechtweg an Kalbshaut denkt, beweist die Erklärung, mit welcher die Elbinger 1442 die Echtheit des Privilegs Friedrichs II. für den deutschen Orden angreifen: wy das das kalp bynnem eyme jore uffer weyde gegangen hette, uff des huet der privilegienbrieff, den der homeister hette, sulde geschriben sein (Acten der Ständetage Preußens 2, 451; angeführt von Perlbach, Preuß.-poln. Studien, 1, 50).

und daß infolge dessen deutsches Pergament meistens dicker ist als italienisches; er ist auch für die Kritik in manchen Fällen zu beachten, und wie eine in Italien ausgestellte Papsturkunde auf deutschem Pergament immerhin auffällig und unter Umständen nicht verdachtsfrei sein würde, so wird umgekehrt ein Diplom auf italienischem Pergament, das von einem Kaiser während einer Romfahrt für einen deutschen Empfänger ausgestellt sein will, von vornherein eine gewisse Präsumtion der Echtheit für sich haben.[1]

Format, Größe und Qualität des zu Urkunden verwandten Pergaments haben im Mittelalter so außerordentlich geschwankt, daß in dieser Beziehung sich kaum irgend welche Regeln mit Sicherheit aufstellen lassen, und daß eine nähere Beschreibung des Pergaments, wie sie bei manchen Editionen heute üblich ist, nur in besonders gearteten Fällen für die Kritik von Wert ist. Eine genau quadranguläre Beschneidung des Pergaments, also geradlinige, sich unter rechten Winkeln schneidende Seiten, verlangt Konrad von Mure im 13. Jahrhundert,[2] und sie ist zu seiner Zeit wenigstens in den Urkunden, welche in einer Kanzlei oder einem ordentlichen Bureau geschrieben sind, allgemein üblich; aber in der Reichskanzlei ist sie erst seit den Karolingern nachweisbar und bei den Päpsten läßt sie sich noch in der ersten Hälfte des 11. Jahrhunderts oft vermissen. Die Größe des Blattes hängt ganz von dem Bedürfnis des Einzelfalles ab; im allgemeinen wählt man aber — abgesehen vom Umfang des Textes — gern größere Blätter, wenn die

[1] Ich halte also mit Wattenbach, Schriftwesen[3] S. 116 ff. und Schum in Gröber's Grundriß 1^2, 245 (vgl. Paoli-Lohmeyer 2, 84) an dem Unterschied zwischen deutschem und italienischem Pergament fest; Wattenbach hat aus einem Briefe von 1246 (Hoeffler, Albert. Bohem. S. 111) nachgewiesen, daß man ihn auch in Deutschland kannte: eine Urkunde des Erzbischofs von Salzburg sollte zwar in Rom geschrieben werden, aber auf *pergamena teutonica*, welches dem Boten mitgegeben werden sollte. — Pflugk-Harttung, Die Bullen der Päpste S. 34 ff. unterscheidet päpstliches, stadtrömisches, italienisches, südfranzösisches und nordfranzösisch-deutsches Pergament, ohne diese Unterscheidung ausreichend zu begründen.

[2] QE. 9, 437. Die Stelle, in welcher er ein gutes Urkundenpergament beschreibt, verdient ganz hergesetzt zu werden: *carta, in qua scribi debet litera, experte carnis, bene rasa, punicata, scribentis manibus et usibus preparata, nec nimis rigide dura nec nimis molliter tenuis, sic quadranguletur, ut latitudo longitudini respondeat convenienter et ne latitudo nec longitudo modum debitum excedant et mensuram.* Eine ergänzende Stelle bei Jakob von Lausanne (Mitteilungen d. hist. Ver. f. Steiermark 48, 153): *Pergamenarius volens multas pelles radere et purgare, primo extendit unam fortem inter quature ligna et eam ibi affligit, et postea alias pelles debiles super eam extendit, quas ejus adjutorio radit.*

Urkunde feierlich ausgestattet wird und wichtigen Inhalt hat.[1] Im allgemeinen kann man weiter sagen, daß in der kaiserlichen und der päpstlichen Kanzlei besseres und sorgfältiger zubereitetes Pergament verwandt worden ist als in anderen Schreibstuben; daß Pergament mit Löchern nicht verwandt werden sollte, ist in päpstlichen Kanzleiregeln des 13. Jahrhunderts ausdrücklich vorgeschrieben;[2] und zumeist hat man derartige Mängel auch sonst vermieden; trotzdem kommen sowohl Papst- als Kaiserurkunden mit Löchern, die schon vor der Schrift vorhanden waren und auf welche die Schrift Rücksicht nimmt, vor.[3] In der päpstlichen Kanzlei behält man für Privilegien auf Pergament in der Regel die noch aus der Zeit des Papyrus stammende Form der *chartae transversae* bei, d. h. die Schrift folgt der schmäleren Seite des Pergaments und die Urkunden erscheinen mehr lang als breit; Briefe dagegen sind umgekehrt behandelt und mehr breit als hoch. Das letztere Format ist auch in der königlichen Kanzlei unter den Karolingern, Ottonen und Saliern das vorherrschende; erst im 11. Jahrhundert wird die *charta transversa* auch in der Reichskanzlei üblicher. Aber diese Sätze haben doch nur im allgemeinen Gültigkeit; Ausnahmen von ihnen sind sowohl in Rom wie in Deutschland immer gemacht worden, und in dieser Beziehung bieten Beschaffenheit und Zurichtung des Pergaments, abgesehen von dem, was oben über den Unterschied zwischen deutschem und italienischem Fabrikat bemerkt ist, wenig zuverlässige Anhaltspunkte für die Kritik der Urkunden.

Die Verwendung des Pergaments für Urkunden beginnt im Frankenreiche am Ausgang des 7. Jahrhunderts.[4] Das älteste bis jetzt bekannte Pergament-Original ist eine Urkunde für das Kloster zu Bruyères-le-Château vom März 670/671;[5] die älteste erhaltene Pergament-Urkunde eines merovingischen Königs ist, wie schon oben bemerkt wurde, vom September 677.[6] In Deutschland wird das Archiv von St. Gallen die ältesten Originale bergen; doch ist auch hier kein Stück vor den dreißiger

---

[1] Über die Masse der Kaiserurkunden, auf die es für die Kritik indes wenig ankommt, vgl. Erben, UL. 125. 196 f. 245. Über einige Riesenformate von Papsturkunden berichtet Baumgarten, Aus Kanzlei und Kammer S. 137 ff.

[2] Winkelmann, Kanzleiregeln S. 34.

[3] Z. B. DH. II. 161, Original Berlin. Vgl. noch aus dem 15. Jahrhundert Chmel, Reg. Frid. III. n. 96. Über Papsturkunden vgl. Pflugk-Harttung a. a. O. S. 38.

[4] Für einen Brief bediente sich schon am Anfang des 7. Jahrhunderts Columba von Luxeuil des Pergaments, MG. Epp. 3, 169.

[5] Tardif, Mon. historiques n. 19.

[6] DM. 47, s. oben S. 488 N. 6.

Jahren des 8. Jahrhunderts erhalten.[1] In Italien ist das älteste bis jetzt bekannte und bisher datierbare Pergament-Original eine Notariatsurkunde von 716 aus Piacenza, jetzt im Staatsarchiv zu Mailand.[2]

Wenn man über die Geschichte des jüngsten mittelalterlichen Schreibstoffes, des Papiers, lange in Zweifel gewesen ist,[3] so haben die wertvollen ägyptischen Funde, die zum kleineren Teil aus Arsinoe-Fayûm, zum größeren Teil aus Hermoupolis-Uschmûnein stammen, auch in dieser Beziehung, wie in so vielen anderen, wichtige neue Aufklärung verbreitet. Die naturwissenschaftlich-mikroskopische Untersuchung der dort entdeckten, jetzt im Museum des Erzherzogs Rainer zu Wien befindlichen Dokumente durch J. Wiesner, der sich die gleiche Untersuchung zahlreicher europäischer Papierproben aus Urkunden und Handschriften anschloß, weiter die im Zusammenhang hiermit angestellten historisch-antiquarischen Forschungen von J. Karabacek haben die Fabeln, welche früher über die Geschichte des Papiers verbreitet waren, gründlich zerstört und gestatten uns jetzt dieselbe in ihren wesentlichen Punkten mit voller Sicherheit zu übersehen.

[1] Wartmann S. 6 n. 6 von 731 oder 736 ist das älteste, welches der Herausgeber als Original betrachtet.

[2] HPM. 13, 14 n. 3; vgl. Paoli, Sopra la più antica pergamena dell' archivio centrale di stato in Firenze, Arch. stor. It. Ser. 3, 17, (1873) 225 ff. Eine im erzbischöflichen Archiv in Lucca erhaltene Pergamenturkunde vom J. 713 ist Abschrift, aber von dem Schreiber des Originals selbst hergestellt und also, wenn nicht älter, jedenfalls nur wenig jünger, vgl. Guidi, Atti della R. academia Lucchese 32, 377 ff.

[3] Die ältere Literatur ist verwertet und zitiert in den Ausführungen von Wattenbach, Schriftwesen [2] S. 114 ff. Ferner sind zu beachten Briquet, La légende paléographique du papier de coton (Genf 1884) und gegen ihn C. Paoli, Carta di cotone e carta di lino (Arch. stor. Ital. Ser. 4, 15, (1885) 230 ff.), weiter Briquet, Recherches sur les premiers papiers employés en Occident et en Orient du Xe au XIVe siècle (Mém. de la soc. nation. des Antiquaires de France 46). Alle älteren Arbeiten aber sind überholt durch die erschöpfenden, den Ausführungen unseres Textes zugrundegelegten Untersuchungen von J. Wiesner (Die mikroskopische Untersuchung des Papiers mit besonderer Berücksichtigung der ältesten orientalischen und europäischen Papiere) und J. Karabacek (Das arabische Papier; Neue Quellen zur Papiergeschichte in den Mitteilungen aus der Sammlung der Papyrus Erzherzog Rainer. Bd. 2. 3. 4 Wien 1887—1888).

In der dritten Auflage seines Schriftwesens S. 139 ff. folgt auch Wattenbach diesen neueren Untersuchungen. Ebenso Paoli, Programma 2, 49 ff., Giry S. 497 ff. Vgl. noch Blanchet, Essai sur l'histoire du papier et de sa fabrication (Paris 1900) und Wiesner, Mikroskopische Untersuchung alter ostturkestanischer und anderer arabischer Papiere (Denkschriften d. naturwiss.-math. Kl. der Wiener Akademie Bd. 72, 1902). Ein neuer Beitrag zur Geschichte des Papieres, Wiener Sitzungsber. 148 (1904), n. 6. Traube, Vorl. u. Abh. I, 101 ff. Prou, Manuel (1924) S. 18 ff.

Das wichtigste Ergebnis dieser Forschungen ist, daß die lange herrschende Ansicht, das Papier sei in älterer Zeit aus roher Baumwolle bereitet worden, völlig aufgegeben werden muß.[1] Vielmehr hebt die Papierbereitung im Orient, insofern sie das Abendland übernommen hat, von vornherein mit dem Hadern-(Lumpen-)papier an. Dabei wurden zur Papierfabrikation ebenfalls von vornherein ganz überwiegend Linnenhadern benutzt, in einigen Fällen vermag die mikroskopische Untersuchung nicht mit Sicherheit zu entscheiden, ob Linnen- oder Hanffasern verarbeitet sind. Baumwollhadern sind erst in späterer Zeit und immer nur in ganz geringer Zahl mit verarbeitet worden. Geleimt und dadurch beschreibbar gemacht, sind alle älteren Papiere mit Stärkekleister; erst um das Jahr 1300 tritt der tierische Leim an dessen Stelle, außerdem ist Weizenstärke zur „Füllung" des Papiers verwandt worden, um ihm eine möglichst weiße Farbe zu geben.

Die Papierbereitung, zunächst aus Seidenabfällen, dann aus Pflanzen-, besonders Lein- oder Hanffasern, ist in China erfunden und wurde durch kriegsgefangene Chinesen erst 751 nach Samarkand verpflanzt und so den Arabern bekannt; in Samarkand oder Chorasân ging man dann zur Verwertung der Linnenhadern als des tauglichsten Rohstoffes für die Papierfabrikation über.[2] 794 oder 795 wurde die erste Papierfabrik in Bagdad errichtet, und in den nächsten Jahrhunderten verbreitete sich die Papierfabrikation schnell über das ganze Gebiet des Islam. Besonders berühmt war in späterer Zeit das Papier von Damaskus (*charta damascena*); eine andere Papierfabrik von Ruf hat es aller Wahrscheinlichkeit in der Stadt Bambyce (Mambidsch) in Syrien, fünf Tagereisen von Antiochia und drei von Aleppo entfernt, gegeben; das nach dieser Fabrik benannte Papier (*charta bambycina, de bambace*) mag den Anlaß zur Entstehung der Fabel von Baumwollpapier gegeben haben.[3]

---

[1] Das gibt auch LEHMANN-HAUPT zu (Redlich-Festschrift=Veröffentl. d. Ferdinandeums 8 (1929) S. 418), der sonst auf Grund neuer Funde aus dem 3. Jh. zu der Annahme neigt, daß mit gewisser Regelmäßigkeit Baumwollgewebestücke zur Papierherstellung verwendet wurden (ibid. S. 438).

[2] Allerdings haben die letzten Untersuchungen WIESNER's (s. S. 497 N. 3) gezeigt, daß auch die Chinesen schon im 8. Jahrhundert Hadern den rohen Pflanzenfasern beigemischt haben, allein sie scheinen nach WIESNER's Ansicht sie nur als billigeres Surrogat verwandt zu haben, das den rohen Pflanzenfasern hinzugefügt wurde, um die Papiermasse zu vermehren. Allein sie vermochten damit kein „Papier von hervorragender Eigenschaft herzustellen: dies bewerkstelligt zu haben, bleibt das unvergängliche Verdienst der Araber".

[3] Daher dann, indem man *bambycina* „aus Baumwolle" übersetzte, die weiteren Ausdrücke: *charta gossypina*, *cuttunea*, *xylina* usw. Dazu jetzt LEHMANN-HAUPT a. a. O.

Im Abendland findet sich der Gebrauch des Papiers zu Urkunden zuerst begreiflicherweise in Sizilien, wo er von der arabischen Bevölkerung auf die christlichen Herrscher des Landes überging und seit dem Beginn der normannischen Periode nachweisbar ist.[1] Originalurkunden normannischer Könige auf Papier sind freilich nicht mehr vorhanden. Wurde in dieser Beziehung früher gewöhnlich ein griechisches Diplom in Goldschrift auf purpurgefärbtem und mit reichen Verzierungen ausgestatteten Papier angeführt, das König Roger II. im April 1139 dem Admiral Christodulos ausgestellt haben sollte,[2] so steht jetzt fest, daß diese Urkunde auf Pergament geschrieben ist und überhaupt einen bisher unbekannten Typus der byzantinischen Kaiserurkunde darstellt.[3] Auch ein anderes oft erwähntes Stück Rogers, die lateinische Stiftungsurkunde der königlichen Kapelle im Schloß zu Palermo von 1140,[4] steht ebenso in der eigentlichen, einst mit Goldbulle versehenen Kanzleiausfertigung auf Pergament.[5] Ein zweites zeugenloses Exemplar derselben Urkunde in Goldschrift ist ebenfalls auf purpurgefärbtem Pergament geschrieben, aber schwerlich aus der Kanzlei selbst hervorgegangen, sondern wahrscheinlich eine auf Anordnung des Königs entstandene kalligraphische Abschrift, die durch die jetzt verlorene Goldbulle die

---

[1] 1145 läßt König Roger auf einer Versammlung zu Palermo Urkunden seiner Vorgänger aus den Jahren 1097. 1102. 1112 (*a. mundi* 6605. 6610. 6620) erneuern und „*de carta cuttunea*“ oder „*de sigillo cuttuneo*“ „*in pargamenum*“ umschreiben, Pirrus, Sicilia sacra S. 1027. Auch die Urkunden Wilhelms II. von 1187. 1168. 1170, welche Friedrich II. 1222 erneuerte, „*quoniam incipiebant vetustate consumi*“, BF. 1376. 1382 waren vielleicht auf Papier geschrieben. Andere Belege bei K. A. Kehr, Norm. Königsurkunden S. 137 f.

[2] Montfaucon S. 409; Morso, Palermo antico S. 300; Huillard-Bréholles, H. D. Frid. II. Bd. 1, Introd. S. LXXIII N. 1; Wattenbach, Schriftwesen [2] S. 215.

[3] Das hat Dölger AfU. 11 (1929), 1 ff. mit guten Gründen erwiesen, wie denn schon Wattenbach Schriftwesen [3], S. 143 und K. A. Kehr a. a. O. S. 9 N. 4 und S. 137 N. 2 nach dem Vorgang von Cusa, Dipl. greci ed arabi 1, 58 und 695 und Carini (in der unten S. 506 N. 4 angeführten Abh. S. 37 ff.) den byzantinischen Ursprung der Urkunde angenommen hatten. Der Ansicht Garufi's, der diesen leugnet und die Urkunde zu Roger in das Jahr 1094 setzt (Arch. stor. Sicil. N. S. 47/8 (1927) S. 105 ff.) ist nicht zu folgen, vgl. Dölger, Byzantinische Zeitschr. (1929) S. 100 f.

[4] Caspar, Roger II. reg. 126, S. 538; dazu die Beschreibung bei K. A. Kehr, a. a. O. S. 143 ff.

[5] Das hat die mikroskopische Untersuchung einer kleinen von dem Schriftstück abgelösten Partikel ergeben, die ich in Palermo habe vornehmen lassen, und das bestätigt auch K. A. Kehr a. a. O. S. 136 f., (wo N. 2 die ältere Literatur verzeichnet ist), und S. 145.

Sanktion des Königs erhielt. Von den Urkunden normannischer Fürsten auf Papier scheint nur das Mandat der Gräfin Adelheid, der Witwe Rogers I. und der Regentin für den minderjährigen Roger II. an die Beamten von Castro Giovanni aus dem Jahre 1109 erhalten,[1] infolgedessen liegen uns aus der Zeit Friedrichs II. zuverlässige Nachrichten über Originale von Königsurkunden auf Papier vor; aber es sind keine Diplome, sondern Mandate, für die der vergänglichere Schreibstoff damals gewählt worden ist. Zwei besitzen wir noch: ein Mandat von 1228, jetzt im Wiener, und ein anderes von 1230, jetzt im Lübecker Archiv;[2] von drei anderen[3] haben wir Transsumpte, in denen der Schreibstoff der Originale ausdrücklich als Papier bezeichnet wird;[4] alle sind im sizilischen Königreich ausgestellt.

Den Gebrauch des Papiers zu Notariatsurkunden (*instrumenta publica et aliae similes cautiones*) verbot Friedrich II. 1231;[5] es geschieht, soviel ich sehe, bei dieser Gelegenheit zum ersten Male, daß auf den Schreibstoff der Name *charta papyri* angewandt wird, was sich im sizilianischen Reich, wo es noch immer Papyrus gab, am leichtesten erklärt. Seitdem wurde in den Eid der Notare vielfach die Verpflichtung aufgenommen, ihre Instrumente nicht auf Papier, sondern nur auf neues und noch nicht gebrauchtes Pergament zu schreiben.[6] Auf die Imbreviaturen bezog sich diese Verpflichtung nicht, und wie gerade die ältesten, die uns erhalten sind, die 1154 beginnenden Imbreviaturen des Notars Giovanni Scriba,

[1] Caspar, Roger II. reg. 7, S. 484; das damals (1904) noch nicht gefundene Original wurde behandelt von La Mantia, Il primo documento in carta esistente in Sicilia e rimasto sinora sconosciuto (Palermo 1908); vgl. auch Omont, BEC. 71 (1910) S. 238.

[2] BF. 1723, Faksimile KUiA. Lief. VI, Taf. 18a; BF. 1802, vgl. Lüb. UB. 1, 58 n. 47; Philippi S. 82.

[3] BF. 1536. 1794. 2074, vgl. Huillard-Bréholles a. a. O. S. LXXIX.

[4] Es ist charakteristisch, daß man BF. 2074 schon einen Monat nach seiner Ausstellung eben wegen der Vergänglichkeit des Schreibstoffes transsumieren ließ.

[5] Vgl. Huillard-Bréholles a. a. O. S. LXXIV. Es ist ungerechtfertigt, wenn Philippi S. 4 aus diesem nur auf Privaturkunden gemünzten Verbot folgern will, daß auch die Kanzlei Friedrichs vor 1231 nicht bloß Mandate, sondern auch „Urkunden, welche bleibende Rechtsverhältnisse bezeugen sollten", auf Papier geschrieben habe.

[6] So nach Huillard-Bréholles 4, 57 N. 1 schon in einer Notariats-Bestallung vor 1226; ferner in einer solchen von 1249, Winkelmann, Acta 1, 361 n. 417 (hier der Ausdruck *palperium*). Beispiele aus dem 14. Jahrhundert bei Wattenbach, Schriftwesen[3] S. 148; andere bei Ficker, It. Forsch. 4, n. 525 ff. Die Statuten von Padua bestimmten schon vor 1236, daß Instrumente auf Papier keine Rechtskraft haben sollten (Statuto di Padova ed. Gloria S. 66 n. 178).

jetzt im Staatsarchiv zu Genua, auf Papier geschrieben sind,[1] so ist auch sonst für Register, Kanzleibücher, Protokolle u. dgl. schon im 13. Jahrhundert Papier sehr vielfach verwandt worden.[2] Im 13. und 14. Jahrhundert hat sich überhaupt der Gebrauch des Papiers vom Süden aus über das obere und mittlere Italien, bald auch über die übrigen Länder des christlichen Europa verbreitet. Die Fabrikation erfolgte hauptsächlich in Spanien und Italien; in Deutschland[3] und Frankreich[4] sind Papiermühlen nicht vor dem 14. Jahrhundert nachweisbar[5]. Als Fabrikmarken dienten die Wasserzeichen, auf die hier nicht näher eingegangen zu werden braucht.[6]

Obwohl dies spätere Linnenpapier zumeist vortrefflich gearbeitet, sehr fest und dauerhaft ist, ist man dennoch nur zögernd dazu übergegangen, dasselbe zu eigentlichen Urkunden zu verwenden. Die Notare hielt davon jenes Verbot Friedrichs II. und die sich daran knüpfende Tradition ab; sie schrieben ihre Instrumente das ganze Mittelalter hindurch so gut wie ausschließlich auf Pergament. Auch die päpstliche Kanzlei hielt an diesem für ihre Urkunden fest;[7] und so ist der Gebrauch des Papiers in Italien, abgesehen von jenen Büchern, Rechnungen und Protokollen, vorzugsweise auf Briefe beschränkt geblieben, wenngleich seit der zweiten Hälfte des 13. Jahrhunderts auch Privaturkunden auf Papier vorkommen.

---

[1] Vgl. Voltelini, MIÖG. 41, 71 f.

[2] Vgl. Paoli, Programma 2, 53 ff., Paoli-Lohmeyer 2, 74 f., Wattenbach, Schriftwesen a. a. O. Über das Register Friedrichs II. s. Philippi S. 30 und Sthamer, Studien über die sizilischen Register Friedrichs II., Sitzungsber. d. Berl. Akad. 1920. 1925. 1930. Die sizilianischen Register Pedros III. von Aragon, jetzt in Barcelona, sind auf *carta di filo*, vgl. Docum. per serv. alla storia di Sicilia V. (Palermo 1882) S. VIII. Weitere Beispiele anzuführen, ist kaum erforderlich.

[3] In der Kanzlei Kaiser Friedrichs III. verwandte man den uns erhaltenen Rechnungen aus den Jahren 1471 und 1472 (MIÖG. 8, 50 ff.) zufolge Venediger Papier, Regalpapier und gemeines Papier. Über Papiereinfuhr aus Italien vgl. Schulte, Gesch. d. ma. Handels I, 706; II, 187; Gesch. d. Ravensberger Gesellschaft II, 221. Über Papierhandel nach Italien Schaube, Handelsbeziehungen S. 286, 377.

[4] Die Nachricht, daß schon 1189 eine Papiermühle in Südfrankreich bestanden habe, hat Berthelé in Le Biographe moderne 10, 201 ff. als irrig erwiesen.

[5] Die ersten Nachrichten über Papiermühlen auf deutschem Boden stammen aus Kölner und Mainzer Gebiet (ca. 1320), vgl. Bretholz, Lat. Paläographie[3] S. 17.

[6] Vgl. darüber Briquet, Les Filigranes (4 Bände, 2. Aufl. Leipzig 1923).

[7] Doch ist für die sog. *cedulae interclusae*, d. h. für Einlagen in geschlossene Briefe der Päpste im 14. Jahrhundert auch Papier verwandt worden; zwei Beispiele bei Baumgarten, Aus Kanzlei und Kammer S. 200.

In Deutschland sind aus der Reichskanzlei hervorgegangene Urkunden auf Papier vor dem 14. Jahrhundert, abgesehen von jenen Mandaten Friedrichs II., bisher nicht bekannt geworden. Ein Diplom Heinrichs IV. für Utrecht vom 23. Mai 1076, das oft für eine Papierurkunde ausgegeben ist, steht in Wirklichkeit auf Pergament.[1] Weiter bemerkt STUMPF in bezug auf eine datenlose Urkunde angeblich Kaiser Friedrichs I. für Kloster Wunstorf, das Original auf Wollenpapier (was wohl Baumwollpapier heißen soll) sei durch die Unvorsichtigkeit des Buchbinders in den fünfziger Jahren des 19. Jahrhunderts verbrannt.[2] STUMPF selbst regt aber den Zweifel an, ob die Urkunde wirklich Friedrich I. angehörte; und wenn sie in der Tat, was jetzt nicht mehr verifiziert werden kann, auf Papier geschrieben war, so erscheint dieser Zweifel sehr angebracht. Ferner glaubt PHILIPPI Briefe Heinrichs VII. von Lützelburg auf Papier gesehen zu haben,[3] doch fehlt es noch an näheren Angaben darüber. Daß in der Kanzlei Ludwigs des Bayern, wie daselbst Papierregister geführt wurden, so auch Konzepte auf Papier geschrieben wurden, ist sicher;[4] dagegen sind Originalurkunden dieses Kaisers auf Papier bisher noch nicht nachgewiesen worden. Erst seit Karl IV. kommt das letztere zu ausgedehnterer Anwendung. Bleibt auch für die Urkunden sollennester Ausstattung, die Diplome, das Pergament immer der alleinige Schreibstoff, so werden dagegen die Patente, namentlich seit der späteren Zeit Karls IV., häufig auf Papier geschrieben; für Briefe überwiegt das Papier schon unter Karl und wird unter seinen Nachfolgern ausschließlich üblich.[5] Die Pergament- und Papierblätter sind von verschiedener Größe, immerhin aber zumeist ansehnlicher als im 13. Jahrhundert, in welchem auch die kaiserliche Kanzlei sich oft mit kleinen Stücken begnügte; die Schrift folgt durchweg der breiten Seite, so daß das Blatt zum Schreiben quer gelegt wurde.[6] Auch für Privaturkunden und Urkunden fürstlicher Kanzleien wird seit dem 14. Jahrhundert das Papier in Deutschland mehr

---

[1] St. 2792; vgl. WATTENBACH[3] a. a. O. S. 147; SLOET, Orkondenboek der graafschappen Gelre en Zutfen 1 n. 185, Note.

[2] St. 4569.

[3] PHILIPPI S. 4 N. 1.

[4] S. oben S. 145 N. 3.

[5] LINDNER S. 1. 7. 11.

[6] Beschreibung der Rückseite des Pergamentblattes, wenn die Vorderseite nicht reichte oder Nachträge zu machen waren, kommt nur ganz vereinzelt vor; so in St. 3258, vgl. SCHUM, FDG. 20, 347; BEYER 1, 366 n. 310.

und mehr üblich,[1] kommt aber in Oberdeutschland im allgemeinen früher in Anwendung als im Norden.[2]

Besonders umfangreiche Urkunden konnten auf Rollen geschrieben werden, die man durch Zusammenfügen mehrerer Pergamentstücke herstellte. Diese Form kommt namentlich bei unbesiegelten Notariatsinstrumenten vor, die unter Umständen eine Länge bis zu hundert Fuß erreichten. Ebenso bildete man durch Aneinandernähen von verschiedenen Urkunden und Briefen sowie Antworten darauf und anderen zugehörigen Stücken Akten in Rollenform.[3] In Deutschland wurde aber seit dem 14. Jahrhundert für Urkunden von größerem Umfang oft auch die Buchform gewählt: man schrieb die Urkunden in ein Quart- oder schmales Folioheft und legte die Siegelschnur behufs der Beglaubigung durch ein Loch lose hindurch, das man in der Nähe des Rückens durch alle Blätter hindurchschnitt. So ist schon Kaiser Ludwigs IV. oberbayrisches Stadtrecht behandelt, so sind sämtliche Originalausfertigungen der Goldenen Bulle Kaiser Karls IV. hergestellt. Die gleiche Form ist dann namentlich bei umfangreichen Privilegienbestätigungen für Bistümer, in die alle Vorurkunden ihrem Wortlaut nach aufgenommen werden sollten, beliebt worden. Statt für jede einzelne dieser Vorurkunden ein besonderes Transsumpt herzustellen, schrieb man sie alle in ein Buch zusammen und fügte nur eine einheitliche Bestätigung und Besiegelung hinzu.[4] Auch aus der päpstlichen Kanzlei kennen wir bullierte Bücher; das älteste, das bisher beschrieben ist, ist ein Heft von 18 Blättern, das die Verhandlungen Benedikts XII. mit Bologna betrifft.[5]

Von den Prozeduren, welche die Herrichtung des Pergaments zum Schreiben bezweckten, verdient die Liniierung besondere Beachtung.

---

[1] Vgl. SCHÖNEMANN 1, 497. In Österreich sind unter Herzog Rudolf IV. Diplome und Patente auf Pergament, die Briefe aber zumeist auf Papier geschrieben, vgl. KÜRSCHNER, Arch. f. öst. Gesch. 49, 56. In der brandenburgischen Kanzlei gilt im 15. Jahrhundert dasselbe; vgl. LEWINSKI S. 68.

[2] In den Niederlanden verweigern noch 1470 etliche Kaufleute in Brügge den Rezessen „*uppe poppyr*" den Glauben, Hans. Geschichtsbl. 1873 S. LVI.

[3] Vgl. WATTENBACH [3] a. a. O. S. 170 f. Über Fälle aus der Kanzlei Karls IV. und Sigmunds, Zusammenfügung von Urkunden aus zwei großen Pergamentblättern, (deren Verbindung in verschiedener Weise durch das Siegel gesichert wird), s. LINDNER S. 3.

[4] Vgl. WATTENBACH [3] S. 190 f.; LINDNER S. 6 f.; ROCKINGER, Abhandl. der bayr. Akad. hist. Cl. 12, 1, 71. S. auch die Corroboratio von CHMEL, Reg. Frid. III. n. 3670 (KUiA. XI, Taf. 21), „mit urkunt dieser schrifft in puchssweise auf zwainczigk platt, geschriben und besigelt".

[5] BAUMGARTEN, Aus Kanzlei und Kammer S. 142.

Sie war, wie schon erwähnt, bei Papyrusurkunden überhaupt nicht üblich und findet sich auch in der ersten Zeit nach der Einführung des Pergaments in das Urkundenwesen nicht. Im Frankenreiche begannen die Schreiber erst in der Kanzlei Ludwigs des Frommen, mit blindem scharfen Griffel Linien zu ziehen, und dieser Brauch hat sich in der deutschen Reichskanzlei unter den folgenden Dynastien lange erhalten; zumeist wurden die Linien auf der Vorderseite gezogen, die dann auf der Rückseite des Blattes deutlicher sichtbar sind; doch kommt auch das Umgekehrte vor.[1] Überhaupt ist die Linierung in den Königsurkunden des 9., 10. und 11. Jahrhunderts keineswegs ganz konsequent durchgeführt; und nicht selten finden sich Urkunden, deren Liniierung unterblieben ist, daher die Schrift bisweilen sehr unregelmäßig wird; auch haben sich die Schreiber nicht immer an die gezogenen Linien genau gehalten.[2] In der päpstlichen Kanzlei findet sich die Liniierung vor dem 11. Jahrhundert nicht;[3] sie wird unter den deutschen Päpsten zur Zeit Heinrichs III. häufiger, ist aber keineswegs in allen Urkunden des 11. Jahrhunderts durchgeführt, namentlich haben die römischen Schreiber, die noch mit der alten Kurialschrift vertraut waren, bisweilen auf unliniiertem Pergament geschrieben. Erst etwa gegen den Anfang des 12. Jahrhunderts wird auch hier die Liniierung Regel, wenn auch keineswegs ganz ausnahmslos. Das Linienschema variiert überall außerordentlich, zuweilen sind nur horizontale Linien gezogen — für die verlängerte Schrift der ersten Zeile bisweilen zwei Linien —, oft aber auch vertikale Linien rechts und links um die Zeilenanfänge und Schlüsse zu bezeichnen. Da die Liniierung nur ungefähr auf den Umfang der einzutragenden Urkunde Rücksicht nehmen konnte, so reicht sie bisweilen darüber hinaus, so daß sich unten Linien ohne Schrift finden; in anderen Fällen war sie zu klein und reichte für die letzten Zeilen der Urkunde nicht mehr aus.

Indem sich in die scharf eingeritzten Linien Staub gelagert hat, erhalten sie bisweilen eine dunkle Färbung und lassen sich nur bei genauerer Betrachtung von Blei- oder Braunstiftlinien unterscheiden. Diese sollen nach den Regeln Konrads von Mure in Büchern ebensowenig vorkommen

---

[1] Vgl. Tangl, MIÖG. 20, 197.

[2] Vgl. Sickel, Acta 1, 289; Kehr, Urkunden Otto III. S. 85 f.; Bresslau, Kanzlei Konrads II. S. 73; Schiaparelli in Bull. dell' istituto stor. ital. 23, 35. Liniierung auf der Rückseite ist in Sizilien namentlich unter König Roger oft vorgekommen, vgl. K. A. Kehr S. 150.

[3] Die erste Urkunde, bei der ich sie erwähnt finde, ist das Privileg Johanns XIX. für Grado, IP. VII a 53 n. 79 Ich selbst habe leider unterlassen, die älteren Urkunden daraufhin zu untersuchen.

wie Tintenlinien,[1] und nur blinde Linien läßt der Züricher Schreiblehrer zu. Bis in die zweite Hälfte des 11. Jahrhunderts gilt das auch für Urkunden insofern, als fast alle Kaiserurkunden mit gefärbten Linien geradezu als unecht betrachtet werden können.[2] Dagegen finden sich unter Heinrich IV. in einigen echten Diplomen der sechziger Jahre des 11. Jahrhunderts wirklich Linien, die mit Braunstift oder Tinte gezogen sind,[3] und im 12. Jahrhundert werden solche farbigen Linien häufiger.[4] Doch haben noch im 13. und den folgenden Jahrhunderten sorgfältige Schreiber die Tintenlinien ganz vermieden und wo sie sich der Bleistift- oder Braunstiftlinien bedienten, diese nach der Schrift wieder fortgewischt; so daß sie jetzt nur noch zum Teil erkennbar sind.[5]

Auch eine andere Vorschrift Konrads von Mure, daß Urkunden nur mit schwarzer Tinte, unter Ausschluß aller anderen Farben geschrieben werden sollen,[6] ist von den Notaren und Urkundenschreibern des Mittelalters im allgemeinen durchaus inne gehalten worden. Heute freilich erscheint diese Tinte sehr verschieden, bald in glänzendem Dunkelschwarz, bald dunkel- oder hellbraun, bald mehr oder minder verblaßt und bis ins Gelbliche hinüberspielend. Das hängt teils von den atmosphärischen und anderen Einflüssen ab, denen die fertige Schrift ausgesetzt war, teils von der mehr oder minder sorgfältigen Zubereitung und der chemischen Zusammensetzung der Tinte, die auch wenn nach dem gleichen Rezept verfahren wurde, selten bei zwei zu verschiedenen Zeiten angefertigten Mengen von Tinte ganz dieselbe gewesen sein wird. Kommt darauf wenig an, wenn es sich um die verschiedene Färbung der Tinte in zwei verschiedenen Urkunden handelt, so wird dagegen der Unterschied innerhalb einer und derselben Urkunde volle Beachtung verdienen. Man wird mit Sicherheit annehmen können, daß die mit verschiedenfarbiger Tinte geschriebenen Teile einer und derselben Urkunde zu verschie-

---

[1] QE. 9, 439.

[2] Vgl. DO. I. 437. DH. II. 5 b. DH. II. 520 (s. MIÖG. 1, 75). DDH. II. 528. 529.

[3] Ich habe notiert St. 2611 a (Or. Reims), 2622 (Or. Hannover), 2660 (Or. Trier). Diese drei Stücke sind sicher echt.

[4] Sichere Beispiele sind St. 3369. 3546. 3752. 3808. 4161. 4503.

[5] Vgl. die aus der zweiten Hälfte des 13. Jahrhunderts stammenden Regeln über Schrift und Ausstattung von Papsturkunden bei Arndt-Tangl, Schrifttafeln 3, 48 § 10: *item nota, quod littere domini pape non debent lineari cum plumbo vel cum stanio vel cum incausto; quod si fieret essent suspecte.*

[6] QE. 9, 438: *incausto non discoloriter nigro, aliis coloribus exclusis . . . scribatur.*

denen Zeiten entstanden sind.[1] Für die Erkennung von Nachträgen und Zusätzen, die für die Kritik der Urkunden oft so wichtig ist, wird somit die genaue Beobachtung der Färbung der Tinte zu einem wesentlichen Hilfsmittel.[2]

Weder in der päpstlichen noch in der deutschen Reichskanzlei hat man im Mittelalter farbige Tinte zum Urkundenschreiben verwandt.[3] Dagegen haben die byzantinischen Kaiser purpurrote Tinte für ihre eigenhändigen Unterschriften gebraucht, worin diese auch bestehen mochten; die Anwendung von solcher Tinte war sonst niemandem gestattet.[4] Diesen Brauch hat dann nicht nur Karl der Kahle in einigen seiner Urkunden nachgeahmt,[5] sondern auch innerhalb des Gebietes, mit dem wir uns zu beschäftigen haben, haben die langobardischen Fürsten von Capua und Benevent, nicht auch die von Salerno, für ihre Monogramme rote Tinte gewählt,[6] und spätestens seit 1140 ist auch in der königlich sizilischen Kanzlei die den Papsturkunden nachgeahmte

[1] Von dem, was hier gemeint wird, ist eine andere Erscheinung, auf die schon Sickel, Acta 1, 290 N. 9, aufmerksam gemacht hat, wohl zu unterscheiden. Es kam nicht selten vor, daß einem Schreiber innerhalb eines Wortes oder selbst eines Buchstabens die Tinte ausging; diejenigen Buchstaben oder Buchstabenteile, die er nun noch hinzufügte, ohne die Feder neu einzutauchen, erscheinen heute blässer. Bei nur einigermaßen genauer Beobachtung wird man diese Erscheinung mit der im Text gemeinten nicht verwechseln.

[2] Dabei ist jedoch zu beachten, daß, wie schon oben bemerkt, zwar der Schluß auf verschiedene Entstehungszeit aus verschiedener Tintenfärbung gestattet ist, aber nicht der umgekehrte. Nachträge können sich an verschiedener Färbung der Tinte zu erkennen geben, aber sie müssen es nicht; man kann auch mit völlig gleicher Tinte nachgetragen haben.

[3] St. 343, angeblich mit roter Tinte geschrieben, ist eine späte Fälschung.

[4] So schon nach einem Reskript Kaiser Leos von 470, Cod. Just. 1, 23, 6; vgl. Rein, Kriminalrecht der Römer S. 534. 555; Wattenbach[3] a. a. O. S. 248 ff.; Carini, Sulla porpora e sul colore porporino nella diplomatica specialmente Siciliana in Nuove effemeridi Siciliane, Serie terza 10 (1880), 5 ff.; Brandi, AfU. 1, 15 ff. Die Form der Unterschrift, auf die hier nicht näher einzugehen ist, wechselt, vgl. darüber Brandi, a. a. O. 37 ff. Im späteren Mittelalter wurden insbesondere auch die Datierungsangaben rot geschrieben, und die rote Schrift des Datums blieb auch, als Prinzen und Despoten das Recht der Unterzeichnung mit roter Tinte erhielten, den Kaisern allein vorbehalten.

[5] Vgl. Brandi a. a. O. 1, 8 f.

[6] S. oben S. 186 f. Ganz vereinzelt ist es, daß einmal in einer Urkunde Ottos IV. von 1209, ausgestellt in Terni, das Monogramm mit roter Tinte geschrieben ist, KUiA. Text S. 450 f.

Rota, die, wie es scheint, die eigenhändige Unterschrift des Herrschers ersetzte, mit roter Tinte ausgeführt worden.[1]

Aus dem Orient stammt wahrscheinlich auch noch ein anderer Brauch, die Anwendung der Goldschrift (Chrysographie) für Urkunden. Die byzantinischen Kaiser bedienten sich ihrer im Mittelalter in Schreiben an besonders hochgestellte Souveräne; sie wird bezeugt für ein Schreiben Kaiser Konstantins IX. an den Kalifen von Kordova,[2] ferner für Briefe des Nikephoros Phokas an Otto I.,[3] des Romanos II. an Konrad II., des Kaisers Manuel an Friedrich I.[4] Weil dieser Brauch bestand, wurde dann auch die Fälschung einer Konstantinischen Schenkung mit Goldbuchstaben geschrieben.[5] Daß auch die Bestallungsdekrete der Prokonsuln mit Goldbuchstaben ausgestattet wurden, wird ausdrücklich überliefert, und ein ähnliches Diplom des 11. oder 12. Jahrhunderts für den Admiral Christodulos haben wir schon oben kennen gelernt.[6]

Der Brauch ist dann zunächst in Italien nachzuweisen. Nach dem Bericht des *Liber pontificalis*[7] soll der Langobardenkönig Aripert II. dem Papst Johann VII. (705—707) eine Schenkungsurkunde in Goldschrift übersandt haben. Die Angabe ist gleichzeitig oder nur wenig später niedergeschrieben und vollkommen glaubwürdig; es liegt nahe anzunehmen, daß hier eben der byzantinische Brauch eingewirkt hat.

---

[1] Vgl. K. A. KEHR S. 168 f. Auf die Rota wird sich dann auch die Angabe in dem lateinischen Texte einer Urkunde von 1142 (PIRRUS, Sicilia sacra S. 391) beziehen, daß König Roger eine Urkunde rot unterzeichnet habe *(posuit suum signum per litteras rubeas)*; übrigens fehlen im griechischen Texte die Worte *per litteras rubeas*, vgl. K. A. KEHR S. 177 N. 3. Auch bei den Erzbischöfen von Neapel scheinen rote Unterschriften vorgekommen zu sein, vgl. BRANDI a. a. O. S. 16 f. — Über den Gebrauch roter Tinte für das Signum in feierlichen Privilegien langobardischer Fürsten vgl. VOIGT S. 18. 19 f. Über rote Unterschriften der serbischen Fürsten des 14. Jahrhunderts s. WATTENBACH[3] a. a. O. S. 251.

[2] WATTENBACH[3] S. 142.

[3] Liutprandi Legat. c. 56: *epistola auro scripta et signata*, also mit Goldschrift und Goldsiegel. Im Gegensatz dazu ist der Brief des Bruders des Kaisers an den Papst nur „*argento signata*“, nicht auch *scripta*, also in gewöhnlicher Schrift und mit silbernem Siegel.

[4] WIPO, Gesta Chounradi cap. 22. ALBERT. Stadens. 1179, SS. 16, 349.

[5] Nach DO. III. 389 und BLOCH NA. 22, 92 f.; vgl. SICKEL, Privil. Ottos I. S. 9; dazu ferner SCHRAMM, Hist. Zeitschr. 129 (1924) S. 469 f. und LAEHR, Hist. Stud. 166 (1926) S. 22 und 183 f.

[6] Constantinus, De caerimoniis 256, angeführt von SICKEL, MIÖG. 6, 365 N. 1; oben S. 499 N. 3.

[7] Liber pontif. ed DUCHESNE 1, 385; ed. MOMMSEN 1, 209: *Aripertus . . . donationem in litteris aureis exaratam . . . reformavit.*

Auch in Unteritalien wird dieser nachgeahmt sein. Aus diesem Bereich sind uns drei chrysographierte Urkunden erhalten: ein Diplom des Fürsten Grimoald von Bari aus dem Jahre 1123 für das Kloster S. Nicola[1] daselbst und in dessen Archiv erhalten, auf dunkelblauem Pergament geschrieben; ein Diplom König Rogers von Jahre 1134 für das Haus der Pierleoni, das in die Barberini-Bibliothek und jetzt mit dieser in die Vatikanische gekommen ist,[2] ebenfalls auf Pergament, das auf der Schriftseite violett, auf der Rückseite purpurgefärbt ist; endlich das schon oben erwähnte zweite Exemplar des Diploms Rogers von 1140 für die Schloßkapelle zu Palermo, das noch jetzt in deren Archiv ruht. Eine Kanzleiausfertigung ist von diesen drei Prachtstücken nur das Diplom Grimoalds, dessen Goldschrift von seinem Kanzler Oktavianus herrührt; die beiden anderen sind zwar ebenfalls durch die Besiegelung mit Goldbullen zu Originalurkunden erhoben worden, aber sie sind nicht in der Kanzlei entstanden. Der Schreiber der Urkunde für die Pierleoni ist kein Kanzleibeamter, sondern königlicher Kapellan, der Erzdiakon Heinrich von Palermo;[3] die Urkunde für die Palastkapelle nennt ihren Schreiber nicht, aber sie ist, wie schon oben bemerkt wurde, nur ein kalligraphisches Duplikat der eigentlichen Kanzleiausfertigung, die wir besitzen.[4]

Die Angaben über die gleiche Ausstattung von Diplomen der deutschen und italienischen Königskanzlei bedürfen besonders sorgfältiger Prüfung. Die am weitesten zurückgehende stammt von dem Anonymus von Herrieden und behauptet die Ausstellung einer Urkunde in Goldschrift für das Bistum Eichstädt durch König Arnulf.[5] Das Diplom,

---

[1] Abdruck bei Pflugk-Hartung, Iter italicum 1, 458 und besonders CD. Barese 5. 121 n. 69, wo das Pergament als *finissima azzurra* beschrieben wird.

[2] Besprochen und herausgegeben von P. Kehr im Arch. stor. della soc. Romana 24, 253 ff., (wo die Vorderseite als *violetto quasi azzurro* bezeichnet wird); vgl. K. A. Kehr S. 141. Das ist jedenfalls die Urkunde, die Bethmann, Arch. d. Ges. 12, 495 aus der Barberina erwähnt; woher aber seine Angabe stammt, daß sie von Robert Guiskard für das Kloster S. Giovanni (so, statt S. Vincenzo am Volturno) ausgestellt sei, ist nicht aufgeklärt.

[3] Da er sich als Schreiber nennt, sehe ich zu den Zweifeln K. A. Kehr's S. 142, ob er selbst der Chrysograph war, keinen rechten Anlaß.

[4] Einzelne Worte — namentlich Eigennamen — in Goldschrift finden sich auch in der prächtigen Morgengab-Urkunde des Grafen Verengnarius von 1015, Cod. dipl. Cav. 4, 258 n. 669 mit Faksimile. Vgl. C. Paoli, Arch. stor. ital. Ser. 4, 6, (1880) 115 f., der auch in Urkunden eines toskanischen Notars aus dem Anfang des 12. Jahrhunderts rote und Goldschrift nachweist.

[5] Anon. Haser. SS. 7, 256: *cyrographo aureis litteris inscripto.* Schon Sickel, BzD. 1, 338 N. 2, Acta 1, 289 N. 8, MIÖG. 6, 360 N. 1 will die Angabe nicht wörtlich nehmen; vgl. auch Mühlbacher, Reg.[2] 1783.

von dem er spricht, ist uns zwar nicht im Original, wohl aber in zwei Abschriften und in einem auf das Original zurückgehenden Abdruck erhalten;[1] da weder hier noch in einer späteren Bestätigung, trotz ausdrücklicher Berufung auf die Vorurkunde Arnulfs, jemals eine so besondere Ausstattung der letzteren erwähnt wird, so wird die Angabe des Anonymus schwerlich als zuverlässig betrachtet werden können.[2] So bleibt die erste abendländische Kaiserurkunde mit Goldschrift das auf purpurgefärbtem Pergament mit Randverzierungen geschriebene Exemplar des Privilegiums Ottos I. für die römische Kirche 962, die sich noch jetzt im vatikanischen Archive befindet:[3] es ist aber nicht das Original, das im Jahre 962 für Johann XII. ausgestellten Privilegs, sondern eine Neuausfertigung davon, die nach der Erhebung Leo's VIII. für ihn hergestellt wurde.[4] In der Kanzlei ist diese kalligraphische Ausfertigung nicht entstanden; ob sie besiegelt war, ist mir zweifelhaft. Daß man in Rom in Anknüpfung an den byzantinischen Brauch ein solches Prachtexemplar der wichtigen Urkunde zu besitzen wünschte, kann nach dem, was oben bemerkt wurde, nicht Wunder nehmen. Ganz ohne Frage unter byzantinischem Einfluß steht dann der nächste Fall, in dem wir einem derartigen Prunkstück begegnen; auch von der Dotalurkunde Ottos II. für seine Gemahlin Theophanu besitzen wir eine jetzt im Landeshauptarchive zu Wolfenbüttel befindliche Ausfertigung in Goldschrift auf mit sehr reichen Randverzierungen und Miniaturen versehenem Purpur-

---

[1] Vgl. MB. 31a, 125.

[2] Über ein Diplom Hugos und Lothars für S. Ambrogio zu Mailand, das nach Puricelli mit Goldschrift auf Fischhaut *in corio piscis* geschrieben sein sollte (Wattenbach[2] S. 214, Pflugk-Harttung, FDG. 24, 571), s. jetzt Sickel, MIÖG. 6, 360; die Angabe Puricelli's ist einfach aus der Luft gegriffen. — Eine Urkunde Arduins von 1002, gleichfalls für S. Ambrogio, St. 1839, gedruckt bei Aresius, Insign. basilicae et imp. coenob. S. Ambrosii maioris Mediol. abbatum chronolog. series (Mediol. 1674) S. 52, nach einem angeblichen Notariatstranssumpt von 1194, in dem es heißt, das *originale scriptum* sei „*litteris aureis*“ geschrieben, ist eine Fälschung des Carlo Galluzzi, eines Mailänder Genealogen des 17. Jahrhunderts, vgl. jetzt Holtzmann NA. 25, 466 ff.

[3] Vgl. DO. I. 235; Sickel, Das Privileg Ottos I. für die römische Kirche, Innsbruck 1883 (mit Faksimile) Sackur, NA. 25, 411 ff. und die von Sackur S. 411 N. 1 erwähnten Untersuchungen. Was sonst über das Privileg verhandelt worden ist, hat für die ältere Forschung Diekamp, Hist. Jahrb. 1885, S. 637 ff. zusammengestellt; es hängt mit unserer gegenwärtigen Betrachtung ebensowenig zusammen wie die neuere Literatur, die sich mit dem Inhalt des Ottonianums beschäftigt, wie Hampe in der Festschr. für Zeumer S. 158; Stengel, HZ. 134, 221 und Schramm, Kaiser, Rom und Renovatio S. 70. 73 ff. 104. 166 f.

[4] Davon haben mich die Ausführungen Sackur's a. a. O. durchaus überzeugt.

pergament,[1] die sicher im Auftrage des Kaisers entstanden ist, aber ebensowenig wie das vatikanische Exemplar der Schenkung Ottos I. an die römische Kirche in der Kanzlei entstanden ist und schon deshalb nicht als rechtsgültiges Original bezeichnet werden kann, weil ihr das im 10. Jahrhundert bereits allein maßgebende Beglaubigungsmittel der Königsurkunde, die Besiegelung, fehlt[2] und immer gefehlt hat.[3] Anders steht es dagegen mit der Bestätigung und Erweiterung des Ottonischen Privilegs von 962, die Heinrich II. im Jahre 1020 für Benedikt VIII. ausfertigen ließ; in einem Transsumpt von 1339 wird das mit Goldschrift auf violettrotem Pergament eingetragene Privileg Heinrichs genau beschrieben, und damals hing noch an roten Seidenfäden die goldene Bulle Heinrichs, deren Beschreibung vollkommen zutrifft, an der Urkunde.[4] Es ist möglich, daß es neben dieser noch andere Ausfertigungen dieses Privilegs gegeben hat; und es läßt sich nicht mehr entscheiden, ob das Prachtexemplar in der Kanzlei oder außerhalb derselben entstanden ist; gewiß ist aber, daß ihm durch die Besiegelung der rechtliche Wert einer Originalurkunde verliehen ist; und es stellt daher die erste deutsche Kaiserurkunde in Goldschrift dar, von deren Originalität wir zuverlässige Kunde haben. Die zeitlich nächststehende Purpururkunde mit Goldschrift, ein Diplom Konrads II. für das Bistum Parma vom Jahre 1035,[5] war ebenfalls dazu bestimmt, durch Vollziehung des Monogramms und Besiegelung zum Original erhoben zu werden; aber die kaiserliche Anerkennung ist ihr versagt worden und sie ist ein bloßer Entwurf geblieben. Ihr Verfasser

[1] Faksimile Orig. Guelf, 4, 460; KUiA. Lief. IX Taf. 2; zur Beschreibung vgl. SICKEL a. a. O. S. 19; PFLUGK-HARTTUNG, FDG. 24, 574.

[2] Was PFLUGK-HARTTUNG a. a. O. 24, 576 über die fehlende Besiegelung dieser Urkunde bemerkt, beruht auf einer nicht zutreffenden Vorstellung und zeigt, daß er von der rechtlichen Bedeutung der Besiegelung und von dem Unterschiede zwischen deutschem und italienischem Urkundenwesen des Mittelalters keine Vorstellung hat. — Zwischen unbeglaubigten Prachtausfertigungen, wie sie hier erwähnt sind, und den Ausfertigungen in Stein und Metall, wie sie z. B. Heinrich V. für Speyer machen ließ (oben S. 479 N. 1), besteht, was ihren rechtlichen Wert betrifft, kein Unterschied.

[3] Eine Urkunde Ottos III. für Ivrea vom 9. Juli 1000, DO. III. 376, uns nur überliefert in Abschrift von 1308, bezeichnet sich selbst als *pagina aureis litteris decorata*, ist aber eine Fälschung; der Kontext ist mit Benutzung eines verlorenen Diploms Konrads II. für Ivrea hergestellt, das mit dem DK. II. 38 für Novara (vgl. die Vorbemerkung dazu) gleichzeitig gegeben wurde. Die auf Goldschrift und Goldsiegel bezüglichen Ausdrücke sind Zutat des Fälschers zum Texte des DK. II. 81; die Fälschung dürfte mit dem unten S. 512 erwähnten D. Friedrichs II. für Ivrea zusammenhängen.

[4] DH. II. 427, vgl. die Vorbemerkung zu dieser Urkunde, ferner SICKEL a. a. O. S. 102; BLOCH, NA. 25, 681 ff.

[5] DK. II. 218 im bischöflichen Archiv zu Parma.

ist ein ehemaliger Kanzleibeamter Konrads, der aber in den Dienst des Bischofs von Parma übergetreten war; an ihrer graphischen Herstellung haben wirkliche Kanzleibeamte sich nicht beteiligt.[1] Dagegen liegen dann wieder zwei chrysographische Diplome Heinrichs IV. vor, die als eigentliche Originale anzusprechen sind: Das Privileg für den Bischof Benno II. von Osnabrück vom 30. März 1079, das mit Goldschrift, aber auf ungefärbtem Pergament geschrieben ist,[2] und das Privileg für das Kloster Pomposa vom 7. Oktober 1095,[3] das auf einem purpurgefärbten Pergamentblatte steht; ob jenes in oder außerhalb der Kanzlei geschrieben ist, darüber wird erst nach der vollständigen Ermittelung der unter Heinrich IV. tätigen Kanzleischreiber endgültig entschieden werden können; für die Pomposaner Urkunde läßt sich die Frage jetzt schon beantworten, da der Unterkanzler des Kaisers, Rainald, den wir auch sonst nachweisen können, sich ausdrücklich als Schreiber nennt. Die Reihe der erhaltenen mit Goldschrift ausgestatteten Purpururkunden deutscher Herrscher schließt dann mit zwei Diplomen Lothars III. und Konrads III. für Wibald von Stablo. Das erstere erhielt der Abt für sein Kloster Stablo im Jahre 1137 in Aquino, und die Ausstellung in Unteritalien, wo man dergleichen Prachtstücke liebte, erklärt die sollenne Ausstattung der Urkunde,[4] die durch die Besiegelung mit einer Goldbulle von der Kanzlei zum Original erhoben wurde, aber von einem der Kanzlei nicht angehörigen Schreiber hergestellt worden ist. Daß Wibald so in Italien eine Urkunde in Prachtausfertigung empfangen hatte, wird ihn veranlaßt haben, sich auch von der Verfügung Konrads III., durch die ihm endgültig das Kloster Kemnade verliehen wurde, neben zwei gewöhnlichen noch eine dritte Ausfertigung in Goldschrift auf Purpurpergament herstellen zu lassen, die ebenfalls mit Goldbulle besiegelt worden ist;[5] sie ist in Anlehnung an das eben erwähnte Diplom Lothars von einem Mönche aus Corvey oder Stablo

---

[1] In einer Urkunde Heinrichs III. für Metz, St. 2495, sind gewisse Teile, die ursprünglich mit gewöhnlicher Tinte geschrieben waren, nachträglich (wahrscheinlich erst in Metz) durch Auflegung von Goldblättchen ausgeschmückt worden, vgl. Sickel, Acta 1, 289 N. 8, dessen Angaben ich lediglich bestätigen kann.

[2] Jostes, Die Kaiser- und Königsurkunden des Osnabrücker Landes n. 23; vgl. Tangl, AfU. 2, 288 ff. Dies ist die *chartula auriis litteris conscripta*, die in der echten Vita Bennonis cap. 16, ed. Bresslau S. 21 erwähnt wird und die nach cap. 19 (S. 25) im Jahre 1080 in Osnabrück öffentlich verlesen wurde.

[3] St. 2932 im Staatsarchiv zu Modena, vgl. Bresslau, NA. 19, 683 ff.

[4] DL. III. 119. Or. in Düsseldorf, vgl. Schum, KUiA. Text S. 375 f.; Schultze, Urkunden Lothars S. 30 f. Ob von der Urkunde auch eine Ausfertigung in gewöhnlicher Ausstattung existiert hat, wissen wir nicht.

[5] Das hat Ilgen MIÖG. 12, 615 gegen frühere Zweifel erwiesen.

geschrieben worden.[1] Nicht mehr erhalten ist endlich eine mit Goldbulle versehen gewesene Ausfertigung der Bestätigung Friedrichs I. vom Jahre 1152, die sich Wibald für sein Kloster Corvey ausstellen ließ; daß auch sie mit Goldschrift ausgestattet war, ist nach den Nachrichten, die uns darüber vorliegen, nicht unwahrscheinlich.[2] Aus dem 13. Jahrhundert besitzen wir dann zwar noch eine Urkunde Friedrichs II. vom 24. Februar 1219, durch die er dem Bischof Heinrich von Ivrea erlaubte, sich ein Privileg gleichen Datums, das ihm in gewöhnlicher Ausstattung erteilt worden war, in Goldschrift kopieren zu lassen und ihm versprach, es mit seiner goldenen Bulle siegeln zu lassen.[3] Ob das aber geschehen ist, wissen wir nicht, und der Fall zeigt klar, daß jedenfalls die Kanzlei Friedrichs II. nicht darauf eingerichtet war, chrysographierte Urkunden herzustellen, sondern das dem, der ein solches Prachtexemplar wünschte, überließ. Spätere Beispiele von Königsurkunden in Goldschrift sind bisher nicht bekannt geworden; auch von Fürstenurkunden kennt man in Deutschland bisher nur sehr wenige, die schon WATTENBACH[4] angeführt hat: aus dem 12. Jahrhundert das Privileg Adalberts von Mainz für seine Stadt, dessen Original,[5] von einem Mainzischen Kanzleibeamten herrührend, die erste aus Kapital- und Unzialbuchstaben gemischte Zeile in Goldschrift aufweist, vielleicht aber nur eine einige Jahrzehnte später entstandene Neuausfertigung darstellt, und aus dem 14. Jahr-

[1] St. 3543, Faksimile KUiA. Lief. X Taf. 5; die Urkunde ist in allen drei Exemplaren Neuausfertigung des Diploms St. 3544; die Neuausfertigung ist 1149 oder 1151 geschrieben, vgl. KEHR, NA. 15, 363 ff., MIÖG. 13, 626 ff. (gegen ILGEN, MIÖG. 12, 614 ff.), SCHUM, KUiA. Text S. 374 ff., NA. 17, 619 f., SCHULTZE, Urkunden Lothars S. 31. Dazu jetzt ZATSCHEK's Ausführungen MIÖG. Erg. 10 (1928) S. 300 ff. 306 f. 436 f.

[2] St. 3626; die jetzt noch erhaltene Ausfertigung hatte ein Wachssiegel; die Nachrichten über das Prachtexemplar, die mir glaubwürdig erscheinen, hat ILGEN a. a. O. S. 614 ff. zusammengestellt. Wenn SCHUM NA. 17, 620 betont, daß in dem Kopialbuch des 17. Jahrhunderts (Mscr. I. 147 in Münster) die Worte *aureisque litteris* durchstrichen seien, so ist darauf nichts zu geben: die Tilgung der Worte wird von einem Manne herrühren, der die Prachtausfertigung nicht mehr vorfand und nur das uns erhaltene gewöhnliche Exemplar kannte. Daß es ein zweites Exemplar der Urkunde gegeben haben muß, ist wegen der übereinstimmenden und völlig unverdächtigen Zeugnisse über die Goldbulle sicher; dann sehe ich aber auch keinen ausreichenden Grund an der Angabe SCHATEN's, Ann. Paderborn. 1, 790 und jenes Kopiars über ihre Ausstattung mit Goldschrift zu zweifeln.

[3] BF. 987, vgl. FICKER, BzU. 2, 493; WINKELMANN, Acta 1, 129 f. n. 153. 154; SICKEL, MIÖG. 6, 363.

[4] Schriftwesen[3] S. 260.

[5] Vgl. jetzt HEGEL, FDG. 20, 441.

hundert einige Stiftungsbriefe Herzog Rudolfs IV. von Österreich, in denen die Invokation, einmal auch die eigenhändige Unterschrift des Herzogs in Goldtinte ausgeführt sind.[1]

Zumeist, wenn auch nicht immer ist, wie sich aus den vorstehenden Angaben ergibt, Goldschrift mit Färbung des Pergaments oder Papiers verbunden gewesen, bisweilen auch mit anderweiter Verzierung des Schreibstoffes durch Randzeichnungen und Miniaturen. Demgegenüber hat das spätere Mittelalter hauptsächlich durch die Ausschmückung der Initialen den Urkunden einen prächtigen Charakter zu geben gesucht, worauf wir später zurückkommen werden. Hier muß nur, da es sich um die zum Schreiben verwandten Stoffe handelt, kurz erwähnt werden, daß auch farbige Ausstattung solcher Urkunden vorkommt, und daß dieselbe bei einer Gattung von Diplomen seit der Zeit König Wenzels besonders häufig sich findet: bei den Wappenbriefen nämlich, in welche die erteilten Wappen in farbiger Zeichnung aufgenommen wurden.[2]

Achtzehntes Kapitel.

Die Urkundenschrift.

Urkunden des Mittelalters richtig zu lesen und ihre Schrift sachgemäß zu beurteilen, lehrt nicht die Diplomatik, sondern die Palaeographie; bei jedem, der sich mit diplomatischen Studien beschäftigt, müssen die dazu erforderlichen Vorkenntnisse vorausgesetzt werden. Auch die Schrift der Urkunden ist den Gesetzen unterworfen, die für die Entwickelung der mittelalterlichen Schrift im allgemeinen maßgebend sind und sie bestimmt haben; und an den Urkunden allein diese Gesetze darzulegen, ist weder zweckmäßig noch überhaupt möglich. Wenn daher in einem Handbuch der Urkundenlehre auch von der Urkundenschrift die Rede sein soll, so kann es dabei nicht die Absicht sein, den Gegenstand zu erschöpfen; es kann vielmehr nur darauf ankommen, auf die Momente in der allgemeinen Geschichte der Schrift in aller Kürze hinzuweisen, die in den Urkunden vorzugsweise zur Erscheinung gelangen und deshalb für ihre Beurteilung wichtig sind.

[1] Kürschner, Arch. f. österr. Gesch. 49, S. 8, 24 N. 2. — Im 14. Jahrhundert wendet auch die päpstliche Kanzlei gelegentlich Goldschrift an, vgl. Sickel, MIÖG. 6, 356 N. 1.

[2] Vgl. Lindner S. 84 f.

In dieser Beziehung ist nun zunächst zu bemerken,[1] daß es schon in altrömischer Zeit neben der vorzugsweise in Inschriften und literarischen Werken angewandten Kapital- und Unzialschrift eine andere Schriftgattung gab, die, wenn auch nicht ausschließlich, so doch vorzugsweise im geschäftlichen Verkehr, d. h. eben in den Urkunden, zur Anwendung gelangte und die wir als Kursivschrift[2] bezeichnen. Die Hauptmerkmale dieser Kursive sind die Vereinfachung der Schriftzüge, die Mannigfaltigkeit der Formen, die für einen und denselben Buchstaben gebraucht werden, und sodann die Verbindung der Buchstaben untereinander, durch welche ihre Formen noch weiter vervielfacht und verändert werden: alles dies dient demselben Zweck, dem Streben nach Beschleunigung des Schreibens.

In der Geschichte dieser altrömischen Kursivschrift konnte und mußte man bis vor nicht langer Zeit zwei Perioden unterscheiden. Wir kannten sie, um nur von Urkunden zu reden, einerseits aus den früher[3] erwähnten pompejanischen und siebenbürgischen Wachstafeln des ersten und zweiten nachchristlichen Jahrhunderts, andererseits aus Papyri, die teils aus Ägypten, teils aus Italien, vorzugsweise aus Ravenna stammten, und von denen die allerältesten der Wende des vierten und fünften Jahrhunderts, einige wenige dem fünften, die überwiegende Mehrzahl aber erst dem sechsten Jahrhundert angehörten.[4] Zwischen diesen und jenen bestanden so große Unterschiede, daß man mit vollem Recht von einer älteren und einer jüngeren Kursive[5] sprach und diese beiden Schrift-

[1] Vgl. für alles folgende Sickel, Acta 1, 290 ff.; Wattenbach, Anleitung zur lateinischen Paläographie [4] S. 14 ff.; Giry S. 513 ff.; Arndt-Tangl, Schrifttafeln zur Erlernung der lateinischen Paläographie (3 Hefte, besonders wichtig Heft 3 von Tangl); Steffens, Lateinische Paläographie [2], 1909; Chroust, Monumenta palaeographica 1899 ff.; Bretholz in Meisters Grundriß I, 1[3] (1926); Paoli-Lohmeyer, Grundriß zu Vorlesungen über lateinische Paläographie und Urkundenlehre 1 [3], 12 ff. (im italienischen Text ist die dritte Auflage nicht mehr erschienen, und es ist deshalb die vom Verfasser revidierte deutsche Übersetzung in dritter Auflage der zweiten italienischen vorzuziehen). Lehmann, Lateinische Paläographie in Gerke-Norden's Einleitung in die Altertumswissenschaft I, 10 (1925).

[2] Faksimiles von älteren Kursivschriften bietet außer den schon zitierten Werken, von denen hier namentlich die oben S. 487 N. 5 angeführte Publikation Wessely's in Betracht kommt, auch Federici, Esempi di corsiva antica dal secolo I dell'era moderna al IV (Rom 1907).

[3] S. oben S. 480 N. 2.

[4] Faksimiles bei Steffens [2] Taf. 22 und im Arch. palaeogr. ital. 1, Taf. 1—5.

[5] Diese bezeichnet man nach dem Vorgange Sickel's (Acta 1, 291 ff.) auch als Majuskel- und Minuskelkursive, welche Benennungen auch ich in der ersten Auflage dieses Werkes beibehalten habe. Daß sie nach dem jetzigen Stande unseres Wissens auf-

arten scharf auseinander hielt. Erst durch die reichen ägyptischen Funde der letzten beiden Jahrzehnte sind uns auch Papyrusurkunden des zweiten bis fünften Jahrhunderts in größerer Zahl bekannt geworden, aus denen wir lernen, daß die Entwicklung von der älteren zur jüngeren Kursivschrift eine ganz allmähliche, durch langsame Übergänge vermittelte ist. Sie geht in gewisser Weise parallel der in der Bücher-Majuskelschrift sich vollziehenden Entwicklung von der Kapitale zur Unziale, sie wirkt auf diese ein, indem einzelne Formen der Unziale sich schon in Kursivschriften des ersten und zweiten Jahrhunderts finden, sie wird aber andererseits auch von ihr beeinflußt, indem seit der vollen Ausbildung der Unziale im vierten Jahrhundert die von dieser beseitigten Formen der Kapitale auch aus der Kursive ganz verschwinden. Eine scharfe, zeitliche Abgrenzung zwischen zwei von einander zu trennenden Gattungen der altrömischen Kursive ist bei dieser Sachlage nicht mehr möglich, aber auch für die Geschichte der Schrift nicht erforderlich.

Sie ist aber auch deswegen kaum streng durchführbar, weil die in der Tat sehr bedeutenden graphischen Unterschiede, die zwischen den uns erhaltenen Urkunden in mittelalterlicher Kursivschrift bestehen, nicht bloß auf der Verschiedenheit der Zeit ihrer Entstehung beruhen, sondern, — soweit es sich um Schriftstücke der späteren Jahrhunderte handelt, sicherlich, soweit ältere Schriftstücke in Betracht kommen, wenigstens höchst wahrscheinlich, — auch noch in anderen Verhältnissen ihren Grund haben. Während nämlich die ältere Buch- und Inschriftenschrift, die Kapitale und Unziale in ihrer Formgestaltung zwar durch die Beschaffenheit des Schreibstoffes (Stein, Erz, Papyrus, Pergament) wesentlich beeinflußt wird, im übrigen aber der individualisierenden Umbildung wenig Spielraum bietet, (weshalb denn auch die zeitliche und örtliche Fixierung von undatierten Kapital- und Unzialhandschriften

zugeben sind, hat Tangl, MIÖG. 20 (1899), 662 ff. mit vollem Recht bemerkt; er will dafür die Bezeichnung Kapital- und Unzialkursive einführen. Aber ich habe doch auch gegen diese Bezeichnung gewisse Bedenken; denn eben unter dem Einfluß der Kursive ist, wie Steffens (Schrifttafeln [2] Text S. IV) mit Recht bemerkt, die Kapitale zur Unziale umgestaltet worden, und schon in den ältesten Kursivschriften finden sich Formen, die der Unziale nahestehen, so in den pompejanischen Wachstafeln für a und d, in dem Papyrus des ersten Jahrhunderts (Steffens[2] Taf. 4) besonders für d und e, in dem Papyrus von 166, den Tangl Taf. 32 noch ganz der Kapitalkursive zurechnen will, für e h, und in der Unterschrift des Isodorus für U. Ich kann nicht finden, daß der Unterschied zwischen Kapital- und Unzialkursive sich sehr viel schärfer durchführen läßt als der zwischen Majuskel- und Minuskelkursive, den beseitigt zu haben Tangl's Verdienst ist.

so große Schwierigkeiten macht), steht es damit bei der Kursive ganz anders. Erst die in dieser Schriftart vorhandene Mannigfaltigkeit der Buchstabenformen und -verbindungen sowie die in ihr gegebene Möglichkeit, die Richtung der Schrift mehr oder minder von der Vertikale zu entfernen, gestattete die Ausbildung individueller Handschriften und ermöglicht uns also die leichte und sichere Unterscheidung der Erzeugnisse verschiedener Schreiber. Indem nun aber hier Schule und Tradition eingriffen, konnte und muß es geschehen, daß die Kursivschrift sich auch lokal differenzierte,[1] daß sich eigenartige und unschwer von einander zu unterscheidende Formen in verschiedenen Gegenden, ja auch in den Schreibstuben verschiedener Behörden des Reiches ausbildeten.

Sicher bezeugt ist, daß die kaiserliche Kanzlei sich schon um die Mitte des 4. Jahrhunderts einer besonderen Schriftart bediente, deren Nachahmung im Jahre 367 durch ein kaiserliches Reskript den Bureaux des Prokonsuls von Afrika und allen anderen Behörden des Reiches ausdrücklich verboten wurde.[2] In dieser vornehmen und stattlichen Kursive, die wir am besten als altrömische, kaiserliche Kanzleischrift bezeichnen,[3] sind die Fragmente von zwei Reskripten des fünften Jahrhunderts ausgeführt, die man in Ägypten gefunden hat und die sich jetzt zum Teil in Leyden, z. T. in Paris befinden.[4]

---

[1] Nicht anders als wie noch jetzt geschieht. Die Schrift eines Engländers wird ein einigermaßen geübtes Auge leicht von der eines Franzosen oder Italieners unterscheiden können.

[2] Cod. Theodos. 9, 19, 3: *Impp. Valentianus et Valens AA. ad Festum proconsulem Africae. Serenitas nostra prosperit inde caelestium litterarum coepisse imitationem, quod his apicibus tuae gravitatis officium consultationes relationesque complectitur, quibus scrinia nostrae perennitatis utuntur. Quam ob rem istius sanctionis auctoritate praecepimus ut . . . communibus litteris universa mandentur, quae vel de provincia fuerint scribenda, vel a judice, ut nemo stili huius exemplum aut privatim sumat aut publice.* Vgl. Brandi, AfU. 1, 17 N. 2.

[3] Daß die von Jaffé für diese Schrift vorgeschlagene Bezeichnung „mittlere römische Kursive“ jetzt abzulehnen ist, versteht sich nach dem früher gesagten von selbst. Aber auch die neuerdings mehrfach gebrauchte Benennung „Kaiserkursive“ ist nicht recht zutreffend, wie Wilcken richtig bemerkt hat; denn die Kaiser selbst haben sich für ihre eigenhändige Unterschrift dieser Schriftart nicht bedient.

[4] Vgl. Mommsen, Juristische Schriften 2, 342 ff. Abbildungen und Erläuterungen auch Palaeograph. Society 2, 2, 30; Wessely, Schrifttafeln Taf. 1 n. 22 mit Text S. 9; Arndt-Tangl, Schrifttafeln Taf. 1 b; Steffens [2] Taf. 16. Eingehende Erläuterung von Faass, AfU. 1, 194 ff. — Ein drittes aus der kaiserlichen Kanzlei hervorgegangenes Schriftstück, fragmentarisch in Leyden erhalten, ist herausgegeben von Leemans, Papyri graeci Mus. ant. p. Lugd. Bat. 2, 263 ff. (1885 mit Faksimile) und von Wessely, Ein Majestätsgesuch aus dem Jahre 391/2 n. Chr. (Wien 1888 = 14. Jahresber. d.

Wie in den Bureaux der römischen Imperatoren und ihrer Beamten[1] so sind aber aller Wahrscheinlichkeit nach auch in den Kanzleien hochgestellter geistlicher Würdenträger und wohl auch in den Schreibstuben der munizipalen Behörden, wenigstens in den größeren Städten des Reiches eigene kalligraphische Schriftarten entstanden, die ihnen eigentümlich waren. Bekannt ist uns die Kanzleischrift der städtischen Kurie zu Ravenna aus mehreren Urkunden des ausgehenden 5. und 6. Jahrhunderts, in denen namentlich gewisse, auf die Aktenedition bezügliche Formeln höchst charakteristische, ungewöhnlich große und stattliche Buchstabenformen aufweisen[2]. Die Schrift der erzbischöflichen Kanzlei von

K. K. Staatsgymnasiums in Sternals), dessen Lesung aber in wesentlichen Punkten berichtigt ist von Wilcken, Berl. philolog. Wochenschrift 1888 Sp. 1205 ff., vgl. auch Wilcken, Arch. f. Papyrusforsch. 1, 398 ff. und Faass, AfU. 1, 188 ff. Von dem eigentlichen kaiserlichen Reskript sind nur wenige sehr stattliche Schriftzüge erhalten, die zu entziffern noch nicht gelungen ist (Wessely's Lesung— *erneat*, was er dann zu *decerneat*(!) ergänzt, ist sicher verkehrt; gegen Wilcken's Annahme, daß die Schriftzüge der Datierung angehören, vgl. Faass a. a. O. 192, dessen Einwendungen mir allerdings nicht ganz zutreffend erscheinen). Seitwärts dieser Schriftzüge steht die authographe, in eleganter Kursive, aber nicht in Kanzleischrift ausgeführte kaiserliche Subskription : *bene valere te cupimus*; über der dem Reskript angefügten griechischen Bittschrift, auf welche das Reskript die Entscheidung gegeben haben muß, steht „*exemplum precum*", auch dies nicht in der eigentlichen Kanzleischrift. Daß das Reskript den Kaisern Theodosius II. und Valentinian III. (nicht Theodosius I. und Valentian II.), also dem zweiten Viertel des 5. Jahrhunderts angehört, hat Wilcken jetzt erwiesen, vgl. Arch. f. Papyrusforsch. 4, S. 172. Endlich sind drei Fragmente eines vierten Schriftstückes aus der Sammlung des Erzherzogs Rainer publiziert worden (Wessely, Schrifttafeln, Taf. 10 n. 25 mit Text S. 10; vgl. Faass a. a. O. S. 198 ff.); es war an den *praeses provinciae Arcadiae* adressiert und ist jedenfalls aus einer amtlichen Schreibstube hervorgegangen. Ob es aber aus der kaiserlichen Kanzlei stammt, wie Wessely glaubt, ist höchst zweifelhaft, und seine Entstehungszeit (jedenfalls nach 395) läßt sich nicht näher bestimmen.

[1] Als Probe der Schrift in einem ägyptischen Bureau um die Mitte des vierten Jahrhunderts wird wohl der von mir, Arch. f. Papyrusforsch. 3, 168 ff. mit Faksimile herausgegebene und erläuterte Empfehlungsbrief an den praeses der Provinz Phoenice gelten können. (Abbildung bei Arndt-Tangl[3] n. 32a und bei Steffens[2] Taf. 13.) Der Absender war jedenfalls ein höherer Provinzialbeamter in Ägypten und wird den von ihm eigenhändig unterzeichneten Brief wohl in seinem Bureau haben herstellen lassen.

[2] Abbildungen solcher Urkunden, (von deren Schrift die von den Tabellionen von Ravenna hergestellten Schriftstücke bei aller allgemeinen Ähnlichkeit doch im einzelnen abweichen), bei Marini, Taf. 3. 7. 8. 11. 14. 16; Mabillon, Suppl. Taf. 73—76; Champollion-Figeac, Chartes latines sur papyrus; Arch. palaeog. Ital. 1, Taf. 1—5. Für die im Text bezeichnete Formel vgl. besonders Marini, Taf. 3 (wiederholt bei Wessely, Taf. 11 n. 28) 7. 8. 11. Von der Kurie zu Rom ist uns leider nichts Entsprechendes erhalten.

Ravenna kennen wir aus einer in Rom erhaltenen Papyrusurkunde etwa aus der Mitte des siebenten Jahrhunderts; [1] sie unterscheidet sich sehr bestimmt von derjenigen der Tabellionen und der Exzeptoren der städtischen Kurie, und es ist in höchstem Maße wahrscheinlich, daß sie eine eben dieser Kanzlei eigentümliche kalligraphische Aus- und Umbildung der römischen Kursive darstellt: leider besitzen wir bis jetzt keine anderen Abbildungen von älteren Urkunden der Erzbischöfe von Ravenna, so daß wir die weitere Entwicklung dieser Schrift nicht genau verfolgen können. Dreihundert Jahre später ist in einer Urkunde des Erzbischofs Johann vom Jahre 986 ein unmittelbarer Zusammenhang mit jener früheren Schrift nur in geringem Maße zu erkennen; Einwirkungen der Minuskel, aber auch der Kursivschrift, die in den Ausfertigungen der ravennatischen Tabellionen gebraucht wird, sind deutlich: dennoch unterscheidet sich die Urkunde noch immer sehr merklich von der letzteren [2] und zeigt, daß die Schrift der erzbischöflichen Kanzlei auch damals noch ihren eigenen Weg ging.

Sehr viel besser können wir die Geschichte der Schrift der päpstlichen Kanzlei überblicken; [3] aber leider nur die der späteren Jahrhunderte, denn die Reihe der uns erhaltenen Originale von Papsturkunden beginnt erst mit einem Brief vom Jahre 788 [4] und einem Privileg vom Jahre 819. [5]

---

[1] Faksimile AfU. 1, Taf. 2; Marini, Taf. 20. Die Schrift ist eingehend besprochen von Brandi, AfU. 1, 72 ff. Die nächste mir durch ein Faksimilie bekannte Kanzleiurkunde eines Erzbischofs ist vom Jahre 986, Arch. palaeogr. ital. 3, Taf. 82, dann folgt eine andere von 1001, Mabillon, Dipl. S. 447, Taf. 51. Beide Stücke sind von dem erzbischöflichen Notar Deusdedit geschrieben.

[2] Vgl. z. B. die Faksimiles von 977 und 983 Arch. palaeogr. ital. 7, 9 und 3, 56.

[3] Eine umfangreiche Sammlung von Faksimiles bietet von Pflugk-Harttung, Specimina selecta chartarum pontificum Romanorum (3 Teile, Stuttgart 1885—87). Um die Entwicklung der Schrift im allgemeinen zu verfolgen, reichen seine Abbildungen aus, während sie für feinere diplomatische Untersuchungen nicht völlig genügen. Für die ältesten Papsturkunden gibt Omont, BEC. 65, 575 ff. ein Verzeichnis der sonstigen Faksimiles. Von Nr. 23 ist ein Faksimile in natürlicher Größe, das auf Veranlassung Kehr's angefertigt ist, mehrfach verbreitet. Die Faksimiles sämtlicher erhaltenen päpstlichen Papyrusdiplome Spaniens, Italiens und Deutschlands sind in der oben S. 491 f. N. 9 erwähnten Publikation vereinigt. Die ältesten Papsturkunden Spaniens hatte Kehr bereits 1926 in den Abh. d. Berl. Akad. Nr. 2 erläutert und reproduziert. Vgl. außerdem über die vorhandenen Faksimiles der ältesten Originale auf Pergament meine Zusammenstellung MIÖG. 9, 1 ff. und das Verzeichnis Diekamp's Hist. Jb. 4, 388 ff. Leicht zugänglich sind die Faksimiles bei Steffens [2] Taf. 58. 62. 73. 76, bei Arndt-Tangl, Schrifttafeln n. 80, im Arch. palaeogr. ital. Bd. 6 u. a. m.

[4] Jaffé-E. 2462. Faksimile bei Pflugk-Harttung a. a. O. Taf. 101.

[5] Jaffé-E. 2551. Faks. ib. Taf. 1.

Aller Wahrscheinlichkeit nach hat sich diese römische Kurialschrift, wie wir sie zu bezeichnen pflegen, in älterer Zeit, ebenso wie das in Ravenna der Fall war, von der Schrift der römischen Tabellionen bestimmt unterschieden; wenigstens weist die einzige uns erhaltene römische Tabellionatsurkunde aus dem 6. oder 7. Jahrhundert [1] einen durchaus anderen Schriftcharakter auf als die eben erwähnten ältesten Schriftstücke, die aus der päpstlichen Kanzlei hervorgegangen sind,[2] und es ist durchaus unwahrscheinlich, daß aus Schriftformen, wie sie jene Urkunde zeigt, die der Kuriale sich hätten entwickeln können. Deren Wurzeln liegen viel weiter zurück, und sie muß aus den Kursivformen und-Verbindungen früherer Jahrhunderte abgeleitet werden. Sie hat eine der Schrift der ravennatischen Kanzlei ähnliche Steillage und auch einzelne Buchstabenformen sind in beiden Kanzleischriften ähnlich gestaltet; sie unterscheidet sich aber durch die ihr eigentümlichen Formen namentlich für *aeqt* und besonders dadurch, daß die in der Zierschrift noch mehr als in der des Kontextes vorzugsweise in der Breite ausgebildet ist, so daß der Gesamtcharakter der beiden Schriften doch ein wesentlich verschiedener ist.[3] Diese Kuriale herrschte nun in der päpstlichen Kanzlei bis ins 11. Jahrhundert hinein fast ausschließlich, doch erfuhr sie schon im zehnten Jahrhundert gewisse Veränderungen, so daß man für die Zeit vom 10. bis zur Mitte des 11. Jahrhunderts von einer mittleren Kuriale

[1] Marini, n. 92, Taf. 13.

[2] Das hat schon Kehr, Abh. d. Gött. Ges. N. F. 1, 11 mit Recht hervorgehoben.

[3] Vgl. Kehr, Die ältesten Papsturkunden Spaniens S. 6; Bretholz in Meister's Grundriß I, 1³ 71 ff.; Brandi, AfU. 1, 67 ff. 73; Schiaparelli, Arch. stor. Ital. Ser. 7, 6 S. 165 ff., der ähnlich wie Brandi die Kuriale auf die Behördenschrift der römischen Kaiserzeit zurückgeführt und für ihre Weiterentwicklung Einflüsse der gleichzeitigen Notarkursive annimmt. — Einen Zusammenhang dieser Kuriale mit griechisch-byzatinischen Schreibgewohnheiten hat Monaci angenommen (Arch. stor. della Soc. Romana 8, 245 ff., 9, 283 ff.); dagegen Wattenbach, Jahresber. d. Geschichtswissensch. 8, 2, 305; Paoli-Lohmeyer 3, 296 N. 1; Kehr, Abh. der Gött. Ges. NF. 1, S. 11 N. 1. An sich ist ja eine gegenseitige Beeinflussung der griechischen und römischen Kursive keineswegs undenkbar und in Ägypten in einzelnen Fällen bestimmt zu erweisen, aber gerade für die päpstliche Kuriale sind doch die Erörterungen Brandi's a. a. O. S. 68 ff., der an sich der These Monaci's nicht abgeneigt gewesen zu sein scheint, nicht dazu gelangt, einen Einfluß griechischer Kaiserurkunden irgendwie bestimmter nachzuweisen. Was sie gemeinsam haben, ist schließlich doch das, was von jeder Prunkschrift gilt; vgl. dazu auch Mentz, Gesch. d. griech.-römischen Schrift (1920) S. 101. Die jüngste Forschung rechnet allerdings wieder stärker als früher mit der Wechselwirkung zwischen griechischer und römischer Schrift, vgl. Steinacker, Miscellanea Ehrle IV (= Studi e testi 40) S. 131.

sprechen darf, die kleiner, runder und zierlicher als die alte Kuriale ist, die sie an sich sonst unverändert darstellt.[1] Hervorgerufen wurde diese Umbildung im wesentlichen durch das Eindringen der unten zu besprechenden Minuskelschrift.

Allein nicht nur in den bedeutenderen Kanzleien, wie sie eben behandelt worden sind, sondern, wie schon oben bemerkt wurde, auch in den geographisch begrenzten Bezirken wurde die römische Kursivschrift unter dem Einflusse von Schule und Überlieferung in eigentümlicher Weise fortgebildet, so daß, unbeschadet individueller Verschiedenheiten in den Elaboraten der einzelnen Schreiber eines bestimmten Bezirkes doch ein gleichmäßiger Gesamtcharakter hervortritt, der allen oder wenigstens den meisten Urkunden eines solchen Bezirkes eignet und uns geradezu berechtigt von provinzialen oder lokalen Schriftgebieten zu reden.

In Italien bildete Rom wohl schon seit der Mitte des 10. Jahrhunderts ein solches Schriftgebiet für sich. Freilich nur dadurch, daß die Schrift der stadtrömischen Scriniare, (was ja nach dem, was früher über ihre Organisation ausgeführt wurde, leicht begreiflich ist), von den Schreibgewohnheiten der päpstlichen Kanzlei durchaus abhängig wurde, wie jene denn auch wohl in denselben Schreibschulen, wie die Kanzleibeamten des Papstes ausgebildet wurden. Die von ihnen geschriebenen Urkunden des ausgehenden 10. und des 11. Jahrhunderts unterschieden sich daher in ihrem allgemeinen Schriftcharakter kaum von den in Kurialschrift ausgeführten gleichzeitigen Urkunden der päpstlichen Kanzlei.[2] Eine sehr reiche und mannigfaltige Entwicklung hat die Kursivschrift in Süditalien aufzuweisen. Nahe verwandt der römischen Kuriale ist die Kursivschrift, deren sich die Kurialen von Neapel und die öffentlichen Skribae von Gaeta und Amalfi[3] bedienten; sie weist zumal in den ältesten uns

[1] Vgl. Kehr, Die ältesten Papsturkunden Spaniens S. 14.

[2] Vgl. ib. S. 14 N. 1. Neuere Abbildungen bei Hartmann, Ecclesiae s. Mariae in via lata tabularium (mit Erläuterungen auch über die Schrift p. XXII) und im Arch. palaeogr. Ital. Bd. 2.

[3] S. oben S. 441 f. Faksimiles vor allem bei Piscicelli Taeggi, Saggio di scrittura notarile per gli studi palaeografici. I curiali di Amalfi, Gaeta, Napoli, Sorrento (Monte Cassino 1893) und bei E. A. Lowe, Scriptura Beneventana (1929); dazu E. A. Loew, The Beneventan script (1914) und Ottenthal, MIÖG. 36, 204 ff. Über den Ursprung der beneventanischen Schrift auch Schiaparelli in den Studi e testi 47, S. 38 ff. Ferner vgl. Russi, Palaeografia S. 18 ff. mit den dazugehörigen Tafeln. Schriftproben für Neapel auch bei Capasso, Monumenta ad Napolitani ducatus historiam pertinentia 2, 1 und für Gaeta im CD. Caietanus (= Tabularium Casinense Bd. 1 und 2).

erhaltenen Urkunden für *a e t*[1], in Gaeta auch für *q* fast die gleichen Formen auf, die in der römischen Kuriale begegnen. Doch lassen sich auch die Urkunden dieser drei Gruppen amtlicher Schreiber noch bestimmt von einander unterscheiden, und in der Entwicklung der späteren Zeit hat ihre zuletzt sehr schwer lesbare Schrift sich in immer zunehmendem Maße differenziert, während auch die Ähnlichkeit mit der der römischen Skriniare mehr und mehr zurücktritt. Völlig hiervon verschieden ist die Schrift der Urkunden, die aus dem Gebiete des ehemals langobardischen Herzogtums Benevent stammen; sie tritt uns am schönsten in Büchern, die in den angesehenen Klöstern Montecassino und La Cava, später auch in S. Vincenzo am Volturno, S. Sofia zu Benevent u. a. geschrieben sind, entgegen, aber auch manche Urkunden, namentlich solche, die in den Kanzleien süditalienischer Fürsten, geschrieben sind, zeigen sie in wohlentwickelter Gestalt. Aber auch hier sind deutlich erkennbare Unterschiede zwischen den Schreibgewohnheiten in Salerno, Capua, Benevent, Bari vorhanden; merkwürdig und besonders hervorzuheben ist, daß die Kursive der Notare von Sorrent der beneventanischen und nicht der unmittelbar benachbarten Schriftprovinz von Neapel und Amalfi angehört[2].

Östlich von Rom, im Gebiete des ehemaligen Exarchates von Ravenna und der Pentapolis, oder, wie man später sagt, in der Romagna und in den Marken scheint ein ziemlich einheitlicher Typus der Kursivschrift geherrscht zu haben, den man vielleicht nach der Metropole dieser Landschaften als den ravennatischen bezeichnen darf, und der unmittelbar aus der oben besprochenen Schrift ravennatischer Tabellionen des 6. Jahrhunderts abgeleitet werden kann[3]; Einwirkungen der römischen Kuriale sind hier nicht nachweisbar. Wie weit sich auch

---

[1] Das hat schon WATTENBACH, Jahresber. d. Gesch.wissenschaft 1893 IV, 110 bemerkt.

[2] Gute Faksimiles von Urkunden aus diesem Gebiete speziell für Sorrent bei PISCICELLI TAEGGI a. a. O.; dann RUSSI, dessen Erörterungen S. 23 ff. auch hier Beachtung verdienen. Zahlreiche neuere Abbildungen für die beneventanische Schrift außer in der zitierten Publikation von LOWE auch im Cod. dipl. Cavensis, in Reg. Neapolit. Archiv. monum. Bd. 1, bei PISCICELLI TAEGGI, Palaeografia artistica di Monte Cassino (bes. Taf. 34), im Cod. dipl. Barese Bd. 1 und bei VOIGT, Beiträge zur Diplomatik der langobardischen Fürsten, der S. 14 f. und S. 18 f., die augenfälligsten Unterschiede der Schrift in den drei Kanzleien von Benevent, Capua und Salerno hervorhebt.

[3] Gute Faksimiles aus diesem Gebiete bietet in großer Zahl das Arch. palaeogr. Ital.

hier lokale Schriftbräuche unterscheiden lassen, ist bisher kaum untersucht worden.

Aus dem oberen Italien endlich, dem Gebiet des alten langobardischen Königreiches liegen uns zwar Abbildungen von Notariatsurkunden, an denen sich die Entwicklung der Schrift genauer verfolgen ließe, in sehr erheblicher Zahl vor[1], und man hat bereits darauf hingewiesen, daß lokale Unterschiede sich bestimmt erkennen lassen[2], aber eine eigentliche paläographische Bearbeitung dieser Urkundengruppe, die darüber näheren Aufschluß geben würde — eine lohnende Aufgabe weiterer Forschung — steht noch aus und kann hier natürlich nicht versucht werden.

Diesseits der Alpen ist die Zahl der uns erhaltenen Originalurkunden aus älterer Zeit sehr viel geringer als in Italien. Genauer kennen wir die Schrift der merovingischen Königsurkunden, die der provinzialen Behördenschrift entstammt und von der fränkischen Kanzlei fortgebildet wird[3]. Charakteristisch für diese Kursive sind die zumeist leicht nach links geneigten oben und unten breit ausladenden, in der Mitte zusammengeschnürten Gestalten der oft sehr langen und immer stark aneinander

---

[1] Vgl. für die Lombardei (einschl. des heutigen Piemont und der Mark Verona) die Faksimiles bei Cipolla, Mon. Novaliciensia vetustiora, bei demselben, Miscellanea di storia ital. 25, 280 (aus Asti), bei Sickel, Mon. graph. medii aevi Fasc. 1 und 2, am Ende von HPM. 13, im Arch. paleogr. Ital. Bd. 3, bei Bonelli, Cod. paleogr. Lombardo, im Bullettino dell' Istituto stor. Ital. n. 30 (aus Varsi, Diözese Piacenza); bei Fumagalli, Istit. diplomatiche Bd. 1, im Atlas zu Gloria, Compendio della lezioni di palaeografia e diplomatica, bei Arndt-Tangl, Schrifttafeln 3, Taf. 79 (aus Verona), bei Vitelli e Paoli, Collezione fiorentina 2, 2 f. 3, 36, bei Pasqui, CD. Aretino 1, 95, bei Brunetti CD. Toscano usw.—Sehr bedauerlich ist, daß wir keine älteren Originalurkunden aus der Stadt Venedig besitzen; die älteste in der Urschrift erhaltene Privaturkunde datiert erst vom Jahre 999, die ältesten Originale von Urkunden der Dogen gar erst von 1090 und 1098, so daß hier Proben von Kursivschrift ganz fehlen, vgl. Cecchetti, Programma dell' I. R. scuola di paleografia in Venezia (Venedig 1862) und Lazzarini im Nuovo Arch. Veneto, N. S. 8 (1904), S. 199 ff.

[2] So unterscheidet z. B. Schneider, Regestum Volaterranum S. XXXV f. die Kursivschrift in Volterra bestimmt von der Pisas, Luccas, der Florentiner und Fiesolaner Gegend, der Maremmen und Sienas.

[3] Ausgezeichnete Lichtdruck-Faksimileausgabe der 38 erhaltenen merovingischen Originaldiplome von Lauer und Samaran, Les diplomes originaux des Mérovingiens (mit Vorrede von M. Prou, Paris 1908). Da die Urkunden meist verkleinert wiedergegeben sind, sind die älteren auf Zeichnung beruhenden Abbildungen in natürlicher Größe bei Letronne, Diplomata et chartae Merovingicae aetatis (Paris 1848) und J. Tardif, Facs. des diplômes Mérovingiens et Carolingiens (Paris 1866) noch nicht ganz entbehrlich. Einzelne Diplome sind in MG. DD. Merov. von Pertz und in neueren Schriftwerken reproduziert.

gedrängten Buchstaben, deren Schäfte am oberen Ende oft keulenförmige Ansätze haben, in der Mitte dünner, am unteren Ende wieder verdickt werden; sowie die Häufigkeit und Mannigfaltigkeit der Ligaturen[1]. Die Schrift dieser Urkunden hat im Laufe der Zeit, in der wir sie kennen, nur geringe Veränderungen erfahren, die durch die Natur des Schreibstoffes bedingt waren, dessen man sich bediente; sie wurde kleiner und etwas zierlicher, als das Pergament an die Stelle des Papyrus trat.

Die nicht sehr zahlreichen Privaturkunden aus merovingischer Zeit, die wir noch besitzen, zeigen, soweit sie auf gallo-romanischem Boden entstanden sind, im wesentlichen dieselbe Schrift wie diejenigen, die ihre Entstehung der königlichen Kanzlei verdanken[2]. Auf deutschem Boden geschriebene Urkunden kennen wir in originaler Gestalt erst seit der Mitte des achten Jahrhunderts; doch sind uns Privaturkunden dieses Jahrhunderts in größerer Zahl nur aus dem Kloster St. Gallen erhalten, während die der anderen bedeutenderen Klöster Deutschlands, Weissenburg, Fulda, Lorsch u. a. m. nur in Abschriften, zumeist in Traditionsbüchern auf uns gekommen sind[3]. Die ältesten St. Galler Urkunden[4] nun weisen eine Kursivschrift auf, die zwar mit der der merovingischen Königs- und der gallo-romanischen Privaturkunden in gewisser Weise verwandt ist, sich aber doch sowohl im Gesamteindruck wie in einzelnen Buchstabenformen sehr bestimmt von ihr unterscheidet. Offenbar hat sich in diesem ursprünglich räto-romanischen Gebiet schon in der Zeit der Kursive ein eigener Schrifttypus entwickelt, der auch später noch in der Buchschrift des achten und neunten Jahrhunderts deutlich zu erkennen ist und sich wahrscheinlich von Chur und St. Gallen aus weiter in benachbarte alamannische Gegenden verbreitet hat.[5] Sehr bald treten

---

[1] Brandi, AfU. 1, 84 f.; Hessel, ibid. 9, S. 162.

[2] Faksimiles der in Paris erhaltenen bei Letronne a. a. O. Eine in der Bibliothek zu Brügge befindliche Verkaufsurkunde aus dem Gau von Bayeux (die Lesung Baiocassino ist sicher) hat Pirenne, Bulletin de la commission royale de Belgique 5. Ser. 3, n. 2) mit Abbildung herausgegeben. Faksimile einer Urkunde für Novalese bei Vayra, Museo stor. della casa di Savoia S. 296 und bei Cipolla, Mon. Novilicensia 1.

[3] Die sog. Hammelburger Markbeschreibung aus Fulda (Chroust, a. a. O. 5, 7; Tangl, Taf. 73) liegt uns erst in einer Ausfertigung aus dem 2. Jahrzehnt des 9. Jahrhunderts vor.

[4] Abbildungen von 751 bei Tangl, Taf. 71 a und von 752 bei Steffens[2] Taf. 38. Etwas jüngere bei Tangl, Taf. 71 b (764). 74 (786). 76 a (843). 77 (884 und 957); bei Steffens[2] Taf. 43 a (Ende des 8. Jahrhunderts). 44 (782. 798. [792]). 53 c (828). 63 c (933); bei Chroust, 14, 2 a (761). 2 b (762). 4 (772). 5 (797). 8 a (865). 8 b (867). 15, 3 a (873). 3 b (885).

[5] Vgl. die Zusammenstellungen Traube's (Abh. d. Bayr. Akad. 21, 652) über

dann gerade in diesen St. Gallischen Urkunden die kursiven Elemente mehr und mehr zurück, und wir lernen in ihnen Übergangsschriften kennen, die als eine Vorbereitung der fränkischen Minuskel angesehen werden können.

An diese Minuskelschrift, auf deren in vielen Beziehungen noch nicht hinreichend aufgeklärte Entstehungsgeschichte hier nicht näher einzugehen ist[1], da sie sich auf dem Gebiete der Buchschrift, nicht der Urkundenschrift entwickelt hat, knüpft nun aller weitere Fortschritt der mittelalterlichen Schrift. Das wesentliche dieser neuen Schriftart ist ihre Vertikalrichtung, die geringere Mannigfaltigkeit und fast kalligraphische Festigkeit ihrer Buchstabenformen, die meist isoliert nebeneinander stehen, so daß Ligaturen ganz fehlen oder auf ein geringes Maß beschränkt werden. Bereits vor dem Jahre 800 wird hier und da, namentlich in der Datierungszeile der Diplome, vereinzelt auch im Kontext[2], eine Übergangsschrift angewandt, die in der Mitte zwischen der eigentlichen Kursive und der eigentlichen Minuskel steht. Je mehr Fortschritte sodann durch die vom Hofe Karls des Großen ausgehenden Bemühungen jene großartige kalligraphische Reform machte, aus der die neue fränkische Minuskel hervorging, desto mehr Einfluß gewann diese allmählich auch auf die Königsurkunden. Schon in den letzten Jahren Karls, mehr noch unter Ludwig dem Frommen, wurde es zur Gewohnheit, daß wenigstens die Datierungszeile der Diplome [3] von einigen jüngeren Kanzleibeamten in Minuskelschrift ausgeführt wurden. Aber auch im übrigen wurde die Schrift der Königsurkunden, wenn man auch die Kursivform beibehielt, in erfreulichster Weise vervollkommnet; sie wurde fein und elegant ausgeführt, die Richtung der ganzen Schrift und die Formen der einzelnen Buchstaben wurden mehr und mehr gleichmäßig: kurz, auch die Diplome machen den Eindruck kalligraphischer Arbeiten. Noch einen Schritt weiter ging dann die Kanzlei Ludwig des Deutschen. Zuerst durch den langjährigen Notar Hebarhard wurde die Minuskel auch für den Text und das

Handschriften dieser Schriftprovinz. Über die Schrift der rätischen Urkunden des 8. bis 10. Jahrhunderts vgl. Helbok im I. Exkurs zu den Regesten von Vorarlberg (Innsbruck 1920 ff.), S. 44 ff.

[1] Es mag der Hinweis genügen, daß durch Hessel, AfU. 8 (1923) S. 201 ff. die Diskussion über die Entstehung der karolingischen Minuskel wieder neu angeregt ist. Gegen ihn hat sich Steinacker in den Misc. Ehrle IV, 127 ff. gewandt. Weitere Literatur in Lindsay's Palaeogr. lat. Ein umfassendes Werk über diese Schrift von 700—850 ist von Lowe zu erwarten.

[2] Vgl. Sickel, Acta 1, 302.

[3] Bei Mandaten auch der Text, vgl. Sickel, Acta 1, 303.

Anfangsprotokoll der Diplome angewandt[1]. Allerdings hielt man auch jetzt noch daran fest, daß die Schrift der Königsurkunden sich von der der Bücher unterscheiden solle; darum behielt man die feinen, leicht geschwungenen Schäfte der Oberlängen bei, versah nach wie vor einzelne Buchstaben, namentlich *c* und *e*, dann auch *p* mit Aufsätzen, beließ dem *f*, dem *r* und dem *s* Unterlängen, blieb für das *a* der kursiven Form im ganzen treu, bediente sich einiger Ligaturen [2] und gebrauchte als Zeichen für Abbreviaturen nicht den einfachen Strich, sondern andere, nach dem Gutdünken des einzelnen Schreibers mehr oder minder willkürlich komponierte schnörkelhafte Figuren.

Die so von Hebarhard eingeführte diplomatische Minuskel beherrschte die Schrift der Reichskanzlei mehrere Jahrhunderte hindurch. Freilich kam sie regelmäßig nur in den Diplomen, nicht immer in den Mandaten, zur Anwendung, und in der staufischen Periode sah man hier und da auch bei einfachen Privilegien von ihr ab. Sie selbst unterlag dann im Laufe des 9., 10., 11. und 12. Jahrhunderts mannigfachen Veränderungen, die z. T. den Abwandlungen des Schriftcharakters im allgemeinen, die während jener Jahrhunderte erfolgten, entsprachen, z. T. aber nur an der Urkundenschrift zu beobachten sind. Während jene hier nicht näher besprochen zu werden brauchen, da sie in der allgemeinen paläographischen Literatur hinlängliche Berücksichtigung erfahren haben[3], muß von diesen, zunächst mit Beschränkung auf die Schrift des Kontextes und der Datierung[4], hier etwas eingehender geredet werden, da sie auch für die Urkundenkritik eine nicht gering anzuschlagende Bedeutung haben, dessen ungeachtet aber bisher kaum jemals in zusammenhängender Darstellung behandelt worden sind.

Es kommt dabei zunächst auf die Buchstaben mit Ober- oder Unterlänge und auf die Verzierungen an, mit denen sie in den Kaiserurkunden[5]

---

[1] Vgl. Sickel, KUiA. Text S. 161.

[2] Besonders lange haben sich die Ligaturen *ct*, *et*, *st* erhalten, (diese aber auch in der Minuskel, nur einfacher gehalten), weniger lange *rt*, *ma*, *mi*. Doch kommen auch diese noch im 11. Jahrhundert vereinzelt vor.

[3] Vgl. zuletzt Bretholz in Meister's Grundriß 1³, 100 ff., ferner Erben, UL. 199 ff. und Tangl in Heft 3 der Schrifttafeln.

[4] Zur Zierschrift der Protokollformen, [die Bresslau in einem besonderen Kapitel zu bearbeiten beabsichtigte], vgl. Erben a. a. O. S. 207 ff.

[5] Nur von diesen kann hier ausführlich die Rede sein; doch muß bemerkt werden, das vieles von dem, was im folgenden von diesen ausgesagt wird, auch in nichtkaiserlichen Urkunden Deutschlands auftritt und hier z. T. noch früher zu beobachten ist, als in den Diplomen der konservativen Reichskanzlei, die manche Veränderungen in

ausgestattet worden sind, und es ist dabei wieder zwischen mehreren Buchstabengruppen zu unterscheiden. Was die Oberlängen angeht, so bilden *ſ* und *s* eine solche Gruppe, zu der bisweilen die Aufsätze, mit denen *c* und *e* versehen sind, hinzutreten, während die Längenschäfte von *b d h k l* eine zweite, lange ganz anders behandelte Gruppe bilden.

Die Buchstaben *s* und *ſ* endigen in der ersten karolingischen Zeit in einem nach rechts[1] verlaufenden Bogen, der bisweilen mit einem Punkte abschließt. Bereits unter Ludwig dem Deutschen kommt es vor, daß dieser Bogen von einigen Schreibern in eine Schleife aufgelöst wird, deren Endstrich oben nach rechts verläuft; diese Schleifenbildung findet bald bei *ſ* und *s*, bald nur bei einem der beiden Buchstaben statt, die so in manchen Urkunden durch das Vorhandensein oder Fehlen der Schleife voneinander unterschieden werden können; in einzelnen Diplomen wird das *s* nur am Ende der Worte mit einer solchen Schleife versehen. Zuerst unter den Söhnen Ludwigs des Deutschen wird dann bei *ſ* und *s*, was bei dem Aufsatze auf *c* schon früher üblich geworden war, der Endstrich der Schleife gelegentlich zurückgezogen, so daß er die Oberlänge des *ſ* und *s* unterhalb der Schleife schneidet; doch behaupten sich die alten Formen der Buchstaben, die der Schleife ganz entbehren oder sie oben rechts endigen lassen, noch lange neben der neuen und erst unter Ludwig dem Kinde ist in einzelnen Urkunden wenigstens für das *s*, der Brauch den Endstrich der Schleife nach links durch die Oberlänge zurückzuführen, vollkommen zur Herrschaft gelangt. Schon unter Konrad I. geht die Entwicklung einen Schritt weiter, indem bisweilen der Endstrich der Schleife — wiederum zunächst bei *s* — abermals nach rechts umgebogen und zuweilen bis an die Oberlänge des Buchstabens herangeführt wird. Mit den bisher besprochenen Formen der beiden Buchstaben hat man sich nun aber einige Jahrzehnte begnügt; die einzelnen Schreiber wenden sie je nach Laune und Willkür in verschiedener Weise an; doch treten die älteren Gestalten unter Heinrich I. und den Ottonen mehr und mehr zurück. Eine abermalige Vermehrung der zu Gebote stehenden Formen erfolgte erst unter Otto I. und scheint, wie ich allerdings nur mit allem Vorbehalt sagen darf, etwa um die Mitte des zehnten Jahrhunderts eingeführt zu sein[2]; sie schloß sich wiederum an das an, was bei den Aufsätzen auf

der Schrift erst annahm, nachdem sie in anderen Urkunden schon seit längerer Zeit hergebracht waren.

[1] Die Ausdrücke rechts und links gebrauche ich im folgenden stets vom Standpunkte des Lesers der Urkunde aus.

[2] Ich habe sie zuerst bei dem DO. I. 150 (Facsimile bei Jostes, KU. des Osna-

c und *e* schon etwa vorher aufgekommen war und bestand darin, daß die beiden links von der Oberlänge verlaufende, höchstens mit einer Rechtsbiegung wieder an sie herangeführte Endlinie der Verzierung den Längsschaft abermals schneidet und rechts von ihm endigt, so daß nun zwei vollständige Schleifen entstehen, die eine rechts, die andere links von dem Schafte[1]. Zu vorwiegender Herrschaft aber ist diese doppelschleifige Verzierung erst im 11. Jahrhundert gelangt und nun immer weiter ausgebildet worden, so daß durch immer neue Durchschneidungen der Oberlängen Formen entstehen, die mit vier, fünf, ja sogar bis zu zehn Schleifen ausgestattet sind. Gerade in diesen Verzierungen des *ſ* und *s* bald rechts, bald links von dem Längsschaft konnte sich der einzelne Schreiber mit einer gewissen Freiheit ergehen, doch haben die meisten von ihnen über mehrere Formen davon verfügt. Im 12. Jahrhundert tritt dann allmählich wieder eine Vereinfachung dieser Ausschmückung ein; die reichere Verzierung der *ſ* und *s* wird allmählich nur auf die feierlichen Privilegien beschränkt, und sie wird im Verlaufe des 13. Jahrhunderts immer seltener angewandt.

Ganz andere Wandlungen hat die Gestalt der Oberlängen der zweiten Buchstabengruppe erfahren, zu der, wie oben bemerkt, *b d h k l* gehören. Sie verlaufen im neunten Jahrhundert und im Anfang des zehnten zumeist in einem oft außerordentlich großen, nach rechts geschwungenen Bogen; dann ist zuerst unter Heinrich I. ein Schreiber darauf verfallen, an die Stelle des Bogens eine mehr oder minder gerade Linie zu setzen, die mit dem Längsschaft des Buchstabens einen nach rechts geöffneten stumpfen Winkel bildet[2]. Diese eckige Bildung der Buchstaben ist unter Otto I. besonders beliebt gewesen, tritt unter seinen Nachfolgern wieder mehr zurück, wird aber gelegentlich noch

---

brücker Landes Taf. 10) konstatiert; über den Schreiber dieser Urkunde vgl. OTTENTHAL, MIÖG. Erg. 6, 28; ob er wirklich der Kanzlei als ständiger Beamter angehört hat und mit LE. zu identifizieren wäre, ist nach OTTENTHAL's Bemerkungen doch sehr zweifelhaft. Übrigens muß ich hier wie bei den vorangehenden Zeitbestimmungen bemerken, daß sie nur auf annähernde Richtigkeit Anspruch machen können. Ich bin für das 9. und 10. Jahrhundert auf die publizierten Facsimiles angewiesen, die zwar ziemlich zahlreich, aber doch vielleicht nicht ausreichend sind, um jede Einzelheit der Schriftentwicklung chronologisch festlegen zu können. Erst für das 11. Jahrhundert sind mir fast alle erhaltenen Originaldiplome aus eigener Anschauung bekannt.

[1] In Italien kommt eine ähnliche Form des *ſ*, die eine leichte Verbindung mit dem folgenden Buchstaben ermöglicht, schon unter Ludwig II. vor.

[2] Bisweilen erhalten unter Otto auch die Unterlängen des *p q r s* ähnliche eckige Ansätze, hier aber nach links gewandt.

unter Konrad II. besonders von dem Notar Ud nachgeahmt. Unter Heinrich III., unter dem die Schrift der Diplome wohl das höchste Maß kalligraphischer Ausbildung erreicht hat,[1] dessen diese Minuskel fähig war, verschwinden dann allmählich alle Verzierungen der Schäfte dieser Buchstaben: die besten Schreiber bilden sie ganz gleichmäßig vertikal verlaufend oder statten sie höchstens mit einem leichten und gefälligen oben nach rechts geschwungenen Bogen aus. Eine Verzierung der Oberlängen dieser Buchstabengruppe mit Schleifen, die der bei *ſ* und *s* üblichen entspricht, kommt erst in der letzten Zeit Heinrichs IV. vor und ist von italienischen Schreibern seit dem Jahre 1090 eingeführt worden[2]. Sie hat sich im Gebrauche der Kanzlei erhalten [3] und ist in der ersten Hälfte des 12. Jahrhunderts besonders beliebt gewesen, wird aber später in gleicher Weise behandelt wie die Schleifenverzierung für *ſ* und *s*, der sie nachgeahmt ist.

Die bisher besprochenen Buchstaben sind es nun vorzugsweise, die der diplomatischen Minuskel ihr besonderes, von der Bücherschrift verschiedenes Aussehen verleihen; daneben kommt in dieser Hinsicht besonders noch die schon erwähnte Gestaltung des allgemeinen Abkürzungszeichens in Betracht. Eine Zeitlang hat auch die Kursivform des offenen *a* eine ähnliche Bedeutung; obwohl schon im 10. Jahrhundert daneben das Minuskel-*a* vorkommt und in einzelnen, wenn auch nicht sehr zahlreichen Diplomen bereits überwiegt, bemerkt man doch noch in der Zeit Heinrichs II. und der Salier, daß in die Kanzlei eingetretene Beamte, die bis dahin nur mit dem Minuskel-*a* vertraut waren, sich allmählich dem Kanzleigebrauch anbequemen und sich an die Anwendung

---

[1] Über die Schrift in der Kanzlei Heinrich's III. vgl. jetzt Kehr in der Einleitung zum 5. Bande der Diplomata S. XLI ff.

[2] Die Kanzleiurkunden, die vorher solche Schleifen an *b d h k l* aufweisen, sind entweder unecht oder (wie z. B. St. 2632) nicht von Kanzleibeamten geschrieben. Die einzige mir bekannte Ausnahme machen die DD. H. II. 145. 146 schon aus dem Jahre 1007, die von dem Schreiber BA. I. herrühren. Aber diese Bamberger Notare Heinrichs II. können kaum zu den eigentlichen Kanzleibeamten gezählt werden und waren jedenfalls in ihren Anfängen mit dem Kanzleibrauch, also auch mit der Kanzleischrift nicht vertraut.

[3] Mehrfach erhalten dann wiederum die Unterlängen von *p* und *r*, (aber nicht von *q* und *s*), unter Heinrich IV. und Heinrich V. eine diesem Schleifenschmuck ähnliche Verzierung, die aber nicht von dem unteren Ende des Längsschaftes ausgeht. Die Verzierung der Unterlängen von *p q r s* mit einer einzigen Schleife in der Mitte oder näher dem unteren Ende ist unter den Ottonen und Heinrich II. vorzugsweise bei italienischen Schreibern üblich.

der kursiven Form dieses Buchstaben gewöhnen[1]. Von Ligaturen retten sich nur die auch in der Bücherschrift üblichen Verbindungen von *c*, *e* und *s* mit *t* ins 12. Jahrhundert hinüber; die Ligatur von *c* und *t* wird schon seit der Mitte des 11. Jahrhunderts — nicht früher[2] — bisweilen in der Weise aufgelöst, daß das *c* selbständig wird und nur ein Teil des

[1] Im übrigen bemerke ich nur noch folgende Einzelheiten: Akzente über *ii* zur Unterscheidung von *u* finden sich in keiner echten und in der Kanzlei hergestellten Kaiserurkunde vor dem 12. Jahrhundert und sind zuerst durch einen in der Kanzlei Heinrichs V. seit 1109 tätigen Notar angewandt worden, vgl. KUiA. Text S. 79. Wann Akzente über einfachem *i*, die unter Friedrich I. vor und nach *u* und *n* nicht selten begegnen, zuerst aufgekommen sind, wird noch festgestellt werden müssen. — Das deutsche w wird bis zum Ende des 10. Jahrhunderts durch *uu*, *vv* oder *vu* wiedergegeben; das durchschnittene w kommt seit den neunziger Jahren des zehnten Jahrhunderts vereinzelt, häufiger erst seit etwa 1020 vor. — Die Mode, Eigennamen durch die Anwendung von Majuskeln für alle Buchstaben hervorzuheben, ist besonders im 11. Jahrhundert beliebt gewesen; einzelne Worte der Datierung (namentlich die Namen der Monate) hatte man schon am Ende des 9. Jahrhunderts nicht selten so ausgezeichnet. — Auf andere für die Urkundenkritik unter Umständen wichtige Dinge, wie die Worttrennung, die Abbrechung der Silben, die Interpunktion, endlich die Abbreviaturen kann hier nicht ausführlicher eingegangen werden; für die erste Karolingerzeit hat Sickel, Acta 1, 305 ff. darüber sehr beachtenswerte Ausführungen gemacht, für die erste Hälfte des 11. Jahrhunderts könnte ich ähnliche Zusammenstellungen machen; doch würden sie in der Luft schweben, so lange dies für die vorangehende und die folgende Zeit nicht unternommen ist; die vorhandenen Faksimiles reichen nicht aus, um darüber irgend Brauchbares zu bringen. So will ich mich auf wenige, für die zeitliche und örtliche Schriftbestimmung in gewissen Fällen nützliche Bemerkungen beschränken. *Omnis* (mit seinen Kasus) wird in der Reichskanzlei vor der Mitte des 11. Jahrhunderts immer nur so gekürzt, daß das *n* fehlt, (also *omis*, *omi*, *omem* usw.); die später allgemein übliche Kontraktion, die auch das *m* fortläßt (also *ois*, *oi*, *oem*), kommt in keiner echten älteren Kanzleiausfertigung vor. Dasselbe gilt von der Auslassung des *n* in den Kasus der Worte auf *-tio*, auch diese Kürzung ist den vor der Mitte des 11. Jahrhunderts in der Kanzlei geschriebenen Urkunden fremd. Ob und wann die eine oder die andere Kürzung unter Heinrich IV. aufgekommen ist, wird noch der Feststellung bedürfen. — Spezifisch italienisch ist die Abkürzung für *-mus*, die durch eine von dem letzten Schaft des *m* nach rechts ausgehenden Querstrich, der von einem Strich oder einer Schleife geschnitten wird, gebildet ist. Im 9. Jahrhundert soll sie allerdings (nach Traube, vgl. Becker, Textgeschichte Liudprands von Cremona S. 40) auch in Deutschland vorkommen: in Kaiserurkunden des 10. und 11. Jahrhunderts weist sie aber bestimmt auf einen italienischen Schreiber hin; findet sie sich auch in den beiden Fälschungen für Würzburg DO. I. 454 und DO. III. 432, so muß ihr Fälscher eine Schreibvorlage benutzt haben, die von einem Italiener herrührte, wenn er nicht selbst ein Italiener war.

[2] Das erste mir bekannte Beispiel ist St. 2340 a, dessen Text aber außerhalb der Reichskanzlei von einem Verduner geschrieben ist; das nächste, das ich mir notiert habe, erst St. 2806.

Bogens, der es mit dem *t* verband, übrig bleibt und als ein unorganischer linker Ansatz an diesen Buchstaben gekennzeichnet wird: allmählich verschwindet dann auch dieser. Dagegen kommt seit dem 11. Jahrhundert die früher seltenere, aber auch in der Buchschrift gelegentlich begegnende Verbindung von *u* mit rundem *s* am Ende der Worte etwas häufiger zur Anwendung.

Im 12. Jahrhundert beginnt eine Neuentwicklung der Schrift, die ganz wesentlich mit dem neuen gotischen Formgefühl zusammenhängt. Eigentümlich ist ihr die Brechung, Steilheit und Schmalheit der Buchstaben, die scharfe Scheidung von Grund und Haarstrich und die Einkerbung oder Gabelung der Oberschäfte[1]. Neben der Buchschrift entsteht bei der wachsenden Schriftlichkeit vornehmlich der Laienkreise eine neue Bedarfsschrift, deren man sich bei der Abfassung der Urkunden bedient[2]. Die Häufigkeit der Ligaturen und ihre eigentümliche Gestaltung entsprechen dem besonderen Bedarfscharakter dieser Kurrentschrift, die innerhalb der einzelnen Kanzleien zu kalligraphischen Formen gelangt.

Können wir für die königliche Kanzlei eine fortlaufende Entwicklung konstatieren, so ist das für die Schrift der deutschen Privaturkunden des früheren Mittelalters, der fürstlichen, städtischen, privaten und Notariatsurkunden der späteren Jahrhunderte nicht in gleicher Weise möglich. Daß seit dem 9. Jahrhundert auch hier die Minuskelschrift alleinherrschend wird, ist selbstverständlich; nur aus den ersten Jahrzehnten dieses Jahrhunderts gibt es noch einzelne Urkunden, die in jener verbesserten Kursive ausgeführt sind, welche seit Ludwig dem Frommen in der Reichskanzlei üblich war. In der Folge tritt dann aber die Minuskelschrift in sehr verschiedener Gestalt auf, und in den Urkunden vom 10. bis zum 13. Jahrhundert kann man alle Abstufungen von der einfachsten und schlichtesten Bücherschrift bis zur reichst ausgestatteten diplomatischen Minuskel verfolgen. Bestimmte Regeln darüber haben, soweit die bisherigen Beobachtungen reichen, noch im 12. und 13. Jahrhundert auch an den Höfen größerer Fürsten nicht bestanden und konnten kaum bestehen, weil man in so sehr zahlreichen Fällen den Empfängern

---

[1] Zur Charakteristik dieser Schrift vgl. Tangl, Schrifttafeln Text S. 47; Erben, UL. S. 247 ff.; Steffens, Lat. Paläographie S. XX ff.; Hessel, Zentralbl. f. Bibliothekswesen 45 (1928), S. 703.

[2] Den Unterschied zwischen Buch- und Urkundenschrift betont noch Konrad von Mure, QE. 9, 439: *alia enim manus requiritur in quaternis scribendis et alia in epistolis.* Für Briefe verlangt er eine „*manus bona, melior, optima*" und verwirft die *littera.*

der Urkunde ihre Mundierung überließ; maßgebend waren vielmehr lediglich das Belieben und die Geschicklichkeit der einzelnen Schreiber. Vielfach wurden Urkunden der königlichen Kanzlei als Schreibmuster benutzt[1], seit dem 12. und 13. Jahrhundert schloß man sich bisweilen an den Höfen geistlicher Fürsten und in Klöstern auch an päpstliche Urkunden an, doch ist das in Deutschland nicht in dem Umfange geschehen, in dem man es an sich erwarten könnte. Erst in den beiden letzten Jahrhunderten des Mittelalters entwickelten sich auch in bezug auf die Schrift in den größeren fürstlichen Kanzleien bestimmte Gebräuche, die hier nicht weiter verfolgt werden können[1].

Auch für die Entwicklung der Urkundenschrift in Italien war das Aufkommen der Minuskel von der größten Bedeutung. Daß sie schon im 10. Jahrhundert überall da, wo man nicht in feststehender Kanzlei- oder Schultradition an der Kursive festhielt, die herrschende Schriftart wurde, läßt sich sehr bestimmt erkennen.[2] Daher findet sie sich auch in der päpstlichen Kanzlei[3] am frühesten in der Datierungszeile der Privilegien, die nicht von einem der Notare und Scriniare, sondern von einem höheren Kanzleibeamten geschrieben wurde; sie begegnet hier zuerst, soviel bis jetzt bekannt ist, unter Johann XIII. im Jahre 967[4]. Dagegen haben die päpstlichen Notare selbst bis um die Mitte des 11. Jahrhunderts, von ganz wenigen Ausnahmefällen abgesehen[5], an der Kurialschrift festgehalten; diese selbst aber hat, namentlich wenn statt Papyrus Pergament als Schreibstoff verwandt wurde, einen etwas anderen Charakter angenommen, indem sie kleiner, feiner und zierlicher gestaltet wurde und sich in manchen Buchstabenformen von der Minuskel beeinflussen

[1] Die Literatur vgl. bei HEUBERGER in MEISTER's Grundriß 1, 2 a (1921) S. 47. Ergänzend seien hinzugefügt KIRN, Das Urkundenwesen und die Kanzlei der Mainzer Erzbischöfe (1928) und FEIST und HELLEINER, Das Urkundenwesen der Bischöfe von Augsburg in der Arch. Zeitschr. 3. F. 4. S. 38 ff. (1928).

[2] In dieser Beziehung hat wohl der Einfluß ehemaliger königlicher Kanzleibeamten, die zur bischöflichen Würde gelangten oder in den Dienst von Bischöfen übertraten, wesentlich gewirkt.

[3] Vgl. KEHR, MIÖG. Erg. 6, S. 70 ff., durch dessen Ausführungen die älteren Arbeiten PFLUGK-HARTTUNG's überholt sind.

[4] J.-L. 3714 (= IP. V 256 n. 2); dazu auch KEHR, Älteste Papsturkunden Spaniens S. 15. Zu dem Originalprivileg des Romanus für Gerona ist die Datierung noch in Kurialschrift. Von den drei Originalprivilegien Johanns XIII. für Vich sind J.-L. 3746 und 3747 in gewöhnlicher Kuriale geschrieben, während J.-L. 3750 eine Mischung von Kuriale und Minuskel aufweist. Das Originaldiplom Benedikts VII. für Vich J.-L. 3794 zeigt die reguläre mittlere Kuriale, vgl. KEHR, a. a. O. S. 16 f.

[5] S. oben S. 519 f. und HESSEL, AfU. 8, S. 20.

ließ[1]. Aber erst seit unter Clemens II., Leo IX. und ihren Nachfolgern, wie oben[2] dargelegt worden ist, Männer in den Dienst der päpstlichen Kanzlei eintraten, die nicht zu dem engeren Kreise der römischen Scriniare und Notare gehörten und der nur in diesem Kreise schulmäßig gepflegten Schrift unkundig waren, kam es vor, daß manche päpstliche Privilegien ganz in jener diplomatischen Minuskel geschrieben wurden, die in Deutschland und Italien schon seit längerer Zeit üblich geworden war; daß man sich dabei besonders eng an die Schreibart der Kaiserurkunden anschloß, war an sich naheliegend und wurde auch ganz besonders dadurch bewirkt, daß, wie wir wissen, die beiden ersten nichtrömischen Schreiber, die Clemens II. beschäftigte, vorher der Kanzlei Heinrichs III. angehört hatten[3]. So waren denn in den nächsten Jahrzehnten in den aus der päpstlichen Kanzlei hervorgegangenen Privilegien beide Schriftarten, sowohl die diplomatische Minuskel nach der Art der Reichskanzlei wie die römische Kuriale in ihrer jüngeren, etwas modifizierten Gestalt, nebeneinander im Gebrauch, während in den Briefen die Minuskel ausschließlich herrschend blieb. Ob die eine oder andere Schriftart gewählt wurde, das hing selbstverständlich von der Herkunft und Schulung der Kanzleibeamten ab: römische Notare hielten an der Kuriale fest, deutsche oder italienische Schreiber bedienten sich einer mehr oder weniger reinen Minuskel. Doch mochte es immerhin vorkommen, daß auch ein nicht aus Rom stammender Notar im Dienste der päpstlichen Kanzlei allmählich die Kurialschrift erlernte[4], die er dann freilich nicht mit gleicher Regelmäßigkeit und Geläufigkeit anzuwenden vermochte, wie die in Rom selbst ausgebildeten Schreiber. Unvermeidlich aber war es, daß nun die eine und die andere Schriftart, die in der Kanzlei nebeneinander gebraucht wurden, sich gegenseitig beeinflußten. Solche Beeinflussung ist schon für die Zeit Urbans II. bestimmt festgestellt worden[5], und unter Paschal II. und Calixt II. ist sie noch in viel höherem Maße nachweisbar.

---

[1] Von den oben S. 519 als besonders charakteristisch für die Kuriale bezeichneten Buchstaben hat sich am frühesten das *q* der Minuskelform genähert, die einige Male schon in Urkunden Gregors VI. erscheint, s. Pflugk-Harttung, Specimina Taf. 13. 15.

[2] Bd. 1, 229 ff. Hessel, a. a. O.

[3] Da die ersteren Rom nur in Ausnahmefällen verließen, so war, wenn der Papst von Rom abwesend war, die Minuskel vorherrschend; doch wird sie auch in Rom selbst verwandt, wenn nicht-römische Schreiber hier tätig waren.

[4] Das nimmt Kehr MIÖG. Erg. 6, S. 97. 99 f. für einen Notar Rainer an, den er für einen Lucchesen hält und dem er die letzten Originale Alexanders II. und die Mehrzahl der Originale Gregors VII. zuweist. Vgl. auch Hessel, a. a. O. S. 21.

[5] Vgl. Kehr a. a. O. S. 105.

Die Urkunden dieser Päpste zeigen vielfach Mischschriften, die durch die Aufnahme von kurialen Elementen in die Minuskel- und Minuskelelementen in die Kurialschrift entstanden sind. Die Mischung kann in der verschiedensten Weise vorkommen, z. B. so, daß in einer wesentlich kurialen Urkunde etwa das *s* die ausgeprägte Gestalt der diplomatischen Minuskel hat oder umgekehrt so, daß in wesentlich der diplomatischen Minuskel angehörenden Stücken einzelne Buchstaben, etwa das *q*, das *a*, die Ligatur *ri* u. a., regelmäßig in der kurialen Gestalt auftreten[1]. Die Folge davon ist, daß von einem einheitlichen Charakter der päpstlichen Urkundenschrift in dieser Übergangszeit nicht die Rede sein kann; vielmehr entschieden über die Schriftart nur Gewohnheit und Belieben der einzelnen Schreiber.

Dabei bildete sich dann aber doch allmählich wieder eine ganz feste Tradition heraus. Immer mehr gewinnt die Minuskel die Oberhand; seit Honorius II. und Innocenz II. sind die kurialen Elemente völlig aus den Papsturkunden ausgeschieden; ihre Schrift ist eine reine diplomatische Minuskel, aber mit bestimmten, ihr eigentümlichen und von den päpstlichen Beamten traditionell festgehaltenen Besonderheiten: wir bezeichnen sie am besten als Kurialminuskel[2]. Diese Schrift, die an die Tätigkeit des Notars Lanfranc unter Urban II. anknüpft und die namentlich von dem Notar Grisogonus, dem späteren Kanzler der Päpste Gelasius II. und Calixt II. weiter ausgebildet und vervollkommnet wurde[3], zeichnet sich durch eine Gleichmäßigkeit der Buchstabenformen aus, die weit größer ist als sie in der Reichskanzlei jemals zu beobachten war, doch läßt auch sie der Individualität der einzelnen Schreiber immer noch Spielraum genug. Die kleinen Buchstaben sind zierlich gebildet, das *a* ist stets geschlossen, daß *d* hat bald die gerade, bald die gebogene Form. Die Oberlängen sind größer als die Unterlängen, jene sind leicht nach rechts, diese leicht nach links gebogen. Für die Kontextschrift der Privilegien sind charakteristisch die Schleifen an *ſ* und *s*, die oben mit einem spitzen Winkel, seltener einem runden Bogen angesetzt und häufig ein- oder bisweilen mehrmals umgeknickt sind; der Endstrich schneidet die Oberlänge,

[1] Vgl. z. B. Pflugk-Harttung, Specimina Tafel 45. 46. 50. 51. 53. 60.

[2] Dieser Ausdruck, den auch Kaltenbrunner, MIÖG. 1, 377 und Kehr a. a. O. S. 104 gebrauchen, ist weit passender als der von Pflugk-Harttung gewählte: jüngere Kuriale, der davon noch eine fränkische und eine mittlere Kuriale unterscheiden will.

[3] Vgl. Kehr a. a. O. S. 104. 108 und Hessel a. a. O. S. 21 f. 23 f.; Pflugk-Harttung, Bullen der Päpste S. 80 ff. — Eine gute Charakteristik der Schrift gibt Steffens, Lat. Paläographie S. XVIII, der ich mich oben im Text z. T. anschließe.

wird aber nicht durch diese zurückgeführt. Ligaturen kommen vor für *ct* und *st*, das *s* und der Aufsatz von *c* werden mit einer Doppelschleife durchschnitten, deren Endstrich an das nach oben verlängerte *t* eckig unter einem rechten oder beinahe rechten Winkel ansetzt. Die Initialen der Formelanfänge sind betonte Majuskelbuchstaben; als Abkürzungszeichen für die nicht sehr zahlreichen Abbreviaturen dient ein schleifenförmiger Schnörkel. Die Briefe sind einfacher gehalten; sie entbehren insbesondere der Schleifen an *f* und *s* und an den Ligaturen, ihr Abkürzungszeichen ist ein wagerechter Strich.

Die Kurialminuskel ist mehrere Jahrhunderte lang an der päpstlichen Kanzlei herrschend geblieben, natürlich nicht ohne auch ihrerseits von den allgemeinen Abwandlungen, welche die Schrift des späteren Mittelalters erfuhr, beeinflußt zu werden[1]. Ihre Veränderungen im einzelnen zu besprechen, kann hier freilich nicht unternommen werden, da Abbildungen von Papsturkunden des 13., 14. und 15. Jahrhunderts, an denen sie sich genau verfolgen läßt, noch nicht in ausreichender Anzahl veröffentlicht sind[2]. Wohl aber ist noch auf zwei amtliche oder wenigstens in amtlichen Kreisen entstandene Aufzeichnungen über die graphische Ausstattung der Papsturkunden hinzuweisen, die uns zeigen, daß in der päpstlichen Kanzlei dieser Jahrhunderte manche Einzelheiten, die anderswo nur durch das Belieben der Schreiber entschieden wurden, ganz feststehenden Regeln und Vorschriften unterlagen. Die eine dieser Aufzeichnungen, die bald nach der Mitte des 13. Jahrhunderts geschrieben sein mag, behandelt die Urkundenschrift im allgemeinen und insbesondere Unterschiede, die schon seit der Mitte des 12. Jahrhunderts zwischen der Schrift der Urkunden, die mit Seidenschnur (*filo serico*) und derer die mit Hanfschnur (*filo canapis*) bulliert wurden, gemacht zu werden pflegten und die mindestens noch im 14. in gewisser Beziehung sogar noch im 15. Jahrhundert beobachtet wurden[3]. Die andere [4]stammt erst aus der Mitte des 14. Jahrhunderts, kodifiziert nur Regeln, die schon seit langer Zeit üblich waren; sie bezieht sich auf die feierlichen Privilegien, die damals, wie wir schon wissen, *privilegia communia* genannt wurden

[1] Einzelne Bemerkungen über die Entwicklung im 12. Jahrhundert bei PFLUGK-HARTTUNG, Bullen der Päpste, passim.

[2] Im allgemeinen ist diese Entwicklung geschildert von BAUMGARTEN, Römische Quartalschrift 23 b, S. 20 ff.

[3] Am besten herausgegeben und erläutert von TANGL, Schrifttafeln 3, 47 f., woselbst auch die früheren Editionen verzeichnet sind.

[4] Zuletzt herausgegeben von TANGL, KO. S. 303 f.

und gibt hauptsächlich Vorschriften über das Protokoll, da der Kontext dieser Privilegien in der Hauptsache nicht anders wie der der übrigen Urkunden mit Seidenschnur behandelt wurde. Der wichtigste Unterschied, der zwischen den *litterae cum filo serico* und denen *cum filo canapis* gemacht wurde, bezog sich auf die *Intitulatio*; sonst unterscheiden sich die beiden Urkundenarten hauptsächlich durch die Form der Abkürzungszeichen und durch die einfachere Form der Ligaturen für *ct* und *st*, wovon schon die Rede war.[1] Hervorhebung der Anfangsbuchstaben der Formeln wird bei Urkunden mit Seidenschnur nicht nur für die Schlußformeln „*Nulli ergo*" und „*Si quis*" gefordert, für die sie in allen Urkunden üblich war, sondern noch für den Anfang der Adresse und die Initiale des Kontextes; sie war aber tatsächlich bisweilen noch in weiterem Umfang gebräuchlich, und bei den *privilegia communia* für die Initialen aller Stücke geradezu erforderlich. In allen Urkunden sollten die Anfangsbuchstaben der Eigennamen und der Namen von Ämtern, Titel und Würden ausgezeichnet werden, was zumeist durch Anwendung von Majuskeln geschah.

Erst im 15. und 16. Jahrhundert traten weitere und tiefgreifende Veränderungen in der Schrift päpstlicher Urkunden ein. Für die neue Urkundenart der Breven, für welche im übrigen die älteren Schriftregeln nicht mehr galten, verwandte man unter dem Papst, unter dem sie zuerst vorkommt, d. i. Martin V., noch die (jetzt gotisch zu nennende) Minuskel; seit Eugen IV. aber wurden die Breven in der neu aufgekommenen Humanisten- oder Renaissanceschrift ausgeführt, die auch in den *Motus proprii* herrschte und aus der schon unter Eugen IV. und ganz besonders unter Sixtus IV.[2] manche Elemente auch in die Schrift der Bullen und bullierten Briefe eindrangen.[3] Seit dem Ende des 16. Jahrhunderts wird dann die Schrift der päpstlichen Bullen aufgelöst und verzerrt zu jener häßlichen und verzerrten *littera sancti Petri* (*scrittura bollatica*), die erst Leo XIII. im Jahre 1878 abgeschafft hat.

Den Übergang zur Minuskelschrift, den die päpstliche Kanzlei im

[1] Wie streng dieser Satz beobachtet wurde, zeigt die interessante Urkunde Clemens IV., die Delisle, BEC. 1887 S. 121 ff. abgedruckt und besprochen hat. Obgleich *cum filo canapis*, war sie mit schleifenförmigen Ligaturen und Abkürzungszeichen ausgestattet. Diese sind ausradiert und die Korrektur ist angeordnet durch den Kanzleivermerk: *Corrige titulos, quia non est cum serico.*

[2] Vgl. Baumgarten a. a. O. S. 27 f., Tangl, Schrifttafeln 3, Taf. 103.

[3] Sorgfältige Schrift (*littera distincta pulchra et formata — et non cursiva et inculcata*) verordnete für die päpstlichen Bullen ein Erlaß Pauls II. von 1465, Tangl, KO. S. 192.

11. und 12. Jahrhundert vollzog, haben die stadtrömischen öffentlichen Notare, obwohl sie sich nach wie vor *scriniarii sanctae Romanae ecclesiae* nannten, nicht mitgemacht; sie haben vielmehr an der Kurialschrift festgehalten, auch als diese in den Urkunden der Päpste selbst nicht mehr gebraucht wurde. Erst um die Mitte des 13. Jahrhunderts verschwanden auch in der Schrift dieser römischen Notare die letzten Ausläufer dieser alten Kuriale.[1] Noch länger behaupteten sich die kursiven Notariatsschriften in Neapel, Gaeta, Amalfi und Sorrent und auch die im Jahre 1220 erlassene, 1231 wiederholte Verordnung Friedrichs II.[2] die den Gebrauch einer altgewohnten, zuletzt fast unleserlich gewordenen Schriftart untersagte und befahl, daß alle Urkunden in der Stadt Neapel und den Herzogtümern Amalfi und Sorrent *per litteraturam communem et ligibilem* geschrieben würden, hatte keinen vollständigen Erfolg; noch ein volles Jahrhundert länger haben manche Notare jener Gebiete fortgefahren sich der alten Schrift zu bedienen. Viel früher ist die Minuskelschrift in Ober- und Mittelitalien herrschend geworden. Daß sie hier (wie übrigens auch in Rom und im Süden) schon im 10. Jahrhundert[3] außerhalb des Schul- und Zunftkreises der Notare die landläufige Schrift war, zeigen die Urkunden der Notare selbst; schon in der zweiten Hälfte jenes Jahrhunderts sind die eigenhändigen Unterschriften der Zeugen, mögen sie Geistliche oder Laien sein, fast ausnahmslos in Minuskeln ausgeführt. Seit dem 11. Jahrhundert dringt dann die Minuskelschrift auch in die Urkunden selbst ein; in denen bischöflicher oder fürstlicher Kanzleien gewinnt sie schon in dieser Zeit völlig die Oberhand[4] und sie verdrängt im Laufe des 12. Jahrhunderts die Kursive auch aus den Notariatsurkunden vollständig. Aus der so allgemein herrschend gewordenen Minuskel entstand dann endlich in den letzten Jahrhunderten des Mittelalters

---

[1] So nach Tangl, Schrifttafeln 3, Text S. 45. Neueres Material in der oben S. 520 N. 2 zitierten Publikation Hartmann's und im Arch. palaeog. ital.

[2] Huillard-Bréholles 4, 56, vgl. 2, 91 und BF. 1280 h sowie Winkelmann, Kaiser Friedrich II. 1, 525.

[3] Vgl. das oben S. 491 N. 1 zitierte Ravennater Urbar aus der zweiten Hälfte des 10. Jahrhunderts.

[4] Ich weise auf einige Faksimiles zum Belege hin: so auf die prächtige Urkunde des Bischofs Constantin von Arezzo von 1078 (Pasqui, CD. Aretino 1, 318), auf die echte Urkunde des Bischofs Cunibert von Turin von 1048, die Cipolla neben zwei Fälschungen einer Urkunde von 1065 in den Memorie der Akademie von Turin (Ser. II, Bd. 50) hat abbilden lassen, und auf Steffens, Lat. Paläographie[2] Taf. 78 a als Probe der Schrift in der Kanzlei der Markgrafen von Canossa, die hier schon von dem Ausstellungsjahr jener Urkunde (1106) herrscht.

auch in den Urkunden der italienischen Notare eine neue, unschöne und oft schwer lesbare Kurrentschrift, auf die hier näher einzugehen nicht erforderlich ist.

Die in den vorangehenden Ausführungen skizzierte Entwicklung der Urkundenschrift muß der Diplomatiker kennen, um beurteilen zu können, ob eine Urkunde in der Zeit entstanden sein kann, in der entstanden zu sein sie vorgibt. Es versteht sich dabei von selbst, daß das Vorkommen älterer Schriftformen in einer jüngeren Urkunde noch kein an sich entscheidender Beweisgrund gegen ihre Originalität ist, da es auf Nachahmung älterer Schreibvorlagen beruhen kann, während umgekehrt das Vorkommen erheblich jüngerer Formen in einer angeblich älteren Urkunde deren Originalität ausschließt.

Die Aufgabe des Urkundenforschers ist aber in zahlreichen Fällen größer als nur zu entscheiden, ob die Schrift einer Urkunde zeit- und kanzleigemäß ist; es ist vielmehr oft, wie wir wissen, eine seiner wichtigsten Aufgaben, innerhalb des allgemein zeitgemäßen durch Vergleichung den individuellen Charakter der Schrift eines einzelnen Mannes zu erkennen. Diese Schriftvergleichung ist im allgemeinen nicht schwierig, wenn, wie das sehr oft vorkommt, an einer und derselben Urkunde mehrere Schreiber gearbeitet haben, namentlich wenn sie sich derselben Schriftart bedienen: so unmittelbar nebeneinandergestellt, treten die individuellen Verschiedenheiten zumeist klar hervor. Viel schwieriger wird die Aufgabe, wenn man verschiedene Schriftstücke untereinander zu vergleichen und festzustellen hat, ob sie von gleicher oder verschiedener Hand herrühren.

Allgemeine Regeln über die Methode derartiger Schriftvergleichung lassen sich ebensowenig aufstellen, wie es etwa möglich sein würde, ganz genaue Regeln für das Verfahren zu formulieren, mittels dessen ein Kunsthistoriker ein bestimmtes, nicht signiertes Bild nach Zeichnung, Kolorit, Pinselführung einem Meister zuweisen oder einem anderen absprechen kann. Nichtsdestoweniger wird man in gewissen Fällen hier wie dort mit voller Sicherheit urteilen können, in anderen freilich die Entscheidung zweifelhaft lassen müssen. Alles kommt darauf an, das Auge durch lange Übung an und mit diesen Dingen genügend zu schärfen und so Übereinstimmungen und Unterschiede auch da sehen zu lernen, wo ein anderer Ungeübter nichts Besonderes sehen würde[1].

Unter solchen Umständen müssen wir uns hier darauf beschränken

[1] Ein sehr zu empfehlendes Hilfsmittel für solche Studien und Übungen sind die KUiA. mit den dort gegebenen Erläuterungen, sowie SCHIAPARELLI's Edition der italienischen Kaiserdiplome.

einige Winke für derartige Untersuchungen zu geben, die freilich weder die Sache erschöpfen wollen, noch allgemeine Gültigkeit beanspruchen, die man aber doch nicht selten wird mit Nutzen beachten können.

Da ist dann zunächst zu erwähnen, daß es bei der Beurteilung mittelalterlicher Schriften mindestens ebenso sehr, wie auf die Gestalt der einzelnen Buchstaben, auf den Schriftduktus[1], d. h. auf die Art der Federführung und des Federansatzes und die dadurch bedingte mehr oder minder kräftige und feste oder feine und zierliche, sichere oder unsichere Ausführung der einzelnen Grund- und Haarstriche ankommt[2]. Damit aber hängt ein anderes innig zusammen. Die mittelalterlichen Schreiber, wenigstens zur Zeit der Minuskel, haben eigentlich überhaupt nicht in unserem Sinne geschrieben, sondern man kann fast sagen, sie haben gezeichnet. Es ist selten, was bei uns die Regel ist, daß ein Buchstabe in einem einzigen Zuge geschrieben wird; für die meisten Buchstaben ist die Feder mehrmals, bisweilen drei-, vier- und fünfmal angesetzt worden, so daß sie aus drei, vier oder fünf geraden oder gebogenen Strichen zusammengesetzt sind. Es kann nicht dringend genug empfohlen werden, bei der Prüfung mittelalterlicher Schriften diese Zusammensetzung der Buchstaben aus mehreren Strichen, in deren Art die Gewohnheiten der einzelnen Schreiber zum Ausdruck kommen, auf das genaueste zu beachten[3].

Sehr beachtenswert ist weiter der folgende Umstand. So wenig wie wir heute das zu tun pflegen, haben auch die mittelalterlichen Urkundenschreiber immer gleichmäßig geschrieben. Daß die Schrift jedes Mannes sich mit der Zeit verändert, liegt ja auf der Hand. Aber auch Arbeiten eines Schreibers aus der gleichen Zeit gibt die mehr oder minder große Eile, mit der er geschrieben hat, die Einwirkung oder das Fehlen von

[1] Vgl. SICKEL, NA. 1, 473.

[2] Wie in dieser Beziehung der Einfluß der Schule sich geltend macht, wie bestimmte Schreibschulen in Klöstern und Bistümern bestimmte Typen des Schriftduktus erzeugen, wie diese Typen sich verändern und wie sie von einem Kloster auf ein anderes übergehen usw., das erörtert in eingehender und sorgfältiger, durch zahlreiche Schriftproben erläuterter Darstellung für ein großes Gebiet des östlichen Deutschlands POSSE, Privaturkunden S. 7 ff., wozu aber die Bemerkungen STEINACKER's in MEISTER's Grundriß 1, 1, 256 (1906) zu beachten sind. Auch bei v. BUCHWALD finden sich über diese Dinge viele, sehr beachtenswerte Bemerkungen, s. die Stellen in dessen Register s. v. Schrift. Vgl. ferner: SCHUBERT, Eine Lütticher Schriftprovinz, Diss. Marburg 1908.

[3] Es ist der Vorzug guter photographischer Nachbildungen, daß sie diese Eigentümlichkeiten erkennen lassen. Natürlich läßt sich auch bei Faksimiles, die mit der Hand ausgeführt sind, das gleiche erzielen, und wer beim Durchpausen auf diese Dinge achtet, für den wird das Faksimilieren die beste Vorübung für Schriftvergleichung sein.

Vorlagen, oft auch die Größe oder Kleinheit des benutzten Pergaments und die dadurch bedingte geringere oder größere Gedrängtheit der Schrift ein verschiedenes Aussehen. Vor allem aber eins: während ein Schreiber wohl für gewisse Buchstaben immer dasselbe Zeichen wählt, stehen ihm oft für andere Buchstaben mehrere Zeichen zur Verfügung, die er beliebig anwendet. Nichts ist infolgedessen gefährlicher, als allein wegen der verschiedenen Gestalten eines oder mehrerer Buchstaben, zumal wenn nur zwei oder drei Urkunden zur Vergleichung vorliegen, ohne genügende Berücksichtigung anderer Umstände mehrere Schreiber anzunehmen[1]. Aber auch der entgegengesetzte Fehler ist zu vermeiden. Läßt sich bei einer umfangreicheren Urkundengruppe feststellen, daß in einem Teile der zu ihr gehörigen Stücke gewisse Buchstaben oder Zeichen stets in einer Form und in einem anderen Teile stets anders gebildet sind, und handelt es sich um eine größere Anzahl solcher regelmäßig vereinigt auftretenden Verschiedenheiten, so wird man ungeachtet aller Ähnlichkeiten im Gesamtcharakter der Schrift und in den übrigen Buchstaben und Zeichen doch an verschiedene Schreiber[2] zu denken haben[3].

Endlich soll noch darauf aufmerksam gemacht werden, daß zwar alle Teile einer Urkunde für die Zwecke der Schriftvergleichung zu be-

[1] In diesen Fehler insbesondere scheint mir Pflugk-Harttung bei seiner Klassifizierung der Papsturkunden des 11. Jahrhunderts nach Schreibern (Röm. Quartalschrift 1, 212 ff.) verfallen zu sein, und deshalb nimmt er für die ältere Zeit eine viel zu große Zahl von Schreibern an. So teilt er ganz mechanisch nach einem einzelnen Buchstaben (S. 215) die Schreiber Leos IX. in zwei Gruppen, je nachdem sie das *s* mit Schnörkeln zu versehen pflegen oder nicht und gelangt wegen dieser und anderer Umstände dahin, an den 29 Originalen, die er aus Leos vierjährigem Pontificat kennt, 15—17 Schreiber zu unterscheiden — eine Zahl, die er zwar „auffallend groß“ findet, bei der er sich aber, da sie zu dem „bisherigen Resultat der Arbeitsteilung“ stimmt, beruhigt. Wie groß würde wohl das Kanzleipersonal Leos nach diesem Prinzip der „Arbeitsteilung“ geworden sein, wenn uns die sämtlichen ca. 180 Urkunden dieses Papstes in originaler Gestalt erhalten wären! Vgl. dazu Kehr, MIÖG. Erg. 6, 80 ff. und S. 79 N. 2.

[2] So verteilen wir eine Anzahl von Urkunden Konrads II. und Heinrichs III., die Steindorff und ich selbst früher einem Schreiber A zugewiesen hatten, jetzt unter drei Schreiber KA, KB und KC. Vgl. was Erben, MIÖG. 13, 567 über die Unterscheidung zweier Schreiber Ottos III. bei einer Anzahl von Urkunden ausführt, die Kehr einem einzigen Notar zugewiesen hatte.

[3] Es versteht sich von selbst, daß in Fällen wie den oben besprochenen Schrift- und Stilvergleichung sich oft mit großem Nutzen ergänzen können, da Schreiber und Diktatoren so häufig identisch sind, und daß also die Ergebnisse der Schriftvergleichung um so sicherer werden, je mehr die Stilvergleichung mit ihnen übereinstimmt und sie unterstützt.

achten, daß aber gewisse Teile vorzugsweise geeignet sind, Gleichheit oder Verschiedenheit der Hand erkennen zu lassen. Dahin gehören einmal alle die Worte und Sätze, die in den meisten Urkunden unverändert oder nur wenig verändert wiederkehren, also namentlich Invokation und Intitulation, Korroboration, Unterschriften, Datierung, Apprekation[1]. Dahin gehören andererseits gewisse Worte und Buchstaben, die durch besondere, von der gewöhnlichen Minuskel abweichende Schriftart ausgezeichnet sind, also z. B. die Anfangs- und Unterfertigungszeichen, sowie die Zierschrift, ferner die mit Schnörkel-Oberlängen versehenen Buchstaben, gewisse Ligaturen, die Zahlzeichen, die Abbreviaturzeichen, gewisse Interpunktionszeichen u. dgl. m. Gerade in diesen Teilen der Urkunden gewöhnen sich die Schreiber am leichtesten an stereotype Formen, die den einzelnen unter ihnen eigentümlich sind[2], und an denen man daher die verschiedenen Persönlichkeiten leicht unterscheiden kann[3].

Neben der gewöhnlichen lateinischen Buchstabenschrift, von der im Vorangehenden die Rede war, ist in den Urkunden des früheren Mittelalters vielfach auch die römische Geschwindschrift zur Anwendung gekommen. Ebenso wie die Geschichte der Schrift überhaupt, gehört auch die Geschichte dieser tironischen Notenschrift der Paläographie und nicht der Diplomatik an [4]; und es ist umso weniger erforderlich hier auf eine Darstellung dieser Geschichte und eine Entwicklung der Prinzipien, nach denen die tironischen Noten gebildet werden, näher einzugehen, als ein Unterschied zwischen den in Urkunden und den in anderen Schriftstücken oder Büchern gebrauchten Noten nicht besteht, vielmehr

[1] Es sind das im wesentlichen die Teile der Urkunden, deren Faksimilierung — samt einem Teile der Kontextschrift — SICKEL NA. 1, 473 f. anrät.

[2] Freilich gehen diese Eigentümlichkeiten dann auch von einem Schreiber auf einen anderen, einen Schüler oder jüngeren Amtsgenossen über.

[3] Daß auch orthographische Besonderheiten in dieser Beziehung sehr zu beachten sind, braucht kaum ausdrücklich gesagt zu werden.

[4] Vgl. im allgemeinen WATTENBACH, Anleitung zur lat. Paläographie[4] S. 9 ff.; PAOLI-LOHMEYER I[3], 62 ff. Bei beiden reiche Literaturangaben. Dazu ferner TRAUBE, Die Geschichte der tironischen Noten bei Suetonius und Isidorus, Arch. f. Stenographie 53, 101 ff.; MENTZ, ebenda 55, 225 ff.; N.F. 3, 321 ff.; CHATELAIN, Introduction à la lecture des notes tironiennes (Paris 1900); BREIDENBACH, Zwei Abhandlungen über die tironischen Noten (Darmstadt 1900). Eine ziemlich vollständige Bibliographie gibt LEGENDRE, Études tironiennes (Paris 1907) S. 68 ff., zu der JUSSELIN BEC. 79 (1908) S. 193 ff. Ergänzungen gibt. Sehr eingehende Literaturangaben auch bei PROU im Manuel[4] (1924) S. 115 ff. Dazu noch MENTZ, AfU. 11 (1930) S. 153 ff. und JUSSELIN, Moyen âge 2. sér. 29 (1928) S. 241 ff.

die gleichen Schriftzeichen hier wie dort zur Anwendung gelangten [1]. Hier ist daher nur auseinanderzusetzen, wann und in welcher Weise in Urkunden von tironischen Noten Gebrauch gemacht wurde.

Da ist zunächst auf den merkwürdigen Umstand hinzuweisen, daß tironische Noten in Urkunden viel seltener in Italien als im fränkischen Reiche begegnen. Wie wir keinen Anhaltspunkt dafür haben, daß in den Erlassen der römischen Kaiser von Notenschrift Gebrauch gemacht sei [2], so kommen auch keine Noten der Art in den Urkunden der Päpste vor [3], und nichts berechtigt zu der Vermutung, daß die Langobardenkönige sie verwandt hatten. Somit beruht aller Wahrscheinlichkeit nach ihre Anwendung in den Reinschriften [4] von Diplomen der merovingischen Könige nicht auf antiker Tradition, sondern ist als eine Neuerung der fränkischen Reichskanzlei zu betrachten.

Wann diese Neuerung hier eingeführt ist, läßt sich nicht feststellen [5]; gewiß ist aber, daß schon die erste uns erhaltene Originalurkunde, die aus ihr hervorgegangen ist, ein Diplom König Chlothars II. vom Jahre 625 [6], neben dem Subskriptionszeichen des Referendars zwei Worte in Notenschrift aufweist. Aber die Verwendung von Noten war in dieser Zeit noch nicht zur Regel geworden; allerdings sind die auf Papyrus geschriebenen Originaldiplome der nächsten Jahre vielfach nur in so schlechter Erhaltung auf uns gekommen, daß wir über das Vorhandensein oder Fehlen von Noten kein sicheres Urteil gewinnen können, aber bei einigen von ihnen kann doch mit Bestimmtheit erkannt werden, daß wenigstens

[1] Die gegenteilige Vermutung von Stumpf, Reichskanzler 1, 57 N. 60 ist unbegründet, vgl. Sickel, Acta 1, 334 N. 3.

[2] Die wenigen Originalfragmente, die wir aus der kaiserlichen Kanzlei haben (oben S. 516 N. 4), zeigen keine Spur davon, und ebensowenig sind mir sonst Angaben darüber bekannt.

[3] Über eine Ausnahme s. unten S. 546 N. 2.

[4] Für die Verwendung der Notenschrift zu Konzepten im fränkischen Reich ist ein sehr frühes Zeugnis bei Greg. Tur. 10, 19 zu finden. Ein Bischof ist angeklagt, gewisse verräterische Briefe abgesandt zu haben. Als er leugnet, wird er überführt, indem ein „*puer eius familiaris*“ auftritt, „*qui haec notarum titulis per thomus chartarum conprehensa tenebat*“. Offenbar sind das die Konzepte der vorgelegten Briefe. Vgl. auch *In gloria confessor.* cap. 39.

[5] Über die tironischen Noten in den Merovingerdiplomen und die Geschichte ihrer Entzifferung vgl. Jusselin, BEC. 68 (1907), 481 ff. und dazu Tangl, NA. 34, 311 ff. Jusselin stellt alle bisherigen Lesungen zusammen und fügt eigene neue hinzu. Seine Arbeiten sind in der neuen Ausgabe der Merovingerurkunden von Lauer und Samaran bereits berücksichtigt.

[6] DM. 10; Lauer et Samaran Taf. 1.

das Subskriptionszeichen der Notenschrift entbehrte [1]. Erst seit Theuderich III. im letzten Viertel des 7. Jahrhunderts wurde es zum ständigen Kanzleibrauch, die Urkunden mit Vermerken in Notenschrift zu versehen, und von nun an fehlen sie in keinem der uns erhaltenen Originale. Sie sind meistens nach dem klassischen Systeme gebildet; doch kommt wie Jusselin festgestellt hat, vereinzelt auch schon in merovingischen Diplomen[2] eine tachygraphische Schrift vor, die man früher für viel jünger gehalten hat; sie steht mit dem tironischen System im engsten Zusammenhang und ist aus ihm abgeleitet, stellt aber nicht mehr eine Wortstenographie, sondern eine Silbenschrift dar. Die Noten mancher Merovingerdiplome haben noch gar nicht oder noch nicht vollständig gelesen werden können, und in einigen Fällen sind die bisher vorgeschlagenen Lesungen noch unsicher und zweifelhaft; insbesondere bei den mit dem Rekognitionszeichen verbundenen Noten ist es oft sehr schwer, die tironische Schrift von den Schnörkeln und Verzierungen jenes Zeichens bestimmt zu unterscheiden. Noten sind bisweilen an den Chrismen angebracht, selten stehen sie hinter dem letzten Worte der Korroborationsformel am Schlusse des Kontextes, regelmäßig aber hinter dem Rekognitionszeichen oder innerhalb desselben. Sie sind meistens sehr kurz und wiederholen bisweilen nur den Namen des Rekognoszenten oder die Rekognitionsformel; häufig aber geben sie auch andere Notizen über den Verlauf des Beurkundungsgeschäftes; insbesondere nennen sie sehr oft den Namen dessen, der der Kanzlei den Beurkundungsbefehl überbracht hat und geben uns damit eine wichtige Auskunft, die wir aus den Urkunden sonst nicht entnehmen können. Daß man für die Vermerke, die sich auf den letzteren Befehl beziehen, die tironische Schrift gewählt hat, erklärt sich dann auch sehr einfach; einerseits lag den Rekognoszenten, die für die Ausstellung der Urkunde verantwortlich waren, naturgemäß daran, den Mann zu nennen, auf den sie sich als auf den Befehlsgeber nötigenfalls berufen konnten; andererseits bezog sich diese Nennung doch auf ein Internum der Kanzleigebahrung und hatte für weitere Kreise kein Interesse, sollte ihnen vielleicht geradezu vorenthalten bleiben.

Auch unter den ersten karolingischen Königen[3] beschränken sich

[1] In DM. 47 hat die königliche Kanzlei keine Noten verwandt, aber zwei der Subskribenten haben, wie ich schon in der ersten Auflage dieses Buches bemerkt habe und jetzt durch Havet und Jusselin bestätigt ist, ihrer Unterschrift die Noten „*in deo subscripsi*" und „*subscripsi*" hinzugefügt.

[2] DM. 48; Lauer et Samaran Taf. 15. Es ist ein Schreibfehler, wenn Jusselin S. 507 diese Urkunde Childebert III. zuschreibt; sie ist von Theuderich III.

[3] Die Noten in den Diplomen Pippins, Karlmanns, Karls des Großen, Ludwigs

die Noten, die — abgesehen von den oft silbentachygraphisch geschriebenen Eigennamen — ausschließlich nach dem klassischen System gebildet sind, auf meist ziemlich kurze Vermerke, die denen der merovingischen Urkunden sehr ähnlich sind[1]; unter Pippin gibt es noch zwei Originale, die ihrer darben, unter Karl dem Großen nur noch ein einziges, ein Plazitum, das aus der pfalzgräflichen Kanzlei hervorgegangen ist[2]. Neu ist aber, daß einmal im Jahre 777 der Schreiber eines Diploms[3], der in der gewöhnlichen Buchstabenschrift nicht genannt wird, seinen Namen in tironischen Noten angegeben hat, diese Noten stehen am Ende der Datierung, also an einer Stelle der Urkunde, an der wir bisher Notenschrift noch nicht gefunden haben. Und vom Ende der Regierung Karls haben wir noch zwei Diplome, deren Noten Mitteilungen machen, die über das bis dahin bekannte Maß hinausgehen[4]: einmal wird im Jahre 807 gesagt, daß der Erzkaplan die Urkunde vollzogen hat, und einmal ist, woraus wir freilich nichts Neues erfahren, das Jahr der Ausstellung der Urkunde in den tironischen Vermerk aufgenommen.

Sehr viel ergiebiger wird nun aber die Notenschrift unter Ludwig dem Frommen, obgleich sie gerade unter ihm nicht sehr regelmäßig in den Diplomen erscheint: nicht weniger als 16 Originale, der siebente Teil der überhaupt erhaltenen, entbehren ihrer gänzlich, und das Fehlen der Noten ist also keineswegs ein Zeugnis gegen die Originalität eines Diploms. Die Diplome aber, die Noten enthalten, weisen sie, vom Chrismon abgesehen, an drei verschiedenen Stellen auf, am Schlusse des Kontextes oder in Verbindung mit dem Rekognitionszeichen, wie schon in der merovingischen Zeit, endlich, wo wir sie zuerst unter Karl nur einmal trafen, hinter der Datierung[5]. Die Noten des Rekognitionszeichens wiederholen häufig nur den Wortlaut oder den Inhalt der Rekognitionszeile; öfter erhalten wir aber auch durch sie, wie regelmäßig durch die an anderen Stellen stehenden Noten, Aufschlüsse nicht nur über den

---

des Frommen, Lothars, Ludwigs II., Lothars II. und der ostfränkischen Herrscher sind von Tangl, AfU. 1, 87 ff.; 2, 167 ff. erschöpfend behandelt worden, so daß sich die Anführung der älteren Literatur darüber erübrigt.

[1] Der Schreiberwitz in DKar. 6, den Tangl, AfU. 1, 90 f. bespricht, steht ganz für sich allein.

[2] DKar. 216.

[3] DKar. 118; in den Noten von DKar. 197 würde nach der in die Ausgabe aufgenommenen Lesung Sickel's von der Besiegelung die Rede sein, vgl. dazu aber AfU. 1, 103.

[4] DKar. 206 (vgl. AfU. 1, 103) 218.

[5] Hier zuerst in Mühlbacher Reg.[2] 689.

Überbringer des Beurkundungsbefehls und öfter auch über den Schreiber, sondern auch über den Namen dessen, der eine Urkunde erwirkt hat[1], sowie über den Verfasser des Diktats, den Urheber des Fertigungs- und des Vollziehungsbefehls und über andere Einzelheiten des Beurkundungsgeschäftes[2], die uns für die Kenntnis von dessen Verlauf sehr wichtig und wertvoll sind.

Unter den Söhnen Ludwigs des Frommen erhält sich in Ostfranken wie in Italien — von Westfranken ist hier abzusehen — der Gebrauch, tironische Noten in den Urkunden anzubringen; aber ebensowenig wie unter dem Vater sind sie unter den Söhnen ein notwendiger Bestandteil des Diploms; aber die Entwicklung ist offenbar auf rückläufigem Wege. In Italien ist unter Lothar I. kaum noch ein Viertel der Originale mit Noten versehen, die mehr als die Wiederholung der Rekognition besagten[3]; in diesen wenigen Stücken finden sich außerdem, wie unter Ludwig I., meist bei der Rekognitionszeile, vereinzelt am Schlusse des Kontextes kurze Vermerke über den Beurkundungs- oder Fertigungsbefehl, vereinzelt auch über die Besiegelung[4]. Unter Ludwig II. von Italien wird der Gebrauch der Noten zur seltenen Ausnahme; nur noch in drei Originalen kommen sie vor; und nur noch ganz vereinzelte Reminiszenzen an ihren einstigen Gebrauch finden sich in den Diplomen späterer Könige: Berengars I., Widos, Lamberts und Ludwigs des Blinden[5].

In Lothringen finden sich in den Urkunden Lothars II. einige Male Noten in der Art derer, die unter Lothar I. vorkamen. Häufiger angewandt und ihrem Inhalt nach ergiebiger ist die Notenschrift der Urkunden aus der Kanzlei Ludwigs des Deutschen; der unter dem Vater herrschende Brauch hat unter dem Sohne ersichtlich noch nachgewirkt; auch Schreiber- und Ambasciatorenvermerke, die in Italien gänzlich fehlen, finden sich

[1] Vgl. dazu meine Bemerkungen AfU. 1, 181 f.

[2] Einige Male ist auch die Datierung, einmal (Mühlbacher, Reg.[2] 720) auch der Name des Ausstellungsortes (vielleicht als Anweisung für die Nachtragung der Datierungszeile?) in Notenschrift angegeben.

[3] Abgesehen ist dabei von der gelegentlich vorkommenden des 'amen' der Apprekation oder der ganzen Apprekation in Notenschrift am Ende der Datierungszeile.

[4] Merkwürdig ist, daß ein Notar Lothars I. und Lothars II. auch in den Chrismen Vermerke anbrachte, die sich auf das Beurkundungsgeschäft beziehen; vgl. Tangl, AfU. 2, 176. Das kommt sonst nie vor.

[5] Sie sind zusammengestellt, von Schiaparelli im Arch. f. Stenographie 57 (NF. 2) 209 ff. In einer Urkunde Ludwigs des Blinden vom 11. Oktober 900 finden sich silbentachygraphische Zeichen. — Spätere Urkunden italienischer Könige (Rudolfs, Hugos, Lothars, Berengars II., Adalberts) weisen keine Noten mehr auf.

wieder in einigen Urkunden des Sohnes ebenso wie Angaben über Kanzleibefehle. Das alles gilt aber nur für die ersten Jahre der Regierung des ostfränkischen Königs. Um die Mitte der vierziger Jahre schon treten Notare in den Dienst seiner Kanzlei, die gelegentlich noch die Rekognition in tironischen Noten, nicht immer in korrekter Bildung der Zeichen, wiederholen, zumeist aber auf die Notenschrift ganz verzichten, und seit dem Ende der fünfziger Jahre, als der Notar Heberhard, dessen große Bedeutung für die Geschichte der Minuskelschrift wir kennen[1], den Ton in der Kanzlei angab, war es mit der korrekten Verwendung der Notenschrift vorbei. Heberhard kannte ihr System nicht mehr oder nur ungenügend; er nahm wohl noch Zeichen in seine Unterschriftszeile auf, die Noten bedeuten sollten, aber sie waren sinnlos oder falsch gebildet; die Notenschrift wurde aus einer Buchstabenschrift (*scriptura litteralis*) zu einer Bilderschrift (*scriptura realis*)[2]. Dabei blieb es denn auch im wesentlichen in der Folgezeit, wenn auch gelegentlich, namentlich unter Arnulf wieder einmal einige Notare auftraten, mit deren Kenntnis der römischen Stenographie es etwas besser bestellt war. Immerhin gelingt es in den meisten Fällen bis ins 10. Jahrhundert hinein zu entziffern oder zu erraten, was die Notare mit diesen pseudo- oder quasitironischen Noten haben sagen wollen[3], so daß sie für Interpretation und Kritik beachtenswert bleiben; erst nach dem Jahre 940 sinken sie mehrfach zu ganz bedeutungslosen Zeichen oder Schnörkeln herab und verschwinden dann bald vollständig aus den Diplomen.

Die Notenschrift ist nun aber keineswegs auf die Königsurkunden beschränkt gewesen; vielmehr ist es schon sehr früh auch in anderen fränkischen Urkunden vorgekommen, daß Bischöfe und Notare ihren Unterschriften tironische Zeichen hinzufügten. Ferner sind diese wahrscheinlich nicht selten für Urkundenkonzepte verwandt worden; so besitzen wir noch aus dem Jahre 848 ein in Metz aufgesetztes Konzept zu

---

[1] S. oben. S. 524 f.

[2] Auf das westfränkische Reich ist hier nicht näher einzugehen. Die Kenntnis der tironischen Schrift hat sich dort innerhalb der königlichen Kanzlei wie außerhalb derselben viel länger erhalten als in Deutschland; in der Touraine tritt sie sogar bis ins 11. Jahrhundert hinein in Urkunden auf (vgl. SALMON, BEC. 6 [1844], 443; GRANDMAISON, BEC. 46 [1885], 379) und in der königlichen Kanzlei kommen Noten, allerdings ganz entstellt und unverstanden, zum letzten Male 1067 vor, vgl. JUSSELIN, Arch. f. Stenographie NF. 2 (1906), 106 ff.; PROU, Manuel[4] S. 128, wo auch noch weitere Literatur angegeben ist.

[3] Unter Arnulf geben sie nach einer freilich nicht beweisbaren Vermutung SICKEL's den Namen des Kanzleibeamten zu erkennen, der die Besiegelung vollzogen hat.

einer Urkunde für Kloster St. Arnulf in freilich nicht mehr ganz korrekter, aber doch noch vollkommen entzifferbarer Notenschrift[1]. Das ist denn aber auch das letzte Beispiel für derartige Verwendung derselben auf deutschem Boden, welches mir bisher bekannt geworden ist.

In Italien, wo man die Notenschrift noch im 8. Jahrhundert im alten Sinne zur stenographischen Aufnahme von Reden und Verhandlungen benutzte[2], haben die Notare, so viel wir bis jetzt wissen, die tironische Schrift des klassischen Systems in Privaturkunden nicht verwertet. Dagegen ist die silbentachygraphische Schrift, von der wir oben sprachen[3], hier seit dem Ende des 8. Jahrhunderts sehr häufig angewendet worden[4]. In den Originalen von Privaturkunden haben Notare, bisweilen auch Zeugen solche silbentachygraphischen Zeichen ihrer eigenhändigen Unterschrift hinzugefügt, wobei sie den Personennamen bildenden Zeichen bisweilen in recht eigentümlicher Weise zu einem Monogramm verbunden sind, und oft sind ferner die Konzepte der Urkunden, die auf die Rückseite oder auf den anderen Rand der Schriftseite des Urkundenpergaments geschrieben wurden, in solcher Schrift hergestellt worden. Ihr Gebrauch zu diesem Zwecke läßt sich in Italien bis über die Mitte des 11. Jahrhunderts hinaus verfolgen[5] und ihrer hat sich auch Papst Silvester II.

---

[1] S. oben S. 117 N. 2.

[2] So müssen, ganz wie die der älteren Konzilien, auch noch die Verhandlungen der römischen Synode von 745 unter Papst Zacharias (MG. Epp. 3 [Karol. 1] 319) stenographiert worden sein.

[3] S. 119 ff.

[4] Ihre erste wissenschaftliche Bearbeitung verdanken wir zwei Arbeiten von J. Havet, L'écriture secrète de Gerbert und La tachygraphie Italienne, beide jetzt in Havet's Oeuvres 2, 469 ff. Ferner Chatelain, La tachygraphie syllabique (Paris 1899, Nozzeschrift) und Introduction à l'étude des notes tironiennes S. 152 ff.; Jusselin, BEC. 66 (1905), 661 ff.; Arch. f. Stenographie NF. 3 (1908), 8 f.; BEC. 68 (1907), 507 N. 4. Weitere Literaturangaben bei Prou, Manuel S. 124 N. 1; dazu noch Schiaparelli im Boll. della Acad. Ital. di Stenografia IV S. 11 ff. (Padua, 1928).

[5] Das erste bis jetzt bekannte Beispiel ist die Urkunde von 769 bei Bonelli, Codice paleografico Lombardo Taf. 11. 12; dann folgt die von Jusselin, Arch. f. Stenographie 1907 S. 9 besprochene Urkunde bei Sickel, Mon. graph. medii aevi 1, Taf. 6; dann die Urkunde aus Pavia bei Bonelli a. a. O. Taf. 20; ferner ein Stück aus Pavia von 836, vgl. Gabotto, Le più antiche carte dell' archivio capitolare di Asti (= Biblioteca della Societa storica subalpina, 1904) S. XX. Die letzten bisher bekannten Fälle sind Urkunden aus Tortona von 1055, vgl. Gabotto und Legé, Le carte dell' archivio capitolare di Tortona (= ibid), S. X, und von 1065 aus S. Maria und S. Clemente 'in territorio Pinnense', vgl. Jusselin, BEC. 68 (1907), 507 N. 4. — Der Versuch des Johann Tilbura um 1174 ein neues stenographisches Schriftsystem aufzustellen (vgl. V. Rose im Hermes 8, 303 ff.; W. Schmitz, Beiträge zur lat. Sprach- und Literaturkunde S. 260 ff.) hat

(Gerbert von Reims) sowohl in seinen Briefen wie bei der eigenhändigen Unterschrift seiner Privilegien bedient.

Daß wir in den Urkunden des Mittelalters Schreibfehlern, Rasuren, Korrekturen aller Art begegnen, wird uns nach allem, was wir über die Herstellung derselben im Verlaufe unserer Untersuchung erfahren haben, nicht wunder nehmen. Weder ist aus dergleichen Dingen im allgemeinen ein Verdachtsgrund gegen die Urkunden, in denen sie vorkommen, zu entnehmen, noch macht es in der Mehrzahl der Fälle erhebliche Schwierigkeit, die Korrekturen, die von erster oder gleichzeitiger Hand herrühren, von anderen zu unterscheiden, welche, wie das ja gleichfalls oft genug vorkommt, später von unbefugter Seite in fälschender Absicht vorgenommen worden sind[1]. Allerdings haben sorgfältiger arbeitende Beamte sich vor solchen Verbesserungen möglichst zu hüten gesucht, und in der päpstlichen Kanzlei hat man gewisse Vorkehrungen gegen das Überhandnehmen derselben getroffen[2]. Besonders an „verdächtigen Stellen" suchte man sie im späteren Mittelalter zu vermeiden; wie schon Konrad von Mure[3] hier vor ihnen warnt[4], so verbietet die Reichskanzleiordnung von 1494[5] ausdrücklich jede Änderung oder Rasur an Namen, Zahlen und Daten und läßt sie auch in anderen Teilen der Urkunden nur mit Genehmigung der Kanzleioberbeamten und nur durch die Hand des Schreibers, von dem die Urkunde selbst herrührt, zu. Daher hat man denn bisweilen sogar eigene akzessorische Urkunden über solche Korrekturen ausgestellt, in denen man aussprach, daß die Echtheit der Haupturkunden um ihretwillen nicht angefochten werden dürfe.

für die Urkundenlehre keine Bedeutung. Und auch mit den diplomatischen Chiffren, die in Italien im 14. Jahrhundert aufkommen, in eigentlichen Urkunden aber nicht verwandt sind, haben wir uns nicht zu beschäftigen; es genügt dafür auf die Bücher von A. Meister, Über die Anfänge der modernen diplomatischen Geheimschrift (Paderborn 1902) und die Geheimschrift im Dienste der päpstlichen Kurie (Paderborn 1906) zu verweisen.

[1] Über Verfügungen gegen unbefugte Korrekturen in der päpstlichen Kanzlei s. Tangl, KO. S. 115 § 20.

[2] Paul II. verordnet 1465: *quod in ipsis litteris non fiant multe rasure saltem nimium apparentes et difformes aut tertiam partem linee transcendentes*, Tangl, KO. S. 192 Nr. 48 § 2.

[3] QE. 9, 438 verlangt er eine *scriptura . . sine omni vicio rasure in loco suspecto*.

[4] Aber am Ende des 15. Jahrhunderts klagt man doch in der päpstlichen Kanzlei über Urkunden „*cum maximis rasuris etiam in locis suspectis*", Tangl, KO. S. 396.

[5] Archival. Zeitschr. 13, 4 § 7.

Neunzehntes Kapitel.

Die Besiegelung.

Die Besiegelung ist in einem früheren Abschnitt dieses Werkes nach ihrer rechtlichen Seite hin betrachtet worden; zu behandeln bleibt ihre technische: die Beschaffenheit und die Herstellung der Siegel und das Verfahren bei der Besiegelung.

Zwei Siegelstoffe hat das Mittelalter aus dem Altertum übernommen: Wachs und Metall [1]. Während jenes vorwiegend im Westen zur Anwendung kommt, ist dieses der bevorzugte Stoff für die Herstellung der Siegel im oströmischen Reich gewesen [2] und im früheren Mittelalter vorwiegend da zur Anwendung gekommen, wo eine nähere Beziehung zum byzantinischen Reich bestand.

Je nach der Natur des Siegelstoffes war auch das Instrument, das zur Herstellung der Siegel verwandt wurde, verschieden. Das Instrument, mit dem die Wachssiegel der Römer hergestellt wurden, war der Siegelring; und Siegelringe haben wie die Franken, so auch die Langobarden geführt; bei jenen werden die Vorsteher der Kanzlei, wie wir wissen, immer wieder als die Bewahrer des königlichen Ringes bezeichnet;[3] bei diesen ist an der einzigen Stelle, an der Besiegelung im Auftrage des Königs erwähnt wird, von dessen Ringe die Rede.[4] Auch sind uns merovingische Siegelringe in nicht kleiner Zahl erhalten. Als im Jahre 1653 zu Tournay das Grab des Königs Childerich, des 481 gestorbenen Vaters Chlodwigs, aufgedeckt wurde, kam auch sein goldener Siegelring zutage, dessen 23 mm hohe und 18 mm breite Platte die Büste des Königs

---

[1] Siegelerde (*creta, cretula*), die bei den Römern verwandt wurde (vgl. Marquardt-Mommsen[2] 7, 806 n. 5) und Siegellack (spanisches Wachs), der im 16. Jahrhundert eingeführt wurde (vgl. Spiess, Aufklär. in der Gesch. u. Diplomatik S. 32 ff.), kommen im Mittelalter als Siegelstoffe nicht vor.

[2] Vgl. Schlumberger, Sigillographie byzantine S. 8.

[3] S. Bd. 1, 361 N. 5.

[4] Ratchis, cap. 13. Dem entspricht es, daß 898 in einer Gerichtsurkunde von einem Diplome Aistulfs gesagt wird, es sei *ab anulo domini regis sigillatum* (Tiraboschi, Nonantola 2, 74). Erhalten ist uns meines Wissens weder ein langobardischer Siegelring noch ein Siegel. Die Notiz, Jahresberichte der Geschichtswissenschaft 1884, 2, 241 N. 145a, über ein Siegel König Agilulfs ist irreführend. Was M. Caffi in der Florentiner Zeitschrift Arte e storia 3 (1884), 238 erwähnt, ist nicht ein Siegel, sondern eine 1843 von ihm an einem Bogen der Kirche St. Simplician zu Mailand gesehene, jetzt aber verschwundene Inschrift aus Agilulfs Zeit. Der Irrtum ist dadurch entstanden, daß Caffi den Ausdruck „*una siglina*“ gebraucht.

en face (der Kopf gekennzeichnet durch das lange Haupthaar der Merovinger, aber sonst schmucklos, in der rechten Hand die königliche Lanze) und die Umschrift CHILDIRICI REGIS aufwies.[1] Leider ist dieser Ring im Jahre 1831 mit einem großen Teil das Grabschatzes aus der königlichen Bibliothek in Paris gestohlen worden und seitdem nicht wieder aufgefunden, was um so mehr zu beklagen ist, als wir einen anderen königlichen Siegelring der merovingischen Zeit nicht besitzen, wenn nicht etwa die Beziehung eines Goldringes der Pariser Bibliothek, dessen Siegelplatte einen bärtigen Kopf mit langem Haupthaar darstellt und die Buchstaben S R zeigt, auf König Sigibert zutrifft,[2] was im höchsten Maß zweifelhaft ist. Unter der nicht kleinen Zahl sonstiger Siegelringe aus merovingischer Zeit mag einer, der bei Blois gefunden ist und gleichfalls ein männliches Bildnis mit langem Haupthaar sowie den Namen RACNETHRAMNVS aufweist, einem Mitgliede des Herrscherhauses angehört haben, einen anderen hat man nicht ohne Wahrscheinlichkeit einem Bischof Leudinus von Toul zugeschrieben; es gibt eine sehr erhebliche Zahl derartiger Stücke, die in Frankreich und in den Rheinlanden gefunden worden sind.[3] Nur daß freilich diese Ringe, und namentlich diejenigen, welche das königliche Siegel in sich faßten, nicht mehr am Finger getragen sein konnten. Finden wir unter den uns an Urkunden erhaltenen merovingischen Siegelabdrücken solche von einem Durchmesser bis zu 33 mm,[4] so ist es klar, daß ein Instrument mit so umfangreicher Siegelplatte zwar noch die Ringform gehabt haben, aber nicht mehr als Fingerring benutzt worden sein kann.

Das gilt denn auch noch von den Siegelinstrumenten der ersten Karolinger. Zwar dadurch, daß bei ihnen durchweg noch von *anuli* die

[1] Abbildungen nach einem Wachsabdruck bei Babelon, Le Tombeau de Roi Childéric (Paris 1923), S. 29 ff., wo auch die ältere Literatur angeführt ist.

[2] Lindenschmidt 1, 403. Außerdem ist noch die Bronze-Siegelplatte ohne den zugehörigen Ring eines Königs Dagobert erhalten, gefunden im Bette des Doubs, beschrieben von Barthelemy, Revue numismatique 1841, S. 177 ff.

[3] Vgl. Lindenschmidt a. a. O. und die zugehörige Tafel XIV mit Ringen aus den Museen zu Mainz und Bonn; Comte de Marcy, Bulletin de la soc. historique de Compiègne 1882, S. 304 ff., wo auch weitere französische Literatur über den Gegenstand zusammengestellt ist. Eine große Anzahl solcher Ringe hat Delorbe in der Revue archéologique publiziert und besprochen (3. sér. t. III, 1884). — Vereinzelt scheint in merovingischer Zeit die Siegelplatte statt in einen Ring in eine Spange eingefügt worden zu sein; vgl. die Abbildung einer solchen *fibula* bei Hucher, Étude sur l'hist. et les monuments du départ. de la Sarthe (Le Mans, Paris 1856) S. 254.

[4] Vgl. die Beschreibungen bei Douet d'Arq (Inventaires et doc. publ. publiés p. ordre de l'empereur), Collection de sceaux (Paris 1863) S. 267 ff.

Rede ist, deren *impressio* das Siegelbild hervorruft, würde die Benutzung von Siegelringen allein nicht bewiesen werden können; der Ausdruck hat sich in der Korroborationsformel der Diplome bis in eine Zeit hinein erhalten, in der tatsächlich die Ringe schon längst durch Typarien anderer Form ersetzt worden waren. Aber die Form der Siegelabdrücke selbst, die „regelmäßig einen ganz geschlossenen ovalen Rand um das Bild herum zeigen", spricht dafür, daß sie mit Ringen oder diesen ähnlichen Instrumenten gemacht worden sind.[1] Die Siegelplatten sind unter den ersten Karolingern nur z. T. noch Arbeiten der Zeit; an die Stelle der merovingischen Porträtsiegel sind vielfach antike Gemmensiegel getreten; ein geschnittener Stein mit beliebigem Bilde — selbst Darstellungen von Frauen kommen vor — ist in einen Metallrahmen gefaßt und mit diesem in den Ring eingefügt; die Umschrift, wenn eine solche nicht ganz fehlt, steht zumeist auf dem Rahmen, ist aber bisweilen auch auf die Gemme selbst eingraviert worden. Neben solchen antiken Gemmen hat man freilich auch in der karolingischen Epoche selbst hergestellte Steine verwandt, die antiken Mustern nachgeschnitten waren; so war der Siegelstempel Ludwigs des Frommen Nachbildung einer antiken Gemme, die die Büste eines römischen Kaisers, wahrscheinlich des jungen Commodus, zeigte.[2] Erhalten ist uns ein vollständiges karolingisches Siegelinstrument nicht, wohl aber die Siegelplatte eines Ringes von Lothar II.: eine Gemme aus Bergkristall mit eingravierter Legende, die sich jetzt im Aachener Domschatz befindet und als karolingisches Werk erwiesen ist.[3]

Schon in der spätkarolingischen Zeit aber ist man dann zu anderen Formen der Typare übergegangen. Auf die Form der königlichen Siegelinstrumente dürfen wir vielleicht aus einem uns erhaltenen privaten des 12. Jahrhunderts schließen: es ist ein in Silber gefaßter Sardonyx, bei dem das Silber auch die Rückseite des Steines umgibt; oben ist eine Öse angebracht, durch welche eine Kette gezogen sein wird.[4] Auf einen solchen mit einer Öse versehenen Siegelknopf lassen auch Siegelabdrücke der späteren Karolinger schließen, während die Siegel Karls III. ober-

[1] Vgl. Sickel, Acta 1, 346.

[2] Vgl. Babelon in den Comptes rendus der Académie des inscriptions et belles lettres 4. Sér. 23, 419 ff.; Hinweis auf andere Ansichten bei Schramm, Die deutschen Kaiser und Könige in den Bildern ihrer Zeit, 2 Bde (Text und Tafeln), Leipzig 1928, S. 169; vgl. S. 182 f. über Siegel Karls III.

[3] Vgl. die Abbildung bei Schramm a. a. O. Taf. 24 a und die Erläuterungen dazu: S. 175.

[4] Koene, Zeitschrift für Münz-, Siegel- und Wappenkunde (Berlin 1846) 6, 170. Der Stempel ist jetzt in der Gemmensammlung der Eremitage in Leningrad.

halb des Kopfes den Eindruck eines breiten, verzierten Armes zeigen, an dem die Siegelplatte befestigt war.[1]

Auch für die nächsten Jahrhunderte sind wir in bezug auf die Form der königlichen Siegeltypare fast ausschließlich auf Rückschlüsse aus den Abdrücken derselben angewiesen. Im 10. Jahrhundert finden wir verschiedene Formen: bisweilen war die Platte des Stempels an ihrem Rande durch einen Ring oder eine Öse an eine Kette eingehängt, andere Stempel wurden wie unsere Petschafte gehalten, kleinere vielleicht am Ringe getragen.[2] Unter Heinrich I., Otto I. und Otto II. zeigt sich innerhalb des Siegelrandes eine gezackte Einfassung, die bei ein und demselben Stempel in verschiedener Weise erscheint,[3] also offenbar noch während der Benutzungszeit der Platte erneuert wurde. Die Übereinstimmung dieser zackigen Einfassung mit demjenigen, was wir aus anderen Arbeiten dieses Jahrhunderts kennen, führt zu dem Schluß, daß die Matrize aus Stein oder vielleicht, wie die Siegelplatte Lothars II., aus Bergkristall gefertigt und in Metall gefaßt war;[4] es entspricht dem, daß wir aus den Abdrücken des ersten Siegels Ottos I. ersehen, daß die Siegelplatte im Jahre 956 mitten entzwei gesprungen ist,[5] was natürlich bei einer steinernen oder kristallenen Matrize leichter vorkommen konnte, als bei einer metallenen. Die Siegelstempel Friedrichs I. hat im Auftrag des Königs Wibald, Abt von Stablo und Corvey anfertigen lassen, und er muß sich dieses Auftrags zu voller Zufriedenheit Friedrichs entledigt haben, der ihn 1157 auch mit der Anfertigung eines Siegels für seine Gemahlin Beatrix betraute.[6] Der königlichen Siegelstempel aber hatte Wibald mehrere herstellen lassen; schon am 18. März 1152, also neun Tage nach der Krönung des Königs, hatte er ein silbernes Instrument in die Kanzlei gesandt, die sich bis dahin eines interimistischen Stempels bedient haben muß; am 27. März war das Instrument zum Bullieren fertig geworden, und gleichzeitig sandte Wibald einen genau nach dem Muster des silbernen angefertigten Stempel aus Zinn nach Aachen.[7]

---

[1] Sickel, Acta 1, 346 N. 12.

[2] Foltz, NA. 3, 17.

[3] Foltz, NA. 3, 30.

[4] Vgl. Essenwein, Anz. für Kunde der deutschen Vorzeit 1878, S. 12.

[5] Foltz, NA. 3, 30. Schramm, Kaiserbilder S. 188; Taf. 59a.

[6] Wibaldi Epp. n. 456: *rogamus ut sicut nostrum sigillum . . . de tuo arbitrio ordinasti, ita etiam dominae tuae sigillum sine mora studeas informare et ad nos Aquisgrani sculptum afferas et bene politum.*

[7] Wibaldi Epp. n. 377: *die quinta post exitum vestrum a nobis Aquisgrani dedimus puero nostro Godino perferendum sigillum argenteum perfectum, ne videlicet illo novitio*

Von nicht- königlichen Siegelstempeln dieser Jahrhunderte wissen wir wenig mehr als von den königlichen. Ein *sigillum*, das sich unter den Kostbarkeiten im Nachlasse Brunos I. von Köln befand,[1] war wahrscheinlich ein goldener Siegelstempel. Erhalten ist uns die Platte eines Siegelstempels, der wahrscheinlich dem Erzbischof Adaldag von Bremen angehört hat,[2] aus Schiefer und die silberne, 8 mm dicke Siegelplatte Erzbischof Thietmars (1023—1041) von Salzburg, diese jetzt ohne Handgriff, so daß wir über die Art der Befestigung nicht unterrichtet sind;[3] dem 11. Jahrhundert gehört wahrscheinlich auch noch eine zweite schieferne Siegelplatte eines bremischen Erzbischofs an, die wie diejenige Adaldags in Ostfriesland gefunden worden ist. Seit dem 13. Jahrhundert ist uns dann eine ziemlich bedeutende Zahl von Siegelstempeln aus Deutschland und Italien erhalten; [4] es sind fast durchweg flache Platten,

---

et non permansuro res regni diutius consignarentur. . . . Decima postmodum die, hoc est in cena domini perfecta sunt ferramenta ad bullandum de auro, quae vobis . . . sub celeritate transmisimus. Eadem vero die misimus Aquensi villico sigillum stagneum diligenter expressum ad formam argentei et duas bullas aureas perfectas. — Ich merke hier an, daß ein silberner Siegelstempel der Johanna, Gemahlin Wilhelms II. von Sizilien, noch erhalten ist; vgl. K. A. Kehr, Die Urkunden der normannisch-sizilischen Könige S. 189 N. 1. Silbern ist auch der Siegelstempel der Königin Konstanze, Gemahlin Ludwigs VII. von Frankreich, der in ihrem Grabe gefunden und also sicher echt ist; Abbildung bei Lecoy de la Marche, Les sceaux (Paris 1889) S. 64, vgl. S. 66.

[1] Ruotger, Vita Brunonis cap. 49, SS. 4, 274; dazu Schrörs, Ann. f. d. Niederrh. 1911, S. 113 N. 2.

[2] Sauer, Anz. für Kunde der deutschen Vorzeit 1878, S. 11. Sie ist 7 mm dick.

[3] Richter, Mitt. der k. k. Centralcommission f. Erforschung und Erhaltung der Kunst und hist. Denkmale N. F. 8, S. CXXI ff. — Über ein Typarium des Markgrafen Otto von Meißen (1156—1190) s. Posse, Privaturkunden S. 144 N. 2 und Siegel der Wettiner 2, 31.

[4] Vgl. Fürst Hohenlohe, Sphragist. Aphorismen, S. 53 f.; Anz. f. Kunde der deutschen Vorz., (1877), S. 337; Demay, Le Costume au moyen âge d'après les sceaux (Paris 1880), S. 57; Lecoy de la Marche S. 64 ff. Eine große Anzahl deutscher Siegelstempel seit dem 13. Jahrhundert ist beschrieben im Katalog der Heraldischen Ausstellung in Berlin 1882, S. 49 ff.; über eine reiche Sammlung hauptsächlich französischer Stempel vgl. Charvet, Description des collections de sceaux-matrices de M. E. Dongé, Paris 1880. — Über Anfertigung und Preise von Siegelstempeln des 14. u. 15. Jahrhunderts einige Angaben bei Seyler, Sphragistik, S. 30 ff.; Geschichte der Siegel S. 16 f. Zu den ältesten Nachrichten darüber gehören die Angaben über den Siegelschneider Heinrichs VII., die sich aus dessen uns erhaltenen Rechnungen ergeben. Lienar de Venise, talleur de pieres, erhält am 29. Aug. 1312 14 fl. durch den Kämmerer und am 4. Dez., wo er als talleur do sael l'empereur bezeichnet wird, 20 fl. durch den Kanzler; Bonaini, Acta Henr. VII., S. 334. 340. Im übrigen sind es meist Goldschmiede, die als Verfertiger von Siegelstempeln genannt werden. Vgl. z. B. für Böhmen Emler, Reg. 2, 1028 n. 2372.

denen auf der Rückseite häufig ein Höcker aufgelötet ist:[1] im Höcker oder, wo dieser fehlt, an der Platte selbst, ist eine Öse angebracht, durch die eine Kette oder Schnur gezogen war;[2] wo ein Rücksiegel angewandt wurde, war dasselbe vielfach an derselben Kette befestigt. Als Material ist am häufigsten Bronze verwandt, daneben kommen aber auch andere Metalle, Gold, Silber, Messing, Stahl usw., seltener Elfenbein, Schiefer, Stein vor. Für kleinere Siegel, zumal Gemmen, blieb die Fassung in einen Ring immer üblich; Petschafte, wie wir sie heute gebrauchen, sind im Mittelalter nur selten angewandt worden.

Sehr wenig wissen wir über die zur Anfertigung der Metallbullen verwandten Instrumente. Im byzantinischen Reiche werden sie als βουλλωτήρια[3] bezeichnet und am Halse der mit der Ausfertigung der Urkunden beauftragten Personen getragen. Sie scheinen aber fast vollständig verloren zu sein; selbst SCHLUMBERGER, der beste Kenner der byzantinischen Bleibullen, hat nur einmal in Athen ein derartiges Instrument in Privatbesitz gesehen; eine genauere Beschreibung desselben gibt er leider nicht.[4] In Deutschland spricht Wibald von Stablo 1152 von „*ferramenta ad bullandum de auro*",[5] die er für Friedrich I. anfertigen ließ, was uns nur über den Stoff,[6] nicht aber über die Gestalt des Instrumentes Aufschluß gibt. In der päpstlichen Kanzlei sind die beiden Stempel, welche für die zweiseitige Beprägung der Bleibulle erforderlich waren,[7] nicht zu einem Instrument verbunden gewesen, und bis ins 12. Jahrhundert kommt es vor, daß der eine Stempel schräg aufgesetzt oder während des Prägens verschoben worden ist. Vermuten läßt sich, daß seit dem 12. Jahrhundert derjenige Stempel, welcher die Apostel-

[1] Die Handhaben sind ursprünglich sehr einfach, im späteren Mittelalter aber vielfach künstlerisch ausgeführt.

[2] Bei feierlichen Gelegenheiten werden in Deutschland die kaiserlichen Siegel vom Erzkanzler an einem silbernen Stabe getragen. Das Majestätssiegel trug der Erzkanzler an einer Halskette. Goldene Bulle, cap. 26; vgl. GEIB in Archival. Zeitschr. N. F. 2, 96 N. 1.

[3] Diese werden in den Corroborationsformeln der Urkk. des griechischen Unteritaliens oft erwähnt, vgl. z. B. TRINCHERA S. 4. 9 usw.

[4] SCHLUMBERGER, Sigillographie byzantine, S. 10.

[5] Oben S. 551 N. 7.

[6] Aus Eisen war auch der Bullenstempel Johanns XXIII., der nach seiner Absetzung in der 12. Sitzung des Konzils von Konstanz zerbrochen wurde, vgl. DIEKAMP, MIÖG. 4, 532 N. 1 und BAUMGARTEN, Aus Kanzlei und Kammer S. 161 f.

[7] Sie waren nach Konrad von Mure, QE. 9, 476, *ex calibe vel ferro* verfertigt. Einige Notizen über die Bezahlung von Stempelschneidern für die Anfertigung von Stempeln für Papstbullen s. bei BAUMGARTEN a. a. O. S. 154 ff.

köpfe zeigte, beim Prägen der untere, derjenige, welcher den Namen des Papstes enthielt, der obere war.[1] Die Stempelung geschah bei den päpstlichen Bleisiegeln durch Hammerschläge; Innocenz IV. erzählt in einer Urkunde von 1252, daß der eine seiner beiden Bullentypare, der Apostelstempel, infolge der beständigen Hammerschläge gesprungen sei und daß er infolgedessen einen neuen habe anfertigen lassen.[2]

Die Aufbewahrung der Siegelstempel war Sache der höheren Kanzleibeamten[3] oder, wenn es an einer geordneten Kanzlei fehlte, des Ausstellers der Urkunde selbst; auch die Könige hatten zuweilen gewisse Stempel, namentlich der später zu erwähnenden Geheimsiegel, in eigenem Gewahrsam[4]. Nach dem Tode eines Papstes wurde wenigstens im späteren Mittelalter von seinen beiden Bullenstempeln der eine, welcher den Namen des Papstes zeigte, in Gegenwart der Kardinäle, des Kämmerers und anderer Würdenträger auf Befehl des Vizekanzlers durch die Plumbatoren zerbrochen; der Apostelstempel wurde in Leinen eingehüllt, zugeschnürt, mit dem Siegel des Vizekanzlers verschlossen und dem Kämmerer übergeben, der ihn bis zur Wahl eines Nachfolgers aufzubewahren hatte oder mit dem Siegel dreier Kardinäle verschlossen und von dem Vizekanzler selbst bis dahin aufbewahrt.[5] Ebenso wurde in neuerer Zeit auch der päpstliche Fischerring, der Stempel für die Wachs-

---

[1] Diekamp, MIÖG. 3, 609.

[2] Munch-Löwenfeld S. 22 N. 2; Diekamp, MIÖG. 3, 625.

[3] Für die merovingische Zeit s. Bd. 1, 361 N. 5. Aus der älteren karolingischen Zeit fehlen direkte Zeugnisse, s. Sickel, Acta 1, 343; daß *custos* nicht auf Siegelbewahrung zu beziehen ist, wurde Bd. 1, 447 N. 4 bemerkt. Unter Heinrich V. erhält Otto von Bamberg zugleich das *officium cancellariae* und das *sigillum imperatoris*, vgl. Waitz, VG. 6^2, 359 N. 4; auch der königliche *sigillaris* in einem Brief des Codex Udalrici (Jaffé, Bibl. 5, 57) wird der Kanzler sein. Dagegen gab es in Sizilien zur Zeit des Kanzlers Stephan einen eigenen sigillarius, Pierre de Blois, der zugleich Erzieher des jungen Königs, Wilhelms II., war (K. A. Kehr S. 57) und auch in der Kanzleiordnung Friedrichs II. (Winkelmann S. 10) werden besondere *custodes sigillorum* erwähnt. Für das spätere Mittelalter sind Zeugnisse dafür, daß der Kanzler Siegelbewahrer war, genug vorhanden; es genügt etwa an die Goldene Bulle (s. S. 553 N. 2) zu erinnern. Natürlich braucht der Siegelbewahrer nicht selbst zu siegeln.

[4] Wibald von Stablo schickt, als er auf die Abtswürde in Monte Cassino resigniert, das *sigillum* des Klosters seinem Nachfolger, Wibaldi Epp. n. 15. 16. Über feierliche Siegelübergabe an den neugewählten Hochmeister des deutschen Ordens s. Seyler, Sphragistik S. 51. Derselbe sagt 1402 von seinem großen Siegel „das wir nimands lebendinges befellen, sunder wir behaldens steteclich under unsern slossern", Culm. UB. 1, 343 n. 437. Seyler S. 55 ff. Belege für Siegelbewahrung.

[5] Vgl. Diekamp, MIÖG. 4, 531 f.; Baumgarten, Röm. Quartalschrift 21^b, 32 ff.; Derselbe, Aus Kanzlei und Kammer S. 158 ff.

siegel, mit denen die Breven verschlossen wurden, nach dem Tode eines Papstes feierlich vernichtet; doch geschah das wenigstens im 14. Jahrhundert noch nicht: der Fischerring Clemens' V. wurde nach seinem Tode mit anderen kostbaren Steinen des Papstes dem Kardinalskollegium übergeben und in einem von mehreren Kardinälen versiegelten Koffer verwahrt, [1] und der Fischerring des Gegenpapstes Clemens VII. hat sich erhalten und wird im vatikanischen Münzkabinett aufbewahrt. Für Deutschland ist eine feierliche Siegelvernichtung bezeugt nach dem Tode Kaiser Sigmunds; wir haben darüber eine Urkunde des Herzogs Albrecht von Österreich und des Pfalzgrafen Christoph, in welcher der Vorgang ausführlich beschrieben ist: der Kanzler Kaspar Schlick brachte die sämtlichen Siegel und Stempel in die St. Nicolaikirche zu Znaym, wo sie vor einer großen Versammlung von Prälaten, Grafen, Herren, Rittern und Knechten durch einen Goldschmied zerbrochen wurden.[2] In der Urkunde wird ausdrücklich angegeben, das sei nach dem Tode solcher Fürsten Gewohnheit; aber wenigstens für kaiserliche Siegel sind ältere Fälle der Art nicht bezeugt,[3] und ganz gewiß ist man im früheren Mittelalter nicht immer so verfahren;[4] Otto II. hat nach dem Tode seines Vaters

[1] Archiv für Kirchen- und Literaturgeschichte des Mittelalters 5, 40. Später ist dieser Ring in den Besitz Johanns XXII. gekommen, ebenda S. 55.

[2] Lünig, Reichsarchiv Spic. secul. 2, 1187 f.; Seyler, Sphragistik S. 83 f.

[3] Doch mag es schon hierhin gehören und einen ähnlichen Zweck wie das Zerbrechen der Siegelstempel haben, wenn der Siegelring Childerichs oder der Siegelstempel der Königin Konstanze von Frankreich mit ihnen begraben wurde, s. oben S. 548 und S. 551 N. 7. Auch später ist noch ähnliches vorgekommen; so wurden dem Erzbischof Otto von Magdeburg (1328—61) seine Siegelstempel mit ins Grab gegeben; Lepsius, Sphragist. Aphorismen 1, 7 f.

[4] Daher wäre es nicht unmöglich, daß sich Siegelstempel deutscher Könige erhalten hätten. Aber was von solchen in neuerer Zeit aufgetaucht ist, ist zumeist gefälscht oder in hohem Maße der Fälschung verdächtig. Ein offenbares Trugwerk ist der Stempel Heinrichs III. in der von Smitmerischen Sammlung des Wiener Staatsarchivs, vgl. Posse MIÖG. 14, 488 ff. (daselbst auch vier gefälschte Typare von Wettinischen Siegeln des 13. Jahrhunderts). Mit ihm und dem oben S. 553 N. 6 erwähnten Papststempel teilt der von Winkelmann MIÖG. 15, 485 ff. beschriebene Siegelstempel Friedrichs II. die Eigentümlichkeit, daß Siegel, die damit hergestellt waren, bisher nicht bekannt sind; er ist zwar einem der aus den Abdrücken bekannten Stempel ähnlich, aber nicht mit ihm identisch und er hat überdies einen Fehler in der Umschrift (*Imperatorum* mit dem Abkürzungszeichen für *-rum* am Ende, statt *Imperator*), der, wie Wibel im NA. 35, 255 f. dargelegt hat, keineswegs so milde zu beurteilen ist, wie Winkelmann ihn aufgefaßt hat. Einen angeblichen Siegelstempel Wilhelms von Holland im Reichsarchiv im Haag erwähnt Michael, Gesch. d. deutschen Volkes 1[1], 279 N. 4. Es folgt der von v. Schlosser im Jb. der Kunstsammlungen des allerh.

einen von dessen Stempeln verwandt und sein bis dahin geführtes Siegel aufgegeben[1]. Aber auch noch im 14. Jahrhundert ist ein Sekretsiegel Heinrichs VII. nicht nur von Karl IV., sondern sogar noch von Wenzel verwandt worden; Karl IV. hat sein eigenes königliches Majestätssiegel aufbewahren und für seinen Sohn umändern lassen; ebenso ist sein Breslauer Herzogssiegel noch von seinen Nachfolgern geführt worden.[2] Dagegen wird im späteren Mittelalter das Zerbrechen der Siegel nach dem Tode des Inhabers allerdings öfter erwähnt; 1396 z. B. verordnete Ludwig I. von Brieg, daß sein kleines und großes Insiegel zerschlagen werden, das kleine güldene Sekret aber seinem Sohne verbleiben solle;[3] und aus

Kaiserhauses 13, 37 ff. eingehend beschriebene und nachdrücklich verteidigte Stempel Rudolfs von Habsburg, den der Fundort (Verona), das Fehlen von Abdrücken, die damit hergestellt wären, und der erst nachträglich korrigierte Fehler im Schnitt gleichmäßig verdächtig machen. Über einen anderen Stempel Rudolfs I., den der naive Fälscher zugleich mit einem Stempel Ottokars von Böhmen fabriziert und an den Mann gebracht hat, (er befindet sich im fürstl. Hohenzollerischen Museum zu Sigmaringen), habe ich mich schon in den Jahresber. d. Gesch.wissenschaft 19, IV, 156 geäußert. Über einen falschen Siegelstempel Hugo Capets von Frankreich vgl. Giry S. 638 N. 3. Unentschieden lasse ich die Frage der Echtheit der Bronzestempel für den Revers der Bulle Karls IV., der sich in der Sammlung der Comm. Corvisieri in Rom befindet; er ist abgebildet von Capobianchi im Arch. della soc. Romana di storia patria 19, 355: der Vergleich mit der trefflichen Abbildung der Goldbulle des Kaisers bei v. Schlosser a. a. O. S. 48 zeigt einige sehr geringfügige Differenzen, die aber auf Ungenauigkeiten in der Zeichnung des Stempels zurückgehen können. Ich will hier noch anmerken, daß ich auch die Typarien älterer ungarischer Könige Geisas II. und Stephans III., im Budapester Nationalmuseum, die ich dort untersuchen konnte, und von denen ich durch die Güte des Herrn Direktors dieses Instituts Abgüsse erhalten habe, für Fälschungen halte. Echt zu sein scheint dagegen der in Karlsruhe befindliche Stempel eines Landfriedensgerichtssiegels aus der Zeit König Wenzels, vgl. Schulte, Zeitschr. f. d. Gesch. d. Oberrheins N. F. 5, 129. Den in Nürnberg im Germanischen Museum aufbewahrten Stempel eines Landfriedensgerichtssiegels aus Sigmunds Zeit habe ich nicht gesehen.

[1] Foltz, NA. 3, 34 ff. Schramm, Kaiserbilder S. 190, Taf. 59 c. Dagegen haben weder Otto III. noch einer der salischen Heinriche Stempel ihrer Vorgänger gebraucht.

[2] Lindner S. 41, 51 f. Über die Fortführung von Siegeln anderer Personen durch ihre Erben und Nachfolger s. Posse, Privaturkunden S. 131 N. 10, 132; Derselbe, Siegel des Adels der Wettiner Lande S. 2. 22 und Siegel der Wettiner 2, 31 f.; Tumbült, Westfäl. Siegel des Mittelalters 2, 13; Ilgen, ebenda 4, S. 19 ff. Die Beispiele sind leicht zu vermehren. So führt, um nur noch zwei Fälle anzuziehen, im 12. Jahrhundert Balduin V. von Hennegau nach Gisleberts Zeugnis zunächst das Siegel seines Vaters fort (SS. 21, 575), und 1306 siegeln zwei Herren von Wolfenbüttel „*patris quondam nostri sigillo*“ (Asseburger UB. 2, 40 n. 263). Ein solches Siegel kann dann geradezu „Erbinsiegel“ genannt werden, vgl. Posse, Siegel des Adels der Wettiner Lande S. 22.

[3] Cod. dipl. Siles. 9, 254.

dem 15. Jahrhundert haben wir noch weitere Zeugnisse aus den Grafschaften Nassau und Wertheim, sowie aus dem Gebiet des deutschen Ordens; auch die Zisterzienserregel schrieb die Vernichtung des Siegels eines verstorbenen Abtes in Gegenwart des Visitators und des Nachfolgers vor.[1]

Sonst konnte eine Vernichtung des Siegelstempels noch in verschiedenen anderen Fällen vorkommen. So wurde 1228 das Siegel des Bischofs Bruno von Meißen, der zur Resignation genötigt worden war, in Gegenwart des Bischofs von Brandenburg und des Propstes von Mildensee zerbrochen; die eine Hälfte davon wurde dem Domkapitel übergeben, die andere dem Erzbischof von Magdeburg eingesandt.[2] Ebenso befahl 1270, während Erzbischof Engelbert II. von Köln ein Gefangener des Grafen von Jülich und also dispositionsunfähig war, der päpstliche Nuntius dessen Siegelbewahrern den Siegelstempel des Erzbischofs sobald wie möglich zu zerbrechen und die eine Hälfte dem Domprobst, die andere dem Domkapitel zu übergeben.[3] 1316 wurde das Siegel des Grafen Egino von Freiburg zerbrochen, als er seine Herrschaft an seinen Sohn Konrad abtreten mußte.[4] 1333 ließ Kaiser Ludwig ein Siegel seines Sohnes Ludwigs des Älteren, das angefertigt worden war, während der Markgraf sich in der Gewalt einer Gegenpartei befand, feierlich zerschlagen, nachdem die damit besiegelten Urkunden durch Reichsgerichtsurteil für ungültig erklärt worden waren.[5] Auf Anordnung Karls IV. ist sein älteres Breslauer Dukatssiegel, nachdem es zu Fälschungen benutzt worden war und auf Anordnung Sigmunds, als er zum römischen König erwählt war, sein bis dahin gebrauchtes ungarisches Sekretsiegel zerbrochen worden.[6] Ebenso ließ Herzog Bolko II. von Schweidnitz im Jahre 1365, nachdem er 1364 die Lausitz erworben hatte, sein altes großes Siegel zerschlagen.[7] Sehr häufig kam ferner eine öffentliche Vernichtung des alten Siegelstempels vor, wenn ein neuer in Gebrauch

[1] Seyler, Sphragistik S. 59 f. Die interessante Urk. über die Vernichtung der Siegel des Grafen von Wertheim (des kleinen mit einem Messer, des großen „mit eyme bihel") 1407 s. Ztschr. f. Gesch. des Oberrheins N. F. 2 (1887).

[2] Cod. dipl. Sax. reg. 2, 1, 98.

[3] Lacomblet 2, 653.

[4] Hohenlohe, Sphragist. Aphorismen S. 59.

[5] Böhmer, Reg. Lud. n. 1540.

[6] Lindner S. 41.

[7] Grotefend, Über Sphragistik S. 39. — Dieser Brauch bestand auch in Sizilien; vgl. die Registernotiz: *die Iovis XV. iulii apud Lacumpensilem inceptum sigillare sub sigillo novo et sequenti die Veneris fractum fuit vetus*, Durrieu 1, 226.

genommen wurde; Beispiele dafür lassen sich insbesondere aus den bayrischen und österreichischen Gebieten in großer Zahl erbringen; die Vernichtung des Siegels erfolgte zumeist vor Gericht und wurde von Gerichts wegen publiziert.[1]

Wie hier der Vernichtung des alten Siegelstempels die größte Publizität gegeben wurde, so geschah das gleiche, wenn aus anderen Gründen ein neuer Stempel angenommen werden mußte, etwa weil der alte beschädigt oder abhanden gekommen war. Wir haben schon oben die Rundschreiben Innocenz IV. von 1252 zitiert, in denen das Zerspringen seines Apostelstempels notifiziert wurde; in gleicher Weise verfuhr Friedrich II., als 1248 seine sizilianischen Typare für Wachssiegel und Goldbulle in den Kämpfen vor Parma verloren gegangen waren; [2] Privatleute ließen auch in solchen Fällen die verlorenen Stempel vor Gericht feierlich verrufen und für ungültig erklären.[3]

Kehren wir von den Siegelstempeln zu den Stoffen, die damit beprägt wurden, zurück, so kommen von den Metallen für uns in der Hauptsache nur Blei und Gold in Betracht; aus Silber [4] sind in den Gebieten, mit denen wir uns beschäftigen, Siegel nur ganz vereinzelt angefertigt und andere Metalle sind überhaupt nicht zur Herstellung von Siegeln benutzt worden. [5] Die Bleibullen sind natürlich massiv, nicht so in der

[1] Seyler, Sphragistik S. 63 f. Luschin, Ztschr. für Rechtsgesch. 12, 53 ff. Bischoff in der Ausgabe des Steyermärk. Landrechts S. 187 ff. Erwähnung verdient noch die 1305 vorgenommene Vernichtung des Siegels eines Kanonikatsstifts bei der Aufhebung des Stifts, UB. Bist. Halberstadt 3, 12 n. 1759.

[2] BF. 3667. 3669. 3670.

[3] Beispiele bei Luschin und Bischoff, s. oben N. 1.

[4] Über Silberbullen im byzantinischen Reich (dazu gehört auch die Silberbulle des Agiros, Reg. Farf. 5, 238) vgl. Schlumberger, S. 9 f.; über Silberbullen paläologischer Prinzen des 15. Jahrhunderts vgl. Patetta, Nuovo Arch. Veneto 8, (1894) 257 ff.; eine Silberbulle des Michael Komnenus von 1261 in Wien erwähnt Sava, Mitt. der k. k. Centralcomm. f. Erforsch. der Baudenkmale 1864, S. 152 N. 1; Abbildung bei Schlosser, Jahrb. der kunsthistor. Sammlungen des Kaiserhauses 13 (Wien 1892), 53 f.; über ein spanisches Silbersiegel des 13. Jahrhunderts vgl. Douet d'Arq S. XX, Demay, Costume S. 9. — In Italien kommen Silbersiegel ganz vereinzelt bei einigen normannischen Seigneurs vor; (vgl. Ravizza, Coll. di diplomi della città di Chieti 1, 10; Engel, Recherches sur la numismatique et la sigillographie des Normands d'Italie (Paris 1882) S. 80) und in Venedig (Schlosser a. a. O.); über ein Silbersiegel der Gattin des Ubertino von Carrara (1336—1390) vgl. Passerini, Periodico di numismatica e sfragistica 3, 179 ff.

[5] Zwei Bronzebullen Friedrichs I. und Ludwigs des Bayern, die Douet, d'Arq, a. a. O. anführt, sind keine Originalsiegel; vgl. Demay S. 11 und Lecoy de la Marche S. 108.

Regel diejenigen von Gold. Wie schon in Byzanz,[1] so bestanden sie auch im Abendlande fast durchweg aus zwei dünnen Goldblechen, die in verschiedener Weise miteinander verbunden waren: bald indem sie auf einen mehr oder minder breiten Rand aufgelötet wurden,[2] bald so, daß der Rand der einen etwas größeren Platte über die kleinere oder ihren Rand herübergezogen und dann geglättet wurde.[3] Im Innern finden sich zuweilen eingelegte Stäbchen, um die Platten auseinander zu halten; zuweilen sind die Platten im Inneren mit Wachs ausgefüllt worden. Die Angaben über Gewicht und Wert dieser Bullen differieren sehr.[4] Eine andersartige Goldbulle ist in dem Gebiete, mit dem wir uns beschäftigen, nur in einem Falle sicher nachzuweisen. An einem Diplom König Rogers II. von Sizilien für das Kloster La Cava vom Jahre 1030 hängt eine Bulle, die aus massivem Golde hergestellt ist, in dem zwei gleich große, dicke und schwere Goldplatten ganz in der bei Bleisiegeln üblichen Art miteinander verbunden sind.[5]

[1] Schlumberger a. a. O.

[2] So bei den Bullen Heinrichs IV., Friedrichs I., den Königsbullen Friedrichs II., den früheren Bullen Karls IV. Die Breite des Randes ist bei den beiden Bullen Heinrichs IV., an St. 2684 und 2687, die mit gleichem Stempel beprägt sind, verschieden; bei der ersten beträgt sie 4, bei der zweiten 6 mm. Auch Goldbullen Ludwigs des Bayern, die ich gesehen habe, haben außer der Ober- und Unterplatte von Goldblech noch einen ziemlich breiten Außenrand, mit einköpfigen Adlern besetzt, über den die Ränder der Ober- und Unterplatte herübergezogen sind; vgl. auch Schaus, Zur Diplomatik Ludwigs des Bayern S. 5, dessen Angabe Erben UL. 272 N. 1 entgangen ist.

[3] So nach Philippi S. 65 bei der deutschen Kaisergoldbulle Friedrichs II., nach Lindner S. 40 bei den späteren Bullen Karls IV.

[4] Nach Philippi S. 57 N. 1 soll eine Kaisergoldbulle Friedrichs II. nur einen Goldwert von etwa 10 Mark haben, was schwer glaublich ist, da es nur auf ein Gewicht von noch nicht 4 g feinen, oder vielleicht 5 g rauhen Goldes führen würde. Die beiden Goldbullen Heinrichs IV., die ich gewogen habe, waren 20 g schwer und etwa ebensoviel wog eine Goldbulle Karls IV., die Lindner hat untersuchen lassen. Sie ist von 22 karätigem Golde und demnach ungefähr 60 Mark wert. Dagegen wiegt die von v. Schlosser a. a. O. S. 48 abgebildete Goldbulle Karls IV. 41,5 g, also fast das Doppelte. — Über die Kostenbeiträge für Goldbullen vgl. unten S. 567. 1461 zahlten die Nürnberger für eine goldene Bulle Friedrichs III. für Metall und Macherlohn 23 Gulden; Städtechroniken Nürnberg 4, 406.

[5] Vgl. K. A. Kehr, Norm. Königsurk. S. 200. Aber die Bulle ist nach der Beschreibung Kehr's ziemlich klein, und ihr Wert erreicht den der eben besprochenen Bullen Heinrichs IV. und Karls IV. noch nicht. — Ob die einzige sonst noch erhaltene normannische Goldbulle (Engel, a. a. O. S. 86, vgl. Kehr, a. a. O. S. 200), die König Wilhelm angehörte und sich jetzt im Museum von Neapel befindet, ebenso hergestellt ist, bedarf noch der Untersuchung. — Nach Lecoy de la Marche, Les sceaux S. 103 (vgl. die Abbildung S. 105), soll auch die in Paris befindliche Goldbulle Heinrichs VIII.

Die Zusammensetzung des Wachses, das für Siegel verwandt wurde, ist Gegenstand zahlreicher Erörterungen gewesen, die für die Urkundenlehre nur geringes Interesse haben. Ganz reines Wachs ist wohl nur selten gebraucht worden; nach einer größeren Anzahl uns erhaltener Rezepte ist vielmehr anzunehmen, daß zumeist eine Mischung mit einer geringen Quantität Weißpech oder Harz mit einem Zusatz von etwas Fett (Terpentin, Leinöl) stattfand.[1] Eine Mischung mit erdigen Substanzen, insbesondere mit Bolus oder Malteser Erde (eisenhaltiger Tonerde) ist bisher nur in wenigen Fällen konstatiert worden, und mit der von dieser Erde hergenommenen Bezeichnung der Siegel als Maltasiegel wird man jedenfalls sehr vorsichtig umzugehen haben.[2] Die Farbe des Wachses ist in älterer Zeit anscheinend ohne größere Bedeutung. Zumeist wird man ungefärbtes Wachs verwandt haben, das aber heute, je nach seiner mehr oder minder sorgfältigen Zusammensetzung und Aufbewahrung, bald weiß, bald gelb, bald hellgrün, bald grau oder braun erscheint. Im späteren Mittelalter — seit dem 12. Jahrhundert — verwandte man häufig gefärbtes, namentlich grünes und rotes Wachs; die grüne Farbe wurde durch Grünspan hergestellt; zum Rotfärben wurde besonders Zinnober, seltener Mennig verwandt.[3] Während ursprünglich eine Beschränkung in dem Gebrauch gefärbten Wachses wenigstens in Deutschland und Reichsitalien nicht bestanden zu haben scheint, galt es im ausgehenden Mittelalter als ein besonderes Vorrecht, mit rotem Wachs zu siegeln, das sich selbst Reichsprälaten, wie 1403 der Abt von Gengenbach,

von England, die an der Ratifikation des Vertrages von Boulogne hängt, massiv sein. — Aus massivem Gold sind ferner die unten S. 567 N. 5 erwähnten Goldbullen Clemens VII., die aber nicht mehr dem Mittelalter angehören.

[1] Grotefend S. 24 f.; Philippi S. 58. Seyler, Gesch. d. Siegel S. 162 ff. Ilgen Meister's Grundriß S. 328 und Ewald, Siegelkunde S. 155 beschränken die Verwendung reinen Wachses auf die ältesten Zeiten. — Die Kanzlei Friedrichs III. verwandte zu dieser Mischung offenbar den Terpentin („*gloriet* oder *termentin*"), vgl. MIÖG. 8, 52. Konrad von Mure (QE. 9, 479) kennt nur Mischung des Wachses mit Pech oder *pulvus viridis vel rubri vel crocei coloris*.

[2] Vgl. Grotefend a. a. O.; v. Weech, Archival. Ztschr. 7, 280 ff.; Philippi, ebenda 7, 284.

[3] In der Kanzlei Friedrichs III. wird Zinnober mehrfach, zuweilen aber auch schon gefärbtes rotes Wachs eingekauft; MIÖG. 8, 51 ff. — Ausschließlich rotes Wachs ist zu den Siegeln der normannischen Könige in Unteritalien verwandt worden, und es ist nicht unmöglich, daß hier sein Gebrauch ihnen allein vorbehalten war, vgl. K. A. Kehr S. 197. Rotes Siegelwachs ist auch durchaus Regel in der Kanzlei K. Richards; Besiegelung mit weißem Wachs wie in BF. 5299 von 1257 kommt hier nur ausnahmsweise vor.

ja sogar Kurfürsten, wie 1423 der Kurfürst Friedrich von Sachsen, vom Kaiser ausdrücklich verleihen ließen; [1] aber auch das Recht der Besiegelung mit grünem oder gelbem Wachs wird privilegiert.[2] Namentlich seit Kaiser Friedrich III. sind dergleichen Privilegien häufig erteilt worden; [3] aber auch ohne besondere Verleihung maßte man sich das Recht an, und der Verfasser der Zimmerschen Chronik beklagt, daß es zu seiner Zeit selbst Handwerkersöhne, wenn sie „doctoriren oder sonst aulici werden", gebrauchen, während er für einen Standesgenossen, den Grafen von Beichlingen, der, um etwas besonderes zu haben, sich das Recht mit braunem Wachs zu siegeln, verleihen ließ, nur Worte des Spottes hat.[4]

Die Anfertigung der Wachssiegel [5] erfolgte in älterer Zeit wohl nur mit der Hand; Eindrücke der Finger sind auf der Rückseite der Siegel sehr häufig bemerkbar. Nicht selten hat man schon seit dem 9. Jahrhundert den schüsselförmigen Hauptsiegelkörper mit einem hohen Rande zuerst aus gröberem Wachse vorbereitet, während eine andere, darin eingefügte Schicht reineren und besser zubereiteten, später oft auch andersfarbigen Wachses das Siegelbild und die Inschrift aufnahm.[6] Seit dem 13. Jahrhundert kommt es vor, daß die untere Schüssel nicht mit den Fingern zurechtgeknetet, sondern in einem eigenen Model, einem Instrument, das mit dem der Kugelgießer eine gewisse Ähnlichkeit hat, geformt wird; die Rückseite erscheint dann entweder ganz glatt abgerundet oder mit allerhand Ornamenten verziert. Diese Benutzung von Modeln ist schon in der Kanzlei Friedrichs II. und Konrads IV. zu er-

[1] Chmel, Reg. Rup. n. 1469. Aschbach, Kaiser Sigmund 3, 447.

[2] 1433 an die Stadt Görlitz, Aschbach 4, 488. Breslau erhält 1433 das Recht, mit rotem Wachs zu siegeln, ebenda 4, 490.

[3] Vgl. z. B. Chmel, Reg. Frid. III. n. 1997 (Freiherrn von Eyzing), n. 2952 (Stadt Lindau), 3999 (Freiherrn von Neuburg), 7380 (Freiherrn von Prüschenk), 7416 (Herrn von Rogendorff), 8261 (Stadt Bruck) usw.

[4] Vgl. Seyler, Gesch. d. Siegel S. 5. — In Frankreich wird seit Philipp August grünes Wachs für die Siegel der feierlichen königlichen Diplome verwandt, gelbes für Mandate; seit dem 14. Jahrh. ist das gelbe Siegelwachs den Königen ausschließlich vorbehalten; rote Wachssiegel verwendet die königliche Kanzlei nur für Angelegenheiten der Dauphiné seit dem 14. und für italienische seit dem 15. Jahrhundert, vgl. Giry S. 643.

[5] Vgl. darüber Ilgen S. 328, 336 ff.

[6] Vgl. Sickel, Acta 1, 345 N. 98; Foltz, NA. 3, 17; Bresslau, NA. 6, 552; Schum, KUiA. Text S. 355 f.; Philippi S. 57. Was v. Buchwald S. 177 ff. über sog. Plattensiegel schreibt, bezieht sich wohl auf diese ganz bekannte Erscheinung; seine daran geknüpften Folgerungen sind ebenso seltsam, wie das, was er S. 259 ff. über die Fingereindrücke auf der Rückseite, die er als *recognitio per pollicem* bezeichnet, bemerkt.

weisen.[1] Der Einschluß der Siegel in Kapseln aus Holz, Metall usw. ist in Deutschland vor dem Ende des Mittelalters nicht üblich gewesen; wo dergleichen Kapseln älterer Siegel sich vorfinden, sind sie wohl durchweg erst später in den Archiven der Empfänger hinzugefügt.[2] Dagegen sind in der sizilisch-normannischen Kanzlei hölzerne Deckelkapseln, in die das Siegelwachs gegossen wurde, schon im 12. Jahrhundert im Gebrauch gewesen.[3] Die Anfertigung der Siegel aus zwei Platten hat bisweilen die Folge gehabt, daß die obere Wachsschicht sich abgelöst hat und verloren gegangen, die untere, jeder Prägung entbehrende, allein an der Urkunde sitzengeblieben ist. Schließlich ist es mindestens seit der Mitte des 14. Jahrhunderts häufig vorgekommen, daß aufgedrückte Wachssiegel zu ihrem Schutz mit einer Papierdecke versehen wurden. Das Verfahren dabei war in der Kanzlei Karls IV., wo diese Einhüllung regelmäßig vorkam, das folgende: ein viereckiges Stück Papier wurde angefeuchtet und auf den Stempel geschlagen, so daß es dessen Gepräge mehr oder minder deutlich annahm; demnächst wurde es mit dünnem Leim auf das vorher beprägte Wachssiegel aufgeklebt. Das Blättchen hat sich häufig auf dem Siegel bis heute erhalten, ist aber auch bisweilen abgefallen[4].

So wenig wie in älterer Zeit die Verwendung beliebig gefärbter und gestalteter Wachssiegel irgendeiner rechtlichen Beschränkung unterlag, scheint der Gebrauch von Bleibullen im früheren Mittelalter irgendwie durch Gesetz oder Gewohnheit eingeschränkt gewesen zu sein. Wie im byzantinischen Reiche jedermann, vom Kaiser bis zum untersten Beamten in Staat oder Kirche sich der Bleisiegel bediente, so ist auch in Italien ihre Anwendung allgemein gewesen. Die Päpste haben sich ihrer, wie man weiß, von allem Anfang an bedient,[5] nicht minder die Erz-

[1] PHILIPPI S. 57. Nachweisungen, namentlich aus Österreich, mit Abbildung der gemusterten Verzierungen gibt v. ZAHN, Anz. f. Kunde der deutschen Vorzeit 1867, S. 5 ff.

[2] Vgl. LINDNER S. 44. So haben die Niederaltaicher Kaiserurkunden fast immer einen Messingring um das Siegel, der gleichfalls natürlich erst im Kloster gemacht ist. GATTERER, Abriß der Diplomatik S. 190, setzt das Aufkommen der Kapseln in das 15. Jahrhundert.

[3] Vgl. K. A. KEHR S. 198. Das älteste bekannte Beispiel ist vom Jahre 1172. Wenig später kommen Siegelkapseln dann auch bei unteritalienischen Privaturkunden vor.

[4] LINDNER S. 8 f., S. 11.

[5] Vgl. EITEL, Über Blei- und Goldbullen im MA., Freiburger Habilitationsschrift 1912, S. 80.

bischöfe von Ravenna und wenigstens im 10. Jahrhundert die von Benevent; aber auch Personen von untergeordneter Stellung, einfache Äbte, Presbyteri und Notare aus Rom und Ravenna.[1] In Unteritalien urkunden in den unter byzantinischer Herrschaft stehenden Gebieten geistliche und weltliche Würdenträger mit Bleibullen; [2] später nehmen die normannischen Herzoge, Fürsten, Grafen ebenso wie die Erzbischöfe und Bischöfe in ihren Gebieten den gleichen Brauch an.[3] Wahrscheinlich ist es ferner, daß die Dogen von Venedig, deren Beziehungen zu Byzanz ja bekannt sind, von allem Anfang an mit Blei gesiegelt haben; die älteste uns erhaltene Bulle eines Dogen gehört in die Zeit des Pietro Polani (1130—1148),[4] von da ab ist ihr Gebrauch bis zum Ende der Republik nachweisbar.[5] Seit dem 11. Jahrhundert läßt sich auch bei den sardinischen Judices, die sich auch Könige nennen, der Gebrauch von Bleibullen erwiesen.[6] Von den italienischen Kommunen führten im 12. Jahrhundert Genua[7] und Pisa[8] Bleibullen; wenn Ptolemäus von Lucca im Anfang

[1] Vgl. Ficoroni, I piombi antichi (Rom 1740) z. B. Tab. 10, 10 *Sergii notari*; 10, 11 *Sergii servi sancti Apolenari* (aus Ravenna); 15, 1. 2 *Petri notari, Damiani notarii*; 15, 10 ein *defensore* usw. S. auch Muratori, Antt. 3, 138 Bulle des *Theophylactus presb. eccl. Romanae*.

[2] Vgl. z. B. Muratori 3, 137 Johannes und Docibilis von Gaeta; Ficoroni, tab. 14, 8 Bischof Paulus von Neapel; Cod. dipl. Cav. 6, 117 (vgl. die Abbildung einer späteren Bulle auf tav. 3) Erzbischof Nicolaus von Canosa.

[3] Engel, Recherches S. 92 ff. Vgl. auch Chalandon in Mélanges d'archéol. et d'hist. 20, 187 ff. Die älteste normannische Bleibulle ist von Robert Guiscard, es folgen Roger Borsa, Wilhelm von Apulien, Roger I. von Calabrien. Ebenso urkunden Richard I. Richard II., Jordan I. und II. von Capua, Bohemund von Tarent, seine Witwe Constanze, Grimoald von Bari, die Grafen von Andria, Melfi usw., dann die Erzbischöfe und Bischöfe des Landes.

[4] Kunz, Archeografo Triestino 6, 50.

[5] Cecchetti, Bolle dei dogi di Venezia (Ven. 1865) bringt Abbildungen von Bullen fast sämtlicher Dogen von Enrico Dandolo (1192—1205) bis Ludovico Manin (1789—97). Eine andere Schrift Cecchetti's, Autografi, bolle ed assise dei dogi di Venezia (Ven. 1881) ist mir nicht zugänglich gewesen. Über ein Bleisiegel der Richter von Cagliari im 12. und 13. Jahrh. vgl. Solmi, Arch. Stor. ital. V, 35, 273 ff.

[6] Abbildungen bei Gattula, Access. Tab. 5. 6 und bei Manno, Atti dell' Acad. di Torino 13 (1878), 484.

[7] Vgl. die Statuta consul. Januensium von 1143 § 69 (HPM. Leg. municip. 1, 251) sowie liber jur. Genuens. 1, 377. 586; 2, 10. 13. In den drei letzten Fällen ist die an Vertragsurkunden von 1216 und 1164 angebrachte Bulle in notariellen Transsumpten beschrieben; im Register zu Lib. jur. Bd. 2 wird sie irrtümlich für das Siegel der Erzbischöfe gehalten.

[8] Über Pisa vgl. Tronci, Annali di Pisa 1, 279 f. (zu 1160) und Ces. Paoli, Miscellanea Fiorentina di erudizione e storia, 1886, S. 50 N. 4.

des 14. Jahrhunderts behauptet,[1] daß seine Vaterstadt das Recht, mit Blei zu siegeln, durch eine ausdrückliche Verleihung Papst Alexanders II. von 1064 erhalten habe, so existiert weder eine derartige Urkunde noch ein Bleisiegel der Stadt, und die Nachricht ist völlig unglaubwürdig:[2] es ist aus ihr nichts weiter zu erschließen, als daß man im Zeitalter dieses Schriftstellers das Recht, Bleibullen zu gebrauchen, ausschließlich für den Papst oder von ihm Privilegierte in Anspruch nahm. Daß im späteren Mittelalter eine derartige Anschauung existierte, wissen wir auch sonst; schon 1409 taten die Florentiner bei Alexander V. Schritte, um für ihre Signorie ein derartiges Privileg zu bewirken, kamen aber damit nicht zum Ziele und erlangten die erbetene Gunstbezeugung erst 1515 von Leo X. bei Gelegenheit eines Aufenthaltes in ihrer Stadt[3].

Jenseits der Alpen sind Metallsiegel erst später üblich geworden. Fest steht, daß die Merovinger nur mit Wachs gesiegelt haben; in der Karolingerzeit jedoch ist der tatsächliche Gebrauch von Bullen, auch von goldenen, mindestens seit der Kaiserkrönung Karls des Großen mit Sicherheit anzunehmen.[4] Vermutlich stammt die erste der beiden Bullen, die von Karl dem Großen erhalten sind, sogar noch aus seiner Königszeit.[5] Von den Bullen seiner Nachfolger sind im Original erhalten die Bullen der Kaiser Ludwig II., Karl III. und Arnulf.[6] Die von Otto I. bezeugte Kaiserbulle ist nicht erhalten,[7] ebensowenig die für Otto II.[8] Otto III. aber hat seit dem Jahre 998 nur noch Metallbullen und keine Wachssiegel

[1] Annales ed. SCHMEIDLER, MG. SS. N. S. VIII (1930) S. 5.

[2] PAOLI, Programma 3, 239 möchte sie nicht ganz verwerfen: aber wie hätte ein Papst des 11. Jahrh. sich herausnehmen können, einer Stadt des Imperiums ein solches Recht zu verleihen?

[3] PAOLI, Programma 3, 240.

[4] BRESSLAU, AfU. 1, 350 ff. Damit wurde die Ansicht SICKEL's Acta 1, 196 N. 1, der sich auch die erste Aufl. dieses Buches angeschlossen hatte, daß alle Angaben über Blei- und Metallbullen Karls des Großen und seiner nächsten Nachfolger irrtümlich seien, widerlegt und die Behauptungen von GIRY, Manuel de diplomatique (1894) S. 639 und seines Schülers GRANDMAISON in den Mélanges Julien HAVET S. 111 ff. bestätigt. Endgültige Klarheit brachte die Zusammenstellung der Metallbullen der Karolinger bei SCHRAMM, Zeitgenössische Bildnisse Karls des Großen (1928) S. 60 ff.

[5] SCHRAMM, a. a. O. S. 60. Dazu die eingehende Beschreibung S. 20 ff. und Kaiserbilder S. 168 mit den Abbildungen Taf. 3 und 7.

[6] Vgl. SCHRAMM, a. a. O.

[7] BRESSLAU, AfU. 1, 369 f.; wegen der Korroborationsformel des DO. I. 135 ist es nicht unmöglich, daß Otto schon auf seinem ersten Italienzuge sich einen Bullenstempel hat anfertigen lassen; a. a. O. S. 370.

[8] BRESSLAU, AfU. 1, 370.

mehr verwandt.[1] Heinrich II. hat sowohl als König, wie als Kaiser eine Bulle neben den Wachssiegeln geführt, dieselbe aber häufiger in Urkunden für italienische, als in solchen für deutsche Empfänger angewandt. Auch unter den zwei ersten Saliern kommen Bleibullen neben dem Wachssiegel, vor: bei Konrad II. nur aus der kaiserlichen, bei Heinrich III. aus der königlichen und der kaiserlichen Zeit.[2] Von da aber kommen Bleisiegel soweit mir bekannt ist, in der deutschen Reichskanzlei nicht mehr vor,[3] sondern, soweit dieselbe sich überhaupt der Metallsiegel bedient, wählt sie ausschließlich goldene Bullen.

Auch von deutschen Bischöfen sind Bleisiegel nur in vereinzelten Fällen angewandt worden. Wir kennen schon als eines der frühesten bischöflichen Siegel überhaupt die Bleibulle, deren sich im 9. Jahrhundert Bischof Altfried von Hildesheim bediente.[4] Dann haben wir aus dem 11. Jahrhundert Bleibullen der Bischöfe Bruno und Adalbero von Würzburg,[5] der Erzbischöfe Pilgrim und Hermann von Köln[6] und des Erzbischofs Liemar von Bremen-Hamburg,[7] und noch im Anfang des 13. Jahrhunderts hat Bischof Konrad von Halberstadt — zuerst, soviel wir wissen, im Jahre 1206 — mit Blei gesiegelt.[8] Damals also kann, da von einer päpstlichen Verleihung des Rechts dazu nicht die Rede ist, jene Anschau-

[1] Schramm, Kaiserbilder S. 89 f. und Kaiser, Rom und Renovatio I S. 117 f.

[2] Bresslau, NA. 6, 559. 564.

[3] Nur K. Alfons hat 1261 noch einmal eine Urk. für Genua mit Bleibulle versehen lassen, BF. 5511.

[4] S. Bd. 1, 695. Ihre Echtheit ist zweifelhaft, vgl. Ilgen S. 326 N. 1.

[5] MB. 37, 24. 28. Die Bulle Adalberos ist noch erhalten.

[6] Sie sind erhalten. Abbildungen bei Ewald, Rheinische Siegel 1, Taf. 3, n. 2. 3. 5. 6.

[7] Lappenberg n. 118, S. 111 N. 1; n. 119, S. 113 N. 1; beide Bullen sind erhalten; in n. 118 heißt es „*kartam hanc conscribi iussimus et bulla plumbea ut nobis mos est signari*". Daß auch schon Liemars Vorgänger Adalbert sich zuletzt einer Bulle bedient habe, ist bei den Patriarchatsplänen, mit denen er sich trug, an sich nicht unwahrscheinlich, doch möchte ich es aus der Corroboratio von Lappenberg n. 102: *sigilli nostri impressione bullari iussimus*, nicht bestimmt folgern. Erhalten ist, soviel mir bekannt, keine Bulle Adalberts.

[8] UB. Bist. Halberstadt 1, 388 ff. Die noch bei Posse, Privaturkunden S. 141 N. 3 wiederholte Angabe älterer Gelehrten, daß Konrad seine Bleibulle „als Präses des Conciliums" gebraucht habe, ist ganz grundlos. Ebenso hätte dort nicht die Angabe wiederholt werden sollen, daß Ratbod von Trier eine Bleibulle gebraucht habe. Ein Siegel Ratbods ist überhaupt nicht bekannt; das auf Ratbods Namen (Zeumer S. 563) gestellte Formular mit dem Ausdruck „*anulo ecclesiae bullare*" würde Verwendung einer Bleibulle nicht beweisen, auch wenn es nicht von Regino verfaßt wäre; mit einem Ring kann man keine Bleibulle stempeln.

ung, der wir ein Jahrhundert später bei Ptolomäus von Lucca begegnet sind, noch nicht bestanden haben; spätere Beispiele der Anwendung von Bleisiegeln seitens deutscher Bischöfe sind bis jetzt überhaupt nicht bekannt geworden.[1]

Hat sich in bezug auf den Gebrauch von farbigen Wachs- und von Bleisiegeln eine Beschränkung erst im Laufe des späteren Mittelalters herausgebildet, so scheint dagegen der Gebrauch von Goldbullen auf Könige oder den Königen gleichstehende Herrscher beschränkt gewesen zu sein.[2] Der erste deutsche Kaiser,[3] von dem eine Goldbulle freilich nicht mehr erhalten, aber glaubwürdig bezeugt ist, ist Otto I.;[4] von Heinrich II. ist eine Goldbulle wirklich erhalten, aber erst aus der Kaiserzeit.[5] Von Konrad II. ist nur eine Goldbulle an einer Urkunde aus der Kaiserzeit gut bezeugt.[6] Von Heinrich III. liegen, wie aus seiner Königs- so aus seiner Kaiserzeit über Goldbullen glaubhafte Angaben vor.[7] Dann sind von Heinrich IV. zwei Königsgoldbullen noch erhalten; von Heinrich V. aber haben wir wenigstens glaubwürdige Nachricht über eine Kaisergoldbulle an der Ausfertigung des Wormser Konkordates von 1122.[8] Unter Lothar ist für drei Diplome die Besiegelung mit Goldbullen nachweisbar, aber nur zu einem ist sie erhalten.[9] Seit der Stauferzeit sind goldene Siegel aller Kaiser nachweisbar, und ihre Anwendung erfolgt nun in viel zahlreicheren Fällen als zuvor, zumeist jedoch so, daß nur Urkunden für bevorzugte Empfänger oder in besonders wichtigen Ange-

[1] Dagegen ist es mit jener Anschauung wohl vereinbar, wenn, wie bekannt, die Konzilien des 15. Jahrhunderts Bleibullen angewandt haben, die ja an der Spitze der Kirche zu stehen behaupteten.

[2] Doch vgl. was S. 559 N. 5 und 567 über die Normannenfürsten Unteritaliens bemerkt ist.

[3] Von den späteren Karolingern ist eine Goldbulle Ludwigs d. Frommen sicher bezeugt, vgl. Bresslau, AfU. 1, 358 ff.; Schramm, Metallbullen S. 61; ebenso eine Karls des Kahlen, vgl. Schramm, a. a. O. S. 64. In Italien wird sie an zwei Stücken von Hugo und Lothar genannt; davon ist das eine, Schiaparelli, Diplomi di Ugo e di Lotario n. 51 eine Fälschung des 12. Jahrhunderts, das andere, a. a. O. n. 64 sehr schlecht erhalten, vgl. oben S. 509 N. 2.

[4] Bresslau, AfU. 1, 369. Auch von Otto III. ist eine Goldbulle bezeugt, vgl. Posse V, 9, 16.

[5] DH. II. 428, Or. Wien. Bezeugt ist auch die Goldbulle an dem ungefähr gleichzeitigen Pactum mit Benedikt VIII., DH. II. 427.

[6] Jahrb. Konrads II. 2, 312 N. 4.

[7] An DD. H. III. 45. 184. 239 und an dem nicht ganz unverdächtigen D. 185; vgl. DD. 5, S. LXXVI und Inguanez, Miscell. Cassinese 7 (1930) N. 8.

[8] NA. 6, 572. MIÖG. 6, 112.

[9] NA. 45, 279; vgl. auch die Vorbemerkungen zu DL. III. 118. 119.

legenheiten damit ausgestattet wurden. Selbstverständlich war für eine Bullierung mit Gold eine besonders hohe Zahlung zu entrichten.

Außer der kaiserlichen hat in Deutschland nur noch die königlich böhmische Kanzlei nachweisbar Goldbullen angewandt,[1] zum ersten Mal in einem Schreiben Ottokars I. an den Papst vom Jahre 1217, dessen Original samt dem Siegel im vatikanischen Archiv noch erhalten ist.[2] In Italien hat schon der normannische Großgraf Roger I. zuerst, soviel wie wir wissen, im Jahre 1086 gelegentlich mit Gold gesiegelt; nach Erhebung der normannischen Herrscher zur Königswürde ist der Gebrauch der Goldbullen in ihrer Kanzlei ausgedehnter geworden.[3] Weiter haben die Dogen von Venedig ihren Anspruch auf Souveränität und königlichen Rang auch dadurch zum Ausdruck gebracht, daß sie wenigstens bei gewissen besonders feierlichen Gelegenheiten Goldsiegel anwandten;[4] das Pariser Archiv besitzt eine derartige Goldbulle an einer Urkunde des Dogen Gradenigo vom Jahre 1306, durch die ein Vertrag mit Karl von Valois verbrieft wird. Ganz vereinzelt ist endlich auch in der päpstlichen Kanzlei der Gebrauch goldener Bullen bei besonders wichtigen Urkunden nachweisbar.[5]

[1] Die Urk. Bernwards von Hildesheim für St. Michaelis (Besiegelung angekündigt: *meo potiori, hoc est aureo sigillo*), Hildesheimer UB. I n. 67 ist gefälscht.

[2] Erben, Reg. Bohem. 1, n. 581; vgl. Palacky 2, 81 N. 126.

[3] Vgl. K. A. Kehr, Urkunden der normann. Könige S. 194 ff.

[4] Vgl. Lazzarini, Nuovo archivio Veneto XIV (1897) S. 366 ff. Erhalten sind nur wenige venetianische Goldbullen, die oben erwähnte Pariser beschreibt Douet d'Arcq S. XIX. Abbildung des Gepräges bei Demay, Costume S. 451; Lazzarini, a. a. O. beschreibt eine andere des Dogen Michele Steno von 1409 im Museo Bottacin zu Padua.

[5] Bisher ist zwar eine goldene Bulle der Päpste aus dem Mittelalter nicht bekannt geworden, aber ein nicht anzuzweifelndes Zeugnis für ihr einstiges Vorkommen findet sich bei Konrad von Mure, QE. 9: 475, *tamen papa famosis indulgentiis vel statutis auream bullam quandoque appendit.* Über den Ankauf von Gold, das wohl zur Besiegelung verwandt werden sollte, teilt Baumgarten, Aus Kanzlei und Kammer S. 208 eine Rechnungsnotiz aus dem Jahre 1357 mit, die aber nicht recht verständlich ist, da man für drei Gulden kein halbes Pfund Gold kaufen konnte und die Angabe des Inventars der päpstlichen Registerbände vom Jahre 1339 über eine *bulla aurea* Martins IV. ist falsch, vgl. Lichatschev S. 11 N. 1 auf S. 12 (vgl. NA. 32, 459 ff.). Aus der Neuzeit ist, soviel ich weiß, die älteste erhaltene die des Papstes Clemens VII. an der Urkunde vom 5. März 1524, durch die Heinrich VIII. von England der ihm von Leo X. verliehene Titel „*defensor fidei*" bestätigt wird. Sie ist im Museum des britischen Staatsarchivs ausgestellt und wird in dessen Katalog (Sir Maxwell Lyte, Catalogue of manuscripts and other objects in the museum of the Public record office, 2. Aufl. London 1904, S. 90) beschrieben als „*solid golden bulla by Benvenuto Cellini*". Eine Goldbulle Clemens VII. befindet sich auch an der im Vatikanischen Archiv aufbewahrten Urkunde über die Krönung Karls V. vom Jahre 1530, vgl. Baumgarten a. a. O. S. 210. Die Bulle Leos X. von 1521 über

Auf den für ein Siegel verwandten Stoff ist aus den in der Urkunde, namentlich in der Corroborationsformel gebrauchten Ausdrücken nicht mit Sicherheit zu schließen. Wenn auch in der Mehrzahl der Fälle die Ausdrücke *sigillum* und *sigillare* von Wachs-, die Ausdrücke *bulla* und *bullare* von Metallsiegeln gebraucht werden, so sind doch zu allen Zeiten Ausnahmen von dieser Regel gemacht worden, und man hat den Ausdruck *sigillum* auch auf Metall-, den Ausdruck *bulla* auch auf Wachssiegel bezogen, ja geradezu auch von *sigillum aureum* und *plumbeum* oder *bulla cerea* gesprochen.[1] Nur da wo, sei es in Verbindung mit *sigillum* oder *bulla* oder mit einem anderen entsprechenden Substantivum, ein solches unzweideutig den Stoff des Siegels bezeichnendes Adjektivum gebraucht wird, darf man eine solche Angabe als zuverlässig betrachten.

Von dem Stoffe der Siegel ist in gewisser Beziehung auch ihre Form abhängig. Die Metallsiegel nämlich sind wie die Münzen jederzeit kreisrund gewesen, und nur bei Wachssiegeln kommen verschiedene andere Formen vor. Am häufigsten ist zwar auch hier die runde Gestalt und, mit Ausnahme der merovingischen und karolingischen Periode, in der auch ovale Königssiegel vorkommen, (diese Gestalt haben insbesondere die Gemmensiegel), hat sich die Kanzlei der deutschen Könige und Kaiser des Mittelalters fast ausschließlich völlig oder wenigstens nahezu kreisrunder Siegel bedient, deren Größe im Laufe der Jahrhunderte immer

die Verleihung an Heinrich VIII. selbst ist 1731 verbrannt. Eine Goldbulle von 1583 an dem Briefe Gregors XIII. an Iwan IV. von Rußland erwähnt Lichatschev S. 46 (nach NA. 32, 460). Eine Goldbulle Pius' VI. vom Jahre 1780 beschreibt Philippi, MIÖG. 14, 126 ff. Giry S. 697 erwähnt Goldbullen von 1716 und 1819, aber ohne nähere Mitteilungen darüber zu machen. Wenn gewöhnlich gesagt wird, die päpstlichen Approbationsurkunden der deutschen Königswahlen seien mit Gold bulliert gewesen, so scheint doch eine derartige Urkunde nicht vorhanden zu sein. Bei den Verhandlungen über die Approbation Maximilians II. hat zwar Pius IV. eine solche Bulle anfertigen und mit einem goldenen Siegel versehen lassen, aber der kaiserliche Gesandte Graf von Helfenstein verweigerte ihre Annahme; und der Kaiser erklärte bei derselben Gelegenheit, er habe bei allem Forschen in den Archiven keine derartige Bulle finden können, es sei daher klar, daß keiner seiner Vorfahren dieselbe angenommen habe, vgl. Zwiedineck-Südenhorst, Archiv f. öst. Gesch. 58, 181. 188; Schmid, Histor. Jb. 6, 183. 193; Holtzmann, Maximilian II, S. 501 f.

[1] Vgl. Stumpf, Reichskanzler Einl. S. 95 N. 155; Würzb. Imm. 1, 44 N. 83; Sickel, Acta 1, 199 f.; Mühlbacher, Wiener SB. 92, 438 ff.; Foltz, NA. 3, 26; Bresslau, Kanzlei Konrads II. S. 52 f.; Lindner S. 49. Der Ausdruck *bulla cerea* kommt schon unter Heinrich VI. und Friedrich II. in Sizilien vor, vgl. Stumpf, Acta n. 510 S. 711; Winkelmann, Acta 1, 73. 74 n. 77. 78.

mehr zunimmt.[1] Bei Fürsten, Herren, Städten, Stiftern usw. kommen aber neben diesen beiden noch manche andere Siegelformen vor,[2] deren Wahl völlig in der Willkür dessen lag, der das Siegel führte, die sich dann aber gewohnheitsmäßig in bestimmten Geschlechtern oder an bestimmten Orten lange im Gebrauch erhielten. Unter diesen ist die Gestalt, die man am besten als spitzoval bezeichnet, früher aber auch häufig parabolisch genannt hat, seit dem 12., namentlich aber seit dem 13. Jahrhundert besonders bei geistlichen Herren und geistlichen Stiftern bevorzugt,[3] findet sich aber auch bei einzelnen weltlichen Herren, z. B. bei den Markgrafen von Brandenburg im 13. und 14. Jahrhundert, bei den Markgrafen von Meißen, dann bei weltlichen Frauen und weltlichen Korporationen — bei letzteren namentlich dann, wenn sie ein Heiligenbild, das ihres Patrons, im Siegel führten. Bei weltlichen Fürsten und Herren ist früh, namentlich aber seit dem 13. Jahrhundert, neben der runden die Schildform des Siegels bevorzugt, die für die Aufnahme des Wappens besonders geeignet war, wobei der Schild oben gerade oder abgerundet, unten spitz zulaufend oder abgerundet sein kann. Alle anderen Formen kommen seltener vor; es wird für unsere Zwecke genügen, die häufigsten, wesentlich im Anschluß an die von GROTEFEND gewählte Terminologie hier folgen zu lassen, an die bei Siegelbeschreibungen sich zu halten zweckmäßig sein wird.[4]

○ rund.	0 oval.
⬭ queroval.	0 spitzoval (parabolisch).

[1] Oval sind die Siegel Rogers II. von Sizilien; spitz die späteren sizilischen Königssiegel. In Frankreich führte König Robert ein spitzovales Siegel, Abbildung u. a. bei LECOY DE LA MARCHE S. 40.

[2] Vgl. SEYLER, Sphragistik S. 6 ff.; GROTEFEND S. 27 ff.

[3] Vgl. Konrad von Mure, QE .9, 475: *ex necessitate (consuetudinis) . . bulla pape et imperatoris et regum habent rotundam formam, set sigilla episcoporum et aliorum ecclesiasticorum qui sunt ecclesiastici prelati habent formam rotunde oblongam.* Der Gebrauch spitzovaler Siegel ist übrigens in Frankreich älter als in Deutschland und scheint, wie so viele Bräuche in der Besiegelung von dort zu stammen (vgl. DE WAILLY 2, 41; PHILIPPI Westfälische Siegel des Mittelalters 1, 2); er wird aus Frankreich auch nach Unteritalien gekommen sein.

[4] Dazu empfiehlt es sich, die Maße in Millimetern hinzuzufügen, bei runden Siegeln den Durchmesser, bei allen anderen die größte Höhen- und die größte Breitendimension. An kleinen Abweichungen des Maßes sind Fälschungen namentlich oft kenntlich. — Neben den hier verzeichneten Formen kommen auch fünf-, sechs- und achteckige vor. Eine ganze Reihe von Siegeln mit selteneren Formen sind abgebildet in des Fürsten HOHENLOHE Sphragist. Aphorismen Tafel IX.

⬭ querspitzoval.[1]
▽ schildförmig.[3]
▽ schildförmig, oben abgerundet.
▽ dreieckig.[4]
□ quadratisch.
▭ queroblong.
✣ vierpaß.
⬯ birnenförmig.[2]
▽ schildförmig, unten abgerundet.
♡ herzförmig.
♡ herzförmig, oben spitz.
△ dreieckig, oben spitz.
▯ oblong.
☘ dreipaß.
◇ rautenförmig.

Die Bestempelung der Siegel kann entweder einseitig oder zweiseitig sein. Metallbullen sind immer zweiseitig bestempelt gewesen; eine Ausnahme machen nur die Halbbullen (*bullae dimidiae*), deren sich die Päpste — zuerst, soviel wie wir wissen, Innocenz III. — in der Zeit zwischen ihrer Wahl und Krönung bedienten; sie sind nur einseitig mit dem Apostelstempel geprägt.[5] Bei Wachssiegeln kann der Stempel der Rückseite entweder dem der Vorderseite gleich groß oder kleiner sein; erstere Siegel hat man nicht unpassend Münzsiegel genannt,[6] letztere bezeichnet man am besten als Rück- oder Gegensiegel. Zweiseitig beprägte Siegel aus Wachs sind vor der Zeit, da es üblich wurde, die Wachssiegel wie die Metallbullen an die Urkunden zu hängen, d. h. vor dem 12. Jahr-

[1] Fehlt bei Grotefend S. 17. So z. B. die Siegel des Herzogs Swantepolc von Danzig (1248), des Züricher Chorherren Konrad von Mure (1245) und des Trierer Domherren Wilhelm von Davils (1276), vgl. Seyler, Gesch. S. 86.

[2] Fehlt bei Grotefend a. a. O. So das Siegel Lietberts von Cambray (1057), vgl. Demay, Costume S. 23. Es ist die Form, die Ilgen S. 330 als rund, oben zugespitzt bezeichnet und für die er das Siegel des Erzbischofs Adalbero (nicht Adalbert) von Bremen-Hamburg von 1143 anführt.

[3] *Forma clipealis* sagt Konrad von Mure a. a. O.

[4] *Forma triangula* bei Konrad von Mure a. a. O.

[5] Vgl. über diesen Brauch Baumgarten, Römische Quartalsschrift 21 b, 37 ff. Baumgarten meint, daß der Gebrauch der Halbbullen schon vor Innocenz III. üblich gewesen sei, Zeugnisse dafür gibt es aber nicht. Abgewichen ist davon schon Clemens V., der auch schon vor seiner Krönung die zweiseitig beprägte Bulle anwenden ließ und in einer eigenen Verfügung jede Anfechtung der so besiegelten Urkunden verbot (Reg. Clementis V. papae n. 2264). Übrigens wird die Verwendung der Halbbulle regelmäßig in den so besiegelten Urkunden durch eine eigene, stereotyp ausgebildete Formel angekündigt.

[6] Grotefend S. 28 verwirft zwar diesen Ausdruck, weil es auch einseitige Münzen gibt; aber an Bracteaten denkt man zunächst nicht, wenn man von Münzen spricht, und der Ausdruck Münzsiegel wird jeden sogleich an zweiseitige Beprägung denken lassen. — Konrad von Mure, QE. 9, 475, der solche Siegel bei den Königen von Spanien kennt, bezeichnet sie als *sigilla duplicia*.

hundert, am frühesten in Unteritalien nachweisbar, wo die Fürsten von Benevent, Capua, Salerno (wohl kaum im Anschluß an älteren langobardischen Brauch, den wir nicht kennen, sondern wahrscheinlicher in Nachahmung der zweiseitig geprägten byzantinischen Metallbullen) sich seit dem 9. Jahrhundert [1] wächserner Münzsiegel bedienen, die erst seit der normannischen Zeit aus dem Gebrauch wieder verschwinden.[2] In Deutschland kommen solche Münzsiegel erst bedeutend später vor; in der kaiserlichen Kanzlei erst unter Sigmund,[3] der sich ihrer als Kaiser, und unter Friedrich III., der sich ihrer sowohl für das Reich als König und als Kaiser, wie für das Herzogtum Österreich bediente.[4] Früher sind sie in einzelnen Territorien üblich, namentlich in Böhmen, wo schon Wladislaus II. als König (1158—1173) derartige Münzsiegel führte,[5] und in Österreich, wo sie seit Herzog Leopold VI. (1198—1230) von den babenbergischen Herzogen, der Hauptlinie und der Nebenlinie von Mödling gebraucht wurden. Die Siegel Leopolds und seines Nachfolgers, Friedrichs des Streitbaren, sind dabei so eingerichtet, daß die Hauptseite dem Herzogtum Österreich, die Rückseite dem Herzogtum Steyermark galt, einzelne Urkunden aber je nach ihrem Inhalt auch nur mit einem der beiden Stempel gesiegelt wurden.[6] Von den habsburgischen Herzögen von Österreich hat erst Rudolf IV. den Gebrauch der Münzsiegel wieder aufgenommen, und seine Münzsiegel, fingerdicke Wachsscheiben mit einem prächtigen Stempel beprägt, sind wie die Ottokars I. von Böhmen dadurch noch besonders bemerkenswert, daß sie nicht nur auf

---

[1] Die ältesten erhaltenen Siegel sind aus dem Ende des Jahrhunderts, aber der Brauch ist wahrscheinlich älter.

[2] Gute Abbildungen solcher Siegel im Cod. dipl. Cav. zu 1, 140 n. 111 (899), 1, 261 n. 202 (959), 5, 93 n. 764 (1025), vgl. ebenda 1, XXXVII und bei Voigt, Beiträge zur Diplomatik der langobardischen Fürsten von Benevent, Capua und Salerno (Diss. Göttingen 1902); vgl. auch Poupardin, Mélanges d'archéologie et d'histoire 21, 162 ff. 176 f. Über Metallsiegel dieser Fürsten s. oben S. 563.

[3] Das rote Münzsiegel Konrads III. an St. 3452, besprochen von Schum, KUiA. Text S. 354, das auf der Rückseite das Bild der Vorderseite zeigt (Abbildung der Vorderseite auf dem Faksimile der Urkunde in der Festschrift zum 750jährigen Jubiläum der Stadt Chemnitz, herausg. von P. Uhle) ist eine Fälschung des 14. Jahrhunderts, vgl. Posse ebenda S. XV (Privaturkunden S. 145 N. 1).

[4] Lindner S. 70; Posse, Siegel V S. 51 n. 8, 52 n. 15. n. 24.

[5] Sava, Mitteil, d. K. K. Centralkommission für Erforschung der Baudenkmäler 1864 S. 159.

[6] Sava a. a. O. 1865 S. 234 ff.

Haupt- und Rückseite, sondern auch auf dem äußern Rande der Scheibe eine Inschrift aufweisen.[1]

Unter den Siegeln mit einem kleineren Gegensiegel auf der Rückseite gibt es einige, bei denen das letztere einer anderen Person angehört, als das Siegel der Hauptseite. Das kommt einmal vor, wenn die Inhaber beider Stempel verheiratet oder verwandt waren: so haben wir zweiseitige Siegel des Fürsten Borwin von Rostock und seiner Gemahlin Beatrix; beide sind aus dem 13. Jahrhundert und beidemal ist das kleinere Siegel der Gemahlin auf der Rückseite des größeren ihres Gatten angebracht.[2] Aber auch ein ganz fremdes Siegel findet sich so auf der Rückseite desjenigen des Urkundenausstellers. Aus der Reichskanzlei ist nur ein derartiger Fall bekannt: das Rücksiegel des Notars Marquard auf einem Siegel König Heinrichs (VII.) von 1223.[3] Sonst kommt in dieser Weise namentlich die Verbindung eines geistlichen und eines weltlichen Siegels vor: so z. B. das Siegel des Herrand von Wildon (1195—1197) auf der Rückseite des Siegels des Abtes Rudolf von Admont und einige Siegel von Edelleuten des 13. Jahrhunderts, bei denen sich das Rücksiegel eines Pfarrers findet.[4] Das ist dann wohl als eine andere Form der Mitbesiegelung aufzufassen: statt zwei Siegel anzuhängen, vereinigte man dieselben auf einem Wachsklumpen.[5]

[1] SAVA a. a. O. 1864 S. 264 ff.; 1867 S. 171 ff.; vgl. KÜRSCHNER, Arch. f. öst. Gesch. 49, 27 f. — Sonst sind Münzsiegel in Deutschland selten. Ein Beispiel von 1205 aus Brandenburg s. SEYLER, Sphragistik S. 8. Andere deutsche Beispiele aus dem 13. und 14. Jahrhundert bei SEYLER, Gesch. S. 152 ff. Das älteste mir bekannte auf deutschem Boden aber ist das Siegel des Abtes Gerard von St. Arnulf zu Metz, an einer Urkunde von 1145, das bei BEYER 2, 699 n. 594 beschrieben ist. Über ein Münzsiegel Ottos IV. von Ravensburg vgl. TUMBÜLT, Westf. Siegel 1, 2, S. 8 N. 3. — Ein „doppeltes Reitersiegel" Ludwigs von Bayern und von der Pfalz an Urk. von 1225 wird, leider ohne nähere Beschreibung, erwähnt, QE. 5, 38 Note *. Auch das Kapitelssiegel des deutschen Ordens war Münzsiegel, VOSSBERG, Preuß. Münzen u. Siegel S. 53. Über das Siegel Ludwigs VII. von Frankreich s. unten S. 576 N. 5. Über Münzsiegel in Skandinavien, Dänemark, England und Schottland und Ungarn vgl. SEYLER, Gesch. S. 152 f. 157 f.

[2] HOHENLOHE, Sphragist. Aphorismen S. 24 n. 70—73; vgl. Archival. Ztschr. 8, 112 ff.

[3] Vgl. PHILIPPI S. 49, dessen Vermutung über den Zweck dieses ungewöhnlichen Verfahrens ich nicht teilen kann. Mit den oben S. 168 N. 5 erwähnten Fällen aus der Zeit Ludwigs des Bayern hat der vorliegende keine Verwandtschaft. Sollte etwa Marquard ausnahmsweise statt des gewöhnlichen Sieglers selbst die Urkunde besiegelt und deshalb sein Rücksiegel aufgeprägt haben?

[4] HOHENLOHE S. 17 n. 52; LEYSER, De contrasigillis (Helmstad. 1726), S. 38.

[5] Ähnlich steht es mit einer Urkunde des Bischofs Konrad von Hildesheim von 1228; als Rücksiegel des Bischofssiegels dient das des in der Urkunde erwähnten Archi-

Sehr viel häufiger aber ist es der Fall, daß beide Siegel, sowohl das der Vorder- wie das der Rückseite, ein und derselben Person oder Körperschaft angehören. Und diese Art der Doppelsiegelung, deren Zweck es unzweifelhaft war, Fälschungen zu erschweren,[1] nötigt uns, einer anderen Erscheinung, der Führung mehrerer verschiedener Siegelstempel durch einen Siegler näherzutreten.

Verfolgen können wir diese freilich nur in Deutschland. Über die Siegel Italiens, die ja überhaupt nicht die gleiche Rolle spielen, wie diejenigen Deutschlands, liegen nur für die Kanzlei der normannischen Könige, für die der langobardischen Fürsten Unteritaliens, endlich die der Päpste Spezialuntersuchungen über die Besiegelung vor, die den gegenwärtigen Ansprüchen zu genügen vermögen. Bei den ersteren finden wir nur einen Wechsel zwischen Metall- und Wachssiegeln, aber das Vorkommen mehrerer Stempel nebeneinander für das Wachssiegel ist noch nicht nachgewiesen.[2] Dasselbe gilt für die Fürsten von Capua, Benevent und Salerno.[3] Bei den Päpsten hat sich ergeben, daß jeweilig nur ein Stempel für die Bleibullen aller Urkunden im Gebrauch war;[4] erst im späteren Mittelalter kommt daneben, aber nur für die Breven die Besiegelung in Wachs mit dem Fischerring auf.

Anders steht die Sache in der deutschen Reichskanzlei und in den Kanzleien deutscher Fürsten. Sehen wir ganz von der schon erwähnten Verwendung von Metallsiegeln neben den Wachssiegeln ab, so haben wir doch schon seit der karolingischen Zeit den Gebrauch mehrerer Wachssiegel nebeneinander zu konstatieren. Bereits bei Karl dem Großen finden wir neben dem mit einer Inschrift versehenen Gemmensiegel für die Diplome ein zweites schriftloses Gemmensiegel für die Gerichtsurkunden im Gebrauch, das sich wahrscheinlich ebenso in der Hut des Pfalzgrafen befand, wie jenes in der Verwahrung der Kanzlei.[5] Dann werden schon unter

diakons Heinrich von Tossem, vgl. Heinemann S. 53 f. Von „gemeinschaftlichen Siegeln" würde ich in solchen Fällen nicht mit dem Fürsten Hohenlohe reden.

[1] Ausdrücklich ausgesprochen ist das in der unten S. 579 N. 2 angeführten Urkunde aus Passau.

[2] Vgl. K. A. Kehr S. 190 f.

[3] Vgl. Voigt a. a. O. S. 16 f. 23 ff.

[4] Diekamp, MIÖG. 4, 532. Eine Ausnahme ist nur unter Alexander IV. nachgewiesen. Allerdings erstrecken sich die Untersuchungen Diekamp's nur auf die Zeit bis zum Ende des Pontifikates Johanns XXII. Aber daß es in späterer Zeit nicht anders gehalten wurde, ergibt sich aus den Nachrichten über das Verfahren mit dem Bullenstempel nach dem Tode eines Papstes (s. oben S. 554); es ist dabei immer nur von einem Apostel- und einem Namenstempel die Rede.

[5] Sickel, Acta 1, 350. Posse, Siegel V, S. 5. Schramm, a. a. O. Text S. 24.

Ludwig dem Deutschen und Karl III., vielleicht auch unter Arnulf, Konrad I., Heinrich I., sicher unter Otto I. und Otto II., vielleicht auch noch unter Otto III. für die Wachssiegel mehrere Stempel nebeneinander im Gebrauch gewesen sein.[1] Die Stempel sind einander so ähnlich, daß erst genaueste Betrachtung den Unterschied zwischen ihnen erkennt, und so sind sie denn auch ganz unterschiedslos verwandt worden; aus welchem Grunde man überhaupt zwei gleiche Stempel in der Kanzlei zu haben wünschte, vermögen wir nicht mehr zu erkennen.[2] Auch unter den salischen Königen bleibt die gleiche Erscheinung. Sowohl in der Königszeit Konrads II., wie in der Königszeit Heinrichs III. und in der Kaiserzeit Heinrichs IV., aber nicht unter Heinrich V., sind mehrere Stempel für die Wachssiegel, die sich mehr oder minder ähnlich sehen, ganz prinziplos nebeneinander im Gebrauch.[3] Daneben aber findet sich hier noch etwas anderes. Zuerst unter Konrad II. in der Kaiserzeit, dann in der Kaiserzeit Heinrichs III. ist ein Siegel nachweisbar, das offenbar zur Verwendung an Urkunden der italienischen Kanzlei bestimmt war, und Heinrich IV. unterscheidet in einer Urkunde von 1069 sein *sigillum teutonicum* so deutlich von dem italienischen, daß wir an dem Vorkommen eines besonderen Siegels für Italien nicht zweifeln dürfen, auch wenn es uns nicht erhalten ist.[4] Der Unterschied nach Kanzleien, der hier gemacht ist, ist nun zwar nicht ganz streng durchgeführt; das italienische Siegel findet sich gelegentlich auch an deutschen, das deutsche auch an italienischen Urkunden; aber daß man überhaupt einen solchen Unterschied gemacht hat, ist um so bemerkenswerter, als davon weder unter

167. — Der Ausspruch Posse's, Privaturkk. S. 150, daß die Verwendung mehrerer gleichartiger Stempel nebeneinander nicht vorkomme, ist für die Reichskanzlei entschieden nicht aufrecht zu erhalten; es ist unmöglich, alle Fälle der Art, wie er S. 152 zu tun geneigt ist, durch die Annahme von Renovation oder nachträglicher Beurkundung zu erklären.

[1] Mühlbacher, Reg.[2] S. LXXXIII f. und Foltz, NA. 3, 20 f. 38. MG. DD. 2, 392a und Schramm a. a. O.

[2] Über mehrere, nebeneinander verwandte Stempel münsterscher Bischöfe vgl. Philippi, Westfäl. Siegel des MA. 1 S. 3. 15 f.; vgl. dazu Posse a. a. O. S. 151 N. 1, der zwar eine Verwendung mehrerer Stempel nebeneinander bezweifelt, sie aber S. 155 vor N. 1 für Melk und Klosterneuburg selbst zugibt, vgl. Sava, Jahrbuch der k. k. Centralcommission 3, 200. — Gleichzeitige Verwendung mehrerer Stempel ist auch nachweisbar im Bistum Hildesheim, s. Heinemann S. 52.

[3] Bresslau, NA. 6, 559. 564. 570. MG. DD. 4, S. XXIII ff.

[4] Bresslau, NA. 6, 544 ff. Für das italienische Siegel Konrads II. vgl. auch Bresslau, Kanzlei Konrads II. S. 86. MG. DD. 4, S. XXIII ff.; Posse V, 8. 19. — Über die Frage eines burgundischen Siegels Heinrichs III. vgl. Kehr, NA. 48, 447 ff.

den Ottonen noch unter den Staufern, unter denen ja allerdings auch die Zweiteilung der Kanzlei fortfiel, die Rede sein kann.

Die Siegel der älteren staufischen Kaiser sind bisher noch nicht so eingehend bearbeitet worden wie diejenigen der beiden vorhergehenden Dynastien. Auch die gleichzeitige Verwendung zweier gleichen oder einander sehr ähnlichen Stempel Friedrichs I. als König wird, auch ohne daß sie bisher an den Abdrücken konstatiert ist, bestimmt angenommen werden dürfen; wir erinnern uns,[1] daß Abt Wibald von Stablo nach dem Muster des silbernen Siegelstempels, den er zuerst für den König hatte anfertigen lassen, einen zweiten zinnernen schneiden ließ, der offenbar neben jenem gebraucht werden sollte. Daß schon Heinrich VI. neben seinen Siegeln für das *imperium* ein besonderes Siegel für Sizilien geführt hat, ist neuerdings festgestellt worden, wenn auch mehrfach unter dem Kaisersiegel für das Königreich geurkundet sein mag.[2] Sein Sohn Friedrich II. hat dann 1220 dem Papste ausdrücklich versprechen müssen, zur Erledigung der sizilianischen Geschäfte sich eines eigenen Siegels zu bedienen,[3] und hat dies Versprechen auch gehalten: sowohl die Wachssiegel wie die Goldbullen sind unter ihm für das *regnum* und das *imperium* verschieden,[4] und nur nachdem 1248 die sizilianischen Stempel in den Kämpfen um Parma verloren gegangen waren,[5] wurden eine Zeit lang auch für das *regnum* die Siegel des *imperium* gebraucht. Außer diesen Kanzleisiegeln gab es unter Friedrich II., wenn nicht schon früher, dann jedenfalls seit der im Jahre 1240[6] bewirkten Reorganisation der sizilischen Verwaltung, noch ein besonderes *sigillum justitiae* für das Großhofgericht, das seit diesem Jahre die oberste Instanz sowohl für das Königreich wie für Reichsitalien war. Mit diesem Siegel, von dem ein Abdruck bisher nicht bekannt geworden ist, sollten gewisse Verfügungen der Gerichte, die im Namen des Kaisers erlassen wurden, so z. B. Zitationen, Inqui-

---

[1] Oben S. 551; vgl. auch Schum, KUiA. Text 355, wonach die Möglichkeit, daß zwei kaiserliche Stempel Friedrichs I. nebeneinander verwandt sind, nicht ausgeschlossen ist.

[2] Vgl. K. A. Kehr S. 190 N. 1.

[3] BF. 1201.

[4] Philippi S. 62. Der Stempel des deutschen Kaisersiegels scheint in mehreren, fast gleichen Exemplaren vorhanden gewesen zu sein, Philippi S. 65 oben.

[5] Oben S. 558.

[6] Daß die Constitutiones über das Großhofgericht in dieses Jahr, nicht wie früher angenommen wurde, ins Jahr 1244 gehören, hat Ficker, Italien. Forschungen 1, 362 N. 4 nachgewiesen; vgl. jetzt auch Winkelmann FDG. 12, 529 und B. F. 2959 b.

sitionsaufträge u. a. m., besiegelt werden;[1] dagegen sind die Urteilssprüche der Großhofgerichte, die in dessen Namen, nicht in dem des Kaisers abgefaßt wurden, soviel wir wissen, unbesiegelt und, wie die italienischen Gerichtsurkunden älterer Zeit, nur durch Notariatsausfertigung und die Unterschriften der Hofrichter ausgegeben worden.[2] Von diesem Siegel des italienischen Großhofgerichtes ist das des deutschen Reichshofgerichtes, das gleichzeitig mit der Einsetzung eines ständigen Reichshofrichters eingeführt wurde, bestimmt zu unterscheiden; es ist zum erstenmal an einer Urkunde vom 8. Februar 1236 nachweisbar.[3] Das deutsche Hofgerichtssiegel ist von da ab stets — auch unter den folgenden Herrschern — von den Kanzleisiegeln verschieden. Dagegen hat in Sizilien Karl von Anjou das bis dahin beibehaltene *sigillum iustitiae* 1272 beseitigt und angeordnet, daß von nun an alle königlichen Erlasse mit einem und demselben Siegel beglaubigt werden sollten.[4]

Haben wir bisher zwar verschiedene Siegel für Hofgericht und Kanzlei, verschiedene Siegel für verschiedene Reiche oder Reichsteile, endlich Wachssiegel und Metallsiegel kennen gelernt, da aber, wo wir verschiedene Stempel für die Wachssiegel der Kanzlei nebeneinander im Gebrauch fanden, einen sachlichen Unterschied in der Verwendung derselben nicht konstatieren können, so wird nun das Verhältnis in der zweiten Hälfte des 13. Jahrhunderts ein anderes.

Zuerst[5] unter Rudolf von Habsburg lernen wir neben dem großen

[1] Vgl. Const. Sicil. 1, 139 (Huillard-Bréholles 6 a. 1, 159 f.) und die Kanzleiordnung Friedrichs (Winkelmann, Acta 1, 733). Dies *sigillum justitiae* des italienischen Großhofgerichtes muß viel bestimmter als bei Philippi S. 66 und bei Erben UL. S. 231 geschehen ist, von dem gleich zu erwähnenden deutschen Hofgerichtssiegel unterschieden werden.

[2] Vgl. die Originale B.-F. 3458 (KUiA. Lief. VI, Taf. 19 a) und Niese, Normann. und Stauf. Urkunden aus Apulien 1, 35 n. 9 (QF. 9 (1906), 253 n. 9).

[3] Abgebildet bei Philippi Taf. X, 4; vgl. BF. 2137:; Ficker, FDG. 16, 573 ff. Die Erörterung bei Philippi S. 66. 67 (vgl. Erben UL. S. 231 f.); ob das Siegel Friedrich II. oder Konrad IV. angehört, ist müßig: es ist weder das Siegel des einen noch des andern, sondern eben das des deutschen Hofgerichts. Darin aber hat Philippi S. 67 zweifellos Recht, daß das Bild auf diesem Siegel nicht, wie im 13. Jahrhundert ein Trienter Notar und neuerdings Hohenlohe annahm, den Hofrichter, sondern den Herrscher darstellen soll.

[4] Winkelmann, Acta 1, 744.

[5] Die oft wiederholte Angabe von Heineccius, De sigillis S. 77, daß schon Heinrich III. ein Sekretsiegel gehabt habe, geht auf eine Urkunde Heinrichs IV. für Nivelles zurück, St. 2570; eine späte Fälschung, allerdings vielleicht auf echter Grundlage, in dem Satz über das *secretum* Heinrichs III. aber ganz unzuverlässig. — In Frankreich kommen Rücksiegel auf den Königssiegeln seit Ludwig VII. vor, der 1137—1154 ein

Siegel des Königs, das ihn auf dem Throne sitzend in der seit dem Anfang des 11. Jahrhunderts hergebrachten, wenn auch im Laufe der Zeit mannigfach veränderten Darstellung zeigt, ein kleineres Siegel kennen, das sich selbst als *sigillum secretum* bezeichnet, und dessen Bild sich auf das Reichswappen, den einfachen Adler, beschränkt.[1] Das Siegel ist bis jetzt nur in einem Exemplar bekannt geworden, und auch das Adlersekret König Albrechts I. kennt man bis jetzt nur in sehr wenigen Exemplaren.[2] Die Verwendung dieser Sekrete scheint damals noch eine sehr eingeschränkte gewesen zu sein; in mehreren Urkunden des Jahres 1299 hebt Albrecht ausdrücklich hervor, daß er es nur deshalb anwende, weil er nicht im Besitze seines größeren Siegels sei, das er dem Kanzler mitgegeben hatte, als dieser behufs Abschlusses eines Vertrages nach Frankreich gesandt worden war.[3] Von Heinrich VII. ist das in der Kanzlei gebrauchte Sekretsiegel mir noch nicht bekannt.[4] Erst unter Ludwig dem Bayern wird das Sekret häufiger angewandt[5] und seit Karl IV.

Gegensiegel führt, das dem Hauptsiegel gleich groß die Herzogswürde von Aquitanien zum Ausdruck bringt, seit 1174 aber auch kleinere Gegensiegel verwendet, so 1175 eine Gemme mit einer Diana und der Legende Ludovicus rex (vgl. Giry S. 641 f.; Luchaire, Études sur les actes de Louis VII. [Par. 1885] S. 80). Danach ist die Angabe, Westfäl. Siegel des Mittelalters 1, 2, 8, zu berichtigen. Unter Philipp August befindet sich eine Lilie auf dem schriftlosen Gegensiegel, und dieser Typus wird lange festgehalten. Daß aber dies Gegensiegel jemals allein, d. h. als Sekret angewandt sei, ist nicht nachweisbar. Nur ein Ringsiegel (Signet), das aber von den späteren Sekreten, wie wir sehen werden, zu unterscheiden ist, kommt unter Philipp August vor; vgl. Douet d'Arcq S. 271, Delisle, Catalogue des actes de Philipp Auguste S. LXXXVIII. Der Ausdruck *secretum* soll nach den Zusammenstellungen von Douet d'Arcq S. CII in Frankreich zuerst 1212 bei einem Grafen von Dreux vorkommen. Doch findet er sich schon 1194 auf einem Siegel der Gräfin Eleonore von St. Quentin und Valois: *Secretum Elienor*, de Wally 2, 23.

[1] Heffner n. 76. Abbildung bei Posse, I Taf. 41, 5. Böhmer-Redlich Reg. n. 892 vermutet, daß das Siegel zu der Urk. MB. 28^{b}, 409 von 1277 gehört. Vgl. aber KUiA. Text S. 228 N. 4.

[2] MG. Const. 4, 11 n. 11: *sub secreto nostro sigillo quo in hac nostra nova creatione utimur* vom 28. Juli 1298 vor der Krönung. Gatterer, Elem. artis diplom. Tab. IX n. 5; Umschrift *secretum Alberti regis Romanorum*; vgl. Sava a. a. O. 1866 S. 134. Gatterer gibt nur an „*ex autographo*" und die Jahreszahl 1299; wahrscheinlich ist das Siegel von einer in der folgenden Zeit oder einer gleichzeitig damit ausgestellten Urkunde.

[3] Böhmer, Reg. Albr. I. n. 195. 201. Auch die Kölner Urk. von 1298 verspricht der König nach der Krönung *sigillo regio* zu besiegeln.

[4] Es war an MG. Const. 4, 632 n. 661; 644 n. 672; 647 n. 677; 651 n. 684 u. a. m. vorhanden.

[5] Abbildung bei Posse I Taf. 51, 4, vgl. 50, 6. Verwendung z. B. Winkelmann, Acta 2 n. 591. 596. 597. 635. 640. Vgl. Kull, Mitteil. der bayr. numismat. Gesellschaft

wird seine Führung in der Kanzlei sowie seine Verwendung ganz regelmäßig. Das Sekretsiegel, das auch als kleineres Insiegel, *sigillum minus*, oder schlechthin als *sigillum*, *sigillum regium* bezeichnet wird, wird von nun an von dem größeren Siegel, das *sigillum maiestatis*, Majestätssiegel, heißt, immer ganz bestimmt unterschieden.[1] Das erstere kommt seitdem bei Briefen und bei Patenten ausschließlich vor; nur unter Sigmund und in der Königszeit Friedrichs III., also bis zum Jahre 1452, erhalten Patente gelegentlich auch das Majestätssiegel; [2] Diplome endlich können sowohl mit der Goldbulle, wie mit dem Majestätssiegel und dem Sekret versehen werden.

Um dieselbe Zeit, wie in der Reichskanzlei, ist in der päpstlichen der Gebrauch des Fischerringes als Sekretsiegel nachweisbar,[3] und früher noch waren solche Siegel in den deutschen Territorien üblich. Im braunschweigischen Hause sind es zuerst zwei fürstliche Damen, bei denen wir es um 1258 auftreten sehen: Marie von Brabant, die Witwe Kaiser Ottos IV. und Mechthild von Brandenburg, die Gemahlin Ottos des Kindes; etwa seit 1320 wird es dann ganz allgemein verwandt.[4] Am Rhein kommen in der zweiten Hälfte des 13. Jahrhunderts Sekretsiegel schon bei kleineren geistlichen Herren und weltlichen Dynasten vor, so z. B. 1264 bei dem Grafen Gottfried von Sayn,[5] und 1258 bei dem Abte von Werden; [6]

(München 1887) 6, 30 ff.; Grauert, KUiA. Text S. 301. 330; Schaus, Zur Diplomatik Ludwigs d. Bayern S. 2 f.

[1] Vgl. Lindner S. 44 ff. und sonst. Der Ausdruck Majestätssiegel entspringt wohl einem Mißverständnis des in der Korroborationsformel seit langem üblichen Ausdrucks „*sigillum maiestatis nostre*", der ursprünglich nicht ein besonderes Siegel bezeichnet, sondern garnichts anderes bedeutet als das damit wechselnde „*sigillum culminis nostri*" oder „*sig. celsitudinis nostre*".

[2] Lindner S. 10; Steinherz KUiA. Text S. 473.

[3] S. unten S. 579 N. 4.

[4] Schmidt-Phiseldeck S. 3 n. 17, Inschrift: *Secretum meum michi.* S. 4 n. 26, S. 7 n. 43, S. 8 n. 47, S. 9 n. 56, S. 10 n. 63 (Inschrift bemerkenswert: *Est ex Henrico secretum quod tibi dico*), S. 14 n. 84. 86, S. 25 n. 172, S. 26 n. 175. 176 usw.

[5] Cardauns, Rhein. Urkk. des 13. Jahrhunderts S. 25 n. 33.

[6] Leyser, De contrasigillis S. 24 ff.; vgl. noch Sekret Eberhards von Worms 1261, Boos 1, 203 n. 301; Ludwigs von Isenburg 1278, Nass. UB. 1, 563 n. 942 usw. In Westfalen sollen nach Tumbült, Westfäl. Siegel 2, 1, S. 2 Sekrete schon 1249 bei Otto II. von Münster vorkommen, aber da sind Rücksiegel gemeint, die man mit selbständig gebrauchten Sekreten nicht verwechseln darf. Sekrete sind ja, wie sich aus den Darlegungen des Textes ergeben wird, sehr oft auch als Rücksiegel benutzt, aber nicht jedes Rücksiegel ist auch Sekret. Selbständig verwandte Sekrete hat Tumbült bei münsterschen Bischöfen erst unter Gerhard von der Mark nachgewiesen. Bei Dynasten finde ich Sekrete der Grafen Ekbert von Bentheim und Dietrich von Limburg schon

desgleichen im Mosellande, z. B. bei dem Bischof von Metz;[1] der Bischof von Passau führt 1259 ein Sekret;[2] in Österreich kennen wir Sekretsiegel der habsburgischen Herzöge[3] im Anfange des 14. Jahrhunderts; und schon vor der Mitte dieses Jahrhunderts ist in Deutschland wohl in der Mehrzahl der Territorien, aber auch in den Städten zwischen dem großen Siegel und dem kleinen Sekretsiegel unterschieden worden.[4]

Dabei aber blieb man nicht stehen; vielmehr vervielfältigten sich im späteren Mittelalter die Siegelstempel eines und desselben Herrn noch anderweit außerordentlich. Die Könige führen nicht bloß Siegel für das Reich und etwaige Besitzungen außerhalb desselben — Sigmund z. B. großes und kleines Siegel für Ungarn, Karl IV. zwei verschiedene Siegel für das Herzogtum Breslau —, sondern auch zuweilen wenigstens für territoriale Besitzungen innerhalb des Reiches, die ihnen zustehen: so Karl IV. für die Kanzlei der Oberpfalz, Ruprecht für die pfälzischen Lande, Sigmund für Böhmen, die Habsburger für ihre österreichischen Besitzungen.[5] In den Territorien und Städten unterscheidet man oft

im 13. Jahrhundert; ob in den übrigen Westfäl. Siegel 1, Taf. XVI abgebildeten Rücksiegeln das *S* der Umschrift zu *Secretum* oder zu *Sigillum* zu ergänzen sei, ist keineswegs ganz sicher. Auch in der Kanzlei der Erzbischöfe von Köln finden sich selbständig verwandte Sekrete erst im 14. Jahrhundert, als Rücksiegel werden sie aber schon seit der Mitte des 13. Jahrhunderts gebraucht, vgl. Ewald, Rheinische Siegel 1, 7. — In Mecklenburg finden sich Sekretsiegel seit 1298 bei den Bischöfen von Schwerin, seit 1300 bei den Fürsten. Mecklenbg. UB. 4, 525 n. 25, 530 n. 49; über Pommern vgl. Seyler, Gesch. S. 130 f.

[1] UB. Bist. Halberstadt 2, 205 n. 972.

[2] Vgl. die Urkunde des Bischofs Otto von Passau von diesem Jahre (MB. 29b, 131), in der es heißt: *et nota tandum quod hec est prima littera, ubi in sigillo a tergo secretum nostrum imprimi fecimus, quod Lupum im scuto pro signo continet et superscriptionem continet SECRETUM ECCLESIAE. Quapropter omnes litteras ex parte nostri scriptas cum pendenti sigillo nostro, nisi ipsum sigillum a tergo predictum scutum impressum habeat, falsas exunc inantea judicamus, sed jam datis et scriptis per hoc nolumus prejudicium gravari.*

[3] Sava a. a. O. 1866 S. 143 ff.

[4] Ich führe nur ein paar Beispiele für städtische Sekrete, die vorzugsweise für Briefe verwandt werden, an: Lübeck und Rostock 1342, Hanserecesse 1, 65 n. 115. 116. 117. Hamburg 1356 ebenda 1, 126 n. 199, 3. Stralsund 1358 ebenda 1, 146 n. 218. Braunschweig 1361 ebenda 1, 181 n. 253 usw. Demgegenüber stehen die „grote ingheseghele", ebenda 1, 191 n. 262. Die Beispiele sind aus jedem anderen Urkundenbuch für andere Teile Deutschlands beliebig zu vervielfältigen. — Ich will nur noch darauf hinweisen, daß der Unterschied, der am päpstlichen Hof in derselben Zeit zwischen Bulle und Fischerringsiegel gemacht wird, demjenigen zwischen großem Siegel und Sekret in manchen Beziehungen völlig entspricht.

[5] Hierhin gehört es auch, wenn Kaiser Ludwig IV. als Vormund Herzog Johanns von Bayern ein besonderes Siegel führt, Posse V, S. 38 n. 11; Kull S. 32 n. 11.

besondere Siegel „*ad causas*“ von den sonst gebrauchten.[1] Endlich aber gibt es vielfach [2] von den eigentlichen Sekreten, die der Obhut der Kanzleibeamten anvertraut waren,[3] wohl zu unterscheidende wirkliche Geheimsiegel, die man passend als Signete bezeichnen kann, — zumeist Ringe —, die der Siegelbesitzer selbst in persönlichem Gewahrsam behielt, und deren er sich in vertraulichen Geschäften zu bedienen pflegte.

Ob wir schon in der Zeit der Ottonen den Gebrauch eines solchen Signets anzunehmen haben, ist nicht gewiß;[4] sicher bezeugt ist ein derartiger Siegelring Konrads IV., mit dem der König eine ganz vertrauliche und geheim zu haltende Sendung verschloß.[5] Ganz bestimmt ist es dann ein solches Geheimsiegel, das sich nach dem Tode Heinrichs VII. unter dessen Kostbarkeiten vorfand und als „*unum sigillum secreti de uno safirii posita in auro*“ beschrieben wird:[6] es wurde damals einem Vertrauten des verstorbenen Kaisers übergeben, um in die Heimat gebracht zu werden und es ist höchstwahrscheinlich dies Siegel, das später in den Besitz Karls IV. und Wenzels übergegangen, von beiden

[1] Ein österreichisches Herzogssiegel „*ad iura montana in Austria*“ beschreibt Kürschner, Arch. f. öst. Gesch. 49, 55.

[2] Nicht bloß im Besitz der Könige, wovon ich im folgenden spreche, sondern ganz ebenso auch in dem vieler Fürsten und selbst kleinerer Herren. Es ist z. B. aller Wahrscheinlichkeit nach ein solches Geheimsiegel (Blume und Inschrift *Dominus vobiscum*), das der Vicedominus von Halberstadt 1249 neben seinem Porträtsiegel an eine Urkunde hängt, UB. Bist. Halberstadt 2, 105 n. 817. Über Fingerringsiegel der Wettiner vgl. Posse, Siegel der Wettiner S. 18. 33. Über ein Ringsiegel Herzog Swantepolks von Pommern (*sigillum impressum in sigillo aureo quod in manibus suis in modum anuli portat*) vgl. die interessante Urk. von 1248, Kosegarten, Cod. diplom. Pomeraniae S. 797, vgl. S. 801. Über geheime Siegel Rudolfs IV. von Österreich s. unten S. 582 N. 2. Signet ist ein schon im Mittelalter dafür gebrauchter Ausdruck; vgl. z. B. Döbner 2, 345 n. 571; 2, 348 n. 575 (1384); ein Signet Dietrichs von Heinde „alse me in den ringhen an der hant plecht to draghende“ erwähnt 1417 ein Brief des Rates zu Hildesheim, Döbner 3, 353 n. 806. Vgl. auch Erben UL. S. 275 N. 1, dessen terminologischem Vorschlage ich mich gern anschließe.

[3] Daß die eigentlichen Sekrete ursprünglich im Gewahrsam des Fürsten gewesen und erst später in die Obhut der Kanzleibeamten gekommen seien, folgt aus den von Ilgen S. 346 N. 4 dafür angezogenen Stellen nicht. In den Zeugnissen bei Posse, Privaturkunden S. 137 N. 2 handelt es sich sicher, in der Urkunde ebenda S. 1 N. 1 höchst wahrscheinlich um ein Signet.

[4] Vgl. NA. 3, 33 über ein angebliches Ringsiegel Ottos I. in der Siegelsammlung der Eremitage zu Leningrad. Abbildungen bei Posse I Taf. 7, 8 (dazu V S. 13) und bei Schramm, a. a. O. Taf. 59 d, wo die Echtheit sehr bezweifelt wird.

[5] BF. 4623.

[6] Registrum iocalium imperatoris bei Dönniges 2, 91. Vgl. Erben S. 276.

gelegentlich verwandt worden ist.[1] Karl IV. hatte noch mehrere andere Siegelringe, die er persönlich führte: ein kleines Porträtsiegel, das er 1354 „unseres heimlichen fingerlins zeichen" nennt und das 1349 in einer Anzahl Urkunden angewandt wurde, die auch die eigenhändige Unterschrift des Königs trugen; dann ein kleines Wappensiegel, das 1352 einmal vorkommt und als „*signum nostrum secretum*" bezeichnet wird.[2] Von Sigmund soll ein derartiger Siegelring mit der Inschrift „*Dilectus dilectae*" noch jetzt vorhanden sein;[3] der Abdruck eines anderen Geheimsiegels desselben Königs befindet sich an einem Brief von 1435 an den Hochmeister Paul von Rußdorff.[4] Von Friedrich III. endlich sind drei oder vier derartige Ringsiegel bekannt, die zum Teil nebeneinander vom Kaiser gebraucht wurden.[5]

Die große Zahl der in der Kanzlei der Könige und Fürsten und ihrem Privatgewahrsam vorhandenen Siegelstempel erleichterte nun ihre Kombination, die in verschiedener Weise erfolgen konnte. Am häufigsten ist, zwar nicht in der Reichskanzlei, aber in den fürstlichen Kanzleien Deutschlands, sowie bei Grafen, Herren und Prälaten die Kombination von großem und Sekretsiegel, dergestalt, daß das letztere als Rücksiegel des ersteren diente.[6] Seltener ist das geheime Ringsiegel gebraucht: wir kennen nur einen derartigen Fall aus der Zeit Wenzels, der das Ringsiegel Heinrichs VII. 1373 auf die Rückseite seines eigenen Sekretsiegels setzte.[7] Häufiger wird eine derartige Verwendung erst

[1] Denn was Lindner S. 51 f. 63, ohne die Stelle aus dem Reg. iocalium zu beachten, über den Gebrauch eines Sekretsiegels Heinrichs VII. durch Karl und Wenzel anführt, bezieht sich höchstwahrscheinlich eben auf das Saphirsiegel, das in dem Reg. erwähnt wird. Karl nennt es einmal „*anulus et secretum sigillum Henrici imperatoris*", Wenzel bezeichnet es als sein „haimliches bettschaft". Dazu kommt noch Zimmermann, Acta Karoli IV. S. 91 n. 43 angeführt von Erben a. a. O. S. 276 N. 3, dessen Bemerkung gegen Gritzner zuzustimmen ist. — Über ein angebliches Signet Ludwigs d. Bayern s. oben S. 168.

[2] Lindner S. 50 f.

[3] Aschbach 4, 473.

[4] Lindner S. 74 f. Was unter dem 1415 von Sigismund erwähnten Sekret von Lützelnburg (Lindner, Arch. Zeitschr. 9, 179) zu verstehen ist, bleibt unsicher; Lindner denkt an den in N. 3 erwähnten Ring Heinrichs VII., vgl. dazu Erben S. 276 N. 3.

[5] Sava a. a. O. 1868 S. 32. Seeliger, MIÖG. 8, 31 ff. Steinherz, KUiA. S. 472 N. 6.

[6] Beispiele dafür bietet fast jedes Urkundenbuch, das genauere Siegelbeschreibungen enthält. Enthält das große Siegel das Porträt des Sieglers, so stellt das kleine meist dessen Wappen dar.

[7] Lindner S. 52. 61.

unter Friedrich III.; sein Ringsiegel diente als Rücksiegel der hängenden Sekretsiegel,[1] während das Majestätssiegel stets auf der Hauptseite, unmittelbar unter dem Throne des sitzenden Kaiserbildes mit dem Ringsiegel gegengezeichnet wurde.[2] Aber nicht bloß großes und Sekretsiegel oder großes und Ringsiegel, sondern auch andere Stempel konnten verbunden werden. Es wird zu den frühesten Beispielen der Verwendung von Rücksiegeln in Deutschland überhaupt gehören, wenn 1146 einmal Bischof Rudolf von Halberstadt, der zwei Siegelstempel anscheinend unterschiedlos in seiner Kanzlei verwendete, diese derart vereinigte, daß der Abdruck des kleineren sich auf der Rückseite des Abdruckes des größeren befindet.[3] Nicht selten ist namentlich bei Siegeln von Behörden eine Kombination des Amtssiegels der Behörde mit dem eigenen Siegel ihres zeitweiligen Leiters oder eines Beamten; so hat das Siegel des kaiserlichen Landgerichts zu Nürnberg auf der Rückseite das kleinere Siegel des Landgerichtsschreibers,[4] so das Siegel der Landeshauptmannschaft zu Breslau unter Karl IV. und seinen Nachfolgern das Wappensiegel des jeweiligen Kanzlers.[5]

Endlich aber gab es nun auch Siegelstempel, die eigens dazu angefertigt wurden, um als Rücksiegel zu dienen[6] und sich als solche bisweilen ausdrücklich zu erkennen geben, indem sie als *contrasigilla* in der Umschrift bezeichnet werden.[7] In anderen Fällen, die sehr häufig sind,

[1] Bei mit dem Sekret rückwärts besiegelten Patenten wurde es zuweilen auf der Schriftseite der Urkunde angebracht.

[2] Seeliger, MIÖG. 8, 32; Steinherz, KUiA., Text S. 472 f., s. oben S. 581. — Über ein geheimes Ringsiegel Rudolfs IV. von Österreich vgl. Kürschner, Arch. f. öst. Gesch. 49, 30. Es ist nur als Gegensiegel bekannt, und zeigt den federgeschmückten, auf dem österreichischen Schild ruhenden Helm mit der Legende *Felix Austria.* Andere Ringsiegel desselben ebenda S. 57 f.; eins wird als „heimliches petschat" bezeichnet.

[3] UB. Bist. Halberstadt 1, 184 n. 214.

[4] Seyler Gesch. S. 340.

[5] Lindner S. 49. 55. 63. 70. Auch das Siegel des Klosterkonventes und des Abtes oder der Stadt und eines Ratsherrn werden so kombiniert, vgl. Nass. UB. 1, 578 n. 969; Siegelabbildungen z. UB. Zürich Lief. 3 n. 52. Westfäl. Siegel 2, 2, 20 f.; Hameler UB. S. 397 n. 530 Seyler, Gesch. S. 310.

[6] Ich rechne nicht hierhin, wenn das Siegel Volrads, Bischofs von Halberstadt, 1257 auf der Rückseite drei Lilien (UB. Bist. Halberstadt 2, 184 n. 940) oder wenn das Siegel Albrechts I. 1298 drei Dreiecke, darin je sechs sternförmig zusammengestellte Rhomben (Sava a. a. O. 1866, Mitteilungen S. 139 Fig. 4) aufweist, vermute vielmehr, daß es sich da nur um Herstellung des Siegels in verzierten Modeln (s. oben S. 934) handelt. Ebenso werden auch die Stempel zu erklären sein, die Herzberg-Fränkel, KUiA. Text S. 228 N. 4 auf Siegeln Rudolfs I. erwähnt.

[7] So z. B. die flandrischen Grafensiegel, vgl. Vredius, Sigilla comit. Flandriae

gibt das Gegensiegel nur einen Zusatz zum Titel des Siegelherrn, der ebenfalls seine Verwendung ohne das Hauptsiegel ausschließen müßte, die aber dessen ungeachtet vereinzelt vorkommt. So haben z. B. die Rücksiegel der Erzbischöfe Engelbert und Siegfried von Köln (1261 bis 1297) nur die Legende: *Engelbertus* bzw. *Sifridus archicancellarius*, als Zusatz zum Titel der Hauptseite: *Engelbertus* bzw. *Sifridus dei gratia sancte Coloniensis ecclesie archipiscopus*; [1] so haben die Rücksiegel der hessischen Landgrafen nur eine Angabe über das Verwandtschaftsverhältnis zur heiligen Elisabeth, die als Zusatz zu Namen und Titel der Hauptseite dient.[2] In der Reichskanzlei ist der Typus des Rücksiegels für das Majestätssiegel unter Heinrich VII. festgesetzt worden: ein einfacher Adler und die Umschrift: *Iuste iudicate filii hominum*; [3] auch dies Siegel, dessen Typus sowohl Ludwig der Bayer wie Karl IV. in ihrer Kaiserzeit und Günther von Schwarzburg beibehielten, während Wenzel ein Wappensiegel als Rückstempel verwandte, ist nur ausnahmsweise [4] als Sekret, d. h. für sich allein, gebraucht worden. Daneben kommt als Rücksiegel unter Karl IV. ein Stempel in Gebrauch, der das verkleinerte Bild der Hauptseite zeigt. Übrigens haben keineswegs alle Majestätssiegel ein Rücksiegel gehabt; unter Ludwig dem Bayern, Karl IV., Ruprecht und Sigmund als Königen fehlt es gänzlich: Sigmund führte als Kaiser ein Münzsiegel und ebenso schon als König Friedrich III.

Die Anbringung des Rücksiegels konnte in sehr verschiedener Weise erfolgen; besonders häufig hat man ihm eine andere Farbe gegeben als dem Hauptsiegel, und namentlich in der Reichskanzlei rotes Wachs für

(Brügge 1639) S. 41. 53 ff., die Siegel der Grafen von der Mark, Westfäl. Siegel des Mittelalters Taf. 16 n. 4—6, und die Siegel der Stadt Köln, vgl. ENNEN und ECKERTZ 1, Siegeltafeln n. 4. 5. 11. 12. Es hat wohl dieselbe Bedeutung, wenn andere Rücksiegel, wie z. B. dasjenige des Theoderich von Falkenburg, die Inschrift haben: *Clavis sigilli de Valkenburg*, ENNEN und ECKERTZ 2, Siegeltafeln n. 3. Der Ausdruck findet sich auch in Frankreich, vgl. DOUET D'ARCQ S. CII.

[1] EWALD, Rhein. Siegel 1, S. 7.

[2] GUDEN 2, 204; 3, 288.

[3] Ich habe dies Siegel kennengelernt an dem Or. von BÖHMER, Reg. Heinr. VII. n. 500 vom 18. Juli 1312; WINKELMANN, Acta 2, 264 n. 412 beschreibt es an Urk. von 1313. HEFFNER n. 87 (vgl. auch n. 67 bei Heinrich [VII.], dem Sohne Friedrichs II., dazu POSSE V, S. 29 n. 4.), bemerkt, daß er es nie gesehen habe, doch kommt es nach HERZBERG-FRÄNKEL, KUiA. Text S. 228, auf dem Kaisersiegel Heinrichs regelmäßig vor; vgl. auch Ztschr. f. Gesch. d. Oberrheins N. F. 1, 85 n. 168. 171 und POSSE V S. 35 n. 4.

[4] Unter Ludwig dem Bayern von 1337—1343, vgl. SCHAUS, Zur Diplomatik Ludwigs d. Bayern S. 4.

das Rücksiegel gewählt, wenn das Hauptsiegel aus ungefärbtem Wachs bestand. Es wurde dann in der Rückseite des Hauptsiegels eine Höhlung gemacht, diese geglättet und eine dünne Lage flüssigen roten Wachses hineingegossen, auf die man den Stempel des Rücksiegels drückte. In anderen Fällen ist aber auch das Rücksiegel direkt in den Wachskörper des Hauptsiegels eingedrückt und dann natürlich diesem gleichfarbig.[1]

Auch die hinsichtlich der Befestigung der Siegel bestehenden Gewohnheiten vermögen wir nur bei den Kaiser- und Papsturkunden genauer zu verfolgen; für alle übrigen Siegel müssen wir uns mit einigen allgemeinen Bemerkungen begnügen.

Es versteht sich von selbst, daß Metallsiegel nur als Hängesiegel verwandt worden sind, während Wachssiegel sowohl aufgedrückt wie hängend vorkommen können. In älterer Zeit sind die Wachssiegel stets der Urkunde auf- oder vielmehr durch sie durchgedrückt worden. Das in der königlichen Kanzlei mindestens seit der karolingischen Zeit [2] dabei übliche Verfahren war dieses: Man machte in das Pergament, und zwar regelmäßig in der unteren rechten Ecke des Blattes, [3] einen Kreuzschnitt und bog die vier dadurch entstehenden, dreieckig geformten Zipfel auseinander, so daß eine viereckige Öffnung sich bildete. Durch diese Öffnung drückte man den Wachsklumpen so durch, daß er auf beiden Seiten in größerem Umfange haftete, als die Öffnung war, faltete dann die Zipfel des Pergamentes auf der Schriftseite hinein, um das Wachs festzuhalten, und gab dem letzteren auf der Schrift- wie auf der Rückseite eine runde Gestalt, in der Regel so, daß auf der Schriftseite der Durchmesser der runden Wachsscheibe größer war als auf der Rückseite.[4] Eine Entfernung

[1] Bisweilen wechselt der Brauch in dieser Hinsicht von einem gewissen Zeitpunkt ab unter ein und demselben Herrscher. Bei Friedrich III. ist das als Rücksiegel gebrauchte Signet (oben S. 582) bis 1456 in eine besonders aufgetragene dünne Schicht roten Wachses, von da ab direkt in das Wachs des Hauptsiegels eingedrückt, vgl. Steinherz KUiA. S. 472 N. 6.

[2] Wie es scheint, sind auch schon die merovingischen Siegel in derselben oder ähnlicher Weise auf dem Papyrus befestigt gewesen.; doch fehlt es an genaueren Mitteilungen darüber.

[3] Näheres darüber führt Erben UL. S. 172 f. aus. In den Urkunden der langobardischen Fürsten Unteritaliens und vereinzelt auch in denen der Könige Siziliens wird das Siegel unten in der Mitte des Pergamentblattes angebracht, s. Voigt S. 16. 22 ff.; K. A. Kehr S. 209. In deutschen Bischofs- und Fürstenurkunden bestehen keine so festen Gebräuche in bezug auf die Stellung der Siegel.

[4] Vgl. Sickel, Acta 1, 344 f.; Foltz, NA. 3, 16. Statt des Kreuzschnittes (+ oder ×) kommt in der Zeit von 972 an bis gegen Ende des 10. Jahrhunderts (aber

des Siegels, ohne es zu verletzen, war nach dem Hartwerden des Wachses nicht mehr möglich. Das Wachs des Siegels hat bei diesem Verfahren jederzeit die Wirkung gehabt, das Pergament an der Stelle, an welcher es befestigt war, zu färben, so daß, wenn auch jetzt ein Siegel nicht mehr vorhanden ist, ein sicheres Urteil darüber, ob eine Urkunde jemals gesiegelt war oder nicht, fast in allen Fällen möglich ist, vielfach auch aus dem Umfang der erhaltenen Spuren sich die Größe des einst aufgedrückten Siegels bestimmen läßt. Das Siegelbild befindet sich natürlich regelmäßig auf der Schriftseite der Urkunde: Aufprägung des Stempels auf der Rückseite der Urkunde kommt in der Reichskanzlei nicht vor.[1]

Außerhalb der Reichskanzlei ist gegen das Ende des 11. Jahrhunderts ein anderes Verfahren, die Wachssiegel auf dem Pergamentblatte zu befestigen, aufgekommen, das im 12. Jahrhundert in den Urkunden der deutschen Bischöfe und anderer Fürsten sehr häufig angewandt worden ist. Man machte in das Urkundenblatt zwei (oder vier) Einschnitte und zog dadurch einen (oder zwei kreuzweise gestellte) Pergamentstreifchen[2] von der einen Seite des Blattes nach der anderen und wieder zurück, verknüpfte die Enden dieser Streifen und knetete sie, wie bei dem vorher besprochenen Verfahren die Zipfel des Kreuz- oder Sternschnittes in das Siegelwachs ein; mehrfach wurde dabei dem Siegel durch ein weiteres Pergamentstück noch eine stärkere Unterlage gegeben. Man hat solche Siegel als eingehängte bezeichnet;[3] tut aber vielleicht besser, sie „aufgeheftet" zu nennen.[4] Bei diesem Verfahren konnte dann, je nachdem man die Streifen von der Rückseite zur Schriftseite oder umgekehrt durchzog, das Siegel selbst auf der Vorder- oder Rückseite des Blattes angebracht werden; seine Anbringung auf der Rückseite ist in Deutschland in Bischofs- und Fürstenurkunden gar nicht selten erfolgt[5] und

in echten Urkk. nicht vor 972) in der Ottonischen Kanzlei auch ein Sternschnitt (drei, vier, sechs Einschnitte) vor, durch den sechs, acht oder zwölf Pergamentzipfel entstehen. In Italien findet sich unter Berengar einmal ein Sternschnitt.

[1] Die einzige Ausnahme macht St. 3173 (KUiA. IV T. 28); befindet sich hier das Siegel auf der Rückseite der Urkunde, so kann das auf bloßes Versehen, es kann aber auch darauf zurückgehen, daß die Urkunde schon vor der Schrift besiegelt und daß die jetzige Rückseite ursprünglich zur Schriftseite bestimmt war.

[2] Vgl. die Abbildung MIÖG. 24, 346.

[3] So Grotefend S. 19 f., der aber nur auf der Rückseite eingehängte Siegel zu kennen scheint.

[4] Diesen Ausdruck hat Philippi gebraucht.

[5] Ob ein Beispiel aus Trier von 1038, Beyer 1, 365, n. 310 besprochen von Ficker, BzU. 1, 276 hierhergehört, weiß ich nicht; der Sachverhalt ist ein ganz eigentümlicher, indem ursprünglich Besiegelung auf der Schriftseite beabsichtigt war. Sicher aber

wohl meistens durch Raummangel auf der Vorderseite veranlaßt.[1] In deutschen Königsdiplomen kommt solche Befestigung des Siegels auf der Vorderseite des Blattes nur vereinzelt gegen Ende des 11. und in der ersten Hälfte des 12. Jahrhunderts vor; dagegen war sie in der sizilianischen Kanzlei bis auf die Zeit der Königin Konstanze vorherrschend.[2] Das ganze Verfahren schließt sich wohl an das bei geschlossenen Briefen schon früher übliche an, worauf wir noch zurückkommen.

Aus welchen Gründen man im Laufe des 12. Jahrhunderts die Befestigung der Wachssiegel durch Aufdrückung oder Aufheftung aufgab und zu den Hängesiegeln überging, ist natürlich nicht mit Bestimmtheit zu ermitteln. Doch empfahlen sich die letzteren in mehrfacher Beziehung; einmal weil bei ihnen die Anbringung von Rück- oder Gegensiegeln leichter erfolgen konnte,[3] sodann aber, und das ist vielleicht das maßgebendste gewesen, weil es schwierig und platzraubend war, mehr als ein Siegel einer Urkunde aufzudrücken, während von Hängesiegeln eine fast beliebige Zahl an einem Dokument anzubringen war. Wahrscheinlich ist es übrigens, daß der Brauch aus Frankreich stammt, wo schon im 11. Jahrhundert Hängesiegel an Privaturkunden vorkommen und wo sie seit den ersten Jahren des 12. Jahrhunderts in der königlichen Kanzlei begegnen.[4] Dafür spricht, daß sie in Lothringen früher in Gebrauch kommen, als in den anderen Teilen des Reichs: in Trier z. B. schon unter Albero von

gehören hierher Urkk. Bischofs Udo von Hildesheim von 1092 und 1113, Wigand, Archiv 1, 4, 105, (vgl. über andere Fälle aus Hildesheim Heinemann S. 47); Döbner 1, 5 n. 13; Urk. Erzbischof Konrads von Salzburg von 1136, v. Meiller, Reg. archiep. Salisb. S. 30 n. 166; Urkk. Bischof Ulrichs von Halberstadt von 1180, UB. Bist. Halberstadt 1, 260 ff. n. 290. 291; Urk. Bischof Ulrichs von Speyer von 1181, Wirtbg. UB. 2, 211 n. 174 usw. Die auf der Rückseite angebrachten Siegel werden bisweilen durch einen Pergamentstreifen befestigt, den man von der Rückseite der Urk. aus durch zwei Einschnitte nach der Schriftseite hin und wieder zurückschob, so daß die Enden auf der Rückseite zusammentrafen. Über diese wurde dann das Siegel gedrückt. Grotefend S. 19 u. a. bezeichnet die so befestigten als „eingehängte Siegel".

[1] Doch führt Ilgen S. 338 N. 4 ein Beispiel von 1170 an, bei dem, wie er sagt, Raummangel jedenfalls nicht der Grund war.

[2] Vgl. K. A. Kehr S. 209 f. Dagegen wurden die in Kapseln eingeschlossenen Wachssiegel der sizilianischen Könige, wenn ich die Beschreibung S. 210 recht verstehe, nicht ein-, sondern angehängt, wie die Metallbullen, nur mit dem Unterschiede, daß man Pergamentstreifen statt Bindfaden oder Seide zur Befestigung benutzte.

[3] Unmöglich aber sind Rücksiegel auch bei durchgedrückten Siegeln nicht; vgl. die oben S. 570 erwähnten Siegel unteritalienischer Fürsten und das S. 582 angeführte Siegel Rudolfs von Halberstadt.

[4] Auch an Nachahmung des Brauches der päpstlichen Kanzlei, deren Metallsiegel ja stets angehängt wurden, läßt sich denken; vgl. dazu Bresslau, AfU. 6, S. 56.

Montreuil, der 1131 zum Erzbischof erwählt [1] wurde, in einer Urkunde des rheinischen Pfalzgrafen Siegfried sogar schon um 1112,[2] in Aachen seit 1124 oder 1130 [3], in Siegburg seit 1139, dagegen in Hildesheim erst 1145, [4] in Köln erst unter Erzbischof Arnold II.[5] (seit 1153), in Osnabrück seit 1150 und in anderen Teilen Mittel- und Norddeutschlands vielfach noch später.[6] In der Reichskanzlei finden sich unter Lothar noch keine hängenden Wachssiegel; [7] unter Konrad III. sind sie in einigen Fällen nachweisbar;[8] aber erst unter Friedrich I. ist das Vorkommen von Hängesiegeln häufiger, und nachdem sie in der Kanzlei Friedrichs längere Zeit neben den aufgedrückten Siegeln nebenhergegangen sind,[9] verdrängen sie die letzteren in der zweiten Hälfte seiner Regierung allmählich mehr und mehr aus dem Gebrauch, wenigstens soweit es sich um Privilegien handelt.

So kommen denn im 13. Jahrhundert aufgedrückte Siegel nur noch bei Briefen vor. Das Verfahren der Befestigung, das wir sehr genau aus der Zeit Friedrichs II. kennen, war damals bei offenen und geschlossenen Briefen ein verschiedenes, entsprach aber bei den letzteren einem schon in viel frühere Zeit zurückzuverfolgendem Brauche. Offene Briefe wurden zweimal der Höhe nach und — bei größerem Umfang — auch einmal der Quere nach gefaltet; das Siegel wurde dann auf der Rückseite des mittleren Stückes aufgedrückt und durch einen Pergamentstreifen befestigt. Bei geschlossenen Briefen wurden in das oft dreimal der Höhe nach gefaltete Pergament Einschnitte gemacht, durch diese zog man einen schmalen Pergamentstreifen und drückte auf dessen scharf angezogene Enden das Siegel außen dergestalt auf, daß der Brief nur,

[1] Vgl. Beyer 2, 686. 693. 694 zu 1, n. 489. 508. 515 usw.

[2] Vgl. Schippers, Trier. Archiv 15, 54 ff. (1909).

[3] Vgl. Ilgen S. 239 N. 7.

[4] Vgl. Heinemann S. 47.

[5] Vgl. Stephan S. 52; auch hier ist die älteste in Betracht kommende Urkunde in zwei Exemplaren vorhanden, das eine mit aufgeheftetem, das andere mit Hängesiegel.

[6] Über den Brauch im deutschen Osten vgl. Posse, Privaturkunden S. 157 N. 3. Passauer Bischofsurkunden haben seit 1140 Hängesiegel, vgl. v. Mitis, Studien zum älteren österreichischen Urkundenwesen, S. 115.

[7] Vgl. Bresslau, MIÖG. 6, 112 N. 2. Reinöhl, NA. 45, S. 271.

[8] St. 3373. 3565 für St. Remi zu Reims, 3579 für St. Walbourg. Über die eigentümliche Art der Besiegelung von St. 3518 s. Ficker, BzU. 2, 200.

[9] Genauere Angaben über das erste Vorkommen von Hänge- und das letzte Vorkommen von aufgedrückten Siegeln werden von einer eingehenden Bearbeitung der Urkk. Friedrichs I. erwartet werden dürfen, die bis jetzt noch fehlt. Bei Schum a. a. O. vermißt man sie gleichfalls.

nachdem entweder das Siegel zerstört, oder der Pergamentstreifen durchschnitten und herausgezogen war, entfaltet werden konnte.[1] Im 14. und 15. Jahrhundert ist die Art des Verschlusses der Briefe eine ähnliche;[2] außerdem aber wird auch jetzt das Wachssiegel auf alle Patente, gleichviel, ob sie auf Papier oder auf Pergament geschrieben sind, aufgedrückt; und gerade diese Art der Siegelbefestigung bildet nunmehr das charakteristische Merkmal zur Unterscheidung der Patente von den mit Hängesiegeln versehenen Diplomen.[3] Die Aufdrückung des Siegels, das dazu in dünnerer Scheibe hergestellt wurde, erfolgt nun aber unmittelbar auf dem Pergament oder Papier ohne Einschnitt oder sonstige künstliche Befestigung, und zwar zumeist auf der Rückseite der Schreibfläche,[4] unter Karl IV. und häufiger unter Sigmund[5] aber auch auf der Schriftseite mitten unterhalb des Textes „*in spatio*“, wie man sagte.

Die Befestigung der anhängenden Siegel erfolgt entweder mit Streifen von Pergament oder mit dünnen ledernen Riemen oder mit Bindfäden oder mit Fäden (Schnüren, Litzen, Bändern) aus Seide, Wolle oder

---

[1] Vgl. Philippi S. 14. Originale geschlossener Briefe haben wir aus Deutschland nicht vor dem 12. Jahrhundert (das von Philippi S. 15 n. 1 angeführte Stück KUiA. Lief. I. Taf. 7 a ist offenes Mandat); die ältesten erhaltenen sind von Friedrich I. St. 4531 (Or. in Koblenz) und St. 4573a (Or. in Schaffhausen, Abbildung KUiA. Lief. VI, Taf. 18a). Ein sehr viel älteres Beispiel aus Frankreich ist der Brief Karls des Kahlen an die Barcelonesen, den Calmette in Mélanges d'archéologie et d'histoire 22, 135 ff. mit Faksimile herausgegeben hat, vgl. Lauer BEC. 63, 696 ff. und Calmette BEC. 64, 329 ff. Er war gefaltet und wahrscheinlich durch einen auf der Adressenseite versiegelten Faden oder Pergamentstreifen verschlossen. Ähnlich verschlossen war der Brief des Erzbischofs Konrad von Mainz an den Bischof Hermann von Münster von c. 1188, den L. Schmitz MIÖG. 24, 345 ff. mit Abbildung publiziert hat. Und auch bei den beiden Briefen Friedrichs I. wird der Verschluß ähnlich wie bei den oben im Text beschriebenen Friedrichs II. durch aufgedrücktes und nicht, wie Schum, KUiA. Text S. 416 annimmt, durch anhängendes Siegel bewirkt sein (vgl. auch Erben S. 226 N. 1). — Abbildungen von Briefen Friedrichs II. und seiner Söhne KUiA. Lief. VI Tafel 18 a—d; Philippi Taf. 4. 5. Vgl. auch die Notariatsprotokolle über die Eröffnung von Briefen Friedrichs I., Heinrichs VI., Ottos IV.: Bresslau, NA. 3. 132 n. 11; Toeche, Heinrich VI. S. 622 f. n. 28. 29; Winkelmann, Acta 1, 54 n. 58.

[2] Vgl. KUiA. Lief. VIII Taf. 18^b, Lief. IX Taf. 24^b. Lief. XI Taf. 8. Lindner S. 11. Über *litterae clausae* Rudolfs IV. von Österreich, die gleichfalls mit aufgedrücktem Siegel geschlossen sind, s. Kürschner, Arch. f. öst. Gesch. 49, 56 f. Abbildung eines Briefes Albrecht Achills von Brandenburg bei Arndt-Tangl, Schrifttafeln 3, Taf. 105.

[3] Oben Bd. 1, 67. Dier Unterschied gilt nach Grauert, KUiA. Text S. 300 auch schon für die Zeit Ludwigs des Bayern.

[4] Lindner S. 9 f. So immer unter Ludwig dem Bayern.

[5] Aber nicht unter Friedrich, vgl. Seeliger, MIÖG. 8, 31. Steinherz, KUiA. Text S. 473.

Leinen.[1] In der päpstlichen Kanzlei[2] besteht in dieser Beziehung bis in die zweite Hälfte des 11. Jahrhunderts hinein eine feste Regel nicht. Neben Seidenschnüren, die am häufigsten vorkommen, deren Farben aber ganz willkürlich gewählt sind, finden sich auch schmale gewebte Seidenbänder,[3] Lederriemen[4] und Bindfaden aus Hanf. Erst seit Urban II., soviel ich sehe, wird es ständiger Brauch, die Privilegien nur noch mit Seidenschnur zu bullieren, und diese herrscht nun auch für die Briefe in der nächsten Zeit, wie es scheint, vor.[5] Doch kommt daneben für Briefe auch Hanfschnur vor, und zwischen den Briefen mit Hanfschnur (*litterae cum filo canapis*) und denen mit Seidenschnur (*litterae cum filo serio*) bildet sich allmählich ein formaler und sachlicher Unterschied aus, der seit dem Ende des 12. Jahrhunderts ganz fest zu stehen scheint und der so oft erwähnten Scheidung der Papsturkunden in Gnaden- und Justizbriefe entspricht.[6]

Noch später als für den päpstlichen Kanzleibrauch lassen sich für das sonstige deutsche und italienische Urkundenwesen feste und für die Kritik brauchbare Regeln in bezug auf die Benutzung der verschiedenen Befestigungsmittel hängender Siegel aufstellen.[7] Nur bei den Urkunden der normannischen Herrscher Unteritaliens kann man beobachten, daß, während in der Grafen- und Herzogszeit noch Hanffäden neben Seidenschnüren verwandt sind, die königliche Kanzlei ausschließlich letztere benutzt hat; die Seidenschnüre waren überwiegend und seit Konstanze ausschließlich von roter Farbe. Weiter läßt sich bestimmt sagen, daß

---

[1] Eine Übersicht über die meisten vorkommenden Befestigungsmittel gibt Grotefend S. 15 f., vgl. Ilgen S. 338 ff.

[2] Vgl. Pflugk-Harttung in den Hist. Aufsätzen dem Andenken an Georg Waitz gewidmet S. 611 ff. und in dem Buche Die Bullen der Päpste S. 58 ff. und öfter.

[3] Z. B. bei Originalen Silvesters II. in Barcelona, Benedikts VIII. in Marburg, Benedikts VIII. in Florenz, Nikolaus' II. in Perugia. — Dagegen bezweifle ich, daß Pergamentstreifen oder -Bänder zur Befestigung päpstlicher Bleibullen verwandt sind, obwohl Pflugk-Harttung sowohl in den drei letzten Fällen, wie sonst sehr häufig in den Acta, dann in der Zusammenstellung, Hist. Jb. 5, 493 ff. und in den Bullen der Päpste S. 58 davon redet. Wie das in dreien der oben angeführten Fälle sicher ist, so mag er auch sonst Pergament und Leder verwechselt haben. Zu dieser Vermutung veranlaßt mich namentlich der Umstand, daß er Lederriemen als Befestigungsmittel überhaupt nicht erwähnt, dagegen „von fast viereckigen Pergamentbändern" spricht.

[4] Vgl. Pflugk-Harttung a. a. O.

[5] Hanfschnur in einem Brief Urbans II., Pflugk-Harttung, Acta 2, 163 n. 196, schwerlich ursprünglich.

[6] Vgl. Winkelmann, Kanzleiordnungen S. 33 und s. oben Bd. 1, 81 f.

[7] Vgl. Foltz, NA. 3, 26; Philippi S. 57.

Lederriemen, von ganz seltenen Ausnahmefällen abgesehen,[1] nur bei Bleibullen vorkommen, und daß Goldbullen nicht anders als mit Seidenfäden oder -schnüren befestigt wurden. Eine eigentümliche Art der Befestigung mittels Pergament ist in Deutschland, aber häufiger außerhalb als in der Reichskanzlei,[2] im 13. und im Anfang des 14. Jahrhunderts, namentlich bei kleineren Urkunden und Siegeln, vielfach angewandt worden. Man schnitt aus dem unteren Rande der Urkunde einen schmalen Streifen Pergament von rechts nach links bis auf etwa drei Viertel der Breite derselben ab und befestigte daran das Siegel. Selten hängt dieser Streifen einfach lose herab; häufiger wird er durch zwei andere etwas oberhalb des großen Längsschnittes übereinander angebrachte kleinere Schnitte zunächst nach rückwärts und dann wieder nach vorn gezogen. Indem man mehrere Streifen übereinander abschnitt, konnten auf diese Weise auch mehrere Siegel befestigt werden.[3] Schon seit der zweiten Hälfte des 13. Jahrhunderts[4] macht sich auch in der deutschen Reichskanzlei ein gewisser Unterschied zwischen der Befestigung der Siegel mittels Schnur oder Pergamentstreifen[5] geltend: wenigstens an allen besonders feierlich ausgestatteten Diplomen[6] hängt das Siegel an einer Schnur. Nur für das große oder Majestätssiegel wird ferner die Befestigung mittels Schnur, die als Auszeichnung gilt, angewandt; das Hofgerichtssiegel und fast ausnahmslos[7] auch das Sekretsiegel hängen an Pergamentstreifen. Die Schnüre sind jetzt fast stets von Seide; Bänder und Bindfäden sind ganz verschwunden, Wollen- und Leinenfäden, die noch unter Friedrich II. vorkommen,[8] sind außerordentlich selten. Auch hinsicht-

[1] Einen solchen führt ILGEN S. 25 N. 194 an. Auch an Passauer Bischofsurkunden kommen Lederriemen bei Wachssiegeln vor, vgl. v. MITIS a. a. O. S. 116.

[2] Ein Beispiel aus der letzteren KUiA. Lief. VIII, Taf. 19 a, vgl. auch LINDNER S. 43; KUiA. Text S. 216.

[3] Vgl. GROTEFEND S. 20 f., der solche Siegel „abhangende" nennt. In Frankreich nennt man solche Siegel *sceaux pendants sur simple queue*, vgl. GIRY, S. 628. Deutlich ersieht man das Verfahren an den Abbildungen Westfäl. Siegel des Mittelalters Taf. 65 n. 2 und GIRY a. a. O.

[4] Vgl. LINDNER S. 42 ff.; HERZBERG-FRÄNKEL, KUiA. Text S. 216 f.

[5] Für diesen wird jetzt der Ausdruck Pressel üblich; die Schnur heißt *corda* (Kordel). In Frankreich spricht man von *sceaux pendants sur lacs* (*cordelettes*, Schnüre) und von *sceaux pendants sur double queue* (Pressel) vgl. GIRY S. 627.

[6] Aber nicht an allen Diplomen, vielmehr kommt auch bei Diplomen die Befestigung durch Pressel vor und ist im 14. Jahrhundert sogar sehr häufig.

[7] Ein Ausnahmefall LINDNER S. 43. — In Österreich hängt unter Herzog Rudolf IV. das große Siegel nur an Seidenschnüren; KÜRSCHNER a. a. O. S. 28. 31.

[8] Für die Zeit 1254—1314 vgl. HERZBERG-FRÄNKEL, KUiA. Text S. 228, über die Art der Siegelbefestigung.

lich der Farbe der Seide verfährt man nicht mehr ganz willkürlich. Wie in der päpstlichen Kanzlei schon in der zweiten Hälfte des 12., so sind auch in der Reichskanzlei in der ersten Hälfte des 13. Jahrhunderts rote und gelbe Fäden bevorzugt, wenn auch keineswegs ausschließlich angewandt.[1] Unter Karl IV. überwiegen bis 1355 grün-rote oder grün-gelbe Fäden, aber manche andere ein-, zwei- und dreifarbige finden sich daneben.[2] Seitdem kommen unter Karl nur noch schwarz-gelbe Schnüre[3] vor, die Wappenfarben des deutschen Königs; Ausnahmen sind sehr selten. Wenzel urkundet als König von Böhmen mit den Farben dieses Landes, also mit rot-weißen Siegelschnüren; seit seiner Krönung zum römischen König aber ausschließlich mit schwarz-gelber Seide.[4] Da er fortfuhr sich dieser Farben auch nach der Absetzung zu bedienen, hat die Kanzlei Ruprechts sie nicht angenommen, sondern bedient sich seit Mai 1401 hellblau-gelber Fäden. Auch Sigmund begnügte sich als römischer König bis zum Tode Wenzels (1419) mit den lützelburgischen Hausfarben blau-rot und nahm erst seitdem die schwarz-gelben Schnüre an.[5] Ebenso hat Albrecht II. als König nur schwarz-gelbe Seidenschnüre verwandt.[6] Je fester sich somit die politische Bedeutung der schwarz-gelben Schnüre herausgebildet hatte, um so bemerkenswerter ist es, daß Friedrich III. sie wieder aufgab und rote oder — entsprechend den österreichischen Farben, grün-rote Seide zum Anhängen der Majestätssiegel verwandte.[7] Inwieweit auch außerhalb der Reichskanzlei schon im Mittelalter die Farben der Siegelfäden den Landes-

---

[1] Daß heute die Farben infolge des Einflusses von Luft, Feuchtigkeit usw. vielfach verändert sind, bemerkt LINDNER S. 56 f. mit Recht. Daß noch unter Ludwig dem Bayern verschiedene Farben vorkommen, hebt GRAUERT hervor, KUiA. Text S. 301; vgl. auch ebenda S. 228. Und SCHAUS, Zur Diplomatik Ludwigs des Bayern S. 6 sowie LIPPERT, MIÖG. 13, 603. Über Friedrich den Schönen vgl. KUiA. Text S. 468 f.

[2] Die grün-roten Fäden werden dann von Rudolf IV. von Österreich angenommen und behaupten sich auch unter seinen Nachfolgern; KÜRSCHNER S. 31. Grün-rote Schnur ist auch in der Breslauer Kanzlei Karls IV. Regel, LINDNER S. 59.

[3] Vgl. WENTZCKE, Die deutschen Farben (1927) S. 48. 214 und H. MEYER, Zeitschr. f. Rechtsgesch. Germ. Abt. 50 (1930) S. 315 N. 4.

[4] LINDNER S. 60 ff.

[5] LINDNER S. 68.

[6] Nach freundlicher Mitteilung von Dr. W. ALTMANN in Breslau.

[7] STEINHERZ, KUiA. Text S. 472. Danach ist die Angabe SEELIGER's, MIÖG. 8, 31, der von rot-brauner Seide spricht, zu berichtigen.

oder Hausfarben des Siegelherrn entsprachen, darüber liegen bis jetzt nur wenige Untersuchungen vor.[1]

Wie sich jetzt also in bezug auf die Wahl der Befestigungsmittel erst im späteren Mittelalter fester gewordene Bräuche nachweisen lassen, gerade so steht es auch in bezug auf die Art der Befestigung der Hängesiegel. In älterer Zeit verfuhr man auch in dieser Beziehung sowohl in der Kanzlei der Päpste wie auch anderswo ganz nach Willkür und Belieben. Regelmäßig freilich wurden die Streifen, Riemen oder Fäden, an denen die Siegel hingen, durch Einschnitte oder Löcher gezogen, die man in dem Beschreibstoffe anbrachte, und liefen dann durch das Metall-[2] oder Wachssiegel so hindurch, daß entweder das Siegel oder die Befestigungsmittel eine Beschädigung erleiden mußten, wenn ihre Verbindung mit der Urkunde gelöst wurde. Aber wie man dabei nun im einzelnen verfuhr, das war nach Zeit und Umständen sehr verschieden. In älterer Zeit kommt es, wenn auch nicht häufig, so doch bisweilen vor, daß die Löcher und Einschnitte direkt und ohne jede weitere Veranstaltung in der Schreibfläche angebracht wurden.[3] Viel öfter und in späterer Zeit ausschließlich hat man — und zwar wenigstens in der päpstlichen Kanzlei regelmäßig nachdem die Urkunde geschrieben war[4] — ihren unteren Rand in sehr verschiedener Breite nach der Schriftseite hin umgeknickt und so einen Umschlag oder Bug (*plica, plicatura*) geschaffen. Bei den älteren Papyrusurkunden der Päpste hat man sich nicht auf einmaliges Umschlagen beschränkt, sondern den Bug vervielfacht, um das Ausreißen des unteren Randes der Urkunde durch das

---

[1] Über Österreich vgl. oben S. 591 N. 2. In Brandenburg kommen unter den beiden ersten Hohenzollern noch verschiedene Farben vor, vgl. LEWINSKI S. 135.

[2] Gegen die vielfach verbreitete Annahme, daß durch die Bleibullen der Päpste Röhren (Kanäle) durchgebohrt worden wären, vgl. EWALD, NA. 9, 633 f. Goldene Ösen im Inneren der Goldbullen Karls IV. hat LINDNER S. 40 nachgewiesen.

[3] So z. B. bei den Kaiserurkunden DD. O. III. 279. 285. 287. 288. 301. 305, (vgl. NA. 3, 26 N. 1) DH. III. 56 (vgl. NA. 6, 566), bei den Papsturkunden JAFFÉ-L. 4148. 4236. 4250. 4391. 4393. 4433. Die Beispiele sind also in Deutschland unter Otto III. und in Rom um die Mitte des 11. Jahrhunderts besonders häufig. Seit Heinrich IV. ist mir in der Reichs-, und seit Gregor VII. in der päpstlichen Kanzlei bis jetzt ein derartiger Fall nicht bekannt geworden. In der sizilianischen Kanzlei kommt das Verfahren überhaupt nicht vor.

[4] DIEKAMP, MIÖG. 3, 608. — In der Reichskanzlei ist die Sache nicht ganz so ständig. Bei der bullierten Ausfertigung des Wormser Konkordats von 1122 z. B. sind, wie das Faksimile in MIÖG. 6 zeigt, die Löcher für die Bulle und also doch wohl auch der Bug vor Vollendung der Schrift gemacht worden. Doch ist auch hier das umgekehrte häufiger.

Bleisiegel zu verhindern; auch später bis zum Ende des 11. Jahrhunderts kommt mehrfach ein Doppelumschlag vor. Es erfüllte denselben Zweck, wenn man, da wo ein Umschlag überhaupt nicht gebildet war oder wo ein einfacher Umschlag nicht zu genügen schien, ein kleines Stückchen Pergament auflegte und so die Haltbarkeit erhöhte.

Durch das Urkundenpergament, beziehungsweise den Bug wurden nun Löcher (runde, viereckige, dreieckige) oder wagerechte Einschnitte gemacht: erstere vorzugsweise für Riemen, Schnüre oder Fäden, letztere für Pergamentstreifen. Die Zahl der Löcher steht in älterer Zeit keineswegs fest, es kommen eins, zwei, drei, vier (. .. :˙ ˙.˙ .˙. ·:·) oder selbst mehr Löcher und ein oder zwei Einschnitte vor. In der päpstlichen Kanzlei sind in älterer Zeit bis zum 12. Jahrhundert und namentlich im letzten Jahrzehnt des 11. und am Anfang des 12. drei Löcher (˙.˙, seltener .˙.) am häufigsten. Ein Loch kommt besonders in Briefen vor;[1] vier Löcher zumeist in Rautenform (·:·) sind vorzugsweise in der zweiten Hälfte des 11. Jahrhunderts unter Leo IX., Benedikt X., Gregor VIII., Wibert-Clemens III. beliebt, kommen aber auch noch unter Urban II. und Paschal II. vor. Unter Innocenz II. sind drei und zwei Löcher gemacht worden, unter Eugen III. drei Löcher nur noch vereinzelt. Haben bis dahin diese Einzelheiten für die Kritik wenig Wert, da sich ein einheitlicher Kanzleibrauch noch nicht entwickelt hat, so hat von Anastasius IV. ab ein solcher bestanden. Die Bullierung erfolgt jetzt regelmäßig durch zwei Löcher; auch die Art der Verschlingung der Fäden ist von nun an ganz feststehend und stets, sowohl bei Privilegien wie bei Briefen, die gleiche.[2] Das Verfahren war dieses. Man faßte die Schnur in der Mitte, steckte die beiden Enden von vorn nach der Rückseite durch die Löcher, bildete unter der Plica eine Schleife und befestigte unterhalb davon die Bulle durch Prägung an der Schnur, die durch einen in dem Blei angebrachten Kanal hindurchging. Mit den Enden der Schnur umwand man dann die zusammengefaltete Urkunde und verschloß sie durch eine Verknotung der Schnurenden.[3] Aber dieser Verschluß, der jederzeit leicht

---

[1] Z. B. bei den drei Briefen Alexanders II., deren Originale sich in Marburg befinden, und bei einem Brief Gregors VII. von 1078, Or. in St. Omer. Aber auch bei Privilegien kommt mehrfach nur ein Loch vor.

[2] Vgl. Diekamp, MIÖG. 3, 611; Pflugk-Harttung in den Aufsätzen für Waitz S. 621.

[3] Ich folge hier den Ausführungen Baumgarten's, Aus Kanzlei und Kammer S. 191 ff., der die Angaben Diekamp's, MIÖG. 3, 610 f. 4, 528 f. (vgl. dazu Philippi, AfU. 5, 289 ff. und Schadelbauer, AfU. 10, 226 ff.) und Kaindl's, Röm. Quartalsschrift 7, 492 ff. sowie von Schmitz-Kallenberg in Meister's Grundriß I, 2 (1913) S. 96 über

löslich war, bezweckte keinesfalls eine Geheimhaltung des Inhalts der Urkunde; eine solche wurde nur durch das Besiegelungsverfahren erzielt, das bei den eigentlichen *litterae clausae* angewandt wurde, von denen uns aus der päpstlichen Kanzlei einige Originale schon aus dem 12. Jahrhundert erhalten sind.[1] Bei diesen fehlt natürlich der Bug; sie wurden zunächst der Länge nach zu einem schmalen Streifen zusammengefaltet, dann dieser in der Mitte gebrochen, so daß die Seitenränder aufeinander lagen; dann wurden an den Ecken zwei Stiche für die dünne zusammenhaltende Schnur gemacht, an die man die Bulle hing.[2] Daneben mag übrigens der Verschluß der Geheimbriefe mit aufgedrücktem Wachssiegel schon im 11. Jahrhundert vereinzelt vorgekommen sein, wie wir früher bemerkten, und er wurde am Ende des Mittelalters der allein übliche.[3]

Auch in der Reichskanzlei ist der Gebrauch, die Siegelschnüre zugleich zum freilich leicht abstreifbaren Verschluß der Urkunden zu benutzen, bekannt gewesen; an Urkunden Friedrichs II. und seiner Söhne hat man diese Art der Besiegelung sowohl bei Wachs wie bei Metallsiegeln nachgewiesen.[4] Wenigstens seit der Mitte des 13. Jahrhunderts erfolgt die Anhängung der Siegel auch hier regelmäßig, wenn sie mittels Schnur geschah, durch zwei Löcher (. .), die durch Bug und Blatt hindurchlaufen, in derselben Weise wie in der päpstlichen Kanzlei, wenn

die Verwendung von zwei oder gar drei Schnüren, der die von Kaindl ausgesprochene Meinung, daß ein wirksamer Verschluß der Urkunden bezweckt und bewirkt worden sei, entschieden zurückweist; vgl. auch Tangl, MIÖG. 16, 180 und in Arndt-Tangl, Schrifttafeln S. 50 sowie K. A. Kehr S. 214 N. 3.

[1] Das älteste bekannte Beispiel ist Jaffé-L. 6655 von Calixt II. nach Mitteilung von Brackmann bei Baumgarten a. a. O. S. 195. Vgl. auch die Beschreibung von Jaffé-L. 7715 bei Pflugk-Harttung, Acta 2, 251 n. 293 und die Abbildungen bei Sickel, Mon. Graph. 9, 4 und bei Martin-Chabot, Mélanges d'archéologie et d'histoire 24, 65 ff. Andere ältere Beispiele sind erwähnt von Kehr, GGN. 1896 S. 304 n. 8; 305 n. 9; 1899 S. 226 n. 8; S. 232 n. 4; S. 270 n. 7. 8; 1900 S. 40 n. 26; 1903 S. 572 n. 14. Der älteste geschlossene Brief, an dem das Siegel noch vorhanden ist, befindet sich im vatikanischen Archiv, Jaffé-L. 14408, vgl. Baumgarten S. 195. Aus der Zeit Alexanders III. sind weitere Beispiele leicht anzuführen.

[2] Vgl. die Beschreibung Baumgarten's a. a. O. S. 194 f. Seit der Mitte des 13. Jahrhunderts kommt eine andere Faltung auf.

[3] S. Bd. 1, 83 N. 9.

[4] Philippi S. 55 (vgl. die Zeichnungen auf Tafel XII) der das Gleiche auch bei erzbischöflich-kölnischen Urkunden des ausgehenden 12. Jahrhunderts beobachtet hat. Über den Brauch in der sizilianischen Kanzlei, in der die Schnur in der Regel durch vier Löcher ·:· gezogen wurde, vgl. K. A. Kehr S. 213 ff.

mittels Pergamentstreifen, durch einen einzigen wagerechten Einschnitt, der ebenfalls durch Bug und Blatt hindurchging.[1] Ausnahmen von dieser Art der Befestigung sind sehr selten.

Auf diese Weise ließen sich an einer einzigen Urkunde ziemlich viel Siegel befestigen, und wenn der untere Rand des Urkundenblattes nicht ausreichte, konnte man auch die Seitenränder zu Hilfe nehmen oder an ein und derselben Schnur eine größere Zahl von Siegeln anbringen. Daß 10 bis 12 Siegel an einer Urkunde hingen, ist im 13. Jahrhundert gar nichts Seltenes und kommt sogar bei Königsurkunden vor;[2] aber die Zahl der Siegel reicht im 14. Jahrhundert unter Umständen sogar in das zweite Hundert hinein.[3] Ob auch bei so hohen Zahlen in bezug auf den Platz, den man den einzelnen Siegeln anwies, noch eine bestimmte Etiquette beobachtet wurde, weiß ich nicht zu sagen; daß das, wenn auch nicht immer, so wenigstens häufig geschah und daß die Rangfolge der Siegler den Platz bestimmte, falls die Zahl der Siegel eine beschränktere war, ist gewiß.[4] Der Ehrenplatz ist dabei entweder am äußersten rechten[5] Rande der Urkunde, so daß die Siegel von rechts nach links je nach dem Range der Siegelnden folgen,[6] oder er ist in der Mitte, und es folgen dann die anderen Siegel abwechselnd rechts und links nach dem Range der

---

[1] Lindner S. 42 f. Die von mir untersuchten Originalurkunden, die früher im Berliner Staatsarchiv ruhten, weisen ausnahmslos schon seit der Mitte des 13. Jahrhunderts diese Art der Befestigung auf.

[2] Zwölf Siegel z. B. an Böhmer-Redlich Reg. 2. Nur an Papsturkunden hängt immer nur ein Siegel; über vereinzelte Ausnahmen vgl. Baumgarten a. a. O. S. 203 ff.

[3] Beispiele von Urkunden des 14. Jahrhunderts mit über 100 (bis zu 148) Siegeln, die leicht zu vermehren wären, gibt aus Bayern Rockinger, Abhandl. der bayr. Akademie, Hist. Kl. 12, 1, 69. Nicht weniger als 452 Siegel sollen an dem in acht Exemplaren ausgefertigten Schreiben der böhmischen Stände an das Konzil von Konstanz gehangen haben, Palacky, Gesch. von Böhmen 3, 1, 377. Sehr interessant wegen der Art der Besiegelung ist eine Urk. des Bischofs Ludwig von Minden von 1337 (Hameler UB. S. 231 n. 317), ein Rundschreiben an seine Diözesangeistlichen, deren jeder, sobald ihm das Schreiben vorgelegt wurde, dasselbe zum Beweis seiner Kenntnisnahme besiegeln und dann zurückgeben sollte. Zu diesem Behuf ist der Rand auf allen vier Seiten umgeschlagen; unten und rechts hängen 27 Siegel; links und oben scheinen keine Siegel angebracht worden zu sein. Über diesen Brauch des ‚*redde litteras sigillatas*' vgl. Nelis, Revue des bibliothèques et archives de Belgique 3, 296 ff.

[4] Die französischen Sphragistiker nennen das nicht unpassend: préséance du sceau, vgl. Douet d'Arcq S. XXVIII; Demay, Costume S. 38.

[5] Hier wie im folgenden ist rechts heraldisch zu verstehen, also vom Beschauer aus gesehen gleich links.

[6] So z. B. in der N. 2 angeführten Urk. Rudolfs I. und in der Urk. Albrechts vom 28. Aug. 1298, Böhmer n. 11.

einzelnen Siegler.[1] Häufig sind bei der Anhängung mehrerer Siegel die Namen der Siegler auf den Bug über den Siegeln oder auf die Pergamentstreifen geschrieben.

Das wichtigste Merkmal der mittelalterlichen Siegel ist schließlich ihr Typus, d. h. die bildliche Darstellung, die sie zur Anschauung bringen und die Schrift, die sie enthalten. Bei der Mehrzahl der Siegel sind Schrift und Bild verbunden; doch kommt, wenn auch seltener, Schrift ohne bildliche Darstellung und Bild ohne Schrift vor. Es ist selbstverständlich ausgeschlossen, daß wir im Rahmen dieser Darstellung die Entwicklung der Siegeltypen nach allen Seiten hin verfolgen;[2] wir müssen uns viel-

[1] So z. B. in St. 4127; in der Mitte das Siegel Friedrichs I., rechts des Bischofs von Lüttich, links des Herzogs von Zähringen. Von Interesse ist auch die Reihenfolge der Siegler an dem kurfürstlichen Willebrief von 1279 für die römische Kirche, Faksimile MIÖG. Erg. 1. Die Mitte ist freigelassen; die geistlichen Kurfürsten siegeln rechts, die weltlichen links. Am nächsten der Mitte zu siegeln rechts Mainz, links Pfalz. Dann folgen rechts Köln und Trier, links zwei Herren von Sachsen und drei von Brandenburg.

[2] Für die Klassifizierung der Siegel nach ihren Typen hat Fürst Hohenlohe-Waldenburg 1857 ein System aufgestellt, später aber wiederholt ergänzt und berichtigt. Da vielfach bei Siegelbeschreibungen von diesem System Gebrauch gemacht wird, teile ich es hier mit.

I. Schriftsiegel.
- A. Ohne Namen des Inhabers.
- B. Mit Namen des Inhabers.

II. Bildsiegel.
- A. Ohne Namen des Inhabers.
- B. Mit Namen des Inhabers.

III. Porträtsiegel.
- A. Ohne Wappen, 1. Kopf, Brustbild, Kniestück.
  - 2. ganze Figur, a) stehend.
    - b) sitzend.
    - c) kniend.
  - 3. zu Pferde.
- B. Mit Wappen, 1. Kopf, Brustbild oder Kniestück.
  - 2. ganze Figur, a) stehend.
    - b) sitzend.
    - c) kniend.
  - 3. zu Pferde.

IV. Wappensiegel.
- A. Nur mit Wappenbild, 1. im Siegelfelde.
  - 2. im Schilde oder Banner.
- B. Nur mit Helm oder Helmzier, 1. im Siegelfelde.
  - 2. im Schilde.
- C. Mit vollständigem Wappen (Schild mit Helm oder Krone).

mehr, unter besonderer Berücksichtigung der königlichen und päpstlichen Siegel, auf einige allgemeine Bemerkungen beschränken, die den Stoff zu erschöpfen nicht beanspruchen können.[1]

Daß zwischen dem Siegelbild und der Person des Siegelinhabers irgendeine nähere und unmittelbare Beziehung bestehen müsse, läßt sich wenigstens für die ältere Zeit keineswegs unbedingt behaupten. Die kreisrunden Siegel der fränkischen Könige, auf denen in recht roher Ausführung ein Kopf en face abgebildet ist, lassen allerdings durch das auf beiden Seiten des Kopfes lang herabwallende Haar die Absicht erkennen, einen Merovinger darzustellen, den die Umschrift nennt.[2] Dagegen haben andere vornehme Franken und wie sie auch die ersten Könige aus dem karolingischen Hause nicht einmal eine derartige Beziehung zwischen ihren Siegeln und ihrer Person herstellen wollen.[3] Sie

---

Demnach zeigt ein Siegel III A 2 b ein Porträt ohne Wappen in ganzer Figur sitzend. — Ich kann das System, gegen das Grotefend S. 13 Bedenken in formeller Beziehung geltend gemacht hat, entgegen dem Urteil der meisten Sphragistiker (vgl. aber Ilgen S. 350 N. 9) auch in materieller Beziehung nicht für allseitig glücklich halten. Schon das, was Grotefend selbst S. 29 f. bemerkt, reicht eigentlich zur Begründung dieses Urteils aus. Sicherlich ist es im früheren Mittelalter unmöglich, eine scharfe Grenze zwischen Bild- und Porträtsiegeln einerseits und zwischen Bild- und Wappensiegeln andererseits zu ziehen. Ob eine bildliche Darstellung das Wappen des Sieglers oder irgend ein Symbol aufweist, ist in hundert Fällen schlechterdings nicht zu entscheiden. Und ebenso wissen wir vielfach nicht, ob die Siegelstecher bei Bischofssiegeln das Porträt dieses oder das Bild eines Bischofs darzustellen beabsichtigten. Daß man auf Porträtähnlichkeit geringen Wert legte, ist gewiß (s. unten S. 599): soll etwa wirklich das Siegel Ottos I., das Otto II. weitergeführt hat (s. unten S. 601), oder das Karls IV., das auf Wenzel überging, unter den Vätern als Porträt-, unter den Söhnen als Bildsiegel bezeichnet werden? Nach Grotefend S. 29 würde das erforderlich sein. Fürst Hohenlohe selbst (Archival. Zeitschr. 9, 213 ff.) will es dagegen auch unter den Nachfolgern als Porträtsiegel bezeichnen aber mit einem Zusatz „vom Vater ererbter Stempel". — Meines Erachtens hat überhaupt eine derartige Klassifizierung ihren Hauptwert für Siegelsammler, wissenschaftliche Betrachtung gewinnt wenig dabei.

[1] Für das Studium der Siegel kommen außer den Originalen besonders zuverlässige Abgüsse in Betracht. Die vollständigste Sammlung von Abgüssen deutscher Königssiegel, angelegt von O. Posse, befindet sich im Germanischen Museum zu Nürnberg: nächst wertvoll ist die Böckel'sche Sammlung im Reichsarchiv zu München. Alle anderen Sammlungen bieten weniger.

[2] Die merovingischen Königssiegel sind abgebildet bei Lauer et Samaran, Les diplômes originaux des Mérovingiens Pl. 43; vgl. dazu Babelon, Hist. de la Gravure sur Gemmes en France (Paris 1902) S. 3 f. und die Siegelbeschreibungen bei Douet d'Arcq 1, 267 f. n. 4—10.

[3] Zusammenstellungen der karolingischen Siegel — mit Ausnahme der aquitanischen und westfränkischen — bei Schramm, Kaiserbilder Text S. 167 ff. und Mühlbacher, Reg.[2] S. XCIV ff. Zu den dort gegebenen Verweisen auf Einzelabbildungen

bedienen sich einfach antiker geschnittener Steine oder seit Ludwig dem Frommen im 9. Jahrhundert hergestellter Nachahmungen solcher Gemmen, die sie in ihre Siegelringe fassen lassen; was diese Intaglien, deren Form regelmäßig oval ist und die stets ein Profilbild[1] geben, darstellen, darauf wird nicht der geringste Wert gelegt: Kaiserbilder und Götterbilder kommen vor, und selbst weibliche Köpfe sind auf karolingischen Königssiegeln dargestellt, so auf denen König Karlmanns I., Karlmanns von Bayern und Arnulfs.[2] Nur durch die Umschrift sind diese Gemmensiegel als Siegel einer bestimmten mittelalterlichen Person gekennzeichnet; aber selbst diese fehlt bisweilen, wie bei den Siegeln der Könige Pippin und Karlmann I. und dem Gerichtssiegel Karls des Großen, so auch bei manchen späteren nichtköniglichen.[3] Werden solche Gemmensiegel gegen den Ausgang der karolingischen Periode seltener, so verschwinden sie doch keineswegs aus dem Gebrauch,[4] und namentlich

(namentlich in den KUiA. und bei Heffner, Die deutschen Kaiser- und Königssiegel (Würzburg 1875); die ältesten Abbildungen sind fast wertlos) ist noch der Hinweis auf de Wailly Bd. II, Planche A und B hinzuzufügen; vgl. auch Roserot, Notices sur les sceaux carolingiens des archives de la Haute Marne (Joinville 1892); Herquet, Specimina T. 3 und die bei DKar. 216 erwähnten Abbildungen. De Wailly Planche B und Roserot geben auch brauchbare Abbildungen von Siegeln westfränkischer Karolinger; vgl. dazu die Beschreibungen bei Douet d'Arcq n. 19 ff. Über die Siegel der italienischen Könige vgl. Schiaparelli, Bulletino 23, 46 ff.; 26, 66 ff.; 30, 37; 34, 160 f. und Schramm a. a. O. S. 183 f.

[1] Abweichend sind natürlich die Bullen Ludwigs des Frommen und Karls des Kahlen (s. oben S. 564). Wenn die Zeichnungen von Baluze genau sind (wiederholt bei Grandmaison, Mélanges Julien Havet S. 114; Schramm, a. a. O. Taf. 13 a, b; 36 a, d), so zeigt die Aversseite die Büste des gekrönten Kaisers von vorn gesehen, an dessen linker Seite Schild und Speer (oder Szepter?) sichtbar sind. Name und Titel des Kaisers bilden die Umschrift. Der Revers hat die Umschrift: *Renovatio regni Francorum.* Über diese Umschrift Schramm, a. a. O. S. 42. 60 und Kaiser, Rom und Renovatio S. 44.

[2] Vgl. Schramm, Kaiserbilder Text S. 182. 183.

[3] Über Gemmensiegel im allgemeinen vgl. Wiggert, Neue Mitteilungen aus dem Gebiet hist. antiq. Forsch. 7. Bd. Heft 4 u. 5 und Demay, Des pierres gravées employées dans les sceaux du moyen âge, Paris 1877, eine recht gute, freilich wesentlich auf das in französischen Sammlungen dargebotene Material sich beschränkende Arbeit. Vgl. auch oben S. 597 N. 1.

[4] Ein Gemmensiegel z. B. führt Bischof Immad von Paderborn, Philippi, Westf. Siegel des Mittelalters 1, 4. Gemmen als Rücksiegel und Sekrete weist Wiggert a. a. O. bei den Herzögen von Sachsen und Markgrafen von Meißen für das 14. und 15. Jahrhundert nach. Ein Gemmensiegel Herzog Mescos von Oppeln s. Schultz, Schles. Siegel S. 5. Eine Gemme im Ringsiegel des Grafen Werner von Baden 1127, Züricher UB. 1, 161, n. 276. Gemmensiegel Rogers I. von Sizilien, Engel, Recherches S. 85. Die Beispiele sind leicht und beliebig zu vermehren.

in geheimen Ringsiegeln, aber auch in Sekreten sind sie selbst bei Königen und Fürsten bis in die letzten Jahrhunderte des Mittelalters hinein nachweisbar.

Immerhin ist freilich, wenigstens bei der großen Mehrzahl der Siegel, die Wahl eines Siegelbildes, das eine deutliche Beziehung zu der Person des Siegelinhabers hat, das gebräuchliche. Wesentlich in dreifach verschiedener Weise hat man das zu erreichen versucht, indem man zur Darstellung brachte das Abbild des Siegelinhabers oder ein Symbol desselben oder sein Wappen.

Inwieweit man bei der Darstellung des Abbildes des Siegelinhabers Porträtähnlichkeit der Gesichtszüge auch nur zu erzielen beabsichtigte, ist keineswegs gewiß.[1] Von vielen Stempelschneidern kann angenommen werden, daß sie den Herrscher nie gesehen haben. Bei ihnen standen Willen zu individueller Wiedergabe und Anpassung an feste Typen sich gegenüber.[2] Wenn die Siegel Ottos I. bis zu seiner Kaiserkrönung, d. h. fast bis zu seinem 50. Lebensjahr einen bartlosen Kopf zeigten,[3] ganz wie die Konrads I. und Heinrichs I. bis zum Tode dieser Könige, so können die Männer, welche die Stempel dieser Siegel anfertigten, schwerlich daran gedacht haben, die Bilder dieser Könige herzustellen, sondern nur beabsichtigt haben, ein Herrscherbild zu bieten. Und wenn Otto II. seit dem Tode seines Vaters einfach dessen Siegel weiterführte,[4] so kann kaum darin sein eigenes Porträt zur Anschauung gebracht worden sein. Auch im 11. Jahrhundert steht es nicht anders. Die Siegel Ottos III., Heinrichs II. und ihrer Nachfolger zeigen zwar gewisse individuelle Züge,[5] als wollten sie wirklich ein Gleichnis geben, doch ist das oft nur scheinbar,[6] und daß man entscheidendes Gewicht auf Porträtähnlichkeit selbst im 14. Jahrhundert nicht gelegt hat, ergibt sich aus der Tatsache, daß auch jetzt noch die Fortführung des Siegels eines Vorgängers durch den Nachfolger sich feststellen läßt.[7]

---

[1] Die Frage nach der Porträtähnlichkeit der Siegel behandelt SCHRAMM, Kaiserbilder S. 4 ff.; dort S. 165 f. die Bibliographie der älteren Literatur.

[2] SCHRAMM a. a. O. S. 6 f.

[3] Von Ottos I. *prolixior barba* spricht WIDUKIND 2, 36; vgl. auch SCHRAMM, a. a. O. S. 77.

[4] SCHRAMM a. a. O. S. 81. 190.

[5] Über die Siegel Ottos III. vgl. SCHRAMM a. a. O. S. 86; ähnlich die Siegel Heinrichs IV., die ihn zunächst als bartlosen Knaben, dann immer mehr heranwachsend und bärtiger werdend aufweisen, vgl. BRESSLAU, NA. 6, 570 ff.; SCHRAMM S. 135.

[6] SCHRAMM a. a. O. S. 5.

[7] S. oben S. 556.

Daß die Siegel Staatssymbole sind, bestimmt die Eigenart des auf ihnen wiedergegebenen Herrscherbildes.[1] Weniger die Köpfe als vielmehr die Insignien sollten für jedermann den Inhaber des Siegels kennzeichnen. Das lehrt ein schneller Überblick über die Entwicklung der deutschen Königssiegel:[2]

Mit Karl dem Großen sind die Siegel ganz unter den Einfluß der Antike getreten.[3] Die drei ersten Generationen der karolingischen Dynastie verwenden Gemmen als Stempel für die Wachssiegel und zwar werden in gleicher Weise Nachschnitte wie Neuschnitte benutzt. Diese Tradition erhält sich bis auf Ludwig das Kind, der mit der Hadriansgemme Ludwigs des Frommen siegelte, die auch von Ludwig dem Deutschen und dessen Sohn Ludwig III., dem Jüngeren, geführt worden war und die 867 eines Sprunges wegen neu gefaßt werden mußte.[4] Daneben schafft das erste Siegel Ludwigs für längere Zeit einen neuen Typ, indem es das bisherige Profilbild in den Beigaben, Schild und Speer an die seit Karl dem Großen üblichen Metallbullen anlehnt.[5] Auch die Umschrift, die

---

[1] Schramm a. a. O. S. 7.

[2] Über die deutschen Königssiegel in nachkarolingischer Zeit kommen neben der Publikation von O. Posse, Die Siegel der deutschen Kaiser und Könige 1—5 (1909 ff.) und dem häufig zitierten Werk von Schramm die älteren Arbeiten von Heffner (s. oben S. 597 N. 3), Geib, Arch. Zeitschr. N. F. 2, 78 ff., 3, 1 ff. und Römer-Büchner, Die Siegel der deutschen Kaiser und Könige (Frankfurt 1851) kaum noch in Betracht. Zahlreiche Abbildungen in den KUiA. Ältere Spezialarbeiten liegen außerdem vor für die Sachsen von Foltz, NA. 3, 11 ff. (dazu Kehr, Urkunden Otto III. S. 113 ff.; Erben, MIÖG. 13, 551 ff.; MG. DD. 2, 392ª f.); für die Salier: Bresslau, NA. 6, 543 ff. mit zwei Abbildungen (dazu MD. DD. 4, XXIII ff. und Brunner, Herrscherbildnis S. 15 ff.); für Lothar sind die Ausführungen von Schultze, Die Urkunden Lothars III. S. 50 ff. durch v. Reinöhl, NA. 45, 270 ff. ersetzt; für die Siegel der Staufer des 12. Jahrhunderts, die wir bisher nur recht ungenügend kennen: Schum, KUiA. Text S. 353 ff.; für die späteren Staufer: Philippi, S. 14. 55 ff. mit zahlreichen Abbildungen (dazu Winkelmann Jbb. 2, 500); für die nachstaufische Zeit kurze Bemerkungen bei Herzberg-Fränkel, KUiA. S. 228; Haberditzl, Über die Siegel der deutschen Herrscher vom Interregnum bis Kaiser Sigmund, MIÖG. 29 (1908), S. 625 ff.; für Ludwig den Bayern Schaus, S. 2 ff.; Lippert, MIÖG. 13 (1892) 603 ff.; für die Luxemburger: Lindner S. 39 ff. und Arch. Zeitschr. 9, 179 f.; für die Habsburger: Steinherz, KUiA. S. 472 ff. und Sava, Mitteilungen der Zentralkommission 11, 137 ff.; 13, 188 ff.; 16, 17 ff. Dazu die Zusammenfassung der Hauptergebnisse bei Erben UL. 170 ff. 225 ff. 270 ff. Zahlreiche gute Abbildungen finden sich als Beigaben zu neueren Urkundenbüchern; auf ihre Aufzählung im einzelnen muß hier verzichtet werden.

[3] Schramm S. 24.

[4] Schramm S. 5. 181.

[5] Schramm S. 63 f.

bei den Gemmensiegeln nur in einem Segenswunsche der Person des Herrschers gedacht hatte,[1] wird nun anders gebildet und setzt Name und Titel des Königs um das Bild, wie es schon früher auf den Bullen üblich geworden war. Im Laufe des 9. Jahrhunderts ist dieser Typus im wesentlichen unverändert geblieben; eine gewisse Abwandlung bedeutet das Siegel des letzten Karolingers, das die Waffen auf beide Arme verteilt.[2] Mit diesem Siegel haben auch Konrad I., Heinrich I. und Otto I. weitergesiegelt,[3] dieser jedoch nur während seiner Königszeit.

Denn die Kaiserkrönung vom Jahre 962 hat eine völlige Umgestaltung des Siegeltypus zur Folge. Der Übergang zur frontalen Darstellung wird vollzogen.[4] Das Kaisersiegel Ottos I.,[5] das Otto II. beibehielt,[6] zeigt das volle Brustbild des bärtigen Kaisers von vorn gesehen, die Krone auf dem Kopf, beide Hände sind sichtbar. Die rechte Hand trägt das Lilienszepter,[7] die linke den Reichsapfel; [8] die Symbole des Herr-

[1] Die Umschriften lauten in Majuskelbuchstaben: + *Christe protege* (bei Karl d. Gr., Ludwig d. Fr., Karl von Provence, Ludwig d. D., Ludwig III. und Ludwig IV.); + *Christe adiuva* (bei Lothar I. und Lothar II.); *Christe conserva* (bei Pippin von Aquitanien), worauf Name und Titel des Herrschers im Akkusativ folgen. Wie Geib S. 131 mit Recht bemerkt, ist in dieser Formel die Nachahmung des auf byzantinischen Siegeln so häufigen κύριε βοήθει unverkennbar.

[2] Schramm a. a. O. S. 66.

[3] Schramm a. a. O. S. 66 f. 76.

[4] Diese herrscht schon im 9. Jahrhundert auf den Münzsiegeln der langobardischen Fürsten Unteritaliens (vgl. Voigt S. 16 f. 22 f. und die Abbildungen auf seiner 5. Tafel), die sich anfangs aufs engste an das Vorbild der byzantinischen Bleibullen anlehnen. Daß aber sie selbst im Jahre 962 das Vorgehen der Kanzlei Ottos I. beeinflußt hätten, wie Erben, UL. S. 175 für möglich zu halten scheint, glaube ich nicht. Wieweit direkter byzantinischer Einfluß angenommen werden darf, ist nicht mit Sicherheit zu entscheiden, vgl. Bresslau, AfU. 6, 26 und Schramm, a. a. O. S. 77.

[5] Das erste Kaisersiegel Ottos I. ist nur ein halbes Jahr lang nachzuweisen. Das Bild des zweiten Stempels, der wesentlich größer ist, zeigt aber im wesentlichen das Bild des ersten, vgl. Schramm, a. a. O. S. 77.

[6] Die späteren Nachschnitte dieses Stempels verändern den Gesichtstyp nicht, vgl. Schramm, a. a. O. S. 77. 81.

[7] Auf dem Siegelstempel Ottos II. zeigt sich insofern eine inhaltliche Abwandlung als das kurze Szepter durch einen langen Stab ersetzt wird, vgl. Schramm, a. a. O. S. 77.

[8] Ich behalte den üblichen Ausdruck bei; die Bedeutung ist natürlich die des *orbis terrarum*, über den der Kaiser herrscht. Auf dem ersten, nur an einer Urkunde nachweisbaren Königssiegel Ottos III. fehlt der Reichsapfel, woraus aber nicht zu schließen ist, daß man ihn zuerst nur dem Kaiser hätte vorbehalten wollen.

schers verdrängen nun die bisherigen Abzeichen, wenigstens auf den Wachssiegeln vollständig.[1]

Ein abermaliger Wechsel des Typus erfolgt dann unter Otto III., nachdem inzwischen die Größe des Siegels sehr erheblich gewachsen ist.[2] Nach der Kaiserkrönung 996 nahm Otto ein Siegel in Gebrauch, das mit der bisherigen Tradition brach und die Gestalt des Herrschers in ganzer Figur und stehender Haltung darstellte. Die rechte Hand hält den Stab, die linke die Kugel mit dem aufgelegten Kreuz. Dieser Stempel wurde bereits 997 durch einen neuen ersetzt, der zu der Form überging, die die herrschende geblieben ist.[3] Sie zeigt den gekrönten Herrscher auf dem Throne sitzend, zumeist mit Szepter und Reichsapfel ausgestattet. Das sind die Siegel, die man im späten Mittelalter als Majestätssiegel bezeichnet hat.[4]

Die weitere Entwicklung dieses Typus auf den Königssiegeln verfolgen wir nun in den wesentlicheren Dingen; sie bewegt sich im allgemeinen parallel der malerischen und plastischen Kunst überhaupt.

Von den Emblemen wird das Szepter meist in der rechten, der Reichsapfel in der linken Hand getragen; doch kommt vereinzelt auch die umgekehrte Stellung der Insignien vor. Ebenso vereinzelt bleibt es, wenn

---

[1] Dagegen kehren Lanze und Schild auf den Bullen Ottos III. und auf der ersten Kaiserbulle Konrads II. (hier als Embleme Heinrichs III.) noch einmal wieder.

[2] Vgl. Schramm, Jahrb. f. Kunstwissenschaft 1 (1923) S. 64 ff. Die runden Porträtsiegel der Merovinger haben einen Durchmesser von 20—30 mm; bei denen der späteren Karolinger beträgt ihre Größe 30—45 mm, bei dem ersten Kaisersiegel Ottos I. 66, bei dem letzten Kaisersiegel Ottos I. und bei dem ersten Ottos III. beinahe 70 mm.

[3] Brustbilder finden sich seitdem, soweit es sich um Wachssiegel handelt, nur noch auf dem ersten provisorischen Siegel Heinrichs II., (1002) und auf dem seit 1052 nachweisbaren italienischen Kaisersiegel Heinrichs III., das eine deutliche Nachahmung des dritten Kaisersiegels Ottos I. (vgl. Schramm, a. a. O. S. 207) ist. Dagegen ist auf Bullen die Form des Thronsiegels nicht so bald herrschend geworden. Hier finden sich abgesehen von den beiden Bullen Konrads II., auf denen die stehende Figur, einmal nur des jungen Königs Heinrich III., einmal die Konrads II. und seines Sohnes, erscheint, Büsten en profil und Brustbilder en face bis in den Anfang des 13. Jahrhunderts; erst unter Friedrich II. ist der Typus der Thronsiegel auch auf die Bullen übertragen worden.

[4] Auf die neuerdings mehrfach erörterte Frage, woher dieser Typus stammt, haben die Kunsthistoriker inzwischen die Antwort gegeben: er ist im Anschluß an die Antike in ganz Mitteleuropa verbreitet, vgl. Schramm, Das Herrscherbild in der Kunst des frühen MA.'s, Vortr. d. Bibl. Warburg 1922/23 S. 178 f. 205 f. Zweifellos nach deutschem Muster hat man dann unter Heinrich I. (1031—1060) in Frankreich den Typus des Thronsiegels angenommen und aus Frankreich hat ihn Eduard der Bekenner nach England mitgebracht; vgl. Bresslau, AfU. 6, 26 f.

auf dem ersten Königssiegel Konrads II. und auf dem zweiten Heinrichs III. der Reichsapfel fehlt und der König in der einen Hand einen Stab, in der anderen das Szepter trägt. Der Reichsapfel erscheint nur selten und seit Heinrich IV. gar nicht mehr ohne Kreuz; das Szepter geht seit Heinrich II. häufig in eine Lilie aus; unter Konrad II., seinem Sohn und seinem Enkel, sowie unter dem Gegenkönig Rudolf und später unter Alfons von Kastilien und dem Kaiser Ludwig dem Bayern schwebt ein Adler auf seiner Spitze.[1] Auf den seit 1235 vorkommenden Hofgerichtssiegeln tritt an Stelle dieser Insignien das Reichsschwert.[2] Die größte Veränderung aber erfährt die Darstellung der Gewänder und die Abbildung der Throne. Im 11. Jahrhundert entbehrt dieser der Rücklehne; ein Polster als Sitz des Herrschers wird durch zwei Wülste zu beiden Seiten angedeutet; als Verzierungen erscheinen hier und da rundbogige Öffnungen, und auf einigen Siegeln Heinrichs IV. und V. als Abschluß des Sitzes rechts und links Tierköpfe, wie sie schon viel früher in Miniaturen begegnen. Zuerst unter Konrad III., unter dem auch das Obergewand eine reichere Verzierung erhält, wird der Sitz mit einer Rücklehne versehen, und diese, wie der ganze Thron ist nun in der Folgezeit immer künstlerischer architektonisch ausgestaltet worden. Seit der Mitte des 13. Jahrhunderts vergrößert sich der Umfang der Siegel ständig und erheblich; das Maß des Durchmessers wächst von 8—8$^1/_2$ cm, die es in der Zeit der Salier und Staufer zumeist betragen hatte, auf 9, 10 und allmählich bis zu 13$^1/_2$ cm an. Endlich treten allerhand Beigaben auf. Auf dem Kaisersiegel Ottos IV., auf dem der Thron der Rücklehne entbehrt, werden neben dem Antlitz des Kaisers rechts die Sonne, links der Mond abgebildet.[3] Auf dem Kaisersiegel Heinrichs VII.[4] sind die Tierköpfe, die wir schon früher als Abschluß des Herrschersitzes fanden, zu vollständigen Löwengestalten ausgestaltet, und ein dritter Löwe dient dem Kaiser als Fußschemel. An die Stelle des letzteren treten auf dem Kaisersiegel Ludwigs des Bayern[5] zwei Löwen; und auf diesen ruhen

[1] Über früheres Vorkommen des Adlerszepters in bildlichen Darstellungen, über Krone, Thron usw. vgl. Vöge, Eine deutsche Malerschule um die Wende des 1. Jahrtausends S. 17 ff.

[2] Auf späteren Hofgerichtssiegeln sind Szepter und Schwert verbunden.

[3] Posse I, Taf. 25 n. 4. Die Rücklehne fehlt auch auf dem Siegel Konrads IV. und Alfons' von Kastilien, sie ist ganz verkürzt auf dem Königs- und ganz fortgelassen auf dem Kaisersiegel Heinrichs VII. — Dazu Burdach, Vom MA. zur Reformation II, 1, 1 S. 278.

[4] Posse I, Taf. 47, 1. 2. Erben UL. S. 272 denkt hier an französisches Vorbild.

[5] Posse I, Taf. 51, 1. — Ein liegender Löwe als Schemel auf den Siegeln Fried-

die Füße des Herrschers und die Fänge zweier Adler, die zu seinen beiden Seiten aufgestellt sind; auf der Aversseite der Bulle Ludwigs sind es dagegen wieder zwei Löwen, die den Kaiser flankieren.[1] Zuerst unter Karl IV. werden dann Wappenschilder auf dem Thron angebracht, rechts der Adler, links der böhmische Löwe; als Wappenhalter treten auf dem Kaisersiegel Karls rechts und links je ein Adler auf,[2] während auf dem Königssiegel Ruprechts[3] unter dem Adler rechts und unter dem pfalzbayrischen Wappenschild links je ein Löwe ruht.[4] Auf einem der großen Münzsiegel Sigmunds verschwindet der Thron beinahe vollständig vor allen diesen Beigaben: zwei gewaltige zweiköpfige Adler als Wappenhalter von vier Schilden, ein fünfter Schild unter dem Fußschemel des Herrschers, links oben von seinem Haupte ein flammendes Kreuz, unter seinen Füßen ein zusammengerollter Drache. Das war kaum mehr zu übertrumpfen und ist doch auf den Siegeln der habsburgischen Könige des 15. Jahrhunderts, auf denen die Wappen aller österreichischen Länder in das Reichssiegel aufgenommen wurden, noch überboten worden: doch hat man besonders auf den Siegeln Maximilians bei allem Reichtum des Détails der Darstellung einen künstlerischen Charakter zu geben verstanden; daß in dieser späten Zeit volle Porträtähnlichkeit auf den Siegeln wie auf den Münzen erzielt ist, braucht kaum gesagt zu werden.

In Italien ist der Typus des Thronsiegels nur bei den sizilianischen Herrschern üblich geworden.[5] Schon vor der Erlangung der Königskrone hat sich der Großgraf Roger von Sizilien seiner bedient; dann aber haben die ersten Könige Roger und Wilhelm I. nach byzantinischem Vorbild ihre stehende Figur auf Bullen und Wachssiegeln abbilden lassen, und erst Wilhelm II. ist endgültig zum Thronsiegel übergegangen. Der Thron bleibt bis auf die Zeit Friedrichs II. ohne Rücklehne; Stab oder Szepter und Reichsapfel sind auch hier die Symbole des Herrschers.

In Deutschland hat das Thronsiegel gleichfalls als nur königlichen Herrschern zustehend gegolten; weltliche Fürsten, abgesehen von den Königen von Böhmen haben im allgemeinen keinen Gebrauch davon gemacht; zu den sehr seltenen Ausnahmen des 13. Jahrhunderts gehören ein Siegel

richs des Schönen und Günthers von Schwarzburg, Posse I, Taf. 53, 5 und II, Taf. 6, 8.

[1] Posse I, Taf. 50, 7. 8.

[2] Posse II, Taf. 3, 6. 7.

[3] Posse II, Taf. 10, 4.

[4] Ebenda Taf. 13, 90.

[5] Verzeichnis und Beschreibung der normannischen Königssiegel bei K. A. Kehr S. 216 ff. Über die Frage der Porträtähnlichkeit vgl. S. 206 N. 7.

des Landgrafen Konrad I. von Thüringen, das ihn auf dem Throne sitzend, aber ohne Krone, mit Fahnenlanze, Szepter und Schild abbildet, ferner zwei Siegel der Fürsten Pribislav, Vater und Sohn, von Mecklenburg, auf denen diese ein Schwert haltend dargestellt werden, und ein ähnliches Siegel des Grafen Egeno von Urach, auf dem auch das Schwert fehlt.[1] Dagegen haben fürstliche Damen, und zwar nicht bloß Gemahlinnen der Könige und Kaiser, sich häufig auf dem Thron sitzend darstellen lassen,[2] und dieselbe Form der Darstellung ist, wie wir gleich sehen werden, auch bei geistlichen Fürsten sehr beliebt gewesen: in beiden Fällen war durch die sonstige Ausstattung der Bilder eine genügende Unterscheidung von den Königssiegeln gegeben.

Die Siegel der höheren geistlichen Würdenträger[3] machen, soweit sie deren Abbildungen geben, dieselbe Entwicklung von der Darstellung von Brustbildern zu der halber und ganzer Figuren durch wie die Königssiegel. Thronsiegel treten vereinzelt schon am Anfang des 11. Jahrhunderts auf,[4] häufiger werden sie erst an dessen Ausgang und im 12. Jahrhundert, und bleiben dann im Gebrauch, bis sie im 14. Jahrhundert mehrfach wieder durch Brustbilder mit Wappen verdrängt werden. Bisweilen lassen sich Bischöfe, besonders häufig aber Äbte und Äbtissinnen auch stehend oder knieend in ganzer Figur abbilden; und diese letzteren Darstellungsformen herrschen neben den Brustbildern bei Geistlichen, die nicht Bischöfe oder Äbte sind und deshalb von Thronsiegeln keinen Gebrauch machen, vor.[5] Die Bischöfe und Äbte sind mit Pontifikalgewändern angetan und seit der Mitte des 12. Jahrhunderts mit der Mitra bekleidet;[6] als Insigne erscheint fast regelmäßig der Bischofs-

[1] Posse, Siegel der Wettiner Taf. 13 n. 4. Mecklenb. UB. 4, 538 n. 77. 79; vgl. Seyler, Gesch. d. Siegel S. 257 ff. Wirtbg. UB. 3, 239 n. 751, vgl. Hohenlohe, Mein sphragist. System (1877) Taf. 2 n. 15. — Über das angebliche Siegel Arnulfs von Flandern s. Bd. 1, 707 N. 2. Wenn weltliche Fürsten ihre großen Siegel seit dem 14. Jahrhundert häufig als Majestätssiegel bezeichnet haben (zahlreiche Beispiele bei Moser, Reichsverfassung 35, 444 ff.), so sind damit doch keine Thronsiegel gemeint. Solche scheinen auch bei den Kurfürsten erst im 16. Jahrhundert vorzukommen, sind aber noch im 17. Jahrhundert von dem Reichserzkanzler beanstandet worden.

[2] Vgl. z. B. Schmidt-Phiseldeck n. 11. 24. 25. 31. 34 usw. Posse a. a. O. Taf. I n. 6; IV, n. 1. 2 usw.

[3] Vgl. jetzt die übersichtliche Darstellung bei Ilgen S. 352 f.

[4] Zu den allerfrühesten Beispielen geistlicher Thronsiegel wird das Arnolfs von Halberstadt an Urk. von 1018 gehören, UB. Bist. Halberstadt 1, Taf. 1 n. 4. Dann erst wieder Thronsiegel in Halberstadt unter B. Herrand 1089—1102, ebenda Taf. 2 n. 8.

[5] Ist die Figur des Sieglers knieend, so sind gewöhnlich der oder die Heiligen, zu denen er betet, mit abgebildet.

[6] Über die Mitra und ihre Aufnahme in die Siegelbilder vgl. v. Mitis, Studien

oder Abtsstab in der rechten Hand; in der linken halten die Bischöfe und Äbte meist ein geschlossenes oder aufgeschlagenes Buch, zuweilen mit der Inschrift *Pax vobis.* Ein jüngerer Typus der Bischofssiegel, der schon im 12. Jahrhundert vorkommt, aber erst im 13. vorherrschend wird, legt den Stab in die linke Hand des Bischofs und stellt die Rechte zum Segen erhoben dar. In der Zeit zwischen Wahl und Weihe führen die Bischöfe besondere Elektensiegel, in denen sie zumeist stehend und ohne Stab, seltener sitzend dargestellt sind; bisweilen tragen sie dann, neben dem Buch in der einen, einen Palmzweig in der anderen Hand;[1] und diese Abzeichen sind auch bei niederen Geistlichen gewöhnlich. Geschlechtswappen der Bischöfe kommen im 13. Jahrhundert nur vereinzelt vor, im 14. werden sie stereotyp und führen, da sie einen großen Teil des Siegelfeldes einnehmen, die Notwendigkeit herbei, von der Darstellung ganzer Figuren zu der von Brustbildern oder Kniestücken zurückzukehren; sie werden dann meist unter den Bildern angebracht. Reine Wappensiegel kommen bei Bischöfen und Äbten hauptsächlich als Rücksiegel vor.

Auch bei den weltlichen Fürsten und Herren Deutschlands gehen Darstellungen von Brustbildern denen von ganzen Figuren voran. Sind hier Thronsiegel, wie schon bemerkt, nicht gebräuchlich, so tritt dagegen als der üblichste Typus für die großen Siegel der Laienfürsten die Form des Reitersiegels auf, die vielleicht in Frankreich aufgekommen, im 11. Jahrhundert in Deutschland bekannt wird, aber erst im 12. und 13. häufiger vorkommt.[2] Wie bei den Thronsiegeln der Bischöfe, so lassen sich auch bei diesen Reitersiegeln zwei verschiedene Typen unterscheiden; bei dem älteren wird das Pferd schreitend, bei dem jüngeren, der um die Mitte des 12. Jahrhunderts häufiger wird, galoppierend dargestellt. Wenn früher vielfach angenommen worden ist, daß Reitersiegel nur bei dem hohen Adel vorkämen, so trifft das nicht zu; und wie sich in der Tat kein

zum älteren österr. Urkundenwesen S. 234 nach Braun, Die liturgische Gewandung (1907) S. 424 ff.

[1] Vgl. Bresslau, Über Elekten-Siegel, Hist. Viertelj.-schr. 3, 469 ff.

[2] Vgl. Philippi, Westfäl. Siegel 1, 6. Die ältesten Reitersiegel, die bekannt sind, werden die der Herzoge von Sachsen sein. Heinrich von Bayern hat 1045 noch keines, Wirtbg. UB. 1, 269 n. 226; wohl aber Markgraf Ernst von Österreich c. 1075, Sava a. a. O. 1864 S. 242. Wenn das Siegel Wilhelms von der Normandie von 1069 (abgebildet von Lecoy de la Marche S. 177, vgl. auch Giry S. 646 f.) wirklich das älteste französische Reitersiegel ist, so würde allerdings die Zeit zwischen diesem und dem ersten Vorkommen in Deutschland so kurz sein, daß die Entlehnung aus Frankreich zweifelhaft würde.

Grund absehen läßt, warum nicht jeder Ritter sich auf einem Rosse sitzend und in ritterlicher Rüstung hätte auf seinem Siegel abbilden lassen können, so sind auch Reitersiegel von Ministerialen und anderen niederen Adligen zweifellos nachweisbar.[1] Daß sie nicht in größerer Zahl vorkommen, ist einfach darauf zurückzuführen, daß die Herstellung eines so großen Siegelstempels, wie ihn die Abbildung eines Reiters erforderlich machte, bedeutend mehr Kosten verursachte, als die eines kleineren.

Der eigentliche Unterschied zwischen den Siegeln des höheren und denen des niederen Adels beruht also nicht darauf, ob der Siegelinhaber reitend oder zu Fuß dargestellt ist, sondern er beruht, sofern er überhaupt gemacht wird, wiederum auf den Insignien, die ihm beigegeben werden. Das Symbol der Belehnung weltlicher Fürsten war die Fahnenlanze,[2] und diese ist auch auf den Siegeln wenigstens bis in die zweite Hälfte des 13. Jahrhunderts das Abzeichen des höchsten Adels;[3] es ist charakteristisch dafür, daß Heinrich der Löwe, der sich zunächst zu Roß mit der Fahne in der Hand auf seinen Siegeln hatte abbilden lassen, deren Gebrauch unterließ, nachdem ihm die Herzogtümer Sachsen und Bayern aberkannt worden waren und er damit aufgehört hatte, zu den anerkannten Inhabern von Reichs-Fahnenlehen zu gehören.[4] Daraus folgt natürlich nicht, daß alle Inhaber von Fahnenlehen sich eines Siegels, das sie mit der Fahnenlanze darstellt, bedienen müssen, wohl aber ist, soviel ich sehe, daran festgehalten worden, daß nur sie solche Siegel führen dürfen; andere weltliche Edelleute tragen, auch wenn sie sich zu Rosse abbilden lassen, nur das Schwert in der Hand.

Bildliche Darstellungen, die nicht das Porträt[5] des Sieglers oder sein Wappen geben, spielen naturgemäß insbesondere bei den Siegeln von Korporationen, geistlichen und weltlichen, eine große Rolle. Es lag am nächsten und war von alters her üblich, daß geistliche Institute, Kapitel, Klosterkonvente usw., das Bild des Patrons, dem ihre Kirche geweiht war, auf ihren Siegeln darstellen ließen. Auf den Personalsiegeln einzelner geistlicher Würdenträger sind solche Heiligenbilder seltener angebracht; am häufigsten finden sie sich auf den Siegeln, die den Siegel-

[1] Vgl. Philippi a. a. O. S. 11; Seyler S. 47. Auch Frauen haben sich nicht selten auf einem Zelter reitend (häufig einen Falken tragend) abbilden lassen.

[2] Waitz, Verfassungsgeschichte 6^2, 74.

[3] Darum kommt sie auch auf den Siegeln, die den Fürsten nicht beritten abbilden, vor, s. z. B. Cod. dipl. Anhalt. 1, 118 n. 147; Wirtbg. UB. 1, 269 n. 226.

[4] Schmidt- Phiseldeck S. IX.

[5] Das Wort wird hier mit dem oben entwickelten Vorbehalt gebraucht.

inhaber knieend darstellen; er erhebt dann gewöhnlich seine Hände betend zu dem über seinem Bilde dargestellten Heiligen. Ganz regelmäßig finden sich aber derartige Darstellungen auf den Siegeln der Päpste seit der Mitte des 11. Jahrhunderts.

Die päpstlichen Bullen [1], (die uns aus der Zeit vor dem 9. Jahrhundert nicht an Urkunden, sondern nur isoliert, in Münz- und Altertümersammlungen aufbewahrt, bekannt und daher nicht immer als echt genügend verbürgt sind), waren bis zur Mitte des 11. Jahrhunderts reine Schrift-, d. h. solche Siegel, die lediglich Schriftzeichen, aber kein Bild aufweisen: nur Sterne, Kreuze und gewisse vignettenhafte Darstellungen sind mit Schriftzeichen verbunden. Dabei bestehen aber in der Anordnung der Schrift erhebliche zeitliche Unterschiede. Bis zur Mitte des 9. Jahrhunderts enthält die Aversseite den Namen des Papstes im Genetiv, die Reversseite das Wort PAPAE; oder die Buchstaben sind auf der Vorderseite in zwei oder drei, auf der Rückseite regelmäßig in zwei Horizontallinien verteilt; über und unter ihnen stehen meistens auf jeder Seite Kreuze, doch fehlen zuweilen die Kreuze der Vorderseite oder es findet sich nur eins von ihnen. Die Schrift ist am Rande des Bleies auf beiden Seiten von Kreisen, die meist aus erhabenen Punkten bestehen, umschlossen. Mit Benedikt III. (855—58) beginnt eine neue Schreibweise, die aber zunächst nur auf der Vorderseite der Siegel Platz greift: die Buchstaben des Papstnamens, denen ein Kreuz oder die Ligatur aus X und P vorausgeht, werden in Kreisform um ein einfaches oder verziertes Kreuz, einen Stern oder eine Vignette, die sich in der Mitte befindet, herumgeschrieben. Durch die in der Mitte befindliche Figur sind die Siegel der einzelnen Päpste unterschieden; am Ende des 9. Jahrhunderts hat man unter Marinus I. und seinen nächsten Nachfolgern (892—900) noch einmal wieder auf den älteren Typus zurückgegriffen. Spätestens unter Silvester II. wird dann die veränderte Art der Schriftverteilung auch auf die Rückseite übertragen, indem auch hier in die Mitte der Siegelfläche ein verziertes Zeichen tritt — unter Silvester ein Kreuz mit vier Punkten in den Winkeln — und die Buchstaben PAPAE um die

[1] Den vollständigsten Überblick gewährt die päpstliche Publikation: Le monete e le bolle plombee pontificie del Medagliere Vaticano descritte ed illustrate da C. Serafini (Mailand 1910), 4 Bde. Dort S. LXXXI N. 1 die ältere Literatur; zum folgenden vgl. vornehmlich S. LXXXIV ff. — Ich besitze außerdem eingehende Aufzeichnungen, die Edm. Bishop im J. 1884 für P. Ewald über die Bullensammlung des britischen Museums gemacht hat, die mir aus Ewald's Nachlaß überlassen worden sind. Ein großer Teil der dortigen Bullen ist gefälscht.

Zeichen herum gruppiert wurden.[1] Diese Anordnung der Buchstaben bei wechselnden Zierzeichen wurde bis auf die Zeit Clemens II. beibehalten.

Eine wesentliche Neuerung trat dann unter Leo IX. ein,[2] dessen Siegel namentlich dadurch ein ganz anderes Aussehen haben, daß die einzelnen Buchstaben der Legende auf Vorder- und Rückseite durch Zierzeichen getrennt sind und auf deren zweiter Bulle in die Mitte der Avers-seite statt einer Vignette die Ordnungszahl VIIII[3] gesetzt ist. Nur diese zweite Neuerung Leos IX. wurde dauernd beibehalten; im übrigen weichen die Bullen der Nachfolger Leos von denen aller Vorgänger aufs erheblichste dadurch ab, daß nun — zuerst unter Viktor II. — bildliche Darstellungen darauf Platz finden, daß also die päpstliche Kanzlei vom bloßen Schrift- zum Bildsiegel übergeht. Diese Änderung ist offenbar unter Einfluß des kaiserlichen Kanzleibrauches erfolgt,[4] der sich seit Clemens II. so stark und in so mannigfach wechselnder Art in Rom geltend macht; wenn Viktor auf der Reversseite seiner Bulle ein dreitürmiges Kirchengebäude setzte, neben und unter dem die Worte *aurea Roma* standen, während die Umschrift lautete *Victoris papae II*, so ist für die Wahl dieses Bildes und der Bei- und Unterschrift gewiß das Vorbild der Kaiserbullen Konrads II. und Heinrichs III. maßgebend gewesen.[5] Die Ausführung im einzelnen ist freilich abweichend; und so weit ging die Neigung zum Anschluß an den kaiserlichen Brauch nicht, daß man nun etwa das Bild des Papstes auf die Vorderseite des Siegels gesetzt hätte: hier wird vielmehr Petrus dargestellt, dem die Hand Christi aus den Wolken den Schlüssel reicht; der leoninische Hexameter: *Tu pro me navem liquisti, suscipe clavem* erläutert als Umschrift das Bild. Ähnliche, wenn auch im einzelnen vielfach abweichende Bilder zeigen die Vorderseiten der Siegel Stephans IX.[6], Nikolaus' II.[7], Alexanders II.[8],

[1] In schematischer Zeichnung also so:
+
P · | · A
P · | · E
A

[2] Das von de Rossi, Notizie degli Scavi (1882) S. 266 ff. angeführte Siegel Damasus' II. ist der Unechtheit dringend verdächtig.

[3] In dieser Gestalt $\genfrac{}{}{0pt}{}{\mathrm{IIII}}{\mathrm{V}}$. Vgl. Serafini, a. a. O. S. LXXXIX.

[4] Vgl. Mühlbacher, MIÖG. Erg. 4, 505.

[5] Vgl. über diese unten S. 612.

[6] Christus und Petrus als Hirt. Umschrift: *Si diligis me, Petre, parce agnos meos.*

[7] Bild ähnlich dem Viktors; Umschrift: *Tibi, Petro, dabo claves regni celorum.* Gute Abbildung dieser Bulle im CD. Barese 4 auf der Siegeltafel.

[8] Bild ähnlich dem Viktors, aber Petrus anders gewandt; Umschrift: *Quod nectis, nectam, quod solvis, Petre, resolvam.*

Clemens' III.,[1] und auf der Rückseite dieser Siegel — Alexander II. ausgenommen, dessen Bullenrevers nur den Namen und die Ordnungszahl des Papstes aufweist — erscheint das architektonische Bild mit der Umschrift *Aurea* (oder bei Viktor II.: *Felix Roma*).[2]

Merkwürdigerweise war es nun ein im Gegensatz zu den Reformpäpsten, unter denen diese Neuerungen Platz griffen, erhobener Pontifex, auf dessen Bulle zum erstenmal die Darstellung erscheint, die in der Folge den Sieg behaupten sollte. Unter Benedikt X. zuerst sind auf der Vorderseite des Siegels die Brustbilder der beiden Apostel Petrus und Paulus sichtbar, während auf der Rückseite eine männliche Figur in halbem Leibstück erscheint, die vielleicht wirklich den Papst darstellen sollte. Die letztere kühne Neuerung fand keine Nachahmung; dagegen schloß sich Gregor VII. dem Gedanken, der das Bild der Aversseite der Bulle Benedikts zum Ausdruck gebracht hatte, an; die Vorderseite seiner Bulle zeigt die Köpfe der Apostel mit der Umschrift im Kreise + S. Petrus + S. Paulus; die Rückseite in der Mitte die VII, darum die Umschrift *Gregorii papae*. Damit war der Sieg dieser Darstellungsart entgültig entschieden worden; sie erleidet unter Urban II. nur geringe Veränderungen, und unter Gregors zweitem Nachfolger Paschal II. wird sie ganz stereotyp. Der eine der beiden für die Prägung der Bulle verwandten Stempel zeigt von nun an ständig die Köpfe der Apostel Petrus und Paulus, von denen jener auf der (vom Beschauer aus) rechten, dieser auf der linken Seite angebracht ist; zwischen den beiden mit einem fast ovalen Perlenkranz umgebenen Köpfen befindet sich ein Kreuz, über ihnen die Buchstaben PAPE. Der andere Stempel zeigt Namen und Titel des Papstes im Siegelfelde in drei Horizontallinien verteilt, also PAS CHALIS PPII. Der Apostelstempel vererbte sich, wie wir bereits gesehen haben, von einem Papst auf den anderen und wurde erst erneuert, wenn er durch Abnutzung unbrauchbar geworden war; er erhielt natürlich bei jeder solchen Erneuerung eine in kleinen Einzelheiten abweichende Gestalt. Der Namensstempel wechselte nicht nur, wie sich von selbst versteht, nach jeder neuen Papstwahl, sondern auch ein oder mehrere Male während eines und desselben Pontifikates, wenn dieser von längerer Dauer war; und auch hier kommen stets kleine Abweichungen des einen Stempels

---

[1] Christus und Petrus auf dem Wasser; Umschrift: *Corrige, parce, feri, Petre, pande, memento mederi.*

[2] Die Ordnungszahl auf der Rückseite wird auf den Siegeln Stephans IX., Benedikts X., Nikolaus' II. und Clemens' II. nicht durch eine Ziffer ausgedrückt, sondern in allen Buchstaben gegeben und unter Nikolaus und Clemens dem Namen vorangestellt.

vom anderen vor in der Gestalt und Stellung der erhabenen Punkte, aus denen die den Namen einfassende Rundlinie zusammengesetzt war. Daß man diese Punkte, wie auch die der Apostelseite zählen müsse — wo Bart und Haupthaar des Petrus aus Punkten, (die des Paulus aus Strichen), gebildet waren —, daß man danach unter Umständen über Echtheit und Unechtheit des Siegels entscheiden könne, hat man schon im 13. Jahrhundert hervorgehoben.[1]

Nur bei so genauer Untersuchung und Vergleichung aber treten die Unterschiede der einzelnen Stempel hervor; und im großen und ganzen bleibt der Typus der Papstsiegel im Mittelalter der gleiche. Eine kleine Veränderung hat sich allerdings im 14. Jahrhundert vorübergehend durchgesetzt; um dieselbe Zeit, da man in Deutschland Wappen in das große Kaisersiegel aufgenommen hatte, haben auch in Rom die Päpste Clemens VI. und Urban VI. Teile ihres Familienwappens (jener 5 Rosen, dieser je 2 Adler und Adlerköpfe) in dem Namensstempel ihrer Bullen anbringen lassen. Andere kleine Beizeichen, die noch nicht gedeutet sind, findet man auf den Bullen Gregors XII. und auf einer der Bullen Innozenz VI. Ferner wird unter Benedikt XIII. und seit Eugen IV.[2] regelmäßig ein Kreuz über den Papstnamen gestellt und seit Pius II.[3] der Titel *papa* ausgeschrieben. Wesentlicher ist, daß seit Sixtus IV. die Köpfe der Apostel freier gestaltet und ihre Namen nicht mehr in einer Horizontalreihe, sondern in zwei Vertikalreihen nebeneinander geschrieben wurden,[4] aber auch dadurch wird der Gesamteindruck, den das Bild der Papstsiegel macht, nicht erheblich geändert. Einen vollständigen Bruch mit der Tradition hat nur der große und feinsinnige Gönner der Renaissancekultur Paul II. beabsichtigt und durchgeführt; aber seine mit einer geschmackvollen und künstlerischen bildlichen Darstellung [5] ausgestattete

---

[1] Vgl. die von Diekamp, MIÖG. 4, 534 angeführten Stellen aus Martin von Troppau und Konrad von Mure.

[2] Gute Abbildung seiner Bulle bei Lichatschew S. 73; vgl. NA. 32, 466.

[3] Abbildung des Namensstempels bei Lichatschew, Taf. XXI.

[4] So also S S
P P
A E

[5] Die Bulle Pauls II. (Abbildung, Arch. Zeitschr. NF. 5, 108) zeigt auf der Vorderseite die sitzenden Bilder der beiden Apostel in ganzer Figur, Paulus mit Schwert und Buch, Petrus mit Schlüssel und Buch. Auf der Rückseite ist der Papst auf dem Thron abgebildet; zu seinen beiden Seiten sitzt je ein Kardinal, zu seinen Füßen kniet eine Anzahl von Personen.

Bulle hat keine Nachahmung gefunden und sein Nachfolger ist zu dem alten Brauch zurückgekehrt.[1]

Mannigfaltiger und z. T. auch sinnreicher als auf den Siegeln geistlicher Personen und Korporationen sind die hier nur kurz zu berührenden bildlichen Darstellungen auf den Siegeln der Städte. Auch hier kommen die Schutzheiligen nicht selten vor, aber auch das typische Stadtbild des Mittelalters selbst — ein Teil eines Mauerringes mit Kirchen, Türmen und Toren — ist sehr häufig, öfter findet sich auch ein auf den Namen der Stadt bezügliches sogenanntes redendes Bild, so z. B. bei München ein Mönch, bei Bern ein Bär, oder ein Symbol der Haupttätigkeit der Bewohner, z. B. ein Schiff, oder endlich das Bild oder Wappen des Stadtherren. Jenes typische Stadtbild begegnet übrigens auch seit Konrad II. fast regelmäßig auf der Rückseite der deutschen Kaisersiegel und wird durch die Beischrift *aurea Roma* und den in der Umschrift stets wiederkehrenden Hexameter *Roma caput mundi regit orbis frena rotundi*[2] als das Bild Roms bezeichnet. Das Bild wird indes im 12. Jahrhundert einmal realistisch umgestaltet, indem man auf der Goldbulle Friedrichs I.[3] im Hintergrunde das Kolosseum erkennt, und es ist auf der Bulle Ludwigs des Bayern noch viel mehr der Wirklichkeit angenähert: das Kolosseum, die Cestiuspyramide, der Titusbogen, die Engelsburg und die Antoninsäule, das Pantheon und das Kapitol, der Lateran, die Peterskirche und der Tiberstrom sind deutlich sichtbar gemacht.[4] Ein Seitenstück zu dieser Darstellung bietet die sizilianische Goldbulle Kaiser Friedrichs II., auf der aus der Königszeit sieht man eine Burg mit der Beischrift *Regnum Siciliae*, von der ich nicht weiß, ob sie ein Produkt

[1] Ebenso traditionell festgehalten hat man an dem einmal gewählten Bilde auf dem Wachssiegel der Päpste (*sub anulo piscatoris*). Schon das älteste erhaltene Exemplar, das dem Papste Nikolaus III. angehört und in der Kapelle Sancta Sanctorum gefunden ist, (beschrieben von Lauer, Le moyen âge 1906 S. 195 N. 1), stellt den Fischzug Petri dar; die Inschrift lautet hier: + *Secretum Nicolai PP. III.* Spätere Exemplare sind erst aus dem 15. Jahrhundert bekannt, und da diese Siegel meist bei der Eröffnung der Briefe zerbrochen sind, sind nur wenige gute Abdrücke erhalten; eine Anzahl Abbildungen gibt Lichatschew S. 50 ff. Die Umschrift ist in dieser späteren Zeit auf Namen und Titel des Papstes beschränkt; also z. B. *Innocentius PP. VIII.* In neuester Zeit lautet sie: *Leo XIII. Pont. Max.*

[2] Auf der Königsbulle Heinrichs IV. steht nur der Anfang des Verses *Roma caput mundi*, und die Beischrift *aurea Roma* fehlt hier wie auf den Kaiser-Goldbullen Friedrichs II. und Ludwigs des Bayern.

[3] Abgebildet und erläutert von Capobianchi, Arch. della soc. stor. Romana 19, 353, vgl. Posse I, Taf. 22, 3. 4.

[4] Vgl. Capobianchi a. a. O. S. 354 mit Abbildung und Posse I, Taf. 7. 8.

der Phantasie oder das Abbild einer wirklichen Veste ist; die in der Kaiserzeit geprägte aber zeigt eine Art von Karte des Königreichs Sizilien, Insel und Festland, mit der Umschrift *Regnum Sicilie, ducatus Apulie et principatus Capue.*[1]

Was sonst an Bildern auf den Siegeln von Korporationen und Einzelpersonen je nach Laune und Geschmack der Siegelinhaber vorkommt, ist so mannigfaltig und verschieden, daß ein näheres Eingehen an dieser Stelle unmöglich ist.[2] Nur einer schon mehrfach berührten Art von Darstellungen, die seit der staufischen Zeit auf den Siegeln üblich geworden ist, der von Wappen, haben wir hier noch zu gedenken.[3] Dabei ist dann entweder das Wappen oder ein Teil davon, etwa der Helm, allein auf dem Siegel dargestellt worden, oder es wurde mit einem Porträt oder einem Bilde verbunden; namentlich häufig findet es sich, daß der mit einem Schild abgebildete Siegelinhaber das Wappen in diesem Schild oder auf dem Banner führt. Anfangs wurde bei Siegeln, die nur ein Wappen als bildliche Darstellung aufweisen, dieses meist in das Siegelfeld gesetzt; seit dem 13. Jahrhundert erscheint es zumeist im Rahmen eines Schildes. Vollständige Wappen, d. h. Schild mit Helm und Helmkleinod, werden erst in der zweiten Hälfte des 13. Jahrhunderts, Helmkronen im 14., Schildhalter um die Wende des 14. und 15. Jahrhunderts häufiger. Die Lehre von den Wappenbildern und Wappen hat sich zu einer eigenen Disziplin, der Heraldik oder Wappenkunde ausgebildet; diese lehrt auch die Kunst, ein Wappen regelrecht zu beschreiben, d. h. wie man sagt, zu blasonieren. Für unsere Zwecke ist nur nötig zu bemerken, daß im früheren Mittelalter keineswegs eine Unveränderlichkeit der Wappen ein und desselben Geschlechts bestand, diese vielmehr erst in der zweiten Hälfte des 14. Jahrhunderts hier und da auch später noch einzutreten scheint.[4]

Was endlich die auf den Siegeln befindlichen Inschriften[5] angeht,

---

[1] PHILIPPI Taf. VI n. 5 b, Taf. VIII n. 7 b.

[2] Schöne Beispiele für die Mannigfaltigkeit dieser z. T. in einen Wappenschild gestellten Bilder geben die Siegel Wiener Handwerksmeister, die UHLIRZ im 2. Bande der Geschichte der Stadt Wien (Wien 1901) S. 648 hat abbilden lassen.

[3] Ein Verzeichnis der frühesten deutschen Wappensiegel — das älteste ist von 1157 — gibt HOHENLOHE, Sphrag. Aphorismen S. 113. Vgl. auch ILGEN, Westf. Siegel 4, Sp. 11 ff.; POSSE, Siegel der Wettiner 2, 4 ff.

[4] Vgl. TUMBÜLT, Westfäl. Siegel 1, 2, S. 2 ff.; SCHMIDT-PHISELDECK S. XI ff.; POSSE, Siegel der Wettiner S. 10.

[5] Bei Siegelbeschreibungen, welche die Inschrift stets vollständig mitteilen müssen, unterscheidet man zweckmäßig (vgl. GROTEFEND S. 30) zwischen Umschrift (der längs

so geben diese am häufigsten den Namen oder den Namen und Titel des Siegelinhabers an, enthalten aber bisweilen auch eine nähere Bezeichnung der Art des Siegels (z. B. *Secretum* oder *Contrasigillum*), eine Erklärung des Siegelbildes oder irgendeinen frei gewählten oder hergebrachten Vers oder Sinnspruch.[1] Auf älteren Siegeln namentlich finden sich nicht selten auch Monogramme, welche die einzelnen Buchstaben des Titels oder einer sonstigen Inschrift miteinander verbinden. Kreuze zu Beginn der Schrift sind schon seit der merovingischen Zeit gewöhnlich. Die Schriftzeichen selbst [2] sind in älterer Zeit ausnahmslos Majuskeln; anfangs nur Kapitalbuchstaben, später auf den deutschen Kaisersiegeln seit der zweiten Hälfte des 11. Jahrhunderts [3] vermischt mit Unzialen (gotischen Majuskeln); sogenannte gotische Minuskeln finden sich erst seit dem Ende des 14. Jahrhunderts.[4] Die Sprache der Siegelinschrift ist in älterer Zeit lateinisch; erst am Ausgang des 12. Jahrhunderts kommen auch deutsche Inschriften vor,[5] werden aber erst im

dem Umkreis des Siegels laufenden Schrift— im Mittelalter *circumferentia*—) und Aufschrift oder Beischrift (der im Siegelfelde stehenden Schrift). Daneben kann bei zweiseitigen Siegeln (Münzsiegeln) eine äußere Randschrift vorkommen. Unterbrechung der fortlaufenden Schrift durch bildliche Darstellung bezeichne man durch einen Querstrich (—), den Beginn einer neuen Zeile oder einer zweiten, inneren Umschrift durch einen Längsstrich (|).

[1] Verse (Leoninische Hexameter) wurden namentlich auf den Siegeln italienischer und deutscher Städte bevorzugt, z. B. *exaltando bonam favens, o Christe, Cremonam*, oder: *Est justi latri urbs hec et laudis amatrix* (Verona) oder: *Muson mons Athes. mare certos dant mihi fines* (Padua). Dem entspricht das älteste Trierer Siegel mit der Umschrift: *Trevirorum plebem dominus benedicat et urbem* und das älteste Straßburger mit dem Verse: *Virgo roga prolem quod plebem servet et urbem.* Dagegen ist die Inschrift des ersten Kölner Siegels Reimprosa: *Sancta Colonia dei gratia Romanae ecclesiae fidelis filia* und ihr entspricht die älteste Mainzer: *Aurea Moguncia Romane ecclesie specialis filia.*

[2] Vgl. Demay, Paléographie des sceaux (Paris 1881).

[3] Vgl. Schum-Bresslau in Gröber's Grundriß der Romanischen Philologie 1², 210.

[4] QE. 9, 474: *quod litera et sigillum debent se conformare . . . Expedit, ut verba salutationis et epistole sigillo se conforment. Alioquin in arduis causis et foro contentioso parum valet quod agitur. Unde caveri debet, ne in salutatione titulus mittentis discrepet a sigillo, id est ab ymagine et a literis quas habet circumferentia sigilli.*

[5] Vgl. Vancsa, Deutsche Geschichtsbl. 4, 111 f. Die ältesten Beispiele gehören nach Österreich-Steiermark, wo schon 1197 Herzog Leopold ein Siegel mit der Umschrift *Herzoge Liut(po)ld v(on) St(y)re* führt; es folgen eine Anzahl österreichischer und steirischer Adelsgeschlechter, vgl. Luschin, Mitteil. der Zentralkommission 1884 S. LXIX, dann 1243 und 1244 fränkische Herren, vgl. Hohenlohe, Jahrb. d. Ges. Adler 3 (1876), 125, und im letzten Viertel des 13. Jahrhunderts die königlichen Hofrichter Berthold von Truchberg (c. 1276) und Hermann von Bonstetten (1290), vgl. Baumann,

14. Jahrhundert allgemeiner verbreitet. Die in der Siegelinschrift gebrauchten Titel müssen dem Siegelinhaber wirklich zustehen, ebenso wie die Insignien, die etwa auf demselben zur Abbildung gebracht werden. Konrad von Mure erklärt ausdrücklich, man müsse darauf achten, daß der zu Anfang einer Urkunde gebrauchte Titel mit Bild und Umschrift des Siegels übereinstimme, sonst könne es vor Gericht nicht als gültig anerkannt werden. Darauf hat man auch in der Praxis im allgemeinen streng gehalten. Wie die Bischöfe sich vor ihrer Weihe besonderer Elektensiegel bedienen,[1] so hat kein König vor seiner Krönung ein Siegel geführt, das ihn als *rex* oder *imperator* bezeichnete. Wenn man auf Porträtähnlichkeit geringen Wert legte, so daß also Bischöfe die Siegel ihrer Vorgänger weiterführten, so haben sie doch die Stempel soweit verändern lassen, daß sie ihren Namen statt dessen der Vorgänger darauf anbringen ließen.[2] Und es ist für diese Anschauung bezeichnend, daß ein Herr Konrad von Enzberg 1285 erklärt, er dürfe von dem Siegel seines Vaters — auf dem offenbar der Titel *miles* angebracht war — noch keinen Gebrauch machen, weil er noch nicht den Rittereid geleistet habe.[3] Im übrigen bezieht sich auch der Grundsatz, den Konrad von Mure aufstellt, nur auf das rechtlich belangreiche und wesentliche. Darf jemand, der nicht Ritter ist, sich auch auf einem Siegel nicht so bezeichnen, so ist es dagegen gleichgültig, ob ein adliger Herr, der seinen Beinamen bald von der einen, bald von der anderen seiner Besitzungen führt, sich im Text der Urkunde nach einer von ihnen und auf dem Siegel nach einer anderen nennt: nur müssen beide Benennungen ihm rechtlich zustehen.[4]

Zeitschr. f. die Gesch. d. Oberrheins NF. 4, 70. 392. Das sehr zerstörte Siegel Hermanns von Bonstetten ist abgebildet bei Prutz, Staatengeschichte des Abendlandes im Mittelalter 2, 137. Das Siegel einer Markgräfin von Baden von 1296 mit deutscher Umschrift s. bei v. Weech, Siegel von Urkunden aus dem Bad. Gen. Landesarch. 1883—86, Taf. IV n. 2.

[1] Im 13. Jahrhundert kommen dann in einzelnen Bistümern z. B. Köln noch besondere Ministersiegel auf, in dem die Elekten nach ihrer Bestätigung durch den Papst, aber vor ihrer Weihe in den Urkunden und entsprechend auf den Siegeln den Titel *minister* annehmen. — Wenn sich an der Urkunde eines Elekten ein Siegel mit dem Titel *episcopus* (*archiepiscopus*) findet, so wird in der Regel an nachträgliche Besiegelung oder an spätere Ersetzung des Elekten- durch das Bischofssiegel zu denken sein.

[2] Vgl. z. B. Lepsius, Naumburg 1, 358.

[3] Spiess, Aufklärungen in der Gesch. und Diplomatik S. 250.

[4] So heißt, um von zahllosen Beispielen zur Erläuterung des im Text Gesagten

Wir haben schon in anderem Zusammenhange darzulegen gehabt, daß man im späteren Mittelalter das Siegel als das ausschlaggebende, ja streng genommen, als das einzige maßgebende Kennzeichen der Echtheit einer Urkunde betrachtete.[1] Gerade diese ungemein rechtliche Bedeutung des Siegels hat natürlich früh zu zahllosen Siegelfälschungen geführt, und daß diese vorkamen, hat man selbstverständlich auch im Mittelalter sehr wohl gewußt. Und wie Innozenz III. bereits in eigenen Erlassen die verschiedenen Fälschungsmethoden kennzeichnete, nach denen er päpstliche Bullen hergestellt wußte, um vor ihnen zu warnen,[2] so berücksichtigen auch die deutschen Rechtsbücher, indem sie die Kennzeichen angeben, an denen man unechte Siegel erkennen kann, dabei die Siegelfälschungen in besonders eingehender Weise.[3]

Für uns gilt nun freilich jener mittelalterliche Fundamentalsatz der Urkundenkritik, nach dem die Authentizität einer Urkunde von der Authentizität ihres Siegels abhängt, nicht mehr.[4] Nicht nur, daß wir wissen, was man auch im Mittelalter schon gewußt hat, daß geschickte Fälscher echte Siegel von echten Urkunden abzulösen verstanden, um damit andere Dokumente zu beglaubigen; wir sind auch nicht selten in der Lage, was man im Mittelalter schwerlich getan hätte, Urkunden als echt und selbst als unanfechtbare Originale anzuerkennen, obwohl wir die an ihnen befestigten Siegel als gefälscht erklären. Das Siegel ist für uns eben nur ein Merkmal der Urkundenkritik, und in vielen Fällen haben wir zuverlässigere, überall da insbesondere, wo wir mit den Mitteln der Schriftvergleichung operieren können. Aber es gibt doch Fälle — und auf dem Gebiet des Privaturkundenwesens sind sie vielleicht noch zahlreicher als die anderen —, in denen auch für uns das Siegel bei der Beurteilung eines Dokuments den Ausschlag geben wird. Wenn Urkunden, die nicht durch Schrift- oder Stilvergleichung als Produkte der Kanzlei des Ausstellers sich erkennen lassen, im übrigen

---

ein einziges anzuführen, Gerlach von Isenburg-Limburg im Text einer Urk. von 1278 *Gerlacus dominus de Limpurg*, auf dem anhängenden Siegel aber *Gerlascus de Isenburg*; Nass. UB. 1, 5963 n. 942.

[1] Bd. 1, 717.

[2] Vgl. LASCH, Erwachen der histor. Kritik (Breslau 1887) S. 101 ff. KRABBO, MIÖG. 20, 275 ff.

[3] So im Anhang zum Schwabensp., herausgegeben von ROCKINGER, Münchener SB. 1867 II, 2, 321 ff. und neuerdings besser und mit eingehenden Erläuterungen unter dem allerdings nicht recht zutreffenden Titel: Eine deutsche Urkundenlehre des 13. Jahrhunderts von E. STENGEL NA. 30, 648 ff.

[4] Vgl. SICKEL, Acta 1, 368 f.

nach Schrift, Sprache, Fassung, Inhalt unverdächtig sind oder keine sicheren Anzeichen weder der Echtheit noch der Unechtheit aufweisen, so wird auch unsere Entscheidung, ob sie als Originale und deshalb als echt zu bezeichnen sind, bisweilen lediglich davon abhängen, ob wir ihr Siegel als echt und seine Befestigung als ursprünglich anerkennen können, und wir werden manchmal in der Lage sein, unseren letzten Ausspruch über die Authentizität eines Dokuments suspendieren zu müssen, wenn wir aus einem oder dem anderen Grunde über die Besiegelung nicht zu einem sicheren Urteil gelangen können. Diese Verhältnisse machen es notwendig, die verschiedenen Kombinationen, unter denen falsche Siegel an echten oder falschen und echte Siegel an falschen Urkunden angebracht sind, etwas näher in Betracht zu ziehen und zugleich die Hauptarten von Siegelfälschungen zu kennzeichnen.[1]

Die Anbringung falscher Siegel, (zu denen wir in diesem Zusammenhange auch echte Siegel solcher Personen rechnen müssen, die ursprünglich mit Ausstellung und Besiegelung der Urkunde nichts zu tun gehabt haben), an echten Urkunden konnte aus verschiedenen Ursachen erfolgen. Bisweilen mag sie erst in neuerer Zeit geschehen sein, sei es daß man das neu angebrachte Siegel irrtümlich für das zu der Urkunde ursprünglich gehörige, aber durch Zufall abgefallene hielt, also vollkommen *bona fide* verfuhr, sei es daß man aus diesem oder jenem Grunde über die Beglaubigungsart der Urkunde zu täuschen beabsichtigte.[2] Ein interessantes Beispiel dafür bietet das auf der Stadtbibliothek zu Trier befindliche Original einer Urkunde Heinrichs IV. von 1065 für Kloster Echternach (St. 2664). Nach einem Inventar des Klosterarchivs von 1537 entbehrte die Urkunde des Siegels; heute ist das Privatsiegel eines uns bekannten Mannes aufgedrückt, das also erst nach 1537 angebracht sein kann, um das abgefallene Königssiegel zu ersetzen.[3]

Ungleich häufiger ist es natürlich, daß derartige Operationen schon im Mittelalter vorgenommen worden sind.[4] Aus welchen Gründen das

[1] Vgl. über Siegelfälschungen im allgemeinen Grotefend S. 32 ff.; dagegen Ewald, Siegelkunde S. 225 ff.; Posse, Privaturkunden S. 143 ff.; Ilgen S. 362 f.

[2] Eine solche neuere Befestigung eines Siegels Ludwigs des Frommen an eine Urkunde Karls d. Gr. für St. Germain des Prés (DKar. 71) konstatiert Sickel, Acta 1, 348 N. 2. Der Fall gehört zwar streng genommen nicht hierher, da die Urkunde kein Original ist, aber derjenige, der — nach Mabillons Zeit — das Siegel daran befestigte, hat sie gewiß für ein solches gehalten.

[3] Vgl. van Werveke, Correspondenzblatt der Westdeutschen Ztschr. für Gesch. und Kunst 1883, S. 76 n. 220.

[4] An Mühlbacher Reg.² 1435 für Herford ist ein späteres Siegel, wahrscheinlich

geschah, ist nicht immer sicher zu erkennen. Wenn in Würzburg acht echte Diplome Heinrichs II. mit falschem Siegel versehen worden sind, die von einem Stempel herrühren, der angefertigt wurde, um für eine andere, auf den Namen Heinrichs gefälschte Urkunde ein Siegel herzustellen,[1] so kann das geschehen sein, um für den Fall der Anfechtung der letzteren Urkunde die Echtheit des Siegels durch Vergleichung mit jenen Diplomen zu beweisen. Es ist aber auch möglich — und ich halte es fast für wahrscheinlicher, — daß man lediglich gewünscht hat, jene acht Urkunden mit neuen Siegeln auszustatten, weil die ursprünglich daran befestigten teils verloren, teils beschädigt gewesen sein mögen. Sehr wahrscheinlich ist es ferner, daß lediglich aus dem gleichen Grunde, weil die echten Siegel verloren waren, zwei echte Diplome Heinrichs III.[2] für das Stift St. Simon und Judas in Goslar[3] mit einem gefälschten Siegel Friedrichs I. versehen worden sind, das wohl erst in der zweiten Hälfte des 13. Jahrhunderts angefertigt worden ist.[4] Wenn ebenso an einer Urkunde Ludwigs des Frommen für Kempten, die wir als Original anerkennen müssen, ein Siegel angebracht ist, welches für uns leicht als Abguß eines echten Siegels kenntlich ist,[5] so ist auch hier eine Absicht

eines Abtes von Corvey aus dem 11. Jahrhundert, angebracht, vgl. Wilmans-Philippi 2, 70 N. 1; an DO. I. 153 — Nachzeichnung einer Urkunde Ottos I. — war ein Siegel einer Äbtissin von Herford von c. 1139 usw.

[1] Die echten DD. H. II. 30. 60. 174. 175. 207. 267. 268. 326 haben dasselbe gefälschte Siegel wie die Fälschung DH. II. 5 b. Danach sind die Angaben von Foltz NA. 3, 44 und von Beyer, KUiA. Text S. 68 b zu Lief. IV, Taf. 3 zu berichtigen.

[2] St. 2365. 3394; die NA. 6, 555 von mir geäußerte Ansicht, daß das Siegel Friedrichs I. an diesen beiden Diplomen echt sei, hat sich bei wiederholter Untersuchung als irrig herausgestellt. Das Siegel ist zwar identisch mit dem an dem Diplom Friedrichs I. St. 4495, aber verschieden von dem Siegel der Diplome St. 4496—98, und jene erste bisher allgemein für echt gehaltene Urkunde ist eine Fälschung des 13. Jahrhunderts.

[3] Sickel, Acta 1, 348 N. 2. Über ähnliche Fälle aus dem 10. und 11. Jahrhundert vgl. Foltz, NA. 3, 41; Bresslau, NA. 6, 568.

[4] Eben derselbe Grund mag vorliegen, wenn wir an einem echten Privileg Alexanders II. für Gurk eine gefälschte Bulle Alexanders III. finden, Diekamp, MIÖG. 3, 569. Denkbar aber ist in diesem wie in ähnlichen Fällen auch, daß man lediglich ein verlorenes Siegel später zu ersetzen wünschte.

[5] Ob DO. I. 410 ebenso anzusehen sei, ist nicht sicher. Die Urkunde ist von Otto I. und Otto II. für Ravenna und muß als echt anerkannt werden (vgl. Sickel, MIÖG. 3, Erg. 1, 133. 141). Ein Siegel der Aussteller war nie darauf, dagegen hängt die Bulle Ottos III., aber in nicht kanzleimäßiger und inkorrekter Befestigung daran. Foltz, NA. 3, 24. 41 nahm an, daß die Bulle von einer anderen Urkunde abgeschnitten und hier angefügt sei. Wann das geschehen wäre, läßt sich natürlich bei dieser Annahme gar nicht vermuten. Ebenso scheint auch Sickel (MIÖG. Erg. 1, 133) früher die Sache

zu täuschen unzweifelhaft, und es ist möglich, daß man auch in Kempten das echte Siegel abgelöst und durch einen Abguß ersetzt hat, um es für eine unechte Urkunde — etwa eines der auf den Namen Karls des Großen angefertigten, jetzt allerdings siegellosen Kemptener Diplome — zu verwenden.

Viel häufiger finden wir echte Siegel an falschen Urkunden.[1] Einzelne Fälle der Art gehören überhaupt nicht unter den Gesichtspunkt der Siegelfälschung: so wenn echte besiegelte Urkundenpergamente nach totaler oder partieller Tilgung der ursprünglichen Schrift durch Rasur oder Abwaschung zur Herstellung der Fälschung benutzt sind;[2] der Betrug ist in solchen Fällen nicht durch eine Prüfung des Siegels, sondern nur durch eine solche der Urkunde selbst zu entdecken. Ungleich schwieriger ist seine Entdeckung, wenn, wie das gleichfalls vorgekommen ist, ein echter Siegelstempel in unrechtmäßiger Weise zur Beglaubigung von ohne Ermächtigung des Ausstellers geschriebenen Urkunden verwandt worden ist. Hierhin gehören die wenigen Fälle von Fälschungen innerhalb der Kanzlei des Ausstellers, von denen wir Kunde haben und die in anderem Zusammenhang bereits erwähnt sind.[3] Von derartigen Fälschungen erfahren wir weiter aus einer merkwürdigen Urkunde der Markgräfin Elisabeth von Meißen, Witwe Heinrichs des Erlauchten, vom 15. Juli 1288:[4] die Mönche des Klosters Seußlitz, denen der Markgraf

aufgefaßt zu haben, da er sagt, die Bulle sei angehängt, um die Nichtbesiegelung später zu bemänteln. Redet er aber zu DO. I. 410 von Hinzufügung der Bulle „unter Otto III.", so kann ich mir diese Zeitbestimmung nur erklären, wenn er Besiegelung in der Kanzlei Ottos III. annimmt, woran aber die Art der Befestigung Zweifel erweckt.

[1] Über einen ganz singulären Fall der Art, St. 2313 (echtes Siegel Heinrichs IV. an Fälschung auf den Namen Heinrichs III.) und die Möglichkeiten seiner Erklärung s. NA. 6, 555 ff.

[2] Fälle umfangreicher Rasur von Königsurkunden sind Mühlbacher Reg.[2] n. 450. DO. I 447. DH.II. 386, 521. St. 2447, 2657, 3167, vgl. Sickel, NA. 3, 657 f., Stumpf, Wirzb. Imm. 1, 19 N. 10; Bresslau, KUiA. Lief. II, T. 21, Text S. 32 f.; Bresslau, KUiA. Lief. IV, Taf. 27, Text S. 85, Hirsch, MIÖG. Erg. 7, 511. Kleinere Interpolationen nach Rasur kommen öfter vor; vgl. z. B. Mühlbacher, Reg.[2] 1886, 1969. DH. II. 335a, 498. Die Beispiele sind leicht zu vermehren.

[3] S. Bd. 1, 87.

[4] Posse, Privaturkunden S. 1; vgl. Grotefend S. 36 f. Einen anderen interessanten hierher gehörigen Fall aus dem 11. Jahrhundert erwähnt eine Aufzeichnung aus Kloster Hastières, Analectes pour servir à l'hist. ecclésiastique de Belgique 16, 14. Mönche von Kloster Waulsort, so wird behauptet, haben eine Urkunde konzipiert und deren Besiegelung von Bischof Albero von Metz erbeten. Da dieser sie verweigert, so bestechen die Walciodorenser „*quosdam clericorum, qui episcopo subiacebant, et quas*

in ganz geheimen und vertraulichen Angelegenheiten seinen sonst in der Kanzlei aufbewahrten Siegelstempel anvertraut hatte, hatten dies Vertrauen mißbraucht und mit dem Stempel ihres Herren Privilegien, die sie sich ohne dessen Ermächtigung angefertigt hatten, besiegelt. Ebenhierhin gehört es, wenn es nach dem Zeugnis Innozenz III.[1] in Rom bisweilen vorkam, daß gewandte Betrüger sich zum päpstlichen Bullierungsbureau Zugang verschafften und falsche Urkunden unter die zu bullierenden echten Stücke mischten. Auch wenn ein Siegelstempel nach dem Tode seines rechtmäßigen Besitzers in unrechte Hände gekommen[2], oder wenn er im Kampfe erbeutet,[3] gestohlen oder sonstwie abhanden gekommen war,[4] waren derartige Fälschungen möglich. Wir sahen schon, wie man sich gegen ihre Folgen im späteren Mittelalter durch das Rechtsinstitut der Verrufung von Brief und Siegel zu schützen suchte,[5] ohne daß indessen dies Verfahren, so wie es gehandhabt wurde, in allen Fällen einen wirklich ausreichenden Schutz zu gewähren vermocht hätte. Auch die möglichste Publizität des Verlustes, wie man sie in solchen Fällen wohl immer eintreten ließ, gab keine ausreichende Garantie gegen den Mißbrauch, der mit einem so in unrechtmäßigen Besitz geratenen Siegelstempel getrieben werden konnte.

Sehr viel leichter als durch Benutzung des Originalstempels vermochte man sich echte Siegel für die Beglaubigung falscher Urkunden dadurch zu verschaffen, daß man sie von echten minderwertigen Urkunden ablöste, und an den gefälschten wieder anbrachte. In sehr vielen, ja wohl in den meisten Fällen dieser Art werden wir heute bei sorgfältiger und genauer Prüfung eine solche nachträgliche, unberechtigte Befestigung der Siegel zu erkennen imstande sein. Durchgedrückte Siegel waren nur so von der Urkunde, an der sie ursprünglich angebracht waren, zu entfernen, daß man die vordere und die hintere Seite des Wachsklumpens voneinander trennte, und wenn dies auch ohne Beschädigung der Vorderseite gelang, so ließ sich doch die neue Verbindung beider Teile an dem gefälschten Dokument nur selten so bewirken, daß wir nicht diese Manipulationen heute noch zu erkennen vermöchten.[6] Auch bei Hänge-

secum portaverunt cartas ab eis clam scribi fecerunt sigilloque episcopi ipso tamen nesciente munierunt".

[1] Decret. Greg. IX. 5, 20, 5.

[2] Ein Fall der Art aus Schlesien GROTEFEND S. 37.

[3] So das Siegel Friedrichs II. in den Kämpfen von Parma, s. oben S. 558.

[4] Fälle der Art aus Nürnberg und Köln, SEYLER S. 61 f.

[5] Oben S. 558 mit N. 1 und N. 3.

[6] Leichter war es die einfach aufgedrückten Siegel des späteren Mittelalters von

siegeln war diese Methode von Fälschung üblich. Man trennte Vorder- und Rückseite des Siegels, zog die Fäden oder Pergamentstreifen heraus, befestigte sie an dem gefälschten Dokument und fügte darüber die beiden Seiten des Siegels wieder aneinander. Wachssiegel spaltete man mit einem heißen Eisen oder mit einem wahrscheinlich mit Terpentinöl benetzten Pferdehaare; zur Wiederaneinanderfügung bediente man sich eines Kittes.[1] Auch der Gebrauch von Rücksiegeln, die wohl wesentlich mit in Aufnahme gekommen sind, weil sie diese Art von Fälschung erschwerten, machte sie doch nicht unmöglich. Dagegen war bei Metallsiegeln — abgesehen von Goldbullen, die man meines Wissens überhaupt nicht zu fälschen versucht hat — diese Methode kaum anwendbar. Außerdem erwähnt Papst Innozenz III. drei andere Methoden,[2] um echte Bleibullen von den Urkunden zu trennen und anderweit zu verwenden. Entweder man zog die Fäden aus der Bulle ganz heraus und befestigte sie mittels neuer Fäden, die man geschickt einfügte, an der Fälschung; oder man schnitt am oberen Teile der Bulle unter dem Blei ein Ende des Fadens ab, zog ihn aus dem Blei, zog dann alle Fäden aus der Urkunde heraus und befestigte die Bulle mittels derselben Fäden an der Fälschung, indem man das abgeschnittene Stück wieder in das Blei hineinpraktizierte, oder endlich man schnitt die Fäden außerhalb des Bleies durch und knüpfte sie mit ähnlichen Fäden an der Fälschung wieder zusammen. Auch bei Wachssiegeln verfuhr man durch Ausschneiden eines Streifens Wachs oder Zerschneiden der Fäden innerhalb oder außerhalb des Wachses in ähnlicher Weise.[3]

Wer keine echten Siegel zur Verfügung hatte oder sie nicht von den echten Urkunden trennen wollte oder mochte, der mußte sich einen falschen Siegelstempel verfertigen. Eine solche Matrize konnte man

---

Patenten und Briefen zu entfernen. Aber man konnte von ihnen wenigstens für die Fälschung von Diplomen (Privilegien) keinen Gebrauch machen, da diese unter Hängesiegel ausgegeben wurden, Hängesiegel aber ganz anders angefertigt wurden und in der Regel ein Rücksiegel trugen.

[1] Grotefend S. 47 ff., vgl. auch die von Stengel NA. 30, 656 f. nach einer deutschen Aufzeichnung des 13. Jahrh. beschriebene Methode der Wachssiegelfälschung.

[2] Eine vierte Methode ist vielleicht die des Abbas de Marmoreto, die Buocompagni QE. 9, 144 beschreibt. Er durchbohrte die, wie man annehmen muß, von der Urkunde abgeschnittenen Bullen mit einer feinen Pfrieme, zog dann mit einer feinen Nadel die falschen Fäden hindurch und glättete die Bulle, nachdem er ein *filtrum* eingefügt hatte, mit einem hölzernen Hammer, vgl. Stengel NA. 30, 655 N. 5.

[3] Belehrende Angaben über eine Anzahl derart gefälschter Siegel aus Schlesien bei Grotefend S. 50 ff.

durch Abformung von echten Siegeln gewinnen. Behufs solcher Abformung bediente sich ein italienischer Abt, von dem der Florentiner BUONCOMPAGNI erzählt,[1] einer Masse, die der Autor *cinericium* nennt, deren Zusammensetzung er aber absichtlich nicht beschreibt, um mit ihrer Hilfe Bullen, Wachssiegel und Münzen nachzubilden, was ihm auf das vortrefflichste gelungen sein soll. Ein berüchtigter Siegelfälscher des 14. Jahrhunderts, Johann von Schellendorf, erreichte das gleiche mittels Schwefelpasten, von denen, als ihm 1364 der Prozeß gemacht wurde, nicht weniger als 27 in seinem Besitz gefunden wurden.[2] Solche durch Abformung hergestellte Siegel sind auch sonst nicht selten,[3] und sie sind nicht leicht als gefälscht zu erkennen; zeigt sich auch meist eine gewisse Stumpfheit des Abdrucks, so ist eine solche doch an und für sich nicht immer ein sicheres Kennzeichen der Unechtheit des Siegels; auch Abdrücke echter Stempel können nach längerem Gebrauch derselben, namentlich wenn sie nicht aus sehr hartem Metall hergestellt sind, oder infolge nachlässigen Vorgehens bei der Besiegelung leicht unscharf erscheinen.

Von allen falschen Siegeln am häufigsten begegnen wir denjenigen, welche mit einem eigens geschnittenen Typar angefertigt sind. Die Genauigkeit der Nachahmung der echten Stempel ist bei ihnen eine sehr verschiedene. Selten nur ist der Fälscher so ungeschickt verfahren, wie etwa jener Mönch in Kloster Weingarten, der Schrift und Bild direkt auf dem Blei eingrub und, da er sich auf die Befestigung nicht verstand, oben an der so fabrizierten Bulle Innozenz II. eine Öse anbrachte, durch die er die Fäden zog,[4] oder wie der Betrüger, der, um ein Siegel Heinrichs II. an einer gefälschten Urkunde für Kloster Kitzingen herzustellen, ein Siegel Heinrichs VI. als Modell für seinen neu verfertigten Stempel wählte.[5] Aber auch wo engerer Anschluß an ein echtes Siegel beabsichtigt wurde, ist doch kaum jemals volle Genauigkeit erzielt worden. Bei Papsturkunden verrät sich die Nachahmung meistens durch eine Abweichung

[1] QE. 9, 144; die oben S. 621 N. 1 erwähnte Aufzeichnung S. 671 spricht, indem sie solche Abformung erwähnt, von einer Masse, die „linde ist als ein Wachs und machet daz dan herte und daz es sich doch nicht erhebet. Das ist müslich zu erkennen und schullen wir es nyemen leren machen“.

[2] GROTEFEND S. 34.

[3] In Westfalen z. B. hat man so in Kloster Abdinghof im 12. Jahrhundert eine Anzahl Wachssiegel nachgebildet, vgl. WILMANS, Ztschr. f. Gesch. u. Alterthumsk. Westfalens Bd. 34, Separatabdruck, Münster 1878.

[4] Wirtembg. UB. 2, 24.

[5] DH. II. 515, vgl. FOLTZ, NA. 3, 45.

in der Zahl der Punkte, die bei den echten Bullen an verschiedenen Stellen, namentlich des Apostelstempels, angebracht waren,[1] aber auch sonst wird genauere Vergleichung irgendwelche Differenz der Falsifikate von echten Siegeln in Bild oder Schrift oder in beiden, namentlich auch hinsichtlich der Dimensionen, wohl erkennen lassen. In bezug auf die so hergestellten Siegel[2] ist, wenigstens wenn uns genügendes Vergleichungsmaterial zur Verfügung steht, wohl am wenigsten eine Täuschung auch der modernen Kritik durch die Fälscher des Mittelalters zu befürchten.[3]

Nur eine ernstliche Schwierigkeit bleibt auch dann bestehen. Nicht in allen Fällen nämlich, wo wir an Urkunden Siegel eines Fürsten oder Herrn finden, die nicht mit dessen gewöhnlichen Stempeln hergestellt sind, werden wir mit voller Sicherheit Fälschungen annehmen können. Es ist nämlich bisweilen vorgekommen, daß Beamte oder Bevollmächtigte eines Fürsten ausdrücklich autorisiert wurden, sich einen Siegelstempel auf den Namen des Herrn anfertigen zu lassen und damit Verbriefungen, die sie in seinem Namen ausstellten, zu beglaubigen. Eine derartige Vollmacht Rudolfs IV. von Österreich für seinen Kanzler, Bischof Johann von Gurk, vom Jahre 1362 ist uns erhalten.[4] Eine solche Vollmacht zu haben behauptete auch ein Kleriker des Bischofs von Odense, der von seinem Herrn nach Rom gesandt „*sub sigillo novo*", das er sich in Rom anfertigen ließ, namens seines Auftraggebers eine Anleihe aufnahm. Später wurde er dann, in die Heimat zurückgekehrt, von seinem Bischof der Fälschung angeklagt, appellierte aber an den Papst; durch das Schreiben, in welchem Innozenz IV. den Dekan von Schwerin beauftragte, dem Appellanten Recht zu verschaffen, erfahren wir von dem Vorfall.[5] Ganz ungewiß ist es, ob ein ähnlicher Sachverhalt auch einem Briefe zu grunde liegt, den Bischof Burchard von Lübeck 1299 an den Bischof von Münster richtete. Burchard berichtet darin, daß ein Lübecker Goldschmied ihm einen Siegelstempel überbracht habe, den ein Münsterscher Kleriker auf den Namen Eberhards habe anfertigen lassen; er

---

[1] Vgl. Konrad von Mure QE. 9, 475; Martin von Troppau MIÖG. 4, 534.

[2] Beispiele solcher Fälschungen von Kaisersiegeln in den Arbeiten von Foltz und Bresslau, NA. 3 und 6, von Papstbullen bei Diekamp, MIÖG. 3, von schlesischen Siegeln bei Grotefend S. 42 ff.

[3] Das hat schon der Verfasser der oben S. 621 N. 1 erwähnten Aufzeichnung bemerkt, indem er sagt (S. 671): Das ist aber leicht zu erkennen, der sin wol war nymp und es zu dem rehten insigel habt.

[4] Vgl. Seyler, Sphragistik S. 54. Kürschner, Arch. f. öst. Gesch. 49, 55 beschreibt das Siegel, ohne die Vollmacht zu erwähnen.

[5] Mecklenburg UB. 4, 201 n. 2666.

werde den Kleriker und das Siegel demnächst nach Münster senden.[1] Offenbar hatten sowohl der Goldschmied wie der Bischof von Lübeck den Kleriker im Verdacht der Fälschung, da sonst kein Grund für ersteren gewesen wäre, das Siegel nicht einfach dem Besteller zu übergeben; ob aber wirklich eine solche oder ob ein Auftrag des Bischofs von Münster vorgelegen hat, vermögen wir heute nicht ohne weiteres zu unterscheiden.[2] Haben wir nun auch nur in wenigen Fällen von dergleichen Ermächtigungen Kenntnis, so ist doch die Möglichkeit, daß sie häufiger vorgekommen sind, im Auge zu behalten.

Sobald Fälle von Siegelfälschung zur Kenntnis des rechtmäßigen Siegelinhabers gelangten, veranlaßten sie diesen stets zu besonderen Vorsichtsmaßregeln. Wir sahen schon, daß in solchen Fällen Bekanntmachung des Geschehenen, Vernichtung des bis dahin geführten Siegels, Verrufung von Brief und Siegel eintraten. Hier haben wir schließlich nur noch zu erwähnen, daß man sich bisweilen, statt zu einer gänzlichen Vernichtung des alten und zur Annahme eines neuen Siegelstempels zu schreiten, damit begnügte, dem alten Stempel durch Nachgravierung ein neues Unterscheidungsmerkmal zu geben. Die neueren Sphragistiker nennen ein solches Unterscheidungsmerkmal Beizeichen.[3]

---

[1] UB. Bist. Lübeck 1, 427 n. 362.

[2] Um solche Fälschungen zu verhüten, waren bei einigen Goldschmiede-Innungen, so in Weimar und Nürnberg, besondere Vorsichtsmaßregeln getroffen, vgl. Seyler, Sphragistik S. 68; solche mögen auch in Lübeck bestanden haben. — Nicht eigentliche Fälschung, aber doch widerrechtliche Anfertigung eines Siegelstempels fand statt, als eine Gegenpartei der Vormünder Ludwig des Römers, Markgrafen von Brandenburg, sich des Fürsten bemächtigte und ihn für mündig erklärte. Kaiser Ludwig der Bayer brachte später dies Siegel in seine Gewalt und ließ alle damit beglaubigten Briefe für ungültig erklären, das Siegel selbst aber zerbrechen. S. oben S. 557 und Seyler, Sphragistik S. 53.

[3] Der Ausdruck Beizeichen wird übrigens — weniger gut — auch da gebraucht, wo nur ein kleines Merkmal zwei ähnliche Siegel verschiedener Aussteller unterscheidet.

Register der zitierten Königs- und Papsturkunden.

Die großen Zahlen geben die Seiten an, die kleinen hochgestellten die Anmerkungen.
Die Bandzahl ist nur für II vermerkt.

I. Königsurkunden.

Merowinger

Otto II.

Rudolf, Gegenkönig

Hermann, Gegenkönig

Konrad

Heinrich V.

Lothar III.

Konrad III.

Friedrich I.

Heinrich VI.

II. Urkunden der italienischen Könige.

Die Zitate beziehen sich auf Schiaparelli's Edition in den Fonti per la Storia d'Italia XXXV—XXXVIII, 1903—1924. Für die Diplome Hugos, Lothars, Berengars II. und Adalberts, die Bresslau in der neuen Ausgabe nicht mehr benutzen konnte, ist die Nummer der Regesten von Böhmer (BRK) beibehalten, die neue Bezeichnung jedoch in Klammern beigefügt.

III. Papsturkunden.

* Statt Jaffé-E. 106. 9

* Druckfehler bei Jaffé I² S. 796; zu lesen: 6855.

Nachtrag und Berichtigung.

Zu S. 566: Für den Abschnitt über die Goldbullen der deutschen Kaiser konnten die Ausführungen von W. Erben, Rombilder auf kaiserlichen und päpstlichen Siegeln des Mittelalters (= Veröffentlichungen des hist. Seminars der Universität Graz, 7. Heft, Graz 1931) nicht mehr verwendet werden.

Zu S. 629: Nach Mühlbacher[2] 1334 ist versehentlich die Überschrift: Ludwig der Deutsche ausgefallen.